2025

法律法规全书系列

中华人民共和国

婚姻家庭法律法规全书

（含典型案例及文书范本）

中国法治出版社
CHINA LEGAL PUBLISHING HOUSE

出版说明

随着中国特色社会主义法律体系的建成，中国的立法进入了"修法时代"。在这一时期，为了使法律体系进一步保持内部的科学、和谐、统一，会频繁出现对法律各层级文件的适时清理。目前，清理工作已经全面展开且取得了阶段性的成果，但这一清理过程在未来几年仍将持续。这对于读者如何了解最新法律修改信息、如何准确适用法律带来了使用上的不便。基于这一考虑，我们精心编辑出版了本丛书，一方面重在向读者展示我国立法的成果与现状，另一方面旨在帮助读者在法律文件修改频率较高的时代准确适用法律。

本书独具以下四重价值：

1. **文本权威，内容全面**。本书涵盖婚姻家庭领域相关法律、行政法规、国务院文件、部门规章、规范性文件、司法解释，及最高人民法院公布的典型案例、示范文本，独家梳理和收录人大代表建议、政协委员提案的重要答复；书中收录文件均为经过清理修改的现行有效标准文本，方便读者及时掌握最新法律文件。

2. **查找方便，附录实用**。全书法律文件按照紧密程度排列，方便读者对某一类问题的集中查找；重点法律附加条旨，指引读者快速找到目标条文；附录相关典型案例、文书范本，其中案例具有指引"同案同判"的作用。同时，本书采用可平摊使用的独特开本，避免因书籍太厚难以摊开使用的弊端。

3. **免费增补，动态更新**。为保持本书与新法的同步更新，避免读者因部分法律的修改而反复购买同类图书，我们为读者专门设置了以下服务：(1) 扫码添加书后"法规编辑部"公众号→点击菜单栏→进入资料下载栏→选择法律法规全书资料项→点击网址或扫码下载，即可获取本书下次改版修订内容的电子版文件；(2) 通过"法规编辑部"公众号，及时了解最新立法信息，并可线上留言，编辑团队会就图书相关疑问动态解答。

4. **目录赠送，配套使用**。赠送本书目录的电子版，与纸书配套，立体化、电子化使用，便于检索、快速定位；同时实现将本书装进电脑，随时随地查。

修 订 说 明

本书自出版以来，深受广大读者喜爱。此次修订再版，在保持上一版分类及文件排列的情况下，根据法律文件的制定和修改情况，进行了相应地增删和修订。情况如下：

一是根据近年国家立法的变化，更新了相应的法律文件，如《中华人民共和国未成年人保护法》《婚姻登记条例》《外国人在中华人民共和国收养子女登记办法》。二是新增相关法律文件，如《最高人民法院关于审理涉彩礼纠纷案件适用法律若干问题的规定》《中华人民共和国母婴保健法》《中华人民共和国母婴保健法实施办法》。三是新增相关典型案例，如《人民法院涉彩礼纠纷典型案例》《保障妇女儿童权益典型案例》。

总 目 录

一、综　合 …………………………………（1）
二、婚　姻 …………………………………（104）
三、家　庭 …………………………………（176）
　1. 综　合 …………………………………（176）
　2. 户籍管理 ………………………………（186）
　3. 抚养、扶养、赡养 ……………………（193）
　4. 收养、寄养 ……………………………（197）
　5. 家庭生活保障 …………………………（241）
　　（1）最低生活保障 ……………………（241）
　　（2）住房保障 …………………………（252）
　6. 特殊群体权益保障 ……………………（266）
　7. 反家庭暴力 ……………………………（383）
四、继　承 …………………………………（420）
五、纠纷解决 ………………………………（428）
六、人大代表建议、政协委员提案答复 …（497）

目 录[*]

一、综 合

中华人民共和国宪法（节录）……………（1）
　　（2018年3月11日）
中华人民共和国民法典（节录）……………（1）
　　（2020年5月28日）
最高人民法院关于适用《中华人民共和国民法典》总则编若干问题的解释……………（31）
　　（2022年2月24日）
中华人民共和国涉外民事关系法律适用法………（34）
　　（2010年10月28日）
中华人民共和国法律援助法……………（36）
　　（2021年8月20日）
国务院关于印发中国妇女发展纲要和中国儿童发展纲要的通知……………（40）
　　（2021年9月8日）

最高人民法院关于适用《中华人民共和国涉外民事关系法律适用法》若干问题的解释（一）……………（68）
　　（2020年12月29日）
最高人民法院关于适用《中华人民共和国涉外民事关系法律适用法》若干问题的解释（二）……………（69）
　　（2023年11月30日）
·实用附录·
1. 民法典婚姻家庭编新旧条文对比……………（71）
2. 《最高人民法院关于适用〈中华人民共和国民法典〉婚姻家庭编的解释（一）》条文对比与解读……………（83）

二、婚 姻

中华人民共和国民法典（节录）……………（104）
　　（2020年5月28日）
最高人民法院关于适用《中华人民共和国民法典》婚姻家庭编的解释（一）……………（109）
　　（2020年12月29日）
最高人民法院关于内地与香港特别行政区法院相互认可和执行婚姻家庭民事案件判决的安排……………（114）
　　（2022年2月14日）
最高人民法院关于办理人身安全保护令案件适用法律若干问题的规定……………（116）
　　（2022年7月14日）

最高人民法院关于审理涉彩礼纠纷案件适用法律若干问题的规定……………（118）
　　（2024年1月17日）
婚姻登记条例……………（118）
　　（2024年12月6日）
民政部关于贯彻执行《婚姻登记条例》若干问题的意见……………（120）
　　（2004年3月29日）
民政部关于贯彻落实《中华人民共和国民法典》中有关婚姻登记规定的通知……………（121）
　　（2020年11月24日）

---

[*] 编者按：本目录中的时间为法律文件的公布时间或最后一次修正、修订公布时间。

关于印发《关于妥善处理以冒名顶替或者
　　弄虚作假的方式办理婚姻登记问题的指导
　　意见》的通知 …………………………（123）
　　（2021年11月18日）
婚姻登记工作规范 ………………………（123）
　　（2015年12月8日）
婚姻登记档案管理办法 …………………（130）
　　（2006年1月23日）
国务院关于同意扩大内地居民婚姻登记"跨
　　省通办"试点的批复 …………………（132）
　　（2023年5月12日）
民政部办公厅关于扩大内地居民婚姻登记
　　"跨省通办"试点的通知 ………………（133）
　　（2023年5月22日）
民政部关于进一步加强涉外、涉港澳台居民
　　及华侨婚姻登记管理工作的通知 ……（134）
　　（2020年10月20日）
最高人民法院关于依法妥善审理涉及夫妻债
　　务案件有关问题的通知 ………………（135）
　　（2017年2月28日）

中国边民与毗邻国边民婚姻登记办法 …（136）
　　（2012年8月8日）
最高人民法院关于当事人申请承认澳大利亚
　　法院出具的离婚证明书人民法院应否受理
　　问题的批复 ……………………………（137）
　　（2020年12月29日）
最高人民法院关于中国公民申请承认外国法
　　院离婚判决程序问题的规定 …………（138）
　　（2020年12月29日）
最高人民法院关于人民法院受理申请承认外
　　国法院离婚判决案件有关问题的规定 …（139）
　　（2020年12月29日）
・典型案例・
1. 婚姻家庭纠纷典型案例 ………………（139）
2. 人身安全保护令十大典型案例 ………（168）
3. 人民法院涉彩礼纠纷典型案例 ………（172）
・文书范本・
夫妻共同财产及个人财产的计算公式 …（174）

三、家　庭

1. 综　合
中华人民共和国家庭教育促进法 ………（176）
　　（2021年10月23日）
中华人民共和国人口与计划生育法 ……（179）
　　（2021年8月20日）
中华人民共和国母婴保健法 ……………（182）
　　（2017年11月4日）
中华人民共和国母婴保健法实施办法 …（184）
　　（2023年7月20日）

2. 户籍管理
中华人民共和国居民身份证法 …………（188）
　　（2011年10月29日）
中华人民共和国户口登记条例 …………（190）
　　（1958年1月9日）
居住证暂行条例 …………………………（191）
　　（2015年11月26日）

3. 抚养、扶养、赡养
赡养协议公证细则 ………………………（193）
　　（1991年4月2日）
遗赠扶养协议公证细则 …………………（195）
　　（1991年4月3日）

4. 收养、寄养
中国公民收养子女登记办法 ……………（197）
　　（2023年7月20日）
外国人在中华人民共和国收养子女登记办法 …（198）
　　（2024年12月6日）
家庭寄养管理办法 ………………………（200）
　　（2014年9月24日）
收养评估办法（试行） ……………………（202）
　　（2020年12月30日）
民政部办公厅关于开展孤儿、事实无人抚
　　养儿童认定申请受理"跨省通办"工作
　　的通知 …………………………………（203）
　　（2021年6月23日）

民政部关于社会福利机构涉外送养工作的
　　若干规定 …………………………………（204）
　　（2020年10月20日）
民政部　国家档案局关于印发《收养登记档
　　案管理暂行办法》的通知 ………………（206）
　　（2020年10月20日）
民政部办公厅关于外国人在中华人民共和
　　国收养继子女当事人需要出具的证件和
　　证明材料的通知 …………………………（207）
　　（2020年10月20日）
民政部关于印发《收养登记工作规范》的
　　通知 ………………………………………（208）
　　（2020年10月20日）
民政部办公厅关于生父母一方为非中国内地
　　居民送养内地子女有关问题的意见 ……（230）
　　（2020年10月20日）
民政部、国家发展和改革委员会、公安部、
　　司法部、财政部、国家卫生和计划生育
　　委员会、国家宗教事务局关于进一步做
　　好弃婴相关工作的通知 …………………（230）
　　（2020年10月20日）
民政部关于规范生父母有特殊困难无力抚养
　　的子女和社会散居孤儿收养工作的意见 …（232）
　　（2020年10月20日）
民政部、公安部关于开展查找不到生父母的
　　打拐解救儿童收养工作的通知 …………（236）
　　（2020年10月20日）
民政部、公安部、司法部、卫生部、人口
　　计生委关于解决国内公民私自收养子女
　　有关问题的通知 …………………………（239）
　　（2008年9月5日）

5. 家庭生活保障

（1）最低生活保障
城市居民最低生活保障条例 ……………（241）
　　（1999年9月28日）
社会救助暂行办法 ………………………（242）
　　（2019年3月2日）
国务院关于在全国建立农村最低生活保障制
　　度的通知 …………………………………（246）
　　（2007年7月11日）
最低生活保障审核确认办法 ……………（248）
　　（2021年6月11日）

（2）住房保障
住房公积金管理条例 ……………………（252）
　　（2019年3月24日）
经济适用住房管理办法 …………………（255）
　　（2007年11月19日）
城镇最低收入家庭廉租住房申请、审核及退
　　出管理办法 ………………………………（258）
　　（2005年7月7日）
廉租住房保障办法 ………………………（259）
　　（2007年11月8日）
公共租赁住房管理办法 …………………（262）
　　（2012年5月28日）

6. 特殊群体权益保障

中华人民共和国刑法（节录）……………（266）
　　（2023年12月29日）
中华人民共和国妇女权益保障法 ………（268）
　　（2022年10月30日）
中华人民共和国预防未成年人犯罪法 …（273）
　　（2020年12月26日）
中华人民共和国未成年人保护法 ………（278）
　　（2024年4月26日）
中华人民共和国老年人权益保障法 ……（288）
　　（2018年12月29日）
中华人民共和国残疾人保障法 …………（293）
　　（2018年10月26日）
中华人民共和国无障碍环境建设法 ……（298）
　　（2023年6月28日）
未成年人网络保护条例 …………………（302）
　　（2023年10月16日）
农村五保供养工作条例 …………………（307）
　　（2006年1月21日）
特困人员认定办法 ………………………（309）
　　（2021年4月26日）
最高人民法院关于审理拐卖妇女案件适用法
　　律有关问题的解释 ………………………（311）
　　（2000年1月3日）
最高人民法院关于审理拐卖妇女儿童犯罪案
　　件具体应用法律若干问题的解释 ………（311）
　　（2016年12月21日）
最高人民法院、最高人民检察院、公安部、
　　司法部关于依法惩治拐卖妇女儿童犯罪的
　　意见 ………………………………………（312）
　　（2010年3月15日）

最高人民检察院关于全面加强未成年人国家司法救助工作的意见 …………… (315)
　（2018年2月27日）
关于建立侵害未成年人案件强制报告制度的意见（试行） ……………… (317)
　（2020年5月7日）
最高人民法院、最高人民检察院关于办理强奸、猥亵未成年人刑事案件适用法律若干问题的解释 …………… (319)
　（2023年5月24日）
·指导案例·
1. 陈某某、刘某某故意伤害、虐待案 ……… (321)
2. 胡某某、王某某诉德某餐厅、蒋某某等生命权纠纷案 …………………… (322)
3. 张某诉李某、刘某监护权纠纷案 ………… (323)
4. 沙某某诉袁某某探望权纠纷案 …………… (324)
·典型案例·
1. 在办理涉未成年人案件中全面开展家庭教育指导工作典型案例 ………… (325)
2. 在办理涉未成年人案件中全面开展家庭教育指导工作典型案例（第二批） …… (328)
3. 人民法院老年人权益保护十大典型案例 … (334)
4. 未成年人司法保护典型案例 ……………… (339)
5. 依法严惩侵害未成年人权益典型案例 …… (341)
6. 保护未成年人权益十大优秀案例 ………… (344)
7. 利用互联网侵害未成年人权益的典型案例 … (349)
8. 侵害未成年人权益被撤销监护人资格典型案例 ………………………………… (353)
9. 保护未成年人权益司法救助典型案例 …… (359)
10. 无障碍环境建设检察公益诉讼典型案例 … (363)
11. 保障妇女儿童权益典型案例 ……………… (372)

7. 反家庭暴力

中华人民共和国反家庭暴力法 ……………… (383)
　（2015年12月27日）
民政部、全国妇联关于做好家庭暴力受害人庇护救助工作的指导意见 …………… (385)
　（2015年9月24日）
最高人民法院、最高人民检察院、公安部、司法部关于依法办理家庭暴力犯罪案件的意见 ……………………………………… (387)
　（2015年3月2日）
涉及家庭暴力婚姻案件审理指南 …………… (390)
　（2008年3月）
·典型案例·
1. 依法惩治家庭暴力犯罪典型案例 ………… (401)
2. 中国反家暴十大典型案例 ………………… (406)
3. 人民法院反家庭暴力典型案例（第一批） … (414)
4. 人民法院反家庭暴力典型案例（第二批） … (416)

四、继　承

中华人民共和国民法典（节录） …………… (420)
　（2020年5月28日）
最高人民法院关于适用《中华人民共和国民法典》继承编的解释（一） …………… (422)
　（2020年12月29日）
·典型案例·
最高人民法院发布四个继承纠纷典型案例（第一批） ………………………………… (425)
·文书范本·
五代以内直系及旁系血亲表 ………………… (427)

五、纠纷解决

中华人民共和国人民调解法 ………………… (428)
　（2010年8月28日）
中华人民共和国民事诉讼法 ………………… (430)
　（2023年9月1日）
最高人民法院关于适用《中华人民共和国民事诉讼法》的解释 …………………… (451)
　（2022年4月1日）
最高人民法院关于民事诉讼证据的若干规定 … (487)
　（2019年12月25日）

·实用附录·
1. 民事诉讼流程图（一审） ………………（495）
2. 民事诉讼流程图（二审） ………………（496）

六、人大代表建议、政协委员提案答复

对十四届全国人大二次会议第 7516 号建议
　　的答复 ……………………………（497）
　　（2024 年 7 月 11 日）
对十四届全国人大二次会议第 1280 号建议
　　的答复 ……………………………（498）
　　（2024 年 7 月 11 日）
对十四届全国人大二次会议第 5215 号建议
　　的答复 ……………………………（498）
　　（2024 年 6 月 27 日）
对十四届全国人大二次会议第 3690 号建议
　　的答复 ……………………………（500）
　　（2024 年 6 月 27 日）
对十四届全国人大二次会议第 1139 号建议
　　的答复 ……………………………（502）
　　（2024 年 6 月 27 日）
对十四届全国人大二次会议第 6073 号建议
　　的答复 ……………………………（504）
　　（2024 年 7 月 3 日）

对十四届全国人大二次会议第 2723 号建议
　　的答复 ……………………………（505）
　　（2024 年 7 月 3 日）
对十四届全国人大二次会议第 1434 号建议
　　的答复 ……………………………（507）
　　（2024 年 7 月 3 日）
对十四届全国人大二次会议第 1240 号建议
　　的答复 ……………………………（508）
　　（2024 年 7 月 3 日）
民政部对"制定民间援助条例"的答复 ………（510）
　　（2023 年 7 月 14 日）
民政部对"关于健全专项救助政策的建议"
　　的答复 ……………………………（511）
　　（2022 年 7 月 4 日）
民政部对"关于加快社会救助立法进程的建
　　议"的答复 …………………………（512）
　　（2022 年 7 月 4 日）
民政部对"关于健全低收入和支出型贫困家
　　庭专项救助制度的建议"的答复 ……（512）
　　（2022 年 7 月 4 日）

一、综　合

中华人民共和国宪法（节录）

- 1982年12月4日第五届全国人民代表大会第五次会议通过
- 1982年12月4日全国人民代表大会公告公布施行
- 根据1988年4月12日第七届全国人民代表大会第一次会议通过的《中华人民共和国宪法修正案》、1993年3月29日第八届全国人民代表大会第一次会议通过的《中华人民共和国宪法修正案》、1999年3月15日第九届全国人民代表大会第二次会议通过的《中华人民共和国宪法修正案》、2004年3月14日第十届全国人民代表大会第二次会议通过的《中华人民共和国宪法修正案》和2018年3月11日第十三届全国人民代表大会第一次会议通过的《中华人民共和国宪法修正案》修正

……

第四十九条　【婚姻家庭制度】*婚姻、家庭、母亲和儿童受国家的保护。

夫妻双方有实行计划生育的义务。

父母有抚养教育未成年子女的义务，成年子女有赡养扶助父母的义务。

禁止破坏婚姻自由，禁止虐待老人、妇女和儿童。

……

中华人民共和国民法典（节录）

- 2020年5月28日第十三届全国人民代表大会第三次会议通过
- 2020年5月28日中华人民共和国主席令第45号公布
- 自2021年1月1日起施行

第一编　总　则
第一章　基本规定

第一条　【立法目的和依据】为了保护民事主体的合法权益，调整民事关系，维护社会和经济秩序，适应中国特色社会主义发展要求，弘扬社会主义核心价值观，根据宪法，制定本法。

第二条　【调整范围】民法调整平等主体的自然人、法人和非法人组织之间的人身关系和财产关系。

第三条　【民事权利及其他合法权益受法律保护】民事主体的人身权利、财产权利以及其他合法权益受法律保护，任何组织或者个人不得侵犯。

第四条　【平等原则】民事主体在民事活动中的法律地位一律平等。

第五条　【自愿原则】民事主体从事民事活动，应当遵循自愿原则，按照自己的意思设立、变更、终止民事法律关系。

第六条　【公平原则】民事主体从事民事活动，应当遵循公平原则，合理确定各方的权利和义务。

第七条　【诚信原则】民事主体从事民事活动，应当遵循诚信原则，秉持诚实，恪守承诺。

第八条　【守法与公序良俗原则】民事主体从事民事活动，不得违反法律，不得违背公序良俗。

第九条　【绿色原则】民事主体从事民事活动，应当有利于节约资源、保护生态环境。

第十条　【处理民事纠纷的依据】处理民事纠纷，应当依照法律；法律没有规定的，可以适用习惯，但是不得违背公序良俗。

第十一条　【特别法优先】其他法律对民事关系有特别规定的，依照其规定。

第十二条　【民法的效力范围】中华人民共和国领域内的民事活动，适用中华人民共和国法律。法律另有规定的，依照其规定。

第二章　自然人
第一节　民事权利能力和民事行为能力

第十三条　【自然人民事权利能力的起止时间】自然人从出生时起到死亡时止，具有民事权利能力，依法享有民事权利，承担民事义务。

第十四条　【民事权利能力平等】自然人的民事权利能力一律平等。

---

* 条文主旨为编者所加，下同。

第十五条　【出生和死亡时间的认定】自然人的出生时间和死亡时间,以出生证明、死亡证明记载的时间为准;没有出生证明、死亡证明的,以户籍登记或者其他有效身份登记记载的时间为准。有其他证据足以推翻以上记载时间的,以该证据证明的时间为准。

第十六条　【胎儿利益保护】涉及遗产继承、接受赠与等胎儿利益保护的,胎儿视为具有民事权利能力。但是,胎儿娩出时为死体的,其民事权利能力自始不存在。

第十七条　【成年时间】十八周岁以上的自然人为成年人。不满十八周岁的自然人为未成年人。

第十八条　【完全民事行为能力人】成年人为完全民事行为能力人,可以独立实施民事法律行为。

十六周岁以上的未成年人,以自己的劳动收入为主要生活来源的,视为完全民事行为能力人。

第十九条　【限制民事行为能力的未成年人】八周岁以上的未成年人为限制民事行为能力人,实施民事法律行为由其法定代理人代理或者经其法定代理人同意、追认;但是,可以独立实施纯获利益的民事法律行为或者与其年龄、智力相适应的民事法律行为。

第二十条　【无民事行为能力的未成年人】不满八周岁的未成年人为无民事行为能力人,由其法定代理人代理实施民事法律行为。

第二十一条　【无民事行为能力的成年人】不能辨认自己行为的成年人为无民事行为能力人,由其法定代理人代理实施民事法律行为。

八周岁以上的未成年人不能辨认自己行为的,适用前款规定。

第二十二条　【限制民事行为能力的成年人】不能完全辨认自己行为的成年人为限制民事行为能力人,实施民事法律行为由其法定代理人代理或者经其法定代理人同意、追认;但是,可以独立实施纯获利益的民事法律行为或者与其智力、精神健康状况相适应的民事法律行为。

第二十三条　【非完全民事行为能力人的法定代理人】无民事行为能力人、限制民事行为能力人的监护人是其法定代理人。

第二十四条　【民事行为能力的认定及恢复】不能辨认或者不能完全辨认自己行为的成年人,其利害关系人或者有关组织,可以向人民法院申请认定该成年人为无民事行为能力人或者限制民事行为能力人。

被人民法院认定为无民事行为能力人或者限制民事行为能力人的,经本人、利害关系人或者有关组织申请,人民法院可以根据其智力、精神健康恢复的状况,认定该成年人恢复为限制民事行为能力人或者完全民事行为能力人。

本条规定的有关组织包括:居民委员会、村民委员会、学校、医疗机构、妇女联合会、残疾人联合会、依法设立的老年人组织、民政部门等。

第二十五条　【自然人的住所】自然人以户籍登记或者其他有效身份登记记载的居所为住所;经常居所与住所不一致的,经常居所视为住所。

第二节　监　护

第二十六条　【父母子女之间的法律义务】父母对未成年子女负有抚养、教育和保护的义务。

成年子女对父母负有赡养、扶助和保护的义务。

第二十七条　【未成年人的监护人】父母是未成年子女的监护人。

未成年人的父母已经死亡或者没有监护能力的,由下列有监护能力的人按顺序担任监护人:

(一)祖父母、外祖父母;

(二)兄、姐;

(三)其他愿意担任监护人的个人或者组织,但是须经未成年人住所地的居民委员会、村民委员会或者民政部门同意。

第二十八条　【非完全民事行为能力成年人的监护人】无民事行为能力或者限制民事行为能力的成年人,由下列有监护能力的人按顺序担任监护人:

(一)配偶;

(二)父母、子女;

(三)其他近亲属;

(四)其他愿意担任监护人的个人或者组织,但是须经被监护人住所地的居民委员会、村民委员会或者民政部门同意。

第二十九条　【遗嘱指定监护】被监护人的父母担任监护人的,可以通过遗嘱指定监护人。

第三十条　【协议确定监护人】依法具有监护资格的人之间可以协议确定监护人。协议确定监护人应当尊重被监护人的真实意愿。

第三十一条　【监护争议解决程序】对监护人的确定有争议的,由被监护人住所地的居民委员会、村民委员会或者民政部门指定监护人,有关当事人对指定不服的,可以向人民法院申请指定监护人;有关当事人也可以直接向人民法院申请指定监护人。

居民委员会、村民委员会、民政部门或者人民法院应当尊重被监护人的真实意愿，按照最有利于被监护人的原则在依法具有监护资格的人中指定监护人。

依据本条第一款规定指定监护人前，被监护人的人身权利、财产权利以及其他合法权益处于无人保护状态的，由被监护人住所地的居民委员会、村民委员会、法律规定的有关组织或者民政部门担任临时监护人。

监护人被指定后，不得擅自变更；擅自变更的，不免除被指定的监护人的责任。

第三十二条　【公职监护人】没有依法具有监护资格的人的，监护人由民政部门担任，也可以由具备履行监护职责条件的被监护人住所地的居民委员会、村民委员会担任。

第三十三条　【意定监护】具有完全民事行为能力的成年人，可以与其近亲属、其他愿意担任监护人的个人或者组织事先协商，以书面形式确定自己的监护人，在自己丧失或者部分丧失民事行为能力时，由该监护人履行监护职责。

第三十四条　【监护职责及临时生活照料】监护人的职责是代理被监护人实施民事法律行为，保护被监护人的人身权利、财产权利以及其他合法权益等。

监护人依法履行监护职责产生的权利，受法律保护。

监护人不履行监护职责或者侵害被监护人合法权益的，应当承担法律责任。

因发生突发事件等紧急情况，监护人暂时无法履行监护职责，被监护人的生活处于无人照料状态的，被监护人住所地的居民委员会、村民委员会或者民政部门应当为被监护人安排必要的临时生活照料措施。

第三十五条　【履行监护职责应遵循的原则】监护人应当按照最有利于被监护人的原则履行监护职责。监护人除为维护被监护人利益外，不得处分被监护人的财产。

未成年人的监护人履行监护职责，在作出与被监护人利益有关的决定时，应当根据被监护人的年龄和智力状况，尊重被监护人的真实意愿。

成年人的监护人履行监护职责，应当最大程度地尊重被监护人的真实意愿，保障并协助被监护人实施与其智力、精神健康状况相适应的民事法律行为。对被监护人有能力独立处理的事务，监护人不得干涉。

第三十六条　【监护人资格的撤销】监护人有下列情形之一的，人民法院根据有关个人或者组织的申请，撤销其监护人资格，安排必要的临时监护措施，并按照最有利于被监护人的原则依法指定监护人：

（一）实施严重损害被监护人身心健康的行为；

（二）怠于履行监护职责，或者无法履行监护职责且拒绝将监护职责部分或者全部委托给他人，导致被监护人处于危困状态；

（三）实施严重侵害被监护人合法权益的其他行为。

本条规定的有关个人、组织包括：其他依法具有监护资格的人，居民委员会、村民委员会、学校、医疗机构、妇女联合会、残疾人联合会、未成年人保护组织、依法设立的老年人组织、民政部门等。

前款规定的个人和民政部门以外的组织未及时向人民法院申请撤销监护人资格的，民政部门应当向人民法院申请。

第三十七条　【监护人资格撤销后的义务】依法负担被监护人抚养费、赡养费、扶养费的父母、子女、配偶等，被人民法院撤销监护人资格后，应当继续履行负担的义务。

第三十八条　【监护人资格的恢复】被监护人的父母或者子女被人民法院撤销监护人资格后，除对被监护人实施故意犯罪的外，确有悔改表现的，经其申请，人民法院可以在尊重被监护人真实意愿的前提下，视情况恢复其监护人资格，人民法院指定的监护人与被监护人的监护关系同时终止。

第三十九条　【监护关系的终止】有下列情形之一的，监护关系终止：

（一）被监护人取得或者恢复完全民事行为能力；

（二）监护人丧失监护能力；

（三）被监护人或者监护人死亡；

（四）人民法院认定监护关系终止的其他情形。

监护关系终止后，被监护人仍然需要监护的，应当依法另行确定监护人。

第三节　宣告失踪和宣告死亡

第四十条　【宣告失踪】自然人下落不明满二年的，利害关系人可以向人民法院申请宣告该自然人为失踪人。

第四十一条　【下落不明的起算时间】自然人下落不明的时间自其失去音讯之日起计算。战争期间下落不明的，下落不明的时间自战争结束之日或者有关机关确定的下落不明之日起计算。

第四十二条　【财产代管人】失踪人的财产由其配偶、成年子女、父母或者其他愿意担任财产代管人的人代管。

代管有争议，没有前款规定的人，或者前款规定的人无代管能力的，由人民法院指定的人代管。

第四十三条 【财产代管人的职责】财产代管人应当妥善管理失踪人的财产，维护其财产权益。

失踪人所欠税款、债务和应付的其他费用，由财产代管人从失踪人的财产中支付。

财产代管人因故意或者重大过失造成失踪人财产损失的，应当承担赔偿责任。

第四十四条 【财产代管人的变更】财产代管人不履行代管职责、侵害失踪人财产权益或者丧失代管能力的，失踪人的利害关系人可以向人民法院申请变更财产代管人。

财产代管人有正当理由的，可以向人民法院申请变更财产代管人。

人民法院变更财产代管人的，变更后的财产代管人有权请求原财产代管人及时移交有关财产并报告财产代管情况。

第四十五条 【失踪宣告的撤销】失踪人重新出现，经本人或者利害关系人申请，人民法院应当撤销失踪宣告。

失踪人重新出现，有权请求财产代管人及时移交有关财产并报告财产代管情况。

第四十六条 【宣告死亡】自然人有下列情形之一的，利害关系人可以向人民法院申请宣告该自然人死亡：

（一）下落不明满四年；

（二）因意外事件，下落不明满二年。

因意外事件下落不明，经有关机关证明该自然人不可能生存的，申请宣告死亡不受二年时间的限制。

第四十七条 【宣告失踪与宣告死亡申请的竞合】对同一自然人，有的利害关系人申请宣告死亡，有的利害关系人申请宣告失踪，符合本法规定的宣告死亡条件的，人民法院应当宣告死亡。

第四十八条 【死亡日期的确定】被宣告死亡的人，人民法院宣告死亡的判决作出之日视为其死亡的日期；因意外事件下落不明宣告死亡的，意外事件发生之日视为其死亡的日期。

第四十九条 【被宣告死亡人实际生存时的行为效力】自然人被宣告死亡但是并未死亡的，不影响该自然人在被宣告死亡期间实施的民事法律行为的效力。

第五十条 【死亡宣告的撤销】被宣告死亡的人重新出现，经本人或者利害关系人申请，人民法院应当撤销死亡宣告。

第五十一条 【宣告死亡及其撤销后婚姻关系的效力】被宣告死亡的人的婚姻关系，自死亡宣告之日起消除。死亡宣告被撤销的，婚姻关系自撤销死亡宣告之日起自行恢复。但是，其配偶再婚或者向婚姻登记机关书面声明不愿意恢复的除外。

第五十二条 【死亡宣告撤销后子女被收养的效力】被宣告死亡的人在被宣告死亡期间，其子女被他人依法收养的，在死亡宣告被撤销后，不得以未经本人同意为由主张收养行为无效。

第五十三条 【死亡宣告撤销后的财产返还与赔偿责任】被撤销死亡宣告的人有权请求依照本法第六编取得其财产的民事主体返还财产；无法返还的，应当给予适当补偿。

利害关系人隐瞒真实情况，致使他人被宣告死亡而取得其财产的，除应当返还财产外，还应当对由此造成的损失承担赔偿责任。

第四节 个体工商户和农村承包经营户

第五十四条 【个体工商户】自然人从事工商业经营，经依法登记，为个体工商户。个体工商户可以起字号。

第五十五条 【农村承包经营户】农村集体经济组织的成员，依法取得农村土地承包经营权，从事家庭承包经营的，为农村承包经营户。

第五十六条 【"两户"的债务承担】个体工商户的债务，个人经营的，以个人财产承担；家庭经营的，以家庭财产承担；无法区分的，以家庭财产承担。

农村承包经营户的债务，以从事农村土地承包经营的农户财产承担；事实上由农户部分成员经营的，以该部分成员的财产承担。

第三章 法 人
第一节 一般规定

第五十七条 【法人的定义】法人是具有民事权利能力和民事行为能力，依法独立享有民事权利和承担民事义务的组织。

第五十八条 【法人的成立】法人应当依法成立。

法人应当有自己的名称、组织机构、住所、财产或者经费。法人成立的具体条件和程序，依照法律、行政法规的规定。

设立法人，法律、行政法规规定须经有关机关批准的，依照其规定。

第五十九条 【法人的民事权利能力和民事行为能力】法人的民事权利能力和民事行为能力，从法人成立时产生,到法人终止时消灭。

第六十条 【法人的民事责任承担】法人以其全部财产独立承担民事责任。

第六十一条 【法定代表人】依照法律或者法人章程的规定,代表法人从事民事活动的负责人,为法人的法定代表人。

法定代表人以法人名义从事的民事活动,其法律后果由法人承受。

法人章程或者法人权力机构对法定代表人代表权的限制,不得对抗善意相对人。

第六十二条 【法定代表人职务行为的法律责任】法定代表人因执行职务造成他人损害的,由法人承担民事责任。

法人承担民事责任后,依照法律或者法人章程的规定,可以向有过错的法定代表人追偿。

第六十三条 【法人的住所】法人以其主要办事机构所在地为住所。依法需要办理法人登记的,应当将主要办事机构所在地登记为住所。

第六十四条 【法人的变更登记】法人存续期间登记事项发生变化的,应当依法向登记机关申请变更登记。

第六十五条 【法人登记的对抗效力】法人的实际情况与登记的事项不一致的,不得对抗善意相对人。

第六十六条 【法人登记公示制度】登记机关应当依法及时公示法人登记的有关信息。

第六十七条 【法人合并、分立后的权利义务承担】法人合并的,其权利和义务由合并后的法人享有和承担。

法人分立的,其权利和义务由分立后的法人享有连带债权,承担连带债务,但是债权人和债务人另有约定的除外。

第六十八条 【法人的终止】有下列原因之一并依法完成清算、注销登记的,法人终止:

(一)法人解散;

(二)法人被宣告破产;

(三)法律规定的其他原因。

法人终止,法律、行政法规规定须经有关机关批准的,依照其规定。

第六十九条 【法人的解散】有下列情形之一的,法人解散:

(一)法人章程规定的存续期间届满或者法人章程规定的其他解散事由出现;

(二)法人的权力机构决议解散;

(三)因法人合并或者分立需要解散;

(四)法人依法被吊销营业执照、登记证书,被责令关闭或者被撤销;

(五)法律规定的其他情形。

第七十条 【法人解散后的清算】法人解散的,除合并或者分立的情形外,清算义务人应当及时组成清算组进行清算。

法人的董事、理事等执行机构或者决策机构的成员为清算义务人。法律、行政法规另有规定的,依照其规定。

清算义务人未及时履行清算义务,造成损害的,应当承担民事责任;主管机关或者利害关系人可以申请人民法院指定有关人员组成清算组进行清算。

第七十一条 【法人清算的法律适用】法人的清算程序和清算组职权,依照有关法律的规定;没有规定的,参照适用公司法律的有关规定。

第七十二条 【清算的法律效果】清算期间法人存续,但是不得从事与清算无关的活动。

法人清算后的剩余财产,按照法人章程的规定或者法人权力机构的决议处理。法律另有规定的,依照其规定。

清算结束并完成法人注销登记时,法人终止;依法不需要办理法人登记的,清算结束时,法人终止。

第七十三条 【法人因破产而终止】法人被宣告破产的,依法进行破产清算并完成法人注销登记时,法人终止。

第七十四条 【法人的分支机构】法人可以依法设立分支机构。法律、行政法规规定分支机构应当登记的,依照其规定。

分支机构以自己的名义从事民事活动,产生的民事责任由法人承担;也可以先以该分支机构管理的财产承担,不足以承担的,由法人承担。

第七十五条 【法人设立行为的法律后果】设立人为设立法人从事的民事活动,其法律后果由法人承受;法人未成立的,其法律后果由设立人承受,设立人为二人以上的,享有连带债权,承担连带债务。

设立人为设立法人以自己的名义从事民事活动产生的民事责任,第三人有权选择请求法人或者设立人承担。

第二节 营利法人

第七十六条 【营利法人的定义和类型】以取得利润并分配给股东等出资人为目的成立的法人,为营利法人。

营利法人包括有限责任公司、股份有限公司和其他企业法人等。

第七十七条 【营利法人的成立】营利法人经依法登记成立。

第七十八条 【营利法人的营业执照】依法设立的营利法人，由登记机关发给营利法人营业执照。营业执照签发日期为营利法人的成立日期。

第七十九条 【营利法人的章程】设立营利法人应当依法制定法人章程。

第八十条 【营利法人的权力机构】营利法人应当设权力机构。

权力机构行使修改法人章程，选举或者更换执行机构、监督机构成员，以及法人章程规定的其他职权。

第八十一条 【营利法人的执行机构】营利法人应当设执行机构。

执行机构行使召集权力机构会议，决定法人的经营计划和投资方案，决定法人内部管理机构的设置，以及法人章程规定的其他职权。

执行机构为董事会或者执行董事的，董事长、执行董事或者经理按照法人章程的规定担任法定代表人；未设董事会或者执行董事的，法人章程规定的主要负责人为其执行机构和法定代表人。

第八十二条 【营利法人的监督机构】营利法人设监事会或者监事等监督机构的，监督机构依法行使检查法人财务，监督执行机构成员、高级管理人员执行法人职务的行为，以及法人章程规定的其他职权。

第八十三条 【出资人滥用权利的责任承担】营利法人的出资人不得滥用出资人权利损害法人或者其他出资人的利益；滥用出资人权利造成法人或者其他出资人损失的，应当依法承担民事责任。

营利法人的出资人不得滥用法人独立地位和出资人有限责任损害法人债权人的利益；滥用法人独立地位和出资人有限责任，逃避债务，严重损害法人债权人的利益的，应当对法人债务承担连带责任。

第八十四条 【利用关联关系造成损失的赔偿责任】营利法人的控股出资人、实际控制人、董事、监事、高级管理人员不得利用其关联关系损害法人的利益；利用关联关系造成法人损失的，应当承担赔偿责任。

第八十五条 【营利法人出资人对瑕疵决议的撤销权】营利法人的权力机构、执行机构作出决议的会议召集程序、表决方式违反法律、行政法规、法人章程，或者决议内容违反法人章程的，营利法人的出资人可以请求人民法院撤销该决议。但是，营利法人依据该决议与善意相对人形成的民事法律关系不受影响。

第八十六条 【营利法人的社会责任】营利法人从事经营活动，应当遵守商业道德，维护交易安全，接受政府和社会的监督，承担社会责任。

第三节 非营利法人

第八十七条 【非营利法人的定义和范围】为公益目的或者其他非营利目的成立，不向出资人、设立人或者会员分配所取得利润的法人，为非营利法人。

非营利法人包括事业单位、社会团体、基金会、社会服务机构等。

第八十八条 【事业单位法人资格的取得】具备法人条件，为适应经济社会发展需要，提供公益服务设立的事业单位，经依法登记成立，取得事业单位法人资格；依法不需要办理法人登记的，从成立之日起，具有事业单位法人资格。

第八十九条 【事业单位法人的组织机构】事业单位法人设理事会的，除法律另有规定外，理事会为其决策机构。事业单位法人的法定代表人依照法律、行政法规或者法人章程的规定产生。

第九十条 【社会团体法人资格的取得】具备法人条件，基于会员共同意愿，为公益目的或者会员共同利益等非营利目的设立的社会团体，经依法登记成立，取得社会团体法人资格；依法不需要办理法人登记的，从成立之日起，具有社会团体法人资格。

第九十一条 【社会团体法人章程和组织机构】设立社会团体法人应当依法制定法人章程。

社会团体法人应当设会员大会或者会员代表大会等权力机构。

社会团体法人应当设理事会等执行机构。理事长或者会长等负责人按照法人章程的规定担任法定代表人。

第九十二条 【捐助法人】具备法人条件，为公益目的以捐助财产设立的基金会、社会服务机构等，经依法登记成立，取得捐助法人资格。

依法设立的宗教活动场所，具备法人条件的，可以申请法人登记，取得捐助法人资格。法律、行政法规对宗教活动场所有规定的，依照其规定。

第九十三条 【捐助法人章程和组织机构】设立捐助法人应当依法制定法人章程。

捐助法人应当设理事会、民主管理组织等决策机构，并设执行机构。理事长等负责人按照法人章程的规定担任法定代表人。

捐助法人应当设监事会等监督机构。

第九十四条　【捐助人的权利】捐助人有权向捐助法人查询捐助财产的使用、管理情况，并提出意见和建议，捐助法人应当及时、如实答复。

捐助法人的决策机构、执行机构或者法定代表人作出决定的程序违反法律、行政法规、法人章程，或者决定内容违反法人章程的，捐助人等利害关系人或者主管机关可以请求人民法院撤销该决定。但是，捐助法人依据该决定与善意相对人形成的民事法律关系不受影响。

第九十五条　【公益性非营利法人剩余财产的处理】为公益目的成立的非营利法人终止时，不得向出资人、设立人或者会员分配剩余财产。剩余财产应当按照法人章程的规定或者权力机构的决议用于公益目的；无法按照法人章程的规定或者权力机构的决议处理的，由主管机关主持转给宗旨相同或者相近的法人，并向社会公告。

第四节　特别法人

第九十六条　【特别法人的类型】本节规定的机关法人、农村集体经济组织法人、城镇农村的合作经济组织法人、基层群众性自治组织法人，为特别法人。

第九十七条　【机关法人】有独立经费的机关和承担行政职能的法定机构从成立之日起，具有机关法人资格，可以从事为履行职能所需要的民事活动。

第九十八条　【机关法人的终止】机关法人被撤销的，法人终止，其民事权利和义务由继任的机关法人享有和承担；没有继任的机关法人的，由作出撤销决定的机关法人享有和承担。

第九十九条　【农村集体经济组织法人】农村集体经济组织依法取得法人资格。

法律、行政法规对农村集体经济组织有规定的，依照其规定。

第一百条　【合作经济组织法人】城镇农村的合作经济组织依法取得法人资格。

法律、行政法规对城镇农村的合作经济组织有规定的，依照其规定。

第一百零一条　【基层群众性自治组织法人】居民委员会、村民委员会具有基层群众性自治组织法人资格，可以从事为履行职能所需要的民事活动。

未设立村集体经济组织的，村民委员会可以依法代行村集体经济组织的职能。

第四章　非法人组织

第一百零二条　【非法人组织的定义】非法人组织是不具有法人资格，但是能够依法以自己的名义从事民事活动的组织。

非法人组织包括个人独资企业、合伙企业、不具有法人资格的专业服务机构等。

第一百零三条　【非法人组织的设立程序】非法人组织应当依照法律的规定登记。

设立非法人组织，法律、行政法规规定须经有关机关批准的，依照其规定。

第一百零四条　【非法人组织的债务承担】非法人组织的财产不足以清偿债务的，其出资人或者设立人承担无限责任。法律另有规定的，依照其规定。

第一百零五条　【非法人组织的代表人】非法人组织可以确定一人或者数人代表该组织从事民事活动。

第一百零六条　【非法人组织的解散】有下列情形之一的，非法人组织解散：

（一）章程规定的存续期间届满或者章程规定的其他解散事由出现；

（二）出资人或者设立人决定解散；

（三）法律规定的其他情形。

第一百零七条　【非法人组织的清算】非法人组织解散的，应当依法进行清算。

第一百零八条　【非法人组织的参照适用规定】非法人组织除适用本章规定外，参照适用本编第三章第一节的有关规定。

第五章　民事权利

第一百零九条　【一般人格权】自然人的人身自由、人格尊严受法律保护。

第一百一十条　【民事主体的人格权】自然人享有生命权、身体权、健康权、姓名权、肖像权、名誉权、荣誉权、隐私权、婚姻自主权等权利。

法人、非法人组织享有名称权、名誉权和荣誉权。

第一百一十一条　【个人信息受法律保护】自然人的个人信息受法律保护。任何组织或者个人需要获取他人个人信息的，应当依法取得并确保信息安全，不得非法收集、使用、加工、传输他人个人信息，不得非法买卖、提供或者公开他人个人信息。

第一百一十二条　【婚姻家庭关系等产生的人身权利】自然人因婚姻家庭关系等产生的人身权利受法律保护。

第一百一十三条　【财产权受法律平等保护】民事主体的财产权受法律平等保护。

第一百一十四条　【物权的定义及类型】民事主体

依法享有物权。

物权是权利人依法对特定的物有直接支配和排他的权利,包括所有权、用益物权和担保物权。

第一百一十五条 【物权的客体】物包括不动产和动产。法律规定权利作为物权客体的,依照其规定。

第一百一十六条 【物权法定原则】物权的种类和内容,由法律规定。

第一百一十七条 【征收与征用】为了公共利益的需要,依照法律规定的权限和程序征收、征用不动产或者动产,应当给予公平、合理的补偿。

第一百一十八条 【债权的定义】民事主体依法享有债权。

债权是因合同、侵权行为、无因管理、不当得利以及法律的其他规定,权利人请求特定义务人为或者不为一定行为的权利。

第一百一十九条 【合同之债】依法成立的合同,对当事人具有法律约束力。

第一百二十条 【侵权之债】民事权益受到侵害的,被侵权人有权请求侵权人承担侵权责任。

第一百二十一条 【无因管理之债】没有法定的或者约定的义务,为避免他人利益受损失而进行管理的人,有权请求受益人偿还由此支出的必要费用。

第一百二十二条 【不当得利之债】因他人没有法律根据,取得不当利益,受损失的人有权请求其返还不当利益。

第一百二十三条 【知识产权及其客体】民事主体依法享有知识产权。

知识产权是权利人依法就下列客体享有的专有的权利:

(一)作品;
(二)发明、实用新型、外观设计;
(三)商标;
(四)地理标志;
(五)商业秘密;
(六)集成电路布图设计;
(七)植物新品种;
(八)法律规定的其他客体。

第一百二十四条 【继承权及其客体】自然人依法享有继承权。

自然人合法的私有财产,可以依法继承。

第一百二十五条 【投资性权利】民事主体依法享有股权和其他投资性权利。

第一百二十六条 【其他民事权益】民事主体享有法律规定的其他民事权利和利益。

第一百二十七条 【对数据和网络虚拟财产的保护】法律对数据、网络虚拟财产的保护有规定的,依照其规定。

第一百二十八条 【对弱势群体的特别保护】法律对未成年人、老年人、残疾人、妇女、消费者等的民事权利保护有特别规定的,依照其规定。

第一百二十九条 【民事权利的取得方式】民事权利可以依据民事法律行为、事实行为、法律规定的事件或者法律规定的其他方式取得。

第一百三十条 【权利行使的自愿原则】民事主体按照自己的意愿依法行使民事权利,不受干涉。

第一百三十一条 【权利人的义务履行】民事主体行使权利时,应当履行法律规定的和当事人约定的义务。

第一百三十二条 【禁止权利滥用】民事主体不得滥用民事权利损害国家利益、社会公共利益或者他人合法权益。

第六章 民事法律行为
第一节 一般规定

第一百三十三条 【民事法律行为的定义】民事法律行为是民事主体通过意思表示设立、变更、终止民事法律关系的行为。

第一百三十四条 【民事法律行为的成立】民事法律行为可以基于双方或者多方的意思表示一致成立,也可以基于单方的意思表示成立。

法人、非法人组织依照法律或者章程规定的议事方式和表决程序作出决议的,该决议行为成立。

第一百三十五条 【民事法律行为的形式】民事法律行为可以采用书面形式、口头形式或者其他形式;法律、行政法规规定或者当事人约定采用特定形式的,应当采用特定形式。

第一百三十六条 【民事法律行为的生效】民事法律行为自成立时生效,但是法律另有规定或者当事人另有约定的除外。

行为人非依法律规定或者未经对方同意,不得擅自变更或者解除民事法律行为。

第二节 意思表示

第一百三十七条 【有相对人的意思表示的生效时间】以对话方式作出的意思表示,相对人知道其内容时生效。

以非对话方式作出的意思表示,到达相对人时生效。以非对话方式作出的采用数据电文形式的意思表示,相对人指定特定系统接收数据电文的,该数据电文进入该特定系统时生效;未指定特定系统的,相对人知道或者应当知道该数据电文进入其系统时生效。当事人对采用数据电文形式的意思表示的生效时间另有约定的,按照其约定。

第一百三十八条 【无相对人的意思表示的生效时间】无相对人的意思表示,表示完成时生效。法律另有规定的,依照其规定。

第一百三十九条 【公告的意思表示的生效时间】以公告方式作出的意思表示,公告发布时生效。

第一百四十条 【意思表示的方式】行为人可以明示或者默示作出意思表示。

沉默只有在有法律规定、当事人约定或者符合当事人之间的交易习惯时,才可以视为意思表示。

第一百四十一条 【意思表示的撤回】行为人可以撤回意思表示。撤回意思表示的通知应当在意思表示到达相对人前或者与意思表示同时到达相对人。

第一百四十二条 【意思表示的解释】有相对人的意思表示的解释,应当按照所使用的词句,结合相关条款、行为的性质和目的、习惯以及诚信原则,确定意思表示的含义。

无相对人的意思表示的解释,不能完全拘泥于所使用的词句,而应当结合相关条款、行为的性质和目的、习惯以及诚信原则,确定行为人的真实意思。

第三节 民事法律行为的效力

第一百四十三条 【民事法律行为的有效条件】具备下列条件的民事法律行为有效:

(一)行为人具有相应的民事行为能力;

(二)意思表示真实;

(三)不违反法律、行政法规的强制性规定,不违背公序良俗。

第一百四十四条 【无民事行为能力人实施的民事法律行为】无民事行为能力人实施的民事法律行为无效。

第一百四十五条 【限制民事行为能力人实施的民事法律行为】限制民事行为能力人实施的纯获利益的民事法律行为或者与其年龄、智力、精神健康状况相适应的民事法律行为有效;实施的其他民事法律行为经法定代理人同意或者追认后有效。

相对人可以催告法定代理人自收到通知之日起三十日内予以追认。法定代理人未作表示的,视为拒绝追认。民事法律行为被追认前,善意相对人有撤销的权利。撤销应当以通知的方式作出。

第一百四十六条 【虚假表示与隐藏行为效力】行为人与相对人以虚假的意思表示实施的民事法律行为无效。

以虚假的意思表示隐藏的民事法律行为的效力,依照有关法律规定处理。

第一百四十七条 【重大误解】基于重大误解实施的民事法律行为,行为人有权请求人民法院或者仲裁机构予以撤销。

第一百四十八条 【欺诈】一方以欺诈手段,使对方在违背真实意思的情况下实施的民事法律行为,受欺诈方有权请求人民法院或者仲裁机构予以撤销。

第一百四十九条 【第三人欺诈】第三人实施欺诈行为,使一方在违背真实意思的情况下实施的民事法律行为,对方知道或者应当知道该欺诈行为的,受欺诈方有权请求人民法院或者仲裁机构予以撤销。

第一百五十条 【胁迫】一方或者第三人以胁迫手段,使对方在违背真实意思的情况下实施的民事法律行为,受胁迫方有权请求人民法院或者仲裁机构予以撤销。

第一百五十一条 【乘人之危导致的显失公平】一方利用对方处于危困状态、缺乏判断能力等情形,致使民事法律行为成立时显失公平的,受损害方有权请求人民法院或者仲裁机构予以撤销。

第一百五十二条 【撤销权的消灭期间】有下列情形之一的,撤销权消灭:

(一)当事人自知道或者应当知道撤销事由之日起一年内、重大误解的当事人自知道或者应当知道撤销事由之日起九十日内没有行使撤销权;

(二)当事人受胁迫,自胁迫行为终止之日起一年内没有行使撤销权;

(三)当事人知道撤销事由后明确表示或者以自己的行为表明放弃撤销权。

当事人自民事法律行为发生之日起五年内没有行使撤销权的,撤销权消灭。

第一百五十三条 【违反强制性规定及违背公序良俗的民事法律行为的效力】违反法律、行政法规的强制性规定的民事法律行为无效。但是,该强制性规定不导致该民事法律行为无效的除外。

违背公序良俗的民事法律行为无效。

第一百五十四条 【恶意串通】行为人与相对人恶意串通,损害他人合法权益的民事法律行为无效。

第一百五十五条　【无效或者被撤销民事法律行为自始无效】无效的或者被撤销的民事法律行为自始没有法律约束力。

第一百五十六条　【民事法律行为部分无效】民事法律行为部分无效,不影响其他部分效力的,其他部分仍然有效。

第一百五十七条　【民事法律行为无效、被撤销、不生效力的法律后果】民事法律行为无效、被撤销或者确定不发生效力后,行为人因该行为取得的财产,应当予以返还;不能返还或者没有必要返还的,应当折价补偿。有过错的一方应当赔偿对方由此所受到的损失;各方都有过错的,应当各自承担相应的责任。法律另有规定的,依照其规定。

第四节　民事法律行为的附条件和附期限

第一百五十八条　【附条件的民事法律行为】民事法律行为可以附条件,但是根据其性质不得附条件的除外。附生效条件的民事法律行为,自条件成就时生效。附解除条件的民事法律行为,自条件成就时失效。

第一百五十九条　【条件成就或不成就的拟制】附条件的民事法律行为,当事人为自己的利益不正当地阻止条件成就的,视为条件已经成就;不正当地促成条件成就的,视为条件不成就。

第一百六十条　【附期限的民事法律行为】民事法律行为可以附期限,但是根据其性质不得附期限的除外。附生效期限的民事法律行为,自期限届至时生效。附终止期限的民事法律行为,自期限届满时失效。

第七章　代　理
第一节　一般规定

第一百六十一条　【代理的适用范围】民事主体可以通过代理人实施民事法律行为。

依照法律规定、当事人约定或者民事法律行为的性质,应当由本人亲自实施的民事法律行为,不得代理。

第一百六十二条　【代理的效力】代理人在代理权限内,以被代理人名义实施的民事法律行为,对被代理人发生效力。

第一百六十三条　【代理的类型】代理包括委托代理和法定代理。

委托代理人按照被代理人的委托行使代理权。法定代理人依照法律的规定行使代理权。

第一百六十四条　【不当代理的民事责任】代理人不履行或者不完全履行职责,造成被代理人损害的,应当承担民事责任。

代理人和相对人恶意串通,损害被代理人合法权益的,代理人和相对人应当承担连带责任。

第二节　委托代理

第一百六十五条　【授权委托书】委托代理授权采用书面形式的,授权委托书应当载明代理人的姓名或者名称、代理事项、权限和期限,并由被代理人签名或者盖章。

第一百六十六条　【共同代理】数人为同一代理事项的代理人的,应当共同行使代理权,但是当事人另有约定的除外。

第一百六十七条　【违法代理的责任承担】代理人知道或者应当知道代理事项违法仍然实施代理行为,或者被代理人知道或者应当知道代理人的代理行为违法未作反对表示的,被代理人和代理人应当承担连带责任。

第一百六十八条　【禁止自己代理和双方代理】代理人不得以被代理人的名义与自己实施民事法律行为,但是被代理人同意或者追认的除外。

代理人不得以被代理人的名义与自己同时代理的其他人实施民事法律行为,但是被代理的双方同意或者追认的除外。

第一百六十九条　【复代理】代理人需要转委托第三人代理的,应当取得被代理人的同意或者追认。

转委托代理经被代理人同意或者追认的,被代理人可以就代理事务直接指示转委托的第三人,代理人仅就第三人的选任以及对第三人的指示承担责任。

转委托代理未经被代理人同意或者追认的,代理人应当对转委托的第三人的行为承担责任;但是,在紧急情况下代理人为了维护被代理人的利益需要转委托第三人代理的除外。

第一百七十条　【职务代理】执行法人或者非法人组织工作任务的人员,就其职权范围内的事项,以法人或者非法人组织的名义实施的民事法律行为,对法人或者非法人组织发生效力。

法人或者非法人组织对执行其工作任务的人员职权范围的限制,不得对抗善意相对人。

第一百七十一条　【无权代理】行为人没有代理权、超越代理权或者代理权终止后,仍然实施代理行为,未经被代理人追认的,对被代理人不发生效力。

相对人可以催告被代理人自收到通知之日起三十日内予以追认。被代理人未作表示的,视为拒绝追认。行为人实施的行为被追认前,善意相对人有撤销的权利。

撤销应当以通知的方式作出。

行为人实施的行为未被追认的,善意相对人有权请求行为人履行债务或者就其受到的损害请求行为人赔偿。但是,赔偿的范围不得超过被代理人追认时相对人所能获得的利益。

相对人知道或者应当知道行为人无权代理的,相对人和行为人按照各自的过错承担责任。

第一百七十二条　【表见代理】行为人没有代理权、超越代理权或者代理权终止后,仍然实施代理行为,相对人有理由相信行为人有代理权的,代理行为有效。

第三节　代理终止

第一百七十三条　【委托代理的终止】有下列情形之一的,委托代理终止:

(一)代理期限届满或者代理事务完成;

(二)被代理人取消委托或者代理人辞去委托;

(三)代理人丧失民事行为能力;

(四)代理人或者被代理人死亡;

(五)作为代理人或者被代理人的法人、非法人组织终止。

第一百七十四条　【委托代理终止的例外】被代理人死亡后,有下列情形之一的,委托代理人实施的代理行为有效:

(一)代理人不知道且不应当知道被代理人死亡;

(二)被代理人的继承人予以承认;

(三)授权中明确代理权在代理事务完成时终止;

(四)被代理人死亡前已经实施,为了被代理人的继承人的利益继续代理。

作为被代理人的法人、非法人组织终止的,参照适用前款规定。

第一百七十五条　【法定代理的终止】有下列情形之一的,法定代理终止:

(一)被代理人取得或者恢复完全民事行为能力;

(二)代理人丧失民事行为能力;

(三)代理人或者被代理人死亡;

(四)法律规定的其他情形。

第八章　民事责任

第一百七十六条　【民事责任】民事主体依照法律规定或者按照当事人约定,履行民事义务,承担民事责任。

第一百七十七条　【按份责任】二人以上依法承担按份责任,能够确定责任大小的,各自承担相应的责任;难以确定责任大小的,平均承担责任。

第一百七十八条　【连带责任】二人以上依法承担连带责任的,权利人有权请求部分或者全部连带责任人承担责任。

连带责任人的责任份额根据各自责任大小确定;难以确定责任大小的,平均承担责任。实际承担责任超过自己责任份额的连带责任人,有权向其他连带责任人追偿。

连带责任,由法律规定或者当事人约定。

第一百七十九条　【民事责任的承担方式】承担民事责任的方式主要有:

(一)停止侵害;

(二)排除妨碍;

(三)消除危险;

(四)返还财产;

(五)恢复原状;

(六)修理、重作、更换;

(七)继续履行;

(八)赔偿损失;

(九)支付违约金;

(十)消除影响、恢复名誉;

(十一)赔礼道歉。

法律规定惩罚性赔偿的,依照其规定。

本条规定的承担民事责任的方式,可以单独适用,也可以合并适用。

第一百八十条　【不可抗力】因不可抗力不能履行民事义务的,不承担民事责任。法律另有规定的,依照其规定。

不可抗力是不能预见、不能避免且不能克服的客观情况。

第一百八十一条　【正当防卫】因正当防卫造成损害的,不承担民事责任。

正当防卫超过必要的限度,造成不应有的损害的,正当防卫人应当承担适当的民事责任。

第一百八十二条　【紧急避险】因紧急避险造成损害的,由引起险情发生的人承担民事责任。

危险由自然原因引起的,紧急避险人不承担民事责任,可以给予适当补偿。

紧急避险采取措施不当或者超过必要的限度,造成不应有的损害的,紧急避险人应当承担适当的民事责任。

第一百八十三条　【因保护他人民事权益而受损的责任承担】因保护他人民事权益使自己受到损害的,由侵权人承担民事责任,受益人可以给予适当补偿。没有侵权人、侵权人逃逸或者无力承担民事责任,受害人请求补偿的,受益人应当给予适当补偿。

第一百八十四条 【紧急救助的责任豁免】因自愿实施紧急救助行为造成受助人损害的,救助人不承担民事责任。

第一百八十五条 【英雄烈士人格利益的保护】侵害英雄烈士等的姓名、肖像、名誉、荣誉,损害社会公共利益的,应当承担民事责任。

第一百八十六条 【违约责任与侵权责任的竞合】因当事人一方的违约行为,损害对方人身权益、财产权益的,受损害方有权选择请求其承担违约责任或者侵权责任。

第一百八十七条 【民事责任优先】民事主体因同一行为应当承担民事责任、行政责任和刑事责任的,承担行政责任或者刑事责任不影响承担民事责任;民事主体的财产不足以支付的,优先用于承担民事责任。

第九章 诉讼时效

第一百八十八条 【普通诉讼时效】向人民法院请求保护民事权利的诉讼时效期间为三年。法律另有规定的,依照其规定。

诉讼时效期间自权利人知道或者应当知道权利受到损害以及义务人之日起计算。法律另有规定的,依照其规定。但是,自权利受到损害之日起超过二十年的,人民法院不予保护,有特殊情况的,人民法院可以根据权利人的申请决定延长。

第一百八十九条 【分期履行债务诉讼时效的起算】当事人约定同一债务分期履行的,诉讼时效期间自最后一期履行期限届满之日起计算。

第一百九十条 【对法定代理人请求权诉讼时效的起算】无民事行为能力人或者限制民事行为能力人对其法定代理人的请求权的诉讼时效期间,自该法定代理终止之日起计算。

第一百九十一条 【未成年人遭受性侵害的损害赔偿诉讼时效的起算】未成年人遭受性侵害的损害赔偿请求权的诉讼时效期间,自受害人年满十八周岁之日起计算。

第一百九十二条 【诉讼时效届满的法律效果】诉讼时效期间届满的,义务人可以提出不履行义务的抗辩。

诉讼时效期间届满后,义务人同意履行的,不得以诉讼时效期间届满为由抗辩;义务人已经自愿履行的,不得请求返还。

第一百九十三条 【诉讼时效援用】人民法院不得主动适用诉讼时效的规定。

第一百九十四条 【诉讼时效的中止】在诉讼时效期间的最后六个月内,因下列障碍,不能行使请求权的,诉讼时效中止:

(一)不可抗力;

(二)无民事行为能力人或者限制民事行为能力人没有法定代理人,或者法定代理人死亡、丧失民事行为能力、丧失代理权;

(三)继承开始后未确定继承人或者遗产管理人;

(四)权利人被义务人或者其他人控制;

(五)其他导致权利人不能行使请求权的障碍。

自中止时效的原因消除之日起满六个月,诉讼时效期间届满。

第一百九十五条 【诉讼时效的中断】有下列情形之一的,诉讼时效中断,从中断、有关程序终结时起,诉讼时效期间重新计算:

(一)权利人向义务人提出履行请求;

(二)义务人同意履行义务;

(三)权利人提起诉讼或者申请仲裁;

(四)与提起诉讼或者申请仲裁具有同等效力的其他情形。

第一百九十六条 【不适用诉讼时效的情形】下列请求权不适用诉讼时效的规定:

(一)请求停止侵害、排除妨碍、消除危险;

(二)不动产物权和登记的动产物权的权利人请求返还财产;

(三)请求支付抚养费、赡养费或者扶养费;

(四)依法不适用诉讼时效的其他请求权。

第一百九十七条 【诉讼时效法定】诉讼时效的期间、计算方法以及中止、中断的事由由法律规定,当事人约定无效。

当事人对诉讼时效利益的预先放弃无效。

第一百九十八条 【仲裁时效】法律对仲裁时效有规定的,依照其规定;没有规定的,适用诉讼时效的规定。

第一百九十九条 【除斥期间】法律规定或者当事人约定的撤销权、解除权等权利的存续期间,除法律另有规定外,自权利人知道或者应当知道权利产生之日起计算,不适用有关诉讼时效中止、中断和延长的规定。存续期间届满,撤销权、解除权等权利消灭。

第十章 期间计算

第二百条 【期间的计算单位】民法所称的期间按

照公历年、月、日、小时计算。

第二百零一条 【期间的起算】按照年、月、日计算期间的,开始的当日不计入,自下一日开始计算。

按照小时计算期间的,自法律规定或者当事人约定的时间开始计算。

第二百零二条 【期间结束】按照年、月计算期间的,到期月的对应日为期间的最后一日;没有对应日的,月末日为期间的最后一日。

第二百零三条 【期间计算的特殊规定】期间的最后一日是法定休假日的,以法定休假日结束的次日为期间的最后一日。

期间的最后一日的截止时间为二十四时;有业务时间的,停止业务活动的时间为截止时间。

第二百零四条 【期间法定或约定】期间的计算方法依照本法的规定,但是法律另有规定或者当事人另有约定的除外。

第二编 物 权

第一分编 通 则

第一章 一般规定

第二百零五条 【物权编的调整范围】本编调整因物的归属和利用产生的民事关系。

第二百零六条 【我国基本经济制度与社会主义市场经济原则】国家坚持和完善公有制为主体、多种所有制经济共同发展,按劳分配为主体、多种分配方式并存,社会主义市场经济体制等社会主义基本经济制度。

国家巩固和发展公有制经济,鼓励、支持和引导非公有制经济的发展。

国家实行社会主义市场经济,保障一切市场主体的平等法律地位和发展权利。

第二百零七条 【平等保护原则】国家、集体、私人的物权和其他权利人的物权受法律平等保护,任何组织或者个人不得侵犯。

第二百零八条 【物权公示原则】不动产物权的设立、变更、转让和消灭,应当依照法律规定登记。动产物权的设立和转让,应当依照法律规定交付。

第二章 物权的设立、变更、转让和消灭

第一节 不动产登记

第二百零九条 【不动产物权的登记生效原则及其例外】不动产物权的设立、变更、转让和消灭,经依法登记,发生效力;未经登记,不发生效力,但是法律另有规定的除外。

依法属于国家所有的自然资源,所有权可以不登记。

第二百一十条 【不动产登记机构和不动产统一登记】不动产登记,由不动产所在地的登记机构办理。

国家对不动产实行统一登记制度。统一登记的范围、登记机构和登记办法,由法律、行政法规规定。

第二百一十一条 【申请不动产登记应提供的必要材料】当事人申请登记,应当根据不同登记事项提供权属证明和不动产界址、面积等必要材料。

第二百一十二条 【不动产登记机构应当履行的职责】登记机构应当履行下列职责:

(一)查验申请人提供的权属证明和其他必要材料;

(二)就有关登记事项询问申请人;

(三)如实、及时登记有关事项;

(四)法律、行政法规规定的其他职责。

申请登记的不动产的有关情况需要进一步证明的,登记机构可以要求申请人补充材料,必要时可以实地查看。

第二百一十三条 【不动产登记机构的禁止行为】登记机构不得有下列行为:

(一)要求对不动产进行评估;

(二)以年检等名义进行重复登记;

(三)超出登记职责范围的其他行为。

第二百一十四条 【不动产物权变动的生效时间】不动产物权的设立、变更、转让和消灭,依照法律规定应当登记的,自记载于不动产登记簿时发生效力。

第二百一十五条 【合同效力和物权效力区分】当事人之间订立有关设立、变更、转让和消灭不动产物权的合同,除法律另有规定或者当事人另有约定外,自合同成立时生效;未办理物权登记的,不影响合同效力。

第二百一十六条 【不动产登记簿效力及管理机构】不动产登记簿是物权归属和内容的根据。

不动产登记簿由登记机构管理。

第二百一十七条 【不动产登记簿与不动产权属证书的关系】不动产权属证书是权利人享有该不动产物权的证明。不动产权属证书记载的事项,应当与不动产登记簿一致;记载不一致的,除有证据证明不动产登记簿确有错误外,以不动产登记簿为准。

第二百一十八条 【不动产登记资料的查询、复制】权利人、利害关系人可以申请查询、复制不动产登记资料,登记机构应当提供。

第二百一十九条 【利害关系人的非法利用不动产登记资料禁止义务】利害关系人不得公开、非法使用权利

人的不动产登记资料。

第二百二十条 【更正登记和异议登记】权利人、利害关系人认为不动产登记簿记载的事项错误的，可以申请更正登记。不动产登记簿记载的权利人书面同意更正或者有证据证明登记确有错误的，登记机构应当予以更正。

不动产登记簿记载的权利人不同意更正的，利害关系人可以申请异议登记。登记机构予以异议登记，申请人自异议登记之日起十五日内不提起诉讼的，异议登记失效。异议登记不当，造成权利人损害的，权利人可以向申请人请求损害赔偿。

第二百二十一条 【预告登记】当事人签订买卖房屋的协议或者签订其他不动产物权的协议，为保障将来实现物权，按照约定可以向登记机构申请预告登记。预告登记后，未经预告登记的权利人同意，处分该不动产的，不发生物权效力。

预告登记后，债权消灭或者自能够进行不动产登记之日起九十日内未申请登记的，预告登记失效。

第二百二十二条 【不动产登记错误损害赔偿责任】当事人提供虚假材料申请登记，造成他人损害的，应当承担赔偿责任。

因登记错误，造成他人损害的，登记机构应当承担赔偿责任。登记机构赔偿后，可以向造成登记错误的人追偿。

第二百二十三条 【不动产登记收费标准的确定】不动产登记费按件收取，不得按照不动产的面积、体积或者价款的比例收取。

第二节 动产交付

第二百二十四条 【动产物权变动生效时间】动产物权的设立和转让，自交付时发生效力，但是法律另有规定的除外。

第二百二十五条 【船舶、航空器和机动车物权变动采取登记对抗主义】船舶、航空器和机动车等的物权的设立、变更、转让和消灭，未经登记，不得对抗善意第三人。

第二百二十六条 【简易交付】动产物权设立和转让前，权利人已经占有该动产的，物权自民事法律行为生效时发生效力。

第二百二十七条 【指示交付】动产物权设立和转让前，第三人占有该动产的，负有交付义务的人可以通过转让请求第三人返还原物的权利代替交付。

第二百二十八条 【占有改定】动产物权转让时，当事人又约定由出让人继续占有该动产的，物权自该约定生效时发生效力。

第三节 其他规定

第二百二十九条 【法律文书、征收决定导致物权变动效力发生时间】因人民法院、仲裁机构的法律文书或者人民政府的征收决定等，导致物权设立、变更、转让或者消灭的，自法律文书或者征收决定等生效时发生效力。

第二百三十条 【因继承取得物权的生效时间】因继承取得物权的，自继承开始时发生效力。

第二百三十一条 【因事实行为设立或者消灭物权的生效时间】因合法建造、拆除房屋等事实行为设立或者消灭物权的，自事实行为成就时发生效力。

第二百三十二条 【非依民事法律行为享有的不动产物权变动】处分依照本节规定享有的不动产物权，依照法律规定需要办理登记的，未经登记，不发生物权效力。

第三章 物权的保护

第二百三十三条 【物权保护争讼程序】物权受到侵害的，权利人可以通过和解、调解、仲裁、诉讼等途径解决。

第二百三十四条 【物权确认请求权】因物权的归属、内容发生争议的，利害关系人可以请求确认权利。

第二百三十五条 【返还原物请求权】无权占有不动产或者动产的，权利人可以请求返还原物。

第二百三十六条 【排除妨害、消除危险请求权】妨害物权或者可能妨害物权的，权利人可以请求排除妨害或者消除危险。

第二百三十七条 【修理、重作、更换或者恢复原状请求权】造成不动产或者动产毁损的，权利人可以依法请求修理、重作、更换或者恢复原状。

第二百三十八条 【物权损害赔偿请求权】侵害物权，造成权利人损害的，权利人可以依法请求损害赔偿，也可以依法请求承担其他民事责任。

第二百三十九条 【物权保护方式的单用和并用】本章规定的物权保护方式，可以单独适用，也可以根据权利被侵害的情形合并适用。

第二分编 所有权

第四章 一般规定

第二百四十条 【所有权的定义】所有权人对自己的不动产或者动产，依法享有占有、使用、收益和处分的权利。

第二百四十一条 【所有权人设立他物权】所有权人有权在自己的不动产或者动产上设立用益物权和担保

物权。用益物权人、担保物权人行使权利,不得损害所有权人的权益。

第二百四十二条 【国家专有】法律规定专属于国家所有的不动产和动产,任何组织或者个人不能取得所有权。

第二百四十三条 【征收】为了公共利益的需要,依照法律规定的权限和程序可以征收集体所有的土地和组织、个人的房屋以及其他不动产。

征收集体所有的土地,应当依法及时足额支付土地补偿费、安置补助费以及农村村民住宅、其他地上附着物和青苗等的补偿费用,并安排被征地农民的社会保障费用,保障被征地农民的生活,维护被征地农民的合法权益。

征收组织、个人的房屋以及其他不动产,应当依法给予征收补偿,维护被征收人的合法权益;征收个人住宅的,还应当保障被征收人的居住条件。

任何组织或者个人不得贪污、挪用、私分、截留、拖欠征收补偿费等费用。

第二百四十四条 【保护耕地与禁止违法征地】国家对耕地实行特殊保护,严格限制农用地转为建设用地,控制建设用地总量。不得违反法律规定的权限和程序征收集体所有的土地。

第二百四十五条 【征用】因抢险救灾、疫情防控等紧急需要,依照法律规定的权限和程序可以征用组织、个人的不动产或者动产。被征用的不动产或者动产使用后,应当返还被征用人。组织、个人的不动产或者动产被征用或者征用后毁损、灭失的,应当给予补偿。

第五章 国家所有权和集体所有权、私人所有权

第二百四十六条 【国家所有权】法律规定属于国家所有的财产,属于国家所有即全民所有。

国有财产由国务院代表国家行使所有权。法律另有规定的,依照其规定。

第二百四十七条 【矿藏、水流和海域的国家所有权】矿藏、水流、海域属于国家所有。

第二百四十八条 【无居民海岛的国家所有权】无居民海岛属于国家所有,国务院代表国家行使无居民海岛所有权。

第二百四十九条 【国家所有土地的范围】城市的土地,属于国家所有。法律规定属于国家所有的农村和城市郊区的土地,属于国家所有。

第二百五十条 【国家所有的自然资源】森林、山岭、草原、荒地、滩涂等自然资源,属于国家所有,但是法律规定属于集体所有的除外。

第二百五十一条 【国家所有的野生动植物资源】法律规定属于国家所有的野生动植物资源,属于国家所有。

第二百五十二条 【无线电频谱资源的国家所有权】无线电频谱资源属于国家所有。

第二百五十三条 【国家所有的文物的范围】法律规定属于国家所有的文物,属于国家所有。

第二百五十四条 【国防资产、基础设施的国家所有权】国防资产属于国家所有。

铁路、公路、电力设施、电信设施和油气管道等基础设施,依照法律规定为国家所有的,属于国家所有。

第二百五十五条 【国家机关的物权】国家机关对其直接支配的不动产和动产,享有占有、使用以及依照法律和国务院的有关规定处分的权利。

第二百五十六条 【国家举办的事业单位的物权】国家举办的事业单位对其直接支配的不动产和动产,享有占有、使用以及依照法律和国务院的有关规定收益、处分的权利。

第二百五十七条 【国有企业出资人制度】国家出资的企业,由国务院、地方人民政府依照法律、行政法规规定分别代表国家履行出资人职责,享有出资人权益。

第二百五十八条 【国有财产的保护】国家所有的财产受法律保护,禁止任何组织或者个人侵占、哄抢、私分、截留、破坏。

第二百五十九条 【国有财产管理法律责任】履行国有财产管理、监督职责的机构及其工作人员,应当依法加强对国有财产的管理、监督,促进国有财产保值增值,防止国有财产损失;滥用职权,玩忽职守,造成国有财产损失的,应当依法承担法律责任。

违反国有财产管理规定,在企业改制、合并分立、关联交易等过程中,低价转让、合谋私分、擅自担保或者以其他方式造成国有财产损失的,应当依法承担法律责任。

第二百六十条 【集体财产范围】集体所有的不动产和动产包括:

(一)法律规定属于集体所有的土地和森林、山岭、草原、荒地、滩涂;

(二)集体所有的建筑物、生产设施、农田水利设施;

(三)集体所有的教育、科学、文化、卫生、体育等设施;

(四)集体所有的其他不动产和动产。

第二百六十一条 【农民集体所有财产归属及重大事项集体决定】农民集体所有的不动产和动产,属于本集体成员集体所有。

下列事项应当依照法定程序经本集体成员决定:

(一)土地承包方案以及将土地发包给本集体以外的组织或者个人承包;

(二)个别土地承包经营权人之间承包地的调整;

(三)土地补偿费等费用的使用、分配办法;

(四)集体出资的企业的所有权变动等事项;

(五)法律规定的其他事项。

第二百六十二条 【行使集体所有权的主体】对于集体所有的土地和森林、山岭、草原、荒地、滩涂等,依照下列规定行使所有权:

(一)属于村农民集体所有的,由村集体经济组织或者村民委员会依法代表集体行使所有权;

(二)分别属于村内两个以上农民集体所有的,由村内各该集体经济组织或者村民小组依法代表集体行使所有权;

(三)属于乡镇农民集体所有的,由乡镇集体经济组织代表集体行使所有权。

第二百六十三条 【城镇集体财产权利】城镇集体所有的不动产和动产,依照法律、行政法规的规定由本集体享有占有、使用、收益和处分的权利。

第二百六十四条 【集体财产状况的公布】农村集体经济组织或者村民委员会、村民小组应当依照法律、行政法规以及章程、村规民约向本集体成员公布集体财产的状况。集体成员有权查阅、复制相关资料。

第二百六十五条 【集体财产的保护】集体所有的财产受法律保护,禁止任何组织或者个人侵占、哄抢、私分、破坏。

农村集体经济组织、村民委员会或者其负责人作出的决定侵害集体成员合法权益的,受侵害的集体成员可以请求人民法院予以撤销。

第二百六十六条 【私人所有权】私人对其合法的收入、房屋、生活用品、生产工具、原材料等不动产和动产享有所有权。

第二百六十七条 【私有财产的保护】私人的合法财产受法律保护,禁止任何组织或者个人侵占、哄抢、破坏。

第二百六十八条 【企业出资人的权利】国家、集体和私人依法可以出资设立有限责任公司、股份有限公司或者其他企业。国家、集体和私人所有的不动产或者动产投到企业的,由出资人按照约定或者出资比例享有资产收益、重大决策以及选择经营管理者等权利并履行义务。

第二百六十九条 【法人财产权】营利法人对其不动产和动产依照法律、行政法规以及章程享有占有、使用、收益和处分的权利。

营利法人以外的法人,对其不动产和动产的权利,适用有关法律、行政法规以及章程的规定。

第二百七十条 【社会团体法人、捐助法人合法财产的保护】社会团体法人、捐助法人依法所有的不动产和动产,受法律保护。

第六章 业主的建筑物区分所有权

第二百七十一条 【建筑物区分所有权】业主对建筑物内的住宅、经营性用房等专有部分享有所有权,对专有部分以外的共有部分享有共有和共同管理的权利。

第二百七十二条 【业主对专有部分的专有权】业主对其建筑物专有部分享有占有、使用、收益和处分的权利。业主行使权利不得危及建筑物的安全,不得损害其他业主的合法权益。

第二百七十三条 【业主对共有部分的共有权及义务】业主对建筑物专有部分以外的共有部分,享有权利,承担义务;不得以放弃权利为由不履行义务。

业主转让建筑物内的住宅、经营性用房,其对共有部分享有的共有和共同管理的权利一并转让。

第二百七十四条 【建筑区划内的道路、绿地等场所和设施属于业主共有财产】建筑区划内的道路,属于业主共有,但是属于城镇公共道路的除外。建筑区划内的绿地,属于业主共有,但是属于城镇公共绿地或者明示属于个人的除外。建筑区划内的其他公共场所、公用设施和物业服务用房,属于业主共有。

第二百七十五条 【车位、车库的归属规则】建筑区划内,规划用于停放汽车的车位、车库的归属,由当事人通过出售、附赠或者出租等方式约定。

占用业主共有的道路或者其他场地用于停放汽车的车位,属于业主共有。

第二百七十六条 【车位、车库优先满足业主需求】建筑区划内,规划用于停放汽车的车位、车库应当首先满足业主的需要。

第二百七十七条 【设立业主大会和选举业主委员会】业主可以设立业主大会,选举业主委员会。业主大会、业主委员会成立的具体条件和程序,依照法律、法规的规定。

地方人民政府有关部门、居民委员会应当对设立业主大会和选举业主委员会给予指导和协助。

第二百七十八条 【由业主共同决定的事项以及表决规则】下列事项由业主共同决定：

（一）制定和修改业主大会议事规则；

（二）制定和修改管理规约；

（三）选举业主委员会或者更换业主委员会成员；

（四）选聘和解聘物业服务企业或者其他管理人；

（五）使用建筑物及其附属设施的维修资金；

（六）筹集建筑物及其附属设施的维修资金；

（七）改建、重建建筑物及其附属设施；

（八）改变共有部分的用途或者利用共有部分从事经营活动；

（九）有关共有和共同管理权利的其他重大事项。

业主共同决定事项，应当由专有部分面积占比三分之二以上的业主且人数占比三分之二以上的业主参与表决。决定前款第六项至第八项规定的事项，应当经参与表决专有部分面积四分之三以上的业主且参与表决人数四分之三以上的业主同意。决定前款其他事项，应当经参与表决专有部分面积过半数的业主且参与表决人数过半数的业主同意。

第二百七十九条 【业主将住宅转变为经营性用房应当遵循的规则】业主不得违反法律、法规以及管理规约，将住宅改变为经营性用房。业主将住宅改变为经营性用房的，除遵守法律、法规以及管理规约外，应当经有利害关系的业主一致同意。

第二百八十条 【业主大会、业主委员会决定的效力】业主大会或者业主委员会的决定，对业主具有法律约束力。

业主大会或者业主委员会作出的决定侵害业主合法权益的，受侵害的业主可以请求人民法院予以撤销。

第二百八十一条 【建筑物及其附属设施维修资金的归属和处分】建筑物及其附属设施的维修资金，属于业主共有。经业主共同决定，可以用于电梯、屋顶、外墙、无障碍设施等共有部分的维修、更新和改造。建筑物及其附属设施的维修资金的筹集、使用情况应当定期公布。

紧急情况下需要维修建筑物及其附属设施的，业主大会或者业主委员会可以依法申请使用建筑物及其附属设施的维修资金。

第二百八十二条 【业主共有部分产生收入的归属】建设单位、物业服务企业或者其他管理人等利用业主的共有部分产生的收入，在扣除合理成本之后，属于业主共有。

第二百八十三条 【建筑物及其附属设施的费用分摊和收益分配确定规则】建筑物及其附属设施的费用分摊、收益分配等事项，有约定的，按照约定；没有约定或者约定不明确的，按照业主专有部分面积所占比例确定。

第二百八十四条 【建筑物及其附属设施的管理】业主可以自行管理建筑物及其附属设施，也可以委托物业服务企业或者其他管理人管理。

对建设单位聘请的物业服务企业或者其他管理人，业主有权依法更换。

第二百八十五条 【物业服务企业或其他接受业主委托的管理人的管理义务】物业服务企业或者其他管理人根据业主的委托，依照本法第三编有关物业服务合同的规定管理建筑区划内的建筑物及其附属设施，接受业主的监督，并及时答复业主对物业服务情况提出的询问。

物业服务企业或者其他管理人应当执行政府依法实施的应急处置措施和其他管理措施，积极配合开展相关工作。

第二百八十六条 【业主守法义务和业主大会与业主委员会职责】业主应当遵守法律、法规以及管理规约，相关行为应当符合节约资源、保护生态环境的要求。对于物业服务企业或者其他管理人执行政府依法实施的应急处置措施和其他管理措施，业主应当依法予以配合。

业主大会或者业主委员会，对任意弃置垃圾、排放污染物或者噪声、违反规定饲养动物、违章搭建、侵占通道、拒付物业费等损害他人合法权益的行为，有权依照法律、法规以及管理规约，请求行为人停止侵害、排除妨碍、消除危险、恢复原状、赔偿损失。

业主或者其他行为人拒不履行相关义务的，有关当事人可以向有关行政主管部门报告或者投诉，有关行政主管部门应当依法处理。

第二百八十七条 【业主请求权】业主对建设单位、物业服务企业或者其他管理人以及其他业主侵害自己合法权益的行为，有权请求其承担民事责任。

第七章 相邻关系

第二百八十八条 【处理相邻关系的原则】不动产的相邻权利人应当按照有利生产、方便生活、团结互助、公平合理的原则，正确处理相邻关系。

第二百八十九条 【处理相邻关系的依据】法律、法规对处理相邻关系有规定的，依照其规定；法律、法规没有规定的，可以按照当地习惯。

第二百九十条 【相邻用水、排水、流水关系】不动产权利人应当为相邻权利人用水、排水提供必要的便利。

对自然流水的利用,应当在不动产的相邻权利人之间合理分配。对自然流水的排放,应当尊重自然流向。

第二百九十一条 【相邻关系中的通行权】不动产权利人对相邻权利人因通行等必须利用其土地的,应当提供必要的便利。

第二百九十二条 【相邻土地的利用】不动产权利人因建造、修缮建筑物以及铺设电线、电缆、水管、暖气和燃气管线等必须利用相邻土地、建筑物的,该土地、建筑物的权利人应当提供必要的便利。

第二百九十三条 【相邻建筑物通风、采光、日照】建造建筑物,不得违反国家有关工程建设标准,不得妨碍相邻建筑物的通风、采光和日照。

第二百九十四条 【相邻不动产之间不得排放、施放污染物】不动产权利人不得违反国家规定弃置固体废物,排放大气污染物、水污染物、土壤污染物、噪声、光辐射、电磁辐射等有害物质。

第二百九十五条 【维护相邻不动产安全】不动产权利人挖掘土地、建造建筑物、铺设管线以及安装设备等,不得危及相邻不动产的安全。

第二百九十六条 【相邻权的限度】不动产权利人因用水、排水、通行、铺设管线等利用相邻不动产的,应当尽量避免对相邻的不动产权利人造成损害。

第八章 共 有

第二百九十七条 【共有及其形式】不动产或者动产可以由两个以上组织、个人共有。共有包括按份共有和共同共有。

第二百九十八条 【按份共有】按份共有人对共有的不动产或者动产按照其份额享有所有权。

第二百九十九条 【共同共有】共同共有人对共有的不动产或者动产共同享有所有权。

第三百条 【共有物的管理】共有人按照约定管理共有的不动产或者动产;没有约定或者约定不明确的,各共有人都有管理的权利和义务。

第三百零一条 【共有人对共有财产重大事项的表决权规则】处分共有的不动产或者动产以及对共有的不动产或者动产作重大修缮、变更性质或者用途的,应当经占份额三分之二以上的按份共有人或者全体共同共有人同意,但是共有人之间另有约定的除外。

第三百零二条 【共有物管理费用的分担规则】共有人对共有物的管理费用以及其他负担,有约定的,按照约定;没有约定或者约定不明确的,按份共有人按照其份额负担,共同共有人共同负担。

第三百零三条 【共有物的分割规则】共有人约定不得分割共有的不动产或者动产,以维持共有关系的,应当按照约定,但是共有人有重大理由需要分割的,可以请求分割;没有约定或者约定不明确的,按份共有人可以随时请求分割,共同共有人在共有的基础丧失或者有重大理由需要分割时可以请求分割。因分割造成其他共有人损害的,应当给予赔偿。

第三百零四条 【共有物分割的方式】共有人可以协商确定分割方式。达不成协议,共有的不动产或者动产可以分割且不会因分割减损价值的,应当对实物予以分割;难以分割或者因分割会减损价值的,应当对折价或者拍卖、变卖取得的价款予以分割。

共有人分割所得的不动产或者动产有瑕疵的,其他共有人应当分担损失。

第三百零五条 【按份共有人的优先购买权】按份共有人可以转让其享有的共有的不动产或者动产份额。其他共有人在同等条件下享有优先购买的权利。

第三百零六条 【按份共有人行使优先购买权的规则】按份共有人转让其享有的共有的不动产或者动产份额的,应当将转让条件及时通知其他共有人。其他共有人应当在合理期限内行使优先购买权。

两个以上其他共有人主张行使优先购买权的,协商确定各自的购买比例;协商不成的,按照转让时各自的共有份额比例行使优先购买权。

第三百零七条 【因共有产生的债权债务承担规则】因共有的不动产或者动产产生的债权债务,在对外关系上,共有人享有连带债权、承担连带债务,但是法律另有规定或者第三人知道共有人不具有连带债权债务关系的除外;在共有人内部关系上,除共有人另有约定外,按份共有人按照份额享有债权、承担债务,共同共有人共同享有债权、承担债务。偿还债务超过自己应当承担份额的按份共有人,有权向其他共有人追偿。

第三百零八条 【共有关系不明时对共有关系性质的推定】共有人对共有的不动产或者动产没有约定为按份共有或者共同共有,或者约定不明确的,除共有人具有家庭关系等外,视为按份共有。

第三百零九条 【按份共有人份额不明时份额的确定】按份共有人对共有的不动产或者动产享有的份额,没有约定或者约定不明确的,按照出资额确定;不能确定出资额的,视为等额享有。

第三百一十条 【准共有】两个以上组织、个人共同享有用益物权、担保物权的,参照适用本章的有关规定。

第九章 所有权取得的特别规定

第三百一十一条 【善意取得】无处分权人将不动产或者动产转让给受让人的,所有权人有权追回;除法律另有规定外,符合下列情形的,受让人取得该不动产或者动产的所有权:

(一)受让人受让该不动产或者动产时是善意;

(二)以合理的价格转让;

(三)转让的不动产或者动产依照法律规定应当登记的已经登记,不需要登记的已经交付给受让人。

受让人依据前款规定取得不动产或者动产的所有权的,原所有权人有权向无处分权人请求损害赔偿。

当事人善意取得其他物权的,参照适用前两款规定。

第三百一十二条 【遗失物的善意取得】所有权人或者其他权利人有权追回遗失物。该遗失物通过转让被他人占有的,权利人有权向无处分权人请求损害赔偿,或者自知道或者应当知道受让人之日起二年内向受让人请求返还原物;但是,受让人通过拍卖或者向具有经营资格的经营者购得该遗失物的,权利人请求返还原物时应当支付受让人所付的费用。权利人向受让人支付所付费用后,有权向无处分权人追偿。

第三百一十三条 【善意取得的动产上原有的权利负担消灭及其例外】善意受让人取得动产后,该动产上的原有权利消灭。但是,善意受让人在受让时知道或者应当知道该权利的除外。

第三百一十四条 【拾得遗失物的返还】拾得遗失物,应当返还权利人。拾得人应当及时通知权利人领取,或者送交公安等有关部门。

第三百一十五条 【有关部门收到遗失物的处理】有关部门收到遗失物,知道权利人的,应当及时通知其领取;不知道的,应当及时发布招领公告。

第三百一十六条 【遗失物的妥善保管义务】拾得人在遗失物送交有关部门前,有关部门在遗失物被领取前,应当妥善保管遗失物。因故意或者重大过失致使遗失物毁损、灭失的,应当承担民事责任。

第三百一十七条 【权利人领取遗失物时的费用支付义务】权利人领取遗失物时,应当向拾得人或者有关部门支付保管遗失物等支出的必要费用。

权利人悬赏寻找遗失物的,领取遗失物时应当按照承诺履行义务。

拾得人侵占遗失物的,无权请求保管遗失物等支出的费用,也无权请求权利人按照承诺履行义务。

第三百一十八条 【无人认领的遗失物的处理规则】遗失物自发布招领公告之日起一年内无人认领的,归国家所有。

第三百一十九条 【拾得漂流物、埋藏物或者隐藏物】拾得漂流物、发现埋藏物或者隐藏物的,参照适用拾得遗失物的有关规定。法律另有规定的,依照其规定。

第三百二十条 【从物随主物转让规则】主物转让的,从物随主物转让,但是当事人另有约定的除外。

第三百二十一条 【孳息的归属】天然孳息,由所有权人取得;既有所有权人又有用益物权人的,由用益物权人取得。当事人另有约定的,按照其约定。

法定孳息,当事人有约定的,按照约定取得;没有约定或者约定不明确的,按照交易习惯取得。

第三百二十二条 【添附】因加工、附合、混合而产生的物的归属,有约定的,按照约定;没有约定或者约定不明确的,依照法律规定;法律没有规定的,按照充分发挥物的效用以及保护无过错当事人的原则确定。因一方当事人的过错或者确定物的归属造成另一方当事人损害的,应当给予赔偿或者补偿。

第三分编 用益物权

第十章 一般规定

第三百二十三条 【用益物权的定义】用益物权人对他人所有的不动产或者动产,依法享有占有、使用和收益的权利。

第三百二十四条 【国家和集体所有的自然资源的使用规则】国家所有或者国家所有由集体使用以及法律规定属于集体所有的自然资源,组织、个人依法可以占有、使用和收益。

第三百二十五条 【自然资源有偿使用制度】国家实行自然资源有偿使用制度,但是法律另有规定的除外。

第三百二十六条 【用益物权的行使规范】用益物权人行使权利,应当遵守法律有关保护和合理开发利用资源、保护生态环境的规定。所有权人不得干涉用益物权人行使权利。

第三百二十七条 【被征收、征用时用益物权人的补偿请求权】因不动产或者动产被征收、征用致使用益物权消灭或者影响用益物权行使的,用益物权人有权依据本法第二百四十三条、第二百四十五条的规定获得相应补偿。

第三百二十八条 【海域使用权】依法取得的海域使用权受法律保护。

第三百二十九条 【特许物权依法保护】依法取得的探矿权、采矿权、取水权和使用水域、滩涂从事养殖、捕捞的权利受法律保护。

第十一章 土地承包经营权

第三百三十条 【农村土地承包经营】农村集体经济组织实行家庭承包经营为基础、统分结合的双层经营体制。

农民集体所有和国家所有由农民集体使用的耕地、林地、草地以及其他用于农业的土地，依法实行土地承包经营制度。

第三百三十一条 【土地承包经营权内容】土地承包经营权人依法对其承包经营的耕地、林地、草地等享有占有、使用和收益的权利，有权从事种植业、林业、畜牧业等农业生产。

第三百三十二条 【土地的承包期限】耕地的承包期为三十年。草地的承包期为三十年至五十年。林地的承包期为三十年至七十年。

前款规定的承包期限届满，由土地承包经营权人依照农村土地承包的法律规定继续承包。

第三百三十三条 【土地承包经营权的设立与登记】土地承包经营权自土地承包经营权合同生效时设立。

登记机构应当向土地承包经营权人发放土地承包经营权证、林权证等证书，并登记造册，确认土地承包经营权。

第三百三十四条 【土地承包经营权的互换、转让】土地承包经营权人依照法律规定，有权将土地承包经营权互换、转让。未经依法批准，不得将承包地用于非农建设。

第三百三十五条 【土地承包经营权流转的登记对抗主义】土地承包经营权互换、转让的，当事人可以向登记机构申请登记；未经登记，不得对抗善意第三人。

第三百三十六条 【承包地的调整】承包期内发包人不得调整承包地。

因自然灾害严重毁损承包地等特殊情形，需要适当调整承包的耕地和草地的，应当依照农村土地承包的法律规定办理。

第三百三十七条 【承包地的收回】承包期内发包人不得收回承包地。法律另有规定的，依照其规定。

第三百三十八条 【征收承包地的补偿规则】承包地被征收的，土地承包经营权人有权依据本法第二百四十三条的规定获得相应补偿。

第三百三十九条 【土地经营权的流转】土地承包经营权人可以自主决定依法采取出租、入股或者其他方式向他人流转土地经营权。

第三百四十条 【土地经营权人的基本权利】土地经营权人有权在合同约定的期限内占有农村土地，自主开展农业生产经营并取得收益。

第三百四十一条 【土地经营权的设立与登记】流转期限为五年以上的土地经营权，自流转合同生效时设立。当事人可以向登记机构申请土地经营权登记；未经登记，不得对抗善意第三人。

第三百四十二条 【以其他方式承包取得的土地经营权流转】通过招标、拍卖、公开协商等方式承包农村土地，经依法登记取得权属证书的，可以依法采取出租、入股、抵押或者其他方式流转土地经营权。

第三百四十三条 【国有农用地承包经营的法律适用】国家所有的农用地实行承包经营的，参照适用本编的有关规定。

第十二章 建设用地使用权

第三百四十四条 【建设用地使用权的概念】建设用地使用权人依法对国家所有的土地享有占有、使用和收益的权利，有权利用该土地建造建筑物、构筑物及其附属设施。

第三百四十五条 【建设用地使用权的分层设立】建设用地使用权可以在土地的地表、地上或者地下分别设立。

第三百四十六条 【建设用地使用权的设立原则】设立建设用地使用权，应当符合节约资源、保护生态环境的要求，遵守法律、行政法规关于土地用途的规定，不得损害已经设立的用益物权。

第三百四十七条 【建设用地使用权的出让方式】设立建设用地使用权，可以采取出让或者划拨等方式。

工业、商业、旅游、娱乐和商品住宅等经营性用地以及同一土地有两个以上意向用地者的，应当采取招标、拍卖等公开竞价的方式出让。

严格限制以划拨方式设立建设用地使用权。

第三百四十八条 【建设用地使用权出让合同】通过招标、拍卖、协议等出让方式设立建设用地使用权的，当事人应当采用书面形式订立建设用地使用权出让合同。

建设用地使用权出让合同一般包括下列条款：

（一）当事人的名称和住所；

（二）土地界址、面积等；

（三）建筑物、构筑物及其附属设施占用的空间；

（四）土地用途、规划条件；

（五）建设用地使用权期限；
（六）出让金等费用及其支付方式；
（七）解决争议的方法。

第三百四十九条 【建设用地使用权的登记】设立建设用地使用权的，应当向登记机构申请建设用地使用权登记。建设用地使用权自登记时设立。登记机构应当向建设用地使用权人发放权属证书。

第三百五十条 【土地用途限定规则】建设用地使用权人应当合理利用土地，不得改变土地用途；需要改变土地用途的，应当依法经有关行政主管部门批准。

第三百五十一条 【建设用地使用权人支付出让金等费用的义务】建设用地使用权人应当依照法律规定以及合同约定支付出让金等费用。

第三百五十二条 【建设用地使用权人建造的建筑物、构筑物及其附属设施的归属】建设用地使用权人建造的建筑物、构筑物及其附属设施的所有权属于建设用地使用权人，但是有相反证据证明的除外。

第三百五十三条 【建设用地使用权的流转方式】建设用地使用权人有权将建设用地使用权转让、互换、出资、赠与或者抵押，但是法律另有规定的除外。

第三百五十四条 【建设用地使用权流转的合同形式和期限】建设用地使用权转让、互换、出资、赠与或者抵押，当事人应当采用书面形式订立相应的合同。使用期限由当事人约定，但是不得超过建设用地使用权的剩余期限。

第三百五十五条 【建设用地使用权流转登记】建设用地使用权转让、互换、出资或者赠与的，应当向登记机构申请变更登记。

第三百五十六条 【建设用地使用权流转之房随地走】建设用地使用权转让、互换、出资或者赠与的，附着于该土地上的建筑物、构筑物及其附属设施一并处分。

第三百五十七条 【建设用地使用权流转之地随房走】建筑物、构筑物及其附属设施转让、互换、出资或者赠与的，该建筑物、构筑物及其附属设施占用范围内的建设用地使用权一并处分。

第三百五十八条 【建设用地使用权的提前收回及其补偿】建设用地使用权期限届满前，因公共利益需要提前收回该土地的，应当依据本法第二百四十三条的规定对该土地上的房屋以及其他不动产给予补偿，并退还相应的出让金。

第三百五十九条 【建设用地使用权期限届满的处理规则】住宅建设用地使用权期限届满的，自动续期。续期费用的缴纳或者减免，依照法律、行政法规的规定办理。

非住宅建设用地使用权期限届满后的续期，依照法律规定办理。该土地上的房屋以及其他不动产的归属，有约定的，按照约定；没有约定或者约定不明确的，依照法律、行政法规的规定办理。

第三百六十条 【建设用地使用权注销登记】建设用地使用权消灭的，出让人应当及时办理注销登记。登记机构应当收回权属证书。

第三百六十一条 【集体土地作为建设用地的法律适用】集体所有的土地作为建设用地的，应当依照土地管理的法律规定办理。

第十三章 宅基地使用权

第三百六十二条 【宅基地使用权内容】宅基地使用权人依法对集体所有的土地享有占有和使用的权利，有权依法利用该土地建造住宅及其附属设施。

第三百六十三条 【宅基地使用权的法律适用】宅基地使用权的取得、行使和转让，适用土地管理的法律和国家有关规定。

第三百六十四条 【宅基地灭失后的重新分配】宅基地因自然灾害等原因灭失的，宅基地使用权消灭。对失去宅基地的村民，应当依法重新分配宅基地。

第三百六十五条 【宅基地使用权的变更登记与注销登记】已经登记的宅基地使用权转让或者消灭的，应当及时办理变更登记或者注销登记。

第十四章 居住权

第三百六十六条 【居住权的定义】居住权人有权按照合同约定，对他人的住宅享有占有、使用的用益物权，以满足生活居住的需要。

第三百六十七条 【居住权合同】设立居住权，当事人应当采用书面形式订立居住权合同。

居住权合同一般包括下列条款：
（一）当事人的姓名或者名称和住所；
（二）住宅的位置；
（三）居住的条件和要求；
（四）居住权期限；
（五）解决争议的方法。

第三百六十八条 【居住权的设立】居住权无偿设立，但是当事人另有约定的除外。设立居住权的，应当向登记机构申请居住权登记。居住权自登记时设立。

第三百六十九条 【居住权的限制性规定及例外】居住权不得转让、继承。设立居住权的住宅不得出租，但是当事人另有约定的除外。

第三百七十条 【居住权的消灭】居住权期限届满或者居住权人死亡的,居住权消灭。居住权消灭的,应当及时办理注销登记。

第三百七十一条 【以遗嘱设立居住权的法律适用】以遗嘱方式设立居住权的,参照适用本章的有关规定。

第十五章 地役权

第三百七十二条 【地役权的定义】地役权人有权按照合同约定,利用他人的不动产,以提高自己的不动产的效益。

前款所称他人的不动产为供役地,自己的不动产为需役地。

第三百七十三条 【地役权合同】设立地役权,当事人应当采用书面形式订立地役权合同。

地役权合同一般包括下列条款:

(一)当事人的姓名或者名称和住所;
(二)供役地和需役地的位置;
(三)利用目的和方法;
(四)地役权期限;
(五)费用及其支付方式;
(六)解决争议的方法。

第三百七十四条 【地役权的设立与登记】地役权自地役权合同生效时设立。当事人要求登记的,可以向登记机构申请地役权登记;未经登记,不得对抗善意第三人。

第三百七十五条 【供役地权利人的义务】供役地权利人应当按照合同约定,允许地役权人利用其不动产,不得妨害地役权人行使权利。

第三百七十六条 【地役权人的义务】地役权人应当按照合同约定的利用目的和方法利用供役地,尽量减少对供役地权利人物权的限制。

第三百七十七条 【地役权的期限】地役权期限由当事人约定;但是,不得超过土地承包经营权、建设用地使用权等用益物权的剩余期限。

第三百七十八条 【在享有或者负担地役权的土地上设立用益物权的规则】土地所有权人享有地役权或者负担地役权的,设立土地承包经营权、宅基地使用权等用益物权时,该用益物权人继续享有或者负担已经设立的地役权。

第三百七十九条 【土地所有权人在已设立用益物权的土地上设立地役权的规则】土地上已经设立土地承包经营权、建设用地使用权、宅基地使用权等用益物权的,未经用益物权人同意,土地所有权人不得设立地役权。

第三百八十条 【地役权的转让规则】地役权不得单独转让。土地承包经营权、建设用地使用权等转让的,地役权一并转让,但是合同另有约定的除外。

第三百八十一条 【地役权不得单独抵押】地役权不得单独抵押。土地经营权、建设用地使用权等抵押的,在实现抵押权时,地役权一并转让。

第三百八十二条 【需役地部分转让效果】需役地以及需役地上的土地承包经营权、建设用地使用权等部分转让时,转让部分涉及地役权的,受让人同时享有地役权。

第三百八十三条 【供役地部分转让效果】供役地以及供役地上的土地承包经营权、建设用地使用权等部分转让时,转让部分涉及地役权的,地役权对受让人具有法律约束力。

第三百八十四条 【供役地权利人解除权】地役权人有下列情形之一的,供役地权利人有权解除地役权合同,地役权消灭:

(一)违反法律规定或者合同约定,滥用地役权;
(二)有偿利用供役地,约定的付款期限届满后在合理期限内经两次催告未支付费用。

第三百八十五条 【地役权变动后的登记】已经登记的地役权变更、转让或者消灭的,应当及时办理变更登记或者注销登记。

第四分编 担保物权
第十六章 一般规定

第三百八十六条 【担保物权的定义】担保物权人在债务人不履行到期债务或者发生当事人约定的实现担保物权的情形,依法享有就担保财产优先受偿的权利,但是法律另有规定的除外。

第三百八十七条 【担保物权适用范围及反担保】债权人在借贷、买卖等民事活动中,为保障实现其债权,需要担保的,可以依照本法和其他法律的规定设立担保物权。

第三人为债务人向债权人提供担保的,可以要求债务人提供反担保。反担保适用本法和其他法律的规定。

第三百八十八条 【担保合同及其与主合同的关系】设立担保物权,应当依照本法和其他法律的规定订立担保合同。担保合同包括抵押合同、质押合同和其他具有担保功能的合同。担保合同是主债权债务合同的从合同。主债权债务合同无效的,担保合同无效,但是法律另有规定的除外。

担保合同被确认无效后,债务人、担保人、债权人有过错的,应当根据其过错各自承担相应的民事责任。

第三百八十九条 【担保范围】担保物权的担保范围包括主债权及其利息、违约金、损害赔偿金、保管担保财产和实现担保物权的费用。当事人另有约定的,按照其约定。

第三百九十条 【担保物权的物上代位性】担保期间,担保财产毁损、灭失或者被征收等,担保物权人可以就获得的保险金、赔偿金或者补偿金等优先受偿。被担保债权的履行期限未届满的,也可以提存该保险金、赔偿金或者补偿金等。

第三百九十一条 【债务转让对担保物权的效力】第三人提供担保,未经其书面同意,债权人允许债务人转移全部或者部分债务的,担保人不再承担相应的担保责任。

第三百九十二条 【人保和物保并存时的处理规则】被担保的债权既有物的担保又有人的担保,债务人不履行到期债务或者发生当事人约定的实现担保物权的情形,债权人应当按照约定实现债权;没有约定或者约定不明确,债务人自己提供物的担保的,债权人应当先就该物的担保实现债权;第三人提供物的担保的,债权人可以就物的担保实现债权,也可以请求保证人承担保证责任。提供担保的第三人承担担保责任后,有权向债务人追偿。

第三百九十三条 【担保物权消灭的情形】有下列情形之一的,担保物权消灭:

(一)主债权消灭;
(二)担保物权实现;
(三)债权人放弃担保物权;
(四)法律规定担保物权消灭的其他情形。

第十七章 抵押权
第一节 一般抵押权

第三百九十四条 【抵押权的定义】为担保债务的履行,债务人或者第三人不转移财产的占有,将该财产抵押给债权人的,债务人不履行到期债务或者发生当事人约定的实现抵押权的情形,债权人有权就该财产优先受偿。

前款规定的债务人或者第三人为抵押人,债权人为抵押权人,提供担保的财产为抵押财产。

第三百九十五条 【可抵押财产的范围】债务人或者第三人有权处分的下列财产可以抵押:

(一)建筑物和其他土地附着物;
(二)建设用地使用权;
(三)海域使用权;
(四)生产设备、原材料、半成品、产品;
(五)正在建造的建筑物、船舶、航空器;
(六)交通运输工具;
(七)法律、行政法规未禁止抵押的其他财产。

抵押人可以将前款所列财产一并抵押。

第三百九十六条 【浮动抵押】企业、个体工商户、农业生产经营者可以将现有的以及将有的生产设备、原材料、半成品、产品抵押,债务人不履行到期债务或者发生当事人约定的实现抵押权的情形,债权人有权就抵押财产确定时的动产优先受偿。

第三百九十七条 【建筑物和相应的建设用地使用权一并抵押规则】以建筑物抵押的,该建筑物占用范围内的建设用地使用权一并抵押。以建设用地使用权抵押的,该土地上的建筑物一并抵押。

抵押人未依据前款规定一并抵押的,未抵押的财产视为一并抵押。

第三百九十八条 【乡镇、村企业的建设用地使用权与房屋一并抵押规则】乡镇、村企业的建设用地使用权不得单独抵押。以乡镇、村企业的厂房等建筑物抵押的,其占用范围内的建设用地使用权一并抵押。

第三百九十九条 【禁止抵押的财产范围】下列财产不得抵押:

(一)土地所有权;
(二)宅基地、自留地、自留山等集体所有土地的使用权,但是法律规定可以抵押的除外;
(三)学校、幼儿园、医疗机构等为公益目的成立的非营利法人的教育设施、医疗卫生设施和其他公益设施;
(四)所有权、使用权不明或者有争议的财产;
(五)依法被查封、扣押、监管的财产;
(六)法律、行政法规规定不得抵押的其他财产。

第四百条 【抵押合同】设立抵押权,当事人应当采用书面形式订立抵押合同。

抵押合同一般包括下列条款:

(一)被担保债权的种类和数额;
(二)债务人履行债务的期限;
(三)抵押财产的名称、数量等情况;
(四)担保的范围。

第四百零一条 【流押条款的效力】抵押权人在债务履行期限届满前,与抵押人约定债务人不履行到期债务时抵押财产归债权人所有的,只能依法就抵押财产优先受偿。

第四百零二条 【不动产抵押登记】以本法第三百九十五条第一款第一项至第三项规定的财产或者第五项规定的正在建造的建筑物抵押的,应当办理抵押登记。抵押权自登记时设立。

第四百零三条 【动产抵押的效力】以动产抵押的,抵押权自抵押合同生效时设立;未经登记,不得对抗善意第三人。

第四百零四条 【动产抵押对抗效力的限制】以动产抵押的,不得对抗正常经营活动中已经支付合理价款并取得抵押财产的买受人。

第四百零五条 【抵押权和租赁权的关系】抵押权设立前,抵押财产已经出租并转移占有的,原租赁关系不受该抵押权的影响。

第四百零六条 【抵押期间抵押财产转让应当遵循的规则】抵押期间,抵押人可以转让抵押财产。当事人另有约定的,按照其约定。抵押财产转让的,抵押权不受影响。

抵押人转让抵押财产的,应当及时通知抵押权人。抵押权人能够证明抵押财产转让可能损害抵押权的,可以请求抵押人将转让所得的价款向抵押权人提前清偿债务或者提存。转让的价款超过债权数额的部分归抵押人所有,不足部分由债务人清偿。

第四百零七条 【抵押权的从属性】抵押权不得与债权分离而单独转让或者作为其他债权的担保。债权转让的,担保该债权的抵押权一并转让,但是法律另有规定或者当事人另有约定的除外。

第四百零八条 【抵押财产价值减少时抵押权人的保护措施】抵押人的行为足以使抵押财产价值减少的,抵押权人有权请求抵押人停止其行为;抵押财产价值减少的,抵押权人有权请求恢复抵押财产的价值,或者提供与减少的价值相应的担保。抵押人不恢复抵押财产的价值,也不提供担保的,抵押权人有权请求债务人提前清偿债务。

第四百零九条 【抵押权人放弃抵押权或抵押权顺位的法律后果】抵押权人可以放弃抵押权或者抵押权的顺位。抵押权人与抵押人可以协议变更抵押权顺位以及被担保的债权数额等内容。但是,抵押权的变更未经其他抵押权人书面同意的,不得对其他抵押权人产生不利影响。

债务人以自己的财产设定抵押,抵押权人放弃该抵押权、抵押权顺位或者变更抵押权的,其他担保人在抵押权人丧失优先受偿权益的范围内免除担保责任,但是其他担保人承诺仍然提供担保的除外。

第四百一十条 【抵押权实现的方式和程序】债务人不履行到期债务或者发生当事人约定的实现抵押权的情形,抵押权人可以与抵押人协议以抵押财产折价或者以拍卖、变卖该抵押财产所得的价款优先受偿。协议损害其他债权人利益的,其他债权人可以请求人民法院撤销该协议。

抵押权人与抵押人未就抵押权实现方式达成协议的,抵押权人可以请求人民法院拍卖、变卖抵押财产。

抵押财产折价或者变卖的,应当参照市场价格。

第四百一十一条 【浮动抵押财产的确定】依据本法第三百九十六条规定设定抵押的,抵押财产自下列情形之一发生时确定:

(一)债务履行期限届满,债权未实现;

(二)抵押人被宣告破产或者解散;

(三)当事人约定的实现抵押权的情形;

(四)严重影响债权实现的其他情形。

第四百一十二条 【抵押财产孳息归属】债务人不履行到期债务或者发生当事人约定的实现抵押权的情形,致使抵押财产被人民法院依法扣押的,自扣押之日起,抵押权人有权收取该抵押财产的天然孳息或者法定孳息,但是抵押权人未通知应当清偿法定孳息义务人的除外。

前款规定的孳息应当先充抵收取孳息的费用。

第四百一十三条 【抵押财产变价款的归属原则】抵押财产折价或者拍卖、变卖后,其价款超过债权数额的部分归抵押人所有,不足部分由债务人清偿。

第四百一十四条 【同一财产上多个抵押权的效力顺序】同一财产向两个以上债权人抵押的,拍卖、变卖抵押财产所得的价款依照下列规定清偿:

(一)抵押权已经登记的,按照登记的时间先后确定清偿顺序;

(二)抵押权已经登记的先于未登记的受偿;

(三)抵押权未登记的,按照债权比例清偿。

其他可以登记的担保物权,清偿顺序参照适用前款规定。

第四百一十五条 【既有抵押权又有质权的财产的清偿顺序】同一财产既设立抵押权又设立质权的,拍卖、变卖该财产所得的价款按照登记、交付的时间先后确定清偿顺序。

第四百一十六条 【买卖价款抵押权】动产抵押担保的主债权是抵押物的价款，标的物交付后十日内办理抵押登记的，该抵押权人优先于抵押物买受人的其他担保物权人受偿，但是留置权人除外。

第四百一十七条 【抵押权对新增建筑物的效力】建设用地使用权抵押后，该土地上新增的建筑物不属于抵押财产。该建设用地使用权实现抵押权时，应当将该土地上新增的建筑物与建设用地使用权一并处分。但是，新增建筑物所得的价款，抵押权人无权优先受偿。

第四百一十八条 【集体所有土地使用权抵押权的实现效力】以集体所有土地的使用权依法抵押的，实现抵押权后，未经法定程序，不得改变土地所有权的性质和土地用途。

第四百一十九条 【抵押权的存续期间】抵押权人应当在主债权诉讼时效期间行使抵押权；未行使的，人民法院不予保护。

第二节　最高额抵押权

第四百二十条 【最高额抵押规则】为担保债务的履行，债务人或者第三人对一定期间内将要连续发生的债权提供担保财产的，债务人不履行到期债务或者发生当事人约定的实现抵押权的情形，抵押权人有权在最高债权额限度内就该担保财产优先受偿。

最高额抵押权设立前已经存在的债权，经当事人同意，可以转入最高额抵押担保的债权范围。

第四百二十一条 【最高额抵押担保的部分债权转让效力】最高额抵押担保的债权确定前，部分债权转让的，最高额抵押权不得转让，但是当事人另有约定的除外。

第四百二十二条 【最高额抵押合同条款变更】最高额抵押担保的债权确定前，抵押权人与抵押人可以通过协议变更债权确定的期间、债权范围以及最高债权额。但是，变更的内容不得对其他抵押权人产生不利影响。

第四百二十三条 【最高额抵押所担保债权的确定事由】有下列情形之一的，抵押权人的债权确定：

（一）约定的债权确定期间届满；

（二）没有约定债权确定期间或者约定不明确，抵押权人或者抵押人自最高额抵押权设立之日起满二年后请求确定债权；

（三）新的债权不可能发生；

（四）抵押权人知道或者应当知道抵押财产被查封、扣押；

（五）债务人、抵押人被宣告破产或者解散；

（六）法律规定债权确定的其他情形。

第四百二十四条 【最高额抵押的法律适用】最高额抵押权除适用本节规定外，适用本章第一节的有关规定。

第十八章　质　权

第一节　动产质权

第四百二十五条 【动产质权概念】为担保债务的履行，债务人或者第三人将其动产出质给债权人占有的，债务人不履行到期债务或者发生当事人约定的实现质权的情形，债权人有权就该动产优先受偿。

前款规定的债务人或者第三人为出质人，债权人为质权人，交付的动产为质押财产。

第四百二十六条 【禁止出质的动产范围】法律、行政法规禁止转让的动产不得出质。

第四百二十七条 【质押合同形式及内容】设立质权，当事人应当采用书面形式订立质押合同。

质押合同一般包括下列条款：

（一）被担保债权的种类和数额；

（二）债务人履行债务的期限；

（三）质押财产的名称、数量等情况；

（四）担保的范围；

（五）质押财产交付的时间、方式。

第四百二十八条 【流质条款的效力】质权人在债务履行期限届满前，与出质人约定债务人不履行到期债务时质押财产归债权人所有的，只能依法就质押财产优先受偿。

第四百二十九条 【质权的设立】质权自出质人交付质押财产时设立。

第四百三十条 【质权人的孳息收取权】质权人有权收取质押财产的孳息，但是合同另有约定的除外。

前款规定的孳息应当先充抵收取孳息的费用。

第四百三十一条 【质权人对质押财产处分的限制及其法律责任】质权人在质权存续期间，未经出质人同意，擅自使用、处分质押财产，造成出质人损害的，应当承担赔偿责任。

第四百三十二条 【质物保管义务】质权人负有妥善保管质押财产的义务；因保管不善致使质押财产毁损、灭失的，应当承担赔偿责任。

质权人的行为可能使质押财产毁损、灭失的，出质人可以请求质权人将质押财产提存，或者请求提前清偿债务并返还质押财产。

第四百三十三条 【质押财产保全】因不可归责于质权人的事由可能使质押财产毁损或者价值明显减少,足以危害质权人权利的,质权人有权请求出质人提供相应的担保;出质人不提供的,质权人可以拍卖、变卖质押财产,并与出质人协议将拍卖、变卖所得的价款提前清偿债务或者提存。

第四百三十四条 【转质】质权人在质权存续期间,未经出质人同意转质,造成质押财产毁损、灭失的,应当承担赔偿责任。

第四百三十五条 【放弃质权】质权人可以放弃质权。债务人以自己的财产出质,质权人放弃该质权的,其他担保人在质权人丧失优先受偿权益的范围内免除担保责任,但是其他担保人承诺仍然提供担保的除外。

第四百三十六条 【质物返还与质权实现】债务人履行债务或者出质人提前清偿所担保的债权的,质权人应当返还质押财产。

债务人不履行到期债务或者发生当事人约定的实现质权的情形,质权人可以与出质人协议以质押财产折价,也可以就拍卖、变卖质押财产所得的价款优先受偿。

质押财产折价或者变卖的,应当参照市场价格。

第四百三十七条 【出质人请求质权人及时行使质权】出质人可以请求质权人在债务履行期限届满后及时行使质权;质权人不行使的,出质人可以请求人民法院拍卖、变卖质押财产。

出质人请求质权人及时行使质权,因质权人怠于行使权利造成出质人损害的,由质权人承担赔偿责任。

第四百三十八条 【质押财产变价款归属原则】质押财产折价或者拍卖、变卖后,其价款超过债权数额的部分归出质人所有,不足部分由债务人清偿。

第四百三十九条 【最高额质权】出质人与质权人可以协议设立最高额质权。

最高额质权除适用本节有关规定外,参照适用本编第十七章第二节的有关规定。

第二节 权利质权

第四百四十条 【可出质的权利的范围】债务人或者第三人有权处分的下列权利可以出质:

(一)汇票、本票、支票;

(二)债券、存款单;

(三)仓单、提单;

(四)可以转让的基金份额、股权;

(五)可以转让的注册商标专用权、专利权、著作权等知识产权中的财产权;

(六)现有的以及将有的应收账款;

(七)法律、行政法规规定可以出质的其他财产权利。

第四百四十一条 【有价证券质权】以汇票、本票、支票、债券、存款单、仓单、提单出质的,质权自权利凭证交付质权人时设立;没有权利凭证的,质权自办理出质登记时设立。法律另有规定的,依照其规定。

第四百四十二条 【有价证券质权人行使权利的特别规定】汇票、本票、支票、债券、存款单、仓单、提单的兑现日期或者提货日期先于主债权到期的,质权人可以兑现或者提货,并与出质人协议将兑现的价款或者提取的货物提前清偿债务或者提存。

第四百四十三条 【基金份额质权、股权质权】以基金份额、股权出质的,质权自办理出质登记时设立。

基金份额、股权出质后,不得转让,但是出质人与质权人协商同意的除外。出质人转让基金份额、股权所得的价款,应当向质权人提前清偿债务或者提存。

第四百四十四条 【知识产权质权】以注册商标专用权、专利权、著作权等知识产权中的财产权出质的,质权自办理出质登记时设立。

知识产权中的财产权出质后,出质人不得转让或者许可他人使用,但是出质人与质权人协商同意的除外。出质人转让或者许可他人使用出质的知识产权中的财产权所得的价款,应当向质权人提前清偿债务或者提存。

第四百四十五条 【应收账款质权】以应收账款出质的,质权自办理出质登记时设立。

应收账款出质后,不得转让,但是出质人与质权人协商同意的除外。出质人转让应收账款所得的价款,应当向质权人提前清偿债务或者提存。

第四百四十六条 【权利质权的法律适用】权利质权除适用本节规定外,适用本章第一节的有关规定。

第十九章 留置权

第四百四十七条 【留置权的定义】债务人不履行到期债务,债权人可以留置已经合法占有的债务人的动产,并有权就该动产优先受偿。

前款规定的债权人为留置权人,占有的动产为留置财产。

第四百四十八条 【留置财产与债权的关系】债权人留置的动产,应当与债权属于同一法律关系,但是企业之间留置的除外。

第四百四十九条 【留置权适用范围的限制性规定】法律规定或者当事人约定不得留置的动产,不得留置。

第四百五十条 【可分留置物】留置财产为可分物的,留置财产的价值应当相当于债务的金额。

第四百五十一条 【留置权人保管义务】留置权人负有妥善保管留置财产的义务;因保管不善致使留置财产毁损、灭失的,应当承担赔偿责任。

第四百五十二条 【留置财产的孳息收取】留置权人有权收取留置财产的孳息。

前款规定的孳息应当先充抵收取孳息的费用。

第四百五十三条 【留置权的实现】留置权人与债务人应当约定留置财产后的债务履行期限;没有约定或者约定不明确的,留置权人应当给债务人六十日以上履行债务的期限,但是鲜活易腐等不易保管的动产除外。债务人逾期未履行的,留置权人可以与债务人协议以留置财产折价,也可以就拍卖、变卖留置财产所得的价款优先受偿。

留置财产折价或者变卖的,应当参照市场价格。

第四百五十四条 【债务人请求留置权人行使留置权】债务人可以请求留置权人在债务履行期限届满后行使留置权;留置权人不行使的,债务人可以请求人民法院拍卖、变卖留置财产。

第四百五十五条 【留置权实现方式】留置财产折价或者拍卖、变卖后,其价款超过债权数额的部分归债务人所有,不足部分由债务人清偿。

第四百五十六条 【留置权优先于其他担保物权效力】同一动产上已经设立抵押权或者质权,该动产又被留置的,留置权人优先受偿。

第四百五十七条 【留置权消灭】留置权人对留置财产丧失占有或者留置权人接受债务人另行提供担保的,留置权消灭。

第五分编 占 有
第二十章 占 有

第四百五十八条 【有权占有法律适用】基于合同关系等产生的占有,有关不动产或者动产的使用、收益、违约责任等,按照合同约定;合同没有约定或者约定不明确的,依照有关法律规定。

第四百五十九条 【恶意占有人的损害赔偿责任】占有人因使用占有的不动产或者动产,致使该不动产或者动产受到损害的,恶意占有人应当承担赔偿责任。

第四百六十条 【权利人的返还请求权和占有人的费用求偿权】不动产或者动产被占有人占有的,权利人可以请求返还原物及其孳息;但是,应当支付善意占有人因维护该不动产或者动产支出的必要费用。

第四百六十一条 【占有物毁损或者灭失时占有人的责任】占有的不动产或者动产毁损、灭失,该不动产或者动产的权利人请求赔偿的,占有人应当将因毁损、灭失取得的保险金、赔偿金或者补偿金等返还给权利人;权利人的损害未得到足够弥补的,恶意占有人还应当赔偿损失。

第四百六十二条 【占有保护的方法】占有的不动产或者动产被侵占的,占有人有权请求返还原物;对妨害占有的行为,占有人有权请求排除妨害或者消除危险;因侵占或者妨害造成损害的,占有人有权依法请求损害赔偿。

占有人返还原物的请求权,自侵占发生之日起一年内未行使的,该请求权消灭。

……

第七编 侵权责任
第一章 一般规定

第一千一百六十四条 【侵权责任编的调整范围】本编调整因侵害民事权益产生的民事关系。

第一千一百六十五条 【过错责任原则与过错推定责任】行为人因过错侵害他人民事权益造成损害的,应当承担侵权责任。

依照法律规定推定行为人有过错,其不能证明自己没有过错的,应当承担侵权责任。

第一千一百六十六条 【无过错责任】行为人造成他人民事权益损害,不论行为人有无过错,法律规定应当承担侵权责任的,依照其规定。

第一千一百六十七条 【危及他人人身、财产安全的责任承担方式】侵权行为危及他人人身、财产安全的,被侵权人有权请求侵权人承担停止侵害、排除妨碍、消除危险等侵权责任。

第一千一百六十八条 【共同侵权】二人以上共同实施侵权行为,造成他人损害的,应当承担连带责任。

第一千一百六十九条 【教唆侵权、帮助侵权】教唆、帮助他人实施侵权行为的,应当与行为人承担连带责任。

教唆、帮助无民事行为能力人、限制民事行为能力人实施侵权行为的,应当承担侵权责任;该无民事行为能力人、限制民事行为能力人的监护人未尽到监护职责的,应当承担相应的责任。

第一千一百七十条 【共同危险行为】二人以上实

施危及他人人身、财产安全的行为，其中一人或者数人的行为造成他人损害，能够确定具体侵权人的，由侵权人承担责任；不能确定具体侵权人的，行为人承担连带责任。

第一千一百七十一条　【分别侵权的连带责任】二人以上分别实施侵权行为造成同一损害，每个人的侵权行为都足以造成全部损害的，行为人承担连带责任。

第一千一百七十二条　【分别侵权的按份责任】二人以上分别实施侵权行为造成同一损害，能够确定责任大小的，各自承担相应的责任；难以确定责任大小的，平均承担责任。

第一千一百七十三条　【与有过错】被侵权人对同一损害的发生或者扩大有过错的，可以减轻侵权人的责任。

第一千一百七十四条　【受害人故意】损害是因受害人故意造成的，行为人不承担责任。

第一千一百七十五条　【第三人过错】损害是因第三人造成的，第三人应当承担侵权责任。

第一千一百七十六条　【自甘风险】自愿参加具有一定风险的文体活动，因其他参加者的行为受到损害的，受害人不得请求其他参加者承担侵权责任；但是，其他参加者对损害的发生有故意或者重大过失的除外。

活动组织者的责任适用本法第一千一百九十八条至第一千二百零一条的规定。

第一千一百七十七条　【自力救济】合法权益受到侵害，情况紧迫且不能及时获得国家机关保护，不立即采取措施将使其合法权益受到难以弥补的损害的，受害人可以在保护自己合法权益的必要范围内采取扣留侵权人的财物等合理措施；但是，应当立即请求有关国家机关处理。

受害人采取的措施不当造成他人损害的，应当承担侵权责任。

第一千一百七十八条　【特别规定优先适用】本法和其他法律对不承担责任或者减轻责任的情形另有规定的，依照其规定。

第二章　损害赔偿

第一千一百七十九条　【人身损害赔偿范围】侵害他人造成人身损害的，应当赔偿医疗费、护理费、交通费、营养费、住院伙食补助费等为治疗和康复支出的合理费用，以及因误工减少的收入。造成残疾的，还应当赔偿辅助器具费和残疾赔偿金；造成死亡的，还应当赔偿丧葬费和死亡赔偿金。

第一千一百八十条　【以相同数额确定死亡赔偿金】因同一侵权行为造成多人死亡的，可以以相同数额确定死亡赔偿金。

第一千一百八十一条　【被侵权人死亡时请求权主体的确定】被侵权人死亡的，其近亲属有权请求侵权人承担侵权责任。被侵权人为组织，该组织分立、合并的，承继权利的组织有权请求侵权人承担侵权责任。

被侵权人死亡的，支付被侵权人医疗费、丧葬费等合理费用的人有权请求侵权人赔偿费用，但是侵权人已经支付该费用的除外。

第一千一百八十二条　【侵害他人人身权益造成财产损失的赔偿计算方式】侵害他人人身权益造成财产损失的，按照被侵权人因此受到的损失或者侵权人因此获得的利益赔偿；被侵权人因此受到的损失以及侵权人因此获得的利益难以确定，被侵权人和侵权人就赔偿数额协商不一致，向人民法院提起诉讼的，由人民法院根据实际情况确定赔偿数额。

第一千一百八十三条　【精神损害赔偿】侵害自然人人身权益造成严重精神损害的，被侵权人有权请求精神损害赔偿。

因故意或者重大过失侵害自然人具有人身意义的特定物造成严重精神损害的，被侵权人有权请求精神损害赔偿。

第一千一百八十四条　【财产损失的计算】侵害他人财产的，财产损失按照损失发生时的市场价格或者其他合理方式计算。

第一千一百八十五条　【故意侵害知识产权的惩罚性赔偿责任】故意侵害他人知识产权，情节严重的，被侵权人有权请求相应的惩罚性赔偿。

第一千一百八十六条　【公平分担损失】受害人和行为人对损害的发生都没有过错的，依照法律的规定由双方分担损失。

第一千一百八十七条　【赔偿费用的支付方式】损害发生后，当事人可以协商赔偿费用的支付方式。协商不一致的，赔偿费用应当一次性支付；一次性支付确有困难的，可以分期支付，但是被侵权人有权请求提供相应的担保。

第三章　责任主体的特殊规定

第一千一百八十八条　【监护人责任】无民事行为能力人、限制民事行为能力人造成他人损害的，由监护人承担侵权责任。监护人尽到监护职责的，可以减轻其侵权责任。

有财产的无民事行为能力人、限制民事行为能力人造成他人损害的，从本人财产中支付赔偿费用；不足部分，由监护人赔偿。

第一千一百八十九条 【委托监护时监护人的责任】无民事行为能力人、限制民事行为能力人造成他人损害,监护人将监护职责委托给他人的,监护人应当承担侵权责任;受托人有过错的,承担相应的责任。

第一千一百九十条 【暂时丧失意识后的侵权责任】完全民事行为能力人对自己的行为暂时没有意识或者失去控制造成他人损害有过错的,应当承担侵权责任;没有过错的,根据行为人的经济状况对受害人适当补偿。

完全民事行为能力人因醉酒、滥用麻醉药品或者精神药品对自己的行为暂时没有意识或者失去控制造成他人损害的,应当承担侵权责任。

第一千一百九十一条 【用人单位责任和劳务派遣单位、劳务用工单位责任】用人单位的工作人员因执行工作任务造成他人损害的,由用人单位承担侵权责任。用人单位承担侵权责任后,可以向有故意或者重大过失的工作人员追偿。

劳务派遣期间,被派遣的工作人员因执行工作任务造成他人损害的,由接受劳务派遣的用工单位承担侵权责任;劳务派遣单位有过错的,承担相应的责任。

第一千一百九十二条 【个人劳务关系中的侵权责任】个人之间形成劳务关系,提供劳务一方因劳务造成他人损害的,由接受劳务一方承担侵权责任。接受劳务一方承担侵权责任后,可以向有故意或者重大过失的提供劳务一方追偿。提供劳务一方因劳务受到损害的,根据双方各自的过错承担相应的责任。

提供劳务期间,因第三人的行为造成提供劳务一方损害的,提供劳务一方有权请求第三人承担侵权责任,也有权请求接受劳务一方给予补偿。接受劳务一方补偿后,可以向第三人追偿。

第一千一百九十三条 【承揽关系中的侵权责任】承揽人在完成工作过程中造成第三人损害或者自己损害的,定作人不承担侵权责任。但是,定作人对定作、指示或者选任有过错的,应当承担相应的责任。

第一千一百九十四条 【网络侵权责任】网络用户、网络服务提供者利用网络侵害他人民事权益的,应当承担侵权责任。法律另有规定的,依照其规定。

第一千一百九十五条 【"通知与取下"制度】网络用户利用网络服务实施侵权行为的,权利人有权通知网络服务提供者采取删除、屏蔽、断开链接等必要措施。通知应当包括构成侵权的初步证据及权利人的真实身份信息。

网络服务提供者接到通知后,应当及时将该通知转送相关网络用户,并根据构成侵权的初步证据和服务类型采取必要措施;未及时采取必要措施的,对损害的扩大部分与该网络用户承担连带责任。

权利人因错误通知造成网络用户或者网络服务提供者损害的,应当承担侵权责任。法律另有规定的,依照其规定。

第一千一百九十六条 【"反通知"制度】网络用户接到转送的通知后,可以向网络服务提供者提交不存在侵权行为的声明。声明应当包括不存在侵权行为的初步证据及网络用户的真实身份信息。

网络服务提供者接到声明后,应当将该声明转送发出通知的权利人,并告知其可以向有关部门投诉或者向人民法院提起诉讼。网络服务提供者在转送声明到达权利人后的合理期限内,未收到权利人已经投诉或者提起诉讼通知的,应当及时终止所采取的措施。

第一千一百九十七条 【网络服务提供者与网络用户的连带责任】网络服务提供者知道或者应当知道网络用户利用其网络服务侵害他人民事权益,未采取必要措施的,与该网络用户承担连带责任。

第一千一百九十八条 【违反安全保障义务的侵权责任】宾馆、商场、银行、车站、机场、体育场馆、娱乐场所等经营场所、公共场所的经营者、管理者或者群众性活动的组织者,未尽到安全保障义务,造成他人损害的,应当承担侵权责任。

因第三人的行为造成他人损害的,由第三人承担侵权责任;经营者、管理者或者组织者未尽到安全保障义务的,承担相应的补充责任。经营者、管理者或者组织者承担补充责任后,可以向第三人追偿。

第一千一百九十九条 【教育机构对无民事行为能力人受到人身损害的过错推定责任】无民事行为能力人在幼儿园、学校或者其他教育机构学习、生活期间受到人身损害的,幼儿园、学校或者其他教育机构应当承担侵权责任;但是,能够证明尽到教育、管理职责的,不承担侵权责任。

第一千二百条 【教育机构对限制民事行为能力人受到人身损害的过错责任】限制民事行为能力人在学校或者其他教育机构学习、生活期间受到人身损害,学校或者其他教育机构未尽到教育、管理职责的,应当承担侵权责任。

第一千二百零一条 【受到校外人员人身损害时的责任分担】无民事行为能力人或者限制民事行为能力人在幼儿园、学校或者其他教育机构学习、生活期间,受到幼儿园、学校或者其他教育机构以外的第三人人身损害的,由第三人承担侵权责任;幼儿园、学校或者其他教育机构未尽到管理职责的,承担相应的补充责任。幼儿园、学校或者其他教育机构承担补充责任后,可以向第三人追偿。

……

第九章 饲养动物损害责任

第一千二百四十五条 【饲养动物损害责任一般规定】饲养的动物造成他人损害的,动物饲养人或者管理人应当承担侵权责任;但是,能够证明损害是因被侵权人故意或者重大过失造成的,可以不承担或者减轻责任。

第一千二百四十六条 【未对动物采取安全措施损害责任】违反管理规定,未对动物采取安全措施造成他人损害的,动物饲养人或者管理人应当承担侵权责任;但是,能够证明损害是因被侵权人故意造成的,可以减轻责任。

第一千二百四十七条 【禁止饲养的危险动物损害责任】禁止饲养的烈性犬等危险动物造成他人损害的,动物饲养人或者管理人应当承担侵权责任。

第一千二百四十八条 【动物园饲养动物损害责任】动物园的动物造成他人损害的,动物园应当承担侵权责任;但是,能够证明尽到管理职责的,不承担侵权责任。

第一千二百四十九条 【遗弃、逃逸动物损害责任】遗弃、逃逸的动物在遗弃、逃逸期间造成他人损害的,由动物原饲养人或者管理人承担侵权责任。

第一千二百五十条 【因第三人过错致使动物致害责任】因第三人的过错致使动物造成他人损害的,被侵权人可以向动物饲养人或者管理人请求赔偿,也可以向第三人请求赔偿。动物饲养人或者管理人赔偿后,有权向第三人追偿。

第一千二百五十一条 【饲养动物应负的社会责任】饲养动物应当遵守法律法规,尊重社会公德,不得妨碍他人生活。

第十章 建筑物和物件损害责任

第一千二百五十二条 【建筑物、构筑物或者其他设施倒塌、塌陷致害责任】建筑物、构筑物或者其他设施倒塌、塌陷造成他人损害的,由建设单位与施工单位承担连带责任,但是建设单位与施工单位能够证明不存在质量缺陷的除外。建设单位、施工单位赔偿后,有其他责任人的,有权向其他责任人追偿。

因所有人、管理人、使用人或者第三人的原因,建筑物、构筑物或者其他设施倒塌、塌陷造成他人损害的,由所有人、管理人、使用人或者第三人承担侵权责任。

第一千二百五十三条 【建筑物、构筑物或者其他设施及其搁置物、悬挂物脱落、坠落致害责任】建筑物、构筑物或者其他设施及其搁置物、悬挂物发生脱落、坠落造成他人损害,所有人、管理人或者使用人不能证明自己没有过错的,应当承担侵权责任。所有人、管理人或者使用人赔偿后,有其他责任人的,有权向其他责任人追偿。

第一千二百五十四条 【高空抛掷物、坠落物致害责任】禁止从建筑物中抛掷物品。从建筑物中抛掷物品或者从建筑物上坠落的物品造成他人损害的,由侵权人依法承担侵权责任;经调查难以确定具体侵权人的,除能够证明自己不是侵权人的外,由可能加害的建筑物使用人给予补偿。可能加害的建筑物使用人补偿后,有权向侵权人追偿。

物业服务企业等建筑物管理人应当采取必要的安全保障措施防止前款规定情形的发生;未采取必要的安全保障措施的,应当依法承担未履行安全保障义务的侵权责任。

发生本条第一款规定的情形的,公安等机关应当依法及时调查,查清责任人。

第一千二百五十五条 【堆放物致害责任】堆放物倒塌、滚落或者滑落造成他人损害,堆放人不能证明自己没有过错的,应当承担侵权责任。

第一千二百五十六条 【在公共道路上妨碍通行物品的致害责任】在公共道路上堆放、倾倒、遗撒妨碍通行的物品造成他人损害的,由行为人承担侵权责任。公共道路管理人不能证明已经尽到清理、防护、警示等义务的,应当承担相应的责任。

第一千二百五十七条 【林木致害的责任】因林木折断、倾倒或者果实坠落等造成他人损害,林木的所有人或者管理人不能证明自己没有过错的,应当承担侵权责任。

第一千二百五十八条 【公共场所或道路施工致害责任和窨井等地下设施致害责任】在公共场所或者道路上挖掘、修缮安装地下设施等造成他人损害,施工人不能证明已经设置明显标志和采取安全措施的,应当承担侵权责任。

窨井等地下设施造成他人损害,管理人不能证明尽到管理职责的,应当承担侵权责任。

……

最高人民法院关于适用《中华人民共和国民法典》总则编若干问题的解释

- 2021年12月30日最高人民法院审判委员会第1861次会议通过
- 2022年2月24日最高人民法院公告公布
- 自2022年3月1日起施行
- 法释〔2022〕6号

为正确审理民事案件,依法保护民事主体的合法权益,维护社会和经济秩序,根据《中华人民共和国民法典》《中华人民共和国民事诉讼法》等相关法律规定,结合审判实践,制定本解释。

一、一般规定

第一条 民法典第二编至第七编对民事关系有规定的,人民法院直接适用该规定;民法典第二编至第七编没有规定的,适用民法典第一编的规定,但是根据其性质不能适用的除外。

就同一民事关系,其他民事法律的规定属于对民法典相应规定的细化的,应当适用该民事法律的规定。民法典规定适用其他法律的,适用该法律的规定。

民法典及其他法律对民事关系没有具体规定的,可以遵循民法典关于基本原则的规定。

第二条 在一定地域、行业范围内长期为一般人从事民事活动时普遍遵守的民间习俗、惯常做法等,可以认定为民法典第十条规定的习惯。

当事人主张适用习惯的,应当就习惯及其具体内容提供相应证据;必要时,人民法院可以依职权查明。

适用习惯,不得违背社会主义核心价值观,不得违背公序良俗。

第三条 对于民法典第一百三十二条所称的滥用民事权利,人民法院可以根据权利行使的对象、目的、时间、方式、造成当事人之间利益失衡的程度等因素作出认定。

行为人以损害国家利益、社会公共利益、他人合法权益为主要目的行使民事权利的,人民法院应当认定构成滥用民事权利。

构成滥用民事权利的,人民法院应当认定该滥用行为不发生相应的法律效力。滥用民事权利造成损害的,依照民法典第七编等有关规定处理。

二、民事权利能力和民事行为能力

第四条 涉及遗产继承、接受赠与等胎儿利益保护,父母在胎儿娩出作为法定代理人主张相应权利的,人民法院依法予以支持。

第五条 限制民事行为能力人实施的民事法律行为是否与其年龄、智力、精神健康状况相适应,人民法院可以从行为与本人生活相关联的程度,本人的智力、精神健康状况能否理解其行为并预见相应的后果,以及标的、数量、价款或者报酬等方面认定。

三、监 护

第六条 人民法院认定自然人的监护能力,应当根据其年龄、身心健康状况、经济条件等因素确定;认定有关组织的监护能力,应当根据其资质、信用、财产状况等因素确定。

第七条 担任监护人的被监护人父母通过遗嘱指定监护人,遗嘱生效时被指定的人不同意担任监护人的,人民法院应当适用民法典第二十七条、第二十八条的规定确定监护人。

未成年人由父母担任监护人,父母中的一方通过遗嘱指定监护人,另一方在遗嘱生效时有监护能力,有关当事人对监护人的确定有争议的,人民法院应当适用民法典第二十七条第一款的规定确定监护人。

第八条 未成年人的父母与其他依法具有监护资格的人订立协议,约定免除具有监护能力的父母的监护职责的,人民法院不予支持。协议约定在未成年人的父母丧失监护能力时由该具有监护资格的人担任监护人的,人民法院依法予以支持。

依法具有监护资格的人之间依据民法典第三十条的规定,约定由民法典第二十七条第二款、第二十八条规定的不同顺序的人共同担任监护人,或者由顺序在后的人担任监护人的,人民法院依法予以支持。

第九条 人民法院依据民法典第三十一条第二款、第三十六条第一款的规定指定监护人时,应当尊重被监护人的真实意愿,按照最有利于被监护人的原则指定,具体参考以下因素:

(一)与被监护人生活、情感联系的密切程度;
(二)依法具有监护资格的人的监护顺序;
(三)是否有不利于履行监护职责的违法犯罪等情形;
(四)依法具有监护资格的人的监护能力、意愿、品行等。

人民法院依法指定的监护人一般应当是一人,由数人共同担任监护人更有利于保护被监护人利益的,也可以是数人。

第十条 有关当事人不服居民委员会、村民委员会或者民政部门的指定,在接到指定通知之日起三十日内向人民法院申请指定监护人的,人民法院经审理认为指定并无不当,依法裁定驳回申请;认为指定不当,依法判决撤销指定并另行指定监护人。

有关当事人在接到指定通知之日起三十日后提出申请的,人民法院应当按照变更监护关系处理。

第十一条　具有完全民事行为能力的成年人与他人依据民法典第三十三条的规定订立书面协议事先确定自己的监护人后,协议的任何一方在该成年人丧失或者部分丧失民事行为能力前请求解除协议的,人民法院依法予以支持。该成年人丧失或者部分丧失民事行为能力后,协议确定的监护人无正当理由请求解除协议的,人民法院不予支持。

该成年人丧失或者部分丧失民事行为能力后,协议确定的监护人有民法典第三十六条第一款规定的情形之一,该条第二款规定的有关个人、组织申请撤销其监护人资格的,人民法院依法予以支持。

第十二条　监护人、其他依法具有监护资格的人之间就监护人是否有民法典第三十九条第一款第二项、第四项规定的应当终止监护关系的情形发生争议,申请变更监护人的,人民法院应当依法受理。经审理认为理由成立的,人民法院依法予以支持。

被依法指定的监护人与其他具有监护资格的人之间协议变更监护人的,人民法院应当尊重被监护人的真实意愿,按照最有利于被监护人的原则作出裁判。

第十三条　监护人因患病、外出务工等原因在一定期限内不能完全履行监护职责,将全部或者部分监护职责委托给他人,当事人主张受托人因此成为监护人的,人民法院不予支持。

四、宣告失踪和宣告死亡

第十四条　人民法院审理宣告失踪案件时,下列人员应当认定为民法典第四十条规定的利害关系人:

(一)被申请人的近亲属;

(二)依据民法典第一千一百二十八条、第一千一百二十九条规定对被申请人有继承权的亲属;

(三)债权人、债务人、合伙人等与被申请人有民事权利义务关系的民事主体,但是不申请宣告失踪不影响其权利行使、义务履行的除外。

第十五条　失踪人的财产代管人向失踪人的债务人请求偿还债务的,人民法院应当将财产代管人列为原告。

债权人提起诉讼,请求失踪人的财产代管人支付失踪人所欠的债务和其他费用的,人民法院应当将财产代管人列为被告。经审理认为债权人的诉讼请求成立的,人民法院应当判决财产代管人从失踪人的财产中支付失踪人所欠的债务和其他费用。

第十六条　人民法院审理宣告死亡案件时,被申请人的配偶、父母、子女,以及依据民法典第一千一百二十九条规定对被申请人有继承权的亲属应当认定为民法典第四十六条规定的利害关系人。

符合下列情形之一的,被申请人的其他近亲属,以及依据民法典第一千一百二十八条规定对被申请人有继承权的亲属应当认定为民法典第四十六条规定的利害关系人:

(一)被申请人的配偶、父母、子女均已死亡或者下落不明的;

(二)不申请宣告死亡不能保护其相应合法权益的。

被申请人的债权人、债务人、合伙人等民事主体不能认定为民法典第四十六条规定的利害关系人,但是不申请宣告死亡不能保护其相应合法权益的除外。

第十七条　自然人在战争期间下落不明的,利害关系人申请宣告死亡的期间适用民法典第四十六条第一款第一项的规定,自战争结束之日或者有关机关确定的下落不明之日起计算。

五、民事法律行为

第十八条　当事人未采用书面形式或者口头形式,但是实施的行为本身表明已经作出相应意思表示,并符合民事法律行为成立条件的,人民法院可以认定为民法典第一百三十五条规定的采用其他形式实施的民事法律行为。

第十九条　行为人对行为的性质、对方当事人或者标的物的品种、质量、规格、价格、数量等产生错误认识,按照通常理解如果不发生该错误认识行为人就不会作出相应意思表示的,人民法院可以认定为民法典第一百四十七条规定的重大误解。

行为人能够证明自己实施民事法律行为时存在重大误解,并请求撤销该民事法律行为的,人民法院依法予以支持;但是,根据交易习惯等认定行为人无权请求撤销的除外。

第二十条　行为人以其意思表示存在第三人转达错误为由请求撤销民事法律行为的,适用本解释第十九条的规定。

第二十一条　故意告知虚假情况,或者负有告知义务的人故意隐瞒真实情况,致使当事人基于错误认识作出意思表示的,人民法院可以认定为民法典第一百四十八条、第一百四十九条规定的欺诈。

第二十二条　以给自然人及其近亲属等的人身权利、财产权利以及其他合法权益造成损害或者以给法人、非法人组织的名誉、荣誉、财产权益等造成损害为要挟,迫使其基于恐惧心理作出意思表示的,人民法院可以认定为民法典第一百五十条规定的胁迫。

第二十三条　民事法律行为不成立,当事人请求返还财产、折价补偿或者赔偿损失的,参照适用民法典第一百五十七条的规定。

第二十四条　民事法律行为所附条件不可能发生,当事人约定为生效条件的,人民法院应当认定民事法律行为不发生效力;当事人约定为解除条件的,应当认定未附条件,民事法律行为是否失效,依照民法典和相关法律、行政法规的规定认定。

六、代　理

第二十五条　数个委托代理人共同行使代理权,其中一人或者数人未与其他委托代理人协商,擅自行使代理权的,依据民法典第一百七十一条、第一百七十二条等规定处理。

第二十六条　由于急病、通讯联络中断、疫情防控等特殊原因,委托代理人自己不能办理代理事项,又不能与被代理人及时取得联系,如不及时转委托第三人代理,会给被代理人的利益造成损失或者扩大损失的,人民法院应当认定为民法典第一百六十九条规定的紧急情况。

第二十七条　无权代理行为未被追认,相对人请求行为人履行债务或者赔偿损失的,由行为人就相对人知道或者应当知道行为人无权代理承担举证责任。行为人不能证明的,人民法院依法支持相对人的相应诉讼请求;行为人能够证明的,人民法院应当按照各自的过错认定行为人与相对人的责任。

第二十八条　同时符合下列条件的,人民法院可以认定为民法典第一百七十二条规定的相对人有理由相信行为人有代理权:

(一)存在代理权的外观;

(二)相对人不知道行为人行为时没有代理权,且无过失。

因是否构成表见代理发生争议的,相对人应当就无权代理符合前款第一项规定的条件承担举证责任;被代理人应当就相对人不符合前款第二项规定的条件承担举证责任。

第二十九条　法定代理人、被代理人依据民法典第一百四十五条、第一百七十一条的规定向相对人作出追认的意思表示的,人民法院应当依据民法典第一百三十七条的规定确认其追认意思表示的生效时间。

七、民事责任

第三十条　为了使国家利益、社会公共利益、本人或者他人的人身权利、财产权利以及其他合法权益免受正在进行的不法侵害,而针对实施侵害行为的人采取的制止不法侵害的行为,应当认定为民法典第一百八十一条规定的正当防卫。

第三十一条　对于正当防卫是否超过必要的限度,人民法院应当综合不法侵害的性质、手段、强度、危害程度和防卫的时机、手段、强度、损害后果等因素判断。

经审理,正当防卫没有超过必要限度的,人民法院应当认定正当防卫人不承担责任。正当防卫超过必要限度的,人民法院应当认定正当防卫人在造成不应有的损害范围内承担部分责任;实施侵害行为的人请求正当防卫人承担全部责任的,人民法院不予支持。

实施侵害行为的人不能证明防卫行为造成不应有的损害,仅以正当防卫人采取的反击方式和强度与不法侵害不相当为由主张防卫过当的,人民法院不予支持。

第三十二条　为了使国家利益、社会公共利益、本人或者他人的人身权利、财产权利以及其他合法权益免受正在发生的急迫危险,不得已而采取紧急措施的,应当认定为民法典第一百八十二条规定的紧急避险。

第三十三条　对于紧急避险是否采取措施不当或者超过必要的限度,人民法院应当综合危险的性质、急迫程度、避险行为所保护的权益以及造成的损害后果等因素判断。

经审理,紧急避险采取措施并无不当且没有超过必要限度的,人民法院应当认定紧急避险人不承担责任。紧急避险采取措施不当或者超过必要限度的,人民法院应当根据紧急避险人的过错程度、避险措施造成不应有的损害的原因力大小、紧急避险人是否为受益人等因素认定紧急避险人在造成的不应有的损害范围内承担相应的责任。

第三十四条　因保护他人民事权益使自己受到损害,受害人依据民法典第一百八十三条的规定请求受益人适当补偿的,人民法院可以根据受害人所受损失和已获赔偿的情况、受益人受益的多少及其经济条件等因素确定受益人承担的补偿数额。

八、诉讼时效

第三十五条　民法典第一百八十八条第一款规定的三年诉讼时效期间,可以适用民法典有关诉讼时效中止、中断的规定,不适用延长的规定。该条第二款规定的二十年期间不适用中止、中断的规定。

第三十六条　无民事行为能力人或者限制民事行为能力人的权利受到损害的,诉讼时效期间自其法定代理人知道或者应当知道权利受到损害以及义务人之日起计算,但是法律另有规定的除外。

第三十七条 无民事行为能力人、限制民事行为能力人的权利受到原法定代理人损害,且在取得、恢复完全民事行为能力或者在原法定代理终止并确定新的法定代理人后,相应民事主体才知道或者应当知道权利受到损害的,有关请求权诉讼时效期间的计算适用民法典第一百八十八条第二款、本解释第三十六条的规定。

第三十八条 诉讼时效依据民法典第一百九十五条的规定中断后,在新的诉讼时效期间内,再次出现第一百九十五条规定的中断事由,可以认定为诉讼时效再次中断。

权利人向义务人的代理人、财产代管人或者遗产管理人等提出履行请求的,可以认定为民法典第一百九十五条规定的诉讼时效中断。

九、附　则

第三十九条 本解释自2022年3月1日起施行。

民法典施行后的法律事实引起的民事案件,本解释施行后尚未终审的,适用本解释;本解释施行前已经终审,当事人申请再审或者按照审判监督程序决定再审的,不适用本解释。

中华人民共和国涉外民事关系法律适用法

· 2010年10月28日第十一届全国人民代表大会常务委员会第十七次会议通过
· 2010年10月28日中华人民共和国主席令第36号公布
· 自2011年4月1日起施行

第一章　一般规定

第一条 为了明确涉外民事关系的法律适用,合理解决涉外民事争议,维护当事人的合法权益,制定本法。

第二条 涉外民事关系适用的法律,依照本法确定。其他法律对涉外民事关系法律适用另有特别规定的,依照其规定。

本法和其他法律对涉外民事关系法律适用没有规定的,适用与该涉外民事关系有最密切联系的法律。

第三条 当事人依照法律规定可以明示选择涉外民事关系适用的法律。

第四条 中华人民共和国法律对涉外民事关系有强制性规定的,直接适用该强制性规定。

第五条 外国法律的适用将损害中华人民共和国社会公共利益的,适用中华人民共和国法律。

第六条 涉外民事关系适用外国法律,该国不同区域实施不同法律的,适用与该涉外民事关系有最密切联系区域的法律。

第七条 诉讼时效,适用相关涉外民事关系应当适用的法律。

第八条 涉外民事关系的定性,适用法院地法律。

第九条 涉外民事关系适用的外国法律,不包括该国的法律适用法。

第十条 涉外民事关系适用的外国法律,由人民法院、仲裁机构或者行政机关查明。当事人选择适用外国法律的,应当提供该国法律。

不能查明外国法律或者该国法律没有规定的,适用中华人民共和国法律。

第二章　民事主体

第十一条 自然人的民事权利能力,适用经常居所地法律。

第十二条 自然人的民事行为能力,适用经常居所地法律。

自然人从事民事活动,依照经常居所地法律为无民事行为能力,依照行为地法律为有民事行为能力的,适用行为地法律,但涉及婚姻家庭、继承的除外。

第十三条 宣告失踪或者宣告死亡,适用自然人经常居所地法律。

第十四条 法人及其分支机构的民事权利能力、民事行为能力、组织机构、股东权利义务等事项,适用登记地法律。

法人的主营业地与登记地不一致的,可以适用主营业地法律。法人的经常居所地,为其主营业地。

第十五条 人格权的内容,适用权利人经常居所地法律。

第十六条 代理适用代理行为地法律,但被代理人与代理人的民事关系,适用代理关系发生地法律。

当事人可以协议选择委托代理适用的法律。

第十七条 当事人可以协议选择信托适用的法律。当事人没有选择的,适用信托财产所在地法律或者信托关系发生地法律。

第十八条 当事人可以协议选择仲裁协议适用的法律。当事人没有选择的,适用仲裁机构所在地法律或者仲裁地法律。

第十九条 依照本法适用国籍国法律,自然人具有两个以上国籍的,适用有经常居所地的国籍国法律;在所有国籍国均无经常居所的,适用与其有最密切联系的国籍国法律。自然人无国籍或者国籍不明的,适用其经常居所地法律。

第二十条 依照本法适用经常居所地法律,自然人经常居所地不明的,适用其现在居所地法律。

第三章 婚姻家庭

第二十一条 结婚条件,适用当事人共同经常居所地法律;没有共同经常居所地的,适用共同国籍国法律;没有共同国籍,在一方当事人经常居所地或者国籍国缔结婚姻的,适用婚姻缔结地法律。

第二十二条 结婚手续,符合婚姻缔结地法律、一方当事人经常居所地法律或者国籍国法律的,均为有效。

第二十三条 夫妻人身关系,适用共同经常居所地法律;没有共同经常居所地的,适用共同国籍国法律。

第二十四条 夫妻财产关系,当事人可以协议选择适用一方当事人经常居所地法律、国籍国法律或者主要财产所在地法律。当事人没有选择的,适用共同经常居所地法律;没有共同经常居所地的,适用共同国籍国法律。

第二十五条 父母子女人身、财产关系,适用共同经常居所地法律;没有共同经常居所地的,适用一方当事人经常居所地法律或者国籍国法律中有利于保护弱者权益的法律。

第二十六条 协议离婚,当事人可以协议选择适用一方当事人经常居所地法律或者国籍国法律。当事人没有选择的,适用共同经常居所地法律;没有共同经常居所地的,适用共同国籍国法律;没有共同国籍,适用办理离婚手续机构所在地法律。

第二十七条 诉讼离婚,适用法院地法律。

第二十八条 收养的条件和手续,适用收养人和被收养人经常居所地法律。收养的效力,适用收养时收养人经常居所地法律。收养关系的解除,适用收养时被收养人经常居所地法律或者法院地法律。

第二十九条 扶养,适用一方当事人经常居所地法律、国籍国法律或者主要财产所在地法律中有利于保护被扶养人权益的法律。

第三十条 监护,适用一方当事人经常居所地法律或者国籍国法律中有利于保护被监护人权益的法律。

第四章 继承

第三十一条 法定继承,适用被继承人死亡时经常居所地法律,但不动产法定继承,适用不动产所在地法律。

第三十二条 遗嘱方式,符合遗嘱人立遗嘱时或者死亡时经常居所地法律、国籍国法律或者遗嘱行为地法律的,遗嘱均为成立。

第三十三条 遗嘱效力,适用遗嘱人立遗嘱时或者死亡时经常居所地法律或者国籍国法律。

第三十四条 遗产管理等事项,适用遗产所在地法律。

第三十五条 无人继承遗产的归属,适用被继承人死亡时遗产所在地法律。

第五章 物 权

第三十六条 不动产物权,适用不动产所在地法律。

第三十七条 当事人可以协议选择动产物权适用的法律。当事人没有选择的,适用法律事实发生时动产所在地法律。

第三十八条 当事人可以协议选择运输中动产物权发生变更适用的法律。当事人没有选择的,适用运输目的地法律。

第三十九条 有价证券,适用有价证券权利实现地法律或者其他与该有价证券有最密切联系的法律。

第四十条 权利质权,适用质权设立地法律。

第六章 债 权

第四十一条 当事人可以协议选择合同适用的法律。当事人没有选择的,适用履行义务最能体现该合同特征的一方当事人经常居所地法律或者其他与该合同有最密切联系的法律。

第四十二条 消费者合同,适用消费者经常居所地法律;消费者选择适用商品、服务提供地法律或者经营者在消费者经常居所地没有从事相关经营活动的,适用商品、服务提供地法律。

第四十三条 劳动合同,适用劳动者工作地法律;难以确定劳动者工作地的,适用用人单位主营业地法律。劳务派遣,可以适用劳务派出地法律。

第四十四条 侵权责任,适用侵权行为地法律,但当事人有共同经常居所地的,适用共同经常居所地法律。侵权行为发生后,当事人协议选择适用法律的,按照其协议。

第四十五条 产品责任,适用被侵权人经常居所地法律;被侵权人选择适用侵权人主营业地法律、损害发生地法律的,或者侵权人在被侵权人经常居所地没有从事相关经营活动的,适用侵权人主营业地法律或者损害发生地法律。

第四十六条 通过网络或者采用其他方式侵害姓名权、肖像权、名誉权、隐私权等人格权的,适用被侵权人经常居所地法律。

第四十七条 不当得利、无因管理,适用当事人协议选择适用的法律。当事人没有选择的,适用当事人共同经常居所地法律；没有共同经常居所地的，适用不当得利、无因管理发生地法律。

第七章 知识产权

第四十八条 知识产权的归属和内容，适用被请求保护地法律。

第四十九条 当事人可以协议选择知识产权转让和许可使用适用的法律。当事人没有选择的，适用本法对合同的有关规定。

第五十条 知识产权的侵权责任，适用被请求保护地法律，当事人也可以在侵权行为发生后协议选择适用法院地法律。

第八章 附 则

第五十一条 《中华人民共和国民法通则》第一百四十六条、第一百四十七条，《中华人民共和国继承法》第三十六条，与本法的规定不一致的，适用本法。

第五十二条 本法自2011年4月1日起施行。

中华人民共和国法律援助法

· 2021年8月20日第十三届全国人民代表大会常务委员会第三十次会议通过
· 2021年8月20日中华人民共和国主席令第93号公布
· 自2022年1月1日起施行

第一章 总 则

第一条 为了规范和促进法律援助工作，保障公民和有关当事人的合法权益，保障法律正确实施，维护社会公平正义，制定本法。

第二条 本法所称法律援助，是国家建立的为经济困难公民和符合法定条件的其他当事人无偿提供法律咨询、代理、刑事辩护等法律服务的制度，是公共法律服务体系的组成部分。

第三条 法律援助工作坚持中国共产党领导，坚持以人民为中心，尊重和保障人权，遵循公开、公平、公正的原则，实行国家保障与社会参与相结合。

第四条 县级以上人民政府应当将法律援助工作纳入国民经济和社会发展规划、基本公共服务体系，保障法律援助事业与经济社会协调发展。

县级以上人民政府应当健全法律援助保障体系，将法律援助相关经费列入本级政府预算，建立动态调整机制，保障法律援助工作需要，促进法律援助均衡发展。

第五条 国务院司法行政部门指导、监督全国的法律援助工作。县级以上地方人民政府司法行政部门指导、监督本行政区域的法律援助工作。

县级以上人民政府其他有关部门依照各自职责，为法律援助工作提供支持和保障。

第六条 人民法院、人民检察院、公安机关应当在各自职责范围内保障当事人依法获得法律援助，为法律援助人员开展工作提供便利。

第七条 律师协会应当指导和支持律师事务所、律师参与法律援助工作。

第八条 国家鼓励和支持群团组织、事业单位、社会组织在司法行政部门指导下，依法提供法律援助。

第九条 国家鼓励和支持企业事业单位、社会组织和个人等社会力量，依法通过捐赠等方式为法律援助事业提供支持；对符合条件的，给予税收优惠。

第十条 司法行政部门应当开展经常性的法律援助宣传教育，普及法律援助知识。

新闻媒体应当积极开展法律援助公益宣传，并加强舆论监督。

第十一条 国家对在法律援助工作中做出突出贡献的组织和个人，按照有关规定给予表彰、奖励。

第二章 机构和人员

第十二条 县级以上人民政府司法行政部门应当设立法律援助机构。法律援助机构负责组织实施法律援助工作，受理、审查法律援助申请，指派律师、基层法律服务工作者、法律援助志愿者等法律援助人员提供法律援助，支付法律援助补贴。

第十三条 法律援助机构根据工作需要，可以安排本机构具有律师资格或者法律职业资格的工作人员提供法律援助；可以设置法律援助工作站或者联络点，就近受理法律援助申请。

第十四条 法律援助机构可以在人民法院、人民检察院和看守所等场所派驻值班律师，依法为没有辩护人的犯罪嫌疑人、被告人提供法律援助。

第十五条 司法行政部门可以通过政府采购等方式，择优选择律师事务所等法律服务机构为受援人提供法律援助。

第十六条 律师事务所、基层法律服务所、律师、基层法律服务工作者负有依法提供法律援助的义务。

律师事务所、基层法律服务所应当支持和保障本所律师、基层法律服务工作者履行法律援助义务。

第十七条 国家鼓励和规范法律援助志愿服务；支持符合条件的个人作为法律援助志愿者，依法提供法律援助。

高等院校、科研机构可以组织从事法学教育、研究工作的人员和法学专业学生作为法律援助志愿者，在司法行政部门指导下，为当事人提供法律咨询、代拟法律文书等法律援助。

法律援助志愿者具体管理办法由国务院有关部门规定。

第十八条 国家建立健全法律服务资源依法跨区域流动机制，鼓励和支持律师事务所、律师、法律援助志愿者等在法律服务资源相对短缺地区提供法律援助。

第十九条 法律援助人员应当依法履行职责，及时为受援人提供符合标准的法律援助服务，维护受援人的合法权益。

第二十条 法律援助人员应当恪守职业道德和执业纪律，不得向受援人收取任何财物。

第二十一条 法律援助机构、法律援助人员对提供法律援助过程中知悉的国家秘密、商业秘密和个人隐私应当予以保密。

第三章　形式和范围

第二十二条 法律援助机构可以组织法律援助人员依法提供下列形式的法律援助服务：

（一）法律咨询；

（二）代拟法律文书；

（三）刑事辩护与代理；

（四）民事案件、行政案件、国家赔偿案件的诉讼代理及非诉讼代理；

（五）值班律师法律帮助；

（六）劳动争议调解与仲裁代理；

（七）法律、法规、规章规定的其他形式。

第二十三条 法律援助机构应当通过服务窗口、电话、网络等多种方式提供法律咨询服务；提示当事人享有依法申请法律援助的权利，并告知申请法律援助的条件和程序。

第二十四条 刑事案件的犯罪嫌疑人、被告人因经济困难或者其他原因没有委托辩护人的，本人及其近亲属可以向法律援助机构申请法律援助。

第二十五条 刑事案件的犯罪嫌疑人、被告人属于下列人员之一，没有委托辩护人的，人民法院、人民检察院、公安机关应当通知法律援助机构指派律师担任辩护人：

（一）未成年人；

（二）视力、听力、言语残疾人；

（三）不能完全辨认自己行为的成年人；

（四）可能被判处无期徒刑、死刑的人；

（五）申请法律援助的死刑复核案件被告人；

（六）缺席审判案件的被告人；

（七）法律法规规定的其他人员。

其他适用普通程序审理的刑事案件，被告人没有委托辩护人的，人民法院可以通知法律援助机构指派律师担任辩护人。

第二十六条 对可能被判处无期徒刑、死刑的人，以及死刑复核案件的被告人，法律援助机构收到人民法院、人民检察院、公安机关通知后，应当指派具有三年以上相关执业经历的律师担任辩护人。

第二十七条 人民法院、人民检察院、公安机关通知法律援助机构指派律师担任辩护人时，不得限制或者损害犯罪嫌疑人、被告人委托辩护人的权利。

第二十八条 强制医疗案件的被申请人或者被告人没有委托诉讼代理人的，人民法院应当通知法律援助机构指派律师为其提供法律援助。

第二十九条 刑事公诉案件的被害人及其法定代理人或者近亲属，刑事自诉案件的自诉人及其法定代理人，刑事附带民事诉讼案件的原告人及其法定代理人，因经济困难没有委托诉讼代理人的，可以向法律援助机构申请法律援助。

第三十条 值班律师应当依法为没有辩护人的犯罪嫌疑人、被告人提供法律咨询、程序选择建议、申请变更强制措施、对案件处理提出意见等法律帮助。

第三十一条 下列事项的当事人，因经济困难没有委托代理人的，可以向法律援助机构申请法律援助：

（一）依法请求国家赔偿；

（二）请求给予社会保险待遇或者社会救助；

（三）请求发给抚恤金；

（四）请求给付赡养费、抚养费、扶养费；

（五）请求确认劳动关系或者支付劳动报酬；

（六）请求认定公民无民事行为能力或者限制民事行为能力；

（七）请求工伤事故、交通事故、食品药品安全事故、医疗事故人身损害赔偿；

（八）请求环境污染、生态破坏损害赔偿；

（九）法律、法规、规章规定的其他情形。

第三十二条 有下列情形之一，当事人申请法律援助的，不受经济困难条件的限制：

（一）英雄烈士近亲属为维护英雄烈士的人格权益；

（二）因见义勇为行为主张相关民事权益；

（三）再审改判无罪请求国家赔偿；

（四）遭受虐待、遗弃或者家庭暴力的受害人主张相关权益；

（五）法律、法规、规章规定的其他情形。

第三十三条 当事人不服司法机关生效裁判或者决定提出申诉或者申请再审，人民法院决定、裁定再审或者人民检察院提出抗诉，因经济困难没有委托辩护人或者诉讼代理人的，本人及其近亲属可以向法律援助机构申请法律援助。

第三十四条 经济困难的标准，由省、自治区、直辖市人民政府根据本行政区域经济发展状况和法律援助工作需要确定，并实行动态调整。

第四章　程序和实施

第三十五条 人民法院、人民检察院、公安机关和有关部门在办理案件或者相关事务中，应当及时告知有关当事人有权依法申请法律援助。

第三十六条 人民法院、人民检察院、公安机关办理刑事案件，发现有本法第二十五条第一款、第二十八条规定情形的，应当在三日内通知法律援助机构指派律师。法律援助机构收到通知后，应当在三日内指派律师并通知人民法院、人民检察院、公安机关。

第三十七条 人民法院、人民检察院、公安机关应当保障值班律师依法提供法律帮助，告知没有辩护人的犯罪嫌疑人、被告人有权约见值班律师，并依法为值班律师了解案件有关情况、阅卷、会见等提供便利。

第三十八条 对诉讼事项的法律援助，由申请人向办案机关所在地的法律援助机构提出申请；对非诉讼事项的法律援助，由申请人向争议处理机关所在地或者事由发生地的法律援助机构提出申请。

第三十九条 被羁押的犯罪嫌疑人、被告人、服刑人员，以及强制隔离戒毒人员等提出法律援助申请的，办案机关、监管场所应当在二十四小时内将申请转交法律援助机构。

犯罪嫌疑人、被告人通过值班律师提出代理、刑事辩护等法律援助申请的，值班律师应当在二十四小时内将申请转交法律援助机构。

第四十条 无民事行为能力人或者限制民事行为能力人需要法律援助的，可以由其法定代理人代为提出申请。法定代理人侵犯无民事行为能力人、限制民事行为能力人合法权益的，其他法定代理人或者近亲属可以代为提出法律援助申请。

被羁押的犯罪嫌疑人、被告人、服刑人员，以及强制隔离戒毒人员，可以由其法定代理人或者近亲属代为提出法律援助申请。

第四十一条 因经济困难申请法律援助的，申请人应当如实说明经济困难状况。

法律援助机构核查申请人的经济困难状况，可以通过信息共享查询，或者由申请人进行个人诚信承诺。

法律援助机构开展核查工作，有关部门、单位、村民委员会、居民委员会和个人应当予以配合。

第四十二条 法律援助申请人有材料证明属于下列人员之一的，免予核查经济困难状况：

（一）无固定生活来源的未成年人、老年人、残疾人等特定群体；

（二）社会救助、司法救助或者优抚对象；

（三）申请支付劳动报酬或者请求工伤事故人身损害赔偿的进城务工人员；

（四）法律、法规、规章规定的其他人员。

第四十三条 法律援助机构应当自收到法律援助申请之日起七日内进行审查，作出是否给予法律援助的决定。决定给予法律援助的，应当自作出决定之日起三日内指派法律援助人员为受援人提供法律援助；决定不给予法律援助的，应当书面告知申请人，并说明理由。

申请人提交的申请材料不齐全的，法律援助机构应当一次性告知申请人需要补充的材料或者要求申请人作出说明。申请人未按要求补充材料或者作出说明的，视为撤回申请。

第四十四条 法律援助机构收到法律援助申请后，发现有下列情形之一的，可以决定先行提供法律援助：

（一）距法定时效或者期限届满不足七日，需要及时提起诉讼或者申请仲裁、行政复议的；

（二）需要立即申请财产保全、证据保全或者先予执行的；

（三）法律、法规、规章规定的其他情形。

法律援助机构先行提供法律援助的，受援人应当及时补办有关手续，补充有关材料。

第四十五条 法律援助机构为老年人、残疾人提供法律援助服务的，应当根据实际情况提供无障碍设施设备和服务。

法律法规对向特定群体提供法律援助有其他特别规定的，依照其规定。

第四十六条 法律援助人员接受指派后，无正当理由不得拒绝、拖延或者终止提供法律援助服务。

法律援助人员应当按照规定向受援人通报法律援助事项办理情况，不得损害受援人合法权益。

第四十七条 受援人应当向法律援助人员如实陈述

与法律援助事项有关的情况，及时提供证据材料，协助、配合办理法律援助事项。

第四十八条 有下列情形之一的，法律援助机构应当作出终止法律援助的决定：

（一）受援人以欺骗或者其他不正当手段获得法律援助；

（二）受援人故意隐瞒与案件有关的重要事实或者提供虚假证据；

（三）受援人利用法律援助从事违法活动；

（四）受援人的经济状况发生变化，不再符合法律援助条件；

（五）案件终止审理或者已经被撤销；

（六）受援人自行委托律师或者其他代理人；

（七）受援人有正当理由要求终止法律援助；

（八）法律法规规定的其他情形。

法律援助人员发现有前款规定情形的，应当及时向法律援助机构报告。

第四十九条 申请人、受援人对法律援助机构不予法律援助、终止法律援助的决定有异议的，可以向设立该法律援助机构的司法行政部门提出。

司法行政部门应当自收到异议之日起五日内进行审查，作出维持法律援助机构决定或者责令法律援助机构改正的决定。

申请人、受援人对司法行政部门维持法律援助机构决定不服的，可以依法申请行政复议或者提起行政诉讼。

第五十条 法律援助事项办理结束后，法律援助人员应当及时向法律援助机构报告，提交有关法律文书的副本或者复印件、办理情况报告等材料。

第五章　保障和监督

第五十一条 国家加强法律援助信息化建设，促进司法行政部门与司法机关及其他有关部门实现信息共享和工作协同。

第五十二条 法律援助机构应当依照有关规定及时向法律援助人员支付法律援助补贴。

法律援助补贴的标准，由省、自治区、直辖市人民政府司法行政部门会同同级财政部门，根据当地经济发展水平和法律援助的服务类型、承办成本、基本劳务费用等确定，并实行动态调整。

法律援助补贴免征增值税和个人所得税。

第五十三条 人民法院应当根据情况对受援人缓收、减收或者免收诉讼费用；对法律援助人员复制相关材料等费用予以免收或者减收。

公证机构、司法鉴定机构应当对受援人减收或者免收公证费、鉴定费。

第五十四条 县级以上人民政府司法行政部门应当有计划地对法律援助人员进行培训，提高法律援助人员的专业素质和服务能力。

第五十五条 受援人有权向法律援助机构、法律援助人员了解法律援助事项办理情况；法律援助机构、法律援助人员未依法履行职责的，受援人可以向司法行政部门投诉，并可以请求法律援助机构更换法律援助人员。

第五十六条 司法行政部门应当建立法律援助工作投诉查处制度；接到投诉后，应当依照有关规定受理和调查处理，并及时向投诉人告知处理结果。

第五十七条 司法行政部门应当加强对法律援助服务的监督，制定法律援助服务质量标准，通过第三方评估等方式定期进行质量考核。

第五十八条 司法行政部门、法律援助机构应当建立法律援助信息公开制度，定期向社会公布法律援助资金使用、案件办理、质量考核结果等情况，接受社会监督。

第五十九条 法律援助机构应当综合运用庭审旁听、案卷检查、征询司法机关意见和回访受援人等措施，督促法律援助人员提升服务质量。

第六十条 律师协会应当将律师事务所、律师履行法律援助义务的情况纳入年度考核内容，对拒不履行或者怠于履行法律援助义务的律师事务所、律师，依照有关规定进行惩戒。

第六章　法律责任

第六十一条 法律援助机构及其工作人员有下列情形之一的，由设立该法律援助机构的司法行政部门责令限期改正；有违法所得的，责令退还或者没收违法所得；对直接负责的主管人员和其他直接责任人员，依法给予处分：

（一）拒绝为符合法律援助条件的人员提供法律援助，或者故意为不符合法律援助条件的人员提供法律援助；

（二）指派不符合本法规定的人员提供法律援助；

（三）收取受援人财物；

（四）从事有偿法律服务；

（五）侵占、私分、挪用法律援助经费；

（六）泄露法律援助过程中知悉的国家秘密、商业秘密和个人隐私；

（七）法律法规规定的其他情形。

第六十二条 律师事务所、基层法律服务所有下列情形之一的，由司法行政部门依法给予处罚：

（一）无正当理由拒绝接受法律援助机构指派的；

（二）接受指派后，不及时安排本所律师、基层法律服务工作者办理法律援助事项或者拒绝为本所律师、基层法律服务工作者办理法律援助事项提供支持和保障；

（三）纵容或者放任本所律师、基层法律服务工作者怠于履行法律援助义务或者擅自终止提供法律援助；

（四）法律法规规定的其他情形。

第六十三条　律师、基层法律服务工作者有下列情形之一的，由司法行政部门依法给予处罚：

（一）无正当理由拒绝履行法律援助义务或者怠于履行法律援助义务；

（二）擅自终止提供法律援助；

（三）收取受援人财物；

（四）泄露法律援助过程中知悉的国家秘密、商业秘密和个人隐私；

（五）法律法规规定的其他情形。

第六十四条　受援人以欺骗或者其他不正当手段获得法律援助的，由司法行政部门责令其支付已实施法律援助的费用，并处三千元以下罚款。

第六十五条　违反本法规定，冒用法律援助名义提供法律服务并谋取利益的，由司法行政部门责令改正，没收违法所得，并处违法所得一倍以上三倍以下罚款。

第六十六条　国家机关及其工作人员在法律援助工作中滥用职权、玩忽职守、徇私舞弊的，对直接负责的主管人员和其他直接责任人员，依法给予处分。

第六十七条　违反本法规定，构成犯罪的，依法追究刑事责任。

第七章　附　则

第六十八条　工会、共产主义青年团、妇女联合会、残疾人联合会等群团组织开展法律援助工作，参照适用本法的相关规定。

第六十九条　对外国人和无国籍人提供法律援助，我国法律有规定的，适用法律规定；我国法律没有规定的，可以根据我国缔结或者参加的国际条约，或者按照互惠原则，参照适用本法的相关规定。

第七十条　对军人军属提供法律援助的具体办法，由国务院和中央军事委员会有关部门制定。

第七十一条　本法自 2022 年 1 月 1 日起施行。

国务院关于印发中国妇女发展纲要和中国儿童发展纲要的通知

· 2021 年 9 月 8 日
· 国发〔2021〕16 号

各省、自治区、直辖市人民政府，国务院各部委、各直属机构：

现将《中国妇女发展纲要（2021—2030 年）》和《中国儿童发展纲要（2021—2030 年）》印发给你们，请认真贯彻执行。

中国妇女发展纲要（2021—2030 年）

前　言

追求男女平等的事业是伟大的。妇女是人类文明的开创者、社会进步的推动者，是全面建设社会主义现代化国家的重要力量。男女平等和妇女全面发展程度，是衡量社会文明进步的重要标志。党和国家高度重视妇女事业发展，先后制定实施了三个周期的中国妇女发展纲要，为优化妇女发展环境、保障妇女合法权益提供了重要保障。

党的十八大以来，以习近平同志为核心的党中央将"坚持男女平等基本国策，保障妇女儿童合法权益"写入党的施政纲领，作为治国理政的重要内容，不断完善党委领导、政府主责、妇女儿童工作委员会（以下简称妇儿工委）协调、多部门合作、全社会参与的妇女工作机制，在出台法律、制定政策、编制规划、部署工作时充分考虑两性的现实差异和妇女的特殊利益，支持妇女充分发挥"半边天"作用，为促进妇女全面发展加速行动。妇女参与经济社会发展的能力和贡献率明显提升，社会地位显著提高，合法权益得到有效保障，健康状况得到极大改善，受教育程度不断提高，参与决策和管理的途径更加多元，社会保障水平稳步提升，在家庭生活中的重要作用进一步彰显，发展环境日益优化。妇女事业和男女平等发展取得了历史性新成就。

进入新时代，我国社会主要矛盾发生历史性变化，妇女群众对美好生活的需要日益广泛，妇女发展的不平衡不充分问题仍然突出。城乡、区域和群体之间妇女发展存在差距，农村特别是欠发达地区妇女民生保障力度还需加大。妇女在就业、人身财产、婚姻家庭等方面平等权利的保障仍面临现实困难。妇女参与国家和经济文化社会事务管理的水平有待全面提升。针对妇女各种形式的歧视不同程度存在，性别平等观念有待进一步普及，妇女发展的社会环境需要进一步优化。让性别平等落到实处、推动妇女走在时代前列，使命艰巨、任重道远。

当前，我国正处于实现"两个一百年"奋斗目标的历史交汇期。统筹推进"五位一体"总体布局，协调推进"四个全面"战略布局，推进国家治理体系和治理能力现代化，为更高水平促进男女平等和妇女全面发展提供了重大机遇。贯彻以人民为中心的发展思想，坚持新发展理念，坚持系统观念，对充分发挥妇女在社会生活和家庭生活中的独特作用，显著增强妇女的获得感、幸福感、安全感提出了更高要求。世界百年未有之大变局加速演进，推动构建人类命运共同体，建设一个妇女免于歧视的世界，打造一个包容发展的社会，对推动全球性别平等事业发展提出了新的要求。必须在把握新发展阶段、贯彻新发展理念、构建新发展格局中，科学规划妇女全面发展的新目标新任务，健全完善制度机制，团结引领妇女建功新时代、奋进新征程。

依照宪法和民法典、妇女权益保障法等有关法律法规，按照国家经济社会发展的总体目标要求以及男女平等和妇女发展实际，参照联合国《消除对妇女一切形式歧视公约》和2030年可持续发展议程等国际公约和文件宗旨，制定本纲要。

一、指导思想、基本原则和总体目标

（一）指导思想。

高举中国特色社会主义伟大旗帜，深入贯彻党的十九大和十九届二中、三中、四中、五中全会精神，坚持以马克思列宁主义、毛泽东思想、邓小平理论、"三个代表"重要思想、科学发展观、习近平新时代中国特色社会主义思想为指导，坚定不移贯彻新发展理念，坚持以人民为中心的发展思想，坚持走中国特色社会主义妇女发展道路，贯彻落实男女平等基本国策，不断完善促进男女平等和妇女全面发展的制度机制，推动性别平等成为全社会共同遵循的行为规范和价值标准，充分发挥妇女在全面建设社会主义现代化国家中的"半边天"作用，保障妇女平等依法行使民主权利、平等参与经济社会发展、平等享有改革发展成果，推动妇女走在时代前列。

（二）基本原则。

1. 坚持党的全面领导。坚持妇女事业发展的正确政治方向，贯彻落实党中央关于妇女事业发展的决策部署，切实把党的领导贯穿到妇女事业发展的全过程和各方面。

2. 坚持妇女事业与经济社会同步协调发展。将促进妇女全面发展目标任务纳入国家和地方经济社会发展总体规划，纳入专项规划，纳入民生实事项目，同部署、同落实，让经济社会发展成果更多更公平惠及广大妇女。

3. 坚持男女两性平等发展。贯彻落实男女平等基本国策，在出台法律、制定政策、编制规划、部署工作时充分考虑两性的现实差异和妇女的特殊利益，营造更加平等、包容、可持续的发展环境，缩小男女两性发展差距。

4. 坚持促进妇女全面发展。统筹兼顾妇女在政治、经济、文化、社会和家庭各方面的发展利益，有效解决制约妇女发展的重点难点问题，统筹推进城乡、区域、群体之间妇女的均衡发展，协调推进妇女在各领域的全面发展。

5. 坚持共建共治共享。在统筹推进"五位一体"总体布局、协调推进"四个全面"战略布局中充分发挥妇女的重要作用，促进妇女积极投身高质量发展，踊跃参与国家治理体系和治理能力现代化进程，共享经济社会发展成果。

（三）总体目标。

男女平等基本国策得到深入贯彻落实，促进男女平等和妇女全面发展的制度机制创新完善。妇女平等享有全方位全生命周期健康服务，健康水平持续提升。妇女平等享有受教育权利，素质能力持续提高。妇女平等享有经济权益，经济地位稳步提升。妇女平等享有政治权利，参与国家和经济文化社会事务管理的水平逐步提高。妇女平等享有多层次可持续的社会保障，待遇水平稳步提高。支持家庭发展的法规政策体系更加完善，社会主义家庭文明新风尚广泛弘扬。男女平等理念更加深入人心，妇女发展环境更为优化。法治体系更加健全，妇女合法权益得到切实保障。妇女的获得感、幸福感、安全感显著提升。展望2035年，与国家基本实现社会主义现代化相适应，男女平等和妇女全面发展取得更为明显的实质性进展，妇女更好地担负起新时代赋予的光荣使命，为实现中华民族伟大复兴的中国梦而不懈奋斗。

二、发展领域、主要目标和策略措施

（一）妇女与健康。

主要目标：

1. 妇女全生命周期享有良好的卫生健康服务，妇女人均预期寿命延长，人均健康预期寿命提高。

2. 孕产妇死亡率下降到12/10万以下，城乡、区域差距缩小。

3. 妇女的宫颈癌和乳腺癌防治意识明显提高。宫颈癌和乳腺癌综合防治能力不断增强。适龄妇女宫颈癌人群筛查率达到70%以上，乳腺癌人群筛查率逐步提高。

4. 生殖健康和优生优育知识全面普及，促进健康孕育，减少非意愿妊娠。

5. 减少艾滋病、梅毒和乙肝母婴传播，艾滋病母婴传播率下降到2%以下。

6. 妇女心理健康素养水平不断提升。妇女焦虑障碍、抑郁症患病率上升趋势减缓。

7. 普及健康知识，提高妇女健康素养水平。

8. 改善妇女营养状况。预防和减少孕产妇贫血。

9. 提高妇女经常参加体育锻炼的人数比例，提高妇女体质测定标准合格比例。

10. 健全妇幼健康服务体系，提升妇幼健康服务能力，妇女健康水平不断提高。

策略措施：

1. 完善保障妇女健康的制度机制。全面推进健康中国建设，把保障人民健康放在优先发展的战略位置，坚持预防为主，深入实施"健康中国行动"和"健康中国母亲行动"，健全政府主导、部门协同、社会参与、行业监管、科技支撑的妇女健康保障工作机制。深入推进医疗、医保、医药联动改革，统筹改革监管体制，保障妇女获得高质量、有效率、可负担的医疗和保健服务。多渠道支持妇女健康事业发展。完善公共卫生应急管理体系，关注妇女的特殊需求。

2. 加强妇幼健康服务体系建设。健全以妇幼保健机构为核心、以基层医疗卫生机构为基础、以大中型医院和教学科研机构为支撑的妇幼健康服务网络，提升妇幼健康服务供给能力和水平。省、市、县级充分利用现有资源，加强政府举办、标准化的妇幼保健机构建设，全面开展妇幼保健机构绩效考核，强化考核结果应用，保障妇女儿童享有高质量的医疗保健服务。省、市、县级依托现有医疗机构，全面加强危重孕产妇救治中心建设，强化危重孕产妇救治保障。强化县、乡、村三级妇幼卫生服务网络建设，完善基层网底和转诊网络。加强复合型妇幼健康人才和产科、助产等岗位急需紧缺人才的培养使用。

3. 建立完善妇女全生命周期健康管理模式。针对青春期、育龄期、孕产期、更年期和老年期妇女的健康需求，提供全方位健康管理服务。坚持保健与临床结合，预防为主、关口前移，发挥多学科协作优势，积极发挥中医药在妇幼保健和疾病防治中的作用。为妇女提供宣传教育、咨询指导、筛查评估、综合干预和应急救治等全方位卫生健康服务，提高妇女健康水平和人均健康预期寿命。加强监管，促进妇幼健康新业态规范发展。

4. 保障孕产妇安全分娩。提倡科学备孕和适龄怀孕，保持适宜生育间隔，合理控制剖宫产率。完善医疗机构产科质量规范化管理体系。提供生育全程基本医疗保健服务，将孕产妇健康管理纳入基本公共卫生服务范围，孕产妇系统管理率达到90%以上。加强对流动孕产妇的管理服务。为低收入孕产妇住院分娩和危重孕产妇救治提供必要救助。持续推进高龄孕产妇等重点人群的分类管理和服务。全面落实妊娠风险筛查与评估、高危孕产妇专案管理、危急重症救治、孕产妇死亡个案报告和约谈通报制度。有效运行危重孕产妇救治网络，提高危急重症救治能力。

5. 完善宫颈癌和乳腺癌综合防治体系和救助政策。提高妇女的宫颈癌和乳腺癌防治意识和能力，宫颈癌和乳腺癌防治知识知晓率达到90%以上。推进适龄妇女人乳头瘤病毒疫苗接种试点工作。落实基本公共卫生服务中农村妇女宫颈癌和乳腺癌检查项目，促进70%的妇女在35—45岁接受高效宫颈癌筛查，督促用人单位落实女职工保健工作规定，定期进行女职工宫颈癌和乳腺癌筛查，提高人群筛查率。加强宫颈癌和乳腺癌筛查和诊断技术创新应用，提高筛查和服务能力，加强监测评估。强化筛查和后续诊治服务的衔接，促进早诊早治，宫颈癌患者治疗率达到90%以上。加强对困难患者的救助。

6. 提高妇女生殖健康水平。普及生殖道感染、性传播疾病等疾病防控知识。在学校教育不同阶段以多种形式开展科学、实用的健康教育，促进学生掌握生殖健康知识，提高自我保护能力。增强男女两性性道德、性健康、性安全意识，倡导共担避孕责任。将生殖健康服务融入妇女健康管理全过程，保障妇女享有避孕节育知情自主选择权。落实基本避孕服务项目，加强产后和流产后避孕节育服务，提高服务可及性，预防非意愿妊娠。推进婚前医学检查、孕前优生健康检查、增补叶酸等婚前孕前保健服务更加公平可及。减少非医学需要的人工流产。加强对女性健康安全用品产品的质量保障。规范不孕不育症诊疗服务。规范人类辅助生殖技术应用。

7. 加强艾滋病梅毒乙肝母婴传播防治。全面落实预防艾滋病、梅毒和乙肝母婴传播综合干预措施，提高孕早期检测率，孕产妇艾滋病、梅毒和乙肝检测率达到98%以上，艾滋病、梅毒孕产妇感染者治疗率达到95%以上。加大艾滋病防控力度，加强艾滋病防治知识和相关政策宣传教育，提高妇女的防范意识和能力。加强对妇女感染者特别是流动和欠发达地区妇女感染者的医疗服务，提高随访率。为孕产妇感染者及其家庭提供多种形式的健康咨询、心理和社会支持等服务。

8. 促进妇女心理健康。加强心理健康相关知识宣传，根据妇女需要开展心理咨询、评估和指导，促进妇女掌握基本的心理调适方法，预防抑郁、焦虑等心理问题。在心理健康和精神卫生服务体系建设中，重点关注青春期、孕产期、更年期和老年期妇女的心理健康。强化心理咨询和治疗技术在妇女保健和疾病防治中的应用。加大应用型心理健康和社会工作人员培养力度，促进医疗机构、心理健康和社会工作服务机构提供规范服务。鼓励社区为有需要的妇女提供心理健康服务支持。

9. 提升妇女健康素养。实施健康知识普及行动，加大妇女健康知识普及力度，建立完善健康科普专家库和资源库，持续深入开展健康科普宣传教育，规范发布妇女健康信息，引导妇女树立科学的健康理念，学习健康知识，掌握身心健康、预防疾病、科学就医、合理用药等知识技能。提高妇女参与传染病防控、应急避险的意识和能力。面向妇女开展控制烟草危害、拒绝酗酒、远离毒品宣传教育。引导妇女积极投身爱国卫生运动，养成文明健康生活方式。

10. 提高妇女营养水平。持续开展营养健康科普宣传教育，因地制宜开展营养和膳食指导，提高妇女对营养标签的知晓率，促进妇女学习掌握营养知识，均衡饮食、吃动平衡，预防控制营养不良和肥胖。面向不同年龄阶段妇女群体开发营养健康宣传信息和产品，提供有针对性的服务。开展孕产妇营养监测和定期评估，预防和减少孕产妇缺铁性贫血。预防控制老年妇女低体重和贫血。

11. 引导妇女积极参与全民健身行动。完善全民健身公共服务体系。引导妇女有效利用全民健身场地设施，积极参与全民健身赛事活动，加入各类健身组织。提倡机关、企事业单位开展工间操。鼓励支持工会组织、社区开展妇女健身活动，不断提高妇女的体育活动意识，培养运动习惯。

12. 强化妇女健康服务科技支撑。推进"互联网+妇幼健康"，促进大数据、云计算、人工智能、计算机仿真技术等在妇女健康领域的创新应用。实施妇女人群健康管理和健康风险预警。促进信息技术在妇女健康领域专科医联体建设中的应用，加强医疗机构间的协作，促进分级诊疗和上下联动。促进妇女身心健康领域的科学研究和成果转化。发挥妇产疾病领域国家临床医学研究中心的作用。

（二）妇女与教育。

主要目标：

1. 加强思想政治教育，增进妇女对习近平新时代中国特色社会主义思想的政治认同、思想认同、情感认同，引领妇女做伟大事业的建设者、文明风尚的倡导者、敢于追梦的奋斗者。

2. 教育工作全面贯彻男女平等基本国策。

3. 大中小学性别平等教育全面推进，教师和学生的男女平等意识明显增强。

4. 女童平等接受义务教育，九年义务教育巩固率提高到96%以上。

5. 女性平等接受高中阶段教育，高中阶段教育毛入学率达到并保持在92%以上。

6. 女性接受职业教育的水平逐步提高。

7. 高校在校生中男女比例保持均衡，高等教育学科专业的性别结构逐步趋于平衡。

8. 大力培养女性科技人才。男女两性的科学素质水平差距不断缩小。

9. 促进女性树立终身学习意识，女性接受终身教育水平不断提高。

10. 女性青壮年文盲基本消除。女性平均受教育年限不断提高。

策略措施：

1. 面向妇女广泛开展思想政治教育。深入开展习近平新时代中国特色社会主义思想学习教育，加强党史、新中国史、改革开放史、社会主义发展史教育，加强爱国主义、集体主义、社会主义教育，促进妇女更加坚定理想信念，不断厚植爱国情怀，把个人理想追求融入党和国家事业大局，为全面建设社会主义现代化国家贡献力量。深化民族团结进步教育，铸牢中华民族共同体意识。充分发挥学校教育主阵地作用，将思想价值引领贯穿于教育教学及管理全过程和校园生活各方面，融入学校党组织、共青团、少先队各类主题教育和实践活动。充分发挥爱国主义教育基地和国防教育基地的思想政治教育作用。

2. 将贯彻落实男女平等基本国策体现在教育工作全过程。增强教育工作者自觉贯彻男女平等基本国策的主动性和能动性。将男女平等基本国策落实到教育法规政策和规划制定、修订、执行和评估中，落实到各级各类教育内容、教学过程、学校管理中。加强对教材编制、课程设置、教学过程的性别平等评估。在师范类院校课程设置和教学、各级各类师资培训中加入性别平等内容。

3. 推动各级各类学校广泛开展性别平等教育。适时出台性别平等教育工作指导意见。推动因地制宜开发性别平等课程，加强专题师资培训。促进性别平等教育融入学校教学内容、校园文化、社团活动和社会实践活动。探索构建学校教育、家庭教育、社会教育相结合的性别平等教育模式。

4. 保障女童平等接受义务教育的权利和机会。深化教育教学改革，加快城乡义务教育一体化发展，均衡配置教育资源，确保女童平等接受公平优质的义务教育。健全精准控辍保学长效机制,加强分类指导,督促法定监护人依法保障女童接受义务教育,切实解决义务教育女童失学辍学问题。保障欠发达地区女童、留守女童、农业转移人口随迁子女以及残疾女童的受教育权利和机会。支持学业困难女童完成义务教育,提高女童义务教育巩固率。

5. 提高女性接受普通高中教育的比例。保障女性特别是欠发达地区和农村低收入家庭女性平等接受普通高中教育的权利和机会。鼓励普通高中多样化有特色发展,满足女性全面发展和个性化发展需求。有针对性地开展学科选择和职业生涯规划指导,提高女性自主选择能力,破除性别因素对女性学业和职业发展的影响。

6. 促进女性接受高质量职业教育。完善学历教育与培训并重的现代职业教育体系,优化专业设置,提供多种学习方式,支持女性获得职业技能等级证书,培养复合型技术技能女性人才和能工巧匠、大国工匠。鼓励职业院校面向高校女毕业生、女农民工、去产能分流女职工等重点人群开展就业创业和职业技能培训。

7. 保障女性平等接受高等教育的权利和机会。严格控制招生过程中的特殊专业范围,强化监管,建立约谈、处罚机制。保持高校在校生中男女比例的均衡。采取激励措施,提高女性在科学、技术、工程、数学等学科学生中的比例,支持数理化生等基础学科基地和前沿科学中心建设,加强对基础学科拔尖女生的培养。

8. 大力提高女性科学素质。开展全民科学素质行动,利用现代信息化手段,加大面向女性的科学知识教育、传播与普及力度。开展女科学家进校园活动,发挥优秀女科技人才的榜样引领作用。引导中小学女生参加各类科普活动和科技竞赛,培养科学兴趣、创新精神和实践能力。鼓励女大学生积极参与项目设计、社会实践、创新创业、科技竞赛等活动。深入实施农村妇女素质提升计划,支持农村妇女参与农业农村现代化建设。

9. 大力加强女性科技人才培养。探索建立多层次女性科技人才培养体系,培养具有国际竞争力的女性科技人才。关注培养义务教育阶段女生爱科学、学科学的兴趣和志向。引导高中阶段女生养成科学兴趣和钻研精神,支持有意愿的女生报考理工类院校。加大女性创新型、应用型人才培养力度,鼓励女大学生参与科研项目,在实践中培养科学精神和创新能力。引导女性从事科学和技术相关工作,增加女性科技人才参与继续教育和专业培训的机会。

10. 为女性终身学习提供支持。建立完善更加开放灵活的终身学习体系,完善注册学习、弹性学习和继续教育制度,拓宽学历教育渠道,满足女性多样化学习需求,关注因生育中断学业和职业女性的发展需求。建立健全国家学分银行和学习成果认定制度。扩大教育资源供给,为女性提供便捷的社区和在线教育,为进城务工女性、女性新市民、待业女性等提供有针对性的职业技能培训。

11. 持续巩固女性青壮年扫盲成果,加大普通话推广力度。完善扫盲工作机制,加强国家通用语言文字教育,消除女童辍学现象,杜绝产生女性青壮年新文盲。普通话培训及各类职业培训向欠发达地区妇女和残疾妇女等群体倾斜。深化扫盲后的继续教育。提高妇女平均受教育年限。

12. 加强女性学研究和人才培养。加强女子高校建设,推动有条件的高校开设妇女研究及性别平等相关课程。培养具有跨学科知识基础和性别平等意识的专业人才。加大对妇女理论研究的支持力度,加强跨学科研究,提高国家社科基金项目等重大研究项目中妇女或性别研究相关选题的立项比例。

13. 构建平等尊重和安全友善的校园环境。促进建立相互尊重、平等和睦的师生、同学关系,鼓励学校设置生命教育、心理健康教育和防性侵、防性骚扰的相关课程,提高学生的自我保护意识和能力。中小学校建立完善预防性侵未成年人工作机制,高校建立完善预防性侵和性骚扰工作机制,加强日常管理、预防排查、投诉受理和调查处置。加强师德师风建设,履行查询法定义务,对不符合条件的教职人员进行处置。

(三)妇女与经济。

主要目标:

1. 鼓励支持妇女为推动经济高质量发展贡献力量,妇女平等参与经济发展的权利和机会得到保障。

2. 促进平等就业,消除就业性别歧视。就业人员中的女性比例保持在45%左右。促进女大学生充分就业。

3. 优化妇女就业结构。城镇单位就业人员中的女性比例达到40%左右。

4. 促进女性人才发展。高级专业技术人员中的女性比例达到40%,促进女性劳动者提升职业技能水平。

5. 保障妇女获得公平的劳动报酬,男女收入差距明显缩小。

6. 保障女性劳动者劳动安全和健康。女职工职业病发病率明显降低。

7. 保障农村妇女平等享有土地承包经营权、宅基地使用权等权益,平等享有农村集体经济组织收益分配、土地征收或征用安置补偿权益。

8. 巩固拓展脱贫攻坚成果,增强农村低收入妇女群体的可持续发展能力。

9. 妇女在实施乡村振兴战略中的作用充分发挥。

策略措施:

1. 完善保障妇女平等获得经济资源、参与经济建设、享有经济发展成果的法律法规政策。制定实施支持女性科技人才在创新发展中发挥更大作用的政策措施。创新制度机制,保障妇女在就业创业、职业发展、劳动报酬、职业健康与安全、职业退出、土地等方面的权益,保障新业态从业人员劳动权益,为妇女充分参与经济高质量发展创造有利条件。

2. 加大消除就业性别歧视工作力度。全面落实消除就业性别歧视的法律法规政策,创造性别平等的就业机制和市场环境。对招聘、录用环节涉嫌性别歧视的用人单位进行联合约谈,依法惩处。督促用人单位加强就业性别歧视自查自纠。发挥劳动保障法律监督作用,对涉嫌就业性别歧视的用人单位提出纠正意见,或者向相关行政部门提出处理建议。依法受理涉及就业性别歧视的诉讼。发挥行业协会、商会协调监督作用,提高行业自律意识。党政机关、国有企事业单位在招录(聘)和职工晋职晋级、评定专业技术职称等方面发挥男女平等的示范引领作用。

3. 促进妇女就业创业。健全公共就业服务体系,深化就业服务专项活动,促进妇女就业的人岗对接。充分发挥现代服务业和新业态吸纳妇女就业的功能,支持妇女参与新业态新模式从业人员技能培训。加大帮扶力度,多渠道帮助就业困难妇女实现就业。扶持民族传统手工艺品产业发展,提高组织化程度,促进各族妇女就地就近就业。支持女性科技人才投身科技创业,发展农村电子商务,鼓励外出务工妇女返乡创业,支持有意愿的妇女下乡创业。创新金融、保险产品和服务模式,拓宽妇女创业融资渠道。

4. 促进女大学生就业创业。加强职业生涯规划指导服务,引导女大学生树立正确的择业就业观,提升就业能力。完善落实就业创业支持政策,高校和属地政府提供不断线的就业服务,拓宽女大学生市场化社会化就业渠道。鼓励女大学生到基层、中小微企业或新经济领域就业。推广女大学生创业导师制,开展女大学生创新创业大赛,支持女大学生创业。对有就业意愿的离校未就业女毕业生提供就业帮扶。

5. 改善妇女就业结构。完善终身职业技能培训制度,提升妇女职业技能水平,大力培育知识型、技能型、创新型女性劳动者。不断提高妇女在高新技术产业、战略性新兴产业和现代服务业从业人员中的比例。逐步消除职业性别隔离,提高城镇单位就业人员中的女性比例。扩大农村妇女转移就业规模,缩小男女转移就业差距。

6. 加强女性专业技术和技能人才队伍建设。制定相关政策,强化制度保障,支持女性科技人才承担科技计划项目、参与科技决策咨询、拓展科研学术网络、提升国际影响力和活跃度,完善女性科技人才评价激励机制,培养高层次女性科技人才。实施科技创新巾帼行动,搭建平台、提供服务,激励女性科技人才、技术技能人才立足岗位锐意创新。加强对女性专业技术和技能人才专业知识、科研管理、创新创业等的培训。加强典型宣传,发挥榜样引领作用。

7. 缩小男女两性收入差距。全面落实男女同工同酬,保障收入公平。促进女性对知识、技术、管理、数据等生产要素的掌握和应用,提高女性职业竞争力。督促用人单位制定实施男女平等的人力资源制度,畅通女性职业发展和职务职级晋升通道。探索开展薪酬调查,加强对收入的分性别统计,动态掌握男女两性收入状况。

8. 改善女性劳动者劳动安全状况。广泛开展劳动安全和健康宣传教育,加大《女职工劳动保护特别规定》宣传执行力度,提高用人单位和女性劳动者的劳动保护和安全生产意识。将女职工劳动保护纳入职业健康和安全生产监督管理范围,加强对用人单位的劳动保障监察以及劳动安全和职业健康监督。督促用人单位加强对女职工经期、孕期、哺乳期的特殊保护,落实哺乳时间和产假制度。督促用人单位加强职业防护和职业健康监督保护,保障女职工在工作中免受有毒有害物质和危险生产工艺的危害。

9. 保障女职工劳动权益。督促用人单位规范用工行为,依法与女职工签订劳动合同,推动签订女职工权益保护专项集体合同。加强劳动保障法律监督。指导用人单位建立预防和制止性骚扰工作机制,完善相关执法措施。加强劳动用工领域信用建设,加大对侵犯女职工劳动权益行为的失信惩戒力度。推动有条件的劳动人事争议仲裁机构设立女职工维权仲裁庭,依法处理女职工劳动争议案件。

10. 为女性生育后的职业发展创造有利条件。禁止用人单位因女职工怀孕、生育、哺乳而降低工资、恶意调岗、予以辞退、解除劳动(聘用)合同,推动落实生育奖励假期间的工资待遇,定期开展女职工生育权益保障专项督查。为女性生育后回归岗位或再就业提供培训等支持。高校、研究机构等用人单位探索设立女性科研人员生育后科研回归基金。推动用人单位根据女职工需要建立女职工哺乳室、孕妇休息室等设施。支持有条件的用人单位为职工提供福利性托育托管服务。

11. 保障农村妇女平等享有各项经济权益。在农村土地承包工作中，依法保障农村妇女权益。在宅基地使用权确权登记颁证工作中保障农村妇女权益，确保应登尽登。建立健全农村集体资产管理制度，规范农村集体经济组织成员身份确认办法，完善包括征地补偿安置在内的农村集体经济组织资产收益内部分配机制，保障妇女在农村集体经济组织资产股权量化、权益流转和继承等各环节，作为农村集体经济组织成员和家庭成员平等享有知情权、参与决策权和收益权。保障进城落户女农民的经济权益。畅通经济权益受侵害农村妇女的维权渠道。

12. 支持脱贫妇女稳定增加收入。建立农村低收入人口和欠发达地区帮扶机制。健全防止返贫监测和帮扶机制。扶持发展适合城乡低收入妇女自主发展的手工编织、农村电商等特色产业项目。通过致富带头人培育、帮扶车间建设和以工代赈等方式，支持农村妇女就地就近就业、实现增收致富。

13. 支持妇女积极参与乡村振兴。积极发挥妇女在农村一二三产业融合发展和农业农村现代化建设中的作用。大力开展现代农业示范基地建设，深入实施乡村振兴巾帼行动。发挥农村创业创新园区（基地）等平台作用，鼓励支持妇女创办领办新型农业经营主体和农业社会化服务组织。加强高素质女农民培育，引导女农民争做乡村工匠、文化能人、手工艺人、农技协领办人和新型农业经营管理能手。

（四）妇女参与决策和管理。

主要目标：

1. 保障妇女参与社会主义民主政治建设和社会治理，提升参与水平。

2. 中国共产党女党员保持合理比例。中国共产党各级党代表大会中女党员代表比例一般不低于本地区党员总数中女性比例。

3. 各级人大代表和常委会委员中的女性比例逐步提高。各级政协委员和常委中的女性比例逐步提高。

4. 县级以上地方政府领导班子中的女干部比例逐步提高，担任正职的女干部占同级正职干部的比例逐步提高。

5. 国家机关部委和县级以上地方政府部门领导班子中的女干部比例逐步提高，担任正职的女干部占同级正职干部的比例逐步提高。

6. 各级各类事业单位领导班子成员中的女性比例逐步提高。

7. 企业董事会、监事会成员及管理层中的女性比例逐步提高。企事业单位职工代表大会中女性比例与女职工比例相适应。

8. 村党组织成员、村党组织书记中女性比例逐步提高。村委会成员中女性比例达到30%以上，村委会主任中女性比例逐步提高。

9. 社区党组织成员、社区党组织书记中女性比例逐步提高。社区居委会成员中女性比例保持在50%左右，社区居委会主任中女性比例达到40%以上。

10. 鼓励支持女性参加社会组织、担任社会组织负责人。

策略措施：

1. 加大对妇女参与决策和管理的支持力度。充分发挥妇女参与国家和社会事务管理的重要作用，破除制约妇女参与决策和管理的障碍，促进妇女参与决策和管理水平与妇女地位作用相适应。加大培训力度，提高各级领导干部贯彻落实男女平等基本国策的意识，把推动妇女参政纳入重要议程，提出目标举措。采取有效措施，提升各级党委、人大、政府、政协、党政工作部门以及企事业单位、基层群众自治组织和社会组织中的女性比例。

2. 提高妇女参与社会事务和民主管理的意识和能力。开展女性领导干部政治素质和领导能力培训。鼓励高校开设领导力相关课程，培养年轻女性的政治素养及参与决策和管理的意识。加大基层妇女骨干培训力度，提高妇女在自治、法治、德治中的参与意识和能力，鼓励妇女积极参与村（居）民议事会、理事会等自治组织，推进城乡社区妇女议事会实现全覆盖并有效运行，发挥妇女在城乡基层治理中的积极作用。探索打造妇女网上议事平台，引导妇女积极、有序参与基层民主管理和基层民主协商。

3. 重视发展中国共产党女党员。面向妇女深入开展思想政治工作，扩大党的妇女群众基础，培养对党的感情，深化对党的认识，引导拥护党的主张，激发妇女入党的政治意愿。加强对入党积极分子的培养教育。注重从各行各业青年女性中发展党员。在党代表候选人酝酿过程中，充分关注政治过硬、作风优良、敢于担当、实绩突出的优秀妇女，确保党代表大会中女党员代表保持合理比例。

4. 提高人大女代表、政协女委员比例。落实人大代表选举规则和程序，在选区划分、代表名额分配、候选人推荐、选举等环节，保障妇女享有平等权利和机会。重视从基层、生产一线推荐人大代表女性候选人，候选人中应当有适当数量的妇女代表，并逐步提高妇女代表的比例。提名推荐、协商确定政协委员建议名单时，保障提名一定比例的妇女。充分发挥人大女代表、政协女委员在发展社会主义民主政治和男女平等事业中的积极作用。

5. 加大培养选拔女干部工作力度。培养忠诚干净担当的高素质专业化女干部,促进女干部不断增强学习本领、政治领导本领、改革创新本领、科学发展本领、依法执政本领、群众工作本领、狠抓落实本领、驾驭风险本领。优化女干部成长路径,注重日常培养和战略培养,为女干部参加教育培训、交流任职、挂职锻炼创造条件和机会。注重从基层、生产一线培养选拔女干部,注重选拔女干部到重要部门、关键岗位担任领导职务。注重保持优秀年轻干部队伍中女干部的合理比例。落实女干部选拔配备的目标任务,在保证质量的前提下实现应配尽配。保障妇女在干部录用、选拔、任(聘)用、晋升、退休各环节不因性别受到歧视。

6. 推动妇女积极参与事业单位决策管理。培养选拔优秀女性专业技术人员进入决策管理层。重视在卫生、教育、文化等女性集中的行业提高决策管理层中的女性比例,鼓励妇女积极参与本单位党建和群团组织建设,促进事业单位职工代表大会中的女职工代表比例与事业单位女职工比例相适应。在深化事业单位改革进程中,确保妇女在岗位晋升、职员晋级、职称评聘等方面享有平等的权利和机会。

7. 推动妇女广泛参与企业决策管理。将女干部选拔配备纳入国有企业领导班子和干部队伍建设规划,加大培养、选拔、使用力度。在深化企业人事制度改革进程中,采用组织推荐、公开招聘、民主推荐等方式,促进优秀妇女进入企业董事会、监事会和管理层。完善企业民主管理制度,促进企业职工代表大会中女职工代表比例与企业女职工比例相适应,支持女职工通过职工代表大会等形式参与企业民主决策、民主管理和民主监督。企业制定相关规章制度,对涉及女职工权益的事项,听取工会女职工委员会的意见,依法经职工代表大会审议通过。

8. 推动妇女有序参与城乡基层社会治理。注重从女致富能手、经商务工女性、乡村女教师女医生、女社会工作者、女大学生村官、女退休干部职工等群体中培养选拔村(社区)干部。在村(社区)"两委"换届工作中,通过提名确定女性候选人、女性委员专职专选、女性成员缺位增补等措施,提高村(居)委会成员、村(居)委会主任中的女性比例。组织妇女积极参与村规民约、居民公约的制定修订,开展协商议事活动。促进新社会阶层、社会工作者和志愿者中的女性积极参与社会治理。

9. 支持引导妇女参加社会组织。优化社会组织发展的制度环境,加大对以女性为成员主体或以女性为主要从业人员的社会组织的培育力度,加强支持和指导服务,促进其健康有序发展并积极参与社会组织协商。鼓励支持更多女性成为社会组织成员或从业人员,加强对社会组织女性专业人才和管理人才的培养,注重发现培养社会组织女性负责人。

10. 发挥妇联组织在推进国家治理体系和治理能力现代化进程中的作用。支持妇联组织履行代表妇女参与管理国家事务、经济文化事业和社会事务的职责,强化妇联组织参与民主决策、民主管理、民主监督,参与制定有关法律、法规、规章和政策,参与社会治理和公共服务的制度保障。在制定有关促进男女平等和保障妇女合法权益的法律法规政策以及培养选拔女干部工作中,充分听取妇联组织意见和建议。

(五)妇女与社会保障。

主要目标:

1. 妇女平等享有社会保障权益,保障水平不断提高。

2. 完善生育保障制度。提高生育保险参保率。

3. 完善医疗保障体系。妇女基本医疗保险参保率稳定在95%以上,待遇保障公平适度。

4. 完善养老保险制度体系。妇女基本养老保险参保率提高到95%,待遇水平稳步提高。

5. 完善失业保险和工伤保险制度。提高妇女失业保险和工伤保险参保人数,落实相关待遇保障。

6. 健全分层分类社会救助体系。困难妇女的生活得到基本保障。

7. 妇女福利待遇水平持续提高,重点向老年妇女、残疾妇女等群体倾斜。

8. 建立完善多层次养老服务和长期照护保障制度。保障老年妇女享有均等可及的基本养老服务,对失能妇女的照护服务水平不断提高。

9. 加强对妇女的关爱服务,重点为有困难、有需求的妇女提供帮扶。

策略措施:

1. 完善惠及妇女群体的社会保障体系。在制定修订社会救助、社会保险等相关法律法规以及健全覆盖全民的社会保障体系工作中,关切和保障妇女的特殊利益和需求。持续推动社会保险参保扩面,支持灵活就业女性参加相应社会保险,实现应保尽保,缩小社会保障的性别差距。建立国家级社会保险全民参保登记信息库,加强社会保障分性别统计、信息动态监测和管理。

2. 完善覆盖城乡妇女的生育保障制度。巩固提高生育保险覆盖率,完善生育保险生育医疗费用支付及生育津贴政策。妥善解决妇女在就业和领取失业金期间生育保障问题。提高生育保险与职工基本医疗保险合并实施成效。加强城乡居民生育医疗费用保障。

3. 不断提高妇女医疗保障水平。推动女职工和城乡女性居民持续参加基本医疗保险,满足妇女基本医疗保障需求。统筹发挥基本医保、大病保险、医疗救助三重制度综合保障作用,促进多层次医疗保障互补衔接,做好符合条件的低收入妇女医疗救助。推进建立女职工医疗互助,充分发挥商业保险对宫颈癌、乳腺癌等重大疾病的保障作用。

4. 促进妇女享有可持续多层次养老保险。建立完善基本养老保险全国统筹制度。督促用人单位依法为包括女职工在内的全体职工及时足额缴纳基本养老保险费,不断增加妇女参加基本养老保险的人数,促进妇女依法公平享有基本养老保险权益。鼓励有条件的用人单位为包括女职工在内的全体职工建立企业年金,丰富商业养老保险产品,提高妇女养老保险水平。

5. 保障女性失业保险权益。督促用人单位依法为女职工办理失业保险,提高女职工特别是女农民工的参保率。保障符合条件的失业女职工按时享受失业保险待遇。强化失业保险促就业防失业功能,支持女职工稳定就业。适时制定特殊时期失业保障政策,为包括女职工在内的劳动者提供失业保障。

6. 扩大妇女工伤保险覆盖面。增强工伤保险预防工伤、保障生活、促进康复的功能,推进新就业形态人员职业伤害保障试点,将新业态就业妇女纳入保障范围。督促用人单位特别是高风险行业单位依法为女职工办理工伤保险,确保落实工伤保险待遇。

7. 强化社会救助对生活困难妇女的兜底保障。推进法律实施,强化政策衔接,健全基本生活救助制度和医疗救助、教育救助、住房救助、就业救助、受灾人员救助等专项救助制度,健全临时救助政策措施,强化急难社会救助功能,积极发展服务类社会救助,推进政府购买社会救助服务,确保符合条件的妇女应救尽救。鼓励、支持慈善组织依法依规为生活困难妇女提供救助帮扶。推动建立统一的救助信息平台,加强社会救助分性别统计,精准识别救助对象。

8. 更好满足妇女群体的社会福利需求。完善经济困难高龄失能老年人补贴制度,落实各项补贴待遇,逐步提升老年妇女福利水平。完善残疾人补贴制度,动态调整、合理确定困难残疾人生活补贴和重度残疾人护理补贴标准,扩大适合残疾妇女特殊需求的公共服务供给。

9. 保障妇女享有基本养老服务。加快建设居家社区机构相协调、医养康养相结合的养老服务体系,大力发展普惠型养老服务。完善社区居家养老服务网络,推进公共设施适老化改造,推动专业机构服务向社区和家庭延伸。提升公办养老机构服务能力和水平,完善公建民营管理机制,结合服务能力适当拓展服务对象,重点为经济困难的失能失智、计划生育特殊家庭老年人提供托养服务。促进养老机构提供多元化、便利化、个性化服务,提高老年妇女生活照料、紧急救援、精神慰藉等服务水平。支持社会力量扩大普惠型养老服务供给,支持邻里之间的互助性养老。加大养老护理型人才培养力度,建设高素质、专业化的养老服务队伍。

10. 探索建立多层次长期照护保障制度。稳步建立长期护理保险制度,将符合条件的失能妇女按规定纳入保障范围,妥善解决其护理保障问题。加强长期护理保险制度与长期照护服务体系有机衔接。探索建立相关保险、福利、救助相衔接的长期照护保障制度,扩大养老机构护理型床位供给,提高护理服务质量。为家庭照料者提供照护培训、心理疏导等支持。

11. 提高对妇女的关爱服务水平。开展农村留守妇女关爱行动。对农村留守妇女进行摸底排查,建立完善以县级为单位的信息台账。积极为农村留守妇女创业发展搭建平台、提供服务。支持农村留守妇女参与乡村振兴和家庭文明建设,在乡村治理、邻里互助、留守老人儿童关爱服务中发挥积极作用。完善特殊困难失能留守老年人探访关爱制度,不断拓展对妇女群体的关爱服务,支持社会力量参与,重点为生活困难、残疾、重病等妇女群体提供权益保护、生活帮扶、精神抚慰等关爱服务。

(六)妇女与家庭建设。

主要目标:

1. 树立新时代家庭观,弘扬爱国爱家、相亲相爱、向上向善、共建共享的社会主义家庭文明新风尚,推动社会主义核心价值观在家庭落地生根。

2. 建立完善促进男女平等和妇女全面发展的家庭政策体系,增强家庭功能,提升家庭发展能力。

3. 拓展支持家庭与妇女全面发展的公共服务。

4. 注重发挥家庭家教家风在基层社会治理中的重要作用。

5. 充分发挥妇女在家庭生活中的独特作用,弘扬中华民族家庭美德,树立良好家风,支持妇女成为幸福安康家庭的建设者、倡导者。

6. 倡导构建男女平等、和睦、文明的婚姻家庭关系，降低婚姻家庭纠纷对妇女发展的不利影响。

7. 倡导和支持男女共担家务，缩小两性家务劳动时间差距。

8. 支持家庭承担赡养老人责任，不断提升老年妇女家庭生活质量。

9. 促进夫妻共同承担未成年子女的抚养、教育、保护责任，为未成年子女身心发展创造良好家庭环境。

策略措施：

1. 促进家庭成员践行社会主义核心价值观。加强教育引导、舆论宣传、文化熏陶、实践养成，宣传尊老爱幼、男女平等、夫妻和睦、勤俭持家、邻里团结等家庭美德，弘扬中华民族优秀传统家风、革命前辈红色家风、践行社会主义核心价值观的现代家风，营造平等、文明、和谐、稳定的家庭环境，实现共建共享的家庭追求，引导妇女和家庭成员自觉把家庭梦融入中国梦。

2. 制定出台促进男女平等和妇女全面发展的家庭政策。完善人口生育相关法律法规政策，推动生育政策与经济社会政策配套衔接。研究推动将3岁以下婴幼儿照护服务费用纳入个人所得税专项附加扣除、住房等方面支持政策，减轻家庭生育、养育、教育负担。完善幼儿养育、青少年发展、老人赡养、病残照料等政策，形成支持完善家庭基本功能、促进男女平等和妇女全面发展的家庭政策体系，增强家庭发展能力。完善产假制度，探索实施父母育儿假。建立促进家庭发展的政策评估机制。

3. 大力发展家庭公共服务。发展普惠托育服务体系，综合运用土地、住房、财政、金融、人才等支持政策，扩大托育服务供给。加快完善养老、家政等服务标准，推动婚姻家庭辅导服务、家庭教育指导服务普惠享有，提升面向家庭的公共服务水平。通过政府购买服务等方式，引导社会力量开展家庭服务，满足家庭日益增长的个性化、多元化需求。重点为经济困难、住房困难、临时遭遇困难家庭和残疾人家庭等提供支持，加大对计划生育特殊家庭的帮扶保障力度，加强对退役军人家庭的支持和保障。城市社区综合服务设施实现全覆盖。加强社区托育服务设施建设，完善社区养老托育、家政物业等服务网络。发展数字家庭。

4. 推动家庭家教家风在基层社会治理中发挥重要作用。构建党委领导、政府主导、部门合作、家庭尽责、社会参与的家庭建设工作格局。将建设好家庭、实施好家教、弘扬好家风纳入基层社会治理体系以及基层社会治理评价考核内容。鼓励家庭成员履行家庭和社会责任，增进政府治理和社会调节、居民自治良性互动，以千千万万家庭的好家风支撑起全社会的好风气。

5. 鼓励支持妇女在家庭生活中发挥独特作用。深化实施"家家幸福安康工程"，鼓励妇女带领家庭成员积极参与文明家庭、五好家庭、最美家庭等群众性精神文明建设活动，参与绿色家庭创建，提升健康素养，践行绿色、低碳、循环、可持续的生活方式，养成勤俭节约的好习惯，杜绝浪费。推进平安家庭、无烟家庭建设。

6. 促进婚姻家庭关系健康发展。面向家庭开展有关法律法规政策宣传，促进男女平等观念在婚姻家庭关系建设中落实落地，倡导夫妻平等参与家庭事务决策，反对一切形式的家庭暴力。开展恋爱、婚姻家庭观念教育，为适龄男女青年婚恋交友、组建家庭搭建平台，推广婚姻登记、婚育健康宣传教育、婚姻家庭关系辅导等"一站式"服务。广泛开展生育政策宣传。推进移风易俗，保障各民族妇女的婚姻自由，抵制早婚早育、高价彩礼等现象，选树宣传婚事新办典型，引导改变生男偏好，构建新型婚育文化。加强对广播电视、网络等婚恋活动和服务的规范管理。

7. 加强婚姻家庭纠纷预防化解工作。健全婚姻家庭纠纷预防化解工作机制，发挥综治中心和网格化服务管理作用，强化衔接联动，加强婚姻家庭纠纷预测预防预警，健全纠纷排查调处制度。推进县（市、区、旗）建立健全婚姻家庭纠纷人民调解委员会，建设人民调解员队伍，搭建"互联网+"纠纷预防化解工作平台，支持社会力量参与，提供多元便捷服务。推进家事审判制度改革，加强诉调对接平台建设，构建新型家事纠纷综合协调解决模式。

8. 促进男女平等分担家务。倡导夫妻在家务劳动中分工配合，共同承担照料陪伴子女老人、教育子女、料理家务等家庭责任，缩小两性家务劳动时间差距。促进照料、保洁、烹饪等家务劳动社会化，持续推动家政服务业提质扩容增效，发展婴幼儿照护服务和失能失智老年人长期照护服务，增强家庭照护能力，研发家务劳动便利化产品。督促用人单位落实探亲假、职工带薪休假、配偶陪产假等制度，鼓励用人单位实施灵活休假和弹性工作制度，创造生育友好的工作环境，支持男女职工共同履行家庭责任。

9. 提高老年妇女的家庭生活质量。倡导养老、孝老、敬老的家庭美德，支持家庭履行赡养老人的主体责任。鼓励子女与老年人共同生活或就近居住，为长期照护老年人的家庭成员提供"喘息服务"。督促用人单位保障赡养义务人的探亲休假权利，推动建立子女护理假制度。建立完善社区老年人关爱服务机制。发展银发经济,推进智慧健康养老,满足老年妇女生活需要。依法保障老年妇女婚姻自由和家庭财产权利。

10. 增强父母共同承担家庭教育责任的意识和能力。推进家庭教育立法及实施,促进父母共同落实家庭教育主体责任,创造有利于未成年子女健康成长和发展的家庭环境。开展宣传培训,帮助父母树立科学家庭教育理念,摒弃"重智轻德"等观念,掌握科学知识和方法,注重言传身教,关注未成年子女身心健康,提高家庭科学育儿能力。鼓励父母加强亲子交流,共同陪伴未成年子女成长。

(七)妇女与环境。

主要目标:

1. 提高妇女的思想政治意识,引导妇女积极践行社会主义核心价值观。

2. 提升全社会的性别平等意识,推进男女平等基本国策宣传教育进机关、进学校、进企业、进城乡社区、进家庭。

3. 健全文化与传媒领域的性别平等评估和监管机制。

4. 全面提升妇女的媒介素养,提高妇女利用信息技术参与新时代经济社会高质量发展的能力。

5. 提高妇女的生态文明意识,促进妇女践行绿色发展理念,做生态文明建设的推动者和践行者。

6. 减少环境污染对妇女健康的危害。农村自来水普及率达到90%,提升城市集中式饮用水水源水质。

7. 稳步提高农村卫生厕所普及率,城镇公共厕所男女厕位比例标准化建设与实际需求相适应。

8. 妇女应对突发事件能力不断提高,作用得到发挥,特殊需求得到满足。

9. 广泛参与妇女领域的国际交流与合作,全面提升我国在国际妇女事务中的影响力。

策略措施:

1. 加强对妇女的思想政治引领。坚持用习近平新时代中国特色社会主义思想引领妇女,持续开展中国特色社会主义和中国梦宣传教育,发挥新时代文明实践中心、主流媒体、妇女之家等阵地作用,推动理想信念教育常态化制度化,弘扬党和人民在各个历史时期奋斗中形成的伟大精神,激发妇女的历史责任感和主人翁精神,引导妇女听党话、跟党走,增强"四个意识"、坚定"四个自信"、做到"两个维护"。通过教育联系服务,凝聚青年女性、知识女性、新兴产业从业女性和活跃在网络空间中的女性。通过培养、评选、表彰,宣传妇女先进集体和个人,激励妇女崇尚先进、学习先进、争当先进。通过深化东中部地区与西部民族地区对口支援和交流合作,促进各族妇女广泛交往深度交融。

2. 开展以男女平等为核心的先进性别文化宣传教育。将构建先进性别文化纳入繁荣社会主义先进文化制度体系。大力宣传新时代妇女在社会生活和家庭生活中的独特作用,宣传优秀妇女典型和性别平等优秀案例。推动各级干部学习习近平总书记关于妇女和妇女工作的重要论述以及马克思主义妇女观、男女平等基本国策。在机关、学校、企业、城乡社区、家庭以多种形式开展男女平等基本国策宣传教育,让性别平等成为全社会共同遵循的行为规范和价值标准。

3. 促进妇女共建共享精神文明创建和城乡人居环境改善成果。丰富优质文化产品和公共文化服务供给,满足妇女精神文化需求。鼓励妇女积极参与城市文明建设,将妇女参与程度和满意度纳入文明城市评选内容。引导妇女在文明单位创建中爱岗敬业,争做文明职工。促进妇女参与文明村镇创建,主动参与农村人居环境整治提升、农村文化发展、文明乡风培育和乡村社会治理。推进城乡公共文化服务体系一体建设,创新实施文化惠民工程,惠及城乡妇女。

4. 加强文化与传媒领域的性别平等培训、评估和监管。开展对文化传媒工作者和传媒相关专业学生的性别平等培训,提升文化与传媒领域性别平等传播能力。加强对公共文化产品和传媒涉及性别平等内容的监测和监管,吸纳性别专家参与相关评估,消除网络媒体、影视产品、公共出版物等中出现的歧视贬抑妇女、侮辱妇女人格尊严、物化妇女形象等不良现象,规范网络名人和公众账号传播行为。完善违规行为警示记录系统,优化线上舆情预警和线下评估处置机制。

5. 引导妇女提高媒介素养。利用妇女之家、图书馆、网络课堂等开展面向妇女的媒介素养培训和指导,加强妇女网络素养教育,提升妇女对媒介信息选择、判断和有效利用的能力,提升妇女网络安全意识和能力,消除性别数字鸿沟。加强学生网络素养教育,引导女生合理安全使用网络,提升自我保护能力,防止网络沉迷。重点帮助老年妇女、困难妇女和残疾妇女群体掌握网络基本知识技能。开展争做"巾帼好网民"活动,推动妇女弘扬网上正能量。

6. 充分发挥妇女在生态文明建设中的重要作用。广泛开展生态文化宣传教育和实践活动,引导妇女树立生态文明意识,提高环境科学素养,掌握环境科学知识,提升妇女生态环境保护意识和能力。鼓励妇女引领绿色生产生活,养成节约适度、绿色低碳、文明健康的生活方式和消费模式,杜绝浪费。支持妇女参与生态环境治理。

7. 持续改善妇女生活的环境质量。加强生态环境监测和健康监测,开展环境污染因素影响研究,监测分析评估环境政策、基础设施项目、生产生活学习环境等对妇女健康的影响。推进城乡生活环境治理,推进城镇污水管网全覆盖,开发利用清洁能源,推行垃圾分类和减量化、资源化,推广使用节能环保产品。

8. 为城乡妇女享有安全饮水提供保障。引导妇女积极参与水源保护。推进城市集中式饮用水水源地规范化建设,加强水源保护和水质监测,守护饮水安全命脉。加强水利基础设施建设,实施农村供水保障工程,提升水资源优化配置能力,为妇女取水、用水提供便利。

9. 加强符合妇女需求的卫生厕所建设。推进城镇公共厕所改造,完善落实城镇公共厕所设计标准,推动将男女厕位比例规范化建设和达标率纳入文明城市、文明社区、文明村镇、文明单位、文明校园的评选标准。分类有序推进农村厕所革命,稳步提高卫生厕所普及率,加强厕所粪污无害化处理与资源化利用。推动旅游景区、商场、客运枢纽和服务区等公共场所建设第三卫生间。

10. 在突发事件应对中关切妇女特别是孕期、哺乳期妇女及困难妇女群体的特殊需求。在突发事件应急体系建设、预防和应急处置机制建设、相关应急预案和规划制订中统筹考虑妇女特殊需求,优先保障女性卫生用品、孕产妇用品和重要医用物资供给。面向妇女开展突发事件预防应对知识和自救互救技能指导培训,提高妇女的防灾减灾意识和自救互救能力。在应对突发事件中加强对需求妇女群体的救助服务和心理疏导。引导妇女积极参与防灾减灾工作。

11. 积极促进国际妇女事务交流与合作。认真履行关于促进男女平等与妇女全面发展的国际公约和文件,积极落实联合国2030年可持续发展议程涉及性别平等相关目标。参与全球促进性别平等事业,提升我国的话语权和影响力,开展国际交流合作,促进妇女发展交流互鉴,讲好中国妇女发展故事,宣传中国妇女事业发展成就。积极主办和参与涉及妇女议题的各类国际会议,推动发展妇女民间外交,持续打造我国妇女人文交流品牌,在国际舞台上展现中国形象。支持妇女投身"一带一路"建设,为推动构建人类命运共同体发挥重要作用。

12. 发挥妇联组织在营造男女平等和妇女全面发展环境中的积极作用。健全完善引领服务联系妇女的工作机制,发挥桥梁纽带作用,凝聚妇女人心。联合中央主流媒体,依托妇联全媒体,大力宣传习近平总书记关于妇女

和妇女工作的重要论述,宣传马克思主义妇女观和男女平等基本国策,宣传妇女"半边天"作用。加强妇女舆情尤其是网络舆情监测,对错误观点言论及时发声,协调督促处置,正面引导舆论,优化有利于妇女全面发展的社会舆论环境。

(八)妇女与法律。
主要目标:
1. 全面贯彻落实男女平等宪法原则和基本国策,健全完善保障妇女合法权益的法律体系。
2. 促进法规政策性别平等评估机制规范化建设和有效运行。
3. 提高妇女尊法学法守法用法的意识和能力。充分发挥妇女在法治中国建设中的作用。
4. 深入实施反家庭暴力法,预防和制止针对妇女一切形式的家庭暴力。
5. 严厉打击拐卖妇女、性侵害妇女等违法犯罪行为。
6. 提升预防和制止性骚扰的法治意识,有效遏制针对妇女的性骚扰。
7. 严厉打击利用网络对妇女实施的违法犯罪行为。
8. 保障妇女在家庭关系中的财产所有权、继承权,保障妇女对婚姻家庭关系中共同财产享有知情权和平等处理权。
9. 依法为妇女提供公共法律服务。保障遭受侵害妇女获得及时有效的司法救助。

策略措施:
1. 推进男女平等宪法原则和基本国策贯彻落实到法治中国建设全过程。适时修订妇女权益保障法、刑法、社会保险法、女职工劳动保护特别规定等法律法规,完善保障妇女合法权益的法律体系。加大民法典、妇女权益保障法等法律法规的实施力度,加强执法检查和督查督办,保障侵害妇女权益案件获得公平公正处理。促进开展妇女权益保障领域的公益诉讼。将保障妇女权益相关内容纳入基层社会治理,纳入法治队伍建设、全民普法规划和群众性法治文化活动,增强全社会的男女平等法治意识和法治素养。
2. 加强法规政策性别平等评估工作。健全国家、省(自治区、直辖市)、市(地、州、盟)法规政策性别平等评估机制和县(市、区、旗)政策性别平等评估机制,明确评估范围,规范评估流程,细化评估指标。加强法规政策制定前研判、决策中贯彻、实施后评估的制度化建设。开展性别平等评估相关培训,加强专业化队伍建设,将男女平等基本国策落实到法规、规章、政策制定实施全过程各环节。

3. 提升妇女法治意识和参与法治中国建设的能力。深入开展民法典等专项普法活动，面向妇女提供法律咨询等服务，引导妇女自觉学习宪法和法律知识，增强法治观念，养成办事依法、遇事找法、解决问题用法、化解矛盾靠法的法治思维和行为习惯。鼓励妇女多途径参与立法、司法和普法活动。充分发挥女人大代表、女政协委员、妇联组织、以女性为成员主体或者以女性为主要服务对象的社会组织等在科学立法、民主立法和立法协商中的作用。

4. 加大反家庭暴力法的实施力度。健全完善预防和制止家庭暴力多部门合作机制，适时出台落实反家庭暴力法的司法解释、指导意见或实施细则，发布反家庭暴力的典型案例或指导性案例。推动省（自治区、直辖市）、市（地、州、盟）出台反家庭暴力地方性法规。加强宣传教育、预防排查，建立社区网格化家庭暴力重点监控机制。完善落实家庭暴力发现、报告、处置机制，强化相关主体强制报告意识，履行强制报告义务。加大接处警工作力度，开展家庭暴力警情、出具告诫书情况统计。对构成犯罪的施暴人依法追究刑事责任，从严处理重大恶性案件。及时签发人身保护令，提高审核签发率，加大执行力度。加强紧急庇护场所管理，提升庇护服务水平。加强对家庭暴力受害妇女的心理抚慰和生活救助，帮助其身心康复。加强对施暴者的教育警示、心理辅导和行为矫治。开展家庭暴力案件跟踪回访。加强反家庭暴力业务培训和统计。

5. 坚决打击拐卖妇女犯罪。完善落实集预防、打击、救助、安置、康复于一体的反拐工作长效机制。坚持预防为主、防治结合，提高全社会的反拐意识以及妇女的防范意识和能力。深入实施反对拐卖人口行动计划，打击拐卖妇女犯罪团伙。整治"买方市场"，及时解救被拐妇女并帮助其正常融入社会。打击跨国跨区域拐卖妇女犯罪。

6. 加大对组织、强迫、引诱、容留、介绍卖淫等犯罪行为的打击力度。加强网络治理，利用大数据完善违法信息过滤、举报等功能，严厉打击利用网络组织、强迫、引诱、容留、介绍妇女卖淫。依法加大对强迫、引诱幼女和智力残疾妇女卖淫的打击力度。加强社会治安综合治理，建立常态化整治机制，鼓励群众监督和举报涉黄违法犯罪行为。

7. 有效控制和严厉惩处强奸、猥亵、侮辱妇女特别是女童和智力、精神残疾妇女的违法犯罪行为。加强防性侵教育，提高妇女尤其是女童的防性侵意识和能力。建立完善重点人群和家庭关爱服务机制，侵权案件发现报告机制、多部门联防联动机制和侵权案件推进工作督查制度。完善立案侦查制度，及时、全面、一次性收集固定证据，避免受害妇女遭受"二次伤害"。建立性侵害违法犯罪人员信息查询系统，完善和落实从业禁止制度。加强对受害妇女的隐私保护、心理疏导和干预。

8. 预防和制止针对妇女的性骚扰。推动完善防治性骚扰相关立法。多形式多渠道传播防治性骚扰知识，提升妇女防范和制止性骚扰的意识和能力。建立健全预防和制止性骚扰工作机制，加强联防联控，发挥典型案例示范指引作用。预防和制止公共场所和工作、学习等场所发生的性骚扰，在机关、企业、学校等单位建立相关工作机制，预防和制止利用职权、从属关系等实施性骚扰。畅通救济途径。

9. 保障妇女免遭利用网络实施违法犯罪行为的侵害。加强网络信息内容生态治理，加强对网络淫秽色情信息的监管和查处，依法打击网络信息服务平台、生产者和使用者对妇女实施猥亵、侮辱、诽谤、性骚扰、散布谣言、侵犯隐私等违法犯罪行为。加强对网络平台的规范管理，保护妇女个人信息安全。依法惩治利用网络非法收集、使用、加工、传输、买卖、提供或者公开妇女个人信息的违法犯罪行为。提高妇女防范电信网络诈骗的意识和能力，严厉打击采取非法网络贷款、虚假投资、咨询服务等手段骗取妇女钱财的违法犯罪行为。

10. 在婚姻家庭和继承案件处理中依法保障妇女的财产权益。保障妇女平等享有家庭财产的占有、使用、收益和处分权利。保障妇女依法享有夫妻互相继承遗产、子女平等继承遗产的权利。保障夫妻对共同财产享有平等的知情权、处理权，认定和分割夫妻共同财产、认定和清偿夫妻共同债务时，切实保障妇女合法权益。离婚时，保障妇女依法获得土地、房屋、股份等权益，保障负担较多家庭义务的妇女获得补偿、生活困难妇女获得经济帮助、无过错妇女依法获得损害赔偿。

11. 为妇女提供优质高效的公共法律服务。推进公共法律服务实体、网络、热线三大平台融合发展，为妇女特别是低收入妇女、老年妇女、残疾妇女、单亲困难母亲等提供便捷高效、均等普惠的公共法律服务。落实法律法规对妇女申请法律援助的相关规定，保障妇女在刑事、民事、行政案件中享有诉讼代理和维权指导服务。加强维护妇女合法权益的法律援助类社会组织和专业律师、基层法务工作者队伍建设。保障特定案件中生活困难妇女能够获得司法救助。

12. 发挥妇联组织代表和维护妇女合法权益的职能作用。支持妇联组织健全联合约谈、联席会议、信息通报、调研督查、发布案例等工作制度，推动保障妇女权益法律政策的制定实施。加强"12338"妇女维权热线建设，畅通妇女有序表达诉求的渠道。及时发现报告侵权问题，依法建议查处性别歧视事件或协助办理侵害妇女权益案件，配合打击侵害妇女合法权益的违法犯罪行为，为受侵害妇女提供帮助。

三、组织实施

（一）坚持党的全面领导。坚持以习近平新时代中国特色社会主义思想为指导，坚持以人民为中心的发展思想，坚持走中国特色社会主义妇女发展道路，把党的领导贯穿于纲要组织实施全过程。贯彻党中央关于妇女事业发展的决策部署，坚持和完善促进男女平等和妇女全面发展的制度机制，在统筹推进"五位一体"总体布局、协调推进"四个全面"战略布局中推进纲要实施。

（二）落实纲要实施责任。完善落实党委领导、政府主责、妇儿工委协调、多部门合作、全社会参与的纲要实施工作机制。国务院及地方各级人民政府负责纲要实施工作，各级妇儿工委负责组织、协调、指导、督促工作，各级妇儿工委办公室负责具体工作。有关部门、相关机构和人民团体结合职责，承担纲要相关目标任务落实工作。在出台法律、制定政策、编制规划、部署工作时贯彻落实男女平等基本国策，切实保障妇女合法权益，促进妇女全面发展。

（三）加强纲要与国民经济和社会发展规划的衔接。在经济社会发展总体规划及相关专项规划中贯彻落实男女平等基本国策，将纲要实施以及妇女事业发展纳入经济社会发展总体规划及相关专项规划，结合经济社会发展总体规划部署要求推进纲要实施，实现妇女事业发展与经济社会发展同步规划、同步部署、同步推进、同步落实。

（四）制定地方妇女发展规划和部门实施方案。省级人民政府依据本纲要，结合实际制定本级妇女发展规划。市、县级人民政府依据本纲要以及上一级妇女发展规划，结合实际制定本级妇女发展规划。省、市、县级规划颁布后1个月内报送上一级妇儿工委办公室。中央及地方承担纲要（规划）目标任务的有关部门、相关机构和人民团体结合职责，按照任务分工，制定实施方案并报送同级妇儿工委办公室。

（五）完善实施纲要的工作制度机制。健全目标管理责任制，将纲要实施纳入政府议事日程和考核内容，将纲要目标分解到责任单位并纳入目标管理和考核内容。健全督导检查制度，定期对纲要实施情况开展督查。健全报告制度，责任单位每年向同级妇儿工委报告纲要实施情况和下一年工作安排，下级妇儿工委每年向上一级妇儿工委报告本地区规划实施情况和下一年工作安排。健全议事协调制度，定期召开妇女儿童工作会议和妇儿工委全体会议、联络员会议等，总结交流情况，研究解决问题，部署工作任务。健全纲要实施示范制度，充分发挥示范单位以点带面、示范带动作用。健全表彰制度，对实施纲要先进集体和先进个人按照有关规定进行表彰。

（六）加强妇女发展经费支持。各级人民政府将实施纲要所需工作经费纳入财政预算，实现妇女事业和经济社会同步发展。重点支持革命老区、民族地区、边疆地区、欠发达地区妇女发展，支持特殊困难妇女群体发展。动员社会力量，多渠道筹集资源，共同发展妇女事业。

（七）坚持和创新实施纲要的有效做法。贯彻新发展理念，坚持问题导向、目标导向，构建促进妇女发展的法律法规政策体系，完善妇女合法权益保障机制，实施促进妇女发展的民生项目。通过分类指导、示范先行，总结推广好做法好经验。通过政府购买服务等方式，发挥社会力量推动纲要实施的作用。开展国际交流合作，交流互鉴经验做法，讲好中国妇女发展故事。

（八）加强纲要实施能力建设。将习近平总书记关于妇女和妇女工作的重要论述以及男女平等基本国策有关内容、相关法律法规政策纳入各级干部学习内容，将实施纲要所需知识纳入培训计划，举办多层次、多形式培训，增强政府有关部门、相关机构和人员实施纲要的责任意识和能力。以政治建设为统领，加强各级妇儿工委及其办公室能力建设，促进机构职能优化高效，为更好履职尽责提供必要的人力物力财力支持，为纲要实施提供组织保障。

（九）加大纲要宣传力度。大力宣传习近平总书记关于妇女和妇女工作的重要论述，宣传在党的坚强领导下妇女事业发展的成就，宣传男女平等基本国策和保障妇女合法权益、促进妇女发展的法律法规政策，宣传纲要内容和纲要实施的经验、成效，努力营造有利于妇女发展的社会氛围。

（十）加强妇女发展调查研究。充分发挥各级妇儿工委及其办公室作用，加强妇女发展专家队伍建设，依托高校、研究机构、社会组织等建设妇女发展研究基地，培育专业研究力量，广泛深入开展理论与实践研究，为制定完善相关法律法规政策提供参考。

（十一）鼓励社会各界广泛参与纲要实施。鼓励企事业单位、社会组织、慈善机构和公益人士参与保障妇女合法权益、促进妇女发展等工作。鼓励妇女参与纲要实施,提高妇女在参与纲要实施中实现自身全面发展的意识和能力。

四、监测评估

(一)加强监测评估制度建设。对纲要实施情况进行年度监测、中期评估、终期评估。落实并逐步完善性别统计监测方案。各级统计部门牵头组织开展年度监测,各级妇儿工委成员单位、有关部门、相关机构向同级统计部门报送年度监测数据,及时收集、分析反映妇女发展状况的相关数据和信息。各级妇儿工委组织开展中期和终期评估,各级妇儿工委成员单位、有关部门、相关机构向同级妇儿工委提交中期和终期评估报告。通过评估,了解掌握纲要实施进展和妇女发展状况,系统分析评价纲要目标任务完成情况,评判纲要策略措施的实施效果,总结经验做法,找出突出问题,预测发展趋势,提出对策建议。监测评估工作所需经费纳入财政预算。

(二)加强监测评估工作组织领导。各级妇儿工委设立监测评估领导小组,由同级妇儿工委及相关部门负责同志组成,负责监测评估工作的组织领导、监测评估方案的审批、监测评估报告的审核等。领导小组下设监测组和评估组。

监测组由各级统计部门牵头,相关部门负责纲要实施情况统计监测的人员参加,负责监测工作的组织、指导和培训,制定监测方案和指标体系,收集、分析数据信息,向同级妇儿工委提交年度、中期和终期监测报告,编辑出版年度妇女儿童统计资料等。监测组成员负责统筹协调本部门纲要实施监测、分析、数据上报、分性别分年龄指标完善等工作。

评估组由各级妇儿工委办公室牵头,相关部门负责纲要实施的人员参加,负责评估工作的组织、指导和培训,制定评估方案,组织开展评估工作,向同级妇儿工委提交中期和终期评估报告。评估组成员负责统筹协调本部门纲要实施自我评估工作,参加妇儿工委组织的评估工作。支持评估组相关部门就妇女保护与发展中的突出问题开展专项调查、评估,结果可供中期和终期评估参考。

(三)加强分性别统计监测。规范完善性别统计监测指标体系,根据需要调整扩充妇女发展统计指标,推动纳入国家和部门常规统计以及统计调查制度,加强部门分性别统计工作,推进分性别统计监测制度化建设。国家、省、市三级建立完善妇女发展统计监测数据库,支持县级妇女发展统计监测数据库建设。鼓励支持相关部门对妇女发展缺项数据开展专项统计调查。

(四)提升监测评估工作能力和水平。加强监测评估工作培训和部门协作,规范监测数据收集渠道、报送方式,提高数据质量。运用互联网和大数据等,丰富分性别统计信息。科学设计监测评估方案和方法,探索开展第三方评估。提升监测评估工作科学化、标准化、专业化水平。

(五)有效利用监测评估成果。发挥监测评估结果服务决策的作用,定期向同级人民政府及相关部门报送监测评估情况,为决策提供依据。建立监测评估报告交流、反馈和发布机制。加强对监测评估结果的研判和运用,对预计完成困难、波动较大的监测指标及时预警,对评估发现的突出问题和薄弱环节及时提出对策建议。运用监测评估结果指导下一阶段纲要实施,实现纲要实施的常态化监测、动态化预警、精准化干预、高质量推进。

中国儿童发展纲要(2021—2030年)

前　言

儿童是国家的未来、民族的希望。当代中国少年儿童既是实现第一个百年奋斗目标的经历者、见证者,更是实现第二个百年奋斗目标、建设社会主义现代化强国的生力军。促进儿童健康成长,能够为国家可持续发展提供宝贵资源和不竭动力,是建设社会主义现代化强国、实现中华民族伟大复兴中国梦的必然要求。党和国家始终高度重视儿童事业发展,先后制定实施三个周期的中国儿童发展纲要,为儿童生存、发展、受保护和参与权利的实现提供了重要保障。

党的十八大以来,以习近平同志为核心的党中央把培养好少年儿童作为一项战略性、基础性工作,坚持儿童优先原则,大力发展儿童事业,保障儿童权利的法律法规政策体系进一步完善,党委领导、政府主责、妇女儿童工作委员会(以下简称妇儿工委)协调、多部门合作、全社会参与的儿童工作机制进一步巩固,儿童发展环境进一步优化。截至2020年底,婴儿、5岁以下儿童死亡率分别从2010年的13.1‰、16.4‰下降到5.4‰、7.5‰;学前教育毛入园率从2010年的56.6%升到85.2%,九年义务教育巩固率从2010年的91.1%上升到95.2%,高中阶段毛入学率从2010年的82.5%上升到91.2%;农村留守儿童、困境儿童等弱势群体得到更多关爱和保护。儿童发展和儿童事业取得了历史性新成就。

受经济社会发展水平制约,我国儿童事业发展仍然存在不平衡不充分问题。贯彻儿童优先原则的力度需要进一步加大,儿童思想引领需要进一步增强,保障儿童权利的法治建设需要持续推进,儿童发展的城乡、区域和群体之间差距需要进一步缩小,基层儿童保护和服务机制需要进一步健全,科技进步和生活方式变革给做好儿童工作带来新挑战,儿童事业发展使命艰巨、任重道远。

当前,我国正处于实现"两个一百年"奋斗目标的历史交汇期。坚持党的全面领导,坚持以人民为中心,坚持新发展理念,统筹推进"五位一体"总体布局,协调推进"四个全面"战略布局,推进国家治理体系和治理能力现代化,构建人类命运共同体,为儿童事业发展提供了重大机遇,擘画了美好前景。站在新的历史起点上,需要进一步落实儿童优先原则,全面提高儿童综合素质,培养造就德智体美劳全面发展的社会主义建设者和接班人,引领亿万儿童勇担新使命、建功新时代。

依据宪法和未成年人保护法等有关法律法规,按照国家经济社会发展的总体目标和要求,结合我国儿童发展的实际情况,参照联合国《儿童权利公约》和2030年可持续发展议程等国际公约和文件宗旨,制定本纲要。

一、指导思想、基本原则和总体目标

(一)指导思想。

高举中国特色社会主义伟大旗帜,深入贯彻党的十九大和十九届二中、三中、四中、五中全会精神,坚持以马克思列宁主义、毛泽东思想、邓小平理论、"三个代表"重要思想、科学发展观、习近平新时代中国特色社会主义思想为指导,坚定不移贯彻新发展理念,坚持以人民为中心的发展思想,坚持走中国特色社会主义儿童发展道路,坚持和完善最有利于儿童、促进儿童全面发展的制度机制,落实立德树人根本任务,优化儿童发展环境,保障儿童生存、发展、受保护和参与权利,全面提升儿童综合素质,为实现第二个百年奋斗目标、建设社会主义现代化强国奠定坚实的人才基础。

(二)基本原则。

1. 坚持党的全面领导。把握儿童事业发展的政治方向,贯彻落实党中央关于儿童事业发展的决策部署,切实把党的领导贯彻到儿童事业发展的全过程和各方面。

2. 坚持对儿童发展的优先保障。在出台法律、制定政策、编制规划、部署工作时优先考虑儿童的利益和发展需求。

3. 坚持促进儿童全面发展。尊重儿童的人格尊严,遵循儿童身心发展特点和规律,保障儿童身心健康,促进儿童在德智体美劳各方面全面发展。

4. 坚持保障儿童平等发展。创造公平社会环境,消除对儿童一切形式的歧视,保障所有儿童平等享有发展权利和机会。

5. 坚持鼓励儿童参与。尊重儿童主体地位,鼓励和支持儿童参与家庭、社会和文化生活,创造有利于儿童参与的社会环境。

(三)总体目标。

保障儿童权利的法律法规政策体系更加健全,促进儿童发展的工作机制更加完善,儿童优先的社会风尚普遍形成,城乡、区域、群体之间的儿童发展差距明显缩小。儿童享有更加均等和可及的基本公共服务,享有更加普惠和优越的福利保障,享有更加和谐友好的家庭和社会环境。儿童在健康、安全、教育、福利、家庭、环境、法律保护等领域的权利进一步实现,思想道德素养和全面发展水平显著提升,获得感、幸福感、安全感明显增强。展望2035年,与国家基本实现社会主义现代化相适应,儿童优先原则全面贯彻,儿童全面发展取得更为明显的实质性进展,广大儿童成长为建设社会主义现代化强国、担当民族复兴大任的时代新人。

二、发展领域、主要目标和策略措施

(一)儿童与健康。

主要目标:

1. 覆盖城乡的儿童健康服务体系更加完善,儿童医疗保健服务能力明显增强,儿童健康水平不断提高。

2. 普及儿童健康生活方式,提高儿童及其照护人健康素养。

3. 新生儿、婴儿和5岁以下儿童死亡率分别降至3.0‰、5.0‰和6.0‰以下,地区和城乡差距逐步缩小。

4. 构建完善覆盖婚前、孕前、孕期、新生儿和儿童各阶段的出生缺陷防治体系,预防和控制出生缺陷。

5. 儿童常见疾病和恶性肿瘤等严重危害儿童健康的疾病得到有效防治。

6. 适龄儿童免疫规划疫苗接种率以乡(镇、街道)为单位保持在90%以上。

7. 促进城乡儿童早期发展服务供给,普及儿童早期发展的知识、方法和技能。

8. 5岁以下儿童贫血率和生长迟缓率分别控制在10%和5%以下,儿童超重、肥胖上升趋势得到有效控制。

9. 儿童新发近视率明显下降,小学生近视率降到38%以下,初中生近视率降至60%以下,高中阶段学生近视率降至70%以下。0—6岁儿童眼保健和视力检查覆盖率达到90%以上。

10. 增强儿童体质,中小学生国家学生体质健康标准达标优良率达到60%以上。

11. 增强儿童心理健康服务能力,提升儿童心理健康水平。

12. 适龄儿童普遍接受性教育,儿童性健康服务可及性明显提高。

策略措施:

1. 优先保障儿童健康。将儿童健康理念融入经济社会发展政策,儿童健康主要指标纳入政府目标和责任考核。完善涵盖儿童的基本医疗卫生制度,加强儿童医疗保障政策与公共卫生政策衔接。加大对儿童医疗卫生与健康事业的投入力度;支持革命老区、民族地区、边疆地区和欠发达地区的儿童健康事业发展,逐步实现基本妇幼健康服务均等化。建设统一的妇幼健康信息平台,推动妇幼健康信息平台与电子健康档案的互联互通和信息共享,完善妇幼健康统计调查制度,推行"互联网+妇幼健康"服务模式,完善妇幼健康大数据,加强信息互联共享,实现儿童健康全周期全过程管理和服务的信息化、智能化。开展"儿童健康综合发展示范县"创建活动。

2. 完善儿童健康服务体系。构建国家、区域、省、市、县级儿童医疗保健服务网络,以妇幼保健机构、儿童医院和综合医院儿科为重点,统筹规划和配置区域内儿童健康服务资源。省、市、县级均各设置1所政府举办、标准化的妇幼保健机构,每千名儿童拥有儿科执业(助理)医生达到1.12名、床位增至3.17张。建立完善以区县妇幼保健机构为龙头,乡镇卫生院、社区卫生服务中心为枢纽,村卫生室为基础的基层儿童保健服务网络,每所乡镇卫生院、社区卫生服务中心至少配备1名提供规范儿童基本医疗服务的全科医生,至少配备2名专业从事儿童保健的医生。完善儿童急救体系。加快儿童医学人才培养,提高全科医生的儿科和儿童保健专业技能,提高儿科医务人员薪酬待遇。

3. 加大儿童健康知识宣传普及力度。强化父母或其他监护人是儿童健康第一责任人的理念,依托家庭、社区、学校、幼儿园、托育机构,加大科学育儿、预防疾病、及时就医、合理用药、合理膳食、应急避险、心理健康等知识和技能宣传普及力度,促进儿童养成健康行为习惯。构建全媒体健康知识传播机制。发挥健康科普专家库和资源库作用。推进医疗机构规范设置"孕妇学校"和家长课堂,鼓励医疗机构、医务人员、相关社会组织等开展健康科普活动。预防和制止儿童吸烟(含电子烟)、酗酒,保护儿童远离毒品。

4. 保障新生儿安全与健康。深入实施危重新生儿筛查与评估、高危新生儿专案管理、危急重症救治、新生儿死亡评审等制度。加强新生儿规范化访视工作,新生儿访视率保持在90%以上。完善医疗机构产科、新生儿科质量规范化管理体系,加强新生儿保健专科建设。依托现有机构加强危重新生儿救治中心建设,强化危重新生儿救治保障。

5. 加强出生缺陷综合防治。建立多部门联动防治出生缺陷的工作机制,落实出生缺陷三级防治措施,加强知识普及和出生缺陷防控咨询,推广婚姻登记、婚育健康宣传教育、生育指导"一站式"服务。强化婚前孕前保健,提升产前筛查和诊断能力,推动围孕期、产前产后一体化和多学科诊疗协作,规范服务与质量监管。扩大新生儿疾病筛查病种范围,建立筛查、阳性病例召回、诊断、治疗和随访一体化服务模式,促进早筛早诊早治。加强地中海贫血防治。健全出生缺陷防治网络,加强出生缺陷监测,促进出生缺陷防治领域科技创新和成果转化。

6. 加强儿童保健服务和管理。加强儿童保健门诊标准化、规范化建设,提升儿童保健服务质量。扎实开展0—6岁儿童健康管理工作,3岁以下儿童系统管理率和7岁以下儿童健康管理率保持在90%以上。推进以视力、听力、肢体、智力及孤独症等五类残疾为重点的0—6岁儿童残疾筛查,完善筛查、诊断、康复、救助相衔接的工作机制。提高儿童康复服务能力和水平。增强学校、幼儿园、托育机构的常见病预防保健能力,按标准配备校医、幼儿园及托育机构卫生保健人员和必要保健设备。加强对孤儿、流动儿童、留守儿童和困境儿童等重点人群的健康管理。

7. 强化儿童疾病防治。以早产、低出生体重、贫血、肥胖、心理行为异常、视力不良、龋齿等儿童健康问题为重点,推广儿童疾病防治适宜技术,建立早期筛查、诊断和干预服务机制。加强儿童口腔保健,12岁儿童龋患率控制在25%以内。加强儿童重大传染性疾病、新发传染病管理以及艾滋病、梅毒、乙肝母婴阻断工作。完善儿童血液病、恶性肿瘤等重病诊疗体系、药品供应制度、综合保障制度,开发治疗恶性肿瘤等疾病的特效药。科学合理制定罕见病目录,加强罕见病管理。推广应用中医儿科适宜技术。

8. 加强儿童免疫规划疫苗管理和预防接种。扩大国家免疫规划,维持较高水平的国家免疫规划疫苗接种率。支持多联多价等新型疫苗研制。加强疫苗研制、生产、流通和预防接种管理。完善预防接种异常反应补偿相关政策。

9. 加强儿童早期发展服务。建立健全多部门协作的儿童早期发展工作机制,开展涵盖良好健康、充足营养、回应性照护、早期学习、安全保障等多维度的儿童早期发展综合服务。加强对家庭和托育机构的婴幼儿早期发展指导服务。促进儿童早期发展服务进农村、进社区、进家庭，探索推广入户家访指导等适合农村边远地区儿童、困境儿童的早期发展服务模式。

10. 改善儿童营养状况。关注儿童生命早期1000天营养，开展孕前、孕产期营养与膳食评价指导。实施母乳喂养促进行动，强化爱婴医院管理，加强公共场所和工作场所母婴设施建设，6个月内婴儿纯母乳喂养率达到50%以上。普及为6月龄以上儿童合理添加辅食的知识技能。开展儿童生长发育监测和评价，加强个性化营养指导，保障儿童营养充足。加强食育教育，引导科学均衡饮食、吃动平衡，预防控制儿童超重和肥胖。加强学校、幼儿园、托育机构的营养健康教育和膳食指导。加大碘缺乏病防治知识宣传普及力度。完善食品标签体系。

11. 有效控制儿童近视。加强0—6岁儿童眼保健和视力检查工作，推动建立儿童视力电子档案。减轻学生学业负担，指导监督学生做好眼保健操，纠正不良读写姿势。保障学校、幼儿园、托育机构室内采光、照明和课桌椅、黑板等达到规定标准。指导家长掌握科学用眼护眼知识并引导儿童科学用眼护眼。教育儿童按需科学规范合理使用电子产品。确保儿童每天接触户外自然光不少于1小时。

12. 增强儿童身体素质。推进阳光体育运动，开足开齐体育与健康课。保障儿童每天至少1小时中等及以上强度的运动，培养儿童良好运动习惯。全面实施《国家学生体质健康标准》，完善学生健康体检和体质监测制度。鼓励公共体育场馆设施免费或优惠向周边学校和儿童开放，落实学校体育场馆设施在课余和节假日向学生开放政策，支持学校向体育类社会组织购买课后体育服务。进一步加大户外运动、健身休闲等配套公共基础设施建设力度。合理安排儿童作息，保证每天睡眠时间小学生达到10小时、初中生达到9小时、高中生达到8小时。

13. 加强儿童心理健康服务。构建儿童心理健康教育、咨询服务、评估治疗、危机干预和心理援助公共服务网络。中小学校配备心理健康教育教师。积极开展生命教育和挫折教育，培养儿童珍爱生命意识和自我情绪调适能力。关注和满足孤儿、事实无人抚养儿童、留守儿童和困境儿童心理发展需要。提高教师、家长预防和识别儿童心理行为异常的能力，加强儿童医院、精神专科医院和妇幼保健机构儿童心理咨询及专科门诊建设。大力培养儿童心理健康服务人才。

14. 为儿童提供性教育和性健康服务。引导儿童树立正确的性别观念和道德观念，正确认识两性关系。将性教育纳入基础教育体系和质量监测体系，增强教育效果。引导父母或其他监护人根据儿童年龄阶段和发展特点开展性教育，加强防范性侵害教育，提高儿童自我保护意识和能力。促进学校与医疗机构密切协作，提供适宜儿童的性健康服务，保护就诊儿童隐私。设立儿童性健康保护热线。

15. 加强儿童健康领域科研创新。围绕儿童重大疾病的预防、诊断、治疗、康复和健康管理开展基础研究和应用研究。加强儿科科技创新基地、平台建设，发挥儿科医学领域国家临床医学研究中心重要作用。鼓励儿童用药研发生产，加快儿童用药申报审批工作。完善儿童临床用药规范，药品说明书明确表述儿童用药信息。扩大国家基本药物目录中儿科用药品种和剂型范围，探索制定国家儿童基本药物目录，及时更新儿童禁用药品目录。推动儿童健康科技国际交流合作。

（二）儿童与安全。

主要目标：

1. 减少儿童伤害所致死亡和残疾。儿童伤害死亡率以2020年数据为基数下降20%。

2. 排查消除溺水隐患，儿童溺水死亡率持续下降。

3. 推广使用儿童安全座椅、安全头盔，儿童出行安全得到有效保障。

4. 减少儿童跌倒、跌落、烧烫伤和中毒等伤害的发生、致残和死亡。

5. 儿童食品安全得到有效保障。

6. 提升儿童用品质量安全水平。

7. 预防和制止针对儿童一切形式的暴力。

8. 提高对学生欺凌的综合治理能力，预防和有效处置学生欺凌。

9. 预防和干预儿童沉迷网络，有效治理不良信息、泄露隐私等问题。

10. 儿童遭受意外和暴力伤害的监测报告系统进一步完善。

策略措施：

1. 创建儿童安全环境。树立儿童伤害可防可控意识，通过宣传教育、改善环境、加强执法、使用安全产品、开展评估等策略，创建有利于儿童成长的家庭、学校、社区安全环境。开展安全自护教育，提高儿童及其看护人的安全意识，帮助其掌握安全知识技能，培养儿童安全行为习惯。落实学校、幼儿园、托育机构等安全管理主体责任，开展儿童防伤害、防暴力、避灾险、会自救等教育活动。

2. 建立健全儿童伤害防控工作体系。加大儿童伤害防控领域立法和执法力度。构建完善多部门合作的儿童伤害防控工作机制,鼓励社会力量参与儿童伤害防控。制定实施国家、地方儿童伤害防控行动计划,探索创新并大力推广儿童伤害防控适宜技术,优先制定实施针对流动儿童、留守儿童、困境儿童的伤害防控措施。

3. 预防和控制儿童溺水。加强看护,保证儿童远离危险水体。隔离、消除家庭及校园环境的溺水隐患,加强农村地区相关水体的防护隔离和安全巡查,加强开放性水域、水上游乐场所、船只等安全管理并配置适用于儿童的应急救援装备。加强预防溺水和应急救援知识技能教育,普及儿童游泳及水上安全技能,引导儿童使用安全游泳场所。

4. 预防和控制儿童道路交通伤害。完善交通安全立法。提高儿童看护人看护能力,培养儿童养成良好交通行为习惯。推广使用儿童安全座椅、安全头盔和儿童步行及骑乘非机动车反光标识。完善儿童道路安全防护用品标准,加强生产和销售监管。道路规划建设充分考虑儿童年龄特点,完善校园周边安全设施,严查严处交通违法行为。落实校车安全管理条例。

5. 预防和控制儿童跌倒、跌落、烧烫伤、中毒等伤害。消除环境危险因素,推广使用窗户护栏、窗口限位器等防护用品,减少儿童跌倒、跌落。教育儿童远离火源,引导家庭分隔热源,安全使用家用电器,推广使用具有儿童保护功能的家用电器,预防儿童烧烫伤。推广使用儿童安全包装,提升儿童看护人对农药、药物、日用化学品等的识别及保管能力,避免儿童中毒。预防婴幼儿窒息,提升看护人对婴幼儿有效照护能力。规范犬类管理及宠物饲养,预防动物咬伤。加强防灾减灾教育,提高儿童及其看护人针对地震、火灾、踩踏等的防灾避险技能。

6. 加强儿童食品安全监管。完善儿童食品安全标准体系。强化婴幼儿配方食品和婴幼儿辅助食品安全监管,加大婴幼儿配方乳粉产品抽检监测及不合格食品处罚力度。落实学校、幼儿园、托育机构食品安全管理主体责任,消除儿童集体用餐各环节食品安全隐患,加强校内及周边食品安全监管。严肃查处食品安全违法违规行为。

7. 预防和减少产品引发的儿童伤害。强化产品质量安全监管。健全儿童用品强制性国家标准体系,完善产品安全警示标识。建立健全儿童玩具强制性国家标准,加强儿童用品行业自律,鼓励制定技术先进的团体标准。对部分儿童用品依法实施强制性产品认证管理。持续开展儿童用品质量安全守护行动,严厉查处制售假冒伪劣产品的违法行为,鼓励消费者依法投诉举报产品安全问题。加强对产品造成儿童伤害的信息监测、分析、监督检查和缺陷产品召回工作。杜绝"毒跑道"、"毒校服",保障游戏游艺设备及大型游乐设施安全,引导儿童安全使用电动扶梯、旋转门等设施设备。

8. 预防和控制针对儿童的暴力伤害。宣传倡导对儿童暴力零容忍理念,提升公众的法治意识和儿童保护意识,增强儿童的安全意识和自我保护能力。强化国家、社会、学校、家庭保护责任,建立防控针对儿童暴力伤害的部门合作工作机制,健全各级未成年人保护工作平台,落实针对儿童暴力伤害的发现、报告、干预机制。落实密切接触未成年人的机构和人员的强制报告责任。鼓励公众依法劝阻、制止、检举、控告针对儿童的暴力行为。依法严惩针对儿童的暴力违法犯罪行为。

9. 加强对学生欺凌的综合治理。完善落实学生欺凌综合治理的部门合作工作机制。营造文明安全校园环境,加强思想道德教育、法治教育和心理健康教育,培养学生的健全人格和社会交往能力。严格学校日常安全管理,健全学生欺凌早期预警、事中处理、事后干预等工作机制,提高教职员工、家长、学生对欺凌的预防和处置能力。依法依规调查和处置欺凌事件,发挥教育惩戒作用。强化校园周边综合治理,将学生欺凌专项治理纳入社会治安综合治理工作。

10. 加强未成年人网络保护。落实政府、企业、学校、家庭、社会保护责任,为儿童提供安全、健康的网络环境,保障儿童在网络空间中的合法权益。加强网络监管和治理,完善和落实网络信息监测、识别、举报、处置制度,依法惩处利用网络散布价值导向不良信息、从事危害未成年人身心健康的行为。网络游戏、网络直播、网络音视频、网络社交等网络服务提供者,针对未成年人使用其服务依法设置相应的时间管理、权限管理、消费管理等功能,不得为未满十六周岁儿童提供网络直播发布者账号注册服务。加强网络语言文明教育,坚决遏阻庸俗暴戾网络语言传播。实施国家统一的未成年人网络游戏电子身份认证,完善游戏产品分类、内容审核、时长限制等措施。加强儿童个人信息和隐私保护。

11. 提高对儿童遭受意外和暴力伤害的紧急救援、医疗救治、康复服务水平。广泛宣传儿童紧急救援知识,提升看护人、教师紧急救援技能。完善公共场所急救设施配备。完善国家紧急医学救援网络,加强儿童伤害院前急救设施设备配备,实现院前急救与院内急诊的有效衔接,加强康复机构能力建设,提高儿童医学救治以及康

12. 完善监测机制。建立健全国家和地方儿童遭受意外和暴力伤害监测体系，通过医疗机构、学校、幼儿园、托育机构、社区、司法机关等多渠道收集儿童伤害数据，促进数据规范化。建立多部门、多专业参与的数据共享、分析、评估和利用工作机制。

（三）儿童与教育。

主要目标：

1. 全面落实立德树人根本任务，培养德智体美劳全面发展的社会主义建设者和接班人。

2. 适龄儿童普遍接受有质量的学前教育，学前教育毛入园率达到并保持在90%以上。

3. 促进义务教育优质均衡发展和城乡一体化，九年义务教育巩固率提高到96%以上。

4. 巩固提高高中阶段教育普及水平，高中阶段教育毛入学率达到并保持在92%以上。

5. 孤儿、事实无人抚养儿童、残疾儿童、农业转移人口随迁子女、留守儿童、困境儿童等特殊群体受教育权利得到根本保障。残疾儿童义务教育巩固水平进一步提高。

6. 儿童科学素质全面提升，科学兴趣、创新意识、实践能力不断提高。

7. 以提高儿童综合素质为导向的教育评价体系更加完善。

8. 加强校园文化建设，营造友善、平等、相互尊重的师生关系和同学关系。

9. 学校家庭社会协同育人机制进一步完善。

策略措施：

1. 全面贯彻党的教育方针。坚持社会主义办学方向，健全立德树人落实机制，实施素质教育，完善德智体美劳全面培养的教育体系。提高思想道德素质，引领学生坚定理想信念，热爱祖国、热爱人民、热爱中国共产党、热爱社会主义，培育和践行社会主义核心价值观。提升智育水平，发展学生终身学习能力，促进思维发展，激发创新意识。坚持健康第一，深化体教融合，帮助学生磨练坚强意志、锻炼强健体魄。改进美育教学，提升学生审美和人文素养。加强劳动教育，引导学生树立正确的劳动观，形成良好劳动习惯，培养勤俭、奋斗、创新、奉献的劳动精神。

2. 全面落实教育优先发展战略。经济社会发展规划上优先安排教育，财政资金投入上优先保障教育，公共资源配置上优先满足教育。优化教育经费支出结构，把义务教育作为教育投入重中之重。依法落实各级政府教育支出责任，完善各教育阶段财政补助政策。支持和规范社会力量办学。

3. 培养儿童良好思想道德素质、法治意识和行为习惯。加强理想教育、道德教育、法治教育、劳动教育，养成良好道德品质、法治意识和行为习惯，形成积极健康的人格和良好心理品质。中小学、幼儿园广泛开展性别平等教育。完善德育工作体系，深化课程育人、文化育人、活动育人、实践育人、管理育人、协同育人。创新德育工作形式，丰富德育内容，增强德育工作吸引力、感染力和实效性。

4. 全面推进教育理念、体系、制度、内容、方法创新。严格落实课程方案和课程标准，提高教学质量。完善教材编写、修订、审查、选用、退出机制。遵循教育规律和学生身心发展规律，尊重个体差异，因材施教，推行启发式、探究式、参与式、合作式教学。探索具有特殊才能学生的培养体系。提升校园智能化水平，提高信息化服务教育教学和管理的能力水平，推动优质教育资源在线辐射农村和边远地区薄弱学校，加快发展适合不同学生的信息化自主学习方式，满足个性化发展需求。提高民族地区教育质量和水平，加大国家通用语言文字推广力度。深化民族团结进步教育。

5. 逐步推进学前教育全面普及。继续实施学前教育行动计划，重点补齐人口集中流入地、农村地区、欠发达地区、民族地区以及城市薄弱地区的普惠性资源短板，基本实现学前教育公共服务体系全覆盖。加强学前幼儿普通话教育，推进学前学会普通话。严格落实城镇小区配套幼儿园政策，鼓励国有企事业单位、街道、村集体举办公办幼儿园。健全普惠性学前教育成本分担机制，建立公办园收费标准动态调整机制，加强非营利性民办园收费监管，遏制过度逐利行为。注重科学保教，建立健全幼儿园保教质量监测体系，坚决克服和纠正"小学化"倾向，全面提升保教质量。

6. 推进城乡义务教育一体化发展。科学规划布局城乡学校建设，落实新建居住区配套建设学校规定，合理有序扩大城镇学校学位供给，解决城镇大班额问题。全面加强乡村小规模学校和乡镇寄宿制学校建设，进一步改善农村学校办学条件，加强乡村教师队伍建设，提升农村义务教育质量，推进义务教育优质均衡发展。健全精准控辍保学长效机制，提高义务教育巩固水平。保障女童平等接受义务教育。推进义务教育学校免试就近入学全覆盖，全面实行义务教育公办民办学校同步招生，支持和规范民办义务教育发展。

7. 进一步普及高中阶段教育。加快普通高中育人方式改革，推动高中阶段学校多样化有特色发展，满足学生个性化、多样化发展需要。推进中等职业教育和普通高中教育协调发展，建立中等职业教育和普通高中统一招生平台，深化职普融通。大力发展中等职业教育，建设一批优秀中职学校和优质专业，放宽中职招生地域限制。完善高中阶段学生资助政策。

8. 保障特殊儿童群体受教育权利。完善特殊教育保障机制，推进适龄残疾儿童教育全覆盖，提高特殊教育质量。坚持以普通学校随班就读为主体，以特殊教育学校为骨干，以送教上门和远程教育为补充，全面推进融合教育。大力发展残疾儿童学前教育，进一步提高残疾儿童义务教育巩固水平，加快发展以职业教育为重点的残疾人高中阶段教育。推进孤独症儿童教育工作。保障农业转移人口随迁子女平等享有基本公共教育服务。加强家庭经济困难学生精准资助，完善奖学金、助学金和助学贷款政策。加强对留守儿童和困境儿童的法治教育、安全教育和心理健康教育，优先满足留守儿童寄宿需求。在特殊教育学校大力推广国家通用手语和国家通用盲文。

9. 提高儿童科学素质。实施未成年人科学素质提升行动。将弘扬科学精神贯穿教育全过程，开展学前科学启蒙教育，提高学校科学教育质量，完善课程标准和课程体系，丰富课程资源，激发学生求知欲和想象力，培养儿童的创新精神和实践能力，鼓励有创新潜质的学生个性化发展。加强社会协同，注重利用科技馆、儿童中心、青少年宫、博物馆等校外场所开展校外科学学习和实践活动。广泛开展社区科普活动。加强专兼职科学教师和科技辅导员队伍建设。完善科学教育质量和未成年人科学素质监测评估。

10. 建立健全科学的教育评价制度体系。树立科学的教育质量观，建立健全以发展素质教育为导向的科学评价体系。落实县域义务教育质量、学校办学质量和学生发展质量评价标准。针对不同主体和不同学段、不同类型教育特点，改进结果评价，强化过程评价，探索增值评价，健全综合评价，克服唯分数、唯升学倾向。完善初高中学生学业水平考试和综合素质评价制度。高中阶段学校实行基于初中学业水平考试成绩、结合综合素质评价的招生录取模式，落实优质普通高中招生指标分配到初中政策，健全分类考试、综合评价、多元录取的高校招生机制。

11. 加强教师队伍建设。完善师德师风建设长效机制，引导教师自觉践行社会主义核心价值观，提升职业道德修养，坚守教书育人职责。完善教师资格准入制度，着力解决教师结构性、阶段性、区域性短缺问题。加强教师进修培训，提高基本功和专业能力。弘扬尊师重教的社会风尚。培养造就一支有理想信念、有道德情操、有扎实学识、有仁爱之心的高素质专业化创新型教师队伍。

12. 开展民主、文明、和谐、平等的友好型学校建设。加强校风、教风、学风建设，开展文明校园创建，构建尊师爱生的师生关系和团结友爱的同学关系。保障学生参与学校事务的权利。美化校园环境，优化学生学习、生活条件，推进校园无障碍环境建设和改造，为学生提供安全饮用水、卫生厕所和适合身高的课桌椅，改善学校用餐和学生寄宿条件。培育和丰富积极向上、健康文明的校园文化。

13. 坚持学校教育与家庭教育、社会教育相结合。加强家园、家校协作，推动教师家访制度化、常态化。加强中小学、幼儿园、社区家长学校、家长委员会建设，普及家庭教育知识，推广家庭教育经验。统筹社会教育各类场地、设施和队伍等资源，丰富校外教育内容和形式，鼓励儿童积极参与科技、文化、体育、艺术、劳动等实践活动，参与日常生活劳动、生产劳动和服务性劳动，帮助学生深入了解国情、社情、民情。增强校外教育公益性。加强校外教育理论研究。规范校外培训，切实减轻学生课外培训负担，严格监管面向低龄儿童的校外网络教育培训。充分发挥中小学校课后服务主渠道作用，完善中小学课后服务保障机制和措施，课后服务结束时间原则上不早于当地正常下班时间。发挥共青团、少先队、妇联、科协、关工委等组织的育人作用，形成学校、家庭、社会协同育人合力。

（四）儿童与福利。

主要目标：

1. 提升儿童福利水平，基本建成与经济社会发展水平相适应的适度普惠型儿童福利制度体系。

2. 面向儿童的基本公共服务均等化水平明显提高，城乡、区域和不同群体儿童的公共服务需求得到公平满足。

3. 巩固提高基本医疗保障水平，保障儿童基本医疗权益。

4. 构建连续完整的儿童营养改善项目支持体系。

5. 加快普惠托育服务体系建设，托育机构和托位数量持续增加。

6. 孤儿、事实无人抚养儿童、残疾儿童、流浪儿童生存、发展和安全权益得到有效保障。

7. 留守儿童关爱服务体系不断完善，流动儿童服务机制更加健全。

8. 城乡社区儿童之家覆盖率进一步巩固提高，服务能力持续提升。

9. 监测预防、强制报告、应急处置、评估帮扶、监护干预"五位一体"的基层儿童保护机制有效运行。县级以上人民政府开通并有效运行全国统一的儿童保护热线。

10. 基层儿童福利工作阵地和队伍建设进一步加强。

11. 为儿童服务的社会组织和儿童社会工作专业队伍明显壮大。

策略措施：

1. 完善儿童福利保障和救助制度体系。积极推进儿童福利立法。逐步建成与国家经济社会发展水平相适应、与相关福利制度相衔接的适度普惠型儿童福利制度体系。完善困境儿童分类保障政策，加大困境儿童保障力度。完善儿童福利政策，合理提高儿童福利标准。合理制定低保标准和特困人员救助供养标准并建立动态调整机制，提升儿童生活质量。

2. 提高面向儿童的公共服务供给水平。提高基本公共服务均等化和可及性水平，将儿童教育、医疗卫生、福利保障事项优先纳入基本公共服务清单，提高服务智慧化水平。完善面向儿童的基本公共服务标准体系，推动基本公共服务向欠发达地区、薄弱环节、特殊儿童群体倾斜。扩大公共服务覆盖面，全面落实儿童乘坐公共交通工具和游览参观票价优惠政策，推进采取年龄标准优先、身高标准补充的儿童票价优待政策。

3. 做好儿童医疗保障工作。强化基本医疗保险、大病保险、医疗救助三重保障功能，巩固提高儿童参加城乡居民基本医疗保险覆盖率。健全基本医疗保险筹资和待遇调整机制，完善医保目录动态调整机制。做好低收入家庭儿童城乡居民医保参保工作。做好符合条件的家庭经济困难患儿医疗救助。促进各类医疗保障互补衔接，支持商业保险机构开发并推广适宜不同年龄阶段儿童的大病和意外伤害险产品，统筹调动慈善医疗救助力量，支持医疗互助有序发展，合力降低患儿家庭医疗费用负担。

4. 推进实施儿童营养改善项目。巩固脱贫地区儿童营养改善项目实施成果。稳妥推进农村义务教育学生营养改善计划，完善膳食费用分摊机制。加强3—5岁学龄前儿童营养改善工作，实施学龄前儿童营养改善计划，构建从婴儿期到学龄期连续完整的儿童营养改善项目支持体系。

5. 发展普惠托育服务体系。将婴幼儿照护服务纳入经济社会发展规划，研究编制托育服务发展专项规划，强化政策引导，综合运用土地、住房、财政、金融、人才等支持政策，扩大托育服务供给。大力发展多种形式的普惠托育服务，推动建设一批承担指导功能的示范托育服务机构和社区托育服务设施，支持有条件的用人单位为职工提供托育服务，鼓励国有企业等主体积极参与各级政府推动的普惠托育服务体系建设，支持和引导社会力量依托社区提供普惠托育服务，鼓励和支持有条件的幼儿园招收2—3岁幼儿，制定家庭托育点管理办法。加大专业人才培养培训力度，依法逐步实行从业人员职业资格准入制度。制定完善托育服务的标准规范，加强综合监管，推动托育服务规范健康发展。

6. 加强孤儿和事实无人抚养儿童保障。落实孤儿和事实无人抚养儿童保障政策，明确保障对象，规范认定流程，合理确定保障标准。畅通亲属抚养、家庭寄养、机构养育和依法收养孤儿安置渠道。落实社会散居孤儿、事实无人抚养儿童监护责任。完善儿童收养相关法规政策，引导鼓励国内家庭收养病残儿童。健全收养评估制度，建立收养状况回访监督制度，加强收养登记信息化建设。推动收养工作高质量发展。

7. 落实残疾儿童康复救助制度。完善儿童残疾筛查、诊断、治疗、康复一体化工作机制，建立残疾报告和信息共享制度。提高残疾儿童康复服务覆盖率，为有需求的残疾儿童提供康复医疗、康复辅助器具、康复训练等基本康复服务，促进康复辅助器具提质升级。完善残疾儿童康复服务标准，增强残疾儿童康复服务供给能力，规范残疾儿童康复机构管理。支持儿童福利机构面向社会残疾儿童开展替代照料、养育教育辅导、康复训练等服务。

8. 加强流浪儿童救助保护工作。落实流浪儿童街面巡查和转介处置职责，依法依规为流浪儿童提供生活照料、身份查询、接送返回等服务。流出地县级政府建立源头治理和回归稳固机制，落实流浪儿童相关社会保障和义务教育等政策，教育督促流浪儿童父母或其他监护人履行抚养义务。依法严厉打击遗弃、虐待未成年人违法犯罪行为。

9. 加强留守儿童关爱保护。进一步完善留守儿童关爱保护工作体系。强化家庭监护主体责任，提高监护能力。强化县、乡级政府属地责任，落实关爱帮扶政策措施。常态化开展寒暑假特别关爱行动，充分发挥群团组织以及社会组织、社会工作者、志愿者等作用，加强对留守儿童心理、情感、行为和安全自护的指导服务。积极倡导企业履行社会责任，为务工人员加强与留守未成年子女的联系沟通提供支持。落实支持农民工返乡就业创业相关政策措施，从源头上减少留守儿童现象。

10. 完善流动儿童服务机制。深化户籍制度改革，健全以居住证为载体、与居住年限等条件挂钩的基本公共服务提供机制，推进城镇常住人口基本公共服务均等化，保障儿童平等享有教育、医疗卫生等基本公共服务。健全以社区为依托、面向流动儿童家庭的管理和服务网络,提升专业服务能力,促进流动儿童及其家庭融入社区。

11. 提高儿童之家建设、管理和服务水平。健全政府主导、部门统筹、多方参与、共同建设儿童之家的工作格局,巩固提高儿童之家覆盖率。完善儿童之家建设标准、工作制度和管理规范,配备专兼职工作人员,发挥社区儿童主任和妇联执委作用,提升管理和使用效能。保证儿童之家服务时长,拓展服务内容,确保服务安全,通过购买服务、项目合作等方式引入有资质的相关社会组织为儿童提供专业化、精细化服务,充分发挥儿童之家在基层社会治理和儿童保护中的作用。

12. 建立健全基层儿童保护机制。完善县(市、区、旗)、乡镇(街道)、村(社区)三级儿童保护机制。督促学校、幼儿园、托育机构、医疗机构、儿童福利机构、未成年人救助保护机构、村(居)民委员会等主体强化主动报告意识,履行困境儿童和受暴力伤害儿童强制报告义务。开通全国统一的儿童保护热线,及时受理、转介侵犯儿童合法权益的投诉、举报,探索完善接报、评估、处置、帮扶等一体化工作流程,明确相关部门工作职责和协作程序,形成"一门受理、协同办理"的工作机制。

13. 提升未成年人救助保护机构、儿童福利机构和基层儿童工作队伍服务能力。推进承担集中养育职能的儿童福利机构优化提质,推进儿童养育、康复、教育、医疗、社会工作一体化发展。整合县级儿童福利机构和未成年人救助保护相关机构职能,为临时监护情形未成年人、社会散居孤儿、留守儿童和困境儿童等提供服务。加强未成年人救助保护中心建设,制定完善未成年人救助保护机构工作标准。进一步落实未成年人救助保护机构、儿童督导员、儿童主任的工作职责,加大儿童督导员、儿童主任等基层儿童工作者培训力度,提高服务能力。

14. 支持引导社会力量参与儿童保护和服务工作。通过政府委托、项目合作、重点推介、孵化扶持等方式,积极培育为儿童服务的社会组织和志愿服务组织。将更多符合条件的儿童保护和服务事项纳入政府购买服务指导性目录,积极引导为儿童服务的社会组织面向城乡社区、家庭和学校提供服务。加强儿童社会工作专业队伍建设,提高服务技能水平。引导社会资源向欠发达地区倾斜,扶持欠发达地区为儿童服务的社会组织发展。

(五)儿童与家庭。

主要目标:

1. 发挥家庭立德树人第一所学校作用,培养儿童的好思想、好品行、好习惯。

2. 尊重儿童主体地位,保障儿童平等参与自身和家庭事务的权利。

3. 教育引导父母或其他监护人落实抚养、教育、保护责任,树立科学育儿理念,掌握运用科学育儿方法。

4. 培养儿童成为好家风的践行者和传承者。

5. 增强亲子互动,建立平等和谐的亲子关系。

6. 覆盖城乡的家庭教育指导服务体系基本建成,指导服务能力进一步提升。95%的城市社区和85%的农村社区(村)建立家长学校或家庭教育指导服务站点。

7. 支持家庭生育养育教育的法律法规政策体系基本形成。

8. 提升家庭领域理论和实践研究水平,促进成果转化应用。

策略措施:

1. 将立德树人落实到家庭教育各方面。父母或其他监护人应将立德树人作为家庭教育的首要任务,将思想品德教育融入日常生活,帮助儿童开拓视野、认识社会,通过身边人、身边事,培养儿童的好思想、好品德、好习惯,引导儿童树立正确的世界观、人生观、价值观。教育引导儿童践行社会主义核心价值观,学习中华民族优秀传统文化,厚植爱党爱祖国爱社会主义情怀。增强法治意识和社会责任感,从小学会做人、学会做事、学会学习,扣好人生第一粒扣子。

2. 尊重儿童主体地位和权利。引导父母或其他监护人以儿童为本,尊重儿童的身心发展规律和特点,保障儿童休息、锻炼、闲暇和娱乐的权利,合理安排儿童的学习和生活,增加体育锻炼、劳动实践、休息娱乐、社会实践、同伴交往、亲子活动等时间。尊重儿童的知情权、参与权,重视听取并采纳儿童的合理意见。教育引导儿童增强家庭和社会责任意识,鼓励儿童自主选择、自我管理、自我服务,参与力所能及的家务劳动,培养劳动习惯,提高劳动技能。

3. 增强监护责任意识和能力。创造良好家庭环境,满足儿童身心发展需要,培养儿童良好行为习惯和健康生活方式,提高安全意识和自救自护能力。加强宣传教育培训,帮助父母或其他监护人学习家庭教育知识,树立科学育儿理念和正确成才观,掌握科学育儿方法,尊重个体差异,因材施教。禁止对儿童殴打、虐待等一切形式的家庭暴力。加强对家庭落实监护责任的支持、监督和干预,根据不同需求为家庭提供分类指导和福利保障。

4. 用好家风培养熏陶儿童。发挥父母榜样和示范作用，教育引导儿童传承尊老爱幼、男女平等、夫妻和睦、勤俭持家、亲子平等、邻里团结的家庭美德，践行爱国爱家、相亲相爱、向上向善、共建共享的社会主义家庭文明新风尚。广泛开展内容丰富、形式新颖、富有教育意义的好家风宣传弘扬活动，推出系列家风文化服务产品。引领儿童养成文明健康的生活方式和消费模式，杜绝浪费。

5. 培育良好亲子关系。引导家庭建立有效的亲子沟通方式，加强亲子交流，增加陪伴时间，提高陪伴质量。鼓励支持家庭开展亲子游戏、亲子阅读、亲子运动、亲子出游等活动。指导帮助家庭调适亲子关系，缓解育儿焦虑，化解亲子矛盾。鼓励支持各类教育、科技、文化、体育、娱乐等公益性设施和场所以及城乡社区儿童之家等为开展家庭亲子活动提供条件。加强亲子阅读指导，培养儿童良好阅读习惯。分年龄段推荐优秀儿童书目，完善儿童社区阅读场所和功能，鼓励社区图书室设立亲子阅读区。

6. 构建覆盖城乡的家庭教育指导服务体系。依托现有机构设立家庭教育指导服务中心，统筹家庭教育指导服务工作，依托家长学校、城乡社区公共服务设施、妇女之家、儿童之家等设立家庭教育指导服务站点。建设家庭教育信息化共享平台，开设网上家长学校和家庭教育指导课程。中小学、幼儿园健全家庭教育指导服务工作制度，将家庭教育指导服务纳入学校工作计划和教师业务培训。社区（村）支持协助家庭教育指导服务站点开展家庭教育指导服务。鼓励支持公共文化服务场所开展家庭教育指导活动，利用多种媒体开展家庭教育知识宣传。

7. 强化对家庭教育指导服务的支持保障。推进实施家庭教育工作规划，推动家庭教育指导服务普惠享有，并纳入政府购买服务指导性目录，培育家庭教育服务机构。加强对家庭教育服务机构和从业人员的管理，规范家庭教育服务市场。加强家庭教育服务行业自律，研究制定服务质量标准，建立行业认证体系。鼓励机关、企事业单位和社会组织面向本单位职工开展家庭教育指导服务。支持社会工作机构、志愿服务组织和专业工作者依法依规开展家庭教育指导服务。

8. 完善支持家庭生育养育教育的法律法规政策。推进家庭教育立法及实施。完善三孩生育政策配套措施。促进出生人口性别比趋于正常。提高优生优育服务水平，增加优质普惠托育服务供给，推进教育公平与优质教育资源供给，落实产假制度和生育津贴，探索实施父母育儿假。推动将3岁以下婴幼儿照护服务费用纳入个人所得税专项附加扣除，加强住房等支持政策，减轻生育养育教育负担。将困境儿童及其家庭支持与保障作为家庭支持政策的优先领域。加快完善家政服务标准，提高家庭服务智慧化和数字化水平。鼓励用人单位创办母婴室和托育托管服务设施，实施弹性工时、居家办公等灵活的家庭友好措施。

9. 加强家庭领域理论和实践研究。充分发挥学术型社会组织作用，鼓励有条件的高校和科研机构开设家庭教育专业和课程，建立家庭领域研究基地，培养壮大家庭领域研究队伍，提升研究水平。坚持问题导向，聚焦家庭建设、家庭教育、家风培树等开展研究，及时推进研究成果转化，为家庭领域相关工作提供理论支撑。

（六）儿童与环境。

主要目标：

1. 将儿童优先理念落实到公共政策制定、公共设施建设、公共服务供给各方面，尊重、爱护儿童的社会环境进一步形成。

2. 提供更多有益于儿童全面发展的高质量精神文化产品。

3. 保护儿童免受各类传媒不良信息影响。提升儿童媒介素养。

4. 儿童参与家庭、学校和社会事务的权利得到充分保障。

5. 建设儿童友好城市和儿童友好社区。

6. 增加公益性儿童教育、科技、文化、体育、娱乐等校外活动场所，提高利用率和服务质量。

7. 减少环境污染对儿童的伤害。农村自来水普及率达到90%，稳步提高农村卫生厕所普及率。

8. 提高儿童生态环境保护意识，帮助养成绿色低碳生活习惯。

9. 预防和应对突发事件时充分考虑儿童的身心特点，优先满足儿童的特殊需求。

10. 儿童事务国际交流与合作广泛开展，在促进全球儿童事业发展中的作用进一步彰显。

策略措施：

1. 全面贯彻儿童优先原则。建立和完善促进儿童优先发展的制度体系，提高政府部门和社会公众对儿童权利的认识，增强保障儿童权利的自觉性。在出台法律、制定政策、编制规划、部署工作时优先考虑儿童利益和需求。鼓励企事业单位、各类公共服务机构和社会组织参与儿童发展和权利保护服务。在城乡建设规划和城市改造中提供更多适合儿童的公共设施和活动场所。

2. 提升面向儿童的公共文化服务水平。制作和传播体现社会主义核心价值观、适合儿童的图书、电影、歌曲、游戏、广播电视节目、动画片等精神文化产品,培育儿童文化品牌。支持儿童参与民族优秀传统文化的保护、传承和创新。探索在网络空间开展儿童思想道德教育的新途径、新方法,增强知识性、趣味性和时代性。支持儿童题材作品参加国家舞台艺术精品创作扶持工程等重大项目和重要展演节庆活动。鼓励社会组织、文化艺术机构为儿童文化艺术活动提供专业指导和场地支持。公共图书馆单设儿童阅览区,公共图书馆盲人阅览区为盲童阅读提供便利,鼓励社区图书室设立儿童图书专区。

3. 加强新闻出版、文化等领域市场监管和执法。加强对儿童出版物的审读、鉴定和处置,深化"扫黄打非"工作,清除淫秽色情低俗、暴力恐怖迷信等有害出版物及信息。清理校园周边非法销售出版物和涉及低俗内容的儿童文化用品、玩具。严格网络出版、文化市场管理与执法,及时整治网络游戏、视频、直播、社交、学习类移动应用软件传播危害未成年人身心健康的有害信息。严格管控诱导未成年人无底线追星、拜金炫富等存在价值导向问题的不良信息和行为。加强互联网营业场所和娱乐场所执法,查处违规接纳未成年人、提供含有禁止内容的曲目和游戏演艺设备等违规行为。落实互联网企业主体责任,在产品开发、内容审核、用户管理、保护措施、举报处置等环节完善治理手段。

4. 规范与儿童相关的广告和商业性活动。规范与儿童有关的产品(服务)广告播出。在针对儿童的大众传播媒介上不得发布医疗、药品、医疗器械、保健食品、化妆品、酒类、美容广告,以及不利于儿童身心健康的网络游戏广告。禁止在大众传播媒介、公共场所发布声称全部或部分替代母乳的婴儿乳制品、饮料和其他食品广告。加大对相关虚假违法广告案件的查处力度。规范和限制安排儿童参加商业性展演活动。

5. 加强儿童媒介素养教育。保障儿童利用和参与媒介的权利。丰富儿童数字生活体验,提高数字生活质量。通过学校、幼儿园、家庭和社会等多种渠道,提升儿童及其监护人媒介素养,加强对不同年龄阶段儿童使用网络的分类教育指导,帮助儿童掌握网络基本知识技能,提高学习交流的能力,养成良好用网习惯,引导儿童抵制网络不文明行为,增强信息识别和网上自我保护能力,防止沉迷网络。为欠发达地区儿童、残疾儿童、困境儿童安全合理参与网络提供条件。

6. 保障儿童参与和表达的权利。尊重儿童参与自身和家庭事务的权利,培养儿童参与意识和能力。涉及儿童的法规政策制定、实施和评估以及重大事项决策,听取儿童意见。将儿童参与纳入学校、校外教育机构、社区工作计划。支持共青团、少先队、妇联等组织开展社会实践及体验活动。加强学校班委会和学生会建设,畅通学生参与学校事务的渠道。广泛开展儿童参与的宣传、教育和培训活动。

7. 开展儿童友好城市和儿童友好社区创建工作。鼓励创建社会政策友好、公共服务友好、权利保障友好、成长空间友好、发展环境友好的中国特色儿童友好城市。建立多部门合作工作机制,制定适合我国国情的儿童友好城市和儿童友好社区标准体系和建设指南,建设一批国家儿童友好城市。积极参与国际儿童友好城市建设交流活动。

8. 加大儿童校外活动场所建设和管理力度。将儿童活动场所建设纳入地方经济社会发展规划,加强各类爱国主义教育基地、党史国史教育基地、民族团结进步教育基地、科普教育基地、中小学生研学实践教育基地等的建设,加大对农村地区儿童活动场所建设和运行的扶持力度,推进儿童活动场所无障碍建设和改造。规范儿童校外活动场所管理,各类公益性教育、科技、文化、体育、娱乐场所对儿童免费或优惠开放,根据条件开辟儿童活动专区。在具备条件的校外活动场所普遍建立少先队组织。发挥校外活动场所的育人优势,打造特色鲜明、参与面广的儿童主题活动品牌。

9. 优化儿童健康成长的自然环境和人居环境。控制和治理大气、水、土壤等环境污染以及工业、生活和农村面源污染,加强水源保护和水质监测。加强铅等重金属污染防治和监测。推进城市饮用水水源地规范化建设。实施农村供水保障工程,提高农村集中供水率、自来水普及率、水质达标率和供水保证率。深入开展爱国卫生运动,持续改善村容村貌和人居环境,分类有序推进农村厕所革命,统筹农村改厕和污水、黑臭水体治理,因地制宜建设污水处理设施。

10. 创新开展面向儿童的生态文明宣传教育活动。把生态文明教育纳入国民教育体系,融入课堂教学、校园活动、社会实践等环节。推进生态环境科普基地和中小学环境教育社会实践基地建设,在世界环境日、全国低碳日、全国科技活动周等节点开展丰富的儿童环保主题活动,依托自然保护地等建设儿童自然教育保护基地,开展儿童自然教育。培养儿童生态文明意识,树立珍惜资源、保护自然、珍爱生命、与自然和谐相处的观念,自觉养成健康文明、绿色低碳、垃圾分类的良好生活习惯。

11. 在突发事件预防和应对中加强对儿童的保护。在制定突发事件应急预案时统筹考虑儿童的特殊需求。

制定儿童防护用品标准，应急处置期间，优先保证儿童食品、药品、用品供给。学校、幼儿园、托育机构、校外教育机构和社区开展形式多样的安全教育和应急演练活动，提高教职工、儿童及其监护人识别灾害事故风险和应对灾害事故的能力。公共场所发生突发事件时，应优先救护儿童。在灾后恢复与重建阶段，针对儿童特点采取优先救助和康复措施，将灾害事故对儿童的伤害降到最低程度。

12. 开展促进儿童发展的国际交流与合作。认真履行联合国《儿童权利公约》等国际公约和文件，落实与儿童发展相关的可持续发展目标，扩大多边、双边特别是与共建"一带一路"国家的交流与合作，吸收借鉴国际社会在儿童领域的有益经验，积极宣介促进儿童发展的"中国故事"，在推动构建人类命运共同体、促进全球儿童事业发展中贡献中国智慧、彰显中国担当。

（七）儿童与法律保护。

主要目标：

1. 完善保障儿童权益的法律体系。
2. 加强保障儿童权益的执法工作。
3. 完善司法保护制度，司法工作体系满足儿童身心发展特殊需要。
4. 儿童法治素养和自我保护意识进一步提升，社会公众保护儿童的意识和能力进一步提高。
5. 依法保障儿童的民事权益。
6. 落实儿童监护制度，保障儿童获得有效监护。
7. 禁止使用童工，禁止对儿童的经济剥削，严格监管安排儿童参与商业性活动的行为。
8. 依法严惩性侵害、家庭暴力、拐卖、遗弃等侵犯儿童人身权利的违法犯罪行为。
9. 依法严惩利用网络侵犯儿童合法权益的违法犯罪行为。
10. 预防未成年人违法犯罪，对未成年人违法犯罪实行分级干预。降低未成年犯罪人数占未成年人人口数量的比重。

策略措施：

1. 完善落实保障儿童权益的法律法规。健全保障儿童生存权、发展权、受保护权、参与权的法律法规体系。推动加快家庭教育、学前教育、儿童福利、网络保护等立法进程，适时修订相关法律法规、出台司法解释。增强立法工作的科学性和可操作性。加强未成年人保护法实施，落实法律监督、司法建议和法治督察制度。加强保障儿童权益的法学理论与实践研究。

2. 严格保障儿童权益执法。全面落实保障儿童权益主体责任。加大行政执法力度，及时发现和处置监护侵害、家庭暴力、校园及周边安全隐患、食品药品安全隐患等问题。探索建立保障儿童权益多部门综合执法制度，探索建立儿童救助协作制度，强化部门间信息沟通和工作衔接，形成执法、保护、服务合力。

3. 健全未成年人司法工作体系。公安机关、人民检察院、人民法院和司法行政部门应当确定专门机构或者指定专门人员负责办理涉及未成年人案件。完善未成年人司法保护工作评价考核标准。加强专业化办案与社会化保护配合衔接，加强司法机关与政府部门、人民团体、社会组织和社会工作者等的合作，共同做好未成年人心理干预、社会观护、教育矫治、社区矫正等工作。

4. 加强对未成年人的特殊司法保护。依法保障涉案未成年人的隐私权、名誉权以及知情权、参与权等诉讼权利。落实未成年人犯罪案件特别程序关于严格限制适用逮捕措施、法律援助、社会调查、心理评估、法定代理人或合适成年人到场、附条件不起诉、不公开审理、犯罪记录封存等规定。增强未成年人社区矫正实施效果。落实涉案未成年人与成年人分别关押、分别管理、分别教育制度。

5. 依法为儿童提供法律援助和司法救助。依托公共法律服务平台，为儿童提供法律咨询等法律援助服务，推进法律援助标准化、规范化建设，推进专业化儿童法律援助队伍建设。保障符合司法救助条件的儿童获得有针对性的经济救助、身心康复、生活安置、复学就业等多元综合救助。

6. 加强儿童保护的法治宣传教育。完善学校、家庭、社会共同参与的儿童法治教育工作机制，提高儿童法治素养。扎实推进青少年法治教育实践基地、法治资源教室和网络平台建设，运用法治副校长、以案释法、模拟法庭等多样化方式深入开展法治教育和法治实践活动。提高社会公众的法治意识，推动形成依法保障儿童权益的良好氛围。引导媒体客观、审慎、适度采访和报道涉未成年人案件。

7. 全面保障儿童的民事权益。依法保障儿童的人身权利、财产权利和其他合法权益。开展涉及儿童权益纠纷调解工作，探索父母婚内分居期间未成年子女权益保护措施，依法保障父母离婚后未成年子女获得探望、抚养、教育、保护的权利。依法保障儿童和胎儿的继承权和受遗赠权。依法保护儿童名誉、隐私和个人信息等人格权。完善支持起诉制度。对食品药品安全、产品质量、烟酒销售、文化宣传、网络传播等领域侵害儿童合法权益的行为，开展公益诉讼工作。

8. 完善落实监护制度。强化父母或其他监护人履行对未成年子女的抚养、教育和保护职责,依法规范父母或其他监护人委托他人照护未成年子女的行为。督促落实监护责任,禁止早婚早育和早婚辍学行为。加强对监护的监督、指导和帮助,落实强制家庭教育制度。强化村(居)民委员会对父母或其他监护人监护和委托照护的监督责任,村(居)儿童主任切实做好儿童面临监护风险或受到监护侵害情况发现、核实、报告工作。探索建立监护风险及异常状况评估制度。依法纠正和处理监护人侵害儿童权益事件。符合法定情形的儿童由县级以上民政部门代表国家进行监护。确保突发事件情况下无人照料儿童及时获得临时监护。

9. 严厉查处使用童工等违法犯罪行为。加强对使用童工行为的日常巡视监察和专项执法检查。严格落实儿童参加演出、节目制作等方面国家有关规定。加强对企业、其他经营组织或个人、网络平台等吸纳儿童参与广告拍摄、商业代言、演出、赛事、节目制作、网络直播等的监督管理。严格执行未成年工特殊保护规定,用人单位定期对未成年工进行健康检查,不得安排其从事过重、有毒、有害等危害儿童身心健康的劳动或者危险作业。

10. 预防和依法严惩性侵害儿童违法犯罪行为。加强儿童预防性侵害教育,提高儿童、家庭、学校、社区识别防范性侵害和发现报告的意识和能力,落实强制报告制度。建立全国统一的性侵害、虐待、拐卖、暴力伤害等违法犯罪人员信息查询系统,完善落实入职查询、从业禁止制度。探索建立性侵害儿童犯罪人员信息公开制度,严格落实外籍教师无犯罪证明备案制度。加强立案和立案监督,完善立案标准和定罪量刑标准。依法严惩对儿童负有特殊职责人员实施的性侵害行为,依法严惩组织、强迫、引诱、容留、介绍未成年人卖淫犯罪。建立未成年被害人"一站式"取证机制,保护未成年被害人免受"二次伤害"。探索制定性侵害儿童案件特殊证据标准。对遭受性侵害或者暴力伤害的未成年被害人及其家庭实施必要的心理干预、经济救助、法律援助、转学安置等保护措施。

11. 预防和依法严惩对儿童实施家庭暴力的违法犯罪行为。加强反家庭暴力宣传,杜绝针对儿童的家庭暴力以及严重忽视等不利于儿童身心健康的行为。落实强制报告制度,及时受理、调查、立案和转处儿童遭受家庭暴力案件。出台关于反家庭暴力法的司法解释、指导意见或实施细则,充分运用告诫书、人身安全保护令、撤销监护人资格等措施,加强对施暴人的惩戒和教育。对构成犯罪的施暴人依法追究刑事责任,从严处理重大恶性案件。保护未成年被害人的隐私和安全,及时为未成年被害人及目睹家庭暴力的儿童提供心理疏导、医疗救治和临时庇护。

12. 严厉打击拐卖儿童和引诱胁迫儿童涉毒、涉黑涉恶等违法犯罪行为。坚持和完善集预防、打击、救助、安置、康复于一体的反拐工作长效机制,继续实施反对拐卖人口行动计划。有效防范和严厉打击借收养名义买卖儿童、利用网络平台实施拐卖人口等违法犯罪行为,加大对出卖亲生子女犯罪的预防和打击力度,完善孕产妇就医生产身份核实机制,完善亲子鉴定意见书和出生医学证明开具制度,落实儿童出生登记制度。妥善安置查找不到亲生父母和自生自卖类案件的被解救儿童。禁止除公安机关以外的任何组织或者个人收集被拐卖儿童、父母和疑似被拐卖人员DNA数据等信息。实施全国青少年毒品预防教育工程,开展对引诱、教唆、欺骗、强迫、容留儿童吸贩毒犯罪专项打击行动。依法严惩胁迫、引诱、教唆儿童参与黑社会性质组织从事违法犯罪活动的行为。

13. 严厉打击侵犯儿童合法权益的网络违法犯罪行为。加强对网络空间涉及儿童违法犯罪的分析研究,以案释法,提高公众对儿童网络保护的意识和能力。禁止制作、复制、发布、传播或者持有有关未成年人的淫秽色情物品和网络信息。依法严惩利用网络性引诱、性侵害儿童的违法犯罪行为。禁止对儿童实施侮辱、诽谤、威胁或者恶意损害形象等网络欺凌行为。严厉打击利用网络诱骗儿童参与赌博以及敲诈勒索、实施金融诈骗等违法犯罪行为。

14. 有效预防未成年人违法犯罪。加强对未成年人的法治和预防犯罪教育。落实未成年人违法犯罪分级干预制度,依法采取教育矫治措施,及时发现、制止、管教未成年人不良行为。及时制止、处理未成年人严重不良行为和未达刑事责任年龄未成年人严重危害他人及社会的行为。完善专门学校入学程序、学生和学籍管理、转回普通学校等制度。对涉罪未成年人坚持依法惩戒与精准帮教相结合,增强教育矫治效果,预防重新犯罪。保障涉罪未成年人免受歧视,依法实现在复学、升学、就业等方面的同等权利。强化预防未成年人犯罪工作的基层基础。

三、组织实施

(一)坚持党的全面领导。坚持以习近平新时代中国特色社会主义思想为指导,坚持以人民为中心的发展思想,坚持走中国特色社会主义儿童发展道路,把党的领导贯穿于纲要组织实施全过程。贯彻党中央关于儿童事业发展的决策部署,在统筹推进"五位一体"总体布局、协调推进"四个全面"战略布局中推进纲要实施。

（二）落实纲要实施责任。完善落实党委领导、政府主责、妇儿工委协调、多部门合作、全社会参与的纲要实施工作机制。国务院及地方各级人民政府负责纲要实施工作，各级妇儿工委负责组织、协调、指导、督促工作，各级妇儿工委办公室负责具体工作。有关部门、相关机构和人民团体结合职责，承担纲要相关目标任务落实工作。在出台法律、制定政策、编制规划、部署工作时贯彻落实儿童优先原则，切实保障儿童权益，促进儿童优先发展。

（三）加强纲要与国民经济和社会发展规划的衔接。在经济社会发展总体规划及相关专项规划中贯彻落实儿童优先原则，将纲要实施以及儿童发展纳入经济社会发展总体规划及相关专项规划，结合经济社会发展总体规划部署要求推进纲要实施，实现儿童事业发展与经济社会发展同步规划、同步部署、同步推进、同步落实。

（四）制定地方儿童发展规划和部门实施方案。省级人民政府依据本纲要，结合实际制定本级儿童发展规划。市、县级人民政府依据本纲要以及上一级儿童发展规划，结合实际制定本级儿童发展规划。省、市、县级规划颁布后1个月内报送上一级妇儿工委办公室。中央及地方承担纲要（规划）目标任务的有关部门、相关机构和人民团体结合职责，按照任务分工，制定实施方案并报送同级妇儿工委办公室。

（五）完善实施纲要的工作制度机制。健全目标管理责任制，将纲要实施纳入政府议事日程和考核内容，将纲要目标分解到责任单位并纳入目标管理和考核内容。健全督导检查制度，定期对纲要实施情况开展督查。健全报告制度，责任单位每年向同级妇儿工委报告纲要实施情况和下一年工作安排，下级妇儿工委每年向上一级妇儿工委报告本地区规划实施情况和下一年工作安排。健全议事协调制度，定期召开妇女儿童工作会议和妇儿工委全体会议、联络员会议等，总结交流情况，研究解决问题，部署工作任务。健全纲要实施示范制度，充分发挥示范单位以点带面、示范带动作用。健全表彰制度，对实施纲要先进集体和先进个人按照有关规定进行表彰。

（六）加强儿童发展经费支持。各级人民政府将实施纲要所需工作经费纳入财政预算，实现儿童事业和经济社会同步发展。重点支持革命老区、民族地区、边疆地区、欠发达地区儿童发展，支持特殊困难儿童群体发展。动员社会力量，多渠道筹集资源，共同发展儿童事业。

（七）坚持和创新实施纲要的有效做法。贯彻新发展理念，坚持问题导向、目标导向，构建促进儿童发展的法律法规政策体系，完善儿童权益保障机制，实施促进儿童发展的民生项目。通过分类指导、示范先行，总结推广好做法好经验。通过政府购买服务等方式，发挥社会力量推动纲要实施的作用。开展国际交流合作，交流互鉴经验做法，讲好中国儿童发展故事。

（八）加强纲要实施能力建设。将习近平总书记关于儿童和儿童工作的重要论述以及儿童优先原则有关内容、相关法律法规政策纳入各级干部学习内容，将实施纲要所需知识纳入培训计划，举办多层次、多形式培训，增强政府有关部门、相关机构和人员实施纲要的责任意识和能力。以政治建设为统领，加强各级妇儿工委及其办公室能力建设，促进机构职能优化高效，为更好履职尽责提供必要的人力物力财力支持，为纲要实施提供组织保障。

（九）加大纲要宣传力度。大力宣传习近平总书记关于儿童和儿童工作的重要论述，宣传在党的坚强领导下儿童事业发展的成就，宣传儿童优先原则和保障儿童权益、促进儿童发展的法律法规政策，宣传纲要内容和纲要实施的经验、成效，努力营造关爱儿童、有利于儿童发展的社会氛围。

（十）加强儿童发展调查研究。充分发挥各级妇儿工委及其办公室作用，加强儿童工作智库建设，依托高校、研究机构、社会组织等建设儿童发展研究基地，培育专业研究力量，广泛深入开展理论与实践研究，为制定完善相关法律法规政策提供参考。

（十一）鼓励社会各界广泛参与纲要实施。健全学校、家庭、社会"三位一体"教育网络，鼓励企事业单位、社会组织、慈善机构和公益人士参与保障儿童权益、促进儿童发展等工作。鼓励儿童参与纲要实施，提高儿童在参与纲要实施中实现自身全面发展的意识和能力。

四、监测评估

（一）加强监测评估制度建设。对纲要实施情况进行年度监测、中期评估、终期评估。落实并逐步完善儿童统计监测方案。各级统计部门牵头组织开展年度监测，各级妇儿工委成员单位、有关部门、相关机构向同级统计部门报送年度监测数据，及时收集、分析反映儿童发展状况的相关数据和信息。各级妇儿工委组织开展中期和终期评估，各级妇儿工委成员单位、有关部门、相关机构向同级妇儿工委提交中期和终期评估报告。通过评估，了解掌握纲要实施进展和儿童发展状况，系统分析评价纲要目标任务完成情况，评判纲要策略措施的实施效果，总结经验做法，找出突出问题，预测发展趋势，提出对策建议。监测评估工作所需经费纳入财政预算。

（二）加强监测评估工作组织领导。各级妇儿工委设立监测评估领导小组，由同级妇儿工委及相关部门负责同志组成，负责监测评估工作的组织领导、监测评估方案的审批、监测评估报告的审核等。领导小组下设监测组和评估组。

监测组由各级统计部门牵头，相关部门负责纲要实施情况统计监测的人员参加，负责监测工作的组织、指导和培训，制定监测方案和指标体系，收集、分析数据信息，向同级妇儿工委提交年度、中期和终期监测报告，编辑出版年度妇女儿童统计资料等。监测组成员负责统筹协调本部门纲要实施监测、分析、数据上报、分性别分年龄指标完善等工作。

评估组由各级妇儿工委办公室牵头，相关部门负责纲要实施的人员参加，负责评估工作的组织、指导和培训，制定评估方案，组织开展评估工作，向同级妇儿工委提交中期和终期评估报告。评估组成员负责统筹协调本部门纲要实施自我评估工作，参加妇儿工委组织的评估工作。支持评估组相关部门就儿童保护与发展中的突出问题开展专项调查、评估，结果可供中期和终期评估参考。

（三）加强儿童发展统计监测。规范完善儿童发展统计监测指标体系，根据需要调整扩充儿童发展统计指标，推动纳入国家和部门常规统计以及统计调查制度，加强部门分年龄统计工作，推进儿童发展统计监测制度化建设。国家、省、市三级建立完善儿童发展统计监测数据库，支持县级儿童发展统计监测数据库建设。鼓励支持相关部门对儿童发展缺项数据开展专项统计调查。

（四）提升监测评估工作能力和水平。加强监测评估工作培训和部门协作，规范监测数据收集渠道、报送方式，提高数据质量。运用互联网和大数据等，丰富儿童发展和分年龄统计信息。科学设计监测评估方案和方法，探索开展第三方评估。提升监测评估工作科学化、标准化、专业化水平。

（五）有效利用监测评估成果。发挥监测评估结果服务决策的作用，定期向同级人民政府及相关部门报送监测评估情况，为决策提供依据。建立监测评估报告交流、反馈和发布机制。加强对监测评估结果的研判和运用，对预计完成困难、波动较大的监测指标及时预警，对评估发现的突出问题和短板弱项及时提出对策建议。运用监测评估结果指导下一阶段纲要实施，实现纲要实施的常态化监测、动态化预警、精准化干预、高质量推进。

最高人民法院关于适用《中华人民共和国涉外民事关系法律适用法》若干问题的解释（一）

- 2012年12月10日最高人民法院审判委员会第1563次会议通过
- 根据2020年12月23日最高人民法院审判委员会第1823次会议通过的《最高人民法院关于修改〈最高人民法院关于破产企业国有划拨土地使用权应否列入破产财产等问题的批复〉等二十九件商事类司法解释的决定》修正
- 2020年12月29日最高人民法院公告公布
- 自2021年1月1日起施行
- 法释〔2020〕18号

为正确审理涉外民事案件，根据《中华人民共和国涉外民事关系法律适用法》的规定，对人民法院适用该法的有关问题解释如下：

第一条 民事关系具有下列情形之一的，人民法院可以认定为涉外民事关系：

（一）当事人一方或双方是外国公民、外国法人或者其他组织、无国籍人；

（二）当事人一方或双方的经常居所地在中华人民共和国领域外；

（三）标的物在中华人民共和国领域外；

（四）产生、变更或者消灭民事关系的法律事实发生在中华人民共和国领域外；

（五）可以认定为涉外民事关系的其他情形。

第二条 涉外民事关系法律适用法实施以前发生的涉外民事关系，人民法院应当根据该涉外民事关系发生时的有关法律规定确定应当适用的法律；当时法律没有规定的，可以参照涉外民事关系法律适用法的规定确定。

第三条 涉外民事关系法律适用法与其他法律对同一涉外民事关系法律适用规定不一致的，适用涉外民事关系法律适用法的规定，但《中华人民共和国票据法》《中华人民共和国海商法》《中华人民共和国民用航空法》等商事领域法律的特别规定以及知识产权领域法律的特别规定除外。

涉外民事关系法律适用法对涉外民事关系的法律适用没有规定而其他法律有规定的，适用其他法律的规定。

第四条 中华人民共和国法律没有明确规定当事人可以选择涉外民事关系适用的法律，当事人选择适用法律的，人民法院应认定该选择无效。

第五条 一方当事人以双方协议选择的法律与系争

的涉外民事关系没有实际联系为由主张选择无效的，人民法院不予支持。

第六条　当事人在一审法庭辩论终结前协议选择或者变更选择适用的法律的，人民法院应予准许。

各方当事人援引相同国家的法律且未提出法律适用异议的，人民法院可以认定当事人已经就涉外民事关系适用的法律做出了选择。

第七条　当事人在合同中援引尚未对中华人民共和国生效的国际条约的，人民法院可以根据该国际条约的内容确定当事人之间的权利义务，但违反中华人民共和国社会公共利益或中华人民共和国法律、行政法规强制性规定的除外。

第八条　有下列情形之一，涉及中华人民共和国社会公共利益、当事人不能通过约定排除适用、无需通过冲突规范指引而直接适用于涉外民事关系的法律、行政法规的规定，人民法院应当认定为涉外民事关系法律适用法第四条规定的强制性规定：

（一）涉及劳动者权益保护的；

（二）涉及食品或公共卫生安全的；

（三）涉及环境安全的；

（四）涉及外汇管制等金融安全的；

（五）涉及反垄断、反倾销的；

（六）应当认定为强制性规定的其他情形。

第九条　一方当事人故意制造涉外民事关系的连结点，规避中华人民共和国法律、行政法规的强制性规定的，人民法院应认定为不发生适用外国法律的效力。

第十条　涉外民事争议的解决须以另一涉外民事关系的确认为前提时，人民法院应当根据该先决问题自身的性质确定其应当适用的法律。

第十一条　案件涉及两个或者两个以上的涉外民事关系时，人民法院应当分别确定应当适用的法律。

第十二条　当事人没有选择涉外仲裁协议适用的法律，也没有约定仲裁机构或者仲裁地，或者约定不明的，人民法院可以适用中华人民共和国法律认定该仲裁协议的效力。

第十三条　自然人在涉外民事关系产生或者变更、终止时已经连续居住一年以上且作为其生活中心的地方，人民法院可以认定为涉外民事关系法律适用法规定的自然人的经常居所地，但就医、劳务派遣、公务等情形除外。

第十四条　人民法院应当将法人的设立登记地认定为涉外民事关系法律适用法规定的法人的登记地。

第十五条　人民法院通过由当事人提供、已对中华人民共和国生效的国际条约规定的途径、中外法律专家提供等合理途径仍不能获得外国法律的，可以认定为不能查明外国法律。

根据涉外民事关系法律适用法第十条第一款的规定，当事人应当提供外国法律，其在人民法院指定的合理期限内无正当理由未提供该外国法律的，可以认定为不能查明外国法律。

第十六条　人民法院应当听取各方当事人对应当适用的外国法律的内容及其理解与适用的意见，当事人对该外国法律的内容及其理解与适用均无异议的，人民法院可以予以确认；当事人有异议的，由人民法院审查认定。

第十七条　涉及香港特别行政区、澳门特别行政区的民事关系的法律适用问题，参照适用本规定。

第十八条　涉外民事关系法律适用法施行后发生的涉外民事纠纷案件，本解释施行后尚未终审的，适用本解释；本解释施行前已经终审，当事人申请再审或者按照审判监督程序决定再审的，不适用本解释。

第十九条　本院以前发布的司法解释与本解释不一致的，以本解释为准。

最高人民法院关于适用《中华人民共和国涉外民事关系法律适用法》若干问题的解释（二）

- 2023年8月30日最高人民法院审判委员会第1898次会议通过
- 2023年11月30日最高人民法院公告公布
- 自2024年1月1日起施行
- 法释〔2023〕12号

为正确适用《中华人民共和国涉外民事关系法律适用法》，结合审判实践，就人民法院审理涉外民商事案件查明外国法律制定本解释。

第一条　人民法院审理涉外民商事案件适用外国法律的，应当根据涉外民事关系法律适用法第十条第一款的规定查明该国法律。

当事人选择适用外国法律的，应当提供该国法律。

当事人未选择适用外国法律的，由人民法院查明该国法律。

第二条　人民法院可以通过下列途径查明外国法律：

（一）由当事人提供；

（二）通过司法协助渠道由对方的中央机关或者主管机关提供；

（三）通过最高人民法院请求我国驻该国使领馆或者该国驻我国使领馆提供；

（四）由最高人民法院建立或者参与的法律查明合作机制参与方提供；

（五）由最高人民法院国际商事专家委员会专家提供；

（六）由法律查明服务机构或者中外法律专家提供；

（七）其他适当途径。

人民法院通过前款规定的其中一项途径无法获得外国法律或者获得的外国法律内容不明确、不充分的，应当通过该款规定的不同途径补充查明。

人民法院依据本条第一款第一项的规定要求当事人协助提供外国法律的，不得仅以当事人未予协助提供为由认定外国法律不能查明。

第三条 当事人提供外国法律的，应当提交该国法律的具体规定并说明获得途径、效力情况、与案件争议的关联性等。外国法律为判例法的，还应当提交判例全文。

第四条 法律查明服务机构、法律专家提供外国法律的，除提交本解释第三条规定的材料外，还应当提交法律查明服务机构的资质证明、法律专家的身份及资历证明，并附与案件无利害关系的书面声明。

第五条 查明的外国法律的相关材料均应当在法庭上出示。人民法院应当听取各方当事人对外国法律的内容及其理解与适用的意见。

第六条 人民法院可以召集庭前会议或者以其他适当方式，确定需要查明的外国法律的范围。

第七条 人民法院认为有必要的，可以通知提供外国法律的法律查明服务机构或者法律专家出庭接受询问。当事人申请法律查明服务机构或者法律专家出庭，人民法院认为有必要的，可以准许。

法律查明服务机构或者法律专家现场出庭确有困难的，可以在线接受询问，但法律查明服务机构或者法律专家所在国法律对跨国在线参与庭审有禁止性规定的除外。

出庭的法律查明服务机构或者法律专家只围绕外国法律及其理解发表意见，不参与其他法庭审理活动。

第八条 人民法院对外国法律的内容及其理解与适用，根据以下情形分别作出处理：

（一）当事人对外国法律的内容及其理解与适用均无异议的，人民法院可以予以确认；

（二）当事人对外国法律的内容及其理解与适用有异议的，应当说明理由。人民法院认为有必要的，可以补充查明或者要求当事人补充提供材料。经过补充查明或者补充提供材料，当事人仍有异议的，由人民法院审查认定；

（三）外国法律的内容已为人民法院生效裁判所认定的，人民法院应当予以确认，但有相反证据足以推翻的除外。

第九条 人民法院应当根据外国法律查明办理相关手续等所需时间确定当事人提供外国法律的期限。当事人有具体理由说明无法在人民法院确定的期限内提供外国法律而申请适当延长期限的，人民法院视情可予准许。

当事人选择适用外国法律，其在人民法院确定的期限内无正当理由未提供该外国法律的，人民法院可以认定为不能查明外国法律。

第十条 人民法院依法适用外国法律审理案件，应当在裁判文书中载明外国法律的查明过程及外国法律的内容；人民法院认定外国法律不能查明的，也应当载明不能查明的理由。

第十一条 对查明外国法律的费用负担，当事人有约定的，从其约定；没有约定的，人民法院可以根据当事人的诉讼请求和具体案情，在作出裁判时确定上述合理费用的负担。

第十二条 人民法院查明香港特别行政区、澳门特别行政区的法律，可以参照适用本解释。有关法律和司法解释对查明香港特别行政区、澳门特别行政区的法律另有规定的，从其规定。

第十三条 本解释自2024年1月1日起施行。

本解释公布施行后，最高人民法院以前发布的司法解释与本解释不一致的，以本解释为准。

·实用附录

1. 民法典婚姻家庭编新旧条文对比

相关法律规定	民法典
	第五编　婚姻家庭
	第一章　一般规定
《婚姻法》① 第一条　本法是婚姻家庭关系的基本准则。	第一千零四十条　本编调整因婚姻家庭产生的民事关系。
第二条　实行婚姻自由、一夫一妻、男女平等的婚姻制度。 　　保护妇女、儿童和老人的合法权益。 　　实行计划生育。	第一千零四十一条　婚姻家庭受国家保护。 　　实行婚姻自由、一夫一妻、男女平等的婚姻制度。 　　保护妇女、未成年人、老年人、残疾人的合法权益。
第三条　禁止包办、买卖婚姻和其他干涉婚姻自由的行为。禁止借婚姻索取财物。 　　禁止重婚。禁止有配偶者与他人同居。禁止家庭暴力。禁止家庭成员间的虐待和遗弃。	第一千零四十二条　禁止包办、买卖婚姻和其他干涉婚姻自由的行为。禁止借婚姻索取财物。 　　禁止重婚。禁止有配偶者与他人同居。 　　禁止家庭暴力。禁止家庭成员间的虐待和遗弃。
第四条　夫妻应当互相忠实，互相尊重；家庭成员间应当敬老爱幼，互相帮助，维护平等、和睦、文明的婚姻家庭关系。	第一千零四十三条　家庭应当树立优良家风，弘扬家庭美德，重视家庭文明建设。 　　夫妻应当互相忠实，互相尊重，互相关爱；家庭成员应当敬老爱幼，互相帮助，维护平等、和睦、文明的婚姻家庭关系。
《收养法》 　　第一条　为保护合法的收养关系，维护收养关系当事人的权利，制定本法。	第一千零四十四条　收养应当遵循最有利于被收养人的原则，保障被收养人和收养人的合法权益。 　　禁止借收养名义买卖未成年人。
《民通意见》 　　12. 民法通则中规定的近亲属，包括配偶、父母、子女、兄弟姐妹、祖父母、外祖父母、孙子女、外孙子女。	第一千零四十五条　亲属包括配偶、血亲和姻亲。 　　配偶、父母、子女、兄弟姐妹、祖父母、外祖父母、孙子女、外孙子女为近亲属。 　　配偶、父母、子女和其他共同生活的近亲属为家庭成员。
	第二章　结　婚
第五条　结婚必须男女双方完全自愿，不许任何一方对他方加以强迫或任何第三者加以干涉。	第一千零四十六条　结婚应当男女双方完全自愿，禁止任何一方对另一方加以强迫，禁止任何组织或者个人加以干涉。
第六条　结婚年龄，男不得早于二十二周岁，女不得早于二十周岁。晚婚晚育应予鼓励。	第一千零四十七条　结婚年龄，男不得早于二十二周岁，女不得早于二十周岁。

---

① "第五编　婚姻家庭"对照表左侧列中，没有特别标注法名的，内容为《婚姻法》条文。

续表

相关法律规定	民法典
第七条 ~~有下列情形之一的,~~禁止结婚: ~~(一)~~直系血亲和三代以内的旁系血亲~~;~~ ~~(三)患有医学上认为不应当结婚的疾病。~~	第一千零四十八条 直系血亲或者三代以内的旁系血亲禁止结婚。
第八条 要求结婚的男女双方必须亲自到婚姻登记机关进行结婚登记。符合本法规定的,予以登记,发给结婚证。取得结婚证,即确立夫妻关系。未办理结婚登记的,应补办登记。	第一千零四十九条 要求结婚的男女双方应当亲自到婚姻登记机关申请结婚登记。符合本法规定的,予以登记,发给结婚证。完成结婚登记,即确立婚姻关系。未办理结婚登记的,应当补办登记。
第九条 登记结婚后,根据男女双方约定,女方可以成为男方家庭的成员,男方可以成为女方家庭的成员。	第一千零五十条 登记结婚后,按男女双方约定,女方可以成为男方家庭的成员,男方可以成为女方家庭的成员。
第十条 有下列情形之一的,婚姻无效: (一)重婚~~的~~; (二)有禁止结婚的亲属关系~~的~~; ~~(三)婚前患有医学上认为不应当结婚的疾病,婚后尚未治愈的;~~ (四)未到法定婚龄~~的~~。	第一千零五十一条 有下列情形之一的,婚姻无效: (一)重婚; (二)有禁止结婚的亲属关系; (三)未到法定婚龄。
第十一条 因胁迫结婚的,受胁迫的一方可以向~~婚姻登记机关或~~人民法院请求撤销该婚姻。受胁迫的一方撤销婚姻的请求,应当自结婚登记之日起一年内提出。被非法限制人身自由的当事人请求撤销婚姻的,应当自恢复人身自由之日起一年内提出。	第一千零五十二条 因胁迫结婚的,受胁迫的一方可以向人民法院请求撤销婚姻。 请求撤销婚姻的,应当自胁迫行为终止之日起一年内提出。 被非法限制人身自由的当事人请求撤销婚姻的,应当自恢复人身自由之日起一年内提出。
	第一千零五十三条 一方患有重大疾病的,应当在结婚登记前如实告知另一方;不如实告知的,另一方可以向人民法院请求撤销婚姻。 请求撤销婚姻的,应当自知道或者应当知道撤销事由之日起一年内提出。
第十二条 无效或被撤销的婚姻,自始无效。当事人不具有夫妻的权利和义务。同居期间所得的财产,由当事人协议处理;协议不成时,由人民法院根据照顾无过错方的原则判决。对重婚导致的婚姻无效的财产处理,不得侵害合法婚姻当事人的财产权益。当事人所生的子女,适用本法有关父母子女的规定。	第一千零五十四条 无效的或者被撤销的婚姻自始没有法律约束力,当事人不具有夫妻的权利和义务。同居期间所得的财产,由当事人协议处理;协议不成的,由人民法院根据照顾无过错方的原则判决。对重婚导致的无效婚姻的财产处理,不得侵害合法婚姻当事人的财产权益。当事人所生的子女,适用本法关于父母子女的规定。 婚姻无效或者被撤销的,无过错方有权请求损害赔偿。

续表

相关法律规定	民法典
	第三章　家庭关系
	第一节　夫妻关系
第十三条　夫妻在家庭中地位平等。	第一千零五十五条　夫妻在婚姻家庭中地位平等。
第十四条　夫妻双方都有各用自己姓名的权利。	第一千零五十六条　夫妻双方都有各自使用自己姓名的权利。
第十五条　夫妻双方都有参加生产、工作、学习和社会活动的自由，一方不得对他方加以限制或干涉。	第一千零五十七条　夫妻双方都有参加生产、工作、学习和社会活动的自由，一方不得对另一方加以限制或者干涉。
第二十一条第一款　父母对子女有抚养教育的义务；子女对父母有赡养扶助的义务。	第一千零五十八条　夫妻双方平等享有对未成年子女抚养、教育和保护的权利，共同承担对未成年子女抚养、教育和保护的义务。
第二十条　夫妻有互相扶养的义务。 一方不履行扶养义务时，需要扶养的一方，有要求对方付给扶养费的权利。	第一千零五十九条　夫妻有相互扶养的义务。 需要扶养的一方，在另一方不履行扶养义务时，有要求其给付扶养费的权利。
《最高人民法院关于适用〈中华人民共和国婚姻法〉若干问题的解释（一）》 第十七条　婚姻法第十七条关于"夫妻对夫妻共同所有的财产，有平等的处理权"的规定，应当理解为： （一）夫或妻在处理夫妻共同财产上的权利是平等的。因日常生活需要而处理夫妻共同财产的，任何一方均有权决定。 （二）夫或妻非因日常生活需要对夫妻共同财产做重要处理决定，夫妻双方应当平等协商，取得一致意见。他人有理由相信其为夫妻双方共同意思表示的，另一方不得以不同意或不知道为由对抗善意第三人。	第一千零六十条　夫妻一方因家庭日常生活需要而实施的民事法律行为，对夫妻双方发生效力，但是夫妻一方与相对人另有约定的除外。 夫妻之间对一方可以实施的民事法律行为范围的限制，不得对抗善意相对人。
第二十四条第一款　夫妻有相互继承遗产的权利。	第一千零六十一条　夫妻有相互继承遗产的权利。
第十七条　夫妻在婚姻关系存续期间所得的下列财产，归夫妻共同所有： （一）工资、奖金； （二）生产、经营的收益； （三）知识产权的收益； （四）继承或赠与所得的财产，但本法第十八条第三项规定的除外； （五）其他应当归共同所有的财产。 夫妻对共同所有的财产，有平等的处理权。	第一千零六十二条　夫妻在婚姻关系存续期间所得的下列财产，为夫妻的共同财产，归夫妻共同所有： （一）工资、奖金、劳务报酬； （二）生产、经营、投资的收益； （三）知识产权的收益； （四）继承或者受赠的财产，但是本法第一千零六十三条第三项规定的除外； （五）其他应当归共同所有的财产。 夫妻对共同财产，有平等的处理权。

续表

相关法律规定	民法典
第十八条 有下列情形之一的,为夫妻一方的财产: (一)一方的婚前财产; (二)一方因身体受到伤害获得的医疗费、残疾人生活补助费等费用; (三)遗嘱或赠与合同中确定只归夫或妻一方的财产; (四)一方专用的生活用品; (五)其他应当归一方的财产。	第一千零六十三条 下列财产为夫妻一方的个人财产: (一)一方的婚前财产; (二)一方因受到人身损害获得的赔偿或者补偿; (三)遗嘱或者赠与合同中确定只归一方的财产; (四)一方专用的生活用品; (五)其他应当归一方的财产。
《最高人民法院关于审理涉及夫妻债务纠纷案件适用法律有关问题的解释》 第一条 夫妻双方共同签字或者夫妻一方事后追认等共同意思表示所负的债务,应当认定为夫妻共同债务。 第二条 夫妻一方在婚姻关系存续期间以个人名义为家庭日常生活需要所负的债务,债权人以属于夫妻共同债务为由主张权利的,人民法院应予支持。 第三条 夫妻一方在婚姻关系存续期间以个人名义超出家庭日常生活需要所负的债务,债权人以属于夫妻共同债务为由主张权利的,人民法院不予支持,但债权人能够证明该债务用于夫妻共同生活、共同生产经营或者基于夫妻双方共同意思表示的除外。	第一千零六十四条 夫妻双方共同签名或者夫妻一方事后追认等共同意思表示所负的债务,以及夫妻一方在婚姻关系存续期间以个人名义为家庭日常生活需要所负的债务,属于夫妻共同债务。 夫妻一方在婚姻关系存续期间以个人名义超出家庭日常生活需要所负的债务,不属于夫妻共同债务;但是,债权人能够证明该债务用于夫妻共同生活、共同生产经营或者基于夫妻双方共同意思表示的除外。
第十九条 夫妻可以约定婚姻关系存续期间所得的财产以及婚前财产归各自所有、共同所有或部分各自所有、部分共同所有。约定应当采用书面形式。没有约定或约定不明确的,适用本法第十七条、第十八条的规定。 夫妻对婚姻关系存续期间所得的财产以及婚前财产的约定,对双方具有约束力。 夫妻对婚姻关系存续期间所得的财产约定归各自所有的,夫或妻一方对外所负的债务,第三人知道该约定的,以夫或妻一方所有的财产清偿。	第一千零六十五条 男女双方可以约定婚姻关系存续期间所得的财产以及婚前财产归各自所有、共同所有或者部分各自所有、部分共同所有。约定应当采用书面形式。没有约定或者约定不明确的,适用本法第一千零六十二条、第一千零六十三条的规定。 夫妻对婚姻关系存续期间所得的财产以及婚前财产的约定,对双方具有法律约束力。 夫妻对婚姻关系存续期间所得的财产约定归各自所有,夫或者妻一方对外所负的债务,相对人知道该约定的,以夫或者妻一方的个人财产清偿。
《最高人民法院关于适用〈中华人民共和国婚姻法〉若干问题的解释(三)》 第四条 婚姻关系存续期间,夫妻一方请求分割共同财产的,人民法院不予支持,但有下列重大理由且不损害债权人利益的除外: (一)一方有隐藏、转移、变卖、毁损、挥霍夫妻共同财产或者伪造夫妻共同债务等严重损害夫妻共同财产利益行为的; (二)一方负有法定扶养义务的人患重大疾病需要医治,另一方不同意支付相关医疗费用的。	第一千零六十六条 婚姻关系存续期间,有下列情形之一的,夫妻一方可以向人民法院请求分割共同财产: (一)一方有隐藏、转移、变卖、毁损、挥霍夫妻共同财产或者伪造夫妻共同债务等严重损害夫妻共同财产利益的行为; (二)一方负有法定扶养义务的人患重大疾病需要医治,另一方不同意支付相关医疗费用。

续表

相关法律规定	民法典
	第二节 父母子女关系和其他近亲属关系
第二十一条 ~~父母对子女有抚养教育的义务；子女对父母有赡养扶助的义务。~~ 父母不履行抚养义务时，未成年~~的~~或不能独立生活的子女，有要求父母付给抚养费的权利。 子女不履行赡养义务时，无劳动能力~~的~~或生活困难的父母，有要求子女付给赡养费的权利。 ~~禁止溺婴、弃婴和其他残害婴儿的行为。~~	第一千零六十七条 父母不履行抚养义务的，未成年子女或者不能独立生活的成年子女，有要求父母给付抚养费的权利。 成年子女不履行赡养义务的，缺乏劳动能力或者生活困难的父母，有要求成年子女给付赡养费的权利。
第二十三条 父母有保护和教育未成年子女的权利和义务。~~在~~未成年子女对国家、集体或他人造成损害时，父母~~有~~承担民事责任~~的义务~~。	第一千零六十八条 父母有教育、保护未成年子女的权利和义务。未成年子女造成他人损害的，父母应当依法承担民事责任。
第三十条 子女应当尊重父母的婚姻权利，不得干涉父母再婚以及婚后的生活。子女对父母的赡养义务，不因父母的婚姻关系变化而终止。	第一千零六十九条 子女应当尊重父母的婚姻权利，不得干涉父母离婚、再婚以及婚后的生活。子女对父母的赡养义务，不因父母的婚姻关系变化而终止。
第二十四条第二款 父母和子女有相互继承遗产的权利。	第一千零七十条 父母和子女有相互继承遗产的权利。
第二十五条 非婚生子女享有与婚生子女同等的权利，任何人不得加以危害和歧视。 不直接抚养非婚生子女的生父或生母，应当负担子女的生活费和教育费，直至子女能独立生活为止。	第一千零七十一条 非婚生子女享有与婚生子女同等的权利，任何组织或者个人不得加以危害和歧视。 不直接抚养非婚生子女的生父或者生母，应当负担未成年子女或者不能独立生活的成年子女的抚养费。
第二十七条 继父母与继子女间，不得虐待或歧视。 继父或继母和受其抚养教育的继子女间的权利和义务，适用本法对父母子女关系的有关规定。	第一千零七十二条 继父母与继子女间，不得虐待或者歧视。 继父或者继母和受其抚养教育的继子女间的权利义务关系，适用本法关于父母子女关系的规定。
	第一千零七十三条 对亲子关系有异议且有正当理由的，父或者母可以向人民法院提起诉讼，请求确认或者否认亲子关系。 对亲子关系有异议且有正当理由的，成年子女可以向人民法院提起诉讼，请求确认亲子关系。
第二十八条 有负担能力的祖父母、外祖父母，对于父母已经死亡或父母无力抚养的未成年的孙子女、外孙子女，有抚养的义务。有负担能力的孙子女、外孙子女，对于子女已经死亡或子女无力赡养的祖父母、外祖父母，有赡养的义务。	第一千零七十四条 有负担能力的祖父母、外祖父母，对于父母已经死亡或者父母无力抚养的未成年孙子女、外孙子女，有抚养的义务。 有负担能力的孙子女、外孙子女，对于子女已经死亡或者子女无力赡养的祖父母、外祖父母，有赡养的义务。

相关法律规定	民法典
第二十九条　有负担能力的兄、姐，对于父母已经死亡或父母无力抚养的未成年的弟、妹，有扶养的义务。由兄、姐扶养长大的有负担能力的弟、妹，对于缺乏劳动能力又缺乏生活来源的兄、姐，有扶养的义务。	第一千零七十五条　有负担能力的兄、姐，对于父母已经死亡或者父母无力抚养的未成年弟、妹，有扶养的义务。 由兄、姐扶养长大的有负担能力的弟、妹，对于缺乏劳动能力又缺乏生活来源的兄、姐，有扶养的义务。
	第四章　离　婚
第三十一条　男女双方自愿离婚的，准予离婚。双方必须到婚姻登记机关申请离婚。婚姻登记机关查明双方确实是自愿并对子女和财产问题已有适当处理时，发给离婚证。	第一千零七十六条　夫妻双方自愿离婚的，应当签订书面离婚协议，并亲自到婚姻登记机关申请离婚登记。 离婚协议应当载明双方自愿离婚的意思表示和对子女抚养、财产以及债务处理等事项协商一致的意见。
	第一千零七十七条　自婚姻登记机关收到离婚登记申请之日起三十日内，任何一方不愿意离婚的，可以向婚姻登记机关撤回离婚登记申请。 前款规定期限届满后三十日内，双方应当亲自到婚姻登记机关申请发给离婚证；未申请的，视为撤回离婚登记申请。
第三十一条　男女双方自愿离婚的，准予离婚。双方必须到婚姻登记机关申请离婚。婚姻登记机关查明双方确实是自愿并对子女和财产问题已有适当处理时，发给离婚证。	第一千零七十八条　婚姻登记机关查明双方确实是自愿离婚，并已经对子女抚养、财产以及债务处理等事项协商一致的，予以登记，发给离婚证。
第三十二条　男女一方要求离婚的，可由有关部门进行调解或直接向人民法院提出离婚诉讼。 人民法院审理离婚案件，应当进行调解；如感情确已破裂，调解无效，应准予离婚。 有下列情形之一，调解无效的，应准予离婚： （一）重婚或有配偶者与他人同居的； （二）实施家庭暴力或虐待、遗弃家庭成员的； （三）有赌博、吸毒等恶习屡教不改的； （四）因感情不和分居满二年的； （五）其他导致夫妻感情破裂的情形。 一方被宣告失踪，另一方提出离婚诉讼的，应准予离婚。	第一千零七十九条　夫妻一方要求离婚的，可以由有关组织进行调解或者直接向人民法院提起离婚诉讼。 人民法院审理离婚案件，应当进行调解；如果感情确已破裂，调解无效的，应当准予离婚。 有下列情形之一，调解无效的，应当准予离婚： （一）重婚或者与他人同居； （二）实施家庭暴力或者虐待、遗弃家庭成员； （三）有赌博、吸毒等恶习屡教不改； （四）因感情不和分居满二年； （五）其他导致夫妻感情破裂的情形。 一方被宣告失踪，另一方提起离婚诉讼的，应当准予离婚。 经人民法院判决不准离婚后，双方又分居满一年，一方再次提起离婚诉讼的，应当准予离婚。
	第一千零八十条　完成离婚登记，或者离婚判决书、调解书生效，即解除婚姻关系。

续表

相关法律规定	民法典
第三十三条　现役军人的配偶要求离婚,须得军人同意,但军人一方有重大过错的除外。	第一千零八十一条　现役军人的配偶要求离婚,应当征得军人同意,但是军人一方有重大过错的除外。
第三十四条　女方在怀孕期间、分娩后一年内或中止妊娠后六个月内,男方不得提出离婚。女方提出离婚的,或人民法院认为确有必要受理男方离婚请求的,不在此限。	第一千零八十二条　女方在怀孕期间、分娩后一年内或者终止妊娠后六个月内,男方不得提出离婚;但是,女方提出离婚或者人民法院认为确有必要受理男方离婚请求的除外。
第三十五条　离婚后,男女双方自愿恢复夫妻关系的,必须到婚姻登记机关进行复婚登记。	第一千零八十三条　离婚后,男女双方自愿恢复婚姻关系的,应当到婚姻登记机关重新进行结婚登记。
第三十六条　父母与子女间的关系,不因父母离婚而消除。离婚后,子女无论由父或母直接抚养,仍是父母双方的子女。 离婚后,父母对于子女仍有抚养和教育的权利和义务。 离婚后,哺乳期内的子女,以随哺乳的母亲抚养为原则。哺乳期后的子女,如双方因抚养问题发生争执不能达成协议时,由人民法院根据子女的权益和双方的具体情况判决。	第一千零八十四条　父母与子女间的关系,不因父母离婚而消除。离婚后,子女无论由父或者母直接抚养,仍是父母双方的子女。 离婚后,父母对于子女仍有抚养、教育、保护的权利和义务。 离婚后,不满两周岁的子女,以由母亲直接抚养为原则。已满两周岁的子女,父母双方对抚养问题协议不成的,由人民法院根据双方的具体情况,按照最有利于未成年子女的原则判决。子女已满八周岁的,应当尊重其真实意愿。
第三十七条　离婚后,一方抚养的子女,另一方应负担必要的生活费和教育费的一部或全部,负担费用的多少和期限的长短,由双方协议;协议不成时,由人民法院判决。 关于子女生活费和教育费的协议或判决,不妨碍子女在必要时向父母任何一方提出超过协议或判决原定数额的合理要求。	第一千零八十五条　离婚后,子女由一方直接抚养的,另一方应当负担部分或者全部抚养费。负担费用的多少和期限的长短,由双方协议;协议不成的,由人民法院判决。 前款规定的协议或者判决,不妨碍子女在必要时向父母任何一方提出超过协议或者判决原定数额的合理要求。
第三十八条　离婚后,不直接抚养子女的父或母,有探望子女的权利,另一方有协助的义务。 行使探望权利的方式、时间由当事人协议;协议不成时,由人民法院判决。 父或母探望子女,不利于子女身心健康的,由人民法院依法中止探望的权利;中止的事由消失后,应当恢复探望的权利。	第一千零八十六条　离婚后,不直接抚养子女的父或者母,有探望子女的权利,另一方有协助的义务。 行使探望权利的方式、时间由当事人协议;协议不成的,由人民法院判决。 父或者母探望子女,不利于子女身心健康的,由人民法院依法中止探望;中止的事由消失后,应当恢复探望。
第三十九条　离婚时,夫妻的共同财产由双方协议处理;协议不成时,由人民法院根据财产的具体情况,照顾子女和女方权益的原则判决。 夫或妻在家庭土地承包经营中享有的权益等,应当依法予以保护。	第一千零八十七条　离婚时,夫妻的共同财产由双方协议处理;协议不成的,由人民法院根据财产的具体情况,按照照顾子女、女方和无过错方权益的原则判决。 对夫或者妻在家庭土地承包经营中享有的权益等,应当依法予以保护。

续表

相关法律规定	民法典
第四十条 ~~夫妻书面约定婚姻关系存续期间所得的财产归各自所有的~~,一方因抚育子女、照料老人、协助另一方工作等~~付出~~较多义务的,离婚时有权向另一方请求补偿,另一方应当予以补偿。	第一千零八十八条 夫妻一方因抚育子女、照料老年人、协助另一方工作等**负担**较多义务的,离婚时有权向另一方请求补偿,另一方应当**给予**补偿。**具体办法由双方协议;协议不成的,由人民法院判决。**
第四十一条 离婚时,~~原为夫妻共同生活所负的债务~~,应当共同偿还。共同财产不足清偿~~的~~,**或**财产归各自所有的,由双方协议清偿;协议不成~~时~~,由人民法院判决。	第一千零八十九条 离婚时,**夫妻共同债务**应当共同偿还。共同财产不足清偿或者财产归各自所有的,由双方协议清偿;协议不成**的**,由人民法院判决。
第四十二条 离婚时,如一方生活困难,另一方应~~从其住房等个人财产中~~给予适当帮助。具体办法由双方协议;协议不成~~时~~,由人民法院判决。	第一千零九十条 离婚时,如果一方生活困难,**有负担能力的**另一方应当给予适当帮助。具体办法由双方协议;协议不成**的**,由人民法院判决。
第四十六条 有下列情形之一,导致离婚的,无过错方有权请求损害赔偿: (一)重婚的; (二)~~有配偶者~~与他人同居~~的~~; (三)实施家庭暴力~~的~~; (四)虐待、遗弃家庭成员~~的~~。	第一千零九十一条 有下列情形之一,导致离婚的,无过错方有权请求损害赔偿: (一)重婚; (二)与他人同居; (三)实施家庭暴力; (四)虐待、遗弃家庭成员; (五)有其他重大过错。
第四十七条 ~~离婚时~~,一方隐藏、转移、变卖、毁损夫妻共同财产,**或**伪造债务企图侵占另一方财产的,分割夫妻共同财产时,对隐藏、转移、变卖、毁损夫妻共同财产或伪造债务的一方,可以少分**或**不分。离婚后,另一方发现有上述行为的,可以向人民法院提起诉讼,请求再次分割夫妻共同财产。 ~~人民法院对前款规定的妨害民事诉讼的行为,依照民事诉讼法的规定予以制裁。~~	第一千零九十二条 夫妻一方隐藏、转移、变卖、毁损、**挥霍**夫妻共同财产,**或者**伪造**夫妻共同债务**企图侵占另一方财产的,**在离婚**分割夫妻共同财产时,对**该方**可以少分**或者**不分。离婚后,另一方发现有上述行为的,可以向人民法院提起诉讼,请求再次分割夫妻共同财产。
	第五章 收养 **第一节 收养关系的成立**
《收养法》 第四条 下列~~不满十四周岁的~~未成年人可以被收养: (一)丧失父母的孤儿; (二)查找不到生父母的**弃婴和儿童**; (三)生父母有特殊困难无力抚养的子女。	第一千零九十三条 下列未成年人,可以被收养: (一)丧失父母的孤儿; (二)查找不到生父母的未成年人; (三)生父母有特殊困难无力抚养的子女。

续表

相关法律规定	民法典
《收养法》 第五条 下列公民、组织可以作送养人： （一）孤儿的监护人； （二）社会福利机构； （三）有特殊困难无力抚养子女的生父母。	第一千零九十四条 下列个人、组织可以作送养人： （一）孤儿的监护人； （二）儿童福利机构； （三）有特殊困难无力抚养子女的生父母。
《收养法》 第十二条 未成年人的父母均不具备完全民事行为能力的，该未成年人的监护人不得将其送养，但父母对该未成年人有严重危害可能的除外。	第一千零九十五条 未成年人的父母均不具备完全民事行为能力且可能严重危害该未成年人的，该未成年人的监护人可以将其送养。
《收养法》 第十三条 监护人送养未成年孤儿的，须征得有抚养义务的人同意。有抚养义务的人不同意送养、监护人不愿意继续履行监护职责的，应当依照《中华人民共和国民法通则》的规定变更监护人。	第一千零九十六条 监护人送养孤儿的，应当征得有抚养义务的人同意。有抚养义务的人不同意送养、监护人不愿意继续履行监护职责的，应当依照本法第一编的规定另行确定监护人。
《收养法》 第十条第一款 生父母送养子女，须双方共同送养。生父母一方不明或者查找不到的可以单方送养。	第一千零九十七条 生父母送养子女，应当双方共同送养。生父母一方不明或者查找不到的，可以单方送养。
《收养法》 第六条 收养人应当同时具备下列条件： （一）无子女； （二）有抚养教育被收养人的能力； （三）未患有在医学上认为不应当收养子女的疾病； （四）年满三十周岁。	第一千零九十八条 收养人应当同时具备下列条件： （一）无子女或者只有一名子女； （二）有抚养、教育和保护被收养人的能力； （三）未患有在医学上认为不应当收养子女的疾病； （四）无不利于被收养人健康成长的违法犯罪记录； （五）年满三十周岁。
《收养法》 第七条 收养三代以内同辈旁系血亲的子女，可以不受本法第四条第三项、第五条第三项、第九条和被收养人不满十四周岁的限制。 华侨收养三代以内同辈旁系血亲的子女，还可以不受收养人无子女的限制。	第一千零九十九条 收养三代以内旁系同辈血亲的子女，可以不受本法第一千零九十三条第三项、第一千零九十四条第三项和第一千一百零二条规定的限制。 华侨收养三代以内旁系同辈血亲的子女，还可以不受本法第一千零九十八条第一项规定的限制。
《收养法》 第八条 收养人只能收养一名子女。 收养孤儿、残疾儿童或者社会福利机构抚养的查找不到生父母的弃婴和儿童，可以不受收养人无子女和收养一名的限制。	第一千一百条 无子女的收养人可以收养两名子女；有子女的收养人只能收养一名子女。 收养孤儿、残疾未成年人或者儿童福利机构抚养的查找不到生父母的未成年人，可以不受前款和本法第一千零九十八条第一项规定的限制。

续表

相关法律规定	民法典
《收养法》 第十条第二款　有配偶者收养子女,须夫妻共同收养。	第一千一百零一条　有配偶者收养子女,应当夫妻共同收养。
《收养法》 第九条　无配偶的男性收养女性的,收养人与被收养人的年龄应当相差四十周岁以上。	第一千一百零二条　无配偶者收养异性子女的,收养人与被收养人的年龄应当相差四十周岁以上。
《收养法》 第十四条　继父或者继母经继子女的生父母同意,可以收养继子女,并可以不受本法第四条第三项、第五条第三项、第六条和被收养人不满十四周岁以及收养一名的限制。	第一千一百零三条　继父或者继母经继子女的生父母同意,可以收养继子女,并可以不受本法第一千零九十三条第三项、第一千零九十四条第三项、第一千零九十八条和第一千一百条第一款规定的限制。
《收养法》 第十一条　收养人收养与送养人送养,须双方自愿。收养年满十周岁以上未成年人的,应当征得被收养人的同意。	第一千一百零四条　收养人收养与送养人送养,应当双方自愿。收养八周岁以上未成年人的,应当征得被收养人的同意。
《收养法》 第十五条　收养应当向县级以上人民政府民政部门登记。收养关系自登记之日起成立。 收养查找不到生父母的弃婴和儿童的,办理登记的民政部门应当在登记前予以公告。 收养关系当事人愿意订立收养协议的,可以订立收养协议。 收养关系当事人各方或者一方要求办理收养公证的,应当办理收养公证。	第一千一百零五条　收养应当向县级以上人民政府民政部门登记。收养关系自登记之日起成立。 收养查找不到生父母的未成年人的,办理登记的民政部门应当在登记前予以公告。 收养关系当事人愿意签订收养协议的,可以签订收养协议。 收养关系当事人各方或者一方要求办理收养公证的,应当办理收养公证。 县级以上人民政府民政部门应当依法进行收养评估。
《收养法》 第十六条　收养关系成立后,公安部门应当依照国家有关规定为被收养人办理户口登记。	第一千一百零六条　收养关系成立后,公安机关应当按照国家有关规定为被收养人办理户口登记。
《收养法》 第十七条　孤儿或者生父母无力抚养的子女,可以由生父母的亲属、朋友抚养。 抚养人与被抚养人的关系不适用收养关系。	第一千一百零七条　孤儿或者生父母无力抚养的子女,可以由生父母的亲属、朋友抚养;抚养人与被抚养人的关系不适用本章规定。
《收养法》 第十八条　配偶一方死亡,另一方送养未成年子女的,死亡一方的父母有优先抚养的权利。	第一千一百零八条　配偶一方死亡,另一方送养未成年子女的,死亡一方的父母有优先抚养的权利。

续表

相关法律规定	民法典
《收养法》 　　第二十一条　外国人依照~~本~~法可以在中华人民共和国收养子女。 　　外国人在中华人民共和国收养子女,应当经其所在国主管机关依照该国法律审查同意。收养人应当提供由其所在国有权机构出具的<u>有关收养人的</u>年龄、婚姻、职业、财产、健康、有无受过刑事处罚等状况的证明材料,~~该~~证明材料应当经其所在国外交机关或者外交机关授权的机构认证,并经中华人民共和国驻该国使领馆认证。该收养人应当与送养人<u>订立</u>书面协议,亲自向<u>省级</u>人民政府民政部门登记。 　　~~收养关系当事人各方或者一方要求办理收养公证的,应当到国务院司法行政部门认定的具有办理涉外公证资格的公证机构办理收养公证。~~	第一千一百零九条　外国人依法可以在中华人民共和国收养子女。 　　外国人在中华人民共和国收养子女,应当经其所在国主管机关依照该国法律审查同意。收养人应当提供由其所在国有权机构出具的<u>有关其年龄</u>、婚姻、职业、财产、健康、有无受过刑事处罚等状况的证明材料,**并**与送养人<u>签订</u>书面协议,亲自向省、<u>自治区</u>、<u>直辖市人民政府</u>民政部门登记。 　　**前款规定**的证明材料应当经**收养人**所在国外交机关或者外交机关授权的机构认证,并经中华人民共和国驻该国使领馆认证,**但是国家另有规定的除外**。
《收养法》 　　第二十二条　收养人、送养人要求保守收养秘密的,其他人应当尊重其意愿,不得泄露。	第一千一百一十条　收养人、送养人要求保守收养秘密的,其他人应当尊重其意愿,不得泄露。
	第二节　收养的效力
《婚姻法》 　　第二十六条　国家保护合法的收养关系。养父母和养子女间的权利和义务,适用本法对父母子女关系的有关规定。 　　养子女和生父母间的权利和义务,因收养关系的成立而消除。 　　《收养法》 　　第二十三条　自收养关系成立之日起,养父母与养子女间的权利义务关系,适用~~法律~~关于父母子女关系的规定;养子女与养父母的近亲属间的权利义务关系,适用~~法律~~关于子女与父母的近亲属关系的规定。 　　养子女与生父母<u>及</u>其他近亲属间的权利义务关系,因收养关系的成立而消除。	第一千一百一十一条　自收养关系成立之日起,养父母与养子女间的权利义务关系,适用**本法**关于父母子女关系的规定;养子女与养父母的近亲属间的权利义务关系,适用**本法**关于子女与父母的近亲属关系的规定。 　　养子女与生父母<u>以及</u>其他近亲属间的权利义务关系,因收养关系的成立而消除。
《收养法》 　　第二十四条　养子女可以随养父或者养母的<u>姓</u>,经当事人协商一致,也可以保留原<u>姓</u>。	第一千一百一十二条　养子女可以随养父或者养母的**姓氏**,经当事人协商一致,也可以保留原**姓氏**。

续表

相关法律规定	民法典
《收养法》 第二十五条 ~~违反《中华人民共和国民法通则》第五十五条和~~本法规定的收养行为无法律效力。 收养行为被人民法院确认无效的,从行为开始时起就没有法律效力。	第一千一百一十三条 有本法第一编关于民事法律行为无效规定情形或者违反本编规定的收养行为无效。 无效的收养行为自始没有法律约束力。
	第三节 收养关系的解除
《收养法》 第二十六条 收养人在被收养人成年以前,不得解除收养关系,但收养人、送养人双方协议解除的除外,养子女~~年满十周岁~~以上的,应当征得本人同意。 收养人不履行抚养义务,有虐待、遗弃等侵害未成年养子女合法权益行为的,送养人有权要求解除养父母与养子女间的收养关系。送养人、收养人不能达成解除收养关系协议的,可以向人民法院起诉。	第一千一百一十四条 收养人在被收养人成年以前,不得解除收养关系,但是收养人、送养人双方协议解除的除外。养子女八周岁以上的,应当征得本人同意。 收养人不履行抚养义务,有虐待、遗弃等侵害未成年养子女合法权益行为的,送养人有权要求解除养父母与养子女间的收养关系。送养人、收养人不能达成解除收养关系协议的,可以向人民法院提起诉讼。
《收养法》 第二十七条 养父母与成年养子女关系恶化、无法共同生活的,可以协议解除收养关系。不能达成协议的,可以向人民法院起诉。	第一千一百一十五条 养父母与成年养子女关系恶化、无法共同生活的,可以协议解除收养关系。不能达成协议的,可以向人民法院提起诉讼。
《收养法》 第二十八条 当事人协议解除收养关系的,应当到民政部门办理解除收养关系~~的~~登记。	第一千一百一十六条 当事人协议解除收养关系的,应当到民政部门办理解除收养关系登记。
《收养法》 第二十九条 收养关系解除后,养子女与养父母及其他近亲属间的权利义务关系即行消除,与生父母及其他近亲属间的权利义务关系自行恢复,但成年养子女与生父母及其他近亲属间的权利义务关系是否恢复,可以协商确定。	第一千一百一十七条 收养关系解除后,养子女与养父母以及其他近亲属间的权利义务关系即行消除,与生父母以及其他近亲属间的权利义务关系自行恢复。但是,成年养子女与生父母以及其他近亲属间的权利义务关系是否恢复,可以协商确定。
《收养法》 第三十条 收养关系解除后,经养父母抚养的成年养子女,对缺乏劳动能力又缺乏生活来源的养父母,应当给付生活费。因养子女成年后虐待、遗弃养父母而解除收养关系的,养父母可以要求养子女补偿收养期间支出的生活费和教育费。 生父母要求解除收养关系的,养父母可以要求生父母适当补偿收养期间支出的生活费和教育费,但因养父母虐待、遗弃养子女而解除收养关系的除外。	第一千一百一十八条 收养关系解除后,经养父母抚养的成年养子女,对缺乏劳动能力又缺乏生活来源的养父母,应当给付生活费。因养子女成年后虐待、遗弃养父母而解除收养关系的,养父母可以要求养子女补偿收养期间支出的抚养费。 生父母要求解除收养关系的,养父母可以要求生父母适当补偿收养期间支出的抚养费;但是,因养父母虐待、遗弃养子女而解除收养关系的除外。

2.《最高人民法院关于适用〈中华人民共和国民法典〉婚姻家庭编的解释(一)》条文对比与解读

婚姻法相关司法解释	《婚姻家庭编司法解释(一)》①	解读
	为正确审理婚姻家庭纠纷案件,根据《中华人民共和国民法典》《中华人民共和国民事诉讼法》等相关法律规定,结合审判实践,制定本解释。	
	一、一般规定	
《婚姻法司法解释(一)》② 第一条 婚姻法第三条、第三十二条、第四十三条、第四十五条、第四十六条所称的"家庭暴力",是指行为人以殴打、捆绑、残害、强行限制人身自由或者其他手段,给其家庭成员的身体、精神等方面造成一定伤害后果的行为。持续性、经常性的家庭暴力,**构成虐待**。	第一条 持续性、经常性的家庭暴力,可以认定为民法典第一千零四十二条、第一千零七十九条、第一千零九十一条所称的"虐待"。	本条仅保留"虐待"的定义,删除了"家庭暴力"的定义。原因是:《婚姻法司法解释(一)》施行时间为 2001 年,当时并无"家庭暴力"的法律定义。基于实务需求,司法解释对其内涵作出了明确。但 2015 年《反家庭暴力法》第 2 条规定,"本法所称家庭暴力,是指家庭成员之间以殴打、捆绑、残害、限制人身自由以及经常性谩骂、恐吓等方式实施的身体、精神等侵害行为"。既然《反家庭暴力法》已经对"家庭暴力"的定义在法律层面上予以明确,那么本条关于"家庭暴力"的定义已无保留必要。
《婚姻法司法解释(一)》 第二条 婚姻法第三条、第三十二条、第四十六条规定的"**有配偶者与他人同居**"的情形,是指有配偶者与婚外异性,不以夫妻名义,持续、稳定地共同居住。	第二条 民法典第一千零四十二条、第一千零七十九条、第一千零九十一条规定的"与他人同居"的情形,是指有配偶者与婚外异性,不以夫妻名义,持续、稳定地共同居住。	未作实质修改。
《婚姻法司法解释(二)》③ 第一条 当事人起诉请求解除同居关系的,人民法院不予受理。但当事人请求解除的同居关系,属于婚姻法第三条、第三十二条、第四十六条规定的"有配偶者与他人同居"的,人民法院应当受理并依法予以解除。	第三条 当事人提起诉讼仅请求解除同居关系的,人民法院不予受理;已经受理的,**裁定驳回起诉**。 当事人因同居期间财产分割或者子女抚养纠纷提起诉讼的,人民法院应当受理。	1. 仅请求解除同居关系的,已经受理的,应裁定驳回该项诉讼请求。 2. 同居本身的性质决定了其只能从道德而非法律角度规范,故不管是否为有配偶者与他人同居,同居关系都不能从法律角度予以调整。

---

① 《最高人民法院关于适用〈中华人民共和国民法典〉婚姻家庭编的解释(一)》以下简称《婚姻家庭编司法解释(一)》。
② 《最高人民法院关于适用〈中华人民共和国婚姻法〉若干问题的解释(一)》以下简称《婚姻法司法解释(一)》。
③ 《最高人民法院关于适用〈中华人民共和国婚姻法〉若干问题的解释(二)》以下简称《婚姻法司法解释(二)》。

续表

婚姻法相关司法解释	《婚姻家庭编司法解释(一)》	解读
当事人因同居期间财产分割或者子女抚养纠纷提起诉讼的,人民法院应当受理。		
《婚姻法司法解释(一)》 第三条　当事人仅以**婚姻法第四条**为依据提起诉讼的,人民法院不予受理;已经受理的,裁定驳回起诉。	第四条　当事人仅以**民法典第一千零四十三条**为依据提起诉讼的,人民法院不予受理;已经受理的,裁定驳回起诉。	文字性修改。
《婚姻法司法解释(二)》 第十条　当事人请求返还按照习俗给付的彩礼的,如果查明属于以下情形,人民法院应当予以支持: (一)双方未办理结婚登记手续的; (二)双方办理结婚登记手续但确未共同生活的; (三)婚前给付并导致给付人生活困难**的**。 适用前款第(二)、(三)项的规定,应当以双方离婚为条件。	第五条　当事人请求返还按照习俗给付的彩礼的,如果查明属于以下情形,人民法院应当予以支持: (一)双方未办理结婚登记手续; (二)双方办理结婚登记手续但确未共同生活; (三)婚前给付并导致给付人生活困难。 适用前款第二项、第三项的规定,应当以双方离婚为条件。	该条完全保留了原规定。但实践中关于彩礼返还还会考虑双方在一起生活时间的长短等因素。很多案件中,即使没有办理结婚登记手续,彩礼也并不是全部返还;即使办理了结婚登记手续,双方在一起生活时间短的,也会酌情返还。
	二、结　婚	
《婚姻法司法解释(一)》 第四条　男女双方根据**婚姻法第八条**规定补办结婚登记的,婚姻关系的效力从双方均符合**婚姻法**所规定的结婚的实质要件时起算。	第六条　男女双方依据**民法典第一千零四十九条**规定补办结婚登记的,婚姻关系的效力从双方均符合**民法典**所规定的结婚的实质要件时起算。	未作实质修改。
《婚姻法司法解释(一)》 第五条　未**按婚姻法第八条**规定办理结婚登记而以夫妻名义共同生活的男女,**起诉到人民法院**要求离婚的,应当区别对待: (一)1994年2月1日民政部《婚姻登记管理条例》公布实施以前,男女双方已经符合结婚实质要件的,按事实婚姻处理。 (二)1994年2月1日民政部《婚姻登记管理条例》公布实施以后,男女双方符合结婚实质要件的,人民法院应当告知其**在案件受理前补办结婚登记**;未补办结婚登记的,**按解除同居关系**处理。	第七条　未**依据民法典第一千零四十九条**规定办理结婚登记而以夫妻名义共同生活的男女,**提起诉讼**要求离婚的,应当区别对待: (一)1994年2月1日民政部《婚姻登记管理条例》公布实施以前,男女双方已经符合结婚实质要件的,按事实婚姻处理。 (二)1994年2月1日民政部《婚姻登记管理条例》公布实施以后,男女双方符合结婚实质要件的,人民法院应当告知其补办结婚登记。未补办结婚登记的,**依据本解释第三条规定**处理。	《婚姻家庭编司法解释(一)》第3条已经规定,当事人提起诉讼仅请求解除同居关系的,人民法院不予受理,故本处相应修改。

续表

婚姻法相关司法解释	《婚姻家庭编司法解释（一）》	解读
《婚姻法司法解释（一）》 第六条 未**按婚姻法第八条**规定办理结婚登记而以夫妻名义共同生活的男女，一方死亡，另一方以配偶身份主张享有继承权的，**按照本解释第五条**的原则处理。	第八条 未**依据民法典第一千零四十九条**规定办理结婚登记而以夫妻名义共同生活的男女，一方死亡，另一方以配偶身份主张享有继承权的，**依据本解释第七条**的原则处理。	未作实质修改。
《婚姻法司法解释（一）》 第七条 有权依据**婚姻法第十条**规定向人民法院就已办理结婚登记的婚姻**申请宣告**婚姻无效的主体，包括婚姻当事人及利害关系人。利害关系人包括： （一）以重婚为由**申请宣告婚姻无效**的，为当事人的近亲属及基层组织。 （二）以未到法定婚龄为由**申请宣告婚姻无效**的，为未达法定婚龄者的近亲属。 （三）以有禁止结婚的亲属关系为由**申请宣告婚姻无效**的，为当事人的近亲属。 （四）以婚前患有医学上认为不应当结婚的疾病，婚后尚未治愈为由申请宣告婚姻无效的，为与患病者共同生活的近亲属。	第九条 有权依据**民法典第一千零五十一条**规定向人民法院就已办理结婚登记的婚姻**请求确认**婚姻无效的主体，包括婚姻当事人及利害关系人。**其中**，利害关系人包括： （一）以重婚为由的，为当事人的近亲属及基层组织； （二）以未到法定婚龄为由的，为未到法定婚龄者的近亲属； （三）以有禁止结婚的亲属关系为由的，为当事人的近亲属。	1. 婚姻无效案件是适用普通程序的案件，故表述上不宜使用特别程序中的"申请宣告"这类表述，而应改为"请求确认"。 2.《民法典》第1051条已经删除了医学上认为不应当结婚的疾病导致婚姻无效的情形，故本处亦予以删除。
《婚姻法司法解释（一）》 第八条 当事人依据**婚姻法第十条**规定向人民法院**申请宣告**婚姻无效的，**申请时**，法定的无效婚姻情形已经消失的，人民法院不予支持。	第十条 当事人依据**民法典第一千零五十一条**规定向人民法院**请求确认**婚姻无效，法定的无效婚姻情形**在提起诉讼时**已经消失的，人民法院不予支持。	婚姻无效案件适用普通程序，故表述上不宜使用特别程序中的"申请宣告"这类表述，而应改为"请求确认"。
《婚姻法司法解释（一）》 第九条 人民法院**审理宣告婚姻无效案件**，对婚姻效力的审理不适用调解，应当依法作出判决；**有关婚姻效力的判决一经作出，即发生法律效力**。 涉及财产分割和子女抚养的，可以调解。调解达成协议的，另行制作调解书。**对财产分割和子女抚养问题的判决不服的，当事人可以上诉**。	第十一条 人民法院**受理请求确认婚姻无效案件后**，原告申请撤诉的，不予准许。 对婚姻效力的审理不适用调解，应当依法作出判决。 涉及财产分割和子女抚养的，可以调解。调解达成协议的，另行制作调解书；**未达成调解协议的，应当一并作出判决**。	1. 删除了"有关婚姻效力的判决一经作出，即发生法律效力"的规定，说明确认婚姻无效案件不再适用一审终审，适用普通程序，可以上诉，故不宜使用特别程序上常用的"宣告"表述。 2. 婚姻法司法解释的规定的前提是对婚姻无效这一诉讼请求的审理是特别程序，实行一审终审。但财产分割和子女抚养问题的审理仍应适用普通程序，可以调解、可以上诉。既然现在确认

续表

婚姻法相关司法解释	《婚姻家庭编司法解释(一)》	解读
《婚姻法司法解释(二)》 第二条　人民法院受理申请宣告婚姻无效案件后,经审查确属无效婚姻的,应当依法作出宣告婚姻无效的判决。原告申请撤诉的,不予准许。 第四条　人民法院审理无效婚姻案件,涉及财产分割和子女抚养的,应当对婚姻效力的认定和其他纠纷的处理分别制作裁判文书。		婚姻无效案件已明确适用普通程序,原条文中大多表述内容皆不用赘述。
《婚姻法司法解释(二)》 第三条　人民法院受理离婚案件后,经审查确属无效婚姻的,应当将婚姻无效的情形告知当事人,并依法作出宣告婚姻无效的判决。	第十二条　人民法院受理离婚案件后,经审理确属无效婚姻的,应当将婚姻无效的情形告知当事人,并依法作出确认婚姻无效的判决。	确认婚姻无效案件适用普通程序,不适用一审终审,不宜使用特别程序上常用的"宣告"表述。
《婚姻法司法解释(二)》 第七条　人民法院就同一婚姻关系分别受理了离婚和申请宣告婚姻无效案件的,对于离婚案件的审理,应当待申请宣告婚姻无效案件作出判决后进行。 前款所指的婚姻关系被宣告无效后,涉及财产分割和子女抚养的,应当继续审理。	第十三条　人民法院就同一婚姻关系分别受理了离婚和请求确认婚姻无效案件的,对于离婚案件的审理,应当待请求确认婚姻无效案件作出判决后进行。	婚姻无效案件是否继续审理财产和子女抚养问题,取决于当事人是否提出相应的诉讼请求。如果提出,则当然应当与婚姻无效的诉讼请求一并判决,而不是继续审理。
《婚姻法司法解释(二)》 第五条　夫妻一方或者双方死亡后一年内,生存一方或者利害关系人依据婚姻法第十条的规定申请宣告婚姻无效的,人民法院应当受理。	第十四条　夫妻一方或者双方死亡后,生存一方或者利害关系人依据民法典第一千零五十一条的规定请求确认婚姻无效的,人民法院应当受理。	法律关系无效是自始无效、永远无效,确认无效不应有时效限制,故删除"一年内"的表述。
《婚姻法司法解释(二)》 第六条　利害关系人依据婚姻法第十条的规定,申请人民法院宣告婚姻无效的,利害关系人为申请人,婚姻关系当事人双方为被申请人。 夫妻一方死亡的,生存一方为被申请人。 夫妻双方均已死亡的,不列被申请人。	第十五条　利害关系人依据民法典第一千零五十一条的规定,请求人民法院确认婚姻无效的,利害关系人为原告,婚姻关系当事人双方为被告。 夫妻一方死亡的,生存一方为被告。	确认婚姻无效案件属于适用二审终审普通程序的案件,不宜使用特别程序常用的"宣告""被申请人""申请人"等表述。
《婚姻法司法解释(一)》 第十六条　人民法院审理重婚导致的无效婚姻案件时,涉及财产处理的,应当准许合法婚姻当事人作为有独立请求权的第三人参加诉讼。	第十六条　人民法院审理重婚导致的无效婚姻案件时,涉及财产处理的,应当准许合法婚姻当事人作为有独立请求权的第三人参加诉讼。	

续表

婚姻法相关司法解释	《婚姻家庭编司法解释(一)》	解读
《婚姻法司法解释(三)》① 第一条 当事人以**婚姻法第十条**规定以外的情形**申请宣告**婚姻无效的,人民法院应当判决驳回当事人的**申请**。 当事人以结婚登记程序存在瑕疵为由提起民事诉讼,主张撤销结婚登记的,告知其可以依法申请行政复议或者提起行政诉讼。	第十七条 当事人以**民法典第一千零五十一条**规定的三种无效婚姻以外的情形**请求确认**婚姻无效的,人民法院应当判决驳回当事人的**诉讼请求**。 当事人以结婚登记程序存在瑕疵为由提起民事诉讼,主张撤销结婚登记的,告知其可以依法申请行政复议或者提起行政诉讼。	确认婚姻无效案件属于适用二审终审普通程序的案件,故相应表述修改为"请求确认""诉讼请求"。
《婚姻法司法解释(一)》 第十条 婚姻法第十一条所称的"胁迫",**是**指行为人以给另一方当事人或者其近亲属的生命、身体健康、名誉、财产等方面造成损害为要挟,迫使另一方当事人违背真实意愿结婚的**情况**。 因受胁迫而请求撤销婚姻的,只能是受胁迫一方的婚姻关系当事人本人。	第十八条 行为人以给另一方当事人或者其近亲属的生命、身体、健康、名誉、财产等方面造成损害为要挟,迫使另一方当事人违背真实意愿结婚的,**可以认定为民法典第一千零五十二条**所称的"胁迫"。 因受胁迫而请求撤销婚姻的,只能是受胁迫一方的婚姻关系当事人本人。	文字性修改。
《婚姻法司法解释(一)》 第十二条 婚姻法第十一条规定的"1年",不适用诉讼时效中止、中断或者延长的规定。	第十九条 民法典第一千零五十二条规定的"一年",不适用诉讼时效中止、中断或者延长的规定。 **受胁迫或者被非法限制人身自由的当事人请求撤销婚姻的,不适用民法典第一百五十二条第二款的规定。**	《民法典》第1052条第2款、第3款已经规定因胁迫结婚的当事人请求撤销婚姻的,自胁迫行为终止之日起一年内提出;被非法限制人身自由的当事人请求撤销婚姻的,应当自恢复人身自由之日起1年内提出。如果当事人被限制人身自由的时间长达5年以上,适用《民法典》第152条第2款则会导致仍被限制人身自由的当事人的撤销权消灭,对其明显不公平。 故从民法典婚姻家庭编与总则编特殊与一般的关系角度而言,应当体系解释为被胁迫、被非法限制人身自由的当事人请求撤销婚姻时,不受被胁迫、被非法限制人身自由行为发生之日起5年的限制。
《婚姻法司法解释(一)》 第十三条 婚姻法第十二条所规定的**自始无效**,是指无效或者可撤销婚姻在依法被**宣告**无效或被撤销时,才确定该婚姻自始不受法律保护。	第二十条 民法典第一千零五十四条所规定的"**自始没有法律约束力**",是指无效婚姻或者可撤销婚姻在依法被**确认**无效或者被撤销时,才确定该婚姻自始不受法律保护。	文字性修改。

---

① 《最高人民法院关于适用〈中华人民共和国婚姻法〉若干问题的解释(三)》以下简称《婚姻法司法解释(三)》。

续表

婚姻法相关司法解释	《婚姻家庭编司法解释(一)》	解读
《婚姻法司法解释(一)》 第十四条 人民法院根据当事人的**申请**,依法**宣告**婚姻无效或者撤销婚姻的,应当收缴双方的结婚证书并将生效的判决书寄送当地婚姻登记管理机关。	第二十一条 人民法院根据当事人的**请求**,依法**确认**婚姻无效或者撤销婚姻的,应当收缴双方的结婚证书并将生效的判决书寄送当地婚姻登记管理机关。	文字性修改。
《婚姻法司法解释(一)》 第十五条 被宣告无效或被撤销的婚姻,当事人同居期间所得的财产,按共同共有处理。但有证据证明为当事人一方所有的除外。	第二十二条 被确认无效或者被撤销的婚姻,当事人同居期间所得的财产,除有证据证明为当事人一方所有的以外,按共同共有处理。	文字性修改。
三、夫妻关系		
《婚姻法司法解释(三)》 第九条 夫以妻擅自中止妊娠侵犯其生育权为由请求损害赔偿的,人民法院不予支持;夫妻双方因是否生育发生纠纷,致使感情确已破裂,一方请求离婚的,人民法院经调解无效,应依照**婚姻法第三十二条第三款第(五)项**的规定处理。	第二十三条 夫以妻擅自中止妊娠侵犯其生育权为由请求损害赔偿的,人民法院不予支持;夫妻双方因是否生育发生纠纷,致使感情确已破裂,一方请求离婚的,人民法院经调解无效,应依照**民法典第一千零七十九条第三款第五项**的规定处理。	未作实质修改。
《婚姻法司法解释(二)》 第十二条 婚姻法第十七条第三项规定的"知识产权的收益",是指婚姻关系存续期间,实际取得或者已经明确可以取得的财产性收益。	第二十四条 民法典第一千零六十二条第一款第三项规定的"知识产权的收益",是指婚姻关系存续期间,实际取得或者已经明确可以取得的财产性收益。	未作实质修改。
《婚姻法司法解释(二)》 第十一条 婚姻关系存续期间,下列财产属于**婚姻法第十七条**规定的"其他应当归共同所有的财产": (一)一方以个人财产投资取得的收益; (二)男女双方实际取得或者应当取得的住房补贴、住房公积金; (三)男女双方实际取得或者应当取得的**养老保险金**、破产安置补偿费。	第二十五条 婚姻关系存续期间,下列财产属于**民法典第一千零六十二条**规定的"其他应当归共同所有的财产": (一)一方以个人财产投资取得的收益; (二)男女双方实际取得或者应当取得的住房补贴、住房公积金; (三)男女双方实际取得或者应当取得的**基本养老金**、破产安置补偿费。	《社会保险法》中明确规定为"基本养老金"而非"养老保险金",修改后与《社会保险法》的表述保持一致。
《婚姻法司法解释(三)》 第五条 夫妻一方个人财产在婚后产生的收益,除孳息和自然增值外,应认定为夫妻共同财产。	第二十六条 夫妻一方个人财产在婚后产生的收益,除孳息和自然增值外,应认定为夫妻共同财产。	

续表

婚姻法相关司法解释	《婚姻家庭编司法解释(一)》	解读
《婚姻法司法解释(二)》 第十九条　由一方婚前承租、婚后用共同财产购买的房屋，**房屋权属证书**登记在一方名下的，应当认定为夫妻共同财产。	第二十七条　由一方婚前承租、婚后用共同财产购买的房屋，登记在一方名下的，应当认定为夫妻共同财产。	房屋权属证书表述不符合"不动产权证书"的现行规范表述，而且原文表述不符合语法逻辑，房屋权属证书本身是一个书面文件，不可能登记在一方名下，只能是房屋被登记在一方名下。
《婚姻法司法解释(三)》 第十一条　一方未经另一方同意出售夫妻共同共有的房屋，第三人善意购买、支付合理对价并办理**产权**登记**手续**，另一方主张追回该房屋的，人民法院不予支持。 夫妻一方擅自处分共同共有的房屋造成另一方损失，离婚时另一方请求赔偿损失的，人民法院应予支持。	第二十八条　一方未经另一方同意出售夫妻共同所有的房屋，第三人善意购买、支付合理对价并已办理**不动产**登记，另一方主张追回该房屋的，人民法院不予支持。 夫妻一方擅自处分共同所有的房屋造成另一方损失，离婚时另一方请求赔偿损失的，人民法院应予支持。	将"产权登记手续"修改为"不动产登记"。
《婚姻法司法解释(二)》 第二十二条　当事人结婚前，父母为双方购置房屋出资的，该出资应当认定为对自己子女的个人赠与，但父母明确表示赠与双方的除外。 当事人结婚后，父母为双方购置房屋出资的，**该出资应当认定为对夫妻双方的赠与，但父母明确表示赠与一方的除外**。	第二十九条　当事人结婚前，父母为双方购置房屋出资的，该出资应当认定为对自己子女个人的赠与，但父母明确表示赠与双方的除外。 当事人结婚后，父母为双方购置房屋出资的，**依照约定处理**；没有约定或者约定不明确的，按照民法典第一千零六十二条第一款第四项规定的原则处理。	相较于《婚姻法司法解释(二)》第22条的规定，本条增加了"有约从约"的规定。需要强调的是，与本条相关的《婚姻法司法解释(三)》第7条未被纳入《婚姻家庭编司法解释(一)》。可以理解为，婚后由一方父母出资为子女购买的不动产，登记在出资人子女名下的，原则上视为对夫妻双方的赠与，与之前的规定相反。但不排除后续会有新的民法典司法解释作出相反的规定。
《婚姻法司法解释(二)》 第十三条　军人的伤亡保险金、伤残补助金、医药生活补助费属于个人财产。	第三十条　军人的伤亡保险金、伤残补助金、医药生活补助费属于个人财产。	
《婚姻法司法解释(一)》 第十九条　婚姻法第十八条规定为夫妻一方的**所有的**财产，不因婚姻关系的延续而转化为夫妻共同财产。但当事人另有约定的除外。	第三十一条　民法典第一千零六十三条规定为夫妻一方的**个人财产**，不因婚姻关系的延续而转化为夫妻共同财产。但当事人另有约定的除外。	文字性修改。
《婚姻法司法解释(三)》 第六条　婚前或者婚姻关系存续期间，当事人约定将一方所有的房产赠与另一方，赠与方在房产变更登记之前撤销赠与，另一方请求判令继续履行的，人民法院可以按照**合同法第一百八十六条**的规定处理。	第三十二条　婚前或者婚姻关系存续期间，当事人约定将一方所有的房产赠与另一方**或者共有**，赠与方在赠与房产变更登记之前撤销赠与，另一方请求判令继续履行的，人民法院可以按照**民法典第六百五十八条**的规定处理。	增加一方将房产与另一方"共有"即"部分赠与"的情形。

续表

婚姻法相关司法解释	《婚姻家庭编司法解释(一)》	解读
《婚姻法司法解释(二)》 **第二十三条** 债权人就一方婚前所负个人债务向债务人的配偶主张权利的,人民法院不予支持。但债权人能够证明所负债务用于婚后家庭共同生活的除外。	**第三十三条** 债权人就一方婚前所负个人债务向债务人的配偶主张权利的,人民法院不予支持。但债权人能够证明所负债务用于婚后家庭共同生活的除外。	
《婚姻法司法解释(二)》 **第二十四条** 债权人就婚姻关系存续期间夫妻一方以个人名义所负债务主张权利的,应当按夫妻共同债务处理。但夫妻一方能够证明债权人与债务人明确约定为个人债务,或者能够证明属于婚姻法第十九条第三款规定情形的除外。 夫妻一方与第三人串通,虚构债务,第三人主张权利的,人民法院不予支持。 夫妻一方在从事赌博、吸毒等违法犯罪活动中所负债务,第三人主张权利的,人民法院不予支持。	**第三十四条** 夫妻一方与第三人串通,虚构债务,第三人主张**该债务为夫妻共同债务**的,人民法院不予支持。 夫妻一方在从事赌博、吸毒等违法犯罪活动中所负债务,第三人主张**该债务为夫妻共同债务**的,人民法院不予支持。	《婚姻法司法解释(二)》第24条第1款于《民法典》第1064条已有规定,故《婚姻家庭编司法解释(一)》将其删除。
《婚姻法司法解释(二)》 **第二十五条** 当事人的离婚协议或者人民法院**的**判决书、裁定书、调解书已经对夫妻财产分割问题作出处理的,债权人仍有权就夫妻共同债务向男女双方主张权利。 一方就共同债务承担**连带**清偿责任后,**基于离婚协议或者人民法院的法律文书向另一方主张追偿的**,人民法院应当支持。	**第三十五条** 当事人的离婚协议或者人民法院**生效**判决、裁定、调解书已经对夫妻财产分割问题作出处理的,债权人仍有权就夫妻共同债务向男女双方主张权利。 一方就**夫妻**共同债务承担清偿责任后,**主张由另一方按照离婚协议或者人民法院的法律文书承担相应债务的**,人民法院应予支持。	1. 夫妻共同债务属于共同债务而非连带债务。相应地,夫妻一方承担的也不是连带责任,而是个人责任。 2. 根据《民法典》第307条的规定,按份共有人偿还债务超过自己应当承担份额时,有权向其他共有人追偿。但该条并未对共同共有人是否有追偿权作出规定。从体系解释角度而言,应理解为共同共有人之间没有追偿权。但不排除承担债务的夫妻一方按照离婚协议约定或法院的法律文书确定的财产分割比例要求另一方承担相应债务。
《婚姻法司法解释(二)》 **第二十六条** 夫或妻一方死亡的,生存一方应当对婚姻关系存续期间的共同债务承担**连带**清偿责任。	**第三十六条** 夫或者妻一方死亡的,生存一方应当对婚姻关系存续期间的**夫妻共同债务**承担清偿责任。	夫妻一方对夫妻共同债务承担的不是连带责任,而是个人责任。
《婚姻法司法解释(一)》 **第十八条** 婚姻法第十九条所称"第三人知道该约定的",夫妻一方对此负有举证责任。	**第三十七条** 民法典第一千零六十五条第三款所称"**相对人知道该约定的**",夫妻一方对此负有举证责任。	《民法典》第1065条中已将《婚姻法》第19条表述的第三人改为相对人。为与《民法典》表述一致,故作此修改。

续表

婚姻法相关司法解释	《婚姻家庭编司法解释(一)》	解读
《婚姻法司法解释(三)》 **第四条** 婚姻关系存续期间,夫妻一方请求分割共同财产的,人民法院不予支持,但有下列重大理由且不损害债权人利益的除外: (一)一方有隐藏、转移、变卖、毁损、挥霍夫妻共同财产或者伪造夫妻共同债务等严重损害夫妻共同财产利益行为的; (二)一方负有法定扶养义务的人患重大疾病需要医治,另一方不同意支付相关医疗费用的。	第三十八条 婚姻关系存续期间,**除民法典第一千零六十六条规定情形以外**,夫妻一方请求分割共同财产的,人民法院不予支持。	《民法典》第1066条已将《婚姻法司法解释(三)》第4条纳入。作为民法典的司法解释,本条直接引用《民法典》第1066条,而无需再行列举。
	四、父母子女关系	
《婚姻法司法解释(三)》 **第二条** 夫妻一方向人民法院起诉请求确认亲子关系不存在,并提供必要证据予以证明,另一方没有相反证据又拒绝做亲子鉴定的,人民法院可以**推定请求确认亲子关系不存在一方**的主张成立。 当事人一方起诉请求确认亲子关系,并提供必要证据予以证明,另一方没有相反证据又拒绝做亲子鉴定的,人民法院可以**推定请求确认亲子关系一方的主张成立**。	第三十九条 父或者母向人民法院起诉请求否认亲子关系,并提供必要证据予以证明,另一方没有相反证据又拒绝做亲子鉴定的,人民法院可以**认定否认亲子关系一方的主张成立**。 父或者母以及成年子女起诉请求确认亲子关系,并提供必要证据予以证明,另一方没有相反证据又拒绝做亲子鉴定的,人民法院可以**认定确认亲子关系一方的主张成立**。	1. 实务中存在否认同居期间所生子女亲子关系情形,故改为"父或者母"比"夫妻一方"适用范围更大。 2.《民法典》第1073条第2款规定,"对亲子关系有异议且有正当理由的,成年子女可以向人民法院提起诉讼,请求确认亲子关系",司法解释应与其保持一致。
《最高人民法院关于夫妻关系存续期间以人工授精所生子女的法律地位的函》 **在夫妻关系**存续期间,双方一致同意进行人工授精,所生子女应视为**夫妻双方**的婚生子女,父母子女之间权利义务关系适用**《婚姻法》**的有关规定。	第四十条 婚姻关系存续期间,夫妻双方一致同意进行人工授精,所生子女应视为婚生子女,父母子女间的权利义务关系适用民法典的有关规定。	文字性修改。
《婚姻法司法解释(一)》 **第二十条** 婚姻法第二十一条规定的"不能独立生活的子女",**是指**尚在校接受高中及其以下学历教育,或者丧失**或未完全**丧失劳动能力等非因主观原因而无法维持正常生活的成年子女。	第四十一条 尚在校接受高中及其以下学历教育,或者丧失、**部分丧失**劳动能力等非因主观原因而无法维持正常生活的成年子女,**可以认定为民法典第一千零六十七条规定的"不能独立生活的成年子女"**。	将"不能独立生活的子女"改为"不能独立生活的成年子女"。《民法典》第1067条已将《婚姻法》第21条中的"子女"改为"成年子女",因为未成年子女一般默认为没有独立生活能力,没有必要特别强调,故这里特指成年子女中没有独立生活能力的情形。

续表

婚姻法相关司法解释	《婚姻家庭编司法解释(一)》	解读
《婚姻法司法解释(一)》 第二十一条　婚姻法第二十一条所称"抚养费",包括子女生活费、教育费、医疗费等费用。	第四十二条　民法典第一千零六十七条所称"抚养费",包括子女生活费、教育费、医疗费等费用。	未作实质修改。
《婚姻法司法解释(三)》 第三条　婚姻关系存续期间,父母双方或者一方拒不履行抚养子女义务,未成年或者不能独立生活的子女请求支付抚养费的,人民法院应予支持。	第四十三条　婚姻关系存续期间,父母双方或者一方拒不履行抚养子女义务,未成年**子女**或者不能独立生活的**成年子女**请求支付抚养费的,人民法院应予支持。	文字性修改。
《最高人民法院关于人民法院审理离婚案件处理子女抚养问题的若干具体意见》 1.2 周岁以下的子女,一般随母方生活。母方有下列情形之一的,可随父方生活： (1)患有久治不愈的传染性疾病或其他严重疾病,子女不宜与其共同生活的； (2)有抚养条件不尽抚养义务,而父方要求子女随其生活的； (3)因其他原因,子女确**无法**随母方生活的。	第四十四条　离婚案件涉及未成年子女抚养的,对不满两周岁的子女,按照民法典第一千零八十四条第三款规定的原则处理。母亲有下列情形之一,父亲请求直接抚养的,人民法院应予支持： (一)患有久治不愈的传染性疾病或者其他严重疾病,子女不宜与其共同生活； (二)有抚养条件不尽抚养义务,而父亲要求子女随其生活的； (三)因其他原因,子女确**不宜**随母亲生活。	将"母方有下列情形之一的,可随父方生活"修改为"母亲有下列情形之一,父亲请求直接抚养的,人民法院应予支持",明确了当事人对案件结果的预期。
《最高人民法院关于人民法院审理离婚案件处理子女抚养问题的若干具体意见》 2. 父母双方协议 2 周岁以下子女随父方生活,并对子女健康成长无不利影响的,**可予准许**。	第四十五条　父母双方协议**不满两周岁**子女由父亲直接抚养,并对子女健康成长无不利影响的,人民法院应予支持。	将"可予准许"修改为"应予支持",更尊重父母双方的协商结果。
《最高人民法院关于人民法院审理离婚案件处理子女抚养问题的若干具体意见》 3. 对两周岁以上未成年的子女,父方和母方均要求随其生活,一方有下列情形之一的,可予优先考虑： (1)已做绝育手术或因其他原因丧失生育能力的； (2)子女随其生活时间较长,改变生活环境对子女健康成长明显不利的； (3)无其他子女,而另一方有其他子女的； (4)子女随其生活,对子女成长有利,而另一方患有久治不愈的传染性疾病或其他严重疾病,或者有其他不利于子女身心健康的情形,不宜与子女共同生活的。	第四十六条　对**已满两周岁**的未成年子女,父母均要求直接抚养,一方有下列情形之一的,可予优先考虑： (一)已做绝育手术或者因其他原因丧失生育能力的； (二)子女随其生活时间较长,改变生活环境对子女健康成长明显不利； (三)无其他子女,而另一方有其他子女； (四)子女随其生活,对子女成长有利,而另一方患有久治不愈的传染性疾病或者其他严重疾病,或者有其他不利于子女身心健康的情形,不宜与子女共同生活。	文字性修改。

续表

婚姻法相关司法解释	《婚姻家庭编司法解释(一)》	解读
《最高人民法院关于人民法院审理离婚案件处理子女抚养问题的若干具体意见》 4. 父方与母方抚养子女的条件基本相同，双方均要求**子女与其共同生活**，但子女单独随祖父母或外祖父母共同生活多年，且祖父母或外祖父母要求并且有能力帮助子女照顾孙子女或外孙子女的，可作为**子女随父或母生活**的优先条件予以考虑。	第四十七条　父母抚养子女的条件基本相同，双方均要求**直接抚养子女**，但子女单独随祖父母或者外祖父母共同生活多年，且祖父母或者外祖父母要求并且有能力帮助子女照顾孙子女或者外孙子女的，**可以**作为**父或者母直接抚养子女**的优先条件予以考虑。	文字性修改。
《最高人民法院关于人民法院审理离婚案件处理子女抚养问题的若干具体意见》 6. 在有利于保护子女利益的前提下，父母双方协议轮流抚养子女的，**可予准许**。	第四十八条　在有利于保护子女利益的前提下，父母双方协议轮流直接抚养子女的，**人民法院应予支持**。	将"可予准许"修改为"应予支持"，更尊重父母双方的协商结果。
《最高人民法院关于人民法院审理离婚案件处理子女抚养问题的若干具体意见》 7. **子女抚育费**的数额，可根据子女的实际需要、父母双方的负担能力和当地的实际生活水平确定。 　　有固定收入的，抚育费一般可按其月总收入的**20%至30%**的比例给付。负担两个以上子女抚育费的，比例可适当提高，但一般不得超过月总收入的**50%**。 　　无固定收入的，抚育费的数额可依据当年总收入或同行业平均收入，参照上述比例确定。 　　有特殊情况的，可适当提高或降低上述比例。	第四十九条　**抚养费**的数额，可以根据子女的实际需要、父母双方的负担能力和当地的实际生活水平确定。 　　有固定收入的，**抚养费**一般**可以**按其月总收入的**百分之二十至三十**的比例给付。负担两个以上子女**抚养费**的，比例**可以**适当提高，但一般不得超过月总收入的**百分之五十**。 　　无固定收入的，**抚养费**的数额**可以**依据当年总收入**或者**同行业平均收入，参照上述比例确定。 　　有特殊情况的，**可以**适当提高**或者**降低上述比例。	文字性修改。
《最高人民法院关于人民法院审理离婚案件处理子女抚养问题的若干具体意见》 8. 抚育费**应**定期给付，有条件的**可**一次性给付。	第五十条　抚养费应当定期给付，有条件的**可以**一次性给付。	文字性修改。
《最高人民法院关于人民法院审理离婚案件处理子女抚养问题的若干具体意见》 9. **对**一方无经济收入或者下落不明的，**可**用其财物折抵子女抚育费。	第五十一条　父母一方无经济收入或者下落不明的，可以用其财物折抵抚养费。	文字性修改。

续表

婚姻法相关司法解释	《婚姻家庭编司法解释(一)》	解读
《最高人民法院关于人民法院审理离婚案件处理子女抚养问题的若干具体意见》 10. 父母双方可以协议**子女随一方生活并由抚养方负担子女全部抚育费**。但经查实,抚养方的抚养能力明显不能保障子女所需费用,影响子女健康成长的,**不予准许**。	第五十二条　父母双方可以协议**由一方直接抚养子女并由直接抚养方负担子女全部抚养费**。但是,直接抚养方的抚养能力明显不能保障子女所需费用,影响子女健康成长的,**人民法院不予支持**。	文字性修改。
《最高人民法院关于人民法院审理离婚案件处理子女抚养问题的若干具体意见》 11. 抚育费的给付期限,一般至子女 18 周岁为止。 16 周岁以上不满 18 周岁,以其劳动收入为主要生活来源,并能维持当地一般生活水平的,父母可停止给付抚育费。	第五十三条　**抚养费**的给付期限,一般至子女十八周岁为止。 十六周岁以上不满十八周岁,以其劳动收入为主要生活来源,并能维持当地一般生活水平的,父母可以停止给付抚养费。	文字性修改。
《最高人民法院关于人民法院审理离婚案件处理子女抚养问题的若干具体意见》 13. 生父与继母或生母与继父离婚时,对曾受其抚养教育的继子女,继父或继母不同意继续抚养的,仍应由生父母抚养。	第五十四条　生父与继母**离婚**或者生母与继父离婚时,对曾受其抚养教育的继子女,继父**或者**继母不同意继续抚养的,仍应由生父**或者**生母抚养。	文字性修改。
《最高人民法院关于人民法院审理离婚案件处理子女抚养问题的若干具体意见》 15. 离婚后,一方要求变更子女抚养关系的,或者子女要求增加抚育费的,应另行起诉。	第五十五条　离婚后,父母一方要求变更子女抚养关系的,或者子女要求增加**抚养费**的,应当另行**提起诉讼**。	文字性修改。
《最高人民法院关于人民法院审理离婚案件处理子女抚养问题的若干具体意见》 16. 一方要求变更子女抚养关系有下列情形之一的,应予支持: (1)与子女共同生活的一方因患严重疾病或因伤残无力继续抚养子女的; (2)与子女共同生活的一方不尽抚养义务或有虐待子女行为,或其与子女共同生活对子女身心健康确有不利影响的;	第五十六条　具有下列情形之一,父母一方要求变更子女抚养关系的,人民法院应予支持: (一)与子女共同生活的一方因患严重疾病或者因伤残无力继续抚养子女; (二)与子女共同生活的一方不尽抚养义务或有虐待子女行为,或者其与子女共同生活对子女身心健康确有不利影响;	将"10 周岁以上未成年子女"修改为"已满八周岁的子女",将可自由表达意志的年龄与民法典保持一致。

续表

婚姻法相关司法解释	《婚姻家庭编司法解释(一)》	解读
(3)10周岁以上未成年子女,愿随另一方生活,该方又有抚养能力的; (4)有其他正当理由需要变更的。	(三)已满八周岁的子女,愿随另一方生活,该方又有抚养能力; (四)有其他正当理由需要变更。	
《最高人民法院关于人民法院审理离婚案件处理子女抚养问题的若干具体意见》 17. 父母双方协议变更子女抚养关系的,应予准许。	第五十七条　父母双方协议变更子女抚养关系的,人民法院应予支持。	文字性修改。
《最高人民法院关于人民法院审理离婚案件处理子女抚养问题的若干具体意见》 18. 子女要求增加抚育费有下列情形之一,父或母有给付能力的,应予支持: (1)原定抚育费数额不足以维持当地实际生活水平的; (2)因子女患病、上学,实际需要已超过原定数额的; (3)有其他正当理由应当增加的。	第五十八条　具有下列情形之一,子女要求有负担能力的父或者母增加抚养费的,人民法院应予支持: (一)原定抚养费数额不足以维持当地实际生活水平; (二)因子女患病、上学,实际需要已超过原定数额; (三)有其他正当理由应当增加。	文字性修改。
《最高人民法院关于人民法院审理离婚案件处理子女抚养问题的若干具体意见》 19. 父母不得因子女变更姓氏而拒付子女抚育费。父或母一方擅自将子女姓氏改为继母或继父姓氏而引起纠纷的,应责令恢复原姓氏。	第五十九条　父母不得因子女变更姓氏而拒付子女抚养费。父或者母擅自将子女姓氏改为继母或继父姓氏而引起纠纷的,应当责令恢复原姓氏。	文字性修改。
《最高人民法院关于人民法院审理离婚案件处理子女抚养问题的若干具体意见》 20. 在离婚诉讼期间,双方均拒绝抚养子女的,可先行裁定暂由一方抚养。	第六十条　在离婚诉讼期间,双方均拒绝抚养子女的,可以先行裁定暂由一方抚养。	文字性修改。
《最高人民法院关于人民法院审理离婚案件处理子女抚养问题的若干具体意见》 21. 对拒不履行或妨害他人履行生效判决、裁定、调解中有关子女抚养义务的当事人或者其他人,人民法院可依照《中华人民共和国民事诉讼法》第一百零二条的规定采取强制措施。	第六十一条　对拒不履行或者妨害他人履行生效判决、裁定、调解书中有关子女抚养义务的当事人或者其他人,人民法院可依照民事诉讼法第一百一十一条的规定采取强制措施。	文字性修改。

续表

婚姻法相关司法解释	《婚姻家庭编司法解释(一)》	解读
五、离 婚		
《婚姻法司法解释(三)》 **第八条** 无民事行为能力人的配偶有**虐待、遗弃等严重损害无民事行为能力一方的人身权利或者财产权益**行为,其他有监护资格的人可以**依照特别程序要求变更监护关系**;变更后的监护人代理无民事行为能力一方提起离婚诉讼的,人民法院应予受理。	**第六十二条** 无民事行为能力人的配偶有**民法典第三十六条第一款规定**行为,其他有监护资格的人可以要求撤销其监护资格,并依法指定新的监护人;变更后的监护人代理无民事行为能力一方提起离婚诉讼的,人民法院应予受理。	本条将无民事行为能力人配偶的不法行为定位于《民法典》第36条第1款,比《婚姻法司法解释(三)》该条规定更准确。
《婚姻法司法解释(一)》 **第二十二条** 人民法院审理离婚案件,符合**第三十二条第三款**规定"应准予离婚"情形的,不应当因当事人有过错而判决不准离婚。	**第六十三条** 人民法院审理离婚案件,符合**民法典第一千零七十九条第三款**规定"应当准予离婚"情形的,不应当因当事人有过错而判决不准离婚。	未作实质修改。
《婚姻法司法解释(一)》 **第二十三条** 婚姻法第三十三条所称的"军人一方有重大过错",可以依据婚姻法第三十二条第三款前三项规定及军人有其他重大过错导致夫妻感情破裂的情形予以判断。	**第六十四条** 民法典第一千零八十一条所称的"军人一方有重大过错",可以依据**民法典第一千零七十九条第三款前三项**规定及军人有其他重大过错导致夫妻感情破裂的情形予以判断。	未作实质修改。
《婚姻法司法解释(一)》 **第二十四条** 人民法院作出的生效的离婚判决中未涉及探望权,当事人就探望权问题单独提起诉讼的,人民法院应予受理。	**第六十五条** 人民法院作出的生效的离婚判决中未涉及探望权,当事人就探望权问题单独提起诉讼的,人民法院应予受理。	
《婚姻法司法解释(一)》 **第二十五条** 当事人在履行生效判决、裁定或者调解书的过程中,请求中止**行使探望权**的,人民法院在征询双方当事人意见后,认为需要中止**行使探望权**的,依法作出裁定。中止探望的情形消失后,人民法院应当根据当事人的**申请通知其恢复探望权的行使**。	**第六十六条** 当事人在履行生效判决、裁定或者调解书的过程中,**一方请求中止探望**的,人民法院在征询双方当事人意见后,认为需要中止探望的,依法作出裁定;中止探望的情形消失后,人民法院应当根据当事人的**请求书面通知其恢复探望**。	恢复探望,本质是恢复执行。故根据2020年修正的《最高人民法院关于人民法院执行工作若干问题的规定(试行)》第60条规定"中止执行的情形消失后,执行法院可以根据当事人的申请或依职权恢复执行。恢复执行应当书面通知当事人"作出修改。
《婚姻法司法解释(一)》 **第二十六条** 未成年子女、直接抚养子女的父**或**母及其他对未成年子女负担抚养、教育义务的法定监护人,有权向人民法院提出中止探望权的请求。	**第六十七条** 未成年子女、直接抚养子女的父**或者**母**以及**其他对未成年子女负担抚养、教育、**保护**义务的法定监护人,有权向人民法院提出中止探望的请求。	《民法典》第1058条中规定,夫妻双方共同承担对未成年子女抚养、教育和保护的义务。而提出中止探望的请求是为了保护未成年人的身心健康,故应按照《民法典》第1058条的规定,增加"保护"二字表述。

续表

婚姻法相关司法解释	《婚姻家庭编司法解释（一）》	解读
《婚姻法司法解释（一）》 第三十二条　婚姻法第四十八条关于对拒不执行有关探望子女等判决和裁定的,由人民法院依法强制执行的规定,是指对拒不履行协助另一方行使探望权的有关个人和单位采取拘留、罚款等强制措施,不能对子女的人身、探望行为进行强制执行。	第六十八条　对于拒不协助另一方行使探望权的有关个人或者组织,可以由人民法院依法采取拘留、罚款等强制措施,但是不能对子女的人身、探望行为进行强制执行。	《民法典》已用"组织"统一替代"单位"的表述。
《婚姻法司法解释（三）》 第十四条　当事人达成的以登记离婚或者到人民法院协议离婚为条件的财产分割协议,如果双方协议离婚未成,一方在离婚诉讼中反悔,人民法院应当认定该财产分割协议没有生效,并根据实际情况依法对夫妻共同财产进行分割。 《婚姻法司法解释（二）》 第八条　离婚协议中关于财产分割的条款或者当事人因离婚就财产分割达成的协议,对男女双方具有法律约束力。 当事人因履行上述财产分割协议发生纠纷提起诉讼的,人民法院应当受理。	第六十九条　当事人达成的以协议离婚或者到人民法院调解离婚为条件的财产以及债务处理协议,如果双方协议离婚未成,一方在离婚诉讼中反悔的,人民法院应当认定该财产以及债务处理协议没有生效,并根据实际情况依照民法典第一千零八十七条和第一千零八十九条的规定判决。 当事人依照民法典第一千零七十六条签订的离婚协议中关于财产以及债务处理的条款,对男女双方具有法律约束力。登记离婚后当事人因履行上述协议发生纠纷提起诉讼的,人民法院应当受理。	1. 诉至法院后,就不存在协议离婚,只能是调解离婚或判决离婚。 2. 将"财产分割协议"修改为"财产以及债务处理协议",将债务处理协议内容纳入其中。财产分割和债务处理条款都是当事人达成的协议,两者之间往往有牵连关系,无法割裂单独认定其效力,故应一并处理,同样对待。
《婚姻法司法解释（二）》 第九条　男女双方协议离婚后一年内就财产分割问题反悔,请求变更或者撤销财产分割协议的,人民法院应当受理。 人民法院审理后,未发现订立财产分割协议时存在欺诈、胁迫等情形的,应当依法驳回当事人的诉讼请求。	第七十条　夫妻双方协议离婚后就财产分割问题反悔,请求撤销财产分割协议的,人民法院应当受理。 人民法院审理后,未发现订立财产分割协议时存在欺诈、胁迫等情形的,应当依法驳回当事人的诉讼请求。	删除了"一年内"的时间限制,请求撤销财产分割协议的时间限制变为三年,与《民法典》关于诉讼时效三年的规定保持一致。
《婚姻法司法解释（二）》 第十四条　人民法院审理离婚案件,涉及分割发放到军人名下的复员费、自主择业费等一次性费用的,以夫妻婚姻关系存续年限乘以年平均值,所得数额为夫妻共同财产。 前款所称年平均值,是指将发放到军人名下的上述费用总额按具体年限均分得出的数额。其具体年限为人均寿命七十岁与军人入伍时实际年龄的差额。	第七十一条　人民法院审理离婚案件,涉及分割发放到军人名下的复员费、自主择业费等一次性费用的,以夫妻婚姻关系存续年限乘以年平均值,所得数额为夫妻共同财产。 前款所称年平均值,是指将发放到军人名下的上述费用总额按具体年限均分得出的数额。其具体年限为人均寿命七十岁与军人入伍时实际年龄的差额。	

续表

婚姻法相关司法解释	《婚姻家庭编司法解释(一)》	解读
《婚姻法司法解释(二)》 第十五条　夫妻双方分割共同财产中的股票、债券、投资基金份额等有价证券以及未上市股份有限公司股份时，协商不成或者按市价分配有困难的，人民法院可以根据数量按比例分配。	第七十二条　夫妻双方分割共同财产中的股票、债券、投资基金份额等有价证券以及未上市股份有限公司股份时，协商不成或者按市价分配有困难的，人民法院可以根据数量按比例分配。	
《婚姻法司法解释(二)》 第十六条　人民法院审理离婚案件，涉及分割夫妻共同财产中以一方名义在有限责任公司的出资额，另一方不是该公司股东的，按以下情形分别处理： (一)夫妻双方协商一致将出资额部分或者全部转让给该股东的配偶，过半数股东同意，其他股东明确表示放弃优先购买权的，该股东的配偶可以成为该公司股东； (二)夫妻双方就出资额转让份额和转让价格等事项协商一致后，**过半数股东**不同意转让，但愿意以同等**价格**购买该出资额的，人民法院可以对转让出资所得财产进行分割。**过半数股东**不同意转让，也不愿意以同等**价格**购买该出资额的，视为其同意转让，该股东的配偶可以成为该公司股东。 用于证明前款规定的**过半数股东**同意的证据，可以是**股东会决议**，也可以是当事人通过其他合法途径取得的股东的书面声明材料。	第七十三条　人民法院审理离婚案件，涉及分割夫妻共同财产中以一方名义在有限责任公司的出资额，另一方不是该公司股东的，按以下情形分别处理： (一)夫妻双方协商一致将出资额部分或者全部转让给该股东的配偶，**其他股东过半数同意，并且**其他股东**均**明确表示放弃优先购买权的，该股东的配偶可以成为该公司股东； (二)夫妻双方就出资额转让份额和转让价格等事项协商一致后，**其他股东半数以上**不同意转让，但愿意以同等**条件**购买该出资额的，人民法院可以对转让出资所得财产进行分割。**其他股东半数以上**不同意转让，也不愿意以同等**条件**购买该出资额的，视为其同意转让，该股东的配偶可以成为该公司股东。 用于证明前款规定的股东同意的证据，可以是**股东会议材料**，也可以是当事人通过其他合法途径取得的股东的书面声明材料。	1."过半数股东"的表述与《公司法》第71条第2款"其他股东过半数"的表述冲突。 2."同等价格"与《公司法》第71条第3款"同等条件"的规定冲突。《最高人民法院关于适用〈中华人民共和国公司法〉若干问题的规定(四)》第18条规定，同等条件的判断应当考虑转让股权的数量、价格、支付方式及期限等因素。 3.股东会决议是公司法上的专有名词，指的是公司召开股东会，并就公司重大事项作出的决议，也即该决议只能以公司名义作出，内容也只与公司本身经营管理事务有关。而其他股东是否同意转让股权则属于股东个人事项，与公司无关。不存在通过股东会决议方式行使的问题，故将"股东会决议"修改为"股东会议材料"。
《婚姻法司法解释(二)》 第十七条　人民法院审理离婚案件，涉及分割夫妻共同财产中以一方名义在合伙企业中的出资，另一方不是该企业合伙人的，当夫妻双方协商一致，将其合伙企业中的财产份额全部或者部分转让给对方时，按以下情形分别处理： (一)其他合伙人一致同意的，该配偶依法取得合伙人地位； (二)其他合伙人不同意转让，在同等条件下行使优先**受让权**的，可以对转让所得的财产进行分割；	第七十四条　人民法院审理离婚案件，涉及分割夫妻共同财产中以一方名义在合伙企业中的出资，另一方不是该企业合伙人的，当夫妻双方协商一致，将其合伙企业中的财产份额全部或者部分转让给对方时，按以下情形分别处理： (一)其他合伙人一致同意的，该配偶依法取得合伙人地位； (二)其他合伙人不同意转让，在同等条件下行使优先**购买权**的，可以对转让所得的财产进行分割；	合伙企业法中没有"退还部分财产份额"的表述。事实上，财产份额也不存在退还的问题。其在法条上的准确表述应为《合伙企业法》第42条中"削减该合伙人相应财产份额的结算"。

续表

婚姻法相关司法解释	《婚姻家庭编司法解释(一)》	解读
(三)其他合伙人不同意转让,也不行使优先**受让权**,但同意该合伙人退伙或者**退还**部分财产份额的,可以对**退还**的财产进行分割; (四)其他合伙人既不同意转让,也不行使优先**受让权**,又不同意该合伙人退伙或者**退还**部分财产份额的,视为全体合伙人同意转让,该配偶依法取得合伙人地位。	(三)其他合伙人不同意转让,也不行使优先**购买权**,但同意该合伙人退伙或者**削减**部分财产份额的,可以对**结算后**的财产进行分割; (四)其他合伙人既不同意转让,也不行使优先**购买权**,又不同意该合伙人退伙或者**削减**部分财产份额的,视为全体合伙人同意转让,该配偶依法取得合伙人地位。	
《婚姻法司法解释(二)》 **第十八条** 夫妻以一方名义投资设立独资企业的,人民法院分割夫妻在该独资企业中的共同财产时,应当按照以下情形分别处理: (一)一方主张经营该企业的,对企业资产进行评估后,由取得企业一方给予另一方相应的补偿; (二)双方均主张经营该企业的,在双方竞价基础上,由取得企业的一方给予另一方相应的补偿; (三)双方均不愿意经营该企业的,按照《中华人民共和国个人独资企业法》等有关规定办理。	**第七十五条** 夫妻以一方名义投资设立**个人独资企业**的,人民法院分割夫妻在该**个人独资企业**中的共同财产时,应当按照以下情形分别处理: (一)一方主张经营该企业的,对企业资产进行评估后,由取得企业**资产所有权**一方给予另一方相应的补偿; (二)双方均主张经营该企业的,在双方竞价基础上,由取得企业**资产所有权**的一方给予另一方相应的补偿; (三)双方均不愿意经营该企业的,按照《中华人民共和国个人独资企业法》等有关规定办理。	个人独资企业本身是没有独立法人资格的法律拟制体,不存在企业作为物归谁所有的问题。能取得的只能是企业中资产的所有权。
《婚姻法司法解释(二)》 **第二十条** 双方对夫妻共同财产中的房屋价值及归属无法达成协议时,人民法院按以下情形分别处理: (一)双方均主张房屋所有权并且同意竞价取得的,应当准许; (二)一方主张房屋所有权的,由评估机构按市场价格对房屋作出评估,取得房屋所有权的一方应当给予另一方相应的补偿; (三)双方均不主张房屋所有权的,根据当事人的申请拍卖房屋,就所得价款进行分割。	**第七十六条** 双方对夫妻共同财产中的房屋价值及归属无法达成协议时,人民法院按以下情形分别处理: (一)双方均主张房屋所有权并同意竞价取得的,应当准许; (二)一方主张房屋所有权的,由评估机构按市场价格对房屋作出评估,取得房屋所有权的一方应当给予另一方相应的补偿; (三)双方均不主张房屋所有权的,根据当事人的申请拍卖、**变卖**房屋,就所得价款进行分割。	实务中,双方均不主张不动产物权时,除拍卖外还有折价变卖的处理方式,应一并予以明确。
《婚姻法司法解释(二)》 **第二十一条** 离婚时双方对尚未取得所有权或者尚未取得完全所有权的房屋有争议且协商不成的,人民法院	**第七十七条** 离婚时双方对尚未取得所有权或者尚未取得完全所有权的房屋有争议且协商不成的,人民法院不宜判决房屋所有权的归属,应当根据	

续表

婚姻法相关司法解释	《婚姻家庭编司法解释(一)》	解读
不宜判决房屋所有权的归属,应当根据实际情况判决由当事人使用。 当事人就前款规定的房屋取得完全所有权后,有争议的,可以另行向人民法院提起诉讼。	实际情况判决由当事人使用。 当事人就前款规定的房屋取得完全所有权后,有争议的,可以另行向人民法院提起诉讼。	
《婚姻法司法解释(三)》 第十条 夫妻一方婚前签订不动产买卖合同,以个人财产支付首付款并在银行贷款,婚后用夫妻共同财产还贷,不动产登记于首付款支付方名下的,离婚时该不动产由双方协议处理。 依前款规定不能达成协议的,人民法院可以判决该不动产归产权登记一方,尚未归还的贷款为**产权**登记一方的个人债务。双方婚后共同还贷支付的款项及其相对应财产增值部分,离婚时应根据**婚姻法第三十九条第一款**规定的原则,由**产权**登记一方对另一方进行补偿。	第七十八条 夫妻一方婚前签订不动产买卖合同,以个人财产支付首付款并在银行贷款,婚后用夫妻共同财产还贷,不动产登记于首付款支付方名下的,离婚时该不动产由双方协议处理。 依前款规定不能达成协议的,人民法院可以判决该不动产归登记一方,尚未归还的贷款为**不动产**登记一方的个人债务。双方婚后共同还贷支付的款项及其相对应财产增值部分,离婚时应根据**民法典第一千零八十七条第一款**规定的原则,由**不动产**登记一方对另一方进行补偿。	产权登记为经济学概念,将其改为《民法典》规定的不动产登记。
《婚姻法司法解释(三)》 第十二条 婚姻关系存续期间,双方用夫妻共同财产出资购买以一方父母名义参加房改的房屋,**产权**登记在一方父母名下,离婚时另一方主张按照夫妻共同财产对该房屋进行分割的,人民法院不予支持。购买该房屋时的出资,可以作为债权处理。	第七十九条 婚姻关系存续期间,双方用夫妻共同财产出资购买以一方父母名义参加房改的房屋,登记在一方父母名下,离婚时另一方主张按照夫妻共同财产对该房屋进行分割的,人民法院不予支持。购买该房屋时的出资,可以作为债权处理。	文字性修改。
《婚姻法司法解释(三)》 第十三条 离婚时夫妻一方尚未退休、不符合领取**养老保险金**条件,另一方请求按照夫妻共同财产分割**养老保险金**的,人民法院不予支持;婚后以夫妻共同财产**缴付**养老保险费,离婚时一方主张将养老金账户中婚姻关系存续期间个人实际**缴付**部分作为夫妻共同财产分割的,人民法院应予支持。	第八十条 离婚时夫妻一方尚未退休、不符合领取**基本养老金**条件,另一方请求按照夫妻共同财产分割**基本养老金**的,人民法院不予支持;婚后以夫妻共同财产**缴纳基本**养老保险费,离婚时一方主张将养老金账户中婚姻关系存续期间个人实际**缴纳**部分**及利息**作为夫妻共同财产分割的,人民法院应予支持。	1. 概念修改参考《社会保险法》的相关内容; 2. 根据《社会保险法》第14条的规定,实际缴纳部分还有利息收入,利息也应属于夫妻共同财产。

续表

婚姻法相关司法解释	《婚姻家庭编司法解释（一）》	解读
《婚姻法司法解释（三）》 第十五条　婚姻关系存续期间，夫妻一方作为继承人依法可以继承的遗产，在继承人之间尚未实际分割，起诉离婚时另一方请求分割的，人民法院应当告知当事人在继承人之间实际分割遗产后另行起诉。	第八十一条　婚姻关系存续期间，夫妻一方作为继承人依法可以继承的遗产，在继承人之间尚未实际分割，起诉离婚时另一方请求分割的，人民法院应当告知当事人在继承人之间实际分割遗产后另行起诉。	
《婚姻法司法解释（三）》 第十六条　夫妻之间订立借款协议，以夫妻共同财产出借给一方从事个人经营活动**或**用于其他个人事务的，应视为双方约定处分夫妻共同财产的行为，离婚时可按照借款协议的约定处理。	第八十二条　夫妻之间订立借款协议，以夫妻共同财产出借给一方从事个人经营活动**或者**用于其他个人事务的，应视为双方约定处分夫妻共同财产的行为，离婚时可以按照借款协议的约定处理。	文字性修改。
《婚姻法司法解释（三）》 第十八条　离婚后，一方以尚有夫妻共同财产未处理为由向人民法院起诉请求分割的，经审查该财产确属离婚时未涉及的夫妻共同财产，人民法院应当依法予以分割。	第八十三条　离婚后，一方以尚有夫妻共同财产未处理为由向人民法院起诉请求分割的，经审查该财产确属离婚时未涉及的夫妻共同财产，人民法院应当依法予以分割。	
《婚姻法司法解释（一）》 第三十一条　当事人依据婚姻法**第四十七条**的规定向人民法院提起诉讼，请求再次分割夫妻共同财产的诉讼时效为**两年**，从当事人发现**之次日**起计算。	第八十四条　当事人依据民法典**第一千零九十二条**的规定向人民法院提起诉讼，请求再次分割夫妻共同财产的诉讼时效**期**为**三年**，从当事人发现之日起计算。	将两年的诉讼时效修改为三年，与现行诉讼时效期间接轨。
《婚姻法司法解释（二）》 第二十八条　夫妻一方申请对配偶的个人财产或者夫妻共同财产采取保全措施的，人民法院可以在采取保全措施可能造成损失的范围内，根据实际情况，确定合理的财产担保数额。	第八十五条　夫妻一方申请对配偶的个人财产或者夫妻共同财产采取保全措施的，人民法院可以在采取保全措施可能造成损失的范围内，根据实际情况，确定合理的财产担保数额。	
《婚姻法司法解释（一）》 第二十八条　婚姻法第四十六条规定的"损害赔偿"，包括物质损害赔偿和精神损害赔偿。涉及精神损害赔偿的，适用最高人民法院《关于确定民事侵权精神损害赔偿责任若干问题的解释》的有关规定。	第八十六条　民法典第一千零九十一条规定的"损害赔偿"，包括物质损害赔偿和精神损害赔偿。涉及精神损害赔偿的，适用《最高人民法院关于确定民事侵权精神损害赔偿责任若干问题的解释》的有关规定。	未作实质修改。

续表

婚姻法相关司法解释	《婚姻家庭编司法解释(一)》	解读
《婚姻法司法解释(一)》 第二十九条　承担婚姻法第四十六条规定的损害赔偿责任的主体,为离婚诉讼当事人中无过错方的配偶。 　　人民法院判决不准离婚的案件,对于当事人基于**婚姻法第四十六条**提出的损害赔偿请求,不予支持。 　　在婚姻关系存续期间,当事人不起诉离婚而单独依据**该条规定**提起损害赔偿请求的,人民法院不予受理。	第八十七条　承担**民法典第一千零九十一条**规定的损害赔偿责任的主体,为离婚诉讼当事人中无过错方的配偶。 　　人民法院判决不准离婚的案件,对于当事人基于**民法典第一千零九十一条**提出的损害赔偿请求,不予支持。 　　在婚姻关系存续期间,当事人不起诉离婚而单独依据**民法典第一千零九十一条**提出损害赔偿请求的,人民法院不予受理。	未作实质修改。
《婚姻法司法解释(一)》 第三十条　人民法院受理离婚案件时,应当将**婚姻法第四十六条**等规定中当事人的有关权利义务,书面告知当事人。在适用**婚姻法第四十六条**时,应当区分以下不同情况: 　　(一)符合**婚姻法第四十六条**规定的无过错方作为原告基于该条规定向人民法院提起损害赔偿请求的,必须在离婚诉讼的同时提出。 　　(二)符合**婚姻法第四十六条**规定的无过错方作为被告的离婚诉讼案件,如果被告不同意离婚也不基于该条规定提起损害赔偿请求的,可以**在离婚后1年内**就此单独提起诉讼。 　　(三)无过错方作为被告的离婚诉讼案件,一审时被告未基于**婚姻法第四十六条**规定提出损害赔偿请求,二审期间提出的,人民法院应当进行调解,调解不成,告知当事人**在离婚后1年内**另行起诉。	第八十八条　人民法院受理离婚案件时,应当将**民法典第一千零九十一条**等规定中当事人的有关权利义务,书面告知当事人。在适用**民法典第一千零九十一条**时,应当区分以下不同情况: 　　(一)符合**民法典第一千零九十一条**规定的无过错方作为原告基于该规定向人民法院提起损害赔偿请求的,必须在离婚诉讼的同时提出。 　　(二)符合**民法典第一千零九十一条**规定的无过错方作为被告的离婚诉讼案件,如果被告不同意离婚也不基于该条规定提起损害赔偿请求的,可以就此单独提起诉讼。 　　(三)无过错方作为被告的离婚诉讼案件,一审时被告未基于**民法典第一千零九十一条**规定提出损害赔偿请求,二审期间提出的,人民法院应当进行调解;调解不成,告知当事人另行起诉。双方当事人同意由第二审人民法院一并审理的,第二审人民法院可以一并裁判。	1.离婚损害赔偿本质上为侵权之诉,应适用普通诉讼时效期间为三年,故删除"离婚后一年内"的表述。 2.《最高人民法院关于适用〈中华人民共和国民事诉讼法〉的解释》第326条第2款中规定,当事人放弃对诉讼请求的审级利益的,人民法院可以一并审理。故本条添加"双方当事人同意由第二审人民法院一并审理的,第二审人民法院可以一并裁判"。
《婚姻法司法解释(二)》 第二十七条　当事人在婚姻登记机关办理离婚登记手续后,以**婚姻法第四十六条**规定为由向人民法院提出损害赔偿请求的,人民法院应当受理。但当事人在协议离婚时已经明确表示放弃该项请求,**或者在办理离婚登记手续一年后提出**的,不予支持。	第八十九条　当事人在婚姻登记机关办理离婚登记手续后,以**民法典第一千零九十一条**规定为由向人民法院提出损害赔偿请求的,人民法院应当受理。但当事人在协议离婚时已经明确表示放弃该项请求的,**人民法院**不予支持。	本解释删除"在办理离婚登记手续一年后提出"的内容。离婚损害赔偿本质上为侵权之诉,应适用普通诉讼时效期间,即三年。

续表

婚姻法相关司法解释	《婚姻家庭编司法解释（一）》	解读
《婚姻法司法解释（三）》 第十七条　夫妻双方均有**婚姻法第四十六条**规定的过错情形，一方或者双方向对方提出离婚损害赔偿请求的，人民法院不予支持。	第九十条　夫妻双方均有**民法典第一千零九十一条**规定的过错情形，一方或者双方向对方提出离婚损害赔偿请求的，人民法院不予支持。	未作实质修改。
	六、附　则	
	第九十一条　本解释自2021年1月1日起施行。	施行时间与民法典施行时间一致。

二、婚　姻

中华人民共和国民法典（节录）

- 2020年5月28日第十三届全国人民代表大会第三次会议通过
- 2020年5月28日中华人民共和国主席令第45号公布
- 自2021年1月1日起施行

……

第五编　婚姻家庭
第一章　一般规定

第一千零四十条　【婚姻家庭编的调整范围】本编调整因婚姻家庭产生的民事关系。

第一千零四十一条　【婚姻家庭关系基本原则】婚姻家庭受国家保护。

实行婚姻自由、一夫一妻、男女平等的婚姻制度。

保护妇女、未成年人、老年人、残疾人的合法权益。

第一千零四十二条　【禁止的婚姻家庭行为】禁止包办、买卖婚姻和其他干涉婚姻自由的行为。禁止借婚姻索取财物。

禁止重婚。禁止有配偶者与他人同居。

禁止家庭暴力。禁止家庭成员间的虐待和遗弃。

第一千零四十三条　【婚姻家庭道德规范】家庭应当树立优良家风，弘扬家庭美德，重视家庭文明建设。

夫妻应当互相忠实，互相尊重，互相关爱；家庭成员应当敬老爱幼，互相帮助，维护平等、和睦、文明的婚姻家庭关系。

第一千零四十四条　【收养的原则】收养应当遵循最有利于被收养人的原则，保障被收养人和收养人的合法权益。

禁止借收养名义买卖未成年人。

第一千零四十五条　【亲属、近亲属与家庭成员】亲属包括配偶、血亲和姻亲。

配偶、父母、子女、兄弟姐妹、祖父母、外祖父母、孙子女、外孙子女为近亲属。

配偶、父母、子女和其他共同生活的近亲属为家庭成员。

第二章　结　婚

第一千零四十六条　【结婚自愿】结婚应当男女双方完全自愿，禁止任何一方对另一方加以强迫，禁止任何组织或者个人加以干涉。

第一千零四十七条　【法定婚龄】结婚年龄，男不得早于二十二周岁，女不得早于二十周岁。

第一千零四十八条　【禁止结婚的情形】直系血亲或者三代以内的旁系血亲禁止结婚。

第一千零四十九条　【结婚程序】要求结婚的男女双方应当亲自到婚姻登记机关申请结婚登记。符合本法规定的，予以登记，发给结婚证。完成结婚登记，即确立婚姻关系。未办理结婚登记的，应当补办登记。

第一千零五十条　【男女双方互为家庭成员】登记结婚后，按照男女双方约定，女方可以成为男方家庭的成员，男方可以成为女方家庭的成员。

第一千零五十一条　【婚姻无效的情形】有下列情形之一的，婚姻无效：

（一）重婚；

（二）有禁止结婚的亲属关系；

（三）未到法定婚龄。

第一千零五十二条　【受胁迫婚姻的撤销】因胁迫结婚的，受胁迫的一方可以向人民法院请求撤销婚姻。

请求撤销婚姻的，应当自胁迫行为终止之日起一年内提出。

被非法限制人身自由的当事人请求撤销婚姻的，应当自恢复人身自由之日起一年内提出。

第一千零五十三条　【隐瞒重大疾病的可撤销婚姻】一方患有重大疾病的，应当在结婚登记前如实告知另一方；不如实告知的，另一方可以向人民法院请求撤销婚姻。

请求撤销婚姻的，应当自知道或者应当知道撤销事由之日起一年内提出。

第一千零五十四条　【婚姻无效或被撤销的法律后果】无效的或者被撤销的婚姻自始没有法律约束力，当事人不具有夫妻的权利和义务。同居期间所得的财产，由当事人协议处理；协议不成的，由人民法院根据照顾无过错方的原则判决。对重婚导致的无效婚姻的财产处理，不得侵害合法婚姻当事人的财产权益。当事人所生的子女，适用本法关于父母子女的规定。

婚姻无效或者被撤销的，无过错方有权请求损害赔偿。

第三章　家庭关系
第一节　夫妻关系

第一千零五十五条　【夫妻平等】夫妻在婚姻家庭中地位平等。

第一千零五十六条　【夫妻姓名权】夫妻双方都有各自使用自己姓名的权利。

第一千零五十七条　【夫妻人身自由权】夫妻双方都有参加生产、工作、学习和社会活动的自由，一方不得对另一方加以限制或者干涉。

第一千零五十八条　【夫妻抚养、教育和保护子女的权利义务平等】夫妻双方平等享有对未成年子女抚养、教育和保护的权利，共同承担对未成年子女抚养、教育和保护的义务。

第一千零五十九条　【夫妻扶养义务】夫妻有相互扶养的义务。

需要扶养的一方，在另一方不履行扶养义务时，有要求其给付扶养费的权利。

第一千零六十条　【夫妻日常家事代理权】夫妻一方因家庭日常生活需要而实施的民事法律行为，对夫妻双方发生效力，但是夫妻一方与相对人另有约定的除外。

夫妻之间对一方可以实施的民事法律行为范围的限制，不得对抗善意相对人。

第一千零六十一条　【夫妻遗产继承权】夫妻有相互继承遗产的权利。

第一千零六十二条　【夫妻共同财产】夫妻在婚姻关系存续期间所得的下列财产，为夫妻的共同财产，归夫妻共同所有：

（一）工资、奖金、劳务报酬；
（二）生产、经营、投资的收益；
（三）知识产权的收益；
（四）继承或者受赠的财产，但是本法第一千零六十三条第三项规定的除外；
（五）其他应当归共同所有的财产。

夫妻对共同财产，有平等的处理权。

第一千零六十三条　【夫妻个人财产】下列财产为夫妻一方的个人财产：

（一）一方的婚前财产；
（二）一方因受到人身损害获得的赔偿或者补偿；
（三）遗嘱或者赠与合同中确定只归一方的财产；
（四）一方专用的生活用品；
（五）其他应当归一方的财产。

第一千零六十四条　【夫妻共同债务】夫妻双方共同签名或者夫妻一方事后追认等共同意思表示所负的债务，以及夫妻一方在婚姻关系存续期间以个人名义为家庭日常生活需要所负的债务，属于夫妻共同债务。

夫妻一方在婚姻关系存续期间以个人名义超出家庭日常生活需要所负的债务，不属于夫妻共同债务；但是，债权人能够证明该债务用于夫妻共同生活、共同生产经营或者基于夫妻双方共同意思表示的除外。

第一千零六十五条　【夫妻约定财产制】男女双方可以约定婚姻关系存续期间所得的财产以及婚前财产归各自所有、共同所有或者部分各自所有、部分共同所有。约定应当采用书面形式。没有约定或者约定不明确的，适用本法第一千零六十二条、第一千零六十三条的规定。

夫妻对婚姻关系存续期间所得的财产以及婚前财产的约定，对双方具有法律约束力。

夫妻对婚姻关系存续期间所得的财产约定归各自所有，夫或者妻一方对外所负的债务，相对人知道该约定的，以夫或者妻一方的个人财产清偿。

第一千零六十六条　【婚内分割夫妻共同财产】婚姻关系存续期间，有下列情形之一的，夫妻一方可以向人民法院请求分割共同财产：

（一）一方有隐藏、转移、变卖、毁损、挥霍夫妻共同财产或者伪造夫妻共同债务等严重损害夫妻共同财产利益的行为；
（二）一方负有法定扶养义务的人患重大疾病需要医治，另一方不同意支付相关医疗费用的。

第二节　父母子女关系和其他近亲属关系

第一千零六十七条　【父母与子女间的抚养赡养义务】父母不履行抚养义务的，未成年子女或者不能独立生活的成年子女，有要求父母给付抚养费的权利。

成年子女不履行赡养义务的，缺乏劳动能力或者生活困难的父母，有要求成年子女给付赡养费的权利。

第一千零六十八条　【父母教育、保护未成年子女的权利和义务】父母有教育、保护未成年子女的权利和义务。未成年子女造成他人损害的，父母应当依法承担民事责任。

第一千零六十九条 【子女尊重父母的婚姻权利及赡养义务】子女应当尊重父母的婚姻权利，不得干涉父母离婚、再婚以及婚后的生活。子女对父母的赡养义务，不因父母的婚姻关系变化而终止。

第一千零七十条 【遗产继承权】父母和子女有相互继承遗产的权利。

第一千零七十一条 【非婚生子女权利】非婚生子女享有与婚生子女同等的权利，任何组织或者个人不得加以危害和歧视。

不直接抚养非婚生子女的生父或者生母，应当负担未成年子女或者不能独立生活的成年子女的抚养费。

第一千零七十二条 【继父母子女之间权利义务】继父母与继子女间，不得虐待或者歧视。

继父或者继母和受其抚养教育的继子女间的权利义务关系，适用本法关于父母子女关系的规定。

第一千零七十三条 【亲子关系异议之诉】对亲子关系有异议且有正当理由的，父或者母可以向人民法院提起诉讼，请求确认或者否认亲子关系。

对亲子关系有异议且有正当理由的，成年子女可以向人民法院提起诉讼，请求确认亲子关系。

第一千零七十四条 【祖孙之间的抚养、赡养义务】有负担能力的祖父母、外祖父母，对于父母已经死亡或者父母无力抚养的未成年孙子女、外孙子女，有抚养的义务。

有负担能力的孙子女、外孙子女，对于子女已经死亡或者子女无力赡养的祖父母、外祖父母，有赡养的义务。

第一千零七十五条 【兄弟姐妹间扶养义务】有负担能力的兄、姐，对于父母已经死亡或者父母无力抚养的未成年弟、妹，有扶养的义务。

由兄、姐扶养长大的有负担能力的弟、妹，对于缺乏劳动能力又缺乏生活来源的兄、姐，有扶养的义务。

第四章 离 婚

第一千零七十六条 【协议离婚】夫妻双方自愿离婚的，应当签订书面离婚协议，并亲自到婚姻登记机关申请离婚登记。

离婚协议应当载明双方自愿离婚的意思表示和对子女抚养、财产以及债务处理等事项协商一致的意见。

第一千零七十七条 【离婚冷静期】自婚姻登记机关收到离婚登记申请之日起三十日内，任何一方不愿意离婚的，可以向婚姻登记机关撤回离婚登记申请。

前款规定期限届满后三十日内，双方应当亲自到婚姻登记机关申请发给离婚证；未申请的，视为撤回离婚登记申请。

第一千零七十八条 【婚姻登记机关对协议离婚的查明】婚姻登记机关查明双方确实是自愿离婚，并已经对子女抚养、财产以及债务处理等事项协商一致的，予以登记，发给离婚证。

第一千零七十九条 【诉讼离婚】夫妻一方要求离婚的，可以由有关组织进行调解或者直接向人民法院提起离婚诉讼。

人民法院审理离婚案件，应当进行调解；如果感情确已破裂，调解无效的，应当准予离婚。

有下列情形之一，调解无效的，应当准予离婚：

（一）重婚或者与他人同居；

（二）实施家庭暴力或者虐待、遗弃家庭成员；

（三）有赌博、吸毒等恶习屡教不改；

（四）因感情不和分居满二年；

（五）其他导致夫妻感情破裂的情形。

一方被宣告失踪，另一方提起离婚诉讼的，应当准予离婚。

经人民法院判决不准离婚后，双方又分居满一年，一方再次提起离婚诉讼的，应当准予离婚。

第一千零八十条 【婚姻关系的解除时间】完成离婚登记，或者离婚判决书、调解书生效，即解除婚姻关系。

第一千零八十一条 【现役军人离婚】现役军人的配偶要求离婚，应当征得军人同意，但是军人一方有重大过错的除外。

第一千零八十二条 【男方提出离婚的限制情形】女方在怀孕期间、分娩后一年内或者终止妊娠后六个月内，男方不得提出离婚；但是，女方提出离婚或者人民法院认为确有必要受理男方离婚请求的除外。

第一千零八十三条 【复婚】离婚后，男女双方自愿恢复婚姻关系的，应当到婚姻登记机关重新进行结婚登记。

第一千零八十四条 【离婚后子女的抚养】父母与子女间的关系，不因父母离婚而消除。离婚后，子女无论由父或者母直接抚养，仍是父母双方的子女。

离婚后，父母对于子女仍有抚养、教育、保护的权利和义务。

离婚后，不满两周岁的子女，以由母亲直接抚养为原则。已满两周岁的子女，父母双方对抚养问题协议不成的，由人民法院根据双方的具体情况，按照最有利于未成年子女的原则判决。子女已满八周岁的，应当尊重其真实意愿。

第一千零八十五条 【离婚后子女抚养费的负担】离婚后,子女由一方直接抚养的,另一方应当负担部分或者全部抚养费。负担费用的多少和期限的长短,由双方协议;协议不成的,由人民法院判决。

前款规定的协议或者判决,不妨碍子女在必要时向父母任何一方提出超过协议或者判决原定数额的合理要求。

第一千零八十六条 【探望子女权利】离婚后,不直接抚养子女的父或者母,有探望子女的权利,另一方有协助的义务。

行使探望权利的方式、时间由当事人协议;协议不成的,由人民法院判决。

父或者母探望子女,不利于子女身心健康的,由人民法院依法中止探望;中止的事由消失后,应当恢复探望。

第一千零八十七条 【离婚时夫妻共同财产的处理】离婚时,夫妻的共同财产由双方协议处理;协议不成的,由人民法院根据财产的具体情况,按照照顾子女、女方和无过错方权益的原则判决。

对夫或者妻在家庭土地承包经营中享有的权益等,应当依法予以保护。

第一千零八十八条 【离婚经济补偿】夫妻一方因抚育子女、照料老年人、协助另一方工作等负担较多义务的,离婚时有权向另一方请求补偿,另一方应当给予补偿。具体办法由双方协议;协议不成的,由人民法院判决。

第一千零八十九条 【离婚时夫妻共同债务的清偿】离婚时,夫妻共同债务应当共同偿还。共同财产不足清偿或者财产归各自所有的,由双方协议清偿;协议不成的,由人民法院判决。

第一千零九十条 【离婚经济帮助】离婚时,如果一方生活困难,有负担能力的另一方应当给予适当帮助。具体办法由双方协议;协议不成的,由人民法院判决。

第一千零九十一条 【离婚损害赔偿】有下列情形之一,导致离婚的,无过错方有权请求损害赔偿:

(一)重婚;

(二)与他人同居;

(三)实施家庭暴力;

(四)虐待、遗弃家庭成员;

(五)有其他重大过错。

第一千零九十二条 【一方侵害夫妻财产的处理规则】夫妻一方隐藏、转移、变卖、毁损、挥霍夫妻共同财产,或者伪造夫妻共同债务企图侵占另一方财产的,在离婚分割夫妻共同财产时,对该方可以少分或者不分。离婚后,另一方发现有上述行为的,可以向人民法院提起诉讼,请求再次分割夫妻共同财产。

第五章 收 养

第一节 收养关系的成立

第一千零九十三条 【被收养人的条件】下列未成年人,可以被收养:

(一)丧失父母的孤儿;

(二)查找不到生父母的未成年人;

(三)生父母有特殊困难无力抚养的子女。

第一千零九十四条 【送养人的条件】下列个人、组织可以作送养人:

(一)孤儿的监护人;

(二)儿童福利机构;

(三)有特殊困难无力抚养子女的生父母。

第一千零九十五条 【监护人送养未成年人的情形】未成年人的父母均不具备完全民事行为能力且可能严重危害该未成年人的,该未成年人的监护人可以将其送养。

第一千零九十六条 【监护人送养孤儿的限制及变更监护人】监护人送养孤儿的,应当征得有抚养义务的人同意。有抚养义务的人不同意送养、监护人不愿意继续履行监护职责的,应当依照本法第一编的规定另行确定监护人。

第一千零九十七条 【生父母送养子女的原则要求与例外】生父母送养子女,应当双方共同送养。生父母一方不明或者查找不到的,可以单方送养。

第一千零九十八条 【收养人条件】收养人应当同时具备下列条件:

(一)无子女或者只有一名子女;

(二)有抚养、教育和保护被收养人的能力;

(三)未患有在医学上认为不应当收养子女的疾病;

(四)无不利于被收养人健康成长的违法犯罪记录;

(五)年满三十周岁。

第一千零九十九条 【三代以内旁系同辈血亲的收养】收养三代以内旁系同辈血亲的子女,可以不受本法第一千零九十三条第三项、第一千零九十四条第三项和第一千一百零二条规定的限制。

华侨收养三代以内旁系同辈血亲的子女,还可以不受本法第一千零九十八条第一项规定的限制。

第一千一百条 【收养人收养子女数量】无子女的

收养人可以收养两名子女;有子女的收养人只能收养一名子女。

收养孤儿、残疾未成年人或者儿童福利机构抚养的查找不到生父母的未成年人,可以不受前款和本法第一千零九十八条第一项规定的限制。

第一千一百零一条 【共同收养】有配偶者收养子女,应当夫妻共同收养。

第一千一百零二条 【无配偶者收养异性子女的限制】无配偶者收养异性子女的,收养人与被收养人的年龄应当相差四十周岁以上。

第一千一百零三条 【收养继子女的特别规定】继父或者继母经继子女的生父母同意,可以收养继子女,并可以不受本法第一千零九十三条第三项、第一千零九十四条第三项、第一千零九十八条和第一千一百条第一款规定的限制。

第一千一百零四条 【收养自愿原则】收养人收养与送养人送养,应当双方自愿。收养八周岁以上未成年人的,应当征得被收养人的同意。

第一千一百零五条 【收养登记、收养协议、收养公证及收养评估】收养应当向县级以上人民政府民政部门登记。收养关系自登记之日起成立。

收养查找不到生父母的未成年人的,办理登记的民政部门应当在登记前予以公告。

收养关系当事人愿意签订收养协议的,可以签订收养协议。

收养关系当事人各方或者一方要求办理收养公证的,应当办理收养公证。

县级以上人民政府民政部门应当依法进行收养评估。

第一千一百零六条 【收养后的户口登记】收养关系成立后,公安机关应当按照国家有关规定为被收养人办理户口登记。

第一千一百零七条 【亲属、朋友的抚养】孤儿或者生父母无力抚养的子女,可以由生父母的亲属、朋友抚养;抚养人与被抚养人的关系不适用本章规定。

第一千一百零八条 【祖父母、外祖父母优先抚养权】配偶一方死亡,另一方送养未成年子女的,死亡一方的父母有优先抚养的权利。

第一千一百零九条 【涉外收养】外国人依法可以在中华人民共和国收养子女。

外国人在中华人民共和国收养子女的,应当经其所在国主管机关依照该国法律审查同意。收养人应当提供由其所在国有权机构出具的有关其年龄、婚姻、职业、财产、健康、有无受过刑事处罚等状况的证明材料,并与送养人签订书面协议,亲自向省、自治区、直辖市人民政府民政部门登记。

前款规定的证明材料应当经收养人所在国外交机关或者外交机关授权的机构认证,并经中华人民共和国驻该国使领馆认证,但是国家另有规定的除外。

第一千一百一十条 【保守收养秘密】收养人、送养人要求保守收养秘密的,其他人应当尊重其意愿,不得泄露。

第二节 收养的效力

第一千一百一十一条 【收养的效力】自收养关系成立之日起,养父母与养子女间的权利义务关系,适用本法关于父母子女关系的规定;养子女与养父母的近亲属间的权利义务关系,适用本法关于子女与父母的近亲属关系的规定。

养子女与生父母以及其他近亲属间的权利义务关系,因收养关系的成立而消除。

第一千一百一十二条 【养子女的姓氏】养子女可以随养父或者养母的姓氏,经当事人协商一致,也可以保留原姓氏。

第一千一百一十三条 【收养行为的无效】有本法第一编关于民事法律行为无效规定情形或者违反本编规定的收养行为无效。

无效的收养行为自始没有法律约束力。

第三节 收养关系的解除

第一千一百一十四条 【收养关系的协议解除与诉讼解除】收养人在被收养人成年以前,不得解除收养关系,但是收养人、送养人双方协议解除的除外。养子女八周岁以上的,应当征得本人同意。

收养人不履行抚养义务,有虐待、遗弃等侵害未成年养子女合法权益行为的,送养人有权要求解除养父母与养子女间的收养关系。送养人、收养人不能达成解除收养关系协议的,可以向人民法院提起诉讼。

第一千一百一十五条 【养父母与成年养子女解除收养关系】养父母与成年养子女关系恶化、无法共同生活的,可以协议解除收养关系。不能达成协议的,可以向人民法院提起诉讼。

第一千一百一十六条 【解除收养关系的登记】当事人协议解除收养关系的,应当到民政部门办理解除收养关系登记。

第一千一百一十七条 【收养关系解除的法律后果】 收养关系解除后,养子女与养父母以及其他近亲属间的权利义务关系即行消除,与生父母以及其他近亲属间的权利义务关系自行恢复。但是,成年养子女与生父母以及其他近亲属间的权利义务关系是否恢复,可以协商确定。

第一千一百一十八条 【收养关系解除后生活费、抚养费支付】 收养关系解除后,经养父母抚养的成年养子女,对缺乏劳动能力又缺乏生活来源的养父母,应当给付生活费。因养子女成年后虐待、遗弃养父母而解除收养关系的,养父母可以要求养子女补偿收养期间支出的抚养费。

生父母要求解除收养关系的,养父母可以要求生父母适当补偿收养期间支出的抚养费;但是,因养父母虐待、遗弃养子女而解除收养关系的除外。

……

最高人民法院关于适用《中华人民共和国民法典》婚姻家庭编的解释(一)

· 2020 年 12 月 25 日最高人民法院审判委员会第 1825 次会议通过
· 2020 年 12 月 29 日最高人民法院公告公布
· 自 2021 年 1 月 1 日起施行
· 法释〔2020〕22 号

为正确审理婚姻家庭纠纷案件,根据《中华人民共和国民法典》《中华人民共和国民事诉讼法》等相关法律规定,结合审判实践,制定本解释。

一、一般规定

第一条 持续性、经常性的家庭暴力,可以认定为民法典第一千零四十二条、第一千零七十九条、第一千零九十一条所称的"虐待"。

第二条 民法典第一千零四十二条、第一千零七十九条、第一千零九十一条规定的"与他人同居"的情形,是指有配偶者与婚外异性,不以夫妻名义,持续、稳定地共同居住。

第三条 当事人提起诉讼仅请求解除同居关系的,人民法院不予受理;已经受理的,裁定驳回起诉。

当事人因同居期间财产分割或者子女抚养纠纷提起诉讼的,人民法院应当受理。

第四条 当事人仅以民法典第一千零四十三条为依据提起诉讼的,人民法院不予受理;已经受理的,裁定驳回起诉。

第五条 当事人请求返还按照习俗给付的彩礼的,如果查明属于以下情形,人民法院应当予以支持:

(一)双方未办理结婚登记手续;

(二)双方办理结婚登记手续但确未共同生活;

(三)婚前给付并导致给付人生活困难。

适用前款第二项、第三项的规定,应当以双方离婚为条件。

二、结 婚

第六条 男女双方依据民法典第一千零四十九条规定补办结婚登记的,婚姻关系的效力从双方均符合民法典所规定的结婚的实质要件时起算。

第七条 未依据民法典第一千零四十九条规定办理结婚登记而以夫妻名义共同生活的男女,提起诉讼要求离婚的,应当区别对待:

(一)1994 年 2 月 1 日民政部《婚姻登记管理条例》公布实施以前,男女双方已经符合结婚实质要件的,按事实婚姻处理。

(二)1994 年 2 月 1 日民政部《婚姻登记管理条例》公布实施以后,男女双方符合结婚实质要件的,人民法院应当告知其补办结婚登记。未补办结婚登记的,依据本解释第三条规定处理。

第八条 未依据民法典第一千零四十九条规定办理结婚登记而以夫妻名义共同生活的男女,一方死亡,另一方以配偶身份主张享有继承权的,依据本解释第七条的原则处理。

第九条 有权依据民法典第一千零五十一条规定向人民法院就已办理结婚登记的婚姻请求确认婚姻无效的主体,包括婚姻当事人及利害关系人。其中,利害关系人包括:

(一)以重婚为由的,为当事人的近亲属及基层组织;

(二)以未到法定婚龄为由的,为未到法定婚龄者的近亲属;

(三)以有禁止结婚的亲属关系为由的,为当事人的近亲属。

第十条 当事人依据民法典第一千零五十一条规定向人民法院请求确认婚姻无效,法定的无效婚姻情形在提起诉讼时已经消失的,人民法院不予支持。

第十一条 人民法院受理请求确认婚姻无效案件后,原告申请撤诉的,不予准许。

对婚姻效力的审理不适用调解,应当依法作出判决。

涉及财产分割和子女抚养的,可以调解。调解达成协议的,另行制作调解书;未达成调解协议的,应当一并作出判决。

第十二条　人民法院受理离婚案件后,经审理确属无效婚姻的,应当将婚姻无效的情形告知当事人,并依法作出确认婚姻无效的判决。

第十三条　人民法院就同一婚姻关系分别受理了离婚和请求确认婚姻无效案件的,对于离婚案件的审理,应当待请求确认婚姻无效案件作出判决后进行。

第十四条　夫妻一方或者双方死亡后,生存一方或者利害关系人依据民法典第一千零五十一条的规定请求确认婚姻无效的,人民法院应当受理。

第十五条　利害关系人依据民法典第一千零五十一条的规定,请求人民法院确认婚姻无效的,利害关系人为原告,婚姻关系当事人双方为被告。

夫妻一方死亡的,生存一方为被告。

第十六条　人民法院审理重婚导致的无效婚姻案件时,涉及财产处理的,应当准许合法婚姻当事人作为有独立请求权的第三人参加诉讼。

第十七条　当事人以民法典第一千零五十一条规定的三种无效婚姻以外的情形请求确认婚姻无效的,人民法院应当判决驳回当事人的诉讼请求。

当事人以结婚登记程序存在瑕疵为由提起民事诉讼,主张撤销结婚登记,告知其可以依法申请行政复议或者提起行政诉讼。

第十八条　行为人以给另一方当事人或者其近亲属的生命、身体、健康、名誉、财产等方面造成损害为要挟,迫使另一方当事人违背真实意愿结婚的,可以认定为民法典第一千零五十二条所称的"胁迫"。

因受胁迫而请求撤销婚姻的,只能是受胁迫一方的婚姻关系当事人本人。

第十九条　民法典第一千零五十二条规定的"一年",不适用诉讼时效中止、中断或者延长的规定。

受胁迫或者被非法限制人身自由的当事人请求撤销婚姻的,不适用民法典第一百五十二条第二款的规定。

第二十条　民法典第一千零五十四条所规定的"自始没有法律约束力",是指无效婚姻或者可撤销婚姻在依法被确认无效或者被撤销时,才确定该婚姻自始不受法律保护。

第二十一条　人民法院根据当事人的请求,依法确认婚姻无效或者撤销婚姻的,应当收缴双方的结婚证书并将生效的判决书寄送当地婚姻登记管理机关。

第二十二条　被确认无效或者被撤销的婚姻,当事人同居期间所得的财产,除有证据证明为当事人一方所有的以外,按共同共有处理。

三、夫妻关系

第二十三条　夫以妻擅自中止妊娠侵犯其生育权为由请求损害赔偿的,人民法院不予支持;夫妻双方因是否生育发生纠纷,致使感情确已破裂,一方请求离婚的,人民法院经调解无效,应依照民法典第一千零七十九条第三款第五项的规定处理。

第二十四条　民法典第一千零六十二条第一款第三项规定的"知识产权的收益",是指婚姻关系存续期间,实际取得或者已经明确可以取得的财产性收益。

第二十五条　婚姻关系存续期间,下列财产属于民法典第一千零六十二条规定的"其他应当归共同所有的财产":

(一)一方以个人财产投资取得的收益;

(二)男女双方实际取得或者应当取得的住房补贴、住房公积金;

(三)男女双方实际取得或者应当取得的基本养老金、破产安置补偿费。

第二十六条　夫妻一方个人财产在婚后产生的收益,除孳息和自然增值外,应认定为夫妻共同财产。

第二十七条　由一方婚前承租、婚后用共同财产购买的房屋,登记在一方名下的,应当认定为夫妻共同财产。

第二十八条　一方未经另一方同意出售夫妻共同所有的房屋,第三人善意购买、支付合理对价并已办理不动产登记,另一方主张追回该房屋的,人民法院不予支持。

夫妻一方擅自处分共同所有的房屋造成另一方损失,离婚时另一方请求赔偿损失的,人民法院应予支持。

第二十九条　当事人结婚前,父母为双方购置房屋出资的,该出资应当认定为对自己子女个人的赠与,但父母明确表示赠与双方的除外。

当事人结婚后,父母为双方购置房屋出资的,依照约定处理;没有约定或者约定不明确的,按照民法典第一千零六十二条第一款第四项规定的原则处理。

第三十条　军人的伤亡保险金、伤残补助金、医药生活补助费属于个人财产。

第三十一条　民法典第一千零六十三条规定为夫妻一方的个人财产,不因婚姻关系的延续而转化为夫妻共同财产。但当事人另有约定的除外。

第三十二条　婚前或者婚姻关系存续期间,当事人约定将一方所有的房产赠与另一方或者共有,赠与方在赠与房产变更登记之前撤销赠与,另一方请求判令继续履行的,人民法院可以按照民法典第六百五十八条的规定处理。

第三十三条 债权人就一方婚前所负个人债务向债务人的配偶主张权利的，人民法院不予支持。但债权人能够证明所负债务用于婚后家庭共同生活的除外。

第三十四条 夫妻一方与第三人串通，虚构债务，第三人主张该债务为夫妻共同债务的，人民法院不予支持。

夫妻一方在从事赌博、吸毒等违法犯罪活动中所负债务，第三人主张该债务为夫妻共同债务的，人民法院不予支持。

第三十五条 当事人的离婚协议或者人民法院生效判决、裁定、调解书已经对夫妻财产分割问题作出处理的，债权人仍有权就夫妻共同债务向男女双方主张权利。

一方就夫妻共同债务承担清偿责任后，主张由另一方按照离婚协议或者人民法院的法律文书承担相应债务的，人民法院应予支持。

第三十六条 夫或者妻一方死亡的，生存一方应当对婚姻关系存续期间的夫妻共同债务承担清偿责任。

第三十七条 民法典第一千零六十五条第三款所称"相对人知道该约定的"，夫妻一方对此负有举证责任。

第三十八条 婚姻关系存续期间，除民法典第一千零六十六条规定情形以外，夫妻一方请求分割共同财产的，人民法院不予支持。

四、父母子女关系

第三十九条 父或者母向人民法院起诉请求否认亲子关系，并已提供必要证据予以证明，另一方没有相反证据又拒绝做亲子鉴定的，人民法院可以认定否认亲子关系一方的主张成立。

父或者母以及成年子女起诉请求确认亲子关系，并提供必要证据予以证明，另一方没有相反证据又拒绝做亲子鉴定的，人民法院可以认定确认亲子关系一方的主张成立。

第四十条 婚姻关系存续期间，夫妻双方一致同意进行人工授精，所生子女应视为婚生子女，父母子女间的权利义务关系适用民法典的有关规定。

第四十一条 尚在校接受高中及其以下学历教育，或者丧失、部分丧失劳动能力等非因主观原因而无法维持正常生活的成年子女，可以认定为民法典第一千零六十七条规定的"不能独立生活的成年子女"。

第四十二条 民法典第一千零六十七条所称"抚养费"，包括子女生活费、教育费、医疗费等费用。

第四十三条 婚姻关系存续期间，父母双方或者一方拒不履行抚养子女义务，未成年子女或者不能独立生活的成年子女请求支付抚养费的，人民法院应予支持。

第四十四条 离婚案件涉及未成年子女抚养的，对不满两周岁的子女，按照民法典第一千零八十四条第三款规定的原则处理。母亲有下列情形之一，父亲请求直接抚养的，人民法院应予支持：

（一）患有久治不愈的传染性疾病或者其他严重疾病，子女不宜与其共同生活的；

（二）有抚养条件不尽抚养义务，而父亲要求子女随其生活的；

（三）因其他原因，子女确不宜随母亲生活的。

第四十五条 父母双方协议不满两周岁子女由父亲直接抚养，并对子女健康成长无不利影响的，人民法院应予支持。

第四十六条 对已满两周岁的未成年子女，父母均要求直接抚养，一方有下列情形之一的，可予优先考虑：

（一）已做绝育手术或者因其他原因丧失生育能力的；

（二）子女随其生活时间较长，改变生活环境对子女健康成长明显不利的；

（三）无其他子女，而另一方有其他子女的；

（四）子女随其生活，对子女成长有利，而另一方患有久治不愈的传染性疾病或者其他严重疾病，或者有其他不利于子女身心健康的情形，不宜与子女共同生活的。

第四十七条 父母抚养子女的条件基本相同，双方均要求直接抚养子女，但子女单独随祖父母或者外祖父母共同生活多年，且祖父母或者外祖父母要求并且有能力帮助子女照顾孙子女或者外孙子女的，可以作为父或者母直接抚养子女的优先条件予以考虑。

第四十八条 在有利于保护子女利益的前提下，父母双方协议轮流直接抚养子女的，人民法院应予支持。

第四十九条 抚养费的数额，可以根据子女的实际需要、父母双方的负担能力和当地的实际生活水平确定。

有固定收入的，抚养费一般可以按其月总收入的百分之二十至三十的比例给付。负担两个以上子女抚养费的，比例可以适当提高，但一般不得超过月总收入的百分之五十。

无固定收入的，抚养费的数额可以依据当年总收入或者同行业平均收入，参照上述比例确定。

有特殊情况的，可以适当提高或者降低上述比例。

第五十条 抚养费应当定期给付，有条件的可以一次性给付。

第五十一条 父母一方无经济收入或者下落不明的，可以用其财物折抵抚养费。

第五十二条　父母双方可以协议由一方直接抚养子女并由直接抚养方负担子女全部抚养费。但是，直接抚养方的抚养能力明显不能保障子女所需费用，影响子女健康成长的，人民法院不予支持。

第五十三条　抚养费的给付期限，一般至子女十八周岁为止。

十六周岁以上不满十八周岁，以其劳动收入为主要生活来源，并能维持当地一般生活水平的，父母可以停止给付抚养费。

第五十四条　生父与继母离婚或者生母与继父离婚时，对曾受其抚养教育的继子女，继父或者继母不同意继续抚养的，仍应由生父或者生母抚养。

第五十五条　离婚后，父母一方要求变更子女抚养关系的，或者子女要求增加抚养费的，应当另行提起诉讼。

第五十六条　具有下列情形之一，父母一方要求变更子女抚养关系的，人民法院应予支持：

（一）与子女共同生活的一方因患严重疾病或者因伤残无力继续抚养子女；

（二）与子女共同生活的一方不尽抚养义务或有虐待子女行为，或者其与子女共同生活对子女身心健康确有不利影响；

（三）已满八周岁的子女，愿随另一方生活，该方又有抚养能力；

（四）有其他正当理由需要变更。

第五十七条　父母双方协议变更子女抚养关系的，人民法院应予支持。

第五十八条　具有下列情形之一，子女要求有负担能力的父或者母增加抚养费的，人民法院应予支持：

（一）原定抚养费数额不足以维持当地实际生活水平；

（二）因子女患病、上学，实际需要已超过原定数额；

（三）有其他正当理由应当增加。

第五十九条　父母不得因子女变更姓氏而拒付子女抚养费。父或者母擅自将子女姓氏改为继母或继父姓氏而引起纠纷的，应当责令恢复原姓氏。

第六十条　在离婚诉讼期间，双方均拒绝抚养子女的，可以先行裁定暂由一方抚养。

第六十一条　对拒不履行或者妨害他人履行生效判决、裁定、调解书中有关子女抚养义务的当事人或者其他人，人民法院可依照民事诉讼法第一百一十一条的规定采取强制措施。

五、离　婚

第六十二条　无民事行为能力人的配偶有民法典第三十六条第一款规定行为，其他有监护资格的人可以要求撤销其监护资格，并依法指定新的监护人；变更后的监护人代理无民事行为能力一方提起离婚诉讼的，人民法院应予受理。

第六十三条　人民法院审理离婚案件，符合民法典第一千零七十九条第三款规定"应当准予离婚"情形的，不应当因当事人有过错而判决不准离婚。

第六十四条　民法典第一千零八十一条所称的"军人一方有重大过错"，可以依据民法典第一千零七十九条第三款前三项规定及军人有其他重大过错导致夫妻感情破裂的情形予以判断。

第六十五条　人民法院作出的生效的离婚判决中未涉及探望权，当事人就探望权问题单独提起诉讼的，人民法院应予受理。

第六十六条　当事人在履行生效判决、裁定或者调解书的过程中，一方请求中止探望的，人民法院在征询双方当事人意见后，认为需要中止探望的，依法作出裁定；中止探望的情形消失后，人民法院应当根据当事人的请求书面通知其恢复探望。

第六十七条　未成年子女、直接抚养子女的父或者母以及其他对未成年子女负担抚养、教育、保护义务的法定监护人，有权向人民法院提出中止探望的请求。

第六十八条　对于拒不协助另一方行使探望权的有关个人或者组织，可以由人民法院依法采取拘留、罚款等强制措施，但是不能对子女的人身、探望行为进行强制执行。

第六十九条　当事人达成的以协议离婚或者到人民法院调解离婚为条件的财产以及债务处理协议，如果双方离婚未成，一方在离婚诉讼中反悔的，人民法院应当认定该财产以及债务处理协议没有生效，并根据实际情况依照民法典第一千零八十七条和第一千零八十九条的规定判决。

当事人依照民法典第一千零七十六条签订的离婚协议中关于财产以及债务处理的条款，对男女双方具有法律约束力。登记离婚后当事人因履行上述协议发生纠纷提起诉讼的，人民法院应予受理。

第七十条　夫妻双方协议离婚后就财产分割问题反悔，请求撤销财产分割协议的，人民法院应当受理。

人民法院审理后，未发现订立财产分割协议时存在欺诈、胁迫等情形的，应当依法驳回当事人的诉讼请求。

第七十一条 人民法院审理离婚案件,涉及分割发放到军人名下的复员费、自主择业费等一次性费用的,以夫妻婚姻关系存续年限乘以年平均值,所得数额为夫妻共同财产。

前款所称年平均值,是指将发放到军人名下的上述费用总额按具体年限均分得出的数额。其具体年限为人均寿命七十岁与军人入伍时实际年龄的差额。

第七十二条 夫妻双方分割共同财产中的股票、债券、投资基金份额等有价证券以及未上市股份有限公司股份时,协商不成或者按市价分配有困难的,人民法院可以根据数量按比例分配。

第七十三条 人民法院审理离婚案件,涉及分割夫妻共同财产中以一方名义在有限责任公司的出资额,另一方不是该公司股东的,按以下情形分别处理:

(一)夫妻双方协商一致将出资额部分或者全部转让给该股东的配偶,其他股东过半数同意,并且其他股东均明确表示放弃优先购买权,该股东的配偶可以成为该公司股东;

(二)夫妻双方就出资额转让份额和转让价格等事项协商一致后,其他股东半数以上不同意转让,但愿意以同等条件购买该出资额的,人民法院可以对转让出资所得财产进行分割。其他股东半数以上不同意转让,也不愿意以同等条件购买该出资额的,视为其同意转让,该股东的配偶可以成为该公司股东。

用于证明前款规定的股东同意的证据,可以是股东会议材料,也可以是当事人通过其他合法途径取得的股东的书面声明材料。

第七十四条 人民法院审理离婚案件,涉及分割夫妻共同财产中以一方名义在合伙企业中的出资,另一方不是该企业合伙人的,当夫妻双方协商一致,将其合伙企业中的财产份额全部或者部分转让给对方时,按以下情形分别处理:

(一)其他合伙人一致同意的,该配偶依法取得合伙人地位;

(二)其他合伙人不同意转让,在同等条件下行使优先购买权的,可以对转让所得的财产进行分割;

(三)其他合伙人不同意转让,也不行使优先购买权,但同意该合伙人退伙或者削减部分财产份额的,可以对结算后的财产进行分割;

(四)其他合伙人既不同意转让,也不行使优先购买权,又不同意该合伙人退伙或者削减部分财产份额的,视为全体合伙人同意转让,该配偶依法取得合伙人地位。

第七十五条 夫妻以一方名义投资设立个人独资企业的,人民法院分割夫妻在该个人独资企业中的共同财产时,应当按照以下情形分别处理:

(一)一方主张经营该企业的,对企业资产进行评估后,由取得企业资产所有权一方给予另一方相应的补偿;

(二)双方均主张经营该企业的,在双方竞价基础上,由取得企业资产所有权的一方给予另一方相应的补偿;

(三)双方均不愿意经营该企业的,按照《中华人民共和国个人独资企业法》等有关规定办理。

第七十六条 双方对夫妻共同财产中的房屋价值及归属无法达成协议时,人民法院按以下情形分别处理:

(一)双方均主张房屋所有权并且同意竞价取得的,应当准许;

(二)一方主张房屋所有权的,由评估机构按市场价格对房屋作出评估,取得房屋所有权的一方应当给予另一方相应的补偿;

(三)双方均不主张房屋所有权的,根据当事人的申请拍卖、变卖房屋,就所得价款进行分割。

第七十七条 离婚时双方对尚未取得所有权或者尚未取得完全所有权的房屋有争议且协商不成的,人民法院不宜判决房屋所有权的归属,应当根据实际情况判决由当事人使用。

当事人就前款规定的房屋取得完全所有权后,有争议的,可以另行向人民法院提起诉讼。

第七十八条 夫妻一方婚前签订不动产买卖合同,以个人财产支付首付款并在银行贷款,婚后用夫妻共同财产还贷,不动产登记于首付款支付方名下的,离婚时该不动产由双方协议处理。

依前款规定不能达成协议的,人民法院可以判决该不动产归登记一方,尚未归还的贷款为不动产登记一方的个人债务。双方婚后共同还贷支付的款项及其相对应财产增值部分,离婚时应根据民法典第一千零八十七条第一款规定的原则,由不动产登记一方对另一方进行补偿。

第七十九条 婚姻关系存续期间,双方用夫妻共同财产出资购买以一方父母名义参加房改的房屋,登记在一方父母名下,离婚时另一方主张按照夫妻共同财产对该房屋进行分割的,人民法院不予支持。购买该房屋时的出资,可以作为债权处理。

第八十条 离婚时夫妻一方尚未退休、不符合领取基本养老金条件,另一方请求按夫妻共同财产分割基本养老金的,人民法院不予支持;婚后以夫妻共同财产缴纳基本养老保险费,离婚时一方主张将养老金账户中婚姻关系存续期间个人实际缴纳部分及利息作为夫妻共同财产分割的,人民法院应予支持。

第八十一条 婚姻关系存续期间,夫妻一方作为继承人依法可以继承的遗产,在继承人之间尚未实际分割,起诉离婚时另一方请求分割的,人民法院应当告知当事人在继承人之间实际分割遗产后另行起诉。

第八十二条 夫妻之间订立借款协议,以夫妻共同财产出借给一方从事个人经营活动或者用于其他个人事务的,应视为双方约定处分夫妻共同财产的行为,离婚时可以按照借款协议的约定处理。

第八十三条 离婚后,一方以尚有夫妻共同财产未处理为由向人民法院起诉请求分割的,经审查该财产确属离婚时未涉及的夫妻共同财产,人民法院应当依法予以分割。

第八十四条 当事人依据民法典第一千零九十二条的规定向人民法院提起诉讼,请求再次分割夫妻共同财产的诉讼时效期间为三年,从当事人发现之日起计算。

第八十五条 夫妻一方申请对配偶的个人财产或者夫妻共同财产采取保全措施的,人民法院可以在采取保全措施可能造成损失的范围内,根据实际情况,确定合理的财产担保数额。

第八十六条 民法典第一千零九十一条规定的"损害赔偿",包括物质损害赔偿和精神损害赔偿。涉及精神损害赔偿的,适用《最高人民法院关于确定民事侵权精神损害赔偿责任若干问题的解释》的有关规定。

第八十七条 承担民法典第一千零九十一条规定的损害赔偿责任的主体,为离婚诉讼当事人中无过错方的配偶。

人民法院判决不准离婚的案件,对于当事人基于民法典第一千零九十一条提出的损害赔偿请求,不予支持。

在婚姻关系存续期间,当事人不起诉离婚而单独依据民法典第一千零九十一条提起损害赔偿请求的,人民法院不予受理。

第八十八条 人民法院受理离婚案件时,应当将民法典第一千零九十一条等规定中当事人的有关权利义务,书面告知当事人。在适用民法典第一千零九十一条时,应当区分以下不同情况:

(一)符合民法典第一千零九十一条规定的无过错方作为原告基于该条规定向人民法院提起损害赔偿请求的,必须在离婚诉讼的同时提出。

(二)符合民法典第一千零九十一条规定的无过错方作为被告的离婚诉讼案件,如果被告不同意离婚也不基于该条规定提起损害赔偿请求的,可以就此单独提起诉讼。

(三)无过错方作为被告的离婚诉讼案件,一审时被告未基于民法典第一千零九十一条规定提出损害赔偿请求,二审期间提出的,人民法院应当进行调解;调解不成的,告知当事人另行起诉。双方当事人同意由第二审人民法院一并审理的,第二审人民法院可以一并裁判。

第八十九条 当事人在婚姻登记机关办理离婚登记手续后,以民法典第一千零九十一条规定为由向人民法院提出损害赔偿请求的,人民法院应当受理。但当事人在协议离婚时已经明确表示放弃该项请求的,人民法院不予支持。

第九十条 夫妻双方均有民法典第一千零九十一条规定的过错情形,一方或者双方向对方提出离婚损害赔偿请求的,人民法院不予支持。

六、附　则

第九十一条 本解释自 2021 年 1 月 1 日起施行。

最高人民法院关于内地与香港特别行政区法院相互认可和执行婚姻家庭民事案件判决的安排

· 2017 年 5 月 22 日最高人民法院审判委员会第 1718 次会议通过
· 2022 年 2 月 14 日最高人民法院公告公布
· 自 2022 年 2 月 15 日起施行
· 法释〔2022〕4 号

根据《中华人民共和国香港特别行政区基本法》第九十五条的规定,最高人民法院与香港特别行政区政府经协商,现就婚姻家庭民事案件判决的认可和执行问题作出如下安排:

第一条 当事人向香港特别行政区法院申请认可和执行内地人民法院就婚姻家庭民事案件作出的生效判决,或者向内地人民法院申请认可和执行香港特别行政区法院就婚姻家庭民事案件作出的生效判决的,适用本安排。

当事人向香港特别行政区法院申请认可内地民政部门所发的离婚证,或者向内地人民法院申请认可依据《婚姻制度改革条例》(香港法例第 178 章)第 V 部、第 VA 部规定解除婚姻的协议书、备忘录的,参照适用本安排。

第二条 本安排所称生效判决:

(一)在内地,是指第二审判决,依法不准上诉或者超过法定期限没有上诉的第一审判决，以及依照审判监督程序作出的上述判决；

（二）在香港特别行政区，是指终审法院、高等法院上诉法庭及原讼法庭和区域法院作出的已经发生法律效力的判决，包括依据香港法律可以在生效后作出更改的命令。

前款所称判决，在内地包括判决、裁定、调解书，在香港特别行政区包括判决、命令、判令、讼费评定证明书、定额讼费证明书，但不包括双方依据其法律承认的其他国家和地区法院作出的判决。

第三条 本安排所称婚姻家庭民事案件：

（一）在内地是指：

1. 婚内夫妻财产分割纠纷案件；
2. 离婚纠纷案件；
3. 离婚后财产纠纷案件；
4. 婚姻无效纠纷案件；
5. 撤销婚姻纠纷案件；
6. 夫妻财产约定纠纷案件；
7. 同居关系子女抚养纠纷案件；
8. 亲子关系确认纠纷案件；
9. 抚养纠纷案件；
10. 扶养纠纷案件(限于夫妻之间扶养纠纷)；
11. 确认收养关系纠纷案件；
12. 监护权纠纷案件(限于未成年子女监护权纠纷)；
13. 探望权纠纷案件；
14. 申请人身安全保护令案件。

（二）在香港特别行政区是指：

1. 依据香港法例第 179 章《婚姻诉讼条例》第 Ⅲ 部作出的离婚绝对判令；
2. 依据香港法例第 179 章《婚姻诉讼条例》第 Ⅳ 部作出的婚姻无效绝对判令；
3. 依据香港法例第 192 章《婚姻法律程序与财产条例》作出的在讼案待决期间提供赡养费令；
4. 依据香港法例第 13 章《未成年人监护条例》、第 16 章《分居令及赡养令条例》、第 192 章《婚姻法律程序与财产条例》第 II 部、第 IIA 部作出的赡养令；
5. 依据香港法例第 13 章《未成年人监护条例》、第 192 章《婚姻法律程序与财产条例》第 II 部、第 IIA 部作出的财产转让及出售财产令；
6. 依据香港法例第 182 章《已婚者地位条例》作出的有关财产的命令；
7. 依据香港法例第 192 章《婚姻法律程序与财产条例》在双方在生时作出的修改赡养协议的命令；
8. 依据香港法例第 290 章《领养条例》作出的领养令；
9. 依据香港法例第 179 章《婚姻诉讼条例》、第 429 章《父母与子女条例》作出的父母身份、婚生地位或者确立婚生地位的宣告；
10. 依据香港法例第 13 章《未成年人监护条例》、第 16 章《分居令及赡养令条例》、第 192 章《婚姻法律程序与财产条例》作出的管养令；
11. 就受香港法院监护的未成年子女作出的管养令；
12. 依据香港法例第 189 章《家庭及同居关系暴力条例》作出的禁制骚扰令、驱逐令、重返令或者更改、暂停执行就未成年子女的管养令、探视令。

第四条 申请认可和执行本安排规定的判决：

（一）在内地向申请人住所地、经常居住地或者被申请人住所地、经常居住地、财产所在地的中级人民法院提出；

（二）在香港特别行政区向区域法院提出。

申请人应当向符合前款第一项规定的其中一个人民法院提出申请。向两个以上有管辖权的人民法院提出申请的，由最先立案的人民法院管辖。

第五条 申请认可和执行本安排第一条第一款规定的判决的，应当提交下列材料：

（一）申请书；

（二）经作出生效判决的法院盖章的判决副本；

（三）作出生效判决的法院出具的证明书，证明该判决属于本安排规定的婚姻家庭民事案件生效判决；

（四）判决为缺席判决的，应当提交法院已经合法传唤当事人的证明文件，但判决已经对此予以明确说明或者缺席方提出申请的除外；

（五）经公证的身份证件复印件。

申请认可本安排第一条第二款规定的离婚证或者协议书、备忘录的，应当提交下列材料：

（一）申请书；

（二）经公证的离婚证复印件，或者经公证的协议书、备忘录复印件；

（三）经公证的身份证件复印件。

向内地人民法院提交的文件没有中文文本的，应当提交准确的中文译本。

第六条 申请书应当载明下列事项：

（一）当事人的基本情况，包括姓名、住所、身份证件信息、通讯方式等；

（二）请求事项和理由，申请执行的，还需提供被申请人的财产状况和财产所在地；

(三)判决是否已在其他法院申请执行和执行情况。

第七条 申请认可和执行判决的期间、程序和方式,应当依据被请求方法律的规定。

第八条 法院应当尽快审查认可和执行的请求,并作出裁定或者命令。

第九条 申请认可和执行的判决,被申请人提供证据证明有下列情形之一的,法院审查核实后,不予认可和执行:

(一)根据原审法院地法律,被申请人未经合法传唤,或者虽经合法传唤但未获得合理的陈述、辩论机会的;

(二)判决是以欺诈方法取得的;

(三)被请求方法院受理相关诉讼后,请求方法院又受理就同一争议提起的诉讼并作出判决的;

(四)被请求方法院已经就同一争议作出判决,或者已经认可和执行其他国家和地区法院就同一争议所作出的判决的。

内地人民法院认为认可和执行香港特别行政区法院判决明显违反内地法律的基本原则或者社会公共利益,香港特别行政区法院认为认可和执行内地人民法院判决明显违反香港特别行政区法律的基本原则或者公共政策的,不予认可和执行。

申请认可和执行的判决涉及未成年子女的,在根据前款规定审查决定是否认可和执行时,应当充分考虑未成年子女的最佳利益。

第十条 被请求方法院不能对判决的全部判项予以认可和执行时,可以认可和执行其中的部份判项。

第十一条 对于香港特别行政区法院作出的判决,一方当事人已经提出上诉,内地人民法院审查核实后,可以中止认可和执行程序。经上诉,维持全部或者部份原判决的,恢复认可和执行程序;完全改变原判决的,终止认可和执行程序。

内地人民法院就已经作出的判决裁定再审的,香港特别行政区法院审查核实后,可以中止认可和执行程序。经再审,维持全部或者部份原判决的,恢复认可和执行程序;完全改变原判决的,终止认可和执行程序。

第十二条 在本安排下,内地人民法院作出的有关财产归一方所有的判项,在香港特别行政区将被视为命令一方向另一方转让该财产。

第十三条 被申请人在内地和香港特别行政区均有可供执行财产的,申请人可以分别向两地法院申请执行。

两地法院执行财产的总额不得超过判决确定的数额。应对方法院要求,两地法院应当相互提供本院执行判决的情况。

第十四条 内地与香港特别行政区法院相互认可和执行的财产给付范围,包括判决确定的给付财产和相应的利息、迟延履行金、诉讼费,不包括税收、罚款。

前款所称诉讼费,在香港特别行政区是指讼费评定证明书、定额讼费证明书核定或者命令支付的费用。

第十五条 被请求方法院就认可和执行的申请作出裁定或者命令后,当事人不服的,在内地可以于裁定送达之日起十日内向上一级人民法院申请复议,在香港特别行政区可以依据其法律规定提出上诉。

第十六条 在审理婚姻家庭民事案件期间,当事人申请认可和执行另一地法院就同一争议作出的判决的,应当受理。受理后,有关诉讼应当中止,待就认可和执行的申请作出裁定或者命令后,再视情终止或者恢复诉讼。

第十七条 审查认可和执行判决申请期间,当事人就同一争议提起诉讼的,不予受理;已经受理的,驳回起诉。

判决获得认可和执行后,当事人又就同一争议提起诉讼的,不予受理。

判决未获认可和执行的,申请人不得再次申请认可和执行,但可以就同一争议向被请求方法院提起诉讼。

第十八条 被请求方法院在受理认可和执行判决的申请之前或者之后,可以依据其法律规定采取保全或者强制措施。

第十九条 申请认可和执行判决的,应当依据被请求方有关诉讼收费的法律和规定交纳费用。

第二十条 内地与香港特别行政区法院自本安排生效之日起作出的判决,适用本安排。

第二十一条 本安排在执行过程中遇有问题或者需要修改的,由最高人民法院和香港特别行政区政府协商解决。

第二十二条 本安排自2022年2月15日起施行。

最高人民法院关于办理人身安全保护令案件适用法律若干问题的规定

· 2022年6月7日最高人民法院审判委员会第1870次会议通过
· 2022年7月14日最高人民法院公告公布
· 自2022年8月1日起施行
· 法释〔2022〕17号

为正确办理人身安全保护令案件,及时保护家庭暴力受害人的合法权益,根据《中华人民共和国民法典》

《中华人民共和国反家庭暴力法》《中华人民共和国民事诉讼法》等相关法律规定，结合审判实践，制定本规定。

第一条 当事人因遭受家庭暴力或者面临家庭暴力的现实危险，依照反家庭暴力法向人民法院申请人身安全保护令的，人民法院应当受理。

向人民法院申请人身安全保护令，不以提起离婚等民事诉讼为条件。

第二条 当事人因年老、残疾、重病等原因无法申请人身安全保护令，其近亲属、公安机关、民政部门、妇女联合会、居民委员会、村民委员会、残疾人联合会、依法设立的老年人组织、救助管理机构等，根据当事人意愿，依照反家庭暴力法第二十三条规定代为申请的，人民法院应当依法受理。

第三条 家庭成员之间以冻饿或者经常性侮辱、诽谤、威胁、跟踪、骚扰等方式实施的身体或者精神侵害行为，应当认定为反家庭暴力法第二条规定的"家庭暴力"。

第四条 反家庭暴力法第三十七条规定的"家庭成员以外共同生活的人"一般包括共同生活的儿媳、女婿、公婆、岳父母以及其他有监护、扶养、寄养等关系的人。

第五条 当事人及其代理人对因客观原因不能自行收集的证据，申请人民法院调查收集，符合《最高人民法院关于适用〈中华人民共和国民事诉讼法〉的解释》第九十四条第一款规定情形的，人民法院应当调查收集。

人民法院经审查，认为办理案件需要的证据符合《最高人民法院关于适用〈中华人民共和国民事诉讼法〉的解释》第九十六条规定的，应当调查收集。

第六条 人身安全保护令案件中，人民法院根据相关证据，认为申请人遭受家庭暴力或者面临家庭暴力现实危险的事实存在较大可能性的，可以依法作出人身安全保护令。

前款所称"相关证据"包括：

（一）当事人的陈述；

（二）公安机关出具的家庭暴力告诫书、行政处罚决定书；

（三）公安机关的出警记录、讯问笔录、询问笔录、接警记录、报警回执等；

（四）被申请人曾出具的悔过书或者保证书等；

（五）记录家庭暴力发生或者解决过程等的视听资料；

（六）被申请人与申请人或者其近亲属之间的电话录音、短信、即时通讯信息、电子邮件等；

（七）医疗机构的诊疗记录；

（八）申请人或者被申请人所在单位、民政部门、居民委员会、村民委员会、妇女联合会、残疾人联合会、未成年人保护组织、依法设立的老年人组织、救助管理机构、反家暴社会公益机构等单位收到投诉、反映或者求助的记录；

（九）未成年子女提供的与其年龄、智力相适应的证言或者亲友、邻居等其他证人证言；

（十）伤情鉴定意见；

（十一）其他能够证明申请人遭受家庭暴力或者面临家庭暴力现实危险的证据。

第七条 人民法院可以通过在线诉讼平台、电话、短信、即时通讯工具、电子邮件等简便方式询问被申请人。被申请人未发表意见的，不影响人民法院依法作出人身安全保护令。

第八条 被申请人认可存在家庭暴力行为，但辩称申请人有过错的，不影响人民法院依法作出人身安全保护令。

第九条 离婚等案件中，当事人仅以人民法院曾作出人身安全保护令为由，主张存在家庭暴力事实的，人民法院应当根据《最高人民法院关于适用〈中华人民共和国民事诉讼法〉的解释》第一百零八条的规定，综合认定是否存在该事实。

第十条 反家庭暴力法第二十九条第四项规定的"保护申请人人身安全的其他措施"可以包括下列措施：

（一）禁止被申请人以电话、短信、即时通讯工具、电子邮件等方式侮辱、诽谤、威胁申请人及其相关近亲属；

（二）禁止被申请人在申请人及其相关近亲属的住所、学校、工作单位等经常出入场所的一定范围内从事可能影响申请人及其相关近亲属正常生活、学习、工作的活动。

第十一条 离婚案件中，判决不准离婚或者调解和好后，被申请人违反人身安全保护令实施家庭暴力的，可以认定为民事诉讼法第一百二十七条第七项规定的"新情况、新理由"。

第十二条 被申请人违反人身安全保护令，符合《中华人民共和国刑法》第三百一十三条规定的，以拒不执行判决、裁定罪定罪处罚；同时构成其他犯罪的，依照刑法有关规定处理。

第十三条 本规定自2022年8月1日起施行。

最高人民法院关于审理涉彩礼纠纷案件适用法律若干问题的规定

- 2023年11月13日最高人民法院审判委员会第1905次会议通过
- 2024年1月17日最高人民法院公告公布
- 自2024年2月1日起施行
- 法释〔2024〕1号

为正确审理涉彩礼纠纷案件，根据《中华人民共和国民法典》《中华人民共和国民事诉讼法》等法律规定，结合审判实践，制定本规定。

第一条 以婚姻为目的依习俗给付彩礼后，因要求返还产生的纠纷，适用本规定。

第二条 禁止借婚姻索取财物。一方以彩礼为名借婚姻索取财物，另一方要求返还的，人民法院应予支持。

第三条 人民法院在审理涉彩礼纠纷案件中，可以根据一方给付财物的目的，综合考虑双方当地习俗、给付的时间和方式、财物价值、给付人及接收人等事实，认定彩礼范围。

下列情形给付的财物，不属于彩礼：

（一）一方在节日、生日等有特殊纪念意义时点给付的价值不大的礼物、礼金；

（二）一方为表达或者增进感情的日常消费性支出；

（三）其他价值不大的财物。

第四条 婚约财产纠纷中，婚约一方及其实际给付彩礼的父母可以作为共同原告；婚约另一方及其实际接收彩礼的父母可以作为共同被告。

离婚纠纷中，一方提出返还彩礼诉讼请求的，当事人仍为夫妻双方。

第五条 双方已办理结婚登记且共同生活，离婚时一方请求返还按照习俗给付的彩礼的，人民法院一般不予支持。但是，如果共同生活时间较短且彩礼数额过高的，人民法院可以根据彩礼实际使用及嫁妆情况，综合考虑彩礼数额、共同生活及孕育情况、双方过错等事实，结合当地习俗，确定是否返还以及返还的具体比例。

人民法院认定彩礼数额是否过高，应当综合考虑彩礼给付方所在地居民人均可支配收入、给付方家庭经济情况以及当地习俗等因素。

第六条 双方未办理结婚登记但已共同生活，一方请求返还按照习俗给付的彩礼的，人民法院应当根据彩礼实际使用及嫁妆情况，综合考虑共同生活及孕育情况、双方过错等事实，结合当地习俗，确定是否返还以及返还的具体比例。

第七条 本规定自2024年2月1日起施行。

本规定施行后，人民法院尚未审结的一审、二审案件适用本规定。本规定施行前已经终审、施行后当事人申请再审或者按照审判监督程序决定再审的案件，不适用本规定。

婚姻登记条例

- 2003年8月8日中华人民共和国国务院令第387号公布
- 根据2024年12月6日《国务院关于修改和废止部分行政法规的决定》修订

第一章 总 则

第一条 为了规范婚姻登记工作，保障婚姻自由、一夫一妻、男女平等的婚姻制度的实施，保护婚姻当事人的合法权益，根据《中华人民共和国民法典》（以下简称民法典），制定本条例。

第二条 内地居民办理婚姻登记的机关是县级人民政府民政部门或者乡（镇）人民政府，省、自治区、直辖市人民政府可以按照便民原则确定农村居民办理婚姻登记的具体机关。

中国公民同外国人，内地居民同香港特别行政区居民（以下简称香港居民）、澳门特别行政区居民（以下简称澳门居民）、台湾地区居民（以下简称台湾居民）、华侨办理婚姻登记的机关是省、自治区、直辖市人民政府民政部门或者省、自治区、直辖市人民政府民政部门确定的机关。

第三条 婚姻登记机关的婚姻登记员应当接受婚姻登记业务培训，经考核合格，方可从事婚姻登记工作。

婚姻登记机关办理婚姻登记，除按收费标准向当事人收取工本费外，不得收取其他费用或者附加其他义务。

第二章 结婚登记

第四条 内地居民结婚，男女双方应当共同到一方当事人常住户口所在地的婚姻登记机关办理结婚登记。

中国公民同外国人在中国内地结婚的，内地居民同香港居民、澳门居民、台湾居民、华侨在中国内地结婚的，男女双方应当共同到内地居民常住户口所在地的婚姻登记机关办理结婚登记。

第五条 办理结婚登记的内地居民应当出具下列证件和证明材料：

（一）本人的户口簿、身份证；

（二）本人无配偶以及与对方当事人没有直系血亲和三代以内旁系血亲关系的签字声明。

办理结婚登记的香港居民、澳门居民、台湾居民应当出具下列证件和证明材料：

（一）本人的有效通行证、身份证；

（二）经居住地公证机构公证的本人无配偶以及与对方当事人没有直系血亲和三代以内旁系血亲关系的声明。

办理结婚登记的华侨应当出具下列证件和证明材料：

（一）本人的有效护照；

（二）居住国公证机构或者有权机关出具的、经中华人民共和国驻该国使（领）馆认证的本人无配偶以及与对方当事人没有直系血亲和三代以内旁系血亲关系的证明，或者中华人民共和国驻该国使（领）馆出具的本人无配偶以及与对方当事人没有直系血亲和三代以内旁系血亲关系的证明。中华人民共和国缔结或者参加的国际条约另有规定的，按照国际条约规定的证明手续办理。

办理结婚登记的外国人应当出具下列证件和证明材料：

（一）本人的有效护照或者其他有效的国际旅行证件；

（二）所在国公证机构或者有权机关出具的、经中华人民共和国驻该国使（领）馆认证或者该国驻华使（领）馆认证的本人无配偶的证明，或者所在国驻华使（领）馆出具的本人无配偶的证明。中华人民共和国缔结或者参加的国际条约另有规定的，按照国际条约规定的证明手续办理。

办理结婚登记的当事人对外国主管机关依据本条第三款、第四款提及的国际条约出具的证明文书的真实性负责，签署书面声明，并承担相应法律责任。

第六条　办理结婚登记的当事人有下列情形之一的，婚姻登记机关不予登记：

（一）未到法定结婚年龄的；

（二）非双方自愿的；

（三）一方或者双方已有配偶的；

（四）属于直系血亲或者三代以内旁系血亲的。

第七条　婚姻登记机关应当对结婚登记当事人出具的证件、证明材料进行审查并询问相关情况。对当事人符合结婚条件的，应当当场予以登记，发给结婚证；对当事人不符合结婚条件不予登记的，应当向当事人说明理由。

第八条　男女双方补办结婚登记的，适用本条例结婚登记的规定。

第九条　因胁迫结婚，受胁迫的当事人可以依据民法典第一千零五十二条的规定向人民法院请求撤销婚姻。一方当事人患有重大疾病的，应当在结婚登记前如实告知另一方当事人；不如实告知的，另一方当事人可以依据民法典第一千零五十三条的规定向人民法院请求撤销婚姻。

第三章　离婚登记

第十条　内地居民自愿离婚的，男女双方应当共同到一方当事人常住户口所在地的婚姻登记机关办理离婚登记。

中国公民同外国人在中国内地自愿离婚的，内地居民同香港居民、澳门居民、台湾居民、华侨在中国内地自愿离婚的，男女双方应当共同到内地居民常住户口所在地的婚姻登记机关办理离婚登记。

第十一条　办理离婚登记的内地居民应当出具下列证件和证明材料：

（一）本人的户口簿、身份证；

（二）本人的结婚证；

（三）双方当事人共同签署的离婚协议书。

办理离婚登记的香港居民、澳门居民、台湾居民、华侨、外国人除应当出具前款第（二）项、第（三）项规定的证件、证明材料外，香港居民、澳门居民、台湾居民还应当出具本人的有效通行证、身份证，华侨、外国人还应当出具本人的有效护照或者其他有效国际旅行证件。

离婚协议书应当载明双方当事人自愿离婚的意思表示以及对子女抚养、财产及债务处理等事项协商一致的意见。

第十二条　办理离婚登记的当事人有下列情形之一的，婚姻登记机关不予受理：

（一）未达成离婚协议的；

（二）属于无民事行为能力人或者限制民事行为能力人的；

（三）其结婚登记不是在中国内地办理的。

第十三条　婚姻登记机关应当对离婚登记当事人出具的证件、证明材料进行审查并询问相关情况。对当事人确属自愿离婚，并已对子女抚养、财产、债务等问题达成一致处理意见的，应当当场予以登记，发给离婚证。

第十四条　离婚的男女双方自愿恢复夫妻关系的，应当到婚姻登记机关办理复婚登记。复婚登记适用本条例结婚登记的规定。

第四章　婚姻登记档案和婚姻登记证

第十五条　婚姻登记机关应当建立婚姻登记档案。婚姻登记档案应当长期保管。具体管理办法由国务院民政部门会同国家档案管理部门规定。

第十六条　婚姻登记机关收到人民法院宣告婚姻无效或者撤销婚姻的判决书副本后,应当将该判决书副本收入当事人的婚姻登记档案。

第十七条　结婚证、离婚证遗失或者损毁的,当事人可以持户口簿、身份证向原办理婚姻登记的机关或者一方当事人常住户口所在地的婚姻登记机关申请补领。婚姻登记机关对当事人的婚姻登记档案进行查证,确认属实的,应当为当事人补发结婚证、离婚证。

第五章　罚　则

第十八条　婚姻登记机关及其婚姻登记员有下列行为之一的,对直接负责的主管人员和其他直接责任人员依法给予行政处分:

(一)为不符合婚姻登记条件的当事人办理婚姻登记的;

(二)玩忽职守造成婚姻登记档案损失的;

(三)办理婚姻登记或者补发结婚证、离婚证超过收费标准收取费用的。

违反前款第(三)项规定收取的费用,应当退还当事人。

第六章　附　则

第十九条　中华人民共和国驻外使(领)馆可以依照本条例的有关规定,为男女双方均居住于驻在国的中国公民办理婚姻登记。

第二十条　本条例规定的婚姻登记证由国务院民政部门规定式样并监制。

第二十一条　当事人办理婚姻登记或者补领结婚证、离婚证应当交纳工本费。工本费的收费标准由国务院价格主管部门会同国务院财政部门规定并公布。

第二十二条　本条例自 2003 年 10 月 1 日起施行。1994 年 1 月 12 日国务院批准、1994 年 2 月 1 日民政部发布的《婚姻登记管理条例》同时废止。

民政部关于贯彻执行
《婚姻登记条例》若干问题的意见

· 2004 年 3 月 29 日
· 民函〔2004〕76 号

各省、自治区、直辖市民政厅(局),计划单列市民政局,新疆生产建设兵团民政局:

为切实保障《婚姻登记条例》的贯彻实施,规范婚姻登记工作,方便当事人办理婚姻登记,经商国务院法制办公室、外交部、公安部、解放军总政治部等相关部门,现就《婚姻登记条例》贯彻执行过程中的若干问题提出以下处理意见:

一、关于身份证问题

当事人无法提交居民身份证的,婚姻登记机关可根据当事人出具的有效临时身份证办理婚姻登记。

二、关于户口簿问题

当事人无法出具居民户口簿的,婚姻登记机关可凭公安部门或有关户籍管理机构出具的加盖印章的户籍证明办理婚姻登记;当事人属于集体户口的,婚姻登记机关可凭集体户口簿内本人的户口卡片或加盖单位印章的记载其户籍情况的户口簿复印件办理婚姻登记。

当事人未办理落户手续的,户口迁出地或另一方当事人户口所在地的婚姻登记机关可凭公安部门或有关户籍管理机构出具的证明材料办理婚姻登记。

三、关于身份证、户口簿查验问题

当事人所持户口簿与身份证上的"姓名"、"性别"、"出生日期"内容不一致的,婚姻登记机关应告知当事人先到户籍所在地的公安部门履行相关项目变更和必要的证簿换领手续后再办理婚姻登记。

当事人声明的婚姻状况与户口簿"婚姻状况"内容不一致的,婚姻登记机关对当事人婚姻状况的审查主要依据其本人书面声明。

四、关于少数民族当事人提供的照片问题

为尊重少数民族的风俗习惯,少数民族当事人办理婚姻登记时提供的照片是否免冠从习俗。

五、关于离婚登记中的结婚证问题

申请办理离婚登记的当事人有一本结婚证丢失的,婚姻登记机关可根据另一本结婚证办理离婚登记;当事人两本结婚证都丢失的,婚姻登记机关可根据结婚登记档案或当事人提供的结婚登记记录证明等证明材料办理离婚登记。当事人应对结婚证丢失情况作出书面说明,该说明由婚姻登记机关存档。

申请办理离婚登记的当事人提供的结婚证上的姓名、出生日期、身份证号与身份证、户口簿不一致的,当事人应书面说明不一致的原因。

六、关于补领结婚证、离婚证问题

申请补领结婚证、离婚证的当事人出具的身份证、户口簿上的姓名、年龄、身份证号与原婚姻登记档案记载不一致的,当事人应书面说明不一致的原因,婚姻登记机关可根据当事人出具的身份证件补发结婚证、离婚证。

当事人办理结婚登记时未达法定婚龄,申请补领时仍未达法定婚龄的，婚姻登记机关不得补发结婚证。当事人办理结婚登记时未达法定婚龄，申请补领时已达法定婚龄的，当事人应对结婚登记情况作出书面说明；婚姻登记机关补发的结婚证登记日期应为当事人达到法定婚龄之日。

七、关于出国人员、华侨及港澳台居民结婚提交材料的问题

出国人员办理结婚登记应根据其出具的证件分情况处理。当事人出具身份证、户口簿作为身份证件的，按内地居民婚姻登记规定办理；当事人出具中国护照作为身份证件的，按华侨婚姻登记规定办理。

当事人以中国护照作为身份证件，在内地居住满一年、无法取得有关国家或我驻外使领馆出具的婚姻状况证明的，婚姻登记机关可根据当事人本人的相关情况声明及两个近亲属出具的有关当事人婚姻状况的证明办理结婚登记。

八、关于双方均非内地居民的结婚登记问题

双方均为外国人，要求在内地办理结婚登记的，如果当事人能够出具《婚姻登记条例》规定的相应证件和证明材料以及当事人本国承认其居民在国外办理结婚登记效力的证明，当事人工作或生活所在地具有办理涉外婚姻登记权限的登记机关应予受理。

一方为外国人、另一方为港澳台居民或华侨，或者双方均为港澳台居民或华侨，要求在内地办理结婚登记的，如果当事人能够出具《婚姻登记条例》规定的相应证件和证明材料，当事人工作或生活所在地具有相应办理婚姻登记权限的登记机关应予受理。

一方为出国人员、另一方为外国人或港澳台居民，或双方均为出国人员，要求在内地办理结婚登记的，如果当事人能够出具《婚姻登记条例》规定的相应证件和证明材料，出国人员出国前户口所在地具有相应办理婚姻登记权限的登记机关应予受理。

九、关于现役军人的婚姻登记问题

办理现役军人的婚姻登记仍按《民政部办公厅关于印发〈军队贯彻实施《中华人民共和国婚姻法》若干问题的规定〉有关内容的通知》（民办函〔2001〕226号）执行。

办理现役军人婚姻登记的机关可以是现役军人部队驻地所在地或户口注销前常住户口所在地的婚姻登记机关，也可以是非现役军人一方常住户口所在地的婚姻登记机关。

十、关于服刑人员的婚姻登记问题

服刑人员申请办理婚姻登记，应当亲自到婚姻登记机关提出申请并出具有效的身份证件；服刑人员无法出具身份证件的，可由监狱管理部门出具有关证明材料。

办理服刑人员婚姻登记的机关可以是一方当事人常住户口所在地或服刑监狱所在地的婚姻登记机关。

附件：公安部关于对执行《婚姻登记条例》有关问题的意见的函（略）

民政部关于贯彻落实《中华人民共和国民法典》中有关婚姻登记规定的通知

· 2020年11月24日
· 民发〔2020〕116号

各省、自治区、直辖市民政厅（局），各计划单列市民政局，新疆生产建设兵团民政局：

《中华人民共和国民法典》（以下简称《民法典》）将于2021年1月1日起施行。根据《民法典》规定，对婚姻登记有关程序等作出如下调整：

一、婚姻登记机关不再受理因胁迫结婚请求撤销业务

《民法典》第一千零五十二条第一款规定："因胁迫结婚的，受胁迫的一方可以向人民法院请求撤销婚姻。"因此，婚姻登记机关不再受理因胁迫结婚的撤销婚姻申请，《婚姻登记工作规范》第四条第三款、第五章废止，删除第十四条第（五）项中"及可撤销婚姻"、第二十五条第（二）项中"撤销受胁迫婚姻"及第七十二条第（二）项中"撤销婚姻"表述。

二、调整离婚登记程序

根据《民法典》第一千零七十六条、第一千零七十七条和第一千零七十八条规定，离婚登记按如下程序办理：

（一）申请。夫妻双方自愿离婚的，应当签订书面离婚协议，共同到有管辖权的婚姻登记机关提出申请，并提供以下证件和证明材料：

1. 内地婚姻登记机关或者中国驻外使（领）馆颁发的结婚证；

2. 符合《婚姻登记工作规范》第二十九条至第三十五条规定的有效身份证件；

3. 在婚姻登记机关现场填写的《离婚登记申请书》（附件1）。

（二）受理。婚姻登记机关按照《婚姻登记工作规范》有关规定对当事人提交的上述材料进行初审。

申请办理离婚登记的当事人有一本结婚证丢失的，当事人应当书面声明遗失，婚姻登记机关可以根据另一本结婚证受理离婚登记申请;申请办理离婚登记的当事人两本结婚证都丢失的,当事人应当书面声明结婚证遗失并提供加盖查档专用章的结婚登记档案复印件,婚姻登记机关可根据当事人提供的上述材料受理离婚登记申请。

婚姻登记机关对当事人提交的证件和证明材料初审无误后,发给《离婚登记申请受理回执单》(附件2)。不符合离婚登记申请条件的,不予受理。当事人要求出具《不予受理离婚登记申请告知书》(附件3)的,应当出具。

(三)冷静期。自婚姻登记机关收到离婚登记申请并向当事人发放《离婚登记申请受理回执单》之日起三十日内(自婚姻登记机关收到离婚登记申请之日的次日开始计算期间,期间的最后一日是法定休假日的,以法定休假日结束的次日为期间的最后一日),任何一方不愿意离婚的,可以持本人有效身份证件和《离婚登记申请受理回执单》(遗失的可不提供,但需书面说明情况),向受理离婚登记申请的婚姻登记机关撤回离婚登记申请,并亲自填写《撤回离婚登记申请书》(附件4)。经婚姻登记机关核实无误后,发给《撤回离婚登记申请确认单》(附件5),并将《离婚登记申请书》、《撤回离婚登记申请书》与《撤回离婚登记申请确认单(存根联)》一并存档。

自离婚冷静期届满后三十日内(自冷静期届满日的次日开始计算期间,期间的最后一日是法定休假日的,以法定休假日结束的次日为期间的最后一日),双方未共同到婚姻登记机关申请发给离婚证的,视为撤回离婚登记申请。

(四)审查。自离婚冷静期届满后三十日内(自冷静期届满日的次日开始计算期间,期间的最后一日是法定休假日的,以法定休假日结束的次日为期间的最后一日),双方当事人应当持《婚姻登记工作规范》第五十五条第(四)至(七)项规定的证件和材料,共同到婚姻登记机关申请发给离婚证。

婚姻登记机关按照《婚姻登记工作规范》第五十六条和第五十七条规定的程序和条件执行和审查。婚姻登记机关对不符合离婚登记条件的,不予办理。当事人要求出具《不予办理离婚登记告知书》(附件7)的,应当出具。

(五)登记(发证)。婚姻登记机关按照《婚姻登记工作规范》第五十八条至六十条规定,予以登记,发给离婚证。

离婚协议书一式三份,男女双方各一份并自行保存,婚姻登记机关存档一份。婚姻登记机关在当事人持有的两份离婚协议书上加盖"此件与存档件一致,涂改无效。××××婚姻登记处××××年××月××日"的长方形红色印章并填写日期。多页离婚协议书同时在骑缝处加盖此印章,骑缝处不填写日期。当事人亲自签订的离婚协议书原件存档。婚姻登记机关在存档的离婚协议书加盖"××××婚姻登记处存档件××××年××月××日"的长方形红色印章并填写日期。

三、离婚登记档案归档

婚姻登记机关应当按照《婚姻登记档案管理办法》规定建立离婚登记档案,形成电子档案。

归档材料应当增加离婚登记申请环节所有材料(包括撤回离婚登记申请和视为撤回离婚登记申请的所有材料)。

四、工作要求

(一)加强宣传培训。要将本《通知》纳入信息公开的范围,将更新后的婚姻登记相关规定和工作程序及时在相关网站、婚姻登记场所公开,让群众知悉婚姻登记的工作流程和工作要求,最大限度做到便民利民。要抓紧开展教育培训工作,使婚姻登记员及时掌握《通知》的各项规定和要求,确保婚姻登记工作依法依规开展。

(二)做好配套衔接。加快推进本地区相关配套制度的"废改立"工作,确保与本《通知》的规定相一致。做好婚姻登记信息系统的升级,及时将离婚登记的申请、撤回等环节纳入信息系统,确保与婚姻登记程序有效衔接。

(三)强化风险防控。要做好分析研判,对《通知》实施过程中可能出现的风险和问题要有应对措施,确保矛盾问题得到及时处置。要健全请示报告制度,在《通知》执行过程中遇到的重要问题和有关情况,及时报告民政部。

本通知自2021年1月1日起施行。《民政部关于印发〈婚姻登记工作规范〉的通知》(民发〔2015〕230号)中与本《通知》不一致的,以本《通知》为准。

附件:1. 离婚登记申请书(略)
2. 离婚登记申请受理回执单(略)
3. 不予受理离婚登记申请告知书(略)
4. 撤回离婚登记申请书(略)
5. 撤回离婚登记申请确认单(略)
6. 离婚登记声明书(略)
7. 不予办理离婚登记告知书(略)
8. 离婚登记审查处理表(略)

关于印发《关于妥善处理以冒名顶替或者弄虚作假的方式办理婚姻登记问题的指导意见》的通知

· 2021年11月18日

各省、自治区、直辖市高级人民法院、人民检察院、公安厅（局）、民政厅（局），新疆维吾尔自治区高级人民法院生产建设兵团分院，新疆生产建设兵团人民检察院、公安局、民政局：

为妥善有效处理以冒名顶替或者弄虚作假的方式办理婚姻登记引发的各类纠纷，维护婚姻登记秩序和当事人合法权益，节约行政成本和司法资源，根据《中华人民共和国民法典》《中华人民共和国行政诉讼法》《婚姻登记条例》等规定，最高人民法院、最高人民检察院、公安部、民政部制定了《关于妥善处理以冒名顶替或者弄虚作假的方式办理婚姻登记问题的指导意见》，现予印发，请结合实际贯彻执行。

关于妥善处理以冒名顶替或者弄虚作假的方式办理婚姻登记问题的指导意见

一、人民法院办理当事人冒名顶替或者弄虚作假婚姻登记类行政案件，应当根据案情实际，以促进问题解决、维护当事人合法权益为目的，依法立案、审理并作出裁判。

人民法院对当事人冒名顶替或者弄虚作假办理婚姻登记类行政案件，应当结合具体案情依法认定起诉期限；对被冒名顶替者或者其他当事人不属于其自身的原因耽误起诉期限的，被耽误的时间不计算在起诉期限内，但最长不得超过《中华人民共和国行政诉讼法》第四十六条第二款规定的起诉期限。

人民法院对相关事实进行调查认定后认为应当撤销婚姻登记的，应当及时向民政部门发送撤销婚姻登记的司法建议书。

二、人民检察院办理当事人冒名顶替或者弄虚作假婚姻登记类行政诉讼监督案件，应当依法开展调查核实，认为人民法院生效行政裁判确有错误的，应当依法提出监督纠正意见。可以根据案件实际情况，开展行政争议实质性化解工作。发现相关个人涉嫌犯罪的，应当依法移送线索、监督立案查处。

人民检察院根据调查核实认定情况、监督情况，认为婚姻登记存在错误应当撤销的，应当及时向民政部门发送检察建议书。

三、公安机关应当及时受理当事人冒名顶替或者弄虚作假婚姻登记的报案、举报，有证据证明存在违法犯罪事实，符合立案条件的，应当依法立案侦查。经调查属实的，依法依规认定处理并出具相关证明材料。

四、民政部门对于当事人反映身份信息被他人冒用办理婚姻登记，或者婚姻登记的一方反映另一方系冒名顶替、弄虚作假骗取婚姻登记的，应当及时将有关线索转交公安、司法等部门，配合相关部门做好调查处理。

民政部门收到公安、司法等部门出具的事实认定相关证明、情况说明、司法建议书、检察建议书等证据材料，应当对相关情况进行审核，符合条件的及时撤销相关婚姻登记。

民政部门决定撤销或者更正婚姻登记的，应当将撤销或者更正婚姻登记决定书于作出之日起15个工作日内送达当事人及利害关系人，同时抄送人民法院、人民检察院或者公安机关。

民政部门作出撤销或者更正婚姻登记决定后，应当及时在婚姻登记管理信息系统中备注说明情况并在附件中上传决定书。同时参照婚姻登记档案管理相关规定存档保管相关文书和证据材料。

五、民政部门应当根据《关于对婚姻登记严重失信当事人开展联合惩戒的合作备忘录》等文件要求，及时将使用伪造、变造或者冒用他人身份证件、户口簿、无配偶证明及其他证件、证明材料办理婚姻登记的当事人纳入婚姻登记领域严重失信当事人名单，由相关部门进行联合惩戒。

六、本指导意见所指当事人包括：涉案婚姻登记行为记载的自然人，使用伪造、变造的身份证件或者冒用他人身份证件办理婚姻登记的自然人，被冒用身份证件的自然人，其他利害关系人。

七、本指导意见自印发之日起施行。法律法规、规章、司法解释有新规定的，从其规定。

婚姻登记工作规范[①]

· 2015年12月8日
· 民发〔2015〕230号

第一章 总 则

第一条 为加强婚姻登记规范化管理，维护婚姻当事人的合法权益，根据《中华人民共和国婚姻法》和《婚

[①] 本规范中的变更情况可见《民政部关于贯彻落实〈中华人民共和国民法典〉中有关婚姻登记规定的通知》。

姻登记条例》,制定本规范。

第二条　各级婚姻登记机关应当依照法律、法规及本规范,认真履行职责,做好婚姻登记工作。

第二章　婚姻登记机关

第三条　婚姻登记机关是依法履行婚姻登记行政职能的机关。

第四条　婚姻登记机关履行下列职责:

(一)办理婚姻登记;

(二)补发婚姻登记证;

(三)撤销受胁迫的婚姻;

(四)建立和管理婚姻登记档案;

(五)宣传婚姻法律法规,倡导文明婚俗。

第五条　婚姻登记管辖按照行政区域划分。

(一)县、不设区的市、市辖区人民政府民政部门办理双方或者一方常住户口在本行政区域内的内地居民之间的婚姻登记。

省级人民政府可以根据实际情况,规定乡(镇)人民政府办理双方或者一方常住户口在本乡(镇)的内地居民之间的婚姻登记。

(二)省级人民政府民政部门或者其确定的民政部门,办理一方常住户口在辖区内的涉外和涉香港、澳门、台湾居民以及华侨的婚姻登记。

办理经济技术开发区、高新技术开发区等特别区域内居民婚姻登记的机关由省级人民政府民政部门提出意见报同级人民政府确定。

(三)现役军人由部队驻地、入伍前常住户口所在地或另一方当事人常住户口所在地婚姻登记机关办理婚姻登记。

婚姻登记机关不得违反上述规定办理婚姻登记。

第六条　具有办理婚姻登记职能的县级以上人民政府民政部门和乡(镇)人民政府应当按照本规范要求设置婚姻登记处。

省级人民政府民政部门设置、变更或撤销婚姻登记处,应当形成文件并对外公布;市、县(市、区)人民政府民政部门、乡(镇)人民政府设置、变更或撤销婚姻登记处,应当形成文件,对外公布并逐级上报省级人民政府民政部门。省级人民政府民政部门应当相应调整婚姻登记信息系统使用相关权限。

第七条　省、市、县(市、区)人民政府民政部门和乡镇人民政府设置的婚姻登记处分别称为:

××省(自治区、直辖市)民政厅(局)婚姻登记处、××市民政局婚姻登记处、××县(市)民政局婚姻登记处;

××市××区民政局婚姻登记处;

××县(市、区)××乡(镇)人民政府婚姻登记处。

县、不设区的市、市辖区人民政府民政部门设置多个婚姻登记处的,应当在婚姻登记处前冠其所在地的地名。

第八条　婚姻登记处应当在门外醒目处悬挂婚姻登记处标牌。标牌尺寸不得小于1500mm×300mm或550mm×450mm。

第九条　婚姻登记处应当按照民政部要求,使用全国婚姻登记工作标识。

第十条　具有办理婚姻登记职能的县级以上人民政府民政部门和乡(镇)人民政府应当刻制婚姻登记工作业务专用印章和钢印。专用印章和钢印为圆形,直径35mm。

婚姻登记工作业务专用印章和钢印,中央刊"★","★"外围刊婚姻登记处所属民政厅(局)或乡(镇)人民政府名称,如:"××省民政厅"、"××市民政局"、"××市××区民政局"、"××县民政局"或者"××县××乡(镇)人民政府"。

"★"下方刊"婚姻登记专用章"。民政局设置多个婚姻登记处的,"婚姻登记专用章"下方刊婚姻登记处序号。

第十一条　婚姻登记处应当有独立的场所办理婚姻登记,并设有候登大厅、结婚登记区、离婚登记室和档案室。结婚登记区、离婚登记室可合并为相应数量的婚姻登记室。

婚姻登记场所应当宽敞、庄严、整洁,设有婚姻登记公告栏。

婚姻登记处不得设在婚纱摄影、婚庆服务、医疗等机构场所内,上述服务机构不得设置在婚姻登记场所内。

第十二条　婚姻登记处应当配备以下设备:

(一)复印机;

(二)传真机;

(三)扫描仪;

(四)证件及纸张打印机;

(五)计算机;

(六)身份证阅读器。

第十三条　婚姻登记处可以安装具有音频和视频功能的设备,并妥善保管音频和视频资料。

婚姻登记场所应当配备必要的公共服务设施,婚姻登记当事人应当按照要求合理使用。

第十四条　婚姻登记处实行政务公开,下列内容应当在婚姻登记处公开展示:

（一）本婚姻登记处的管辖权及依据；
（二）婚姻法的基本原则以及夫妻的权利、义务；
（三）结婚登记、离婚登记的条件与程序；
（四）补领婚姻登记证的条件与程序；
（五）无效婚姻及可撤销婚姻的规定；
（六）收费项目与收费标准；
（七）婚姻登记员职责及其照片、编号；
（八）婚姻登记处办公时间和服务电话，设置多个婚姻登记处的，应当同时公布，巡回登记的，应当公布巡回登记时间和地点；
（九）监督电话。

第十五条　婚姻登记处应当备有《中华人民共和国婚姻法》《婚姻登记条例》及其他有关文件，供婚姻当事人免费查阅。

第十六条　婚姻登记处在工作日应当对外办公，办公时间在办公场所外公告。

第十七条　婚姻登记处应当通过省级婚姻登记信息系统开展实时联网登记，并将婚姻登记电子数据实时传送给民政部婚姻登记信息系统。

各级民政部门应当为本行政区域内婚姻登记管理信息化建设创造条件，并制定婚姻登记信息化管理制度。

婚姻登记处应当将保存的本辖区未录入信息系统的婚姻登记档案录入婚姻登记历史数据补录系统。

第十八条　婚姻登记处应当按照《婚姻登记档案管理办法》的规定管理婚姻登记档案。

第十九条　婚姻登记处应当制定婚姻登记印章、证书、纸制档案、电子档案等管理制度，完善业务学习、岗位责任、考评奖惩等制度。

第二十条　婚姻登记处应当开通婚姻登记网上预约功能和咨询电话，电话号码在当地114查询台登记。

具备条件的婚姻登记处应当开通互联网网页，互联网网页内容应当包括：办公时间、办公地点；管辖权限；申请结婚登记的条件、办理结婚登记的程序；申请离婚登记的条件、办理离婚登记的程序；申请补领婚姻登记证的程序和需要的证明材料、撤销婚姻的程序等内容。

第二十一条　婚姻登记处可以设立婚姻家庭辅导室，通过政府购买服务或公开招募志愿者等方式聘用婚姻家庭辅导员，并在坚持群众自愿的前提下，开展婚姻家庭辅导服务。婚姻家庭辅导员应当具备以下资格之一：
（一）社会工作师；
（二）心理咨询师；
（三）律师；

（四）其他相应专业资格。

第二十二条　婚姻登记处可以设立颁证厅，为有需要的当事人颁发结婚证。

第三章　婚姻登记员

第二十三条　婚姻登记机关应当配备专职婚姻登记员。婚姻登记员人数、编制可以参照《婚姻登记机关等级评定标准》确定。

第二十四条　婚姻登记员由本级民政部门考核、任命。

婚姻登记员应当由设区的市级以上人民政府民政部门进行业务培训，经考核合格，取得婚姻登记员培训考核合格证明，方可从事婚姻登记工作。其他人员不得从事本规范第二十五条规定的工作。

婚姻登记员培训考核合格证明由省级人民政府民政部门统一印制。

婚姻登记员应当至少每2年参加一次设区的市级以上人民政府民政部门举办的业务培训，取得业务培训考核合格证明。

婚姻登记处应当及时将婚姻登记员上岗或离岗信息逐级上报省级人民政府民政部门，省级人民政府民政部门应当根据上报的信息及时调整婚姻登记信息系统使用相关权限。

第二十五条　婚姻登记员的主要职责：
（一）负责对当事人有关婚姻状况声明的监督；
（二）审查当事人是否具备结婚、离婚、补发婚姻登记证、撤销受胁迫婚姻的条件；
（三）办理婚姻登记手续，签发婚姻登记证；
（四）建立婚姻登记档案。

第二十六条　婚姻登记员应当熟练掌握相关法律法规，熟练使用婚姻登记信息系统，文明执法，热情服务。婚姻登记员一般应具有大学专科以上学历。

婚姻登记员上岗应当佩带标识并统一着装。

第四章　结婚登记

第二十七条　结婚登记应当按照初审—受理—审查—登记（发证）的程序办理。

第二十八条　受理结婚登记申请的条件是：
（一）婚姻登记处具有管辖权；
（二）要求结婚的男女双方共同到婚姻登记处提出申请；
（三）当事人男年满22周岁，女年满20周岁；
（四）当事人双方均无配偶（未婚、离婚、丧偶）；

（五）当事人双方没有直系血亲和三代以内旁系血亲关系；

（六）双方自愿结婚；

（七）当事人提交3张2寸双方近期半身免冠合影照片；

（八）当事人持有本规范第二十九条至第三十五条规定的有效证件。

第二十九条　内地居民办理结婚登记应当提交本人有效的居民身份证和户口簿，因故不能提交身份证的可以出具有效的临时身份证。

居民身份证与户口簿上的姓名、性别、出生日期、公民身份号码应当一致；不一致的，当事人应当先到有关部门更正。

户口簿上的婚姻状况应当与当事人声明一致。不一致的，当事人应当向登记机关提供能够证明其声明真实性的法院生效司法文书、配偶居民死亡医学证明（推断）书等材料；不一致且无法提供相关材料的，当事人应当先到有关部门更正。

当事人声明的婚姻状况与婚姻登记档案记载不一致的，当事人应当向登记机关提供能够证明其声明真实性的法院生效司法文书、配偶居民死亡医学证明（推断）书等材料。

第三十条　现役军人办理结婚登记应当提交本人的居民身份证、军人证件和部队出具的军人婚姻登记证明。

居民身份证、军人证件和军人婚姻登记证明上的姓名、性别、出生日期、公民身份号码应当一致；不一致的，当事人应当先到有关部门更正。

第三十一条　香港居民办理结婚登记应当提交：

（一）港澳居民来往内地通行证或者港澳同胞回乡证；

（二）香港居民身份证；

（三）经香港委托公证人公证的本人无配偶以及与对方当事人没有直系血亲和三代以内旁系血亲关系的声明。

第三十二条　澳门居民办理结婚登记应当提交：

（一）港澳居民来往内地通行证或者港澳同胞回乡证；

（二）澳门居民身份证；

（三）经澳门公证机构公证的本人无配偶以及与对方当事人没有直系血亲和三代以内旁系血亲关系的声明。

第三十三条　台湾居民办理结婚登记应当提交：

（一）台湾居民来往大陆通行证或者其他有效旅行证件；

（二）本人在台湾地区居住的有效身份证件；

（三）经台湾公证机构公证的本人无配偶以及与对方当事人没有直系血亲和三代以内旁系血亲关系的声明。

第三十四条　华侨办理结婚登记应当提交：

（一）本人的有效护照；

（二）居住国公证机构或者有权机关出具的、经中华人民共和国驻该国使（领）馆认证的本人无配偶以及与对方当事人没有直系血亲和三代以内旁系血亲关系的证明，或者中华人民共和国驻该国使（领）馆出具的本人无配偶以及与对方当事人没有直系血亲和三代以内旁系血亲关系的证明。

与中国无外交关系的国家出具的有关证明，应当经与该国及中国均有外交关系的第三国驻该国使（领）馆和中国驻第三国使（领）馆认证，或者经第三国驻华使（领）馆认证。

第三十五条　外国人办理结婚登记应当提交：

（一）本人的有效护照或者其他有效的国际旅行证件；

（二）所在国公证机构或者有权机关出具的、经中华人民共和国驻该国使（领）馆认证或者该国驻华使（领）馆认证的本人无配偶的证明，或者所在国驻华使（领）馆出具的本人无配偶证明。

与中国无外交关系的国家出具的有关证明，应当经与该国及中国均有外交关系的第三国驻该国使（领）馆和中国驻第三国使（领）馆认证，或者经第三国驻华使（领）馆认证。

第三十六条　婚姻登记员受理结婚登记申请，应当按照下列程序进行：

（一）询问当事人的结婚意愿；

（二）查验本规范第二十九条至第三十五条规定的相应证件和材料；

（三）自愿结婚的双方各填写一份《申请结婚登记声明书》；《申请结婚登记声明书》中"声明人"一栏的签名必须由声明人在监誓人面前完成并按指纹；

（四）当事人现场复述声明书内容，婚姻登记员作监誓人并在监誓人一栏签名。

第三十七条　婚姻登记员对当事人提交的证件、证明、声明进行审查，符合结婚条件的，填写《结婚登记审查处理表》和结婚证。

第三十八条　《结婚登记审查处理表》的填写：

（一）《结婚登记审查处理表》项目的填写，按照下列规定通过计算机完成：

1. "申请人姓名"：当事人是中国公民的，使用中文填写；当事人是外国人的，按照当事人护照上的姓名填写。

2. "出生日期"：使用阿拉伯数字，按照身份证件上的出生日期填写为"××××年××月××日"。

3. "身份证件号"：当事人是内地居民的，填写居民身份证号；当事人是香港、澳门、台湾居民的，填写香港、澳门、台湾居民身份证号，并在号码后加注"（香港）"、"（澳门）"或者"（台湾）"；当事人是华侨的，填写护照或旅行证件号；当事人是外国人的，填写当事人的护照或旅行证件号。

证件号码前面有字符的，应当一并填写。

4. "国籍"：当事人是内地居民、香港居民、澳门居民、台湾居民、华侨的，填写"中国"；当事人是外国人的，按照护照上的国籍填写；无国籍人，填写"无国籍"。

5. "提供证件情况"：应当将当事人提供的证件、证明逐一填写，不得省略。

6. "审查意见"：填写"符合结婚条件，准予登记"。

7. "结婚登记日期"：使用阿拉伯数字，填写为："××××年××月××日"。填写的日期应当与结婚证上的登记日期一致。

8. "结婚证字号"填写式样按照民政部相关规定执行，填写规则见附则。

9. "结婚证印制号"填写颁发给当事人的结婚证上印制的号码。

10. "承办机关名称"：填写承办该结婚登记的婚姻登记处的名称。

（二）"登记员签名"：由批准该结婚登记的婚姻登记员亲笔签名，不得使用个人印章或者计算机打印。

（三）在"照片"处粘贴当事人提交的照片，并在骑缝处加盖钢印。

第三十九条 结婚证的填写：

（一）结婚证上"结婚证字号""姓名""性别""出生日期""身份证件号""国籍""登记日期"应当与《结婚登记审查处理表》中相应项目完全一致。

（二）"婚姻登记员"：由批准该结婚登记的婚姻登记员使用黑色墨水钢笔或签字笔亲笔签名，签名应清晰可辨，不得使用个人印章或者计算机打印。

（三）在"照片"栏粘贴当事人双方合影照片。

（四）在照片与结婚证骑缝处加盖婚姻登记工作业务专用钢印。

（五）"登记机关"：盖婚姻登记工作业务专用印章（红印）。

第四十条 婚姻登记员在完成结婚证填写后，应当进行认真核对、检查。对填写错误、证件被污染或者损坏的，应当将证件报废处理，重新填写。

第四十一条 颁发结婚证，应当在当事人双方均在场时按照下列步骤进行：

（一）向当事人双方询问核对姓名、结婚意愿；

（二）告知当事人双方领取结婚证后的法律关系以及夫妻权利、义务；

（三）见证当事人本人亲自在《结婚登记审查处理表》上的"当事人领证签名并按指纹"一栏中签名并按指纹；

"当事人领证签名并按指纹"一栏不得空白，不得由他人代为填写、代按指纹。

（四）将结婚证分别颁发给结婚登记当事人双方，向双方当事人宣布：取得结婚证，确立夫妻关系；

（五）祝贺新人。

第四十二条 申请补办结婚登记的，当事人填写《申请补办结婚登记声明书》，婚姻登记机关按照结婚登记程序办理。

第四十三条 申请复婚登记的，当事人填写《申请结婚登记声明书》，婚姻登记机关按照结婚登记程序办理。

第四十四条 婚姻登记员每办完一对结婚登记，应当依照《婚姻登记档案管理办法》，对应当存档的材料进行整理、保存，不得出现原始材料丢失、损毁情况。

第四十五条 婚姻登记机关对不符合结婚登记条件的，不予受理。当事人要求出具《不予办理结婚登记告知书》的，应当出具。

第五章 撤销婚姻

第四十六条 受胁迫结婚的婚姻当事人，可以向原办理该结婚登记的机关请求撤销婚姻。

第四十七条 撤销婚姻应当按照初审—受理—审查—报批—公告的程序办理。

第四十八条 受理撤销婚姻申请的条件：

（一）婚姻登记处具有管辖权；

（二）受胁迫的一方和对方共同到婚姻登记机关签署双方无子女抚养、财产及债务问题的声明书；

（三）申请时距结婚登记之日或受胁迫的一方恢复人身自由之日不超过1年；

（四）当事人持有：

1. 本人的身份证、结婚证；

2. 要求撤销婚姻的书面申请；

3. 公安机关出具的当事人被拐卖、解救的相关材料，或者人民法院作出的能够证明当事人被胁迫结婚的判决书。

第四十九条 符合撤销婚姻的,婚姻登记处按以下程序进行:

(一)查验本规范第四十八条规定的证件和证明材料。

(二)当事人在婚姻登记员面前亲自填写《撤销婚姻申请书》,双方当事人在"声明人"一栏签名并按指纹。

(三)当事人宣读本人的申请书,婚姻登记员作监誓人并在监誓人一栏签名。

第五十条 婚姻登记处拟写"关于撤销×××与×××婚姻的决定"报所属民政部门或者乡(镇)人民政府;符合撤销条件的,婚姻登记机关应当批准,并印发撤销决定。

第五十一条 婚姻登记处应当将《关于撤销×××与×××婚姻的决定》送达当事人双方,并在婚姻登记公告栏公告30日。

第五十二条 婚姻登记处对不符合撤销婚姻条件的,应当告知当事人不予撤销原因,并告知当事人可以向人民法院请求撤销婚姻。

第五十三条 除受胁迫结婚之外,以任何理由请求宣告婚姻无效或者撤销婚姻的,婚姻登记机关不予受理。

第六章 离婚登记

第五十四条 离婚登记按照初审—受理—审查—登记(发证)的程序办理。

第五十五条 受理离婚登记申请的条件是:

(一)婚姻登记处具有管辖权;

(二)要求离婚的夫妻双方共同到婚姻登记处提出申请;

(三)双方均具有完全民事行为能力;

(四)当事人持有离婚协议书,协议书中载明双方自愿离婚的意思表示以及对子女抚养、财产及债务处理等事项协商一致的意见;

(五)当事人持有内地婚姻登记机关或者中国驻外使(领)馆颁发的结婚证;

(六)当事人各提交2张2寸单人近期半身免冠照片;

(七)当事人持有本规范第二十九条至第三十五条规定的有效身份证件。

第五十六条 婚姻登记员受理离婚登记申请,应当按照下列程序进行:

(一)分开询问当事人的离婚意愿,以及对离婚协议内容的意愿,并进行笔录,笔录当事人阅后签名。

(二)查验本规范第五十五条规定的证件和材料。

申请办理离婚登记的当事人有一本结婚证丢失的,当事人应当书面声明遗失,婚姻登记机关可以根据另一本结婚证办理离婚登记;申请办理离婚登记的当事人两本结婚证都丢失的,当事人应当书面声明结婚证遗失并提供加盖查档专用章的结婚登记档案复印件,婚姻登记机关可根据当事人提供的上述材料办理离婚登记。

(三)双方自愿离婚且对子女抚养、财产及债务处理等事项协商一致的,双方填写《申请离婚登记声明书》;

《申请离婚登记声明书》中"声明人"一栏的签名必须由声明人在监誓人面前完成并按指纹;

婚姻登记员作监誓人并在监誓人一栏签名。

(四)夫妻双方应当在离婚协议上现场签名;婚姻登记员可以在离婚协议书上加盖"此件与存档件一致,涂改无效。XXXX婚姻登记处XX年XX月XX日"的长方形印章。协议书夫妻双方各一份,婚姻登记处存档一份。当事人因离婚协议书遗失等原因,要求婚姻登记机关复印其离婚协议书的,按照《婚姻登记档案管理办法》的规定查阅婚姻登记档案。

离婚登记完成后,当事人要求更换离婚协议书或变更离婚协议内容的,婚姻登记机关不予受理。

第五十七条 婚姻登记员对当事人提交的证件、《申请离婚登记声明书》、离婚协议书进行审查,符合离婚条件的,填写《离婚登记审查处理表》和离婚证。

《离婚登记审查处理表》和离婚证分别参照本规范第三十八条、第三十九条规定填写。

第五十八条 婚姻登记员在完成离婚证填写后,应当进行认真核对、检查。对打印或者书写错误、证件被污染或者损坏的,应当将证件报废处理,重新填写。

第五十九条 颁发离婚证,应当在当事人双方均在场时按照下列步骤进行:

(一)向当事人双方询问核对姓名、出生日期、离婚意愿;

(二)见证当事人本人亲自在《离婚登记审查处理表》"当事人领证签名并按指纹"一栏中签名并按指纹;

"当事人领证签名并按指纹"一栏不得空白,不得由他人代为填写、代按指纹;

(三)在当事人的结婚证上加盖条型印章,其中注明"双方离婚,证件失效。××婚姻登记处"。注销后的结婚证复印存档,原件退还当事人。

(四)将离婚证颁发给离婚当事人。

第六十条 婚姻登记员每办完一对离婚登记,应当依照《婚姻登记档案管理办法》,对应当存档的材料进行整理、保存，不得出现原始材料丢失、损毁情况。

第六十一条　婚姻登记机关对不符合离婚登记条件的，不予受理。当事人要求出具《不予办理离婚登记告知书》的，应当出具。

第七章　补领婚姻登记证

第六十二条　当事人遗失、损毁婚姻登记证，可以向原办理该婚姻登记的机关或者一方常住户口所在地的婚姻登记机关申请补领。有条件的省份，可以允许本省居民向本辖区内负责内地居民婚姻登记的机关申请补领婚姻登记证。

第六十三条　婚姻登记机关为当事人补发结婚证、离婚证，应当按照初审—受理—审查—发证程序进行。

第六十四条　受理补领结婚证、离婚证申请的条件是：

（一）婚姻登记处具有管辖权；

（二）当事人依法登记结婚或者离婚，现今仍然维持该状况；

（三）当事人持有本规范第二十九条至第三十五条规定的身份证件；

（四）当事人亲自到婚姻登记处提出申请，填写《申请补领婚姻登记证声明书》。

当事人因故不能到婚姻登记处申请补领婚姻登记证的，有档案可查且档案信息与身份信息一致的，可以委托他人办理。委托办理应当提交当事人的户口簿、身份证和经公证机关公证的授权委托书。委托书应当写明当事人姓名、身份证件号码、办理婚姻登记的时间及承办机关、目前的婚姻状况、委托事由、受委托人的姓名和身份证件号码。受委托人应当同时提交本人的身份证件。

当事人结婚登记档案查找不到的，当事人应当提供充分证据证明婚姻关系，婚姻登记机关经过严格审查，确认当事人存在婚姻关系的，可以为其补领结婚证。

第六十五条　婚姻登记员受理补领婚姻登记证申请，应当按照下列程序进行：

（一）查验本规范第六十四条规定的相应证件和证明材料；

（二）当事人填写《申请补领婚姻登记证声明书》，《申请补领婚姻登记证声明书》中"声明人"一栏的签名必须由声明人在监誓人面前完成并按指纹；

（三）婚姻登记员作监誓人并在监誓人一栏签名；

（四）申请补领结婚证的，双方当事人提交3张2寸双方近期半身免冠合影照片；申请补领离婚证的当事人提交2张2寸单人近期半身免冠照片。

第六十六条　婚姻登记员对当事人提交的证件、证明进行审查，符合补发条件的，填写《补发婚姻登记证审查处理表》和婚姻登记证。《补发婚姻登记证审查处理表》参照本规范第三十八条规定填写。

第六十七条　补发婚姻登记证时，应当向当事人询问核对姓名、出生日期，见证当事人本人亲自在《补发婚姻登记证审查处理表》"当事人领证签名并按指纹"一栏中签名并按指纹，将婚姻登记证发给当事人。

第六十八条　当事人的户口簿上以曾用名的方式反映姓名变更的，婚姻登记机关可以采信。

当事人办理结婚登记时未达到法定婚龄，通过非法手段骗取婚姻登记，其在申请补领时仍未达法定婚龄的，婚姻登记机关不得补发结婚证；其在申请补领时已达法定婚龄的，当事人应对结婚登记情况作出书面说明，婚姻登记机关补发的结婚证登记日期为当事人达到法定婚龄之日。

第六十九条　当事人办理过结婚登记，申请补领时的婚姻状况因离婚或丧偶发生改变的，不予补发结婚证；当事人办理过离婚登记的，申请补领时的婚姻状况因复婚发生改变的，不予补发离婚证。

第七十条　婚姻登记机关对不具备补发结婚证、离婚证受理条件的，不予受理。

第八章　监督与管理

第七十一条　各级民政部门应当建立监督检查制度，定期对本级民政部门设立的婚姻登记处和下级婚姻登记机关进行监督检查。

第七十二条　婚姻登记机关及其婚姻登记员有下列行为之一的，对直接负责的主管人员和其他直接责任人员依法给予行政处分：

（一）为不符合婚姻登记条件的当事人办理婚姻登记的；

（二）违反程序规定办理婚姻登记、发放婚姻登记证、撤销婚姻的；

（三）要求当事人提交《婚姻登记条例》和本规范规定以外的证件材料的；

（四）擅自提高收费标准或者增加收费项目的；

（五）玩忽职守造成婚姻登记档案损毁的；

（六）购买使用伪造婚姻证书的；

（七）违反规定应用婚姻登记信息系统的。

第七十三条　婚姻登记员违反规定办理婚姻登记，给当事人造成严重后果的，应当由婚姻登记机关承担对当事人的赔偿责任，并对承办人员进行追偿。

第七十四条　婚姻登记证使用单位不得使用非上级

民政部门提供的婚姻登记证。各级民政部门发现本行政区域内有使用非上级民政部门提供的婚姻登记证的,应当予以没收,并追究相关责任人的法律责任和行政责任。

第七十五条 婚姻登记机关发现婚姻登记证有质量问题时,应当及时书面报告省级人民政府民政部门或者国务院民政部门。

第七十六条 人民法院作出与婚姻相关的判决、裁定和调解后,当事人将生效司法文书送婚姻登记机关的,婚姻登记机关应当将司法文书复印件存档并将相关信息录入婚姻登记信息系统。

婚姻登记机关应当加强与本地区人民法院的婚姻信息共享工作,完善婚姻信息数据库。

第九章 附 则

第七十七条 本规范规定的当事人无配偶声明或者证明,自出具之日起6个月内有效。

第七十八条 县级或县级以上人民政府民政部门办理婚姻登记的,"结婚证字号"填写式样为"Jaaaaaa-bbbb-cccccc"(其中"aaaaaa"为6位行政区划代码,"bbbb"为当年年号,"cccccc"为当年办理婚姻登记的序号)。"离婚证字号"开头字符为"L","补发结婚证字号"开头字符为"BJ","补发离婚证字号"开头字符为"BL"。

县级人民政府民政部门设立多个婚姻登记巡回点的,由县级人民政府民政部门明确字号使用规则,规定各登记点使用号段。

乡(镇)人民政府办理婚姻登记的,行政区划代码由6位改为9位(在县级区划代码后增加三位乡镇代码),其他填写方法与上述规定一致。

对为方便人民群众办理婚姻登记、在行政区划单位之外设立的婚姻登记机关,其行政区划代码由省级人民政府民政部门按照前四位取所属地级市行政区划代码前四位,五六位为序号(从61开始,依次为62、63、……、99)的方式统一编码。

第七十九条 当事人向婚姻登记机关提交的"本人无配偶证明"等材料是外国语言文字的,应当翻译成中文。当事人未提交中文译文的,视为未提交该文件。婚姻登记机关可以接受中国驻外国使领馆或有资格的翻译机构出具的翻译文本。

第八十条 本规范自2016年2月1日起实施。

附件:

1. 申请结婚登记声明书
2. 结婚登记审查处理表(略)
3. 申请补办结婚登记声明书(略)
4. 不予办理结婚登记告知书(略)
5. 撤销婚姻申请书(略)
6. 关于撤销×××与×××婚姻的决定(略)
7. 申请离婚登记声明书(略)
8. 离婚登记审查处理表(略)
9. 不予办理离婚登记告知书(略)
10. 申请补领婚姻登记证声明书(略)
11. 补发婚姻登记证审查处理表(略)

婚姻登记档案管理办法

· 2006年1月23日民政部、国家档案局令第32号公布
· 自公布之日起施行

第一条 为规范婚姻登记档案管理,维护婚姻当事人的合法权益,根据《中华人民共和国档案法》和《婚姻登记条例》,制定本办法。

第二条 婚姻登记档案是婚姻登记机关在办理结婚登记、撤销婚姻、离婚登记、补发婚姻登记证的过程中形成的具有凭证作用的各种记录。

第三条 婚姻登记主管部门对婚姻登记档案工作实行统一领导,分级管理,并接受同级地方档案行政管理部门的监督和指导。

第四条 婚姻登记机关应当履行下列档案工作职责:

(一)及时将办理完毕的婚姻登记材料收集、整理、归档;

(二)建立健全各项规章制度,确保婚姻登记档案的齐全完整;

(三)采用科学的管理方法,提高婚姻登记档案的保管水平;

(四)办理查档服务,出具婚姻登记记录证明,告知婚姻登记档案的存放地;

(五)办理婚姻登记档案的移交工作。

第五条 办理结婚登记(含复婚、补办结婚登记,下同)形成的下列材料应当归档:

(一)《结婚登记审查处理表》;

(二)《申请结婚登记声明书》或者《申请补办结婚登记声明书》;

(三)香港特别行政区居民、澳门特别行政区居民、台湾地区居民、出国人员、华侨以及外国人提交的《婚姻登记条例》第五条规定的各种证明材料(含翻译材料);

(四)当事人身份证件(从《婚姻登记条例》第五条规

定,下同)复印件；

(五)其他有关材料。

第六条 办理撤销婚姻形成的下列材料应当归档：

(一)婚姻登记机关关于撤销婚姻的决定；

(二)《撤销婚姻申请书》；

(三)当事人的结婚证原件；

(四)公安机关出具的当事人被拐卖、解救证明，或人民法院作出的能够证明当事人被胁迫结婚的判决书；

(五)当事人身份证件复印件；

(六)其他有关材料。

第七条 办理离婚登记形成的下列材料应当归档：

(一)《离婚登记审查处理表》；

(二)《申请离婚登记声明书》；

(三)当事人结婚证复印件；

(四)当事人离婚协议书；

(五)当事人身份证件复印件；

(六)其他有关材料。

第八条 办理补发婚姻登记证形成的下列材料应当归档：

(一)《补发婚姻登记证审查处理表》；

(二)《申请补领婚姻登记证声明书》；

(三)婚姻登记档案保管部门出具的婚姻登记档案记录证明或其他有关婚姻状况的证明；

(四)当事人身份证件复印件；

(五)当事人委托办理时提交的经公证机关公证的当事人身份证件复印件和委托书，受委托人本人的身份证件复印件；

(六)其他有关材料。

第九条 婚姻登记档案按照年度—婚姻登记性质分类。婚姻登记性质分为结婚登记类、撤销婚姻类、离婚登记类和补发婚姻登记证类四类。

人民法院宣告婚姻无效或者撤销婚姻的判决书副本归入撤销婚姻类档案。

婚姻无效或者撤销婚姻的，应当在当事人原婚姻登记档案的《结婚登记审查处理表》的"备注"栏中注明有关情况及相应的撤销婚姻类档案的档号。

第十条 婚姻登记材料的立卷归档应当遵循下列原则与方法：

(一)婚姻登记材料按照年度归档。

(二)一对当事人婚姻登记材料组成一卷。

(三)卷内材料分别按照本办法第五、六、七、八条规定的顺序排列。

(四)以有利于档案保管和利用的方法固定案卷。

(五)按本办法第九条的规定对案卷进行分类，并按照办理婚姻登记的时间顺序排列。

(六)在卷内文件首页上端的空白处加盖归档章(见附件1)，并填写有关内容。归档章设置全宗号、年度、室编卷号、馆编卷号和页数等项目。

全宗号：档案馆给立档单位编制的代号。

年度：案卷的所属年度。

室编卷号：案卷排列的顺序号，每年每个类别分别从"1"开始标注。

馆编卷号：档案移交时按进馆要求编制。

页数：卷内材料有文字的页面数。

(七)按室编卷号的顺序将婚姻登记档案装入档案盒，并填写档案盒封面、盒脊和备考表的项目。

档案盒封面应标明全宗名称和婚姻登记处名称(见附件2)。

档案盒盒脊设置全宗号、年度、婚姻登记性质、起止卷号和盒号等项目(见附件3)。其中，起止卷号填写盒内第一份案卷和最后一份案卷的卷号，中间用"—"号连接；盒号即档案盒的排列顺序号，在档案移交时按进馆要求编制。

备考表置于盒内，说明本盒档案的情况，并填写整理人、检查人和日期(见附件4)。

(八)按类别分别编制婚姻登记档案目录(见附件5)。

(九)每年的婚姻登记档案目录加封面后装订成册，一式三份，并编制目录号(见附件6)。

第十一条 婚姻登记材料的归档要求：

(一)当年的婚姻登记材料应当在次年的3月31日前完成立卷归档；

(二)归档的婚姻登记材料必须齐全完整，案卷规范、整齐，复印件一律使用A4规格的复印纸，复印件和照片应当图像清晰；

(三)归档章、档案盒封面、盒脊、备考表等项目，使用蓝黑墨水或碳素墨水钢笔填写；婚姻登记档案目录应当打印；备考表和档案目录一律使用A4规格纸张。

第十二条 使用计算机办理婚姻登记所形成的电子文件，应当与纸质文件一并归档，归档要求参照《电子文件归档与管理规范》(GB/T18894-2002)。

第十三条 婚姻登记档案的保管期限为100年。对有继续保存价值的可以延长保管期限直至永久。

第十四条 婚姻登记档案应当按照下列规定进行移交：

（一）县级（含）以上地方人民政府民政部门形成的婚姻登记档案，应当在本单位档案部门保管一定时期后向同级国家档案馆移交，具体移交时间由双方商定。

（二）具有办理婚姻登记职能的乡（镇）人民政府形成的婚姻登记档案应当向乡（镇）档案部门移交，具体移交时间从乡（镇）的规定。

乡（镇）人民政府应当将每年的婚姻登记档案目录副本向上一级人民政府民政部门报送。

（三）被撤销或者合并的婚姻登记机关的婚姻登记档案应当按照前两款的规定及时移交。

第十五条 婚姻登记档案的利用应当遵守下列规定：

（一）婚姻登记档案保管部门应当建立档案利用制度，明确办理程序，维护当事人的合法权益；

（二）婚姻登记机关可以利用本机关移交的婚姻登记档案；

（三）婚姻当事人持有合法身份证件，可以查阅本人的婚姻登记档案；婚姻当事人因故不能亲自前往查阅的，可以办理授权委托书，委托他人代为办理，委托书应当经公证机关公证；

（四）人民法院、人民检察院、公安和安全部门为确认当事人的婚姻关系，持单位介绍信可以查阅婚姻登记档案；律师及其他诉讼代理人在诉讼过程中，持受理案件的法院出具的证明材料及本人有效证件可以查阅与诉讼有关的婚姻登记档案；

（五）其他单位、组织和个人要求查阅婚姻登记档案的，婚姻登记档案保管部门在确认其利用目的合理的情况下，经主管领导审核，可以利用；

（六）利用婚姻登记档案的单位、组织和个人，不得公开婚姻登记档案的内容，不得损害婚姻登记当事人的合法权益；

（七）婚姻登记档案不得外借，仅限于当场查阅；复印的婚姻登记档案需加盖婚姻登记档案保管部门的印章方为有效。

第十六条 婚姻登记档案的鉴定销毁应当符合下列要求：

（一）婚姻登记档案保管部门对保管期限到期的档案要进行价值鉴定，对无保存价值的予以销毁，但婚姻登记档案目录应当永久保存。

（二）对销毁的婚姻登记档案应当建立销毁清册，载明销毁档案的时间、种类和数量，并永久保存。

（三）婚姻登记档案保管部门应当派人监督婚姻登记档案的销毁过程，确保销毁档案没有漏销或者流失，并在销毁清册上签字。

第十七条 本办法由民政部负责解释。

第十八条 本办法自公布之日起施行。

国务院关于同意扩大内地居民婚姻登记"跨省通办"试点的批复

· 2023年5月12日
· 国函〔2023〕34号

民政部：

你部关于扩大内地居民婚姻登记"跨省通办"试点的请示收悉。现批复如下：

一、同意扩大内地居民婚姻登记"跨省通办"试点。调整后，在北京、天津、河北、内蒙古、辽宁、上海、江苏、浙江、安徽、福建、江西、山东、河南、湖北、广东、广西、海南、重庆、四川、陕西、宁夏等21个省（自治区、直辖市）实施结婚登记和离婚登记"跨省通办"试点。

二、在试点地区，相应暂时调整实施《婚姻登记条例》第四条第一款、第十条第一款的有关规定（目录附后）。调整后，双方均非本地户籍的婚姻登记当事人可以凭一方居住证和双方户口簿、身份证，在居住证发放地婚姻登记机关申请办理婚姻登记，或者自行选择在一方常住户口所在地办理婚姻登记。

三、试点期为自批复之日起2年。

附件：国务院决定在内地居民婚姻登记"跨省通办"试点地区暂时调整实施《婚姻登记条例》有关规定目录

附件

国务院决定在内地居民婚姻登记"跨省通办"试点地区暂时调整实施《婚姻登记条例》有关规定目录

《婚姻登记条例》	调整实施情况
第四条第一款 内地居民结婚，男女双方应当共同到一方当事人常住户口所在地的婚姻登记机关办理结婚登记。	调整后，双方均非本地户籍的婚姻登记当事人可以凭一方居住证和双方户口簿、身份证，在居住证发放地婚姻登记机关申请办理婚姻登记，或者自行选择在一方常住户口所在地办理婚姻登记。

续表

《婚姻登记条例》	调整实施情况
第十条第一款 内地居民自愿离婚的，男女双方应当共同到一方当事人常住户口所在地的婚姻登记机关办理离婚登记。	试点过程中，民政部要指导试点地区进一步加强婚姻登记管理信息系统升级改造，着力提升婚姻登记信息化水平，充分发挥全国一体化政务服务平台公共支撑作用，强化部门间信息共享，完善婚姻登记信息数据库，确保婚姻登记的准确性；编制婚姻登记办事指南，开展婚姻登记"跨省通办"实务培训，依法有序开展试点工作；加强宣传引导和政策解读，营造良好的社会氛围；加强调查研究，及时发现和解决突出问题，防范和化解各种风险。

民政部办公厅关于扩大内地居民婚姻登记"跨省通办"试点的通知

· 2023 年 5 月 22 日

各省、自治区、直辖市民政厅(局)，新疆生产建设兵团民政局：

为深入贯彻落实《国务院关于同意扩大内地居民婚姻登记"跨省通办"试点的批复》(国函〔2023〕34 号)文件精神，现就进一步扩大内地居民婚姻登记"跨省通办"试点有关事项通知如下：

一、指导思想

以习近平新时代中国特色社会主义思想为指导，全面贯彻党的二十大和二十届一中、二中全会精神，进一步落实党中央、国务院关于深化"放管服"改革决策部署，坚持以人民为中心的发展思想，以人民群众需求为导向，主动适应经济社会发展新形势新要求，进一步扩大内地居民婚姻登记"跨省通办"试点，加快推进试点工作，更好满足群众就近就便办理婚姻登记服务需求，扎实推进中国式现代化。

二、扩大试点范围

(一)试点地区。调整后，试点地区为北京、天津、河北、内蒙古、辽宁、上海、江苏、浙江、安徽、福建、江西、山东、河南、湖北、广东、广西、海南、重庆、四川、陕西、宁夏等 21 个省(区、市)，上述地区均实施内地居民结婚登记和离婚登记"跨省通办"试点。

(二)试点期限。试点期限为 2 年，自 2023 年 5 月 12 日起至 2025 年 5 月 11 日止。新纳入试点地区婚姻登记机关统一自 2023 年 6 月 1 日起受理内地居民婚姻登记"跨省通办"事项。

三、试点内容

(一)涉及调整实施的行政法规。在试点地区，暂时调整实施《婚姻登记条例》第四条第一款有关"内地居民结婚，男女双方应当共同到一方当事人常住户口所在地的婚姻登记机关办理结婚登记"的规定，第十条第一款有关"内地居民自愿离婚的，男女双方应当共同到一方当事人常住户口所在地的婚姻登记机关办理离婚登记"的规定。

(二)实施方式。在试点地区，将内地居民结(离)婚登记由一方当事人常住户口所在地的婚姻登记机关办理，扩大到一方当事人常住户口所在地或者经常居住地婚姻登记机关办理。调整后，双方均非本地户籍的婚姻登记当事人可以凭一方居住证和双方户口簿、身份证，在居住证发放地婚姻登记机关申请办理婚姻登记，或者自行选择在一方常住户口所在地办理婚姻登记。

(三)当事人需要提交的证件。按照试点要求，当事人选择在一方经常居住地申请办理婚姻登记的，除按照《婚姻登记条例》第五条和第十一条规定当事人需要提交的证件外，还应当提交一方当事人经常居住地的有效居住证。一方或双方户籍地在本省(区、市)的，无需提供居住证，可以在本省(区、市)任意一个婚姻登记机关办理婚姻登记。

四、工作要求

(一)加强组织领导。各试点地区要高度重视，将内地居民婚姻登记"跨省通办"试点工作纳入主题教育活动民生项目清单，加大工作指导力度，加强过程管理，跟踪评估实施效果，建立协同联动机制，及时发现和解决突出问题。新纳入试点地区要成立试点工作领导小组，抓紧研究制定实施方案，积极争取将内地居民婚姻登记"跨省通办"试点工作纳入本地党委和政府的重要议事日程，落实好人员、场地、经费等保障。

(二)完善配套政策措施。各试点地区要及时总结推广内地居民婚姻登记"跨省通办"试点工作好做法好经验，将其上升为指导面上工作的政策措施和惠及群众的服务规范。新纳入试点地区要根据内地居民婚姻登记

"跨省通办"试点工作要求，及时修订出台本地区的婚姻登记工作规范，编制婚姻登记办事指南，列明受理条件、证件材料要求、办理流程等内容，并及时在相关网站、婚姻登记场所公开，扩大试点工作社会知晓度，让群众广泛知悉。

（三）推进婚姻登记信息化建设。各省级民政部门要进一步完善婚姻登记信息系统功能，应用"互联网+"服务模式，建立预约登记制度，开展婚姻登记智能咨询、网上预约、提前预审、婚姻家庭辅导等服务，实现线上线下数据融合、预约受理联动预审，提高婚姻登记的准确性和群众的满意度。积极提升婚姻登记智能化水平，统一配备高拍仪、身份证读卡器、人像采集、人脸识别等智能设备，实现婚姻登记所有窗口智能设备全覆盖。采取补发婚姻证件、补录核对历史婚姻登记档案数据、部门间信息比对共享等多种方法不断补齐、修正、完善全国婚姻登记信息数据库中的历史数据，实现所有现存纸质档案的电子化，切实提高婚姻登记数据质量，为试点工作提供更加有力的技术支撑和信息保障。依照民政部统一标准规范，积极推进婚姻登记电子证照的应用，推进婚育服务"一件事一次办"，以"数据跑路"代替"群众跑腿"，实现"信息惠民"。

（四）提高婚姻登记机关服务水平。在坚持严格依法登记基础上，拓展服务内容、创新服务方式，不断增强婚姻登记服务便捷性、可及性。加强窗口制度建设，认真落实窗口服务规范、工作纪律，打造高质量服务型婚姻登记机关。积极提升婚姻登记员的保障水平，加强人员配备，改善工作环境，保持婚姻登记员队伍的稳定性。健全以"首问负责制"、"责任追究制"为核心内容的婚姻登记员婚姻登记责任制度，提高婚姻登记员为民、便民、利民的责任感和使命感，促进依法登记、规范服务水平的不断提升。有条件的地方要支持和鼓励将婚姻登记机关设置在环境优美的公园等有纪念意义的标志性场所，努力将婚姻登记机关打造成一站式、综合性、人性化的公共服务场所和"网红打卡地"，打造成具有本地特色的婚姻文化传播平台。新纳入试点地区要及时开展内地居民婚姻登记"跨省通办"试点实务培训，确保婚姻登记员及时掌握各项规定和工作要求，确保试点工作依法依规开展。

（五）加强宣传引导。加强政策宣传和政策解读，引导公众全面、客观看待内地居民婚姻登记"跨省通办"试点工作，形成正确的社会预期。要积极协调新闻媒体加大对内地居民婚姻登记"跨省通办"试点工作实施情况的宣传报道，营造良好社会氛围。及时回应社会关切，正确引导舆论，为内地居民婚姻登记"跨省通办"试点工作创造良好舆论环境。

各地在执行过程中遇到的重大问题，及时报告民政部。

民政部关于进一步加强涉外、涉港澳台居民及华侨婚姻登记管理工作的通知

· 2007 年 11 月 14 日民函〔2007〕314 号公布
· 根据 2020 年 10 月 20 日《民政部关于修改部分规范性文件的公告》修订

各省、自治区、直辖市民政厅（局），计划单列市民政局，新疆生产建设兵团民政局：

近来，有关部门陆续向我部通报，有不法分子使用伪造境外身份证件和单身证明在内地骗取婚姻登记，或者利用同一境外身份证件和单身证明在内地多次办理结婚登记，甚至出现专门伪造境外证件和单身证明、通过骗取婚姻登记牟取利益的犯罪团体。为维护婚姻登记工作的严肃性，预防和打击境外当事人骗婚、重婚等不法行为，现就进一步加强涉外、涉港澳台居民及华侨婚姻登记管理工作通知如下：

一、提高认识，切实维护婚姻登记秩序

婚姻登记是社会管理的重要组成部分，是贯彻落实《中华人民共和国民法典》，维护我国婚姻家庭制度的重要保障。预防和打击骗婚、重婚等违法犯罪活动是维护我国婚姻登记制度严肃性、维护内地与境外婚姻健康发展的迫切需要，是强化社会管理和公共服务的具体体现。各地要从构建和谐社会、维护国家形象、保护人民利益的高度，增强责任感和紧迫感，切实维护婚姻登记秩序。

二、加强指导，进一步提高队伍素质

各地要选用政治觉悟高、业务素养好的优秀人才从事涉外、涉港澳台居民及华侨婚姻登记工作。要加强对婚姻登记员的培训、考核和指导力度，提高婚姻登记员业务能力和处理突发事件的能力。婚姻登记员应为行政编制或参照公务员管理的事业编制人员，婚姻登记机关编制不足的，应当主动向当地编制部门报告，讲明这项工作的重要性，争取配足编制。

三、积极推进婚姻登记工作信息化，预防骗婚、重婚

各地要加快婚姻登记信息化建设，进一步提高管理水平，保证登记质量，防止骗婚、重婚现象发生。要充分利用民政部涉外、涉港澳台居民及华侨婚姻登记信息系

统联网优势，同时积极争取与当地公安部门公民身份信息系统实现数据共享，防止当事人在不同地区多次登记或利用虚假身份证件办理登记。

四、严格登记程序，加强审查、询问和告知等程序

婚姻登记机关要加强对境外证件、证明材料的辨认和审查，认真比对当事人和身份证件上的照片，比对港、澳居民单身证明中公证人签名与印发的公证人签名式样，审查单身证明的格式和用语。要加强对当事人的询问，发现有疑点的，要进一步询问或者分别向双方当事人询问，提醒当事人谨防上当受骗。要向当事人履行必要的告知义务，宣传有关政策法规和告知其骗婚、重婚的法律后果，引导涉台婚姻登记当事人登记前阅读民政部编印的《两岸婚姻政策指南》。

五、妥善处理有关事宜，建立可疑信息报告制度

婚姻登记机关发现当事人证件、证明材料有疑问的，应暂缓办理登记，先作进一步核实。对香港居民所持单身证明有疑问的，可以向中国法律服务（香港）有限公司核实（联系人：钱蓓、张芝，咨询电话：00852-28279700；传真：00852-25281771；MSN：china_legal@hotmail.com）；对台湾居民所持单身证明有疑问的，可以向省级公证协会核查当事人单身证明副本。确认当事人持有的证件、证明材料为伪造的，或者当事人承认是骗取婚姻登记的，婚姻登记机关应当终止办理程序。婚姻登记机关发现有团伙组织人员办理涉台婚姻登记的，应当及时报告当地台办，并建议其协调有关部门侦查、处理；发生内地一方以假身份结婚，台湾居民要求解除婚姻关系的，应当向当地台办报告，建议其协调地方法院妥善处理。发现有团伙组织人员办理涉外、涉港澳居民及华侨婚姻登记等非正常情况的，应当及时向公安部门反映情况。

六、启用新式香港居民申请结婚声明书格式

经中国委托公证人协会有限公司、中国法律服务（香港）有限公司和我部商定，自2008年1月1日起启用新式香港居民申请结婚声明书格式。新式香港居民申请结婚声明书后附香港居民身份证及港澳居民往来内地通行证复印件、香港婚姻登记处出具的无婚姻记录证明书正本等材料（见附件1-4）。新式香港居民申请结婚声明书正、副本分别加贴防伪标识（防伪技术说明见附件5），该标识压声明书左下角"转递专用章"边线。各婚姻登记机关在办理涉港婚姻登记时要认真审查，自2008年1月1日后香港出具的委托公证声明书应当为新格式。

附件：1.《申请结婚声明书》适用格式1-1-1（未婚）（略）

2.《申请结婚声明书》适用格式1-1-2（离婚）（略）
3.《申请结婚声明书》适用格式1-1-3（丧偶）（略）
4.《申请补办结婚登记声明书》适用格式1-1-4（未婚）（略）
5. 公证文件防伪标识（审核转递）的技术方案说明（略）

最高人民法院关于依法妥善审理涉及夫妻债务案件有关问题的通知

· 2017年2月28日
· 法〔2017〕48号

各省、自治区、直辖市高级人民法院，解放军军事法院，新疆维吾尔自治区高级人民法院生产建设兵团分院：

家事审判工作是人民法院审判工作的重要内容。在家事审判工作中，正确处理夫妻债务，事关夫妻双方和债权人合法权益的保护，事关婚姻家庭稳定和市场交易安全的维护，事关和谐健康诚信经济社会建设的推进。为此，最高人民法院审判委员会第1710次会议讨论通过《最高人民法院关于适用〈中华人民共和国婚姻法〉若干问题的解释（二）的补充规定》，对该司法解释第二十四条增加规定了第二款和第三款。2017年2月28日，最高人民法院公布了修正的《最高人民法院关于适用〈中华人民共和国婚姻法〉若干问题的解释（二）》。为依法妥善审理好夫妻债务案件，现将有关问题通知如下：

一、坚持法治和德治相结合原则。 在处理夫妻债务案件时，除应当依照婚姻法等法律和司法解释的规定，保护夫妻双方和债权人的合法权益，还应当结合社会主义道德价值理念，增强法律和司法解释适用的社会效果，以达到真正化解矛盾纠纷、维护婚姻家庭稳定、促进交易安全、推动经济社会和谐健康发展的目的。

二、保障未具名举债夫妻一方的诉讼权利。 在审理以夫妻一方名义举债的案件中，原则上应当传唤夫妻双方本人和案件其他当事人本人到庭；需要证人出庭作证的，除法定事由外，应当通知证人出庭作证。在庭审中，应当按照《最高人民法院关于适用〈中华人民共和国民事诉讼法〉的解释》的规定，要求有关当事人和证人签署保证书，以保证当事人陈述和证人证言的真实性。未具名举债一方不能提供证据，但能够提供证据线索的，人民法院应当根据当事人的申请进行调查取证；对伪造、隐藏、毁灭证据的要依法予以惩处。未经审判程序，不得要求未举债的夫妻一方承担民事责任。

三、审查夫妻债务是否真实发生。债权人主张夫妻一方所负债务为夫妻共同债务的,应当结合案件的具体情况,按照《最高人民法院关于审理民间借贷案件适用法律若干问题的规定》第十六条第二款、第十九条规定,结合当事人之间关系及其到庭情况、借贷金额、债权凭证、款项交付、当事人的经济能力、当地或者当事人之间的交易方式、交易习惯、当事人财产变动情况以及当事人陈述、证人证言等事实和因素,综合判断债务是否发生。防止违反法律和司法解释规定,仅凭借条、借据等债权凭证就认定存在债务的简单做法。

在当事人举证基础上,要注意依职权查明举债一方作出有悖常理的自认的真实性。对夫妻一方主动申请人民法院出具民事调解书的,应当结合案件基础事实重点审查调解协议是否损害夫妻另一方的合法权益。对人民调解协议司法确认案件,应当按照《最高人民法院关于适用〈中华人民共和国民事诉讼法〉的解释》要求,注重审查基础法律关系的真实性。

四、区分合法债务和非法债务,对非法债务不予保护。在案件审理中,对夫妻一方在从事赌博、吸毒等违法犯罪活动中所负的债务,不予法律保护;对债权人知道或者应当知道夫妻一方举债用于赌博、吸毒等违法犯罪活动而向其出借款项,不予法律保护;对夫妻一方以个人名义举债后用于个人违法犯罪活动,举债人就该债务主张按夫妻共同债务处理的,不予支持。

五、把握不同阶段夫妻债务的认定标准。依照婚姻法第十七条、第十八条、第十九条和第四十一条有关夫妻共同财产制、分别财产制和债务偿还原则以及有关婚姻法司法解释的规定,正确处理夫妻一方以个人名义对外所负债务问题。

六、保护被执行夫妻双方基本生存权益不受影响。要树立生存权益高于债权的理念。对夫妻共同债务的执行涉及到夫妻双方的工资、住房等财产权益,甚至可能损害其基本生存权益的,应当保留夫妻双方及其所扶养家属的生活必需费用。执行夫妻名下住房时,应保障生活所必需的居住房屋,一般不得拍卖、变卖或抵债被执行人及其所扶养家属生活所必需的居住房屋。

七、制裁夫妻一方与第三人串通伪造债务的虚假诉讼。对实施虚假诉讼的当事人、委托诉讼代理人和证人等,要加强罚款、拘留等对妨碍民事诉讼的强制措施的适用。对实施虚假诉讼的委托诉讼代理人,除依法制裁外,还应向司法行政部门、律师协会或者行业协会发出司法建议。对涉嫌虚假诉讼等犯罪的,应依法将犯罪的线索、材料移送侦查机关。

以上通知,请遵照执行。执行中有何问题,请及时报告我院。

中国边民与毗邻国边民婚姻登记办法

· 2012年8月8日民政部令第45号公布
· 自2012年10月1日起施行

第一条 为规范边民婚姻登记工作,保护婚姻当事人的合法婚姻权益,根据《中华人民共和国婚姻法》、《婚姻登记条例》,制定本办法。

第二条 本办法所称边民是指中国与毗邻国边界线两侧县级行政区域内有当地常住户口的中国公民和外国人。中国与毗邻国就双方国家边境地区和边民的范围达成有关协议的,适用协议的规定。

第三条 本办法适用于中国边民与毗邻国边民在中国边境地区办理婚姻登记。

第四条 边民办理婚姻登记的机关是边境地区县级人民政府民政部门。

边境地区婚姻登记机关应当按照便民原则在交通不便的乡(镇)巡回登记。

第五条 中国边民与毗邻国边民在中国边境地区结婚,男女双方应当共同到中国一方当事人常住户口所在地的婚姻登记机关办理结婚登记。

第六条 办理结婚登记的中国边民应当出具下列证件、证明材料:

(一)本人的居民户口簿、居民身份证;

(二)本人无配偶以及与对方当事人没有直系血亲和三代以内旁系血亲关系的签字声明。

办理结婚登记的毗邻国边民应当出具下列证明材料:

(一)能够证明本人边民身份的有效护照、国际旅行证件或者边境地区出入境通行证件;

(二)所在国公证机构或者有权机关出具的、经中华人民共和国驻该国使(领)馆认证或者该国驻华使(领)馆认证的本人无配偶的证明,或者所在国驻华使(领)馆出具的本人无配偶的证明,或者由毗邻国边境地区与中国乡(镇)人民政府同级的政府出具的本人无配偶证明。

第七条 办理结婚登记的当事人有下列情形之一的,婚姻登记机关不予登记:

(一)未到中国法定结婚年龄的;

(二)非双方自愿的;

(三)一方或者双方已有配偶的;
(四)属于直系血亲或者三代以内旁系血亲的;
(五)患有医学上认为不应当结婚的疾病的。

第八条 婚姻登记机关应当对结婚登记当事人出具的证件、证明材料进行审查并询问相关情况,对当事人符合结婚条件的,应当当场予以登记,发给结婚证。对当事人不符合结婚条件不予登记的,应当向当事人说明理由。

第九条 男女双方补办结婚登记的,适用本办法关于结婚登记的规定。

第十条 未到婚姻登记机关办理结婚登记以夫妻名义同居生活的,不成立夫妻关系。

第十一条 因受胁迫结婚的,受胁迫的边民可以依据《中华人民共和国婚姻法》第十一条的规定向婚姻登记机关请求撤销其婚姻。受胁迫方应当出具下列证件、证明材料:
(一)本人的身份证件;
(二)结婚证;
(三)要求撤销婚姻的书面申请;
(四)公安机关出具或者人民法院作出的能够证明当事人被胁迫结婚的证明材料。

受胁迫方为毗邻国边民的,其身份证件包括能够证明边民身份的有效护照、国际旅行证件或者边境地区出入境通行证件。

婚姻登记机关经审查认为受胁迫结婚的情况属实且不涉及子女抚养、财产及债务问题的,应当撤销该婚姻,宣告结婚证作废。

第十二条 中国边民与毗邻国边民在中国边境地区自愿离婚的,应当共同到中国边民常住户口所在地的婚姻登记机关办理离婚登记。

第十三条 办理离婚登记的双方当事人应当出具下列证件、证明材料:
(一)本人的结婚证;
(二)双方当事人共同签署的离婚协议书。

除上述材料外,办理离婚登记的中国边民还需要提供本人的居民户口簿和居民身份证,毗邻国边民还需要提供能够证明边民身份的有效护照、国际旅行证件或者边境地区出入境通行证件。

离婚协议书应当载明双方当事人自愿离婚的意思表示以及对子女抚养、财产及债务处理等事项协商一致的意见。

第十四条 办理离婚登记的当事人有下列情形之一的,婚姻登记机关不予受理:
(一)未达成离婚协议的;

(二)属于无民事行为能力或者限制民事行为能力人的;
(三)其结婚登记不是在中国内地办理的。

第十五条 婚姻登记机关应当对离婚登记当事人出具的证件、证明材料进行审查并询问相关情况。对当事人确属自愿离婚,并已对子女抚养、财产、债务等问题达成一致处理意见的,应当当场予以登记,发给离婚证。

第十六条 离婚的男女双方自愿恢复夫妻关系的,应当到婚姻登记机关办理复婚登记。复婚登记适用本办法关于结婚登记的规定。

第十七条 结婚证、离婚证遗失或者损毁的,中国边民可以持居民户口簿、居民身份证,毗邻国边民可以持能够证明边民身份的有效护照、国际旅行证件或者边境地区出入境通行证向原办理婚姻登记的机关或者中国一方当事人常住户口所在地的婚姻登记机关申请补领。婚姻登记机关对当事人的婚姻登记档案进行查证,确认属实的,应当为当事人补发结婚证、离婚证。

第十八条 本办法自2012年10月1日起施行。1995年颁布的《中国与毗邻国边民婚姻登记管理试行办法》(民政部令第1号)同时废止。

最高人民法院关于当事人申请承认澳大利亚法院出具的离婚证明书人民法院应否受理问题的批复

· 2005年7月11日最高人民法院审判委员会第1359次会议通过
· 根据2008年12月16日公布的《最高人民法院关于调整司法解释等文件中引用〈中华人民共和国民事诉讼法〉条文序号的决定》第一次修正
· 根据2020年12月23日最高人民法院审判委员会第1823次会议通过的《最高人民法院关于修改〈最高人民法院关于人民法院民事调解工作若干问题的规定〉等十九件民事诉讼类司法解释的决定》第二次修正
· 2020年12月29日最高人民法院公告公布
· 自2021年1月1日起施行
· 法释〔2020〕20号

广东省高级人民法院:

你院报送的粤高法民一他字〔2004〕9号"关于当事人申请承认澳大利亚法院出具的离婚证明书有关问题"的请示收悉。经研究,答复如下:

当事人持澳大利亚法院出具的离婚证明书向人民法院申请承认其效力的,人民法院应予受理,并依照《中华人民共和国民事诉讼法》第二百八十一条和第二百八十二条以及最高人民法院《关于中国公民申请承认外国法院离婚判决程序问题的规定》的有关规定进行审查,依法作出承认或者不予承认的裁定。

此复。

最高人民法院关于中国公民申请承认外国法院离婚判决程序问题的规定

- 1991年7月5日最高人民法院审判委员会第503次会议通过
- 根据2020年12月23日最高人民法院审判委员会第1823次会议通过的《最高人民法院关于修改〈最高人民法院关于人民法院民事调解工作若干问题的规定〉等十九件民事诉讼类司法解释的决定》修正
- 2020年12月29日最高人民法院公告公布
- 自2021年1月1日起施行
- 法释〔2020〕20号

第一条 对与我国没有订立司法协助协议的外国法院作出的离婚判决,中国籍当事人可以根据本规定向人民法院申请承认该外国法院的离婚判决。

对与我国有司法协助协议的外国法院作出的离婚判决,按照协议的规定申请承认。

第二条 外国法院离婚判决中的夫妻财产分割、生活费负担、子女抚养方面判决的承认执行,不适用本规定。

第三条 向人民法院申请承认外国法院的离婚判决,申请人应提出书面申请书,并须附有外国法院离婚判决书正本及经证明无误的中文译本。否则,不予受理。

第四条 申请书应记明以下事项:

(一)申请人姓名、性别、年龄、工作单位和住址;

(二)判决由何国法院作出,判结结果、时间;

(三)受传唤及应诉的情况;

(四)申请理由及请求;

(五)其他需要说明的情况。

第五条 申请由申请人住所地中级人民法院受理。申请人住所地与经常居住地不一致的,由经常居住地中级人民法院受理。

申请人不在国内的,由申请人原国内住所地中级人民法院受理。

第六条 人民法院接到申请书,经审查,符合本规定的受理条件的,应当在7日内立案;不符合的,应当在7日内通知申请人不予受理,并说明理由。

第七条 人民法院审查承认外国法院离婚判决的申请,由三名审判员组成合议庭进行,作出的裁定不得上诉。

第八条 人民法院受理申请后,对于外国法院离婚判决书没有指明已生效或生效时间的,应责令申请人提交作出判决的法院出具的判决已生效的证明文件。

第九条 外国法院作出离婚判决的原告为申请人的,人民法院应责令其提交作出判决的外国法院已合法传唤被告出庭的有关证明文件。

第十条 按照第八条、第九条要求提供的证明文件,应经该外国公证部门公证和我国驻该国使、领馆认证,或者履行中华人民共和国与该所在国订立的有关条约中规定的证明手续。同时应由申请人提供经证明无误的中文译本。

第十一条 居住在我国境内的外国法院离婚判决的被告为申请人,提交第八条、第十条所要求的证明文件和公证、认证有困难的,如能提交外国法院的应诉通知或出庭传票的,可推定外国法院离婚判决书为真实和已经生效。

第十二条 经审查,外国法院的离婚判决具有下列情形之一的,不予承认:

(一)判决尚未发生法律效力;

(二)作出判决的外国法院对案件没有管辖权;

(三)判决是在被告缺席且未得到合法传唤情况下作出的;

(四)该当事人之间的离婚案件,我国法院正在审理或已作出判决,或者第三国法院对该当事人之间作出的离婚案件判决已为我国法院所承认;

(五)判决违反我国法律的基本原则或者危害我国国家主权、安全和社会公共利益。

第十三条 对外国法院的离婚判决的承认,以裁定方式作出。没有第十二条规定的情形的,裁定承认其法律效力;具有第十二条规定的情形之一的,裁定驳回申请人的申请。

第十四条 裁定书以"中华人民共和国××中级人民法院"名义作出,由合议庭成员署名,加盖人民法院印章。

第十五条 裁定书一经送达,即发生法律效力。

第十六条 申请承认外国法院的离婚判决,申请人应向人民法院交纳案件受理费人民币100元。

第十七条 申请承认外国法院的离婚判决,委托他人代理的,必须向人民法院提交由委托人签名或盖章的授权委托书。委托人在国外出具的委托书,必须经我国驻该国的使、领馆证明,或者履行中华人民共和国与该所在国订立的有关条约中规定的证明手续。

第十八条 人民法院受理离婚诉讼后,原告一方变更请求申请承认外国法院离婚判决,或者被告一方另提出承认外国法院离婚判决申请的,其申请均不受理。

第十九条 人民法院受理承认外国法院离婚判决的申请后,对方当事人向人民法院起诉离婚的,人民法院不予受理。

第二十条 当事人之间的婚姻虽经外国法院判决,但未向人民法院申请承认的,不妨碍当事人一方另行向人民法院提出离婚诉讼。

第二十一条 申请人的申请为人民法院受理后,申请人可以撤回申请,人民法院以裁定准予撤回。申请人撤回申请后,不得再提出申请,但可以另向人民法院起诉离婚。

第二十二条 申请人的申请被驳回后,不得再提出申请,但可以另行向人民法院起诉离婚。

最高人民法院关于人民法院受理申请承认外国法院离婚判决案件有关问题的规定

- 1999年12月1日最高人民法院审判委员会第1090次会议通过
- 根据2020年12月23日最高人民法院审判委员会第1823次会议通过的《最高人民法院关于修改〈最高人民法院关于人民法院民事调解工作若干问题的规定〉等十九件民事诉讼类司法解释的决定》修正
- 2020年12月29日最高人民法院公告公布
- 自2021年1月1日起施行
- 法释〔2020〕20号

1998年9月17日,我院以法〔1998〕86号通知印发了《关于人民法院受理申请承认外国法院离婚判决案件几个问题的意见》,现根据新的情况,对人民法院受理申请承认外国法院离婚判决案件的有关问题重新作如下规定:

一、中国公民向人民法院申请承认外国法院离婚判决,人民法院不应以其未在国内缔结婚姻关系而拒绝受理;中国公民申请承认外国法院在其缺席情况下作出的离婚判决,应同时向人民法院提交作出该判决的外国法院已合法传唤其出庭的有关证明文件。

二、外国公民向人民法院申请承认外国法院离婚判决,如果其离婚的原配偶是中国公民的,人民法院应予受理;如果其离婚的原配偶是外国公民的,人民法院不予受理,但可告知其直接向婚姻登记机关申请结婚登记。

三、当事人向人民法院申请承认外国法院离婚调解书效力的,人民法院应予受理,并根据《关于中国公民申请承认外国法院离婚判决程序问题的规定》进行审查,作出承认或不予承认的裁定。

自本规定公布之日起,我院法〔1998〕86号通知印发的《关于人民法院受理申请承认外国法院离婚判决案件几个问题的意见》同时废止。

- 典型案例[①]

1. 婚姻家庭纠纷典型案例[②]

一、于某某诉高某某离婚后财产纠纷案

(一)基本案情

于某某与高某某于2001年11月11日登记结婚,婚后于2003年9月生育一子高某。因感情不和,双方于2009年9月2日在法院调解离婚。双方离婚时对于共同共有的位于北京市某小区59号房屋未予分割,而是通过协议约定该房屋所有权在高某某付清贷款后归双方之子高某所有。2013年1月,于某某起诉至北京市东城区人民法院称:59号房屋贷款尚未还清,房屋产权亦未变更至高某名下,即还未实际赠与给高某,目前还处于于某某、高某某共有财产状态,故不计划再将该房屋属于自己的部分赠给高某,主张撤销之前的赠与行为,由法院依法分割59号房屋。

高某某则认为:离婚时双方已经将房屋协议赠与高某,正是因为于某某同意将房屋赠与高某,我才同意离婚协议中其他加重我义务的条款,例如在离婚后单独偿还夫妻共

[①] 本书所收案例为《中华人民共和国民法典》《最高人民法院关于适用〈中华人民共和国民法典〉婚姻家庭编的解释(一)》公布之前的新旧条文对照可参考"一、综合"中的"文书范本"。

[②] 最高人民法院2015年12月4日发布。

同债务4.5万元。我认为离婚已经对孩子造成巨大伤害,出于对未成年人的考虑,不应该支持于某某的诉讼请求。

(二)裁判结果

北京市东城区人民法院生效裁判认为:双方在婚姻关系存续期间均知悉59号房屋系夫妻共同财产,对于诉争房屋的处理,于某某与高某某早已达成约定,且该约定系双方在离婚时达成,即双方约定将59号房屋赠与其子是建立在双方夫妻身份关系解除的基础之上。在于某某与高某某离婚后,于某某不同意履行对诉争房屋的处理约定,并要求分割诉争房屋,其诉讼请求法律依据不足,亦有违诚信。故对于某某的诉讼请求,法院不予支持。

北京市东城区人民法院于2013年4月24日作出(2013)东民初字第02551号民事判决:驳回于某某的诉讼请求。宣判后,于某某向北京市第二中级人民法院提起上诉,北京市第二中级人民法院于2013年7月11日作出(2013)二中民终字第09734号判决:驳回上诉,维持原判。

(三)典型意义

本案中双方争议的焦点是在离婚协议中约定将夫妻共同共有的房产赠与未成年子女,离婚后一方在赠与房产变更登记之前是否有权予以撤销。在离婚协议中双方将共同财产赠与未成年子女的约定与解除婚姻关系、子女抚养、共同财产分割、共同债务清偿、离婚损害赔偿等内容互为前提、互为结果,构成了一个整体,是"一揽子"的解决方案。如果允许一方反悔,那么男女双方离婚协议的"整体性"将被破坏。在婚姻关系已经解除且不可逆的情况下如果允许当事人对于财产部分反悔将助长先离婚再恶意占有财产之有违诚实信用的行为,也不利于保护未成年子女的权益。因此,在离婚后一方欲根据《合同法》第一百八十六条第一款之规定单方撤销赠与时亦应取得双方合意,在未征得作为共同共有人的另一方同意的情况下,无权单方撤销赠与。

二、王某诉江某离婚案

(一)基本案情

王某与江某经人介绍相识并登记结婚,婚后无子女。由于双方相识时间短,相互了解较少,结婚较为仓促,感情基础薄弱。婚后由于江某酗酒,对原告有家庭暴力,经常因为生活琐事对原告拳脚相加。2009年,江某无缘无故将原告毒打一顿并致其离家出走。后王某提起离婚诉讼,要求判决:1.解除双方的婚姻关系;2.江某给付精神损失费5万元;3.依法分割共同财产。该案诉讼费由江某承担。王某提供江某书写的协议书及相关证人证明在婚姻存续期间江某对其施加家庭暴力。

(二)裁判结果

北京市通州区人民法院认为:男女一方要求离婚的,可向法院提起诉讼,如感情确已破裂,应当准予离婚。该案中,双方均同意离婚,表明双方感情已彻底破裂,故王某要求离婚的诉讼请求,法院予以准许。王某要求江某支付精神损害赔偿金的诉讼请求,因江某在婚姻存续期间,确实存在家庭暴力情形,法院予以支持,具体数额由法院依法予以酌定。为此,法院判决王某与江某离婚(财产分割略),并由江某支付王某精神损害赔偿金。

(三)典型意义

夫妻应当互敬互爱,和睦相处,但遗憾的是,夫妻之间实施暴力给其中一方造成人身伤害和精神痛苦的现象仍然存在,家庭暴力问题作为离婚案件的重要诱因,仍然在很大程度上影响着家庭的稳定与和谐。家庭暴力是指行为人以殴打、捆绑、残害、强行限制人身自由或者其他手段,给其家庭成员的身体、精神等方面造成一定伤害后果的行为。持续性、经常性的家庭暴力,构成虐待。根据北京法院对2013年度东城法院、丰台法院、通州法院结案的620件离婚案件抽样统计显示,涉家庭暴力类的离婚案件占选取离婚案件总数的9%,数量比例虽不高,但涉家暴案件大多矛盾激烈、调解率低、最终离异率高。我国婚姻法明确禁止家庭暴力,规定配偶一方对另一方实施家庭暴力,经调解无效的应准予离婚,因实施家庭暴力导致离婚的,无过错方在离婚时有权请求损害赔偿。正在全国人大审议中的《反家暴法》也通过规定了一系列制度安排,以期保护家庭中的弱势群体,对家庭暴力行为进行遏制。本案就是典型的因家庭暴力导致离婚的案件,人民法院依法支持无过错方的离婚请求和赔偿请求,对于家庭暴力这样违反法律和社会主义道德的行为,旗帜鲜明地给予否定性评价。

三、张某诉郭甲、郭乙、郭丙赡养纠纷案

(一)基本案情

张某与其丈夫郭某共育有三个子女,即:长子郭甲,次子郭乙,小女儿郭丙。1985年4月25日,郭某与长子郭甲、次子郭乙签订了分家协议,就赡养问题做了如下约定:"1.长子郭甲扶养母亲,次子郭乙扶养父亲。2.父母在60岁以前,哥俩每人每月给零花钱5元,60岁以后每人每月给10元。"郭某于2010年8月去世后,次子郭乙对郭某进行了安葬,此后母亲张某独自生活。2014年10月14日,张某将三名子女起诉至北京市怀柔区人民法院,要求随次子郭乙生活,长子郭甲给付赡养费1000元,其他二子女给付赡养费各500元。医药费由三子女共同承担。

法庭审理过程中,长子郭甲称自己一直以来赡养母亲,并承担过高赡养费;次子郭乙称分家时约定母亲由长子郭甲扶养,父亲由自己扶养,自己已经按照约定赡养了父亲,并对父亲进行了安葬,无法接受再与长子郭甲承担同样的责任;小女儿郭丙称自己并未在赡养协议里载明有责任。

(二)判决结果

北京市怀柔区人民法院法院经审理认为,张某的长子郭甲和次子郭乙虽然于1985年签订了分家协议,两人也按照分家协议履行着各自的义务,但是并不能完全免除次子郭乙、小女儿郭丙对母亲的赡养义务。原告张某自己每月有1200元收入,并愿意由次子郭乙照顾,故判决原告张某随次子郭乙生活,长子郭甲每月给付赡养费300元,长子郭甲承担原告张某医药费的二分之一,次子郭乙、小女儿郭丙各负担医药费的四分之一。

(三)典型意义

我国《婚姻法》第二十一条第三款规定:"子女不履行赡养义务时,无劳动能力的或生活困难的父母,有要求子女给付赡养费的权利。"原告现已年迈,且体弱多病,丧失了劳动能力,确实需要子女赡养,其子女均有赡养原告的义务。

诚然,在多子女的家庭,在父母不反对的情况下,签订赡养协议分工赡养父母是合理合法的,法律上也是允许的。我国《老年人权益保障法》第二十条规定:"经老年人同意,赡养人之间可以就履行赡养义务签订协议。赡养协议的内容不得违反法律的规定和老年人的意愿。"但是,如果客观情况发生变化,比如某位子女明显没有能力赡养好父或母,如果父或母提出赡养要求,其他子女无法免除。这也是《婚姻法》第二十一条第三款规定的题中之义,因为赡养义务是强制性的法定义务。

现实中,很多子女之间签订赡养协议时,仍然有封建思想,尤其是农村地区,如"嫁出去的女,泼出去的水"、"出嫁女无赡养父母的义务",女儿对父母的赡养义务被人为地免除。但从法律上讲,子女对父母均有赡养义务,女儿不论出嫁与否都与父母存在法律上的赡养关系,不因任何原因而免除。而对于赡养协议中免除次子郭乙对母亲的赡养义务,属于约定免除了次子郭乙对母亲的法定义务,应属无效约定。故对原告要求三子女均需履行赡养义务的诉讼请求应当支持。

就张某的居住和日常照料问题,张某表示愿意随次子郭乙生活,而次子郭乙也表示同意,尊重当事人的意见。就赡养费的数额和医药费负担比例问题,考虑到次子郭乙已经履行了对父亲全部的赡养义务,长子郭甲应当多承担赡养费,体现法律与人情兼顾,也能更好促进家庭关系的和谐。

四、博小某诉博某抚养费案

(一)基本案情

原告博小某的法定代理人刘某与被告博某原系夫妻关系,于2011年1月26日生有一子博小某,即本案原告。原告法定代理人与被告于2011年4月26日在东城区民政局协议离婚,后于2011年6月8日复婚,2012年5月27日二人签订了夫妻分居协议,协议约定:分居期间原告由其母刘某抚养,被告每月给付抚养费1500元,于每月12日前支付,从第二个月开始抚养费逾期未转账,则赔偿违约金30000元/次。2012年6月至2012年10月被告每月给付原告抚养费1500元,2012年11月开始不再给付。2014年5月28日,原告法定代理人与被告经河北省涿州市人民法院判决离婚,判决原告随其母刘某共同生活,被告博某自2014年6月起每月给付原告抚养费1900元,至原告博小某18周岁止。后博小某将博某诉至北京市东城区人民法院,请求支付2012年12月至2014年5月间的抚养费,并依约支付违约金。

(二)裁判结果

北京市东城区人民法院经审理认为:父母对子女有抚养教育的义务,不直接抚养子女的一方应负担抚养费的一部或全部。负担费用的多少和期限的长短,由双方协议。父母不履行抚养义务时,未成年的子女有要求父母给付抚养费的权利。原告法定代理人刘某与被告博某在分居期间就子女抚养费问题已经达成协议,抚养费数额的约定是双方真实意思的表示,并未违反法律的强制性规定,被告理应按约定履行给付义务,故对于原告要求支付拖欠的抚养费的诉讼请求,本院予以支持;但因为抚养费的给付并非基于合同,故双方约定的违约金条款于法无据,对于原告要求赔偿违约金的诉讼请求本院不予支持。北京市东城区人民法院依照《中华人民共和国婚姻法》第二十一条第一、二款,判决如下:

一、本判决生效后七日内,被告博某补付原告博小某二〇一二年十一月至二〇一四年五月抚养费二万八千五百元整;

二、驳回原告博小某的其他诉讼请求。

(三)典型意义

在本案中,原告的法定代理人与被告签订了夫妻分居协议,该协议约定婚生子由一方抚养,另一方每月给付抚养费,并约定了迟延履行要支付违约金的条款。抚养费的给付是基于身为父母的法定义务,而并非基于父母双方的协议,该协议可以且只能约定抚养费的数额,且该法定义务不能因父母双方的协议而免除。因此,公民法定义务的履行只能依据法律法规的约束,而不宜因公民之间约定的违约金条款而予以约束。抚养费设立的初衷是为了保护离婚后未成年人子女的合法权益,是以赋予未抚养一方法定义务的方式,努力使得未成年子女的生活恢复到其父母离婚前的状态。抚养费本质上是一种针对未成年人的保障,因此,抚养人不应以违约金的形式从子女的抚养费中获利。

五、郭某诉焦某变更抚养关系案

(一)基本案情

郭某与焦某原系夫妻关系,2012年3月30日经法院调解离婚,确定婚生女焦小某(2009年2月28日出生)由焦某负责抚育,焦某现已再婚。后郭某以焦某对焦小某照顾不周、不配合其探望等为由,向法院提起诉讼,要求变更焦小某由自己抚养、焦某每月给付抚养费3000元至焦小某年满18周岁。

(二)裁判结果

在法院庭审过程中,经法庭征询焦小某意见,其表示愿意与妈妈一起居住生活。原审法院经审理后判决:一、婚生女焦小某自判决生效之日起变更由郭某抚养。二、焦某于判决生效后每月十日前给付婚生女焦小某抚养费八百元,至焦小某十八周岁止。三、焦某于判决生效后每个月最后一周的周六上午九时将焦小某从郭某处接走进行探望,于当日下午五时前将焦小某送回郭某处。四、驳回郭某之其他诉讼请求。

判决后,焦某不服,上诉至北京市第二中级人民法院,认为原审判决认定事实不清,证据不足,郭某在离婚时不要孩子且不支付抚养费,没有尽到母亲的义务;焦小某现已上幼儿园,受到家人深情厚爱,原判变更抚养权不利于焦小某的身心健康;同时提出,一审法院曲解了焦小某的真实意思,其所陈述"愿意随妈妈一起生活"系指愿意随继母一起生活,而非亲生母亲郭某,故请求二审法院查清事实依法改判。郭某同意原判。

在二审法院审理中,法庭曾与焦小某见面交流,发现其就本案诉争问题,尚不具备足够的认知与表达能力。二审经审理认为焦某与郭某离婚时,有关子女抚养问题已于2012年3月经北京市朝阳区人民法院生效民事调解书确定。离婚后至今,双方亦依照此民事调解书执行。目前焦小某在焦某抚养下已经上幼儿园,平时也能够受到爷爷、奶奶照顾,生活环境比较稳定。现郭某与焦某抚养能力相当,其生活条件亦未明显优于焦某,且郭某未提供有力证据证明焦某在抚养焦小某期间存在不利于未成年人身心健康的法定情形,其所提交的焦小某被烫伤照片,亦不足以证明焦某在抚养焦小某过程中存在经常性的不当行为。因此,法院认为焦小某由焦某抚养更为适宜。父母双方离婚后,在短时间内变更抚养关系不利于维护焦小某相对稳定的生活环境,也会对其正常的生活和成长产生影响,故郭某的诉讼请求,法院不予支持。焦某所提上诉理由,法院予以支持。据此,二审法院终审判决:一、撤销原判决。二、驳回郭某之诉讼请求。

(三)典型意义

二审经审查后认为,关于焦小某的抚养问题已经法院生效调解确定,至今不过1年余,双方抚养条件并未发生较大变化。且焦小某现已在幼儿园就学,生活学习环境已相对稳定,贸然变更不利于其维持稳定生活状态。在原审法院审理过程中,法院当庭征询了焦小某(年仅4岁)的意见,并将其作为变更抚养的理由之一,但焦某一方坚持认为法庭误读了焦小某的意思,其庭上所称"妈妈"指的是焦小某的继母而非其亲生母亲郭某。二审承办法官考虑如果简单改判此案,势必进一步激化双方矛盾,使焦小某的抚养探望问题失去对话基础,加深两家之间的矛盾。

为了确定原审法院征求焦小某意见是否合适,二审承办法官及合议庭成员在与焦小某见面交流后发现焦小某对于诉讼争议的问题完全不具备相应的理解和表达能力。为了缓解双方矛盾,缓解郭某思念之情,在征得双方同意后,法官特意在法院花园内组织了一场法庭亲情探望,两个家庭的成员及焦小某在探望过程中尽享天伦之乐。在和谐的氛围中,法官借势开展劝导说服工作,最终郭某表示同意法院改判的结果,焦某也当面表示郭某可随时将焦小某接走探望,案件得以圆满解决。为了增强判决效果,法官在判决的本院认为部分单辟一段写道:"父爱与母爱对未成年人都是不可或缺的,法院希望焦某、郭某从保证未成年人健康成长出发,能够在原有离婚调解协议的基础上,妥善处理探望及抚养费问题,共同为焦小某营造融洽、和睦的氛围,创造良好的生活、学习环境。"

本案是一起当事人矛盾焦点集中在子女探望问题上的案件。虽然是离异家庭的子女,但是在感情的世界里,他们不应该有缺失。北京市第二中级人民法院在遵循有利于未成年人成长的基础上,尝试开展"法庭亲情探望",探索因人因案而异的探望权行使形式。本案是通过该项举措成功促成纠纷化解的典型案例。法官征得双方当事人同意后,安排两个家庭在温馨平和的气氛里,对焦小某进行探望,并顺势进行辨法析理,引导当事人理性诉讼,最终促成双方达成一致意见,取得了良好的裁判效果。"法庭亲情探望"为不直接抚养子女的一方提供了与子女面对面沟通交流的机会,拉近了感情距离,有助于当事人从子女利益出发,合理解决纠纷,也有助于唤醒父母对子女的关爱,鼓励他们尽快走出离婚阴影,共同努力为子女创造一个和谐稳定的成长环境。

六、麻某某诉麻晓某抚养费纠纷案
(一)基本案情

麻某某的法定代理人李某与麻晓某原系夫妻关系,麻某某系双方婚生子。后双方于2011年12月1日离婚,离婚协议书中约定:双方婚生之子麻某某由女方抚养,男方每月10日前支付共计1500元人民币,抚养费每年根据情况酌情增加,麻某某在学习、医疗等各方面的开支双方共同承担。2013年2月15日至2月22日,麻某某因间歇性外斜视、双眼屈光不正到北京儿童医院住院治疗,共支出医疗费13422.02元。2010年、2012年麻某某参加北京某少儿围棋培训,共支出教育费11105元,2010年、2011年、2013年麻某某参加某学校学习辅导班,共支出教育费11105元。2013年,李某起诉至北京市昌平区人民法院,请求增加每月应当支付的抚养费,请求判令麻某支付麻某某的医疗费和教育培训费用。

(二)审理结果

关于子女生活费和教育费的协议或判决,不妨碍子女在必要时向父母任何一方提出超过协议或判决原定数额的合理要求。根据最高人民法院《关于适用〈中华人民共和国婚姻法〉若干问题的解释(一)》第二十一条的规定"抚养费包括子女生活费、教育费、医疗费等费用"。但不应就此一概认为每月支付固定数额抚养费后,无需再支付医疗费。而应考虑抚养费、教育费、医疗费的支出的原因与具体数额,同时兼顾夫妻双方的利益公平。因此,我国规定的抚养费包含教育费、医疗费,应理解为抚养费包含基本的教育费与医疗费,而不应包含为孩子利益客观必须支出的较大数额的医疗与教育费用。

同时,为保护未成年人利益,促进未成年人身心的全面发展,法律适当鼓励未成年人根据个人天赋与爱好参与一定的课外辅导课程。本案中麻某某长期参加围棋辅导班,从父母婚姻关系存续期间持续到离婚之后,麻晓某在婚姻关系存续期间对此同意,离婚后知情但未明确表示反对。目前也缺乏证据证明围棋班与麻某某兴趣不符,并不属于过分的报班的情形,因而依法应予支持。

北京市昌平区人民法院作出(2013)昌民初字第8252号民事判决:一、麻晓某自二〇一三年八月起每月十日前支付麻某某抚养费人民币二千五百元,至麻某某年满十八周岁止;二、麻晓某支付麻某某医疗费六千七百一十一元零一分,教育费五千五百五十二元五角,于本判决生效后十日内支付;三、驳回麻某某的其他诉讼请求。宣判后麻晓某提出上诉。北京市第一中级人民法院于2013年作出(2013)一中少民终字第13395号判决:驳回上诉,维持一审判决。

(三)典型意义

本案例案情简单、诉讼标的不大,但却涉及未成年人最基本的利益需求,体现了近年来物价上涨与未成年人抚养费理念、立法相对滞后之间的冲突。审判实践中,应着眼于未成年人的合理需求,既排斥奢侈性的抚养费请求,也避免过低的抚养费给付,遵循未成年人最大利益原则。因此,在每月支付的固定数额抚养费之外另行主张的大额子女抚养费用请求是否应予准许,首先应当考虑该请求是否符合未成年人的利益以及是否有相应的法律依据;其次,该请求是否属于因未成年人合理需求产生的支出,法律不鼓励超前的或者奢侈的抚养费需求;最后应考虑夫妻的经济能力与实际负担义务,相应费用若由一方负担是否会导致夫妻双方义务负担的不平衡。

七、李某诉孙某离婚后财产纠纷案
(一)基本案情

孙某和李某原本是夫妻,两人于2004年因感情不和协议离婚,双方在协议中约定:婚生子孙小某离婚后由女方抚养,孙某定期给付李某抚养费和教育费;现住公房及房屋内所有物品归女方所有;现金、存款上双方不存在共同财产,离婚时互不干涉,不需再分割;男方经营的公司、所有的汽车等财产,离婚后属男方。2014年,李某在作为孙小某的法定代理人依据"离婚协议"要求孙某付抚养费时,发现孙某现住房是其与李某婚姻关系存续期间购买,孙某在离婚时对该房屋进行了隐瞒。故李某以此为由起诉到法院要求判决涉案房屋全部归自己所有。

被告孙某辩称,李某的起诉期早已超过两年的诉讼时效,而且当时双方因为感情不和,从2001年便已经开始分居。涉案的房屋是其在分居期间完全用个人的财产购买的,应属于个人财产。同时,离婚协议中的公房在离婚时已经取得完全产权,与公房相比,现住房在离婚时价值较小,而且购买此房也告诉过李某,故对于该房屋完全没有隐藏的动机和必要。况且,双方在离婚协议中明确约定"所有的汽车等财产,离婚后属男方",自己的现住房理应属于个人财产,因此不同意李某的诉讼请求。

(二)裁判结果

北京市昌平区人民法院经过审理认为,涉案房屋系在双方婚姻关系存续期间购买,为夫妻共同财产,应当予以分割,判决房屋归孙某所有,孙某给付李某房屋折价款一百余万。判决后,孙某、李某均不服,向北京市第一中人民法院提起上诉。

北京市第一中人民法院经过审理认为,虽然双方在离婚协议中有"男方经营的公司,所有的汽车等财产,离婚后属男方"的约定,但在房产价值远大于汽车的常识背景下,以"等"字涵盖房屋,违背常理,故该房为双方婚姻关系存续期间购买,应属于双方共同财产。对于孙某所提的李某诉讼已过诉讼时效的上诉理由,因孙某未能提供证据证明李某在诉讼时效结束之前已经知道该套房屋的存在,故李某表示其作为孙小某的法定代理人在2014年起诉孙某给付抚养费的案件中才知道有该套房屋的解释较为合理。对于房屋的分割问题,原审法院参照李某提出的市场价格及周边地区房屋的市场价格酌情确定房屋的市场价格并无不妥,同时原审法院结合孙某隐匿财产存在过错、涉案房屋登记在孙某名下等因素,判决房屋归孙某所有,孙某给付李某折价款一百余万,并无不当。综上,北京市第一中人民法院最终驳回了两人的上诉,维持了原判。

(三) **典型意义**

随着社会的发展,传统从一而终的婚姻观念已经悄然发生改变,在法院最直接的体现便是受理离婚相关的案件越来越多。曾经如胶似漆的两人,若在分道扬镳的岔路口,也能不因感情的逝去而坦诚相待,无疑也算得上是美事一件。但是现实生活往往不同于童话小说,离婚中的双方似乎总要将感情失利的不快转移到对共同财产的锱铢必较。因此,法院在审理涉及财产分割的离婚案件中,对双方共同财产予以公平分割,无疑能更好平息双方因离婚带来的不快,促进双方好合好散。在调处涉嫌隐瞒夫妻共同财产案件时明察秋毫,既是对失信一方的惩罚,亦是对另一合法权益的维护,无疑也对社会的安定和谐有莫大的促进。

《婚姻法》第四十七条明确规定,离婚时,一方隐藏、转移、变卖、毁损夫妻共同财产,或伪造债务企图侵占另一方财产的,分割夫妻共同财产时,对隐藏、转移、变卖、毁损夫妻共同财产或伪造债务的一方,可以少分或不分。离婚后,另一方发现有上述行为的,可以向人民法院提起诉讼,请求再次分割夫妻共同财产。本案中,在案证据能够证明孙某的现住房是其在与李某婚姻存续期间用夫妻共同财产购买的,而且其主张购买该房屋已经告知李某缺乏证据支持,因此法院将涉案房屋认定为夫妻共同财产,并依法进行了分割。同时,对于隐瞒财产的分割比例问题,需要法院依据过错大小、具体案情等综合认定,故本案中李某以孙某隐瞒夫妻共同财产存在错误为由,要求涉案房屋全部归自己所有的诉讼请求亦未得到支持。天下没有不透风的墙,在夫妻缘分走到尽头之时,双方还应坦诚相待,避免日后对簿公堂,为自己的不当行为买单,既得不偿失,也失了风度。

八、刘某诉刘甲、刘乙赡养费纠纷案

(一) **基本案情**

2014年6月23日,77岁的刘某以自己身患多种疾病,经济困难,两名子女不履行赡养义务为由,诉至北京市西城区人民法院要求法院判令两名子女每人每月向其支付赡养费900元。在诉讼中,刘某的两名子女认可刘某医疗费支出的事实,但认为刘某有医疗保险,且其退休金足够支付医疗及生活费用,不同意刘某的诉讼请求。刘某自认其每月收入4000余元,刘某长子刘甲自认其每月税后工资收入为6500元,刘某长女刘乙主张自己无收入。

(二) **裁判结果**

北京市西城区人民法院经审理认为,赡养父母是子女应尽的义务,在父母年老时,子女应当履行对老年人经济上供养、生活上照料和精神上慰藉的义务,子女不履行赡养义务时,无劳动能力的或生活困难的父母,有要求子女付给赡养费的权利。原告刘某起诉要求二子女负担赡养费的诉讼请求并无不当,但同时,刘某的赡养费用应与其日常生活水平相适应并应考虑子女的收入情况。

根据庭审中查明的事实,刘某长子刘甲有收入来源,刘某长女刘乙虽主张自己没有工作,但结合其年龄适合工作的事实,其没有工作并不能成为其拒绝履行赡养义务的抗辩理由,最终判决两名子女每人每月分别支付刘某赡养费800元、500元。

(三) **典型意义**

不少子女面对老人赡养诉讼请求提出各种各样的理由,但多数拒绝理由没有法律依据,如有的子女以父母有足够的收入、享受有医疗保险为理由不支付赡养费;有的子女以父母离异后长期未与一方父母共同生活为由不愿意履行赡养义务;有的多子女家庭中子女之间因经济条件差异或老年人在处分财产时偏心相互推诿。这些理由都将难以被法院认可。此外,法院在审理赡养纠纷时将酌情考量被赡养人的身体情况、日常生活水平、当地消费水平、赡养人是否可以正常工作等情况对赡养费数额予以酌定。尤其在存在多名赡养人的情况,因为经济条件不同,将可能承担不同金额的赡养费。

九、孙某某申请执行彭某某抚养费案

（一）基本案情

申请人孙某某与被执行人彭某某经人介绍于2001年9月登记结婚，婚后于2007年8月生一子彭小某。后因生活琐事及性格差异导致双方发生矛盾，夫妻感情破裂。2013年彭某某起诉要求离婚，婚生子由其抚养。后经北京市通州区人民法院判决准许二人离婚，婚生子由孙某某抚养，自2013年12月起彭某某每月给付孩子抚养费一千元，于每月二十五日前付清，至彭小某满十八周岁止。判决生效后，被执行人彭某某未按照判决指定的期间履行给付抚养费的义务。2015年6月通州法院受理孙某某申请执行彭某某抚养费纠纷一案，申请人孙某某申请法院执行2014年11月至2015年5月的抚养费共计7000元。

（二）执行情况

北京市通州区人民法院立案后，电话联系被执行人彭某某，告知孙某某申请执行孩子抚养费一事，并要求被执行人彭某某给付孩子的抚养费。但是，被执行人彭某某坚称其是彭某某的弟弟，执行法官遂请求其转告彭某某履行给付抚养费的义务，其表示可以尝试联系彭某某。其后，执行法官又多次联系彭某某，但彭某某仍声称不是本人，而是彭某某的弟弟。执行法官询问为何彭某某的电话一直在其弟弟身上，彭某某声称那是单位的业务电话，彭某某不在北京回老家了，由其负责彭某某的业务。彭某某何时回京自己并不清楚，执行法官又询问彭某某有无其他联系方式，彭某某告知没有其他联系方式。经查，彭某某当时银行账户无存款。

后来，执行法官通知申请人到法院并告知了上述情况。申请人孙某某表示对方就是彭某某，彭某某也有工作，只是其不愿意给付抚养费。执行法官又当即联系了彭某某，但其仍声称其并非彭某某。听到电话声音后，孙某某当即表示对方即是被执行人彭某某，彭小某也表示对方即是其父亲彭某某。并且指出彭某某的弟弟住在农村，不会说普通话，当即拆穿了彭某某的谎言。执行法官告知彭某某，如拒不履行生效判决，给付抚养费，法院将依法将其纳入失信被执行人名单，并视情形追究其刑事责任。但是，被执行人仍未主动履行给付抚养费的义务。通州区法院遂依法将被执行人彭某某纳入失信被执行人名单，并将其银行账户全部冻结。后经执行法官查询，被执行人又在工商银行信用卡中心开设一张信用卡，执行法官又将该账户冻结。后来，被执行人彭某某在信用卡中存入现金，执行法官依法强制扣划了案款，该案现已执行完毕。

（三）典型意义

本案是被执行人有给付孩子抚养费的能力而拒不履行法院生效判决，拒不给付未成年子女抚养费的案件。并且被执行人还采取编造谎言欺骗法官的方式拒不履行生效判决所确定的义务，严重缺乏社会诚信。《中华人民共和国婚姻法》第二十一条规定：父母对子女有抚养教育的义务；父母不履行抚养义务时，未成年的或不能独立生活的子女，有要求父母给付抚养费的权利。彭某某作为彭小某的生父，对彭小某有抚养的义务，此种义务并不会因父母离婚而受影响。离婚后，父母对于子女仍有抚养和教育的权利和义务。根据《中华人民共和国婚姻法》第三十七条第一款的规定，离婚后，一方抚养的子女，另一方应负担必要的生活费和教育费的一部或全部。就本案来说，法院作出的生效判决也明确彭某某每月二十五日前应给付彭小某抚养费一千元，直至彭小某满十八周岁时止。但是，彭某某并未主动履行法院生效判决所确定的义务，不仅对其亲生儿子彭小某不闻不问，还拒绝给付孩子抚养费，未能尽到一个父亲应尽的义务。在法院立案执行后，彭某某虽有履行能力却拒不履行给付抚养费的义务，还编造谎言逃避法院的执行。这种行为不仅没有尽到一个父亲应尽的法律义务，也背离了中华民族尊老爱幼的传统美德。被执行人不仅未主动履行给付孩子抚养费的义务，还编造谎言逃避法院执行的行为是严重缺乏社会诚信的表现。人无信不立，诚信是为人处事的基本准则，也是中华民族的传统美德。现代社会是一个讲究诚信的社会，一个缺乏诚信的人不可能得到他人的尊重和社会的认同。目前，我国正大力推进社会信用体系建设，加大对被执行人的信用惩戒。未来，诚信可走遍天下，失信将会寸步难行。

十、余某诉余某望抚养费纠纷案

（一）基本案情

原告余某的母亲和父亲2008年经调解离婚，双方达成调解协议，余某由母亲抚养，其父亲余某望当庭一次性给付抚养费23000元。2013年余某在某双语实验学校上小学二年级，年学费3600元，其母亲无固定收入，主要收入来源为打工。后余某诉至河南省驻马店市确山县人民法院请求其父余某望每月给付抚养费1000元，到2023年6月30日其满18岁止。

（二）裁判结果

根据《中华人民共和国婚姻法》第三十七条规定，关于子女生活费和教育费的协议或判决，不妨碍子女在必要时向父母任何一方提出超过协议或判决原定的数额的合理要求。最高人民法院《关于人民法院审理离婚案件处理子女抚养费问题的若干具体意见》第十八条规定,原定抚育费数额不足以维持当地实际生活水平的,子女可以要求增加抚育费。本案中原告余某父母离婚时间是 2008 年,当时双方协议余某父亲当庭一次性给子女付抚养费 23000 元,平均每月 62.5 元。而 2012 年度河南省农村居民人均生活消费支出为 5032.14 元,平均每月 419 元。根据上述情况,余某父亲原来给付的抚养费目前显然不足以维持当地实际生活水平,因此驻马店市确山县人民法院判决支持了原告余某要求增加抚养费的请求。

(三) 典型意义

世界许多国家和地区的婚姻家庭法立法时都遵循"儿童利益优先原则"和"儿童最大利益原则",目前,我国的《婚姻法》和《未成年人保护法》也明确规定了保护妇女、儿童合法权益的原则。"未成年人利益优先原则"和"未成年人最大利益原则"应当成为我国婚姻家事立法的基本原则,尽可能预防和减少由于父母的离婚,给未成年子女带来的生活环境上的影响及未成年子女性格养成、思想变化、学习成长等不利因素。

在婚姻家庭类案件中,人民法院在对未成年子女的抚养费进行判决、调解时,抚养费标准一般是依据当时当地的社会平均生活水平而确定。但随着经济的发展,生活水平的提高及物价上涨等因素,法院原先所判决、调解的抚养费的基础已经不存在或发生很大改变,再依据当时的条件和标准支付抚养费,已经不能满足未成年人基本的生活要求,不能保障未成年子女正常的生活和学习。因此,法律和司法解释规定未成年子女有权基于法定情形,向抚养义务人要求增加抚养费。本案正是基于最大限度保障未成年子女利益的考量,在原审调解书已经发生法律效力的情况下,准予未成年子女余某向人民法院提起新的诉讼,依法支持其请求其父增加抚养费的主张。该判决契合了我们中华民族尊老爱幼的传统家庭美德教育,符合社会主义核心价值观的要求。

十一、贾某诉刘某赡养纠纷案

(一) 基本案情

原告贾某 76 岁,年事已高,体弱多病,且生活不能自理。2012 年至 2013 年间,贾某因病住院仅治疗费就花了 30 多万元。贾某一生生育四子三女,其中三个儿子和三个女儿都比较孝顺,但三子刘某多年来未尽任何赡养义务。贾某某住院期间,三个儿子和三个女儿都积极筹钱,一起分担医疗费。而三子刘某不仅对母亲病情不管不问,还不愿分担任何医疗费用。虽经村干部多次调解,但刘某均躲避不见。贾某无奈之下,走上法庭提起诉讼,请求判令其子刘某支付赡养费、承担已花去的医疗费,并分摊以后每年的医疗和护理费用。

(二) 裁判结果

河南省商丘市虞城县人民法院公开开庭审理了本案,并依照《中华人民共和国婚姻法》第二十一条第三款"子女不履行赡养义务时,无劳动能力的或生活困难的父母,有要求子女付给赡养费的权利。"《中华人民共和国老年人权益保障法》第十四条"赡养人应当履行对老年人经济上供养、生活上照料和精神上慰藉的义务,照顾老年人的特殊需要。赡养人是指老年人的子女以及其他依法负有赡养义务的人。赡养人的配偶应当协助赡养人履行赡养义务。"第十五条第一款"赡养人应当使患病的老年人及时得到治疗和护理;对经济困难的老年人,应当提供医疗费用。"第十九条第二款"赡养人不履行赡养义务,老年人有要求赡养人付给赡养费等权利"的规定,判决支持贾某的诉讼请求。

(三) 典型意义

赡养老人是回报养育之恩,是中华民族的传统美德,更是子女对父母应尽的法定义务。子女不仅要赡养父母,而且要尊敬父母,关心父母,在家庭生活中的各方面给予积极扶助。不得以放弃继承权或者其他理由,拒绝履行赡养义务。子女不履行赡养义务,父母有要求子女给付赡养费、医疗费的权利。当父母年老、体弱、病残时,子女更妥善加以照顾,使他们在感情上、精神上得到慰藉,安度晚年。本案的被告刘某作为原告七个子女中的赡养义务人之一,无论从道义上、伦理上还是从法律上都应对母亲履行赡养义务,在老母亲年老体弱且患有疾病的情况下,被告应当与其他兄弟姊妹一起共同承担赡养义务,使老母亲能够安度晚年、幸福生活,而被告有能力履行赡养义务却三番五次推诿履行,并公开放言不管不顾母亲,在当地造成恶劣影响,引起民愤。法院在确认双方关系和事实前提下,依法判令被告履行赡养义务,彰显了法治权威,同时也维护了道德风尚。

十二、周某诉张某离婚后损害责任纠纷案

(一) 基本案情

2003 年原告周某与被告张某登记结婚,婚后生育一女一子。2013 年 7 月,张某提起与周某离婚之诉,经法院主持调解离婚,调解书主要内容为:双方自愿离婚,张某一次性给付周某某人民币 38000 元,双方互不再追究。而 2013 年 5 月,张某与案外某女生育一女。周某诉称离婚后才发现此事,现起诉要求张某赔偿精神损害赔偿金 3 万元。

（二）裁判结果

河南省滑县人民法院经审理认为，依据《中华人民共和国婚姻法》第四条规定："夫妻应当互相忠实，互相尊重；家庭成员间应当敬老爱幼，互相帮助，维护平等、和睦、文明的婚姻家庭关系"；第四十六条规定，导致离婚的，无过错方有权请求损害赔偿；最高人民法院《关于适用〈中华人民共和国婚姻法〉若干问题的解释》第二十八条婚姻法第四十六条规定的"损害赔偿"，包括物质损害赔偿和精神损害赔偿。被告张某在与原告婚姻关系存续期间，与他人有不正当男女关系的行为，并生育一女，导致离婚，应该承担相应的民事赔偿责任，应当支持原告提出损害赔偿请求，即判令被告张某给付原告周某精神损害赔偿人民币15000元。宣判后，双方均未提出上诉。

（三）典型意义

夫妻互相忠实，不仅是传统美德，也是法定义务。对婚姻不忠实，是难以容忍的不诚信，它不仅破坏了夫妻关系，拆散了家庭，也伤及无辜的子女，而且败坏了社会风气，是法律所禁止的行为。因此，在离婚后发现被告的婚姻存续期间的出轨行为，请求精神损害赔偿，人民法院依法予以支持，以彰显法律的公正和道德力量。

十三、郭某起诉与吕某离婚案

（一）基本案情

原告郭某起诉与被告吕某离婚，并以双方没有共同生活过为由请求返还彩礼21200元，被告吕某承认原告郭某所述事实，同意离婚，但以自己是原告郭某明媒正娶的妻子为由不同意返还彩礼，河南省嵩县人民法院经过开庭审理判决双方离婚、被告返还原告彩礼14840元。

原告诉称：自己与被告吕某于2009年8月份经人介绍相识，因双方都到了结婚年龄，在双方父母和媒人的操持下，二人便匆匆订立婚约。两人凑合了一年多后于2011年3月7日登记结婚，于2011年3月12日举行结婚仪式。在此时间段内，男方郭某共计给付女方吕某彩礼金21200元。因双方没有夫妻感情，并且从相识到现在没有共同生活过，现起诉离婚，同时要求被告返还彩礼金21200元。

被告辩称：自己与原告郭某没有共同生活是事实，但是自己是原告郭某明媒正娶的妻子，因此同意离婚不同意返还彩礼。

法院经审理查明：原告郭某与被告吕某于2009年8月份经人介绍相识，于2011年3月7日登记结婚，于2011年3月12日举行结婚仪式。从双方相识到结婚这段时间内，被告吕某共接收原告郭某彩礼金21200元。另查明：双方相识四年来，确实未共同生活过。

（二）裁判结果

嵩县人民法院于二〇一四年六月九日做出（2014）嵩民五初字第22号民事判决书，判决如下：一、准予原告郭某与被告吕某离婚；二、被告吕某于本判决书生效后十日内返还原告郭某彩礼14840元；三、被告吕某的个人财产三组合皮革沙发1套（单人沙发1个、双人沙发1个、长沙发1个）、26英寸海信牌液晶彩色电视机1台、茶几1个、棉被4床、毛毯3条、太空被1床、单子16条归被告吕某所有；四、驳回原告郭某的其它诉讼请求。判决作出后，双方当事人均没有上诉。

（三）典型意义

有关彩礼与嫁妆如何返还的案件，在我国广大地区特别是农村男女离婚案件中具有一定的普遍意义。依习俗通称，彩礼是婚前男方家庭送给女方的一份礼金或财产，嫁妆是女方带给婆家的物品或钱财的总和。在传统习俗看来，没有彩礼与嫁妆，婚姻难以成立、难讲合法。有人从经济关系分析说彩礼和嫁妆是亲家之间为了建立长久的婚姻关系而采取的物质相互交换，又有人说彩礼是买卖婚姻的筹码，并使神圣的婚姻变得铜臭。彩礼与嫁妆极易导致畸形"金钱婚姻"观，败坏社会风气。彩礼飚升，嫁妆攀比，这已不仅是一个重大的社会问题，而且也是一个值得研究的法律问题。

关于彩礼返还问题，最高人民法院关于适用《中华人民共和国婚姻法》若干问题的解释（二）中有明确规定："当事人请求返还按照风俗给付的彩礼的，如果查明属于以下情形，人民法院应予支持：（一）双方未办理结婚登记手续的；（二）双方办理结婚登记手续但却未共同生活的；（三）婚前给付导致给付人生活困难的。"

本案适用前款第（二）项的规定，即"双方办理结婚登记手续但确未共同生活"，返还彩礼应当以双方离婚为条件，本案的审理结果也依照上述规定。另外，男方只拿回了一万四千多元钱，是因为彩礼应返还多少尚没有明确法律条文进行详细规定，一般是根据双方婚姻维持时间长短，还有双方的过错确定。

十四、韩某控告张某新遗弃案

（一）基本案情

韩某系韩某伍与刘某婚生子，智障残疾人，生活不能自理。2009年10月，韩某伍与刘某离婚，韩某由刘某抚养。2013年8月刘某与张某新结婚，韩某随二人共同生活。2014年2月26日，张某新私自将韩某送上北京的客车，韩某在北京流浪，直至2014年3月13日被家人找回。2014年4月，刘某与张某新离婚。2015年1月5日韩某以张某新犯遗弃罪提出控告,并要求赔偿经济损失。

(二) 裁判结果

河南省滑县人民法院在审理过程中认为,韩某虽已成年,但因系智障残疾人,系不完全民事行为能力人,需要监护。张某新作为其继父,与其共同生活,形成事实上的抚养关系,具有法定的扶养监护义务,张某新不履行法定监护义务,私自将韩某送走,让其脱离监护人监护流离失所,其行为已构成遗弃罪。针对自诉案件的特殊性,法院针对该案事实进行了调解,张某新认识到自己的犯罪行为,最终双方和解,自诉人撤回自诉。

(三) 典型意义

本案是涉及成年智障人的监护问题及继父母子女的监护关系。本案中,韩某虽已成年,但有证据证明其系智障人,应视为不完全民事行为能力人,需要被监护与扶养。继父母子女共同生活,形成事实上的扶养关系,继父母对子女不进行扶养,或继承子女对父母不进行扶养均应承担相应的法律责任。本案中,作为继父的张某新逃避对继子应尽的扶养义务,将其遗弃,虽之后其与刘某离婚,与韩某亦自动解除的扶养关系,但并不因此否定其在扶养关系存续期间的特定义务。其行为已构成遗弃罪,应受到法律的追究。事后韩某有幸被找回,得到了较好的扶养。该案在审理过程中,张某新认识到自己的犯罪行为,主动要求调解,赔偿被害人的经济损失,韩某的法定监护人考虑到案件的特殊性,接受调解,最终以调解结案,案结事了。这一起案件让我们意识到对特殊人员除了家庭的保护与监护外,社会亦有所保障。

十五、刘某森诉李某梅离婚纠纷案

(一) 基本案情

原告刘某森与被告李某梅的父亲原在一个单位工作,二人关系很好。1976 年原、被告经人介绍相识,并于 1980 年登记结婚,于 1981 年 12 月生有一子(现已成年成家)。原、被告在三十多年的共同生活期间,曾为家庭生活琐事吵架生气,因双方沟通不畅,处理矛盾不当,为此影响了原告对被告的感情,特别是被告对原告及原告父母的冷淡,促使矛盾更加激化,原告为此曾于 2012 年 7 月 2 日向河南省焦作市解放区人民法院提起离婚诉讼,法院于 2013 年 8 月 8 日作出判决,不准原、被告离婚。2014 年 6 月 12 日原告第二次向法院提起离婚诉讼。

(二) 裁判结果

焦作市解放区人民法院认为,30 余年相识、相守实属不易,双方感情基础良好,应珍惜多年来建立起来的感情和家庭,在今后的生活中,各自克服和改正自身存在的问题,互相体谅和关心对方,多做有利于夫妻和好的事,少说不利于家庭和睦的话。尤其是被告如能克服待人冷淡、不善沟通、脾气冲动的问题,在生活上对原告多些关心和照顾、多些体贴和理解,原告如能念及与被告多年的夫妻情份、念及对已故老人们的承诺、念及对子孙后代的影响,共同努力,克服当前婚姻家庭中出现的困难,双方还是具有重归于好的可能的。据此,法院裁判不准原告刘某森与被告李某梅离婚。一审宣判后,双方当事人均未上诉。

(三) 典型意义

本案是老年离婚的典型案件。近年来,老年离婚案件数量逐渐增多,若夫妻感情确已破裂,符合《中华人民共和国婚姻法》第三十二条的相关规定,可判离婚,但"少时夫妻老来伴",在年轻的感情逐渐淡去之时,老年夫妻之间所谓的感情更多的是对一份承诺的信守和由此演变而来的符合公序良俗的家庭责任和社会担当。老年婚姻关系的解除,不能简单等同于一般离婚案件,其产生的影响牵涉至其子女、甚至于孙子女在内的多个家庭,人民法院依法裁判,具有积极的导向异议,在审理老年离婚案件时,应认识到老年夫妻之间已经过数十年的磨合,实属不易,双方如能念及多年的夫妻情份、念及对自身对家庭应有的责任,共同努力,双方还是具有重归于好的可能的,从而更加慎重的审核老年夫妻离婚案件,如此才能更好的维护社会稳定、提高社会幸福指数。

十六、付小某诉付某某抚养费纠纷案

(一) 基本案情

原告付小某的母亲韩某某与被告付某某于 2012 年 12 月 7 日结婚,于 2013 年 9 月 18 日生育一子付小某。韩某某住院生育原告付小某的医疗费用由被告付某某支付。自原告出生后,其母亲韩某某即带其离开单独居住至今,被告付培某某未支付过原告抚养费。被告付某某现无固定收入。

原告付小某诉称,2012 年 8 月份韩某某与被告付某某认识,韩某某系再婚,于 2012 年 11 月 7 日登记结婚,自韩某某怀孕后,无工作无经济来源,被告付某某对其不管不问也不给生活费,孩子出生后,被告付培强不尽丈夫及父亲的义务,韩某某自己带着孩子艰难生活。故原告诉至河南省郑州市惠济区人民法院,要求被告每月支付抚养费 1500 元,自 2013 年 9 月份开始支付,每半年支付一次,并承担本案诉讼费。

被告辩称:原告所诉不是事实,被告不但给原告买衣服,每月还支付生活费,一直对原告尽抚养义务,原告母亲韩某某私自带原告离家出走,致使被告不能经常见到

原告，对原告成长及身心健康极为不利；原告要求被告每月支付1500元抚养费的诉讼请求缺乏事实和法律依据，被告现无工作，在家务农，没有固定收入和经济来源，如原告母亲养不起原告，被告愿意自己承担抚养原告的义务，并不要求原告母亲承担抚养义务；如原告不同意被告直接抚养原告，被告愿意按照河南省农村生活标准支付抚养费。

（二）裁判结果

郑州市惠济区人民法院于2014年3月19日作出（2014）惠少民初字第1号民事判决：被告付某某于本判决生效后十日内按照每月人民币400元的标准一次性支付原告付小某自2013年10月份至判决生效之日的抚养费；被告付某于本判决生效后按照每月人民币400元的标准支付原告的抚养费十八周岁；驳回原告付小某过高部分的诉讼请求。

（三）典型意义

未成年子女要求支付抚养费，基本上都是在夫妻双方离婚时或离婚后才产生的，而在婚姻存续期间，由于夫妻双方财产为共有财产，是否能要求不尽抚养义务的一方支付抚养费，这是本案争议的要点。《婚姻法》解释（三）第三条对此作出了明确规定：婚姻关系存续期间，父母双方或者一方拒不履行抚养子女义务，未成年或者不能独立生活的子女请求支付抚养费的，人民法院应予支持。

另外，《关于人民法院审理离婚案件处理子女抚养问题的若干具体意见》第七条规定："子女抚育费的数额，可根据子女的实际需要、父母双方的负担能力和当地的实际生活水平确定。""有固定收入的，抚育费一般可按其月总收入的百分之二十至三十的比例给付。负担两个以上子女抚育费的，比例可适当提高，但一般不得超过月总收入的百分之五十"。这是最高院对法院审理离婚时或增加抚养费案件的指导意见，这条指导意见也同样适用处理婚姻关系存续期间的抚养费案件。同时，在子女抚育费数额的具体确定上，还要根据子女正常生活的实际需要，应能维持其衣、食、住、行、学、医的正常需求，并需要综合考虑父母双方的经济收入、费用支出、现有生活负担、履行义务的可能性和社会地位等因素，最终做出公平合理的判决。

十七、刘某某诉袁乙赡养纠纷案

（一）基本案情

原告刘某某称，原告与丈夫袁某某结婚后，生育有长子袁甲（已病故）、次子袁乙、女儿袁丙。现原告身患脑梗、冠心病、高血脂、2型糖尿病、高血压极高危组等多种疾病，需要花大量的医药费及请护工护理，除二儿子袁乙对原告尽赡养义务外，被告袁丙对原告不管不问，未尽到女儿的赡养义务，为此诉至法院，要求依法判令：1. 被告支付原告2011年3月28日至判决生效之前已经产生的医疗费、护理费约18732.7元的三分之一即6275.45元；2. 被告承担原告于2011年12月4日至2012年2月22日期间产生的医疗费、住院费、护工费等费用13130.22的三分之一即4376.74元；3. 被告承担本案宣判以后至原告死亡之前的生活费、医疗费、护理费等与原告相关的费用的三分之一（医疗费以医院和药店开具的正式发票为准，护理费以同时期三家家政护理公司出具的报价之和平均值为准）；4. 本案诉讼费由被告承担。

被告辩称，原告起诉被告不是其真实意思表示，被告已实际履行作为女儿对母亲的赡养义务，而原告之子袁乙从工作至今，对父母分文未花，本次起诉是袁乙一手包办。原告有医保，其本可以在医保定点单位郑州市三院治疗，而非要自费到河南省中医院二附院康复科治疗，自付费用每天高达上千元，且反复住院、出院已达半年，造成不必要的费用支出，被告对此无赡养能力。原告有稳定的退休工资，房产两处，无论是每月收入，还是用房产担保贷款或变卖一处房产，都可支付医疗费用。而原告却把其中一套房产赠给了原告儿子袁乙，原告可以将给儿子的房产卖了支付医疗费用，而被告没有支付医疗费、护理费的能力。被告作为女儿应当对父母尽赡养义务，对原告方的合理合情合法的要求，被告方予以认可，但是不符合实际情况的费用，被告不愿意承担。

（二）裁判结果

河南省郑州市惠济区人民法院于2012年6月19日作出（2012）惠民一初字第197号民事判决书，判决：一、被告袁丙于本判决生效后十日内支付原告刘跃兵医疗费7392.4元及护理费1662元；二、被告袁丙承担本案宣判以后至原告刘跃兵死亡之前的医疗费、护理费的三分之一（医疗费以医院的正式发票为准，护理费以同时期河南省服务行业平均工资计算）。宣判后，双方均未上诉，该民事判决书已于2012年7月25日生效。

（三）典型意义

法律规定子女有对父母赡养扶助的义务，父母经济困难时有权利要求子女支付赡养费，这里包括基本医疗支出。但这不是说，父母经济水平良好时，子女就不需赡养父母了，赡养义务是不能附加任何条件的，子女不得以任何理由拒绝履行赡养义务。在本案中，原告虽有退休金和医疗保险，但原告患有大量的疾病，这些费用不能满足原告需要的医疗支出，而女儿不愿赡养原告的理由是原告有两套房产，因原告把其中一套房产给了儿子，而没有给女儿,所以被告就说如果原告把其中一套房产抵押贷款或者变卖,原告的医疗费用就不成问题了,而被告也不需要再支出费用了。原告说儿子家庭比较困难,女儿对原告帮助儿子有意见,本不想让女儿出钱,但现在的病情严重,费用比较高,想让女儿承担一些医疗费用,女儿家庭也比较富裕,有能力承担一部分,于是只要求女儿支出医疗费的三分之一。

在物欲横流的现代社会,人们会为了利益不惜舍弃亲情。天下父母之爱最无私,而子女对父母之爱最吝啬,认为父母的所作所为都是应当的,当财产分配不均时会为此反目成仇。大多数赡养案件都是因为父母对财产分配不均或子女认为父母对哪个子女偏心引起的。写这个案例,就是要告诉大家,赡养父母是法定义务,是不附加任何条件的。

十八、陈某琪与被告陈某明抚养费纠纷案

(一)基本案情

原告陈某琪(系未成年人)诉称,其母陈某芳与被告陈某明于 2008 年经衡阳县人民法院调解离婚,协议约定原告陈某琪由母亲陈某芳抚养,被告陈某明自当年起每年支付抚养费 3000 元至小孩独立生活时止。2009 年原告之母陈某芳患精神病死亡。自此,原告一直随外祖父母生活,被告陈某明自 2009 年开始一直未支付抚养费。原告即将面临高中教育,原来离婚协议约定被告每年支付 3000 元抚养费已远远不能满足原告生活和学习需要,故请求依法判令被告陈某明向原告陈某琪支付拖欠 2009 年至 2014 年的抚养费 18000 元,自 2015 年至 2019 年每年按 7000 元支付抚养费。

(二)裁判结果

经湖南省衡阳县人民法院调解,原被告双方自愿达成如下协议:被告陈某明自愿按照每年 7000 元的标准支付原告陈某琪 2015 年 9 月至 2018 年 7 月高中三年及陈某琪 2018 年 7 月高中毕业后至 2019 年 9 月共计四年的学习、生活费等日常开支共计 28000 元;本案受理费经本院院长批准予以免交。

(三)典型意义

该案在审理过程中始终体现了保护未成年人合法权益这个宗旨:一是司法救助。在立案阶段即报请院长审批免交诉讼费,对追索抚养费的原告予以司法救助。二是注重调解。对该类案件注重调解,更有利于为未成年人营造一个良好的成长环境。三是维护亲情。原告之母因病去世,原告仍随外祖父母生活。承办法官在办理该案过程中,始终注重维系亲情,绝不能因为官司使双方反目成仇,亲情沦丧。希望原告在失去母爱后,被告能给原告多一份关爱,多一份责任。原告外祖父母在其负担能力范围内尽一份对外孙的抚养义务,共同抚养未成年的原告茁壮成长。同时向原告说明原告向被告追索抚养费是其权利,但是原告应多体谅父亲的难处,被告在还有 2 个小孩需抚养的情况下,仍然同意增加支付抚养费,已经是尽力而为了,平时要多注重与父亲沟通,增进父女感情。该案调解结案后,原被告都很满意,原告所在村组、学校也反映良好。

十九、黎某某与被告资某祥等六人赡养纠纷案

(一)基本案情

原告黎某某已年过八旬,共生育了被告资某祥等 6 个子女。原告老伴去世后,6 个子女因原告的赡养问题相互推诿,不能达成一致意见,致使原告老无所依,经家族亲属等调解均无法解决矛盾。原告无奈之下,一纸诉状将自己的 6 个子女告上法庭,要求 6 个子女承担赡养义务。

(二)裁判结果

湖南省衡阳县人民法院判决被告资某祥等 6 人每人每月给付原告黎某某赡养费 200 元(支付方式:每月 5 日前支付本月赡养费);原告黎某某的医疗费按实际支出由六被告均等负担。

(三)典型意义

古语说"养儿防老",原告好不容易将 6 个子女抚养成人,却不料晚年落到如此境地,着实让人心寒。我国法律规定,子女对父母有赡养扶助的义务。6 名被告作为原告的子女,应当履行赡养义务,照顾老年人的晚年生活。现原告年迈多病,丧失劳动能力,现有经济状况无法维持基本生活需要,其子女应当承担相应的赡养义务。

二十、陈某某与梁某某子女抚养纠纷案

(一)基本案情

原告陈某某与被告梁某某于 2009 年经他人介绍建立恋爱关系后,在未办理结婚登记的情况下,便以夫妻名义同居生活,于 2010 年 11 月 6 日生育男孩陈某乐。此后,原告陈某某常年在外打工,自小孩出生起至 2014 年 3 月,小孩随被告梁某某及原告陈某某的父母共同生活。2014 年 3 月,原、被告因感情不和,自行解除了同居关系。此后,原告陈某某仍在外地工作,被告梁某某在耒阳市区工作,该期间小孩随原告陈某某的父母生活,被告梁某某探望了小孩,小孩的学费由原告陈某某的父母与被告梁某某共同负担。自 2015 年 3 月起,小孩一直被告梁某某生活。

(二)裁判结果

原、被告未办理结婚登记手续,以夫妻名义同居生活

的行为属同居关系，不受法律保护。根据相关法律规定，非婚生子女享有与婚生子女同等的权利。不直接抚养非婚生子女的生父或生母，应当负担子女的生活和教育费等，直至小孩能独立生活时止。本案中，陈某乐系原、被告的非婚生小孩，在原、被告同居关系期间，该小孩随原告父母和被告共同生活，原、被告解除同居关系后，小孩虽随原告父母共同生活了一段时间，但该期间原告一直在外打工，被告在耒阳市区工作，亦对小孩履行了抚养义务。综合考虑原、被告双方的实际情况，小孩随被告生活，由原告每月给付抚养费600元，能更好融洽父母子女间的亲情关系，也有利于小孩的健康成长。综上所述，湖南省耒阳市人民法院依法判决原告陈某某与被告梁某某的非婚生小孩陈某乐(男，2010年11月6日生)随被告梁某某生活，由原告陈某某每月给付抚养费600元至小孩能独立生活时止，小孩成年后，随父随母由其自择。

（三）典型意义

父母对子女均有抚养的权利和义务，关于子女的抚养问题，应坚持有利于子女身心健康、保障子女合法权益的基本原则，只有在此前提下，再结合父母双方的抚养能力和抚养条件等具体情况妥善解决。

二十一、何某某与蒋某某探望权纠纷案

（一）基本案情

2010年8月24日，原告何某某、被告蒋某某经法院判决离婚，婚生小孩何某珈由被告蒋某某抚养，原告何某某每月给付小孩抚养费450元，直至小孩十八周岁止。判决生效后，原告每月现金支付小孩抚养费。后来因为原告未给付小孩抚养费被告申请法院强制执行，华容县人民法院执行局作出裁定要求原告每月打款进被告账户给付抚养费，从2010年11月份至起诉时止共计47张银行存款凭证。2013年10月2日被告把小孩住院医药发票给原告，要求给付相应费用而没有给付后，被告就没有让原告探望小孩至今。另外，原告于2012年2月29日和2013年3月30日分别支付900元和310元小孩医疗费用。另查明，何某珈于2010年3月9日生，现在校读书。

（二）裁判结果

湖南省华容县人民法院依法判决原告何某某每月最后一个周末探望婚生儿子何某珈一次直至成年，被告蒋某某应予协助。

（三）典型意义

夫妻离婚后，不直接抚养子女的一方，有探望子女的权利，另一方应予协助配合。本案中被告因小孩住院期间原告父亲去医院探望小孩没有买东西，以及原告没有马上给付小孩医疗费用而不给原告探望小孩，是不利于小孩身心健康成长的。原、被告虽已离婚，但是无法隔断父母双方与子女之间的血缘关系和情感纽带，父亲在儿子的成长过程中有着无可替代的重要地位和作用，被告不能因为原、被告双方家庭之间的矛盾影响到原告的合法权益和小孩的健康成长。法院希望双方在今后探望小孩问题上本着互谅互让、有利于小孩身心健康成长为准则，遇事多克制、协商。法院考虑从既不影响小孩现有正常生活和学习，又增加儿子与父亲的沟通交流，既维护原告的合法权益又有利于小孩身心健康成长的目的出发，酌情做出上述判决。

二十二、翁某某故意伤害案

（一）基本案情

被告人翁某某与被害人胡某系夫妻关系，但胡某与杨某长期保持不正当关系且长期对翁某某实施家暴。案发当日晚上，胡某带着杨某回到家中，与翁某某发生口角。胡某拿出一个拖把追打翁某，后又换用衣架继续殴打。翁某某随手拿起玻璃酒柜上的一把水果刀防御。双方对打中，翁某某右手所持的水果刀刺中胡某的左侧胸部，致胡某经医院抢救无效后死亡。

（二）裁判结果

湖南省平江县人民法院一审认为，被告人翁某某故意伤害他人身体，致人死亡，其行为已构成故意伤害罪。翁某在自身遭受不法侵害时持刀防卫，并在该过程中将他人伤害导致死亡，属防卫过当。案发后，翁某某请人报警并积极救治被害人，并能如实供述自己的犯罪事实，属自首。本案系婚姻家庭问题引发，被告人在案发后取得了被害人家属的谅解，且被害人在本案的起因上存在较大过错，可以对翁某某酌情从轻处罚。遂依法判决被告人翁某某有期徒刑三年，缓刑五年。

（三）典型意义

本案是涉及家庭暴力引发刑事犯罪的典型案件。此类案件普遍呈现被害人有较大过错，被告人的行为对社会危害性较小，再犯的可能性不大等特点。本案对被告人实行宽严相济的刑事政策，不但能够起到刑罚预防犯罪的作用，也有助于化解社会矛盾，最大限度实现案件裁判的法律效果和社会效果的有机统一。

二十三、李某与杨某不当得利纠纷案

（一）基本案情

原告李某与丈夫宋某某于1998年4月10日登记结婚，婚后共同创办公司并经营。2011年5月，宋某通过朋

友介绍与被告杨某发展为情人关系,原告李某一直蒙在鼓里。2011 年 11 月 8 日,宋某为履行对杨某的承诺,通过招商银行将 66 万转账到杨某账号上,原告李某发现后,多次找杨某索要未果,故向法院起诉。原告李某起诉认为,其丈夫宋某背着自己私自将 66 万元钱支付给与其有不正当关系的被告杨某,不仅违反了相关法律规定,也违背了公序良俗和社会道德,被告杨某应返还其取得财产并承担本案的诉讼费用。诉讼中,被告杨某经合法传唤,未到庭参加诉讼。

(二)裁判结果

湖南省南县人民法院审理认为:夫或妻非因日常生活需要对夫妻共同财产作出的重要处理决定,夫妻双方应当平等协商,取得一致意见。宋某背着妻子将 66 万元的现金支付给情人,违背了公序良俗和社会道德,违反了《婚姻法》的规定,其行为应认定为无效,被告杨某所得 66 万元款项没有合法依据,取得了不当利益,造成了原告的损失,属不当得利,依法应予返还。为此,法院依法判决由被告杨某将 66 万元现金返还给原告李某。

(三)典型意义

本案是因婚外情导致的不当得利纠纷,因现实生活中有类似情况的出现,故本案的处理引起了广泛的关注。法律明确规定,夫或妻在处理夫妻共同财产上的权利是平等的。因日常生活需要而处理夫妻共同财产的,任何一方均有权决定。夫或妻非因日常生活需要对夫妻共同财产做重要处理决定,夫妻双方应当平等协商,取得一致意见。他人有理由相信其为夫妻双方共同意思表示的,另一方不得以不同意或不知道为由对抗善意第三人。本案例中,杨某接受宋某赠与的财产并没有付出相应的对价,因此不属于有偿取得,不能适用善意取得制度。另一方面因该 66 万元数额巨大,且并非日常生活需要,宋某无权单独处理,其无偿赠与杨某的行为损害了李某的合法权益,有违公平原则。并且原告丈夫与情人的关系与我国提倡的社会主义道德是相违背的,违反了公序良俗,是不受法律保护的。因此,宋某的赠与行为应认定为无效,李某作为财产所有人和利害关系人有权要求杨某全部返还。

二十四、彭某某与李某某离婚纠纷案

(一)基本案情

1939 年 11 月出生的彭某某与 1957 年 5 月出生的李某某均系再婚家庭,各自均有子女。2008 年 11 月经媒人介绍相识,2009 年 1 月 15 日在邵阳市双清区民政局办理了结婚登记,婚后未生育子女。因被告与原告方的家庭成员相处不融洽,夫妻双方经常发生争吵。2015 年正月初二,双方发生矛盾后双方分居。原告以夫妻感情彻底破裂为由,向人民法院提起诉讼,请求人民法院判决离婚。

(二)裁判结果

邵阳市双清区人民法院依法判决准予原告彭某某与被告李某某离婚。

(三)典型意义

原、被告系再婚家庭,双方感情基础薄弱,婚后没有建立起真正的夫妻感情。双方因感情不和已分居至今,说明原、被告夫妻感情确已破裂,无和好可能。本案中,原、被告均有自己的各自的家庭,双方均没有很好地融入家庭中,矛盾时常发生。当然,双方离婚跟各自的子女沟通不够有关。法官提醒老年人,找老伴要多与自己的子女沟通。为人子女也要站在老年人的角度,多关心自己父母,不仅是物质上,更要在精神上的,让他们有一个幸福的晚年。

二十五、杨某某诉汪某某变更抚养权纠纷案

(一)基本案情

出生于 2008 年 2 月的女童婷婷在母亲杨某某与父亲汪某某分开后,随父亲汪某某及祖父母一起生活。后汪某与吴某某登记结婚,婚后又生育一子。此后,汪某某和婷婷的祖父母长年在外打工,家中只留吴某某照料两个幼童的生活起居。因为不满汪某某对自己和孩子的不闻不问,吴某某便对不认真做作业、吃饭磨蹭的婷婷心生怨恨,把怒气发泄在婷婷身上,多次对婷婷实施殴打,直至前不久婷婷的伤情被老师发现,引起社会的关注。婷婷的亲身母亲杨某某不忍女儿受伤害,在法律援助中心的帮助下,向法院提起诉讼要求变更抚养权。

(二)裁判结果

宝应法院受理此案后,在县妇联、村妇联的参与、配合下,充分调查了双方当事人的家庭情况,了解到原告杨某某结婚后生育了两个小孩,最大的小孩只有三岁,目前没有工作,全靠丈夫一人的收入维系家庭生活开支,虽坚持要求婷婷的抚养权,实则力不从心。被告汪某某在责怪吴某某殴打婷婷的同时,也深刻反省了自己在此次事件中的过错,但希望婷婷仍然随自己生活。调解过程中,汪某某、吴某某共同承诺一定善待女儿,保证她健康成长。婷婷本人也愿意仍然随汪某某夫妻生活。在全面分析双方当事人抚养能力和经济条件的情况下,在征求双方当事人及其亲属的意见,并得到吴某某的真诚忏悔和书面承诺的情况下,最终确定婷婷仍随汪某某生活。

(三)典型意义

本案源于吴某某对婷婷的家庭暴力引发,案件处理过程中,杨某某还向宝应法院提起刑事自诉,诉请以虐待罪追究吴某某的刑事责任。为了避免双方加重对立情绪,承办法官多次与双方沟通,最终促成杨某某撤回自诉,不再追究吴某某的刑事责任,共同努力让婷婷生活在一个和谐的环境中。

二十六、王丽诉张伟同居析产案

(一)基本案情

原告王丽与被告张伟于2001年起以夫妻名义同居生活,无子女。2002年1月24日,被告张伟以个人名义用3万元的价格购得弓长岭区安平街某小区10#楼3单元6层1号住宅楼1处。原、被告为购置该房屋在耿某处借款13,000.00元,上述借款已由原、被告偿还完毕。另查,原、被告用于同居生活在耿某处借款2000.00元、在赵某处借款8000.00元。

(二)裁判结果

辽宁省辽阳市弓长岭区人民法院经审理认为,同居关系是指男女双方未经结婚登记而具有较稳定的长期共同生活关系。原、被告未办理结婚登记而以夫妻名义同居生活,同居期间双方共同所得的收入和购置的财产,按一般共有财产处理;解除同居关系时,同居期间为共同生产生活而形成的债权、债务,可按共同债权、债务处理。

依照最高人民法院关于适用《中华人民共和国婚姻法》若干问题的解释(二)第一条第二款、最高人民法院《关于人民法院审理未办结婚登记而以夫妻名义同居生活的若干意见》第十条、第十一条之规定,判决如下:

一、坐落于弓长岭区安平街某小区住宅楼10#楼3单元6层1号房屋归被告张伟所有,被告张伟于本判决生效后十五日内给付原告王丽所占房屋份额折价款51,069.20元;

二、原、被告同居期间的债务10000.00元(赵某8000.00元、耿某2000.00元),原、被告各负担5000.00元,双方互负连带清偿责任;

三、驳回原告其他诉讼请求。

案件受理费300.00元、评估费6000.00元,由原、被告各负担3150.00元。

(三)典型意义

近年来,涉及解除同居关系以及分割财产的案件越趋复杂,在很多情况下,同居关系与婚姻关系非常接近,除了两张纸(结婚证),几乎没有区别。然而,在起诉同居析产的情况下,同居关系的处理与婚姻关系有着不小的区别。经过结婚登记的夫妻在婚姻关系存续期间,一方或双方所得的财产,除《婚姻法》第十八条列举的财产以外,均为夫妻共有财产,夫或妻对共有财产享有平等的处分权。同居关系析产则是以财产取得方式确定产权,共同财产未经共有人同意不得处分。其行为模式不同,后果模式也不相同。同居关系和家庭关系都是整个社会的小细胞,处理好同居关系对和谐社会的建设有着十分重要的意义。

二十七、王鹏与徐丽丽彩礼返还案

(一)基本案情

原告王鹏和被告徐丽丽经人介绍于2010年农历十一月十九日订婚,订婚时被告向原告索要彩礼款10万元。订婚当天被告收到彩礼款1万元,小相钱2,000.00元,装烟钱2,000.00元。2011年3月16日原、被告办理了结婚登记手续,同年农历二月十六日原、被告举行婚礼后在原告父亲住房的西屋居住生活。结婚前10天左右被告又收到彩礼款9万元。在原、被告结婚前原告父亲又购买豪爵银豹牌二轮摩托车一台(现在被告父母家保管,价值为2,000.00元),其他家电、家俱等由原告父母购买(现在原告家保管)。原、被告结婚后先期夫妻感情尚可。尔后因琐事原、被告曾经口角打架。2012年10月原、被告用被告收到的彩礼款购买了五菱荣光牌微型面包车一台(现由原告保管)。2013年10月双方发生口角后,被告回娘家与原告分居至今。原告为结婚向他人借款11万元至今未偿还。

(二)裁判结果

辽宁省西丰县人民法院经审理认为:原告王鹏和被告徐丽丽经人介绍相处仅两个月有余便登记结婚。由于婚前双方相互了解不够,婚后在日常生活中又未建立起真挚的夫妻感情,在共同生活期间曾因琐事而口角打架,于2013年10月双方分居至今。分居后经原、被告亲属和法庭做调解和好工作,已无和好可能,其夫妻感情确已破裂。原告的离婚请求应予支持。对在原、被告订婚时被告向原告索要彩礼的行为,已违反了我国婚姻法关于借婚姻索取财物的规定,且造成了原告家庭生活困难。因此对被告索要的彩礼款10万元应酌情予以返还。但考虑原、被告已用彩礼款购买了面包车,并由原告使用和管理的实际情况可判决该车归原告所有。对原告父亲在原、被告结婚前购买的摩托车应认定为原告婚前财产,被告也应返还给原告。故判决如下:准予原告王鹏和被告徐丽丽离婚;原、被告用彩礼款所购买的五菱荣光牌微型面包车一台归原告所有;被告自判决生效后10日内返给原告豪爵银豹牌二轮摩托车一台(现值2,000.00元)。

(三)典型意义

近年来,离婚时索要婚前给付彩礼的案件频见报端,甚至有索要不成而故意杀人的悲剧发生。处理好此类案件,对于创造良好的人际关系,维护和谐稳定的社会秩序有着重要的意义。对此最高人民法院的司法解释有明确规定。

最高人民法院《关于适用中华人民共和国婚姻法若干问题的解释二》第十条规定:"当事人请求返还按照习俗给付的彩礼的,如果查明属于以下情形,人民法院应当予以支持:(一)双方未办理结婚登记手续的;(二)双方办理结婚登记手续但确未共同生活的;(三)婚前给付并导致给付人生活困难的。适用前款第(二)、(三)项的规定,应当以双方离婚为条件。"那么如何理解"生活困难"呢?《解释(二)》第二十七条对"生活困难"的含义作出了这样的解释:"婚姻法第四十二条所称'生活困难',是指依靠个人财产和离婚时分得的财产无法维持当地基本生活水平。"

二十八、孙丰杰与王玉萍离婚纠纷案

(一)基本案情

孙丰杰于 2014 年 5 月 6 日向辽宁省辽河人民法院起诉称:孙丰杰与王玉萍于 1992 年经人介绍相识,1993 年 8 月 15 日登记结婚,1994 年 6 月生育女儿孙宁男。婚后由于双方性格不合,在共同生活中经常吵架,甚至相互动手。从 2007 年 3 月起双方分居至今。2011 年女儿高考前夕,双方签订了离婚协议书和离婚协议书补充条款,但因种种原因没有办理离婚登记。之后王玉萍拖延办理离婚手续,无奈孙丰杰于 2012 年 10 月、2013 年 7 月两次到法院诉讼要求离婚,后因需要搜集证据而撤诉。现孙丰杰第三次起诉要求与王玉萍离婚。王玉萍答辩称双方感情没有完全破裂,不同意离婚。经法院查明的事实为:孙丰杰与王玉萍经人介绍相识,于 1993 年 8 月 15 日登记结婚,婚后感情很好,1994 年 6 月生育女儿孙宁男。后因双方性格差异较大,在共同生活中产生矛盾,现因感情不和分居四年。孙丰杰与王玉萍于 2011 年 5 月 29 日就离婚问题达成"离婚协议书补充条款"。孙丰杰于 2012 年 10 月、2013 年 7 月两次到法院诉讼要求离婚,后以夫妻感情破裂证据不足为由撤诉。2014 年 5 月 6 日孙丰杰第三次起诉要求与王玉萍离婚。

(二)裁判结果

辽宁省辽河人民法院审理认为:孙丰杰与王玉萍虽然结婚多年,但因性格差异较大,在共同生活期间产生矛盾,致使双方因感情不和分居四年之久,能够认定双方夫妻感情确已破裂。故孙丰杰要求与王玉萍离婚的诉讼请求,符合法律规定,予以支持。宣判后,王玉萍不服一审判决,提出上诉。辽宁省辽河中级人民法院经依法审理认为:孙丰杰与王玉萍依法登记并生育子女,但因性格差异较大,在共同生活期间逐渐产生矛盾。自 2012 年起孙丰杰多次起诉要求离婚,虽撤诉,但夫妻感情状况并未因此好转。通过孙丰杰给王玉萍留便条、发短信的行为,可以看出孙丰杰与王玉萍日常已经很少当面接触,结合双方曾协议离婚、孙宁男的证言,可以确定双方因感情不和分居已达四年之久。二审期间本院试图调解双方和好,但孙丰杰坚持要求离婚,可以看出双方夫妻感情确已破裂,故判决驳回上诉,维持原判。

(三)典型意义

离婚诉讼中如何判断"感情确已破裂"成为本案审理的关键。《中华人民共和国婚姻法》(以下简称"《婚姻法》")第三十二条第二款,将"感情确已破裂"作为离婚的法定理由,该条第三款列举应准予离婚的五种情形。可见《婚姻法》采用这种概括与列举相结合的立法模式,使离婚的法定理由具有可操作性。本案中,从婚后感情来看,双方性格差异较大,在共同生活期间矛盾较多,因此二人的感情生活受到很大影响,并逐年恶化。从夫妻关系的现状来看,双方因感情不和已分居四年,且该期间很少接触。这符合《婚姻法》第三十二条第三款列举的应准予离婚的五种情形中的"双方因感情不和分居两年"规定。从孙丰杰的离婚决心来看,孙丰杰已经是第三次向法院提出离婚诉讼,且一审、二审试图调解和好,均失败,可见其离婚决心。综合以上因素,可以认定孙丰杰与王玉萍感情已破裂,已无和好可能,应当准予离婚。

二十九、韩理诉杨延铭探望权纠纷案

(一)基本案情

韩理与杨延铭于 2014 年 12 月 1 日离婚,婚生女孩杨雨涵(2011 年 12 月 1 日出生)归杨延铭抚养,韩理每月支付抚养费 1000 元。现韩理以杨延铭不让看望孩子为由,于 2015 年 3 月 11 日起诉来院。

(二)裁判结果

原审法院判决韩理每周探视婚生女儿杨雨涵一次。每次探视的时间限于周五 17 时韩理亲自将孩子从杨延铭处接走,次日晚 17 时前韩理将孩子送回,杨延铭应予以协助。杨延铭诉求改判每个月探视两次,且不能过夜。沈阳中院经审理认为:韩理作为杨雨涵的母亲,有探望孩子的权利,杨延铭具有协助的义务,原审确认的韩理探望子女时间,符合法律规定,予以维持。关于杨延铭提出因民族信仰不适宜被接走、韩理不能保证孩子安全、韩理工作性质不能保证陪孩子时间等上诉理由,因未能提供证据加以证明,缺乏事实及法律依据,不予支持。杨延铭提出必须按时给付抚养费才能探望孩子的上诉理由,因抚养费已经生效判决认定,与本案并非同一法律关系,本案不予处理。杨延铭的该项上诉理由,不能得到支持。判决驳回上诉,维持原判。

(三) 典型意义

《中华人民共和国婚姻法》第三十八条规定,离婚后,不直接抚养子女的父或母,有探望子女的权利,另一方有协助的义务。行使探望权利的方式、时间由当事人协议;协议不成时,由人民法院判决。父或母探望子女,不利于子女身心健康的,由人民法院依法中止探望的权利;中止的事由消失后,应当恢复探望的权利。离婚后不直接抚养孩子的一方具有探望孩子的法定权利,另一方不应以先给付抚养费等理由加以干涉、阻挠。离婚后的双方应当本着有利于孩子身心健康的原则,对子女探望、教育等事项进行协商解决,为孩子营造和谐的成长环境。

三十、邢桂芝诉殷智刚占有物返还案

(一) 基本案情

原告邢桂芝与案外人殷树田系夫妻关系。婚后,案外人殷树田于1980年12月7日购买了座落于丹东市振兴区浪头镇文安村徐家屯村民组建筑面积为55平方米的砖石结构三间房屋(房产证编号为振农房字第159号)。1985年5月9日,殷树田死亡。涉案房屋由邢桂芝与殷树田之子殷会金暂时居住。2012年1月23日,殷会金死亡。同年,殷会金之子殷智刚在未经原告同意的情况下,搬到涉案房屋居住。原告诉至法院,要求被告腾退涉案房屋。

(二) 裁判结果

法院审理后认为,涉案房屋系原告邢桂芝与案外人殷树田婚后购买,应视为夫妻共同财产。案外人殷树田死亡后,原告作为共有人享有对该房屋占有使用的权利。现被告殷智刚未经原告同意,即占有使用该房屋,侵害了原告的合法权益,应当承担相应的民事责任。故对原告要求被告立即倒出并返还涉案房屋的诉讼主张,本院予以支持。关于被告提出的涉案房屋已由案外人殷树田卖给其父殷会金的辩论意见,因涉案房屋系原告与案外人殷树田夫妻共同共有,殷树田在未经原告同意及事后追认的情况下,单方处置该房屋的行为应为无效,且被告提供的房屋买卖协议书的日期与案外人殷树田死亡日期明显存在矛盾,与事实不符,故对该意见,本院不予采纳。关于被告提出其对涉案房屋享有继承权的辩论意见,虽在案外人殷树田死亡后,属于殷树田的房屋产权份额发生继承,但被告殷智刚仅享有继承权,并未实际取得对涉案房屋占有使用的权利,故该辩论意见,本院亦不予采纳。对于被告提出的对涉案房屋享有继承份额,被告可另案主张该权利,本案不一并处理。依据《中华人民共和国民事诉讼法》第六十四条第一款、《中华人民共和国民法通则》第五条、《中华人民共和国物权法》第二百四十五条第一款之规定,判决:被告殷智刚于判决生效后立即倒出座落于丹东市振兴区浪头镇文安村徐家屯村民组建筑面积为55平方米的砖石结构三间房屋(房产证编号为振农房字第159号),并返还给原告邢桂芝。

(三) 典型意义

随着我国社会主义经济的发展,《物权法》对公民的保护显得尤为重大。本案虽是占有物返还纠纷,但涉及的问题主要在于占有回复请求权的构成。占有回复请求权,指占有被侵夺的,占有人有权请求侵夺人及其继受人回复其占有,返还占有物。构成要件有四:1. 占有被侵夺。侵夺,指违背占有人的意思,以法律禁止的私力剥夺占有;2. 请求权人须为占有被剥夺的占有人。3. 被请求人为占有的侵夺人及其继受人。须注意两点:侵夺人须仍为现在占有之人。否则,若侵夺人不再是现在占有之人,则对侵夺人无占有回复请求权。4. 须自侵夺之日起一年内行使(一年期满未行使的,占有回复请求权消灭)。占有回复请求权使得占有脱离本权获得独立保护,其法律意旨有三:1. 通过保护占有,保护占有背后(以占有为内容的)物权;2. 通过保护占有,保护占有背后的债权(因债权人不能享有物权请求权);3. 维持社会平和即物的归属秩序,禁止任何人以法律禁止的私人力量擅自剥夺他人的占有。公民的合法的民事权益受法律保护,任何组织和个人不得侵犯。占有的不动产被侵占的,占有人有权请求返还原物。

三十一、张某诉程某身体权纠纷案

(一) 基本案情

张某(女)和程某(男)于2005年登记结婚,2008年5月26日,程某因家庭琐事对张某实施家庭暴力,致张某身体多处受伤,经托克托县医院及内蒙古医学院附属医院诊断为头面部闭合伤、鼻骨骨折、鼻根部骨质缺失、左眼部损伤、双侧膝关节下损伤等综合症状。

为此,张某于2008年8月5日以程某犯故意伤害罪为由向托克托县人民法院提起刑事自诉,同时提出刑事附带民事诉讼请求,该院于2008年11月6日作出(2008)托刑初字第59号刑事附带民事判决,判决:一、程某犯故意伤害罪,免予刑事处罚;二、程某赔偿张某医疗费2541.1元、法医检查费300元、鉴定费300元、交通费200元、合计3341.10元。2010年7月22日,张某经呼和浩特市第一医院司法鉴定所鉴定鼻骨骨折为十级伤残。程某于2008年6月11日提起离婚诉讼,呼和浩特市中级人民法院作出(2011)呼民二终字第571号民事判决,判决双方离婚。

2010年8月12日,张某向托克托县人民法院提起民事诉讼,要求程某赔偿其医药费、护理费等费用共计六万余元。托克托县人民法院经审理认为,公民的生命健康权受法律保护。根据最高人民法院《关于适用〈中华人民共和国婚姻法〉若干问题的解释(一)》第三十条第(二)项的规定,"符合婚姻法第四十六条规定的无过错方作为被告的离婚诉讼案件,如果被告不同意离婚也不基于该条规定提起损害赔偿请求的,可以在离婚后一年内就此单独提起诉讼"。张某与程某虽然于2011年8月11日被判决离婚,但是程某于2008年6月11日提起离婚诉讼,而张某在2008年8月5日就程某对其实施家庭暴力一事已提起刑事自诉且获得了相应的民事赔偿,因而张某在与程某的离婚案件中作为无过错方的被告,已经提起了损害赔偿请求,故张某的行为便不再受上述法律的约束。根据《中华人民共和国民法通则》第一百三十六条的规定,身体受到伤害要求赔偿的诉讼时效为一年,且该诉讼时效期间应从知道或者应当知道权利被侵害时起计算。本案中张某于2008年8月5日提起刑事自诉这一行为就应当认定为其已经知道了自己的合法权利遭到了侵害而时隔两年后对此事再行起诉,显然超过了诉讼时效,对张某的诉讼请求不予支持,判决驳回原告张某的诉讼请求。

(二)裁判结果

张某不服一审判决,上诉至呼和浩特市中级人民法院,请求二审法院依法改判,支持其诉讼请求。呼和浩特市中级人民法院经审理认为,依据《中华人民共和国民法通则》第一百三十六条,"下列的诉讼时效期间为一年:(一)身体受到伤害的;"依据第一百三十七条,"诉讼时效期间从知道或者应当知道权利被侵害时起算",以及最高人民法院《关于贯彻执行〈中华人民共和国民法通则〉若干问题的意见(试行)》第168条,"人身损害赔偿的诉讼时效期间,伤害明显的,从受伤之日起算;伤害当时未曾发现,后经检查确诊并能证明是由侵害引起的,从伤势确诊之日起算"。本案中程某对张某的人身损害发生于2008年5月26日,2010年7月29日张某经呼和浩特市第一医院司法鉴定所鉴定鼻骨骨折构成十级伤残,即2010年7月29日张某的权利被侵害范围和损害数额得以确认,诉讼时效起算时间为2010年7月29日,故张某于2010年8月12日起诉请求程某承担人身损害赔偿责任没有超出诉讼时效。张某因程某的家庭暴力遭受人身损害,并经鉴定部门鉴定构成十级伤残,依照最高人民法院《关于审理人身损害赔偿案件适用法律若干问题的解释》相关规定,受害人遭受人身损害的,赔偿义务人应对受害人因人身损害产生的护理费、交通费、住院伙食补助费、必要的营养费、残疾赔偿金、被抚养人生活费、鉴定费、精神损害抚慰金等予以赔偿。综上,一审判决认定事实清楚,但适用法律错误,依法改判:一、撤销托克托县人民法院(2012)托民初字第143号民事判决;二、程某赔偿张某各项费用48664.31元。一、二审案件受理费由程某负担。

(三)典型意义

本案是一起典型的家庭暴力案件,呼和浩特市中级法院针对家庭暴力对象的特殊性、形式的多样性、行为的隐蔽性、结果的循环性等特点,认真审理了此案。被告人程某粗鲁强势,其母目中无人,辱骂法官的行为能够印证家暴是导致他们婚姻关系破裂的主要原因,一个完整的家庭解体了,但对张某身体及精神造成的危害却无法弥补。本案中张某冷静理智,没有采用"以暴制暴"的手段来反抗,而是拿起法律这个有力的武器来捍卫自己的合法权益,其法律意识之强深深打动了每一位法官。以往因家庭暴力导致离婚的案件通常仅仅止步于婚姻关系的终止,受害人在离婚后就人身损害提起民事诉讼的情况极少。本案中张某在婚姻关系存续期间对程某的家庭暴力行为提起过刑事附带民事诉讼,获得了部分赔偿。在离婚后,对家庭暴力造成的人身损害再一次提起了民事诉讼。该案件在当地群众中产生了深远的影响,研究探讨该案例对法律适用和预防家庭暴力行为有着重要意义:

第一、受害人对家庭暴力行为能够及时收集、保留、固定证据,使案件能够顺利立案并最终判决,家庭暴力的施暴者得到了有力的惩治;

第二、该案例为家庭暴力的受害者在离婚后如何请求保护人身损害赔偿指明了道路,最高人民法院《关于适用〈中华人民共和国婚姻法〉若干问题的解释(一)》对家庭暴力行为进行了定义,对家庭暴力的范畴作出了明确表述,为法官审理此类案件提供了有力的法律依据;

第三、纠正了不正确的认识。刑事附带民事判决不能囊括全部受害人应得的人身损害赔偿,对于没有对受害人进行赔偿的部分,受害人有权另行提起民事诉讼;

第四、许多起家庭暴力案件都造成了极其严重的后果,有些甚至造成了人身伤亡事件,立法者乃至整个社会应当从此案件中反思,如何通过立法、执法行为,在家庭暴力发生前就给施暴者以威慑,从根源上遏制家庭暴力。

三十二、刘平诉孔霄离婚纠纷案

(一)基本案情

2012年10月,刘平与孔霄经人介绍相识,2012年12月12日登记结婚,随即举行结婚仪式,2013年1月,刘平回娘家居住,双方分居至今。期间,刘平曾起诉要求离婚,法院以（2013）平民初字第 674 号民事判决未予准许，后双方仍未能和好，刘平于 2013 年 10 月 31 日再次以其诉求诉至法院。案经调解，双方各执己见，未能达成协议。另查明，双方无婚后共同财产及共同债权、债务。还查明，双方相识后于 2012 年 12 月初订立婚约，期间孔霄给付刘平彩礼 10001 元，商定结婚日期时给付 10000 元，举行结婚仪式时给付刘平见面礼等，并为刘平购买了戒指（8800 元）、手机等物品。双方分居后，双方曾于 2013 年 2 月 6 日就彩礼返还事宜进行协商，刘平确认财物共计 43200 元。孔霄所提供的彩礼清单内容包括定金等现金、为刘平购买戒指、手机、开车支出等费用共计 43200 元。刘平在清单上签字确认。在该清单下方，刘平之弟刘永注明："兹定于 2013 年 2 月 7 日早去平邑县民政局解决男孔霄女刘平婚姻合法。（女方一手交现金为保证）男为女花 43200.00 女方还完之后为保证"，在清单一侧刘永注明："今欠孔霄现金￥43200.00（为总账）借款人：刘永 2013.2.06"。

（二）裁判结果

平邑县人民法院一审认为，刘平与孔霄经法院判决不准离婚后仍未能和好，双方夫妻感情确已破裂，故刘平要求离婚，予以准许。双方共同生活时间较短，孔霄要求刘平返还依习俗给付的彩礼，予以支持，刘平应适当返还。故判决准予刘平与孔霄离婚。刘平返还孔霄彩礼款 15000 元。

临沂市中级人民法院二审认为，本案的争议焦点有二：一是婚约彩礼的数额问题；二是被上诉人及其弟弟王永所书写的彩礼清单及欠款确认条款的效力问题。针对第一个争议焦点，因双方已于 2013 年 2 月 6 日对婚约彩礼的数额予以核对，上诉人孔霄在庭审中提交刘永书写的彩礼清单应视为对清单确认数额的认可，因此，上诉人主张实际为被上诉人花费 80600 元，本院不予采信。针对第二个争议焦点，根据彩礼清单内容可以看出，被上诉人之弟刘永只是作为女方家人代表在该清单上签字确认，上诉人孔霄与刘永之间并不存在真实的借贷关系。因此，上诉人主张如被上诉人不返还彩礼则彩礼应由刘永偿还的上诉理由本院不予支持。双方签订该彩礼偿还协议后双方并未到平邑县民政局办理离婚登记，现被上诉人刘平拒绝返还彩礼清单上载明的彩礼金额，则该彩礼偿还清单未生效。原审法院根据双方已登记结婚这一事实及婚姻存续时间等实际情况判决上诉人刘平返还彩礼 15000 元并无不当。遂判决驳回上诉，维持原判。判决后，双方当事人均服判息诉。

（三）典型意义

离婚案件当事人在离婚诉讼之前，往往对财产分割与子女抚养进行多次协商，在这一过程中，有可能会对上述问题达成一致意见并签订书面协议。对于签订协议后双方即办理离婚登记的情形，该协议成立并生效，协议内容对双方当事人均有约束力。但在签订协议后未办理离婚登记的情形下，应参照《中华人民共和国婚姻法解释（三）》第十四条规定：当事人达成的以登记离婚或者到人民法院协议离婚为条件的财产分割协议，如果双方协议离婚未成，一方在离婚诉讼中反悔的，人民法院应当认定该财产分割协议没有生效，并根据实际情况依法对夫妻共同财产进行分割。这对于均衡双方当事人的合法权益，避免当事人因欠缺法律知识做出错误的意思表示提供最后的救济途径。

三十三、陈长臻诉陈路程、徐磊、徐春艳赡养纠纷案

（一）基本案情

原告陈长臻与朱兆芸于 1986 年经政府登记结婚，朱兆芸系再婚，1987 年，朱兆芸带徐磊（1975 年 6 月 8 日出生）、徐春艳（1978 年 2 月 10 日出生）到山东省莒南县文疃镇大草岭后村与原告陈长臻共同生活。1990 年 5 月 13 日，陈长臻、朱兆芸生育一子陈路程。1991 年被告徐磊离家外出打工，1993 年被告徐春艳离家外出打工。2012 年 2 月，朱兆芸去世。原告陈长臻由于年事已高，且没有生活来源，基本生活困难。因三被告拒不履行赡养义务，原告陈长臻遂诉来本院，请求处理。

（二）裁判结果

山东省临沂市莒南县人民法院经审理认为：根据我国法律规定，子女对父母有赡养扶助的义务，继父母和受其抚养教育的继子女之间的权利义务与亲生父母子女关系一致。具体到本案，被告徐磊、徐春艳随其母朱兆芸与原告陈长臻长期共同生活，接受原告的抚养教育，与原告之间形成继父母子女关系，被告徐磊、徐春艳对原告陈长臻负有赡养义务。现原告身患疾病、生活困难，且三被告均已成年，具有赡养能力，原告的诉讼请求事实清楚，证据充分，本院予以支持。本案原告的赡养费标准应以统计部门发布的上年度当地农民年均生活消费支出为基准，考虑被告徐磊、徐春艳与原告陈长臻的共同生活时间、感情因素及二被告目前的经济状况，本院酌定被告徐磊、徐春艳负担的赡养费数额以每人每年 1500 元为宜。被告陈路程系原告陈长臻的亲生儿子，其对原告陈长臻负有当然的赡养义务，其自愿按照原告的请求以每年 3600 元的标准负担赡养费，本院予以确认。

山东省临沂市莒南县人民法院依照《中华人民共和国婚姻法》第二十一条、第二十七条之规定，作出如下判决：

一、被告陈路程自 2014 年起，于每年的 6 月 1 日前

支付给原告陈长臻当年度赡养费 3600 元。

二、被告徐磊、徐春艳自 2014 年起,于每年的 6 月 1 日前分别支付给原告陈长臻当年度赡养费 1500 元。

(三)典型意义

赡养老人是中华民族的传统美德,做好农村老人赡养工作是个长期而艰巨的任务,而继父母的赡养问题更加复杂。当前农村存在很多继父母与继子女之间的关系。继父母与继子女间的关系问题,是一个较为敏感的社会问题。正确认识继父母子女的关系性质,适用有关法律对继父母子女关系进行全面调整,具有重要的社会意义。

法律规定,继父母与继子女之间有抚养关系的,继子女必须对继父母承担赡养义务。针对继父母这一特殊群体,法官应不断分析新情况、探索新办法、解决新问题,及时维护农村老人的合法权益,确保老人安度晚年,真正做到案结事了人和。

三十四、原告李泊霖、李宁诉被告李涛抚养费纠纷案

(一)基本案情

原告李泊霖系被告李涛之子,被告李涛与原告的母亲李宁于 2008 年 9 月协议离婚并到民政部门办理了离婚手续。离婚协议书约定"原告李泊霖由男方抚养,女方暂代养孩子四年,男方不支付抚养费。孩子上大学、结婚费用全部由男方承担。"当时原告李泊霖刚满 14 岁,此后原告李泊霖一直由其母亲李宁抚养。自 2012 年 9 月份,原告李泊霖进入武汉科技大学学习,除每年需要交纳学费、校内住宿费、职业培训费等,还需要一大笔生活费,原告李泊霖因此多次向被告要钱支付上述费用,但被告作为父亲一直拒不支付。原告李泊霖、李宁诉至法院,请求法院依法判令被告支付学费 27840 元、生活费用 60000 元、培训费 4770 元、购买电脑费用 6600 元、购买羽绒服费用 859 元,共计 99469 元。

(二)裁判结果

山东省临沭县人民法院一审认为,本案系基于原告李宁与被告李涛离婚时所达成的离婚协议中关于子女抚养和教育费用约定的履行问题而产生纠纷,因此,首先应当就原告李宁与被告李涛关于"原告李泊霖由男方抚养,女方暂代养孩子四年,男方不支付抚养费,孩子上大学、结婚费用全部由男方承担"这一约定的合法性进行审查。《中华人民共和国婚姻法》第三十七条规定,离婚后,一方抚养的子女,另一方应负担必要的生活费和教育费的一部或全部,负担费用的多少和期限的长短,由双方协议;协议不成时,由人民判决。依照该规定,子女的生活费及教育费由一方承担部分或全部承担均可。本案原告李宁与被告李涛就原告李泊霖的抚养及抚养费的承担方式、承担时间的约定不违反该条法律规定,且该约定系原告李宁与被告李涛的真实意思表示,内容并不违反其他法律的禁止性规定。被告李涛应当按照约定承担向原告李泊霖支付大学期间必要的生活费及教育费的民事责任。《中华人民共和国婚姻法》第二十一条第一、二款规定:"父母对子女有抚养教育的义务;子女对父母有赡养扶助的义务。父母不履行抚养义务时,未成年的或不能独立生活的子女,有要求父母付给抚养费的权利"。该条法律所规定的是家庭关系中父母与子女之间的法定权利与法定义务,而最高人民法院关于适用《中华人民共和国婚姻法》若干问题的解释(一)第二十条关于"婚姻法第二十一条规定的'不能独立生活的子女',是指尚在校接受高中及以下学历教育,或者丧失或未完全丧失劳动能力等非主观原因而无法维持正常生活的成年子女。"的规定,是对"不能独立生活的子女"范围的界定。上述法律及司法解释是就父母对"不能独立生活的子女"承担抚养义务属法定义务作出的规定,并不禁止父母对不属于"不能独立生活的子女"之外的子女自愿或通过约定的方式承担抚养义务。因此,被告李涛不能依据上述法律及司法解释拒绝履行离婚时与原告李宁所约定的对原告李泊霖抚养义务。原告李泊霖现为在校就读的大学生,被告李涛无证据证明原告李泊霖有可维持自己在校生活、学习的收入来源,即应当按照离婚时与原告李宁的约定承担原告李泊霖在上大学期间的生活、学习所必须的费用。原告李泊霖上大学期间的学费可根据其就读学校出具的收款收据予以确定,对于原告李泊霖的生活费,法院综合考虑原告李泊霖就读学校所在地的消费水平以及被告李涛的收入等情况,酌情确定原告李泊霖上大学期间,被告每年给付生活费 6000 元。原告李泊霖没提供证据证明购买电脑和参加校外培训属于上大学期间的必要开支,被告可以不承担这部分费用。原告李泊霖购买衣服的花费应从生活费中列支,对其要求被告承担该费用的诉讼请求法院不予支持。原告李宁虽系与被告李涛达成离婚协议的一方当事人,但就子女抚养费的约定,权利主体应为原告李泊霖,而原告李泊霖已成年且具有完全的民事行为能力,应由原告李泊霖依法独立行使抚养费的请求权。原告李宁并不享有所约定的原告李泊霖抚养费的请求权,不是涉案抚养费的权利主体,其原告主体不适格。依照《中华人民共和国民法通则》第四条、《中华人民共和国婚姻法》第三十七条的规定,依法作出如下判决:一、被告李涛给付原告李泊霖上大学期间的学费 27840 元;二、被告李涛给付原告李泊霖上大学期间的生活费 24000 元;三、上述一、二项于本判决生效后十日内付清;四、驳回原告李泊霖的

其它诉讼请求;五、驳回原告李宁的诉讼请求。
(三)典型意义
随着我国高等教育的逐渐普及,上大学(含各类职业技术学校)越来越成为适龄青少年的普遍选择。就我国传统习惯和绝大多数的家庭选择而言,没能经济独立的子女就读大学(含各类职业技术学校)的费用,由有经济能力的父母支付已然成为一种惯例。然而我国民法通则、婚姻法、未成年人保护法等等法律,却作出了与之相悖的规定,父母没有义务支付该部分费用。这就造成了习惯做法、社会传统和法律规定的冲突。尤其是在离异家庭中,这种冲突直接导致了亲情的反目和对立。本案就是涉及大学期间学费、生活费负担问题的典型案例。

本案中,原告李宁与被告李涛的离婚协议是双方真实意思表示,双方对于孩子上大学学费、生活费和结婚费用的约定,是其离婚协议的一部分,是双方在离婚时就子女读书、婚嫁事宜作出的合理安排,且原告李宁为达成离婚协议而自愿承担原告李泊霖成年之前的抚养义务,并免除了被告李涛支付抚养费的法定义务,这也可视为原告李宁为争取到孩子的大学学费和婚嫁费用而在其他方面做出的让步。这种约定不违反法律的禁止性规定,合法有效,依法应当得到法律的支持和认可。如果认定离婚协议的该条款无效,则不但违背了民法的基本原则,对原告李宁的权益也是一种损害。故本案一审法院本着尊重当事人意思自治的原则,依法支持了原告李泊霖的合法诉求,为同类案件的审理提供了可资借鉴的依据。

三十五、李某福诉李甲、李乙赡养费纠纷案
(一)基本案情
李某福今年65岁,与妻子育有两子,李甲和李乙。2001年妻子去世后,李某福一直未再婚,一人独居。后因土地被征收,李某福获得了政府各项补偿款近20万元。在过渡安置期间,李某福与李甲一起居住生活。现李某福以自己年老体弱、无生活来源为由向重庆市江北区人民法院提起诉讼,要求李甲和李乙每人每月支付其生活费500元;另如果将来生病产生住院医疗费,两个儿子各承担50%。

李甲辩称,虽然自己身患残疾,妻子也长年患病,但他愿意与父亲同住。如果父亲坚持独居,他愿意每月支付500元生活费。如果将来父亲生病住院,他愿意承担一半医疗费。

李乙辩称,希望父亲与自己共同生活,但目前自己经济压力很大,每月只能支付父亲200元生活费。如果父亲将来住院,应当先由父亲用存款支付,不足部分自己承担50%。

(二)裁判结果
法院经审理认为,子女对父母有赡养扶助的义务。李某福年事已高,没有劳动能力,其有权利要求成年子女对自己进行赡养。李某福在土地被征收后,虽然获得各项补偿款近20万元,但他没有自有房屋居住,需要租赁或购买房屋,同时还需要购买日常生活资料。李某福目前每月领取养老保险金605元,参照重庆市上年度城镇居民人均消费性支出标准,李甲和李乙每人每月还应当向李某福支付300元生活费。李甲明确表示愿意支付500元,法院予以确认。另李某福并未举示证据证明其产生了住院医疗费,可在实际产生费用后另行向义务人主张。综上,法院判决李甲每月向李某福支付生活费500元,李乙每月向李某福支付生活费300元,驳回李某福其他诉讼请求。

(三)典型意义
随着社会经济发展,年轻人生活压力不断增大,面对资源相对有限的现实,相继出现"啃老族"、"不管族"。"啃老族"在工作成家后,依然向父母伸手要钱;"不管族"念在父母有存款或者有生活来源,不履行赡养义务,任凭老人"自生自灭"。《婚姻法》第21条规定,子女对父母有赡养扶助的义务,子女不履行赡养义务时,无劳动能力或生活困难的父母,有要求子女付给赡养费的权利。《老年人权益保障法》第14条规定,赡养人应当履行对老年人经济上供养、生活上照料和精神上慰藉的义务,照顾老年人的特殊需要。因此,子女不能因为父母有存款或者有一定的经济来源就完全将父母置之不顾,这不仅违反法律规定,也不符合中华民族"百善孝为先"的传统美德。在日常生活中,我们应当在物质上、精神上、生活上给予老人全方面的关心和爱护,妥善安排老人的衣、食、住、行,鼓励老人健康生活、快乐生活,使他们在感情上得到慰藉,愉快地安度晚年。

三十六、张某与蒋某婚姻家庭纠纷案
(一)基本案情
蒋某与张某经人介绍相识恋爱后于2004年3月4日办理结婚登记手续。婚后于2008年9月14日生育一子张某某。后双方因生活琐事发生争吵,致使夫妻感情不睦。张某于2014年4月25日委托西南政法大学司法鉴定中心对张某和张某某进行亲子鉴定。该中心作出的鉴定结论为:不支持张某与张某某之间存在亲生血缘关系。张某遂向法院提起诉讼,请求依法判令原、被告离婚,由蒋某承担张某养育张某某的抚养费41387.5元并赔偿张某精神损害抚慰金10万元。同时查明,双方婚后于2006年共同购买位于大竹县某小区的门市一间,面积36.58㎡,产权人

登记为蒋某。

（二）裁判结果

大竹法院一审审理认为：张某与蒋某婚后常为生活琐事争吵，现经鉴定张某某不是张某亲生子，严重伤害夫妻感情，故法院认定夫妻感情确已破裂。张某请求蒋某支付精神损害赔偿应当支持，根据本案案情，确定精神抚慰金30000元为宜；张某既非张某某的生父，又非养父继父，无法定扶养义务，故张某要求蒋某支付张某某抚养费41387.5元，理由正当，法院予以支持；双方婚后购买位于大竹县某小区的门市一间应认定为夫妻共同财产，双方各分得一半。蒋某称婚后共同翻修原告父母房屋，应当对增值部分平均分割，因涉及第三人产权，本案不作处理。据此判决：一、准予原告张某与被告蒋某离婚；二、非婚生子张某某由被告蒋某抚养，被告蒋某支付原告张某养育张某某的抚养费41387.5元，被告蒋某赔偿原告张某某精神抚慰金30000元；三、夫妻婚后购买登记于被告蒋某名下的位于大竹县某小区的门市一间，原、被告各占50%产权。

宣判后蒋某以"一审法院错误采信西南政法大学司法鉴定中心的检验报告书，判决上诉人向被上诉人返还抚养费41387.5元及赔偿精神抚慰金3万元没有事实依据，属适用法律不当"等为由向达州中院提起上诉。

达州中院审理认为：张某委托西南政法大学司法鉴定中心作出亲子鉴定检验报告书，该检验报告结论为：不支持张某与张某某之间存在亲生血缘关系。蒋某上诉称西南政法大学司法鉴定中心的鉴定检验报告书缺乏真实性，不应采信，但在一审审理中，经原审人民法院向蒋某释明，蒋某已明确表示自己不申请重新鉴定。蒋某又无其他证据证实作出该检验报告的鉴定机构或者鉴定人员不具备相关的鉴定资格、鉴定程序严重违法、或鉴定结论明显依据不足，故原审法院对该鉴定结论予以采信并无不当。蒋某上诉称自己系遭受不法侵害，但未提供证据证实，对其该项诉称理由不予采纳。张某某现经鉴定非张某的亲生子，蒋某的过错行为已严重伤害夫妻感情，蒋某上诉称与张某感情较好的理由不能成立，原审法院判决准予离婚正确。因蒋某在婚姻关系存续期间存在过错，故原审法院判决蒋某向张某赔偿精神损害抚慰金并无不当。张某某与张某并无血缘关系，对其并无法定抚养义务，故对其在婚姻关系存续期间为张某某所付出的抚养费应当由蒋某支付给张某。达州中院据此判决：驳回上诉，维持原判。

（三）典型意义

《中华人民共和国婚姻法》第四条规定了夫妻应当互相忠实、互相尊重的义务。违反忠实义务往往对配偶的情感和精神造成非常严重的伤害。这和我国社会一般大众因为习惯、传统等原因对婚姻家庭的认识有很大关系。故《最高人民法院关于适用〈中华人民共和国婚姻法〉若干问题的解释（一）》第二十八条规定：婚姻法第四十六条规定的"损害赔偿"，包括物质损害赔偿和精神损害赔偿。涉及精神损害赔偿的，适用最高人民法院《关于确定民事侵权精神损害赔偿责任若干问题的解释》的有关规定。本案中张某在得知张某某并非自己的亲生子后，其精神受到伤害，要求蒋某赔偿精神损害抚慰金的理由正当合法，得到了法院的支持。而张某某因与张某并无血缘关系，张某对其并无法定抚养义务，故法院对张某要求蒋某返还自己已承担的张某某的抚养费的主张予以了支持。

三十七、黄某某与张某某婚内扶养纠纷案

（一）基本案情

黄某某与张某某于1987年12月31日登记结婚，婚后生育一子（已成人）。黄某某、张某某婚后共同在岳池县九龙镇购置了住房两套、门市一个，其中一套住房用于一家人自住，另一套住房及门市出租。2009年4月，黄某某被诊断患有"脊髓空洞症、抑郁症"，至今未愈，每月需要较多的医药费，除住院可报销部分医疗费外，其余药费需黄某某自己负担。黄某某现为四川省岳池某公司职工，因长期病休，每月领取工资1188元，住房及门市租金24000元/年均由黄某某收取。张某某系某银行下岗职工，每月领取下岗失业军转干部生活困难补助费1476元，患有"脂肪肝、前列腺囊肿"，有母亲需赡养。张某某下岗后常年在外务工当监理，收入较高。近年来，黄某某、张某某因性格不合及黄某某患病，双方时常发生矛盾，张某某多次起诉要求离婚，因黄某某坚决不同意离婚，张某某的离婚诉讼请求均被驳回，张某某便离家外出租房生活。2014年6月5日，黄某某诉至岳池法院称她身患多病，每月需万元以上药费，张某某不尽丈夫义务，致使她债台高筑，请求法院判决张某某尽扶养义务，按月承担医疗费、生活补助费、护理费6000元。张某某辩称，黄某某每月有固定收入，有租房租金，有医保报销医疗费，其家里的多年积蓄全在黄某某处，他也身患多病，又下岗，工资低，还要赡养90多岁的母亲，不同意支付黄某某扶养费。

（二）裁判结果

岳池法院经审理认为，夫妻有互相扶养的义务。黄某某与张某某系合法夫妻，本应相互关心，彼此扶助。现黄某某身患严重疾病，需要人照顾，而张某某离家出走，使黄某某陷入生活困难，并且现在黄某某病休期间工资收入微薄，虽尚有房屋租金收入，但治病除医保报销之外，自己需负担一部分医药费，其费用相对黄某某的收入，难以承担。

故黄某某生活很困难，而张某某除了固定每月领取军转干部生活困难补助费 1476 元/月外，一直在外务工，因此，张某某应当付给黄某某扶养费以尽扶养义务。根据双方的情况，考虑到黄某某另外有儿子应当依法尽赡养义务等因素，酌定张某某支付黄某某 1000 元/月扶养费较适宜。遂判决：张某某每月付给黄某某医疗、生活补助、护理等扶养费 1000 元。

黄某某、张某某均不服一审判决，向本院提起上诉。黄某某上诉称，一审判决张某某给付的扶养费过低，要求二审改判张某某给付扶养费 6000 元/月。张某某上诉称一审判决他每月支付黄某某 1000 元扶养费错误，要求二审改判他不予支付。

本院认为，《中华人民共和国婚姻法》规定，夫妻有互相扶养的义务，一方不履行扶养义务时，需要扶养的一方，有要求对方付给扶养费的权利。黄某某与张某某系夫妻，本应相互关心，彼此扶助，而张某某在黄某某身患严重疾病、特别需要丈夫照顾时，却不履行丈夫义务、离家出走。现黄某某虽有工资收入、房屋租金收入，但因其每天需服多种药，每月需负担不少的医药费，致使黄某某生活陷入困难，作为丈夫的张某某依法应对黄某某尽扶养义务。虽然张某某也患病，但张某某未提供证据证明其所患之病需大量的医药费，加之张某某除了每月固定领取军转干部生活困难补助费 1476 元/月外，一直在外务工，有一定的收入。黄某某也未提供充分证据证明张某某有每月支付 6000 元的经济能力。一审根据双方的实际情况，结合黄某某还有儿子应当依法尽赡养义务及张某某有一定的经济能力等因素，酌定张某某每月支付黄某某 1000 元扶养费是恰当的。遂判决驳回双方的上诉，维持原判。

（三）典型意义

近年来，因夫妻一方患病导致夫妻感情淡化，因意外事故导致婚姻难以维系时，一方离家不离婚以及一方坚决离婚、不尽扶养义务，另一方坚决不离婚的情况时有发生，婚内扶养案件在婚姻家庭纠纷案件中愈来愈多。我国《婚姻法》第二十条规定：夫妻有互相扶养的义务。一方不履行扶养义务时，需要扶养的一方，有要求对方给付扶养费的权利。婚内扶养义务不仅仅是一个道德问题，更是夫妻之间的法定义务，有扶养能力的一方必须自觉履行这一义务，特别是在对方患病，或是丧失劳动能力的情况下更应该做到这一点。如果一方不履行这一法定义务，另一方可通过法律途径实现自己的合法权益。扶养责任的承担，既是婚姻关系得以维持和存续的前提，也是夫妻共同生活的保障。本案中，黄某某、张某某系合法夫妻，现黄某某身患疾病，需大量医疗费，而张某某撒手不管，多次提出离婚，一、二审鉴于黄某某确实需要扶养，张某某又有一定的经济能力，酌定张某某婚内每月给付黄某某 1000 元扶养费，充分保护了需要扶养一方的权利，也给那些不尽夫妻扶养义务的具有一定的警示作用。

三十八、弟媳向"大伯子"索要儿子抚养费纠纷案

（一）基本案情

曾某系刘某某弟媳，双方所居住的房屋因政府征用需搬迁，曾某急需另租房居住，便托刘某帮忙找房。2012 年 4 月，刘某谎称找到房子，曾某便随其看房，刘某将曾某带到其正帮人装修的房屋内，双方发生了性关系。一个月后，曾某发现自己怀孕后告知刘某，刘某让曾某将孩子生下来。2013 年 2 月曾某生下一健康男婴，曾某借款缴纳了社会抚养费（该男婴系超生二胎生育）。当曾某要求刘某支付生育孩子期间的医疗费、孩子的社会抚养费等相应费用时，刘某拒绝支付，并拒绝承认该孩子系其亲生。曾某无奈自行带刘某的头发到鉴定中心鉴定，确认孩子系刘某亲生，曾某的丈夫刘某某不是孩子的生物学父亲。但刘某仍拒绝支付相应费用，曾某诉至法院，要求刘某支付医疗费、社会抚养费、生活费等相应费用。

沿滩区人民法院受理后为查明事实，经刘某申请，委托了相应鉴定机构，对曾某所生之子是否系刘某亲生进行了鉴定，经鉴定该孩子确为刘某与曾某的生物学子女。

（二）裁判结果

承办人查明此事实后，向双方当事人宣传了法律，使双方认识到自身的责任和义务，双方自愿达成协议，孩子随曾某共同生活，刘某自 2014 年 8 月起每月支付孩子生活费 650 元至孩子独立生活时止，孩子的教育费、医疗费由双方各承担 50%，刘某支付曾某垫付的医疗费、社会抚养费等各项费用 34000 元。"大伯子亲儿子"风波就此平息。

（三）典型意义

从生物学上讲刘某系孩子的父亲，按照婚姻法规定亲生父亲有抚养教育子女的义务。但是鉴于双方都有各自的家庭，共同抚养孩子是双方家庭的不稳定因素，所以以支付抚养费的方式为宜。

三十九、原告汤某诉被告姜某离婚纠纷案

（一）基本案情

2009 年 3 月，原、被告经征婚相识，同年 6 月二人办理了结婚登记。因二人均是再婚，原告婚前已有一女。婚后，双方于 2013 年 7 月 6 日生育一女姜某某。后来，原、被

告因性格及生活习惯有差异，导致双方常因此发生口角，原告认为自己身心受到伤害，请求法院判令原、被告离婚。另，原告婚前已有一女汤某某，由原告抚养。

再查明，原、被告于婚前购买商品房一套，婚后，被告单位给其分配集资住房一套。

（二）裁判结果

本院认为，原、被告双方结婚已达 5 年，且婚后于 2013 年生有一女，女儿在原告诉讼离婚时尚不满一周岁，双方结婚已达 5 年之久，有足够时间相互了解，双方具有感情基础，虽然在本院诉讼过程中，被告一度同意离婚，但本院认为，离婚的前提是感情破裂，双方在女儿出生后发生矛盾较多实际上是双方沟通较少，影响双方感情，原、被告双方均为有知识、有文化、有正当职业的国家工作人员，且双方均无不良恶习，只要双方互谅互让，多换位思考，多沟通交流，双方的矛盾是可以消除的，双方感情尚未彻底破裂。加之，双方婚生女姜某某在原告起诉离婚时尚不满一周岁，故本院对原告提出离婚的诉讼请求不予支持，根据《中华人民共和国婚姻法》第三十二条、《中华人民共和国民事诉讼法》第六十四条、最高人民法院《关于民事诉讼证据若干的规定》第二条之规定，判决驳回原告汤某的诉讼请求。

（三）典型意义

司法实践中，法院受理的离婚案件，为利于改善双方当事人的关系，促进家庭的和睦，社会的稳定，对一些夫妻感情尚未破裂或者一方没有证据证实夫妻感情确已达到破裂程度的案件，法院会作出不准许离婚的判决，以期双方当事人审慎对待婚姻家庭问题，能够重新和好。在上述情形下，一部分离婚案件当事人能够彼此改正缺点，加强交流和沟通，增加夫妻感情密切程度，和好如初。

婚姻最本质的因素和基础应是夫妻间的感情，夫妻共同生活是基于感情的必然要求，这也是婚姻关系的重要内容。在本案中，虽原告提出双方常发生口角，但双方并未提供证据证实夫妻感情确已达到破裂程度，只要双方互谅互让，多换位思考，多沟通交流，双方的矛盾是可以消除的，双方感情尚未彻底破裂。加之，双方婚生女姜某某在原告起诉离婚时尚不满一周岁，原、被告双方的离婚不利于孩子的身心健康，有可能对其生长产生不利影响，故本院对原告提出离婚的诉讼请求不予支持。

四十、张老太与子女赡养纠纷案

（一）基本案情

父亲去世前，三子女就母亲张老太的赡养问题达成协议，约定每人每月付给母亲 500 元赡养费。岂料一年后，张老太将房产无偿赠与了儿子李军，这下大女儿李丽、小女儿李菲都不愿意了。

2014 年 12 月，张老太将李丽、李菲、李军三子女起诉至乌鲁木齐市米东区人民法院，要求三被告支付每月赡养费 500 元（自 2014 年 6 月起）并承担本案诉讼费。开庭时，张老太因远在广东委托了代理律师出庭，小女儿李菲委托代理人出庭声称，2013 年 4 月所签订的赡养协议三方并没有实际履行，自己也不同意继续履行；母亲张老太自己有退休工资、存款和积蓄，经济收入较高，生活较为宽裕，不属于没有经济能力，法律上明确规定属于不需要一定给付赡养费的范畴；此外，李菲还认为，本案是儿子李军假借母亲张老太名义起诉，实际是李军为了侵占母亲财产所为；因此不同意给付母亲张老太每月 500 元赡养费。

大女儿李丽未到庭参加诉讼，但向法院提交了书面答辩意见，也不同意按照每月 500 元的标准支付原告张老太赡养费。理由是：第一、2013 年 4 月的赡养协议系三子女所签订，并非与张老太签订，该协议已经于 2014 年 11 月正式解除，李丽已于 2014 年 11 月将《解除赡养协议通知书》邮寄送达至被告李菲、李军处，在李菲、李军签收后，2014 年 11 月 28 日，该协议即已解除；第二、本案起诉并非母亲张老太本人意思表示，起诉书上的笔迹并非母亲本人签名，是李军假借母亲名义将女儿告上法庭；第三、2013 年 4 月协议中明确约定："母亲张老太养老居住房屋在有生之年不允许变卖和处分，留作晚年自用"，母亲张老太已将位于乌市价值 40 多万元的房屋无偿赠予给李军，李军表示自愿承担赡养及照顾母亲张老太的义务，李军的行为导致赡养协议中的客观情况发生了根本变化，故应解除该赡养协议；第四、原告张老太每月有固定退休养老金 3000 多元，加之还有个人积蓄存款 7 万元，经济收入较为富裕，不需要子女再给付赡养费。

被告李军未到庭参加诉讼，但向法院提交了书面答辩意见，同意每月支付赡养费 500 元。

法院经审理查明，原告张老太系乌鲁木齐某公司退岗家属，每月有养老金及其他生活补贴等近三千元收入。张老太与其丈夫李某结婚后生育长女李丽、长子李军、次女李菲三个子女。2013 年 4 月，长女李丽于起草了一份"赡养协议"，协议约定："一、母亲现有一套住房在有生之年不允许变卖，留作晚年自用，闲置期间可以酌情出租，但房屋租赁租金属母亲所有。二、母亲有自己的养老收入，……三子女需分别轮流承担陪伴照料义务，母亲由哪位子女照料陪伴，其他两位子女需每月支付 500 元赡养费，并于每月 30 日前汇入指定帐号，……"签订该赡养协议时，原告张老太知道且同意该份赡养协议的内容。协议签订以后，母亲先在大女儿李丽处生活，后于 2013 年 11 月底至 2015

年开庭时都在广东与儿子李军一同生活,之前李军也按月向母亲支付赡养费。大女儿李丽和小女儿李菲给母亲按月支付赡养费至 2014 年 5 月,后得知母亲将乌市的房子无偿赠与给弟弟李军之后,李丽和李菲不再给母亲支付赡养费用。2014 年 11 月 25 日,李丽通过 EMS 给李菲、李军邮寄了解除赡养协议通知书,李菲收到通知书后书面表示同意解除赡养协议。

针对李菲和李丽曾先后提出原告的诉状及其授权委托书非本人签名并申请签名的真伪进行笔迹鉴定的问题,法官考虑到原告张老太年事已高,且在广东生活,不能亲自参加庭审,法官通过电话与其沟通后,张老太于 2015 年 3 月在广东当地公证处为民事起诉状及代理人的授权委托书分别办理了签名公证和委托公证。

(二)裁判结果

乌鲁木齐市米东区人民法院认为:根据婚姻法规定子女对父母有赡养扶助的义务,子女不履行赡养义务时,无劳动能力或生活困难的父母,有要求子女给付赡养费的权利。该条规定了赡养义务作为一项基本的法定义务,因其涉及最基本的身份血缘关系和基本的社会公德,属于法定强制性义务,不能由赡养人随意解除。而该条文也明确规定了赡养对象为"无劳动能力或生活困难的父母",即父母只要符合或者无劳动能力,或者生活困难中的一项,子女就应当对其履行赡养义务,而并非"无劳动能力且生活困难"。本案中,原告张老太在本案诉讼期间已经 83 岁高龄,达到法律规定可以认定为无劳动能力标准,即使其每月有固定收入,也并不影响其向子女要求给付赡养费。

同时,老年人权益保障法第十九条规定:"赡养人不履行义务,老年人有要求赡养人给付赡养费等权利。"该法第二十条规定:"经老年人同意,赡养人之间可以就履行赡养义务签订协议。赡养协议的内容不得违反法律的规定和老年人的意愿。"从该条规定来看,赡养协议必须满足以下条件:一是订立主体仅限于赡养人之间;二是赡养协议的形式必须以书面为之;三是赡养人签订的赡养协议须征得被赡养老人同意后才有效。本案中,被告李丽、李菲、李军作为赡养人,2013 年 4 月就赡养母亲张老太事宜签订书面协议,张老太知道且同意该协议,且协议签订后,被告李丽、李菲按照该协议实际履行了六个月,李军实施履行了五个月。虽然被告李丽辩解称该协议的解除通知书已经书面邮寄给李军,而李军在收到协议后因未向法院提起诉讼而导致该协议解除,但是由于子女的赡养义务具有法律强制性和人身性且涉及基本的社会公德,赡养协议与一般合同法中的协议性质并不相同,其解除条件与合同法中协议解除条件亦不相同,赡养义务不能以单方协议的形式予以免除,故被告李丽的辩解理由不能成立,法院对此不予采纳。2013 年 4 月的赡养协议合法有效,应当继续履行。最终法院判决大女儿李丽、儿子李军、小女儿李菲各自给付张老太自 2014 年 6 月起至 2015 年 3 月止十个月的赡养费共计 5000 元,于判决生效十日内付清。

(三)典型意义

古话说"养儿防老",虽说传统上老百姓一般把养老的义务主要放在儿子身上,但现代社会中,女儿和儿子一样具有对父母亲进行赡养的义务,这是法定强制义务,不会因父母的过错或其他原因而解除,父母能不辞辛苦抚育儿女长大成人,儿女也应不讲条件地照顾和赡养老人,动物尚有"乌鸦反哺"、"羊羔跪乳"之举,而作为万物之灵的人类,理应做得更好。

四十一、朱绍昌诉朱正方、朱正德、朱立香赡养费纠纷案

(一)基本案情

原告朱绍昌于 1947 年与黄桃香结婚,婚后生育了两个儿子,朱正方与小和生。1959 年小和生与黄桃香相继死亡。1961 年原告朱绍昌与王志芳再婚,王志芳带着已有 9 岁的前婚生女朱立香和 7 岁的前婚生子朱正德到原告朱绍昌家生活,与原告朱绍昌及其前婚生子朱正方组成新的家庭。原告朱绍昌与王志芳再婚后又生育了朱桂菊、朱桂萍两个女儿。后被告朱正方与被告朱立香结婚,被告朱正德亦娶妻在家,朱桂菊、朱桂萍出嫁在外,其中朱桂菊于 1986 年死亡。1989 年原告朱绍昌之母去世后,原告朱绍昌与王志芳到楚雄谋生。2000 年农历 4 月 26 日王志芳病故,被告朱正德按分家协议为其办理了后事。后原告朱绍昌仍在楚雄生活。2007 年 11 月 13 日,原告朱绍昌向姚安县人民法院提起诉讼,要求被告朱正方、朱正德履行赡养义务。该案经本院审理,于 2007 年 12 月 4 日作出(2007)姚民初字第 369 号民事判决,判决如下:一、原告朱绍昌的责任田由被告朱正方负责耕种,每年 10 月 31 日前称给原告朱绍昌大米 200 千克,并承担各种公益负担;二、由被告朱正方和朱正德每年分别给付原告朱绍昌赡养费 120 元、360 元,于 10 月 31 日前付清;三、由被告朱正方将原告朱绍昌的住房交由其居住使用;四、原告朱绍昌的医药费由朱正芳、朱正德各承担五分之一;上述判决有执行内容的,自 2008 年 1 月 1 日起执行。在姚安县人民法院作出(2007)姚民初字第 369 号民事判决后,原告朱绍昌不服该判决,向楚雄彝族自治州中级人民法院提起上诉,楚雄彝族自治州中级人民法院经审理后,于 2008 年 3 月 28 日作出(2008)楚中民一终字第 68 号民事判决,判决驳回上诉,维持原判。2015 年 6 月 30 日，原告朱绍昌以原判决确定给付的赡养费过低，难于维持基本生活为由，就其赡养问题再次向姚安法院提起诉讼。

（二）裁判结果

经姚安县人民法院审理认为，《中华人民共和国婚姻法》第二十一规定："父母对子女有抚养教育的义务；子女对父母有赡养扶助的义务。父母不履行抚养义务时，未成年的或不能独立生活的子女，有要求父母付给抚养费的权利。子女不履行赡养义务时，无劳动能力的或生活困难的父母，有要求子女付给赡养费的权利。"在本案中，原告朱绍昌就其赡养问题已于 2007 年 11 月 13 日向本院提起诉讼，要求被告朱正方、朱正德履行给付其赡养费的义务。本院和楚雄彝族自治州中级人民法院经审理先后作出判决，判决由被告朱正方、朱正德对原告朱绍昌给付赡养费。现原告朱绍昌以原判决确定给付的赡养费过低，难于维持基本生活为由，就其赡养问题再次向本院提起诉讼。经姚安法院审理认为原告朱绍昌要求被告朱正方、朱正德、朱立香给付其赡养费符合法律规定，但在确定被告朱正方、朱正德、朱立香向原告朱绍昌给付赡养费时，应充分考虑原告朱绍昌的实际需要及被告朱正方、朱正德、朱立香的履行能力。故对原告朱绍昌提出的诉讼请求，本院依法予以部分支持。依照《中华人民共和国婚姻法》第二十一条的规定，判决如下：

一、原告朱绍昌的责任田由被告朱正方、朱立香负责耕种，由被告朱正方、朱立香于每年（含 2015 年）10 月 31 日以前秤给原告朱绍昌大米 200 千克。

二、由被告朱正方、朱立香于每年（含 2015 年）10 月 31 日以前给付原告朱绍昌生活费 500 元，由被告朱正德于每年（含 2015 年）10 月 31 日以前给付原告朱绍昌生活费 500 元。

三、原告朱绍昌的医疗费，由被告朱正方、朱立香承担 50%，被告朱正德承担 25%，每年由被告朱正方、朱立香、朱正德分两次给付原告朱绍昌，其中每年 4 月 30 日以前给付一次，每年（含 2015 年）10 月 31 日以前给付一次。

四、上述一、二、三款规定，限判决生效之日起开始执行。

案件受理费 50 元，由被告朱正方、朱立香承担 25 元，被告朱正德承担 25 元。

（三）典型意义

随着我国老龄化人口急剧增多，农村老人的赡养问题已成为一种突出的社会现象。

该案中，老人都已 80 多岁，而子女也已是 60 多岁的人，并且子女无正式工作，还依靠下一代来赡养，但因老人觉得赡养费太低还是要起诉 60 多岁的儿女。所以在审理该案时，承办法官综合考虑各方因素，我国《婚姻法》规定："父母对子女有抚养教育的义务，子女对父母有赡养扶助的义务。子女不履行赡养义务时，无劳动能力的或生活困难的父母，有要求子女付给赡养费的权利。"这说明父母子女间的权利义务是对等的，父母抚养了子女，对社会和家庭尽到了责任，当父母年老体衰时，子女也应尽赡养扶助父母的义务。我国《老年人权益保障法》则规定，老年人养老主要依靠家庭，家庭成员应当关心和照料老年人。赡养人应当履行对老年人经济上供养、生活上照料和精神上慰藉的义务，照顾老年人的特殊需要，对患病的老年人应当提供医疗费用和护理。赡养人不履行赡养义务，老年人有要求赡养人付给赡养费的权利。赡养人之间可以就履行赡养义务签订协议，并征得老年人的同意。

先哲孟子的名言"老吾老以及人之老，幼吾幼以及人之幼，天下可运于掌。"把敬老爱幼提高到了治国安邦的高度，成为我国传统孝文化的精华。天下父母们在"幼吾幼以及人之幼"上大都做得无私而近乎完美，把子女养大成人后仍无怨无悔地奉献"余热"：带孙子孙女，作"免费饭堂、旅馆、保姆"，被子女心安理得地"傍老"甚至无情地"啃老"、"刮老"，不求什么回报，只要看到子孙幸福有出息就很满足。相比之下，子女们做得如何呢？答案是令人遗憾而诧异的：在我国已步入老龄化社会的今天，不少子女和父母对簿公堂，缘由是老年人得不到适当的甚至起码的赡养，父母、子孙在彼此的矛盾冲突和泣血伤痛后终于无奈地对峙在法庭之上。这不能不说是一个与当代和谐社会大背景不协调的现象。在社会经济大幅飙升、生活水平不断改善的今天，为何子女与父母之间的亲情如此淡薄？老人的白发清泪、几代子女的争执和叹息不能不引起我们的深思。

四十二、冯某诉蔡某解除收养关系纠纷案

（一）基本案情

2001 年 12 月 21 日，云南省师宗县的冯某夫妻生育女儿蔡琼。2002 年开始，冯某同意蔡琼由被告蔡某抚养，并将蔡琼的户口落在蔡某的户口本上，但蔡某未到相关部门办理收养手续。后蔡琼与蔡某关系恶化，蔡某打骂蔡琼，蔡琼与蔡某的矛盾日愈加深。现冯某因蔡琼的抚养问题诉至法院，请求判决解除蔡某与蔡琼的收养关系。

（二）裁判结果

云南省师宗县法院审理认为：1998 年 11 月 4 日修订的《中华人民共和国收养法》第十五条第一款规定：收养应

当向县级以上人民政府民政部门登记。收养关系自登记之日起成立。本案中，蔡某对蔡琼的抚养从 2002 年开始，且未到民政部门办理过收养登记手续，故蔡某与蔡琼之间并未形成收养关系，原告冯某对蔡琼的抚养权依然存在，故原告提出解除蔡某与蔡琼的收养关系的诉讼请求，法院依法不予以支持。遂判决驳回冯某诉讼请求。

（三）典型意义

我国有不少收养关系并非签订书面收养协议，也不办理收养登记手续，而是事实收养关系，如果收养事实发生在《收养法》颁布之后，这样的收养关系是否有效？

1999 年实行的新修改收养法时已经将收养关系的成立限定在"收养应当向县级以上人民政府民政部门登记。合法有效的收养关系应当是经过民政部门的登记。同样，对于收养法施行前成立的收养关系也予以默认，《收养法》颁布后没有经过登记的收养是不受法律保护的。

四十三、原告吕某芳诉被告许某坤离婚案

（一）基本案情

原告吕某芳与被告许某坤于 2003 年经原告姑妈介绍认识后自由恋爱，2004 年 6 月 24 日经登记结婚。婚后双方于 2006 年到云南省宣威市生活并于 2009 年经营一家餐馆。双方于 2004 年 10 月 26 日生育长子，现读四年级；于 2009 年 3 月 6 日生育次子，现读学前班，现二子均随原告父母生活。婚后共同生活期间，因被告许某坤怀疑原告吕某芳与他人存在不正当男女关系双方产生矛盾，2015 年 3 月 22 日原被告发生吵打。2015 年 6 月 25 日，原告吕某芳向宣威市人民法院起诉，要求与被告离婚，原被告所生长子、次子由原告抚养，被告按月支付抚养费 4000 元直至孩子成年为止。双方有共同财产存款 50 多万元、经营餐馆价值 55000 元，由双方平均分割。另查明，2015 年 2 月 4 日至 3 月 9 日，被告许某坤从中国农业银行宣威板桥分理处销户定期一本通子账户七笔，支取金额合计 553932.14 元；双方婚后经营的餐馆已变卖均分。庭审中，原告吕某芳坚持要求离婚，次子由原告负责抚养，长子由被告负责抚养，双方互不支付抚养费。双方有共同财产存款平均分割，由被告给付原告 27 万元，并由被告承担本案诉讼费。被告许某坤同意离婚，但两个孩子要由被告抚养，不需原告支付抚养费，被告一次性补偿原告 2 万元。因双方就子女抚养问题、共同存款金额及分割意见分歧过大，调解未能达成协议。

（二）裁判结果

法院认为，原告吕某芳与被告许某坤婚后共同生活期间，因家庭琐事发生争吵，致使双方相处不睦；原告吕某芳起诉要求与被告许某坤离婚，被告许某坤亦同意离婚，应准予离婚。原被告双方对婚生子的抚养问题意见分歧，因许启仁现已年满 10 岁，经法院征求其意见，其表示愿意跟随原告生活，故双方婚生长子由原告负责抚养，次子由被告负责抚养为宜。关于双方的共同财产问题，根据中国农业银行宣威板桥分理处出具的被告许享坤账号明细详单，能够证实被告许享坤自 2015 年 2 月 4 日至 3 月 9 日共销户定期一本通子账户七笔，金额合计 553932.14 元。被告许某坤辩称银行的查询结果有误，系被告重复取后的金额，但银行的查询记录只有被告的支取记录，没有存现记录，被告许某坤的辩解不能成立；另被告许某坤主张双方只有共同存款 27 万余元，但已被取出用于双方的家庭开支、日常花费及被告购买彩票，被告未提交证据证实其所支取款项用于正常合理开支，被告的辩解不能成立。故被告许某坤从中国农业银行宣威板桥分理处所支取的 553932.14 元，系原被告婚姻存续期内取得的合法收入，是原被告双方的夫妻共同财产应予以平均分割，即每人应得 276966.07 元，原告吕某芳只主张由被告许某坤给付其人民币 27 万元，依法予以准许。被告许某坤主张原告吕某芳的二哥尚欠双方 4000 元，但未提交证据加以证实，本案中对该笔债权不予认定。被告许某坤主张双方有价值 2 万余元的火腿存放于原告吕某芳的父母家中，因被告许某坤没有提交证据加以证实，本案中不予认定。依照《中华人民共和国婚姻法》第三十二条、第三十六条、第三十九条之规定，判决：一、准予原告吕某芳与被告许某坤离婚；二、双方婚生长子由原告吕某芳负责抚养，次子由被告许某坤负责抚养；三、由被告许某坤自本判决生效之日起五日内给付原告吕某芳人民币 270000 元。一审宣判后双方均未上诉。

（三）典型意义

离婚诉讼中，很多当事人担心对方开始隐匿家庭共同财产，其实这个担心并不是多余的，几乎 60% 以上的案件都会涉及到一方涉嫌隐匿财产的情况。因此，防止对方隐匿财产，应当提前准备。比如，在起诉前，就将家庭共同财产的发票收集好，或请朋友做见证证言，兼采用影像取证技术。另外，对于银行存款、股票基金等，可以在起诉同时申请法院调查或律师出具调查令调查，一旦查出财产下落，可以视情况采取财产保全措施等。本案中，原告申请法院调查收集证据，法院向中国农业银行宣威板桥分理处调取被告许享坤在该行的开户及账号交易明细情况，查明被告许享坤从 2 月 4 日至 3 月 9 日共销户定期一本通子账户七笔，合计 553932.14 元。故法院作出前述判决。

四十四、马某文诉魏某红子女抚养纠纷案

（一）基本案情

马某文诉称：原被告系在外打工期间相识相恋，2012年3月按农村风俗举行婚礼，以夫妻名义同居生活，因未达法定婚龄，故未办理结婚登记。2012年6月原被告生育女儿马某瑶，马某瑶现与原告共同生活。2013年12月，因夫妻感情不和，被告离家出走，外出不归，与原告无任何联系。原告曾找过被告，但一直未找到。原、被告无共同财产，亦未有共同债权、债务。现因原、被告未办理离婚登记，且被告离家出走，外出不归，下落不明，导致女儿马某瑶无法落户，故原告特向人民法院提起诉讼，请求判令：一、解除原、被告的同居关系；二、女儿马某瑶由原告自费抚养。

（二）裁判结果

根据最高人民法院《关于适用〈中华人民共和国婚姻法〉若干问题的解释（一）》第五条规定："未按婚姻法第八条规定办理结婚登记而以夫妻名义共同生活的男女，起诉到人民法院要求离婚的，应当区别对待：（一）1994年2月1日民政部《婚姻登记管理条例》公布实施以前，男女双方已经符合结婚实质要件的，按事实婚姻处理；（二）1994年2月1日民政部《婚姻登记管理条例》公布实施以后，男女双方符合结婚实质要件的，人民法院应当告知其在案件受理前补办结婚登记；未补办结婚登记的，按解除同居关系处理。"本案中，原、被告于2012年3月8日未经登记即以夫妻名义共同生活，至今未补办结婚登记，应当按照同居关系处理。根据最高人民法院《关于适用〈中华人民共和国婚姻法〉若干问题的解释（二）》第一条规定："当事人起诉请求解除同居关系的，人民法院不予受理。但当事人请求解除的同居关系属于婚姻法第三条、第三十二条、第六十四条规定的'有配偶者与他人同居'的，人民法院应当受理并依法予以解除。"本案中，原、被告之间的同居关系并不属于有配偶者与他人同居的情形，不属于人民法院强制判令解除同居关系的情形。但依照法律规定，同居关系不受法律保护。

第二，同居期间生育的非婚生子女，其法律权利和义务比照婚生子女的规定。女儿马某瑶一直由原告抚养，改变其生活环境对其健康成长明显不利，且被告下落不明，故女儿马某瑶由原告抚养有利于其身心健康，便于其合法权益得到保障。原告主张由其自费抚养女儿马楚瑶，不违反法律规定，法院予以支持。

综上，根据最高人民法院《关于适用〈中华人民共和国婚姻法〉若干问题的解释（一）》第五条，最高人民法院《关于适用〈中华人民共和国婚姻法〉若干问题的解释（二）》第一条，最高人民法院《关于民事诉讼证据的若干规定》第二条之规定，判决如下：

原、被告生育的女儿马某瑶由原告马忠文抚养，被告魏某红不支付抚养费。

（三）典型意义

事实婚实际上在我国长期大量存在，在广大农村特别是边远地区，事实婚甚至占当地婚姻相当大的比例。针对案例中这一普遍存在的现象，不仅需要当事人法律意识的提高，也需要法律工作者进行更多更广泛的法律宣传和法律教育，同时要不断促进婚姻登记制度的完善，使公民特别是广大农村边远地区的公民从思想上认识到没有登记的婚姻是不受法律保护的，以及这种同居关系对他们生活的影响，使他们在考虑婚姻缔结时能够认识到通过婚姻登记的方式给自己的婚姻关系予以法律的保护，给自己的婚后生活以法律的保障，减少类似本案例中的情况发生。

四十五、何某锦诉周某英抚养纠纷案

（一）基本案情

何某锦诉称，原告的父亲何某平与被告周某英于2005年8月经人介绍认识，2006年12月按农村习俗举行了婚礼，以夫妻名义同居生活。2007年8月1日生育了原告，取名何某锦。2008年8月，被告与原告的父亲何某平闹矛盾离家出走未归，没有尽到母亲的责任。现知晓被告周某英回归原籍另成了家，经济条件比较好，请求判令支付18年的抚养费90000元。

被告周某英辩称现以打工为生，没有能力支付抚养费。

（二）裁判结果

会泽县人民法院审理后认为，被告周某英作为何锦的亲生母亲，在何某锦未成年或不能独立生活期间，有抚养何某锦的法定义务。何某锦要求作为亲生母亲的周某英支付抚养费的诉讼请求，法院予以支持。结合原告何某锦的现有生活状况，判决自2015年起至2025年止，由被告周某英每年12月31日前一次性支付原告何某锦抚养费1800元。

（三）典型意义

本案的争议焦点是以没有能力抚养为由拒绝履行抚养义务是否应得到支持？父母对子女有抚养教育的义务，父母不履行抚养义务时，未成年或不能独立生活的子女，有要求父母给付抚养费的权利，这是法律赋予的权利和义务，也是中华民族的优良传统。无论以任何理由，均不能拒绝履行抚养义务，都不会得到支持。

四十六、吕某珍等二人诉李某有等四人赡养纠纷案

（一）基本案情

原告李某荣、吕某珍诉称，被告李某有等均是原告夫妇的儿子，两原告与四被告于2008年经五星乡石龙村委会调解，每年由四被告各支付500元的赡养费，李某有三人每年都按期支付给两原告赡养费，李某金一直未支付给二原告赡养费，现起诉判令四被告每年各承担赡养费500元，并共同承担原告生病住院的费用；判令被告李某金补齐从2008年至2015年共8年以来未履行赡养二原告的费用4000元。

被告李向金辩称，二原告在家庭财产的分配上不公，明显偏向其他三被告，并且唆使他们把我的东西拿走，干扰我一家人的生产、生活，只要二原告不要对其家人的生产、生活横加阻碍，才能赡养二原告，不同意补出以前的赡养费。

（二）裁判结果

会泽县人民法院审理认为，父母对子女有抚养教育的义务；子女对父母有赡养扶助的义务。子女不履行赡养义务时，无劳动能力的或生活困难的父母，有要求子女付给赡养费的权利。二原告主张要求四被告承担生病住院的费用，因二原告未提交证据证实其生病住院，所需的住院费用为多少不确定，法院对其主张不予支持。二原告主张要求被告李某金补出从2008年至2015年的赡养费，因二原告2015年才向本院主张赡养费，本院对其主张部分支持。据此，判决由被告李某有四人每人每年支付给原告李某荣、吕某珍赡养费500元。驳回二原告的其他诉讼请求。

（三）典型意义

本案的争议焦点是以财产分配不公为由拒绝尽赡养义务是否应得到支持？"养儿防老，积谷防饥"，子女对父母有赡养扶助的义务。子女不履行赡养义务时，无劳动能力的或生活困难的父母，有要求子女付给赡养费的权利。这是法律赋予的权利和义务，也是中华民族的优良传统。无论以任何理由，均不能拒绝尽赡养义务，都不会得到支持。

四十七、赵某花与杨某良离婚纠纷案

（一）基本案情

2009年8月份，原、被告相识并自由恋爱。2010年3月1日按当地习俗举行婚礼并同居生活。2010年3月31日，到婚姻登记机关补办结婚登记手续领取结婚证。婚后夫妻感情一般。2012年2月26日生有长女杨甲；2014年12月24日生有次女杨乙。原、被告婚后时因家务琐事吵闹。原告从2014年12月31日至今居住在原告父母家，被告多次到原告父母家喊原告，原告不跟随其回家。原告起诉要求与被告离婚；婚生子女杨甲、杨乙由原告抚养；夫妻共同财产一台电视机等归原告所有；共同债务由被告负责偿还。

（二）裁判结果

本案中，原、被告系自由恋爱，婚姻基础较好，并生有两个小孩（尚幼），原、被告双方应加强沟通交流，克服生活中的各种困难，珍惜相互间的夫妻感情，正确处理好其婚姻家庭关系，共同营造和谐家庭关系，为小孩的健康成长提供有利条件。据此，依照《中华人民共和国婚姻法》第三十二条之规定，判决不准原告赵某花与被告杨某良离婚。

（三）典型意义

夫妻感情确已破裂是准予离婚的唯一法定理由。认定夫妻感情是否确已破裂，要根据离婚纠纷案件的客观事实来确定。《关于人民法院审理离婚案件如何认定夫妻感情确已破裂的若干具体意见》中规定，应当从婚姻继承、婚后感情、离婚原因、夫妻关系的现状和有无和好的可能等方面综合分析。在本案中，原、被告双方系自由恋爱，婚姻基础较好，婚后双方虽因家务琐事发生吵闹，但只要双方加强沟通交流，克服生活中的各种困难，珍惜相互间的夫妻感情，另一方面双方所生两子女尚幼，从有利于小孩的健康成长出发，综合本案实际夫妻双方仍有和好可能，据此法院判决原、被告双方不准离婚。

四十八、孙某某诉田某某离婚纠纷案

（一）基本案情

2010年5月，孙某某与田某某经人介绍相识后，于同年7月30日在秀山县民政局办理了结婚登记。2010年8月，孙某某发现田某某在登记结婚时提供的身份证件是虚假的。事发后，田某某离开孙某某，至今下落不明。双方婚后无子女，无共同债权债务及共同财产。后孙某某诉至秀山土家族苗族自治县人民法院，要求人民法院依法判决原、被告离婚。

（二）裁判结果

经法官审理后认为，感情是缔结婚姻的基础。原、被告相识仅两个月就结婚，其婚姻基础薄弱，婚后共同生活不到一个月就分开，被告至今下落不明，原、被告无法建立起夫妻感情。加之，被告在结婚登记时提供的证件材料均系伪造，其结婚的真实意愿有待商榷。现原告要求离婚，法院应予以支持。依照《中华人民共和国婚姻法》第三十二条之规定，判决原告孙某某与被告田某某离婚。

判决送达后双方均未提起上诉，该判决已经发生法律效力。

(三) 典型意义

伪造身份信息与他人登记结婚后，提供真实身份信息一方请求解除婚姻关系时，法院应准予其离婚。依据《婚姻登记条例》第九条之规定，可以撤销婚姻登记的仅限于一方受胁迫结婚，婚姻登记程序瑕疵并不在可撤销登记的范围之列。本案中原告孙某某在知晓被告田某某办理结婚登记时是提供的虚假身份信息后，向人民法院起诉离婚，人民法院应当将其作为离婚纠纷立案受理；被告田某某在事情败露后离家出走，至今下落不明，经法院公告送达开庭传票后仍未到庭参加诉讼，因缺乏调解基础，秀山法院依据《婚姻法》第三十二条第三款第（五）项判决解除原被告间的婚姻关系。

四十九、狄桂霞诉被告李志明、李志刚、李志强、李亚杰赡养纠纷案

（一）基本案情

原告与四被告系母子、母女关系。原告丈夫于 2012 年去世，2013 年 11 月 21 日前原告一直与长子李志明一居生活，后与女儿李亚杰一居生活。由于原告丧失了劳动能力，生活需要照料，原告要求四被告每人每月支付 150 元赡养费。2014 年 4 月至 2014 年 5 月原告就医共花医疗费 5985.73 元，除去医保报销的费用，剩余 2985.73 元四被告每人应承担 746 元。另查明，原告狄桂霞在桦川县桦树村民委员会有承包田 0.27 垧，每月有农村低保工资 55 元。还查明，被告李志强在原告狄桂霞住院期间支付了医药费 500 元。

（二）裁判结果

桦川县人民法院经审理认为，赡养老人是每个子女应尽的义务，四被告对其母亲均有赡养义务，原告要求四被告每人每月给付赡养费 150 元，符合农村居民的年生活费支出的标准，本院应予支持。原告要求四被告共同承担前期治疗除去医疗保险报销后剩余的医药费亦符合法律规定，本院应予支持。对于原告主张其今后发生的医疗费用，应由四被告按份负担的请求，因原告主张的医疗费用尚未发生，本院对原告的这一请求不予支持。原告可在治疗实际发生医疗费用后另行主张权利。判决如下：被告李志明、李志刚、李志强、李亚杰自 2014 年 7 月 1 日起每人每月给付原告狄桂霞赡养费 150 元，此款于每月的 30 日给付；被告李志明、李志刚、李志强、李亚杰于本判决生效后十日内立即给付原告狄桂霞医药费 2985.73 元，由被告李志明、李志刚、李亚杰各自承担 746 元，被告李志强承担 246 元（746 元 - 500 元）。

（三）典型意义

尊老敬老是中华民族的传统美德，我国《婚姻法》也明确规定，子女对父母有赡养扶助的义务，《中华人民共和国老年人权益保障法》也规定，赡养人应当履行对老年人经济上供养、生活上照料和精神上慰藉的义务。农村中部分赡养人的法治意识和道德观念较差，无视甚至不履行对老人的赡养义务。因此，有必要对这一传统美德大力弘扬，形成敬老养老的良好道德风尚，彻底铲除滋生不赡养老人现象的土壤。

2. 人身安全保护令十大典型案例[①]

一、陈某申请人身安全保护令案

（一）基本案情

申请人陈某（女）与被申请人段某某系夫妻关系。双方婚后因工作原因分居，仅在周末、假日共同居住生活，婚初感情一般。段某某常为日常琐事责骂陈某，两人因言语不和即发生争吵，撕扯中互有击打行为。2017 年 5 月 5 日，双方因琐事发生争吵厮打，陈某在遭段某某拳打脚踢后报警。经汉台公安分局出警处理，决定给予段某某拘留 10 日，并处罚款 500 元的行政处罚。因段某某及其父母扬言要在拘留期满后上门打击报复陈某及其父母，陈某于 2017 年 5 月 17 日起诉至汉中市汉台区人民法院，申请人民法院作出人身保护裁定并要求禁止段某某对其实施家庭暴力，禁止段某某骚扰、跟踪、接触其本人、父母。

（二）裁判结果

陕西省汉中市汉台区人民法院裁定：一、禁止段某某对陈某实施辱骂、殴打等形式的家庭暴力；二、禁止段某某骚扰、跟踪、接触陈某及其相关近亲属。如段某某违反上述禁令，视情节轻重处以罚款、拘留；构成犯罪的，依法追究刑事责任。

（三）典型意义

因段某某尚在拘留所被执行拘留行政处罚，汉台区人民法院依法适用简易程序进行缺席听证，发出人身安全保护令。办案法官充分认识到家庭暴力危害性的特点，抓紧时间审查证据，仔细研究案情，与陈某进行了面谈、沟通，获知她本人及其家属的现状、身体状况、人身安全等情况，准确把握针对家庭暴力的行为保全申请的审查标准，简化了审查流程，缩短了认定的时间，依法、果断作出裁定，对

[①] 最高人民法院 2020 年 11 月 25 日发布。

受暴力困扰的妇女给予了法律强而有力的正义保护。陈某为家暴受害者如何申请人身安全保护令作出了好的示范,她具有很强的法律、证据意识,在家庭暴力发生后及时报警、治疗伤情,保证自身人身安全,保存各种能够证明施暴行为和伤害后果的证据并完整地提供给法庭,使得办案法官能够快速、顺利地在申请当日作出了民事裁定,及时维护了自己的权益。

二、赵某申请人身安全保护令案

(一)基本案情

申请人赵某(女)与被申请人叶某系夫妻关系,因向法院提起离婚诉讼,叶某通过不定时发送大量短信、辱骂、揭露隐私及暴力恐吓等形式进行语言威胁。自叶某收到离婚诉讼案件副本后,恐吓威胁形式及内容进一步升级,短信发送频率增加,总量已近万条,内容包括"不把你全家杀了我誓不为人"、"我不把你弄死,我就对不起你这份起诉书"、"要做就做临安最惨的杀人案"等。赵某向法院申请人身安全保护令。案件受理后,因叶某不配合前往法院,承办人与叶某电话沟通。叶某在电话中承认向赵某发送过大量短信,并提及已购买刀具。

(二)裁判结果

浙江省临安市人民法院裁定:禁止叶某骚扰、跟踪、接触赵某及其父母与弟弟。

(三)典型意义

本案是一起因被申请人实施精神暴力行为而作出人身安全保护令的案件。《反家庭暴力法》第二条规定,本法所称家庭暴力,是指家庭成员之间以殴打、捆绑、残害、限制人身自由以及经常性谩骂、恐吓等方式实施的身体、精神等侵害行为。因此,被申请人虽然未实施殴打、残害等行为给申请人造成肉体上的损伤,但若以经常性谩骂、恐吓等方式实施侵害申请人精神的行为,法院亦将对其严令禁止,对申请人给予保护。

三、周某及子女申请人身安全保护令案

(一)基本案情

申请人周某(女)与被申请人颜某经调解离婚后,三名未成年子女均随周某生活。然而每当颜某心情不好的时候,便不管不顾地到周某家中骚扰、恐吓甚至殴打周某和三个孩子,不仅干扰了母子四人的正常生活,还给她们的身心造成了极大的伤害。周某多次报警,但效果甚微,派出所的民警们只能管得了当时,过了几日,颜某依旧我行我素,甚至变本加厉地侵害母子四人的人身安全,连周某的亲友都躲不过。周某无奈之下带着三名子女诉至法院,请求法院责令颜某禁止殴打、威胁、骚扰、跟踪母子四人及其近亲属。

(二)裁判结果

江苏省连云港市海州区人民法院裁定:一、禁止颜某对周某及三名子女实施家庭暴力;二、禁止颜某骚扰、跟踪、接触周某母子四人及其近亲属。

(三)典型意义

本案系一起针对"离婚后家暴"发出人身安全保护令的典型案例。反家庭暴力法,顾名思义适用于家庭成员之间,现有法律对家庭成员的界定是基于血亲、姻亲和收养关系形成的法律关系。除此之外,《反家庭暴力法》第三十七条中明确规定"家庭成员以外共同生活的人之间实施的暴力行为,参照本法规定执行",意味着监护、寄养、同居、离异等关系的人员之间发生的暴力也被纳入到家庭暴力中,受到法律约束。

四、李某、唐小某申请人身安全保护令、变更抚养权案

(一)基本案情

申请人李某(女)与被申请人唐某原系夫妻关系,2008年协议离婚,婚生子唐小某由唐某抚养。唐某自2012年以来多次对唐小某实施家暴,导致唐小某全身多处经常出现瘀伤、淤血等被打痕迹,甚至一度萌生跳楼自寻短见的想法。李某得知后曾劝告唐某不能再打孩子,唐某不听,反而威胁李某,对唐小某的打骂更甚,且威胁唐小某不得将被打之事告诉外人,否则将遭受更加严厉的惩罚。李某向公安机关报案,经医院检查唐小某不但身上有伤,并且得了中度抑郁症和焦虑症。李某、唐小某共同向法院申请人身安全保护令,诉请法院依法禁止唐某继续施暴,同时李某还向法院提起了变更唐小某抚养权的诉讼。

(二)裁判结果

广西壮族自治区柳州市柳北区人民法院裁定:一、禁止唐某对李某、唐小某实施谩骂、侮辱、威胁、殴打;二、中止唐某对唐小某行使监护权和探视权。

(三)典型意义

由于法治意识的薄弱,不少家庭对孩子的教育依旧停留在"三天不打,上房揭瓦"这种落后的粗放式教育方法上,很大程度上会对孩子心智的健康发育,造成伤害且留下难以抹去的阴影。本案中,在送达人身安全保护令时,家事法官还建议警方和社区网格员,不定期回访李某、唐小某母子生活状况,及时掌握母子生活第一手资料,确保母子日常生活不再受唐某干扰。通过法院对人身安全保

护令的快速作出并及时送达,派出所和社区的通力协执、及时帮助申请人恢复安全的生活环境,彰显了法院、公安、社区等多元化联动合力防治家庭暴力的坚定决心。

五、朱小某申请人身安全保护令案
（一）基本案情

朱小某(10岁)与父亲朱某(被申请人)、继母徐某(被申请人)共同生活。朱某和徐某常常以"教育"的名义对朱小某进行殴打,树棍、尺子、数据线等等都成为体罚朱小某的工具。日常生活中,朱小某稍有不注意,就会被父母打骂,不管是身上还是脸上,常常旧痕未愈,又添新伤。长期处于随时面临殴打的恐惧中,朱小某身心受到严重伤害。区妇联在知悉朱小某的情况后,立即开展工作,向法院提交派出所询问笔录、走访调查材料、受伤照片等家暴证据,请求法院依法发出人身安全保护令。

（二）裁判结果

江苏省连云港市赣榆区人民法院裁定:一、禁止朱某、徐某对朱小某实施家庭暴力;二、禁止朱某、徐某威胁、控制、骚扰朱小某。

（三）典型意义

孩子是父母生命的延续,是家庭、社会和国家的未来。作为孩子的法定监护人,父母或是其他家庭成员应为孩子营造良好的成长氛围,以恰当的方式引导和教育孩子,帮助孩子树立正确的人生观和价值观。本案中,朱小某的父母动辄对其谩骂、殴打、体罚,对孩子造成严重的身心伤害,给其童年留下暴力的阴影。法院作出人身安全保护令之后,立即送达被申请人、辖区派出所、居委会及妇联,落实保护令监管事项,并专门与被申请人谈话,对其进行深刻教育,同时去医院探望正在接受治疗的朱小某。法院和妇联对朱小某的情况保持密切关注,及时进行必要的心理疏导,定期回访,督促朱某、徐某切实履行监护职责,为孩子的成长营造良好环境。

《反家庭暴力法》第二十三条第二款规定,当事人是无民事行为能力人、限制民事行为能力人,或者因受到强制、威吓等原因无法申请人身安全保护令的,其近亲属、公安机关、妇女联合会、居民委员会、村民委员会、救助管理机构可以代为申请。随着反家暴工作的不断深入,对于自救意识和求助能力欠缺的家暴受害人,妇联等职能机构代为申请人身安全保护令的案件越来越多。勇于对家暴亮剑,已经成为全社会的共同责任。法院、公安、妇联、社区等部门构建起严密的反家暴联动网络,全方位地为家庭弱势成员撑起"保护伞"。

六、林小某申请人身安全保护令案
（一）基本案情

申请人林小某(女)与被申请人林某系亲生父女关系,林小某从小跟随爷爷奶奶长大,从未见过母亲。后林小某转学到林某所在地读初中,平时住校,周末与林某一同居住。林小某发现林某有偷看其洗澡并抚摸其身体等性侵害行为,这对林小某的身体、心理等方面造成了严重的伤害。林小某感到害怕不安,周末就到同学家居住以躲避父亲。林某找不到林小某,便到学校威胁和发微信威胁林小某,导致其不敢上晚自习。老师发现并与林小某谈话后,林小某在班主任陪同下报警,配合民警调查,并委托社工组织向法院申请人身安全保护令。

（二）裁判结果

广西壮族自治区钦州市钦北区人民法院裁定:一、禁止林某对受害人林小某实施家庭暴力;二、禁止林某骚扰、接触林小某。同时,将人身安全保护令向林小某的在校老师和班主任,林小某和林某居住地的派出所和居委会进行了送达和告知。

（三）典型意义

本案中,学校在发现和制止未成年人受到家庭暴力侵害方面发挥了重要作用。公安部门接到受害人报警后,联系了社工组织,为受害人提供心理疏导及法律救助。社工组织接到救助后,第一时间到学校了解情况,为未成年人申请人身安全保护令。法院依法签发人身安全保护令后,林小某也转学同爷爷奶奶一起生活。人民法院在审理相关案件中,主动延伸司法服务,贯彻"特殊保护、优先保护"理念,较好地维护了未成年人的合法权益。

七、罗某申请人身安全保护令案
（一）基本案情

申请人罗某现年68岁,从未结婚生子,在其27岁时,收养一子取名罗某某,并与其共同生活。期间,罗某某经常殴打辱骂罗某。2019年11月,因琐事,罗某某再次和罗某发生争执,并声称要杀死罗某。罗某害怕遭罗某某殴打,遂向当地村委会反应了上述情况,村委会考虑到罗某年岁已高,行动不便,且受到罗某某的威吓,村委会代罗某向法院申请人身安全保护令。

（二）裁判结果

四川省德阳市旌阳区人民法院裁定:一、禁止罗某某对罗某实施家庭暴力;二、责令罗某某搬出罗某的住所。

（三）典型意义

当事人因遭受家庭暴力或者面临家庭暴力的现实危险,向人民法院申请人身安全保护令的,人民法院应当受理。当事人是无民事行为能力人、限制民事行为能力，或者因受到强制、威吓等原因无法申请人身安全保护令的，其近亲属、公安机关、妇女联合会、居民委员会、村民委员会、救助管理机构可以代为申请。本案中，由于罗某年岁已高，行动不便，且受到罗某某的威吓，当地村委会代为申请符合上述法律规定。

八、吴某某申请人身安全保护令案

（一）基本案情

申请人吴某某（女）与被申请人杨某某（男）2009年相识后成为男女朋友，并居住在一起。2018年农历春节过后吴某某向杨某某提出分手，杨某某同意。2018年4、5月，杨某某开始对吴某某进行跟踪、骚扰、殴打并强行闯入吴某某的住所和工作场地，限制吴某某的人身自由，抢夺吴某某住所的钥匙、手机，在吴某某住所地张贴污蔑、辱骂、威胁吴某某的材料。吴某某多次向住所地、工作场地所在的派出所报警，杨某某在经警察教育、警告之后仍屡教不改，并且变本加厉骚扰吴某某。吴某某向法院申请人身安全保护令。

（二）裁判结果

四川省成都市成华区人民法院裁定：一、禁止杨某某对吴某某实施暴力行为；二、禁止杨某某对吴某某及其家属实施骚扰、跟踪、接触；三、禁止杨某某接近、进入吴某某的住所及工作场所。

（三）典型意义

本案是一起同居关系的一方申请人身安全保护令的案件。《反家庭暴力法》不仅预防和制止的是家庭成员之间的暴力行为，还包括家庭成员以外共同生活的人之间实施的暴力行为。同居关系中暴力受害者的人身权利应当受到法律保护，同居关系的一方若遭受家庭暴力或者面临家庭暴力的现实危险，人民法院也可依当事人申请作出人身安全保护令。

九、黄某违反人身安全保护令案

（一）基本案情

申请人陈某某（女）与被申请人黄某系夫妻关系。两人经常因生活琐事发生争吵，黄某多次对陈某某实施家庭暴力。2016年3月22日晚，黄某殴打陈某某后，陈某某报警，后经医院诊断为腰3右侧横突骨折。2016年3月28日，陈某某向东兴法院提出人身保护申请，请求禁止黄某对陈某某实施家庭暴力，禁止骚扰、跟踪、威胁陈某某及其近亲属。陈某某在承办法官联系其了解受家暴情况时，表示只是想警告黄某，暂不希望人民法院发出人身保护令。承办法官随即通知黄某到法院接受询问，黄某承认实施家庭暴力，承认错误，并承诺不再实施家庭暴力。人民法院为预防黄某再次实施家暴，于2016年5月19日裁定作出人身安全保护令，并同时向黄某及其所在派出所、社区、妇联送达。后黄某违反人身安全保护令，于2016年7月9日晚上20时许和次日早晨两次对陈某某实施家庭暴力。陈某某在2016年7月10日（周日）早上9时许电话控诉被家暴事实，法官即联系城东派出所民警，派出所根据联动机制对黄某拘留五日。

（二）裁判结果

2016年5月19日，广西壮族自治区东兴市人民法院作出（2016）桂0681民保令1号民事裁定：一、禁止黄某殴打陈某某；二、禁止黄某骚扰、跟踪、威胁陈某某及其近亲属。

（三）典型意义

如何认定存在家庭暴力行为，一是看证据是否确凿，如报警记录、信访材料、病历材料等，能充分证明家庭暴力存在的，立即裁定准许人身保护；二是通过听证或询问认定是否存在家暴行为，以便有针对性、快速地认定家暴，及时保护受家暴者及其亲属方。本案中，人民法院充分利用联动保护机制，作出人身安全保护令后，将裁定抄送给被申请人所在辖区派出所、妇委会、社区等，并保持紧密互动，互相配合，对裁定人身保护后再次出现的家暴行为进行严厉处罚。联动机制对受家暴方的紧急求助起到了关键作用。

十、洪某违反人身安全保护令案

（一）基本案情

申请人包某（女）与被申请人洪某原系恋人关系，双方共同居住生活。洪某在因琐事引起的争执过程中殴打包某，导致包某头皮裂伤和血肿。包某提出分手，并搬离共同居所。分手后，洪某仍然通过打电话、发微信以及到包某住所蹲守的方式对其进行骚扰。包某不堪其扰，遂报警，民警对洪某进行了批评教育。包某担心洪某继续实施家庭暴力，向法院申请人身安全保护令。重庆市巴南区人民法院依法作出人身安全保护令。洪某收到人身安全保护令后，无视禁止，继续通过打电话、发短信和微信的方式骚扰包某，威胁包某与其和好继续交往，期间发送的消息达300余条。

（二）裁判结果

重庆市巴南区人民法院决定，对洪某处以1000元罚款和15日拘留。

（三）典型意义

本案是一起典型的针对家庭暴力作出人身安全保护

令和对违反人身安全保护令予以司法惩戒的案例,主要有以下几点典型意义:第一,通过作出人身安全保护令,依法保护家庭暴力受害者的合法权利,彰显了法治的应有之义。中国几千年来都有"法不入家门"的历史传统,但随着时代的更迭和进步,对妇女儿童等弱势群体的利益保护已经得到社会的普遍认可。家庭成员以外共同生活的人可以被认定为是拟制家庭成员,根据《反家庭暴力法》第三十七条的规定,家庭成员以外共同生活的人可以申请人身安全保护令。第二,依法对公然违抗法院裁判文书的行为予以惩戒,彰显了遵法守法的底线。人身安全保护令不仅仅是一纸文书,它是人民法院依法作出的具有法律效力的裁判文书,相关人员必须严格遵守,否则应承担相应的法律后果。无视人身安全保护令,公然违抗法院裁判文书的行为已经触碰司法底线,必须予以严惩。第三,通过严惩家暴行为,对施暴者起到了震慑作用,弘扬了社会文明的价值取向。"法不入家门"已经成为历史,反对家庭暴力是社会文明进步的标志。通过罚款、拘留等司法强制措施严惩违反人身安全保护令的施暴者,让反家暴不再停留在仅仅发布相关禁令的司法层面,对施暴者予以震慑,推动整个社会反家暴态势的良性发展。

3. 人民法院涉彩礼纠纷典型案例①

案例一

已办理结婚登记但共同生活时间较短,离婚时应当根据共同生活时间、孕育子女等事实对数额过高的彩礼酌情返还——王某某与李某某离婚纠纷案

【基本案情】

2020年9月,王某某与李某某(女)登记结婚。王某某家在当地属于低收入家庭。为与对方顺利结婚,王某某给付李某某彩礼18.8万元。李某某于2021年4月终止妊娠。因双方家庭矛盾加深,王某某于2022年2月起诉离婚,并请求李某某返还彩礼18.8万元。

【裁判结果】

审理法院认为,双方当事人由于婚前缺乏了解,婚后亦未建立起深厚感情,婚姻已无存续可能,准予离婚。结合当地经济生活水平及王某某家庭经济情况,王某某所给付的彩礼款18.8万元属于数额过高,事实上造成较重的家庭负担。综合考虑双方共同生活时间较短,女方曾有终止妊娠等事实,为妥善平衡双方当事人利益,化解矛盾纠纷,酌定李某某返还彩礼款56400元。

【典型意义】

彩礼是以缔结婚姻为目的依据习俗给付的财物。作为我国婚嫁领域的传统习俗,彩礼是男女双方及家庭之间表达感情的一种方式,也蕴含着对婚姻的期盼与祝福。然而,超出负担能力给付的高额彩礼却背离了爱情的初衷和婚姻的本质,使婚姻演变成物质交换,不仅对彩礼给付方造成经济压力,影响婚姻家庭的和谐稳定,也不利于弘扬社会文明新风尚。2021年以来,"中央一号文件"连续三年提出治理高额彩礼问题。遏制高额彩礼陋习,培育文明乡风成为全社会的共同期盼。基于彩礼给付的特定目的,一般情况下,双方已办理结婚登记手续并共同生活,离婚时一方请求返还按照习俗给付的彩礼的,人民法院不予支持。但是,也要看到,给付彩礼的目的除了办理结婚登记这一法定形式要件外,更重要的是双方长期共同生活。因此,共同生活时间长短应当作为确定彩礼是否返还以及返还比例的重要考量因素。本案中,双方共同生活仅一年多时间,给付彩礼的目的尚未全部实现,给付方不存在明显过错,相对于其家庭收入来讲,彩礼数额过高,给付彩礼已造成较重的家庭负担,同时,考虑到终止妊娠对女方身体健康会造成一定程度的损害等事实,判决酌情返还部分彩礼,能够较好地平衡双方当事人间的利益,引导树立正确的婚恋观,倡导形成文明节俭的婚礼习俗,让婚姻始于爱,让彩礼归于"礼"。

案例二

男女双方举行结婚仪式后共同生活较长时间且已育有子女,一般不支持返还彩礼——张某与赵某婚约财产纠纷案

【基本案情】

张某与赵某(女)于2018年11月经人介绍相识,自2019年2月起共同生活,于2020年6月生育一子。2021年1月双方举行结婚仪式,至今未办理结婚登记手续。赵某收到张某彩礼款160000元。后双方感情破裂,于2022年8月终止同居关系。张某起诉主张赵某返还80%彩礼,共计128000元。

【裁判结果】

审理法院认为,双方自2019年2月起即共同生活并按民间习俗举行了婚礼,双方在共同生活期间生育一子,现已年满2周岁,且共同生活期间必然因日常消费及生育、抚养孩子产生相关费用,若在以夫妻名义共同生活数年且已共同养育子女2年后仍要求返还彩礼,对赵某明显

---

① 最高人民法院2023年12月11日发布。

不公平,故判决驳回张某的诉讼请求。

【典型意义】

习近平总书记强调指出,家庭是社会的基本细胞,是人生的第一所学校。不论时代发生多大变化,不论生活格局发生多大变化,我们都要重视家庭建设,注重家庭、注重家教、注重家风。民法典规定,家庭应当树立优良家风,弘扬家庭美德,重视家庭文明建设;保护妇女、未成年人、老年人、残疾人的合法权益。人民法院在审理涉及彩礼纠纷案件中要坚决贯彻落实习近平总书记关于家庭家教家风建设的重要论述精神和民法典的相关规定。《最高人民法院关于适用〈中华人民共和国民法典〉婚姻家庭编的解释(一)》第五条关于未办理结婚登记手续应返还彩礼的规定,应当限于未共同生活的情形。已经共同生活的双方因未办理结婚登记手续不具有法律上的夫妻权利义务关系,但在审理彩礼返还纠纷时,不应当忽略共同生活的"夫妻之实"。该共同生活的事实不仅承载着给付彩礼一方的重要目的,也会对女性身心健康产生一定程度的影响,尤其是在孕育子女等情况下。如果仅因未办理结婚登记而要求接受彩礼一方全部返还,有违公平原则,也不利于保护妇女合法权益。本案中,双方当事人虽未办理结婚登记,但按照当地习俗举办了婚礼,双方以夫妻名义共同生活三年有余,且已生育一子。本案判决符合当地风俗习惯,平衡各方当事人利益,特别体现了对妇女合法权益的保护。

案例三

已办理结婚登记,仅有短暂同居经历尚未形成稳定共同生活的,应扣除共同消费等费用后返还部分彩礼——刘某与朱某婚约财产纠纷案

【基本案情】

刘某与朱某(女)2020年7月确立恋爱关系,2020年9月登记结婚。刘某于结婚当月向朱某银行账户转账一笔80万元并附言为"彩礼",转账一笔26万元并附言为"五金"。双方分别在不同省份的城市工作生活。后因筹办婚礼等事宜发生纠纷,双方于2020年11月协议离婚,婚姻关系存续不到三个月。婚后未生育子女,无共同财产,无共同债权债务。双方曾短暂同居,并因筹备婚宴、拍婚纱照、共同旅游、亲友相互往来等发生部分费用。离婚后,因彩礼返还问题发生争议,刘某起诉请求朱某返还彩礼106万元。

【裁判结果】

审理法院认为,彩礼是男女双方在缔结婚姻时一方依据习俗向另一方给付的钱物。关于案涉款项的性质,除已明确注明为彩礼的80万元款项外,备注为"五金"的26万元亦符合婚礼习俗中对于彩礼的一般认知,也应当认定为彩礼。关于共同生活的认定,双方虽然已经办理结婚登记,但从后续拍摄婚纱照、筹备婚宴的情况看,双方仍在按照习俗举办婚礼仪式的过程中。双方当事人婚姻关系仅存续不到三个月,期间双方工作、生活在不同的城市,对于后续如何工作、居住、生活未形成一致的规划。双方虽有短暂同居经历,但尚未形成完整的家庭共同体和稳定的生活状态,不能认定为已经有稳定的共同生活。鉴于双方已经登记结婚,且刘某支付彩礼后双方有共同筹备婚礼仪式、共同旅游、亲友相互往来等共同开销的情况,对该部分费用予以扣减。据此,法院酌情认定返还彩礼80万元。

【典型意义】

涉彩礼返还纠纷中,不论是已办理结婚登记还是未办理结婚登记的情况,在确定是否返还以及返还的具体比例时,共同生活时间均是重要的考量因素。但是,案件情况千差万别,对何谓"共同生活",很难明确规定统一的标准,而应当具体情况具体分析。本案中,双方婚姻关系存续时间短,登记结婚后仍在筹备婚礼过程中,双方对于后续如何工作、居住、生活未形成一致的规划,未形成完整的家庭共同体和稳定的生活状态,不宜认定为已经共同生活。但是,考虑到办理结婚登记以及短暂同居经历对女方的影响,双方存在共同消费、彩礼数额过高等因素,判决酌情返还大部分彩礼,能够妥善平衡双方利益。

案例四

婚约财产纠纷中,接受彩礼的婚约方父母可作为共同被告——张某某与赵某某、赵某、王某婚约财产纠纷案

【基本案情】

张某某与赵某某(女)经人介绍认识,双方于2022年4月定亲。张某某给付赵某某父母赵某和王某定亲礼36600元;2022年9月张某某向赵某某银行账户转账彩礼136600元。赵某某等购置价值1120元的嫁妆并放置在张某某处。双方未办理结婚登记,未举行结婚仪式。2022年9月,双方解除婚约后因彩礼返还问题发生争议,张某某起诉请求赵某某及其父母赵某、王某共同返还彩礼173200元。

【裁判结果】

审理法院认为,双方未办理结婚登记,现有证据不足以证明张某某与赵某某持续、稳定地共同生活,张某某不存在明显过错,但在案证据也能证实赵某某为缔结婚姻亦有付出的事实,故案涉定亲礼、彩礼在扣除嫁妆后应予适当返还。关于赵某、王某是否系本案适格被告的问题,审理法院认为,关于案涉彩礼136600元,系张某某以转账方式直接给付赵某某,应由赵某某承担返还责任,扣除嫁妆

后,酌定返还121820元;关于案涉定亲礼36600元,系赵某某与其父母共同接收,应由赵某某、赵某、王某承担返还责任,酌定返还32940元。

【典型意义】

民法典第十条规定,处理民事纠纷,应当依照法律;法律没有规定的,可以适用习惯,但是不得违背公序良俗。法律没有就彩礼问题予以规定,人民法院应当在不违背公序良俗的情况下按照习惯处理涉彩礼纠纷。根据中国传统习俗,缔结婚约的过程中,一般是由男女双方父母在亲朋、媒人等见证下共同协商、共同参与完成彩礼的给付。因此,在确定诉讼当事人时,亦应当考虑习惯做法。当然,各地区、各家庭情况千差万别,彩礼接收人以及对该笔款项如何使用,情况非常复杂,既有婚约当事人直接接收的,也有婚约当事人父母接收的;彩礼的去向也呈现不同样态,既有接收一方将彩礼作为嫁妆一部分返还的,也有全部返回给婚约当事人作为新家庭生活启动资金的,还有的由接收彩礼一方父母另作他用。如果婚约当事人一方的父母接收彩礼的,可视为与其子女的共同行为,在婚约财产纠纷诉讼中,将婚约一方及父母共同列为当事人,符合习惯,也有利于查明彩礼数额、彩礼实际使用情况等案件事实,从而依法作出裁判。

· 文书范本

夫妻共同财产及个人财产的计算公式

1. 夫妻共同财产的计算公式

公式一:

> 夫妻共同财产=约定的共同财产+法定的共同财产

公式二:

> 法定的共同财产=工资+奖金+其他劳动报酬+生产、经营、投资的收益+知识产权的收益+未确定由特定一方继承或受赠与所得的财产+一方以个人财产投资取得的收益+住房补贴+住房公积金+养老保险金+破产安置补偿费+购置的财产+取得的债权+复员费(部分)+军人自主择业费(部分)+其他应当归共同所有的财产(以上各项均为婚姻关系存续期间取得的)

(1)工资、奖金等计算公式

> 工资、奖金=工资+奖金+红包+红利+津贴+互助金+餐补+服装费+其他工资性的劳动收入

(2)生产、经营、投资的收益计算公式

> 生产、经营、投资的收益=经营承包、租赁企业、私营企业、个体工商业、合伙、个人独资、有限责任公司、投资所获得收益

(3)知识产权的收益计算公式

> 知识产权的收益=实际取得的财产性收益或者已经明确可以取得的财产性收益

(4) 继承或赠与所得的财产计算要点

> 遗嘱或赠与合同中没有确定只归夫或妻一方的财产(继承权是在婚姻关系存续期间取得或者接受赠与是在婚姻关系存续期间)

(5) 复员费、军人自主择业费(部分)计算公式

> 属于夫妻共同财产的复员费、自主择业费=夫妻婚姻关系存续年限×年平均值

> 年平均值=复员费、自主择业费总额÷(70-军人入伍时实际年龄)

(6) 其他应当归共同所有的财产计算公式

> 其他应当归共同所有的财产=一方以个人财产投资取得的收益+男女双方实际取得或者应当取得的住房补贴+住房公积金+基本养老金+破产安置补偿费

2. 夫妻个人财产的计算公式

公式一：

> 夫妻个人财产=约定的夫妻个人财产+法定的夫妻个人的财产

公式二：

> 法定的夫妻个人的财产=一方的婚前财产+一方因受到人身损害获得的医疗费+残疾人生活补助费等费用+军人的伤亡保险金+军人伤残补助金+军人医药生活补助费+高原生活补助费+遗嘱或赠与合同中确定只归夫或妻一方的财产+一方专用的生活用品+其他应当归一方的财产

(1) 一方的婚前财产计算要点

> 一方婚前的财产不因婚姻关系的延续而转化为夫妻共同财产(当事人另有约定的除外)

(2) 一方因受到人身损害获得的医疗费、残疾人生活补助费等费用计算公式

> 一方因受到人身损害获得的医疗费、残疾人生活补助费等费用=医疗费+残疾人生活补助费+精神抚慰金+一次性工伤伤残补助费+交通补助费+营养补助费+住院伙食补助费+护理费+假肢安装费+军人的伤亡保险金+军人伤残补助金+军人医药生活补助费+其他一方因身体受到伤害而获得的费用

三、家 庭

1. 综合

中华人民共和国家庭教育促进法

- 2021年10月23日第十三届全国人民代表大会常务委员会第三十一次会议通过
- 2021年10月23日中华人民共和国主席令第98号公布
- 自2022年1月1日起施行

第一章 总 则

第一条 为了发扬中华民族重视家庭教育的优良传统，引导全社会注重家庭、家教、家风，增进家庭幸福与社会和谐，培养德智体美劳全面发展的社会主义建设者和接班人，制定本法。

第二条 本法所称家庭教育，是指父母或者其他监护人为促进未成年人全面健康成长，对其实施的道德品质、身体素质、生活技能、文化修养、行为习惯等方面的培育、引导和影响。

第三条 家庭教育以立德树人为根本任务，培育和践行社会主义核心价值观，弘扬中华民族优秀传统文化、革命文化、社会主义先进文化，促进未成年人健康成长。

第四条 未成年人的父母或者其他监护人负责实施家庭教育。

国家和社会为家庭教育提供指导、支持和服务。

国家工作人员应当带头树立良好家风，履行家庭教育责任。

第五条 家庭教育应当符合以下要求：

（一）尊重未成年人身心发展规律和个体差异；

（二）尊重未成年人人格尊严，保护未成年人隐私权和个人信息，保障未成年人合法权益；

（三）遵循家庭教育特点，贯彻科学的家庭教育理念和方法；

（四）家庭教育、学校教育、社会教育紧密结合、协调一致；

（五）结合实际情况采取灵活多样的措施。

第六条 各级人民政府指导家庭教育工作，建立健全家庭学校社会协同育人机制。县级以上人民政府负责妇女儿童工作的机构，组织、协调、指导、督促有关部门做好家庭教育工作。

教育行政部门、妇女联合会统筹协调社会资源，协同推进覆盖城乡的家庭教育指导服务体系建设，并按照职责分工承担家庭教育工作的日常事务。

县级以上精神文明建设部门和县级以上人民政府公安、民政、司法行政、人力资源和社会保障、文化和旅游、卫生健康、市场监督管理、广播电视、体育、新闻出版、网信等有关部门在各自的职责范围内做好家庭教育工作。

第七条 县级以上人民政府应当制定家庭教育工作专项规划，将家庭教育指导服务纳入城乡公共服务体系和政府购买服务目录，将相关经费列入财政预算，鼓励和支持以政府购买服务的方式提供家庭教育指导。

第八条 人民法院、人民检察院发挥职能作用，配合同级人民政府及其有关部门建立家庭教育工作联动机制，共同做好家庭教育工作。

第九条 工会、共产主义青年团、残疾人联合会、科学技术协会、关心下一代工作委员会以及居民委员会、村民委员会等应当结合自身工作，积极开展家庭教育工作，为家庭教育提供社会支持。

第十条 国家鼓励和支持企业事业单位、社会组织及个人依法开展公益性家庭教育服务活动。

第十一条 国家鼓励开展家庭教育研究，鼓励高等学校开设家庭教育专业课程，支持师范院校和有条件的高等学校加强家庭教育学科建设，培养家庭教育服务专业人才，开展家庭教育服务人员培训。

第十二条 国家鼓励和支持自然人、法人和非法人组织为家庭教育事业进行捐赠或者提供志愿服务，对符合条件的，依法给予税收优惠。

国家对在家庭教育工作中做出突出贡献的组织和个人，按照有关规定给予表彰、奖励。

第十三条 每年5月15日国际家庭日所在周为全国家庭教育宣传周。

第二章 家庭责任

第十四条 父母或者其他监护人应当树立家庭是第

一个课堂,家长是第一任老师的责任意识,承担对未成年人实施家庭教育的主体责任,用正确思想、方法和行为教育未成年人养成良好思想、品行和习惯。

共同生活的具有完全民事行为能力的其他家庭成员应当协助和配合未成年人的父母或者其他监护人实施家庭教育。

第十五条 未成年人的父母或者其他监护人及其他家庭成员应当注重家庭建设,培育积极健康的家庭文化,树立和传承优良家风,弘扬中华民族家庭美德,共同构建文明、和睦的家庭关系,为未成年人健康成长营造良好的家庭环境。

第十六条 未成年人的父母或者其他监护人应当针对不同年龄段未成年人的身心发展特点,以下列内容为指引,开展家庭教育:

(一)教育未成年人爱党、爱国、爱人民、爱集体、爱社会主义,树立维护国家统一的观念,铸牢中华民族共同体意识,培养家国情怀;

(二)教育未成年人崇德向善、尊老爱幼、热爱家庭、勤俭节约、团结互助、诚信友爱、遵纪守法,培养其良好社会公德、家庭美德、个人品德意识和法治意识;

(三)帮助未成年人树立正确的成才观,引导其培养广泛兴趣爱好、健康审美追求和良好学习习惯,增强科学探索精神、创新意识和能力;

(四)保证未成年人营养均衡、科学运动、睡眠充足、身心愉悦,引导其养成良好生活习惯和行为习惯,促进其身心健康发展;

(五)关注未成年人心理健康,教导其珍爱生命,对其进行交通出行、健康上网和防欺凌、防溺水、防诈骗、防拐卖、防性侵等方面的安全知识教育,帮助其掌握安全知识和技能,增强其自我保护的意识和能力;

(六)帮助未成年人树立正确的劳动观念,参加力所能及的劳动,提高生活自理能力和独立生活能力,养成吃苦耐劳的优秀品格和热爱劳动的良好习惯。

第十七条 未成年人的父母或者其他监护人实施家庭教育,应当关注未成年人的生理、心理、智力发展状况,尊重其参与相关家庭事务和发表意见的权利,合理运用以下方式方法:

(一)亲自养育,加强亲子陪伴;
(二)共同参与,发挥父母双方的作用;
(三)相机而教,寓教于日常生活之中;
(四)潜移默化,言传与身教相结合;
(五)严慈相济,关心爱护与严格要求并重;

(六)尊重差异,根据年龄和个性特点进行科学引导;
(七)平等交流,予以尊重、理解和鼓励;
(八)相互促进,父母与子女共同成长;
(九)其他有益于未成年人全面发展、健康成长的方式方法。

第十八条 未成年人的父母或者其他监护人应当树立正确的家庭教育理念,自觉学习家庭教育知识,在孕期和未成年人进入婴幼儿照护服务机构、幼儿园、中小学校等重要时段进行有针对性的学习,掌握科学的家庭教育方法,提高家庭教育的能力。

第十九条 未成年人的父母或者其他监护人应当与中小学校、幼儿园、婴幼儿照护服务机构、社区密切配合,积极参加其提供的公益性家庭教育指导和实践活动,共同促进未成年人健康成长。

第二十条 未成年人的父母分居或者离异的,应当相互配合履行家庭教育责任,任何一方不得拒绝或者怠于履行;除法律另有规定外,不得阻碍另一方实施家庭教育。

第二十一条 未成年人的父母或者其他监护人依法委托他人代为照护未成年人的,应当与被委托人、未成年人保持联系,定期了解未成年人学习、生活情况和心理状况,与被委托人共同履行家庭教育责任。

第二十二条 未成年人的父母或者其他监护人应当合理安排未成年人学习、休息、娱乐和体育锻炼的时间,避免加重未成年人学习负担,预防未成年人沉迷网络。

第二十三条 未成年人的父母或者其他监护人不得因性别、身体状况、智力等歧视未成年人,不得实施家庭暴力,不得胁迫、引诱、教唆、纵容、利用未成年人从事违反法律法规和社会公德的活动。

第三章 国家支持

第二十四条 国务院应当组织有关部门制定、修订并及时颁布全国家庭教育指导大纲。

省级人民政府或者有条件的设区的市级人民政府应当组织有关部门编写或者采用适合当地实际的家庭教育指导读本,制定相应的家庭教育指导服务工作规范和评估规范。

第二十五条 省级以上人民政府应当组织有关部门统筹建设家庭教育信息化共享服务平台,开设公益性网上家长学校和网络课程,开通服务热线,提供线上家庭教育指导服务。

第二十六条 县级以上地方人民政府应当加强监督

管理,减轻义务教育阶段学生作业负担和校外培训负担,畅通学校家庭沟通渠道,推进学校教育和家庭教育相互配合。

第二十七条 县级以上地方人民政府及有关部门组织建立家庭教育指导服务专业队伍,加强对专业人员的培养,鼓励社会工作者、志愿者参与家庭教育指导服务工作。

第二十八条 县级以上地方人民政府可以结合当地实际情况和需要,通过多种途径和方式确定家庭教育指导机构。

家庭教育指导机构对辖区内社区家长学校、学校家长学校及其他家庭教育指导服务站点进行指导,同时开展家庭教育研究、服务人员队伍建设和培训、公共服务产品研发。

第二十九条 家庭教育指导机构应当及时向有需求的家庭提供服务。

对于父母或者其他监护人履行家庭教育责任存在一定困难的家庭,家庭教育指导机构应当根据具体情况,与相关部门协作配合,提供有针对性的服务。

第三十条 设区的市、县、乡级人民政府应当结合当地实际采取措施,对留守未成年人和困境未成年人家庭建档立卡,提供生活帮扶、创业就业支持等关爱服务,为留守未成年人和困境未成年人的父母或者其他监护人实施家庭教育创造条件。

教育行政部门、妇女联合会应当采取有针对性的措施,为留守未成年人和困境未成年人的父母或者其他监护人实施家庭教育提供服务,引导其积极关注未成年人身心健康状况,加强亲情关爱。

第三十一条 家庭教育指导机构开展家庭教育指导服务活动,不得组织或者变相组织营利性教育培训。

第三十二条 婚姻登记机构和收养登记机构应当通过现场咨询辅导、播放宣传教育片等形式,向办理婚姻登记、收养登记的当事人宣传家庭教育知识,提供家庭教育指导。

第三十三条 儿童福利机构、未成年人救助保护机构应当对本机构安排的寄养家庭、接受救助保护的未成年人的父母或者其他监护人提供家庭教育指导。

第三十四条 人民法院在审理离婚案件时,应当对有未成年子女的夫妻双方提供家庭教育指导。

第三十五条 妇女联合会发挥妇女在弘扬中华民族家庭美德、树立良好家风等方面的独特作用,宣传普及家庭教育知识,通过家庭教育指导机构、社区家长学校、文明家庭建设等多种渠道组织开展家庭教育实践活动,提供家庭教育指导服务。

第三十六条 自然人、法人和非法人组织可以依法设立非营利性家庭教育服务机构。

县级以上地方人民政府及有关部门可以采取政府补贴、奖励激励、购买服务等扶持措施,培育家庭教育服务机构。

教育、民政、卫生健康、市场监督管理等有关部门应当在各自职责范围内,依法对家庭教育服务机构及从业人员进行指导和监督。

第三十七条 国家机关、企业事业单位、群团组织、社会组织应当将家风建设纳入单位文化建设,支持职工参加相关的家庭教育服务活动。

文明城市、文明村镇、文明单位、文明社区、文明校园和文明家庭等创建活动,应当将家庭教育情况作为重要内容。

第四章 社会协同

第三十八条 居民委员会、村民委员会可以依托城乡社区公共服务设施,设立社区家长学校等家庭教育指导服务站点,配合家庭教育指导机构组织面向居民、村民的家庭教育知识宣传,为未成年人的父母或者其他监护人提供家庭教育指导服务。

第三十九条 中小学校、幼儿园应当将家庭教育指导服务纳入工作计划,作为教师业务培训的内容。

第四十条 中小学校、幼儿园可以采取建立家长学校等方式,针对不同年龄段未成年人的特点,定期组织公益性家庭教育指导服务和实践活动,并及时联系、督促未成年人的父母或者其他监护人参加。

第四十一条 中小学校、幼儿园应当根据家长的需求,邀请有关人员传授家庭教育理念、知识和方法,组织开展家庭教育指导服务和实践活动,促进家庭与学校共同教育。

第四十二条 具备条件的中小学校、幼儿园应当在教育行政部门的指导下,为家庭教育指导服务站点开展公益性家庭教育指导服务活动提供支持。

第四十三条 中小学校发现未成年学生严重违反校规校纪的,应当及时制止、管教,告知其父母或者其他监护人,并为其父母或者其他监护人提供有针对性的家庭教育指导服务;发现未成年学生有不良行为或者严重不良行为的,按照有关法律规定处理。

第四十四条 婴幼儿照护服务机构、早期教育服务机构应当为未成年人的父母或者其他监护人提供科学养育指导等家庭教育指导服务。

第四十五条 医疗保健机构在开展婚前保健、孕产期保健、儿童保健、预防接种等服务时，应当对有关成年人、未成年人的父母或者其他监护人开展科学养育知识和婴幼儿早期发展的宣传和指导。

第四十六条 图书馆、博物馆、文化馆、纪念馆、美术馆、科技馆、体育场馆、青少年宫、儿童活动中心等公共文化服务机构和爱国主义教育基地每年应当定期开展公益性家庭教育宣传、家庭教育指导服务和实践活动，开发家庭教育类公共文化服务产品。

广播、电视、报刊、互联网等新闻媒体应当宣传正确的家庭教育知识，传播科学的家庭教育理念和方法，营造重视家庭教育的良好社会氛围。

第四十七条 家庭教育服务机构应当加强自律管理，制定家庭教育服务规范，组织从业人员培训，提高从业人员的业务素质和能力。

第五章 法律责任

第四十八条 未成年人住所地的居民委员会、村民委员会、妇女联合会，未成年人的父母或者其他监护人所在单位，以及中小学校、幼儿园等有关密切接触未成年人的单位，发现父母或者其他监护人拒绝、怠于履行家庭教育责任，或者非法阻碍其他监护人实施家庭教育的，应当予以批评教育、劝诫制止，必要时督促其接受家庭教育指导。

未成年人的父母或者其他监护人依法委托他人代为照护未成年人，有关单位发现被委托人不依法履行家庭教育责任的，适用前款规定。

第四十九条 公安机关、人民检察院、人民法院在办理案件过程中，发现未成年人存在严重不良行为或者实施犯罪行为，或者未成年人的父母或者其他监护人不正确实施家庭教育侵害未成年人合法权益的，根据情况对父母或者其他监护人予以训诫，并可以责令其接受家庭教育指导。

第五十条 负有家庭教育工作职责的政府部门、机构有下列情形之一的，由其上级机关或者主管单位责令限期改正；情节严重的，对直接负责的主管人员和其他直接责任人员依法予以处分：

（一）不履行家庭教育工作职责；

（二）截留、挤占、挪用或者虚报、冒领家庭教育工作经费；

（三）其他滥用职权、玩忽职守或者徇私舞弊的情形。

第五十一条 家庭教育指导机构、中小学校、幼儿园、婴幼儿照护服务机构、早期教育服务机构违反本法规定，不履行或者不正确履行家庭教育指导服务职责的，由主管部门责令限期改正；情节严重的，对直接负责的主管人员和其他直接责任人员依法予以处分。

第五十二条 家庭教育服务机构有下列情形之一的，由主管部门责令限期改正；拒不改正或者情节严重的，由主管部门责令停业整顿、吊销营业执照或者撤销登记：

（一）未依法办理设立手续；

（二）从事超出许可业务范围的行为或作虚假、引人误解宣传，产生不良后果；

（三）侵犯未成年人及其父母或者其他监护人合法权益。

第五十三条 未成年人的父母或者其他监护人在家庭教育过程中对未成年人实施家庭暴力的，依照《中华人民共和国未成年人保护法》、《中华人民共和国反家庭暴力法》等法律的规定追究法律责任。

第五十四条 违反本法规定，构成违反治安管理行为的，由公安机关依法予以治安管理处罚；构成犯罪的，依法追究刑事责任。

第六章 附 则

第五十五条 本法自2022年1月1日起施行。

中华人民共和国人口与计划生育法

- 2001年12月29日第九届全国人民代表大会常务委员会第二十五次会议通过
- 根据2015年12月27日第十二届全国人民代表大会常务委员会第十八次会议《关于修改〈中华人民共和国人口与计划生育法〉的决定》第一次修正
- 根据2021年8月20日第十三届全国人民代表大会常务委员会第三十次会议《关于修改〈中华人民共和国人口与计划生育法〉的决定》第二次修正

第一章 总 则

第一条 为了实现人口与经济、社会、资源、环境的协调发展，推行计划生育，维护公民的合法权益，促进家庭幸福、民族繁荣与社会进步，根据宪法，制定本法。

第二条 我国是人口众多的国家，实行计划生育是国家的基本国策。

国家采取综合措施，调控人口数量，提高人口素质，推动实现适度生育水平，优化人口结构，促进人口长期均衡发展。

国家依靠宣传教育、科学技术进步、综合服务、建立健全奖励和社会保障制度,开展人口与计划生育工作。

第三条 开展人口与计划生育工作,应当与增加妇女受教育和就业机会、增进妇女健康、提高妇女地位相结合。

第四条 各级人民政府及其工作人员在推行计划生育工作中应当严格依法行政,文明执法,不得侵犯公民的合法权益。

卫生健康主管部门及其工作人员依法执行公务受法律保护。

第五条 国务院领导全国的人口与计划生育工作。

地方各级人民政府领导本行政区域内的人口与计划生育工作。

第六条 国务院卫生健康主管部门负责全国计划生育工作和与计划生育有关的人口工作。

县级以上地方各级人民政府卫生健康主管部门负责本行政区域内的计划生育工作和与计划生育有关的人口工作。

县级以上各级人民政府其他有关部门在各自的职责范围内,负责有关的人口与计划生育工作。

第七条 工会、共产主义青年团、妇女联合会及计划生育协会等社会团体、企业事业组织和公民应当协助人民政府开展人口与计划生育工作。

第八条 国家对在人口与计划生育工作中作出显著成绩的组织和个人,给予奖励。

第二章 人口发展规划的制定与实施

第九条 国务院编制人口发展规划,并将其纳入国民经济和社会发展计划。

县级以上地方各级人民政府根据全国人口发展规划以及上一级人民政府人口发展规划,结合当地实际情况编制本行政区域的人口发展规划,并将其纳入国民经济和社会发展计划。

第十条 县级以上各级人民政府根据人口发展规划,制定人口与计划生育实施方案并组织实施。

县级以上各级人民政府卫生健康主管部门负责实施人口与计划生育实施方案的日常工作。

乡、民族乡、镇的人民政府和城市街道办事处负责本管辖区域内的人口与计划生育工作,贯彻落实人口与计划生育实施方案。

第十一条 人口与计划生育实施方案应当规定调控人口数量,提高人口素质,推动实现适度生育水平,优化人口结构,加强母婴保健和婴幼儿照护服务,促进家庭发展的措施。

第十二条 村民委员会、居民委员会应当依法做好计划生育工作。

机关、部队、社会团体、企业事业组织应当做好本单位的计划生育工作。

第十三条 卫生健康、教育、科技、文化、民政、新闻出版、广播电视等部门应当组织开展人口与计划生育宣传教育。

大众传媒负有开展人口与计划生育的社会公益性宣传的义务。

学校应当在学生中,以符合受教育者特征的适当方式,有计划地开展生理卫生教育、青春期教育或者性健康教育。

第十四条 流动人口的计划生育工作由其户籍所在地和现居住地的人民政府共同负责管理,以现居住地为主。

第十五条 国家根据国民经济和社会发展状况逐步提高人口与计划生育经费投入的总体水平。各级人民政府应当保障人口与计划生育工作必要的经费。

各级人民政府应当对欠发达地区、少数民族地区开展人口与计划生育工作给予重点扶持。

国家鼓励社会团体、企业事业组织和个人为人口与计划生育工作提供捐助。

任何单位和个人不得截留、克扣、挪用人口与计划生育工作费用。

第十六条 国家鼓励开展人口与计划生育领域的科学研究和对外交流与合作。

第三章 生育调节

第十七条 公民有生育的权利,也有依法实行计划生育的义务,夫妻双方在实行计划生育中负有共同的责任。

第十八条 国家提倡适龄婚育、优生优育。一对夫妻可以生育三个子女。

符合法律、法规规定条件的,可以要求安排再生育子女。具体办法由省、自治区、直辖市人民代表大会或者其常务委员会规定。

少数民族也要实行计划生育,具体办法由省、自治区、直辖市人民代表大会或者其常务委员会规定。

夫妻双方户籍所在地的省、自治区、直辖市之间关于再生育子女的规定不一致的,按照有利于当事人的原则适用。

第十九条 国家创造条件,保障公民知情选择安全、有效、适宜的避孕节育措施。实施避孕节育手术,应当保证受术者的安全。

第二十条 育龄夫妻自主选择计划生育避孕节育措

施,预防和减少非意愿妊娠。

第二十一条 实行计划生育的育龄夫妻免费享受国家规定的基本项目的计划生育技术服务。

前款规定所需经费,按照国家有关规定列入财政预算或者由社会保险予以保障。

第二十二条 禁止歧视、虐待生育女婴的妇女和不育的妇女。

禁止歧视、虐待、遗弃女婴。

第四章 奖励与社会保障

第二十三条 国家对实行计划生育的夫妻,按照规定给予奖励。

第二十四条 国家建立、健全基本养老保险、基本医疗保险、生育保险和社会福利等社会保障制度,促进计划生育。

国家鼓励保险公司举办有利于计划生育的保险项目。

第二十五条 符合法律、法规规定生育子女的夫妻,可以获得延长生育假的奖励或者其他福利待遇。

国家支持有条件的地方设立父母育儿假。

第二十六条 妇女怀孕、生育和哺乳期间,按照国家有关规定享受特殊劳动保护并可以获得帮助和补偿。国家保障妇女就业合法权益,为因生育影响就业的妇女提供就业服务。

公民实行计划生育手术,享受国家规定的休假。

第二十七条 国家采取财政、税收、保险、教育、住房、就业等支持措施,减轻家庭生育、养育、教育负担。

第二十八条 县级以上各级人民政府综合采取规划、土地、住房、财政、金融、人才等措施,推动建立普惠托育服务体系,提高婴幼儿家庭获得服务的可及性和公平性。

国家鼓励和引导社会力量兴办托育机构,支持幼儿园和机关、企业事业单位、社区提供托育服务。

托育机构的设置和服务应当符合托育服务相关标准和规范。托育机构应当向县级人民政府卫生健康主管部门备案。

第二十九条 县级以上地方各级人民政府应当在城乡社区建设改造中,建设与常住人口规模相适应的婴幼儿活动场所及配套服务设施。

公共场所和女职工比较多的用人单位应当配置母婴设施,为婴幼儿照护、哺乳提供便利条件。

第三十条 县级以上各级人民政府应当加强对家庭婴幼儿照护的支持和指导,增强家庭的科学育儿能力。

医疗卫生机构应当按照规定为婴幼儿家庭开展预防接种、疾病防控等服务,提供膳食营养、生长发育等健康指导。

第三十一条 在国家提倡一对夫妻生育一个子女期间,自愿终身只生育一个子女的夫妻,国家发给《独生子女父母光荣证》。

获得《独生子女父母光荣证》的夫妻,按照国家和省、自治区、直辖市有关规定享受独生子女父母奖励。

法律、法规或者规章规定给予获得《独生子女父母光荣证》的夫妻奖励的措施中由其所在单位落实的,有关单位应当执行。

在国家提倡一对夫妻生育一个子女期间,按照规定应当享受计划生育家庭老年人奖励扶助的,继续享受相关奖励扶助,并在老年人福利、养老服务等方面给予必要的优先和照顾。

第三十二条 获得《独生子女父母光荣证》的夫妻,独生子女发生意外伤残、死亡的,按照规定获得扶助。县级以上各级人民政府建立、健全对上述人群的生活、养老、医疗、精神慰藉等全方位帮扶保障制度。

第三十三条 地方各级人民政府对农村实行计划生育的家庭发展经济,给予资金、技术、培训等方面的支持、优惠;对实行计划生育的贫困家庭,在扶贫贷款、以工代赈、扶贫项目和社会救济等方面给予优先照顾。

第三十四条 本章规定的奖励和社会保障措施,省、自治区、直辖市和设区的市、自治州的人民代表大会及其常务委员会或者人民政府可以依据本法和有关法律、行政法规的规定,结合当地实际情况,制定具体实施办法。

第五章 计划生育服务

第三十五条 国家建立婚前保健、孕产期保健制度,防止或者减少出生缺陷,提高出生婴儿健康水平。

第三十六条 各级人民政府应当采取措施,保障公民享有计划生育服务,提高公民的生殖健康水平。

第三十七条 医疗卫生机构应当针对育龄人群开展优生优育知识宣传教育,对育龄妇女开展围孕期、孕产期保健服务,承担计划生育、优生优育、生殖保健的咨询、指导和技术服务,规范开展不孕不育症诊疗。

第三十八条 计划生育技术服务人员应当指导实行计划生育的公民选择安全、有效、适宜的避孕措施。

国家鼓励计划生育新技术、新药具的研究、应用和推广。

第三十九条 严禁利用超声技术和其他技术手段进行非医学需要的胎儿性别鉴定;严禁非医学需要的选择性别的人工终止妊娠。

第六章 法律责任

第四十条 违反本法规定,有下列行为之一的,由卫生健康主管部门责令改正,给予警告,没收违法所得;违法所得一万元以上的,处违法所得二倍以上六倍以下的罚款;没有违法所得或者违法所得不足一万元的,处一万元以上三万元以下的罚款;情节严重的,由原发证机关吊销执业证书;构成犯罪的,依法追究刑事责任:

(一)非法为他人施行计划生育手术的;

(二)利用超声技术和其他技术手段为他人进行非医学需要的胎儿性别鉴定或者选择性别的人工终止妊娠的。

第四十一条 托育机构违反托育服务相关标准和规范的,由卫生健康主管部门责令改正,给予警告;拒不改正的,处五千元以上五万元以下的罚款;情节严重的,责令停止托育服务,并处五万元以上十万元以下的罚款。

托育机构有虐待婴幼儿行为的,其直接负责的主管人员和其他直接责任人员终身不得从事婴幼儿照护服务;构成犯罪的,依法追究刑事责任。

第四十二条 计划生育技术服务人员违章操作或者延误抢救、诊治,造成严重后果的,依照有关法律、行政法规的规定承担相应的法律责任。

第四十三条 国家机关工作人员在计划生育工作中,有下列行为之一,构成犯罪的,依法追究刑事责任;尚不构成犯罪的,依法给予处分;有违法所得的,没收违法所得:

(一)侵犯公民人身权、财产权和其他合法权益的;

(二)滥用职权、玩忽职守、徇私舞弊的;

(三)索取、收受贿赂的;

(四)截留、克扣、挪用、贪污计划生育经费的;

(五)虚报、瞒报、伪造、篡改或者拒报人口与计划生育统计数据的。

第四十四条 违反本法规定,不履行协助计划生育管理义务的,由有关地方人民政府责令改正,并给予通报批评;对直接负责的主管人员和其他直接责任人员依法给予处分。

第四十五条 拒绝、阻碍卫生健康主管部门及其工作人员依法执行公务的,由卫生健康主管部门给予批评教育并予以制止;构成违反治安管理行为的,依法给予治安管理处罚;构成犯罪的,依法追究刑事责任。

第四十六条 公民、法人或者其他组织认为行政机关在实施计划生育管理过程中侵犯其合法权益的,可以依法申请行政复议或者提起行政诉讼。

第七章 附 则

第四十七条 中国人民解放军和中国人民武装警察部队执行本法的具体办法,由中央军事委员会依据本法制定。

第四十八条 本法自 2002 年 9 月 1 日起施行。

中华人民共和国母婴保健法

- 1994 年 10 月 27 日第八届全国人民代表大会常务委员会第十次会议通过
- 根据 2009 年 8 月 27 日第十一届全国人民代表大会常务委员会第十次会议《关于修改部分法律的决定》第一次修正
- 根据 2017 年 11 月 4 日第十二届全国人民代表大会常务委员会第三十次会议《关于修改〈中华人民共和国会计法〉等十一部法律的决定》第二次修正

第一章 总 则

第一条 为了保障母亲和婴儿健康,提高出生人口素质,根据宪法,制定本法。

第二条 国家发展母婴保健事业,提供必要条件和物质帮助,使母亲和婴儿获得医疗保健服务。

国家对边远贫困地区的母婴保健事业给予扶持。

第三条 各级人民政府领导母婴保健工作。

母婴保健事业应当纳入国民经济和社会发展计划。

第四条 国务院卫生行政部门主管全国母婴保健工作,根据不同地区情况提出分级分类指导原则,并对全国母婴保健工作实施监督管理。

国务院其他有关部门在各自职责范围内,配合卫生行政部门做好母婴保健工作。

第五条 国家鼓励、支持母婴保健领域的教育和科学研究,推广先进、实用的母婴保健技术,普及母婴保健科学知识。

第六条 对在母婴保健工作中做出显著成绩和在母婴保健科学研究中取得显著成果的组织和个人,应当给予奖励。

第二章 婚前保健

第七条 医疗保健机构应当为公民提供婚前保健服务。

婚前保健服务包括下列内容:

(一)婚前卫生指导:关于性卫生知识、生育知识和遗传病知识的教育;

(二)婚前卫生咨询:对有关婚配、生育保健等问题提供医学意见;

（三）婚前医学检查：对准备结婚的男女双方可能患影响结婚和生育的疾病进行医学检查。

第八条 婚前医学检查包括对下列疾病的检查：

（一）严重遗传性疾病；

（二）指定传染病；

（三）有关精神病。

经婚前医学检查，医疗保健机构应当出具婚前医学检查证明。

第九条 经婚前医学检查，对患指定传染病在传染期内或者有关精神病在发病期内的，医师应当提出医学意见；准备结婚的男女双方应当暂缓结婚。

第十条 经婚前医学检查，对诊断患有医学上认为不宜生育的严重遗传性疾病的，医师应当向男女双方说明情况，提出医学意见；经男女双方同意，采取长效避孕措施或者施行结扎手术后不生育的，可以结婚。但《中华人民共和国婚姻法》规定禁止结婚的除外。

第十一条 接受婚前医学检查的人员对检查结果持有异议的，可以申请医学技术鉴定，取得医学鉴定证明。

第十二条 男女双方在结婚登记时，应当持有婚前医学检查证明或者医学鉴定证明。

第十三条 省、自治区、直辖市人民政府根据本地区的实际情况，制定婚前医学检查制度实施办法。

省、自治区、直辖市人民政府对婚前医学检查应当规定合理的收费标准，对边远贫困地区或者交费确有困难的人员应当给予减免。

第三章 孕产期保健

第十四条 医疗保健机构应当为育龄妇女和孕产妇提供孕产期保健服务。

孕产期保健服务包括下列内容：

（一）母婴保健指导：对孕育健康后代以及严重遗传性疾病和碘缺乏病等地方病的发病原因、治疗和预防方法提供医学意见；

（二）孕妇、产妇保健：为孕妇、产妇提供卫生、营养、心理等方面的咨询和指导以及产前定期检查等医疗保健服务；

（三）胎儿保健：为胎儿生长发育进行监护，提供咨询和医学指导；

（四）新生儿保健：为新生儿生长发育、哺乳和护理提供医疗保健服务。

第十五条 对患严重疾病或者接触致畸物质，妊娠可能危及孕妇生命安全或者可能严重影响孕妇健康和胎儿正常发育的，医疗保健机构应当予以医学指导。

第十六条 医师发现或者怀疑患严重遗传性疾病的育龄夫妻，应当提出医学意见。育龄夫妻应当根据医师的医学意见采取相应的措施。

第十七条 经产前检查，医师发现或者怀疑胎儿异常的，应当对孕妇进行产前诊断。

第十八条 经产前诊断，有下列情形之一的，医师应当向夫妻双方说明情况，并提出终止妊娠的医学意见：

（一）胎儿患严重遗传性疾病的；

（二）胎儿有严重缺陷的；

（三）因患严重疾病，继续妊娠可能危及孕妇生命安全或者严重危害孕妇健康的。

第十九条 依照本法规定施行终止妊娠或者结扎手术，应当经本人同意，并签署意见。本人无行为能力的，应当经其监护人同意，并签署意见。

依照本法规定施行终止妊娠或者结扎手术的，接受免费服务。

第二十条 生育过严重缺陷患儿的妇女再次妊娠前，夫妻双方应当到县级以上医疗保健机构接受医学检查。

第二十一条 医师和助产人员应当严格遵守有关操作规程，提高助产技术和服务质量，预防和减少产伤。

第二十二条 不能住院分娩的孕妇应当由经过培训、具备相应接生能力的接生人员实行消毒接生。

第二十三条 医疗保健机构和从事家庭接生的人员按照国务院卫生行政部门的规定，出具统一制发的新生儿出生医学证明；有产妇和婴儿死亡以及新生儿出生缺陷情况的，应当向卫生行政部门报告。

第二十四条 医疗保健机构为产妇提供科学育儿、合理营养和母乳喂养的指导。

医疗保健机构对婴儿进行体格检查和预防接种，逐步开展新生儿疾病筛查、婴儿多发病和常见病防治等医疗保健服务。

第四章 技术鉴定

第二十五条 县级以上地方人民政府可以设立医学技术鉴定组织，负责对婚前医学检查、遗传病诊断和产前诊断结果有异议的进行医学技术鉴定。

第二十六条 从事医学技术鉴定的人员，必须具有临床经验和医学遗传学知识，并具有主治医师以上的专业技术职务。

医学技术鉴定组织的组成人员，由卫生行政部门提名，同级人民政府聘任。

第二十七条 医学技术鉴定实行回避制度。凡与当事人有利害关系，可能影响公正鉴定的人员，应当回避。

第五章 行政管理

第二十八条 各级人民政府应当采取措施,加强母婴保健工作,提高医疗保健服务水平,积极防治由环境因素所致严重危害母亲和婴儿健康的地方性高发性疾病,促进母婴保健事业的发展。

第二十九条 县级以上地方人民政府卫生行政部门管理本行政区域内的母婴保健工作。

第三十条 省、自治区、直辖市人民政府卫生行政部门指定的医疗保健机构负责本行政区域内的母婴保健监测和技术指导。

第三十一条 医疗保健机构按照国务院卫生行政部门的规定,负责其职责范围内的母婴保健工作,建立医疗保健工作规范,提高医学技术水平,采取各种措施方便人民群众,做好母婴保健服务工作。

第三十二条 医疗保健机构依照本法规定开展婚前医学检查、遗传病诊断、产前诊断以及施行结扎手术和终止妊娠手术的,必须符合国务院卫生行政部门规定的条件和技术标准,并经县级以上地方人民政府卫生行政部门许可。

严禁采用技术手段对胎儿进行性别鉴定,但医学上确有需要的除外。

第三十三条 从事本法规定的遗传病诊断、产前诊断的人员,必须经过省、自治区、直辖市人民政府卫生行政部门的考核,并取得相应的合格证书。

从事本法规定的婚前医学检查、施行结扎手术和终止妊娠手术的人员,必须经过县级以上地方人民政府卫生行政部门的考核,并取得相应的合格证书。

第三十四条 从事母婴保健工作的人员应当严格遵守职业道德,为当事人保守秘密。

第六章 法律责任

第三十五条 未取得国家颁发的有关合格证书的,有下列行为之一,县级以上地方人民政府卫生行政部门应当予以制止,并可以根据情节给予警告或者处以罚款:

(一)从事婚前医学检查、遗传病诊断、产前诊断或者医学技术鉴定的;

(二)施行终止妊娠手术的;

(三)出具本法规定的有关医学证明的。

上款第(三)项出具的有关医学证明无效。

第三十六条 未取得国家颁发的有关合格证书,施行终止妊娠手术或者采取其他方法终止妊娠,致人死亡、残疾、丧失或者基本丧失劳动能力的,依照刑法有关规定追究刑事责任。

第三十七条 从事母婴保健工作的人员违反本法规定,出具有关虚假医学证明或者进行胎儿性别鉴定的,由医疗保健机构或者卫生行政部门根据情节给予行政处分;情节严重的,依法取消执业资格。

第七章 附 则

第三十八条 本法下列用语的含义:

指定传染病,是指《中华人民共和国传染病防治法》中规定的艾滋病、淋病、梅毒、麻风病以及医学上认为影响结婚和生育的其他传染病。

严重遗传性疾病,是指由于遗传因素先天形成,患者全部或者部分丧失自主生活能力,后代再现风险高,医学上认为不宜生育的遗传性疾病。

有关精神病,是指精神分裂症、躁狂抑郁型精神病以及其他重型精神病。

产前诊断,是指对胎儿进行先天性缺陷和遗传性疾病的诊断。

第三十九条 本法自 1995 年 6 月 1 日起施行。

中华人民共和国母婴保健法实施办法

- 2001 年 6 月 20 日中华人民共和国国务院令第 308 号公布
- 根据 2017 年 11 月 17 日《国务院关于修改部分行政法规的决定》第一次修订
- 根据 2022 年 3 月 29 日《国务院关于修改和废止部分行政法规的决定》第二次修订
- 根据 2023 年 7 月 20 日《国务院关于修改和废止部分行政法规的决定》第三次修订

第一章 总 则

第一条 根据《中华人民共和国母婴保健法》(以下简称母婴保健法),制定本办法。

第二条 在中华人民共和国境内从事母婴保健服务活动的机构及其人员应当遵守母婴保健法和本办法。

第三条 母婴保健技术服务主要包括下列事项:

(一)有关母婴保健的科普宣传、教育和咨询;

(二)婚前医学检查;

(三)产前诊断和遗传病诊断;

(四)助产技术;

(五)实施医学上需要的节育手术;

(六)新生儿疾病筛查;

(七)有关生育、节育、不育的其他生殖保健服务。

第四条 公民享有母婴保健的知情选择权。国家保障公民获得适宜的母婴保健服务的权利。

第五条 母婴保健工作以保健为中心，以保障生殖健康为目的，实行保健和临床相结合，面向群体、面向基层和预防为主的方针。

第六条 各级人民政府应当将母婴保健工作纳入本级国民经济和社会发展计划，为母婴保健事业的发展提供必要的经济、技术和物质条件，并对少数民族地区、贫困地区的母婴保健事业给予特殊支持。

县级以上地方人民政府根据本地区的实际情况和需要，可以设立母婴保健事业发展专项资金。

第七条 国务院卫生行政部门主管全国母婴保健工作，履行下列职责：

（一）制定母婴保健法及本办法的配套规章和技术规范；

（二）按照分级分类指导的原则，制定全国母婴保健工作发展规划和实施步骤；

（三）组织推广母婴保健及其他生殖健康的适宜技术；

（四）对母婴保健工作实施监督。

第八条 县级以上各级人民政府财政、公安、民政、教育、人力资源社会保障等部门应当在各自职责范围内，配合同级卫生行政部门做好母婴保健工作。

第二章 婚前保健

第九条 母婴保健法第七条所称婚前卫生指导，包括下列事项：

（一）有关性卫生的保健和教育；

（二）新婚避孕知识及计划生育指导；

（三）受孕前的准备、环境和疾病对后代影响等孕前保健知识；

（四）遗传病的基本知识；

（五）影响婚育的有关疾病的基本知识；

（六）其他生殖健康知识。

医师进行婚前卫生咨询时，应当为服务对象提供科学的信息，对可能产生的后果进行指导，并提出适当的建议。

第十条 在实行婚前医学检查的地区，准备结婚的男女双方在办理结婚登记前，应当到医疗、保健机构进行婚前医学检查。

第十一条 从事婚前医学检查的医疗、保健机构，由其所在地县级人民政府卫生行政部门进行审查；符合条件的，在其《医疗机构执业许可证》上注明。

第十二条 申请从事婚前医学检查的医疗、保健机构应当具备下列条件：

（一）分别设置专用的男、女婚前医学检查室，配备常规检查和专科检查设备；

（二）设置婚前生殖健康宣传教育室；

（三）具有符合条件的进行男、女婚前医学检查的执业医师。

第十三条 婚前医学检查包括询问病史、体格及相关检查。

婚前医学检查应当遵守婚前保健工作规范并按照婚前医学检查项目进行。婚前保健工作规范和婚前医学检查项目由国务院卫生行政部门规定。

第十四条 经婚前医学检查，医疗、保健机构应当向接受婚前医学检查的当事人出具婚前医学检查证明。

婚前医学检查证明应当说明是否发现下列疾病：

（一）在传染期内的指定传染病；

（二）在发病期内的有关精神病；

（三）不宜生育的严重遗传性疾病；

（四）医学上认为不宜结婚的其他疾病。

发现前款第（一）项、第（二）项、第（三）项疾病的，医师应当向当事人说明情况，提出预防、治疗以及采取相应医学措施的建议。当事人依据医生的医学意见，可以暂缓结婚，也可以自愿采用长效避孕措施或者结扎手术；医疗、保健机构应当为其治疗提供医学咨询和医疗服务。

第十五条 经婚前医学检查，医疗、保健机构不能确诊的，应当转到设区的市级以上人民政府卫生行政部门指定的医疗、保健机构确诊。

第十六条 在实行婚前医学检查的地区，婚姻登记机关在办理结婚登记时，应当查验婚前医学检查证明或者母婴保健法第十一条规定的医学鉴定证明。

第三章 孕产期保健

第十七条 医疗、保健机构应当为育龄妇女提供有关避孕、节育、生育、不育和生殖健康的咨询和医疗保健服务。

医师发现或者怀疑育龄夫妻患有严重遗传性疾病的，应当提出医学意见；限于现有医疗技术水平难以确诊的，应当向当事人说明情况。育龄夫妻可以选择避孕、节育、不孕等相应的医学措施。

第十八条 医疗、保健机构应当为孕产妇提供下列医疗保健服务：

（一）为孕产妇建立保健手册（卡），定期进行产前检查；

（二）为孕产妇提供卫生、营养、心理等方面的医学指导与咨询；

（三）对高危孕妇进行重点监护、随访和医疗保健服务；

（四）为孕产妇提供安全分娩技术服务；

（五）定期进行产后访视，指导产妇科学喂养婴儿；

（六）提供避孕咨询指导和技术服务；

（七）对产妇及其家属进行生殖健康教育和科学育儿知识教育；

（八）其他孕产期保健服务。

第十九条 医疗、保健机构发现孕妇患有下列严重疾病或者接触物理、化学、生物等有毒、有害因素，可能危及孕妇生命安全或者可能严重影响孕妇健康和胎儿正常发育的，应当对孕妇进行医学指导和下列必要的医学检查：

（一）严重的妊娠合并症或者并发症；

（二）严重的精神性疾病；

（三）国务院卫生行政部门规定的严重影响生育的其他疾病。

第二十条 孕妇有下列情形之一的，医师应当对其进行产前诊断：

（一）羊水过多或者过少的；

（二）胎儿发育异常或者胎儿有可疑畸形的；

（三）孕早期接触过可能导致胎儿先天缺陷的物质的；

（四）有遗传病家族史或者曾经分娩过先天性严重缺陷婴儿的；

（五）初产年龄超过35周岁的。

第二十一条 母婴保健法第十八条规定的胎儿的严重遗传性疾病、胎儿的严重缺陷、孕妇继续妊娠可能危及其生命健康和安全的严重疾病目录，由国务院卫生行政部门规定。

第二十二条 生育过严重遗传性疾病或者严重缺陷患儿的，再次妊娠前，夫妻双方应当按照国家有关规定到医疗、保健机构进行医学检查。医疗、保健机构应当向当事人介绍有关遗传性疾病的知识，给予咨询、指导。对诊断患有医学上认为不宜生育的严重遗传性疾病的，医师应当向当事人说明情况，并提出医学意见。

第二十三条 严禁采用技术手段对胎儿进行性别鉴定。

对怀疑胎儿可能为伴性遗传病，需要进行性别鉴定的，由省、自治区、直辖市人民政府卫生行政部门指定的医疗、保健机构按照国务院卫生行政部门的规定进行鉴定。

第二十四条 国家提倡住院分娩。医疗、保健机构应当按照国务院卫生行政部门制定的技术操作规范，实施消毒接生和新生儿复苏，预防产伤及产后出血等产科并发症，降低孕产妇及围产儿发病率、死亡率。

没有条件住院分娩的，应当由经过培训、具备相应接生能力的家庭接生人员接生。

高危孕妇应当在医疗、保健机构住院分娩。

县级人民政府卫生行政部门应当加强对家庭接生人员的培训、技术指导和监督管理。

第四章 婴儿保健

第二十五条 医疗、保健机构应当按照国家有关规定开展新生儿先天性、遗传性代谢病筛查、诊断、治疗和监测。

第二十六条 医疗、保健机构应当按照规定进行新生儿访视，建立儿童保健手册（卡），定期对其进行健康检查，提供有关预防疾病、合理膳食、促进智力发育等科学知识，做好婴儿多发病、常见病防治等医疗保健服务。

第二十七条 医疗、保健机构应当按照规定的程序和项目对婴儿进行预防接种。

婴儿的监护人应当保证婴儿及时接受预防接种。

第二十八条 国家推行母乳喂养。医疗、保健机构应当为实施母乳喂养提供技术指导，为住院分娩的产妇提供必要的母乳喂养条件。

医疗、保健机构不得向孕产妇和婴儿家庭宣传、推荐母乳代用品。

第二十九条 母乳代用品产品包装标签应当在显著位置标明母乳喂养的优越性。

母乳代用品生产者、销售者不得向医疗、保健机构赠送产品样品或者以推销为目的有条件地提供设备、资金和资料。

第三十条 妇女享有国家规定的产假。有不满1周岁婴儿的妇女，所在单位应当在劳动时间内为其安排一定的哺乳时间。

第五章 技术鉴定

第三十一条 母婴保健医学技术鉴定委员会分为省、市、县三级。

母婴保健医学技术鉴定委员会成员应当符合下列任职条件：

（一）县级母婴保健医学技术鉴定委员会成员应当具有主治医师以上专业技术职务；

（二）设区的市级和省级母婴保健医学技术鉴定委员会成员应当具有副主任医师以上专业技术职务。

第三十二条 当事人对婚前医学检查、遗传病诊断、产前诊断结果有异议，需要进一步确诊的，可以自接到检查或者诊断结果之日起15日内向所在地县级或者设区的市级母婴保健医学技术鉴定委员会提出书面鉴定申请。

母婴保健医学技术鉴定委员会应当自接到鉴定申请之日起30日内作出医学技术鉴定意见，并及时通知当事人。

当事人对鉴定意见有异议的，可以自接到鉴定意见通知书之日起15日内向上一级母婴保健医学技术鉴定委员会申请再鉴定。

第三十三条 母婴保健医学技术鉴定委员会进行医学鉴定时须有5名以上相关专业医学技术鉴定委员会成员参加。

鉴定委员会成员应当在鉴定结论上署名；不同意见应当如实记录。鉴定委员会根据鉴定结论向当事人出具鉴定意见书。

母婴保健医学技术鉴定管理办法由国务院卫生行政部门制定。

第六章 监督管理

第三十四条 县级以上地方人民政府卫生行政部门负责本行政区域内的母婴保健监督管理工作，履行下列监督管理职责：

（一）依照母婴保健法和本办法以及国务院卫生行政部门规定的条件和技术标准，对从事母婴保健工作的机构和人员实施许可，并核发相应的许可证书；

（二）对母婴保健法和本办法的执行情况进行监督检查；

（三）对违反母婴保健法和本办法的行为，依法给予行政处罚；

（四）负责母婴保健工作监督管理的其他事项。

第三十五条 从事遗传病诊断、产前诊断的医疗、保健机构和人员，须经省、自治区、直辖市人民政府卫生行政部门许可；但是，从事产前诊断中产前筛查的医疗、保健机构，须经县级人民政府卫生行政部门许可。

从事婚前医学检查的医疗、保健机构和人员，须经县级人民政府卫生行政部门许可。

从事助产技术服务、结扎手术和终止妊娠手术的医疗、保健机构和人员，须经县级人民政府卫生行政部门许可，并取得相应的合格证书。

第三十六条 卫生监督人员在执行职务时，应当出示证件。

卫生监督人员可以向医疗、保健机构了解情况，索取必要的资料，对母婴保健工作进行监督、检查，医疗、保健机构不得拒绝和隐瞒。

卫生监督人员对医疗、保健机构提供的技术资料负有保密的义务。

第三十七条 医疗、保健机构应当根据其从事的业务，配备相应的人员和医疗设备，对从事母婴保健工作的人员加强岗位业务培训和职业道德教育，并定期对其进行检查、考核。

医师和助产人员（包括家庭接生人员）应当严格遵守有关技术操作规范，认真填写各项记录，提高助产技术和服务质量。

助产人员的管理，按照国务院卫生行政部门的规定执行。

从事母婴保健工作的执业医师应当依照母婴保健法的规定取得相应的资格。

第三十八条 医疗、保健机构应当按照国务院卫生行政部门的规定，对托幼园、所卫生保健工作进行业务指导。

第三十九条 国家建立孕产妇死亡、婴儿死亡和新生儿出生缺陷监测、报告制度。

第七章 罚 则

第四十条 医疗、保健机构或者人员未取得母婴保健技术许可，擅自从事婚前医学检查、遗传病诊断、产前诊断、终止妊娠手术和医学技术鉴定或者出具有关医学证明的，由卫生行政部门给予警告，责令停止违法行为，没收违法所得；违法所得5000元以上的，并处违法所得3倍以上5倍以下的罚款；没有违法所得或者违法所得不足5000元的，并处5000元以上2万元以下的罚款。

第四十一条 从事母婴保健技术服务的人员出具虚假医学证明文件的，依法给予行政处分；有下列情形之一的，由原发证部门撤销相应的母婴保健技术执业资格或者医师执业证书：

（一）因延误诊治，造成严重后果的；

（二）给当事人身心健康造成严重后果的；

（三）造成其他严重后果的。

第四十二条 违反本办法规定进行胎儿性别鉴定的，由卫生行政部门给予警告，责令停止违法行为；对医疗、保健机构直接负责的主管人员和其他直接责任人员，依法给予行政处分。进行胎儿性别鉴定两次以上的或者以营利为目的进行胎儿性别鉴定的，并由原发证机关撤销相应的母婴保健技术执业资格或者医师执业证书。

第八章 附 则

第四十三条 婚前医学检查证明的格式由国务院卫

生行政部门规定。

第四十四条 母婴保健法及本办法所称的医疗、保健机构,是指依照《医疗机构管理条例》取得卫生行政部门医疗机构执业许可的各级各类医疗机构。

第四十五条 本办法自公布之日起施行。

2. 户籍管理

中华人民共和国居民身份证法

- 2003年6月28日第十届全国人民代表大会常务委员会第三次会议通过
- 根据2011年10月29日第十一届全国人民代表大会常务委员会第二十三次会议《关于修改〈中华人民共和国居民身份证法〉的决定》修正

第一章 总 则

第一条 为了证明居住在中华人民共和国境内的公民的身份,保障公民的合法权益,便利公民进行社会活动,维护社会秩序,制定本法。

第二条 居住在中华人民共和国境内的年满十六周岁的中国公民,应当依照本法的规定申请领取居民身份证;未满十六周岁的中国公民,可以依照本法的规定申请领取居民身份证。

第三条 居民身份证登记的项目包括:姓名、性别、民族、出生日期、常住户口所在地住址、公民身份号码、本人相片、指纹信息、证件的有效期和签发机关。

公民身份号码是每个公民唯一的、终身不变的身份代码,由公安机关按照公民身份号码国家标准编制。

公民申请领取、换领、补领居民身份证,应当登记指纹信息。

第四条 居民身份证使用规范汉字和符合国家标准的数字符号填写。

民族自治地方的自治机关根据本地区的实际情况,对居民身份证用汉字登记的内容,可以决定同时使用实行区域自治的民族的文字或者选用一种当地通用的文字。

第五条 十六周岁以上公民的居民身份证的有效期为十年、二十年、长期。十六周岁至二十五周岁的,发给有效期十年的居民身份证;二十六周岁至四十五周岁的,发给有效期二十年的居民身份证;四十六周岁以上的,发给长期有效的居民身份证。

未满十六周岁的公民,自愿申请领取居民身份证的,发给有效期五年的居民身份证。

第六条 居民身份证式样由国务院公安部门制定。居民身份证由公安机关统一制作、发放。

居民身份证具备视读与机读两种功能,视读、机读的内容限于本法第三条第一款规定的项目。

公安机关及其人民警察对因制作、发放、查验、扣押居民身份证而知悉的公民的个人信息,应当予以保密。

第二章 申领和发放

第七条 公民应当自年满十六周岁之日起三个月内,向常住户口所在地的公安机关申请领取居民身份证。

未满十六周岁的公民,由监护人代为申请领取居民身份证。

第八条 居民身份证由居民常住户口所在地的县级人民政府公安机关签发。

第九条 香港同胞、澳门同胞、台湾同胞迁入内地定居的,华侨回国定居的,以及外国人、无国籍人在中华人民共和国境内定居并被批准加入或者恢复中华人民共和国国籍的,在办理常住户口登记时,应当依照本法规定申请领取居民身份证。

第十条 申请领取居民身份证,应当填写《居民身份证申领登记表》,交验居民户口簿。

第十一条 国家决定换发新一代居民身份证、居民身份证有效期满、公民姓名变更或者证件严重损坏不能辨认的,公民应当换领新证;居民身份证登记项目出现错误的,公安机关应当及时更正,换发新证;领取新证时,必须交回原证。居民身份证丢失的,应当申请补领。

未满十六周岁公民的居民身份证有前款情形的,可以申请换领、换发或者补领新证。

公民办理常住户口迁移手续时,公安机关应当在居民身份证的机读项目中记载公民常住户口所在地住址变动的情况,并告知本人。

第十二条 公民申请领取、换领、补领居民身份证,公安机关应当按照规定及时予以办理。公安机关应当自公民提交《居民身份证申领登记表》之日起六十日内发放居民身份证;交通不便的地区,办理时间可以适当延长,但延长的时间不得超过三十日。

公民在申请领取、换领、补领居民身份证期间,急需使用居民身份证的,可以申请领取临时居民身份证,公安机关应当按照规定及时予以办理。具体办法由国务院公安部门规定。

第三章 使用和查验

第十三条 公民从事有关活动,需要证明身份的,有权使用居民身份证证明身份,有关单位及其工作人员不得拒绝。

有关单位及其工作人员对履行职责或者提供服务过程中获得的居民身份证记载的公民个人信息,应当予以保密。

第十四条 有下列情形之一的,公民应当出示居民身份证证明身份:

(一)常住户口登记项目变更;

(二)兵役登记;

(三)婚姻登记、收养登记;

(四)申请办理出境手续;

(五)法律、行政法规规定需要用居民身份证证明身份的其他情形。

依照本法规定未取得居民身份证的公民,从事前款规定的有关活动,可以使用符合国家规定的其他证明方式证明身份。

第十五条 人民警察依法执行职务,遇有下列情形之一的,经出示执法证件,可以查验居民身份证:

(一)对有违法犯罪嫌疑的人员,需要查明身份的;

(二)依法实施现场管制时,需要查明有关人员身份的;

(三)发生严重危害社会治安突发事件时,需要查明现场有关人员身份的;

(四)在火车站、长途汽车站、港口、码头、机场或者在重大活动期间设区的市级人民政府规定的场所,需要查明有关人员身份的;

(五)法律规定需要查明身份的其他情形。

有前款所列情形之一,拒绝人民警察查验居民身份证的,依照有关法律规定,分别不同情形,采取措施予以处理。

任何组织或者个人不得扣押居民身份证。但是,公安机关依照《中华人民共和国刑事诉讼法》执行监视居住强制措施的情形除外。

第四章 法律责任

第十六条 有下列行为之一的,由公安机关给予警告,并处二百元以下罚款,有违法所得的,没收违法所得:

(一)使用虚假证明材料骗领居民身份证的;

(二)出租、出借、转让居民身份证的;

(三)非法扣押他人居民身份证的。

第十七条 有下列行为之一的,由公安机关处二百元以上一千元以下罚款,或者处十日以下拘留,有违法所得的,没收违法所得:

(一)冒用他人居民身份证或者使用骗领的居民身份证的;

(二)购买、出售、使用伪造、变造的居民身份证的。

伪造、变造的居民身份证和骗领的居民身份证,由公安机关予以收缴。

第十八条 伪造、变造居民身份证的,依法追究刑事责任。

有本法第十六条、第十七条所列行为之一,从事犯罪活动的,依法追究刑事责任。

第十九条 国家机关或者金融、电信、交通、教育、医疗等单位的工作人员泄露在履行职责或者提供服务过程中获得的居民身份证记载的公民个人信息,构成犯罪的,依法追究刑事责任;尚不构成犯罪的,由公安机关处十日以上十五日以下拘留,并处五千元罚款,有违法所得的,没收违法所得。

单位有前款行为的,构成犯罪的,依法追究刑事责任;尚不构成犯罪的,由公安机关对其直接负责的主管人员和其他直接责任人员,处十日以上十五日以下拘留,并处十万元以上五十万元以下罚款,有违法所得的,没收违法所得。

有前两款行为,对他人造成损害的,依法承担民事责任。

第二十条 人民警察有下列行为之一的,根据情节轻重,依法给予行政处分;构成犯罪的,依法追究刑事责任:

(一)利用制作、发放、查验居民身份证的便利,收受他人财物或者谋取其他利益的;

(二)非法变更公民身份号码,或者在居民身份证上登载本法第三条第一款规定项目以外的信息或者故意登载虚假信息的;

(三)无正当理由不在法定期限内发放居民身份证的;

(四)违反规定查验、扣押居民身份证,侵害公民合法权益的;

(五)泄露因制作、发放、查验、扣押居民身份证而知悉的公民个人信息,侵害公民合法权益的。

第五章 附 则

第二十一条 公民申请领取、换领、补领居民身份证,应当缴纳证件工本费。居民身份证工本费标准,由国务院价格主管部门会同国务院财政部门核定。

对城市中领取最低生活保障金的居民、农村中有特殊生活困难的居民,在其初次申请领取和换领居民身份证时,免收工本费。对其他生活确有困难的居民,在其初次申请领取和换领居民身份证时,可以减收工本费。免收和减收工本费的具体办法,由国务院财政部门会同国务院价格主管部门规定。

公安机关收取的居民身份证工本费,全部上缴国库。

第二十二条 现役的人民解放军军人、人民武装警察申请领取和发放居民身份证的具体办法,由国务院和中央军事委员会另行规定。

第二十三条 本法自2004年1月1日起施行,《中华人民共和国居民身份证条例》同时废止。

依照《中华人民共和国居民身份证条例》领取的居民身份证,自2013年1月1日起停止使用。依照本法在2012年1月1日以前领取的居民身份证,在其有效期内,继续有效。

国家决定换发新一代居民身份证后,原居民身份证的停止使用日期由国务院决定。

中华人民共和国户口登记条例

- 1958年1月9日全国人民代表大会常务委员会第九十一次会议通过
- 1958年1月9日中华人民共和国主席令公布
- 自公布之日起施行

第一条 为了维持社会秩序,保护公民的权利和利益,服务于社会主义建设,制定本条例。

第二条 中华人民共和国公民,都应当依照本条例的规定履行户口登记。

现役军人的户口登记,由军事机关按照管理现役军人的有关规定办理。

居留在中华人民共和国境内的外国人和无国籍的人的户口登记,除法令另有规定外,适用本条例。

第三条 户口登记工作,由各级公安机关主管。

城市和设有公安派出所的镇,以公安派出所管辖区为户口管辖区;乡和不设公安派出所的镇,以乡、镇管辖区为户口管辖区。乡、镇人民委员会和公安派出所为户口登记机关。

居住在机关、团体、学校、企业、事业等单位内部和公共宿舍的户口,由各单位指定专人,协助户口登记机关办理户口登记;分散居住的户口,由户口登记机关直接办理户口登记。

居住在军事机关和军人宿舍的非现役军人的户口,由各单位指定专人,协助户口登记机关办理户口登记。

农业、渔业、盐业、林业、牧畜业、手工业等生产合作社的户口,由合作社指定专人,协助户口登记机关办理户口登记。合作社以外的户口,由户口登记机关直接办理户口登记。

第四条 户口登记机关应当设立户口登记簿。

城市、水上和设有公安派出所的镇,应当每户发给一本户口簿。

农村以合作社为单位发给户口簿;合作社以外的户不发给户口簿。

户口登记簿和户口簿登记的事项,具有证明公民身份的效力。

第五条 户口登记以户为单位。同主管人共同居住一处的立为一户,以主管人为户主。单身居住的自立一户,以本人为户主。居住在机关、团体、学校、企业、事业等单位内部和公共宿舍的户口共立一户或者分别立户。户主负责按照本条例的规定申报户口登记。

第六条 公民应当在经常居住的地方登记为常住人口,一个公民只能在一个地方登记为常住人口。

第七条 婴儿出生后1个月以内,由户主、亲属、抚养人或者邻居向婴儿常住地户口登记机关申报出生登记。

弃婴,由收养人或者育婴机关向户口登记机关申报出生登记。

第八条 公民死亡,城市在葬前,农村在1个月以内,由户主、亲属、抚养人或者邻居向户口登记机关申报死亡登记,注销户口。公民如果在暂住地死亡,由暂住地户口登记机关通知常住地户口登记机关注销户口。

公民因意外事故致死或者死因不明,户主、发现人应当立即报告当地公安派出所或者乡、镇人民委员会。

第九条 婴儿出生后,在申报出生登记前死亡的,应当同时申报出生、死亡两项登记。

第十条 公民迁出本户口管辖区,由本人或者户主在迁出前向户口登记机关申报迁出登记,领取迁移证件,注销户口。

公民由农村迁往城市,必须持有城市劳动部门的录用证明,学校的录取证明,或者城市户口登记机关的准予迁入的证明,向常住地户口登记机关申请办理迁出手续。

公民迁往边防地区,必须经过常住地县、市、市辖区公安机关批准。

第十一条 被征集服现役的公民,在入伍前,由本人或者户主持应征公民入伍通知书向常住地户口登记机关申报迁出登记,注销户口,不发迁移证件。

第十二条 被逮捕的人犯,由逮捕机关在通知人犯家属的同时,通知人犯常住地户口登记机关注销户口。

第十三条 公民迁移,从到达迁入地的时候起,城市在3日以内,农村在10日以内,由本人或者户主持迁移证件向户口登记机关申报迁入登记,缴销迁移证件。

没有迁移证件的公民,凭下列证件到迁入地的户口登记机关申报迁入登记:

(一)复员、转业和退伍的军人,凭县、市兵役机关或者团以上军事机关发给的证件;

(二)从国外回来的华侨和留学生,凭中华人民共和国护照或者入境证件;

(三)被人民法院、人民检察院或者公安机关释放的人,凭释放机关发给的证件。

第十四条 被假释、缓刑的犯人,被管制分子和其他依法被剥夺政治权利的人,在迁移的时候,必须经过户口登记机关转报县、市、市辖区人民法院或者公安机关批准,才可以办理迁出登记;到达迁入地后,应当立即向户口登记机关申报迁入登记。

第十五条 公民在常住地市、县范围以外的城市暂住3日以上的,由暂住地的户主或者本人在3日以内向户口登记机关申报暂住登记,离开前申报注销;暂住在旅店的,由旅店设置旅客登记簿随时登记。

公民在常住地市、县范围以内暂住,或者在常住地市、县范围以外的农村暂住,除暂住在旅店的由旅店设置旅客登记簿随时登记以外,不办理暂住登记。

第十六条 公民因私事离开常住地外出、暂住的时间超过3个月的,应当向户口登记机关申请延长时间或者办理迁移手续;既无理由延长时间又无迁移条件的,应当返回常住地。

第十七条 户口登记的内容需要变更或者更正的时候,由户主或者本人向户口登记机关申报;户口登记机关审查属实后予以变更或者更正。

户口登记机关认为必要的时候,可以向申请人索取有关变更或者更正的证明。

第十八条 公民变更姓名,依照下列规定办理:

(一)未满18周岁的人需要变更姓名的时候,由本人或者父母、收养人向户口登记机关申请变更登记;

(二)18周岁以上的人需要变更姓名的时候,由本人向户口登记机关申请变更登记。

第十九条 公民因结婚、离婚、收养、认领、分户、并户、失踪、寻回或者其他事由引起户口变动的时候,由户主或者本人向户口登记机关申报变更登记。

第二十条 有下列情形之一的,根据情节轻重,依法给予治安管理处罚或者追究刑事责任:

(一)不按照本条例的规定申报户口的;

(二)假报户口的;

(三)伪造、涂改、转让、出借、出卖户口证件的;

(四)冒名顶替他人户口的;

(五)旅店管理人不按照规定办理旅客登记的。

第二十一条 户口登记机关在户口登记工作中,如果发现有反革命分子和其他犯罪分子,应当提请司法机关依法追究刑事责任。

第二十二条 户口簿、册、表格、证件,由中华人民共和国公安部统一制定式样,由省、自治区、直辖市公安机关统筹印制。

公民领取户口簿和迁移证应当缴纳工本费。

第二十三条 民族自治地方的自治机关可以根据本条例的精神,结合当地具体情况,制定单行办法。

第二十四条 本条例自公布之日起施行。

居住证暂行条例

· 2015年11月26日中华人民共和国国务院令第663号公布
· 自2016年1月1日起施行

第一条 为了促进新型城镇化的健康发展,推进城镇基本公共服务和便利常住人口全覆盖,保障公民合法权益,促进社会公平正义,制定本条例。

第二条 公民离开常住户口所在地,到其他城市居住半年以上,符合有合法稳定就业、合法稳定住所、连续就读条件之一的,可以依照本条例的规定申领居住证。

第三条 居住证是持证人在居住地居住、作为常住人口享受基本公共服务和便利、申请登记常住户口的证明。

第四条 居住证登载的内容包括:姓名、性别、民族、出生日期、公民身份号码、本人相片、常住户口所在地住址、居住地住址、证件的签发机关和签发日期。

第五条 县级以上人民政府应当建立健全为居住证持有人提供基本公共服务和便利的机制。县级以上人民政府发展改革、教育、公安、民政、司法行政、人力资源社会保障、住房城乡建设、卫生计生等有关部门应当根据各自职责,做好居住证持有人的权益保障、服务和管理工作。

第六条 县级以上人民政府应当将为居住证持有人

提供基本公共服务和便利的工作纳入国民经济和社会发展规划，完善财政转移支付制度，将提供基本公共服务和便利所需费用纳入财政预算。

第七条 县级以上人民政府有关部门应当建立和完善人口信息库，分类完善劳动就业、教育、社会保障、房产、信用、卫生计生、婚姻等信息系统以及居住证持有人信息的采集、登记工作，加强部门之间、地区之间居住证持有人信息的共享，为推进社会保险、住房公积金等转移接续制度，实现基本公共服务常住人口全覆盖提供信息支持，为居住证持有人在居住地居住提供便利。

第八条 公安机关负责居住证的申领受理、制作、发放、签注等证件管理工作。

居民委员会、村民委员会、用人单位、就读学校以及房屋出租人应当协助做好居住证的申领受理、发放等工作。

第九条 申领居住证，应当向居住地公安派出所或者受公安机关委托的社区服务机构提交本人居民身份证、本人相片以及居住地住址、就业、就读等证明材料。

居住地住址证明包括房屋租赁合同、房屋产权证明文件、购房合同或者房屋出租人、用人单位、就读学校出具的住宿证明等；就业证明包括工商营业执照、劳动合同、用人单位出具的劳动关系证明或者其他能够证明有合法稳定就业的材料等；就读证明包括学生证、就读学校出具的其他能够证明连续就读的材料等。

未满16周岁的未成年人和行动不便的老年人、残疾人等，可以由其监护人、近亲属代为申领居住证。监护人、近亲属代为办理的，应当提供委托人、代办人的合法有效身份证件。

申请人及相关证明材料出具人应当对本条规定的证明材料的真实性、合法性负责。

对申请材料不全的，公安派出所或者受公安机关委托的社区服务机构应当一次性告知申领人需要补充的材料。

对符合居住证办理条件的，公安机关应当自受理之日起15日内制作发放居住证；在偏远地区、交通不便的地区或者因特殊情况，不能按期制作发放居住证的，设区的市级以上地方人民政府在实施办法中可以对制作发放时限作出延长规定，但延长后最长不得超过30日。

第十条 居住证由县级人民政府公安机关签发，每年签注1次。

居住证持有人在居住地连续居住的，应当在居住每满1年之日前1个月内，到居住地公安派出所或者受公安机关委托的社区服务机构办理签注手续。

逾期未办理签注手续的，居住证使用功能中止；补办签注手续的，居住证的使用功能恢复，居住证持有人在居住地的居住年限自补办签注手续之日起连续计算。

第十一条 居住证损坏难以辨认或者丢失的，居住证持有人应当到居住地公安派出所或者受公安机关委托的社区服务机构办理换领、补领手续。

居住证持有人换领新证时，应当交回原证。

第十二条 居住证持有人在居住地依法享受劳动就业，参加社会保险，缴存、提取和使用住房公积金的权利。县级以上人民政府及其有关部门应当为居住证持有人提供下列基本公共服务：

（一）义务教育；

（二）基本公共就业服务；

（三）基本公共卫生服务和计划生育服务；

（四）公共文化体育服务；

（五）法律援助和其他法律服务；

（六）国家规定的其他基本公共服务。

第十三条 居住证持有人在居住地享受下列便利：

（一）按照国家有关规定办理出入境证件；

（二）按照国家有关规定换领、补领居民身份证；

（三）机动车登记；

（四）申领机动车驾驶证；

（五）报名参加职业资格考试、申请授予职业资格；

（六）办理生育服务登记和其他计划生育证明材料；

（七）国家规定的其他便利。

第十四条 国务院有关部门、地方各级人民政府及其有关部门应当积极创造条件，逐步扩大为居住证持有人提供公共服务和便利的范围，提高服务标准，并定期向社会公布居住证持有人享受的公共服务和便利的范围。

第十五条 居住证持有人符合居住地人民政府规定的落户条件的，可以根据本人意愿，将常住户口由原户口所在地迁入居住地。

第十六条 居住地人民政府应当根据下列规定确定落户条件：

（一）建制镇和城区人口50万以下的小城市的落户条件为在城市市区、县人民政府驻地镇或者其他建制镇有合法稳定住所。

（二）城区人口50万至100万的中等城市的落户条件为在城市有合法稳定就业并有合法稳定住所，同时按照国家规定参加城镇社会保险达到一定年限。其中，城市综合承载能力压力小的地方,可以参照建制镇和小城市标准,全面放开落户限制;城市综合承载能力压力大的地方,可以对合法稳定就业的范围、年限和合法稳定住所的范围、条件等作出规定,但对合法稳定住所不得设置住房面积、金额等要求,对参加城镇社会保险年限的要求不得超过3年。

(三)城区人口100万至500万的大城市的落户条件为在城市有合法稳定就业达到一定年限并有合法稳定住所,同时按照国家规定参加城镇社会保险达到一定年限,但对参加城镇社会保险年限的要求不得超过5年。其中,城区人口300万至500万的大城市可以对合法稳定就业的范围、年限和合法稳定住所的范围、条件等作出规定,也可结合本地实际,建立积分落户制度。

(四)城区人口500万以上的特大城市和超大城市应当根据城市综合承载能力和经济社会发展需要,以具有合法稳定就业和合法稳定住所、参加城镇社会保险年限、连续居住年限等为主要指标,建立完善积分落户制度。

第十七条 国家机关及其工作人员对在工作过程中知悉的居住证持有人个人信息,应当予以保密。

第十八条 有下列行为之一的,由公安机关给予警告、责令改正,处200元以下罚款,有违法所得的,没收违法所得:

(一)使用虚假证明材料骗领居住证;

(二)出租、出借、转让居住证;

(三)非法扣押他人居住证。

第十九条 有下列行为之一的,由公安机关处200元以上1000元以下罚款,有违法所得的,没收违法所得:

(一)冒用他人居住证或者使用骗领的居住证;

(二)购买、出售、使用伪造、变造的居住证。

伪造、变造的居住证和骗领的居住证,由公安机关予以收缴。

第二十条 国家机关及其工作人员有下列行为之一的,依法给予处分;构成犯罪的,依法追究刑事责任:

(一)符合居住证申领条件但拒绝受理、发放;

(二)违反有关规定收取费用;

(三)利用制作、发放居住证的便利,收受他人财物或者谋取其他利益;

(四)将在工作中知悉的居住证持有人个人信息出售或者非法提供给他人;

(五)篡改居住证信息。

第二十一条 首次申领居住证,免缴证件工本费。换领、补领居住证,应当缴纳证件工本费。办理签注手续不得收取费用。

具体收费办法由国务院财政部门、价格主管部门制定。

第二十二条 设区的市级以上地方人民政府应当结合本行政区域经济社会发展需要及落户条件等因素,根据本条例制定实施办法。

第二十三条 本条例自2016年1月1日起施行。本条例施行前各地已发放的居住证,在有效期内继续有效。

3. 抚养、扶养、赡养

赡养协议公证细则

· 1991年4月2日
· 司发〔1991〕048号

第一条 为规范赡养协议公证程序,根据《中华人民共和国民法通则》、《中华人民共和国婚姻法》、《中华人民共和国继承法》、《中华人民共和国公证暂行条例》、《公证程序规则(试行)》,制定本细则。

第二条 赡养协议是赡养人就履行赡养义务与被赡养人订立的协议。或赡养人相互间为分担赡养义务订立的协议。

父母或祖父母、外祖父母为被赡养人,子女或孙子女、外孙子女为赡养人。

第三条 赡养协议公证是公证处依法证明当事人签订赡养协议真实、合法的行为。

第四条 赡养协议公证,由被赡养人或赡养人的住所地公证处受理。

第五条 申办赡养协议公证,当事人应向公证处提交以下证件和材料:

(一)赡养协议公证申请表;

(二)当事人的居民身份证或其他身份证明;

(三)委托代理申请,代理人应提交委托人的授权委托书和代理人的身份证明;

(四)当事人之间的亲属关系证明;

(五)赡养协议;

(六)公证处认为应当提交的其他材料。

第六条 符合下列条件的申请,公证处应予受理:

(一)当事人及其代理人身份明确,具有完全民事行为能力;

(二)当事人就赡养事宜已达成协议;
(三)当事人提交了本细则第五条规定的证件和材料;
(四)该公证事项属本公证处管辖。

对不符合前款规定条件的申请,公证处应作出不予受理的决定,并通知当事人。

第七条 赡养协议应包括下列主要内容:
(一)被赡养人和赡养人的姓名、性别、出生日期、家庭住址;
(二)被赡养人和赡养人之间的关系;
(三)赡养人应尽的具体义务。包括照顾被赡养人衣、食、住、行、病、葬的具体措施及对责任田、口粮田、自留地的耕、种、管、收等内容;
(四)赡养人提供赡养费和其他物质帮助的给付方式、给付时间;
(五)对被赡养人财产的保护措施;
(六)协议变更的条件和争议的解决方法;
(七)违约责任;
(八)如有履行协议的监督人,应到场并在协议上签字。

第八条 公证人员应认真接待当事人,按《公证程序规则(试行)》第二十四条规定制作笔录,并着重记录下列内容:
(一)被赡养人的健康、财产、工作状况,劳动和生活自理能力及子女情况,对赡养人的意见和要求;
(二)赡养人的工作、经济状况及赡养能力;
(三)赡养人与被赡养人之间的关系,签订赡养协议的原因和意思表示;
(四)赡养人应尽的具体义务;
(五)违约责任;
(六)设立赡养协议监督人的情况;
(七)公证人员认为应当记录的其他内容。

公证人员接待当事人,须根据民法通则、婚姻法和继承法等有关法律,向当事人说明签订赡养协议的法律依据,协议双方应承担的义务和享有的权利,以及不履行义务应承担的法律责任。

第九条 赡养协议公证,除按《公证程序规则(试行)》第二十三条规定的内容审查外,还应着重审查下列内容:
(一)赡养人必须是被赡养人的晚辈直系亲属;
(二)当事人的意思表示真实、协商一致;
(三)赡养协议条款完备,权利义务明确、具体、可行,协议中不得有处分被赡养人财产或以放弃继承权为条件不尽赡养义务等,侵害被赡养人合法权益的违反法律、政策的内容;
(四)协议监督人应自愿,并有承担监督义务的能力;
(五)公证人员认为应当查明的其他情况。

第十条 符合下列条件的赡养协议,公证处应出具公证书:
(一)当事人具有完全民事行为能力;
(二)委托代理人的代理行为合法;
(三)当事人意思表示真实,自愿;
(四)协议内容真实、合法,赡养人应尽的义务明确、具体、可行,协议条款完备,文字表述准确;
(五)办证程序符合规定。

不符合前款规定的,应当拒绝公证,并在办证期限内将拒绝的理由通知当事人。

第十一条 被赡养人不具有完全民事行为能力,应由赡养人之间共同签订赡养协议,并参照本细则规定办理公证。

第十二条 办理兄、姐与弟、妹之间的扶养协议公证,可参照本细则规定。

第十三条 本细则由司法部负责解释。

第十四条 本细则自一九九一年五月一日起施行。

附:
公证书格式(1)

公证书

( )××字第××号

兹证明被赡养人××(男或女,××××年×月×日出生,现住××省××县××乡××村)与赡养人×××(男或女,××××年×月×日出生,现住××省××县××乡××村)、×××(男或女,××××年×月×日出生,现住××省××县××乡××村),于×××年×月×日自愿签订了前面《赡养协议》,并在我的面前,在前面的协议上签名(盖章)。当事人签订上述协议的行为符合《中华人民共和国民法通则》第五十五条和《中华人民共和国婚姻法》的规定。

××省××县公证处
公证员×××
××××年×月×日

公证书格式（2）

公证书

（　）××字第××号

兹证明赡养人×××(男或女,××××年×月×日出生,现住××省××县××乡××村)、×××(男或女,××××年×月×日出生,现住××省××县××乡××村)就赡养×××的问题于××××年×月×日自愿签订了前面《赡养协议》，并在我的面前，在前面的协议上签名(盖章)。当事人签订上述协议的行为符合《中华人民共和国民法通则》第五十五条和《中华人民共和国婚姻法》的规定。

××省××县公证处
公证员×××
××××年×月×日

注：本格式用于《赡养协议公证细则》第十一条规定的情况。

遗赠扶养协议公证细则

- 1991年4月3日
- 司发〔1991〕047号

第一条 为规范遗赠扶养协议公证程序，根据《中华人民共和国民法通则》、《中华人民共和国继承法》、《中华人民共和国公证暂行条例》、《公证程序规则(试行)》，制订本细则。

第二条 遗赠扶养协议是遗赠人和扶养人为明确相互间遗赠和扶养的权利义务关系所订立的协议。

需要他人扶养，并愿将自己的合法财产全部或部分遗赠给扶养人的为遗赠人；对遗赠人尽扶养义务并接受遗赠的人为扶养人。

第三条 遗赠扶养协议公证是公证处依法证明当事人签订遗赠扶养协议真实、合法的行为。

第四条 遗赠人必须是具有完全民事行为能力、有一定的可遗赠的财产，并需要他人扶养的公民。

第五条 扶养人必须是遗赠人法定继承人以外的公民或组织，并具有完全民事行为能力、能履行扶养义务。

第六条 遗赠扶养协议公证，由遗赠人或扶养人的住所地公证处受理。

第七条 办理遗赠扶养协议公证，当事人双方应亲自到公证处提出申请，遗赠人确有困难，公证人员可到其居住地办理。

第八条 申办遗赠扶养协议公证，当事人应向公证处提交以下证件和材料：

（一）当事人遗赠扶养协议公证申请表；

（二）当事人的居民身份证或其他身份证明；

（三）扶养人为组织的，应提交资格证明、法定代表人身份证明，代理人应提交授权委托书；

（四）村民委员会、居民委员会或所在单位出具的遗赠人的家庭成员情况证明；

（五）遗赠财产清单和所有权证明；

（六）村民委员会、居民委员会或所在单位出具的扶养人的经济情况和家庭成员情况证明；

（七）扶养人有配偶的，应提交其配偶同意订立遗赠扶养协议的书面意见；

（八）遗赠扶养协议；

（九）公证人员认为应当提交的其他材料。

第九条 符合下列条件的申请，公证处应予受理：

（一）当事人身份明确，具有完全民事行为能力；

（二）当事人就遗赠扶养协议事宜已达成协议；

（三）当事人提交了本细则第八条规定的证件和材料；

（四）该公证事项属于本公证处管辖。

对不符合前款规定条件的申请，公证处应作出不予受理的决定，并通知当事人。

第十条 公证人员接待当事人，应按《公证程序规则(试行)》第二十四条规定制作笔录，并着重记录下列内容：

（一）遗赠人和扶养人的近亲情况、经济状况；

（二）订立遗赠扶养协议的原因；

（三）遗赠人遗赠财产的名称、种类、数量、质量、价值、座落或存放地点，产权有无争议，有无债权债务及处理意见；

（四）扶养人的扶养条件、扶养能力、扶养方式，及应尽的义务；

（五）与当事人共同生活的家庭成员意见；

（六）遗赠财产的使用保管方法；

（七）争议的解决方法；

（八）违约责任；

（九）公证人员认为应当记录的其他内容。

公证人员接待当事人，须根据民法通则和继承法等有关法律，向当事人说明签订遗赠扶养协议的法律依据，协议双方应承担的义务和享有的权利，以及不履行义务承担的法律责任。

第十一条 遗赠扶养协议应包括下列主要内容：

（一）当事人的姓名、性别、出生日期、住址，扶养人为组织的应写明单位名称、住址、法定代表人及代理人的姓名；

（二）当事人自愿达成协议的意思表示；

（三）遗赠人受扶养的权利和遗赠的义务；扶养人受遗赠的权利和扶养义务，包括照顾遗赠人的衣、食、住、行、病、葬的具体措施及责任田、口粮田、自留地的耕、种、管、收和遗赠财产的名称、种类、数量、质量、价值、座落或存放地点、产权归属等；

（四）遗赠财产的保护措施或担保人同意担保的意思表示；

（五）协议变更、解除的条件和争议的解决方法；

（六）违约责任。

第十二条 遗赠扶养协议公证，除按《公证程序规则（试行）》第二十三条规定的内容审查外，应着重审查下列内容：

（一）当事人之间有共同生活的感情基础，一般居住在同一地；

（二）当事人的意思表示真实、协商一致，协议条款完备，权利义务明确、具体、可行；

（三）遗赠的财产属遗赠人所有，产权明确无争议；财产为特定的、不易灭失；

（四）遗赠人的债权债务有明确的处理意见；

（五）遗赠人有配偶并同居的，应以夫妻共同为一方签订协议；

（六）扶养人有配偶的，必须征得配偶的同意；

（七）担保人同意担保的意思表示及担保财产；

（八）公证人员认为应当查明的其他情况。

第十三条 符合下列条件的遗赠扶养协议，公证处应出具公证书：

（一）遗赠人和扶养人具有完全民事行为能力；

（二）当事人意思表示真实、自愿；

（三）协议内容真实、合法，条款完备，协议内容明确、具体、可行，文字表述准确；

（四）办证程序符合规定。

不符合前款规定条件的，应当拒绝公证，并在办证期限内将拒绝的理由通知当事人。

第十四条 订立遗赠扶养协议公证后，未征得扶养人的同意，遗赠人不得另行处分遗赠的财产，扶养人也不得干涉遗赠人处分未遗赠的财产。

第十五条 无遗赠财产的扶养协议公证，参照本细则办理。

第十六条 本细则由司法部负责解释。

第十七条 本细则自一九九一年五月一日起施行。

附：
公证书格式（1）

公证书

（　　）××字第××号

兹证明遗赠人×××（男或女，××××年×月×日出生，现住××省×市××街××号）与扶养人×××（男或女，××××年×月×日出生，现住××省××市××街××号）于××××年×月×日自愿签订了前面的《遗赠扶养协议》，并在我的面前，在前面的协议上签名（盖章）。×××与×××签订上述协议的行为符合《中华人民共和国民法通则》第五十五条和《中华人民共和国继承法》的规定。

××省××市公证处
公证员×××
××××年×月×日

公证书格式（2）

公证书

（　　）××字第××号

兹证明遗赠人×××（男或女，××××年×月×日出生，现住××省××市××街××号）与扶养人××××（单位名称）代表人×××（男或女，××××年×月×日出生，现住××省××市××街××号）于××××年×月×日自愿签订了前面的《遗赠扶养协议》，并在我的面前，在前面的协议上签名（盖章）。×××与××××（单位名称）的代表人×××签订上述协议符合《中华人民共和国民法通则》第五十五条和《中华人民共和国继承法》的规定。

××省××市公证处
公证员×××
××××年×月×日

4. 收养、寄养

中国公民收养子女登记办法

- 1999年5月12日国务院批准
- 1999年5月25日民政部令第14号发布
- 根据2019年3月2日《国务院关于修改部分行政法规的决定》第一次修订
- 根据2023年7月20日《国务院关于修改和废止部分行政法规的决定》第二次修订

第一条 为了规范收养登记行为，根据《中华人民共和国民法典》（以下简称民法典），制定本办法。

第二条 中国公民在中国境内收养子女或者协议解除收养关系的，应当依照本办法的规定办理登记。

办理收养登记的机关是县级人民政府民政部门。

第三条 收养登记工作应当坚持中国共产党的领导，遵循最有利于被收养人的原则，保障被收养人和收养人的合法权益。

第四条 收养社会福利机构抚养的查找不到生父母的弃婴、儿童和孤儿的，在社会福利机构所在地的收养登记机关办理登记。

收养非社会福利机构抚养的查找不到生父母的弃婴和儿童的，在弃婴和儿童发现地的收养登记机关办理登记。

收养生父母有特殊困难无力抚养的子女或者由监护人监护的孤儿的，在被收养人生父母或者监护人常住户口所在地（组织作监护人的，在该组织所在地）的收养登记机关办理登记。

收养三代以内同辈旁系血亲的子女，以及继父或者继母收养继子女的，在被收养人生父或者生母常住户口所在地的收养登记机关办理登记。

第五条 收养关系当事人应当亲自到收养登记机关办理成立收养关系的登记手续。

夫妻共同收养子女的，应当共同到收养登记机关办理登记手续；一方因故不能亲自前往的，应当书面委托另一方办理登记手续，委托书应当经过村民委员会或者居民委员会证明或者经过公证。

第六条 收养人应当向收养登记机关提交收养申请书和下列证件、证明材料：

（一）收养人的居民户口簿和居民身份证；

（二）由收养人所在单位或者村民委员会、居民委员会出具的本人婚姻状况和抚养教育被收养人的能力等情况的证明，以及收养人出具的子女情况声明；

（三）县级以上医疗机构出具的未患有在医学上认为不应当收养子女的疾病的身体健康检查证明。

收养查找不到生父母的弃婴、儿童的，并应当提交收养人经常居住地卫生健康主管部门出具的收养人生育情况证明；其中收养非社会福利机构抚养的查找不到生父母的弃婴、儿童的，收养人应当提交下列证明材料：

（一）收养人经常居住地卫生健康主管部门出具的收养人生育情况证明；

（二）公安机关出具的捡拾弃婴、儿童报案的证明。

收养继子女的，可以只提交居民户口簿、居民身份证和收养人与被收养人生父或者生母结婚的证明。

对收养人出具的子女情况声明，登记机关可以进行调查核实。

第七条 送养人应当向收养登记机关提交下列证件和证明材料：

（一）送养人的居民户口簿和居民身份证（组织作监护人的，提交其负责人的身份证件）；

（二）民法典规定送养时应当征得其他有抚养义务的人同意的，并提交其他有抚养义务的人同意送养的书面意见。

社会福利机构为送养人的，应当提交弃婴、儿童进入社会福利机构的原始记录，公安机关出具的捡拾弃婴、儿童报案的证明，或者孤儿的生父母死亡或者宣告死亡的证明。

监护人为送养人的，并应当提交实际承担监护责任的证明，孤儿的父母死亡或者宣告死亡的证明，或者被收养人生父母无完全民事行为能力并对被收养人有严重危害的证明。

生父母为送养人，有特殊困难无力抚养子女的，还应当提交送养人有特殊困难的声明；因丧偶或者一方下落不明由单方送养的，还应当提交配偶死亡或者下落不明的证明。对送养人有特殊困难的声明，登记机关可以进行调查核实；子女由三代以内同辈旁系血亲收养的，还应当提交公安机关出具的或者经过公证的与收养人有亲属关系的证明。

被收养人是残疾儿童的，并应当提交县级以上医疗机构出具的该儿童的残疾证明。

第八条 收养登记机关收到收养登记申请书及有关材料后，应当自次日起30日内进行审查。对符合民法典规定条件的，为当事人办理收养登记，发给收养登记证，收养关系自登记之日起成立；对不符合民法典规定条件的，不予登记，并对当事人说明理由。

收养查找不到生父母的弃婴、儿童的，收养登记机关应当在登记前公告查找其生父母；自公告之日起满60日，弃婴、儿童的生父母或者其他监护人未认领的，视为查找不到生父母的弃婴、儿童。公告期间不计算在登记办理期限内。

第九条 收养关系成立后，需要为被收养人办理户口登记或者迁移手续的，由收养人持收养登记证到户口登记机关按照国家有关规定办理。

第十条 收养关系当事人协议解除收养关系的，应当持居民户口簿、居民身份证、收养登记证和解除收养关系的书面协议，共同到被收养人常住户口所在地的收养登记机关办理解除收养关系登记。

第十一条 收养登记机关收到解除收养关系登记申请书及有关材料后，应当自次日起30日内进行审查；对符合民法典规定的，为当事人办理解除收养关系的登记，收回收养登记证，发给解除收养关系证明。

第十二条 为收养关系当事人出具证明材料的组织，应当如实出具有关证明材料。出具虚假证明材料的，由收养登记机关没收虚假证明材料，并建议有关组织对直接责任人员给予批评教育，或者依法给予行政处分、纪律处分。

第十三条 收养关系当事人弄虚作假骗取收养登记的，收养关系无效，由收养登记机关撤销登记，收缴收养登记证。

第十四条 本办法规定的收养登记证、解除收养关系证明的式样，由国务院民政部门制订。

第十五条 华侨以及居住在香港、澳门、台湾地区的中国公民在内地收养子女的，申请办理收养登记的管辖以及所需要出具的证件和证明材料，按照国务院民政部门的有关规定执行。

第十六条 本办法自发布之日起施行。

外国人在中华人民共和国收养子女登记办法

· 1999年5月25日民政部令第15号发布
· 根据2024年12月6日《国务院关于修改和废止部分行政法规的决定》修订

第一条 为了规范涉外收养登记行为，根据《中华人民共和国民法典》（以下简称民法典），制定本办法。

第二条 外国人在中华人民共和国境内收养子女（以下简称外国人在华收养子女），应当依照本办法办理登记。

收养人夫妻一方为外国人，在华收养子女，也应当依照本办法办理登记。

第三条 外国人在华收养子女，应当符合中国有关收养法律的规定，并应当符合收养人所在国有关收养法律的规定；因收养人所在国法律的规定与中国法律的规定不一致而产生的问题，由两国政府有关部门协商处理。

第四条 外国人在华收养子女，应当通过所在国政府或者政府委托的收养组织（以下简称外国收养组织）向中国政府委托的收养组织（以下简称中国收养组织）转交收养申请并提交收养人的家庭情况报告和证明。

前款规定的收养人的收养申请、家庭情况报告和证明，是指由其所在国有权机构出具，经其所在国外交机关或者外交机关授权的机构认证，并经中华人民共和国驻该国使馆或者领馆认证的，或者履行中华人民共和国缔结或者参加的国际条约规定的证明手续的下列文件：

（一）跨国收养申请书；
（二）出生证明；
（三）婚姻状况证明；
（四）职业、经济收入和财产状况证明；
（五）身体健康检查证明；
（六）有无受过刑事处罚的证明；
（七）收养人所在国主管机关同意其跨国收养子女的证明；
（八）家庭情况报告，包括收养人的身份、收养的合格性和适当性、家庭状况和病史、收养动机以及适合于照顾儿童的特点等。

在华工作或者学习连续居住1年以上的外国人在华收养子女，应当提交前款规定的除身体健康检查证明以外的文件，并应当提交在华所在单位或者有关部门出具的婚姻状况证明，职业、经济收入或者财产状况证明，有无受过刑事处罚证明以及县级以上医疗机构出具的身体健康检查证明。

第五条 送养人应当向省、自治区、直辖市人民政府民政部门提交本人的居民户口簿和居民身份证（社会福利机构作送养人的，应当提交其负责人的身份证件）、被收养人的户籍证明等情况证明，并根据不同情况提交下列有关证明材料：

（一）被收养人的生父母（包括已经离婚的）为送养人的，应当提交生父母有特殊困难无力抚养的证明和生父母双方同意送养的书面意见；其中，被收养人的生父或者生母因丧偶或者一方下落不明，由单方送养的，并应当提交配偶死亡或者下落不明的证明以及死亡的或者下落不明的配偶的父母不行使优先抚养权的书面声明；

（二）被收养人的父母均不具备完全民事行为能力，由被收养人的其他监护人作送养人的,应当提交被收养人的父母不具备完全民事行为能力且对被收养人有严重危害的证明以及监护人有监护权的证明；

（三）被收养人的父母均已死亡,由被收养人的监护人作送养人的,应当提交其生父母的死亡证明、监护人实际承担监护责任的证明,以及其他有抚养义务的人同意送养的书面意见；

（四）由社会福利机构作送养人的,应当提交弃婴、儿童被遗弃和发现的情况证明以及查找其父母或者其他监护人的情况证明；被收养人是孤儿的,应当提交孤儿父母的死亡或者宣告死亡证明,以及有抚养孤儿义务的其他人同意送养的书面意见。

送养残疾儿童的,还应当提交县级以上医疗机构出具的该儿童的残疾证明。

第六条 省、自治区、直辖市人民政府民政部门应当对送养人提交的证件和证明材料进行审查,对查找不到生父母的弃婴和儿童公告查找其生父母；认为被收养人、送养人符合民法典规定条件的,将符合民法典规定的被收养人、送养人名单通知中国收养组织,同时转交下列证件和证明材料：

（一）送养人的居民户口簿和居民身份证（社会福利机构作送养人的,为其负责人的身份证件）复制件；

（二）被收养人是弃婴或者孤儿的证明、户籍证明、成长情况报告和身体健康检查证明的复制件及照片。

省、自治区、直辖市人民政府民政部门查找弃婴或者儿童生父母的公告应当在省级地方报纸上刊登。自公告刊登之日起满60日,弃婴和儿童的生父母或者其他监护人未认领的,视为查找不到生父母的弃婴和儿童。

第七条 中国收养组织对外国收养人的收养申请和有关证明进行审查后,应当在省、自治区、直辖市人民政府民政部门报送的符合民法典规定条件的被收养人中,参照外国收养人的意愿,选择适当的被收养人,并将该被收养人及其送养人的有关情况通过外国政府或者外国收养组织送交外国收养人。外国收养人同意收养的,中国收养组织向其发出来华收养子女通知书,同时通知有关的省、自治区、直辖市人民政府民政部门向送养人发出被收养人已被同意收养的通知。

第八条 外国人来华收养子女,应当亲自来华办理登记手续。夫妻共同收养的,应当共同来华办理收养手续；一方因故不能来华的,应当书面委托另一方。委托书应当经所在国公证和认证。中华人民共和国缔结或者参加的国际条约另有规定的,按照国际条约规定的证明手续办理。

收养人对外国主管机关依据本办法第四条第二款和前款提及的国际条约出具的证明文件的真实性负责,签署书面声明,并承担相应法律责任。

第九条 外国人来华收养子女,应当与送养人订立书面收养协议。协议一式3份,收养人、送养人各执1份,办理收养登记手续时收养登记机关收存1份。

书面协议订立后,收养关系当事人应当共同到被收养人常住户口所在地的省、自治区、直辖市人民政府民政部门办理收养登记。

第十条 收养关系当事人办理收养登记时,应当填写外国人来华收养子女登记申请书并提交收养协议,同时分别提供有关材料。

收养人应当提供下列材料：

（一）中国收养组织发出的来华收养子女通知书；

（二）收养人的身份证件和照片。

送养人应当提供下列材料：

（一）省、自治区、直辖市人民政府民政部门发出的被收养人已被同意收养的通知；

（二）送养人的居民户口簿和居民身份证（社会福利机构作送养人的,为其负责人的身份证件）、被收养人的照片。

第十一条 收养登记机关收到外国人来华收养子女登记申请书和收养人、被收养人及其送养人的有关材料后,应当自次日起7日内进行审查,对符合本办法第十条规定的,为当事人办理收养登记,发给收养登记证书。收养关系自登记之日起成立。

收养登记机关应当将登记结果通知中国收养组织。

第十二条 收养关系当事人办理收养登记后,各方或者一方要求办理收养公证的,应当到收养登记地的具有办理涉外公证资格的公证机构办理收养公证。

第十三条 被收养人出境前,收养人应当凭收养登记证书到收养登记地的公安机关为被收养人办理出境手续。

第十四条 外国人在华收养子女,应当向登记机关交纳登记费。登记费的收费标准按照国家有关规定执行。

中国收养组织是非营利性公益事业单位,为外国收养人提供收养服务,可以收取服务费。服务费的收费标准按照国家有关规定执行。

为抚养在社会福利机构生活的弃婴和儿童,国家鼓励外国收养人、外国收养组织向社会福利机构捐赠。受赠的社会福利机构必须将捐赠财物全部用于改善所抚养的弃婴和儿童的养育条件,不得挪作他用,并应当将捐赠财物的使用情况告知捐赠人。受赠的社会福利机构还应当接受有关部门的监督,并应当将捐赠的使用情况向社会公布。

第十五条 中国收养组织的活动受国务院民政部门监督。

第十六条 本办法自发布之日起施行。1993 年 11 月 3 日国务院批准,1993 年 11 月 10 日司法部、民政部发布的《外国人在中华人民共和国收养子女实施办法》同时废止。

家庭寄养管理办法

- 2014 年 9 月 24 日民政部令第 54 号公布
- 自 2014 年 12 月 1 日起施行

第一章 总 则

第一条 为了规范家庭寄养工作,促进寄养儿童身心健康成长,根据《中华人民共和国未成年人保护法》和国家有关规定,制定本办法。

第二条 本办法所称家庭寄养,是指经过规定的程序,将民政部门监护的儿童委托在符合条件的家庭中养育的照料模式。

第三条 家庭寄养应当有利于寄养儿童的抚育、成长,保障寄养儿童的合法权益不受侵犯。

第四条 国务院民政部门负责全国家庭寄养监督管理工作。

县级以上地方人民政府民政部门负责本行政区域内家庭寄养监督管理工作。

第五条 县级以上地方人民政府民政部门设立的儿童福利机构负责家庭寄养工作的组织实施。

第六条 县级以上人民政府民政部门应当会同有关部门采取措施,鼓励、支持符合条件的家庭参与家庭寄养工作。

第二章 寄养条件

第七条 未满十八周岁、监护权在县级以上地方人民政府民政部门的孤儿,查找不到生父母的弃婴和儿童,可以被寄养。

需要长期依靠医疗康复、特殊教育等专业技术照料的重度残疾儿童,不宜安排家庭寄养。

第八条 寄养家庭应当同时具备下列条件:

(一)有儿童福利机构所在地的常住户口和固定住所。寄养儿童入住后,人均居住面积不低于当地人均居住水平;

(二)有稳定的经济收入,家庭成员人均收入在当地处于中等水平以上;

(三)家庭成员未患有传染病或者精神病,以及其他不利于寄养儿童抚育、成长的疾病;

(四)家庭成员无犯罪记录,无不良生活嗜好,关系和睦,与邻里关系融洽;

(五)主要照料人的年龄在三十周岁以上六十五周岁以下,身体健康,具有照料儿童的能力、经验,初中以上文化程度。

具有社会工作、医疗康复、心理健康、文化教育等专业知识的家庭和自愿无偿奉献爱心的家庭,同等条件下优先考虑。

第九条 每个寄养家庭寄养儿童的人数不得超过二人,且该家庭无未满六周岁的儿童。

第十条 寄养残疾儿童,应当优先在具备医疗、特殊教育、康复训练条件的社区中为其选择寄养家庭。

第十一条 寄养年满十周岁以上儿童的,应当征得寄养儿童的同意。

第三章 寄养关系的确立

第十二条 确立家庭寄养关系,应当经过以下程序:

(一)申请。拟开展寄养的家庭应当向儿童福利机构提出书面申请,并提供户口簿、身份证复印件,家庭经济收入和住房情况、家庭成员健康状况以及一致同意申请等证明材料;

(二)评估。儿童福利机构应当组织专业人员或者委托社会工作服务机构等第三方专业机构对提出申请的家庭进行实地调查,核实申请家庭是否具备寄养条件和抚育能力,了解其邻里关系、社会交往、有无犯罪记录、社区环境等情况,并根据调查结果提出评估意见;

(三)审核。儿童福利机构应当根据评估意见对申请家庭进行审核,确定后报主管民政部门备案;

(四)培训。儿童福利机构应当对寄养家庭主要照料人进行培训;

(五)签约。儿童福利机构应当与寄养家庭主要照料人签订寄养协议,明确寄养期限、寄养双方的权利义务、寄养家庭的主要照料人、寄养融合期限、违约责任及处理等事项。家庭寄养协议自双方签字(盖章)之日起生效。

第十三条 寄养家庭应当履行下列义务:

(一)保障寄养儿童人身安全,尊重寄养儿童人格尊严;

（二）为寄养儿童提供生活照料，满足日常营养需要，帮助其提高生活自理能力；

（三）培养寄养儿童健康的心理素质，树立良好的思想道德观念；

（四）按照国家规定安排寄养儿童接受学龄前教育和义务教育。负责与学校沟通，配合学校做好寄养儿童的学校教育；

（五）对患病的寄养儿童及时安排医治。寄养儿童发生急症、重症等情况时，应当及时进行医治，并向儿童福利机构报告；

（六）配合儿童福利机构为寄养的残疾儿童提供辅助矫治、肢体功能康复训练、聋儿语言康复训练等方面的服务；

（七）配合儿童福利机构做好寄养儿童的送养工作；

（八）定期向儿童福利机构反映寄养儿童的成长状况，并接受其探访、培训、监督和指导；

（九）及时向儿童福利机构报告家庭住所变更情况；

（十）保障寄养儿童应予保障的其他权益。

第十四条 儿童福利机构主要承担以下职责：

（一）制定家庭寄养工作计划并组织实施；

（二）负责寄养家庭的招募、调查、审核和签约；

（三）培训寄养家庭中的主要照料人，组织寄养工作经验交流活动；

（四）定期探访寄养儿童，及时处理存在的问题；

（五）监督、评估寄养家庭的养育工作；

（六）建立家庭寄养服务档案并妥善保管；

（七）根据协议规定发放寄养儿童所需款物；

（八）向主管民政部门及时反映家庭寄养工作情况并提出建议。

第十五条 寄养协议约定的主要照料人不得随意变更。确需变更的，应当经儿童福利机构同意，经培训后在家庭寄养协议主要照料人一栏中变更。

第十六条 寄养融合期的时间不得少于六十日。

第十七条 寄养家庭有协议约定的事由在短期内不能照料寄养儿童的，儿童福利机构应当为寄养儿童提供短期养育服务。短期养育服务时间一般不超过三十日。

第十八条 寄养儿童在寄养期间不办理户口迁移手续，不改变与民政部门的监护关系。

第四章 寄养关系的解除

第十九条 寄养家庭提出解除寄养关系的，应当提前一个月向儿童福利机构书面提出解除寄养关系的申请，儿童福利机构应当予以解除。但在融合期内提出解除寄养关系的除外。

第二十条 寄养家庭有下列情形之一的，儿童福利机构应当解除寄养关系：

（一）寄养家庭及其成员有歧视、虐待寄养儿童行为的；

（二）寄养家庭成员的健康、品行不符合本办法第八条第（三）和（四）项规定的；

（三）寄养家庭发生重大变故，导致无法履行寄养义务的；

（四）寄养家庭变更住所后不符合本办法第八条规定的；

（五）寄养家庭借机对外募款敛财的；

（六）寄养家庭不履行协议约定的其他情形。

第二十一条 寄养儿童有下列情形之一的，儿童福利机构应当解除寄养关系：

（一）寄养儿童与寄养家庭关系恶化，确实无法共同生活的；

（二）寄养儿童依法被收养、被亲生父母或者其他监护人认领的；

（三）寄养儿童因就医、就学等特殊原因需要解除寄养关系的。

第二十二条 解除家庭寄养关系，儿童福利机构应当以书面形式通知寄养家庭，并报其主管民政部门备案。家庭寄养关系的解除以儿童福利机构批准时间为准。

第二十三条 儿童福利机构拟送养寄养儿童时，应当在报送被送养人材料的同时通知寄养家庭。

第二十四条 家庭寄养关系解除后，儿童福利机构应当妥善安置寄养儿童，并安排社会工作、医疗康复、心理健康教育等专业技术人员对其进行辅导、照料。

第二十五条 符合收养条件、有收养意愿的寄养家庭，可以依法优先收养被寄养儿童。

第五章 监督管理

第二十六条 县级以上地方人民政府民政部门对家庭寄养工作负有以下监督管理职责：

（一）制定本地区家庭寄养工作政策；

（二）指导、检查本地区家庭寄养工作；

（三）负责寄养协议的备案，监督寄养协议的履行；

（四）协调解决儿童福利机构与寄养家庭之间的争议；

（五）与有关部门协商，及时处理家庭寄养工作中存在的问题。

第二十七条 开展跨县级或者设区的市级行政区域的家庭寄养，应当经过共同上一级人民政府民政部门同意。

不得跨省、自治区、直辖市开展家庭寄养。

第二十八条　儿童福利机构应当聘用具有社会工作、医疗康复、心理健康教育等专业知识的专职工作人员。

第二十九条　家庭寄养经费，包括寄养儿童的养育费用补贴、寄养家庭的劳务补贴和寄养工作经费等。

寄养儿童养育费用补贴按照国家有关规定列支。寄养家庭劳务补贴、寄养工作经费等由当地人民政府予以保障。

第三十条　家庭寄养经费必须专款专用，儿童福利机构不得截留或者挪用。

第三十一条　儿童福利机构可以依法通过与社会组织合作、通过接受社会捐赠获得资助。

与境外社会组织或者个人开展同家庭寄养有关的合作项目，应当按照有关规定办理手续。

第六章　法律责任

第三十二条　寄养家庭不履行本办法规定的义务，或者未经同意变更主要照料人的，儿童福利机构可以督促其改正，情节严重的，可以解除寄养协议。

寄养家庭成员侵害寄养儿童的合法权益，造成人身财产损害的，依法承担民事责任；构成犯罪的，依法追究刑事责任。

第三十三条　儿童福利机构有下列情形之一的，由设立该机构的民政部门进行批评教育，并责令改正；情节严重的，对直接负责的主管人员和其他直接责任人员依法给予处分：

（一）不按照本办法的规定承担职责的；

（二）在办理家庭寄养工作中牟取利益，损害寄养儿童权益的；

（三）玩忽职守导致寄养协议不能正常履行的；

（四）跨省、自治区、直辖市开展家庭寄养，或者未经上级部门同意擅自开展跨县级或者设区的市级行政区域家庭寄养的；

（五）未按照有关规定办理手续，擅自与境外社会组织或者个人开展家庭寄养合作项目的。

第三十四条　县级以上地方人民政府民政部门不履行家庭寄养工作职责，由上一级人民政府民政部门责令其改正。情节严重的，对直接负责的主管人员和其他直接责任人员依法给予处分。

第七章　附　则

第三十五条　对流浪乞讨等生活无着未成年人承担临时监护责任的未成年人救助保护机构开展家庭寄养，参照本办法执行。

第三十六条　尚未设立儿童福利机构的，由县级以上地方人民政府民政部门负责本行政区域内家庭寄养的组织实施，具体工作参照本办法执行。

第三十七条　本办法自2014年12月1日起施行，2003年颁布的《家庭寄养管理暂行办法》（民发〔2003〕144号）同时废止。

收养评估办法（试行）

· 2020年12月30日
· 民发〔2020〕144号

第一条　为了加强收养登记管理，规范收养评估工作，保障被收养人的合法权益，根据《中华人民共和国民法典》，制定本办法。

第二条　中国内地居民在中国境内收养子女的，按照本办法进行收养评估。但是，收养继子女的除外。

第三条　本办法所称收养评估，是指民政部门对收养申请人是否具备抚养、教育和保护被收养人的能力进行调查、评估，并出具评估报告的专业服务行为。

第四条　收养评估应当遵循最有利于被收养人的原则，独立、客观、公正地对收养申请人进行评估，依法保护个人信息和隐私。

第五条　民政部门进行收养评估，可以自行组织，也可以委托第三方机构开展。

委托第三方机构开展收养评估的，民政部门应当与受委托的第三方机构签订委托协议。

第六条　民政部门自行组织开展收养评估的，应当组建收养评估小组。收养评估小组应有2名以上熟悉收养相关法律法规和政策的在编人员。

第七条　受委托的第三方机构应当同时具备下列条件：

（一）具有法人资格；

（二）组织机构健全，内部管理规范；

（三）业务范围包含社会调查或者评估，或者具备评估相关经验；

（四）有5名以上具有社会工作、医学、心理学等专业背景或者从事相关工作2年以上的专职工作人员；

（五）开展评估工作所需的其他条件。

第八条　收养评估内容包括收养申请人以下情况：收养动机、道德品行、受教育程度、健康状况、经济及住房条件、婚姻家庭关系、共同生活家庭成员意见、抚育计划、邻里关系、社区环境、与被收养人融合情况等。

收养申请人与被收养人融合的时间不少于30日。

第九条 收养评估流程包括书面告知、评估准备、实施评估、出具评估报告。

（一）书面告知。民政部门收到收养登记申请有关材料后，经初步审查收养申请人、送养人、被收养人符合《中华人民共和国民法典》《中国公民收养子女登记办法》要求的，应当书面告知收养申请人将对其进行收养评估。委托第三方机构开展评估的，民政部门应当同时书面告知受委托的第三方机构。

（二）评估准备。收养申请人确认同意进行收养评估的，第三方机构应当选派2名以上具有社会工作、医学、心理学等专业背景或者从事相关工作2年以上的专职工作人员开展评估活动。民政部门自行组织收养评估的，由收养评估小组开展评估活动。

（三）实施评估。评估人员根据评估需要，可以采取面谈、查阅资料、实地走访等多种方式进行评估，全面了解收养申请人的情况。

（四）出具报告。收养评估小组和受委托的第三方机构应当根据评估情况制作书面收养评估报告。收养评估报告包括正文和附件两部分：正文部分包括评估工作的基本情况、评估内容分析、评估结论等；附件部分包括记载评估过程的文字、语音、照片、影像等资料。委托第三方机构评估的，收养评估报告应当由参与评估人员签名，并加盖机构公章。民政部门自行组织评估的，收养评估报告应当由收养评估小组成员共同签名。

第十条 收养评估报告应当在收养申请人确认同意进行收养评估之日起60日内作出。收养评估期间不计入收养登记办理期限。

收养评估报告应当作为民政部门办理收养登记的参考依据。

第十一条 收养评估期间，收养评估小组或者受委托的第三方机构发现收养申请人及其共同生活家庭成员有下列情形之一的，应当向民政部门报告：

（一）弄虚作假，伪造、变造相关材料或者隐瞒相关事实的；

（二）参加非法组织、邪教组织的；

（三）买卖、性侵、虐待或者遗弃、非法送养未成年人，及其他侵犯未成年人身心健康的；

（四）有持续性、经常性的家庭暴力的；

（五）有故意犯罪行为，判处或者可能判处有期徒刑以上刑罚的；

（六）患有精神类疾病、传染性疾病、重度残疾或者智力残疾、重大疾病的；

（七）存在吸毒、酗酒、赌博、嫖娼等恶习的；

（八）故意或者过失导致正与其进行融合的未成年人受到侵害或者面临其他危险情形的；

（九）有其他不利于未成年人身心健康行为的。

存在前款规定第（八）项规定情形的，民政部门应当立即向公安机关报案。

第十二条 评估人员、受委托的第三方机构与收养申请人、送养人有利害关系的，应当回避。

第十三条 民政部门应当加强对收养评估小组的监督和管理。

委托第三方机构开展收养评估的，民政部门应当对受委托第三方履行协议情况进行监督。

第十四条 开展收养评估不得收取任何费用。地方收养评估工作所需经费应当纳入同级民政部门预算。

第十五条 华侨以及居住在香港、澳门、台湾地区的中国公民申请收养的，当地有权机构已经作出收养评估报告的，民政部门可以不再重复开展收养评估。没有收养评估报告的，民政部门可以依据当地有权机构出具的相关证明材料，对收养申请人进行收养评估。

外国人申请收养的，收养评估按照有关法律法规规定执行。

第十六条 省级民政部门可以结合当地情况细化、补充收养评估内容、流程，并报民政部备案。

第十七条 本办法自2021年1月1日起施行，《民政部关于印发〈收养能力评估工作指引〉的通知》（民发〔2015〕168号）同时废止。

民政部办公厅关于开展孤儿、事实无人抚养儿童认定申请受理"跨省通办"工作的通知

·2021年6月23日
·民办发〔2021〕10号

各省、自治区、直辖市民政厅（局），各计划单列市民政局，新疆生产建设兵团民政局：

为贯彻落实《国务院办公厅关于加快推进政务服务"跨省通办"的指导意见》（国办发〔2020〕35号）等文件要求，现就孤儿、事实无人抚养儿童认定申请受理"跨省通办"有关事项通知如下：

一、重要意义

党中央、国务院高度重视儿童福利工作，给予孤儿、

事实无人抚养儿童等儿童群体特别关怀关爱。习近平总书记指出，对儿童特别是孤儿和残疾儿童，全社会都要有仁爱之心、关爱之情，共同努力使他们能够健康成长，感受到社会主义大家庭的温暖。推进简政放权、放管结合、优化服务是党中央、国务院统筹经济社会发展、培育和激发市场主体活力的重大决策部署，其中创新服务方式、开展"跨省通办"工作是加快建设服务型政府的重要举措。开展孤儿、事实无人抚养儿童认定申请受理"跨省通办"工作，有利于满足广大人民群众异地办事需求，有效服务广大孤儿、事实无人抚养儿童群体，为他们提供更便捷、更贴心的服务。

二、主要任务

（一）优化申请方式。孤儿、事实无人抚养儿童认定采取任意地受理申请、户籍地负责审核的形式办理，申请人申请孤儿、事实无人抚养儿童认定，可以向全国范围内任意乡镇人民政府（街道办事处）提出，不受户籍地限制。

（二）规范办理流程。各地按照异地代收代办方式，统一使用全国儿童福利信息系统（以下简称信息系统）受理孤儿、事实无人抚养儿童认定申请。受理地乡镇人民政府（街道办事处）应当一次性告知申请人所需提供的材料，并对申请材料进行形式审查，在申请材料收齐之日起3个工作日内录入信息系统并推送至申请人户籍地乡镇人民政府（街道办事处）。户籍地乡镇人民政府（街道办事处）自收到推送材料之日起15个工作日内提出初步意见，并报县级人民政府民政部门。县级人民政府民政部门自收到乡镇人民政府（街道办事处）相关材料之日起15个工作日内完成审核工作，并将办理结果通过信息系统反馈受理地乡镇人民政府（街道办事处）。受理地乡镇人民政府（街道办事处）应在收到办理结果之日起3个工作日内告知申请人。认定为孤儿、事实无人抚养儿童的，户籍地民政部门应当按规定及时为其发放基本生活费、基本生活补贴。

孤儿、事实无人抚养儿童认定申请受理"跨省通办"工作自2021年6月30日起实施。

三、工作要求

（一）加强组织领导。各地要高度重视孤儿、事实无人抚养儿童认定申请受理"跨省通办"工作，加强组织领导，压实压紧责任，强化经费保障，细化具体操作流程，抓好任务落实。

（二）强化数据管理。各地要充分利用信息系统，受理材料以电子文档形式在信息系统中留存，受理地无需转寄纸质材料。各地要推动建立数据比对和共享机制，为开展认定工作提供支持，切实让数据多跑路、让群众少跑腿。

（三）加强监督管理。各地要加强对申请材料审核工作，发现采取虚报、隐瞒、伪造等手段骗取孤儿、事实无人抚养儿童相应保障的，要及时依法依规处置，并追回违法所得。

（四）加大宣传培训。各地要广泛开展宣传引导，提高政策知晓率。加强工作人员业务培训，提高服务水平和能力。及时总结工作亮点，宣传推广典型经验。

（五）开展督促指导。各地要加强事中事后监管，对于出现工作落实不到位，群众反映问题突出等情形的，及时给予处理。

各地在推行"跨省通办"工作中遇到的新情况、新问题，要及时向民政部报告。民政部将适时对各地工作进展情况进行检查指导。

民政部关于社会福利机构涉外送养工作的若干规定

· 2003年9月4日民发〔2003〕112号公布
· 根据2020年10月20日《民政部关于修改部分规范性文件的公告》修订

各省、自治区、直辖市民政厅（局），计划单列市民政局，新疆生产建设兵团民政局：

为了进一步规范社会福利机构的涉外送养行为，维护被送养儿童的合法权益，保证涉外送养工作的健康发展，现作如下规定：

一、涉外送养的儿童必须是社会福利机构抚养的丧失父母的孤儿（以下简称孤儿）或查找不到生父母的弃婴、儿童。

二、社会福利机构送养儿童，应当向省级人民政府民政部门报送以下证明材料：

（一）社会福利机构负责人的身份证复制件。

（二）被送养儿童的户籍证明复制件。

（三）被送养儿童成长情况报告。

成长情况报告应包括以下内容：入院经过、入院初期的身体状况、在院期间各阶段的身心发育状况及免疫接种情况、性格特征及表现、喜好、与他人交往等情况。

被送养儿童年龄为0-6周岁的，还应提交《被送养儿童成长状况表》（见附件1），此表每3个月填写一次。

（四）《被送养儿童体格检查表》及化验检查报告单（见附件2）。

体检应当在定点医院进行。定点医院应当是地（市）级以上的儿童医院或设有儿科的综合性医院。定点医院由社会福利机构的主管民政部门提出。省级人民政府民政部门审核批准，报中国收养中心备案。社会福利机构或其主管民政部门要与定点医院签订合作协议，明确双方的权利和责任。体检结果有效期为6个月，超过期限的应当重新体检。

被送养儿童是病残的，应提交病残诊断证明、检查报告、治疗情况报告等。

（五）被送养儿童2寸免冠彩色照片、近期全身生活照片。被送养儿童是病残儿童且病残有外观表现的，还应提供病残部位照片。

（六）被送养儿童是孤儿的，应当提交《社会福利机构接收孤儿入院登记表》（见附件3）、孤儿父母死亡或者宣告死亡的证明、其他有抚养义务的人同意送养的书面意见。

被送养儿童是弃婴的，应当提交公安机关出具的捡拾弃婴报案的证明、《捡拾弃婴登记表》（见附件4）、《社会福利机构接收弃婴入院登记表》（见附件5）。

（七）被送养儿童年满7周岁以上的，应提交儿童有关情况的报告。

（八）被送养儿童是年满8周岁以上的，应提交该儿童同意被送养的书面意见。

三、社会福利机构送养弃婴、儿童，省级人民政府民政部门应当在当地省级报纸上刊登查找弃婴、儿童生父母的公告。自公告刊登之日起满60日，弃婴、儿童的生父母或其他监护人未认领的，视为查找不到生父母的弃婴、儿童。

公告应包括以下内容：弃婴、儿童的姓名、年龄、性别、身体特征、被捡拾的时间、地点、随身携带物品、公告期限、认领方式，并附1寸入院初期的正面免冠照片。弃婴、儿童入院前姓名不详、年龄为估算的，要特别注明。

四、省级人民政府民政部门负责审查社会福利机构报送的材料，着重审查以下内容：

（一）报送的材料是否齐全、有效。

（二）被送养儿童的身体发育状况是否达到相应的发育水平；体检结果是否达到涉外送养各项指标的要求，是否患有智力低下、脑瘫及其他潜在性的不宜涉外送养的疾病。

（三）儿童来源是否清楚，身心发育是否健康，道德品质是否良好。

（四）有无其他不宜涉外送养的问题。

省级人民政府民政部门审查合格后，填写《涉外送养审查意见表》（见附件6），由省级人民政府民政部门负责人签署意见，并加盖印章。

五、省级人民政府民政部门审查同意后，应当向中国收养中心报送以下材料：

（一）涉外送养儿童名单。

（二）本规定第二条所列材料的复制件。

（三）《涉外送养审查意见表》。

六、被送养儿童的材料报送中国收养中心后，省级人民政府民政部门应当做好以下工作：

（一）所报送儿童寄养在家庭的，适时通知社会福利机构解除寄养关系。

（二）如有国内公民申请收养，应当及时通报中国收养中心。若该儿童尚未选配外国收养家庭，优先安排国内公民收养；若外国收养人已同意收养该儿童，则不再安排国内公民收养。

（三）如发生儿童病重或死亡等重大情况不能送养时，应当及时书面通报中国收养中心。

七、中国收养中心为被送养儿童选择到外国收养人后，向省级人民政府民政部门发出《涉外送养通知》，由省级人民政府民政部门书面通知社会福利机构。

八、社会福利机构接到被送养儿童已被同意收养的通知后，应当做好以下工作：

（一）复查被送养儿童身心发育等方面的情况、如果情况发生较大变化不宜涉外送养的，应当及时通过省级人民政府民政部门书面通报中国收养中心。

（二）将收养父母的情况如实告诉7周岁以上被送养儿童，并为其提供心理咨询和辅导。

（三）做好交接被送养儿童收养登记的各项准备工作。

九、收养登记前，省级人民政府民政部门应视具体情况确定适当的融和期，以便收养人与被送养儿童相互了解和融和。省级人民政府民政部门应当在法定工作日和指定的办公地点安排外国收养人与被送养儿童、送养人见面，在确认收养关系当事人的身份无误后，由送养人向收养人介绍被送养儿童的情况和有关事项，并向外国收养人交接被送养儿童。交接被送养儿童时，送养人和收养人应当签订融和期间委托监护协议（见附件7）。

融和期满后，收养关系当事人对收养事宜无疑义的，收养人和送养人应当订立书面收养协议（见附件8），协议一式三份。

十、收养协议订立后、收养关系当事人应当共同到被送养儿童常住户口所在地的省级人民政府民政部门，依照《外国人在中华人民共和国收养子女登记办法》的规定，办理收养登记。收养登记完成后，省级人民政府民政部门应当及时将收养登记结果转交中国收养中心、并附收养登记证件的复制件。

十一、从事涉外收养工作的人员应当严格依法办事，增强组织纪律观念，遵守外事工作纪律，恪守职业道德，保守工作秘密；不得私自联系涉外收养事务，不得指定收养；严禁在工作中弄虚作假，严禁从涉外收养中获取不正当收益。未经中国收养中心同意，禁止向外国收养人、外国收养组织提供被送养儿童的信息资料；未经省级人民政府民政部门同意，社会福利机构不得擅自接洽外国收养人、外国收养组织。

十二、本规定自下发之日起执行。

附件（略）

民政部　国家档案局关于印发《收养登记档案管理暂行办法》的通知

- 2003年12月17日民发〔2003〕181号公布
- 根据2020年10月20日《民政部关于修改部分规范性文件的公告》修订

各省、自治区、直辖市民政厅（局）、档案局、档案馆，计划单列市民政局、档案局、档案馆，新疆生产建设兵团民政局、档案局、档案馆：

现将《收养登记档案管理暂行办法》印发给你们，请遵照执行。

收养登记档案管理暂行办法

第一条　为了加强收养登记档案的规范化管理，更好地为收养工作服务，根据《中华人民共和国民法典》、《中华人民共和国档案法》、《中国公民收养子女登记办法》、《外国人在中华人民共和国收养子女登记办法》、《华侨以及居住在香港、澳门、台湾地区的中国公民办理收养登记的管辖以及所需要出具的证件和证明材料的规定》等法律、法规，制定本办法。

第二条　收养登记档案是指收养登记机关在依法办理收养登记过程中形成的记载收养当事人收养情况、具有保存价值的各种文字、图表、声像等不同形式的历史记录。

收养登记档案是各级民政部门全部档案的重要组成部分。

第三条　收养登记档案由各级民政部门实行集中统一管理，任何个人不得据为己有。

第四条　收养登记档案工作在业务上接受上级民政部门和同级档案行政管理部门的指导、监督和检查。

第五条　收养登记文件材料的归档范围是：

（一）成立收养关系登记材料：

1. 收养登记申请书；

2. 询问笔录；

3. 收养登记审批表；

4.《中国公民收养子女登记办法》第五、六条，《华侨以及居住在香港、澳门、台湾地区的中国公民办理收养登记的管辖以及所需要出具的证件和证明材料的规定》第三、四、五、六、七条，《外国人在中华人民共和国收养子女登记办法》第十条规定的各项证明材料；

5. 收养登记证复印件；

6. 收养协议；

7. 其他有关材料。

（二）解除收养关系登记材料：

1.《中国公民收养子女登记办法》第九条规定的各项证明材料；

2. 解除收养关系证明复印件；

3. 其他有关材料。

（三）撤销收养登记材料：

1. 收缴的收养登记证或者因故无法收缴收养登记证而出具的相关证明材料；

2. 其他有关材料。

第六条　收养登记文件材料的归档应当符合以下要求：

（一）凡应当归档的文件材料必须齐全完整。

（二）归档的文件材料中有照片或复印件的，应当图像清晰。

（三）在收养登记工作中形成的电子文件，应当按照《电子文件归档和管理规范》（G8/T18894—2002）进行整理归档，同时应当打印出纸质文件一并归档。

（四）收养登记文件材料应当在登记手续办理完毕后60日内归档。

（五）归档的文件材料除居民身份证、户籍证明、回乡证、旅行证件、护照等身份证明和收养登记证为原件的复印件外，其余均为原件。

第七条　收养登记文件材料的整理应当符合以下规则：

（一）成立收养关系登记类文件材料、解除收养关系登记类文件材料和撤销收养登记类文件材料均以卷为单位整理编号，一案一卷。

（二）每卷收养登记文件材料按照以下顺序排列：

1. 文件目录；

2. 收养登记申请书；
3. 询问笔录；
4. 收养登记审批表；
5. 撤销收养登记材料；
6. 收养人证明材料；
7. 被收养人证明材料；
8. 送养人证明材料；
9. 其他有关材料；
10. 备考表。

第八条　收养登记档案的分类和类目设置为：

收养登记档案一般按照年度—国籍（居住地）—收养登记性质来分类。其中，国籍（居住地）分为内地（大陆）公民，华侨，居住在香港、澳门、台湾地区的中国公民，外国人等类别；收养登记性质分为成立收养关系登记类、解除收养关系登记类和撤销收养登记类。

第九条　收养登记档案的保管期限为永久。

第十条　收养登记档案主要供收养登记管理机关使用；其他单位、组织或个人因特殊原因需要查借阅时，须经主管领导批准，并办理查借阅手续。

第十一条　对查借阅的档案严禁损毁、涂改、抽换、圈划、批注、污染等，如发生上述情况时，依据有关法律、法规进行处罚。

第十二条　档案管理人员要严格遵守《中华人民共和国档案法》和《中华人民共和国保守国家秘密法》的有关规定，严密保管档案，同时维护当事人的隐私权，不得泄露档案内容，未经批准不得擅自扩大查借阅范围。

第十三条　在办理外国人来华收养子女登记手续之前，形成的外国收养人档案，以及国内送养人和被送养人档案的管理由民政部另行规定。

第十四条　各省（自治区、直辖市）民政部门可根据当地实际情况制定本办法的具体实施细则。

第十五条　本办法自发布之日起施行。

民政部办公厅关于外国人在中华人民共和国收养继子女当事人需要出具的证件和证明材料的通知

· 2008 年 1 月 8 日民办函〔2008〕4 号公布
· 根据 2020 年 10 月 20 日《民政部关于修改部分规范性文件的公告》修订

各省、自治区、直辖市民政厅（局），中国收养中心：

为规范外国人在中华人民共和国收养继子女行为，保障被收养人和收养人的合法权益，依据《中华人民共和国民法典》（以下简称《民法典》）和《外国人在中华人民共和国收养子女登记办法》（以下简称《登记办法》）的有关规定，对当事人需要出具的证件和证明材料通知如下：

一、收养人需要出具的证件和证明材料

依据《民法典》第一千一百零三条、《登记办法》第四条的规定，外国人在华收养继子女需要出具的证件和证明材料包括：

1. 跨国收养申请书；
2. 出生证明；
3. 收养人与被收养人生父或者生母结婚的证明；
4. 收养人所在国主管机关同意其跨国收养子女的证明或者主管机关同意被收养人入境入籍的证明；
5. 收养人 2 寸免冠照片两张。

以上文件除第五项外，均需办理公证、认证手续，并按照《登记办法》第四条、第七条的规定由中国收养中心进行审核、办理。

二、送养人需要出具的证件和证明材料

依据《民法典》第一千一百零三条、《登记办法》第五条的规定，送养人需要向省、自治区、直辖市人民政府民政部门出具的证件和证明材料包括：

1. 被收养人生父或者生母同意送养的书面意见；
2. 送养人居民户口簿和居民身份证；
3. 被收养人居民身份证或者户籍证明；
4. 送养人与被收养人之间的亲子关系证明；
5. 被收养人 2 寸免冠照片两张。

如果送养人死亡或者被人民法院宣告死亡的，可以不提供第一、二、四项证明材料，但再婚一方应当提交送养人的死亡证明（正常死亡证明由医疗卫生单位出具，非正常死亡证明由县以上公安部门出具）或者人民法院宣告死亡的判决书，本人的居民户口簿和居民身份证以及与被收养人之间的亲子关系证明，死亡或者被宣告死亡一方的父母不行使优先抚养权的书面声明。收养登记员对当事人提交的送养人死亡证明应当严格审查和进行必要的调查，并将调查笔录归卷存档。在办理收养登记时，《收养登记证》上有关送养人的信息不填。

被收养人年满十周岁的，应当提交被收养人同意被收养的证明。

省、自治区、直辖市人民政府民政部门对上述证件和证明材料进行审查后，认为被收养人、送养人符合收养法规定条件的，应当依据《登记办法》第六条的规定，通知中国收养中心，同时转交上述证件和证明材料的复制件及照片。

请各地严格遵照执行，并做好建档归档工作。

民政部关于印发《收养登记工作规范》的通知

- 2008年8月25日民发[2008]118号公布
- 根据2020年10月20日《民政部关于修改部分规范性文件的公告》修订

各省、自治区、直辖市民政厅（局），计划单列市民政局，新疆生产建设兵团民政局：

为切实保证《中华人民共和国收养法》《外国人在中华人民共和国收养子女登记办法》《中国公民收养子女登记办法》和《华侨以及居住在香港、澳门、台湾地区的中国公民办理收养登记的管辖以及所需要出具的证件和证明材料的规定》的实施，进一步规范收养登记工作，我部制定了《收养登记工作规范》（以下简称《规范》）。现将《规范》印发你们，请认真贯彻执行。

《规范》对于收养登记机关的设置、收养登记和解除登记的程序、撤销收养和补领收养证件的要求以及收养登记机关和收养登记员的监督与管理等问题作了具体规定。请将在贯彻实施《规范》的过程中遇到的重要情况，及时报部社会事务局。

收养登记工作规范

为了规范收养登记工作，根据《中华人民共和国民法典》《外国人在中华人民共和国收养子女登记办法》《中国公民收养子女登记办法》和《华侨以及居住在香港、澳门、台湾地区的中国公民办理收养登记的管辖以及所需要出具的证件和证明材料的规定》，制定本规范。

第一章 收养登记机关和登记员

第一条 收养登记机关是依法履行收养登记行政职能的各级人民政府民政部门。

收养登记机关应当依照法律、法规及本规范，认真履行职责，做好收养登记工作。

第二条 收养登记机关的职责：

（一）办理收养登记；

（二）办理解除收养登记；

（三）撤销收养登记；

（四）补发收养登记证和解除收养关系证明；

（五）出具收养关系证明；

（六）办理寻找弃婴（弃儿）生父母公告；

（七）建立和保管收养登记档案；

（八）宣传收养法律法规。

第三条 收养登记的管辖按照《外国人在中华人民共和国收养子女登记办法》、《中国公民收养子女登记办法》和《华侨以及居住在香港、澳门、台湾地区的中国公民办理收养登记的管辖以及所需要出具的证件和证明材料的规定》的有关规定确定。

第四条 收养登记机关办理收养登记应当使用民政厅或者民政局公章。

收养登记机关应当按照有关规定刻制收养登记专用章。

第五条 收养登记机关应当设置有专门的办公场所，并在醒目位置悬挂收养登记处（科）标识牌。

收养登记场所应当庄严、整洁，设有收养登记公告栏。

第六条 收养登记实行政务公开，应当在收养登记场所公开展示下列内容：

（一）本收养登记机关的管辖权及依据；

（二）收养法的基本原则以及父母和子女的权利、义务；

（三）办理收养登记、解除收养登记的条件与程序；

（四）补领收养登记证的条件与程序；

（五）无效收养及可撤销收养的规定；

（六）收费项目与收费标准、依据；

（七）收养登记员职责及其照片、编号；

（八）办公时间和服务电话（电话号码在当地114查询台登记）；

（九）监督电话。

收养登记场所应当备有《中华人民共和国民法典》、《外国人在中华人民共和国收养子女登记办法》、《中国公民收养子女登记办法》和《华侨以及居住在香港、澳门、台湾地区的中国公民办理收养登记的管辖以及所需要出具的证件和证明材料的规定》，及其他有关文件供收养当事人免费查阅。

收养登记机关对外办公时间应当为国家法定办公时间。

第七条 收养登记机关应当实行计算机管理。各级民政部门应当为本行政区域内收养登记管理信息化建设创造条件。

第八条 收养登记机关应当配备收养登记员。收养登记员由本级民政部门考核、任免。

第九条 收养登记员的主要职责：

（一）解答咨询；

（二）审查当事人是否具备收养登记、解除收养登记、补发收养登记证、撤销收养登记的条件；

（三）颁发收养登记证；

（四）出具收养登记证明；

（五）及时将办理完毕的收养登记材料收集、整理、归档。

第十条 收养登记员应当熟练掌握相关法律法规和计算机操作，依法行政，热情服务，讲求效率。

收养登记员应当尊重当事人的意愿，保守收养秘密。

第十一条 收养登记员办理收养登记及相关业务应当按照申请-受理-审查-报批-登记-颁证的程序办理。

第十二条 收养登记员在完成表格和证书、证明填写后，应当进行认真核对、检查，并复印存档。对打印或者书写错误、证件被污染或者损坏的，应当作废处理，重新填写。

第二章 收养登记

第十三条 受理收养登记申请的条件是：

（一）收养登记机关具有管辖权；

（二）收养登记当事人提出申请；

（三）当事人持有的证件、证明材料符合规定。

收养人和被收养人应当提交2张2寸近期半身免冠合影照片。送养人应当提交2张2寸近期半身免冠合影或者单人照片，社会福利机构送养的除外。

第十四条 收养登记员受理收养登记申请，应当按照下列程序进行：

（一）区分收养登记类型，查验当事人提交的证件和证明材料、照片是否符合此类型的要求；

（二）询问或者调查当事人的收养意愿、目的和条件，告知收养登记的条件和弄虚作假的后果；

（三）见证当事人在《收养登记申请书》（附件1）上签名；

（四）将当事人的信息输入计算机应当用程序，并进行核查；

（五）复印当事人的身份证件、户口簿。单身收养的，应当复印无婚姻登记记录证明、离婚证或者配偶死亡证明；夫妻双方共同收养的应当复印结婚证。

第十五条 《收养登记申请书》的填写：

（一）当事人"姓名"：当事人是中国公民的，使用中文填写；当事人是外国人的，按照当事人护照上的姓名填写；

（二）"出生日期"：使用阿拉伯数字，按照身份证件上的出生日期填写为"××××年××月××日"；

（三）"身份证件号"：当事人是内地居民的，填写公民身份号码；当事人是香港、澳门、台湾居民中的中国公民的，填写香港、澳门、台湾居民身份证号，并在号码后加注"（香港）"、"（澳门）"或者"（台湾）"；当事人是华侨的，填写护照号；当事人是外国人的，填写护照号。

证件号码前面有字符的，应当一并填写；

（四）"国籍"：当事人是内地居民、华侨以及居住在香港、澳门、台湾地区的中国公民的，填写"中国"；当事人是外国人的，按照护照上的国籍填写；

（五）"民族"、"职业"和"文化程度"，按照《中华人民共和国国家标准》填写；

（六）"健康状况"填写"健康"、"良好"、"残疾"或者其他疾病；

（七）"婚姻状况"填写"未婚"、"已婚"、"离婚"、"丧偶"；

（八）"家庭收入"填写家庭年收入总和；

（九）"住址"填写户口簿上的家庭住址；

（十）送养人是社会福利机构的，填写"送养人情况（1）"，经办人应当是社会福利机构工作人员。送养人是非社会福利机构的，填写"送养人情况（2）"，"送养人和被收养人关系"是亲属关系的，应当写明具体亲属关系；不是亲属关系的，应当写明"非亲属"。

收养非社会福利机构抚养的查找不到生父母的儿童的，送养人有关内容不填；

（十一）"被收养后改名为"填写被收养人被收养后更改的姓名。未更改姓名的，此栏不填；

（十二）被收养人"身份类别"分别填写"孤儿"、"社会福利机构抚养的查找不到生父母的儿童"、"非社会福利机构抚养的查找不到生父母的儿童"、"生父母有特殊困难无力抚养的子女"、"继子女"。收养三代以内同辈旁系血亲的子女，应当写明具体亲属关系；

（十三）继父母收养继子女的，要同时填写收养人和送养人有关内容。单身收养后，收养人结婚，其配偶要求收养继子女的；送养人死亡或者被人民法院宣告死亡的，送养人有关内容不填；

（十四）《收养登记申请书》中收养人、被收养人和送养人（送养人是社会福利机构的经办人）的签名必须由当事人在收养登记员当面完成。

当事人没有书写能力的,由当事人口述,收养登记员代为填写。收养登记员代当事人填写完毕后,应当宣读,当事人认为填写内容无误,在当事人签名处按指纹。当事人签名一栏不得空白,也不得由他人代为填写、代按指纹。

第十六条 收养登记员要分别询问或者调查收养人、送养人、8周岁以上的被收养人和其他应当询问或者调查的人。

询问或者调查的重点是被询问人或者被调查人的姓名、年龄、健康状况、经济和教育能力、收养人、送养人和被收养人之间的关系、收养的意愿和目的。特别是对年满10周岁以上的被收养人应当询问是否同意被收养和有关协议内容。

询问或者调查结束后,要将笔录给被询问人或者被调查人阅读。被询问人或者被调查人要写明"已阅读询问(或者调查)笔录,与本人所表示的意思一致(或者调查情况属实)",并签名。被询问人或者被调查人没有书写能力的,可由收养登记员向被询问人或者被调查人宣读所记录的内容,并注明"由收养登记员记录,并向当事人宣读,被询问人(被调查人)在确认所记录内容正确无误后按指纹。"然后请被询问人或者被调查人在注明处按指纹。

第十七条 收养查找不到生父母的弃婴、弃儿的,收养登记机关应当根据《中国公民收养子女登记办法》第七条的规定,在登记前公告查找其生父母(附件2)。

公告应当刊登在收养登记机关所在地设区的市(地区)级以上地方报纸上。公告要有查找不到生父母的弃婴、弃儿的照片。办理公告时收养登记员要保存捡拾证明和捡拾地派出所出具的报案证明。派出所出具的报案证明应当有出具该证明的警员签名和警号。

第十八条 办理内地居民收养登记和华侨收养登记,以及香港、澳门、台湾居民中的中国公民的收养登记,收养登记员收到当事人提交的申请书及有关材料后,应当自次日起30日内进行审查。对符合收养条件的,为当事人办理收养登记,填写《收养登记审查处理表》(附件3),报民政局主要领导或者分管领导批准,并填发收养登记证。

办理涉外收养登记,收养登记员收到当事人提交的申请书及有关材料后,应当自次日起7日内进行审查。对符合收养条件的,为当事人办理收养登记,填写《收养登记审查处理表》,报民政厅(局)主要领导或者分管领导批准,并填发收养登记证。

第十九条 《收养登记审查处理表》和收养登记证由计算机打印,未使用计算机进行收养登记的,应当使用蓝黑、黑色墨水的钢笔或者签字笔填写。

第二十条 《收养登记审查处理表》的填写:

(一)"提供证件情况":应当对当事人提供的证件、证明材料核实后填写"齐全";

(二)"审查意见":填写"符合收养条件,准予登记";

(三)"主要领导或者分管领导签名":由批准该收养登记的民政厅(局)主要领导或者分管领导亲笔签名,不得使用个人印章或者计算机打印;

(四)"收养登记员签名":由办理该收养登记的收养登记员亲笔签名,不得使用个人印章或者计算机打印;

(五)"收养登记日期":使用阿拉伯数字,填写为:"××××年××月××日"。填写的日期应当与收养登记证上的登记日期一致;

(六)"承办机关名称":填写承办单位名称;

(七)"收养登记证字号"填写式样为"(XXXX)AB收字YYYYY"(AB 为收养登记机关所在省级和县级或者市级和区级的行政区域简称,XXXX 为年号,YYYYY 为当年办理收养登记的序号);

(八)"收养登记证印制号"填写颁发给当事人的收养登记证上印制的号码。

第二十一条 收养登记证的填写按照《民政部办公厅关于启用新式〈收养登记证〉的通知》(民办函[2006]203号)的要求填写。

收养登记证上收养登记字号、姓名、性别、国籍、出生日期、身份证件号、住址、被收养人身份、更改的姓名,以及登记日期应当与《收养登记申请书》和《收养登记审查处理表》中相应项目一致。

无送养人的,"送养人姓名(名称)"一栏不填。

第二十二条 颁发收养登记证,应当在当事人在场时按照下列步骤进行:

(一)核实当事人姓名和收养意愿;

(二)告知当事人领取收养登记证后的法律关系以及父母和子女的权利、义务;

(三)见证当事人本人亲自在附件3上的"当事人领证签名或者按指纹"一栏中签名;当事人没有书写能力的,应当按指纹。

"当事人领证签名或者按指纹"一栏不得空白,不得由他人代为填写、代按指纹;

（四）将收养登记证颁发给收养人，并向当事人宣布：取得收养登记证，确立收养关系。

第二十三条　收养登记机关对不符合收养登记条件的，不予受理，但应当向当事人出具《不予办理收养登记通知书》(附件4)，并将当事人提交的证件和证明材料全部退还当事人。对于虚假证明材料，收养登记机关予以没收。

第三章　解除收养登记

第二十四条　受理解除收养关系登记申请的条件是：

（一）收养登记机关具有管辖权；

（二）收养人、送养人和被收养人共同到被收养人常住户口所在地的收养登记机关提出申请；

（三）收养人、送养人自愿解除收养关系并达成协议。被收养人年满8周岁的，已经征得其同意；

（四）持有收养登记机关颁发的收养登记证。经公证机构公证确立收养关系的，应当持有公证书；

（五）收养人、送养人和被收养人各提交2张2寸单人近期半身免冠照片，社会福利机构送养的除外；

（六）收养人、送养人和被收养人持有身份证件、户口簿。

送养人是社会福利机构的，要提交社会福利机构法定代表人居民身份证复印件。

养父母与成年养子女协议解除收养关系的，无需送养人参与。

第二十五条　收养登记员受理解除收养关系登记申请，应当按照下列程序进行：

（一）查验当事人提交的照片、证件和证明材料。

当事人提供的收养登记证上的姓名、出生日期、公民身份号码与身份证、户口簿不一致的，当事人应当书面说明不一致的原因；

（二）向当事人讲明收养法关于解除收养关系的条件；

（三）询问当事人的解除收养关系意愿以及对解除收养关系协议内容的意愿；

（四）收养人、送养人和被收养人参照本规范第十五条的相关内容填写《解除收养登记申请书》(附件5)；

（五）将当事人的信息输入计算机应用程序，并进行核查；

（六）复印当事人的身份证件、户口簿。

第二十六条　收养登记员要分别询问收养人、送养人、8周岁以上的被收养人和其他应当询问的人。

询问的重点是被询问人的姓名、年龄、健康状况、民事行为能力、收养人、送养人和被收养人之间的关系、解除收养登记的意愿。对8周岁以上的被收养人应当询问是否同意解除收养登记和有关协议内容。

对未成年的被收养人，要询问送养人同意解除收养登记后接纳被收养人和有关协议内容。

询问结束后，要将笔录给被询问人阅读。被询问人要写明"已阅读询问笔录，与本人所表示的意思一致"，并签名。被询问人没有书写能力的，可由收养登记员向被询问人宣读所记录的内容，并注明"由收养登记员记录，并向当事人宣读，被询问人在确认所记录内容正确无误后按指纹。"然后请被询问人在注明处按指纹。

第二十七条　收养登记员收到当事人提交的证件、申请解除收养关系登记申请书、解除收养关系协议书后，应当自次日起30日内进行审查。对符合解除收养条件的，为当事人办理解除收养关系登记，填写《解除收养登记审查处理表》(附件6)，报民政厅(局)主要领导或者分管领导批准，并填发《解除收养关系证明》。

"解除收养关系证明字号"填写式样为"(XXXX)AB解字YYYYY"(AB为收养登记机关所在省级和县级或者市级和区级的行政区域简称，XXXX为年号，YYYYY为当年办理解除收养登记的序号)。

第二十八条　颁发解除收养关系证明，应当在当事人均在场时按照下列步骤进行：

（一）核实当事人姓名和解除收养关系意愿；

（二）告知当事人领取解除收养关系证明后的法律关系；

（三）见证当事人本人亲自在《解除收养登记审查处理表》"领证人签名或者按指纹"一栏中签名；当事人没有书写能力的，应当按指纹。

"领证人签名或者按指纹"一栏不得空白，不得由他人代为填写、代按指纹；

（四）收回收养登记证，收养登记证遗失应当提交查档证明；

（五）将解除收养关系证明一式两份分别颁发给解除收养关系的收养人和被收养人，并宣布：取得解除关系证明，收养关系解除。

第二十九条　收养登记机关对不符合解除收养关系登记条件的，不予受理，但应当向当事人出具《不予办理解除收养登记通知书》(附件7)，将当事人提交的证件和证明材料全部退还当事人。对于虚假证明材料，收养登记机关予以没收。

第四章　撤销收养登记

第三十条　收养关系当事人弄虚作假骗取收养登记的,按照《中国公民收养子女登记办法》第十二条的规定,由利害关系人、有关单位或者组织向原收养登记机关提出,由收养登记机关撤销登记,收缴收养登记证。

第三十一条　收养登记员受理撤销收养登记申请,应当按照下列程序进行:

(一)查验申请人提交的证件和证明材料;

(二)申请人在收养登记员面前亲自填写《撤销收养登记申请书》(附件8),并签名。

申请人没有书写能力的,可由当事人口述,第三人代为填写,当事人在"申请人"一栏按指纹。

第三人应当在申请书上注明代写人的姓名、公民身份号码、住址、与申请人的关系。

收养登记机关工作人员不得作为第三人代申请人填写;

(三)申请人宣读本人的申请书,收养登记员作见证人并在见证人一栏签名;

(四)调查涉案当事人的收养登记情况。

第三十二条　符合撤销条件的,收养登记机关拟写《关于撤销×××与×××收养登记决定书》(附件9),报民政厅(局)主要领导或者分管领导批准,并印发撤销决定。

第三十三条　收养登记机关应当将《关于撤销×××与×××收养登记决定书》送达每位当事人,收缴收养登记证,并在收养登记机关的公告栏公告30日。

第三十四条　收养登记机关对不符合撤销收养条件的,应告知当事人不予撤销的原因,并告知当事人可以向人民法院起诉。

第五章　补领收养登记证、解除收养关系证明

第三十五条　当事人遗失、损毁收养证的,可以向原收养登记机关申请补领。

第三十六条　受理补领收养登记证、解除收养关系证明申请的条件是:

(一)收养登记机关具有管辖权;

(二)依法登记收养或者解除收养关系,目前仍然维持该状况;

(三)收养人或者被收养人亲自到收养登记机关提出申请。

收养人或者被收养人因故不能到原收养登记机关申请补领收养登记证的,可以委托他人办理。委托办理应当提交经公证机关公证的当事人的身份证件复印件和委托书。委托书应当写明当事人办理收养登记的时间及承办机关、目前的收养状况、委托事由、受委托人的姓名和身份证件号码。受委托人应当同时提交本人的身份证件。

夫妻双方共同收养子女的,应当共同到收养登记机关提出申请,一方不能亲自到场的,应当书面委托另一方,委托书应当经过村(居)民委员会证明或者经过公证。外国人的委托书应当经所在国公证和认证。夫妻双方一方死亡的,另一方应当出具配偶死亡的证明;离婚的出具离婚证件,可以一方提出申请。

被收养人未成年的,可由监护人提出申请。监护人要提交监护证明;

(四)申请人持有身份证件、户口簿;

(五)申请人持有查档证明。

收养登记档案遗失的,申请人应当提交能够证明其收养状况的证明。户口本上父母子女关系的记载,单位、村(居)民委员会或者近亲属出具的写明当事人收养状况的证明可以作为当事人收养状况证明使用;

(六)收养人和被收养人的2张2寸合影或者单人近期半身免冠照片。

监护人提出申请的,要提交监护人1张2寸合影或者单人近期半身免冠照片。监护人为单位的,要提交单位法定代表人身份证件复印件和经办人1张2寸单人近期半身免冠照片。

第三十七条　收养登记员受理补领收养登记证、解除收养关系证明,应当按照下列程序进行:

(一)查验申请人提交的照片、证件和证明材料。

申请人出具的身份证、户口簿上的姓名、年龄、公民身份号码与原登记档案不一致的,申请人应当书面说明不一致的原因,收养登记机关可根据申请人出具的身份证件补发收养登记证;

(二)向申请人讲明补领收养登记证、解除收养关系证明的条件;

(三)询问申请人当时办理登记的情况和现在的收养状况。

对于没有档案可查的,收养登记员要对申请人进行询问。询问结束后,要将笔录给被询问人阅读。被询问人要写明"已阅读询问笔录,与本人所表示的意思一致",并签名。被询问人没有书写能力的,可由收养登记员向被询问人宣读所记录的内容,并注明"由收养登记员记录,并向被询问人宣读,被询问人在确认所记录内

容正确无误后按指纹。"然后请被询问人在注明处按指纹;

（四）申请人参照本规范第十五条相关规定填写《补领收养登记证申请书》（附件10）；

（五）将申请人的信息输入计算机应用程序，并进行核查;

（六）向出具查档证明的机关进行核查;

（七）复印当事人的身份证件、户口簿。

第三十八条 收养登记员收到申请人提交的证件、证明后，应当自次日起30日内进行审查，符合补发条件的，填写《补发收养登记证审查处理表》（附件11），报民政厅（局）主要领导或者分管领导批准，并填发收养登记证、解除收养关系证明。

《补发收养登记证审查处理表》和收养登记证按照《民政部办公厅关于启用新式〈收养登记证〉的通知》（民办函〔2006〕203号）和本规范相关规定填写。

第三十九条 补发收养登记证、解除收养关系证明，应当在申请人或者委托人在场时按照下列步骤进行：

（一）向申请人或者委托人核实姓名和原登记日期；

（二）见证申请人或者委托人在《补发收养登记证审查处理表》"领证人签名或者按指纹"一栏中签名；申请人或者委托人没有书写能力的，应当按指纹。

"领证人签名或者按指纹"一栏不得空白，不得由他人代为填写、代按指纹；

（三）将补发的收养登记证、解除收养登记证发给申请人或者委托人，并告知妥善保管。

第四十条 收养登记机关对不具备补发收养登记证、解除收养关系证明受理条件的，不予受理，并告知原因和依据。

第四十一条 当事人办理过收养或者解除收养关系登记，申请补领时的收养状况因解除收养关系或者收养关系当事人死亡发生改变的，不予补发收养登记证，可由收养登记机关出具收养登记证明。

收养登记证明不作为收养人和被收养人现在状况的证明。

第四十二条 出具收养登记证明的申请人范围和程序与补领收养登记证相同。申请人向原办理该收养登记的机关提出申请，并填写《出具收养登记证明申请书》（附件12）。收养登记员收到当事人提交的证件、证明后，应当自次日起30日内进行审查，符合出证条件的，填写《出具收养登记证明审查处理表》（附件13），报民政厅（局）主要领导或者分管领导批准，并填写《收养登记证明书》（附件14），发给申请人。

第四十三条 "收养登记证明字号"填写式样为"（XXXX）AB证字YYYYY"（AB为收养登记机关所在省级和县级或者市级和区级的行政区域简称，XXXX为年号，YYYYY为当年出具收养登记证明的序号）。

第六章 收养档案和证件管理

第四十四条 收养登记机关应当按照《收养登记档案管理暂行办法》（民发〔2003〕181号）的规定，制定立卷、归档、保管、移交和使用制度，建立和管理收养档案，不得出现原始材料丢失、损毁情况。

第四十五条 收养登记机关不得购买非上级民政部门提供的收养证件。各级民政部门发现本行政区域内有购买、使用非上级民政部门提供的收养证件的，应当予以没收，并追究相关责任人的法律责任和行政责任。

收养登记机关已将非法购制的收养证件颁发给收养当事人的，应当追回，并免费为当事人换发符合规定的收养登记证、解除收养关系证明。

报废的收养证件由收养登记机关登记造册，统一销毁。

收养登记机关发现收养证件有质量问题时，应当及时书面报告省（自治区、直辖市）人民政府民政部门。

第七章 监督与管理

第四十六条 各级民政部门应当建立监督检查制度，定期对本级民政部门设立的收养登记处（科）和下级收养登记机关进行监督检查，发现问题，及时纠正。

第四十七条 收养登记机关应当按规定到指定的物价部门办理收费许可证，按照国家规定的标准收取收养登记费，并使用财政部门统一制定的收费票据。

第四十八条 收养登记机关及其收养登记员有下列行为之一的，对直接负责的主管人员和其他直接责任人员依法给予行政处分：

（一）为不符合收养登记条件的当事人办理收养登记的；

（二）依法应当予以登记而不予登记的；

（三）违反程序规定办理收养登记、解除收养关系登记、撤销收养登记及其他证明的；

（四）要求当事人提交《中华人民共和国收养法》、《中国公民收养子女登记办法》、《华侨以及居住在香港、澳门、台湾地区的中国公民办理收养登记的管辖以及所需要出具的证件和证明材料的规定》、《外国人在中华人

民共和国收养子女登记办法》和本规范规定以外的证件和证明材料的;

(五)擅自提高收费标准、增加收费项目或者不使用规定收费票据的;

(六)玩忽职守造成收养登记档案损毁的;

(七)泄露当事人收养秘密并造成严重后果的;

(八)购买使用伪造收养证书的。

第四十九条 收养登记员违反规定办理收养登记,给当事人造成严重后果的,应当由收养登记机关承担对当事人的赔偿责任,并对承办人员进行追偿。

第八章 附 则

第五十条 收养查找不到生父母的弃婴、儿童的公告费,由收养人缴纳。

第五十一条 收养登记当事人提交的居民身份证与常住户口簿上的姓名、性别、出生日期应当一致;不一致的,当事人应当先到公安部门更正。

居民身份证或者常住户口簿丢失,当事人应当先到公安户籍管理部门补办证件。当事人无法提交居民身份证的,可提交有效临时身份证办理收养登记。当事人无法提交居民户口簿的,可提交公安部门或者有关户籍管理机构出具的加盖印章的户籍证明办理收养登记。

第五十二条 收养登记当事人提交的所在单位或者村民委员会、居民委员会、县级以上医疗机构、人口计生部门出具的证明,以及本人的申请,有效期6个月。

第五十三条 人民法院依法判决或者调解结案的收养案件,确认收养关系效力或者解除收养关系的,不再办理收养登记或者解除收养登记。

第五十四条 《中华人民共和国收养法》公布施行以前所形成的收养关系,收养关系当事人申请办理收养登记的,不予受理。

附件1

收养登记申请书

年 月 日

收养登记申请

收养目的:

不遗弃不虐待被收养人和抚育被收养人健康成长的保证:

其他有关事项:

本人申请内容完全真实,如有虚假,愿承担法律责任。

收养人签名　　　　　　　　　　　　　　　　　　　收养人签名

年 月 日　　　　　　　　　　　　　　　　　　　　年 月 日

收养人情况

姓 名	(男)	(女)
出生日期		
身份证件号		
国 籍		
民 族		
职 业		
文化程度		
工作单位		

续表

健康状况		
婚姻状况		
子女情况	亲生子女(男)___个(女)___个 继子女(男)___个(女)___个 养子女(男)___个(女)___个	亲生子女(男)___个(女)___个 继子女(男)___个(女)___个 养子女(男)___个(女)___个
家庭年收入		
住　址		
联系收养的收养组织名称		

送养人情况（1）

社会福利机构名称	
单位地址	
联系电话	
法定代表人姓名	
经办人姓名	（男/女）
经办人身份证件号	
经办人职务	
送养机构的意见	（填写是否同意收养人收养的意见和同意委托本机构经办人办理送养的意见） 送养机构公章 送养机构法定代表人签名：
社会福利机构业务主管机关领导签名、盖章	年　　月　　日

贴法定代表人身份证件复印件　　　贴经办人照片

送养人情况（2）

姓　名	（男）	（女）
出生日期		
身份证件号		
国　籍		

续表

民　族		
职　业		
文化程度		
工作单位		
健康状况		
婚姻状况		
住　址		
送养人与被收养人关系		
送养人的意见	（填写送养原因和是否同意收养人收养的意见） 送养人签名　　　送养人签名	

贴送养人照片

被收养人情况（1）

姓　名	（男/女）
被收养后改名为	
出生日期	
身份证件号	
国　籍	
民　族	
职　业	
文化程度	
工作单位	
健康状况	
婚姻状况	
被收养前的户籍地或者捡拾地	
身份类别	（填写：''孤儿''、''社会福利机构抚养的查找不到生父母的儿童''、''非社会福利机构抚养的查找不到生父母的儿童''、''生父母有特殊困难无力抚养的子女''、''继子女''。收养三代以内同辈旁系血亲的子女，应写明具体亲属关系。）

被收养人情况（2）

	年满8周岁被收养人对收养登记的意见	签名
	未满8周岁被收养人按手（足）印	

收养登记询问笔录

询问时间：＿＿＿＿＿＿　　　　询问地点：＿＿＿＿＿＿
询问人：＿＿＿＿＿＿　　　　　被询问人：＿＿＿＿＿＿
记录人：＿＿＿＿＿＿
询问内容：

收养登记调查记录

调查时间：＿＿＿＿＿＿　　　　调查地点：＿＿＿＿＿＿
调查人：＿＿＿＿＿＿　　　　　被调查人：＿＿＿＿＿＿
记录人：＿＿＿＿＿＿
调查内容：

附件2

寻找弃婴（弃儿）生父母公告

弃婴弃儿照片	＿＿＿年＿＿＿月＿＿＿日＿＿＿时在（何地）捡拾男（女）性弃婴（弃儿）一名，（姓名＿＿＿＿＿），出生日期（或者估计年龄）＿＿＿＿＿，身体（健康或者残疾特征），随身携带物品有＿＿＿＿＿＿＿＿＿＿＿＿＿＿＿＿＿＿＿＿。请孩子的亲生父母或者其他监护人持有效证件与＿＿＿＿＿＿＿＿（联系人姓名）联系，联系电话＿＿＿＿＿＿，联系地址＿＿＿＿＿＿＿＿＿＿。即日起60日内无人认领，孩子将被依法安置。 　　　　　　　　　　　　　　　　　　年　　月　　日

附件 3

收养登记审查处理表

提供证件情况	
审查意见	
主要领导或者 分管领导签名	
收养登记员签名	
收养登记日期	
承办机关名称	
收养登记证字号	
收养登记证印制号	
领证人签名 或者按指纹	年　月　日
备　注	

附件 4

不予办理收养登记通知书

＿＿＿＿＿＿、＿＿＿＿＿＿＿＿:

　　你们于＿＿＿年＿＿＿月＿＿＿日在本处申请收养登记,因＿＿＿＿＿＿,根据《中华人民共和国民法典》和《中国公民收养子女登记办法》(或者《华侨以及居住在香港、澳门、台湾地区的中国公民办理收养登记的管辖以及所需要出具的证件和证明材料的规定》/《外国人在中华人民共和国收养子女登记办法》))的规定,不予办理收养登记。

民政局(公章)
年　月　日

附件 5

解除收养登记申请书

年　　月　　日

解除收养登记申请
事由:
本人申请内容完全真实,如有虚假,愿承担法律责任。
申请人签名＿＿＿＿＿＿　　　　　申请人签名＿＿＿＿＿＿

＿＿＿＿＿年＿＿月＿＿日　　　　　＿＿＿＿＿年＿＿月＿＿日

收养人情况

姓　名	（男）	（女）
出生日期		
身份证件号		
国　籍		
民　族		
职　业		
文化程度		
工作单位		
健康状况		
婚姻状况		
住　址		
收养人对解除收养登记的意见	签名：	签名：

贴收养人照片

送养人情况（1）

社会福利机构名称	
单位地址	
联系电话	
法定代表人姓名	
经办人姓名	（男/女）
经办人身份证件号	
经办人职务	
送养机构的意见	（填写是否同意解除收养的意见和同意委托本机构经办人办理送养的意见） 送养机构公章 送养机构法定代表人签名：
社会福利机构 业务主管机关 领导签名、盖章	年　　月　　日

贴法定代表人身份证件复印件　　　　贴经办人照片

送养人情况（2）

姓 名	（男）	（女）
出生日期		
身份证件号		
国 籍		
民 族		
职 业		
文化程度		
工作单位		
健康状况		
婚姻状况		
住 址		
送养人与被收养人关系		
送养人的意见	（填写是否同意解除收养的意见） 送养人签名 送养人签名	

贴送养人照片

被收养人情况（1）

姓 名	（男/女）
出生日期	
身份证件号	
国 籍	
民 族	
职 业	
文化程度	
工作单位	
健康状况	
婚姻状况	
住 址	
身份类别	（填写："孤儿"、"社会福利机构抚养的查找不到生父母的儿童"、"非社会福利机构抚养的查找不到生父母的儿童"、"生父母有特殊困难无力抚养的子女"、"继子女"。收养三代以内同辈旁系血亲的子女,应写明具体亲属关系。）

被收养人情况（2）

被收养人照片	
年满 8 周岁 被收养人对解除 收养登记的意见	签名
未满 8 周岁 被收养人 按手（足）印	

解除收养登记协议书

协议人自愿解除收养登记的意思表示：
协议事项：
收养人完全同意本协议的各项内容。

收养人签名

被收养人完全同意本协议的各项内容。
年满 8 周岁的被收养人签名

送养人完全同意本协议的各项内容。

送养人签名

注：1. 被收养人年满 18 周岁的，协议人为收养人和被收养人。
2. 被收养人年满 8 周岁、未满 18 周岁的，协议人为收养人、被收养人和送养人。
3. 被收养人未满 8 周岁的，协议人为收养人和送养人。

解除收养登记询问笔录

询问时间：_____　　询问地点：_____
询问人：_____　　　被询问人：_____
记录人：_____
询问内容：

附件 6

解除收养登记审查处理表

提供证件情况			
收养证字号			
收养登记日期			
收养登记机关			
解除收养登记 审查意见			
主要领导或者 分管领导签名			
收养登记员签名			
解除收养登记日期			
承办机关名称			
解除收养关系 证明字号			
解除收养关系 证明印制号			
领证人签名 或者按指纹	年　　月　　日		年　　月　　日
备注			

附件 7

不予办理解除收养登记通知书

　　_____、_____：
　　_____你们于_____年_____月_____日在本处申请解除收养登记,因欠缺_____,根据《中华人民共和国民法典》和《中国公民收养子女登记办法》(或者《华侨以及居住在香港、澳门、台湾地区的中国公民办理收养登记的管辖以及所需要出具的证件和证明材料的规定》/《外国人在中华人民共和国收养子女登记办法》)的规定,不予办理解除收养登记。

民政局(公章)
年　　月　　日

附件 8

撤销收养登记申请书

　　申请人_____,性别_____,出生日期____年___月___日,身份证件号_____,民族_____,国籍_____,因_____申请撤销收养人_____、_____与被收养人_____,于_____年___月___日在_____办理的收养登记,并提交下列证明材料:
　　共_____件。
　　申请人常住户口所在地
　　现住
　　联系方式
　　申请人　　　　　　　　　　　见证人
　　　年　　月　　日　　　　　　　年　　月　　日

附件 9

关于撤销×××、×××与×××
收养登记决定书

　　收养人×××、×××与被收养人×××,于_____年___月___日在本机关办理的收养登记,《中华人民共和国民法典》第一千一百一十三条和《中国公民收养子女登记办法》第十二条的规定,决定撤销×××、×××与×××的收养登记,收缴本机关颁发的×××号收养登记证。

　　　　　　　　　　　　　　　　　　　　　　　　　　　　×××民政局
　　　　　　　　　　　　　　　　　　　　　　　　　　　　年　　月　　日

附件 10

补领收养登记证申请书

　　收养人_____与被收养人_____于_____年___月___日在_____办理(收养登记/解除收养登记),收养人与被收养人仍维持该状况。现因(收养登记证/解除收养关系证明)(遗失/损毁),申请补领。
　　本人申请内容和所提供的情况完全真实,如有虚假,愿承担法律责任。
　　　　　　　　　　　　　　　　　　　　　　　　　　　　　申请人_____
　　　　　　　　　　　　　　　　　　　　　　　　　　　　　年　　月　　日

　　收养人情况

姓名	（男）	（女）
出生日期		

续表

身份证件号		
国　籍		
民　族		
职　业		
文化程度		
工作单位		
婚姻状况		
住　址		
联系方式		

补收养登记证贴收养人与被收养人合影照片
补解除收养关系证明贴收养人照片

被收养人情况

姓　名	（男/女）
出生日期	
身份证件号	
国　籍	
民　族	
职　业	
文化程度	
工作单位	
健康状况	
婚姻状况	
住　址	
身份类别	（填写："孤儿"、"社会福利机构抚养的查找不到生父母的儿童"、"非社会福利机构抚养的查找不到生父母的儿童"、"生父母有特殊困难无力抚养的子女"、"继子女"。收养三代以内同辈旁系血亲的子女,应写明具体亲属关系。）
联系方式	

补解除收养关系证明贴被收养人照片

被收养人的监护人情况（1）

单位名称	
单位地址	
联系电话	

续表

法定代表人姓名	
经办人姓名	（男/女）
经办人身份证件号	
经办人职务	
单位意见	（填写是否同意委托本单位经办人办理补证的意见） 单位公章 单位法定代表人签名：
单位业务主管机关 领导签名、盖章	年　　月　　日

法定代表人身份证件复印件　　　　　经办人照片

被收养人的监护人情况(2)

姓　名	（男）	（女）
出生日期		
身份证件号		
国　籍		
民　族		
职　业		
文化程度		
工作单位		
健康状况		
婚姻状况		
住　址		
监护人与 被收养人关系		

监护人照片

补领收养登记证询问笔录

询问时间：＿＿＿＿＿＿　　询问地点：＿＿＿＿＿＿

询问人：＿＿＿＿＿＿　　被询问人：＿＿＿＿＿＿

记录人：＿＿＿＿＿＿

询问内容：

附件 11

补发收养登记证审查处理表

补发证件类型	
补发原因	
提供证件情况	
审查意见	
主要领导或者 分管领导签名	
登记员签名	
补发日期	
承办机关名称	
补发证件字号	
补发证件印制号	
领证人签名 或者按指纹	年　　月　　日
备注	

附件 12

出具收养登记证明申请书

收养人_____与被收养人_____于____年__月__日在_____办理(收养登记/解除收养登记)。现因_____,申请出具收养登记证明。

本人申请内容和所提供的情况完全真实,如有虚假,愿承担法律责任。

申请人_____
年　　月　　日

收养人情况

姓　名	(男)	(女)
出生日期		
身份证件号		
国　籍		
民　族		

续表

职　业		
文化程度		
工作单位		
婚姻状况		
住　址		
联系方式		

被收养人情况

姓　名	（男/女）
出生日期	
身份证件号	
国　籍	
民　族	
职　业	
文化程度	
工作单位	
健康状况	
婚姻状况	
住　址	
身份类别	（填写："孤儿"、"社会福利机构抚养的查找不到生父母的儿童"、"非社会福利机构抚养的查找不到生父母的儿童"、"生父母有特殊困难无力抚养的子女"、"继子女"。收养三代以内同辈旁系血亲的子女，应写明具体亲属关系。）
联系方式	

被收养人的监护人情况（1）

单位名称	
单位地址	
联系电话	
法定代表人姓名	
经办人姓名	（男/女）
经办人身份证件号	
经办人职务	

续表

单位意见	（填写是否同意委托本单位经办人办理出具证明的意见） 单位公章 单位法定代表人签名：
单位业务主管机关 领导签名、盖章	年　　月　　日

被收养人的监护人情况（2）

姓　名	（男）	（女）
出生日期		
身份证件号		
国　籍		
民　族		
职　业		
文化程度		
工作单位		
健康状况		
婚姻状况		
住　址		
监护人与 被收养人关系		

出具收养登记证明询问笔录

询问时间：_____　　询问地点：_____
询问人：_____　　被询问人：_____
记录人：_____
询问内容：

附件 13

出具收养登记证明审查处理表

出证原因	
提供证件情况	
审查意见	
主要领导或者分管领导签名	
登记员签名	
出证日期	
承办机关名称	
证明字号	
领证人签名或者按指纹	年　　月　　日
备注	

附件 14

收养登记证明书

（　　）证字　　号

经查,收养人＿＿＿＿＿＿　性别＿＿＿＿＿＿　国籍＿＿＿＿＿＿
出生日期＿＿＿＿＿＿＿　身份证件号＿＿＿＿＿＿＿＿
收养人＿＿＿＿＿＿＿　性别＿＿＿＿＿＿　国籍＿＿＿＿＿＿
出生日期＿＿＿＿＿＿＿　身份证件号＿＿＿＿＿＿＿＿
与被收养人＿＿＿＿＿＿　性别＿＿＿＿＿＿　国籍＿＿＿＿＿＿
出生日期＿＿＿＿＿＿＿　身份证件号＿＿＿＿＿＿＿＿
曾于＿＿＿年＿＿月＿＿日在＿＿＿＿＿＿＿办理＿＿＿＿＿＿＿（收养登记/解除收养登记）
登记证字号＿＿＿＿＿＿＿

出证机关
年　　月　　日

注:本证明不能作为当事人现在收养状况的证明。

民政部办公厅关于生父母一方为非中国内地居民送养内地子女有关问题的意见

- 2009年9月24日民办发〔2009〕26号公布
- 根据2020年10月20日《民政部关于修改部分规范性文件的公告》修订

各省、自治区、直辖市民政厅(局),计划单列市民政局,新疆生产建设兵团民政局:

《中华人民共和国收养法》实施十年来,随着我国对外交流的不断深入,收养领域出现了许多新情况和新问题,为深入贯彻落实科学发展观,充分体现儿童最佳利益原则,切实维护收养关系当事人的合法权益和合理诉求,根据《中华人民共和国民法典》的有关规定,现就解决生父母一方为中国内地居民,另一方为非中国内地居民(外国人、华侨以及港澳台居民,下同)送养中国内地户籍子女问题提出以下意见:

一、被收养人的生父母应当提供的材料

(一)被收养人的生父或者生母是中国内地居民的,应当提供下列材料:

1. 本人居民身份证、户口簿以及2张2寸近期半身免冠照片;
2. 本人与被收养人的父母子女关系证明;
3. 本人签署的同意送养子女的书面意见;
4. 被收养人居民身份证、户口簿以及2张2寸近期半身免冠照片。

父母子女关系证明是指DNA鉴定证明或者公安机关、人民法院、公证机构以及其他有权机关出具的能够证明父母子女关系的文书。(下同)

(二)被收养人的生父或者生母是非中国内地居民的,应当提供下列材料:

1. 本人有效身份证件(外国人、华侨应当提供本人有效护照或者其他有效的国际旅行证件,港澳台居民应当提供有效通行证和身份证,下同)和2张2寸近期半身免冠照片;
2. 本人与被收养人的父母子女关系证明;
3. 本人签署的同意送养子女的书面意见;
4. 所在国或者所在地区有权机关出具的不反对此送养行为的证明。

若送养人所在国无法出具材料4中的证明,也可以提供所在国驻华使领馆出具的表明该国法律不反对此类送养行为的证明。华侨无需提供材料4。

送养人有特殊困难无力抚养子女的,应当同时提交父母有特殊困难无力抚养子女的证明。"有特殊困难"是指生父母家庭人均收入处于当地居民最低生活保障水平的,或者生父母因病、因残导致家庭生活困难的,或者因其他客观原因导致家庭无力抚养子女的。送养人为中国内地居民的,提供本人声明及所在街道办事处、乡镇人民政府出具的当事人有特殊困难无力抚养的证明。送养人为非中国内地居民的,提供本人声明及所在国或所在地区有权机构出具的本人有特殊困难无力抚养子女的证明,当事人在中国内地居住满一年,无法提供所在国或者所在地区出具的有特殊困难无力抚养子女证明,也可以只出具本人声明。

被收养人父母一方死亡或者下落不明的,送养人应当提交死亡或者下落不明的证明以及死亡或者下落不明一方的父母不行使优先抚养权的书面证明。由非中国内地居民单方送养的,应当同时提交本部分(一)中第2、4项材料。

被收养人是残疾儿童的,应当提交县级或者二级以上医疗机构出具的该儿童的残疾证明。

被收养人年满8周岁的,应当提交被收养人同意被收养的证明。

外国人、华侨提交的声明、书面意见或者所在国出具的证明材料,应当经我国驻该国使领馆认证或者该国驻华使领馆公证或者认证。港澳台地区居民提交的声明、书面意见或者所在地区出具的证明材料应当经有权机关公证。

二、办理收养登记的程序

收养人应当按照其身份提供相应的证件和证明材料,并按照现行法律程序办理收养手续。收养登记机关应当根据收养关系当事人的身份对其证件及证明材料进行审查,符合《中华人民共和国民法典》及相关规定的,予以登记,发给收养登记证。不符合规定的,应当说明原因。

民政部、国家发展和改革委员会、公安部、司法部、财政部、国家卫生和计划生育委员会、国家宗教事务局关于进一步做好弃婴相关工作的通知

- 2013年5月14日民发〔2013〕83号公布
- 根据2020年10月20日《民政部关于修改部分规范性文件的公告》修订

各省、自治区、直辖市民政厅(局)、发展改革委(局)、司法厅(局)、财政厅(局)、卫生厅局(卫生计生

委)、人口计生委、宗教局,新疆生产建设兵团民政局、发展改革委、公安局、司法局、财务局、卫生局、人口计生委、民宗局:

弃婴是全社会最弱势的特殊群体。近年来,各地区各部门以及社会各界在弃婴救助和保护方面做了许多卓有成效的工作,绝大多数弃婴得到了妥善安置和生活保障。但是必须看到,弃婴现象仍屡禁不止,弃婴安置和救治保障体系仍不健全,保障弃婴的基本生活和生命安全仍需要做大量艰苦细致的工作。为深入贯彻落实以人为本的执政理念和儿童优先的原则,维护弃婴合法权益,促进弃婴健康成长,现就进一步做好弃婴相关工作通知如下:

一、切实做好弃婴的接收、体检、户籍登记和抚育工作

(一)做好弃婴接收工作。公民发现弃婴后,要第一时间向所辖社区居民委员会或村民委员会通报,及时依法向当地公安机关报案,不得自行收留和擅自处理。公安机关要做好查找弃婴的生父母和其他监护人的工作,对查找不到生父母和其他监护人的,出具弃婴捡拾证明,送民政部门指定的儿童福利机构临时代养并签订协议。儿童福利机构要及时发布寻亲公告,公告期满后,仍查找不到生父母和其他监护人的,经主管民政部门审批后,办理正式进入儿童福利机构的手续。

(二)做好弃婴体检和救治工作。对公安机关移送的弃婴,儿童福利机构要及时送卫生部门指定的医疗机构进行体检和传染病检查,并出具体检表。对患病弃婴,医疗机构要按照"先救治、后结算"的原则,积极予以救治,出院时医疗机构要出具治疗证明。

(三)做好弃婴户籍登记工作。儿童福利机构应持弃婴入院登记表、公安机关出具的弃婴捡拾证明等相关材料,及时到当地公安机关办理户籍登记。

(四)做好弃婴的抚育工作。对办理正式入院手续的弃婴,儿童福利机构要按照国务院办公厅《关于加强孤儿保障工作的意见》(国办发〔2010〕54号),做好抚育工作。

二、着力解决当前民办机构和个人收留弃婴的问题

(一)已收留弃婴的民办机构,应达到社会福利机构设置的基本标准,配置儿童成长必需的抚养、医疗、康复、教育等功能设施,配备与所承担工作和所提供服务相匹配的护理人员,建立健全符合国家消防安全和卫生防疫标准的制度等。对具备上述基本条件并与民政部门合办的,要严格按照双方签订的协议,加强日常管理,强化监督责任,依法依规开展工作;对具备上述基本条件未与民政部门合办的,民政部门要与其签订代养协议,明确责任,加强业务指导和规范管理;对具备上述基本条件但既不同意合办又不签订代养协议的,或不具备上述基本条件的,民政部门要会同公安等有关部门责令其停止收留活动,并将收留的弃婴一律送交民政部门设立的儿童福利机构收留抚养。

关于宗教界收留的弃婴,由民政部、国家宗教事务局在调研基础上,另行制定相关意见,加强引导,规范管理。条件成熟的,由地方民政部门商同级宗教事务部门提出稳妥处理意见,先行一步。

(二)已私自收留弃婴的个人,收留人有收养意愿且符合《中华人民共和国民法典》及相关法律政策规定的,依法办理收养登记。收留人有收养意愿但不符合相关法律政策规定的,收留人常住户口所在地的乡(镇)人民政府、街道办事处应当动员其将弃婴送交当地儿童福利机构抚养,同时为收留人看望弃婴、奉献爱心、开展志愿服务提供优先和便利条件;若收留人坚持自行抚养又符合家庭寄养条件的,当地儿童福利机构可与其签订家庭寄养协议,并参照《家庭寄养管理暂行办法》指导和监管。

(三)对利用弃婴牟利或从事违法活动的机构和个人,要严厉打击。构成犯罪的,要依法追究其刑事责任。

三、不断加强弃婴源头治理工作

(一)加强对《中华人民共和国刑法》、《中华人民共和国民法典》、《中华人民共和国治安管理处罚法》、《中华人民共和国未成年人保护法》中关于遗弃婴儿属于违法行为的宣传普及,提高儿童特别是残疾儿童的生父母及监护人的守法意识,营造呵护婴儿光荣、遗弃婴儿可耻的社会氛围。

(二)依据《中华人民共和国刑法》、《中华人民共和国民法典》和《中华人民共和国残疾人保障法》,打击和制止弃婴现象。加强技术防范、技术查询工作,对遗弃婴儿的当事人依法予以惩处。充分发挥民政助理员或基层社区工作人员、儿童福利督导员的作用,加强社区弃婴问题的监督管理,发现弃婴问题及时报案,积极协助弃婴捡拾人办理报案、移送等相关手续。

(三)依据《国务院关于批转中国残疾人事业"十二五"发展纲要的通知》(国发〔2011〕13号)要求,有条件的地方在开展一户多残、老残一体等困难残疾人生活补助试点和重度残疾人护理补贴试点工作中,统筹考虑残疾儿童保障问题，切实减轻生育和养育残疾婴儿家庭的经济负担。

四、落实相关部门职责，形成工作合力

民政部门要发挥做好弃婴相关工作的主导作用，协调有关部门健全弃婴的接收、救治、安置机制，加强对各类儿童福利机构以及弃婴收养工作的指导和管理，提高弃婴的养育质量和抚育水平。发展改革部门要根据儿童福利事业发展需要，推动儿童福利机构设施建设。公安机关要积极主动为弃婴办理相关手续，妥善做好弃婴接收、户籍办理等工作，要积极查找弃婴和儿童的生父母和其他监护人，严厉查处打击遗弃婴儿等违法犯罪行为。司法行政部门要加大弃婴权益保护法律法规宣传力度，开展多种形式的法制宣传活动，指导公证机构依法办理收养公证。财政部门要加大资金支持力度，保障儿童福利工作相关经费支出。卫生计生部门要加强对医疗保健机构的指导，指定条件较好的医院作为弃婴救治、体检的医疗机构，明确费用结算办法，配合相关部门做好弃婴的救治工作，并全面掌握辖区内居民的家庭成员情况和育龄人员的生育情况。宗教事务部门要配合相关部门做好引导和规范宗教界收留弃婴相关工作。

自本通知下发之日起，社会力量兴办以孤儿、弃婴为服务对象的社会福利机构，必须与当地县级以上人民政府民政部门共同举办。严禁任何机构和个人私自收留弃婴。

民政部关于规范生父母有特殊困难无力抚养的子女和社会散居孤儿收养工作的意见

- 2014年9月28日民发〔2014〕206号公布
- 根据2020年10月20日《民政部关于修改部分规范性文件的公告》修订

各省、自治区、直辖市民政厅（局）：

为规范生父母有特殊困难无力抚养的子女和社会散居孤儿（以下简称两类儿童）的收养工作，切实维护被收养儿童的合法权益，根据《中华人民共和国民法典》及《中国公民收养子女登记办法》、《外国人在中华人民共和国收养子女登记办法》及相关规定，现就两类儿童收养提出如下意见：

一、坚持两类儿童收养工作原则

收养应当有利于被收养未成年人的抚养、成长。要落实儿童利益最佳的原则，把"一切为了孩子"的要求贯穿于收养工作始终，让儿童回归家庭，得到父母的关爱和良好的教育。要坚持国内收养优先的原则，鼓励、支持符合条件的国内家庭收养，研究创制亲属收养的政策措施，积极引导国内家庭转变收养观念，帮助大龄和残疾儿童实现国内收养。同时，积极稳妥地开展涉外收养工作。要遵循平等自愿的原则，充分尊重被收养人和送养人的意愿，切实维护其合法权益。对送养八周岁以上未成年人的，要征得其本人同意。告知送养人送养的权利义务，让其知晓送养后的法律后果，方便其行使选择权利。他人不得诱使或强迫监护人送养。要坚持依法登记的原则，强化对收养登记工作人员的管理约束，不断增强法律意识，提高依法办事能力，严格依法依规办理收养登记。

二、明确送养人和送养意愿

生父母有特殊困难无力抚养的子女由生父母作为送养人。生父母均不具备完全民事行为能力且对被收养人有严重危害可能的，由被收养人的监护人作为送养人。社会散居孤儿由其监护人作为送养人。社会散居孤儿的监护人依法变更为社会福利机构的，可以由社会福利机构送养。送养人可以向民政部门提出送养意愿。民政部门可以委托社会福利机构代为接收送养意愿。

三、严格规范送养材料

提交送养材料时，送养人可以直接向县级以上人民政府民政部门提交，也可以由受委托的社会福利机构转交。受委托的社会福利机构应当协助送养人按照要求提交送养证明材料。

送养人应当提交下列证件和证明材料：本人及被收养人的居民身份证和居民户口簿或公安机关出具的户籍证明，《生父母或监护人同意送养的书面意见》（见附件1），并根据下列情况提交相关证明材料。

（一）生父母作为送养人的，应当提交下列证明材料：

1. 生父母有特殊困难无力抚养子女的证明；
2. 生父母与当地卫生和计划生育部门签订的计划生育协议。

生父母有特殊困难无力抚养的证明是指生父母所在单位或者村（居）委会根据下列证件、证明材料之一出具的能够确定生父母有特殊困难无力抚养的相关证明：

（1）县级以上医疗机构出具的重特大疾病证明；
（2）县级残疾人联合会出具的重度残疾证明；
（3）人民法院判处有期徒刑或无期徒刑、死刑的判决书。

生父母确因其他客观原因无力抚养子女的,乡镇人民政府、街道办事处出具的有关证明可以作为生父母有特殊困难无力抚养的证明使用。

(二)如生父母一方死亡或者下落不明的,送养人还应当提交下列证明:

1. 死亡证明、公安机关或者其他有关机关出具的下落不明的证明;

2. 经公证的死亡或者下落不明一方的父母不行使优先抚养权的书面声明(见附件2)。

(三)生父母以外的监护人作为送养人的,应当提交下列证明材料:

1. 生父母的死亡证明或者人民法院出具的能够证明生父母双方均不具备完全民事行为能力的文书;

2. 监护人所在单位或村(居)委会出具的监护人实际承担监护责任的证明;

3. 其他有抚养义务的人(祖父母、外祖父母、成年兄姐)出具的经公证的同意送养的书面意见(见附件3)。

生父母均不具备完全民事行为能力的,还应当提交生父母所在单位、村(居)委会、医疗机构、司法鉴定机构或者其他有权机关出具的生父母对被收养人有严重危害可能的证明。

(四)涉外送养的,送养人还应当提交下列材料:

1. 被收养人照片;

2. 县级以上医疗机构出具的被收养人体检报告;

3. 被收养人成长报告。

体检报告参照《关于社会福利机构涉外送养若干规定》(民发〔2003〕112号)办理。被收养人成长报告应全面、准确地反映儿童的情况,包括儿童生父母简要情况、儿童成长发育情况、生活习惯、性格爱好等。7岁以上儿童的成长报告应着重反映儿童心理发育、学习、与人交往、道德品行等方面的情况。

四、依法办理收养登记

(一)中国公民收养两类儿童登记。

中国公民收养两类儿童登记的办理,按照《中国公民收养子女登记办法》及相关规定执行。

(二)外国人收养两类儿童登记。

外国人收养两类儿童登记的办理,由省级人民政府民政部门对送养人提交的涉外送养材料进行审查,认为符合法律规定的,填写《生父母有特殊困难无力抚养的子女和社会散居孤儿涉外送养审查意见表》(见附件4),并向中国儿童福利和收养中心报送,同时附两套上述涉外送养材料的复制件以及被收养人照片。

中国儿童福利和收养中心为被收养人选择到外国收养人后,向省级人民政府民政部门发出《涉外送养通知》,由省级人民政府民政部门书面通知送养人,或者由受委托的社会福利机构代为转交送养人。

送养人接到书面通知后,省级人民政府民政部门和受委托的社会福利机构,应当积极协助送养人做好交接工作,并指导送养人将收养人的情况如实告诉7周岁以上被收养人,帮助送养人做好被收养人的心理辅导。

受委托的社会福利机构可在自身条件允许时,应当事人一方要求,指定人员陪同送养人和被收养人办理收养登记。

外国人收养两类儿童的其他事宜参照《关于社会福利机构涉外送养若干规定》(民发〔2003〕112号)执行。

五、做好两类儿童收养工作的相关要求

各级人民政府民政部门要加强对受托社会福利机构指导督促,做好宣传引导工作,依法保障两类儿童收养工作的健康开展。要切实加强对被收养人的身份审核。受委托的社会福利机构要对被收养人和送养人的情况进行实地调查走访,重点了解是否符合两类儿童的送养条件,注意做好调查笔录、材料保存等工作,严防弄虚作假。有条件的地方可通过政府购买服务、引入社会工作者等方式开展收养评估工作,对被收养人和送养人的情况进行了解把握。各级人民政府民政部门要加强对送养证明材料的审查,依法办理收养登记。

附件 1

生父母或监护人同意送养的书面意见

　　本人_____,身份证号:_____,是(儿童姓名)_____(性别_____,_____年_____月_____日生,身份证号_____)的监护人,与该儿童是_____关系。按照《中华人民共和国民法典》第一千一百零四条的规定,我自愿将上述儿童送养(包括涉外送养)。并做出声明如下:本人自愿送养该儿童,并未受到任何威胁、强迫;本人知道此收养将建立养父母与被收养儿童间永久性的父母子女关系;本人知道出具该书面意见的后果,特别是收养将导致_____(儿童姓名)与本人的法律关系终止的后果。

　　下列内容由声明人亲笔抄录:本人保证已完全知晓、理解并同意上述声明,并永久性地放弃我作为监护人的所有权利。本人承诺严格遵守该书面意见规定的事项,绝不反悔。

声明人(签字):
年　　月　　日

附件 2

死亡或下落不明一方的父母不行使优先抚养权的书面声明

　　本人_____,身份证号:_____,是(□死亡 □下落不明)一方_____的父亲/母亲_____。本人知悉(孙子女/外孙子女姓名)_____将被其父亲/母亲(姓名)_____送养。按照《中华人民共和国民法典》第一千一百零八条的规定,本人不对(儿童姓名)_____行使优先抚养权,同意将该儿童送养。

　　下列内容由声明人亲笔抄录:本人保证已完全知晓、理解并同意上述声明,并永久性放弃我优先抚养(儿童姓名)_____的权利。本人承诺严格遵守该书面意见规定的事项,绝不反悔。

　　特此声明。

声明人(签字):
年　　月　　日

附件 3

其他有抚养义务的人同意送养的书面意见

　　本人_____,身份证号:_____,是(儿童姓名)_____(性别_____,_____年_____月_____日生,身份证号_____)的(亲属关系)_____。按照《中华人民共和国民法典》第一千零七十四条和第一千零七十五条的规定,本人是上述儿童的其他有抚养义务的人。按照《中华人民共和国民法典》第一千零九十六条'监护人送养孤儿的,应当征得有抚养义务的人同意'及《中国公民收养子女登记办法》第六条第一款第(二)项、《外国人在中华人民共和国收养子女登记办法》第五条第二款第(四)项的规定,同意将其送养。

　　下列内容由声明人亲笔抄录:本人保证已完全知晓、理解并同意上述声明,本人承诺严格遵守该书面意见规定的事项,绝不反悔。

　　特此声明。

声明人(签字):
年　　月　　日

附件4

生父母有特殊困难无力抚养的子女和社会散居孤儿涉外送养审查意见表

省（自治区、直辖市）：
送养人姓名：
被收养人姓名：
填表日期：　　年　　月　　日

中华人民共和国民政部　制

被收养人情况		姓名		性别		照片
^		姓名拼音		出生日期		^
^		身体状况				
^		户籍住址				
送养人情况	送养人	姓名		性别		出生日期	
^	^	单位				
^	^	身份证号		联系电话		
^	^	与被收养人的关系				
^	^	户籍住址				
^	送养人	姓名		性别		出生日期	
^	^	单位				
^	^	身份证号		联系电话		
^	^	与被收养人的关系				
^	^	户籍住址				
送养人申请送养的意见			送养人签字： 年　月　日			
省级民政部门审查意见			负责人签字： 盖　章 年　月　日			

注："身体状况"栏填写"正常"或"病残诊断结论"。

民政部、公安部关于开展查找不到生父母的打拐解救儿童收养工作的通知

- 2015年8月20日民发〔2015〕159号公布
- 根据2020年10月20日《民政部关于修改部分规范性文件的公告》修订

各省、自治区、直辖市民政厅（局）、公安厅（局），新疆生产建设兵团民政局、公安局：

家庭是儿童成长的最佳环境，为落实党的十八届三中全会通过的《中共中央关于全面深化改革若干重大问题的决定》中关于健全困境儿童分类保障制度的要求以及国务院办公厅《中国反对拐卖人口行动计划（2013－2020年）》（国办发〔2013〕19号）的相关要求，进一步完善打拐解救儿童安置渠道，使查找不到生父母的打拐解救儿童能够通过收养回归家庭中健康、快乐成长，根据《中华人民共和国民法典》等法律法规的有关规定，现就查找不到生父母的打拐解救儿童收养问题通知如下：

一、全力查找打拐解救儿童生父母

儿童失踪后，其监护人应当及时向公安机关报警。公安机关接到儿童失踪报警后，应当立即出警处置并立案侦查，迅速启动儿童失踪快速查找机制，充分调动警务资源，第一时间组织查找，并及时免费采集失踪儿童父母血样录入全国打拐DNA信息库。

公安机关解救被拐卖儿童后，对于查找到生父母或其他监护人的，应当及时送还。对于暂时查找不到生父母及其他监护人的，应当送交社会福利机构或者救助保护机构抚养，并签发打拐解救儿童临时照料通知书（附件1），由社会福利机构或者救助保护机构承担临时监护责任。同时，公安机关要一律采集打拐解救儿童血样，检验后录入全国打拐DNA信息库比对，寻找儿童的生父母。公安机关经查找，1个月内未找到儿童生父母或其他监护人的，应当为社会福利机构或者救助保护机构出具暂时未查找到生父母或其他监护人的证明（附件2）。社会福利机构或者救助保护机构在接收打拐解救儿童后，应当在报纸和全国打拐解救儿童寻亲公告平台上发布儿童寻亲公告。公告满30日，儿童的生父母或者其他监护人未认领的，救助保护机构应当在7日内将儿童及相关材料移交当地社会福利机构。社会福利机构应当尽快为儿童办理入院手续并申报落户手续，公安机关应当积极办理落户手续。

从儿童被送交社会福利机构或者救助保护机构之日起满12个月，公安机关未能查找到儿童生父母或其他监护人的，应当向社会福利机构出具查找不到生父母或其他监护人的证明（附件3）。

打拐解救儿童在社会福利机构或者救助保护机构期间，如有人主张其为被公告儿童的生父母或者其他监护人的，上述机构应当立即通知公安机关，由公安机关开展调查核实工作。公安机关经调查确认找到打拐解救儿童生父母或其他监护人的，应当出具打拐解救儿童送还通知书（附件4），由社会福利机构或者救助保护机构配合该儿童生父母或其他监护人将儿童接回。

二、依法开展收养登记工作

社会福利机构收到查找不到生父母或其他监护人的证明后，对于符合收养条件的儿童，应当及时进行国内送养，使儿童能够尽快回归正常的家庭生活。

办理收养登记前，社会福利机构应当与收养家庭签订收养协议（附件5）。

收养人应当填写收养申请书并向有管辖权的收养登记机关提交下列证件、证明材料：

（一）居民户口簿和居民身份证；

（二）婚姻登记证或者离婚判决书、离婚调解书；

（三）县级以上医疗机构出具的未患有在医学上认为不应当收养子女疾病的身体健康检查证明；

收养登记机关应当对收养人进行收养能力评估。收养能力评估可以通过委托第三方等方式开展。收养能力评估应当包括收养人收养动机、职业和经济状况、受教育程度、身体情况、道德品质、家庭关系等内容。

社会福利机构应当向收养登记机关提交下列证件、证明材料：

（一）社会福利机构法人登记证书、法定代表人身份证明和授权委托书；

（二）被收养人照片、指纹、DNA信息和情况说明；

（三）被收养人进入社会福利机构的原始记录和查找不到生父母或其他监护人的证明等相关证明材料；

被收养人有残疾或者患有重病的，社会福利机构应当同时提交县级以上医疗机构出具的残疾证明或者患病证明。

被收养人年满8周岁的，收养登记机关还应就收养登记事项单独征得其本人同意。

收养登记机关在收到收养登记申请书及相关材料后，应当按照规定进行公告。自公告之日起满60日，打拐解救儿童的生父母或者其他监护人未认领的，收养登记机关应当为符合条件的当事人办理收养登记。对不符合条件的，不予登记并对当事人说明理由。

三、妥善处理打拐解救儿童收养关系解除问题

打拐解救儿童被收养后,公安机关查找到其生父母或其他监护人,或者其生父母或其他监护人又查找到该儿童的,如儿童的生父母或其他监护人要求解除收养关系,且经公安机关确认该儿童确属于被盗抢、被拐骗或者走失的,收养人应当与社会福利机构共同到民政部门办理解除收养关系登记。

儿童的生父母双方或者其他监护人有出卖或者故意遗弃儿童行为的,应当依法追究法律责任,已成立的合法收养关系不受影响。

四、扎实抓好政策落实工作

(一)切实加强组织领导。各地要从落实党中央和国务院关于加强被拐卖受害人的救助、安置、康复和回归社会工作有关要求的高度充分认识此项工作的重要意义,将其作为保护未成年人合法权益和打击整治拐卖儿童犯罪买方市场的重要举措抓紧抓好。各地民政部门和公安部门要建立协调沟通机制,形成工作合力,细化职责分工,将好事办好。要做好督促检查工作,确保此项工作尽快落实。

(二)尽快解决历史问题。各地要优先解决已经在社会福利机构或者救助保护机构长期生活的打拐解救儿童的落户和收养问题。对于社会福利机构或者救助保护机构内尚未采集血样的打拐解救儿童,当地公安机关应当及时采集DNA信息入库比对查找其生父母,相关费用由公安机关承担,社会福利机构应当协助配合。对于采集了DNA信息、并在本通知实行前已经查找其生父母或其他监护人满12个月的儿童,公安机关应当直接向社会福利机构出具查找不到生父母或其他监护人的证明。社会福利机构或者救助保护机构应当及时在报纸和全国打拐解救儿童寻亲公告平台上发布寻亲公告,公告期满后救助保护机构应当在7日内将儿童及相关材料移交当地社会福利机构。社会福利机构应当在公安机关配合下尽快办理落户等手续,对于符合收养条件的儿童,按照本通知要求及时送养。

(三)着力做好宣传引导。各地要通过多种渠道主动做好政策宣传工作,特别是做好与新闻媒体的沟通,使群众充分了解相关法律规定和打拐解救儿童的生活状况,知晓办理收养登记对于保护打拐解救儿童权益和打击拐卖儿童犯罪的重要意义,营造良好的社会舆论氛围。

附件1:

编号:_____年_____号

打拐解救儿童临时照料通知书

_____(福利机构/救助保护机构):

按照国务院办公厅《中国反对拐卖人口行动计划(2013-2020年)》和民政部、公安部《关于开展查找不到生父母的打拐解救儿童收养工作的通知》的相关规定,现将打拐解救儿童_____(姓名),_____(性别),_____(年龄),_____(身高、体重等特征)送你单位临时照料。

公安机关(盖章)
年 月 日

民政部门经办人:_____,联系电话:_____
公安机关经办人:_____,联系电话:_____
注:本通知书一式两份,公安、民政各执一份。福利机构/救助保护机构在名称处盖章。

附件2：

编号：_____年_____号

暂时未查找到生父母或其他监护人证明

_____（福利机构/救助保护机构）：

  我局/分局以_____年_____号《打拐解救儿童临时照料通知书》送你单位临时照料的儿童，经工作，暂时未查找到其生父母或其他监护人。

  特此证明。

公安机关（盖章）
年____月____日

  注：本证明一式两份，公安、民政各执一份。福利机构/救助保护机构在名称处盖章。

附件3：

编号：_____年_____号

查找不到生父母或其他监护人证明

_____（社会福利机构）：

  我局/分局以_____年_____号《打拐解救儿童临时照料通知书》送你单位临时照料的儿童，经公安部门多方查找已满12个月，查找不到其生父母或其他监护人。

  特此证明。

公安机关（盖章）
年____月____日

  注：本证明一式三份，公安、社会福利机构各执一份，收养登记机关留存一份。社会福利机构在名称处盖章。

附件4：

编号：_____年_____号

打拐解救儿童送还通知书

_____（福利机构/救助保护机构）：

  我局/分局以年_____号《打拐解救儿童临时照料通知书》送你单位临时照料的儿童，经调查确认，已找到其生父母（或其他监护人）_____（姓名）、_____（姓名），身份证号码分别为_____、_____。请按照民政部、公安部《关于开展查找不到生父母的打拐解救儿童收养工作的通知》的相关规定办理送还手续。

  特此通知。

公安机关（盖章）
年____月____日

民政部门经办人：_____,联系电话：_____
公安机关经办人：_____,联系电话：_____

注：本通知书一式两份，公安、民政各执一份。福利机构/救助保护机构在名称处盖章。

附件5：

编号：_____年_____号

收养协议

我们是_____、_____,现申请收养以_____年_____号《打拐解救儿童临时照料通知书》送福利机构临时照料的打拐解救儿童_____（姓名）。为保护被收养儿童的合法权益，我们愿意遵守下列条款：

一、如公安机关查找到被收养儿童的生父母或其他监护人，我们愿意配合公安、社会福利机构开展相关工作。如其生父母或其他监护人要求解除收养关系，我们愿意与社会福利机构共同到民政部门办理解除收养关系登记。

二、我们应每年向解救被拐儿童的公安机关_____和社会福利机构_____报告被收养人的生活情况，并配合开展家访等工作。

三、如我们离开居住地6个月以上或者基本信息、联系方式变更的，保证及时向解救被拐儿童的公安机关和社会福利机构通报，并确保联系畅通。

送养机构（盖公章） 公安机关（盖章）
　年　月　日　　　　　年　月　日
收养人：_____（签字并按手印），联系电话：_____
收养人：_____（签字并按手印），联系电话：_____
送养机构经办人：_____,联系电话：_____
公安机关经办人：_____,联系电话：_____

注：本协议一式四份，收养人、送养机构、公安机关各执一份，收养登记机关留存一份。

民政部、公安部、司法部、卫生部、人口计生委关于解决国内公民私自收养子女有关问题的通知

- 2008年9月5日
- 民发〔2008〕132号

各省、自治区、直辖市民政厅（局）、公安厅（局）、司法厅（局）、卫生厅（局）、人口计生委，新疆生产建设兵团民政局、公安局、司法局、卫生局、人口计生委：

《中华人民共和国收养法》（以下简称《收养法》）实施以来，国内公民依法收养意识不断增强，通过办理收养登记，有效地保障了收养关系当事人的合法权益。但目前依然存在国内公民未经登记私自收养子女的情况，因收养关系不能成立，导致已经被抚养的未成年人在落户、入学、继承等方面的合法权益无法得到有效保障。为全面贯彻落实科学发展观，体现以人为本，依法保护当事人的合法权益，进一步做好国内公民收养子女登记工作，现就解决国内公民私自收养子女问题通知如下：

一、区分不同情况，妥善解决现存私自收养子女问题

（一）1999年4月1日，《收养法》修改决定施行前国内公民私自收养子女的，依据司法部《关于办理收养法实施前建立的事实收养关系公证的通知》（司发通〔1993〕125号）、《关于贯彻执行〈中华人民共和国收养法〉若干问题的意见》（司发通〔2000〕33号）和公安部《关于国内公民收养弃婴等落户问题的通知》（公通字〔1997〕54号）的有关规定办理。

依据司法部《关于贯彻执行〈中华人民共和国收养法〉若干问题的意见》（司发通〔2000〕33号）的规定，对当事人之间抚养的事实已办理公证的，抚养人可持公证书、本人的合法有效身份证件及相关证明材料，向其常住户口所在地的户口登记机关提出落户申请，经县、市公安机关审批同意后，办理落户手续。

（二）1999年4月1日，《收养法》修改决定施行后国

内公民私自收养子女的,按照下列情况办理:

1. 收养人符合《收养法》规定的条件,私自收养非社会福利机构抚养的查找不到生父母的弃婴和儿童,捡拾证明不齐全的,由收养人提出申请,到弃婴和儿童发现地的县(市)人民政府民政部门领取并填写《捡拾弃婴(儿童)情况证明》,经收养人常住户口所在地的村(居)民委员会确认,乡(镇)人民政府、街道办事处审核并出具《子女情况证明》,发现地公安部门对捡拾人进行询问并出具《捡拾弃婴(儿童)报案证明》,收养人持上述证明及《中国公民收养子女登记办法》(以下简称《登记办法》)规定的其他证明材料到弃婴和儿童发现地的县(市)人民政府民政部门办理收养登记。

2. 收养人具备抚养教育能力,身体健康,年满30周岁,先有子女,后又私自收养非社会福利机构抚养的查找不到生父母的弃婴和儿童,或者先私自收养非社会福利机构抚养的查找不到生父母的弃婴和儿童,后又生育子女的,由收养人提出申请,到弃婴和儿童发现地的县(市)人民政府民政部门领取并填写《捡拾弃婴(儿童)情况证明》,发现地公安部门出具《捡拾弃婴(儿童)报案证明》。弃婴和儿童发现地的县(市)人民政府民政部门应公告查找其生父母,并由发现地的社会福利机构办理入院登记手续,登记集体户口。对于查找不到生父母的弃婴、儿童,按照收养社会福利机构抚养的弃婴和儿童予以办理收养手续。由收养人常住户口所在地的村(居)民委员会确认,乡(镇)人民政府、街道办事处负责审核并出具收养前当事人《子女情况证明》。在公告期内或收养后有检举收养人政策外生育的,由人口计生部门予以调查处理。确属政策外生育的,由人口计生部门按有关规定处理。

捡拾地没有社会福利机构的,可到由上一级人民政府民政部门指定的机构办理。

3. 收养人不满30周岁,但符合收养人的其他条件,私自收养非社会福利机构抚养的查找不到生父母的弃婴和儿童且愿意继续抚养的,可向弃婴和儿童发现地的县(市)人民政府民政部门或社会福利机构提出助养申请,登记集体户口后签订义务助养协议,监护责任由民政部门或社会福利机构承担。待收养人年满30周岁后,仍符合收养人条件的,可以办理收养登记。

4. 单身男性私自收养非社会福利机构抚养的查找不到生父母的女性弃婴和儿童,年龄相差不到40周岁的,由当事人常住户口所在地的乡(镇)人民政府、街道办事处,动员其将弃婴和儿童送交当地县(市)人民政府民政部门指定的社会福利机构抚养。

夫妻双方在婚姻关系存续期间私自收养女性弃婴和儿童,后因离婚或者丧偶,女婴由男方抚养,年龄相差不到40周岁,抚养事实满一年的,可凭公证机构出具的抚养事实公证书,以及人民法院离婚判决书、离婚调解书、离婚证或者其妻死亡证明等相关证明材料,到县(市)人民政府民政部门申请办理收养登记。

5. 私自收养生父母有特殊困难无力抚养的子女、由监护人送养的孤儿,或者私自收养三代以内同辈旁系血亲的子女,符合《收养法》规定条件的,应当依法办理登记手续;不符合条件的,应当将私自收养的子女交由生父母或者监护人抚养。

(三)私自收养发生后,收养人因经济状况、身体健康等原因不具备抚养能力,或者收养人一方死亡、离异,另一方不愿意继续抚养,或者养父母双亡的,可由收养人或其亲属将被收养人送交社会福利机构抚养(被收养人具备完全民事行为能力的除外)。其亲属符合收养人条件且愿意收养的,应当依法办理收养登记。

(四)对于不符合上述规定的国内公民私自收养,依据《收养法》及相关法律法规的规定,由当事人常住户口所在地的乡(镇)人民政府、街道办事处,动员其将弃婴或儿童送交社会福利机构抚养。

二、综合治理,建立依法安置弃婴的长效机制

有关部门要高度重视,从构建社会主义和谐社会的高度出发,采取有力措施,加大《收养法》、《登记办法》等法律、法规和政策的宣传贯彻力度,充分发挥乡(镇)人民政府、街道办事处,村(居)民委员会的作用,广泛深入地向群众宣传弃婴收养的有关规定,切实做到依法安置、依法登记和依法收养。

民政部门应协调、协助本辖区内弃婴的报案、临时安置、移送社会福利机构等工作。同时,要进一步加强、规范社会福利机构建设,提高养育水平,妥善接收、安置查找不到生父母的弃婴和儿童;对不按规定、拒绝接收的,要责令改正。

公安部门应依据有关规定及时为弃婴捡拾人出具捡拾报案证明,为查找不到生父母的弃婴和儿童办理社会福利机构集体户口,将已被收养的儿童户口迁至收养人家庭户口,并在登记与户主关系时注明子女关系;应积极查找弃婴和儿童的生父母或其他监护人,严厉打击查处借收养名义拐卖儿童、遗弃婴儿等违法犯罪行为。

司法行政部门应指导公证机构依法办理收养公证和当事人之间抚养事实公证。

卫生部门应加强对医疗保健机构的监督管理,配合民政、公安部门做好弃婴和儿童的收养登记工作。医疗保健机构发现弃婴和弃儿,应及时向所在地公安部门报案并移送福利机构,不得转送他人或私自收养。

人口计生部门应积极配合民政部门做好收养登记工作,掌握辖区内居民的家庭成员情况和育龄人员的生育情况,做好相关工作。

各地应广泛深入宣传通知精神,集中处理本行政区域内 2009 年 4 月 1 日之前发生的国内公民私自收养。自本通知下发之日起,公民捡拾弃婴的,一律到当地公安部门报案,查找不到生父母和其他监护人的一律由公安部门送交当地社会福利机构或者民政部门指定的抚养机构抚养。公民申请收养子女的,应到民政部门申请办理收养登记。对本通知下发之前已经处理且执行完结的私自收养子女的问题,不再重新处理;正在处理过程中,但按照通知规定不予处理的,终止有关程序;已经发生,尚未处理的,按本通知执行。

各级政府和有关部门应以科学发展观为统领,本着"以人为本、儿童至上、区别对待、依法办理"的原则,积极稳妥地解决已经形成的私自收养问题。各省、自治区、直辖市相关部门应根据通知精神,结合本地实际情况,制订相关实施意见。对已确立的收养关系的户口迁移,应按当地公安部门的现行规定执行。

附件:1. 捡拾弃婴(儿童)情况证明(略)
　　　 2. 子女情况证明(略)
　　　 3. 捡拾弃婴(儿童)报案证明(略)

5. 家庭生活保障

(1) 最低生活保障

城市居民最低生活保障条例

· 1999 年 9 月 28 日中华人民共和国国务院令第 271 号发布
· 自 1999 年 10 月 1 日起施行

第一条 为了规范城市居民最低生活保障制度,保障城市居民基本生活,制定本条例。

第二条 持有非农业户口的城市居民,凡共同生活的家庭成员人均收入低于当地城市居民最低生活保障标准的,均有从当地人民政府获得基本生活物质帮助的权利。

前款所称收入,是指共同生活的家庭成员的全部货币收入和实物收入,包括法定赡养人、扶养人或者抚养人应当给付的赡养费、扶养费或者抚养费,不包括优抚对象按照国家规定享受的抚恤金、补助金。

第三条 城市居民最低生活保障制度遵循保障城市居民基本生活的原则,坚持国家保障与社会帮扶相结合、鼓励劳动自救的方针。

第四条 城市居民最低生活保障制度实行地方各级人民政府负责制。县级以上地方各级人民政府民政部门具体负责本行政区域内城市居民最低生活保障的管理工作;财政部门按照规定落实城市居民最低生活保障资金;统计、物价、审计、劳动保障和人事等部门分工负责,在各自的职责范围内负责城市居民最低生活保障的有关工作。

县级人民政府民政部门以及街道办事处和镇人民政府(以下统称管理审批机关)负责城市居民最低生活保障的具体管理审批工作。

居民委员会根据管理审批机关的委托,可以承担城市居民最低生活保障的日常管理、服务工作。

国务院民政部门负责全国城市居民最低生活保障的管理工作。

第五条 城市居民最低生活保障所需资金,由地方人民政府列入财政预算,纳入社会救济专项资金支出项目,专项管理,专款专用。

国家鼓励社会组织和个人为城市居民最低生活保障提供捐赠、资助;所提供的捐赠资助,全部纳入当地城市居民最低生活保障资金。

第六条 城市居民最低生活保障标准,按照当地维持城市居民基本生活所必需的衣、食、住费用,并适当考虑水电燃煤(燃气)费用以及未成年人的义务教育费用确定。

直辖市、设区的市的城市居民最低生活保障标准,由市人民政府民政部门会同财政、统计、物价等部门制定,报本级人民政府批准并公布执行;县(县级市)的城市居民最低生活保障标准,由县(县级市)人民政府民政部门会同财政、统计、物价等部门制定,报本级人民政府批准并报上一级人民政府备案后公布执行。

城市居民最低生活保障标准需要提高时,依照前两款的规定重新核定。

第七条 申请享受城市居民最低生活保障待遇,由户主向户籍所在地的街道办事处或者镇人民政府提出书面申请,并出具有关证明材料,填写《城市居民最低生活保障待遇审批表》。城市居民最低生活保障待遇,由其所在地的街道办事处或者镇人民政府初审,并将有关材料和初审意见报送县级人民政府民政部门审批。

管理审批机关为审批城市居民最低生活保障待遇的需要,可以通过入户调查、邻里访问以及信函索证等方式对申请人的家庭经济状况和实际生活水平进行调查核实。申请人及有关单位、组织或者个人应当接受调查,如实提供有关情况。

第八条 县级人民政府民政部门经审查,对符合享受城市居民最低生活保障待遇条件的家庭,应当区分下列不同情况批准其享受城市居民最低生活保障待遇:

(一)对无生活来源、无劳动能力又无法定赡养人、扶养人或者抚养人的城市居民,批准其按照当地城市居民最低生活保障标准全额享受;

(二)对尚有一定收入的城市居民,批准其按照家庭人均收入低于当地城市居民最低生活保障标准的差额享受。

县级人民政府民政部门经审查,对不符合享受城市居民最低生活保障待遇条件的,应当书面通知申请人,并说明理由。

管理审批机关应当自接到申请人提出申请之日起的30日内办结审批手续。

城市居民最低生活保障待遇由管理审批机关以货币形式按月发放;必要时,也可以给付实物。

第九条 对经批准享受城市居民最低生活保障待遇的城市居民,由管理审批机关采取适当形式以户为单位予以公布,接受群众监督。任何人对不符合法定条件而享受城市居民最低生活保障待遇的,都有权向管理审批机关提出意见;管理审批机关经核查,对情况属实的,应当予以纠正。

第十条 享受城市居民最低生活保障待遇的城市居民家庭人均收入情况发生变化的,应当及时通过居民委员会告知管理审批机关,办理停发、减发或者增发城市居民最低生活保障待遇的手续。

管理审批机关应当对享受城市居民最低生活保障待遇的城市居民的家庭收入情况定期进行核查。

在就业年龄内有劳动能力但尚未就业的城市居民,在享受城市居民最低生活保障待遇期间,应当参加其所在的居民委员会组织的公益性社区服务劳动。

第十一条 地方各级人民政府及其有关部门,应当对享受城市居民最低生活保障待遇的城市居民在就业、从事个体经营等方面给予必要的扶持和照顾。

第十二条 财政部门、审计部门依法监督城市居民最低生活保障资金的使用情况。

第十三条 从事城市居民最低生活保障管理审批工作的人员有下列行为之一的,给予批评教育,依法给予行政处分;构成犯罪的,依法追究刑事责任:

(一)对符合享受城市居民最低生活保障待遇条件的家庭拒不签署同意享受城市居民最低生活保障待遇意见的,或者对不符合享受城市居民最低生活保障待遇条件的家庭故意签署同意享受城市居民最低生活保障待遇意见的;

(二)玩忽职守、徇私舞弊,或者贪污、挪用、扣压、拖欠城市居民最低生活保障款物的。

第十四条 享受城市居民最低生活保障待遇的城市居民有下列行为之一的,由县级人民政府民政部门给予批评教育或者警告,追回其冒领的城市居民最低生活保障款物;情节恶劣的,处冒领金额1倍以上3倍以下的罚款:

(一)采取虚报、隐瞒、伪造等手段,骗取享受城市居民最低生活保障待遇的;

(二)在享受城市居民最低生活保障待遇期间家庭收入情况好转,不按规定告知管理审批机关,继续享受城市居民最低生活保障待遇的。

第十五条 城市居民对县级人民政府民政部门作出的不批准享受城市居民最低生活保障待遇或者减发、停发城市居民最低生活保障款物的决定或者给予的行政处罚不服的,可以依法申请行政复议;对复议决定仍不服的,可以依法提起行政诉讼。

第十六条 省、自治区、直辖市人民政府可以根据本条例,结合本行政区域城市居民最低生活保障工作的实际情况,规定实施的办法和步骤。

第十七条 本条例自1999年10月1日起施行。

社会救助暂行办法

- 2014年2月21日中华人民共和国国务院令第649号公布
- 根据2019年3月2日《国务院关于修改部分行政法规的决定》修订

第一章 总 则

第一条 为了加强社会救助,保障公民的基本生活,促进社会公平,维护社会和谐稳定,根据宪法,制定本办法。

第二条 社会救助制度坚持托底线、救急难、可持续,与其他社会保障制度相衔接,社会救助水平与经济社会发展水平相适应。

社会救助工作应当遵循公开、公平、公正、及时的原则。

第三条 国务院民政部门统筹全国社会救助体系建设。国务院民政、应急管理、卫生健康、教育、住房城乡建设、人力资源社会保障、医疗保障等部门，按照各自职责负责相应的社会救助管理工作。

县级以上地方人民政府民政、应急管理、卫生健康、教育、住房城乡建设、人力资源社会保障、医疗保障等部门，按照各自职责负责本行政区域内相应的社会救助管理工作。

前两款所列行政部门统称社会救助管理部门。

第四条 乡镇人民政府、街道办事处负责有关社会救助的申请受理、调查审核，具体工作由社会救助经办机构或者经办人员承担。

村民委员会、居民委员会协助做好有关社会救助工作。

第五条 县级以上人民政府应当将社会救助纳入国民经济和社会发展规划，建立健全政府领导、民政部门牵头、有关部门配合、社会力量参与的社会救助工作协调机制，完善社会救助资金、物资保障机制，将政府安排的社会救助资金和社会救助工作经费纳入财政预算。

社会救助资金实行专项管理，分账核算，专款专用，任何单位或者个人不得挤占挪用。社会救助资金的支付，按照财政国库管理的有关规定执行。

第六条 县级以上人民政府应当按照国家统一规划建立社会救助管理信息系统，实现社会救助信息互联互通、资源共享。

第七条 国家鼓励、支持社会力量参与社会救助。

第八条 对在社会救助工作中作出显著成绩的单位、个人，按照国家有关规定给予表彰、奖励。

第二章 最低生活保障

第九条 国家对共同生活的家庭成员人均收入低于当地最低生活保障标准，且符合当地最低生活保障家庭财产状况规定的家庭，给予最低生活保障。

第十条 最低生活保障标准，由省、自治区、直辖市或者设区的市级人民政府按照当地居民生活必需的费用确定、公布，并根据当地经济社会发展水平和物价变动情况适时调整。

最低生活保障家庭收入状况、财产状况的认定办法，由省、自治区、直辖市或者设区的市级人民政府按照国家有关规定制定。

第十一条 申请最低生活保障，按照下列程序办理：

（一）由共同生活的家庭成员向户籍所在地的乡镇人民政府、街道办事处提出书面申请；家庭成员申请有困难的，可以委托村民委员会、居民委员会代为提出申请。

（二）乡镇人民政府、街道办事处应当通过入户调查、邻里访问、信函索证、群众评议、信息核查等方式，对申请人的家庭收入状况、财产状况进行调查核实，提出初审意见，在申请人所在村、社区公示后报县级人民政府民政部门审批。

（三）县级人民政府民政部门经审查，对符合条件的申请予以批准，并在申请人所在村、社区公布；对不符合条件的申请不予批准，并书面向申请人说明理由。

第十二条 对批准获得最低生活保障的家庭，县级人民政府民政部门按照共同生活的家庭成员人均收入低于当地最低生活保障标准的差额，按月发给最低生活保障金。

对获得最低生活保障后生活仍有困难的老年人、未成年人、重度残疾人和重病患者，县级以上地方人民政府应当采取必要措施给予生活保障。

第十三条 最低生活保障家庭的人口状况、收入状况、财产状况发生变化的，应当及时告知乡镇人民政府、街道办事处。

县级人民政府民政部门以及乡镇人民政府、街道办事处应当对获得最低生活保障家庭的人口状况、收入状况、财产状况定期核查。

最低生活保障家庭的人口状况、收入状况、财产状况发生变化的，县级人民政府民政部门应当及时决定增发、减发或者停发最低生活保障金；决定停发最低生活保障金的，应当书面说明理由。

第三章 特困人员供养

第十四条 国家对无劳动能力、无生活来源且无法定赡养、抚养、扶养义务人，或者其法定赡养、抚养、扶养义务人无赡养、抚养、扶养能力的老年人、残疾人以及未满16周岁的未成年人，给予特困人员供养。

第十五条 特困人员供养的内容包括：

（一）提供基本生活条件；

（二）对生活不能自理的给予照料；

（三）提供疾病治疗；

（四）办理丧葬事宜。

特困人员供养标准，由省、自治区、直辖市或者设区的市级人民政府确定、公布。

特困人员供养应当与城乡居民基本养老保险、基本医疗保障、最低生活保障、孤儿基本生活保障等制度相衔接。

第十六条 申请特困人员供养，由本人向户籍所在地的乡镇人民政府、街道办事处提出书面申请;本人申请有困难的,可以委托村民委员会、居民委员会代为提出申请。

特困人员供养的审批程序适用本办法第十一条规定。

第十七条 乡镇人民政府、街道办事处应当及时了解掌握居民的生活情况,发现符合特困供养条件的人员,应当主动为其依法办理供养。

第十八条 特困供养人员不再符合供养条件的,村民委员会、居民委员会或者供养服务机构应当告知乡镇人民政府、街道办事处,由乡镇人民政府、街道办事处审核并报县级人民政府民政部门核准后,终止供养并予以公示。

第十九条 特困供养人员可以在当地的供养服务机构集中供养,也可以在家分散供养。特困供养人员可以自行选择供养形式。

第四章 受灾人员救助

第二十条 国家建立健全自然灾害救助制度,对基本生活受到自然灾害严重影响的人员,提供生活救助。

自然灾害救助实行属地管理,分级负责。

第二十一条 设区的市级以上人民政府和自然灾害多发、易发地区的县级人民政府应当根据自然灾害特点、居民人口数量和分布等情况,设立自然灾害救助物资储备库,保障自然灾害发生后救助物资的紧急供应。

第二十二条 自然灾害发生后,县级以上人民政府或者人民政府的自然灾害救助应急综合协调机构应当根据情况紧急疏散、转移、安置受灾人员,及时为受灾人员提供必要的食品、饮用水、衣被、取暖、临时住所、医疗防疫等应急救助。

第二十三条 灾情稳定后,受灾地区县级以上人民政府应当评估、核定并发布自然灾害损失情况。

第二十四条 受灾地区人民政府应当在确保安全的前提下,对住房损毁严重的受灾人员进行过渡性安置。

第二十五条 自然灾害危险消除后,受灾地区人民政府应急管理等部门应当及时核实本行政区域内居民住房恢复重建补助对象,并给予资金、物资等救助。

第二十六条 自然灾害发生后,受灾地区人民政府应当为因当年冬寒或者次年春荒遇到生活困难的受灾人员提供基本生活救助。

第五章 医疗救助

第二十七条 国家建立健全医疗救助制度,保障医疗救助对象获得基本医疗卫生服务。

第二十八条 下列人员可以申请相关医疗救助:
(一)最低生活保障家庭成员;
(二)特困供养人员;
(三)县级以上人民政府规定的其他特殊困难人员。

第二十九条 医疗救助采取下列方式:
(一)对救助对象参加城镇居民基本医疗保险或者新型农村合作医疗的个人缴费部分,给予补贴;
(二)对救助对象经基本医疗保险、大病保险和其他补充医疗保险支付后,个人及其家庭难以承担的符合规定的基本医疗自负费用,给予补助。

医疗救助标准,由县级以上人民政府按照经济社会发展水平和医疗救助资金情况确定、公布。

第三十条 申请医疗救助的,应当向乡镇人民政府、街道办事处提出,经审核、公示后,由县级人民政府医疗保障部门审批。最低生活保障家庭成员和特困供养人员的医疗救助,由县级人民政府医疗保障部门直接办理。

第三十一条 县级以上人民政府应当建立健全医疗救助与基本医疗保险、大病保险相衔接的医疗费用结算机制,为医疗救助对象提供便捷服务。

第三十二条 国家建立疾病应急救助制度,对需要急救但身份不明或者无力支付急救费用的急重危伤病患者给予救助。符合规定的急救费用由疾病应急救助基金支付。

疾病应急救助制度应当与其他医疗保障制度相衔接。

第六章 教育救助

第三十三条 国家对在义务教育阶段就学的最低生活保障家庭成员、特困供养人员,给予教育救助。

对在高中教育(含中等职业教育)、普通高等教育阶段就学的最低生活保障家庭成员、特困供养人员,以及不能入学接受义务教育的残疾儿童,根据实际情况给予适当教育救助。

第三十四条 教育救助根据不同教育阶段需求,采取减免相关费用、发放助学金、给予生活补助、安排勤工助学等方式实施,保障教育救助对象基本学习、生活需求。

第三十五条 教育救助标准,由省、自治区、直辖市人民政府根据经济社会发展水平和教育救助对象的基本学习、生活需求确定、公布。

第三十六条 申请教育救助,应当按照国家有关规定向就读学校提出，按规定程序审核、确认后，由学校按照国家有关规定实施。

第七章　住房救助

第三十七条　国家对符合规定标准的住房困难的最低生活保障家庭、分散供养的特困人员，给予住房救助。

第三十八条　住房救助通过配租公共租赁住房、发放住房租赁补贴、农村危房改造等方式实施。

第三十九条　住房困难标准和救助标准，由县级以上地方人民政府根据本行政区域经济社会发展水平、住房价格水平等因素确定、公布。

第四十条　城镇家庭申请住房救助的，应当经由乡镇人民政府、街道办事处或者直接向县级人民政府住房保障部门提出，经县级人民政府民政部门审核家庭收入、财产状况和县级人民政府住房保障部门审核家庭住房状况并公示后，对符合申请条件的申请人，由县级人民政府住房保障部门优先给予保障。

农村家庭申请住房救助的，按照县级以上人民政府有关规定执行。

第四十一条　各级人民政府按照国家规定通过财政投入、用地供应等措施为实施住房救助提供保障。

第八章　就业救助

第四十二条　国家对最低生活保障家庭中有劳动能力并处于失业状态的成员，通过贷款贴息、社会保险补贴、岗位补贴、培训补贴、费用减免、公益性岗位安置等办法，给予就业救助。

第四十三条　最低生活保障家庭有劳动能力的成员均处于失业状态的，县级以上地方人民政府应当采取有针对性的措施，确保该家庭至少有一人就业。

第四十四条　申请就业救助的，应当向住所地街道、社区公共就业服务机构提出，公共就业服务机构核实后予以登记，并免费提供就业岗位信息、职业介绍、职业指导等就业服务。

第四十五条　最低生活保障家庭中有劳动能力但未就业的成员，应当接受人力资源社会保障等有关部门介绍的工作；无正当理由，连续3次拒绝接受介绍的与其健康状况、劳动能力等相适应的工作的，县级人民政府民政部门应当决定减发或者停发其本人的最低生活保障金。

第四十六条　吸纳就业救助对象的用人单位，按照国家有关规定享受社会保险补贴、税收优惠、小额担保贷款等就业扶持政策。

第九章　临时救助

第四十七条　国家对因火灾、交通事故等意外事件，家庭成员突发重大疾病等原因，导致基本生活暂时出现严重困难的家庭，或者因生活必需支出突然增加超出家庭承受能力，导致基本生活暂时出现严重困难的最低生活保障家庭，以及遭遇其他特殊困难的家庭，给予临时救助。

第四十八条　申请临时救助的，应当向乡镇人民政府、街道办事处提出，经审核、公示后，由县级人民政府民政部门审批；救助金额较小的，县级人民政府民政部门可以委托乡镇人民政府、街道办事处审批。情况紧急的，可以按照规定简化审批手续。

第四十九条　临时救助的具体事项、标准，由县级以上地方人民政府确定、公布。

第五十条　国家对生活无着的流浪、乞讨人员提供临时食宿、急病救治、协助返回等救助。

第五十一条　公安机关和其他有关行政机关的工作人员在执行公务时发现流浪、乞讨人员的，应当告知其向救助管理机构求助。对其中的残疾人、未成年人、老年人和行动不便的其他人员，应当引导、护送到救助管理机构；对突发急病人员，应当立即通知急救机构进行救治。

第十章　社会力量参与

第五十二条　国家鼓励单位和个人等社会力量通过捐赠、设立帮扶项目、创办服务机构、提供志愿服务等方式，参与社会救助。

第五十三条　社会力量参与社会救助，按照国家有关规定享受财政补贴、税收优惠、费用减免等政策。

第五十四条　县级以上地方人民政府可以将社会救助中的具体服务事项通过委托、承包、采购等方式，向社会力量购买服务。

第五十五条　县级以上地方人民政府应当发挥社会工作服务机构和社会工作者作用，为社会救助对象提供社会融入、能力提升、心理疏导等专业服务。

第五十六条　社会救助管理部门及相关机构应当建立社会力量参与社会救助的机制和渠道，提供社会救助项目、需求信息，为社会力量参与社会救助创造条件、提供便利。

第十一章　监督管理

第五十七条　县级以上人民政府及其社会救助管理部门应当加强对社会救助工作的监督检查，完善相关监督管理制度。

第五十八条　申请或者已获得社会救助的家庭,应当按照规定如实申报家庭收入状况、财产状况。

县级以上人民政府民政部门根据申请或已获得社会救助家庭的请求、委托,可以通过户籍管理、税务、社会保险、不动产登记、工商登记、住房公积金管理、车船管理等单位和银行、保险、证券等金融机构,代为查询、核对其家庭收入状况、财产状况;有关单位和金融机构应当予以配合。

县级以上人民政府民政部门应当建立申请和已获得社会救助家庭经济状况信息核对平台,为审核认定社会救助对象提供依据。

第五十九条　县级以上人民政府社会救助管理部门和乡镇人民政府、街道办事处在履行社会救助职责过程中,可以查阅、记录、复制与社会救助事项有关的资料,询问与社会救助事项有关的单位、个人,要求其对相关情况作出说明,提供相关证明材料。有关单位、个人应当如实提供。

第六十条　申请社会救助,应当按照本办法的规定提出;申请人难以确定社会救助管理部门的,可以先向社会救助经办机构或者县级人民政府民政部门求助。社会救助经办机构或者县级人民政府民政部门接到求助后,应当及时办理或者转交其他社会救助管理部门办理。

乡镇人民政府、街道办事处应当建立统一受理社会救助申请的窗口,及时受理、转办申请事项。

第六十一条　履行社会救助职责的工作人员对在社会救助工作中知悉的公民个人信息,除按照规定应当公示的信息外,应当予以保密。

第六十二条　县级以上人民政府及其社会救助管理部门应当通过报刊、广播、电视、互联网等媒体,宣传社会救助法律、法规和政策。

县级人民政府及其社会救助管理部门应当通过公共查阅室、资料索取点、信息公告栏等便于公众知晓的途径,及时公开社会救助资金、物资的管理和使用等情况,接受社会监督。

第六十三条　履行社会救助职责的工作人员行使职权,应当接受社会监督。

任何单位、个人有权对履行社会救助职责的工作人员在社会救助工作中的违法行为进行举报、投诉。受理举报、投诉的机关应当及时核实、处理。

第六十四条　县级以上人民政府财政部门、审计机关依法对社会救助资金、物资的筹集、分配、管理和使用实施监督。

第六十五条　申请或者已获得社会救助的家庭或者人员,对社会救助管理部门作出的具体行政行为不服的,可以依法申请行政复议或者提起行政诉讼。

第十二章　法律责任

第六十六条　违反本办法规定,有下列情形之一的,由上级行政机关或者监察机关责令改正;对直接负责的主管人员和其他直接责任人员依法给予处分:

(一)对符合申请条件的救助申请不予受理的;

(二)对符合救助条件的救助申请不予批准的;

(三)对不符合救助条件的救助申请予以批准的;

(四)泄露在工作中知悉的公民个人信息,造成后果的;

(五)丢失、篡改接受社会救助款物、服务记录等数据的;

(六)不按照规定发放社会救助资金、物资或者提供相关服务的;

(七)在履行社会救助职责过程中有其他滥用职权、玩忽职守、徇私舞弊行为的。

第六十七条　违反本办法规定,截留、挤占、挪用、私分社会救助资金、物资的,由有关部门责令追回;有违法所得的,没收违法所得;对直接负责的主管人员和其他直接责任人员依法给予处分。

第六十八条　采取虚报、隐瞒、伪造等手段,骗取社会救助资金、物资或者服务的,由有关部门决定停止社会救助,责令退回非法获取的救助资金、物资,可以处非法获取的救助款额或者物资价值1倍以上3倍以下的罚款;构成违反治安管理行为的,依法给予治安管理处罚。

第六十九条　违反本办法规定,构成犯罪的,依法追究刑事责任。

第十三章　附　则

第七十条　本办法自2014年5月1日起施行。

国务院关于在全国建立农村最低生活保障制度的通知

·2007年7月11日
·国发[2007]19号

为贯彻落实党的十六届六中全会精神,切实解决农村贫困人口的生活困难,国务院决定,2007年在全国建立农村最低生活保障制度。现就有关问题通知如下:

一、充分认识建立农村最低生活保障制度的重要意义

改革开放以来,我国经济持续快速健康发展,党和政府高度重视"三农"工作,不断加大扶贫开发和社会救助工作力度,农村贫困人口数量大幅减少。但是,仍有部分贫困人口尚未解决温饱问题,需要政府给予必要的救助,以保障其基本生活,并帮助其中有劳动能力的人积极劳动脱贫致富。党的十六大以来,部分地区根据中央部署,积极探索建立农村最低生活保障制度,为全面解决农村贫困人口的基本生活问题打下了良好基础。在全国建立农村最低生活保障制度,是践行"三个代表"重要思想、落实科学发展观和构建社会主义和谐社会的必然要求,是解决农村贫困人口温饱问题的重要举措,也是建立覆盖城乡的社会保障体系的重要内容。做好这一工作,对于促进农村经济社会发展,逐步缩小城乡差距,维护社会公平具有重要意义。各地区、各部门要充分认识建立农村最低生活保障制度的重要性,将其作为社会主义新农村建设的一项重要任务,高度重视,扎实推进。

二、明确建立农村最低生活保障制度的目标和总体要求

建立农村最低生活保障制度的目标是:通过在全国范围建立农村最低生活保障制度,将符合条件的农村贫困人口全部纳入保障范围,稳定、持久、有效地解决全国农村贫困人口的温饱问题。

建立农村最低生活保障制度,实行地方人民政府负责制,按属地进行管理。各地要从当地农村经济社会发展水平和财力状况的实际出发,合理确定保障标准和对象范围。同时,要做到制度完善、程序明确、操作规范、方法简便,保证公开、公平、公正。要实行动态管理,做到保障对象有进有出,补助水平有升有降。要与扶贫开发、促进就业以及其他农村社会保障政策、生活性补助措施相衔接,坚持政府救济与家庭赡养扶养、社会互助、个人自立相结合,鼓励和支持有劳动能力的贫困人口生产自救,脱贫致富。

三、合理确定农村最低生活保障标准和对象范围

农村最低生活保障标准由县级以上地方人民政府按照能够维持当地农村居民全年基本生活所必需的吃饭、穿衣、用水、用电等费用确定,并报上一级地方人民政府备案后公布执行。农村最低生活保障标准要随着当地生活必需品价格变化和人民生活水平提高适时进行调整。

农村最低生活保障对象是家庭年人均纯收入低于当地最低生活保障标准的农村居民,主要是因病残、年老体弱、丧失劳动能力以及生存条件恶劣等原因造成生活常年困难的农村居民。

四、规范农村最低生活保障管理

农村最低生活保障的管理既要严格规范,又要从农村实际出发,采取简便易行的方法。

(一)申请、审核和审批。申请农村最低生活保障,一般由户主本人向户籍所在地的乡(镇)人民政府提出申请;村民委员会受乡(镇)人民政府委托,也可受理申请。受乡(镇)人民政府委托,在村党组织的领导下,村民委员会对申请人开展家庭经济状况调查、组织村民会议或村民代表会议民主评议后提出初步意见,报乡(镇)人民政府;乡(镇)人民政府审核后,报县级人民政府民政部门审批。乡(镇)人民政府和县级人民政府民政部门要核查申请人的家庭收入,了解其家庭财产、劳动力状况和实际生活水平,并结合村民民主评议,提出审核、审批意见。在核算申请人家庭收入时,申请人家庭按国家规定所获得的优待抚恤金、计划生育奖励与扶助金以及教育、见义勇为等方面的奖励性补助,一般不计入家庭收入,具体核算办法由地方人民政府确定。

(二)民主公示。村民委员会、乡(镇)人民政府以及县级人民政府民政部门要及时向社会公布有关信息,接受群众监督。公示的内容重点为:最低生活保障对象的申请情况和对最低生活保障对象的民主评议意见,审核、审批意见,实际补助水平等情况。对公示没有异议的,要按程序及时落实申请人的最低生活保障待遇;对公示有异议的,要进行调查核实,认真处理。

(三)资金发放。最低生活保障金原则上按照申请人家庭年人均纯收入与保障标准的差额发放,也可以在核查申请人家庭收入的基础上,按照其家庭的困难程度和类别,分档发放。要加快推行国库集中支付方式,通过代理金融机构直接、及时地将最低生活保障金支付到最低生活保障对象账户。

(四)动态管理。乡(镇)人民政府和县级人民政府民政部门要采取多种形式,定期或不定期调查了解农村困难群众的生活状况,及时将符合条件的困难群众纳入保障范围;并根据其家庭经济状况的变化,及时按程序办理停发、减发或增发最低生活保障金的手续。保障对象和补助水平变动情况都要及时向社会公示。

五、落实农村最低生活保障资金

农村最低生活保障资金的筹集以地方为主,地方各级人民政府要将农村最低生活保障资金列入财政预算,

省级人民政府要加大投入。地方各级人民政府民政部门要根据保障对象人数等提出资金需求,经同级财政部门审核后列入预算。中央财政对财政困难地区给予适当补助。

地方各级人民政府及其相关部门要统筹考虑农村各项社会救助制度,合理安排农村最低生活保障资金,提高资金使用效益。同时,鼓励和引导社会力量为农村最低生活保障提供捐赠和资助。农村最低生活保障资金实行专项管理,专账核算,专款专用,严禁挤占挪用。

六、加强领导,确保农村最低生活保障制度的顺利实施

在全国建立农村最低生活保障制度,是一项重大而又复杂的系统性工作。地方各级人民政府要高度重视,将其纳入政府工作的重要议事日程,加强领导,明确责任,统筹协调,抓好落实。

要精心设计制度方案,周密组织实施。各省、自治区、直辖市人民政府制订和修订的方案,要报民政部、财政部备案。已建立农村最低生活保障制度的,要进一步完善制度,规范操作,努力提高管理水平;尚未建立农村最低生活保障制度的,要抓紧建章立制,在今年内把最低生活保障制度建立起来并组织实施。要加大政策宣传力度,利用广播、电视、报刊、互联网等媒体,做好宣传普及工作,使农村最低生活保障政策进村入户、家喻户晓。要加强协调与配合,各级民政部门要发挥职能部门作用,建立健全各项规章制度,推进信息化建设,不断提高规范化、制度化、科学化管理水平;财政部门要落实资金,加强对资金使用和管理的监督;扶贫部门要密切配合,搞好衔接,在最低生活保障制度实施后,仍要坚持开发式扶贫的方针,扶持有劳动能力的贫困人口脱贫致富。要做好新型农村合作医疗和农村医疗救助工作,防止因病致贫或返贫。要加强监督检查,县级以上地方人民政府及其相关部门要定期组织检查或抽查,对违法违纪行为及时纠正处理,对工作成绩突出的予以表彰,并定期向上一级人民政府及其相关部门报告工作进展情况。各省、自治区、直辖市人民政府要于每年年底前,将农村最低生活保障制度实施情况报告国务院。

农村最低生活保障工作涉及面广、政策性强、工作量大,地方各级人民政府在推进农村综合改革,加强农村公共服务能力建设的过程中,要统筹考虑建立农村最低生活保障制度的需要,科学整合县乡管理机构及人力资源,合理安排工作人员和工作经费,切实加强工作力量,提供必要的工作条件,逐步实现低保信息化管理,努力提高管理和服务质量,确保农村最低生活保障制度顺利实施和不断完善。

最低生活保障审核确认办法

- 2021年6月11日
- 民发〔2021〕57号

第一章 总 则

第一条 为规范最低生活保障审核确认工作,根据《社会救助暂行办法》、《中共中央办公厅 国务院办公厅印发〈关于改革完善社会救助制度的意见〉的通知》及国家相关规定,制定本办法。

第二条 县级人民政府民政部门负责最低生活保障的审核确认工作,乡镇人民政府(街道办事处)负责最低生活保障的受理、初审工作。村(居)民委员会协助做好相关工作。

有条件的地方可按程序将最低生活保障审核确认权限下放至乡镇人民政府(街道办事处),县级民政部门加强监督指导。

第三条 县级以上地方人民政府民政部门应当加强本辖区内最低生活保障审核确认工作的规范管理和相关服务,促进最低生活保障工作公开、公平、公正。

第二章 申请和受理

第四条 申请最低生活保障以家庭为单位,由申请家庭确定一名共同生活的家庭成员作为申请人,向户籍所在地乡镇人民政府(街道办事处)提出书面申请;实施网上申请受理的地方,可以通过互联网提出申请。

第五条 共同生活的家庭成员户籍所在地不在同一省(自治区、直辖市)的,可以由其中一个户籍所在地与经常居住地一致的家庭成员向其户籍所在地提出申请;共同生活的家庭成员户籍所在地与经常居住地均不一致的,可由任一家庭成员向其户籍所在地提出申请。最低生活保障审核确认、资金发放等工作由申请受理地县人民政府民政部门和乡镇人民政府(街道办事处)负责,其他有关县级人民政府民政部门和乡镇人民政府(街道办事处)应当配合做好相关工作。

共同生活的家庭成员户籍所在地在同一省(自治区、直辖市)但不在同一县(市、区、旗)的,最低生活保障的申请受理、审核确认等工作按照各省(自治区、直辖市)有关规定执行。

有条件的地区可以有序推进持有居住证人员在居住地申办最低生活保障。

第六条 共同生活的家庭成员申请有困难的,可以委托村(居)民委员会或者其他人代为提出申请。委托申请的,应当办理相应委托手续。

乡镇人民政府(街道办事处)、村(居)民委员会在工作中发现困难家庭可能符合条件,但是未申请最低生活保障的,应当主动告知其共同生活的家庭成员相关政策。

第七条 共同生活的家庭成员包括:

(一)配偶;

(二)未成年子女;

(三)已成年但不能独立生活的子女,包括在校接受全日制本科及以下学历教育的子女;

(四)其他具有法定赡养、扶养、抚养义务关系并长期共同居住的人员。

下列人员不计入共同生活的家庭成员:

(一)连续三年以上(含三年)脱离家庭独立生活的宗教教职人员;

(二)在监狱内服刑、在戒毒所强制隔离戒毒或者宣告失踪人员;

(三)省级人民政府民政部门根据本条原则和有关程序认定的其他人员。

第八条 符合下列情形之一的人员,可以单独提出申请:

(一)最低生活保障边缘家庭中持有中华人民共和国残疾人证的一级、二级重度残疾人和三级智力残疾人、三级精神残疾人;

(二)最低生活保障边缘家庭中患有当地有关部门认定的重特大疾病的人员;

(三)脱离家庭、在宗教场所居住三年以上(含三年)的生活困难的宗教教职人员;

(四)县级以上人民政府民政部门规定的其他特殊困难人员。

最低生活保障边缘家庭一般指不符合最低生活保障条件,家庭人均收入低于当地最低生活保障标准1.5倍,且财产状况符合相关规定的家庭。

第九条 申请最低生活保障,共同生活的家庭成员应当履行以下义务:

(一)按规定提交相关申请材料;

(二)承诺所提供的信息真实、完整;

(三)履行授权核对其家庭经济状况的相关手续;

(四)积极配合开展家庭经济状况调查。

第十条 乡镇人民政府(街道办事处)应当对提交的材料进行审查,材料齐备的,予以受理;材料不齐备的,应当一次性告知补齐所有规定材料;可以通过国家或地方政务服务平台查询获取的相关材料,不再要求重复提交。

第十一条 对于已经受理的最低生活保障家庭申请,共同生活家庭成员与最低生活保障经办人员或者村(居)民委员会成员有近亲属关系的,乡镇人民政府(街道办事处)应当单独登记备案。

第三章 家庭经济状况调查

第十二条 家庭经济状况指共同生活家庭成员拥有的全部家庭收入和家庭财产。

第十三条 家庭收入指共同生活的家庭成员在规定期限内获得的全部现金及实物收入。主要包括:

(一)工资性收入。工资性收入指就业人员通过各种途径得到的全部劳动报酬和各种福利并扣除必要的就业成本,包括因任职或者受雇而取得的工资、薪金、奖金、劳动分红、津贴、补贴以及与任职或者受雇有关的其他所得等。

(二)经营净收入。经营净收入指从事生产经营及有偿服务活动所获得全部经营收入扣除经营费用、生产性固定资产折旧和生产税之后得到的收入。包括从事种植、养殖、采集及加工等农林牧渔业的生产收入,从事工业、建筑业、手工业、交通运输业、批发和零售贸易业、餐饮业、文教卫生业和社会服务业等经营及有偿服务活动的收入等。

(三)财产净收入。财产净收入指出让动产和不动产,或将动产和不动产交由其他机构、单位或个人使用并扣除相关费用之后得到的收入,包括储蓄存款利息、有价证券红利、储蓄性保险投资以及其他股息和红利等收入,集体财产收入分红和其他动产收入,以及转租承包土地经营权、出租或者出让房产以及其他不动产收入等。

(四)转移净收入。转移净收入指转移性收入扣减转移性支出之后的收入。其中,转移性收入指国家、机关企事业单位、社会组织对居民的各种经常性转移支付和居民之间的经常性收入转移,包括赡养(抚养、扶养)费、离退休金、失业保险金、遗属补助金、赔偿收入、接受捐赠(赠送)收入等;转移性支出指居民对国家、企事业单位、社会组织、居民的经常性转移支出,包括缴纳的税款、各项社会保障支出、赡养支出以及其他经常性转移支出等。

(五)其他应当计入家庭收入的项目。

下列收入不计入家庭收入:

(一)国家规定的优待抚恤金、计划生育奖励与扶助金、奖学金、见义勇为等奖励性补助;

（二）政府发放的各类社会救助款物；

（三）"十四五"期间，中央确定的城乡居民基本养老保险基础养老金；

（四）设区的市级以上地方人民政府规定的其他收入。

对于共同生活的家庭成员因残疾、患重病等增加的刚性支出、必要的就业成本等，在核算家庭收入时可按规定适当扣减。

第十四条 家庭财产指共同生活的家庭成员拥有的全部动产和不动产。动产主要包括银行存款、证券、基金、商业保险、债权、互联网金融资产以及车辆等。不动产主要包括房屋、林木等定着物。对于维持家庭生产生活的必需财产，可以在认定家庭财产状况时予以豁免。

第十五条 乡镇人民政府（街道办事处）应当自受理最低生活保障申请之日起3个工作日内，启动家庭经济状况调查工作。调查可以通过入户调查、邻里访问、信函索证或者提请县级人民政府民政部门开展家庭经济状况信息核对等方式进行。

共同生活家庭成员经常居住地与户籍所在地不一致的，经常居住地县级人民政府民政部门和乡镇人民政府（街道办事处）应当配合开展家庭经济状况调查、动态管理等相关工作。

第十六条 乡镇人民政府（街道办事处）可以在村（居）民委员会协助下，通过下列方式对申请家庭的经济状况和实际生活情况予以调查核实。每组调查人员不得少于2人。

（一）入户调查。调查人员到申请家庭中了解家庭收入、财产情况和吃、穿、住、用等实际生活情况。入户调查结束后，调查人员应当填写入户调查表，并由调查人员和在场的共同生活家庭成员分别签字。

（二）邻里访问。调查人员到申请家庭所在村（居）民委员会和社区，走访了解其家庭收入、财产和实际生活状况。

（三）信函索证。调查人员以信函等方式向相关单位和部门索取有关佐证材料。

（四）其他调查方式。

发生重大突发事件时，前款规定的入户调查、邻里访问程序可以采取电话、视频等非接触方式进行。

第十七条 县级人民政府民政部门应当在收到乡镇人民政府（街道办事处）对家庭经济状况进行信息核对提请后3个工作日内，启动信息核对程序，根据工作需要，依法依规查询共同生活家庭成员的户籍记录、纳税记录、社会保险缴纳、不动产登记、市场主体登记、住房公积金缴纳、车船登记，以及银行存款、商业保险、证券、互联网金融资产等信息。

县级人民政府民政部门可以根据当地实际情况，通过家庭用水、用电、燃气、通讯等日常生活费用支出，以及是否存在高收费学校就读（含入托、出国留学）、出国旅游等情况，对家庭经济状况进行辅助评估。

第十八条 经家庭经济状况信息核对，不符合条件的最低生活保障申请，乡镇人民政府（街道办事处）应当及时告知申请人。

申请人有异议的，应当提供相关佐证材料；乡镇人民政府（街道办事处）应当组织开展复查。

第四章 审核确认

第十九条 乡镇人民政府（街道办事处）应当根据家庭经济状况调查核实情况，提出初审意见，并在申请家庭所在村、社区进行公示。公示期为7天。公示期满无异议的，乡镇人民政府（街道办事处）应当及时将申请材料、家庭经济状况调查核实结果、初审意见等相关材料报送县级人民政府民政部门。

公示有异议的，乡镇人民政府（街道办事处）应当对申请家庭的经济状况重新组织调查或者开展民主评议。调查或者民主评议结束后，乡镇人民政府（街道办事处）应当重新提出初审意见，连同申请材料、家庭经济状况调查核实结果等相关材料报送县级人民政府民政部门。

第二十条 县级人民政府民政部门应当自收到乡镇人民政府（街道办事处）上报的申请材料、家庭经济状况调查核实结果和初审意见等材料后10个工作日内，提出审核确认意见。

对单独登记备案或者在审核确认阶段接到投诉、举报的最低生活保障申请，县级人民政府民政部门应当入户调查。

第二十一条 县级人民政府民政部门经审核，对符合条件的申请予以确认同意，同时确定救助金额，发放最低生活保障证或确认通知书，并从作出确认同意决定之日下月起发放最低生活保障金。对不符合条件的申请不予确认同意，并应当在作出决定3个工作日内，通过乡镇人民政府（街道办事处）书面告知申请人并说明理由。

第二十二条 最低生活保障审核确认工作应当自受理之日起30个工作日之内完成；特殊情况下，可以延长至45个工作日。

第二十三条　最低生活保障金可以按照审核确定的申请家庭人均收入与当地最低生活保障标准的实际差额计算；也可以根据申请家庭困难程度和人员情况，采取分档方式计算。

第二十四条　县级人民政府民政部门应当在最低生活保障家庭所在村、社区公布最低生活保障申请人姓名、家庭成员数量、保障金额等信息。

信息公布应当依法保护个人隐私，不得公开无关信息。

第二十五条　最低生活保障金原则上实行社会化发放，通过银行、信用社等代理金融机构，按月支付到最低生活保障家庭的账户。

第二十六条　乡镇人民政府（街道办事处）或者村（居）民委会相关工作人员代为保管用于领取最低生活保障金的银行存折或银行卡的，应当与最低生活保障家庭成员签订书面协议并报县级人民政府民政部门备案。

第二十七条　对获得最低生活保障后生活仍有困难的老年人、未成年人、重度残疾人和重病患者，县级以上地方人民政府应当采取必要措施给予生活保障。

第二十八条　未经申请受理、家庭经济状况调查、审核确认等程序，不得将任何家庭或者个人直接纳入最低生活保障范围。

第五章　管理和监督

第二十九条　共同生活的家庭成员无正当理由拒不配合最低生活保障审核确认工作的，县级人民政府民政部门和乡镇人民政府（街道办事处）可以终止审核确认程序。

第三十条　最低生活保障家庭的人口状况、收入状况和财产状况发生变化的，应当及时告知乡镇人民政府（街道办事处）。

第三十一条　乡镇人民政府（街道办事处）应当对最低生活保障家庭的经济状况定期核查，并根据核查情况及时报县级人民政府民政部门办理最低生活保障金增发、减发、停发手续。

对短期内经济状况变化不大的最低生活保障家庭，乡镇人民政府（街道办事处）每年核查一次；对收入来源不固定、家庭成员有劳动能力的最低生活保障家庭，每半年核查一次。核查期内最低生活保障家庭的经济状况没有明显变化的，不再调整最低生活保障金额度。

发生重大突发事件时，前款规定的核查期限可以适当延长。

第三十二条　县级人民政府民政部门作出增发、减发、停发最低生活保障金决定，应当符合法定事由和规定程序；决定减发、停发最低生活保障金的，应当告知最低生活保障家庭成员并说明理由。

第三十三条　鼓励具备就业能力的最低生活保障家庭成员积极就业。对就业后家庭人均收入超过当地最低生活保障标准的最低生活保障家庭，县级人民政府民政部门可以给予一定时间的渐退期。

第三十四条　最低生活保障家庭中有就业能力但未就业的成员，应当接受人力资源社会保障等有关部门介绍的工作；无正当理由，连续3次拒绝接受介绍的与其健康状况、劳动能力等相适应的工作的，县级人民政府民政部门应当决定减发或者停发其本人的最低生活保障金。

第三十五条　县级以上人民政府民政部门应当加强对最低生活保障审核确认工作的监督检查，完善相关的监督检查制度。

第三十六条　县级以上地方人民政府民政部门和乡镇人民政府（街道办事处）应当公开社会救助服务热线，受理咨询、举报和投诉，接受社会和群众对最低生活保障审核确认工作的监督。

第三十七条　县级以上地方人民政府民政部门和乡镇人民政府（街道办事处）对接到的实名举报，应当逐一核查，并及时向举报人反馈核查处理结果。

第三十八条　申请或者已经获得最低生活保障的家庭成员对于民政部门作出的具体行政行为不服的，可以依法申请行政复议或者提起行政诉讼。

第三十九条　从事最低生活保障工作的人员存在滥用职权、玩忽职守、徇私舞弊、失职渎职等行为的，应当依法依规追究相关责任。对秉持公心、履职尽责但因客观原因出现失误偏差且能够及时纠正的，依法依规免于问责。

第六章　附则

第四十条　省（自治区、直辖市）人民政府民政部门可以根据本办法，结合本地实际，制定实施细则，并报民政部备案。

第四十一条　本办法由民政部负责解释。

第四十二条　本办法自2021年7月1日起施行，2012年12月12日民政部印发的《最低生活保障审核审批办法（试行）》（民发〔2012〕220号）同时废止。

(2) 住房保障

住房公积金管理条例

· 1999年4月3日中华人民共和国国务院令第262号发布
· 根据2002年3月24日《国务院关于修改〈住房公积金管理条例〉的决定》第一次修订
· 根据2019年3月24日《国务院关于修改部分行政法规的决定》第二次修订

第一章 总 则

第一条 为了加强对住房公积金的管理，维护住房公积金所有者的合法权益，促进城镇住房建设，提高城镇居民的居住水平，制定本条例。

第二条 本条例适用于中华人民共和国境内住房公积金的缴存、提取、使用、管理和监督。

本条例所称住房公积金，是指国家机关、国有企业、城镇集体企业、外商投资企业、城镇私营企业及其他城镇企业、事业单位、民办非企业单位、社会团体（以下统称单位）及其在职职工缴存的长期住房储金。

第三条 职工个人缴存的住房公积金和职工所在单位为职工缴存的住房公积金，属于职工个人所有。

第四条 住房公积金的管理实行住房公积金管理委员会决策、住房公积金管理中心运作、银行专户存储、财政监督的原则。

第五条 住房公积金应当用于职工购买、建造、翻建、大修自住住房，任何单位和个人不得挪作他用。

第六条 住房公积金的存、贷利率由中国人民银行提出，经征求国务院建设行政主管部门的意见后，报国务院批准。

第七条 国务院建设行政主管部门会同国务院财政部门、中国人民银行拟定住房公积金政策，并监督执行。

省、自治区人民政府建设行政主管部门会同同级财政部门以及中国人民银行分支机构，负责本行政区域内住房公积金管理法规、政策执行情况的监督。

第二章 机构及其职责

第八条 直辖市和省、自治区人民政府所在地的市以及其他设区的市（地、州、盟），应当设立住房公积金管理委员会，作为住房公积金管理的决策机构。住房公积金管理委员会的成员中，人民政府负责人和建设、财政、人民银行等有关部门负责人以及有关专家占1/3，工会代表和职工代表占1/3，单位代表占1/3。

住房公积金管理委员会主任应当由具有社会公信力的人士担任。

第九条 住房公积金管理委员会在住房公积金管理方面履行下列职责：

（一）依据有关法律、法规和政策，制定和调整住房公积金的具体管理措施，并监督实施；

（二）根据本条例第十八条的规定，拟订住房公积金的具体缴存比例；

（三）确定住房公积金的最高贷款额度；

（四）审批住房公积金归集、使用计划；

（五）审议住房公积金增值收益分配方案；

（六）审批住房公积金归集、使用计划执行情况的报告。

第十条 直辖市和省、自治区人民政府所在地的市以及其他设区的市（地、州、盟）应当按照精简、效能的原则，设立一个住房公积金管理中心，负责住房公积金的管理运作。县（市）不设立住房公积金管理中心。

前款规定的住房公积金管理中心可以在有条件的县（市）设立分支机构。住房公积金管理中心与其分支机构应当实行统一的规章制度，进行统一核算。

住房公积金管理中心是直属城市人民政府的不以营利为目的的独立的事业单位。

第十一条 住房公积金管理中心履行下列职责：

（一）编制、执行住房公积金的归集、使用计划；

（二）负责记载职工住房公积金的缴存、提取、使用等情况；

（三）负责住房公积金的核算；

（四）审批住房公积金的提取、使用；

（五）负责住房公积金的保值和归还；

（六）编制住房公积金归集、使用计划执行情况的报告；

（七）承办住房公积金管理委员会决定的其他事项。

第十二条 住房公积金管理委员会应当按照中国人民银行的有关规定，指定受委托办理住房公积金金融业务的商业银行（以下简称受委托银行）；住房公积金管理中心应当委托受委托银行办理住房公积金贷款，结算等金融业务和住房公积金账户的设立、缴存、归还等手续。

住房公积金管理中心应当与受委托银行签订委托合同。

第三章 缴 存

第十三条 住房公积金管理中心应当在受委托银行设立住房公积金专户。

单位应当向住房公积金管理中心办理住房公积金缴存登记，并为本单位职工办理住房公积金账户设立手续。

每个职工只能有一个住房公积金账户。

住房公积金管理中心应当建立职工住房公积金明细账，记载职工个人住房公积金的缴存、提取等情况。

第十四条 新设立的单位应当自设立之日起30日内向住房公积金管理中心办理住房公积金缴存登记，并自登记之日起20日内，为本单位职工办理住房公积金账户设立手续。

单位合并、分立、撤销、解散或者破产的，应当自发生上述情况之日起30日内由原单位或者清算组织向住房公积金管理中心办理变更登记或者注销登记，并自办妥变更登记或者注销登记之日起20日内，为本单位职工办理住房公积金账户转移或者封存手续。

第十五条 单位录用职工的，应当自录用之日起30日内向住房公积金管理中心办理缴存登记，并办理职工住房公积金账户的设立或者转移手续。

单位与职工终止劳动关系的，单位应当自劳动关系终止之日起30日内向住房公积金管理中心办理变更登记，并办理职工住房公积金账户转移或者封存手续。

第十六条 职工住房公积金的月缴存额为职工本人上一年度月平均工资乘以职工住房公积金缴存比例。

单位为职工缴存的住房公积金的月缴存额为职工本人上一年度月平均工资乘以单位住房公积金缴存比例。

第十七条 新参加工作的职工从参加工作的第二个月开始缴存住房公积金，月缴存额为职工本人当月工资乘以职工住房公积金缴存比例。

单位新调入的职工从调入单位发放工资之日起缴存住房公积金，月缴存额为职工本人当月工资乘以职工住房公积金缴存比例。

第十八条 职工和单位住房公积金的缴存比例均不得低于职工上一年度月平均工资的5%；有条件的城市，可以适当提高缴存比例。具体缴存比例由住房公积金管理委员会拟订，经本级人民政府审核后，报省、自治区、直辖市人民政府批准。

第十九条 职工个人缴存的住房公积金，由所在单位每月从其工资中代扣代缴。

单位应当于每月发放职工工资之日起5日内将单位缴存的和为职工代缴的住房公积金汇缴到住房公积金专户内，由受委托银行计入职工住房公积金账户。

第二十条 单位应当按时、足额缴存住房公积金，不得逾期缴存或者少缴。

对缴存住房公积金确有困难的单位，经本单位职工代表大会或者工会讨论通过，并经住房公积金管理中心审核，报住房公积金管理委员会批准后，可以降低缴存比例或者缓缴；待单位经济效益好转后，再提高缴存比例或者补缴缓缴。

第二十一条 住房公积金自存入职工住房公积金账户之日起按照国家规定的利率计息。

第二十二条 住房公积金管理中心应当为缴存住房公积金的职工发放缴存住房公积金的有效凭证。

第二十三条 单位为职工缴存的住房公积金，按照下列规定列支：

（一）机关在预算中列支；

（二）事业单位由财政部门核定收支后，在预算或者费用中列支；

（三）企业在成本中列支。

第四章 提取和使用

第二十四条 职工有下列情形之一的，可以提取职工住房公积金账户内的存储余额：

（一）购买、建造、翻建、大修自住住房的；

（二）离休、退休的；

（三）完全丧失劳动能力，并与单位终止劳动关系的；

（四）出境定居的；

（五）偿还购房贷款本息的；

（六）房租超出家庭工资收入的规定比例的。

依照前款第（二）、（三）、（四）项规定，提取职工住房公积金的，应当同时注销职工住房公积金账户。

职工死亡或者被宣告死亡的，职工的继承人、受遗赠人可以提取职工住房公积金账户内的存储余额；无继承人也无受遗赠人的，职工住房公积金账户内的存储余额纳入住房公积金的增值收益。

第二十五条 职工提取住房公积金账户内的存储余额的，所在单位应当予以核实，并出具提取证明。

职工应当持提取证明向住房公积金管理中心申请提取住房公积金。住房公积金管理中心应当自受理申请之日起3日内作出准予提取或者不准提取的决定，并通知申请人；准予提取的，由受委托银行办理支付手续。

第二十六条 缴存住房公积金的职工，在购买、建造、翻建、大修自住住房时，可以向住房公积金管理中心申请住房公积金贷款。

住房公积金管理中心应当自受理申请之日起15日内作出准予贷款或者不准贷款的决定，并通知申请人；准予贷款的，由受委托银行办理贷款手续。

住房公积金贷款的风险，由住房公积金管理中心承担。

第二十七条 申请人申请住房公积金贷款的,应当提供担保。

第二十八条 住房公积金管理中心在保证住房公积金提取和贷款的前提下,经住房公积金管理委员会批准,可以将住房公积金用于购买国债。

住房公积金管理中心不得向他人提供担保。

第二十九条 住房公积金的增值收益应当存入住房公积金管理中心在受委托银行开立的住房公积金增值收益专户,用于建立住房公积金贷款风险准备金、住房公积金管理中心的管理费用和建设城市廉租住房的补充资金。

第三十条 住房公积金管理中心的管理费用,由住房公积金管理中心按照规定的标准编制全年预算支出总额,报本级人民政府财政部门批准后,从住房公积金增值收益中上交本级财政,由本级财政拨付。

住房公积金管理中心的管理费用标准,由省、自治区、直辖市人民政府建设行政主管部门会同同级财政部门按照略高于国家规定的事业单位费用标准制定。

第五章 监 督

第三十一条 地方有关人民政府财政部门应当加强对本行政区域内住房公积金归集、提取和使用情况的监督,并向本级人民政府的住房公积金管理委员会通报。

住房公积金管理中心在编制住房公积金归集、使用计划时,应当征求财政部门的意见。

住房公积金管理委员会在审批住房公积金归集、使用计划和计划执行情况的报告时,必须有财政部门参加。

第三十二条 住房公积金管理中心编制的住房公积金年度预算、决算,应当经财政部门审核后,提交住房公积金管理委员会审议。

住房公积金管理中心应当每年定期向财政部门和住房公积金管理委员会报送财务报告,并将财务报告向社会公布。

第三十三条 住房公积金管理中心应当依法接受审计部门的审计监督。

第三十四条 住房公积金管理中心和职工有权督促单位按时履行下列义务:

(一)住房公积金的缴存登记或者变更、注销登记;

(二)住房公积金账户的设立、转移或者封存;

(三)足额缴存住房公积金。

第三十五条 住房公积金管理中心应当督促受委托银行及时办理委托合同约定的业务。

受委托银行应当按照委托合同的约定,定期向住房公积金管理中心提供有关的业务资料。

第三十六条 职工、单位有权查询本人、本单位住房公积金的缴存、提取情况,住房公积金管理中心、受委托银行不得拒绝。

职工、单位对住房公积金账户内的存储余额有异议的,可以申请受委托银行复核;对复核结果有异议的,可以申请住房公积金管理中心重新复核。受委托银行、住房公积金管理中心应当自收到申请之日起5日内给予书面答复。

职工有权揭发、检举、控告挪用住房公积金的行为。

第六章 罚 则

第三十七条 违反本条例的规定,单位不办理住房公积金缴存登记或者不为本单位职工办理住房公积金账户设立手续的,由住房公积金管理中心责令限期办理;逾期不办理的,处1万元以上5万元以下的罚款。

第三十八条 违反本条例的规定,单位逾期不缴或者少缴住房公积金的,由住房公积金管理中心责令限期缴存;逾期仍不缴存的,可以申请人民法院强制执行。

第三十九条 住房公积金管理委员会违反本条例规定审批住房公积金使用计划的,由国务院建设行政主管部门会同国务院财政部门或者由省、自治区人民政府建设行政主管部门会同同级财政部门,依据管理职权责令限期改正。

第四十条 住房公积金管理中心违反本条例规定,有下列行为之一的,由国务院建设行政主管部门或者省、自治区人民政府建设行政主管部门依据管理职权,责令限期改正;对负有责任的主管人员和其他直接责任人员,依法给予行政处分:

(一)未按照规定设立住房公积金专户的;

(二)未按照规定审批职工提取、使用住房公积金的;

(三)未按照规定使用住房公积金增值收益的;

(四)委托住房公积金管理委员会指定的银行以外的机构办理住房公积金金融业务的;

(五)未建立职工住房公积金明细账的;

(六)未为缴存住房公积金的职工发放缴存住房公积金的有效凭证的;

(七)未按照规定用住房公积金购买国债的。

第四十一条 违反本条例规定,挪用住房公积金的,由国务院建设行政主管部门或者省、自治区人民政府建设行政主管部门依据管理职权,追回挪用的住房公积金,没收违法所得;对挪用或者批准挪用住房公积金的人民政府负责人和政府有关部门负责人以及住房公积金管理中心负有责任的主管人员和其他直接责任人员,依照刑法关于挪用公款罪或者其他罪的规定,依法追究刑事责任;尚不够刑事处罚的,给予降级或者撤职的行政处分。

第四十二条　住房公积金管理中心违反财政法规的,由财政部门依法给予行政处罚。

第四十三条　违反本条例规定,住房公积金管理中心向他人提供担保的,对直接负责的主管人员和其他直接责任人员依法给予行政处分。

第四十四条　国家机关工作人员在住房公积金监督管理工作中滥用职权、玩忽职守、徇私舞弊,构成犯罪的,依法追究刑事责任;尚不构成犯罪的,依法给予行政处分。

第七章　附　则

第四十五条　住房公积金财务管理和会计核算的办法,由国务院财政部门商国务院建设行政主管部门制定。

第四十六条　本条例施行前尚未办理住房公积金缴存登记和职工住房公积金账户设立手续的单位,应当自本条例施行之日起60日内到住房公积金管理中心办理缴存登记,并到受委托银行办理职工住房公积金账户设立手续。

第四十七条　本条例自发布之日起施行。

经济适用住房管理办法

·2007年11月19日
·建住房〔2007〕258号

第一章　总　则

第一条　为改进和规范经济适用住房制度,保护当事人合法权益,制定本办法。

第二条　本办法所称经济适用住房,是指政府提供政策优惠,限定套型面积和销售价格,按照合理标准建设,面向城市低收入住房困难家庭供应,具有保障性质的政策性住房。

本办法所称城市低收入住房困难家庭,是指城市和县人民政府所在地镇的范围内,家庭收入、住房状况等符合市、县人民政府规定条件的家庭。

第三条　经济适用住房制度是解决城市低收入家庭住房困难政策体系的组成部分。经济适用住房供应对象要与廉租住房保障对象相衔接。经济适用住房的建设、供应、使用及监督管理,应当遵守本办法。

第四条　发展经济适用住房应当在国家统一政策指导下,各地区因地制宜,政府主导、社会参与。市、县人民政府要根据当地经济社会发展水平、居民住房状况和收入水平等因素,合理确定经济适用住房的政策目标、建设标准、供应范围和供应对象等,并组织实施。省、自治区、直辖市人民政府对本行政区域经济适用住房工作负总责,对所辖市、县人民政府实行目标责任制管理。

第五条　国务院建设行政主管部门负责对全国经济适用住房工作的指导和实施监督。县级以上地方人民政府建设或房地产行政主管部门(以下简称"经济适用住房主管部门")负责本行政区域内经济适用住房管理工作。

县级以上人民政府发展改革(价格)、监察、财政、国土资源、税务及金融管理等部门根据职责分工,负责经济适用住房有关工作。

第六条　市、县人民政府应当在解决城市低收入家庭住房困难发展规划和年度计划中,明确经济适用住房建设规模、项目布局和用地安排等内容,并纳入本级国民经济与社会发展规划和住房建设规划,及时向社会公布。

第二章　优惠和支持政策

第七条　经济适用住房建设用地以划拨方式供应。经济适用住房建设用地应纳入当地年度土地供应计划,在申报年度用地指标时单独列出,确保优先供应。

第八条　经济适用住房建设项目免收城市基础设施配套费等各种行政事业性收费和政府性基金。经济适用住房项目外基础设施建设费用,由政府负担。经济适用住房建设单位可以在建项目作抵押向商业银行申请住房开发贷款。

第九条　购买经济适用住房的个人向商业银行申请贷款,除符合《个人住房贷款管理办法》规定外,还应当出具市、县人民政府经济适用住房主管部门准予购房的核准通知。

购买经济适用住房可提取个人住房公积金和优先办理住房公积金贷款。

第十条　经济适用住房的贷款利率按有关规定执行。

第十一条　经济适用住房的建设和供应要严格执行国家规定的各项税费优惠政策。

第十二条　严禁以经济适用住房名义取得划拨土地后,以补交土地出让金等方式,变相进行商品房开发。

第三章　建设管理

第十三条　经济适用住房要统筹规划、合理布局、配套建设，充分考虑城市低收入住房困难家庭对交通等基础设施条件的要求，合理安排区位布局。

第十四条 在商品住房小区中配套建设经济适用住房的，应当在项目出让条件中，明确配套建设的经济适用住房的建设总面积、单套建筑面积、套数、套型比例、建设标准以及建成后移交或者回购等事项，并以合同方式约定。

第十五条 经济适用住房单套的建筑面积控制在60平方米左右。市、县人民政府应当根据当地经济发展水平、群众生活水平、住房状况、家庭结构和人口等因素，合理确定经济适用住房建设规模和各种套型的比例，并进行严格管理。

第十六条 经济适用住房建设按照政府组织协调、市场运作的原则，可以采取项目法人招标的方式，选择具有相应资质和良好社会责任的房地产开发企业实施；也可以由市、县人民政府确定的经济适用住房管理实施机构直接组织建设。在经济适用住房建设中，应注重发挥国有大型骨干建筑企业的积极作用。

第十七条 经济适用住房的规划设计和建设必须按照发展节能省地环保型住宅的要求，严格执行《住宅建筑规范》等国家有关住房建设的强制性标准，采取竞标方式优选规划设计方案，做到在较小的套型内实现基本的使用功能。积极推广应用先进、成熟、适用、安全的新技术、新工艺、新材料、新设备。

第十八条 经济适用住房建设单位对其建设的经济适用住房工程质量负最终责任，向买受人出具《住宅质量保证书》和《住宅使用说明书》，并承担保修责任，确保工程质量和使用安全。有关住房质量和性能等方面的要求，应在建设合同中予以明确。

经济适用住房的施工和监理，应当采取招标方式，选择具有资质和良好社会责任的建筑企业和监理公司实施。

第十九条 经济适用住房项目可采取招标方式选择物业服务企业实施前期物业服务，也可以在社区居委会等机构的指导下，由居民自我管理，提供符合居住区居民基本生活需要的物业服务。

第四章 价格管理

第二十条 确定经济适用住房的价格应当以保本微利为原则。其销售基准价格及浮动幅度，由有定价权的价格主管部门会同经济适用住房主管部门，依据经济适用住房价格管理的有关规定，在综合考虑建设、管理成本和利润的基础上确定并向社会公布。房地产开发企业实施的经济适用住房项目利润率按不高于3%核定；市、县人民政府直接组织建设的经济适用住房只能按成本价销售，不得有利润。

第二十一条 经济适用住房销售应当实行明码标价，销售价格不得高于基准价格及上浮幅度，不得在标价之外收取任何未予标明的费用。经济适用住房价格确定后应当向社会公布。价格主管部门应依法进行监督管理。

第二十二条 经济适用住房实行收费卡制度，各有关部门收取费用时，必须填写价格主管部门核发的交费登记卡。任何单位不得以押金、保证金等名义，变相向经济适用住房建设单位收取费用。

第二十三条 价格主管部门要加强成本监审，全面掌握经济适用住房成本及利润变动情况，确保经济适用住房做到质价相符。

第五章 准入和退出管理

第二十四条 经济适用住房管理应建立严格的准入和退出机制。经济适用住房由市、县人民政府按限定的价格，统一组织向符合购房条件的低收入家庭出售。经济适用住房供应实行申请、审核、公示和轮候制度。市、县人民政府应当制定经济适用住房申请、审核、公示和轮候的具体办法，并向社会公布。

第二十五条 城市低收入家庭申请购买经济适用住房应同时符合下列条件：

（一）具有当地城镇户口；

（二）家庭收入符合市、县人民政府划定的低收入家庭收入标准；

（三）无房或现住房面积低于市、县人民政府规定的住房困难标准。

经济适用住房供应对象的家庭收入标准和住房困难标准，由市、县人民政府根据当地商品住房价格、居民家庭可支配收入、居住水平和家庭人口结构等因素确定，实行动态管理，每年向社会公布一次。

第二十六条 经济适用住房资格申请采取街道办事处（镇人民政府）、市（区）、县人民政府逐级审核并公示的方式认定。审核单位应当通过入户调查、邻里访问以及信函索证等方式对申请人的家庭收入和住房状况等情况进行核实。申请人及有关单位、组织或者个人应当予以配合，如实提供有关情况。

第二十七条 经审核公示通过的家庭，由市、县人民政府经济适用住房主管部门发放准予购买经济适用住房的核准通知，注明可以购买的面积标准。然后按照收入水平、住房困难程度和申请顺序等因素进行轮候。

第二十八条 符合条件的家庭,可以持核准通知购买一套与核准面积相对应的经济适用住房。购买面积原则上不得超过核准面积。购买面积在核准面积以内的,按核准的价格购买;超过核准面积的部分,不得享受政府优惠,由购房人按照同地段同类普通商品住房的价格补交差价。

第二十九条 居民个人购买经济适用住房后,应当按照规定办理权属登记。房屋、土地登记部门在办理权属登记时,应当分别注明经济适用住房、划拨土地。

第三十条 经济适用住房购房人拥有有限产权。

购买经济适用住房不满 5 年,不得直接上市交易,购房人因特殊原因确需转让经济适用住房的,由政府按照原价格并考虑折旧和物价水平等因素进行回购。

购买经济适用住房满 5 年,购房人上市转让经济适用住房的,应按照届时同地段普通商品住房与经济适用住房差价的一定比例向政府交纳土地收益等相关价款,具体交纳比例由市、县人民政府确定,政府可优先回购;购房人也可以按照政府所定的标准向政府交纳土地收益等相关价款后,取得完全产权。

上述规定应在经济适用住房购买合同中予以载明,并明确相关违约责任。

第三十一条 已经购买经济适用住房的家庭又购买其他住房的,原经济适用住房由政府按规定及合同约定回购。政府回购的经济适用住房,仍应用于解决低收入家庭的住房困难。

第三十二条 已参加福利分房的家庭在退回所分房屋前不得购买经济适用住房,已购买经济适用住房的家庭不得再购买经济适用住房。

第三十三条 个人购买的经济适用住房在取得完全产权以前不得用于出租经营。

第六章 单位集资合作建房

第三十四条 距离城区较远的独立工矿企业和住房困难户较多的企业,在符合土地利用总体规划、城市规划、住房建设规划的前提下,经市、县人民政府批准,可以利用单位自用土地进行集资合作建房。参加单位集资合作建房的对象,必须限定在本单位符合市、县人民政府规定的低收入住房困难家庭。

第三十五条 单位集资合作建房是经济适用住房的组成部分,其建设标准、优惠政策、供应对象、产权关系等均按照经济适用住房的有关规定严格执行。单位集资合作建房应当纳入当地经济适用住房建设计划和用地计划管理。

第三十六条 任何单位不得利用新征用或新购买土地组织集资合作建房;各级国家机关一律不得搞单位集资合作建房。单位集资合作建房不得向不符合经济适用住房供应条件的家庭出售。

第三十七条 单位集资合作建房在满足本单位低收入住房困难家庭购买后,房源仍有少量剩余的,由市、县人民政府统一组织向符合经济适用住房购房条件的家庭出售,或由市、县人民政府以成本价收购后用作廉租住房。

第三十八条 向职工收取的单位集资合作建房款项实行专款管理、专项使用,并接受当地财政和经济适用住房主管部门的监督。

第三十九条 已参加福利分房、购买经济适用住房或参加单位集资合作建房的人员,不得再次参加单位集资合作建房。严禁任何单位借集资合作建房名义,变相实施住房实物分配或商品房开发。

第四十条 单位集资合作建房原则上不收取管理费用,不得有利润。

第七章 监督管理

第四十一条 市、县人民政府要加强对已购经济适用住房的后续管理,经济适用住房主管部门要切实履行职责,对已购经济适用住房家庭的居住人员、房屋的使用等情况进行定期检查,发现违规行为及时纠正。

第四十二条 市、县人民政府及其有关部门应当加强对经济适用住房建设、交易中违纪违法行为的查处。

(一)擅自改变经济适用住房或集资合作建房用地性质的,由国土资源主管部门按有关规定处罚。

(二)擅自提高经济适用住房或集资合作建房销售价格等价格违法行为的,由价格主管部门依法进行处罚。

(三)未取得资格的家庭购买经济适用住房或参加集资合作建房的,其所购买或集资建设的住房由经济适用住房主管部门限期按原价格并考虑折旧等因素作价收购;不能收购的,由经济适用住房主管部门责成其补缴经济适用住房或单位集资合作建房与同地段同类普通商品住房价格差,并对相关责任单位和责任人依法予以处罚。

第四十三条 对弄虚作假、隐瞒家庭收入和住房条件,骗购经济适用住房或单位集资合作建房的个人,由市、县人民政府经济适用住房主管部门限期按原价格并考虑折旧等因素作价收回所购住房,并依法和有关规定追究责任。对出具虚假证明的,依法追究相关责任人的责任。

第四十四条 国家机关工作人员在经济适用住房建设、管理过程中滥用职权、玩忽职守、徇私舞弊的，依法依纪追究责任；涉嫌犯罪的，移送司法机关处理。

第四十五条 任何单位和个人有权对违反本办法规定的行为进行检举和控告。

第八章 附 则

第四十六条 省、自治区、直辖市人民政府经济适用住房主管部门会同发展改革（价格）、监察、财政、国土资源、金融管理、税务主管部门根据本办法，可以制定具体实施办法。

第四十七条 本办法由建设部会同发展改革委、监察部、财政部、国土资源部、人民银行、税务总局负责解释。

第四十八条 本办法下发后尚未销售的经济适用住房，执行本办法有关准入和退出管理、价格管理、监督管理等规定；已销售的经济适用住房仍按原有规定执行。此前已审批但尚未开工的经济适用住房项目，凡不符合本办法规定内容的事项，应按本办法做相应调整。

第四十九条 建设部、发展改革委、国土资源部、人民银行《关于印发〈经济适用住房管理办法〉的通知》（建住房〔2004〕77号）同时废止。

城镇最低收入家庭廉租住房申请、审核及退出管理办法

·2005年7月7日
·建住房〔2005〕122号

第一条 为规范城镇最低收入家庭廉租住房管理，完善廉租住房工作机制，根据《城镇最低收入家庭廉租住房管理办法》（建设部令第120号），制定本办法。

第二条 城镇最低收入家庭廉租住房的申请、审核及退出管理，适用本办法。

第三条 市、县人民政府房地产行政主管部门负责城镇最低收入家庭廉租住房的申请、审核及退出管理工作。

第四条 申请廉租住房的家庭（以下简称申请家庭）应当同时具备下列条件：

（一）申请家庭人均收入符合当地廉租住房政策确定的收入标准；

（二）申请家庭人均现住房面积符合当地廉租住房政策确定的面积标准；

（三）申请家庭成员中至少有1人为当地非农业常住户口；

（四）申请家庭成员之间有法定的赡养、扶养或者抚养关系；

（五）符合当地廉租住房政策规定的其他标准。

第五条 申请廉租住房，应当由申请家庭的户主作为申请人；户主不具有完全民事行为能力的，申请家庭推举具有完全民事行为能力的家庭成员作为申请人。

申请人应当向户口所在地街道办事处或乡镇人民政府（以下简称受理机关）提出书面申请，并提供下列申请材料：

（一）民政部门出具的最低生活保障、救助证明或政府认定有关部门或单位出具的收入证明；

（二）申请家庭成员所在单位或居住地街道办事处出具的现住房证明；

（三）申请家庭成员身份证和户口簿；

（四）地方政府或房地产行政主管部门规定需要提交的其他证明材料。

申请人为非户主的，还应当出具其他具有完全行为能力的家庭成员共同签名的书面委托书。

第六条 受理机关收到廉租住房申请材料后，应当及时作出是否受理的决定，并向申请人出具书面凭证。申请资料不齐全或者不符合法定形式的，应当在5日内书面告知申请人需要补正的全部内容，受理时间从申请人补齐资料的次日起计算；逾期不告知的，自收到申请材料之日起即为受理。

材料齐备后，受理机关应当及时签署意见并将全部申请资料移交房地产行政主管部门。

第七条 接到受理机关移交的申请资料后，房地产行政主管部门应当会同民政等部门组成审核小组予以审核。并可以通过查档取证、入户调查、邻里访问以及信函索证等方式对申请家庭收入、家庭人口和住房状况进行调查。申请家庭及有关单位、组织或者个人应当如实提供有关情况。房地产行政主管部门应当自收到申请材料之日起15日内向申请人出具审核决定。

经审核不符合条件的，房地产行政主管部门应当书面通知申请人，说明理由。经审核符合条件的，房地产行政主管部门应当在申请人的户口所在地、居住地或工作单位将审核决定予以公示，公示期限为15日。

第八条 经公示无异议或者异议不成立的，由房地产行政主管部门予以登记，并书面通知申请人。

经公示有异议的，房地产行政主管部门应在10日内

完成核实。经核实异议成立的，不予登记。对不予登记的，应当书面通知申请人，说明不予登记的理由。

第九条 对于已登记的、申请租赁住房补贴或者实物配租的家庭，由房地产行政主管部门按照规定条件排队轮候。经民政等部门认定的由于无劳动能力、无生活来源、无法定赡养人、扶养人或抚养人、优抚对象、重度残疾等原因造成困难的家庭可优先予以解决。

轮候期间，申请家庭收入、人口、住房等情况发生变化，申请人应当及时告知房地产行政主管部门，经审核后，房地产行政主管部门应对变更情况进行变更登记，不再符合廉租住房条件的，由房地产行政主管部门取消资格。

第十条 已准予租赁住房补贴的家庭，应当与房地产行政主管部门签订《廉租住房租赁补贴协议》。协议应当明确租赁住房补贴标准、停止廉租住房补贴的规定及违约责任。租赁补贴家庭根据协议约定，可以根据居住需要，选择适当的住房，在与出租人达成租赁意向后，报房地产行政主管部门审查。经审查同意后，方可与出租人签订房屋租赁合同，并报房地产行政主管部门备案。房地产行政主管部门按规定标准向该家庭发放租赁补贴，用于冲减房屋租金。

第十一条 已准予实物配租的家庭，应当与廉租住房产权人签订廉租住房租赁合同。合同应当明确廉租住房情况、租金标准、腾退住房方式及违约责任等内容。承租人应当按照合同约定的标准缴纳租金，并按约定的期限腾退原有住房。

确定实物配租的最低收入家庭不接受配租方案的，原则上不再享有实物配租资格，房地产行政主管部门可视情况采取发放租赁住房补贴或其他保障方式对其实施住房保障。

第十二条 已准予租金核减的家庭，由房地产行政主管部门出具租金核减认定证明，到房屋产权单位办理租金核减手续。

第十三条 房地产行政主管部门应当在发放租赁住房补贴、配租廉租住房或租金核减后一个月内将结果在一定范围内予以公布。

第十四条 享受廉租住房保障的最低收入家庭应当按年度向房地产行政主管部门如实申报家庭收入、人口及住房变动情况。

房地产行政主管部门应当每年会同民政等相关部门对享受廉租住房保障家庭的收入、人口及住房等状况进行复核，并根据复核结果对享受廉租住房保障的资格、方式、额度等进行及时调整并书面告知当事人。

第十五条 享受廉租住房保障的家庭有下列情况之一的，由房地产行政主管部门作出取消保障资格的决定，收回承租的廉租住房，或者停止发放租赁补贴，或者停止租金核减：

（一）未如实申报家庭收入、家庭人口及住房状况的；

（二）家庭人均收入连续一年以上超出当地廉租住房政策确定的收入标准的；

（三）因家庭人数减少或住房面积增加，人均住房面积超出当地廉租住房政策确定的住房标准的；

（四）擅自改变房屋用途的；

（五）将承租的廉租住房转借、转租的；

（六）连续六个月以上未在廉租住房居住的。

第十六条 房地产行政主管部门作出取消保障资格的决定后，应当在5日内书面通知当事人，说明理由。享受实物配租的家庭应当将承租的廉租住房在规定的期限内退回。逾期不退回的，房地产行政主管部门可以依法申请人民法院强制执行。

第十七条 房地产行政主管部门或者其他有关行政管理部门工作人员，违反本办法规定，在廉租住房管理工作中利用职务上的便利，收受他人财物或者其他好处的，对已批准的廉租住房不依法履行监督管理职责的，或者发现违法行为不予查处的，依法给予行政处分；构成犯罪的，依法追究刑事责任。

第十八条 各地可根据当地的实际情况制定具体细则。

第十九条 纳入廉租住房管理的其他家庭的申请、审核及退出管理办法，由各地结合当地实际情况，比照本办法自行制定。

第二十条 本办法自2005年10月1日之日起施行。

廉租住房保障办法

· 2007年11月8日建设部、国家发展和改革委员会、监察部、民政部、财政部、国土资源部、中国人民银行、国家税务总局、国家统计局令第162号公布

· 自2007年12月1日起施行

第一章 总　则

第一条 为促进廉租住房制度建设，逐步解决城市低收入家庭的住房困难，制定本办法。

第二条 城市低收入住房困难家庭的廉租住房保障

及其监督管理,适用本办法。

本办法所称城市低收入住房困难家庭,是指城市和县人民政府所在地的镇范围内,家庭收入、住房状况等符合市、县人民政府规定条件的家庭。

第三条 市、县人民政府应当在解决城市低收入家庭住房困难的发展规划及年度计划中,明确廉租住房保障工作目标、措施,并纳入本级国民经济与社会发展规划和住房建设规划。

第四条 国务院建设主管部门指导和监督全国廉租住房保障工作。县级以上地方人民政府建设(住房保障)主管部门负责本行政区域内廉租住房保障管理工作。廉租住房保障的具体工作可以由市、县人民政府确定的实施机构承担。

县级以上人民政府发展改革(价格)、监察、民政、财政、国土资源、金融管理、税务、统计等部门按照职责分工,负责廉租住房保障的相关工作。

第二章 保障方式

第五条 廉租住房保障方式实行货币补贴和实物配租等相结合。货币补贴是指县级以上地方人民政府向申请廉租住房保障的城市低收入住房困难家庭发放租赁住房补贴,由其自行承租住房。实物配租是指县级以上地方人民政府向申请廉租住房保障的城市低收入住房困难家庭提供住房,并按照规定标准收取租金。

实施廉租住房保障,主要通过发放租赁补贴,增强城市低收入住房困难家庭承租住房的能力。廉租住房紧缺的城市,应当通过新建和收购等方式,增加廉租住房实物配租的房源。

第六条 市、县人民政府应当根据当地家庭平均住房水平、财政承受能力以及城市低收入住房困难家庭的人口数量、结构等因素,以户为单位确定廉租住房保障面积标准。

第七条 采取货币补贴方式的,补贴额度按照城市低收入住房困难家庭现住房面积与保障面积标准的差额、每平方米租赁住房补贴标准确定。

每平方米租赁住房补贴标准由市、县人民政府根据当地经济发展水平、市场平均租金、城市低收入住房困难家庭的经济承受能力等因素确定。其中对城市居民最低生活保障家庭,可以按照当地市场平均租金确定租赁住房补贴标准;对其他城市低收入住房困难家庭,可以根据收入情况等分类确定租赁住房补贴标准。

第八条 采取实物配租方式的,配租面积为城市低收入住房困难家庭现住房面积与保障面积标准的差额。

实物配租的住房租金标准实行政府定价。实物配租住房的租金,按照配租面积和市、县人民政府规定的租金标准确定。有条件的地区,对城市居民最低生活保障家庭,可以免收实物配租住房中住房保障面积标准内的租金。

第三章 保障资金及房屋来源

第九条 廉租住房保障资金采取多种渠道筹措。

廉租住房保障资金来源包括:

(一)年度财政预算安排的廉租住房保障资金;

(二)提取贷款风险准备金和管理费用后的住房公积金增值收益余额;

(三)土地出让净收益中安排的廉租住房保障资金;

(四)政府的廉租住房租金收入;

(五)社会捐赠及其他方式筹集的资金。

第十条 提取贷款风险准备金和管理费用后的住房公积金增值收益余额,应当全部用于廉租住房建设。

土地出让净收益用于廉租住房保障资金的比例,不得低于10%。

政府的廉租住房租金收入应当按照国家财政预算支出和财务制度的有关规定,实行收支两条线管理,专项用于廉租住房的维护和管理。

第十一条 对中西部财政困难地区,按照中央预算内投资补助和中央财政廉租住房保障专项补助资金的有关规定给予支持。

第十二条 实物配租的廉租住房来源主要包括:

(一)政府新建、收购的住房;

(二)腾退的公有住房;

(三)社会捐赠的住房;

(四)其他渠道筹集的住房。

第十三条 廉租住房建设用地,应当在土地供应计划中优先安排,并在申报年度用地指标时单独列出,采取划拨方式,保证供应。

廉租住房建设用地的规划布局,应当考虑城市低收入住房困难家庭居住和就业的便利。

廉租住房建设应当坚持经济、适用原则,提高规划设计水平,满足基本使用功能,应当按照发展节能省地环保型住宅的要求,推广新材料、新技术、新工艺。廉租住房应当符合国家质量安全标准。

第十四条 新建廉租住房,应当采取配套建设与相对集中建设相结合的方式,主要在经济适用住房、普通商品住房项目中配套建设。

新建廉租住房,应当将单套的建筑面积控制在50平方米以内,并根据城市低收入住房困难家庭的居住需要,合理确定套型结构。

配套建设廉租住房的经济适用住房或者普通商品住房项目,应当在用地规划、国有土地划拨决定书或者国有土地使用权出让合同中,明确配套建设的廉租住房总建筑面积、套数、布局、套型以及建成后的移交或回购等事项。

第十五条 廉租住房建设免征行政事业性收费和政府性基金。

鼓励社会捐赠住房作为廉租住房房源或捐赠用于廉租住房的资金。

政府或经政府认定的单位新建、购买、改建住房作为廉租住房,社会捐赠廉租住房房源、资金,按照国家规定的有关税收政策执行。

第四章 申请与核准

第十六条 申请廉租住房保障,应当提供下列材料:
(一)家庭收入情况的证明材料;
(二)家庭住房状况的证明材料;
(三)家庭成员身份证和户口簿;
(四)市、县人民政府规定的其他证明材料。

第十七条 申请廉租住房保障,按照下列程序办理:
(一)申请廉租住房保障的家庭,应当由户主向户口所在地街道办事处或者镇人民政府提出书面申请;
(二)街道办事处或者镇人民政府应当自受理申请之日起30日内,就申请人的家庭收入、家庭住房状况是否符合规定条件进行审核,提出初审意见并张榜公布,将初审意见和申请材料一并报送市(区)、县人民政府建设(住房保障)主管部门;
(三)建设(住房保障)主管部门应当自收到申请材料之日起15日内,就申请人的家庭住房状况是否符合规定条件提出审核意见,并将符合条件的申请人的申请材料转同级民政部门;
(四)民政部门应当自收到申请材料之日起15日内,就申请人的家庭收入是否符合规定条件提出审核意见,并反馈同级建设(住房保障)主管部门;
(五)经审核,家庭收入、家庭住房状况符合规定条件的,由建设(住房保障)主管部门予以公示,公示期限为15日;对经公示无异议或者异议不成立的,作为廉租住房保障对象予以登记,书面通知申请人,并向社会公开登记结果。

经审核,不符合规定条件的,建设(住房保障)主管部门应当书面通知申请人,说明理由。申请人对审核结果有异议的,可以向建设(住房保障)主管部门申诉。

第十八条 建设(住房保障)主管部门、民政等有关部门以及街道办事处、镇人民政府,可以通过入户调查、邻里访问以及信函索证等方式对申请人的家庭收入和住房状况等进行核实。申请人及有关单位和个人应当予以配合,如实提供有关情况。

第十九条 建设(住房保障)主管部门应当综合考虑登记的城市低收入住房困难家庭的收入水平、住房困难程度和申请顺序以及个人申请的保障方式等,确定相应的保障方式及轮候顺序,并向社会公开。

对已经登记为廉租住房保障对象的城市居民最低生活保障家庭,凡申请租赁住房货币补贴的,要优先安排发放补贴,基本做到应保尽保。

实物配租应当优先面向已经登记为廉租住房保障对象的孤、老、病、残等特殊困难家庭,城市居民最低生活保障家庭以及其他急需救助的家庭。

第二十条 对轮候到位的城市低收入住房困难家庭,建设(住房保障)主管部门或者具体实施机构应当按照已确定的保障方式,与其签订租赁住房补贴协议或者廉租住房租赁合同,予以发放租赁住房补贴或者配租廉租住房。

发放租赁住房补贴和配租廉租住房的结果,应当予以公布。

第二十一条 租赁住房补贴协议应当明确租赁住房补贴额度、停止发放租赁住房补贴的情形等内容。

廉租住房租赁合同应当明确下列内容:
(一)房屋的位置、朝向、面积、结构、附属设施和设备状况;
(二)租金及其支付方式;
(三)房屋用途和使用要求;
(四)租赁期限;
(五)房屋维修责任;
(六)停止实物配租的情形,包括承租人已不符合规定条件的,将所承租的廉租住房转借、转租或者改变用途,无正当理由连续6个月以上未在所承租的廉租住房居住或者未交纳廉租住房租金等;
(七)违约责任及争议解决办法,包括退回廉租住房、调整租金、依照有关法律法规规定处理等;
(八)其他约定。

第五章 监督管理

第二十二条 国务院建设主管部门、省级建设(住房保障)主管部门应当会同有关部门,加强对廉租住房保障工作的监督检查,并公布监督检查结果。

市、县人民政府应当定期向社会公布城市低收入住房困难家庭廉租住房保障情况。

第二十三条 市(区)、县人民政府建设(住房保障)主管部门应当按户建立廉租住房档案,并采取定期走访、抽查等方式,及时掌握城市低收入住房困难家庭的人口、收入及住房变动等有关情况。

第二十四条 已领取租赁住房补贴或者配租廉租住房的城市低收入住房困难家庭,应当按年度向所在地街道办事处或者镇人民政府如实申报家庭人口、收入及住房等变动情况。

街道办事处或者镇人民政府可以对申报情况进行核实、张榜公布,并将申报情况及核实结果报建设(住房保障)主管部门。

建设(住房保障)主管部门应当根据城市低收入住房困难家庭人口、收入、住房等变化情况,调整租赁住房补贴额度或实物配租面积、租金等;对不再符合规定条件的,应当停止发放租赁住房补贴,或者由承租人按照合同约定退回廉租住房。

第二十五条 城市低收入住房困难家庭不得将所承租的廉租住房转借、转租或者改变用途。

城市低收入住房困难家庭违反前款规定或者有下列行为之一的,应当按照合同约定退回廉租住房:

(一)无正当理由连续6个月以上未在所承租的廉租住房居住的;

(二)无正当理由累计6个月以上未交纳廉租住房租金的。

第二十六条 城市低收入住房困难家庭未按照合同约定退回廉租住房的,建设(住房保障)主管部门应当责令其限期退回;逾期未退回的,可以按照合同约定,采取调整租金等方式处理。

城市低收入住房困难家庭拒绝接受前款规定的处理方式的,由建设(住房保障)主管部门或者具体实施机构依照有关法律法规规定处理。

第二十七条 城市低收入住房困难家庭的收入标准、住房困难标准等以及住房保障面积标准,实行动态管理,由市、县人民政府每年向社会公布一次。

第二十八条 任何单位和个人有权对违反本办法规定的行为进行检举和控告。

第六章 法律责任

第二十九条 城市低收入住房困难家庭隐瞒有关情况或者提供虚假材料申请廉租住房保障的,建设(住房保障)主管部门不予受理,并给予警告。

第三十条 对以欺骗等不正当手段,取得审核同意或者获得廉租住房保障的,由建设(住房保障)主管部门给予警告;对已经登记但尚未获得廉租住房保障的,取消其登记;对已经获得廉租住房保障的,责令其退还已领取的租赁住房补贴,或者退出实物配租的住房并按市场价格补交以前房租。

第三十一条 廉租住房保障实施机构违反本办法规定,不执行政府规定的廉租住房租金标准的,由价格主管部门依法查处。

第三十二条 违反本办法规定,建设(住房保障)主管部门及有关部门的工作人员或者市、县人民政府确定的实施机构的工作人员,在廉租住房保障工作中滥用职权、玩忽职守、徇私舞弊的,依法给予处分;构成犯罪的,依法追究刑事责任。

第七章 附 则

第三十三条 对承租直管公房的城市低收入家庭,可以参照本办法有关规定,对住房保障面积标准范围内的租金予以适当减免。

第三十四条 本办法自2007年12月1日起施行。2003年12月31日发布的《城镇最低收入家庭廉租住房管理办法》(建设部、财政部、民政部、国土资源部、国家税务总局令第120号)同时废止。

公共租赁住房管理办法

·2012年5月28日住房和城乡建设部令第11号公布
·自2012年7月15日起施行

第一章 总 则

第一条 为了加强对公共租赁住房的管理,保障公平分配,规范运营与使用,健全退出机制,制定本办法。

第二条 公共租赁住房的分配、运营、使用、退出和管理,适用本办法。

第三条 本办法所称公共租赁住房,是指限定建设标准和租金水平,面向符合规定条件的城镇中等偏下收入住房困难家庭、新就业无房职工和在城镇稳定就业的外来务工人员出租的保障性住房。

公共租赁住房通过新建、改建、收购、长期租赁等多种方式筹集,可以由政府投资,也可以由政府提供政策支持、社会力量投资。

公共租赁住房可以是成套住房,也可以是宿舍型住房。

第四条 国务院住房和城乡建设主管部门负责全国公共租赁住房的指导和监督工作。

县级以上地方人民政府住房城乡建设（住房保障）主管部门负责本行政区域内的公共租赁住房管理工作。

第五条 直辖市和市、县级人民政府住房保障主管部门应当加强公共租赁住房管理信息系统建设，建立和完善公共租赁住房管理档案。

第六条 任何组织和个人对违反本办法的行为都有权进行举报、投诉。

住房城乡建设（住房保障）主管部门接到举报、投诉，应当依法及时核实、处理。

第二章 申请与审核

第七条 申请公共租赁住房，应当符合以下条件：

（一）在本地无住房或者住房面积低于规定标准；

（二）收入、财产低于规定标准；

（三）申请人为外来务工人员的，在本地稳定就业达到规定年限。

具体条件由直辖市和市、县级人民政府住房保障主管部门根据本地区实际情况确定，报本级人民政府批准后实施并向社会公布。

第八条 申请人应当根据市、县级人民政府住房保障主管部门的规定，提交申请材料，并对申请材料的真实性负责。申请人应当书面同意市、县级人民政府住房保障主管部门核实其申报信息。

申请人提交的申请材料齐全的，市、县级人民政府住房保障主管部门应当受理，并向申请人出具书面凭证；申请材料不齐全的，应当一次性书面告知申请人需要补正的材料。

对在开发区和园区集中建设面向用工单位或者园区就业人员配租的公共租赁住房，用人单位可以代表本单位职工申请。

第九条 市、县级人民政府住房保障主管部门应当会同有关部门，对申请人提交的申请材料进行审核。

经审核，对符合申请条件的申请人，应当予以公示，经公示无异议或者异议不成立的，登记为公共租赁住房轮候对象，并向社会公开；对不符合申请条件的申请人，应当书面通知并说明理由。

申请人对审核结果有异议，可以向市、县级人民政府住房保障主管部门申请复核。市、县级人民政府住房保障主管部门应当会同有关部门进行复核，并在15个工作日内将复核结果书面告知申请人。

第三章 轮候与配租

第十条 对登记为轮候对象的申请人，应当在轮候期内安排公共租赁住房。

直辖市和市、县级人民政府住房保障主管部门应当根据本地区经济发展水平和公共租赁住房需求，合理确定公共租赁住房轮候期，报本级人民政府批准后实施并向社会公布。轮候期一般不超过5年。

第十一条 公共租赁住房房源确定后，市、县级人民政府住房保障主管部门应当制定配租方案并向社会公布。

配租方案应当包括房源的位置、数量、户型、面积、租金标准，供应对象范围，意向登记时限等内容。

企事业单位投资的公共租赁住房的供应对象范围，可以规定为本单位职工。

第十二条 配租方案公布后，轮候对象可以按照配租方案，到市、县级人民政府住房保障主管部门进行意向登记。

市、县级人民政府住房保障主管部门应当会同有关部门，在15个工作日内对意向登记的轮候对象进行复审。对不符合条件的，应当书面通知并说明理由。

第十三条 对复审通过的轮候对象，市、县级人民政府住房保障主管部门可以采取综合评分、随机摇号等方式，确定配租对象与配租排序。

综合评分办法、摇号方式及评分、摇号的过程和结果应当向社会公开。

第十四条 配租对象与配租排序确定后应当予以公示。公示无异议或者异议不成立的，配租对象按照配租排序选择公共租赁住房。

配租结果应当向社会公开。

第十五条 复审通过的轮候对象中享受国家定期抚恤补助的优抚对象、孤老病残人员等，可以优先安排公共租赁住房。优先对象的范围和优先安排的办法由直辖市和市、县级人民政府住房保障主管部门根据本地区实际情况确定，报本级人民政府批准后实施并向社会公布。

社会力量投资和用人单位代表本单位职工申请的公共租赁住房，只能向经审核登记为轮候对象的申请人配租。

第十六条 配租对象选择公共租赁住房后，公共租赁住房所有权人或者其委托的运营单位与配租对象应当签订书面租赁合同。

租赁合同签订前，所有权人或者其委托的运营单位应当将租赁合同中涉及承租人责任的条款内容和应当退回公共租赁住房的情形向承租人明确说明。

第十七条 公共租赁住房租赁合同一般应当包括以下内容：

（一）合同当事人的名称或姓名；

（二）房屋的位置、用途、面积、结构、室内设施和设备，以及使用要求；

（三）租赁期限、租金数额和支付方式；

（四）房屋维修责任；

（五）物业服务、水、电、燃气、供热等相关费用的缴纳责任；

（六）退回公共租赁住房的情形；

（七）违约责任及争议解决办法；

（八）其他应当约定的事项。

省、自治区、直辖市人民政府住房城乡建设（住房保障）主管部门应当制定公共租赁住房租赁合同示范文本。

合同签订后，公共租赁住房所有权人或者其委托的运营单位应当在30日内将合同报市、县级人民政府住房保障主管部门备案。

第十八条 公共租赁住房租赁期限一般不超过5年。

第十九条 市、县级人民政府住房保障主管部门应当会同有关部门，按照略低于同地段住房市场租金水平的原则，确定本地区的公共租赁住房租金标准，报本级人民政府批准后实施。

公共租赁住房租金标准应当向社会公布，并定期调整。

第二十条 公共租赁住房租赁合同约定的租金数额，应当根据市、县级人民政府批准的公共租赁住房租金标准确定。

第二十一条 承租人应当根据合同约定，按时支付租金。

承租人收入低于当地规定标准的，可以依照有关规定申请租赁补贴或者减免。

第二十二条 政府投资的公共租赁住房的租金收入按照政府非税收入管理的有关规定缴入同级国库，实行收支两条线管理，专项用于偿还公共租赁住房贷款本息及公共租赁住房的维护、管理等。

第二十三条 因就业、子女就学等原因需要调换公共租赁住房的，经公共租赁住房所有权人或者其委托的运营单位同意，承租人之间可以互换所承租的公共租赁住房。

第四章 使用与退出

第二十四条 公共租赁住房的所有权人及其委托的运营单位应当负责公共租赁住房及其配套设施的维修养护，确保公共租赁住房的正常使用。

政府投资的公共租赁住房维修养护费用主要通过公共租赁住房租金收入以及配套商业服务设施租金收入解决，不足部分由财政预算安排解决；社会力量投资建设的公共租赁住房维修养护费用由所有权人及其委托的运营单位承担。

第二十五条 公共租赁住房的所有权人及其委托的运营单位不得改变公共租赁住房的保障性住房性质、用途及其配套设施的规划用途。

第二十六条 承租人不得擅自装修所承租公共租赁住房。确需装修的，应当取得公共租赁住房的所有权人或其委托的运营单位同意。

第二十七条 承租人有下列行为之一的，应当退回公共租赁住房：

（一）转借、转租或者擅自调换所承租公共租赁住房的；

（二）改变所承租公共租赁住房用途的；

（三）破坏或者擅自装修所承租公共租赁住房，拒不恢复原状的；

（四）在公共租赁住房内从事违法活动的；

（五）无正当理由连续6个月以上闲置公共租赁住房的。

承租人拒不退回公共租赁住房的，市、县级人民政府住房保障主管部门应当责令其限期退回；逾期不退回的，市、县级人民政府住房保障主管部门可以依法申请人民法院强制执行。

第二十八条 市、县级人民政府住房保障主管部门应当加强对公共租赁住房使用的监督检查。

公共租赁住房的所有权人及其委托的运营单位应当对承租人使用公共租赁住房的情况进行巡查，发现有违反本办法规定行为的，应当及时依法处理或者向有关部门报告。

第二十九条 承租人累计6个月以上拖欠租金的，应当腾退所承租的公共租赁住房；拒不腾退的，公共租赁住房的所有权人或者其委托的运营单位可以向人民法院提起诉讼，要求承租人腾退公共租赁住房。

第三十条 租赁期届满需要续租的，承租人应当在租赁期满3个月前向市、县级人民政府住房保障主管部门提出申请。

市、县级人民政府住房保障主管部门应当会同有关部门对申请人是否符合条件进行审核。经审核符合条件的，准予续租，并签订续租合同。

未按规定提出续租申请的承租人，租赁期满应当腾退公共租赁住房；拒不腾退的，公共租赁住房的所有权人或者其委托的运营单位可以向人民法院提起诉讼，要求承租人腾退公共租赁住房。

第三十一条　承租人有下列情形之一的，应当腾退公共租赁住房：

（一）提出续租申请但经审核不符合续租条件的；

（二）租赁期内，通过购买、受赠、继承等方式获得其他住房并不再符合公共租赁住房配租条件的；

（三）租赁期内，承租或者承购其他保障性住房的。

承租人有前款规定情形之一的，公共租赁住房的所有权人或者其委托的运营单位应当为其安排合理的搬迁期，搬迁期内租金按照合同约定的租金数额缴纳。

搬迁期满不腾退公共租赁住房，承租人确无其他住房的，应当按照市场价格缴纳租金；承租人有其他住房的，公共租赁住房的所有权人或者其委托的运营单位可以向人民法院提起诉讼，要求承租人腾退公共租赁住房。

第三十二条　房地产经纪机构及其经纪人员不得提供公共租赁住房出租、转租、出售等经纪业务。

第五章　法律责任

第三十三条　住房城乡建设（住房保障）主管部门及其工作人员在公共租赁住房管理工作中不履行本办法规定的职责，或者滥用职权、玩忽职守、徇私舞弊，对直接负责的主管人员和其他直接责任人员依法给予处分；构成犯罪的，依法追究刑事责任。

第三十四条　公共租赁住房的所有权人及其委托的运营单位违反本办法，有下列行为之一的，由市、县级人民政府住房保障主管部门责令限期改正，并处以3万元以下罚款：

（一）向不符合条件的对象出租公共租赁住房的；

（二）未履行公共租赁住房及其配套设施维修养护义务的；

（三）改变公共租赁住房的保障性住房性质、用途，以及配套设施的规划用途的。

公共租赁住房的所有权人为行政机关的，按照本办法第三十三条处理。

第三十五条　申请人隐瞒有关情况或者提供虚假材料申请公共租赁住房的，市、县级人民政府住房保障主管部门不予受理，给予警告，并记入公共租赁住房管理档案。

以欺骗等不正当手段，登记为轮候对象或者承租公共租赁住房的，由市、县级人民政府住房保障主管部门处以1000元以下罚款，记入公共租赁住房管理档案；登记为轮候对象的，取消其登记；已承租公共租赁住房的，责令限期退回所承租公共租赁住房，并按市场价格补缴租金，逾期不退回的，可以依法申请人民法院强制执行，承租人自退回公共租赁住房之日起五年内不得再次申请公共租赁住房。

第三十六条　承租人有下列行为之一的，由市、县级人民政府住房保障主管部门责令按市场价格补缴从违法行为发生之日起的租金，记入公共租赁住房管理档案，处以1000元以下罚款；有违法所得的，处以违法所得3倍以下但不超过3万元的罚款：

（一）转借、转租或者擅自调换所承租公共租赁住房的；

（二）改变所承租公共租赁住房用途的；

（三）破坏或者擅自装修所承租公共租赁住房，拒不恢复原状的；

（四）在公共租赁住房内从事违法活动的；

（五）无正当理由连续6个月以上闲置公共租赁住房的。

有前款所列行为，承租人自退回公共租赁住房之日起五年内不得再次申请公共租赁住房；造成损失的，依法承担赔偿责任。

第三十七条　违反本办法第三十二条的，依照《房地产经纪管理办法》第三十七条，由县级以上地方人民政府住房城乡建设（房地产）主管部门责令限期改正，记入房地产经纪信用档案；对房地产经纪人员，处以1万元以下罚款；对房地产经纪机构，取消网上签约资格，处以3万元以下罚款。

第六章　附　则

第三十八条　省、自治区、直辖市住房城乡建设（住房保障）主管部门可以根据本办法制定实施细则。

第三十九条　本办法自2012年7月15日起施行。

6. 特殊群体权益保障

中华人民共和国刑法(节录)

- 1979 年 7 月 1 日第五届全国人民代表大会第二次会议通过
- 1997 年 3 月 14 日第八届全国人民代表大会第五次会议修订
- 根据 1998 年 12 月 29 日第九届全国人民代表大会常务委员会第六次会议通过的《全国人民代表大会常务委员会关于惩治骗购外汇、逃汇和非法买卖外汇犯罪的决定》、1999 年 12 月 25 日第九届全国人民代表大会常务委员会第十三次会议通过的《中华人民共和国刑法修正案》、2001 年 8 月 31 日第九届全国人民代表大会常务委员会第二十三次会议通过的《中华人民共和国刑法修正案(二)》、2001 年 12 月 29 日第九届全国人民代表大会常务委员会第二十五次会议通过的《中华人民共和国刑法修正案(三)》、2002 年 12 月 28 日第九届全国人民代表大会常务委员会第三十一次会议通过的《中华人民共和国刑法修正案(四)》、2005 年 2 月 28 日第十届全国人民代表大会常务委员会第十四次会议通过的《中华人民共和国刑法修正案(五)》、2006 年 6 月 29 日第十届全国人民代表大会常务委员会第二十二次会议通过的《中华人民共和国刑法修正案(六)》、2009 年 2 月 28 日第十一届全国人民代表大会常务委员会第七次会议通过的《中华人民共和国刑法修正案(七)》、2009 年 8 月 27 日第十一届全国人民代表大会常务委员会第十次会议通过的《全国人民代表大会常务委员会关于修改部分法律的决定》、2011 年 2 月 25 日第十一届全国人民代表大会常务委员会第十九次会议通过的《中华人民共和国刑法修正案(八)》、2015 年 8 月 29 日第十二届全国人民代表大会常务委员会第十六次会议通过的《中华人民共和国刑法修正案(九)》、2017 年 11 月 4 日第十二届全国人民代表大会常务委员会第三十次会议通过的《中华人民共和国刑法修正案(十)》、2020 年 12 月 26 日第十三届全国人民代表大会常务委员会第二十四次会议通过的《中华人民共和国刑法修正案(十一)》和 2023 年 12 月 29 日第十四届全国人民代表大会常务委员会第七次会议通过的《中华人民共和国刑法修正案(十二)》修正①

……

第二百三十六条 【强奸罪】以暴力、胁迫或者其他手段强奸妇女的,处三年以上十年以下有期徒刑。

奸淫不满十四周岁的幼女的,以强奸论,从重处罚。

强奸妇女、奸淫幼女,有下列情形之一,处十年以上有期徒刑、无期徒刑或者死刑:

(一)强奸妇女、奸淫幼女情节恶劣的;

(二)强奸妇女、奸淫幼女多人的;

(三)在公共场所当众强奸妇女、奸淫幼女的;

(四)二人以上轮奸的;

(五)奸淫不满十周岁的幼女或者造成幼女伤害的;

(六)致使被害人重伤、死亡或者造成其他严重后果的。②

第二百三十六条之一 【负有照护职责人员性侵罪】对已满十四周岁不满十六周岁的未成年女性负有监护、收养、看护、教育、医疗等特殊职责的人员,与该未成年女性发生性关系的,处三年以下有期徒刑;情节恶劣的,处三年以上十年以下有期徒刑。

有前款行为,同时又构成本法第二百三十六条规定之罪的,依照处罚较重的规定定罪处罚。③

第二百三十七条 【强制猥亵、侮辱罪】以暴力、胁迫或者其他方法强制猥亵他人或者侮辱妇女的,处五年以下有期徒刑或者拘役。

聚众或者在公共场所当众犯前款罪的,或者有其他

---

① 刑法、历次刑法修正案、涉及修改刑法的决定的施行日期,分别依据各法律所规定的施行日期确定。

另,分则部分条文主旨是根据司法解释确定罪名所加。

② 根据 2020 年 12 月 26 日《中华人民共和国刑法修正案(十一)》修改。原条文为:"以暴力、胁迫或者其他手段强奸妇女的,处三年以上十年以下有期徒刑。

"奸淫不满十四周岁的幼女的,以强奸论,从重处罚。

"强奸妇女、奸淫幼女,有下列情形之一的,处十年以上有期徒刑、无期徒刑或者死刑:

"(一)强奸妇女、奸淫幼女情节恶劣的;

"(二)强奸妇女、奸淫幼女多人的;

"(三)在公共场所当众强奸妇女的;

"(四)二人以上轮奸的;

"(五)致使被害人重伤、死亡或者造成其他严重后果的。"

③ 根据 2020 年 12 月 26 日《中华人民共和国刑法修正案(十一)》增加。

恶劣情节的,处五年以上有期徒刑。①

【猥亵儿童罪】猥亵儿童的,处五年以下有期徒刑;有下列情形之一的,处五年以上有期徒刑:

(一)猥亵儿童多人或者多次的;

(二)聚众猥亵儿童的,或者在公共场所当众猥亵儿童,情节恶劣的;

(三)造成儿童伤害或者其他严重后果的;

(四)猥亵手段恶劣或者有其他恶劣情节的。②

……

第二百四十条 【拐卖妇女、儿童罪】拐卖妇女、儿童的,处五年以上十年以下有期徒刑,并处罚金;有下列情形之一的,处十年以上有期徒刑或者无期徒刑,并处罚金或者没收财产;情节特别严重的,处死刑,并处没收财产:

(一)拐卖妇女、儿童集团的首要分子;

(二)拐卖妇女、儿童三人以上的;

(三)奸淫被拐卖的妇女的;

(四)诱骗、强迫被拐卖的妇女卖淫或者将被拐卖的妇女卖给他人迫使其卖淫的;

(五)以出卖为目的,使用暴力、胁迫或者麻醉方法绑架妇女、儿童的;

(六)以出卖为目的,偷盗婴幼儿的;

(七)造成被拐卖的妇女、儿童或者其亲属重伤、死亡或者其他严重后果的;

(八)将妇女、儿童卖往境外的。

拐卖妇女、儿童是指以出卖为目的,有拐骗、绑架、收买、贩卖、接送、中转妇女、儿童的行为之一的。

第二百四十一条 【收买被拐卖的妇女、儿童罪】收买被拐卖的妇女、儿童的,处三年以下有期徒刑、拘役或者管制。

收买被拐卖的妇女,强行与其发生性关系的,依照本法第二百三十六条的规定定罪处罚。

收买被拐卖的妇女、儿童,非法剥夺、限制其人身自由或者有伤害、侮辱等犯罪行为的,依照本法的有关规定定罪处罚。

收买被拐卖的妇女、儿童,并有第二款、第三款规定的犯罪行为的,依照数罪并罚的规定处罚。

收买被拐卖的妇女、儿童又出卖的,依照本法第二百四十条的规定定罪处罚。

收买被拐卖的妇女、儿童,对被买儿童没有虐待行为,不阻碍对其进行解救的,可以从轻处罚;按照被买妇女的意愿,不阻碍其返回原居住地的,可以从轻或者减轻处罚。③

第二百四十二条 【妨害公务罪】以暴力、威胁方法阻碍国家机关工作人员解救被收买的妇女、儿童的,依照本法第二百七十七条的规定定罪处罚。

【聚众阻碍解救被收买的妇女、儿童罪】聚众阻碍国家机关工作人员解救被收买的妇女、儿童的首要分子,处五年以下有期徒刑或者拘役;其他参与者使用暴力、威胁方法的,依照前款的规定处罚。

……

第二百五十七条 【暴力干涉婚姻自由罪】以暴力干涉他人婚姻自由的,处二年以下有期徒刑或者拘役。

犯前款罪,致使被害人死亡的,处二年以上七年以下有期徒刑。

第一款罪,告诉的才处理。

……

第二百六十二条 【拐骗儿童罪】拐骗不满十四周岁的未成年人,脱离家庭或者监护人的,处五年以下有期徒刑或者拘役。

第二百六十二条之一 【组织残疾人、儿童乞讨罪】以暴力、胁迫手段组织残疾人或者不满十四周岁的未成年人乞讨的,处三年以下有期徒刑或者拘役,并处罚金;情节严重的,处三年以上七年以下有期徒刑,并处罚金。④

……

第四百一十六条 【不解救被拐卖、绑架妇女、儿童罪】对被拐卖、绑架的妇女、儿童负有解救职责的国家机

---

① 根据 2015 年 8 月 29 日《中华人民共和国刑法修正案(九)》修改。原条文为:"以暴力、胁迫或者其他方法强制猥亵妇女或者侮辱妇女的,处五年以下有期徒刑或者拘役。"

"聚众或者在公共场所当众犯前款罪的,处五年以上有期徒刑。"

"猥亵儿童的,依照前两款的规定从重处罚。"

② 根据 2020 年 12 月 26 日《中华人民共和国刑法修正案(十一)》修改。原第三款条文为:"猥亵儿童的,依照前两款的规定从重处罚。"

③ 根据 2015 年 8 月 29 日《中华人民共和国刑法修正案(九)》修改。原第六款条文为:"收买被拐卖的妇女、儿童,按照被买妇女的意愿,不阻碍其返回原居住地的,对被买儿童没有虐待行为,不阻碍对其进行解救的,可以不追究刑事责任。"

④ 根据 2006 年 6 月 29 日《中华人民共和国刑法修正案(六)》增加。

关工作人员，接到被拐卖、绑架的妇女、儿童及其家属的解救要求或者接到其他人的举报，而对被拐卖、绑架的妇女、儿童不进行解救，造成严重后果的，处五年以下有期徒刑或者拘役。

【阻碍解救被拐卖、绑架妇女、儿童罪】负有解救职责的国家机关工作人员利用职务阻碍解救的，处二年以上七年以下有期徒刑；情节较轻的，处二年以下有期徒刑或者拘役。

……

中华人民共和国妇女权益保障法

- 1992年4月3日第七届全国人民代表大会第五次会议通过
- 根据2005年8月28日第十届全国人民代表大会常务委员会第十七次会议《关于修改〈中华人民共和国妇女权益保障法〉的决定》第一次修正
- 根据2018年10月26日第十三届全国人民代表大会常务委员会第六次会议《关于修改〈中华人民共和国野生动物保护法〉等十五部法律的决定》第二次修正
- 2022年10月30日第十三届全国人民代表大会常务委员会第三十七次会议修订
- 2022年10月30日中华人民共和国主席令第122号公布
- 自2023年1月1日起施行

第一章 总 则

第一条 为了保障妇女的合法权益，促进男女平等和妇女全面发展，充分发挥妇女在全面建设社会主义现代化国家中的作用，弘扬社会主义核心价值观，根据宪法，制定本法。

第二条 男女平等是国家的基本国策。妇女在政治的、经济的、文化的、社会的和家庭的生活等各方面享有同男子平等的权利。

国家采取必要措施，促进男女平等，消除对妇女一切形式的歧视，禁止排斥、限制妇女依法享有和行使各项权益。

国家保护妇女依法享有的特殊权益。

第三条 坚持中国共产党对妇女权益保障工作的领导，建立政府主导、各方协同、社会参与的保障妇女权益工作机制。

各级人民政府应当重视和加强妇女权益的保障工作。

县级以上人民政府负责妇女儿童工作的机构，负责组织、协调、指导、督促有关部门做好妇女权益的保障工作。

县级以上人民政府有关部门在各自的职责范围内做好妇女权益的保障工作。

第四条 保障妇女的合法权益是全社会的共同责任。国家机关、社会团体、企业事业单位、基层群众性自治组织以及其他组织和个人，应当依法保障妇女的权益。

国家采取有效措施，为妇女依法行使权利提供必要的条件。

第五条 国务院制定和组织实施中国妇女发展纲要，将其纳入国民经济和社会发展规划，保障和促进妇女在各领域的全面发展。

县级以上地方各级人民政府根据中国妇女发展纲要，制定和组织实施本行政区域的妇女发展规划，将其纳入国民经济和社会发展规划。

县级以上人民政府应当将妇女权益保障所需经费列入本级预算。

第六条 中华全国妇女联合会和地方各级妇女联合会依照法律和中华全国妇女联合会章程，代表和维护各族各界妇女的利益，做好维护妇女权益、促进男女平等和妇女全面发展的工作。

工会、共产主义青年团、残疾人联合会等群团组织应当在各自的工作范围内，做好维护妇女权益的工作。

第七条 国家鼓励妇女自尊、自信、自立、自强，运用法律维护自身合法权益。

妇女应当遵守国家法律，尊重社会公德、职业道德和家庭美德，履行法律所规定的义务。

第八条 有关机关制定或者修改涉及妇女权益的法律、法规、规章和其他规范性文件，应当听取妇女联合会的意见，充分考虑妇女的特殊权益，必要时开展男女平等评估。

第九条 国家建立健全妇女发展状况统计调查制度，完善性别统计监测指标体系，定期开展妇女发展状况和权益保障统计调查和分析，发布有关信息。

第十条 国家将男女平等基本国策纳入国民教育体系，开展宣传教育，增强全社会的男女平等意识，培育尊重和关爱妇女的社会风尚。

第十一条 国家对保障妇女合法权益成绩显著的组织和个人，按照有关规定给予表彰和奖励。

第二章 政治权利

第十二条 国家保障妇女享有与男子平等的政治权利。

第十三条 妇女有权通过各种途径和形式，依法参与管理国家事务、管理经济和文化事业、管理社会事务。

妇女和妇女组织有权向各级国家机关提出妇女权益保障方面的意见和建议。

第十四条　妇女享有与男子平等的选举权和被选举权。

全国人民代表大会和地方各级人民代表大会的代表中,应当保证有适当数量的妇女代表。国家采取措施,逐步提高全国人民代表大会和地方各级人民代表大会的妇女代表的比例。

居民委员会、村民委员会成员中,应当保证有适当数量的妇女成员。

第十五条　国家积极培养和选拔女干部,重视培养和选拔少数民族女干部。

国家机关、群团组织、企业事业单位培养、选拔和任用干部,应当坚持男女平等的原则,并有适当数量的妇女担任领导成员。

妇女联合会及其团体会员,可以向国家机关、群团组织、企业事业单位推荐女干部。

国家采取措施支持女性人才成长。

第十六条　妇女联合会代表妇女积极参与国家和社会事务的民主协商、民主决策、民主管理和民主监督。

第十七条　对于有关妇女权益保障工作的批评或者合理可行的建议,有关部门应当听取和采纳;对于有关侵害妇女权益的申诉、控告和检举,有关部门应当查清事实,负责处理,任何组织和个人不得压制或者打击报复。

第三章　人身和人格权益

第十八条　国家保障妇女享有与男子平等的人身和人格权益。

第十九条　妇女的人身自由不受侵犯。禁止非法拘禁和以其他非法手段剥夺或者限制妇女的人身自由;禁止非法搜查妇女的身体。

第二十条　妇女的人格尊严不受侵犯。禁止用侮辱、诽谤等方式损害妇女的人格尊严。

第二十一条　妇女的生命权、身体权、健康权不受侵犯。禁止虐待、遗弃、残害、买卖以及其他侵害女性生命健康权益的行为。

禁止进行非医学需要的胎儿性别鉴定和选择性别的人工终止妊娠。

医疗机构施行生育手术、特殊检查或者特殊治疗时,应当征得妇女本人同意;在妇女与其家属或者关系人意见不一致时,应当尊重妇女本人意愿。

第二十二条　禁止拐卖、绑架妇女;禁止收买被拐卖、绑架的妇女;禁止阻碍解救被拐卖、绑架的妇女。

各级人民政府和公安、民政、人力资源和社会保障、卫生健康等部门及村民委员会、居民委员会按照各自的职责及时发现报告,并采取措施解救被拐卖、绑架的妇女,做好被解救妇女的安置、救助和关爱等工作。妇女联合会协助和配合做好有关工作。任何组织和个人不得歧视被拐卖、绑架的妇女。

第二十三条　禁止违背妇女意愿,以言语、文字、图像、肢体行为等方式对其实施性骚扰。

受害妇女可以向有关单位和国家机关投诉。接到投诉的有关单位和国家机关应当及时处理,并书面告知处理结果。

受害妇女可以向公安机关报案,也可以向人民法院提起民事诉讼,依法请求行为人承担民事责任。

第二十四条　学校应当根据女学生的年龄阶段,进行生理卫生、心理健康和自我保护教育,在教育、管理、设施等方面采取措施,提高其防范性侵害、性骚扰的自我保护意识和能力,保障女学生的人身安全和身心健康发展。

学校应当建立有效预防和科学处置性侵害、性骚扰的工作制度。对性侵害、性骚扰女学生的违法犯罪行为,学校不得隐瞒,应当及时通知受害未成年女学生的父母或者其他监护人,向公安机关、教育行政部门报告,并配合相关部门依法处理。

对遭受性侵害、性骚扰的女学生,学校、公安机关、教育行政部门等相关单位和人员应当保护其隐私和个人信息,并提供必要的保护措施。

第二十五条　用人单位应当采取下列措施预防和制止对妇女的性骚扰:

(一)制定禁止性骚扰的规章制度;

(二)明确负责机构或者人员;

(三)开展预防和制止性骚扰的教育培训活动;

(四)采取必要的安全保卫措施;

(五)设置投诉电话、信箱等,畅通投诉渠道;

(六)建立和完善调查处置程序,及时处置纠纷并保护当事人隐私和个人信息;

(七)支持、协助受害妇女依法维权,必要时为受害妇女提供心理疏导;

(八)其他合理的预防和制止性骚扰措施。

第二十六条　住宿经营者应当及时准确登记住宿人员信息,健全住宿服务规章制度,加强安全保障措施;发现可能侵害妇女权益的违法犯罪行为,应当及时向公安机关报告。

第二十七条　禁止卖淫、嫖娼;禁止组织、强迫、引诱、容留、介绍妇女卖淫或者对妇女进行猥亵活动;禁止组织、强迫、引诱、容留、介绍妇女在任何场所或者利用网络进行淫秽表演活动。

第二十八条 妇女的姓名权、肖像权、名誉权、荣誉权、隐私权和个人信息等人格权益受法律保护。

媒体报道涉及妇女事件应当客观、适度，不得通过夸大事实、过度渲染等方式侵害妇女的人格权益。

禁止通过大众传播媒介或者其他方式贬低损害妇女人格。未经本人同意，不得通过广告、商标、展览橱窗、报纸、期刊、图书、音像制品、电子出版物、网络等形式使用妇女肖像，但法律另有规定的除外。

第二十九条 禁止以恋爱、交友为由或者在终止恋爱关系、离婚之后，纠缠、骚扰妇女，泄露、传播妇女隐私和个人信息。

妇女遭受上述侵害或者面临上述侵害现实危险的，可以向人民法院申请人身安全保护令。

第三十条 国家建立健全妇女健康服务体系，保障妇女享有基本医疗卫生服务，开展妇女常见病、多发病的预防、筛查和诊疗，提高妇女健康水平。

国家采取必要措施，开展经期、孕期、产期、哺乳期和更年期的健康知识普及、卫生保健和疾病防治，保障妇女特殊生理时期的健康需求，为有需要的妇女提供心理健康服务支持。

第三十一条 县级以上地方人民政府应当设立妇幼保健机构，为妇女提供保健以及常见病防治服务。

国家鼓励和支持社会力量通过依法捐赠、资助或者提供志愿服务等方式，参与妇女卫生健康事业，提供安全的生理健康用品或者服务，满足妇女多样化、差异化的健康需求。

用人单位应当定期为女职工安排妇科疾病、乳腺疾病检查以及妇女特殊需要的其他健康检查。

第三十二条 妇女依法享有生育子女的权利，也有不生育子女的自由。

第三十三条 国家实行婚前、孕前、孕产期和产后保健制度，逐步建立妇女全生育周期系统保健制度。医疗保健机构应当提供安全、有效的医疗保健服务，保障妇女生育安全和健康。

有关部门应当提供安全、有效的避孕药具和技术，保障妇女的健康和安全。

第三十四条 各级人民政府在规划、建设基础设施时，应当考虑妇女的特殊需求，配备满足妇女需要的公共厕所和母婴室等公共设施。

第四章 文化教育权益

第三十五条 国家保障妇女享有与男子平等的文化教育权利。

第三十六条 父母或者其他监护人应当履行保障适龄女性未成年人接受并完成义务教育的义务。

对无正当理由不送适龄女性未成年人入学的父母或者其他监护人，由当地乡镇人民政府或者县级人民政府教育行政部门给予批评教育，依法责令其限期改正。居民委员会、村民委员会应当协助政府做好相关工作。

政府、学校应当采取有效措施，解决适龄女性未成年人就学存在的实际困难，并创造条件，保证适龄女性未成年人完成义务教育。

第三十七条 学校和有关部门应当执行国家有关规定，保障妇女在入学、升学、授予学位、派出留学、就业指导和服务等方面享有与男子平等的权利。

学校在录取学生时，除国家规定的特殊专业外，不得以性别为由拒绝录取女性或者提高对女性的录取标准。

各级人民政府应当采取措施，保障女性平等享有接受中高等教育的权利和机会。

第三十八条 各级人民政府应当依照规定把扫除妇女中的文盲、半文盲工作，纳入扫盲和扫盲后继续教育规划，采取符合妇女特点的组织形式和工作方法，组织、监督有关部门具体实施。

第三十九条 国家健全全民终身学习体系，为妇女终身学习创造条件。

各级人民政府和有关部门应当采取措施，根据城镇和农村妇女的需要，组织妇女接受职业教育和实用技术培训。

第四十条 国家机关、社会团体和企业事业单位应当执行国家有关规定，保障妇女从事科学、技术、文学、艺术和其他文化活动，享有与男子平等的权利。

第五章 劳动和社会保障权益

第四十一条 国家保障妇女享有与男子平等的劳动权利和社会保障权利。

第四十二条 各级人民政府和有关部门应当完善就业保障政策措施，防止和纠正就业性别歧视，为妇女创造公平的就业创业环境，为就业困难的妇女提供必要的扶持和援助。

第四十三条 用人单位在招录（聘）过程中，除国家另有规定外，不得实施下列行为：

（一）限定为男性或者规定男性优先；

（二）除个人基本信息外，进一步询问或者调查女性求职者的婚育情况；

（三）将妊娠测试作为入职体检项目；

（四）将限制结婚、生育或者婚姻、生育状况作为录（聘）用条件；

（五）其他以性别为由拒绝录（聘）用妇女或者差别化地提高对妇女录（聘）用标准的行为。

第四十四条 用人单位在录（聘）用女职工时，应当依法与其签订劳动（聘用）合同或者服务协议，劳动（聘用）合同或者服务协议中应当具备女职工特殊保护条款，并不得规定限制女职工结婚、生育等内容。

职工一方与用人单位订立的集体合同中应当包含男女平等和女职工权益保护相关内容，也可以就相关内容制定专章、附件或者单独订立女职工权益保护专项集体合同。

第四十五条 实行男女同工同酬。妇女在享受福利待遇方面享有与男子平等的权利。

第四十六条 在晋职、晋级、评聘专业技术职称和职务、培训等方面，应当坚持男女平等的原则，不得歧视妇女。

第四十七条 用人单位应当根据妇女的特点，依法保护妇女在工作和劳动时的安全、健康以及休息的权利。

妇女在经期、孕期、产期、哺乳期受特殊保护。

第四十八条 用人单位不得因结婚、怀孕、产假、哺乳等情形，降低女职工的工资和福利待遇，限制女职工晋职、晋级、评聘专业技术职称和职务，辞退女职工，单方解除劳动（聘用）合同或者服务协议。

女职工在怀孕以及依法享受产假期间，劳动（聘用）合同或者服务协议期满的，劳动（聘用）合同或者服务协议期限自动延续至产假结束。但是，用人单位依法解除、终止劳动（聘用）合同、服务协议，或者女职工依法要求解除、终止劳动（聘用）合同、服务协议的除外。

用人单位在执行国家退休制度时，不得以性别为由歧视妇女。

第四十九条 人力资源和社会保障部门应当将招聘、录取、晋职、晋级、评聘专业技术职称和职务、培训、辞退等过程中的性别歧视行为纳入劳动保障监察范围。

第五十条 国家发展社会保障事业，保障妇女享有社会保险、社会救助和社会福利等权益。

国家提倡和鼓励为帮助妇女而开展的社会公益活动。

第五十一条 国家实行生育保险制度，建立健全婴幼儿托育服务等与生育相关的其他保障制度。

国家建立健全职工生育休假制度，保障孕产期女职工依法享有休息休假权益。

地方各级人民政府和有关部门应当按照国家有关规定，为符合条件的困难妇女提供必要的生育救助。

第五十二条 各级人民政府和有关部门应当采取必要措施，加强贫困妇女、老龄妇女、残疾妇女等困难妇女的权益保障，按照有关规定为其提供生活帮扶、就业创业支持等关爱服务。

第六章 财产权益

第五十三条 国家保障妇女享有与男子平等的财产权利。

第五十四条 在夫妻共同财产、家庭共有财产关系中，不得侵害妇女依法享有的权益。

第五十五条 妇女在农村集体经济组织成员身份确认、土地承包经营、集体经济组织收益分配、土地征收补偿安置或者征用补偿以及宅基地使用等方面，享有与男子平等的权利。

申请农村土地承包经营权、宅基地使用权等不动产登记，应当在不动产登记簿和权属证书上将享有权利的妇女等家庭成员全部列明。征收补偿安置或者征用补偿协议应当将享有相关权益的妇女列入，并记载权益内容。

第五十六条 村民自治章程、村规民约，村民会议、村民代表会议的决定以及其他涉及村民利益事项的决定，不得以妇女未婚、结婚、离婚、丧偶、户无男性等为由，侵害妇女在农村集体经济组织中的各项权益。

因结婚男方到女方住所落户的，男方和子女享有与所在地农村集体经济组织成员平等的权利。

第五十七条 国家保护妇女在城镇集体所有财产关系中的权益。妇女依照法律、法规的规定享有相关权益。

第五十八条 妇女享有与男子平等的继承权。妇女依法行使继承权，不受歧视。

丧偶妇女有权依法处分继承的财产，任何组织和个人不得干涉。

第五十九条 丧偶儿媳对公婆尽了主要赡养义务的，作为第一顺序继承人，其继承权不受子女代位继承的影响。

第七章 婚姻家庭权益

第六十条 国家保障妇女享有与男子平等的婚姻家庭权利。

第六十一条 国家保护妇女的婚姻自主权。禁止干涉妇女的结婚、离婚自由。

第六十二条 国家鼓励男女双方在结婚登记前，共同进行医学检查或者相关健康体检。

第六十三条　婚姻登记机关应当提供婚姻家庭辅导服务,引导当事人建立平等、和睦、文明的婚姻家庭关系。

第六十四条　女方在怀孕期间、分娩后一年内或者终止妊娠后六个月内,男方不得提出离婚;但是,女方提出离婚或者人民法院认为确有必要受理男方离婚请求的除外。

第六十五条　禁止对妇女实施家庭暴力。

县级以上人民政府有关部门、司法机关、社会团体、企业事业单位、基层群众性自治组织以及其他组织,应当在各自的职责范围内预防和制止家庭暴力,依法为受害妇女提供救助。

第六十六条　妇女对夫妻共同财产享有与其配偶平等的占有、使用、收益和处分的权利,不受双方收入状况等情形的影响。

对夫妻共同所有的不动产以及可以联名登记的动产,女方有权要求在权属证书上记载其姓名;认为记载的权利人、标的物、权利比例等事项有错误的,有权依法申请更正登记或者异议登记,有关机构应当按照其申请依法办理相应登记手续。

第六十七条　离婚诉讼期间,夫妻一方申请查询登记在对方名下财产状况且确因客观原因不能自行收集的,人民法院应当进行调查取证,有关部门和单位应当予以协助。

离婚诉讼期间,夫妻双方均有向人民法院申报全部夫妻共同财产的义务。一方隐藏、转移、变卖、损毁、挥霍夫妻共同财产,或者伪造夫妻共同债务企图侵占另一方财产的,在离婚分割夫妻共同财产时,对该方可以少分或者不分财产。

第六十八条　夫妻双方应当共同负担家庭义务,共同照顾家庭生活。

女方因抚育子女、照料老人、协助男方工作等负担较多义务的,有权在离婚时要求男方予以补偿。补偿办法由双方协议确定;协议不成的,可以向人民法院提起诉讼。

第六十九条　离婚时,分割夫妻共有的房屋或者处理夫妻共同租住的房屋,由双方协议解决;协议不成的,可以向人民法院提起诉讼。

第七十条　父母双方对未成年子女享有平等的监护权。

父亲死亡、无监护能力或者有其他情形不能担任未成年子女的监护人的,母亲的监护权任何组织和个人不得干涉。

第七十一条　女方丧失生育能力的,在离婚处理子女抚养问题时,应当在最有利于未成年子女的条件下,优先考虑女方的抚养要求。

第八章　救济措施

第七十二条　对侵害妇女合法权益的行为,任何组织和个人都有权予以劝阻、制止或者向有关部门提出控告或者检举。有关部门接到控告或者检举后,应当依法及时处理,并为控告人、检举人保密。

妇女的合法权益受到侵害的,有权要求有关部门依法处理,或者依法申请调解、仲裁,或者向人民法院起诉。

对符合条件的妇女,当地法律援助机构或者司法机关应当给予帮助,依法为其提供法律援助或者司法救助。

第七十三条　妇女的合法权益受到侵害的,可以向妇女联合会等妇女组织求助。妇女联合会等妇女组织应当维护被侵害妇女的合法权益,有权要求并协助有关部门或者单位查处。有关部门或者单位应当依法查处,并予以答复;不予处理或者处理不当的,县级以上人民政府负责妇女儿童工作的机构、妇女联合会可以向其提出督促处理意见,必要时可以提请同级人民政府开展督查。

受害妇女进行诉讼需要帮助的,妇女联合会应当给予支持和帮助。

第七十四条　用人单位侵害妇女劳动和社会保障权益的,人力资源和社会保障部门可以联合工会、妇女联合会约谈用人单位,依法进行监督并要求其限期纠正。

第七十五条　妇女在农村集体经济组织成员身份确认等方面权益受到侵害的,可以申请乡镇人民政府等进行协调,或者向人民法院起诉。

乡镇人民政府应当对村民自治章程、村规民约,村民会议、村民代表会议的决定以及其他涉及村民利益事项的决定进行指导,对其中违反法律、法规和国家政策规定,侵害妇女合法权益的内容责令改正;受侵害妇女向农村土地承包仲裁机构申请仲裁或者向人民法院起诉的,农村土地承包仲裁机构或者人民法院应当依法受理。

第七十六条　县级以上人民政府应当开通全国统一的妇女权益保护服务热线,及时受理、移送有关侵害妇女合法权益的投诉、举报;有关部门或者单位接到投诉、举报后,应当及时予以处置。

鼓励和支持群团组织、企业事业单位、社会组织和个人参与建设妇女权益保护服务热线,提供妇女权益保护方面的咨询、帮助。

第七十七条　侵害妇女合法权益,导致社会公共利益受损的,检察机关可以发出检察建议;有下列情形之一的,检察机关可以依法提起公益诉讼:

（一）确认农村妇女集体经济组织成员身份时侵害妇女权益或者侵害妇女享有的农村土地承包和集体收益、土地征收征用补偿分配权益和宅基地使用权益；

（二）侵害妇女平等就业权益；

（三）相关单位未采取合理措施预防和制止性骚扰；

（四）通过大众传播媒介或者其他方式贬低损害妇女人格；

（五）其他严重侵害妇女权益的情形。

第七十八条 国家机关、社会团体、企业事业单位对侵害妇女权益的行为，可以支持受侵害的妇女向人民法院起诉。

第九章 法律责任

第七十九条 违反本法第二十二条第二款规定，未履行报告义务的，依法对直接负责的主管人员和其他直接责任人员给予处分。

第八十条 违反本法规定，对妇女实施性骚扰的，由公安机关给予批评教育或者出具告诫书，并由所在单位依法给予处分。

学校、用人单位违反本法规定，未采取必要措施预防和制止性骚扰，造成妇女权益受到侵害或者社会影响恶劣的，由上级机关或者主管部门责令改正；拒不改正或者情节严重的，依法对直接负责的主管人员和其他直接责任人员给予处分。

第八十一条 违反本法第二十六条规定，未履行报告等义务的，依法给予警告、责令停业整顿或者吊销营业执照、吊销相关许可证，并处一万元以上五万元以下罚款。

第八十二条 违反本法规定，通过大众传播媒介或者其他方式贬低损害妇女人格的，由公安、网信、文化旅游、广播电视、新闻出版或者其他有关部门依据各自的职权责令改正，并依法给予行政处罚。

第八十三条 用人单位违反本法第四十三条和第四十八条规定的，由人力资源和社会保障部门责令改正；拒不改正或者情节严重的，处一万元以上五万元以下罚款。

第八十四条 违反本法规定，对侵害妇女权益的申诉、控告、检举，推诿、拖延、压制不予查处，或者对提出申诉、控告、检举的人进行打击报复的，依法责令改正，并对直接负责的主管人员和其他直接责任人员给予处分。

国家机关及其工作人员未依法履行职责，对侵害妇女权益的行为未及时制止或者未给予受害妇女必要帮助，造成严重后果的，依法对直接负责的主管人员和其他直接责任人员给予处分。

违反本法规定，侵害妇女人身和人格权益、文化教育权益、劳动和社会保障权益、财产权益以及婚姻家庭权益的，依法责令改正，直接负责的主管人员和其他直接责任人员属于国家工作人员的，依法给予处分。

第八十五条 违反本法规定，侵害妇女的合法权益，其他法律、法规规定行政处罚的，从其规定；造成财产损失或者人身损害的，依法承担民事责任；构成犯罪的，依法追究刑事责任。

第十章 附 则

第八十六条 本法自 2023 年 1 月 1 日起施行。

中华人民共和国预防未成年人犯罪法

- 1999 年 6 月 28 日第九届全国人民代表大会常务委员会第十次会议通过
- 根据 2012 年 10 月 26 日第十一届全国人民代表大会常务委员会第二十九次会议《关于修改〈中华人民共和国预防未成年人犯罪法〉的决定》修正
- 2020 年 12 月 26 日第十三届全国人民代表大会常务委员会第二十四次会议修订
- 2020 年 12 月 26 日中华人民共和国主席令第 64 号公布
- 自 2021 年 6 月 1 日起施行

第一章 总 则

第一条 为了保障未成年人身心健康，培养未成年人良好品行，有效预防未成年人违法犯罪，制定本法。

第二条 预防未成年人犯罪，立足于教育和保护未成年人相结合，坚持预防为主、提前干预，对未成年人的不良行为和严重不良行为及时进行分级预防、干预和矫治。

第三条 开展预防未成年人犯罪工作，应当尊重未成年人人格尊严，保护未成年人的名誉权、隐私权和个人信息等合法权益。

第四条 预防未成年人犯罪，在各级人民政府组织下，实行综合治理。

国家机关、人民团体、社会组织、企业事业单位、居民委员会、村民委员会、学校、家庭等各负其责、相互配合，共同做好预防未成年人犯罪工作，及时消除滋生未成年人违法犯罪行为的各种消极因素，为未成年人身心健康发展创造良好的社会环境。

第五条 各级人民政府在预防未成年人犯罪方面的工作职责是：

（一）制定预防未成年人犯罪工作规划；

(二)组织公安、教育、民政、文化和旅游、市场监督管理、网信、卫生健康、新闻出版、电影、广播电视、司法行政等有关部门开展预防未成年人犯罪工作;

(三)为预防未成年人犯罪工作提供政策支持和经费保障;

(四)对本法的实施情况和工作规划的执行情况进行检查;

(五)组织开展预防未成年人犯罪宣传教育;

(六)其他预防未成年人犯罪工作职责。

第六条 国家加强专门学校建设,对有严重不良行为的未成年人进行专门教育。专门教育是国民教育体系的组成部分,是对有严重不良行为的未成年人进行教育和矫治的重要保护处分措施。

省级人民政府应当将专门教育发展和专门学校建设纳入经济社会发展规划。县级以上地方人民政府成立专门教育指导委员会,根据需要合理设置专门学校。

专门教育指导委员会由教育、民政、财政、人力资源社会保障、公安、司法行政、人民检察院、人民法院、共产主义青年团、妇女联合会、关心下一代工作委员会、专门学校等单位,以及律师、社会工作者等人员组成,研究确定专门学校教学、管理等相关工作。

专门学校建设和专门教育具体办法,由国务院规定。

第七条 公安机关、人民检察院、人民法院、司法行政部门应当由专门机构或者经过专业培训、熟悉未成年人身心特点的专门人员负责预防未成年人犯罪工作。

第八条 共产主义青年团、妇女联合会、工会、残疾人联合会、关心下一代工作委员会、青年联合会、学生联合会、少年先锋队以及有关社会组织,应当协助各级人民政府及其有关部门、人民检察院和人民法院做好预防未成年人犯罪工作,为预防未成年人犯罪培育社会力量,提供支持服务。

第九条 国家鼓励、支持和指导社会工作服务机构等社会组织参与预防未成年人犯罪相关工作,并加强监督。

第十条 任何组织或者个人不得教唆、胁迫、引诱未成年人实施不良行为或者严重不良行为,以及为未成年人实施上述行为提供条件。

第十一条 未成年人应当遵守法律法规及社会公共道德规范,树立自尊、自律、自强意识,增强辨别是非和自我保护的能力,自觉抵制各种不良行为以及违法犯罪行为的引诱和侵害。

第十二条 预防未成年人犯罪,应当结合未成年人不同年龄的生理、心理特点,加强青春期教育、心理关爱、心理矫治和预防犯罪对策的研究。

第十三条 国家鼓励和支持预防未成年人犯罪相关学科建设、专业设置、人才培养及科学研究,开展国际交流与合作。

第十四条 国家对预防未成年人犯罪工作有显著成绩的组织和个人,给予表彰和奖励。

第二章 预防犯罪的教育

第十五条 国家、社会、学校和家庭应当对未成年人加强社会主义核心价值观教育,开展预防犯罪教育,增强未成年人的法治观念,使未成年人树立遵纪守法和防范违法犯罪的意识,提高自我管控能力。

第十六条 未成年人的父母或者其他监护人对未成年人的预防犯罪教育负有直接责任,应当依法履行监护职责,树立优良家风,培养未成年人良好品行;发现未成年人心理或者行为异常的,应当及时了解情况并进行教育、引导和劝诫,不得拒绝或者怠于履行监护职责。

第十七条 教育行政部门、学校应当将预防犯罪教育纳入学校教学计划,指导教职员工结合未成年人的特点,采取多种方式对未成年学生进行有针对性的预防犯罪教育。

第十八条 学校应当聘任从事法治教育的专职或者兼职教师,并可以从司法和执法机关、法学教育和法律服务机构等单位聘请法治副校长、校外法治辅导员。

第十九条 学校应当配备专职或者兼职的心理健康教育教师,开展心理健康教育。学校可以根据实际情况与专业心理健康机构合作,建立心理健康筛查和早期干预机制,预防和解决学生心理、行为异常问题。

学校应当与未成年学生的父母或者其他监护人加强沟通,共同做好未成年学生心理健康教育;发现未成年学生可能患有精神障碍的,应当立即告知其父母或者其他监护人送相关专业机构诊治。

第二十条 教育行政部门应当会同有关部门建立学生欺凌防控制度。学校应当加强日常安全管理,完善学生欺凌发现和处置的工作流程,严格排查并及时消除可能导致学生欺凌行为的各种隐患。

第二十一条 教育行政部门鼓励和支持学校聘请社会工作者长期或者定期进驻学校,协助开展道德教育、法治教育、生命教育和心理健康教育,参与预防和处理学生欺凌等行为。

第二十二条 教育行政部门、学校应当通过举办讲座、座谈、培训等活动,介绍科学合理的教育方法,指导教职员工、未成年学生的父母或者其他监护人有效预防未成年人犯罪。

学校应当将预防犯罪教育计划告知未成年学生的父母或者其他监护人。未成年学生的父母或者其他监护人应当配合学校对未成年学生进行有针对性的预防犯罪教育。

第二十三条 教育行政部门应当将预防犯罪教育的工作效果纳入学校年度考核内容。

第二十四条 各级人民政府及其有关部门、人民检察院、人民法院、共产主义青年团、少年先锋队、妇女联合会、残疾人联合会、关心下一代工作委员会等应当结合实际,组织、举办多种形式的预防未成年人犯罪宣传教育活动。有条件的地方可以建立青少年法治教育基地,对未成年人开展法治教育。

第二十五条 居民委员会、村民委员会应当积极开展有针对性的预防未成年人犯罪宣传活动,协助公安机关维护学校周边治安,及时掌握本辖区内未成年人的监护、就学和就业情况,组织、引导社区社会组织参与预防未成年人犯罪工作。

第二十六条 青少年宫、儿童活动中心等校外活动场所应当把预防犯罪教育作为一项重要的工作内容,开展多种形式的宣传教育活动。

第二十七条 职业培训机构、用人单位在对已满十六周岁准备就业的未成年人进行职业培训时,应当将预防犯罪教育纳入培训内容。

第三章 对不良行为的干预

第二十八条 本法所称不良行为,是指未成年人实施的不利于其健康成长的下列行为:

(一)吸烟、饮酒;

(二)多次旷课、逃学;

(三)无故夜不归宿、离家出走;

(四)沉迷网络;

(五)与社会上具有不良习性的人交往,组织或者参加实施不良行为的团伙;

(六)进入法律法规规定未成年人不宜进入的场所;

(七)参与赌博、变相赌博,或者参加封建迷信、邪教等活动;

(八)阅览、观看或者收听宣扬淫秽、色情、暴力、恐怖、极端等内容的读物、音像制品或者网络信息等;

(九)其他不利于未成年人身心健康成长的不良行为。

第二十九条 未成年人的父母或者其他监护人发现未成年人有不良行为的,应当及时制止并加强管教。

第三十条 公安机关、居民委员会、村民委员会发现本辖区内未成年人有不良行为的,应当及时制止,并督促其父母或者其他监护人依法履行监护职责。

第三十一条 学校对有不良行为的未成年学生,应当加强管理教育,不得歧视;对拒不改正或者情节严重的,学校可以根据情况予以处分或者采取以下管理教育措施:

(一)予以训导;

(二)要求遵守特定的行为规范;

(三)要求参加特定的专题教育;

(四)要求参加校内服务活动;

(五)要求接受社会工作者或者其他专业人员的心理辅导和行为干预;

(六)其他适当的管理教育措施。

第三十二条 学校和家庭应当加强沟通,建立家校合作机制。学校决定对未成年学生采取管理教育措施的,应当及时告知其父母或者其他监护人;未成年学生的父母或者其他监护人应当支持、配合学校进行管理教育。

第三十三条 未成年学生偷窃少量财物,或者有殴打、辱骂、恐吓、强行索要财物等学生欺凌行为,情节轻微的,可以由学校依照本法第三十一条规定采取相应的管理教育措施。

第三十四条 未成年学生旷课、逃学的,学校应当及时联系其父母或者其他监护人,了解有关情况;无正当理由的,学校和未成年学生的父母或者其他监护人应当督促其返校学习。

第三十五条 未成年人无故夜不归宿、离家出走的,父母或者其他监护人、所在的寄宿制学校应当及时查找,必要时向公安机关报告。

收留夜不归宿、离家出走未成年人的,应当及时联系其父母或者其他监护人、所在学校;无法取得联系的,应当及时向公安机关报告。

第三十六条 对夜不归宿、离家出走或者流落街头的未成年人,公安机关、公共场所管理机构等发现或者接到报告后,应当及时采取有效保护措施,并通知其父母或者其他监护人、所在的寄宿制学校,必要时应当护送其返回住所、学校;无法与其父母或者其他监护人、学校取得联系的,应当护送未成年人到救助保护机构接受救助。

第三十七条 未成年人的父母或者其他监护人、学校发现未成年人组织或者参加实施不良行为的团伙,应

第四章 对严重不良行为的矫治

第三十八条 本法所称严重不良行为,是指未成年人实施的有刑法规定、因不满法定刑事责任年龄不予刑事处罚的行为,以及严重危害社会的下列行为:

(一)结伙斗殴,追逐、拦截他人,强拿硬要或者任意损毁、占用公私财物等寻衅滋事行为;

(二)非法携带枪支、弹药或者弩、匕首等国家规定的管制器具;

(三)殴打、辱骂、恐吓,或者故意伤害他人身体;

(四)盗窃、哄抢、抢夺或者故意损毁公私财物;

(五)传播淫秽的读物、音像制品或者信息等;

(六)卖淫、嫖娼,或者进行淫秽表演;

(七)吸食、注射毒品,或者向他人提供毒品;

(八)参与赌博赌资较大;

(九)其他严重危害社会的行为。

第三十九条 未成年人的父母或者其他监护人、学校、居民委员会、村民委员会发现有人教唆、胁迫、引诱未成年人实施严重不良行为的,应当立即向公安机关报告。公安机关接到报告或者发现有上述情形的,应当及时依法查处;对人身安全受到威胁的未成年人,应当立即采取有效保护措施。

第四十条 公安机关接到举报或者发现未成年人有严重不良行为的,应当及时制止,依法调查处理,并可以责令其父母或者其他监护人消除或者减轻违法后果,采取措施严加管教。

第四十一条 对有严重不良行为的未成年人,公安机关可以根据具体情况,采取以下矫治教育措施:

(一)予以训诫;

(二)责令赔礼道歉、赔偿损失;

(三)责令具结悔过;

(四)责令定期报告活动情况;

(五)责令遵守特定的行为规范,不得实施特定行为、接触特定人员或者进入特定场所;

(六)责令接受心理辅导、行为矫治;

(七)责令参加社会服务活动;

(八)责令接受社会观护,由社会组织、有关机构在适当场所对未成年人进行教育、监督和管束;

(九)其他适当的矫治教育措施。

第四十二条 公安机关在对未成年人进行矫治教育时,可以根据需要邀请学校、居民委员会、村民委员会以及社会工作服务机构等社会组织参与。

未成年人的父母或者其他监护人应当积极配合矫治教育措施的实施,不得妨碍阻挠或者放任不管。

第四十三条 对有严重不良行为的未成年人,未成年人的父母或者其他监护人、所在学校无力管教或者管教无效的,可以向教育行政部门提出申请,经专门教育指导委员会评估同意后,由教育行政部门决定送入专门学校接受专门教育。

第四十四条 未成年人有下列情形之一的,经专门教育指导委员会评估同意,教育行政部门会同公安机关可以决定将其送入专门学校接受专门教育:

(一)实施严重危害社会的行为,情节恶劣或者造成严重后果;

(二)多次实施严重危害社会的行为;

(三)拒不接受或者配合本法第四十一条规定的矫治教育措施;

(四)法律、行政法规规定的其他情形。

第四十五条 未成年人实施刑法规定的行为、因不满法定刑事责任年龄不予刑事处罚的,经专门教育指导委员会评估同意,教育行政部门会同公安机关可以决定对其进行专门矫治教育。

省级人民政府应当结合本地的实际情况,至少确定一所专门学校按照分校区、分班级等方式设置专门场所,对前款规定的未成年人进行专门矫治教育。

前款规定的专门场所实行闭环管理,公安机关、司法行政部门负责未成年人的矫治工作,教育行政部门承担未成年人的教育工作。

第四十六条 专门学校应当在每个学期适时提请专门教育指导委员会对接受专门教育的未成年学生的情况进行评估。对经评估适合转回普通学校就读的,专门教育指导委员会应当向原决定机关提出书面建议,由原决定机关决定是否将未成年学生转回普通学校就读。

原决定机关决定将未成年学生转回普通学校的,其原所在学校不得拒绝接收;因特殊情况,不适宜转回原所在学校的,由教育行政部门安排转学。

第四十七条 专门学校应当对接受专门教育的未成年人分级分类进行教育和矫治,有针对性地开展道德教育、法治教育、心理健康教育,并根据实际情况进行职业教育;对没有完成义务教育的未成年人,应当保证其继续接受义务教育。

专门学校的未成年学生的学籍保留在原学校,符合毕业条件的,原学校应当颁发毕业证书。

当及时制止;发现该团伙有违法犯罪嫌疑的,应当立即向公安机关报告。

第四十八条 专门学校应当与接受专门教育的未成年人的父母或者其他监护人加强联系,定期向其反馈未成年人的矫治和教育情况,为父母或者其他监护人、亲属等看望未成年人提供便利。

第四十九条 未成年人及其父母或者其他监护人对本章规定的行政决定不服,可以依法提起行政复议或者行政诉讼。

第五章　对重新犯罪的预防

第五十条 公安机关、人民检察院、人民法院办理未成年人刑事案件,应当根据未成年人的生理、心理特点和犯罪的情况,有针对性地进行法治教育。

对涉及刑事案件的未成年人进行教育,其法定代理人以外的成年亲属或者教师、辅导员等参与有利于感化、挽救未成年人的,公安机关、人民检察院、人民法院应当邀请其参加有关活动。

第五十一条 公安机关、人民检察院、人民法院办理未成年人刑事案件,可以自行或者委托有关社会组织、机构对未成年犯罪嫌疑人或者被告人的成长经历、犯罪原因、监护、教育等情况进行社会调查;根据实际需要并经未成年犯罪嫌疑人、被告人及其法定代理人同意,可以对未成年犯罪嫌疑人、被告人进行心理测评。

社会调查和心理测评的报告可以作为办理案件和教育未成年人的参考。

第五十二条 公安机关、人民检察院、人民法院对于无固定住所、无法提供保证人的未成年人适用取保候审的,应当指定合适成年人作为保证人,必要时可以安排取保候审的未成年人接受社会观护。

第五十三条 对被拘留、逮捕以及在未成年犯管教所执行刑罚的未成年人,应当与成年人分别关押、管理和教育。对未成年人的社区矫正,应当与成年人分别进行。

对有上述情形且没有完成义务教育的未成年人,公安机关、人民检察院、人民法院、司法行政部门应当与教育行政部门相互配合,保证其继续接受义务教育。

第五十四条 未成年犯管教所、社区矫正机构应当对未成年犯、未成年社区矫正对象加强法治教育,并根据实际情况对其进行职业教育。

第五十五条 社区矫正机构应当告知未成年社区矫正对象安置帮教的有关规定,并配合安置帮教工作部门落实或者解决未成年社区矫正对象的就学、就业等问题。

第五十六条 对刑满释放的未成年人,未成年犯管教所应当提前通知其父母或者其他监护人按时接回,并协助落实安置帮教措施。没有父母或者其他监护人、无法查明其父母或者其他监护人的,未成年犯管教所应当提前通知未成年人原户籍所在地或者居住地的司法行政部门安排人员按时接回,由民政部门或者居民委员会、村民委员会依法对其进行监护。

第五十七条 未成年人的父母或者其他监护人和学校、居民委员会、村民委员会对接受社区矫正、刑满释放的未成年人,应当采取有效的帮教措施,协助司法机关以及有关部门做好安置帮教工作。

居民委员会、村民委员会可以聘请思想品德优秀,作风正派,热心未成年人工作的离退休人员、志愿者或其他人员协助做好前款规定的安置帮教工作。

第五十八条 刑满释放和接受社区矫正的未成年人,在复学、升学、就业等方面依法享有与其他未成年人同等的权利,任何单位和个人不得歧视。

第五十九条 未成年人的犯罪记录依法被封存的,公安机关、人民检察院、人民法院和司法行政部门不得向任何单位或者个人提供,但司法机关办案需要或者有关单位根据国家有关规定进行查询的除外。依法进行查询的单位和个人应当对相关记录信息予以保密。

未成年人接受专门矫治教育、专门教育的记录,以及被行政处罚、采取刑事强制措施和不起诉的记录,适用前款规定。

第六十条 人民检察院通过依法行使检察权,对未成年人重新犯罪预防工作等进行监督。

第六章　法律责任

第六十一条 公安机关、人民检察院、人民法院在办理案件过程中发现实施严重不良行为的未成年人的父母或者其他监护人不依法履行监护职责的,应当予以训诫,并可以责令其接受家庭教育指导。

第六十二条 学校及其教职员工违反本法规定,不履行预防未成年人犯罪工作职责,或者虐待、歧视相关未成年人的,由教育行政等部门责令改正,通报批评;情节严重的,对直接负责的主管人员和其他直接责任人员依法给予处分。构成违反治安管理行为的,由公安机关依法予以治安管理处罚。

教职员工教唆、胁迫、引诱未成年人实施不良行为或者严重不良行为,以及品行不良、影响恶劣的,教育行政部门、学校应当依法予以解聘或者辞退。

第六十三条 违反本法规定,在复学、升学、就业等方面歧视相关未成年人的,由所在单位或者教育、人力资源社会保障等部门责令改正;拒不改正的,对直接负责的主管人员或者其他直接责任人员依法给予处分。

第六十四条 有关社会组织、机构及其工作人员虐待、歧视接受社会观护的未成年人，或者出具虚假社会调查、心理测评报告的，由民政、司法行政等部门对直接负责的主管人员或者其他直接责任人员依法给予处分，构成违反治安管理行为的，由公安机关予以治安管理处罚。

第六十五条 教唆、胁迫、引诱未成年人实施不良行为或者严重不良行为，构成违反治安管理行为的，由公安机关依法予以治安管理处罚。

第六十六条 国家机关及其工作人员在预防未成年人犯罪工作中滥用职权、玩忽职守、徇私舞弊的，对直接负责的主管人员和其他直接责任人员，依法给予处分。

第六十七条 违反本法规定，构成犯罪的，依法追究刑事责任。

第七章 附 则

第六十八条 本法自 2021 年 6 月 1 日起施行。

中华人民共和国未成年人保护法

- 1991 年 9 月 4 日第七届全国人民代表大会常务委员会第二十一次会议通过
- 2006 年 12 月 29 日第十届全国人民代表大会常务委员会第二十五次会议第一次修订
- 根据 2012 年 10 月 26 日第十一届全国人民代表大会常务委员会第二十九次会议《关于修改〈中华人民共和国未成年人保护法〉的决定》第一次修正
- 2020 年 10 月 17 日第十三届全国人民代表大会常务委员会第二十二次会议第二次修订
- 根据 2024 年 4 月 26 日第十四届全国人民代表大会常务委员会第九次会议《关于修改〈中华人民共和国农业技术推广法〉、〈中华人民共和国未成年人保护法〉、〈中华人民共和国生物安全法〉的决定》第二次修正

第一章 总 则

第一条 为了保护未成年人身心健康，保障未成年人合法权益，促进未成年人德智体美劳全面发展，培养有理想、有道德、有文化、有纪律的社会主义建设者和接班人，培养担当民族复兴大任的时代新人，根据宪法，制定本法。

第二条 本法所称未成年人是指未满十八周岁的公民。

第三条 国家保障未成年人的生存权、发展权、受保护权、参与权等权利。

未成年人依法平等地享有各项权利，不因本人及其父母或者其他监护人的民族、种族、性别、户籍、职业、宗教信仰、教育程度、家庭状况、身心健康状况等受到歧视。

第四条 保护未成年人，应当坚持最有利于未成年人的原则。处理涉及未成年人事项，应当符合下列要求：

（一）给予未成年人特殊、优先保护；
（二）尊重未成年人人格尊严；
（三）保护未成年人隐私权和个人信息；
（四）适应未成年人身心健康发展的规律和特点；
（五）听取未成年人的意见；
（六）保护与教育相结合。

第五条 国家、社会、学校和家庭应当对未成年人进行理想教育、道德教育、科学教育、文化教育、法治教育、国家安全教育、健康教育、劳动教育，加强爱国主义、集体主义和中国特色社会主义的教育，培养爱祖国、爱人民、爱劳动、爱科学、爱社会主义的公德，抵制资本主义、封建主义和其他腐朽思想的侵蚀，引导未成年人树立和践行社会主义核心价值观。

第六条 保护未成年人，是国家机关、武装力量、政党、人民团体、企业事业单位、社会组织、城乡基层群众性自治组织、未成年人的监护人以及其他成年人的共同责任。

国家、社会、学校和家庭应当教育和帮助未成年人维护自身合法权益，增强自我保护的意识和能力。

第七条 未成年人的父母或者其他监护人依法对未成年人承担监护职责。

国家采取措施指导、支持、帮助和监督未成年人的父母或者其他监护人履行监护职责。

第八条 县级以上人民政府应当将未成年人保护工作纳入国民经济和社会发展规划，相关经费纳入本级政府预算。

第九条 各级人民政府应当重视和加强未成年人保护工作。县级以上人民政府负责妇女儿童工作的机构，负责未成年人保护工作的组织、协调、指导、督促，有关部门在各自职责范围内做好相关工作。

第十条 共产主义青年团、妇女联合会、工会、残疾人联合会、关心下一代工作委员会、青年联合会、学生联合会、少年先锋队以及其他人民团体、有关社会组织，应当协助各级人民政府及其有关部门、人民检察院、人民法院做好未成年人保护工作，维护未成年人合法权益。

第十一条 任何组织或者个人发现不利于未成年人身心健康或者侵犯未成年人合法权益的情形，都有权劝阻、制止或者向公安、民政、教育等有关部门提出检举、控告。

国家机关、居民委员会、村民委员会、密切接触未成年人的单位及其工作人员，在工作中发现未成年人身心健康受到侵害、疑似受到侵害或者面临其他危险情形的，应当立即向公安、民政、教育等有关部门报告。

有关部门接到涉及未成年人的检举、控告或者报告，应当依法及时受理、处置，并以适当方式将处理结果告知相关单位和人员。

第十二条　国家鼓励和支持未成年人保护方面的科学研究，建设相关学科、设置相关专业，加强人才培养。

第十三条　国家建立健全未成年人统计调查制度，开展未成年人健康、受教育等状况的统计、调查和分析，发布未成年人保护的有关信息。

第十四条　国家对保护未成年人有显著成绩的组织和个人给予表彰和奖励。

第二章　家庭保护

第十五条　未成年人的父母或者其他监护人应当学习家庭教育知识，接受家庭教育指导，创造良好、和睦、文明的家庭环境。

共同生活的其他成年家庭成员应当协助未成年人的父母或者其他监护人抚养、教育和保护未成年人。

第十六条　未成年人的父母或者其他监护人应当履行下列监护职责：

（一）为未成年人提供生活、健康、安全等方面的保障；

（二）关注未成年人的生理、心理状况和情感需求；

（三）教育和引导未成年人遵纪守法、勤俭节约，养成良好的思想品德和行为习惯；

（四）对未成年人进行安全教育，提高未成年人的自我保护意识和能力；

（五）尊重未成年人受教育的权利，保障适龄未成年人依法接受并完成义务教育；

（六）保障未成年人休息、娱乐和体育锻炼的时间，引导未成年人进行有益身心健康的活动；

（七）妥善管理和保护未成年人的财产；

（八）依法代理未成年人实施民事法律行为；

（九）预防和制止未成年人的不良行为和违法犯罪行为，并进行合理管教；

（十）其他应当履行的监护职责。

第十七条　未成年人的父母或者其他监护人不得实施下列行为：

（一）虐待、遗弃、非法送养未成年人或者对未成年人实施家庭暴力；

（二）放任、教唆或者利用未成年人实施违法犯罪行为；

（三）放任、唆使未成年人参与邪教、迷信活动或者接受恐怖主义、分裂主义、极端主义等侵害；

（四）放任、唆使未成年人吸烟（含电子烟，下同）、饮酒、赌博、流浪乞讨或者欺凌他人；

（五）放任或者迫使应当接受义务教育的未成年人失学、辍学；

（六）放任未成年人沉迷网络，接触危害或者可能影响其身心健康的图书、报刊、电影、广播电视节目、音像制品、电子出版物和网络信息等；

（七）放任未成年人进入营业性娱乐场所、酒吧、互联网上网服务营业场所等不适宜未成年人活动的场所；

（八）允许或者迫使未成年人从事国家规定以外的劳动；

（九）允许、迫使未成年人结婚或者为未成年人订立婚约；

（十）违法处分、侵吞未成年人的财产或者利用未成年人牟取不正当利益；

（十一）其他侵犯未成年人身心健康、财产权益或者不依法履行未成年人保护义务的行为。

第十八条　未成年人的父母或者其他监护人应当为未成年人提供安全的家庭生活环境，及时排除引发触电、烫伤、跌落等伤害的安全隐患；采取配备儿童安全座椅、教育未成年人遵守交通规则等措施，防止未成年人受到交通事故的伤害；提高户外安全保护意识，避免未成年人发生溺水、动物伤害等事故。

第十九条　未成年人的父母或者其他监护人应当根据未成年人的年龄和智力发展状况，在作出与未成年人权益有关的决定前，听取未成年人的意见，充分考虑其真实意愿。

第二十条　未成年人的父母或者其他监护人发现未成年人身心健康受到侵害、疑似受到侵害或者其他合法权益受到侵犯的，应当及时了解情况并采取保护措施；情况严重的，应当立即向公安、民政、教育等部门报告。

第二十一条　未成年人的父母或者其他监护人不得使未满八周岁或者由于身体、心理原因需要特别照顾的未成年人处于无人看护状态，或者将其交由无民事行为能力、限制民事行为能力、患有严重传染性疾病或者其他不适宜的人员临时照护。

未成年人的父母或者其他监护人不得使未满十六周岁的未成年人脱离监护单独生活。

第二十二条 未成年人的父母或者其他监护人因外出务工等原因在一定期限内不能完全履行监护职责的,应当委托具有照护能力的完全民事行为能力人代为照护;无正当理由的,不得委托他人代为照护。

未成年人的父母或者其他监护人在确定被委托人时,应当综合考虑其道德品质、家庭状况、身心健康状况、与未成年人生活情感上的联系等情况,并听取有表达意愿能力未成年人的意见。

具有下列情形之一的,不得作为被委托人:

(一)曾实施性侵害、虐待、遗弃、拐卖、暴力伤害等违法犯罪行为;

(二)有吸毒、酗酒、赌博等恶习;

(三)曾拒不履行或者长期怠于履行监护、照护职责;

(四)其他不适宜担任被委托人的情形。

第二十三条 未成年人的父母或者其他监护人应当及时将委托照护情况书面告知未成年人所在学校、幼儿园和实际居住地的居民委员会、村民委员会,加强和未成年人所在学校、幼儿园的沟通;与未成年人、被委托人至少每周联系和交流一次,了解未成年人的生活、学习、心理等情况,并给予未成年人亲情关爱。

未成年人的父母或者其他监护人接到被委托人、居民委员会、村民委员会、学校、幼儿园等关于未成年人心理、行为异常的通知后,应当及时采取干预措施。

第二十四条 未成年人的父母离婚时,应当妥善处理未成年子女的抚养、教育、探望、财产等事宜,听取有表达意愿能力未成年人的意见。不得以抢夺、藏匿未成年子女等方式争夺抚养权。

未成年人的父母离婚后,不直接抚养未成年子女的一方应当依照协议、人民法院判决或者调解确定的时间和方式,在不影响未成年人学习、生活的情况下探望未成年子女,直接抚养的一方应当配合,但被人民法院依法中止探望权的除外。

第三章 学校保护

第二十五条 学校应当全面贯彻国家教育方针,坚持立德树人,实施素质教育,提高教育质量,注重培养未成年学生认知能力、合作能力、创新能力和实践能力,促进未成年学生全面发展。

学校应当建立未成年学生保护工作制度,健全学生行为规范,培养未成年学生遵纪守法的良好行为习惯。

第二十六条 幼儿园应当做好保育、教育工作,遵循幼儿身心发展规律,实施启蒙教育,促进幼儿在体质、智力、品德等方面和谐发展。

第二十七条 学校、幼儿园的教职员工应当尊重未成年人人格尊严,不得对未成年人实施体罚、变相体罚或者其他侮辱人格尊严的行为。

第二十八条 学校应当保障未成年学生受教育的权利,不得违反国家规定开除、变相开除未成年学生。

学校应当对尚未完成义务教育的辍学未成年学生进行登记并劝返复学;劝返无效的,应当及时向教育行政部门书面报告。

第二十九条 学校应当关心、爱护未成年学生,不得因家庭、身体、心理、学习能力等情况歧视学生。对家庭困难、身心有障碍的学生,应当提供关爱;对行为异常、学习有困难的学生,应当耐心帮助。

学校应当配合政府有关部门建立留守未成年学生、困境未成年学生的信息档案,开展关爱帮扶工作。

第三十条 学校应当根据未成年学生身心发展特点,进行社会生活指导、心理健康辅导、青春期教育和生命教育。

第三十一条 学校应当组织未成年学生参加与其年龄相适应的日常生活劳动、生产劳动和服务性劳动,帮助未成年学生掌握必要的劳动知识和技能,养成良好的劳动习惯。

第三十二条 学校、幼儿园应当开展勤俭节约、反对浪费、珍惜粮食、文明饮食等宣传教育活动,帮助未成年人树立浪费可耻、节约为荣的意识,养成文明健康、绿色环保的生活习惯。

第三十三条 学校应当与未成年学生的父母或者其他监护人互相配合,合理安排未成年学生的学习时间,保障其休息、娱乐和体育锻炼的时间。

学校不得占用国家法定节假日、休息日及寒暑假期,组织义务教育阶段的未成年学生集体补课,加重其学习负担。

幼儿园、校外培训机构不得对学龄前未成年人进行小学课程教育。

第三十四条 学校、幼儿园应当提供必要的卫生保健条件,协助卫生健康部门做好在校、在园未成年人的卫生保健工作。

第三十五条 学校、幼儿园应当建立安全管理制度,对未成年人进行安全教育,完善安保设施、配备安保人员,保障未成年人在校、在园期间的人身和财产安全。

学校、幼儿园不得在危及未成年人人身安全、身心健康的校舍和其他设施、场所中进行教育教学活动。

学校、幼儿园安排未成年人参加文化娱乐、社会实践等集体活动，应当保护未成年人的身心健康，防止发生人身伤害事故。

第三十六条　使用校车的学校、幼儿园应当建立健全校车安全管理制度，配备安全管理人员，定期对校车进行安全检查，对校车驾驶人进行安全教育，并向未成年人讲解校车安全乘坐知识，培养未成年人校车安全事故应急处理技能。

第三十七条　学校、幼儿园应当根据需要，制定应对自然灾害、事故灾难、公共卫生事件等突发事件和意外伤害的预案，配备相应设施并定期进行必要的演练。

未成年人在校内、园内或者本校、本园组织的校外、园外活动中发生人身伤害事故的，学校、幼儿园应当立即救护，妥善处理，及时通知未成年人的父母或者其他监护人，并向有关部门报告。

第三十八条　学校、幼儿园不得安排未成年人参加商业性活动，不得向未成年人及其父母或者其他监护人推销或者要求其购买指定的商品和服务。

学校、幼儿园不得与校外培训机构合作为未成年人提供有偿课程辅导。

第三十九条　学校应当建立学生欺凌防控工作制度，对教职员工、学生等开展防治学生欺凌的教育和培训。

学校对学生欺凌行为应当立即制止，通知实施欺凌和被欺凌未成年学生的父母或者其他监护人参与欺凌行为的认定和处理；对相关未成年学生及时给予心理辅导、教育和引导；对相关未成年学生的父母或者其他监护人给予必要的家庭教育指导。

对实施欺凌的未成年学生，学校应当根据欺凌行为的性质和程度，依法加强管教。对严重的欺凌行为，学校不得隐瞒，应当及时向公安机关、教育行政部门报告，并配合相关部门依法处理。

第四十条　学校、幼儿园应当建立预防性侵害、性骚扰未成年人工作制度。对性侵害、性骚扰未成年人等违法犯罪行为，学校、幼儿园不得隐瞒，应当及时向公安机关、教育行政部门报告，并配合相关部门依法处理。

学校、幼儿园应当对未成年人开展适合其年龄的性教育，提高未成年人防范性侵害、性骚扰的自我保护意识和能力。对遭受性侵害、性骚扰的未成年人，学校、幼儿园应当及时采取相关的保护措施。

第四十一条　婴幼儿照护服务机构、早期教育服务机构、校外培训机构、校外托管机构等应当参照本章有关规定，根据不同年龄阶段未成年人的成长特点和规律，做好未成年人保护工作。

第四章　社会保护

第四十二条　全社会应当树立关心、爱护未成年人的良好风尚。

国家鼓励、支持和引导人民团体、企业事业单位、社会组织以及其他组织和个人，开展有利于未成年人健康成长的社会活动和服务。

第四十三条　居民委员会、村民委员会应当设置专人专岗负责未成年人保护工作，协助政府有关部门宣传未成年人保护方面的法律法规，指导、帮助和监督未成年人的父母或者其他监护人依法履行监护职责，建立留守未成年人、困境未成年人的信息档案并给予关爱帮扶。

居民委员会、村民委员会应当协助政府有关部门监督未成年人委托照护情况，发现被委托人缺乏照护能力、怠于履行照护职责等情况，应当及时向政府有关部门报告，并告知未成年人的父母或者其他监护人，帮助、督促被委托人履行照护职责。

第四十四条　爱国主义教育基地、图书馆、青少年宫、儿童活动中心、儿童之家应当对未成年人免费开放；博物馆、纪念馆、科技馆、展览馆、美术馆、文化馆、社区公益性互联网上网服务场所以及影剧院、体育场馆、动物园、植物园、公园等场所，应当按照有关规定对未成年人免费或者优惠开放。

国家鼓励爱国主义教育基地、博物馆、科技馆、美术馆等公共场馆开设未成年人专场，为未成年人提供有针对性的服务。

国家鼓励国家机关、企业事业单位、部队等开发自身教育资源，设立未成年人开放日，为未成年人主题教育、社会实践、职业体验等提供支持。

国家鼓励科研机构和科技类社会组织对未成年人开展科学普及活动。

第四十五条　城市公共交通以及公路、铁路、水路、航空客运等应当按照有关规定对未成年人实施免费或者优惠票价。

第四十六条　国家鼓励大型公共场所、公共交通工具、旅游景区景点等设置母婴室、婴儿护理台以及方便幼儿使用的坐便器、洗手台等卫生设施，为未成年人提供便利。

第四十七条　任何组织或者个人不得违反有关规定，限制未成年人应当享有的照顾或者优惠。

第四十八条　国家鼓励创作、出版、制作和传播有利于未成年人健康成长的图书、报刊、电影、广播电视节目、舞台艺术作品、音像制品、电子出版物和网络信息等。

第四十九条 新闻媒体应当加强未成年人保护方面的宣传,对侵犯未成年人合法权益的行为进行舆论监督。新闻媒体采访报道涉及未成年人事件应当客观、审慎和适度,不得侵犯未成年人的名誉、隐私和其他合法权益。

第五十条 禁止制作、复制、出版、发布、传播含有宣扬淫秽、色情、暴力、邪教、迷信、赌博、引诱自杀、恐怖主义、分裂主义、极端主义等危害未成年人身心健康内容的图书、报刊、电影、广播电视节目、舞台艺术作品、音像制品、电子出版物和网络信息等。

第五十一条 任何组织或者个人出版、发布、传播的图书、报刊、电影、广播电视节目、舞台艺术作品、音像制品、电子出版物或者网络信息,包含可能影响未成年人身心健康内容的,应当以显著方式作出提示。

第五十二条 禁止制作、复制、发布、传播或者持有有关未成年人的淫秽色情物品和网络信息。

第五十三条 任何组织或者个人不得刊登、播放、张贴或者散发含有危害未成年人身心健康内容的广告;不得在学校、幼儿园播放、张贴或者散发商业广告;不得利用校服、教材等发布或者变相发布商业广告。

第五十四条 禁止拐卖、绑架、虐待、非法收养未成年人,禁止对未成年人实施性侵害、性骚扰。

禁止胁迫、引诱、教唆未成年人参加黑社会性质组织或者从事违法犯罪活动。

禁止胁迫、诱骗、利用未成年人乞讨。

第五十五条 生产、销售用于未成年人的食品、药品、玩具、用具和游戏游艺设备、游乐设施等,应当符合国家或者行业标准,不得危害未成年人的人身安全和身心健康。上述产品的生产者应当在显著位置标明注意事项,未标明注意事项的不得销售。

第五十六条 未成年人集中活动的公共场所应当符合国家或者行业安全标准,并采取相应安全保护措施。对可能存在安全风险的设施,应当定期进行维护,在显著位置设置安全警示标志并标明适龄范围和注意事项;必要时应当安排专门人员看管。

大型的商场、超市、医院、图书馆、博物馆、科技馆、游乐场、车站、码头、机场、旅游景区景点等场所运营单位应当设置搜寻走失未成年人的安全警报系统。场所运营单位接到求助后,应当立即启动安全警报系统,组织人员进行搜寻并向公安机关报告。

公共场所发生突发事件时,应当优先救护未成年人。

第五十七条 旅馆、宾馆、酒店等住宿经营者接待未成年人入住,或者接待未成年人和成年人共同入住时,应当询问父母或者其他监护人的联系方式、入住人员的身份关系等有关情况;发现有违法犯罪嫌疑的,应当立即向公安机关报告,并及时联系未成年人的父母或者其他监护人。

第五十八条 学校、幼儿园周边不得设置营业性娱乐场所、酒吧、互联网上网服务营业场所等不适宜未成年人活动的场所。营业性歌舞娱乐场所、酒吧、互联网上网服务营业场所等不适宜未成年人活动场所的经营者,不得允许未成年人进入;游艺娱乐场所设置的电子游戏设备,除国家法定节假日外,不得向未成年人提供。经营者应当在显著位置设置未成年人禁入、限入标志;对难以判明是否是未成年人的,应当要求其出示身份证件。

第五十九条 学校、幼儿园周边不得设置烟、酒、彩票销售网点。禁止向未成年人销售烟、酒、彩票或者兑付彩票奖金。烟、酒和彩票经营者应当在显著位置设置不向未成年人销售烟、酒或者彩票的标志;对难以判明是否是未成年人的,应当要求其出示身份证件。

任何人不得在学校、幼儿园和其他未成年人集中活动的公共场所吸烟、饮酒。

第六十条 禁止向未成年人提供、销售管制刀具或者其他可能致人严重伤害的器具等物品。经营者难以判明购买者是否是未成年人的,应当要求其出示身份证件。

第六十一条 任何组织或者个人不得招用未满十六周岁未成年人,国家另有规定的除外。

营业性娱乐场所、酒吧、互联网上网服务营业场所等不适宜未成年人活动的场所不得招用已满十六周岁的未成年人。

招用已满十六周岁未成年人的单位和个人应当执行国家在工种、劳动时间、劳动强度和保护措施等方面的规定,不得安排其从事过重、有毒、有害等危害未成年人身心健康的劳动或者危险作业。

任何组织或者个人不得组织未成年人进行危害其身心健康的表演等活动。经未成年人的父母或者其他监护人同意,未成年人参与演出、节目制作等活动,活动组织方应当根据国家有关规定,保障未成年人合法权益。

第六十二条 密切接触未成年人的单位招聘工作人员时,应当向公安机关、人民检察院查询应聘者是否具有性侵害、虐待、拐卖、暴力伤害等违法犯罪记录;发现其具有前述行为记录的,不得录用。

密切接触未成年人的单位应当每年定期对工作人员

是否具有上述违法犯罪记录进行查询。通过查询或者其他方式发现其工作人员具有上述行为的,应当及时解聘。

第六十三条 任何组织或者个人不得隐匿、毁弃、非法删除未成年人的信件、日记、电子邮件或者其他网络通讯内容。

除下列情形外,任何组织或者个人不得开拆、查阅未成年人的信件、日记、电子邮件或者其他网络通讯内容:

(一)无民事行为能力未成年人的父母或者其他监护人代未成年人开拆、查阅;

(二)因国家安全或者追查刑事犯罪依法进行检查;

(三)紧急情况下为了保护未成年人本人的人身安全。

第五章 网络保护

第六十四条 国家、社会、学校和家庭应当加强未成年人网络素养宣传教育,培养和提高未成年人的网络素养,增强未成年人科学、文明、安全、合理使用网络的意识和能力,保障未成年人在网络空间的合法权益。

第六十五条 国家鼓励和支持有利于未成年人健康成长的网络内容的创作与传播,鼓励和支持专门以未成年人为服务对象、适合未成年人身心健康特点的网络技术、产品、服务的研发、生产和使用。

第六十六条 网信部门及其他有关部门应当加强对未成年人网络保护工作的监督检查,依法惩处利用网络从事危害未成年人身心健康的活动,为未成年人提供安全、健康的网络环境。

第六十七条 网信部门会同公安、文化和旅游、新闻出版、电影、广播电视等部门根据保护不同年龄阶段未成年人的需要,确定可能影响未成年人身心健康网络信息的种类、范围和判断标准。

第六十八条 新闻出版、教育、卫生健康、文化和旅游、网信等部门应当定期开展预防未成年人沉迷网络的宣传教育,监督网络产品和服务提供者履行预防未成年人沉迷网络的义务,指导家庭、学校、社会组织互相配合,采取科学、合理的方式对未成年人沉迷网络进行预防和干预。

任何组织或者个人不得以侵害未成年人身心健康的方式对未成年人沉迷网络进行干预。

第六十九条 学校、社区、图书馆、文化馆、青少年宫等场所为未成年人提供的互联网上网服务设施,应当安装未成年人网络保护软件或者采取其他安全保护技术措施。

智能终端产品的制造者、销售者应当在产品上安装未成年人网络保护软件,或者以显著方式告知用户未成年人网络保护软件的安装渠道和方法。

第七十条 学校应当合理使用网络开展教学活动。未经学校允许,未成年学生不得将手机等智能终端产品带入课堂,带入学校的应当统一管理。

学校发现未成年学生沉迷网络的,应当及时告知其父母或者其他监护人,共同对未成年学生进行教育和引导,帮助其恢复正常的学习生活。

第七十一条 未成年人的父母或者其他监护人应当提高网络素养,规范自身使用网络的行为,加强对未成年人使用网络行为的引导和监督。

未成年人的父母或者其他监护人应当通过在智能终端产品上安装未成年人网络保护软件、选择适合未成年人的服务模式和管理功能等方式,避免未成年人接触危害或者可能影响其身心健康的网络信息,合理安排未成年人使用网络的时间,有效预防未成年人沉迷网络。

第七十二条 信息处理者通过网络处理未成年人个人信息的,应当遵循合法、正当和必要的原则。处理不满十四周岁未成年人个人信息的,应当征得未成年人的父母或者其他监护人同意,但法律、行政法规另有规定的除外。

未成年人、父母或者其他监护人要求信息处理者更正、删除未成年人个人信息的,信息处理者应当及时采取措施予以更正、删除,但法律、行政法规另有规定的除外。

第七十三条 网络服务提供者发现未成年人通过网络发布私密信息的,应当及时提示,并采取必要的保护措施。

第七十四条 网络产品和服务提供者不得向未成年人提供诱导其沉迷的产品和服务。

网络游戏、网络直播、网络音视频、网络社交等网络服务提供者应当针对未成年人使用其服务设置相应的时间管理、权限管理、消费管理等功能。

以未成年人为服务对象的在线教育网络产品和服务,不得插入网络游戏链接,不得推送广告等与教学无关的信息。

第七十五条 网络游戏经依法审批后方可运营。

国家建立统一的未成年人网络游戏电子身份认证系统。网络游戏服务提供者应当要求未成年人以真实身份信息注册并登录网络游戏。

网络游戏服务提供者应当按照国家有关规定和标准,对游戏产品进行分类,作出适龄提示,并采取技术措施,不得让未成年人接触不适宜的游戏或者游戏功能。

网络游戏服务提供者不得在每日二十二时至次日八

时向未成年人提供网络游戏服务。

第七十六条　网络直播服务提供者不得为未满十六周岁的未成年人提供网络直播发布者账号注册服务；为年满十六周岁的未成年人提供网络直播发布者账号注册服务时，应当对其身份信息进行认证，并征得其父母或者其他监护人同意。

第七十七条　任何组织或者个人不得通过网络以文字、图片、音视频等形式，对未成年人实施侮辱、诽谤、威胁或者恶意损害形象等网络欺凌行为。

遭受网络欺凌的未成年人及其父母或者其他监护人有权通知网络服务提供者采取删除、屏蔽、断开链接等措施。网络服务提供者接到通知后，应当及时采取必要的措施制止网络欺凌行为，防止信息扩散。

第七十八条　网络产品和服务提供者应当建立便捷、合理、有效的投诉和举报渠道，公开投诉、举报方式等信息，及时受理并处理涉及未成年人的投诉、举报。

第七十九条　任何组织或者个人发现网络产品、服务含有危害未成年人身心健康的信息，有权向网络产品和服务提供者或者网信、公安等部门投诉、举报。

第八十条　网络服务提供者发现用户发布、传播可能影响未成年人身心健康的信息且未作显著提示的，应当作出提示或者通知用户予以提示；未作出提示的，不得传输相关信息。

网络服务提供者发现用户发布、传播含有危害未成年人身心健康内容的信息的，应当立即停止传输相关信息，采取删除、屏蔽、断开链接等处置措施，保存有关记录，并向网信、公安等部门报告。

网络服务提供者发现用户利用其网络服务对未成年人实施违法犯罪行为的，应当立即停止向该用户提供网络服务，保存有关记录，并向公安机关报告。

第六章　政府保护

第八十一条　县级以上人民政府承担未成年人保护协调机制具体工作的职能部门应当明确相关内设机构或者专门人员，负责承担未成年人保护工作。

乡镇人民政府和街道办事处应当设立未成年人保护工作站或者指定专门人员，及时办理未成年人相关事务；支持、指导居民委员会、村民委员会设立专人专岗，做好未成年人保护工作。

第八十二条　各级人民政府应当将家庭教育指导服务纳入城乡公共服务体系，开展家庭教育知识宣传，鼓励和支持有关人民团体、企业事业单位、社会组织开展家庭教育指导服务。

第八十三条　各级人民政府应当保障未成年人受教育的权利，并采取措施保障留守未成年人、困境未成年人、残疾未成年人接受义务教育。

对尚未完成义务教育的辍学未成年学生，教育行政部门应当责令父母或者其他监护人将其送入学校接受义务教育。

第八十四条　各级人民政府应当发展托育、学前教育事业，办好婴幼儿照护服务机构、幼儿园，支持社会力量依法兴办婴室、婴幼儿照护服务机构、幼儿园。

县级以上地方人民政府及其有关部门应当培养和培训婴幼儿照护服务机构、幼儿园的保教人员，提高其职业道德素质和业务能力。

第八十五条　各级人民政府应当发展职业教育，保障未成年人接受职业教育或者职业技能培训，鼓励和支持人民团体、企业事业单位、社会组织为未成年人提供职业技能培训服务。

第八十六条　各级人民政府应当保障具有接受普通教育能力、能适应校园生活的残疾未成年人就近在普通学校、幼儿园接受教育；保障不具有接受普通教育能力的残疾未成年人在特殊教育学校、幼儿园接受学前教育、义务教育和职业教育。

各级人民政府应当保障特殊教育学校、幼儿园的办学、办园条件，鼓励和支持社会力量举办特殊教育学校、幼儿园。

第八十七条　地方人民政府及其有关部门应当保障校园安全，监督、指导学校、幼儿园等单位落实校园安全责任，建立突发事件的报告、处置和协调机制。

第八十八条　公安机关和其他有关部门应当依法维护校园周边的治安和交通秩序，设置监控设备和交通安全设施，预防和制止侵害未成年人的违法犯罪行为。

第八十九条　地方人民政府应当建立和改善适合未成年人的活动场所和设施，支持公益性未成年人活动场所和设施的建设和运行，鼓励社会力量兴办适合未成年人的活动场所和设施，并加强管理。

地方人民政府应当采取措施，鼓励和支持学校在国家法定节假日、休息日及寒暑假期将文化体育设施对未成年人免费或者优惠开放。

地方人民政府应当采取措施，防止任何组织或者个人侵占、破坏学校、幼儿园、婴幼儿照护服务机构等未成年人活动场所的场地、房屋和设施。

第九十条　各级人民政府及其有关部门应当对未成年人进行卫生保健和营养指导，提供卫生保健服务。

卫生健康部门应当依法对未成年人的疫苗预防接种进行规范，防治未成年人常见病、多发病，加强传染病防治和监督管理，做好伤害预防和干预，指导和监督学校、幼儿园、婴幼儿照护服务机构开展卫生保健工作。

教育行政部门应当加强未成年人的心理健康教育，建立未成年人心理问题的早期发现和及时干预机制。卫生健康部门应当做好未成年人心理治疗、心理危机干预以及精神障碍早期识别和诊断治疗等工作。

第九十一条 各级人民政府及其有关部门对困境未成年人实施分类保障，采取措施满足其生活、教育、安全、医疗康复、住房等方面的基本需要。

第九十二条 具有下列情形之一的，民政部门应当依法对未成年人进行临时监护：

（一）未成年人流浪乞讨或者身份不明，暂时查找不到父母或者其他监护人；

（二）监护人下落不明且无其他人可以担任监护人；

（三）监护人因自身客观原因或者因发生自然灾害、事故灾难、公共卫生事件等突发事件不能履行监护职责，导致未成年人监护缺失；

（四）监护人拒绝或者怠于履行监护职责，导致未成年人处于无人照料的状态；

（五）监护人教唆、利用未成年人实施违法犯罪行为，未成年人需要被带离安置；

（六）未成年人遭受监护人严重伤害或者面临人身安全威胁，需要被紧急安置；

（七）法律规定的其他情形。

第九十三条 对临时监护的未成年人，民政部门可以采取委托亲属抚养、家庭寄养等方式进行安置，也可以交由未成年人救助保护机构或者儿童福利机构进行收留、抚养。

临时监护期间，经民政部门评估，监护人重新具备履行监护职责条件的，民政部门可以将未成年人送回监护人抚养。

第九十四条 具有下列情形之一的，民政部门应当依法对未成年人进行长期监护：

（一）查找不到未成年人的父母或者其他监护人；

（二）监护人死亡或者被宣告死亡且无其他人可以担任监护人；

（三）监护人丧失监护能力且无其他人可以担任监护人；

（四）人民法院判决撤销监护人资格并指定由民政部门担任监护人；

（五）法律规定的其他情形。

第九十五条 民政部门进行收养评估后，可以依法将其长期监护的未成年人交由符合条件的申请人收养。收养关系成立后，民政部门与未成年人的监护关系终止。

第九十六条 民政部门承担临时监护或者长期监护职责的，财政、教育、卫生健康、公安等部门应当根据各自职责予以配合。

县级以上人民政府及其民政部门应当根据需要设立未成年人救助保护机构、儿童福利机构，负责收留、抚养由民政部门监护的未成年人。

第九十七条 县级以上人民政府应当开通全国统一的未成年人保护热线，及时受理、转介侵犯未成年人合法权益的投诉、举报；鼓励和支持人民团体、企业事业单位、社会组织参与建设未成年人保护服务平台、服务热线、服务站点，提供未成年人保护方面的咨询、帮助。

第九十八条 国家建立性侵害、虐待、拐卖、暴力伤害等违法犯罪人员信息查询系统，向密切接触未成年人的单位提供免费查询服务。

第九十九条 地方人民政府应当培育、引导和规范有关社会组织、社会工作者参与未成年人保护工作，开展家庭教育指导服务，为未成年人的心理辅导、康复救助、监护及收养评估等提供专业服务。

第七章　司法保护

第一百条 公安机关、人民检察院、人民法院和司法行政部门应当依法履行职责，保障未成年人合法权益。

第一百零一条 公安机关、人民检察院、人民法院和司法行政部门应当确定专门机构或者指定专门人员，负责办理涉及未成年人案件。办理涉及未成年人案件的人员应当经过专门培训，熟悉未成年人身心特点。专门机构或者专门人员中，应当有女性工作人员。

公安机关、人民检察院、人民法院和司法行政部门应当对上述机构和人员实行与未成年人保护工作相适应的评价考核标准。

第一百零二条 公安机关、人民检察院、人民法院和司法行政部门办理涉及未成年人案件，应当考虑未成年人身心特点和健康成长的需要，使用未成年人能够理解的语言和表达方式，听取未成年人的意见。

第一百零三条 公安机关、人民检察院、人民法院、司法行政部门以及其他组织和个人不得披露有关案件中未成年人的姓名、影像、住所、就读学校以及其他可能识别出其身份的信息，但查找失踪、被拐卖未成年人等情形除外。

第一百零四条 对需要法律援助或者司法救助的未成年人,法律援助机构或者公安机关、人民检察院、人民法院和司法行政部门应当给予帮助,依法为其提供法律援助或者司法救助。

法律援助机构应当指派熟悉未成年人身心特点的律师为未成年人提供法律援助服务。

法律援助机构和律师协会应当对办理未成年人法律援助案件的律师进行指导和培训。

第一百零五条 人民检察院通过行使检察权,对涉及未成年人的诉讼活动等依法进行监督。

第一百零六条 未成年人合法权益受到侵犯,相关组织和个人未代为提起诉讼的,人民检察院可以督促、支持其提起诉讼;涉及公共利益的,人民检察院有权提起公益诉讼。

第一百零七条 人民法院审理继承案件,应当依法保护未成年人的继承权和受遗赠权。

人民法院审理离婚案件,涉及未成年子女抚养问题的,应当尊重已满八周岁未成年子女的真实意愿,根据双方具体情况,按照最有利于未成年子女的原则依法处理。

第一百零八条 未成年人的父母或者其他监护人不依法履行监护职责或者严重侵犯被监护的未成年人合法权益的,人民法院可以根据有关人员或者单位的申请,依法作出人身安全保护令或者撤销监护人资格。

被撤销监护人资格的父母或者其他监护人应当依法继续负担抚养费用。

第一百零九条 人民法院审理离婚、抚养、收养、监护、探望等案件涉及未成年人的,可以自行或者委托社会组织对未成年人的相关情况进行社会调查。

第一百一十条 公安机关、人民检察院、人民法院讯问未成年犯罪嫌疑人、被告人,询问未成年被害人、证人,应当依法通知其法定代理人或者其成年亲属、所在学校的代表等合适成年人到场,并采取适当方式、在适当场所进行,保障未成年人的名誉权、隐私权和其他合法权益。

人民法院开庭审理涉及未成年人案件,未成年被害人、证人一般不出庭作证;必须出庭的,应当采取保护其隐私的技术手段和心理干预等保护措施。

第一百一十一条 公安机关、人民检察院、人民法院应当与其他有关政府部门、人民团体、社会组织互相配合,对遭受性侵害或者暴力伤害的未成年被害人及其家庭实施必要的心理干预、经济救助、法律援助、转学安置等保护措施。

第一百一十二条 公安机关、人民检察院、人民法院办理未成年人遭受性侵害或者暴力伤害案件,在询问未成年被害人、证人时,应当采取同步录音录像等措施,尽量一次性完成;未成年被害人、证人是女性的,应当由女性工作人员进行。

第一百一十三条 对违法犯罪的未成年人,实行教育、感化、挽救的方针,坚持教育为主、惩罚为辅的原则。

对违法犯罪的未成年人依法处罚后,在升学、就业等方面不得歧视。

第一百一十四条 公安机关、人民检察院、人民法院和司法行政部门发现有关单位未尽到未成年人教育、管理、救助、看护等保护职责的,应当向该单位提出建议。被建议单位应当在一个月内作出书面回复。

第一百一十五条 公安机关、人民检察院、人民法院和司法行政部门应当结合实际,根据涉及未成年人案件的特点,开展未成年人法治宣传教育工作。

第一百一十六条 国家鼓励和支持社会组织、社会工作者参与涉及未成年人案件中未成年人的心理干预、法律援助、社会调查、社会观护、教育矫治、社区矫正等工作。

第八章 法律责任

第一百一十七条 违反本法第十一条第二款规定,未履行报告义务造成严重后果的,由上级主管部门或者所在单位对直接负责的主管人员和其他直接责任人员依法给予处分。

第一百一十八条 未成年人的父母或者其他监护人不依法履行监护职责或者侵犯未成年人合法权益的,由其居住地的居民委员会、村民委员会予以劝诫、制止;情节严重的,居民委员会、村民委员会应当及时向公安机关报告。

公安机关接到报告或者公安机关、人民检察院、人民法院在办理案件过程中发现未成年人的父母或者其他监护人存在上述情形的,应当予以训诫,并可以责令其接受家庭教育指导。

第一百一十九条 学校、幼儿园、婴幼儿照护服务等机构及其教职员工违反本法第二十七条、第二十八条、第三十九条规定的,由公安、教育、卫生健康、市场监督管理等部门按照职责分工责令改正;拒不改正或者情节严重的,对直接负责的主管人员和其他直接责任人员依法给予处分。

第一百二十条 违反本法第四十四条、第四十五条、第四十七条规定,未给予未成年人免费或者优惠待遇的,由市场监督管理、文化和旅游、交通运输等部门按照职责分工责令限期改正,给予警告;拒不改正的,处一万元以上十万元以下罚款。

第一百二十一条 违反本法第五十条、第五十一条规定的,由新闻出版、广播电视、电影、网信等部门按照职责分工责令限期改正,给予警告,没收违法所得,可以并处十万元以下罚款;拒不改正或者情节严重的,责令暂停相关业务、停产停业或者吊销营业执照、吊销相关许可证,违法所得一百万元以上的,并处违法所得一倍以上十倍以下的罚款,没有违法所得或者违法所得不足一百万元的,并处十万元以上一百万元以下罚款。

第一百二十二条 场所运营单位违反本法第五十六条第二款规定、住宿经营者违反本法第五十七条规定的,由市场监督管理、应急管理、公安等部门按照职责分工责令限期改正,给予警告;拒不改正或者造成严重后果的,责令停业整顿或者吊销营业执照、吊销相关许可证,并处一万元以上十万元以下罚款。

第一百二十三条 相关经营者违反本法第五十八条、第五十九条第一款、第六十条规定的,由文化和旅游、市场监督管理、烟草专卖、公安等部门按照职责分工责令限期改正,给予警告,没收违法所得,可以并处五万元以下罚款;拒不改正或者情节严重的,责令停业整顿或者吊销营业执照、吊销相关许可证,可以并处五万元以上五十万元以下罚款。

第一百二十四条 违反本法第五十九条第二款规定,在学校、幼儿园和其他未成年人集中活动的公共场所吸烟、饮酒的,由卫生健康、教育、市场监督管理等部门按照职责分工责令改正,给予警告,可以并处五百元以下罚款;场所管理者未及时制止的,由卫生健康、教育、市场监督管理等部门按照职责分工给予警告,并处一万元以下罚款。

第一百二十五条 违反本法第六十一条规定的,由文化和旅游、人力资源和社会保障、市场监督管理等部门按照职责分工责令限期改正,给予警告,没收违法所得,可以并处十万元以下罚款;拒不改正或者情节严重的,责令停业停业或者吊销营业执照、吊销相关许可证,并处十万元以上一百万元以下罚款。

第一百二十六条 密切接触未成年人的单位违反本法第六十二条规定,未履行查询义务,或者招用、继续聘用具有相关违法犯罪记录人员的,由教育、人力资源和社会保障、市场监督管理等部门按照职责分工责令限期改正,给予警告,并处五万元以下罚款;拒不改正或者造成严重后果的,责令停业整顿或者吊销营业执照、吊销相关许可证,并处五万元以上五十万元以下罚款,对直接负责的主管人员和其他直接责任人员依法给予处分。

第一百二十七条 信息处理者违反本法第七十二条规定,或者网络产品和服务提供者违反本法第七十三条、第七十四条、第七十五条、第七十六条、第七十七条、第八十条规定的,由公安、网信、电信、新闻出版、广播电视、文化和旅游等有关部门按照职责分工责令改正,给予警告,没收违法所得,违法所得一百万元以上的,并处违法所得一倍以上十倍以下罚款,没有违法所得或者违法所得不足一百万元的,并处十万元以上一百万元以下罚款,对直接负责的主管人员和其他责任人员处一万元以上十万元以下罚款;拒不改正或者情节严重的,并可以责令暂停相关业务、停业整顿、关闭网站、吊销营业执照或者吊销相关许可证。

第一百二十八条 国家机关工作人员玩忽职守、滥用职权、徇私舞弊,损害未成年人合法权益的,依法给予处分。

第一百二十九条 违反本法规定,侵犯未成年人合法权益,造成人身、财产或者其他损害的,依法承担民事责任。

违反本法规定,构成违反治安管理行为的,依法给予治安管理处罚;构成犯罪的,依法追究刑事责任。

第九章 附 则

第一百三十条 本法中下列用语的含义:

(一)密切接触未成年人的单位,是指学校、幼儿园等教育机构;校外培训机构;未成年人救助保护机构、儿童福利机构等未成年人安置、救助机构;婴幼儿照护服务机构、早期教育服务机构;校外托管、临时看护机构;家政服务机构;为未成年人提供医疗服务的医疗机构;其他对未成年人负有教育、培训、监护、救助、看护、医疗等职责的企业事业单位、社会组织等。

(二)学校,是指普通中小学、特殊教育学校、中等职业学校、专门学校。

(三)学生欺凌,是指发生在学生之间,一方蓄意或者恶意通过肢体、语言及网络等手段实施欺压、侮辱,造成另一方人身伤害、财产损失或者精神损害的行为。

第一百三十一条 对中国境内未满十八周岁的外国人、无国籍人,依照本法有关规定予以保护。

第一百三十二条 本法自2021年6月1日起施行。

中华人民共和国老年人权益保障法

- 1996年8月29日第八届全国人民代表大会常务委员会第二十一次会议通过
- 根据2009年8月27日第十一届全国人民代表大会常务委员会第十次会议《关于修改部分法律的决定》第一次修正
- 2012年12月28日第十一届全国人民代表大会常务委员会第三十次会议修订
- 根据2015年4月24日第十二届全国人民代表大会常务委员会第十四次会议《关于修改〈中华人民共和国电力法〉等六部法律的决定》第二次修正
- 根据2018年12月29日第十三届全国人民代表大会常务委员会第七次会议《关于修改〈中华人民共和国劳动法〉等七部法律的决定》第三次修正

第一章 总 则

第一条 【立法宗旨】为了保障老年人合法权益，发展老龄事业，弘扬中华民族敬老、养老、助老的美德，根据宪法，制定本法。

第二条 【老年人的界定】本法所称老年人是指六十周岁以上的公民。

第三条 【国家依法保障老年人的合法权益】国家保障老年人依法享有的权益。

老年人有从国家和社会获得物质帮助的权利，有享受社会服务和社会优待的权利，有参与社会发展和共享发展成果的权利。

禁止歧视、侮辱、虐待或者遗弃老年人。

第四条 【积极应对人口老龄化】积极应对人口老龄化是国家的一项长期战略任务。

国家和社会应当采取措施，健全保障老年人权益的各项制度，逐步改善保障老年人生活、健康、安全以及参与社会发展的条件，实现老有所养、老有所医、老有所为、老有所学、老有所乐。

第五条 【社会保障、社会养老服务体系】国家建立多层次的社会保障体系，逐步提高对老年人的保障水平。

国家建立和完善以居家为基础、社区为依托、机构为支撑的社会养老服务体系。

倡导全社会优待老年人。

第六条 【老龄事业发展规划、老龄工作机构】各级人民政府应当将老龄事业纳入国民经济和社会发展规划，将老龄事业经费列入财政预算，建立稳定的经费保障机制，并鼓励社会各方面投入，使老龄事业与经济、社会协调发展。

国务院制定国家老龄事业发展规划。县级以上地方人民政府根据国家老龄事业发展规划，制定本行政区域的老龄事业发展规划和年度计划。

县级以上人民政府负责老龄工作的机构，负责组织、协调、指导、督促有关部门做好老年人权益保障工作。

第七条 【全社会的共同责任】保障老年人合法权益是全社会的共同责任。

国家机关、社会团体、企业事业单位和其他组织应当按照各自职责，做好老年人权益保障工作。

基层群众性自治组织和依法设立的老年人组织应当反映老年人的要求，维护老年人合法权益，为老年人服务。

提倡、鼓励义务为老年人服务。

第八条 【老龄化宣传教育】国家进行人口老龄化国情教育，增强全社会积极应对人口老龄化意识。

全社会应当广泛开展敬老、养老、助老宣传教育活动，树立尊重、关心、帮助老年人的社会风尚。

青少年组织、学校和幼儿园应当对青少年和儿童进行敬老、养老、助老的道德教育和维护老年人合法权益的法制教育。

广播、电影、电视、报刊、网络等应当反映老年人的生活，开展维护老年人合法权益的宣传，为老年人服务。

第九条 【老龄科学研究、统计调查】国家支持老龄科学研究，建立老年人状况统计调查和发布制度。

第十条 【表彰和奖励】各级人民政府和有关部门对维护老年人合法权益和敬老、养老、助老成绩显著的组织、家庭或者个人，对参与社会发展做出突出贡献的老年人，按照国家有关规定给予表彰或者奖励。

第十一条 【遵纪守法】老年人应当遵纪守法，履行法律规定的义务。

第十二条 【老年节】每年农历九月初九为老年节。

第二章 家庭赡养与扶养

第十三条 【居家养老】老年人养老以居家为基础，家庭成员应当尊重、关心和照料老年人。

第十四条 【赡养义务】赡养人应当履行对老年人经济上供养、生活上照料和精神上慰藉的义务，照顾老年人的特殊需要。

赡养人是指老年人的子女以及其他依法负有赡养义务的人。

赡养人的配偶应当协助赡养人履行赡养义务。

第十五条 【治疗和护理、生活照料】赡养人应当使患病的老年人及时得到治疗和护理；对经济困难的老年人，应当提供医疗费用。

对生活不能自理的老年人,赡养人应当承担照料责任;不能亲自照料的,可以按照老年人的意愿委托他人或者养老机构等照料。

第十六条 【老年人的住房】赡养人应当妥善安排老年人的住房,不得强迫老年人居住或者迁居条件低劣的房屋。

老年人自有的或者承租的住房,子女或者其他亲属不得侵占,不得擅自改变产权关系或者租赁关系。

老年人自有的住房,赡养人有维修的义务。

第十七条 【老年人的田地、林木和牲畜】赡养人有义务耕种或者委托他人耕种老年人承包的田地,照管或者委托他人照管老年人的林木和牲畜等,收益归老年人所有。

第十八条 【老年人的精神需求】家庭成员应当关心老年人的精神需求,不得忽视、冷落老年人。

与老年人分开居住的家庭成员,应当经常看望或者问候老年人。

用人单位应当按照国家有关规定保障赡养人探亲休假的权利。

第十九条 【不得拒绝履行赡养义务、要求老年人承担力不能及的劳动】赡养人不得以放弃继承权或者其他理由,拒绝履行赡养义务。

赡养人不履行赡养义务,老年人有要求赡养人付给赡养费等权利。

赡养人不得要求老年人承担力不能及的劳动。

第二十条 【赡养协议】经老年人同意,赡养人之间可以就履行赡养义务签订协议。赡养协议的内容不得违反法律的规定和老年人的意愿。

基层群众性自治组织、老年人组织或者赡养人所在单位监督协议的履行。

第二十一条 【老年人的婚姻自由】老年人的婚姻自由受法律保护。子女或者其他亲属不得干涉老年人离婚、再婚及婚后的生活。

赡养人的赡养义务不因老年人的婚姻关系变化而消除。

第二十二条 【老年人的财产权利】老年人对个人的财产,依法享有占有、使用、收益和处分的权利,子女或者其他亲属不得干涉,不得以窃取、骗取、强行索取等方式侵犯老年人的财产权益。

老年人有依法继承父母、配偶、子女或者其他亲属遗产的权利,有接受赠与的权利。子女或者其他亲属不得侵占、抢夺、转移、隐匿或者损毁应当由老年人继承或者接受赠与的财产。

老年人以遗嘱处分财产,应当依法为老年配偶保留必要的份额。

第二十三条 【扶养义务】老年人与配偶有相互扶养的义务。

由兄、姐扶养的弟、妹成年后,有负担能力的,对年老无赡养人的兄、姐有扶养的义务。

第二十四条 【督促履行赡养、扶养义务】赡养人、扶养人不履行赡养、扶养义务的,基层群众性自治组织、老年人组织或者赡养人、扶养人所在单位应当督促其履行。

第二十五条 【禁止实施家庭暴力】禁止对老年人实施家庭暴力。

第二十六条 【监护】具备完全民事行为能力的老年人,可以在近亲属或者其他与自己关系密切、愿意承担监护责任的个人、组织中协商确定自己的监护人。监护人在老年人丧失或者部分丧失民事行为能力时,依法承担监护责任。

老年人未事先确定监护人的,其丧失或者部分丧失民事行为能力时,依照有关法律的规定确定监护人。

第二十七条 【家庭养老支持政策】国家建立健全家庭养老支持政策,鼓励家庭成员与老年人共同生活或者就近居住,为老年人随配偶或者赡养人迁徙提供条件,为家庭成员照料老年人提供帮助。

第三章 社会保障

第二十八条 【基本养老保险】国家通过基本养老保险制度,保障老年人的基本生活。

第二十九条 【基本医疗保险】国家通过基本医疗保险制度,保障老年人的基本医疗需要。享受最低生活保障的老年人和符合条件的低收入家庭中的老年人参加新型农村合作医疗和城镇居民基本医疗保险所需个人缴费部分,由政府给予补贴。

有关部门制定医疗保险办法,应当对老年人给予照顾。

第三十条 【长期护理保障】国家逐步开展长期护理保障工作,保障老年人的护理需求。

对生活长期不能自理、经济困难的老年人,地方各级人民政府应当根据其失能程度等情况给予护理补贴。

第三十一条 【社会救助】国家对经济困难的老年人给予基本生活、医疗、居住或者其他救助。

老年人无劳动能力、无生活来源、无赡养人和扶养人,或者其赡养人和扶养人确无赡养能力或者扶养能力的,由地方各级人民政府依照有关规定给予供养或者救助。

对流浪乞讨、遭受遗弃等生活无着的老年人,由地方各级人民政府依照有关规定给予救助。

第三十二条　【住房照顾】地方各级人民政府在实施廉租住房、公共租赁住房等住房保障制度或者进行危旧房屋改造时,应当优先照顾符合条件的老年人。

第三十三条　【老年人福利制度】国家建立和完善老年人福利制度,根据经济社会发展水平和老年人的实际需要,增加老年人的社会福利。

国家鼓励地方建立八十周岁以上低收入老年人高龄津贴制度。

国家建立和完善计划生育家庭老年人扶助制度。

农村可以将未承包的集体所有的部分土地、山林、水面、滩涂等作为养老基地,收益供老年人养老。

第三十四条　【足额支付养老待遇、提高保障水平】老年人依法享有的养老金、医疗待遇和其他待遇应当得到保障,有关机构必须按时足额支付,不得克扣、拖欠或者挪用。

国家根据经济发展以及职工平均工资增长、物价上涨等情况,适时提高养老保障水平。

第三十五条　【鼓励慈善】国家鼓励慈善组织以及其他组织和个人为老年人提供物质帮助。

第三十六条　【遗赠扶养协议】老年人可以与集体经济组织、基层群众性自治组织、养老机构等组织或者个人签订遗赠扶养协议或者其他扶助协议。

负有扶养义务的组织或者个人按照遗赠扶养协议,承担该老年人生养死葬的义务,享有受遗赠的权利。

第四章　社会服务

第三十七条　【社区养老服务】地方各级人民政府和有关部门应当采取措施,发展城乡社区养老服务,鼓励、扶持专业服务机构及其他组织和个人,为居家的老年人提供生活照料、紧急救援、医疗护理、精神慰藉、心理咨询等多种形式的服务。

对经济困难的老年人,地方各级人民政府应当逐步给予养老服务补贴。

第三十八条　【养老服务设施建设】地方各级人民政府和有关部门、基层群众性自治组织,应当将养老服务设施纳入城乡社区配套设施建设规划,建立适应老年人需要的生活服务、文化体育活动、日间照料、疾病护理与康复等服务设施和网点,就近为老年人提供服务。

发扬邻里互助的传统,提倡邻里间关心、帮助有困难的老年人。

鼓励慈善组织、志愿者为老年人服务。倡导老年人互助服务。

第三十九条　【资金投入、扶持措施】各级人民政府应当根据经济发展水平和老年人服务需求,逐步增加对养老服务的投入。

各级人民政府和有关部门在财政、税费、土地、融资等方面采取措施,鼓励、扶持企业事业单位、社会组织或者个人兴办、运营养老、老年人日间照料、老年文化体育活动等设施。

第四十条　【养老服务设施用地】地方各级人民政府和有关部门应当按照老年人口比例及分布情况,将养老服务设施建设纳入城乡规划和土地利用总体规划,统筹安排养老服务设施建设用地及所需物资。

公益性养老服务设施用地,可以依法使用国有划拨土地或者农民集体所有的土地。

养老服务设施用地,非经法定程序不得改变用途。

第四十一条　【政府投资兴办的养老机构】政府投资兴办的养老机构,应当优先保障经济困难的孤寡、失能、高龄等老年人的服务需求。

第四十二条　【养老服务标准、评估制度】国务院有关部门制定养老服务设施建设、养老服务质量和养老服务职业等标准,建立健全养老机构分类管理和养老服务评估制度。

各级人民政府应当规范养老服务收费项目和标准,加强监督和管理。

第四十三条　【养老机构行政许可】设立公益性养老机构,应当依法办理相应的登记。

设立经营性养老机构,应当在市场监督管理部门办理登记。

养老机构登记后即可开展服务活动,并向县级以上人民政府民政部门备案。

第四十四条　【养老机构综合监管】地方各级人民政府加强对本行政区域养老机构管理工作的领导,建立养老机构综合监管制度。

县级以上人民政府民政部门负责养老机构的指导、监督和管理,其他有关部门依照职责分工对养老机构实施监督。

第四十五条　【监督检查措施】县级以上人民政府民政部门依法履行监督检查职责,可以采取下列措施:

(一)向养老机构和个人了解情况;

(二)进入涉嫌违法的养老机构进行现场检查;

(三)查阅或者复制有关合同、票据、账簿及其他有关资料;

(四)发现养老机构存在可能危及人身健康和生命财产安全风险的,责令限期改正,逾期不改正的,责令停业整顿。

县级以上人民政府民政部门调查养老机构涉嫌违法的行为,应当遵守《中华人民共和国行政强制法》和其他有关法律、行政法规的规定。

第四十六条 【养老机构的变更和终止】养老机构变更或者终止的,应当妥善安置收住的老年人,并依照规定到有关部门办理手续。有关部门应当为养老机构妥善安置老年人提供帮助。

第四十七条 【养老服务人才培养】国家建立健全养老服务人才培养、使用、评价和激励制度,依法规范用工,促进从业人员劳动报酬合理增长,发展专职、兼职和志愿者相结合的养老服务队伍。

国家鼓励高等学校、中等职业学校和职业培训机构设置相关专业或者培训项目,培养养老服务专业人才。

第四十八条 【养老服务协议】养老机构应当与接受服务的老年人或者其代理人签订服务协议,明确双方的权利、义务。

养老机构及其工作人员不得以任何方式侵害老年人的权益。

第四十九条 【养老机构责任保险】国家鼓励养老机构投保责任保险,鼓励保险公司承保责任保险。

第五十条 【老年医疗卫生服务】各级人民政府和有关部门应当将老年医疗卫生服务纳入城乡医疗卫生服务规划,将老年人健康管理和常见病预防等纳入国家基本公共卫生服务项目。鼓励为老年人提供保健、护理、临终关怀等服务。

国家鼓励医疗机构开设针对老年病的专科或者门诊。医疗卫生机构应当开展老年人的健康服务和疾病防治工作。

第五十一条 【老年医学、健康教育】国家采取措施,加强老年医学的研究和人才培养,提高老年病的预防、治疗、科研水平,促进老年病的早期发现、诊断和治疗。

国家和社会采取措施,开展各种形式的健康教育,普及老年保健知识,增强老年人自我保健意识。

第五十二条 【发展老龄产业】国家采取措施,发展老龄产业,将老龄产业列入国家扶持行业目录。扶持和引导企业开发、生产、经营适应老年人需要的用品和提供相关的服务。

第五章 社会优待

第五十三条 【提高优待水平】县级以上人民政府及其有关部门根据经济社会发展情况和老年人的特殊需要,制定优待老年人的办法,逐步提高优待水平。

对常住在本行政区域内的外埠老年人给予同等优待。

第五十四条 【为领取养老金、结算医疗费等提供帮助】各级人民政府和有关部门应当为老年人及时、便利地领取养老金、结算医疗费和享受其他物质帮助提供条件。

第五十五条 【优先办理房屋权属关系变更等】各级人民政府和有关部门办理房屋权属关系变更、户口迁移等涉及老年人权益的重大事项时,应当就办理事项是否为老年人的真实意思表示进行询问,并依法优先办理。

第五十六条 【法律援助】老年人因其合法权益受侵害提起诉讼交纳诉讼费确有困难的,可以缓交、减交或者免交;需要获得律师帮助,但无力支付律师费用的,可以获得法律援助。

鼓励律师事务所、公证处、基层法律服务所和其他法律服务机构为经济困难的老年人提供免费或者优惠服务。

第五十七条 【就医优先】医疗机构应当为老年人就医提供方便,对老年人就医予以优先。有条件的地方,可以为老年人设立家庭病床,开展巡回医疗、护理、康复、免费体检等服务。

提倡为老年人义诊。

第五十八条 【生活优先、优惠】提倡与老年人日常生活密切相关的服务行业为老年人提供优先、优惠服务。

城市公共交通、公路、铁路、水路和航空客运,应当为老年人提供优待和照顾。

第五十九条 【公共文化设施的免费和优惠】博物馆、美术馆、科技馆、纪念馆、公共图书馆、文化馆、影剧院、体育场馆、公园、旅游景点等场所,应当对老年人免费或者优惠开放。

第六十条 【不承担酬劳义务】农村老年人不承担兴办公益事业的筹劳义务。

第六章 宜居环境

第六十一条 【宜居环境建设】国家采取措施,推进宜居环境建设,为老年人提供安全、便利和舒适的环境。

第六十二条 【宜居规划】各级人民政府在制定城乡规划时,应当根据人口老龄化发展趋势、老年人口分布和老年人的特点,统筹考虑适合老年人的公共基础设施、生活服务设施、医疗卫生设施和文化体育设施建设。

第六十三条 【完善工程建设标准体系】国家制定

和完善涉及老年人的工程建设标准体系,在规划、设计、施工、监理、验收、运行、维护、管理等环节加强相关标准的实施与监督。

第六十四条 【无障碍设施建设】国家制定无障碍设施工程建设标准。新建、改建和扩建道路、公共交通设施、建筑物、居住区等,应当符合国家无障碍设施工程建设标准。

各级人民政府和有关部门应当按照国家无障碍设施工程建设标准,优先推进与老年人日常生活密切相关的公共服务设施的改造。

无障碍设施的所有人和管理人应当保障无障碍设施正常使用。

第六十五条 【老年宜居社区建设】国家推动老年宜居社区建设,引导、支持老年宜居住宅的开发,推动和扶持老年人家庭无障碍设施的改造,为老年人创造无障碍居住环境。

第七章 参与社会发展

第六十六条 【保障老年人参与社会生活】国家和社会应当重视、珍惜老年人的知识、技能、经验和优良品德,发挥老年人的专长和作用,保障老年人参与经济、政治、文化和社会生活。

第六十七条 【老年人组织】老年人可以通过老年人组织,开展有益身心健康的活动。

第六十八条 【听取老年人和老年人组织的意见】制定法律、法规、规章和公共政策,涉及老年人权益重大问题的,应当听取老年人和老年人组织的意见。

老年人和老年人组织有权向国家机关提出老年人权益保障、老龄事业发展等方面的意见和建议。

第六十九条 【参与社会发展的具体活动】国家为老年人参与社会发展创造条件。根据社会需要和可能,鼓励老年人在自愿和量力的情况下,从事下列活动:

(一)对青少年和儿童进行社会主义、爱国主义、集体主义和艰苦奋斗等优良传统教育;

(二)传授文化和科技知识;

(三)提供咨询服务;

(四)依法参与科技开发和应用;

(五)依法从事经营和生产活动;

(六)参加志愿服务、兴办社会公益事业;

(七)参与维护社会治安、协助调解民间纠纷;

(八)参加其他社会活动。

第七十条 【保护合法收入、不得安排从事危险作业】老年人参加劳动的合法收入受法律保护。

任何单位和个人不得安排老年人从事危害其身心健康的劳动或者危险作业。

第七十一条 【继续教育】老年人有继续受教育的权利。

国家发展老年教育,把老年教育纳入终身教育体系,鼓励社会办好各类老年学校。

各级人民政府对老年教育应当加强领导,统一规划,加大投入。

第七十二条 【老年文化生活】国家和社会采取措施,开展适合老年人的群众性文化、体育、娱乐活动,丰富老年人的精神文化生活。

第八章 法律责任

第七十三条 【救济途径】老年人合法权益受到侵害的,被侵害人或者其代理人有权要求有关部门处理,或者依法向人民法院提起诉讼。

人民法院和有关部门,对侵犯老年人合法权益的申诉、控告和检举,应当依法及时受理,不得推诿、拖延。

第七十四条 【监管部门的职责】不履行保护老年人合法权益职责的部门或者组织,其上级主管部门应当给予批评教育,责令改正。

国家工作人员违法失职,致使老年人合法权益受到损害的,由其所在单位或者上级机关责令改正,或者依法给予处分;构成犯罪的,依法追究刑事责任。

第七十五条 【纠纷调解】老年人与家庭成员因赡养、扶养或者住房、财产等发生纠纷,可以申请人民调解委员会或者其他有关组织进行调解,也可以直接向人民法院提起诉讼。

人民调解委员会或者其他有关组织调解前款纠纷时,应当通过说服、疏导等方式化解矛盾和纠纷;对有过错的家庭成员,应当给予批评教育。

人民法院对老年人追索赡养费或者扶养费的申请,可以依法裁定先予执行。

第七十六条 【干涉老年人婚姻自由的责任】干涉老年人婚姻自由,对老年人负有赡养义务、扶养义务而拒绝赡养、扶养,虐待老年人或者对老年人实施家庭暴力的,由有关单位给予批评教育;构成违反治安管理行为的,依法给予治安管理处罚;构成犯罪的,依法追究刑事责任。

第七十七条 【侵害老年人财物的责任】家庭成员盗窃、诈骗、抢夺、侵占、勒索、故意损毁老年人财物,构成违反治安管理行为的,依法给予治安管理处罚;构成犯罪的,依法追究刑事责任。

第七十八条 【侮辱、诽谤老年人的责任】侮辱、诽谤老年人,构成违反治安管理行为的,依法给予治安管理处罚;构成犯罪的,依法追究刑事责任。

第七十九条 【养老机构及其工作人员的责任】养老机构及其工作人员侵害老年人人身和财产权益,或者未按照约定提供服务的,依法承担民事责任;有关主管部门依法给予行政处罚;构成犯罪的,依法追究刑事责任。

第八十条 【养老机构监管部门的责任】对养老机构负有管理和监督职责的部门及其工作人员滥用职权、玩忽职守、徇私舞弊的,对直接负责的主管人员和其他直接责任人员依法给予处分;构成犯罪的,依法追究刑事责任。

第八十一条 【未履行社会优待义务的责任】不按规定履行优待老年人义务的,由有关主管部门责令改正。

第八十二条 【工程、设施建设不符合标准等的责任】涉及老年人的工程不符合国家规定的标准或者无障碍设施所有人、管理人未尽到维护和管理职责的,由有关主管部门责令改正;造成损害的,依法承担民事责任;对有关单位、个人依法给予行政处罚;构成犯罪的,依法追究刑事责任。

第九章 附 则

第八十三条 【民族自治地方制定变通或者补充规定】民族自治地方的人民代表大会,可以根据本法的原则,结合当地民族风俗习惯的具体情况,依照法定程序制定变通的或者补充的规定。

第八十四条 【过渡期养老机构的整改】本法施行前设立的养老机构不符合本法规定条件的,应当限期整改。具体办法由国务院民政部门制定。

第八十五条 【施行日期】本法自2013年7月1日起施行。

中华人民共和国残疾人保障法

- 1990年12月28日第七届全国人民代表大会常务委员会第十七次会议通过
- 2008年4月24日第十一届全国人民代表大会常务委员会第二次会议修订
- 根据2018年10月26日第十三届全国人民代表大会常务委员会第六次会议《关于修改〈中华人民共和国野生动物保护法〉等十五部法律的决定》修正

第一章 总 则

第一条 为了维护残疾人的合法权益,发展残疾人事业,保障残疾人平等地充分参与社会生活,共享社会物质文化成果,根据宪法,制定本法。

第二条 残疾人是指在心理、生理、人体结构上,某种组织、功能丧失或者不正常,全部或者部分丧失以正常方式从事某种活动能力的人。

残疾人包括视力残疾、听力残疾、言语残疾、肢体残疾、智力残疾、精神残疾、多重残疾和其他残疾的人。

残疾标准由国务院规定。

第三条 残疾人在政治、经济、文化、社会和家庭生活等方面享有同其他公民平等的权利。

残疾人的公民权利和人格尊严受法律保护。

禁止基于残疾的歧视。禁止侮辱、侵害残疾人。禁止通过大众传播媒介或者其他方式贬低损害残疾人人格。

第四条 国家采取辅助方法和扶持措施,对残疾人给予特别扶助,减轻或者消除残疾影响和外界障碍,保障残疾人权利的实现。

第五条 县级以上人民政府应当将残疾人事业纳入国民经济和社会发展规划,加强领导,综合协调,并将残疾人事业经费列入财政预算,建立稳定的经费保障机制。

国务院制定中国残疾人事业发展纲要,县级以上地方人民政府根据中国残疾人事业发展纲要,制定本行政区域的残疾人事业发展规划和年度计划,使残疾人事业与经济、社会协调发展。

县级以上人民政府负责残疾人工作的机构,负责组织、协调、指导、督促有关部门做好残疾人事业的工作。

各级人民政府和有关部门,应当密切联系残疾人,听取残疾人的意见,按照各自的职责,做好残疾人工作。

第六条 国家采取措施,保障残疾人依照法律规定,通过各种途径和形式,管理国家事务,管理经济和文化事业,管理社会事务。

制定法律、法规、规章和公共政策,对涉及残疾人权益和残疾人事业的重大问题,应当听取残疾人和残疾人组织的意见。

残疾人和残疾人组织有权向各级国家机关提出残疾人权益保障、残疾人事业发展等方面的意见和建议。

第七条 全社会应当发扬人道主义精神,理解、尊重、关心、帮助残疾人,支持残疾人事业。

国家鼓励社会组织和个人为残疾人提供捐助和服务。

国家机关、社会团体、企业事业单位和城乡基层群众性自治组织,应当做好所属范围内的残疾人工作。

从事残疾人工作的国家工作人员和其他人员,应当依法履行职责,努力为残疾人服务。

第八条 中国残疾人联合会及其地方组织,代表残疾人的共同利益,维护残疾人的合法权益,团结教育残疾人,为残疾人服务。

中国残疾人联合会及其地方组织依照法律、法规、章程或者接受政府委托,开展残疾人工作,动员社会力量,发展残疾人事业。

第九条 残疾人的扶养人必须对残疾人履行扶养义务。

残疾人的监护人必须履行监护职责,尊重被监护人的意愿,维护被监护人的合法权益。

残疾人的亲属、监护人应当鼓励和帮助残疾人增强自立能力。

禁止对残疾人实施家庭暴力,禁止虐待、遗弃残疾人。

第十条 国家鼓励残疾人自尊、自信、自强、自立,为社会主义建设贡献力量。

残疾人应当遵守法律、法规,履行应尽的义务,遵守公共秩序,尊重社会公德。

第十一条 国家有计划地开展残疾预防工作,加强对残疾预防工作的领导,宣传、普及母婴保健和预防残疾的知识,建立健全出生缺陷预防和早期发现、早期治疗机制,针对遗传、疾病、药物、事故、灾害、环境污染和其他致残因素,组织和动员社会力量,采取措施,预防残疾的发生,减轻残疾程度。

国家建立健全残疾人统计调查制度,开展残疾人状况的统计调查和分析。

第十二条 国家和社会对残疾军人、因公致残人员以及其他为维护国家和人民利益致残的人员实行特别保障,给予抚恤和优待。

第十三条 对在社会主义建设中做出显著成绩的残疾人,对维护残疾人合法权益、发展残疾人事业、为残疾人服务做出显著成绩的单位和个人,各级人民政府和有关部门给予表彰和奖励。

第十四条 每年5月的第三个星期日为全国助残日。

第二章 康 复

第十五条 国家保障残疾人享有康复服务的权利。

各级人民政府和有关部门应当采取措施,为残疾人康复创造条件,建立和完善残疾人康复服务体系,并分阶段实施重点康复项目,帮助残疾人恢复或者补偿功能,增强其参与社会生活的能力。

第十六条 康复工作应当从实际出发,将现代康复技术与我国传统康复技术相结合;以社区康复为基础,康复机构为骨干,残疾人家庭为依托;以实用、易行、受益广的康复内容为重点,优先开展残疾儿童抢救性治疗和康复;发展符合康复要求的科学技术,鼓励自主创新,加强康复新技术的研究、开发和应用,为残疾人提供有效的康复服务。

第十七条 各级人民政府鼓励和扶持社会力量兴办残疾人康复机构。

地方各级人民政府和有关部门,应当组织和指导城乡社区服务组织、医疗预防保健机构、残疾人组织、残疾人家庭和其他社会力量,开展社区康复工作。

残疾人教育机构、福利性单位和其他为残疾人服务的机构,应当创造条件,开展康复训练活动。

残疾人在专业人员的指导和有关工作人员、志愿工作者及亲属的帮助下,应当努力进行功能、自理能力和劳动技能的训练。

第十八条 地方各级人民政府和有关部门应当根据需要有计划地在医疗机构设立康复医学科室,举办残疾人康复机构,开展康复医疗与训练、人员培训、技术指导、科学研究等工作。

第十九条 医学院校和其他有关院校应当有计划地开设康复课程,设置相关专业,培养各类康复专业人才。

政府和社会采取多种形式对从事康复工作的人员进行技术培训;向残疾人、残疾人亲属、有关工作人员和志愿工作者普及康复知识,传授康复方法。

第二十条 政府有关部门应当组织和扶持残疾人康复器械、辅助器具的研制、生产、供应、维修服务。

第三章 教 育

第二十一条 国家保障残疾人享有平等接受教育的权利。

各级人民政府应当将残疾人教育作为国家教育事业的组成部分,统一规划,加强领导,为残疾人接受教育创造条件。

政府、社会、学校应当采取有效措施,解决残疾儿童、少年就学存在的实际困难,帮助其完成义务教育。

各级人民政府对接受义务教育的残疾学生、贫困残疾人家庭的学生提供免费教科书,并给予寄宿生活费等费用补助;对接受义务教育以外其他教育的残疾学生、贫困残疾人家庭的学生按照国家有关规定给予资助。

第二十二条 残疾人教育,实行普及与提高相结合、以普及为重点的方针,保障义务教育,着重发展职业教育,积极开展学前教育,逐步发展高级中等以上教育。

第二十三条 残疾人教育应当根据残疾人的身心特性和需要,按照下列要求实施:

(一)在进行思想教育、文化教育的同时,加强身心补偿和职业教育;

(二)依据残疾类别和接受能力,采取普通教育方式或者特殊教育方式;

(三)特殊教育的课程设置、教材、教学方法、入学和在校年龄,可以有适度弹性。

第二十四条 县级以上人民政府应当根据残疾人的数量、分布状况和残疾类别等因素,合理设置残疾人教育机构,并鼓励社会力量办学、捐资助学。

第二十五条 普通教育机构对具有接受普通教育能力的残疾人实施教育,并为其学习提供便利和帮助。

普通小学、初级中等学校,必须招收能适应其学习生活的残疾儿童、少年入学;普通高级中等学校、中等职业学校和高等学校,必须招收符合国家规定的录取要求的残疾考生入学,不得因其残疾而拒绝招收;拒绝招收的,当事人或者其亲属、监护人可以要求有关部门处理,有关部门应当责令该学校招收。

普通幼儿教育机构应当接收能适应其生活的残疾幼儿。

第二十六条 残疾幼儿教育机构、普通幼儿教育机构附设的残疾儿童班、特殊教育机构的学前班、残疾儿童福利机构、残疾儿童家庭,对残疾儿童实施学前教育。

初级中等以下特殊教育机构和普通教育机构附设的特殊教育班,对不具有接受普通教育能力的残疾儿童、少年实施义务教育。

高级中等以上特殊教育机构、普通教育机构附设的特殊教育班和残疾人职业教育机构,对符合条件的残疾人实施高级中等以上文化教育、职业教育。

提供特殊教育的机构应当具备适合残疾人学习、康复、生活特点的场所和设施。

第二十七条 政府有关部门、残疾人所在单位和有关社会组织应当对残疾人开展扫除文盲、职业培训、创业培训和其他成人教育,鼓励残疾人自学成才。

第二十八条 国家有计划地举办各级各类特殊教育师范院校、专业,在普通师范院校附设特殊教育班,培养、培训特殊教育师资。普通师范院校开设特殊教育课程或者讲授有关内容,使普通教师掌握必要的特殊教育知识。

特殊教育教师和手语翻译,享受特殊教育津贴。

第二十九条 政府有关部门应当组织和扶持盲文、手语的研究和应用,特殊教育教材的编写和出版,特殊教育教学用具及其他辅助用品的研制、生产和供应。

第四章 劳动就业

第三十条 国家保障残疾人劳动的权利。

各级人民政府应当对残疾人劳动就业统筹规划,为残疾人创造劳动就业条件。

第三十一条 残疾人劳动就业,实行集中与分散相结合的方针,采取优惠政策和扶持保护措施,通过多渠道、多层次、多种形式,使残疾人劳动就业逐步普及、稳定、合理。

第三十二条 政府和社会举办残疾人福利企业、盲人按摩机构和其他福利性单位,集中安排残疾人就业。

第三十三条 国家实行按比例安排残疾人就业制度。

国家机关、社会团体、企业事业单位、民办非企业单位应当按照规定的比例安排残疾人就业,并为其选择适当的工种和岗位。达不到规定比例的,按照国家有关规定履行保障残疾人就业义务。国家鼓励用人单位超过规定比例安排残疾人就业。

残疾人就业的具体办法由国务院规定。

第三十四条 国家鼓励和扶持残疾人自主择业、自主创业。

第三十五条 地方各级人民政府和农村基层组织,应当组织和扶持农村残疾人从事种植业、养殖业、手工业和其他形式的生产劳动。

第三十六条 国家对安排残疾人就业达到、超过规定比例或者集中安排残疾人就业的用人单位和从事个体经营的残疾人,依法给予税收优惠,并在生产、经营、技术、资金、物资、场地等方面给予扶持。国家对从事个体经营的残疾人,免除行政事业性收费。

县级以上地方人民政府及其有关部门应当确定适合残疾人生产、经营的产品、项目,优先安排残疾人福利性单位生产或者经营,并根据残疾人福利性单位的生产特点确定某些产品由其专产。

政府采购,在同等条件下应当优先购买残疾人福利性单位的产品或者服务。

地方各级人民政府应当开发适合残疾人就业的公益性岗位。

对申请从事个体经营的残疾人,有关部门应当优先核发营业执照。

对从事各类生产劳动的农村残疾人,有关部门应当在生产服务、技术指导、农用物资供应、农副产品购销和信贷等方面，给予帮助。

第三十七条 政府有关部门设立的公共就业服务机构，应当为残疾人免费提供就业服务。

残疾人联合会举办的残疾人就业服务机构，应当组织开展免费的职业指导、职业介绍和职业培训，为残疾人就业和用人单位招用残疾人提供服务和帮助。

第三十八条 国家保护残疾人福利性单位的财产所有权和经营自主权，其合法权益不受侵犯。

在职工的招用、转正、晋级、职称评定、劳动报酬、生活福利、休息休假、社会保险等方面，不得歧视残疾人。

残疾职工所在单位应当根据残疾职工的特点，提供适当的劳动条件和劳动保护，并根据实际需要对劳动场所、劳动设备和生活设施进行改造。

国家采取措施，保障盲人保健和医疗按摩人员从业的合法权益。

第三十九条 残疾职工所在单位应当对残疾职工进行岗位技术培训，提高其劳动技能和技术水平。

第四十条 任何单位和个人不得以暴力、威胁或者非法限制人身自由的手段强迫残疾人劳动。

第五章 文化生活

第四十一条 国家保障残疾人享有平等参与文化生活的权利。

各级人民政府和有关部门鼓励、帮助残疾人参加各种文化、体育、娱乐活动，积极创造条件，丰富残疾人精神文化生活。

第四十二条 残疾人文化、体育、娱乐活动应当面向基层，融于社会公共文化生活，适应各类残疾人的不同特点和需要，使残疾人广泛参与。

第四十三条 政府和社会采取下列措施，丰富残疾人的精神文化生活：

（一）通过广播、电影、电视、报刊、图书、网络等形式，及时宣传报道残疾人的工作、生活等情况，为残疾人服务；

（二）组织和扶持盲文读物、盲人有声读物及其他残疾人读物的编写和出版，根据盲人的实际需要，在公共图书馆设立盲文读物、盲人有声读物图书室；

（三）开办电视手语节目，开办残疾人专题广播栏目，推进电视栏目、影视作品加配字幕、解说；

（四）组织和扶持残疾人开展群众性文化、体育、娱乐活动，举办特殊艺术演出和残疾人体育运动会，参加国际性比赛和交流；

（五）文化、体育、娱乐和其他公共活动场所，为残疾人提供方便和照顾。有计划地兴办残疾人活动场所。

第四十四条 政府和社会鼓励、帮助残疾人从事文学、艺术、教育、科学、技术和其他有益于人民的创造性劳动。

第四十五条 政府和社会促进残疾人与其他公民之间的相互理解和交流，宣传残疾人事业和扶助残疾人的事迹，弘扬残疾人自强不息的精神，倡导团结、友爱、互助的社会风尚。

第六章 社会保障

第四十六条 国家保障残疾人享有各项社会保障的权利。

政府和社会采取措施，完善对残疾人的社会保障，保障和改善残疾人的生活。

第四十七条 残疾人及其所在单位应当按照国家有关规定参加社会保险。

残疾人所在的城乡基层群众性自治组织、残疾人家庭，应当鼓励、帮助残疾人参加社会保险。

对生活确有困难的残疾人，按照国家有关规定给予社会保险补贴。

第四十八条 各级人民政府对生活确有困难的残疾人，通过多种渠道给予生活、教育、住房和其他社会救助。

县级以上地方人民政府对享受最低生活保障待遇后生活仍有特别困难的残疾人家庭，应当采取其他措施保障其基本生活。

各级人民政府对贫困残疾人的基本医疗、康复服务、必要的辅助器具的配置和更换，应当按照规定给予救助。

对生活不能自理的残疾人，地方各级人民政府应当根据情况给予护理补贴。

第四十九条 地方各级人民政府对无劳动能力、无扶养人或者扶养人不具有扶养能力、无生活来源的残疾人，按照规定予以供养。

国家鼓励和扶持社会力量举办残疾人供养、托养机构。

残疾人供养、托养机构及其工作人员不得侮辱、虐待、遗弃残疾人。

第五十条 县级以上人民政府对残疾人搭乘公共交通工具，应当根据实际情况给予便利和优惠。残疾人可以免费携带随身必备的辅助器具。

盲人持有效证件免费乘坐市内公共汽车、电车、地铁、渡船等公共交通工具。盲人读物邮件免费寄递。

国家鼓励和支持提供电信、广播电视服务的单位对盲人、听力残疾人、言语残疾人给予优惠。

各级人民政府应当逐步增加对残疾人的其他照顾和扶助。

第五十一条 政府有关部门和残疾人组织应当建立和完善社会各界为残疾人捐助和服务的渠道，鼓励和支持发展残疾人慈善事业，开展志愿者助残等公益活动。

第七章 无障碍环境

第五十二条 国家和社会应当采取措施，逐步完善无障碍设施，推进信息交流无障碍，为残疾人平等参与社会生活创造无障碍环境。

各级人民政府应当对无障碍环境建设进行统筹规划，综合协调，加强监督管理。

第五十三条 无障碍设施的建设和改造，应当符合残疾人的实际需要。

新建、改建和扩建建筑物、道路、交通设施等，应当符合国家有关无障碍设施工程建设标准。

各级人民政府和有关部门应当按照国家无障碍设施工程建设规定，逐步推进已建成设施的改造，优先推进与残疾人日常工作、生活密切相关的公共服务设施的改造。

对无障碍设施应当及时维修和保护。

第五十四条 国家采取措施，为残疾人信息交流无障碍创造条件。

各级人民政府和有关部门应当采取措施，为残疾人获取公共信息提供便利。

国家和社会研制、开发适合残疾人使用的信息交流技术和产品。

国家举办的各类升学考试、职业资格考试和任职考试，有盲人参加的，应当为盲人提供盲文试卷、电子试卷或者由专门的工作人员予以协助。

第五十五条 公共服务机构和公共场所应当创造条件，为残疾人提供语音和文字提示、手语、盲文等信息交流服务，并提供优先服务和辅助性服务。

公共交通工具应当逐步达到无障碍设施的要求。有条件的公共停车场应当为残疾人设置专用停车位。

第五十六条 组织选举的部门应当为残疾人参加选举提供便利；有条件的，应当为盲人提供盲文选票。

第五十七条 国家鼓励和扶持无障碍辅助设备、无障碍交通工具的研制和开发。

第五十八条 盲人携带导盲犬出入公共场所，应当遵守国家有关规定。

第八章 法律责任

第五十九条 残疾人的合法权益受到侵害的，可以向残疾人组织投诉，残疾人组织应当维护残疾人的合法权益，有权要求有关部门或者单位查处。有关部门或者单位应当依法查处，并予以答复。

残疾人组织对残疾人通过诉讼维护其合法权益需要帮助的，应当给予支持。

残疾人组织对侵害特定残疾人群体利益的行为，有权要求有关部门依法查处。

第六十条 残疾人的合法权益受到侵害的，有权要求有关部门依法处理，或者依法向仲裁机构申请仲裁，或者依法向人民法院提起诉讼。

对有经济困难或者其他原因确需法律援助或者司法救助的残疾人，当地法律援助机构或者人民法院应当给予帮助，依法为其提供法律援助或者司法救助。

第六十一条 违反本法规定，对侵害残疾人权益行为的申诉、控告、检举，推诿、拖延、压制不予查处，或者对提出申诉、控告、检举的人进行打击报复的，由其所在单位、主管部门或者上级机关责令改正，并依法对直接负责的主管人员和其他直接责任人员给予处分。

国家工作人员未依法履行职责，对侵害残疾人权益的行为未及时制止或者未给予受害残疾人必要帮助，造成严重后果的，由其所在单位或者上级机关依法对直接负责的主管人员和其他直接责任人员给予处分。

第六十二条 违反本法规定，通过大众传播媒介或者其他方式贬低损害残疾人人格的，由文化、广播电视、电影、新闻出版或者其他有关主管部门依据各自的职权责令改正，并依法给予行政处罚。

第六十三条 违反本法规定，有关教育机构拒不接收残疾学生入学，或者在国家规定的录取要求以外附加条件限制残疾学生就学的，由有关主管部门责令改正，并依法对直接负责的主管人员和其他直接责任人员给予处分。

第六十四条 违反本法规定，在职工的招用等方面歧视残疾人的，由有关主管部门责令改正；残疾人劳动者可以依法向人民法院提起诉讼。

第六十五条 违反本法规定，供养、托养机构及其工作人员侮辱、虐待、遗弃残疾人的，对直接负责的主管人员和其他直接责任人员依法给予处分；构成违反治安管理行为的，依法给予行政处罚。

第六十六条 违反本法规定，新建、改建和扩建建筑物、道路、交通设施，不符合国家有关无障碍设施工程建设标准，或者对无障碍设施未进行及时维修和保护造成后果的，由有关主管部门依法处理。

第六十七条　违反本法规定，侵害残疾人的合法权益，其他法律、法规规定行政处罚的，从其规定；造成财产损失或者其他损害的，依法承担民事责任；构成犯罪的，依法追究刑事责任。

第九章　附　则

第六十八条　本法自 2008 年 7 月 1 日起施行。

中华人民共和国无障碍环境建设法

- 2023 年 6 月 28 日第十四届全国人民代表大会常务委员会第三次会议通过
- 2023 年 6 月 28 日中华人民共和国主席令第 6 号公布
- 自 2023 年 9 月 1 日起施行

第一章　总　则

第一条　为了加强无障碍环境建设，保障残疾人、老年人平等、充分、便捷地参与和融入社会生活，促进社会全体人员共享经济社会发展成果，弘扬社会主义核心价值观，根据宪法和有关法律，制定本法。

第二条　国家采取措施推进无障碍环境建设，为残疾人、老年人自主安全地通行道路、出入建筑物以及使用其附属设施、搭乘公共交通运输工具，获取、使用和交流信息，获得社会服务等提供便利。

残疾人、老年人之外的其他人有无障碍需求的，可以享受无障碍环境便利。

第三条　无障碍环境建设应当坚持中国共产党的领导，发挥政府主导作用，调动市场主体积极性，引导社会组织和公众广泛参与，推动全社会共建共治共享。

第四条　无障碍环境建设应当与适老化改造相结合，遵循安全便利、实用易行、广泛受益的原则。

第五条　无障碍环境建设应当与经济社会发展水平相适应，统筹城镇和农村发展，逐步缩小城乡无障碍环境建设的差距。

第六条　县级以上人民政府应当将无障碍环境建设纳入国民经济和社会发展规划，将所需经费纳入本级预算，建立稳定的经费保障机制。

第七条　县级以上人民政府应当统筹协调和督促指导有关部门在各自职责范围内做好无障碍环境建设工作。

县级以上人民政府住房和城乡建设、民政、工业和信息化、交通运输、自然资源、文化和旅游、教育、卫生健康等部门应当在各自职责范围内，开展无障碍环境建设工作。

乡镇人民政府、街道办事处应当协助有关部门做好无障碍环境建设工作。

第八条　残疾人联合会、老龄协会等组织依照法律、法规以及各自章程，协助各级人民政府及其有关部门做好无障碍环境建设工作。

第九条　制定或者修改涉及无障碍环境建设的法律、法规、规章、规划和其他规范性文件，应当征求残疾人、老年人代表以及残疾人联合会、老龄协会等组织的意见。

第十条　国家鼓励和支持企业事业单位、社会组织、个人等社会力量，通过捐赠、志愿服务等方式参与无障碍环境建设。

国家支持开展无障碍环境建设工作的国际交流与合作。

第十一条　对在无障碍环境建设工作中做出显著成绩的单位和个人，按照国家有关规定给予表彰和奖励。

第二章　无障碍设施建设

第十二条　新建、改建、扩建的居住建筑、居住区、公共建筑、公共场所、交通运输设施、城乡道路等，应当符合无障碍设施工程建设标准。

无障碍设施应当与主体工程同步规划、同步设计、同步施工、同步验收、同步交付使用，并与周边的无障碍设施有效衔接、实现贯通。

无障碍设施应当设置符合标准的无障碍标识，并纳入周边环境或者建筑物内部的引导标识系统。

第十三条　国家鼓励工程建设、设计、施工等单位采用先进的理念和技术，建设人性化、系统化、智能化并与周边环境相协调的无障碍设施。

第十四条　工程建设单位应当将无障碍设施建设经费纳入工程建设项目概预算。

工程建设单位不得明示或者暗示设计、施工单位违反无障碍设施工程建设标准；不得擅自将未经验收或者验收不合格的无障碍设施交付使用。

第十五条　工程设计单位应当按照无障碍设施工程建设标准进行设计。

依法需要进行施工图设计文件审查的，施工图审查机构应当按照法律、法规和无障碍设施工程建设标准，对无障碍设施设计内容进行审查；不符合有关规定的，不予审查通过。

第十六条　工程施工、监理单位应当按照施工图设计文件以及相关标准进行无障碍设施施工和监理。

住房和城乡建设等主管部门对未按照法律、法规和无障碍设施工程建设标准开展无障碍设施验收或者验收不合格的,不予办理竣工验收备案手续。

第十七条　国家鼓励工程建设单位在新建、改建、扩建建设项目的规划、设计和竣工验收等环节,邀请残疾人、老年人代表以及残疾人联合会、老龄协会等组织,参加意见征询和体验试用等活动。

第十八条　对既有的不符合无障碍设施工程建设标准的居住建筑、居住区、公共建筑、公共场所、交通运输设施、城乡道路等,县级以上人民政府应当根据实际情况,制定有针对性的无障碍设施改造计划并组织实施。

无障碍设施改造由所有权人或者管理人负责。所有权人、管理人和使用人之间约定改造责任的,由约定的责任人负责。

不具备无障碍设施改造条件的,责任人应当采取必要的替代性措施。

第十九条　县级以上人民政府应当支持、指导家庭无障碍设施改造。对符合条件的残疾人、老年人家庭应当给予适当补贴。

居民委员会、村民委员会、居住区管理服务单位以及业主委员会应当支持并配合家庭无障碍设施改造。

第二十条　残疾人集中就业单位应当按照有关标准和要求,建设和改造无障碍设施。

国家鼓励和支持用人单位开展就业场所无障碍设施建设和改造,为残疾人职工提供必要的劳动条件和便利。

第二十一条　新建、改建、扩建公共建筑、公共场所、交通运输设施以及居住区的公共服务设施,应当按照无障碍设施工程建设标准,配套建设无障碍设施;既有的上述建筑、场所和设施不符合无障碍设施工程建设标准的,应当进行必要的改造。

第二十二条　国家支持城镇老旧小区既有多层住宅加装电梯或者其他无障碍设施,为残疾人、老年人提供便利。

县级以上人民政府及其有关部门应当采取措施、创造条件,并发挥社区基层组织作用,推动既有多层住宅加装电梯或者其他无障碍设施。

房屋所有权人应当弘扬中华民族与邻为善、守望相助等传统美德,加强沟通协商,依法配合既有多层住宅加装电梯或者其他无障碍设施。

第二十三条　新建、改建、扩建和具备改造条件的城市主干路、主要商业区和大型居住区的人行天桥和人行地下通道,应当按照无障碍设施工程建设标准,建设或者改造无障碍设施。

城市主干路、主要商业区等无障碍需求比较集中区域的人行道,应当按照标准设置盲道;城市中心区、残疾人集中就业单位和集中就读学校周边的人行横道的交通信号设施,应当按照标准安装过街音响提示装置。

第二十四条　停车场应当按照无障碍设施工程建设标准,设置无障碍停车位,并设置显著标志标识。

无障碍停车位优先供肢体残疾人驾驶或者乘坐的机动车使用。优先使用无障碍停车位的,应当在显著位置放置残疾人车辆专用标志或者提供残疾人证。

在无障碍停车位充足的情况下,其他行动不便的残疾人、老年人、孕妇、婴幼儿等驾驶或者乘坐的机动车也可以使用。

第二十五条　新投入运营的民用航空器、客运列车、客运船舶、公共汽电车、城市轨道交通车辆等公共交通运输工具,应当确保一定比例符合无障碍标准。

既有公共交通运输工具具备改造条件的,应当进行无障碍改造,逐步符合无障碍标准的要求;不具备改造条件的,公共交通运输工具的运营单位应当采取必要的替代性措施。

县级以上地方人民政府根据当地情况,逐步建立城市无障碍公交导乘系统,规划配置适量的无障碍出租汽车。

第二十六条　无障碍设施所有权人或者管理人应当对无障碍设施履行以下维护和管理责任,保障无障碍设施功能正常和使用安全:

(一)对损坏的无障碍设施和标识进行维修或者替换;

(二)对需改造的无障碍设施进行改造;

(三)纠正占用无障碍设施的行为;

(四)进行其他必要的维护和保养。

所有权人、管理人和使用人之间有约定的,由约定的责任人负责维护和管理。

第二十七条　因特殊情况设置的临时无障碍设施,应当符合无障碍设施工程建设标准。

第二十八条　任何单位和个人不得擅自改变无障碍设施的用途或者非法占用、损坏无障碍设施。

因特殊情况临时占用无障碍设施的,应当公告并设置护栏、警示标志或者信号设施,同时采取必要的替代性措施。临时占用期满,应当及时恢复原状。

第三章　无障碍信息交流

第二十九条　各级人民政府及其有关部门应当为残疾人、老年人获取公共信息提供便利;发布涉及自然灾害、事故灾难、公共卫生事件、社会安全事件等突发事件信息时,条件具备的同步采取语音、大字、盲文、手语等无障碍信息交流方式。

第三十条 利用财政资金设立的电视台应当在播出电视节目时配备同步字幕,条件具备的每天至少播放一次配播手语的新闻节目,并逐步扩大配播手语的节目范围。

国家鼓励公开出版发行的影视类录像制品、网络视频节目加配字幕、手语或者口述音轨。

第三十一条 国家鼓励公开出版发行的图书、报刊配备有声、大字、盲文、电子等无障碍格式版本,方便残疾人、老年人阅读。

国家鼓励教材编写、出版单位根据不同教育阶段实际,编写、出版盲文版、低视力版教学用书,满足盲人和其他有视力障碍的学生的学习需求。

第三十二条 利用财政资金建立的互联网网站、服务平台、移动互联网应用程序,应当逐步符合无障碍网站设计标准和国家信息无障碍标准。

国家鼓励新闻资讯、社交通讯、生活购物、医疗健康、金融服务、学习教育、交通出行等领域的互联网网站、移动互联网应用程序,逐步符合无障碍网站设计标准和国家信息无障碍标准。

国家鼓励地图导航定位产品逐步完善无障碍设施的标识和无障碍出行路线导航功能。

第三十三条 音视频以及多媒体设备、移动智能终端设备、电信终端设备制造者提供的产品,应当逐步具备语音、大字等无障碍功能。

银行、医院、城市轨道交通车站、民用运输机场航站区、客运站、客运码头、大型景区等的自助公共服务终端设备,应当具备语音、大字、盲文等无障碍功能。

第三十四条 电信业务经营者提供基础电信服务时,应当为残疾人、老年人提供必要的语音、大字信息服务或者人工服务。

第三十五条 政务服务便民热线和报警求助、消防应急、交通事故、医疗急救等紧急呼叫系统,应当逐步具备语音、大字、盲文、一键呼叫等无障碍功能。

第三十六条 提供公共文化服务的图书馆、博物馆、文化馆、科技馆等应当考虑残疾人、老年人的特点,积极创造条件,提供适合其需要的文献信息、无障碍设施设备和服务等。

第三十七条 国务院有关部门应当完善药品标签、说明书的管理规范,要求药品生产经营者提供语音、大字、盲文、电子等无障碍格式版本的标签、说明书。

国家鼓励其他商品的生产经营者提供语音、大字、盲文、电子等无障碍格式版本的标签、说明书,方便残疾人、老年人识别和使用。

第三十八条 国家推广和使用国家通用手语、国家通用盲文。

基本公共服务使用手语、盲文以及各类学校开展手语、盲文教育教学时,应当采用国家通用手语、国家通用盲文。

第四章 无障碍社会服务

第三十九条 公共服务场所应当配备必要的无障碍设备和辅助器具,标注指引无障碍设施,为残疾人、老年人提供无障碍服务。

公共服务场所涉及医疗健康、社会保障、金融业务、生活缴费等服务事项的,应当保留现场指导、人工办理等传统服务方式。

第四十条 行政服务机构、社区服务机构以及供水、供电、供气、供热等公共服务机构,应当设置低位服务台或者无障碍服务窗口,配备电子信息显示屏、手写板、语音提示等设备,为残疾人、老年人提供无障碍服务。

第四十一条 司法机关、仲裁机构、法律援助机构应当依法为残疾人、老年人参加诉讼、仲裁活动和获得法律援助提供无障碍服务。

国家鼓励律师事务所、公证机构、司法鉴定机构、基层法律服务所等法律服务机构,结合所提供的服务内容提供无障碍服务。

第四十二条 交通运输设施和公共交通运输工具的运营单位应当根据各类运输方式的服务特点,结合设施设备条件和所提供的服务内容,为残疾人、老年人设置无障碍服务窗口、专用等候区域、绿色通道和优先坐席,提供辅助器具、咨询引导、字幕报站、语音提示、预约定制等无障碍服务。

第四十三条 教育行政部门和教育机构应当加强教育场所的无障碍环境建设,为有残疾的师生、员工提供无障碍服务。

国家举办的教育考试、职业资格考试、技术技能考试、招录招聘考试以及各类学校组织的统一考试,应当为有残疾的考生提供便利服务。

第四十四条 医疗卫生机构应当结合所提供的服务内容,为残疾人、老年人就医提供便利。

与残疾人、老年人相关的服务机构应当配备无障碍设备,在生活照料、康复护理等方面提供无障碍服务。

第四十五条 国家鼓励文化、旅游、体育、金融、邮政、电信、交通、商业、餐饮、住宿、物业管理等服务场所结合所提供的服务内容,为残疾人、老年人提供辅助器具、咨询引导等无障碍服务。

国家鼓励邮政、快递企业为行动不便的残疾人、老年人提供上门收寄服务。

第四十六条 公共场所经营管理单位、交通运输设施和公共交通运输工具的运营单位应当为残疾人携带导盲犬、导听犬、辅助犬等服务犬提供便利。

残疾人携带服务犬出入公共场所、使用交通运输设施和公共交通运输工具的,应当遵守国家有关规定,为服务犬佩戴明显识别装备,并采取必要的防护措施。

第四十七条 应急避难场所的管理人在制定以及实施工作预案时,应当考虑残疾人、老年人的无障碍需求,视情况设置语音、大字、闪光等提示装置,完善无障碍服务功能。

第四十八条 组织选举的部门和单位应当采取措施,为残疾人、老年人选民参加投票提供便利和必要协助。

第四十九条 国家鼓励和支持无障碍信息服务平台建设,为残疾人、老年人提供远程实时无障碍信息服务。

第五章 保障措施

第五十条 国家开展无障碍环境理念的宣传教育,普及无障碍环境知识,传播无障碍环境文化,提升全社会的无障碍环境意识。

新闻媒体应当积极开展无障碍环境建设方面的公益宣传。

第五十一条 国家推广通用设计理念,建立健全国家标准、行业标准、地方标准,鼓励发展具有引领性的团体标准、企业标准,加强标准之间的衔接配合,构建无障碍环境建设标准体系。

地方结合本地实际制定的地方标准不得低于国家标准的相关技术要求。

第五十二条 制定或者修改涉及无障碍环境建设的标准,应当征求残疾人、老年人代表以及残疾人联合会、老龄协会等组织的意见。残疾人联合会、老龄协会等组织可以依法提出制定或者修改无障碍环境建设标准的建议。

第五十三条 国家建立健全无障碍设计、设施、产品、服务的认证和无障碍信息的评测制度,并推动结果采信应用。

第五十四条 国家通过经费支持、政府采购、税收优惠等方式,促进新科技成果在无障碍环境建设中的运用,鼓励无障碍技术、产品和服务的研发、生产、应用和推广,支持无障碍设施、信息和服务的融合发展。

第五十五条 国家建立无障碍环境建设相关领域人才培养机制。

国家鼓励高等学校、中等职业学校等开设无障碍环境建设相关专业和课程,开展无障碍环境建设理论研究、国际交流和实践活动。

建筑、交通运输、计算机科学与技术等相关学科专业应当增加无障碍环境建设的教学和实践内容,相关领域职业资格、继续教育以及其他培训的考试内容应当包括无障碍环境建设知识。

第五十六条 国家鼓励机关、企业事业单位、社会团体以及其他社会组织,对工作人员进行无障碍服务知识与技能培训。

第五十七条 文明城市、文明村镇、文明单位、文明社区、文明校园等创建活动,应当将无障碍环境建设情况作为重要内容。

第六章 监督管理

第五十八条 县级以上人民政府及其有关主管部门依法对无障碍环境建设进行监督检查,根据工作需要开展联合监督检查。

第五十九条 国家实施无障碍环境建设目标责任制和考核评价制度。县级以上地方人民政府根据本地区实际,制定具体考核办法。

第六十条 县级以上地方人民政府有关主管部门定期委托第三方机构开展无障碍环境建设评估,并将评估结果向社会公布,接受社会监督。

第六十一条 县级以上人民政府建立无障碍环境建设信息公示制度,定期发布无障碍环境建设情况。

第六十二条 任何组织和个人有权向政府有关主管部门提出加强和改进无障碍环境建设的意见和建议,对违反本法规定的行为进行投诉、举报。县级以上人民政府有关主管部门接到涉及无障碍环境建设的投诉和举报,应当及时处理并予以答复。

残疾人联合会、老龄协会等组织根据需要,可以聘请残疾人、老年人代表以及具有相关专业知识的人员,对无障碍环境建设情况进行监督。

新闻媒体可以对无障碍环境建设情况开展舆论监督。

第六十三条 对违反本法规定损害社会公共利益的行为,人民检察院可以提出检察建议或者提起公益诉讼。

第七章　法律责任

第六十四条　工程建设、设计、施工、监理单位未按照本法规定进行建设、设计、施工、监理的，由住房和城乡建设、民政、交通运输等相关主管部门责令限期改正；逾期未改正的，依照相关法律法规的规定进行处罚。

第六十五条　违反本法规定，有下列情形之一的，由住房和城乡建设、民政、交通运输等相关主管部门责令限期改正；逾期未改正的，对单位处一万元以上三万元以下罚款，对个人处一百元以上五百元以下罚款：

（一）无障碍设施责任人不履行维护和管理职责，无法保障无障碍设施功能正常和使用安全；

（二）设置临时无障碍设施不符合相关规定；

（三）擅自改变无障碍设施的用途或者非法占用、损坏无障碍设施。

第六十六条　违反本法规定，不依法履行无障碍信息交流义务的，由网信、工业和信息化、电信、广播电视、新闻出版等相关主管部门责令限期改正；逾期未改正的，予以通报批评。

第六十七条　电信业务经营者不依法提供无障碍信息服务的，由电信主管部门责令限期改正；逾期未改正的，处一万元以上十万元以下罚款。

第六十八条　负有公共服务职责的部门和单位未依法提供无障碍社会服务的，由本级人民政府或者上级主管部门责令限期改正；逾期未改正的，对直接负责的主管人员和其他直接责任人员依法给予处分。

第六十九条　考试举办者、组织者未依法向有残疾的考生提供便利服务的，由本级人民政府或者上级主管部门予以批评并责令改正；拒不改正的，对直接负责的主管人员和其他直接责任人员依法给予处分。

第七十条　无障碍环境建设相关主管部门、有关组织的工作人员滥用职权、玩忽职守、徇私舞弊的，依法给予处分。

第七十一条　违反本法规定，造成人身损害、财产损失的，依法承担民事责任；构成犯罪的，依法追究刑事责任。

第八章　附　则

第七十二条　本法自2023年9月1日起施行。

未成年人网络保护条例

· 2023年10月16日中华人民共和国国务院令第766号公布
· 自2024年1月1日起施行

第一章　总　则

第一条　为了营造有利于未成年人身心健康的网络环境，保障未成年人合法权益，根据《中华人民共和国未成年人保护法》《中华人民共和国网络安全法》《中华人民共和国个人信息保护法》等法律，制定本条例。

第二条　未成年人网络保护工作应当坚持中国共产党的领导，坚持以社会主义核心价值观为引领，坚持最有利于未成年人的原则，适应未成年人身心健康发展和网络空间的规律和特点，实行社会共治。

第三条　国家网信部门负责统筹协调未成年人网络保护工作，并依据职责做好未成年人网络保护工作。

国家新闻出版、电影部门和国务院教育、电信、公安、民政、文化和旅游、卫生健康、市场监督管理、广播电视等有关部门依据各自职责做好未成年人网络保护工作。

县级以上地方人民政府及其有关部门依据各自职责做好未成年人网络保护工作。

第四条　共产主义青年团、妇女联合会、工会、残疾人联合会、关心下一代工作委员会、青年联合会、学生联合会、少年先锋队以及其他人民团体、有关社会组织、基层群众性自治组织，协助有关部门做好未成年人网络保护工作，维护未成年人合法权益。

第五条　学校、家庭应当教育引导未成年人参加有益身心健康的活动，科学、文明、安全、合理使用网络，预防和干预未成年人沉迷网络。

第六条　网络产品和服务提供者、个人信息处理者、智能终端产品制造者和销售者应当遵守法律、行政法规和国家有关规定，尊重社会公德，遵守商业道德，诚实信用，履行未成年人网络保护义务，承担社会责任。

第七条　网络产品和服务提供者、个人信息处理者、智能终端产品制造者和销售者应当接受政府和社会的监督，配合有关部门依法实施涉及未成年人网络保护工作的监督检查，建立便捷、合理、有效的投诉、举报渠道，通过显著方式公布投诉、举报途径和方法，及时受理并处理公众投诉、举报。

第八条　任何组织和个人发现违反本条例规定的，可以向网信、新闻出版、电影、教育、电信、公安、民政、文化和旅游、卫生健康、市场监督管理、广播电视等有关部门投诉、举报。收到投诉、举报的部门应当及时依法作出处理;不属于本部门职责的,应当及时移送有权处理的部门。

第九条 网络相关行业组织应当加强行业自律,制定未成年人网络保护相关行业规范,指导会员履行未成年人网络保护义务,加强对未成年人的网络保护。

第十条 新闻媒体应当通过新闻报道、专题栏目(节目)、公益广告等方式,开展未成年人网络保护法律法规、政策措施、典型案例和有关知识的宣传,对侵犯未成年人合法权益的行为进行舆论监督,引导全社会共同参与未成年人网络保护。

第十一条 国家鼓励和支持在未成年人网络保护领域加强科学研究和人才培养,开展国际交流与合作。

第十二条 对在未成年人网络保护工作中作出突出贡献的组织和个人,按照国家有关规定给予表彰和奖励。

第二章 网络素养促进

第十三条 国务院教育部门应当将网络素养教育纳入学校素质教育内容,并会同国家网信部门制定未成年人网络素养测评指标。

教育部门应当指导、支持学校开展未成年人网络素养教育,围绕网络道德意识形成、网络法治观念培养、网络使用能力建设、人身财产安全保护等,培育未成年人网络安全意识、文明素养、行为习惯和防护技能。

第十四条 县级以上人民政府应当科学规划、合理布局,促进公益性上网服务均衡协调发展,加强提供公益性上网服务的公共文化设施建设,改善未成年人上网条件。

县级以上地方人民政府应当通过为中小学校配备具有相应专业能力的指导教师、政府购买服务或者鼓励中小学校自行采购相关服务等方式,为学生提供优质的网络素养教育课程。

第十五条 学校、社区、图书馆、文化馆、青少年宫等场所为未成年人提供互联网上网服务设施的,应当通过安排专业人员、招募志愿者等方式,以及安装未成年人网络保护软件或者采取其他安全保护技术措施,为未成年人提供上网指导和安全、健康的上网环境。

第十六条 学校应当将提高学生网络素养等内容纳入教育教学活动,并合理使用网络开展教学活动,建立健全学生在校期间上网的管理制度,依法规范管理未成年学生带入学校的智能终端产品,帮助学生养成良好上网习惯,培养学生网络安全和网络法治意识,增强学生对网络信息的获取和分析判断能力。

第十七条 未成年人的监护人应当加强家庭家教家风建设,提高自身网络素养,规范自身使用网络的行为,加强对未成年人使用网络行为的教育、示范、引导和监督。

第十八条 国家鼓励和支持研发、生产和使用专门以未成年人为服务对象、适应未成年人身心健康发展规律和特点的网络保护软件、智能终端产品和未成年人模式、未成年人专区等网络技术、产品、服务,加强网络无障碍环境建设和改造,促进未成年人开阔眼界、陶冶情操、提高素质。

第十九条 未成年人网络保护软件、专门供未成年人使用的智能终端产品应当具有有效识别违法信息和可能影响未成年人身心健康的信息、保护未成年人个人信息权益、预防未成年人沉迷网络、便于监护人履行监护职责等功能。

国家网信部门会同国务院有关部门根据未成年人网络保护工作的需要,明确未成年人网络保护软件、专门供未成年人使用的智能终端产品的相关技术标准或者要求,指导监督网络相关行业组织按照有关技术标准和要求对未成年人网络保护软件、专门供未成年人使用的智能终端产品的使用效果进行评估。

智能终端产品制造者应当在产品出厂前安装未成年人网络保护软件,或者采用显著方式告知用户安装渠道和方法。智能终端产品销售者在产品销售前应当采用显著方式告知用户安装未成年人网络保护软件的情况以及安装渠道和方法。

未成年人的监护人应当合理使用并指导未成年人使用网络保护软件、智能终端产品等,创造良好的网络使用家庭环境。

第二十条 未成年人用户数量巨大或者对未成年人群体具有显著影响的网络平台服务提供者,应当履行下列义务:

(一)在网络平台服务的设计、研发、运营等阶段,充分考虑未成年人身心健康发展特点,定期开展未成年人网络保护影响评估;

(二)提供未成年人模式或者未成年人专区等,便利未成年人获取有益身心健康的平台内产品或者服务;

(三)按照国家规定建立健全未成年人网络保护合规制度体系,成立主要由外部成员组成的独立机构,对未成年人网络保护情况进行监督;

(四)遵循公开、公平、公正的原则,制定专门的平台规则,明确平台内产品或者服务提供者的未成年人网络

保护义务,并以显著方式提示未成年人用户依法享有的网络保护权利和遭受网络侵害的救济途径;

(五)对违反法律、行政法规严重侵害未成年人身心健康或者侵犯未成年人其他合法权益的平台内产品或者服务提供者,停止提供服务;

(六)每年发布专门的未成年人网络保护社会责任报告,并接受社会监督。

前款所称的未成年人用户数量巨大或者对未成年人群体具有显著影响的网络平台服务提供者的具体认定办法,由国家网信部门会同有关部门另行制定。

第三章 网络信息内容规范

第二十一条 国家鼓励和支持制作、复制、发布、传播弘扬社会主义核心价值观和社会主义先进文化、革命文化、中华优秀传统文化,铸牢中华民族共同体意识,培养未成年人家国情怀和良好品德,引导未成年人养成良好生活习惯和行为习惯等的网络信息,营造有利于未成年人健康成长的清朗网络空间和良好网络生态。

第二十二条 任何组织和个人不得制作、复制、发布、传播含有宣扬淫秽、色情、暴力、邪教、迷信、赌博、引诱自残自杀、恐怖主义、分裂主义、极端主义等危害未成年人身心健康内容的网络信息。

任何组织和个人不得制作、复制、发布、传播或者持有有关未成年人的淫秽色情网络信息。

第二十三条 网络产品和服务中含有可能引发或者诱导未成年人模仿不安全行为、实施违反社会公德行为、产生极端情绪、养成不良嗜好等可能影响未成年人身心健康的信息的,制作、复制、发布、传播该信息的组织和个人应当在信息展示前予以显著提示。

国家网信部门会同国家新闻出版、电影部门和国务院教育、电信、公安、文化和旅游、广播电视等部门,在前款规定基础上确定可能影响未成年人身心健康的信息的具体种类、范围、判断标准和提示办法。

第二十四条 任何组织和个人不得在专门以未成年人为服务对象的网络产品和服务中制作、复制、发布、传播本条例第二十三条第一款规定的可能影响未成年人身心健康的信息。

网络产品和服务提供者不得在首页首屏、弹窗、热搜等处于产品或者服务醒目位置、易引起用户关注的重点环节呈现本条例第二十三条第一款规定的可能影响未成年人身心健康的信息。

网络产品和服务提供者不得通过自动化决策方式向未成年人进行商业营销。

第二十五条 任何组织和个人不得向未成年人发送、推送或者诱骗、强迫未成年人接触含有危害或者可能影响未成年人身心健康内容的网络信息。

第二十六条 任何组织和个人不得通过网络以文字、图片、音视频等形式,对未成年人实施侮辱、诽谤、威胁或者恶意损害形象等网络欺凌行为。

网络产品和服务提供者应当建立健全网络欺凌行为的预警预防、识别监测和处置机制,设置便利未成年人及其监护人保存遭受网络欺凌记录、行使通知权利的功能、渠道,提供便利未成年人设置屏蔽陌生用户、本人发布信息可见范围、禁止转载或者评论本人发布信息、禁止向本人发送信息等网络欺凌信息防护选项。

网络产品和服务提供者应当建立健全网络欺凌信息特征库,优化相关算法模型,采用人工智能、大数据等技术手段和人工审核相结合的方式加强对网络欺凌信息的识别监测。

第二十七条 任何组织和个人不得通过网络以文字、图片、音视频等形式,组织、教唆、胁迫、引诱、欺骗、帮助未成年人实施违法犯罪行为。

第二十八条 以未成年人为服务对象的在线教育网络产品和服务提供者,应当按照法律、行政法规和国家有关规定,根据不同年龄阶段未成年人身心发展特点和认知能力提供相应的产品和服务。

第二十九条 网络产品和服务提供者应当加强对用户发布信息的管理,采取有效措施防止制作、复制、发布、传播违反本条例第二十二条、第二十四条、第二十五条、第二十六条第一款、第二十七条规定的信息,发现违反上述条款规定的信息的,应当立即停止传输相关信息,采取删除、屏蔽、断开链接等处置措施,防止信息扩散,保存有关记录,向网信、公安等部门报告,并对制作、复制、发布、传播上述信息的用户采取警示、限制功能、暂停服务、关闭账号等处置措施。

网络产品和服务提供者发现用户发布、传播本条例第二十三条第一款规定的信息未予显著提示的,应当作出提示或者通知用户予以提示;未作出提示的,不得传输该信息。

第三十条 国家网信、新闻出版、电影部门和国务院教育、电信、公安、文化和旅游、广播电视等部门发现违反本条例第二十二条、第二十四条、第二十五条、第二十六条第一款、第二十七条规定的信息的,或者发现本条例第二十三条第一款规定的信息未予显著提示的,应当要求网络产品和服务提供者按照本条例第二十九条的规定予以处理；对来源于境外的上述信息，应当依法通知有关机构采取技术措施和其他必要措施阻断传播。

第四章　个人信息网络保护

第三十一条　网络服务提供者为未成年人提供信息发布、即时通讯等服务的，应当依法要求未成年人或者其监护人提供未成年人真实身份信息。未成年人或者其监护人不提供未成年人真实身份信息的，网络服务提供者不得为未成年人提供相关服务。

网络直播服务提供者应当建立网络直播发布者真实身份信息动态核验机制，不得向不符合法律规定情形的未成年人用户提供网络直播发布服务。

第三十二条　个人信息处理者应当严格遵守国家网信部门和有关部门关于网络产品和服务必要个人信息范围的规定，不得强制要求未成年人或者其监护人同意非必要的个人信息处理行为，不得因为未成年人或者其监护人不同意处理未成年人非必要个人信息或者撤回同意，拒绝未成年人使用其基本功能服务。

第三十三条　未成年人的监护人应当教育引导未成年人增强个人信息保护意识和能力、掌握个人信息范围、了解个人信息安全风险，指导未成年人行使其在个人信息处理活动中的查阅、复制、更正、补充、删除等权利，保护未成年人个人信息权益。

第三十四条　未成年人或者其监护人依法请求查阅、复制、更正、补充、删除未成年人个人信息的，个人信息处理者应当遵守以下规定：

（一）提供便捷的支持未成年人或者其监护人查阅未成年人个人信息种类、数量等的方法和途径，不得对未成年人或者其监护人的合理请求进行限制；

（二）提供便捷的支持未成年人或者其监护人复制、更正、补充、删除未成年人个人信息的功能，不得设置不合理条件；

（三）及时受理并处理未成年人或者其监护人查阅、复制、更正、补充、删除未成年人个人信息的申请，拒绝未成年人或者其监护人行使权利的请求的，应当书面告知申请人并说明理由。

对未成年人或者其监护人依法提出的转移未成年人个人信息的请求，符合国家网信部门规定条件的，个人信息处理者应当提供转移的途径。

第三十五条　发生或者可能发生未成年人个人信息泄露、篡改、丢失的，个人信息处理者应当立即启动个人信息安全事件应急预案，采取补救措施，及时向网信等部门报告，并按照国家有关规定将事件情况以邮件、信函、电话、信息推送等方式告知受影响的未成年人及其监护人。

个人信息处理者难以逐一告知的，应当采取合理、有效的方式及时发布相关警示信息，法律、行政法规另有规定的除外。

第三十六条　个人信息处理者对其工作人员应当以最小授权为原则，严格设定信息访问权限，控制未成年人个人信息知悉范围。工作人员访问未成年人个人信息的，应当经过相关负责人或者其授权的管理人员审批，记录访问情况，并采取技术措施，避免违法处理未成年人个人信息。

第三十七条　个人信息处理者应当自行或者委托专业机构每年对其处理未成年人个人信息遵守法律、行政法规的情况进行合规审计，并将审计情况及时报告网信等部门。

第三十八条　网络服务提供者发现未成年人私密信息或者未成年人通过网络发布的个人信息中涉及私密信息的，应当及时提示，并采取停止传输等必要保护措施，防止信息扩散。

网络服务提供者通过未成年人私密信息发现未成年人可能遭受侵害的，应当立即采取必要措施保存有关记录，并向公安机关报告。

第五章　网络沉迷防治

第三十九条　对未成年人沉迷网络进行预防和干预，应当遵守法律、行政法规和国家有关规定。

教育、卫生健康、市场监督管理等部门依据各自职责对从事未成年人沉迷网络预防和干预活动的机构实施监督管理。

第四十条　学校应当加强对教师的指导和培训，提高教师对未成年学生沉迷网络的早期识别和干预能力。对于有沉迷网络倾向的未成年学生，学校应当及时告知其监护人，共同对未成年学生进行教育和引导，帮助其恢复正常的学习生活。

第四十一条　未成年人的监护人应当指导未成年人安全合理使用网络，关注未成年人上网情况以及相关生理状况、心理状况、行为习惯，防范未成年人接触危害或者可能影响其身心健康的网络信息，合理安排未成年人使用网络的时间，预防和干预未成年人沉迷网络。

第四十二条　网络产品和服务提供者应当建立健全防沉迷制度，不得向未成年人提供诱导其沉迷的产品和服务，及时修改可能造成未成年人沉迷的内容、功能和规则，并每年向社会公布防沉迷工作情况，接受社会监督。

第四十三条 网络游戏、网络直播、网络音视频、网络社交等网络服务提供者应当针对不同年龄阶段未成年人使用其服务的特点,坚持融合、友好、实用、有效的原则,设置未成年人模式,在使用时段、时长、功能和内容等方面按照国家有关规定和标准提供相应的服务,并以醒目便捷的方式为监护人履行监护职责提供时间管理、权限管理、消费管理等功能。

第四十四条 网络游戏、网络直播、网络音视频、网络社交等网络服务提供者应当采取措施,合理限制不同年龄阶段未成年人在使用其服务中的单次消费数额和单日累计消费数额,不得向未成年人提供与其民事行为能力不符的付费服务。

第四十五条 网络游戏、网络直播、网络音视频、网络社交等网络服务提供者应当采取措施,防范和抵制流量至上等不良价值倾向,不得设置以应援集资、投票打榜、刷量控评等为主题的网络社区、群组、话题,不得诱导未成年人参与应援集资、投票打榜、刷量控评等网络活动,并预防和制止其用户诱导未成年人实施上述行为。

第四十六条 网络游戏服务提供者应当通过统一的未成年人网络游戏电子身份认证系统等必要手段验证未成年人用户真实身份信息。

网络产品和服务提供者不得为未成年人提供游戏账号租售服务。

第四十七条 网络游戏服务提供者应当建立、完善预防未成年人沉迷网络的游戏规则,避免未成年人接触可能影响其身心健康的游戏内容或者游戏功能。

网络游戏服务提供者应当落实适龄提示要求,根据不同年龄阶段未成年人身心发展特点和认知能力,通过评估游戏产品的类型、内容与功能等要素,对游戏产品进行分类,明确游戏产品适合的未成年人用户年龄阶段,并在用户下载、注册、登录界面等位置予以显著提示。

第四十八条 新闻出版、教育、卫生健康、文化和旅游、广播电视、网信等部门应当定期开展预防未成年人沉迷网络的宣传教育,监督检查网络产品和服务提供者履行预防未成年人沉迷网络义务的情况,指导家庭、学校、社会组织互相配合,采取科学、合理的方式对未成年人沉迷网络进行预防和干预。

国家新闻出版部门牵头组织开展未成年人沉迷网络游戏防治工作,会同有关部门制定关于向未成年人提供网络游戏服务的时段、时长、消费上限等管理规定。

卫生健康、教育等部门依据各自职责指导有关医疗卫生机构、高等学校,开展未成年人沉迷网络所致精神障碍和心理行为问题的基础研究和筛查评估、诊断、预防、干预等应用研究。

第四十九条 严禁任何组织和个人以虐待、胁迫等侵害未成年人身心健康的方式干预未成年人沉迷网络、侵犯未成年人合法权益。

第六章 法律责任

第五十条 地方各级人民政府和县级以上有关部门违反本条例规定,不履行未成年人网络保护职责的,由其上级机关责令改正;拒不改正或者情节严重的,对负有责任的领导人员和直接责任人员依法给予处分。

第五十一条 学校、社区、图书馆、文化馆、青少年宫等违反本条例规定,不履行未成年人网络保护职责的,由教育、文化和旅游等部门依据各自职责责令改正;拒不改正或者情节严重的,对负有责任的领导人员和直接责任人员依法给予处分。

第五十二条 未成年人的监护人不履行本条例规定的监护职责或者侵犯未成年人合法权益的,由未成年人居住地的居民委员会、村民委员会、妇女联合会,监护人所在单位,中小学校、幼儿园等有关密切接触未成年人的单位依法予以批评教育、劝诫制止、督促其接受家庭教育指导等。

第五十三条 违反本条例第七条、第十九条第三款、第三十八条第二款规定的,由网信、新闻出版、电影、教育、电信、公安、民政、文化和旅游、市场监督管理、广播电视等部门依据各自职责责令改正;拒不改正或者情节严重的,处5万元以上50万元以下罚款,对直接负责的主管人员和其他直接责任人员处1万元以上10万元以下罚款。

第五十四条 违反本条例第二十条第一款规定的,由网信、新闻出版、电信、公安、文化和旅游、广播电视等部门依据各自职责责令改正,给予警告,没收违法所得;拒不改正的,并处100万元以下罚款,对直接负责的主管人员和其他直接责任人员处1万元以上10万元以下罚款。

违反本条例第二十条第一款第一项和第五项规定,情节严重的,由省级以上网信、新闻出版、电信、公安、文化和旅游、广播电视等部门依据各自职责责令改正,没收违法所得,并处5000万元以下或者上一年度营业额百分之五以下罚款,并可以责令暂停相关业务或者停业整顿、通报有关部门依法吊销相关业务许可证或者吊销营业执照;对直接负责的主管人员和其他直接责任人员处10万元以上100万元以下罚款,并可以决定禁止其在一定期限内担任相关企业的董事、监事、高级管理人员和未成年人保护负责人。

第五十五条 违反本条例第二十四条、第二十五条规定的,由网信、新闻出版、电影、电信、公安、文化和旅游、市场监督管理、广播电视等部门依据各自职责责令限期改正,给予警告,没收违法所得,可以并处 10 万元以下罚款;拒不改正或者情节严重,责令暂停相关业务、停产停业或者吊销相关业务许可证、吊销营业执照,违法所得 100 万元以上的,并处违法所得 1 倍以上 10 倍以下罚款,没有违法所得或者违法所得不足 100 万元的,并处 10 万元以上 100 万元以下罚款。

第五十六条 违反本条例第二十六条第二款和第三款、第二十八条、第二十九条第一款、第三十一条第二款、第三十六条、第三十八条第一款、第四十二条至第四十五条、第四十六条第二款、第四十七条规定的,由网信、新闻出版、电影、教育、电信、公安、文化和旅游、广播电视等部门依据各自职责责令改正,给予警告,没收违法所得,违法所得 100 万元以上的,并处违法所得 1 倍以上 10 倍以下罚款,没有违法所得或者违法所得不足 100 万元的,并处 10 万元以上 100 万元以下罚款,对直接负责的主管人员和其他直接责任人员处 1 万元以上 10 万元以下罚款;拒不改正或者情节严重的,并可以责令暂停相关业务、停业整顿、关闭网站、吊销相关业务许可证或者吊销营业执照。

第五十七条 网络产品和服务提供者违反本条例规定,受到关闭网站、吊销相关业务许可证或者吊销营业执照处罚的,5 年内不得重新申请相关许可,其直接负责的主管人员和其他直接责任人员 5 年内不得从事同类网络产品和服务业务。

第五十八条 违反本条例规定,侵犯未成年人合法权益,给未成年人造成损害的,依法承担民事责任;构成违反治安管理行为的,依法给予治安管理处罚;构成犯罪的,依法追究刑事责任。

第七章 附 则

第五十九条 本条例所称智能终端产品,是指可以接入网络、具有操作系统、能够由用户自行安装应用软件的手机、计算机等网络终端产品。

第六十条 本条例自 2024 年 1 月 1 日起施行。

农村五保供养工作条例

- 2006 年 1 月 21 日中华人民共和国国务院令第 456 号公布
- 自 2006 年 3 月 1 日起施行

第一章 总 则

第一条 为了做好农村五保供养工作,保障农村五保供养对象的正常生活,促进农村社会保障制度的发展,制定本条例。

第二条 本条例所称农村五保供养,是指依照本条例规定,在吃、穿、住、医、葬方面给予村民的生活照顾和物质帮助。

第三条 国务院民政部门主管全国的农村五保供养工作;县级以上地方各级人民政府民政部门主管本行政区域内的农村五保供养工作。

乡、民族乡、镇人民政府管理本行政区域内的农村五保供养工作。

村民委员会协助乡、民族乡、镇人民政府开展农村五保供养工作。

第四条 国家鼓励社会组织和个人为农村五保供养对象和农村五保供养工作提供捐助和服务。

第五条 国家对在农村五保供养工作中做出显著成绩的单位和个人,给予表彰和奖励。

第二章 供养对象

第六条 老年、残疾或者未满 16 周岁的村民,无劳动能力、无生活来源又无法定赡养、抚养、扶养义务人,或者其法定赡养、抚养、扶养义务人无赡养、抚养、扶养能力的,享受农村五保供养待遇。

第七条 享受农村五保供养待遇,应当由村民本人向村民委员会提出申请;因年幼或者智力残疾无法表达意愿的,由村民小组或者其他村民代为提出申请。经村民委员会民主评议,对符合本条例第六条规定条件的,在本村范围内公告;无重大异议的,由村民委员会将评议意见和有关材料报送乡、民族乡、镇人民政府审核。

乡、民族乡、镇人民政府应当自收到评议意见之日起 20 日内提出审核意见,并将审核意见和有关材料报送县级人民政府民政部门审批。县级人民政府民政部门应当自收到审核意见和有关材料之日起 20 日内作出审批决定。对批准给予农村五保供养待遇的,发给《农村五保供养证》;对不符合条件不予批准的,应当书面说明理由。

乡、民族乡、镇人民政府应当对申请人的家庭状况和经济条件进行调查核实;必要时,县级人民政府民政部门可以进行复核。申请人、有关组织或者个人应当配合、接受调查，如实提供有关情况。

第八条　农村五保供养对象不再符合本条例第六条规定条件的，村民委员会或者敬老院等农村五保供养服务机构(以下简称农村五保供养服务机构)应当向乡、民族乡、镇人民政府报告，由乡、民族乡、镇人民政府审核并报县级人民政府民政部门核准后，核销其《农村五保供养证书》。

农村五保供养对象死亡，丧葬事宜办理完毕后，村民委员会或者农村五保供养服务机构应当向乡、民族乡、镇人民政府报告，由乡、民族乡、镇人民政府报县级人民政府民政部门核准后，核销其《农村五保供养证书》。

第三章　供养内容

第九条　农村五保供养包括下列供养内容：

（一）供给粮油、副食品和生活用燃料；
（二）供给服装、被褥等生活用品和零用钱；
（三）提供符合基本居住条件的住房；
（四）提供疾病治疗，对生活不能自理的给予照料；
（五）办理丧葬事宜。

农村五保供养对象未满16周岁或者已满16周岁仍在接受义务教育的，应当保障他们依法接受义务教育所需费用。

农村五保供养对象的疾病治疗，应当与当地农村合作医疗和农村医疗救助制度相衔接。

第十条　农村五保供养标准不得低于当地村民的平均生活水平，并根据当地村民平均生活水平的提高适时调整。

农村五保供养标准，可以由省、自治区、直辖市人民政府制定，在本行政区域内公布执行，也可以由设区的市或者县级人民政府制定，报所在的省、自治区、直辖市人民政府备案后公布执行。

国务院民政部门、国务院财政部门应当加强对农村五保供养标准制定工作的指导。

第十一条　农村五保供养资金，在地方人民政府财政预算中安排。有农村集体经营等收入的地方，可以从农村集体经营等收入中安排资金，用于补助和改善农村五保供养对象的生活。农村五保供养对象将承包土地交由他人代耕的，其收益归该农村五保供养对象所有。具体办法由省、自治区、直辖市人民政府规定。

中央财政对财政困难地区的农村五保供养，在资金上给予适当补助。

农村五保供养资金，应当专门用于农村五保供养对象的生活，任何组织或者个人不得贪污、挪用、截留或者私分。

第四章　供养形式

第十二条　农村五保供养对象可以在当地的农村五保供养服务机构集中供养，也可以在家分散供养。农村五保供养对象可以自行选择供养形式。

第十三条　集中供养的农村五保供养对象，由农村五保供养服务机构提供供养服务；分散供养的农村五保供养对象，可以由村民委员会提供照料，也可以由农村五保供养服务机构提供有关供养服务。

第十四条　各级人民政府应当把农村五保供养服务机构建设纳入经济社会发展规划。

县级人民政府和乡、民族乡、镇人民政府应当为农村五保供养服务机构提供必要的设备、管理资金，并配备必要的工作人员。

第十五条　农村五保供养服务机构应当建立健全内部民主管理和服务管理制度。

农村五保供养服务机构工作人员应当经过必要的培训。

第十六条　农村五保供养服务机构可以开展以改善农村五保供养对象生活条件为目的的农副业生产。地方各级人民政府及其有关部门应当对农村五保供养服务机构开展农副业生产给予必要的扶持。

第十七条　乡、民族乡、镇人民政府应当与村民委员会或者农村五保供养服务机构签订供养服务协议，保证农村五保供养对象享受符合要求的供养。

村民委员会可以委托村民对分散供养的农村五保供养对象提供照料。

第五章　监督管理

第十八条　县级以上人民政府应当依法加强对农村五保供养工作的监督管理。县级以上地方各级人民政府民政部门和乡、民族乡、镇人民政府应当制定农村五保供养工作的管理制度，并负责督促实施。

第十九条　财政部门应当按时足额拨付农村五保供养资金，确保资金到位，并加强对资金使用情况的监督管理。

审计机关应当依法加强对农村五保供养资金使用情况的审计。

第二十条　农村五保供养待遇的申请条件、程序、民主评议情况以及农村五保供养的标准和资金使用情况等，应当向社会公告，接受社会监督。

第二十一条　农村五保供养服务机构应当遵守治安、消防、卫生、财务会计等方面的法律、法规和国家有关规定,向农村五保供养对象提供符合要求的供养服务,并接受地方人民政府及其有关部门的监督管理。

第六章 法律责任

第二十二条 违反本条例规定,有关行政机关及其工作人员有下列行为之一的,对直接负责的主管人员以及其他直接责任人员依法给予行政处分;构成犯罪的,依法追究刑事责任:

(一)对符合农村五保供养条件的村民不予批准享受农村五保供养待遇的,或者对不符合农村五保供养条件的村民批准其享受农村五保供养待遇的;

(二)贪污、挪用、截留、私分农村五保供养款物的;

(三)有其他滥用职权、玩忽职守、徇私舞弊行为的。

第二十三条 违反本条例规定,村民委员会组成人员贪污、挪用、截留农村五保供养款物的,依法予以罢免;构成犯罪的,依法追究刑事责任。

违反本条例规定,农村五保供养服务机构工作人员私分、挪用、截留农村五保供养款物的,予以辞退;构成犯罪的,依法追究刑事责任。

第二十四条 违反本条例规定,村民委员会或者农村五保供养服务机构对农村五保供养对象提供的供养服务不符合要求的,由乡、民族乡、镇人民政府责令限期改正;逾期不改正的,乡、民族乡、镇人民政府有权终止供养服务协议;造成损失的,依法承担赔偿责任。

第七章 附 则

第二十五条 《农村五保供养证书》由国务院民政部门规定式样,由省、自治区、直辖市人民政府民政部门监制。

第二十六条 本条例自2006年3月1日起施行。1994年1月23日国务院发布的《农村五保供养工作条例》同时废止。

特困人员认定办法

· 2021年4月26日
· 民发〔2021〕43号

第一章 总 则

第一条 根据《社会救助暂行办法》、《国务院关于进一步健全特困人员救助供养制度的意见》、《中共中央办公厅 国务院办公厅印发〈关于改革完善社会救助制度的意见〉的通知》及国家相关规定,制定本办法。

第二条 特困人员认定工作应当遵循以下原则:

(一)应救尽救,应养尽养;

(二)属地管理,分级负责;

(三)严格规范,高效便民;

(四)公开、公平、公正。

第三条 县级以上地方人民政府民政部门统筹做好本行政区域内特困人员认定及救助供养工作。

县级人民政府民政部门负责特困人员认定的审核确认工作,乡镇人民政府(街道办事处)负责特困人员认定的受理、初审工作。村(居)民委员会协助做好相关工作。

第二章 认定条件

第四条 同时具备以下条件的老年人、残疾人和未成年人,应当依法纳入特困人员救助供养范围:

(一)无劳动能力;

(二)无生活来源;

(三)无法定赡养、抚养、扶养义务人或者其法定义务人无履行义务能力。

第五条 符合下列情形之一的,应当认定为本办法所称的无劳动能力:

(一)60周岁以上的老年人;

(二)未满16周岁的未成年人;

(三)残疾等级为一、二、三级的智力、精神残疾人,残疾等级为一、二级的肢体残疾人,残疾等级为一级的视力残疾人;

(四)省、自治区、直辖市人民政府规定的其他情形。

第六条 收入低于当地最低生活保障标准,且财产符合当地特困人员财产状况规定的,应当认定为本办法所称的无生活来源。

前款所称收入包括工资性收入、经营净收入、财产净收入、转移净收入等各类收入。中央确定的城乡居民基本养老保险基础养老金、基本医疗保险等社会保险和优待抚恤金、高龄津贴不计入在内。

第七条 特困人员财产状况认定标准由设区的市级以上地方人民政府民政部门制定,并报同级地方人民政府同意。

第八条 法定义务人符合下列情形之一的,应当认定为本办法所称的无履行义务能力:

(一)特困人员;

(二)60周岁以上的最低生活保障对象;

(三)70周岁以上的老年人,本人收入低于当地上年人均可支配收入,且其财产符合当地低收入家庭财产状况规定的;

(四)重度残疾人和残疾等级为三级的智力、精神残疾人,本人收入低于当地上年人均可支配收入,且其财产

符合当地低收入家庭财产状况规定的;

(五)无民事行为能力、被宣告失踪或者在监狱服刑的人员,且其财产符合当地低收入家庭财产状况规定的;

(六)省、自治区、直辖市人民政府规定的其他情形。

第九条　同时符合特困人员救助供养条件和孤儿、事实无人抚养儿童认定条件的未成年人,选择申请纳入孤儿、事实无人抚养儿童基本生活保障范围的,不再认定为特困人员。

第三章　申请及受理

第十条　申请特困人员救助供养,应当由本人向户籍所在地乡镇人民政府(街道办事处)提出书面申请。本人申请有困难的,可以委托村(居)民委员会或者他人代为提出申请。

申请材料主要包括本人有效身份证明、劳动能力、生活来源、财产状况以及赡养、抚养、扶养情况的书面声明,承诺所提供信息真实、完整的承诺书,残疾人应当提供中华人民共和国残疾人证。

申请人及其法定义务人应当履行授权核查家庭经济状况的相关手续。

第十一条　乡镇人民政府(街道办事处)、村(居)民委员会应当及时了解掌握辖区内居民的生活情况,发现可能符合特困人员救助供养条件的,应当告知其救助供养政策,对因无民事行为能力或者限制民事行为能力等原因无法提出申请的,应当主动帮助其申请。

第十二条　乡镇人民政府(街道办事处)应当对申请人或者其代理人提交的材料进行审查,材料齐备的,予以受理;材料不齐备的,应当一次性告知申请人或者其代理人补齐所有规定材料。

第四章　审核确认

第十三条　乡镇人民政府(街道办事处)应当自受理申请之日起15个工作日内,通过入户调查、邻里访问、信函索证、信息核对等方式,对申请人的经济状况、实际生活状况以及赡养、抚养、扶养状况等进行调查核实,并提出初审意见。

申请人以及有关单位、组织或者个人应当配合调查,如实提供有关情况。村(居)民委员会应当协助乡镇人民政府(街道办事处)开展调查核实。

第十四条　调查核实过程中,乡镇人民政府(街道办事处)可视情组织民主评议,在村(居)民委员会协助下,对申请人书面声明内容的真实性、完整性及调查核实结果的客观性进行评议。

第十五条　乡镇人民政府(街道办事处)应当将初审意见及时在申请人所在村(社区)公示。公示期为7天。

公示期满无异议的,乡镇人民政府(街道办事处)应当将初审意见连同申请、调查核实等相关材料报送县级人民政府民政部门。对公示有异议的,乡镇人民政府(街道办事处)应当重新组织调查核实,在15个工作日内提出初审意见,并重新公示。

第十六条　县级人民政府民政部门应当全面审核乡镇人民政府(街道办事处)上报的申请材料、调查材料和初审意见,按照不低于30%的比例随机抽查核实,并在15个工作日内提出确认意见。

第十七条　对符合救助供养条件的申请,县级人民政府民政部门应当及时予以确认,建立救助供养档案,从确认之日下月起给予救助供养待遇,并通过乡镇人民政府(街道办事处)在申请人所在村(社区)公布。

第十八条　不符合条件、不予同意的,县级人民政府民政部门应当在作出决定3个工作日内,通过乡镇人民政府(街道办事处)书面告知申请人或者其代理人并说明理由。

第十九条　特困人员救助供养标准城乡不一致的地区,对于拥有承包土地或者参加农村集体经济收益分配的特困人员,一般给予农村特困人员救助供养待遇。实施易地扶贫搬迁至城镇地区的,给予城市特困人员救助供养待遇。

第五章　生活自理能力评估

第二十条　县级人民政府民政部门应当在乡镇人民政府(街道办事处)、村(居)民委员会协助下,对特困人员生活自理能力进行评估,并根据评估结果,确定特困人员应当享受的照料护理标准档次。

有条件的地方,可以委托第三方机构开展特困人员生活自理能力评估。

第二十一条　特困人员生活自理能力,一般依据以下6项指标综合评估:

(一)自主吃饭;

(二)自主穿衣;

(三)自主上下床;

(四)自主如厕;

(五)室内自主行走;

(六)自主洗澡。

第二十二条　根据本办法第二十一条规定内容,特困人员生活自理状况6项指标全部达到的,可以视为具备生活自理能力;有3项以下(含3项)指标不能达到的,可以视为部分丧失生活自理能力;有 4 项以上(含 4 项)指标不能达到的,可以视为完全丧失生活自理能力。

第二十三条 特困人员生活自理能力发生变化的,本人、照料服务人、村(居)民委员会或者供养服务机构应当通过乡镇人民政府(街道办事处)及时报告县级人民政府民政部门,县级人民政府民政部门应当自接到报告之日起 10 个工作日内组织复核评估,并根据评估结果及时调整特困人员生活自理能力认定类别。

第六章 终止救助供养

第二十四条 特困人员有下列情形之一的,应当及时终止救助供养:

(一)死亡或者被宣告死亡、被宣告失踪;
(二)具备或者恢复劳动能力;
(三)依法被判处刑罚,且在监狱服刑;
(四)收入和财产状况不再符合本办法第六条规定;
(五)法定义务人具有了履行义务能力或者新增具有履行义务能力的法定义务人;
(六)自愿申请退出救助供养。

特困人员中的未成年人,可继续享有救助供养待遇至 18 周岁;年满 18 周岁仍在接受义务教育或者在普通高中、中等职业学校就读的,可继续享有救助供养待遇。

第二十五条 特困人员不再符合救助供养条件的,本人、照料服务人、村(居)民委员会或者供养服务机构应当及时告知乡镇人民政府(街道办事处),由乡镇人民政府(街道办事处)调查核实并报县级人民政府民政部门核准。

县级人民政府民政部门、乡镇人民政府(街道办事处)在工作中发现特困人员不再符合救助供养条件的,应当及时办理终止救助供养手续。

第二十六条 对拟终止救助供养的特困人员,县级人民政府民政部门应当通过乡镇人民政府(街道办事处),在其所在村(社区)或者供养服务机构公示。公示期为 7 天。

公示期满无异议的,县级人民政府民政部门应当作出终止决定并从下月起终止救助供养。对公示有异议的,县级人民政府民政部门应当组织调查核实,在 15 个工作日内作出是否终止救助供养决定,并重新公示。对决定终止救助供养的,应当通过乡镇人民政府(街道办事处)将终止理由书面告知当事人、村(居)民委员会。

第二十七条 对终止救助供养的原特困人员,符合最低生活保障、临时救助等其他社会救助条件的,应当按规定及时纳入相应救助范围。

第七章 附 则

第二十八条 有条件的地方可将审核确认权限下放至乡镇人民政府(街道办事处),县级民政部门加强监督指导。

第二十九条 本办法自 2021 年 7 月 1 日起施行。2016 年 10 月 10 日民政部印发的《特困人员认定办法》同时废止。

最高人民法院关于审理拐卖妇女案件适用法律有关问题的解释

- 1999 年 12 月 23 日最高人民法院审判委员会第 1094 次会议通过
- 2000 年 1 月 3 日最高人民法院公告公布
- 自 2000 年 1 月 25 日起施行
- 法释〔2000〕1 号

为依法惩治拐卖妇女的犯罪行为,根据刑法和刑事诉讼法的有关规定,现就审理拐卖妇女案件具体适用法律的有关问题解释如下:

第一条 刑法第二百四十条规定的拐卖妇女罪中的"妇女",既包括具有中国国籍的妇女,也包括具有外国国籍和无国籍的妇女。被拐卖的外国妇女没有身份证明的,不影响对犯罪分子的定罪处罚。

第二条 外国人或者无国籍人拐卖外国妇女到我国境内被查获的,应当根据刑法第六条的规定,适用我国刑法定罪处罚。

第三条 对于外国籍被告人身份无法查明或者其国籍国拒绝提供有关身份证明,人民检察院根据刑事诉讼法第一百二十八条第二款的规定起诉的案件,人民法院应当依法受理。

最高人民法院关于审理拐卖妇女儿童犯罪案件具体应用法律若干问题的解释

- 2016 年 11 月 14 日最高人民法院审判委员会第 1699 次会议通过
- 2016 年 12 月 21 日最高人民法院公告公布
- 自 2017 年 1 月 1 日起施行
- 法释〔2016〕28 号

为依法惩治拐卖妇女、儿童犯罪,切实保障妇女、儿童的合法权益,维护家庭和谐与社会稳定,根据刑法有关

规定,结合司法实践,现就审理此类案件具体应用法律的若干问题解释如下:

第一条 对婴幼儿采取欺骗、利诱等手段使其脱离监护人或者看护人的,视为刑法第二百四十条第一款第(六)项规定的"偷盗婴幼儿"。

第二条 医疗机构、社会福利机构等单位的工作人员以非法获利为目的,将所诊疗、护理、抚养的儿童出卖给他人的,以拐卖儿童罪论处。

第三条 以介绍婚姻为名,采取非法扣押身份证件、限制人身自由等方式,或者利用妇女人地生疏、语言不通、孤立无援等境况,违背妇女意志,将其出卖给他人的,应当以拐卖妇女罪追究刑事责任。

以介绍婚姻为名,与被介绍妇女串通骗取他人钱财,数额较大的,应当以诈骗罪追究刑事责任。

第四条 在国家机关工作人员排查来历不明儿童或者进行解救时,将所收买的儿童藏匿、转移或者实施其他妨碍解救行为,经说服教育仍不配合的,属于刑法第二百四十一条第六款规定的"阻碍对其进行解救"。

第五条 收买被拐卖的妇女,业已形成稳定的婚姻家庭关系,解救时被买妇女自愿继续留在当地共同生活的,可以视为"按照被买妇女的意愿,不阻碍其返回原居住地"。

第六条 收买被拐卖的妇女、儿童后又组织、强迫卖淫或者组织乞讨、进行违反治安管理活动等构成其他犯罪的,依照数罪并罚的规定处罚。

第七条 收买被拐卖的妇女、儿童,又以暴力、威胁方法阻碍国家机关工作人员解救被收买的妇女、儿童,或者聚众阻碍国家机关工作人员解救被收买的妇女、儿童,构成妨害公务罪、聚众阻碍解救被收买的妇女、儿童罪的,依照数罪并罚的规定处罚。

第八条 出于结婚目的收买被拐卖的妇女,或者出于抚养目的收买被拐卖的儿童,涉及多名家庭成员、亲友参与的,对其中起主要作用的人员应当依法追究刑事责任。

第九条 刑法第二百四十条、第二百四十一条规定的儿童,是指不满十四周岁的人。其中,不满一周岁的为婴儿,一周岁以上不满六周岁的为幼儿。

第十条 本解释自2017年1月1日起施行。

最高人民法院、最高人民检察院、公安部、司法部关于依法惩治拐卖妇女儿童犯罪的意见

· 2010年3月15日
· 法发〔2010〕7号

为加大对妇女、儿童合法权益的司法保护力度,贯彻落实《中国反对拐卖妇女儿童行动计划(2008-2012)》,根据刑法、刑事诉讼法等相关法律及司法解释的规定,最高人民法院、最高人民检察院、公安部、司法部就依法惩治拐卖妇女、儿童犯罪提出如下意见:

一、总体要求

1. 依法加大打击力度,确保社会和谐稳定。自1991年全国范围内开展打击拐卖妇女、儿童犯罪专项行动以来,侦破并依法处理了一大批拐卖妇女、儿童犯罪案件,犯罪分子受到依法严惩。2008年,全国法院共审结拐卖妇女、儿童犯罪案件1353件,比2007年上升9.91%;判决发生法律效力的犯罪分子2161人,同比增长11.05%,其中,被判处五年以上有期徒刑、无期徒刑至死刑的1319人,同比增长10.1%,重刑率为61.04%,高出同期全部刑事案件重刑率45.27个百分点。2009年,全国法院共审结拐卖妇女、儿童犯罪案件1636件,比2008年上升20.9%;判决发生法律效力的犯罪分子2413人,同比增长11.7%,其中被判处五年以上有期徒刑、无期徒刑至死刑的1475人,同比增长11.83%。

但是,必须清醒地认识到,由于种种原因,近年来,拐卖妇女、儿童犯罪在部分地区有所上升的势头仍未得到有效遏制。此类犯罪严重侵犯被拐卖妇女、儿童的人身权利,致使许多家庭骨肉分离,甚至家破人亡,严重危害社会和谐稳定。人民法院、人民检察院、公安机关、司法行政机关应当从维护人民群众切身利益、确保社会和谐稳定的大局出发,进一步依法加大打击力度,坚决有效遏制拐卖妇女、儿童犯罪的上升势头。

2. 注重协作配合,形成有效合力。人民法院、人民检察院、公安机关应当各司其职,各负其责,相互支持,相互配合,共同提高案件办理的质量与效率,保证办案的法律效果与社会效果的统一;司法行政机关应当切实做好有关案件的法律援助工作,维护当事人的合法权益。各地司法机关要统一思想认识,进一步加强涉案地域协调和部门配合,努力形成依法严惩拐卖妇女、儿童犯罪的整体合力。

3. 正确贯彻政策,保证办案效果。拐卖妇女、儿童

犯罪往往涉及多人、多个环节,要根据宽严相济刑事政策和罪责刑相适应的刑法基本原则,综合考虑犯罪分子在共同犯罪中的地位、作用及人身危险性的大小,依法准确量刑。对于犯罪集团的首要分子、组织策划者、多次参与者、拐卖多人者或者具有累犯等从严、从重处罚情节的,必须重点打击,坚决依法严惩。对于罪行严重,依法应当判处重刑乃至死刑的,坚决依法判处。要注重铲除"买方市场",从源头上遏制拐卖妇女、儿童犯罪。对于收买被拐卖的妇女、儿童,依法应当追究刑事责任的,坚决依法追究。同时,对于具有从宽处罚情节的,要在综合考虑犯罪事实、性质、情节和危害程度的基础上,依法从宽,体现政策,以分化瓦解犯罪,鼓励犯罪人悔过自新。

二、管 辖

4. 拐卖妇女、儿童犯罪案件依法由犯罪地的司法机关管辖。拐卖妇女、儿童犯罪的犯罪地包括拐出地、中转地、拐入地以及拐卖活动的途经地。如果由犯罪嫌疑人、被告人居住地的司法机关管辖更为适宜的,可以由犯罪嫌疑人、被告人居住地的司法机关管辖。

5. 几个地区的司法机关都有权管辖的,一般由最先受理的司法机关管辖。犯罪嫌疑人、被告人或者被拐卖的妇女、儿童人数较多,涉及多个犯罪地的,可以移送主要犯罪地或者主要犯罪嫌疑人、被告人居住地的司法机关管辖。

6. 相对固定的多名犯罪嫌疑人、被告人分别在拐出地、中转地、拐入地实施某一环节的犯罪行为,犯罪所跨地域较广,全案集中管辖有困难的,可以由拐出地、中转地、拐入地的司法机关对不同犯罪分子分别实施的拐出、中转和拐入犯罪行为分别管辖。

7. 对管辖权发生争议的,争议各方应当本着有利于迅速查清犯罪事实,及时解救被拐卖的妇女、儿童,以及便于起诉、审判的原则,在法定期间内尽快协商解决;协商不成的,报请共同的上级机关确定管辖。

正在侦查中的案件发生管辖权争议的,在上级机关作出管辖决定前,受案机关不得停止侦查工作。

三、立 案

8. 具有下列情形之一,经审查,符合管辖规定的,公安机关应当立即以刑事案件立案,迅速开展侦查工作:

(1)接到拐卖妇女、儿童的报案、控告、举报的;

(2)接到儿童失踪或者已满十四周岁不满十八周岁的妇女失踪报案的;

(3)接到已满十八周岁的妇女失踪,可能被拐卖的报案的;

(4)发现流浪、乞讨的儿童可能系被拐卖的;

(5)发现有收买被拐卖妇女、儿童行为,依法应当追究刑事责任的;

(6)表明可能有拐卖妇女、儿童犯罪事实发生的其他情形的。

9. 公安机关在工作中发现犯罪嫌疑人或者被拐卖的妇女、儿童,不论案件是否属于自己管辖,都应当首先采取紧急措施。经审查,属于自己管辖的,依法立案侦查;不属于自己管辖的,及时移送有管辖权的公安机关处理。

10. 人民检察院要加强对拐卖妇女、儿童犯罪案件的立案监督,确保有案必立、有案必查。

四、证 据

11. 公安机关应当依照法定程序,全面收集能够证实犯罪嫌疑人有罪或者无罪、犯罪情节轻重的各种证据。

要特别重视收集、固定买卖妇女、儿童犯罪行为交易环节中钱款的存取证明、犯罪嫌疑人的通话清单、乘坐交通工具往来有关地方的票证、被拐卖儿童的 DNA 鉴定结论、有关监控录像、电子信息等客观性证据。

取证工作应当及时,防止时过境迁,难以弥补。

12. 公安机关应当高度重视并进一步加强 DNA 数据库的建设和完善。对失踪儿童的父母,或者疑似被拐卖的儿童,应当及时采集血样进行检验,通过全国 DNA 数据库,为查获犯罪,帮助被拐卖儿童及时回归家庭提供科学依据。

13. 拐卖妇女、儿童犯罪所涉地区的办案单位应当加强协作配合。需要到异地调查取证的,相关司法机关应当密切配合;需要进一步补充查证的,应当积极支持。

五、定 性

14. 犯罪嫌疑人、被告人参与拐卖妇女、儿童犯罪活动的多个环节,只有部分环节的犯罪事实查证清楚、证据确实、充分的,可以对该环节的犯罪事实依法予以认定。

15. 以出卖为目的强抢儿童,或者捡拾儿童后予以出卖,符合刑法第二百四十条第二款规定的,应当以拐卖儿童罪论处。

以抚养为目的偷盗婴幼儿或者拐骗儿童,之后予以出卖的,以拐卖儿童罪论处。

16. 以非法获利为目的,出卖亲生子女的,应当以拐卖妇女、儿童罪论处。

17. 要严格区分借送养之名出卖亲生子女与民间送养行为的界限。区分的关键在于行为人是否具有非法获利的目的。应当通过审查将子女"送"人的背景和原因、有无收取钱财及收取钱财的多少、对方是否具有抚养目的及有无抚养能力等事实，综合判断行为人是否具有非法获利的目的。

具有下列情形之一的，可以认定属于出卖亲生子女，应当以拐卖妇女、儿童罪论处：

（1）将生育作为非法获利手段，生育后即出卖子女的；

（2）明知对方不具有抚养目的，或者根本不考虑对方是否具有抚养目的，为收取钱财将子女"送"给他人的；

（3）为收取明显不属于"营养费"、"感谢费"的巨额钱财将子女"送"给他人的；

（4）其他足以反映行为人具有非法获利目的的"送养"行为的。

不是出于非法获利目的，而是迫于生活困难，或者受重男轻女思想影响，私自将没有独立生活能力的子女送给他人抚养，包括收取少量"营养费"、"感谢费"的，属于民间送养行为，不能以拐卖妇女、儿童罪论处。对私自送养导致子女身心健康受到严重损害，或者具有其他恶劣情节，符合遗弃罪特征的，可以遗弃罪论处；情节显著轻微危害不大的，可由公安机关依法予以行政处罚。

18. 将妇女拐卖给有关场所，致使被拐卖的妇女被迫卖淫或者从事其他色情服务的，以拐卖妇女罪论处。

有关场所的经营管理人员事前与拐卖妇女的犯罪人通谋的，对该经营管理人员以拐卖妇女罪的共犯论处；同时构成拐卖妇女罪和组织卖淫罪的，择一重罪论处。

19. 医疗机构、社会福利机构等单位的工作人员以非法获利为目的，将所诊疗、护理、抚养的儿童贩卖给他人的，以拐卖儿童罪论处。

20. 明知是被拐卖的妇女、儿童而收买，具有下列情形之一的，以收买被拐卖的妇女、儿童罪论处；同时构成其他犯罪的，依照数罪并罚的规定处罚：

（1）收买被拐卖的妇女后，违背被收买妇女的意愿，阻碍其返回原居住地的；

（2）阻碍对被收买妇女、儿童进行解救的；

（3）非法剥夺、限制被收买妇女、儿童的人身自由，情节严重，或者对被收买妇女、儿童有强奸、伤害、侮辱、虐待等行为的；

（4）所收买的妇女、儿童被解救后又再次收买，或者收买多名被拐卖的妇女、儿童的；

（5）组织、诱骗、强迫被收买的妇女、儿童从事乞讨、苦役，或者盗窃、传销、卖淫等违法犯罪活动的；

（6）造成被收买妇女、儿童或者其亲属重伤、死亡以及其他严重后果的；

（7）具有其他严重情节的。

被追诉前主动向公安机关报案或者向有关单位反映，愿意让被收买妇女返回原居住地，或者将被收买儿童送回其家庭，或者将被收买妇女、儿童交给公安、民政、妇联等机关、组织，没有其他严重情节的，可以不追究刑事责任。

六、共同犯罪

21. 明知他人拐卖妇女、儿童，仍然向其提供被拐卖妇女、儿童的健康证明、出生证明或者其他帮助的，以拐卖妇女、儿童罪的共犯论处。

明知他人收买被拐卖的妇女、儿童，仍然向其提供收买妇女、儿童的户籍证明、出生证明或者其他帮助的，以收买被拐卖妇女、儿童罪的共犯论处，但是，收买人未被追究刑事责任的除外。

认定是否"明知"，应当根据证人证言、犯罪嫌疑人、被告人及其同案人供述和辩解，结合提供帮助的人次，以及是否明显违反相关规章制度、工作流程等，予以综合判断。

22. 明知他人系拐卖儿童的"人贩子"，仍然利用从事诊疗、福利救助等工作的便利或者了解被拐卖方情况的条件，居间介绍的，以拐卖儿童罪的共犯论处。

23. 对于拐卖妇女、儿童犯罪的共犯，应当根据各被告人在共同犯罪中的分工、地位、作用，参与拐卖的人数、次数，以及分赃数额等，准确区分主从犯。

对于组织、领导、指挥拐卖妇女、儿童的某一个或者某几个犯罪环节，或者积极参与实施拐骗、绑架、收买、贩卖、接送、中转妇女、儿童等犯罪行为，起主要作用的，应当认定为主犯。

对于仅提供被拐卖妇女、儿童信息或者相关证明文件，或者进行居间介绍，起辅助或者次要作用，没有获利或者获利较少的，一般可认定为从犯。

对于各被告人在共同犯罪中的地位、作用区别不明显的，可以不区分主从犯。

七、一罪与数罪

24. 拐卖妇女、儿童，又奸淫被拐卖的妇女、儿童，或者诱骗、强迫被拐卖的妇女、儿童卖淫的,以拐卖妇女、儿童罪处罚。

25. 拐卖妇女、儿童,又对被拐卖的妇女、儿童实施故意杀害、伤害、猥亵、侮辱等行为,构成其他犯罪的,依照数罪并罚的规定处罚。

26. 拐卖妇女、儿童或者收买被拐卖的妇女、儿童,又组织、教唆被拐卖、收买的妇女、儿童进行犯罪的,以拐卖妇女、儿童罪或者收买被拐卖的妇女、儿童罪与其所组织、教唆的罪数罪并罚。

27. 拐卖妇女、儿童或者收买被拐卖的妇女、儿童,又组织、教唆被拐卖、收买的未成年妇女、儿童进行盗窃、诈骗、抢夺、敲诈勒索等违反治安管理活动的,以拐卖妇女、儿童罪或者收买被拐卖的妇女、儿童罪与组织未成年人进行违反治安管理活动罪数罪并罚。

八、刑罚适用

28. 对于拐卖妇女、儿童犯罪集团的首要分子,情节严重的主犯,累犯,偷盗婴幼儿、强抢儿童情节严重,将妇女、儿童卖往境外情节严重,拐卖妇女、儿童多人多次、造成伤亡后果,或者具有其他严重情节的,依法从重处罚;情节特别严重的,依法判处死刑。

拐卖妇女、儿童,并对被拐卖的妇女、儿童实施故意杀害、伤害、猥亵、侮辱等行为,数罪并罚决定执行的刑罚应当依法体现从严。

29. 对于拐卖妇女、儿童的犯罪分子,应当注重依法适用财产刑,并切实加大执行力度,以强化刑罚的特殊预防与一般预防效果。

30. 犯收买被拐卖的妇女、儿童罪,对被收买妇女、儿童实施违法犯罪活动或者将其作为牟利工具的,处罚时应当依法体现从严。

收买被拐卖的妇女、儿童,对被收买妇女、儿童没有实施摧残、虐待行为或者与其已形成稳定的婚姻家庭关系,但仍应依法追究刑事责任的,一般应当从轻处罚;符合缓刑条件的,可以依法适用缓刑。

收买被拐卖的妇女、儿童,犯罪情节轻微的,可以依法免予刑事处罚。

31. 多名家庭成员或者亲友共同参与出卖亲生子女,或者"买人为妻"、"买人为子"构成收买被拐卖的妇女、儿童罪的,一般应当在综合考察犯意提起、各行为人在犯罪中所起作用等情节的基础上,依法追究其中罪责较重者的刑事责任。对于其他情节显著轻微危害不大,不认为是犯罪的,依法不追究刑事责任;必要时可以由公安机关予以行政处罚。

32. 具有从犯、自首、立功等法定从宽处罚情节的,依法从轻、减轻或者免除处罚。

对被拐卖的妇女、儿童没有实施摧残、虐待等违法犯罪行为,或者能够协助解救被拐卖的妇女、儿童,或者具有其他酌定从宽处罚情节的,可以依法酌情从轻处罚。

33. 同时具有从严和从宽处罚情节的,要在综合考察拐卖妇女、儿童的手段、拐卖妇女、儿童或者收买被拐卖妇女、儿童的人次、危害后果以及被告人主观恶性、人身危险性等因素的基础上,结合当地此类犯罪发案情况和社会治安状况,决定对被告人总体从严或者从宽处罚。

九、涉外犯罪

34. 要进一步加大对跨国、跨境拐卖妇女、儿童犯罪的打击力度。加强双边或者多边"反拐"国际交流与合作,加强对被跨国、跨境拐卖的妇女、儿童的救助工作。依照我国缔结或者参加的国际条约的规定,积极行使所享有的权利,履行所承担的义务,及时请求或者提供各项司法协助,有效遏制跨国、跨境拐卖妇女、儿童犯罪。

最高人民检察院关于全面加强未成年人国家司法救助工作的意见

· 2018 年 2 月 27 日
· 高检发刑申字〔2018〕1 号

为进一步加强未成年人司法保护,深入推进检察机关国家司法救助工作,根据《中华人民共和国未成年人保护法》和中央政法委、财政部、最高人民法院、最高人民检察院、公安部、司法部《关于建立完善国家司法救助制度的意见(试行)》《最高人民检察院关于贯彻实施〈关于建立完善国家司法救助制度的意见(试行)〉的若干意见》《人民检察院国家司法救助工作细则(试行)》,结合检察工作实际,现就全面加强未成年人国家司法救助工作,提出如下意见。

一、充分认识未成年人国家司法救助工作的重要意义

未成年人是祖国的未来,未成年人的健康成长直接关系到亿万家庭对美好生活的向往,关系到国家的富强和民族的复兴,关系到新时代社会主义现代化强国的全面建成。保护未成年人,既是全社会的共同责任,也是检察机关的重要职责。近年来,对未成年人的司法保护取得长足进展,但未成年人及其家庭因案返贫致困情况仍然存在,甚至出现生活无着、学业难继等问题,严重损害了未成年人合法权益,妨害了未成年人健康成长。对此,各地检察机关积极开展国家司法救助工作,及时帮扶司法过程中陷入困境的未成年人,取得明显成效,收到良好效果。各级检察机关要充分总结经验,进一步提高认识,切实增强开展未成年人国家司法救助工作的责任感和自觉性,以救助工作精细化、救助对象精准化、救助效果最优化为目标,突出未成年人保护重点,全面履行办案机关的司法责任,采取更加有力的措施,不断提升未成年人国家司法救助工作水平,在司法工作中充分反映党和政府的民生关怀,切实体现人民司法的温度、温情和温暖,帮助未成年人走出生活困境,迈上健康快乐成长的人生道路。

二、牢固树立特殊保护、及时救助的理念

未成年人身心未臻成熟,个体应变能力和心理承受能力较弱,容易受到不法侵害且往往造成严重后果。检察机关办理案件时,对特定案件中符合条件的未成年人,应当依职权及时开展国家司法救助工作,根据未成年人身心特点和未来发展需要,给予特殊、优先和全面保护。既立足于帮助未成年人尽快摆脱当前生活困境,也应着力改善未成年人的身心状况、家庭教养和社会环境,促进未成年人健康成长。既立足于帮助未成年人恢复正常生活学习,也应尊重未成年人的人格尊严、名誉权和隐私权等合法权利,避免造成"二次伤害"。既立足于发挥检察机关自身职能作用,也应充分连通其他相关部门和组织,调动社会各方面积极性,形成未成年人社会保护工作合力。

三、明确救助对象,实现救助范围全覆盖

对下列未成年人,案件管辖地检察机关应当给予救助:

(一)受到犯罪侵害致使身体出现伤残或者心理遭受严重创伤,因不能及时获得有效赔偿,造成生活困难的。

(二)受到犯罪侵害急需救治,其家庭无力承担医疗救治费用的。

(三)抚养人受到犯罪侵害致死,因不能获得有效赔偿,造成生活困难的。

(四)家庭财产受到犯罪侵害遭受重大损失,因不能及时获得有效赔偿,且未获得合理补偿、救助,造成生活困难的。

(五)因举报、作证受到打击报复,致使身体受到伤害或者家庭财产遭受重大损失,因不能及时获得有效赔偿,造成生活困难的。

(六)追索抚育费,因被执行人没有履行能力,造成生活困难的。

(七)因道路交通事故等民事侵权行为造成人身伤害,无法通过诉讼获得有效赔偿,造成生活困难的。

(八)其他因案件造成生活困难,认为需要救助的。

四、合理确定救助标准,确保救助金专款专用

检察机关决定对未成年人支付救助金的,应当根据未成年人家庭的经济状况,综合考虑其学习成长所需的合理费用,以案件管辖地所在省、自治区、直辖市上一年度职工月平均工资为基准确定救助金,一般不超过三十六个月的工资总额。对身体重伤或者严重残疾、家庭生活特别困难的未成年人,以及需要长期进行心理治疗或者身体康复的未成年人,可以突破救助限额,并依照有关规定报批。相关法律文书需要向社会公开的,应当隐去未成年人及其法定代理人、监护人的身份信息。

要加强对救助金使用情况的监督,必要时可以采用分期发放、第三方代管等救助金使用监管模式,确保救助金用作未成年人必需的合理支出。对截留、侵占、私分或者挪用救助金的单位和个人,严格依纪依法追究责任,并追回救助金。

五、积极开展多元方式救助,提升救助工作实效

未成年人健康快乐成长,既需要物质帮助,也需要精神抚慰和心理疏导;既需要解决生活面临的急迫困难,也需要安排好未来学习成长。检察机关在开展未成年人国家司法救助工作中,要增强对未成年人的特殊、优先保护意识,避免"给钱了事"的简单化做法,针对未成年人的具体情况,依托有关单位,借助专业力量,因人施策,精准帮扶,切实突出长远救助效果。

对下列因案件陷入困境的未成年人,检察机关可以给予相应方式帮助:

(一)对遭受性侵害、监护侵害以及其他身体伤害的,进行心理安抚和疏导;对出现心理创伤或者精神损害的,实施心理治疗。

(二)对没有监护人、监护人没有监护能力或者原监护人被撤销资格的,协助开展生活安置、提供临时照料、指定监护人等相关工作。

(三)对未完成义务教育而失学辍学的,帮助重返学校;对因经济困难可能导致失学辍学的,推动落实相关生资助政策;对需要转学的,协调办理相关手续。

(四)对因身体伤残出现就医、康复困难的,帮助落实医疗、康复机构,促进身体康复。

(五)对因身体伤害或者财产损失提起附带民事诉讼的,帮助获得法律援助;对单独提起民事诉讼的,协调减免相关诉讼费用。

（六）对适龄未成年人有劳动、创业等意愿但缺乏必要技能的，协调有关部门提供技能培训等帮助。

（七）对符合社会救助条件的，给予政策咨询、帮扶转介，帮助协调其户籍所在地有关部门按规定纳入相关社会救助范围。

（八）认为合理、有效的其他方式。

六、主动开展救助工作，落实内部职责分工

国家司法救助工作是检察机关的重要职能，对未成年人进行司法保护是检察机关的应尽职责，开展好未成年人国家司法救助工作，需要各级检察机关、检察机关各相关职能部门和广大检察人员积极参与，群策群力，有效合作，共同推进。

刑事申诉检察部门负责受理、审查救助申请，提出救助审查意见和发放救助金等有关工作，未成年人检察工作部门负责给予其他方式救助等有关工作。侦查监督、公诉、刑事执行检察、民事行政检察、控告检察等办案部门要增强依职权主动救助意识，全面掌握未成年人受害情况和生活困难情况，对需要支付救助金的，及时交由刑事申诉检察部门按规定办理；对需要给予其他方式帮助的，及时交由未成年人检察工作部门按规定办理，或者通知未成年人检察工作部门介入。

刑事申诉检察部门和未成年人检察工作部门要注意加强沟通联系和协作配合，保障相关救助措施尽快落实到位。

七、积极调动各方力量，构建外部合作机制

检察机关开展未成年人国家司法救助工作，要坚持党委政法委统一领导，加强与法院、公安、司法行政部门的衔接，争取教育、民政、财政、人力资源和社会保障、卫计委等部门支持，对接共青团、妇联、关工委、工会、律协等群团组织和学校、医院、社区等相关单位，引导社会组织尤其是未成年人保护组织、公益慈善组织、社会工作服务机构、志愿者队伍等社会力量，搭建形成党委领导、政府支持、各有关方面积极参与的未成年人国家司法救助支持体系。

要主动运用相关公益项目和利用公共志愿服务平台，充分发挥其资源丰富、方法灵活、形式多样的优势，进一步拓展未成年人国家司法救助工作的深度和广度。

要坚持政府主导、社会广泛参与的救助资金筹措方式，不断加大筹措力度，拓宽来源渠道，积极鼓励爱心企业、爱心人士捐助救助资金。接受、使用捐助资金，应当向捐助人反馈救助的具体对象和救助金额，确保资金使用的透明度和公正性。

八、加强组织领导，健康有序推进救助工作

各级检察机关要以高度的政治责任感，加强和改善对未成年人国家司法救助工作的领导，精心组织、周密部署、抓好落实，努力形成各相关部门分工明确、衔接有序、紧密配合、协同推进的工作格局。上级检察机关要切实履行对本地区未成年人国家司法救助工作的组织、指导职责，加强对下级检察机关开展救助工作的督导，全面掌握救助工作进展情况，及时解决问题，总结推广经验，着力提升本地区未成年人国家司法救助工作水平。要加强宣传引导，展示典型案例和积极成效，努力创造全社会关注、关心和关爱未成年人国家司法救助工作的良好氛围。

关于建立侵害未成年人案件强制报告制度的意见（试行）

· 2020 年 5 月 7 日

第一条 为切实加强对未成年人的全面综合司法保护，及时有效惩治侵害未成年人违法犯罪，根据《中华人民共和国刑事诉讼法》《中华人民共和国未成年人保护法》《中华人民共和国反家庭暴力法》《中华人民共和国执业医师法》及相关法律法规，结合未成年人保护工作实际，制定本意见。

第二条 侵害未成年人案件强制报告，是指国家机关、法律法规授权行使公权力的各类组织及法律规定的公职人员，密切接触未成年人行业的各类组织及其从业人员，在工作中发现未成年人遭受或者疑似遭受不法侵害以及面临不法侵害危险的，应当立即向公安机关报案或举报。

第三条 本意见所称密切接触未成年人行业的各类组织，是指依法对未成年人负有教育、看护、医疗、救助、监护等特殊职责，或者虽不负有特殊职责但具有密切接触未成年人条件的企事业单位、基层群众自治组织、社会组织。主要包括：居（村）民委员会；中小学校、幼儿园、校外培训机构、未成年人校外活动场所等教育机构及校车服务提供者；托儿所等托育服务机构；医院、妇幼保健院、急救中心、诊所等医疗机构；儿童福利机构、救助管理机构、未成年人救助保护机构、社会工作服务机构；旅店、宾馆等。

第四条 本意见所称在工作中发现未成年人遭受或者疑似遭受不法侵害以及面临不法侵害危险的情况包括：

（一）未成年人的生殖器官或隐私部位遭受或疑似

遭受非正常损伤的；

（二）不满十四周岁的女性未成年人遭受或疑似遭受性侵害、怀孕、流产的；

（三）十四周岁以上女性未成年人遭受或疑似遭受性侵害所致怀孕、流产的；

（四）未成年人身体存在多处损伤、严重营养不良、意识不清，存在或疑似存在受到家庭暴力、欺凌、虐待、殴打或者被人麻醉等情形的；

（五）未成年人因自杀、自残、工伤、中毒、被人麻醉、殴打等非正常原因导致伤残、死亡情形的；

（六）未成年人被遗弃或长期处于无人照料状态的；

（七）发现未成年人来源不明、失踪或者被拐卖、收买的；

（八）发现未成年人被组织乞讨的；

（九）其他严重侵害未成年人身心健康的情形或未成年人正在面临不法侵害危险的。

第五条 根据本意见规定情形向公安机关报案或举报的，应按照主管行政机关要求报告备案。

第六条 具备先期核实条件的相关单位、机构、组织及人员，可以对未成年人疑似遭受不法侵害的情况进行初步核实，并在报案或举报时将相关材料一并提交公安机关。

第七条 医疗机构及其从业人员在收治遭受或疑似遭受人身、精神损害的未成年人时，应当保持高度警惕，按规定书写、记录和保存相关病历资料。

第八条 公安机关接到疑似侵害未成年人权益的报案或举报后，应立即接受，问明案件初步情况，并制作笔录。根据案件的具体情况，涉嫌违反治安管理的，依法受案审查；涉嫌犯罪的，依法立案侦查。对不属于自己管辖的，及时移送有管辖权的公安机关。

第九条 公安机关侦查未成年人被侵害案件，应当依照法定程序，及时、全面收集固定证据。对于严重侵害未成年人的暴力犯罪案件、社会高度关注的重大、敏感案件，公安机关、人民检察院应当加强办案中的协商、沟通与配合。

公安机关、人民检察院依法向报案人员或者单位调取指控犯罪所需要的处理记录、监控资料、证人证言等证据时，相关单位及其工作人员应当积极予以协助配合，并按照有关规定全面提供。

第十条 公安机关应当在受案或立案后三日内向报案单位反馈案件进展，并在移送审查起诉前告知报案单位。

第十一条 人民检察院应当切实加强对侵害未成年人案件的立案监督。认为公安机关应当立案而不立案的，应当要求公安机关说明不立案的理由。认为不立案理由不能成立的，应当通知公安机关立案，公安机关接到通知后应当立即立案。

第十二条 公安机关、人民检察院发现未成年人需要保护救助的，应当委托或者联合民政部门或共青团、妇联等群团组织，对未成年人及其家庭实施必要的经济救助、医疗救治、心理干预、调查评估等保护措施。未成年被害人生活特别困难的，司法机关应当及时启动司法救助。

公安机关、人民检察院发现未成年人父母或者其他监护人不依法履行监护职责，或者侵害未成年人合法权益的，应当予以训诫或者责令其接受家庭教育指导。经教育仍不改正，情节严重的，应当依法依规予以惩处。

公安机关、妇联、居民委员会、村民委员会、救助管理机构、未成年人救助保护机构发现未成年人遭受家庭暴力或面临家庭暴力的现实危险，可以依法向人民法院代为申请人身安全保护令。

第十三条 公安机关、人民检察院和司法行政机关及教育、民政、卫生健康等主管行政机关应当对报案人的信息予以保密。违法窃取、泄露报告事项、报告受理情况以及报告人信息的，依法依规予以严惩。

第十四条 相关单位、组织及其工作人员应当注意保护未成年人隐私，对于涉案未成年人身份、案情等信息资料予以严格保密，严禁通过互联网或者以其他方式进行传播。私自传播的，依法给予治安处罚或追究其刑事责任。

第十五条 依法保障相关单位及其工作人员履行强制报告责任，对根据规定报告侵害未成年人案件而引发的纠纷，报告人不予承担相应法律责任；对于干扰、阻碍报告的组织或个人，依法追究法律责任。

第十六条 负有报告义务的单位及其工作人员未履行报告职责，造成严重后果的，由其主管行政机关或者本单位依法对直接负责的主管人员或者其他直接责任人员给予相应处分；构成犯罪的，依法追究刑事责任。相关单位或者单位主管人员阻止工作人员报告的，予以从重处罚。

第十七条 对于行使公权力的公职人员长期不重视强制报告工作，不按规定落实强制报告制度要求的，根据其情节、后果等情况，监察委员会应当依法对相关单位和失职失责人员进行问责，对涉嫌职务违法犯罪的依法调查处理。

第十八条　人民检察院依法对本意见的执行情况进行法律监督。对于工作中发现相关单位对本意见执行、监管不力的，可以通过发出检察建议书等方式进行监督纠正。

第十九条　对于因及时报案使遭受侵害未成年人得到妥善保护、犯罪分子受到依法惩处的，公安机关、人民检察院、民政部门应及时向其主管部门反馈相关情况，单独或联合给予相关机构、人员奖励、表彰。

第二十条　强制报告责任单位的主管部门应当在本部门职能范围内指导、督促责任单位严格落实本意见，并通过年度报告、不定期巡查等方式，对本意见执行情况进行检查。注重加强指导和培训，切实提高相关单位和人员的未成年人保护意识和能力水平。

第二十一条　各级监察委员会、人民检察院、公安机关、司法行政机关、教育、民政、卫生健康部门和妇联、共青团组织应当加强沟通交流，定期通报工作情况，及时研究实践中出现的新情况、新问题。

各部门建立联席会议制度，明确强制报告工作联系人，畅通联系渠道，加强工作衔接和信息共享。人民检察院负责联席会议制度日常工作安排。

第二十二条　相关单位应加强对侵害未成年人案件强制报告的政策和法治宣传，强化全社会保护未成年人、与侵害未成年人违法犯罪行为作斗争的意识，争取理解与支持，营造良好社会氛围。

第二十三条　本意见自印发之日起试行。

最高人民法院、最高人民检察院关于办理强奸、猥亵未成年人刑事案件适用法律若干问题的解释

· 2023年1月3日最高人民法院审判委员会第1878次会议、2023年3月2日最高人民检察院第十三届检察委员会第一百一十四次会议通过
· 2023年5月24日最高人民法院、最高人民检察院公告公布
· 自2023年6月1日起施行
· 法释〔2023〕3号

为依法惩处强奸、猥亵未成年人犯罪，保护未成年人合法权益，根据《中华人民共和国刑法》等法律规定，现就办理此类刑事案件适用法律的若干问题解释如下：

第一条　奸淫幼女的，依照刑法第二百三十六条第二款的规定从重处罚。具有下列情形之一的，应当适用较重的从重处罚幅度：

（一）负有特殊职责的人员实施奸淫的；

（二）采用暴力、胁迫等手段实施奸淫的；

（三）侵入住宅或者学生集体宿舍实施奸淫的；

（四）对农村留守女童、严重残疾或者精神发育迟滞的被害人实施奸淫的；

（五）利用其他未成年人诱骗、介绍、胁迫被害人的；

（六）曾因强奸、猥亵犯罪被判处刑罚的。

强奸已满十四周岁的未成年女性，具有前款第一项、第三项至第六项规定的情形之一，或者致使被害人轻伤、患梅毒、淋病等严重性病的，依照刑法第二百三十六条第一款的规定定罪，从重处罚。

第二条　强奸已满十四周岁的未成年女性或者奸淫幼女，具有下列情形之一的，应当认定为刑法第二百三十六条第三款第一项规定的"强奸妇女、奸淫幼女情节恶劣"：

（一）负有特殊职责的人员多次实施强奸、奸淫的；

（二）有严重摧残、凌辱行为的；

（三）非法拘禁或者利用毒品诱骗、控制被害人的；

（四）多次利用其他未成年人诱骗、介绍、胁迫被害人的；

（五）长期实施强奸、奸淫的；

（六）奸淫精神发育迟滞的被害人致使怀孕的；

（七）对强奸、奸淫过程或者被害人身体隐私部位制作视频、照片等影像资料，以此胁迫对被害人实施强奸、奸淫，或者致使影像资料向多人传播，暴露被害人身份的；

（八）其他情节恶劣的情形。

第三条　奸淫幼女，具有下列情形之一的，应当认定为刑法第二百三十六条第三款第五项规定的"造成幼女伤害"：

（一）致使幼女轻伤的；

（二）致使幼女患梅毒、淋病等严重性病的；

（三）对幼女身心健康造成其他伤害的情形。

第四条　强奸已满十四周岁的未成年女性或者奸淫幼女，致使其感染艾滋病病毒的，应当认定为刑法第二百三十六条第三款第六项规定的"致使被害人重伤"。

第五条　对已满十四周岁不满十六周岁的未成年女性负有特殊职责的人员，与该未成年女性发生性关系，具有下列情形之一的，应当认定为刑法第二百三十六条之一规定的"情节恶劣"：

（一）长期发生性关系的；

（二）与多名被害人发生性关系的；

（三）致使被害人感染艾滋病病毒或者患梅毒、淋病

等严重性病的；

（四）对发生性关系的过程或者被害人身体隐私部位制作视频、照片等影像资料，致使影像资料向多人传播，暴露被害人身份的；

（五）其他情节恶劣的情形。

第六条 对已满十四周岁的未成年女性负有特殊职责的人员，利用优势地位或者被害人孤立无援的境地，迫使被害人与其发生性关系的，依照刑法第二百三十六条的规定，以强奸罪定罪处罚。

第七条 猥亵儿童，具有下列情形之一的，应当认定为刑法第二百三十七条第三款第三项规定的"造成儿童伤害或者其他严重后果"：

（一）致使儿童轻伤以上的；

（二）致使儿童自残、自杀的；

（三）对儿童身心健康造成其他伤害或者严重后果的情形。

第八条 猥亵儿童，具有下列情形之一的，应当认定为刑法第二百三十七条第三款第四项规定的"猥亵手段恶劣或者有其他恶劣情节"：

（一）以生殖器侵入肛门、口腔或者以生殖器以外的身体部位、物品侵入被害人生殖器、肛门等方式实施猥亵的；

（二）有严重摧残、凌辱行为的；

（三）对猥亵过程或者被害人身体隐私部位制作视频、照片等影像资料，以此胁迫对被害人实施猥亵，或者致使影像资料向多人传播，暴露被害人身份的；

（四）采取其他恶劣手段实施猥亵或者有其他恶劣情节的情形。

第九条 胁迫、诱骗未成年人通过网络视频聊天或者发送视频、照片等方式，暴露身体隐私部位或者实施淫秽行为，符合刑法第二百三十七条规定的，以强制猥亵罪或者猥亵儿童罪定罪处罚。

胁迫、诱骗未成年人通过网络直播方式实施前款行为，同时符合刑法第二百三十七条、第三百六十五条的规定，构成强制猥亵罪、猥亵儿童罪、组织淫秽表演罪的，依照处罚较重的规定定罪处罚。

第十条 实施猥亵未成年人犯罪，造成被害人轻伤以上后果，同时符合刑法第二百三十四条或者第二百三十二条的规定，构成故意伤害罪、故意杀人罪的，依照处罚较重的规定定罪处罚。

第十一条 强奸、猥亵未成年人的成年被告人认罪认罚的，是否从宽处罚及从宽幅度应当从严把握。

第十二条 对强奸未成年人的成年被告人判处刑罚时，一般不适用缓刑。

对于判处刑罚同时宣告缓刑的，可以根据犯罪情况，同时宣告禁止令，禁止犯罪分子在缓刑考验期限内从事与未成年人有关的工作、活动，禁止其进入中小学校、幼儿园及其他未成年人集中的场所。确因本人就学、居住等原因，经执行机关批准的除外。

第十三条 对于利用职业便利实施强奸、猥亵未成年人等犯罪的，人民法院应当依法适用从业禁止。

第十四条 对未成年人实施强奸、猥亵等犯罪造成人身损害的，应当赔偿医疗费、护理费、交通费、营养费、住院伙食补助费等为治疗和康复支付的合理费用，以及因误工减少的收入。

根据鉴定意见、医疗诊断书等证明需要对未成年人进行精神心理治疗和康复，所需的相关费用，应当认定为前款规定的合理费用。

第十五条 本解释规定的"负有特殊职责的人员"，是指对未成年人负有监护、收养、看护、教育、医疗等职责的人员，包括与未成年人具有共同生活关系且事实上负有照顾、保护等职责的人员。

第十六条 本解释自 2023 年 6 月 1 日起施行。

· 指导案例

1. 陈某某、刘某某故意伤害、虐待案①

【关键词】

刑事/故意伤害罪/虐待罪/未成年人/家庭成员/以特别残忍手段致人重伤造成严重残疾

【裁判要点】

1. 与父（母）的未婚同居者处于较为稳定的共同生活状态的未成年人，应当认定为刑法第二百六十条规定的"家庭成员"。

2. 在经常性的虐待过程中，行为人对被害人实施严重暴力，主观上希望或者放任、客观上造成被害人轻伤以上后果的，应当认定为故意伤害罪；如果将该伤害行为独立评价后，其他虐待行为仍符合虐待罪构成要件的，应以故意伤害罪与虐待罪数罪并罚。

3. 对于故意伤害未成年人案件，认定是否符合刑法第二百三十四条第二款规定的以特别残忍手段致人重伤造成"严重残疾"，应当综合考量残疾等级、数量、所涉部位等情节，以及伤害后果对未成年人正在发育的身心所造成的严重影响等因素，依法准确作出判断。

【基本案情】

被告人刘某某系被害人童某某（系化名，女，2014 年 3 月出生）的母亲。刘某某离婚后，童某某由刘某某直接抚养。2019 年 11 月，刘某某结识被告人陈某某，后恋爱并同居。

2020 年 2 月 13 日，被告人陈某某因童某某与父亲视频聊天而心生不满，遂对童某某实施打耳光、踢踹等行为，为此，刘某某将童某某带离陈某某住处，并向陈某某提出分手。2 月 17 日晚，陈某某来到刘某某住处，因分手之事迁怒于童某某，进门后直接将童某某踹倒在地，又对童某某头部、身体、腿部猛踹数脚。次日，刘某某带童某某就医治疗。童某某被诊断为：额部挫伤、颈部挫裂伤。此后，为躲避陈某某，刘某某带着童某某到朋友家暂住。其间，陈某某多次向刘某某表示道歉并请求原谅。同年 3 月 20 日，刘某某与陈某某恢复交往，并带着童某某搬入陈某某住处生活。

之后，在共同生活期间，被告人陈某某经常无故或者以管教孩子等各种借口，通过拳打脚踢、洗衣板殴打、烟头烫等方式伤害童某某，造成童某某身体多处受伤。陈某某还经常采取让童某某长时间跪洗衣板、吞烟头、冻饿、凌辱等方式体罚、虐待童某某。被告人刘某某作为童某某的母亲，未进行有效阻止，放任陈某某对童某某实施伤害和虐待，并时而参与，致童某某轻伤。

2020 年 5 月中旬，被告人陈某某为童某某洗澡，因童某某认为水温不适，陈某某遂故意将水温反复调至最高和最低档位浇淋童某某。被告人刘某某听到童某某喊叫，进入卫生间查看，陈某某谎称水不热，刘某某遂关门离开。洗完澡后，陈某某将童某某带出浴室下跪，刘某某发现童某某身上被烫出大面积水泡，仅为其擦涂烫伤膏，未及时送医治疗。直至同月下旬，童某某伤口感染严重，二被告人才将其送往医院救治。后经他人报警，二被告人被抓获归案。

经鉴定，童某某全身烧烫伤损伤程度达重伤二级（面部烫伤遗留浅表疤痕素改变，残疾等级为七级），另有五处损伤为轻伤一级（其中三处残疾等级为九级）和五处损伤为轻伤二级。另查明，被害人童某某治疗期间支出的医疗费、营养费等共计人民币 202767.35 元。

本案案发后，人民法院依法撤销被害人母亲刘某某对童某某的监护人资格，将抚养权从刘某某变更至被害人父亲，并联系心理医生定期对童某某进行心理辅导，协调解决其入学、生活困难等问题。

【裁判结果】

辽宁省抚顺市新抚区人民法院于 2021 年 10 月 13 日作出刑事附带民事判决：一、被告人陈某某犯故意伤害罪，判处有期徒刑十五年；犯虐待罪，判处有期徒刑二年，决定执行有期徒刑十六年。二、被告人刘某某犯故意伤害罪，判处有期徒刑二年；犯虐待罪，判处有期徒刑一年六个月，决定执行有期徒刑三年。三、被告人陈某某赔偿附带民事诉讼原告人童某某人民币 202767.35 元。宣判后，没有上诉、抗诉，判决已发生法律效力。

【裁判理由】

被告人陈某某与被害人母亲刘某某系同居关系，其与刘某某及被害人童某某处于较为稳定的共同生活状态，已形成事实上的家庭关系。陈某某在与刘某某及童某某共同生活期间，以殴打、体罚、冻饿、凌辱等方式，长期、频繁地对童某某进行摧残、折磨，情节恶劣，已构成虐待罪。被告人刘某某作为童某某的母亲，未采取有效措施阻止、防范陈某某的虐待行为，一再放任，并时而参与，亦构成虐待罪。

在经常性、持续性的虐待过程中，被告人陈某某采用

---

① 案例来源：2024 年 5 月 30 日最高人民法院发布的指导性案例 226 号。

烟头烫、热水淋、拳打脚踢等暴力手段多次直接伤害童某某身体，造成被害人一处重伤、十处轻伤等严重后果，所涉故意伤害行为不能为虐待罪所评价，应当以故意伤害罪论处。被告人刘某某作为童某某的母亲，一再放任陈某某伤害童某某，并时而参与致童某某轻伤，其行为亦构成故意伤害罪。此外，二被告人经常性、持续性的虐待行为亦构成虐待罪，如对二被告人的犯罪行为仅以故意伤害罪论处，并不能全面评价其虐待行为，故应当以故意伤害罪与虐待罪数罪并罚。

根据刑法第二百三十四条的规定，以特别残忍手段致人重伤造成严重残疾的，处十年以上有期徒刑、无期徒刑或者死刑。对于一般故意伤害案件，通常将六级以上残疾视为"严重残疾"。本案中，被害人的身体受损伤程度经鉴定为七级残疾，但被害人身体不同部位遭受伤害造成多处残疾（一处七级残疾、三处九级残疾），对未成年人身心健康损害极其严重。基于此，从最大限度保护未成年人利益出发，经综合判断，将本案所涉情形认定为"以特别残忍手段致人重伤造成严重残疾"，以故意伤害罪对被告人陈某某判处有期徒刑十五年。

在共同犯罪中，被告人陈某某起主要作用，系主犯。被告人刘某某起次要作用，系从犯，到案后如实供述犯罪事实，真诚悔罪，认罪认罚；而且，对于陈某某实施的热水浇淋致童某某全身烧烫伤损伤程度达重伤二级（残疾等级为七级）的行为，刘某某并未直接参与。综合考量二被告人的动机、手段、情节、后果、社会危害性，以及主观恶性和人身危险性，法院依法作出如上判决。

【相关法条】

《中华人民共和国刑法》第234条、第260条

2. 胡某某、王某某诉德某餐厅、蒋某某等生命权纠纷案①

【关键词】

民事/生命权/未成年人/多因一果/侵权责任/按份责任

【裁判要点】

1. 经营者违反法律规定向未成年人售酒并供其饮用，因经营者的过错行为导致未成年人饮酒后遭受人身损害的风险增加，并造成损害后果的，应当认定违法售酒行为与未成年人饮酒后发生的人身损害存在因果关系，经营者依法应当承担相应的侵权责任。

2. 经营者违反法律规定向未成年人售酒并供其饮用、同饮者或者共同从事危险活动者未尽到相应提醒和照顾义务，对该未成年人造成同一损害后果的，应当按照过错程度、原因力大小等因素承担相应的按份赔偿责任。遭受人身损害的未成年人及其监护人对同一损害的发生存在过错的，按照民法典第一千一百七十三条的规定，可以减轻侵权人的责任。

【基本案情】

胡某甲（殁年15周岁）系原告胡某某、王某某之子，其与蒋某某（时年14周岁）、陈某（时年14周岁）系重庆市某中学初中二年级学生。2018年5月19日，胡某甲等人来到重庆市某县德某餐厅为蒋某某庆祝生日，胡某甲提议要喝酒庆祝，蒋某某同意，遂在德某餐厅购买了啤酒，并在该餐厅就餐饮用。胡某甲及蒋某某每人喝了两瓶啤酒后，陈某到达该餐厅。随后，三人又在该餐厅喝了四瓶啤酒。饭后，胡某甲提议外出玩耍，后遇见陈某某、邓某某、张某某、王某某等四人，七人相约至湖边玩耍。在湖边泡脚戏水过程中，胡某甲不慎后仰溺水。众人试图救援，但未能成功。

胡某某、王某某将德某餐厅、其他六名未成年人及其监护人、重庆市某中学等诉至法院，请求共同赔偿胡某甲的死亡赔偿金、丧葬费等损失。另查明，本案共餐和游玩的未成年人均系重庆市某中学初中二年级学生；在日常教学管理中，该中学已经履行教育机构职责，对学生进行了日常安全教育，并完成安全日志、教学笔记等工作。

【裁判结果】

重庆市垫江县人民法院于2019年3月19日作出民事判决：一、由被告德某餐厅赔偿原告胡某某、王某某人民币21183.36元；二、由被告蒋某某的监护人赔偿原告人民币3530.56元；三、由被告陈某的监护人赔偿原告人民币2824.45元；四、由被告王某某的监护人赔偿原告人民币1412.24元；五、由被告邓某某的监护人赔偿原告人民币2118.34元；六、由被告陈某某的监护人赔偿原告人民币2118.34元；七、由被告张某某的监护人赔偿原告人民币2118.34元；八、被告重庆市某中学等不承担责任。宣判后，胡某某、王某某、德某餐厅不服，提起上诉。重庆市第三中级人民法院于2019年8月8日作出民事判决：驳回上诉，维持原判。

【裁判理由】

关于本案各被告是否应当对胡某甲的死亡承担赔偿责任的关键在于：各被告基于餐饮经营者、同饮者、同行者

---

① 案例来源：2024年5月30日最高人民法院发布的指导性案例227号。

等身份在各自的义务范围内是否存在过错,以及该过错与胡某甲溺亡之间是否存在因果关系。

一、关于原告方的责任判定。胡某甲溺水时为初中二年级学生,对自己的行为已经有了一定的认知及判断能力,且已接受学校日常安全教育。本案中,聚餐时胡某甲主动提议饮酒,饮酒后胡某甲实施了下湖戏水等危险行为,且下湖戏水也系由胡某甲提议。胡某甲对自己的死亡存在重大过错。二原告作为其监护人,日常即有放任胡某甲饮酒的情形,且事故发生在周末放假期间,其疏于对胡某甲的管理教育,未履行好监护人职责,对胡某甲的溺亡应当自行承担90%的损失。

二、关于德某餐厅的责任判定。1. 关于德某餐厅是否应当对胡某甲的溺亡后果承担侵权责任。2012年修正的未成年人保护法第三十七条规定:"禁止向未成年人出售烟酒,经营者应当在显著位置设置不向未成年人出售烟酒的标志;对难以判明是否已成年的,应当要求其出示身份证件……"德某餐厅作为餐饮经营者,违反未成年人保护法的相关规定,向未成年人售酒,具有明显的违法性;德某餐厅既未通过要求酒水购买者出示身份证件等方式审慎判断其未成年人身份,亦未设置不得向未成年人出售烟酒的标志,还放任未成年人在餐厅内饮酒,具有明显过错。德某餐厅违法向胡某甲售酒并供其饮用,客观上增加了损害发生的风险,售酒行为与胡某甲溺亡后果之间具有一定的因果关系。因此,德某餐厅应当承担侵权责任。2. 关于德某餐厅责任承担形式的判定。本案中,德某餐厅和其他数个行为人之间在胡某甲溺亡这一损害后果产生前,并无共同意思联络,不构成共同侵权,不承担连带责任。售酒行为并非造成溺亡的直接原因,而是与下湖戏水玩耍等行为结合后,才促成损害后果的发生,单独的售酒行为并不能造成全部损害后果,故德某餐厅不应当对全部损害承担责任。德某餐厅向未成年人售酒并供其饮用,增加了未成年人酒后下湖戏水造成人身损害的风险,是导致其溺亡的间接原因。结合其过错程度、原因力大小,法院判决德某餐厅对胡某甲的溺亡承担6%的责任。

三、关于蒋某某等六名未成年人被告及其监护人的责任判定。蒋某某、陈某与胡某甲共同饮酒,酒后蒋某某、陈某、邓某某、陈某某、张某某与胡某甲一同到湖边玩耍并参与了下湖泡脚、戏水等危险行为,以上被告均知晓或者应当知晓胡某甲下湖具有危险性,蒋某某、陈某与其共饮,蒋某某、陈某、王某某、邓某某、陈某某、张某某未制止胡某甲下湖的危险行为,以上被告未能尽到相互照顾、提醒的义

务,故对胡某甲的溺亡均应当承担责任。综合考虑蒋某某是生日聚会的组织者并参与饮酒、陈某参与饮酒、王某某下湖救援及其他人共同以不同形式参与救援,且六名被告均系限制民事行为能力人等情形,法院确定由蒋某某对胡某甲的溺亡承担1%的责任,由陈某对胡某甲的溺亡承担0.8%的责任,由王某某对胡某甲的溺亡承担0.4%的责任,由邓某某、陈某某、张某某对胡某甲的溺亡各自承担0.6%的责任。因该六名被告均系限制民事行为能力人,侵权责任依法由各自监护人承担。

此外,经营者违反未成年人保护法的相关规定向未成年人售酒,还应依法承担相应行政责任。本案宣判后,人民法院以司法建议方式向相关部门作了提醒。

【相关法条】

《中华人民共和国民法典》第1165条、第1172条、第1173条(本案适用的是2010年7月1日施行的《中华人民共和国侵权责任法》第6条、第12条、第26条)

《中华人民共和国未成年人保护法》第59条(本案适用的是2012年10月26日修正的《中华人民共和国未成年人保护法》第37条)

3. 张某诉李某、刘某监护权纠纷案[①]

【关键词】

民事/监护权/未成年人/婚姻关系存续期间/平等监护权

【裁判要点】

1. 在夫妻双方分居期间,一方或者其近亲属擅自带走未成年子女,致使另一方无法与未成年子女相见的,构成对另一方因履行监护职责所产生的权利的侵害。

2. 对夫妻双方分居期间的监护权纠纷,人民法院可以参照适用民法典关于离婚后子女抚养的有关规定,暂时确定未成年子女的抚养事宜,并明确暂时直接抚养未成年子女的一方有协助对方履行监护职责的义务。

【基本案情】

张某(女)与李某于2019年5月登记结婚,婚后在河北省保定市某社区居住。双方于2020年11月生育一女,取名李某某。2021年4月19日起,张某与李某开始分居,后协议离婚未果。同年7月7日,李某某之父李某及祖母刘某在未经李某某之母张某允许的情况下擅自将李某某带走,回到河北省定州市某村。此时李某某尚在哺乳期内,

---

[①] 案例来源:2024年5月30日最高人民法院发布的指导性案例228号。

张某多次要求探望均被李某拒绝。张某遂提起离婚诉讼，法院于 2022 年 1 月 13 日判决双方不准离婚。虽然双方婚姻关系依旧存续，但已实际分居，其间李某某与李某、刘某共同生活，张某长期未能探望孩子。2022 年 1 月 5 日，张某以监护权纠纷为由提起诉讼，请求判令李某、刘某将李某某送回，并由自己依法继续行使对李某某的监护权。

【裁判结果】

河北省定州市人民法院于 2022 年 3 月 22 日作出民事判决：驳回原告张某的诉讼请求。宣判后，张某不服，提起上诉，河北省保定市中级人民法院于 2022 年 7 月 13 日作出民事判决：一、撤销河北省定州市人民法院一审民事判决；二、李某某暂由上诉人张某直接抚养；三、被上诉人李某可探望李某某，上诉人张某对被上诉人李某探望李某某予以协助配合。

【裁判理由】

本案的争议焦点是：李某某之父李某、祖母刘某擅自带走李某某的行为是否构成侵权，以及如何妥善处理夫妻双方虽处于婚姻关系存续期间但已实际分居时，李某某的抚养监护问题。

第一，关于李某某之父李某、祖母刘某擅自带走李某某的行为是否对李某某之母张某构成侵权。民法典第三十四条第二款规定："监护人依法履行监护职责产生的权利，受法律保护。"第一千零五十八条规定："夫妻双方平等享有对未成年子女抚养、教育和保护的权利，共同承担对未成年子女抚养、教育和保护的义务。"父母是未成年子女的监护人，双方平等享有对未成年子女抚养、教育和保护的权利。本案中，李某、刘某擅自将尚在哺乳期的李某某带走，并拒绝将李某某送回张某身边，致使张某长期不能探望孩子，亦导致李某某被迫中断母乳，无法得到母亲的呵护。李某和刘某的行为不仅不利于未成年人身心健康，也构成对张某因履行监护职责所产生的权利的侵害。一审法院以张某没有证据证明李某未抚养保护好李某某为由，判决驳回诉讼请求，系适用法律不当。

第二，关于婚姻关系存续期间，李某某的抚养监护应当如何处理。本案中，李某某自出生起直至被父亲李某、祖母刘某带走前，一直由其母亲张某母乳喂养，至诉前未满两周岁，属于低幼龄未成年人。尽管父母对孩子均有平等的监护权，但监护权的具体行使应符合最有利于被监护人的原则。现行法律和司法解释对于婚内监护权的行使虽无明确具体规定，考虑到双方当事人正处于矛盾较易激化的分居状态，为最大限度保护未成年子女的利益，参照民法典第一千零八十四条"离婚后，不满两周岁的子女，以由母亲直接抚养为原则"的规定，李某某暂由张某直接抚养为宜。张某在直接抚养李某某期间，应当对李某探望李某某给予协助配合。

【相关法条】

《中华人民共和国民法典》第 34 条、第 1058 条、第 1084 条、第 1086 条

《中华人民共和国未成年人保护法》第 4 条、第 24 条

4. 沙某某诉袁某某探望权纠纷案[①]

【关键词】

民事/探望权/未成年人/隔代探望/丧子老人

【裁判要点】

未成年人的父、母一方死亡，祖父母或者外祖父母向人民法院提起诉讼请求探望孙子女或者外孙子女的，人民法院应当坚持最有利于未成年人、有利于家庭和谐的原则，在不影响未成年人正常生活和身心健康的情况下，依法予以支持。

【基本案情】

沙某某系丁某某的母亲，其独生子丁某某与袁某某于 2016 年 3 月结婚，于 2018 年 1 月生育双胞胎男孩丁某甲、丁某乙。2018 年 7 月丁某某因病去世。丁某甲、丁某乙一直与袁某某共同生活。沙某某多次联系袁某某想见孩子，均被袁某某拒绝。沙某某遂起诉请求每月 1 日、20 日探望孩子，每次 2 小时。

【裁判结果】

陕西省西安市新城区人民法院于 2021 年 6 月 18 日作出民事判决：原告沙某某每月第一个星期探望丁某甲、丁某乙一次，每次不超过两小时，袁某某应予配合。宣判后，袁某某不服，提起上诉。陕西省西安市中级人民法院于 2021 年 9 月 28 日作出民事判决：驳回上诉，维持原判。

【裁判理由】

沙某某系丁某甲、丁某乙的祖母，对两个孩子的探望属于隔代探望。虽然我国法律并未对祖父母或者外祖父母是否享有隔代探望权作出明确规定，但探望权系与人身关系密切相关的权利，通常基于血缘关系产生；孩子的父、母一方去世的，祖父母与孙子女的近亲属关系不因父或母去世而消灭。祖父母隔代探望属于父母子女关系的延伸，符合我国传统家庭伦理观念，符合社会主义核心价值观及

[①] 案例来源：2024 年 5 月 30 日最高人民法院发布的指导性案例 229 号。

公序良俗。隔代探望除满足成年亲属对未成年人的情感需求外,也是未成年人获得更多亲属关爱的一种途径。特别是在本案沙某某的独生子丁某某已经去世的情况下,丁某甲、丁某乙不仅是丁某某和袁某某的孩子,亦系沙某某的孙子,沙某某通过探望孙子,获得精神慰藉,延续祖孙亲情,也会给两个孩子多一份关爱,有利于未成年人健康成长,袁某某应予配合。同时,隔代探望应当在有利于未成年人成长和身心健康,不影响未成年人及其母亲袁某某正常生活的前提下进行,探望前应当做好沟通。

【相关法条】

《中华人民共和国民法典》第 10 条、第 1043 条、第 1045 条、第 1086 条

· 典型案例

1. 在办理涉未成年人案件中全面开展家庭教育指导工作典型案例[①]

一、朱某某、徐某某虐待案
—— 引导树立科学教育观念,源头预防家庭暴力犯罪

【基本案情】

朱某甲(女,案发时 9 周岁)系朱某某与他人非婚生之女。2018 年以来,被告人朱某某及同居女友徐某某因家庭琐事及学习问题,经常采取掐拧、抽打等方式殴打朱某甲。2019 年 10 月,朱某某先后两次使用棍棒、鱼竿支架击打朱某甲左小腿致伤,后因治疗不及时,导致伤口溃烂感染。2020 年 5 月 12 日,朱某某、徐某某因涉嫌虐待罪被江苏省连云港市赣榆区人民检察院提起公诉,后分别被判处有期徒刑十个月和六个月,均适用缓刑。

【家庭教育指导做法与成效】

(一)多角度开展家庭教育指导,引导监护人树立科学教育观念。本案是一起针对未成年人实施的家庭暴力犯罪案件。案件发生后检察机关与关工委就被害人监护问题进行了多次走访,朱某甲表示仍愿意与朱、徐二人继续生活,朱、徐二人也表示愿意改变教育方式,继续履行监护职责。考虑到该案属不当管教引发犯罪,原生家庭更有利于未成年人成长,检察机关遂会同妇联、关工委启动家庭教育指导工作。首先,对朱、徐二人进行训诫,使其认识到其不当管教行为已构成虐待罪,促其端正态度。其次,由区妇联指派家庭教育指导老师,对朱、徐二人进行"一对一"家庭教育指导,引导改变不当教育方式,并将二人拉入由检察机关、妇联、关工委、教育局创建的"怀仁家长学堂"微信群,定期参加指导讲座,在群中分享接受家庭教育指导的体会与感触。同时,发挥"以老励老"作用,由关工委的"五老"成员定期和被害女童祖父母进行沟通交流,让其监督教育朱、徐二人,以亲情感化帮助修复被破坏的亲子关系。

(二)持续跟踪家庭监护状况,巩固家庭教育指导成效。检察官多次入户家访,详细了解朱某甲的身体康复情况,督促朱、徐二人切实履行好监护职责。与村委会保持经常性联系,请其协助跟踪考察朱某甲监护改善情况。通过电话回访朱某甲的老师,了解其学习成绩、在校表现等情况。经过四个月的教育督促和指导,朱某甲一家的亲子关系得到明显改善,朱某某、徐某签署《监护承诺书》,家庭生活恢复正常。

(三)建立常态化工作机制,源头预防未成年人遭受家庭暴力。赣榆区检察院、妇联、关工委会签了《关于联合开展家庭教育指导工作的实施细则》,将成功经验转化为常态化机制。一是建立未成年人被侵害线索排查和反馈机制。通过妇联、关工委、学校、派出所等多个渠道,在全区 15 个乡镇进行排查,共对 3 名有轻微家暴情形的监护人予以训诫,对 22 名履职不当、监护缺失的家长进行家庭教育指导。二是形成具有本土特色的"检家"联动机制,通过妇联的基层"妇女之家"、"婆婆妈妈大舞台"等平台,由检察官开展法治宣讲,传递科学教育理念。三是充分发挥关工委的"五老成员"作用,监督未成年人的父母或其他监护人,重点针对由祖父母承担日常监护责任的留守儿童群体,强化监护意识,提高监护能力,防范家庭暴力等违法犯罪行为的发生。

【典型意义】

家庭暴力对未成年人身心伤害大,影响持久深远。家庭暴力案件的发生暴露了部分监护人的未成年人保护理念淡薄、家庭教育观念错位和监护能力不足。检察机关办理家庭暴力犯罪案件,对于尚未达到撤销监护资格的监护人,应当联合妇联、关工委开展家庭教育指导,找准问题根源,引导扭转落后的教育观念,矫正不当监护行为。同时,应当适当延伸司法保护触角,通过开展线索排查、法治宣传等,做好家庭教育指导的前端工作,源头预防监护侵害行为发生。

[①] 最高人民检察院、中华全国妇女联合会、中国关心下一代工作委员会 2021 年 10 月 25 日发布。

二、陈某盗窃案

——构建规范化工作机制,有力解决未成年人失管问题

【基本案情】

2021年2月5日,陈某因涉嫌盗窃罪被依法逮捕,其女儿陈某甲(6周岁)因无人监护暂由当地社会福利中心临时监护。同年2月25日,陈某被浙江省杭州市萧山区人民法院以犯盗窃罪判处有期徒刑六个月。经查,陈某还于2019年6月10日因犯盗窃罪被判处有期徒刑七个月。由于陈某系未婚生育陈某甲,在其服刑期间,陈某甲被安置在福利院临时监护。

【家庭教育指导的做法与成效】

(一)强化线索发现机制,主动开展失管未成年人家庭教育指导工作。为规范未成年人家庭教育指导工作,杭州市萧山区人民检察院、区妇联等部门制定了《杭州市萧山区亲职教育工作实施办法》和《关于建立家庭成员侵害未成年人权益案件联合干预制度的意见》,明确家庭教育指导对象,并将事实无人抚养未成年人纳入工作范围。在本案办理过程中,检察机关针对陈某多次实施犯罪导致陈某甲无人抚养以及法律观念淡薄、监护主体意识不强等问题,联合妇联、民政等部门开展综合评估,认为对陈某确有监护干预必要,随后启动家庭教育指导程序。

(二)规范工作流程和模式,保证家庭教育指导的科学性、系统性。萧山区检察院、妇联、关工委联合创建了"三会两评估"(启动初期、中期、结束三次联席会议,家庭教育指导效果评估与监护评估两项评估)和"亲职见习期"(家庭教育指导结束后6个月,由村社妇联家访观察)等制度,形成系统化的家庭教育指导工作模式,并开发家庭教育指导APP,设置"家庭教育课程""监护评估""亲职教育效果评估"等7个应用场景模块,建立家庭教育指导工作基地,高效开展家庭教育指导工作。本案中,家庭教育指导程序启动后,专业社工在家庭功能测验、多维度访谈、妇联家访观察等基础上制定了针对性的家庭教育指导工作方案。为陈某设置了三个月的家庭教育指导期和六个月的亲职见习期。第一个月重点进行预防再犯罪法治教育以及监护职责教育和心理干预,促进提升监护意识;第二个月重点链接包含"如何帮助孩子重建安全感""营造良好家庭氛围——重建亲子关系""父母良好价值观及行为对孩子的正向影响"等系列家庭教育指导课程,提升沟通技巧、情绪管理能力,配套开展亲子沙龙、亲子公益活动等,增进亲子关系;第三个月,再次进行家庭功能测验,并根据前两个月工作情况进行总结评估和效果巩固。在方案实施过程中,由妇联安排陈某所在村妇女干部作为家庭教育指导观察员定期开展家访观察,动态掌握家庭教育指导情况,适时调整工作进度与节奏。

(三)建立效果评估机制,提升家庭教育指导工作刚性。萧山区检察院牵头开发家庭教育指导数字平台,针对被教育对象进行"一人一码"三色动态监管,根据被教育对象打卡情况以及基层妇联工作人员、社工录入的家访观察、家庭教育指导等情况,实现动态监管和后期监护能力评估。同时,针对陈某起初两次不配合接受家庭教育指导的情况,萧山区检察院向其制发督促学习令,通报所在村妇联、村委会以及村社民警,经评估后将家庭教育指导期调整为四个月,并告知其对于拒不接受家庭教育指导或者依然存在失管失教情形,情节严重的,检察机关有权建议并支持撤销其监护人资格。经过批评教育,陈某认识到自身存在的问题和可能面临的法律后果,态度发生很大转变,开始自觉参加并积极配合家庭教育指导工作,最终顺利完成了所有课程任务。

(四)家庭教育指导与关爱救助并重。针对在家访观察中发现的陈某缺乏工作技能、工作意愿低等问题,检察机关指派心理专家对其进行专门指导干预,并为其提供餐饮、西点制作技能培训,帮助其获得一技之长。针对陈某甲因没有落户导致的无法正常接受义务教育问题,萧山区检察院、教育、民政、公安、妇联、关工委等部门共同努力,顺利为陈某母女办理了落户手续,并为陈某甲就近联系学校入学。

【典型意义】

失管未成年人家庭教育指导是一项尚处起步阶段的工作,系统性、专业性、强制性不足一直是实践中亟待破解的问题。杭州市萧山区检察院、妇联、关工委联合探索建立的规范化家庭教育指导工作模式,突出问题导向和效果导向,实现全程闭环管理,工作成效明显。为充分发挥家庭教育指导在预防未成年人犯罪、强化未成年人保护方面的作用,检察机关在办案过程中不仅要关注涉案未成年人家庭监护状况,也要重视失管失教未成年人监护问题,适时提供必要的指导和帮助,避免未成年人因监护缺失走上违法犯罪道路或遭受不法侵害。

三、李某涉嫌抢夺罪被不起诉案

——提高家庭教育指导针对性,推动严重不良行为未成年人矫治

【基本案情】

犯罪嫌疑人李某,男,作案时14周岁,初中肄业。2021年4月12日,李某驾驶汽车,搭载两名成年犯罪嫌疑人林某、杨某,尾随驾驶二轮摩托车的被害人吴某,伺机夺取财物。在林某伸手抢夺过程中,被害人吴某因失去平衡与李

某驾驶的汽车发生碰撞后倒地受伤,随后三名犯罪嫌疑人逃离现场。经鉴定,被害人吴某属轻微伤。因李某未达到法定刑事责任年龄,四川省成都市新都区人民检察院于2021年5月21日对李某依法作出不批准逮捕决定。

【家庭教育指导做法与成效】

(一)深入开展社会调查,准确评估家庭教育状况和问题。对未达刑事责任年龄未成年人,检察机关没有一放了之。为全面了解导致李某犯罪的深层次原因,成都市新都区人民检察院对李某的成长生活轨迹进行了深入调查,详细询问监护人、走访邻居、教师、社区工作人员,委托心理咨询师对其开展心理测评。经调查发现,李某系弃婴,被养父母抚养长大。幼年时李某常有偷拿家中零钱的不良行为,上初中后缺乏管教沾染不良习气。2020年因盗窃电动车被公安机关抓获,经教育后被其父领回,在此过程中李某得知自己并非亲生,与父母隔阂更为严重,随后长期流浪不归。在对李某抚养监护过程中,李某父母的态度从起初的教育方式简单粗暴逐渐演变为不管不问。心理测评发现李某存在轻度的焦虑、强迫和抑郁,生存能力和心理成熟度欠缺。

(二)制定个性化方案,督促履行监护职责。针对李某的家庭教育问题,检察机关、妇联、关工委召开联席会议,制定个性化家庭教育指导方案。针对李某父母监护缺位和管教方式不当等问题,从调整沟通方式、改善家庭氛围、学习教养知识、改变教养方式、提升教育理念、引导教育发展等六个方面规划具体的家庭教育指导课程,通过家庭心理辅导对李某及其父母进行心理疏导、认知干预和行为矫正,在家庭教育专家引导下,通过亲子游戏等活动辅助修复家庭关系,以有效的沟通重新唤起亲情,影响亲子关系的心结逐渐得以解开。同时,妇联依托"姐妹心理驿站"推介心理咨询师对李某开展心理测评,根据其生存能力和心理成熟度欠缺的测评结果予以引导和干预,关工委组织"五老"志愿者、社工结对关爱,与检察机关共同劝导父母切实承担对李某的监护责任。

(三)各部门联动协作,实现效果最大化。通过家庭教育指导,李某家庭关系明显改善,但李某长期辍学对其成长极为不利。为帮助李某重返学校,检察机关、妇联、关工委共同拟定工作方案,在安排李某返回户籍所在地与父母团聚后,立即启动家庭教育指导异地协作机制,两地通力合作,检察机关联系教育部门助力,妇联充分发挥妇儿工作平台优势、动员社会力量支持,关工委积极组织离退休老专家、老模范发挥专长帮扶到人,共同为李某提供就学协助。目前,李某回归家庭后表现良好,亲子关系融洽,新学期开学已赴一所初中就学。

【典型意义】

未成年人犯罪通常与成长环境及教育失当有着密切关系。对于因未达法定刑事责任年龄而不予追究刑事责任的未成年人,其父母应切实承担起监督管教的责任。相关部门通过家庭教育指导提升父母监护能力、改善家庭环境,是帮助严重不良行为未成年人回归正轨,预防重新犯罪的有效手段。不同家庭情况千差万别,家庭教育指导应坚持因人而异、对症下药。相关部门在开展家庭教育指导工作时,应针对具体问题、契合家庭实际、照顾个体特点,确保工作的针对性和实效性。

四、陈某甲涉嫌盗窃被不起诉案
——督促监护与家庭教育指导有机结合,促进落实家庭保护责任

【基本案情】

陈某甲,男,作案时17周岁。2021年1月,陈某甲先后两次来到某居民楼下,将停放在楼下的一辆两轮电动车及一辆两轮摩托车盗走。经鉴定,被盗车辆价值共2860元。陈某甲被抓获归案后,如实供述犯罪事实,积极退赃并取得了被害人谅解。河南省固始县人民检察院经不公开听证,决定对陈某甲作附条件不起诉,并对其开展家庭教育指导。

【家庭教育指导做法与成效】

(一)找准监护问题症结,依法制发《督促监护令》。听证会结束后,在听证人员的见证下,针对陈某甲父亲家庭教育失当、监护不力、疏于管教等问题,检察官对其父亲进行训诫,并以"家长和孩子一起成长"为主题当场进行了一次家庭监护教育。随后,检察官向陈某甲父亲依法送达了《督促监护令》,提出重点监护举措,包括认真分析自己在教育孩子上存在的问题,更新教育理念,改变教育方法;多抽时间与孩子相处,加强与孩子的沟通交流,让孩子感受家庭的温暖;通过限制上网时间等措施帮助孩子戒除网瘾;定期参加家庭教育指导活动,按时报告监护情况及孩子表现。陈某甲父亲当场承认自己监护失职,签署了《监护教育承诺书》,自愿接受监督考察。

(二)以家庭教育指导引导履行监护职责,确保《督促监护令》落地见效。固始县妇联为陈某甲家庭量身设计了个性化教育指导方案,根据《督促监护令》提出的要求有针对性地安排家庭教育指导课程,并联合县检察院制定《监护考察工作计划表》,由县检察院会同当地派出所、村委会工作人员、心理咨询师、司法社工组成监护考察组,通过每月至少一次线上联络,一次线下走访,监护人每月报告行为记录等方式,引导陈某甲的父亲自觉承担监护义务,改变不当教育方式,教导陈某甲重新树立正确的价值观。经过帮

教和家庭教育指导,陈某甲父子相处融洽,交流增多,陈某甲性格日渐开朗,考察回访发现陈某甲现随父亲在一家企业打工,工作认真负责,督促监护取得初步成效。

(三)机制化协作联动,推动形成六大保护工作合力。固始县检察院联合妇联、关工委等部门建立共同监护考察的配合衔接机制,进一步推进督促监护工作落实落细。组建"爱的港湾"公益巡讲团,举行"走千村"活动,开展"家长和孩子一起成长"公益课堂,让家庭教育指导"面对面"。录制微视频、制作家庭教育指导课件,通过各单位公众号发布,让家庭教育知识进社区、进家庭,向更多的家长宣讲家庭教育知识,增强监护人的监护意识和教育的主动性。疫情期间,针对家庭暴力案件增多的问题,及时开设"爱家抗疫家庭教育"微课堂,开展线上家庭教育公益讲座。

【典型意义】

对因家庭管教不当导致犯罪的未成年人,在对其开展帮教挽救的同时,应当下大力气解决家庭监护问题。监护督促令与家庭教育指导均为近年来检察机关加强监护权监督的创新工作机制,旨在推动解决涉未成年人案件背后家庭监护不力这一难点问题,促进落实家庭保护责任。监护督促令侧重督促和干预,家庭教育指导侧重引导和帮助,两项制度有机融合,刚柔并济,能够更好推动监护人履职,提升未成年人保护质量和效果。

五、未成年人张某某被性侵案
——整合优质资源,推动家庭教育指导专业化发展

【基本案情】

张某某(女,案发时13周岁)初中辍学,跟随母亲在福建省惠安县一家餐饮店打工,其父亲常年外出务工不在家,母亲忙于生计无暇监管。由于缺乏家庭温暖,张某某急于寻找所谓的"安全感",与多名前来餐饮店就餐的男子发生性关系,更在其父母同意下与其中一人订立婚约。涉案的多名男子因明知张某某未满十四周岁的幼女,仍与其发生性关系,涉嫌强奸罪,检察机关依法提起公诉。

【家庭教育指导做法与成效】

(一)建立"1+N"保护小组,专业化办案与社会化服务有效衔接。近年,惠安县检察院紧盯农村儿童监管难问题,与妇联、关工委探索家庭教育指导工作与"惠女"精神深度融合,建立专门的家庭教育指导工作队伍,组建由承办检察官、护童观察员、司法社工、家庭教育指导者、心理咨询师组成的"1+N"保护小组,规范化开展相关工作。本案中,针对张某某监护人存在的监护不当、履责不力的问题,检察机关因案施策,联合妇联、关工委,依托妇女之家、儿童之家平台,吸收妇联家庭教育指导者、关工委"五老"等老同志组建"家教讲师团",量身设计符合张某某家庭的个性化家庭教育指导方案,帮助张某某父母强化监护意识,履行家庭教育主体责任,加强亲子沟通,改善亲子关系,切实提升家庭教育指导的质量和效果。

(二)建立保护日志,保证家庭教育效果。利用护童观察员贴近群众的优势,通过护童观察员和司法社工定期走访,全面掌握张某某现状,为其单独建立保护日志,将张某某及其家庭生活实际、思想动态等情况及时向保护小组反馈,便于及时调整家庭教育指导措施,点对点开展定制式和阶段式相结合的保护救助计划,进一步提升家庭教育水平。

(三)根据需求转学复学,家庭教育指导与保护救助结合推动。考虑到张某某在义务教育阶段即辍学,且张某某本人有复学的意愿,检察机关在未成年人保护委员会工作机制下充分发挥职能作用,多次与教育行政部门沟通协调,为张某某办理复学手续。同时,鉴于张某某就学期间存在被校园欺凌的问题,检察机关在征询其本人意见后,将张某某转学至其家附近的另一所学校就读。

【典型意义】

家庭教育指导工作专业性强,各级检察机关、妇联组织、关工委在合力做好涉案未成年人家庭教育指导工作的同时,应注意带动、加强专业人才队伍建设,支持、培育社会力量参与家庭教育指导工作。通过委托服务、项目合作等多种方式,鼓励社会工作服务机构深入研究、积极开展教育行为矫正、亲子关系改善等课题的理论研究和实践探索,逐步培养一支稳定、专业、可靠的专家型家庭教育指导社会力量。

2. 在办理涉未成年人案件中全面开展家庭教育指导工作典型案例(第二批)[①]

案例一 左某盗窃案
——重塑家庭支持体系 父母转变推动孩子改变

一、基本案情

2020年8月7日凌晨,犯罪嫌疑人左某(作案时16周岁)在浙江省义乌市福田街道以"拉车门"方式实施盗窃。同年10月21日左某被公安机关抓获归案。经查,2020年7月以来,左某以"拉车门"方式盗窃三次,窃得财物共计价值人民币500元。2021年5月19日,义乌市公安局将

[①] 最高人民检察院2023年5月24日发布。

该案移送检察机关审查起诉。同年8月16日,浙江省义乌市人民检察院对左某作出相对不起诉决定。

二、家庭教育指导做法与成效

(一)深入分析犯罪原因,及时发现家庭教育问题。受理案件后,检察机关对左某情况进行了全面调查,详细了解左某的成长经历、生活轨迹、家庭状况。经查,左某幼年系留守儿童,由祖父母隔代抚养,父母长期在外务工并在其7岁时离婚。母亲改嫁外省后再未与其联系。左某15岁辍学后跟随父亲、祖父到浙江务工。左某祖父酗酒、赌博,父亲经常对其辱骂、指责。因父子关系紧张,左某长期不回家,以打零工为生,结识不良朋友后学会"拉车门"盗窃。2019年至2020年,左某先后多次实施盗窃,因未满16周岁受到公安机关行政处罚。综合分析,家庭因素是导致左某犯罪的深层次原因。通过改善家庭教育环境和针对性的教育矫治,左某有望回归正途。检察机关遂决定启动对左某家庭成员的家庭教育指导工作。

(二)突出个性指导,跟进强制督促,系统重塑家庭支持体系。义乌市检察院依托与妇联、关工委、团委共建的未成年人检察社会支持中心,对左某及其家庭进行了历时10个月的帮教、指导。在对左某有针对性地开展心理疏导、行为矫治的同时,从家庭结构、亲子互动、教育方式、支持系统、外部力量五个维度对其家庭成员进行了系统的帮助指导。一是唤醒责任意识。针对左某父亲对孩子关爱不够、监护不力的问题,检察机关向左某父亲送达《督促监护令》,责令其依法履行监护职责。帮助其认识到亲子关系对未成年人成长的重要影响。从重塑亲子关系、扭转暴力沟通、转换思维方式、加强情绪疏导四个方面,指导其改变辱骂、否定的教育方式。二是弥补角色缺位。针对左某长期缺乏母爱的问题,检察官辗转找到其母亲,进行释理训诫、释法说案,促使左某母亲以"一周一通话"等方式加强与左某联系,主动修复断裂的母子关系。指导团队还发动左某祖母、堂姐作为"重要他人力量"参与其中,共同构建和谐家庭氛围。三是纠正不当行为。针对左某祖父不良生活习惯和不当行为方式给左某带来的负面示范影响,指导团队从关工委组建的"五老"志愿者队伍中选派经验丰富的志愿者与左某祖父结对,以"一周一走访"方式督促左某祖父改变不良生活习惯。经过50余次心理疏导、30余次教育指导和持续不断的跟踪监督,左某家庭环境明显改善。

(三)建立家庭教育指导基地,提升涉案未成年人家庭教育指导专业性与长效性。义乌市检察院在对涉案未成年人全面落实家庭教育指导工作过程中,充分认识到多部门协作与专业力量的重要性,遂以该案办理为契机,报经金华市人民检察院审查研究,继而由市级检察院联合妇联、关工委等部门,升级"金华家长大学平台",共建"一心守护"家庭教育指导基地,形成"训诫+督促监护令+家庭教育指导"融合机制。自2022年6月1日成立以来,已指派家庭教育指导专家参与个案会商、督导22件,针对疑难个案提供家庭教育指导方案8件,开展家庭教育志愿者、社工培训会6场,受教育人数180余人,建立联席会议机制、互动交流机制,极大提升了未成年人检察工作环节家庭教育指导工作的专业性与长效性。

三、典型意义

家庭环境对未成年人成长影响深远。对于未成年人因家庭教育和监护不当导致认识和行为偏差,最终走上违法犯罪道路的案件,改变家庭环境是帮助未成年人回归正途的重要条件,以父母转变推动孩子改变。在办理家庭因素影响的未成年人涉罪案件中,办案部门应高度重视家庭教育指导工作,通过系统性、针对性的措施和手段,改变监护人教育方式,改善家庭关系,解决未成年人家庭成员角色缺位缺失问题,重塑家庭支持体系,为未成年人健康成长提供有力支撑。此外,检察机关、妇联组织、关工委在充分积累个案经验的基础上,应积极推动构建长效工作机制,培养稳定、专业的家庭教育指导人才队伍,使涉案未成年人家庭教育指导工作规范、高质量发展。

案例二 胡某某故意伤害案
——坚持最有利于未成年人原则 用心做好监护监督工作

一、基本案情

胡某某系被害人杨某某(案发时10周岁)亲生母亲。2019年底至2021年11月,胡某某多次因学习、日常管教等问题,对杨某某实施抓头往墙上撞、热水冲烫身体、掐脖子、咬手、用衣架、溜冰鞋、数据线殴打等伤害行为,致使杨某某身体损伤,经鉴定,损伤程度轻伤一级。2022年10月9日,广东省深圳市光明区人民检察院以胡某某涉嫌故意伤害罪提起公诉。同年11月10日,光明区人民法院以故意伤害罪,判处胡某某有期徒刑一年六个月,缓刑三年。

二、家庭教育指导做法与成效

(一)通过家庭教育指导解决监护侵害根源问题,坚持最有利于未成年人原则开展监护监督工作。本案是一起监护侵害案件,经社区网格员报告发现。公安机关受理案件后,第一时间告知检察院相关情况,并商请就被害人安置等问题提出意见。检察机关介入后与妇联等部门进行了会商,对杨某某监护情况进行了全面调查评估。经调查了解,杨某某所处家庭为重组家庭,母亲胡某某与丈夫关系不佳。胡某某曾遭遇前夫家庭暴力,情绪控制能力弱,有暴力教养习惯。胡某某的暴力教育方式与其养育压力大、教育能力不足、个人生活经历等密切相关。评估认为,本案具备通过家庭教育指导改变监护人错误认知和行为方式的可能性。从未成年人长远成长需要考虑,建议对胡某某开展强制家庭教育指导,并进行监护能力动态评估,尽力修复杨某某原生家庭环境。经检察机关、公安机关、民政部门等协商一致,先由民政部门对杨某某进行临时监护,同时,对胡某某启动家庭教育指导工作。

(二)各环节接续发力,将家庭教育指导有机融入司法办案全过程。转变监护人教养习惯需要长时间持续帮助、督促。为保证家庭教育指导工作在各诉讼环节不脱节,检察机关充分发挥前承公安、后启审判的职能优势,努力推动该项工作贯穿于司法办案全过程。案件侦查阶段,在与检察机关的协商沟通下,公安机关向胡某某发出了《责令接受家庭教育指导令》,对胡某某夫妇进行训诫。同时,检察机关、妇联、关工委与司法社工、社区社工等共同组成家庭教育指导专家组,启动对胡某某的家庭教育指导工作。审查起诉阶段,在继续对胡某某开展家庭教育指导的同时,专家组对胡某某监护能力进行了定期评估。审查起诉时,检察机关将胡某某悔罪表现、家庭教育能力提升情况随案移送法庭,并建议法庭将上述情况作为判处刑罚的参考。在案件审理和执行阶段,法庭参考检察机关提供的情况,宣布对胡某某适用缓刑,并将家庭教育后续跟踪纳入三年缓刑考验期管理。2022年12月8日,检察机关与民政、妇联等部门共同组织召开了不公开听证会,结合家庭教育指导效果和杨某某本人意愿,经会商决定对杨某某恢复家庭监护,并继续跟踪杨某某监护状况。

(三)精准、全面帮助支持,保证家庭教育指导整体效果。本案中,对胡某某进行家庭教育指导的切入点在于观念态度的转变和家庭教育能力的提升。为此专家组围绕减压、情绪管理、教养技巧、法治教育等制定了详细的指导计划。经过四周的教育指导,胡某某认识明显改变,表示"感到后悔,也庆幸自己没有失手将孩子伤害得更重"。此后,指导团队开展了每两周一次的会谈,对胡某某开展创伤辅导、心理教育等,提高其情绪觉察及管理能力、家庭教养能力。经过七个月的指导帮助,胡某某的不合理认知、与孩子的沟通方式、沟通频率和亲子关系均明显改善。在对胡某某开展家庭教育指导的同时,检察机关委托专业力量对被害人杨某某开展了针对性的心理疏导和救助保护。杨某某心理创伤已经修复,与胡某某关系融洽。

三、典型意义

监护人侵害被监护未成年人合法权益构成犯罪的,不仅要依法对监护人作出刑事处罚,还应对涉案家庭进行监护干预。如何干预、采取何种方式干预是关系被侵害未成年人未来成长的重要问题。检察机关在办理监护侵害案件,对待"问题父母"时,不能简单地"一诉了之",更不能将监护人监护资格"一撤了之"。应该全面调查未成年人家庭情况,系统评估监护问题,坚持最有利于未成年人原则,监督家庭保护责任落实。能通过家庭教育指导、督促监护等方式改变监护人监护方式,有效保护未成年人的,要充分扎实做好指导帮助工作,为未成年人创造和睦、安全的原生家庭环境。监护人严重侵害未成年人,不宜继续担任监护人的,及时支持相关主体提起撤销监护权诉讼。在开展家庭教育指导工作中,应注意精准评估需求、找准工作切入点,科学合理施策,持续跟踪巩固。将家庭教育指导与司法办案有机融合,切实保证指导效果。

案例三　朱某、印某抢劫案
——帮教与督促监护相结合　帮助罪错未成年人回归正途

一、基本案情

朱某(作案时15周岁)与印某(作案时16周岁)合谋抢劫他人手机。2021年7月10日凌晨3时许,二人来到网吧寻找作案对象。朱某见杨某有部红色小米手机,便将杨某带至网吧旁的巷子里,通过拳打脚踢方式逼迫杨某交出手机。返回网吧后,朱某又见陈某有部手机,以借用为名索要遭拒。后印某强行将陈某带至网吧旁的巷子里欲逼迫其交出手机,因网管发现未得逞。2021年10月5日,江苏省淮安市公安局清江浦分局以朱某、印某涉嫌抢劫罪将该案移送江苏省淮安市清江浦区人民检察院审查起诉。同年10月29日,根据朱某、印某的犯罪情节和认罪悔罪态度,检察机关以朱某涉嫌抢劫罪向法院提起公诉,对印某作出附条件不起诉决定。同年12月29日,法院以抢劫罪判处朱某有期徒刑一年五个月,缓刑二年,并处罚金两千元。2022年6月30日,检察机关对印某作出不起诉决定。

二、家庭教育指导做法与成效

(一)全面调查评估涉罪未成年人监护状况,及时开展督促监护和家庭教育指导工作。调查发现,印某父母平常忙于生计,对印某疏于关心教育。因教育管束不够,印某缺乏辨别是非的能力,在不良朋友的影响下出现认知偏差。2020年7月22日,印某伙同丁某(丁某因犯盗窃罪被法院判处有期徒刑六个月)实施盗窃行为,因其未达刑事责任年龄未予追究刑事责任。发现印某实施严重不良行为后,其父母仍未对其进行有效管教,导致其行为偏差一步步加剧,最终参与了更为严重的抢劫犯罪。针对上述情况,检察机关认为,挽救印某回归正途,避免印某再次犯罪，不仅需要对其本人进行有针对性的教育矫治，也需要对其父母进行有效的督促监护和家庭教育指导。检察机关遂联合妇联、关工委启动对印某父母的家庭教育指导工作，让"不合格"家长及时"补课"。

（二）依托附条件不起诉制度，着力提升家庭教育指导强制力。针对印某个人及其家庭情况，检察机关将家庭教育指导作为附带条件，"嵌入"附条件不起诉程序中。在宣告附条件不起诉决定时告知父母接受家庭教育指导。决定作出后，印某父母积极配合司法机关的安排，严格按照指导组要求，按时完成了八个月的家庭教育指导课程，并与印某共同参加公益活动。课程结束后，经过评估，二人监护意识和监护能力明显提升，与印某的亲子关系明显改善。本案中，未成年人朱某也存在父母外出务工、祖父母隔代抚养、有效监护缺位的情况。为此，检察机关联合法院向朱某家长制发家庭教育指导令，强制督促其"依法带娃"，推动司法局将朱某家长接受家庭教育指导作为社区矫正的一项重点内容，确保家庭教育指导落到实处。

（三）强化部门协作，不断推动家庭教育指导工作规范化建设。检察机关与妇联、关工委建立家庭教育指导配合协作机制，对家庭教育指导工作进行细化规范，将家庭教育指导必要性作为社会调查内容，明确家庭教育评估、方案制定、实施及跟踪回访等各个环节的具体要求。检察机关、妇联、社区共同设立家庭教育指导基地，联合开发《家庭教育与预防未成年人犯罪》《未成年人心理健康之亲子沟通有秘诀》等课程。基地自建成以来，已对40余名未成年人及其家长开展为期3-6个月的家庭教育指导，均取得很好效果。

三、典型意义

未成年人行为偏差往往与成长环境和家庭教育方式密切相关。将涉罪未成年人帮教与监护人家庭教育指导相结合，有利于提高罪错未成年人矫治成效，也有利于预防未成年人再次犯罪。检察机关在办理未成年人犯罪案件时，应注意发现罪错未成年人家庭教育中存在的问题，引导监护人正确管教子女，发挥教育、引导未成年人的积极作用。对于怠于履行教育职责的监护人，要注意运用法律手段提升家庭教育指导的强制性，以强制力保证执行力，督促"甩手家长"依法、用心带娃。

案例四　张某某探望权执行监督案
——家庭教育指导助力破解探望难题　多方合力护佑离婚家庭子女健康成长

一、基本案情

2016年3月，王某某、张某某经上海市宝山区人民法院调解离婚，二人所育儿子王某星（2014年生）由父亲王某某抚养，母亲张某某具有探望权。民事调解书生效后，王某某长期不积极履行协助探望义务，以各种理由阻碍张某某探望儿子。张某某为此多次向法院申请强制执行，均未取得根本性改善。

二、家庭教育指导做法与成效

（一）通过家庭教育指导促使监护人转变认识，从根本上解决探望权落实难题。由于探望权长期不能得以实现，2022年1月，张某某向宝山区检察院求助。检察机关调查发现，2016年以来，张某某就探望权问题先后8次向法院申请强制执行。每次执行过程中，王某某均向法官承诺会履行协助探望义务，但实际上却以各种理由阻碍张某某看望儿子，甚至引导儿子远离母亲，不仅侵犯了王某某的探望权，也对王某星的成长造成非常不利的影响。王某星一方面想迎合父亲，另一方面又很思念母亲，在两难之中煎熬，性格变得胆小内向。为有力保护未成年人，宝山区检察院依法启动民事执行监督程序。针对探望权人身属性强，需要长期履行，如果被执行人不主动配合，仅依靠传统强制执行手段难以实现良好效果的情况，2022年2月，宝山区检察院向宝山区法院制发《家庭教育指导建议书》，建议法院在强制执行过程中对被执行人开展家庭教育指导，引导其树立正确的子女抚养理念，从根本上解决探望权"执行难"问题。法院采纳检察机关建议，在向王某某送达《案件执行通知书》的同时送达《家庭教育令》，责令其依法履行协助探望义务，并在指定时间地点接受家庭教育指导。

（二）充分运用心理学理论、手段，有针对性地开展家庭教育指导工作。为有针对性地做好家庭教育指导工作，宝山区检察院委托青少年事务社工和心理咨询专家通过社会调查和心理访谈等方式，进行了深入的调查评估。调查发现，王某某与张某某双方家庭一直存在矛盾，王某某因顾虑老人的态度而阻碍探望。要让王某某从内心上接受并愿意协助离异妻子与儿子联系、交流，必须打开其"心结"。针对这一情况，心理咨询专家制定针对性的工作方案，通过心理照护、情绪疏导和认知改变的方式对王某某进行教育指导，帮助其充分认识自己的行为动机以及父母关系对孩子心理的影响，以及一旦出现"家庭关系三角化"后其将面临的不良后果。通过心理咨询专家分阶段、分层次的介入，王某某最终打开"心结"，放下成见，愿意与前妻共同做好儿子的教育保护工作。

（三）监督与帮助双管齐下，保障家庭保护责任落实。在对王某某开展家庭教育指导的同时，检察机关会同人民法院组织双方召开座谈会，进行释法说理，向王某某阐明不履行探望义务的法律后果。同时，宝山区检察院联合宝山区法院探索建立"探望监督人制度"，委托青少年事务社工作为探望监督人，协调、督促王某某如约安排母子会见，并由女性社工全程陪伴、引导，保障每次探望时间不少于4小时。经过多方引导、帮助和监督，最终王某某与张某某就探望权具体执行方式达成共识。王某某如期协助张某某探望儿子，并在六年来首次邀请张某某陪同儿子过生日，亲子关系逐渐融洽。该案也顺利"案结事了"，张某某未再申请强制执行。

三、典型意义

夫妻双方离婚后，一方拒绝、妨碍、阻挠另一方行使探望权的情况时有发生。父母双方的对立冲突和一方关爱保护的缺失，会对未成年人身心健康造成严重不利影响。孩子在矛盾复杂的父母关系中成为"夹心人"，情感失衡，甚至抑郁焦虑，久而久之，认知和行为会形成偏差。保障探望权稳定、有效行使是保护离婚家庭未成年子女健康成长的重要内容，是司法机关的重要职责。然而，探望权人身属性强，仅靠强制执行难以保障长期效果。因此，有必要通过家庭教育指导帮助未成年人父母转变家庭教育理念，从根本上解决被执行人"不想执行""不愿执行"的问题。检察机关可将家庭教育指导融入涉未成年人民事执行监督工作中，通过监督与帮助同步实施，推动家庭保护责任落实，为未成年人提供更加全面的司法保护。

案例五 徐某某、武某某介绍卖淫、强迫卖淫案
——推动社会支持力量欠缺地区家庭教育指导队伍建设

一、基本案情

2021年7月，徐某某伙同武某某（作案时16周岁）先后两次介绍陈某某到山东青州从事卖淫活动。同年7月下旬，在陈某某非自愿的情况下，徐某某、武某某强迫陈某某继续卖淫。2021年12月17日、2022年3月25日，山东省青州市人民检察院以介绍卖淫罪、强迫卖淫罪对徐某某、武某某分案提起公诉。经法院审理，徐某某因犯介绍卖淫罪、强迫卖淫罪被判处有期徒刑六年六个月，并处罚金。武某某因犯罪时为未成年人，在犯罪中所起作用较小，具有自首情节，且自愿认罪认罚，数罪并罚被判处有期徒刑一年三个月，并处罚金。

二、家庭教育指导做法与成效

（一）开展涉未成年人家庭情况"五查"，能动做好家庭教育指导工作。青州市检察院在办理涉未成年人案件时均进行涉案未成年人家庭情况"五查"。一查未成年人监护情况；二查未成年人与监护人关系状况；三查未成年人实施犯罪或受到侵害是否与家庭教育有关；四查未成年人家庭成员关系情况；五查未成年人是否失学、辍学。经"五查"发现，本案被告人武某某跟父母一起生活，有一个弟弟。在弟弟出生前，武某某与家人关系融洽，尤其与父亲关系亲近。弟弟出生后，武某某父母忙于生计和照顾幼子，忽略了对武某某的教育和陪伴。武某某心理落差大，结交社会朋友，案发前一年开始辍学在家，并多次去酒吧、KTV消费，夜不归宿。父母为此多次彻夜寻找，甚至报警寻人。知道武某某涉案情况后，武某某父亲对其非常失望，"吼叫式"沟通方式让两人关系更加紧张，在家中基本无话语权的母亲也无能为力，放弃了对武某某的管教。情绪郁结却无处排解的武某某一度产生轻生念头。针对武某某家庭存在的父母教育能力不足、教育方法不当甚至失管失教的问题，青州市检察院对其父母进行训诫并发出《督促监护令》，同时与市妇联共同制定了针对性的家庭教育指导方案。

（二）动态调整指导方案，科学评估家庭教育指导效果。经过一段时间的家庭教育指导，武某某父母逐步转变了理念，改变了亲子沟通的方式方法，与武某某的关系明显改善，武某某重燃生活希望，开始尝试做美甲学徒。但一段时间后，禁不住诱惑的武某某又开始前往KTV，甚至夜不归宿。武某某父亲怒其不争，再次甩手不管，武某某对父亲的做法极度不满，与父亲发生激烈冲突并搬出家中。出现这一情况后，检察机关一方面及时调整对武某某的帮教方式，另一方面联合妇联对前阶段家庭教育指导情况进行评估和反思，针对出现的问题，及时调整家庭教育指导方案，将改变武某某父亲家庭教育认知作为工作重点。同时，检察机关向武某某父亲发出《接受家庭教育指导令》，并聘请武某某所在村儿童主任作为武某某家庭的家庭教育联络员，便于动态了解武某某家庭教育情况。经过持续不断的指导帮助，武某某父母充分认识到了家庭关系对孩子发展的影响，深度反思了其教育方式的不当之处，与母亲一起积极接受指导，亲子关系日趋融洽。后在帮助教育和父母的引导下，武某某态度彻底转变，充分认识到自己行为的危害性，认罪悔罪并向被害人真诚道歉。

（三）构建"一专三员"制度，夯实家庭教育指导基础。针对办案中发现的农村偏远地区家庭存在的教育方面的问题，青州市检察院撰写了《农村偏远地区涉案未成年人家庭教育状况调查报告》，呈报市未成年人保护工作领导小组。市未成年人保护工作领导小组高度重视，要求各未成年人保护工作成员单位通力协作，夯实农村偏远地区的家庭教育指导基础。青州市检察院经与相关成员单位沟通协商，探索构建了自上而下的"一专三员"多层级家庭教育指导制度，即由市妇联选派专门的家庭教育指导者，具体负责涉案未成年人家庭教育指导工作；由市检察院聘任当地人大代表、政协委员兼任家庭教育督导员，对家庭教育指导工作开展情况进行监督；由市民政局指派村儿童主任兼任家庭教育联络员，定期通报涉案未成年人家庭教育情况；由市关工委组织五老志愿者兼任家庭教育助理员，协助开展家庭教育指导工作。通过广泛借助社会力量，建立了农村偏远地区涉案未成年人家庭教育指导社会支持体系，推动农村偏远地区家庭教育指导队伍建设。同时，青州市检察院与市法院、公安局、司法局会签《关于在办理涉未成年人案件中建立观护帮教和家庭教育指导同步介入机制的规定（试行）》，将家庭教育指导工作贯穿办案全过程，努力改善未成年人家庭环境。同时，与市妇联、教体局和关工委会签《关于在办理涉未成年人案件中建立家庭教育指导工作联动机制的实施细则》，建立"小风筝"家庭教育指导服务站，为涉案未成年人提供一站式家庭教育指导和服务，同时为司法机关涉案未成年人家庭教育指导提供支持。

三、典型意义

家庭教育促进法将传统"家事"上升为重要的"国事"，对包括检察机关在内的司法机关的职责作用作出了明确规定。在办案中，检察机关应主动评估涉案未成年人家庭教育状况，联合相关部门针对性开展家庭教育指导。开展家庭教育指导工作过程中，要动态评估家庭教育指导效果，根据出现的新问题新情况动态调整家庭教育指导方案，确保实效。针对类案背后反映出的农村地区家庭教育指导力量薄弱的问题，要立足职能，联合妇联、共青团、关工委等专业力量，夯实农村偏远地区的家庭教育指导基础，建立更加完善的未成年人家庭教育社会支持体系。

案例六 王某乙、王某丙救助保护案
——异地协作配合 共同保护陷入困境的犯罪嫌疑人未成年子女

一、基本案情

被告人王某甲于2013年、2015年与他人先后未婚生育女儿王某乙、儿子王某丙，后在原籍江苏省南京市秦淮区独自抚养两名子女。2021年10月，王某甲因涉嫌诈骗罪被上海市公安局长宁分局羁押于长宁区看守所。负责照顾王某乙、王某丙的保姆得知王某甲被抓获后于同年12月5日将两名未成年人从南京带至上海长宁区华阳路派出所后失联，华阳路派出所立即联系街道未保站，华阳路街道未保站通过检察社会服务中心云平台，向长宁区检察院移送该困境儿童保护线索。

二、家庭教育指导做法与成效

（一）协作落实临时监护。长宁区检察院接到该线索后，立即启动羁押必要性审查，发现王某甲涉嫌严重犯罪且拒不认罪，不符合取保候审条件，立即会同公安、民政、街道对两名未成年人落实临时照护，并启动近亲属调查工作。王某甲称孩子生父不在内地生活，无法提供联系方式，仅能提供孩子外祖父母王某丁、祝某某的联系方式。经与王某丁、祝某某联系，二人以家庭经济困难、无力解决孩子户口、就学问题等理由拒绝承担临时监护责任。对此，长宁区检察院向二人释法说理，引导其充分考虑家庭亲情和未成年人健康成长需要，承担起临时监护责任。同时，依托长三角未成年人检察工作协作机制对接秦淮区检察院，为其解决心中顾虑。两地检察机关联合向秦淮区民政局制发检察建议，督促为两名未成年人落实困境儿童生活补贴，帮助解决经济困难；在王某甲拒绝提供子女出生日期、医院的情况下，根据细节排查出王某乙、王某丙的出生记录。后秦淮区检察院协调当地公安、教育等部门，为二人办理了户口登记并联系学校入学。在两地检察机关的共同努力和引导下，王某丁、祝某某同意对王某乙、王某丙临时监护。2022年元宵节前，两地检察机关共同将王某乙、王某丙护送至外祖父母处。

（二）联动开展撤销监护权支持起诉。因王某乙、王某丙入校就学、申领补贴手续均须监护人办理，2022年8月9日，王某丁、祝某某向秦淮区法院申请撤销王某甲监护人资格，指定其二人为监护人，并于次日向秦淮区检察院申请支持起诉，同时请求长宁区检察院配合调取证据。两地检察联动调查评估后认为：王某甲长期不为子女办理户口、不安排子女就学，被羁押后既不妥善安排子女临时照护事宜，也不主动向司法机关报告相关情况、刻意隐瞒子女出生信息，致使子女陷入危困状态，严重侵害了被监护人的合法权益。同时，其被法院判处有期徒刑十一年，在较长时期内不具备履行监护职责的条件。王某丁、祝某某经有关部门救助帮扶后，已具备抚养照护能力，且两名未成年人均表示愿意与外祖父母共同生活，王某丁、祝某某的申请符合法律规定。审查期间，两地检察机关就是否支持起诉联合召开远程视频听证会，充分听取当事人、人民监督员及民法专家的意见后作出支持决定。2022年11月17日，秦淮人民法院判决撤销王某甲监护权，指定王某丁、祝某某担任两名儿童的监护人。

（三）协同开展支持型家庭教育指导。考虑到王某丁、祝某某与两名未成年人从未共同生活，开展生活照顾

和家庭教育都面临困难,上海、江苏检察机关启动跨省支持型家庭教育指导工作。长宁区检察院对王某甲进行入所谈话,深入了解两名未成年人的病史、爱好、特长、成长经历、教育程度等情况,制作《家庭教育指导重点提示清单》移送秦淮区检察院,并与秦淮区检察院联合为王某丁、祝某某靶向定制"3+6+长期"支持型家庭教育指导方案,即3个月线上随时沟通线下随时回访,6个月定期回访,长期关注的全程跟踪模式。检察机关联合家庭教育指导师、心理咨询师,为老人定制科学育儿方法、亲子沟通技巧等辅助课程,对两名未成年人定期开展谈心谈话、心理疏导,引导祖孙建立双向亲情链接、帮助孩子养成良好的行为习惯、修复母亲犯罪带来的心理创伤;联合社区卫生所,帮助两位老人科学处理孩子过敏严重的身体健康问题;聘请儿童督导员定期上门,协助老人开展课业辅导,并邀请祖孙共同参加社区亲子活动。长宁区检察院定期线上回访,秦淮区检察院随时上门回访,及时处理祖孙相处中的问题。经回访了解,现王某乙、王某丙与王某丁夫妇相处融洽、情绪稳定,在校表现突出,已获近十项荣誉奖状。

三、典型意义

检察机关办理非本地户籍困境儿童监护监督案件时,应当加强办案地与户籍地检察机关的联动履职,通过异地协作为未成年人落实临时照护、指定新监护人,并联合对新监护人开展支持型家庭教育指导,制定针对性的教育指导方案,委托专业组织、人员协助落实、帮助、督促其更高质量履行抚养教育职责,为未成年人健康成长创造良好条件。

3. 人民法院老年人权益保护十大典型案例[①]

一、唐某三人诉俞某某返还原物纠纷案

关键词:居住权保护;老有所居

(一)基本案情

案涉房屋原系唐某三人的父亲唐某某与母亲韩某某的夫妻共同财产。2007年,韩某某去世。2008年,唐某三人通过继承遗产及唐某某的房屋产权赠与,取得案涉房屋所有权,并出具承诺书,承诺:父亲唐某某及其续弦未离世前,有终身无偿居住该房屋的权利,但此房只能由唐某某及其续弦居住,其无权处置(出租、出售、出借等),唐某三人无权自行处置该房产。后俞某某与唐某某登记结婚,共同居住案涉房屋。2016年1月,唐某某去世,64岁的俞某某仍居住在内。同年6月,唐某离婚,其以无房居住为由要求入住该房屋,遭俞某某拒绝。唐某三人提起本案诉

讼,要求判令俞某某立即返还唐某三人名下的案涉房屋。

(二)裁判结果

安徽省合肥市庐阳区人民法院认为,唐某三人在取得案涉房屋所有权时作出的承诺系其真实意思表示,且不违反法律强制性规定,俞某某依据该承诺享有继续在案涉房屋居住的权利,唐某三人应按承诺履行其义务。同时,俞某某不存在违反承诺书中对案涉房屋出租、出售、出借的行为,故对唐某三人要求俞某某立即返还其名下案涉房屋的请求,不予支持,判决驳回唐某三人的诉讼请求。

(三)典型意义

物权人将房产赠与他人,受赠人承诺允许赠与人及其再婚配偶继续居住使用房屋至去世。在现行法律规定下,该承诺应视为赠与人作出赠与房产时所附的赠与义务,或称之为附条件的赠与。在房产已经转移登记至受赠人后,受赠人无权单方撤销承诺。本案纠纷发生时我国法律并未直接对居住权作出规定,在此情况下,应充分尊重当事人的意思自治。本案的裁判结果不仅符合情理,也与新颁布实施的《中华人民共和国民法典》关于居住权规定的相关精神一致,即不动产过户后,原物权人继续使用不动产,该种保留房屋居住使用权的赠与,可视为设立居住权的合同,新产权人亦无权单方撤销该合同。这一审判思路贯彻了党的十九大提出的加快建立多主体供给多渠道保障住房制度的要求,有利于解决老年人赡养、婚姻家庭生活中涉及的房产问题,保障老有所居,切实保护老年人的权益。

二、王某诉中国工商银行股份有限公司北京某支行财产损害赔偿纠纷案

关键词:老年人理财;金融机构提示说明义务

(一)基本案情

2015年,62岁的王某在北京某银行处申购HT集合资产管理计划产品(金额100万)和HA基金产品(金额70万),其签订的申请书载明:"……不是我行发行的理财产品……可能产生风险,无法实现预期投资收益……投资风险由您自行承担……"该行测评王某风险承受能力为平衡型,HT为低风险,HA为高风险,HA风险级别高于王某的风险承受能力。王某签署电子风险揭示书,后收取分红收益5万元。2017年其申请赎回时份额约100万份,金额约80万元。王某起诉请求判令该行赔偿本金约23万元、利息16万元并三倍赔偿68万元。

[①] 最高人民法院2021年2月24日公布。

（二）裁判结果

北京市第二中级人民法院认为，案涉《资产管理合同》及《风险揭示书》等均系银行依循的规范性文件或自身制定的格式合同，不足以作为双方就案涉金融产品相关情况充分沟通的凭证。银行对王某作出的风险承受能力评估为平衡型，但案涉金融产品合同中显示的风险等级并非均为低风险，该行违反提示说明义务，未证实购买该产品与王某情况及自身意愿达到充分适当匹配的程度；未能证明其已经对金融消费者的风险认知、风险偏好和风险承受能力进行了当面测试并向其如实告知、详尽说明金融产品内容和主要风险因素等，应当承担举证不能的法律后果。同时，王某有投资理财经验，应当知晓签字确认行为效力；本案投资亏损的直接原因是金融市场的正常波动，并非该行的代理行为导致，王某亦应对投资损失承担一定的责任。故判决银行赔偿王某7万元。

（三）典型意义

第一，明确规则尺度，保护老年人金融消费安全，首案效应突出。本案是《全国法院民商事审判工作会议纪要》发布后首批维护金融消费者权益案件之一，指出银行应就投资者的年龄、投资经验、专业能力进行审查并考虑老年消费者情况等，对老年投资者应给予特别提示，结合民商事法律、《会议纪要》精神和社会发展实际提出了金融机构提示说明义务和金融消费者注意义务等判断标准。对如何为老年人提供更加合法、安全的投资理财消费环境，具有积极意义。第二，回应人民需求，弘扬社会主义核心价值观，体现时代发展。随着经济快速发展和人口老龄化程度加剧，针对老年群众的金融理财产品层出不穷。要将社会主义核心价值观具体贯彻到审判中，妥善处理和回应金融产品消费与信息化结合中产生的新问题，贯彻民法典立法精神，保护老年消费者的契约自由，为构建良好金融市场秩序、切实维护老年人权益树立典范。第三，践行司法改革，创新审理模式，助力社会治理。本案适用百姓评理团辅助审判，更好地结合法官专业性和公众的价值理念。

三、高某诉刘某、龙某确认合同无效纠纷案

关键词：以房养老；打击"套路贷"

（一）基本案情

2016年，高某经人介绍参加"以房养老"理财项目，与王某签订《借款合同》，约定王某出借220万元给高某。高某将案涉房屋委托龙某全权办理出售、抵押登记等，如高某不能依约归还，则龙某有权出卖案涉房屋偿还借款本息，双方对相关事项进行了公证。后龙某作为高某的委托代理人为案涉房屋办理抵押登记，并出卖给刘某。房屋转移登记至刘某名下后，龙某自称系刘某亲属，委托房屋中介机构再次寻找买家，同时，刘某为房屋办理抵押登记，登记的抵押权人为李某。王某、龙某、李某等人在本案交易期间存在大额、密集的资金往来。后高某起诉请求判决龙某代理其签订的房屋买卖合同无效，并判令刘某将案涉房屋过户回高某名下。

（二）裁判结果

北京市朝阳区人民法院认为，王某、龙某、李某等人存在十分密切的经济利益联系，相关五人系一个利益共同体，就案涉房屋买卖存在恶意串通。龙某以规避实现抵押权法定程序的方式取得出卖案涉房屋的委托代理权，且滥用代理权与买受人刘某恶意串通签订房屋买卖合同，损害了高某的合法利益，应当认定龙某代理高某与刘某就案涉房屋订立的房屋买卖合同无效。故判决确认案涉房屋买卖合同无效，刘某协助将案涉房屋变更登记至高某名下。

（三）典型意义

近年来，"以房养老"理财骗局事件频发。许多老年人为投资"以房养老"理财项目，将自有房产进行抵押，背负巨额债务，又在行为人的恶意串通之下失去自有房产，导致房财两失。此类"套路贷"难以根除的原因之一，是行为人常常在法律空白或者规定不明确的领域，利用老年人性格特点以及寻求投、融资渠道的迫切心理，披上"迷惑外套"变装成"以房养老"理财项目，进而非法占有老年人房产。人民法院在对"套路贷"采取刑事手段打击的同时，亦应注重通过民事审判依法维护老年人的合法财产权益，保障人民群众老有所养、住有所居，切实享受到国家"以房养老"政策的红利。同时，也提醒老年人，还需时刻保持理性和冷静，审慎选择投、融资渠道，以免落入"请君入瓮"的"套路"之中。

四、陈某某赡养费纠纷案

关键词："常回家看看"；精神赡养

（一）基本案情

陈某某与妻子1952年结婚，婚后育有二子、三女，妻子及两个儿子均已去世。现陈某某同小女儿生活。陈某某年事已高且体弱多病，希望女儿常回家探望照顾自己，因女儿不同意负担陈某某的医药费及赡养费，故诉请判令长女和次女每月探望其不少于一次，患病期间三女儿必须轮流看护；三女儿共同给付陈某某医疗费、赡养费。

（二）裁判结果

黑龙江省佳木斯市前进区人民法院认为，子女对父母有赡养扶助的义务，子女不履行赡养义务时，无劳动能力或生活困难的父母,有要求子女给付赡养费的权利。子女不能因为父母有退休收入或者有一定的经济来源就完全将父母置之不顾,这不仅违反法律规定,也不符合中华民族"百善孝为先"的传统美德。子女对于不在一起生活的父母,应根据其实际生活需要、实际负担能力、当地一般生活水平,给付一定的赡养费用。本案陈某某年事已高且身患疾病,三个女儿作为赡养人,应当履行对其经济上供养、生活上照料和精神上慰藉的义务,故判决长女和次女每月探望陈某某不少于一次,并给付陈某某赡养费,三女儿共同负担陈某某医疗费用。

（三）典型意义

近年来,随着生活水平的不断提高,老人对子女经济供养方面的要求越来越少,越来越多的老人更加注重精神层面的需求,涉及"精神赡养"的案件数量也有所上升,该类案件执行情况远比给付金钱的案件要难得多,且强制执行远不及主动履行效果好,希望"常回家看看"是子女们发自内心的行为,而不是强制执行的结果。"精神赡养"和"物质赡养"同样重要。老人要求子女定期探望的诉求,是希望子女能够承欢膝下,符合法律规定,体现中华民族传统的孝道,应当得到支持。"百善孝为先",对老人的赡养绝不是一纸冷冰冰的判决就可以完成的,希望所有子女能够常回家看看,多关注老年人的精神需求。

五、刘某芽赡养纠纷案

关键词:子女赡养义务;检察院支持起诉

（一）基本案情

刘某芽与妻子共生育四子女,均已成年并结婚。刘某如系其子,与刘某芽相邻而居。2010 年,刘某如意外受伤,认为父母在其受伤休养期间未对其进行照料,产生矛盾,此后矛盾日益加剧,刘某如长期不支付父母的生活费,亦未照顾父母生活起居。2019 年,母亲因病去世,刘某如拒绝操办丧葬事宜,亦未支付相关费用,有关丧葬事宜由刘某芽与其他三子女共同操办。经村干部调解,刘某如仍拒绝支付赡养费及照顾刘某芽的生活起居。因刘某芽年迈且患有心脏病,行动不便,新干县检察院指派检察员出庭支持起诉,认为刘某芽现年 80 岁,已无劳动能力,生活来源仅靠其他子女接济,尚不足以负担生活及医疗费用,子女有赡养老人的义务,刘某芽要求刘某如支付赡养费及丧葬费的诉请应得到支持。

（二）裁判结果

江西省新干县人民法院认为,孝敬父母是中华民族的优良传统,子女应当履行赡养义务,不应附加任何条件。刘某芽年事已高,身患疾病,无生活来源、无劳动能力,刘某如应依法对其承担赡养义务。同时,赡养父母的义务不仅包含给予父母经济供养及生活照料,还应给予父母精神上的慰藉,也应当在父母百年之后及时妥善地办理丧葬事宜,刘某如拒绝支付丧葬费,不符合法律规定,亦违背伦理道德。故判决刘某如每年支付刘某芽赡养费,并支付其母亲办理丧葬事宜的费用。

（三）典型意义

子女赡养父母不仅是德之根本,也是法律明确规定的义务。在家庭生活中,家庭成员之间虽有矛盾,但赡养父母是法定义务,子女应当对老年人经济上供养、生活上照料、精神上慰藉,以及为经济困难的父母承担医疗费用等,不得以任何理由和借口拒绝履行赡养义务。关心关爱老年人,让老年人感受到司法的温暖是司法义不容辞的责任。民事诉讼在一般情况下只能由民事权益受到侵害或者发生争议的主体提出,无需其他组织或个人干预。在特殊情况下,受到损害的单位或个人不敢或不能独立保护自己的合法权益,需要有关组织给予支持,运用社会力量帮助弱势群体实现诉讼权利。支持起诉原则打破了民事主体之间的相对性,允许无利害关系的人民检察院介入到诉讼中,能够在弱势群体的利益受到侵害时切实为其维护权益。

六、郗某某、周某四人与凌海市某老人之家、中国人民财产保险股份有限公司某分公司服务合同纠纷案

关键词:人口老龄化;养老机构的合理注意义务

（一）基本案情

郗某某系周某某妻子,周某四人系郗某某与周某某子女。2017 年 1 月 17 日,近 80 岁的周某某及其儿子与凌海市某老人之家签订养老服务合同,周某某当日入住。入住评估表记载:老人刚出院,此前在家中走丢,因冻伤住院治疗合并有脑血栓,入院时手脚均存在冻伤,护理等级为半自理。2017 年 1 月 27 日,周某某自居住的房屋内走出,通过未上锁的防火通道门至餐厅,从南门走出楼房,后走到养老院东侧道路。凌海市某老人之家于 2017 年 1 月 28 日报警,民警在凌海市大凌河桥下发现周某某已死亡。郗某某、周某四人为此诉请凌海市某老人之家赔偿经济损失 199954 元。

（二）裁判结果

辽宁省凌海市人民法院认为,养老院明知周某某有离家走丢的经历且安全防火通道门不允许上锁的情况下,仍未能增加安全防护措施,无提示、警示措施,虽安装有监控设施,值班人员也未能及时发现并有效防止老人在夜间走丢。养老院未能尽到相应的注意义务,应承担经济损失的 60% 责任,即 116972.4 元。凌海市养老院在保险公司投有养老服务机构责任保险，该公司应在责任限额内赔偿损失。故判决中国人民财产保险股份有限公司某分公司一次性赔偿郗某某、周某四人116972.4元，凌海市某老人之家一次性返还郗某某、周某四人养老服务费用及押金合计2000元。

（三）典型意义

由于我国人口老龄化，老年人数量增多，且老年人选择在养老院生活、居住的情况亦有增加趋势，如何保障老年人的权益成为整个社会必须关心和思考的问题。养老院未尽到相应的注意和照管义务，致使老人发生意外死亡，应当承担相应的损害赔偿责任。本案裁判对社会上的养老机构敲响了警钟，养老机构应当尽到责任，排除危害老人生命健康的安全隐患，提高管理水平、提升护理从业人员素质和护理服务能力，充分保障老年人人身、财产安全。本案对于促进养老机构规范化、标准化运行，全面提升养老院服务质量，保证老年人晚年生活幸福具有积极意义。

七、贾某诉李某某继承纠纷案

关键词： 分配遗产中照顾老年人利益；优良家风；多元化纠纷解决机制

（一）基本案情

李某某系被继承人曹某某母亲，年近七十。贾某系曹某某妻子，双方于2019年6月4日登记结婚。2019年8月7日曹某某因所在单位组织的体育活动中突发疾病去世。曹某某父亲已于之前去世，曹某某无其他继承人。被继承人曹某某去世后，名下遗留房产若干、存款若干元及其生前单位赔偿金、抚恤金若干元。贾某诉请均分曹某某遗产。本案在审理过程中，人民法院引入了专业的心理咨询师参与庭前准备工作，逐步缓解失独老人不愿应诉、拒绝沟通的心态，同时也对原告进行心理介入，疏导其与被告的对立情绪；在庭审中做了细致的心理工作，宣解中华传统优良家风，修复了双方因失去亲人造成的误解和疏远。本案虽然并未当庭达成和解，但在宣判之后，双方当事人多次向合议庭表达满意，并在本案一审判决生效后自行履行完毕。

（二）裁判结果

陕西省西安市新城区人民法院认为，本案被继承人无遗嘱，应按照法定继承进行遗产分配。对被继承人尽了主要抚养义务或者与被继承人共同生活的继承人，分配遗产时，可以多分。结合对子女抚养的付出及贾某与被继承人结婚、共同生活时间、家庭日常贡献等因素，酌定遗产分配比例为：贾某分配20%，李某某分配80%。工亡补助金部分不属于遗产范围，被继承人单位已考虑实际情况对李某予以充分照顾，故二人各分配50%。

（三）典型意义

本案被继承人无遗嘱，应以法定继承进行遗产分配。对被继承人尽了主要扶养义务或者与被继承人共同生活的继承人，分配遗产时可以多分。被继承人母亲将其抚养长大，付出良多，痛失独子，亦失去了照顾其安度晚年的人，理应在遗产分配时予以照顾。法院在审理此类涉及保护老年人权益案件及遗产继承纠纷案件时，应注重对当事人进行心理疏导工作，充分释明法律规定，宣讲优良家风，修复双方的对立关系；利用多元化纠纷解决机制，化解家庭矛盾，弘扬中华孝文化，体现老有所养、尊老爱幼、维护亲情的和谐家风。

八、于某某诉北京某旅行社及其分公司旅游合同纠纷案

关键词： 老年人旅游；团体性维权

（一）基本案情

2019年12月，20位老年人与案外人张某某协商组团前往福建旅游事宜，张某某负责安排签订合同及对接，于某某作为老年人团体的代表，通过微信转账向其交付旅游费用。后收到旅行社发送的电子合同，因参团人员变动多次发生修改，旅行社数次向其发送的电子合同均带有合同专用章。次年1月，旅行社再次发送电子合同后，原告代表20人签字予以确认。合同对签约双方、旅游产品名称、旅游日期、旅游费用等进行约定，并附有游客身份信息和旅游行程单。后因疫情未能出行。于某某与张某某沟通退款事宜，张某某以公司未向其退款为由拒绝退还，20位老人均诉至法院。旅行社辩称，张某某并非其员工，与于某某沟通签约并非经其授权履行的职务行为，无权代理及收取旅游费用。

（二）裁判结果

上海市静安区人民法院认为，本案中，于某某所代表的20位老年人向张某某支付旅游费用及多次修改合同后，均及时收到电子合同，合同均有旅行社的签章，张某某承诺减免的旅游费用也与合同一致，于某某等人有理由相信张某某系旅行社员工，其签订旅游合同及交付旅游款项系善意且无过失。张某某的行为具有已被授予代理权的外观，致使于某某等人相信其有权而支付旅游费用，应发生与有权代理同样的法律效力，故判决旅行社向张某某返还上述费用。

（三）典型意义

本案系老年人在无代理人情况下涉复杂法律问题的团体性维权类案件，具有典型示范意义。随着社会的发

展,老龄团体追求愉悦生活的愿望强烈,退休后,老年人闲暇时间较多,约上好友外出旅游成为常态,而在旅游中遭受损失投诉无门时只能走法律途径,维权困难成为此类案件特点。此类案件及时、妥善处理,有利于切实保护老年人权益。此案也能有效引导旅游机构依法订立合同,规范签约行为,自觉遵守市场交易秩序。同时提醒老年人在签订旅游合同时,要注意审查相对人是否有相应的代理权和签约资质,并及时通过诉讼途径维护自身权益,对老年人维权、规范旅游行业具有积极的引导作用。

九、周某诉龚某侵权责任纠纷案

关键词:"强行啃老";保护老年人合法财产权益

(一)基本案情

2017年1月13日,龚某华及其女儿龚某将龚某华的母亲,92岁的周某,带至农村信用社某营业厅,对其账户进行挂失,取出存款24万元并存入龚某账户。周某系文盲,上述柜台业务办理均由龚某操作,银行业务员需要周某拍照确认时,龚某将坐在轮椅上的周某推到柜台摄像头前拍照,再推回等候席,将材料让周某捺完印后再交给银行业务员。龚某、业务员均未和周某进行交流。周某诉至法院称,龚某华及龚某以帮助办理银行存款为由,将其骗至银行并转走存款,周某得知后,要求龚某返还,遭到拒绝,故诉请龚某返还上述款项。

(二)裁判结果

浙江省嘉兴市南湖区人民法院认为,周某在龚某华将其存款取出并转移时对该项事实并不知情,龚某华在未取得周某同意的情况下,擅自将周某的存款转移到个人账户占有,其行为侵害了周某的财产所有权,应当返还存款。关于龚某认为案涉存款系周某赠与给龚某华的抗辩,并无相关证据予以证实,且根据周某的陈述,龚某华取得其存款的行为并非出于其自愿给付,故对龚某的抗辩,不予采信。该院判决龚某返还周某24万元。

(三)典型意义

公民对个人的财产依法享有占有、使用、收益和处分的权利。老年人由于身体状况、行动能力等原因,往往难以有效管理、处分自有财产,在此情况下,子女更不得以窃取、骗取、强行索取等方式侵犯父母的财产权益。本案体现了反对子女"强行啃老"的价值导向,符合中华民族传统美德和社会主义核心价值观。人民法院在审理此类侵犯老年人权益的案件时,应当充分查明老年人的真实意愿,坚持保障老年人合法权益,秉持保护老年人合法财产权益的原则进行判决,有效定纷止争。

十、柳州市社会福利院申请作为无民事行为能力人指定监护人案

关键词:社会福利机构;老年人监护

(一)基本案情

被申请人孙某某,自幼智力残疾,生活无法自理,一直随其母生活。2008年,孙某某母亲年迈卧床,其所在单位主动将母子二人送至柳州市社会福利院,并办理自费入院手续。2011年母亲因病过世后,孙某某在福利院的照看下生活至今。福利院为了更好尽到监护职责,分别向民政局和孙某某所在社区居委会反映情况,经多部门协商认为,在找寻孙某某亲人无果的情况下,继续由福利院照顾较好。2018年3月,福利院委托广西脑科医院对孙某某身体情况进行司法鉴定。5月,福利院向法院申请依法宣告孙某某为无民事行为能力人,并指定福利院作为其合法监护人。

(二)裁判结果

广西壮族自治区柳州市柳北区人民法院审理认为,被申请人孙某某经广西脑科医院司法鉴定所法医精神病鉴定为无民事行为能力人。另,法院主动依职权调查查明,被申请人孙某某在柳州市社会福利院居住生活了8年,无配偶、无子女;其母亲人事档案显示,孙某某的近亲属有父亲、哥哥,但无二人具体信息。孙某某长期置于无人监护的处境,柳州市社会福利院已实际保护被监护人的身体健康,照顾被监护人的生活,管理和保护被监护人的财产,对被监护人进行管理和教育等。为更好地维护孙某某的利益,指定柳州市社会福利院作为孙某某的合法监护人。若孙某某的父亲、哥哥出现,可依法另行主张权利。

(三)典型意义

老年人是社会的弱势群体,保障其合法权益是全社会的共同责任。在法定顺位监护人多年缺失,无人履行监护职责的情况下,从充分保护和落实无民事行为能力人合法权益的角度出发,经法律程序指定、已形成长期基本生活依赖且担负实际监护责任的社会福利机构作为监护人,是依法保障老年人权益的有益尝试和探索,取得了良好的法律效果和社会效果。本案审理贯彻了家事案件多元化处理原则,法院与政府相关部门之间通力协作,体现了相关职能部门通过司法途径维护和保障老年人合法权益的努力。

4. 未成年人司法保护典型案例①

一、于某某抢劫案
——贯彻教育为主、惩罚为辅原则,最大限度教育、感化、挽救未成年被告人

被告人于某某系某中学学生,先后持刀在大学校园内抢劫被害人杜某某、王某某、胡某某、徐某某等,劫得手机3部(共计价值人民币753.96元)及现金人民币487.5元。到案后,于某某如实供述了抢劫罪行,赃款、赃物均已发还被害人。

人民法院经审理认为,被告人于某某持刀劫取他人财物,其行为已构成抢劫罪,应予惩处。综合考虑本案的事实、情节,于某某系未成年人,认罪、悔罪态度较好,已积极赔偿被害人经济损失,得到被害人谅解;于某某在校期间表现良好,一直担任班级学生干部,连续三年被评为区、校级三好学生;此次犯罪与家庭关系紧张、与父母存在沟通障碍有一定关系等。于某某的主观恶性及社会危害性相对较小,人民法院决定依法从轻处罚,以抢劫罪判处被告人于某某有期徒刑三年,缓刑三年,并处罚金人民币六千元。

在本案审理过程中,承办法官对被告人于某某的一贯表现等背景情况进行了详细调查,积极帮助于某某与父母之间重新建立沟通渠道。通过工作,法官与于某某建立了良好的信任关系,于的性格与思想发生了很大转变。于某某在取保候审期间,返回学校参加高考,以全班第一名的成绩考入大学。案件审结后,法官定期对于某某的学习生活情况进行跟踪帮教,帮助其疏导人生困惑,增强人生自信,并与于某某的父母保持互动,督促、指导他们增强亲子沟通,缓和家庭关系。大学期间,于某某成绩优异,获得国家级奖学金,缓刑考验期满后顺利出国留学,现已完成学业回国工作。

本案是一起教育感化挽救失足未成年人、帮助其重回人生正轨的典型案例。未成年人走上违法犯罪道路,既有其自身心智发育尚不健全、尚不具备完全辨认、控制能力的原因,往往也有家庭环境等方面的原因。正是因此,我国刑法明确规定,对未成年人犯罪应当从轻或者减轻处罚;刑事诉讼法明确规定,对犯罪的未成年人实行教育、感化、挽救的方针,坚持教育为主、惩罚为辅的原则。对未成年人犯罪,应当具体分析、区别对待,在准确定罪、恰当量刑的同时,要高度重视做好对未成年被告人的教育挽救、跟踪帮扶工作;要通过认真负责、耐心细致的工作,促使犯罪的未成年人悔过自新,不再重蹈覆辙,成为遵纪守法的公民和社会的有用之材。

二、王某甲故意杀人案
——家长公然持械闯入课堂杀害未成年小学生,应当依法严惩

被告人王某甲的女儿何某某与年仅9岁的被害人刘某某系某小学三年级的同桌同学。2019年5月9日,王某甲得知女儿被刘某某"欺负"后在班级群消息质问,刘某某之父刘某联系王某甲未果,又联系其妻何某进行沟通、道歉,班主任汪某某从何某处得知王某甲脾气暴躁,应何某要求转告刘某夫妇先不要和王某甲见面,并答应给刘某某调换座位。10日早上,王某甲送何某某上学时在校门口未看到刘某某家长,在得知多方都在积极解决此事时仍不满意,执意将女儿送回家中,并购买刀具,冲进教室,持刀连续捅刺刘某某的要害部位,又将刘某某拎出教室摔在走廊上,致刘某某大量失血死亡。后公安人员将在学校等待的王某甲抓获归案。

人民法院经审理认为,被告人王某甲女儿与同学发生摩擦矛盾后,学校老师及对方家长已经在积极沟通、协调解决,但被告人不能理性、平和处理,竟购买刀具闯入学校课堂公然行凶,砍杀毫无反抗能力的弱小幼童,致被害人当场死亡,犯罪手段特别残忍,社会影响极其恶劣,社会危害极大,虽有自首情节,但不足以从轻处罚。人民法院依法对被告人王某甲以故意杀人罪判处并核准执行死刑。

本案系因家长不能正确处理未成年子女在校期间与同学间的摩擦矛盾,而持凶器闯入校园课堂,公然杀害弱小幼童的恶性案件。人民法院对严重侵害未成年人犯罪案件始终坚持零容忍态度,坚决依法从严从重惩处,对犯罪性质、情节极其恶劣,后果极其严重的,坚决判处死刑,绝不姑息。

三、王某乙强奸案
——教唆、利用多名未成年人协助强奸众多未成年在校女学生的,应当依法严惩

2016年4月至2017年7月期间,被告人王某乙专门以年龄幼小的在校女学生为侵害对象,本人或教唆同案被告人雷甲、陈乙、崔丙、宋丁(均已判刑)等未成年在校学

---
① 最高人民法院2021年3月2日发布。

生,以介绍男女朋友为幌子,或者采取暴力、胁迫、酒精麻醉、金钱引诱等手段,将多名未成年在校女学生带至酒店、KTV、王某乙驾驶的轿车上或野外荒地等处实施强奸。截至案发,王某乙共对 15 名未成年在校女学生(其中 8 人系幼女)实施强奸犯罪 17 次,其中 12 次既遂、3 次未遂、2 次中止,多名被害人因遭受强奸而被迫辍学或转学。

人民法院经审理认为,被告人王某乙犯罪动机卑劣,为满足畸形心理,在一年三个月内,专门以年龄幼小的在校女学生为侵害对象,教唆未成年人予以协助,连续对 15 名未成年被害人实施强奸,其中 8 名被害人系幼女,造成多名被害人被迫辍学或转学,犯罪情节恶劣,社会危害极大,罪行极其严重。人民法院依法对王某乙以强奸罪判处并核准执行死刑。

强奸未成年人犯罪严重损害未成年人身心健康,给未成年人的人生蒙上阴影,使未成年人父母及家庭背负沉重精神负担,并严重践踏社会伦理道德底线,社会影响恶劣。人民法院对强奸未成年人特别是奸淫幼女犯罪历来坚持依法从严惩治的立场,对强奸未成年人特别是幼女人数、次数特别多,手段、情节特别恶劣,或者造成的后果特别严重,主观恶性极深,罪行极其严重的,坚决依法从严从重判处,直至判处死刑。本案中,被告人王某乙教唆、利用其他未成年人协助对未成年在校女学生实施强奸,强奸人数、次数特别多,犯罪动机卑劣,主观恶性极深,罪行极其严重,人民法院依法对其判处死刑。

四、邹某某猥亵儿童案
——采取恶劣手段长期猥亵男童的,应当依法严惩

被告人邹某某与被害人黄某甲、黄某乙的母亲徐某为同乡,2015 年双方结识后常有往来。2017 年暑假期间,邹某某将黄某甲(男,时年 5 岁)带至其居住的房屋,播放淫秽视频给黄某甲观看,并对黄某甲的生殖器实施猥亵。后邹某某趁受徐某所托照看黄某甲、黄某乙(男,时年 7 岁)的机会,对两名被害人生殖器实施猥亵,并播放淫秽视频给二人一同观看。此后至 2019 年,邹某某多次采取上述类似方式分别或者同时对黄某甲、黄某乙实施猥亵。2019 年 2 月 1 日,被害人母亲发现被害人表现异常后报警,邹某某被抓获归案。公安机关从邹某某使用的手机中查获多张黄某甲、黄某乙裸体照片和多名身份不明男童生殖器照片以及大量淫秽视频。

人民法院经审理认为,邹某某利用与被害人家庭熟悉的机会或受委托照看儿童的机会,长期对两名不满 10 周岁的幼童实施猥亵,其行为已构成猥亵儿童罪,且手段恶劣,并导致两名被害人受到严重心理创伤,属于猥亵儿童"情节恶劣",应予从严惩。人民法院依法对邹某某以猥亵儿童罪判处有期徒刑十年。

近年来,女童遭受奸淫、猥亵的案件受到社会广泛关注,但现实生活中,男童也可能受到不法性侵害,也会给男童造成严重心理创伤。本案中,被告人利用被害人家长的信任和疏于防范,长期猥亵两名年幼男童,性质、情节恶劣,后果严重。值得注意的是,本案及审理均发生在《刑法修正案十一》颁布施行前,人民法院在案件审理过程中,根据被告人实施猥亵的手段、性质、情节及造成的后果,依法适用刑法第二百三十七条原第二款、第三款规定的猥亵"有其他恶劣情节",对被告人在五年以上有期徒刑幅度内从重判处,于法有据,罪刑相当,而且与《刑法修正案十一》明确列举猥亵"情节恶劣"的情形,依法加大惩治力度的立法精神也完全契合,实现了法律效果与社会效果的统一。

五、某妇联诉胡某、姜某某抚养纠纷案
——父母应当履行对未成年子女的抚养义务

胡某某(2003 年 3 月 6 日出生)系胡某与姜某某非婚生女儿,后因胡某与姜某某解除恋爱关系,遂由胡某父母负责照顾、抚养、教育。2016 年 11 月 8 日,经西南医科大学附属医院诊断,胡某某患有抑郁症、分离转换性障碍。胡某、姜某某长期未履行对胡某某的抚养义务,胡某父母年老多病,无力继续照顾胡某某,多次要求户籍所在地的村社、政府解决困难。该地妇联了解情况后,向法院提起诉讼,请求胡某、姜某某全面履行对胡某某的抚养义务。

法院经审理认为,本案的适格原告胡某某系限制民事行为能力人,本应由其父母作为法定代理人代为提起诉讼,但胡某某的父母均是本案被告,不能作为其法定代理人参加诉讼。综合考虑二被告的婚姻状况、经济条件和胡某某本人的生活习惯、意愿,判决胡某某由胡某直接抚养,随胡某居住生活;姜某某从 2017 年 6 月起每月 15 日前支付抚养费 500 元;胡某某的教育费、医疗费实际产生后凭正式票据由胡某、姜某某各承担 50%,直至胡某某独立生活时止。

本案是一起典型的父母怠于履行抚养义务的案例。审判实践中存在大量与本案类似的留守儿童抚养问题,这些未成年人的父母虽未直接侵害未成年人合法权益,但怠于履行监护义务,把未成年子女留给年迈的老人照顾,子女缺乏充分的经济和安全保障,缺乏父母关爱和教育,导致部分未成年人轻则心理失衡,重则误入歧途,甚至走向犯

罪的深渊。本案中，法院参照最高人民法院、最高人民检察院、公安部、民政部联合发布的《关于依法处理监护人侵害未成年人合法权益的意见》的有关精神，积极探索由妇联组织、未成年人保护组织等机构直接作为原告代未成年人提起诉讼的模式，为督促未成年人父母履行抚养义务，解决父母不履行监护职责的现实问题提供了有益参考。

六、某民政局诉刘某监护权纠纷案
——遗弃未成年子女可依法撤销监护权

2018年7月22日，刘某在医院生育一名女婴后，于同月24日将该女婴遗弃在医院女更衣室内。女婴被发现后由民政局下属的某儿童福利院代为抚养。公安局经调查发现，刘某还曾在2015年1月29日，将其所生的一名男婴遗弃在居民楼内。民政局向法院提起诉讼，以刘某犯遗弃罪，已不适合履行监护职责，申请撤销刘某的监护权，民政局愿意承担该女婴的监护责任，指定其下属的某儿童福利院抚养女婴。

法院经审理认为，刘某将出生三天的未成年子女遗弃，拒绝抚养，严重侵害被监护人的合法权益，符合撤销监护人资格的情形。被监护人自被生母刘某遗弃以来，某儿童福利院代为抚养至今，综合考虑被监护人生父不明、刘某父母年龄和经济状况、村民委员会的具体情况，由民政部门取得被监护人的监护权，更有利于保护被监护人的生存、医疗、教育等合法权益。综上，法院判决撤销刘某的监护权，指定民政局作为该名女婴的监护人。其后，刘某被法院以遗弃罪判处刑罚。

本案的典型意义在于：父母是未成年子女的法定监护人，有保护被监护人的身体健康，照顾被监护人的生活，管理和教育被监护人的法定职责。监护权既是一种权利，更是法定义务。父母不依法履行监护职责，严重侵害被监护人合法权益的，有关个人或组织可以根据依法申请撤销其监护人资格，并依法指定监护人。在重新指定监护人时，如果没有依法具有监护资格的人，一般由民政部门担任监护人，也可以由具备履行监护职责条件的被监护人住所地的居民委员会、村民委员会担任。国家机关和社会组织兜底监护是家庭监护的重要补充，是保护未成年人合法权益的坚强后盾。未成年人的健康成长不仅需要司法及时发挥防线作用，更需要全社会协同发力，建立起全方位的权益保障体系，为国家的希望和未来保驾护航。

七、刘某诉某科技公司合同纠纷案
——未成年人大额网络直播打赏应当依法返还

刘某生于2002年，初中辍学。2018年10月23日至2019年1月5日，刘某使用父母用于生意资金流转的银行卡，多次向某科技公司账户转账用于打赏直播平台主播，打赏金额高达近160万元。刘某父母得知后，希望某科技公司能退还全部打赏金额，遭到该公司拒绝。后刘某诉至法院要求某科技公司返还上述款项。

法院在审理该案中，多次组织双方当事人调解，经过耐心细致的辩法析理，最终当事双方达成庭外和解，刘某申请撤回起诉，某科技公司自愿返还近160万元打赏款项并已经履行完毕。

本案是一起典型的未成年人参与直播打赏案例。司法实践中涉及网络打赏、网络游戏纠纷，多数是限制行为能力人，也就是8周岁以上的未成年人。这些人在进行网络游戏或者打赏时，有的几千、几万，这显然与其年龄和智力水平不相适应，在未得到法定代理人追认的情况下，其行为依法应当是无效的。《最高人民法院关于依法妥善审理涉新冠肺炎疫情民事案件若干问题的指导意见（二）》对未成年人参与网络付费游戏和网络打赏纠纷提供了更为明确的规则指引。意见明确，限制民事行为能力人未经其监护人同意，参与网络付费游戏或者网络直播平台"打赏"等方式支出与其年龄、智力不相适应的款项，监护人请求网络服务提供者返还该款项的，人民法院应予支持。该规定更多地考量了对未成年人合法权益的保护，同时引导网络公司进一步强化社会责任，为未成年人健康成长创造良好网络环境。

5. 依法严惩侵害未成年人权益典型案例[①]

一、被告人何某强奸、强迫卖淫、故意伤害被判死刑案

（一）基本案情

被告人何某为达到利用幼女供他人嫖宿牟利的目的，单独或与他人伙同作案，使用诱骗、劫持手段，将被害人常某某（8周岁）、有智力残疾的谢某某（13周岁）、被害人杜某某（10周岁）拘禁在出租房内。期间何某多次对三名被害人实施奸淫，并致常某某轻伤，杜某某轻微伤。何某还拍摄三名被害人裸体照片及视频并通过QQ发布招嫖信

---
① 最高人民法院2020年5月16日发布。

息,强迫三名被害人卖淫。

(二)裁判结果

法院经审理认为,被告人何某采取诱骗、劫持等手段将不满十四周岁的幼女拘禁,后强奸并强迫其卖淫,其行为构成强奸罪、强迫卖淫罪;何某故意伤害他人身体健康,其行为还构成故意伤害罪,且具有强奸幼女多人、多次的情节,犯罪动机卑劣,性质、情节恶劣,手段残忍,人身危险性和社会危害性极大,罪行极其严重,应依法从重处罚。依照《中华人民共和国刑法》等相关规定,以强奸罪判处被告人何某死刑,剥夺政治权利终身;以强迫卖淫罪判处有期徒刑十五年,并处罚金人民币五万元;以故意伤害罪判处有期徒刑二年零六个月;决定执行死刑,剥夺政治权利终身,并处罚金人民币五万元。最高人民法院经复核,依法核准被告人何某死刑。何某已于 2019 年 7 月 24 日被执行死刑。

(三)典型意义

性侵害未成年人的案件严重侵害未成年被害人的身心健康,严重影响广大人民群众安全感,性质恶劣,危害严重。对此类案件要坚决依法从重从快惩治,对罪行极其严重的,要坚决依法判处死刑,让犯罪分子受到应有制裁。

近年来,犯罪分子利用网络实施犯罪的案件有所增加。未成年人辨别能力、防范意识相对较弱,更容易成为受害对象。本案警示我们,一定要加强网络监管,加强对未成年人的网络保护;网络企业要强化社会责任,切实履行维护网络安全、净化网络空间的法律义务;学校、家庭要加强对未成年人使用网络情况的监督,教育引导未成年人增强自我保护意识和能力。

同时,本案也提示学校、老师、家庭、家长,一定要切实履行未成年人保护、监护法律责任。本案第三名被害人在上学途中被劫持,学校老师发现被害人未到校后及时通知家长,家长报案后,公安机关通过监控锁定犯罪分子的藏匿地点,及时解救了被害人,并将犯罪分子绳之以法,从而避免了犯罪分子继续为非作恶,更多未成年人受到侵害。

二、被告人赵某某强奸被判死刑案

(一)基本案情

2015 年 6 月至 2017 年 1 月,被告人赵某某与同案被告人李某(女,已判刑)经共谋,由李某到河南省某县的初中学校寻找女生供赵某某奸淫。李某纠集刘某、吴某某、蒋某某、郝某(均另案处理)、谷某某、秦某某、李某、赵某(以上人员均系未成年人)等人,采取殴打、恐吓、拍下体照片威胁等手段,先后强迫被害人朱某某等在校初中女学生与赵某某发生性关系,共计 25 人 32 起,其中幼女 14 人 19 起。

(二)裁判结果

法院经审理认为,被告人赵某某伙同他人采用暴力、胁迫或者其他手段,强奸妇女、奸淫幼女,其行为已构成强奸罪。赵某某犯罪性质特别恶劣,情节特别严重,社会危害性极大,造成了极为恶劣的社会影响。依照《中华人民共和国刑法》等相关规定,以强奸罪判处被告人赵某某死刑,剥夺政治权利终身。最高人民法院经复核,依法核准被告人死刑。赵某某已于 2019 年 6 月 4 日被执行死刑。

(三)典型意义

性侵害未成年人犯罪,严重损害儿童权益,人民法院对此类犯罪历来坚持"零容忍""严惩处"的立场。对犯罪性质、情节极其恶劣,后果极其严重的,坚决依法判处死刑,绝不姑息。本案被告人赵某某身为公司法定代表人,同时兼任多项社会职务,有着较高的社会地位,却道德败坏,做出如此令人发指之事。赵某某的行为虽未造成被害人重伤或死亡,但其罪行对被害人的心理和生理造成了无法弥补的伤害,社会危害性极大,影响极其恶劣。依法判处并对赵某某执行死刑,彰显了人民法院从严打击性侵害未成年人犯罪绝不手软的鲜明立场和坚决态度。

三、被告人王某利用网络强奸被判死刑案

(一)基本案情

2013 年 4 月至 2014 年 8 月,被告人王某通过网络聊天、电话联系等方式,或经张某(另案处理,已判刑)、侯某某(未满十四周岁)等人介绍,以暴力、胁迫等强制手段强行与多名未成年被害人发生性关系,或明知多名被害人是不满十四周岁的幼女仍与之发生性关系,先后对 14 名被害人实施奸淫 23 次,其中不满十四周岁的幼女 11 人。

(二)裁判结果

法院经审理认为,被告人王某采用暴力、胁迫手段强行与多名未成年被害人发生性关系,或明知多名被害人是未满十四周岁的幼女仍与其发生性关系,其行为已构成强奸罪。王某系累犯,依法应当从重处罚。被告人王某的行为致使被害人的身心受到极大摧残,其犯罪性质和情节极其恶劣,社会危害极大,罪行极其严重,应当予以严惩。依照《中华人民共和国刑法》等相关规定,以强奸罪判处被告人王某死刑,剥夺政治权利终身。最高人民法院经复核,依法核准被告人死刑。

(三)典型意义

本案系一起典型的利用网络平台,以威逼利诱等方式,利用未成年少女和幼女自我保护意识弱,对之实施性侵害的刑事案件。在本案中,王某预谋犯罪时即选择在校学生作为奸淫对象,被害人案发时均系小学或初中在校学生,其行为挑战社会伦理道德底线,主观动机极其卑劣。王某的行为虽未造成被害人重伤或死亡,但对被害人生理心理造成严重摧残,社会危害性极大,影响极其恶劣。对王某判处并执行死刑,是严格公正司法的必然要求,是彰显公平正义的必然要求。

四、跨省对被害人甲巴某某司法救助案
(一)基本案情

被害人甲巴某某(彝族)生前在渔船打工。2017年11月,甲巴某某在从事捕捞作业时与船员郭某因琐事发生争执厮打,郭某持刀捅刺甲巴某某,致其死亡。案件办理过程中,山东高院承办法官了解到被害人甲巴某某家深处四川大凉山腹地的昭觉县,是国家重点扶持贫困县,甲巴某某遇害后,留下6名未成年子女,妻子没有固定收入,家庭生活非常困顿。考虑到上述情况,承办法官向院司法救助委员会提出了司法救助申请。

(二)裁判结果

山东高院司法救助委员会经审查认为,甲巴某某遇害后,其家庭生活困难,符合救助条件。为切实保护6名未成年子女的健康成长,本着"细致关怀、精准救助"的工作理念,用足用好司法救助政策,为其家庭申请了23万元司法救助金。

(三)典型意义

未成年人司法救助是法院少年审判工作一项非常重要的延伸职能,本案是山东高院开展的首例跨省对少数民族未成年当事人进行司法救助的案件。为确保司法救助金能够切实保障孩子们的生活和学习,承办法官亲自将司法救助金和相关手续送到大山深处的被害人家,向被害人妻子讲解了司法救助的用意,与其签订了司法救助金使用监管协议,并邀请村支书作为保证人,由村支书监督救助金的使用情况。

经后续追踪,因为有司法救助金的支持,被害人的未成年子女的学习、生活和成长环境得到了极大的改善。这次跨省司法救助,在当地引发了强烈的社会反响,让更多更远的人了解到未成年人司法救助工作,感受到了司法的温度。

五、原告周某诉被告张某、第三人张某某健康权纠纷案
(一)基本案情

第三人张某某未经行政机关许可、备案,在自住房内开办课外辅导班。被告张某在未取得相关资质的情况下,招收了原告周某等六名儿童,在张某某的培训场地开办中国舞培训班。2018年6月,周某练习下腰动作时,张某指示周某应加大下腰动作幅度,但未指导其适度动作,未予扶托保护,导致周某摔倒。周某回家当晚,发现有下肢肌力改变等症状,经多家医院住院治疗,后其伤情鉴定为三级伤残。周某遂提起诉讼,要求判令张某承担主要责任,张某某承担次要责任。

(二)裁判结果

法院经审理认为,被告张某未取得相关资格证书,不具备儿童舞蹈教学的资格和能力,在培训教学中,未根据未成年人的生理特点合理安排练习和休息,在原告周某已连续多次下腰练习后指示周某加大动作幅度,且未予扶托保护,导致周某受到严重身体伤害。张某对周某受伤应承担主要过错责任。第三人张某某未经主管机构批准、备案开办校外培训机构,对张某是否具备舞蹈教学的能力和资质进行审查和监督,对周某受伤应承担次要责任。判决被告张某赔偿原告周某各项损失948168.26元;第三人张某某赔偿原告周某各项损失222542元。

(三)典型意义

近年来,校外教育培训市场繁荣,一定程度上为未成年人的全面发展提供了更多的选择。但由于监管机制和安全保障工作的不完善,未成年人在培训机构受到损害的事件屡见不鲜。培训机构及其从业人员因未履行安全保障义务导致未成年人受到伤害的,应当依法承担侵权责任。

本案也警示广大家长,在选择校外培训机构时,应认真审查培训机构的办学许可、备案登记情况,对培训机构的安全保障机制、培训人员的从业资质要尽可能有所了解,确保孩子在合法、规范、安全的培训机构接受教育。有关主管部门应当切实强化对校外培训机构的日常监管,对未经许可擅自开办的培训机构要及时取缔,对未履行从业人员资质审查、培训场所安全保障等义务的培训机构要依法惩处。

六、陈某被撤销监护权案
(一)基本案情

陈某未婚生育一子小吕,小吕出生后被诊断患有多种疾病,治疗费用高昂且难以治愈。小吕生父瞿某因病身亡,陈某自小吕出生起便将小吕滞留在医院不予照料。法院以遗弃罪判处陈某有期徒刑十个月。小吕被送至上海市儿童临时看护中心。鉴于小吕生父身亡,母亲未尽监护人职责,且小吕祖辈均表示无力抚养小吕,上海市儿童临时看护中心向普陀区人民法院提起诉讼,要求撤销陈某的

监护权,并指定第三人静安区某居委会作为小吕的监护人承担监护责任。

(二)裁判结果

法院经审理认为,父母有抚养、教育和保护未成年子女,保障其健康成长的义务。被申请人陈某作为小吕的母亲,对患有多种疾病的小吕不履行监护职责,拒绝抚养,不提供小吕所必需的生活、医疗保障,严重侵害了未成年人的合法权益。故对申请人上海市儿童临时看护中心要求撤销陈某对小吕监护人资格的申请,依法予以支持。由于被监护人小吕目前没有其他亲属适合作为其监护人,第三人上海市静安区某居委会作为陈某户籍所在地居委会,表示愿意承担小吕的监护职责,故指定该居委会作为小吕监护人。

(三)典型意义

本案是司法实践中多部门联合保护未成年人合法权益的典型案例。案件受理后,法院开展庭前社会调查,聘请社会观护员对相关监护人及本案的后续安置、抚养、审核监护机构资质等情况进行审查。在审理过程中,坚持依法高效原则,申请撤销监护人资格与申请确认监护人两案同时立案、同步审理、同日判决。在没有其他近亲属适合担任监护人的情况下,按照最有利于被监护人成长的原则,指定当地居委会担任小吕的监护人,避免被监护人出现监护真空的困境。宣判后,办案法院和法官持续对当事人进行跟踪回访,关爱观护其健康成长。

七、镇人民政府申请执行义务教育行政处罚决定书案

(一)基本案情

马某为适龄入学儿童,其监护人马某哈、马某格牙无正当理由,未将马某按时送入学校接受九年义务教育。经青海省化隆回族自治县扎巴镇人民政府认定,马某哈、马某格牙的行为违反了《中华人民共和国义务教育法》的规定,于2018年9月做出行政处罚决定书,对马某哈、马某格牙处以罚款,并责令将马某送入学校就读。被执行人马某哈、马某格牙收到行政处罚决定书后,在法定期限内未申请复议,也未提起诉讼,且拒不履行行政处罚决定。镇人民政府于2019年3月向人民法院申请强制执行。

(二)裁判结果

人民法院依法裁定,准予强制执行青海省化隆回族自治县扎巴镇人民政府作出的行政处罚决定书。裁定作出后,经法院多次执行,两名被执行人拒不履行义务。法院对被执行人马某哈依法作出了行政拘留十五日的决定书。在拘留期间,被执行人马某哈、马某格牙履行了行政处罚决定书所确定的义务,马某现已入学就读。

(三)典型意义

青海省化隆回族自治县属特困区,当地农民有的不重视教育,不让适龄子女接受义务教育的现象较为普遍,严重违反义务教育法规定,严重背离法定监护职责。近年来,化隆回族自治县针对这一情况,采取了多项举措开展"控辍保学"集中行动。一年多来,化隆回族自治县人民法院受理了几十起控辍保学的行政非诉案件,本案就是其中一起。在审理此类案件时,法院采取了巡回就地开庭的方式,以案释法,对旁听群众深入细致讲解义务教育法、未成年人保护法等有关法律政策,让群众明白了作为监护人不送适龄子女上学是一种违法行为,要依法承担法律责任。法院通过此类案件的审理和执行,有力保护了未成年人合法权益,使100多名留守儿童重返校园,受教育权得到法律保障。

6. 保护未成年人权益十大优秀案例[①]

一、张某等寻衅滋事、敲诈勒索、非法拘禁案

——依法严惩恶势力犯罪集团针对未成年人"套路贷"

【基本案情】

被告人张某纠集李某、任某、陈某、邵某、王某等人,设立组建某财富公司,在江苏省某市区进行非法放贷活动,以喷油漆、扔油瓶、半夜上门滋扰等"软暴力"手段非法讨要债务。在放贷过程中,该组织成员还引诱、纠集褚某、朱某、姚某、王某、顾某等在校学生,利用同学、朋友关系诱骗其他未成年学生签订虚高借款合同,在借款中随意扣减"服务费、中介费、认家费"等,并逼迫未成年少女拍摄裸照担保债务,部分未成年被害人被迫逃离居住地躲债,造成辍学等不良后果。该组织通过"套路贷",多次实施敲诈勒索、寻衅滋事、非法拘禁犯罪,违法所得共计人民币166000元,造成恶劣的社会影响。

【裁判结果】

法院经审理认为,被告人张某纠集褚某、李某等11人,形成人员组织稳定,层级结构清晰的犯罪组织,该组织成员长期纠集在一起,共同实施多起寻衅滋事、敲诈勒索、

---

① 最高人民法院2019年5月31日发布。

非法拘禁等违法犯罪活动,欺压百姓,扰乱社会秩序,造成较为恶劣的社会影响,应当认定为恶势力犯罪集团。据此,以敲诈勒索罪、寻衅滋事罪、非法拘禁罪,数罪并罚,依法判处被告人张某有期徒刑九年六个月,并处罚金人民币十八万元;对其他恶势力犯罪集团成员亦判处了相应刑罚。

【典型意义】

本案系江苏省扫黑除恶专项斗争领导小组第一批挂牌督办的案件之一,也是扫黑除恶专项斗争开展以来,该省查处并宣判的第一起以未成年人为主要犯罪对象的黑恶势力"套路贷"犯罪案件。

该案恶势力集团的犯罪行为不仅严重扰乱了正常经济金融秩序,还严重侵害了未成年人权益。其利用未成年人涉世未深、社会经验不足、自我保护能力弱、容易相信同学朋友等特点,以未成年人为主要对象实施"套路贷"犯罪,并利用监护人护子心切,为减小影响容易选择息事宁人做法的心理,通过实施纠缠滋扰等"软暴力"行为,对相关未成年人及其家庭成员进行精神压制,造成严重心理恐慌,从而逼迫被害人支付款项,不仅严重破坏正常教育教学秩序,更给未成年人及其家庭造成巨大伤害。对本案的依法从严惩处,彰显了司法机关重拳打击黑恶势力,坚定保护未成年人合法权益的决心。对于打击针对在校学生,特别是未成年在校生的犯罪,促进平安校园具有重要指导意义。

二、朱某等寻衅滋事案
——依法惩治校园欺凌

【基本案情】

被告人朱某等五人均系北京某校在校女生(犯罪时均未满18周岁),2017年2月28日,五名被告人在女生宿舍楼内,采用辱骂、殴打、逼迫下跪等方式侮辱女生高某某(17岁),并无故殴打、辱骂女生张某某(15岁)。经鉴定,二被害人的伤情构成轻微伤,五名被告人的行为还造成被害人高某某无法正常生活、学习的严重后果。

【裁判结果】

法院经审理认为,被告人朱某等人随意殴打和辱骂他人,造成二人轻微伤,严重影响他人生活,侵犯公民人身权利,破坏社会秩序,构成寻衅滋事罪,且系共同犯罪。据此,以寻衅滋事罪依法分别判处五名被告人十一个月至一年不等的有期徒刑。

【典型意义】

校园欺凌问题关系到未成年人的健康成长,也牵系着每一个家庭的敏感神经,已成为全社会关注的热点问题。

本案就是一起典型的校园欺凌行为构成犯罪的案件。本案中,五名被告人的行为已经不仅仅是同学伙伴之间的打闹玩笑,也不仅仅是一般的违反校规校纪的行为,而是触犯刑法应当受到刑罚惩处的犯罪行为。对此类行为,如果仅仅因被告人未成年人而"大事化小,小事化了",就会纵容犯罪,既不利于被告人今后的健康成长,更不利于保护同是未成年人的被害人。本案裁判法院充分考虑五名被告人主观恶性和行为的社会危害性,对其分别判处相应的实刑,符合罪刑相适应原则,在有效维护了未成年被害人合法权益的同时,也给在校学生上了一堂生动的法治课。

本案被中央电视台"新闻1+1"等媒体栏目评论称具有"标本意义",宣判后不久,适逢教育部等十一个部门联合印发《加强中小学生欺凌综合治理方案》,对中小学生校园欺凌综合整治起到了积极的推动作用。

三、林某虐待子女被撤销监护人资格案
——全国首例撤销监护人资格判决

【基本案情】

被申请人林某,女,系福建省某县村民。林某于2004年生育小龙,因小龙的生父一直身份不明,故小龙自出生后一直随林某共同生活。林某曾有过三四次不成功的婚姻,生活中不但对小龙疏于管教,经常让小龙挨饿,而且多次殴打小龙,致使小龙后背满是伤疤。自2013年8月始,当地政府、妇联、村委会干部及派出所民警多次对林某进行批评教育,但林某仍拒不悔改。2014年5月29日凌晨,林某再次用菜刀划伤小龙的后背、双臂。同年6月13日,该村村民委员会以被申请人林某长期对小龙的虐待行为已严重影响小龙的身心健康为由,向法院提出请求依法撤销林某对小龙监护人资格的申请。审理期间,法院征求小龙的意见,其表示不愿意随其母林某共同生活。

【裁判结果】

法院经审理认为,监护人应当履行监护职责,保护被监护人的身体健康、照顾被监护人的生活,对被监护人进行管理和教育,履行相应的监护职责。被申请人林某作为小龙的监护人,采取打骂等手段对小龙长期虐待,经有关单位教育后仍拒不悔改,继续对小龙实施虐待,其行为已经严重损害小龙的身心健康,故不宜再担任小龙的监护人。依法撤销林某对小龙的监护人资格,并依法指定该村民委员会担任小龙的监护人。

【典型意义】

本案受理后,该县人民法院主动探索由村民委员会作为申请主体申请撤销监护失当未成年人的监护权转移工

作，并根据法律的有关规定，在没有其他近亲属和朋友可以担任监护人的情况下，按照最有利于被监护人成长的原则，指定当地村民委员会担任小龙的监护人，通过充分发挥审判职能作用向社会表达一种对未成年人关爱的新视角。宣判后，该院还主动与市、县有关部门积极沟通，对小龙做了及时妥善安置，切实维护未成年人的合法权益。

最高人民法院、最高人民检察院、公安部、民政部于2014年12月18日联合发布了《关于依法处理监护人侵害未成年人权益行为若干问题的意见》(以下简称《意见》)，对各级人民法院处理监护权撤销案件的相关问题作了较为明确的规定。该《意见》颁布之前，我国关于监护权撤销制度的规定主要是《民法通则》第18条和《未成年人保护法》第53条，有关规定较为笼统模糊。本案在《意见》出台之前即作出了撤销监护人资格的判决，是我国撤销监护权之先例，直接推动了《意见》的颁布，为《意见》中有关有权申请撤销监护人资格的主体及撤销后的安置问题等规定的出台，贡献了实践经验。本案例于2015年被全国妇联评为首届全国维护妇女儿童权益十大案例。

四、蒋某猥亵儿童案
——依法严惩通过网络实施的无身体接触的猥亵犯罪

【基本案情】

2015年5月至2016年11月，被告人蒋某虚构身份，谎称自己代表"星晔童星发展工作室""长城影视""艺然童星工作室"等单位招聘童星，在QQ聊天软件上结识女童。以检查身材比例和发育情况等为由，要求被害人在线拍摄和发送裸照，并谎称需要面试，诱骗被害人通过QQ视频裸聊并做出淫秽动作。对部分女童还以公开裸照相威胁，逼迫对方与自己继续裸聊。经查，蒋某视频裸聊猥亵儿童达到31人。

【裁判结果】

法院经审理认为，被告人蒋某为满足自身变态欲求，以视频裸聊方式猥亵儿童，其行为已构成猥亵儿童罪。而且，其诱骗被害人多达三十余名，遍布全国各地，多数被害人未满12周岁，最小的不到10周岁，有些被害人被猥亵两次以上，依法应当认定为"有其他恶劣情节"。据此，以犯猥亵儿童罪依法从重判处被告人蒋某有期徒刑十一年。

【典型意义】

本案是一起典型的利用互联网猥亵未成年人的案件。在互联网时代，不法分子运用网络技术实施犯罪的手段更为隐蔽，危害范围用更为广泛。被告人以选拔童星、网友聊天、冒充老师等方式诱骗或强迫被害人进行视频裸聊或拍摄裸照，虽然没有与被害人进行身体接触，跟传统意义上的猥亵行为有所不同，但其目的是为了满足自身性欲，客观上侵犯了被害人的人身权利，同样构成猥亵儿童罪。类似的网络犯罪行为严重损害了未成年人身心健康，社会危害性极大。本案对被告人蒋某依法从重判刑，彰显了人民法院本着"儿童利益最大化"的原则，依法严厉惩治侵害未成年人犯罪行为的坚定决心。

本案同时也警示家庭和学校要加强对未成年人的教育，引导未成年人正确使用网络，培养、提高识别风险、自我保护的意识和能力；提醒广大青少年增强自我保护意识，最大限度避免网络违法犯罪的侵害，如果正在面临或者已经遭受不法侵害，要及时告知家长、老师或者报警，第一时间寻求法律的保护。

五、马某虐待被看护人案
——对幼儿园虐童行为"零容忍"

【基本案情】

2016年9月，被告人马某(不具备教师资格)通过应聘到河南省某县幼儿园任小班教师。2017年4月18日下午上课期间，马某在该幼儿园小班教室内，以学生上课期间不听话、不认真读书为由，用针分别扎本班多名幼儿的手心、手背等部位。经鉴定，多名幼儿的损伤程度虽均不构成轻微伤，但体表皮肤损伤存在，损伤特点符合具有尖端物体扎刺所致。2017年4月18日，被害幼儿家长报警，当晚马某被公安人员带走，同年4月19日被刑事拘留。在案件审理过程中，被告人马某及其亲属与多名被害幼儿的法定代理人均达成谅解。

【裁判结果】

法院经审理认为，被告人马某身为幼儿教师，采用针刺手段对多名被看护幼儿进行虐待，情节恶劣，其行为已构成虐待被看护人罪。据此，以虐待被看护人罪依法判处被告人马某有期徒刑二年；禁止其五年内从事未成年人教育工作。同时，人民法院对该县教育局发出司法建议。

【典型意义】

近年来，保姆、幼儿园教师、养老院工作人员等具有监护或者看护职责的人员虐待被监护、看护人的案件时有发生，严重侵害了弱势群体的合法权益，引发社会高度关注。本案中，被告人马某用针对多名幼儿进行扎刺，虽未造成轻微伤，不符合故意伤害罪的法定标准，但其行为对受害幼儿的身心造成了严重伤害。对这种恶劣的虐童行为，人民法院采取"零容忍"态度，依法进行严厉打击，对其判处二年有期徒刑(本罪法定最高刑为三年有期徒刑)，对被告人判处从业禁止最高年限五年。

本案的判决，警示那些具有监护、看护职责的单位和人员，应当依法履职，一切针对被监护、被看护人的不法侵害行为，都将受到法律的惩处；本案也警示幼儿园等具有监护、看护职责的单位应严格加强管理，切实保障被监护、看护人的合法权益免受不法侵害。

六、胡某诉张某变更抚养关系案
——全国第一道未成年人"人身安全保护令"

【基本案情】

原告胡某、被告张某于2000年经法院判决离婚，女儿张某某（1996年出生）由父亲张某抚养。离婚后，张某经常酗酒、酒后打骂女儿张某某。2005年，张某因犯抢劫罪被判处有期徒刑三年。刑满释放后，张某酗酒恶习未有改变，长期对女儿张某某实施殴打、谩骂，并限制张某某人身自由，不允许其与外界接触，严重影响了张某某的身心健康。2011年3月19日深夜，张某酒后将睡眠中的张某某叫醒实施殴打，张某某左脸受伤，自此不敢回家。同月26日，不堪忍受家庭暴力的张某某选择不再沉默，向司法部门写求救信，揭露其父家暴恶行，态度坚决地表示再不愿意跟随父亲生活，要求跟随母亲胡某生活。胡某遂向法院起诉，请求变更抚养关系。鉴于被告长期存在严重家暴行为，为防止危害后果进一步扩大，经法官释明后，原告胡某向法院提出了保护张某人身安全的申请。

【裁判结果】

法院经审理认为，被告张某与其女张某某共同生活期间曾多次殴打、威胁张某某，限制张某某人身自由的情况属实，原告的申请符合法律规定。依法裁定：一、禁止张某威胁、殴打张某某；二、禁止张某限制张某某的人身自由。裁定作出后，该院向市妇联、区派出所、被告所在村委会下达了协助执行通知书，委托上述单位监督被告履行裁定书确定的义务。后本案以调解方式结案，张某自2011年4月28日起由胡某抚养。

【典型意义】

本案中，湖南某法院发出了全国第一道针对未成年人的"人身安全保护令"，为加强对未成年人的保护做了有益探索，为推动"人身安全保护令"写入其后的《反家庭暴力法》积累了实践素材，为少年司法事业做出了巨大贡献。数十家媒体和电视台对该案进行了宣传报道，产生了良好的社会效果。该案还引起联合国官员及全国妇联相关领导的关注，他们对这份"人身安全保护令"做出了高度评价。

本案调解过程中，人民法院还邀请当地妇联干部、公安民警、村委会干部、村调解员共同参与对被告的批评教育，促使被告真诚悔悟并当庭保证不再实施家暴行为。本案是多元化解纠纷机制、社会联动机制在未成年人司法中的恰当运用，同时也为充分发扬"枫桥经验"处理未成年人保护案件做出了良好示范。

七、祁某猥亵儿童案
——小学教师性侵儿童被重判

【基本案情】

被告人祁某原系浙江省某市小学教师。在执教期间，曾有学生家长于2013年1月以祁某非礼其女儿为由向学校举报，祁某因此写下书面检讨，保证不再发生此类事件。2016年12月，被告人祁某退休，因师资力量短缺，该校返聘祁某于2016年12月至2017年8月继续担任语文老师兼班主任。2017年以来，祁某利用教学之便，在课间活动及补课期间，多次对多名女学生进行猥亵。2017年8月30日下午，被告人祁某主动至派出所投案。

【裁判结果】

法院经审理认为，被告人祁某利用教师身份，多次猥亵多名未满十二周岁的幼女，且部分系在公共场所当众猥亵，严重破坏教学秩序，社会危害性极大，其行为已构成猥亵儿童罪，且应当在"五年以上有期徒刑"的幅度内从重处罚；而且，其曾因类似行为被举报，仍不思悔过致本案发生，应酌情从重处罚。据此，以猥亵儿童罪依法判处被告人祁某有期徒刑八年六个月；禁止其在三年内从事与未成年人相关的教育职业。

案件审理期间，六名被害人提起民事诉讼，起诉涉事小学、区教育文化体育局教育机构责任纠纷。后经法院主持调解，该小学分别向各原告人一次性支付30000元。宣判后，该市教育局对涉案小学校长进行了行政处分。

【典型意义】

本案系教师利用教学便利对未成年学生实施猥亵的恶性案件，给被害人和家人都造成了严重的身心伤害，挑战道德法律底线，性质极其恶劣，危害后果严重，必须从严惩处。被告人祁某虽已年过六十，但裁判法院考虑其被学校返聘、补课等情况，仍从有效预防侵害未成年人犯罪角度出发，秉持对侵害未成年人的"零容忍"态度，依法对被告人祁某适用从业禁止。本案在审理阶段，司法机关还通过政府购买服务，及时为被害人进行心理疏导，尽力医治对涉案未成年人的精神伤害。

此类案件反映出极个别学校对未成年人权益保护仍然存在管理不善，制度不落实，执行不到位的现象，需要有关学校及部门引起重视。

八、刘某故意伤害案
——探索推动设立未成年犯罪人前科封存制度

【基本案情】

2006年12月28日下午5时许，被告人刘某（犯罪时15周岁）之父刘某芳酒后与同村刘某文因琐事发生口角，后二人在刘某文家门口对骂，刘某文的两个儿子到场后，与刘某芳相互扭打，继而两家发生殴斗。刘某的祖父刘某宗闻讯赶来后，与刘某文相互厮打。在两人殴斗过程中，被告人刘某闻讯赶到现场，用铁钗将刘某文叉成重伤，刘某作案后主动投案，并如实供述了自己的罪行。

案发后，被害人刘某文与被告人刘某就附带民事赔偿达成和解，刘某文对刘某表示谅解。

【裁判结果】

法院经审理认为，被告人刘某持械故意伤害他人身体，其行为已经构成故意伤害罪。但本案系邻里纠纷引发，被告人刘某因见亲人被人殴打一时愤怒，采取过激行为加入殴斗，犯罪动机尚不恶劣，社会危害尚不严重。刘某犯罪时未满16周岁，归案后能够坦白自己的犯罪事实，且案发后积极赔偿被害人的损失，已经取得被害人谅解。据此，以故意伤害罪依法判处被告人刘某有期徒刑一年，缓刑一年六个月。缓刑考验期满后，刘某领取了《前科封存证明书》。

【典型意义】

1997年刑法第一百条设立了前科报告义务，规定："依法受过刑事处罚的人，在入伍、就业的时候，应当如实向有关单位报告自己曾受过刑事处罚，不得隐瞒。"就未成年犯罪人而言，前科报告义务及其所带来的"犯罪标签化"是其重返社会的障碍和阻力之一。本案是山东法院实施的第一例前科封存案件，是对未成年犯罪人开展有效判后帮教，帮助其顺利回归社会进行的有益探索。根据当地市中院牵头，公安、民政等11部门联合出台的《失足未成年人前科封存实施意见》，刘某在缓刑考验期结束后向由该11个部门组成的前科封存领导小组提交了相关材料，领导小组考察审批后同意向刘某颁发了《前科封存证明书》，并对其犯罪档案进行封存。学校也保留他的学籍并对其犯罪信息予以保密，保证他的正常学习生活。因为这份证明书，刘某慢慢卸下了心理包袱，并心怀感恩，初中毕业后去天津打工，顺利回归融入社会。

该案取得了良好的社会效果，经各大媒体报道及转载后，在社会引起巨大反响，也引起国内专家学者的关注。山东高院因势利导，在总结部分地市经验、组织专家论证的基础上，在全省全面推开"前科封存"制度。该项制度的开展不仅是在少年司法领域的改革创新，更是为相关刑事立法的修改提供了实践基础。此后，2011年刑法修正案（八）增加规定了未成年犯罪人的前科封存制度，2012年刑事诉讼法修改又对未成年犯罪人前科封存作了程序衔接规定。

九、杨某故意杀人案
——全国首例对未成年被害人跨省心理救助

【基本案情】

2017年初，被告人杨某跟随同乡李某来津务工，后因工资结算问题二人产生矛盾。2017年7月25日7时许，杨某向李某索要工资时发生争吵，杨某遂从路边捡起一根三角铁用力击打李某头部，致李某头部流血倒地昏迷。后杨某来到李某居住的宿舍，持菜刀砍李某之子小欢、小旭（案发时8岁）。三名被害人被送至医院后，李某、小欢经抢救无效死亡，小旭项部损伤程度经鉴定为轻伤二级。案发后，被害人李某近亲属曾某、被害人小旭因家庭情况特别困难，提出司法救助申请。

【裁判结果】

法院经审理认为，被告人杨某因工资结算问题与被害人李某产生矛盾，先后持三角铁、菜刀行凶，致李某及其长子小欢死亡，致李某次子小旭轻伤，其行为已构成故意杀人罪，应依法予以处罚。被告人杨某罪手段残忍，主观恶性深，犯罪后果严重，虽系投案自首，不足以从轻处罚；其行为给附带民事诉讼原告人造成经济损失，依法应予赔偿。据此，以故意杀人罪，依法判处被告人杨某死刑，剥夺政治权利终身；判决被告人杨某赔偿附带民事诉讼原告人曾某、周某、小旭经济损失人民币共计137262.26元。

【典型意义】

本案是天津法院开展的全国首例对未成年被害人跨省心理救助的案例。被害人小旭案发时年龄尚小，目睹了父亲、兄长的被害过程，身心健康受到严重伤害，有此类经历的孩子是容易出现心理问题的高危人群。考虑到被害人的家庭状况和案件具体情况，法院决定对小旭开展司法救助，进行心理干预，尽力帮助其走出心理阴影，步入正常的生活、学习轨道。

由于被救助人生活的地方在四川，距离天津太远，如何开展持续、动态的跨省救助，尤其是心理救助，在全国无先例可循。按照刑事被害人救助规定，只能解决被害人的经济困难。考虑到本案的特殊情况，天津法院创新工作思路，为小旭申请了心理救助专项资金，并与四川法院共同确定了跨省司法救助与心理干预并行的工作方案。目前小旭学习生活状态良好，情绪正常，心理救助初步达到了预期效果。

值得注意的是，除了刑事案件的未成年被害人，家事案件中的未成年人，作为家庭成员也经常被无端地卷入家事纷争之中。法院在审理这类案件时,发现确有需要进行救助的困境儿童,也会积极为他们开展延伸救助工作,充分发挥职能优势,整合专业资源,联合政府部门、教育机构、群团组织等让涉困儿童获得精准救助。

十、江某诉钟某变更抚养关系案
—— 依法保障未成年人的受教育权

【基本案情】

原告人江某与被告人钟某于 2009 年 3 月 10 日登记结婚,婚后育有一子,取名江某俊。2011 年 9 月 20 日,双方因感情不和,经法院调解协议离婚,约定儿子江某俊由母亲钟某抚养,江某每月支付抚养费 600 元,直到孩子独立生活为止。

离婚后,钟某将婚姻的不幸转嫁到孩子身上,以种种理由拒绝让父子相见。更为严重的是,钟某无工作,租住在廉租房内靠亲人接济为生,常年闭门不出,也不让江某俊上学读书。江某曾于 2015 年 6 月 8 日向法院起诉要求变更抚养权,后撤回起诉。为了孩子的成长,2016 年 10 月 11 日江某再次向法院提起诉讼要求变更江某俊抚养关系,后经法院主持调解,江某与钟某达成和解协议,江某俊抚养权依然归钟某,江某俊的生活、教育所需费用均由江某承担。江某按约履行了调解书约定的义务,但是钟某拒不履行调解书约定义务。江某俊年满 8 岁了,已达到适学年龄,经法院多次执行,钟某仍拒绝送孩子上学,严重影响了孩子的健康成长,而江某俊爷爷奶奶为了孩子上学,频繁越级上访,导致矛盾激化。

2018 年 3 月,原告江某再次向法院起诉,要求变更儿子抚养关系。为了化解矛盾,法院联合该市未成年保护办公室、妇联、团委、家调委、社区、教育等部门工作人员积极配合,多次上门调解,钟某仍拒绝送孩子上学。经与孩子沟通,孩子表示愿意上学读书上,未成年保护办公室和市妇联联合取证,并作为未成年保护组织出庭支持诉讼。

【裁判结果】

法院经审理认为,适龄儿童接受义务教育是家长的义务,根据市团委、妇联作为未成年人保护组织为江某俊调取的大量证据材料,证明钟某作为法定监护人,剥夺江某俊的受教育权,严重影响了孩子的身心健康发展,侵犯了未成年人的合法权益。为保护江某俊的受教育权,保障其健康成长,法院在事实证据充分的情况下,依法变更江某俊的抚养关系。

【典型意义】

父母或者其他监护人应当尊重未成年人受教育的权利,必须使适龄未成年人依法入学接受并完成义务教育,不得使接受义务教育的未成年人辍学。与子女共同生活的一方不尽抚养义务,另一方要求变更子女抚养关系的,人民法院应予支持。本案中,江某俊随钟某生活期间,钟某不履行监护义务,拒绝送江某俊上学,不让孩子接受义务教育,严重侵犯了孩子受教育权利。钟某无工作,无住房,无经济来源,无法保障孩子生活、学习所需,且侵犯孩子受教育权,本着儿童利益最大化原则,法官判决支持江某变更抚养关系的诉求。

子女的成长是一个长期的动态过程,随着时间的推移,离婚时协商或判决所依据的父母双方的抚养能力和抚养条件可能会在子女成长过程中产生很大的变化,所以法律出于保证子女的健康成长考虑,允许离婚夫妇以协议或诉讼的方式变更与子女的抚养关系。在抚养的过程中,不光要给予生活保障,学习教育权利更应当保障,如果一方怠于履行义务,人民法院将依法进行抚养关系变更。

7. 利用互联网侵害未成年人权益的典型案例[①]

一、被告人林某某通过网约车猥亵儿童案

(一)基本案情

2017 年 1 月 7 日 14 时许,被告人林某某驾驶小型轿车通过滴滴软件平台接单,将独自一人坐车的被害人江某某(9 岁)由本市某公交车站附近送往某小区。当车行至某中学侧门附近时,林某某为满足性欲,停车后露出下体欲让坐于副驾驶座的江某某抚摸,遭到拒绝后,又强行对江某某进行猥亵。

(二)裁判结果

人民法院经审理认为,被告人林某某猥亵不满十四周岁的儿童,其行为已构成猥亵儿童罪。林某某猥亵儿童,依法应从重处罚。依据刑法有关规定,判决被告人林某某犯猥亵儿童罪,判处有期徒刑二年。

(三)典型意义

近年来,网约车因便捷实用,使用人数较多,发展势头迅猛,但网约车监管漏洞引发的社会问题也逐渐暴露,网约车司机殴打、杀害乘客等新闻时见诸报端。本案被害人母亲因临时有事,通过手机平台预约打车后,被害人在独自乘坐网约车过程中遭到司机猥亵。本案警示:家长要充分认识到未成年人自我防范和自我保护意识较弱这一特点,在无法亲自陪伴时,应尽量为未成年人选择公交车

[①] 最高人民法院 2018 年 6 月 1 日发布。

等规范交通工具以保证安全。网约车平台及管理部门要加强监管,提高车内安全监控技术水平,提高驾驶员入行门槛,加大身份识别力度,保障乘车安全。

二、施某通过裸贷敲诈勒索案
(一)基本案情
2017年3月30日,被害人陈某(17岁,在校学生)通过QQ交流平台联系到被告人施某进行贷款。根据施某要求,陈某提供了裸照及联系方式,但施某并未贷款给陈某,而是以公开裸照信息威胁陈某,勒索人民币1000元,陈某一直未付款。施某进一步威胁陈某父母并索要人民币3000元,陈某家人未付款而向公安机关报案。因施某的敲诈行为,陈某害怕亲朋好友收到其裸照信息,故而休学在家,学习生活及心理健康遭受严重影响。

(二)裁判结果
人民法院经审理认为,施某无视国家法律,以非法占有为目的,敲诈勒索他人财物,数额较大,其行为已构成敲诈勒索罪。施某敲诈勒索未成年人,可从重处罚。施某在犯罪过程中因意志以外的原因而未得逞,属于犯罪未遂,结合其被抓获后如实供述犯罪事实,依法可从轻处罚。依据刑法有关规定,判决施某犯敲诈勒索罪,判处有期徒刑十个月,并处罚金人民币二千元。

(三)典型意义
"裸贷"是非法分子借用互联网金融和社交工具为平台和幌子,以让贷款人拍摄"裸照"作"担保",非法发放高息贷款的行为。因"裸贷"被诈骗、被敲诈勒索的,时有发生。"裸贷"就像一个大坑,一旦陷入,后果不堪设想,有人失去尊严,有人被迫出卖肉体,有人甚至失去生命。本案警示:未成年人或者在校学生应当理性消费,如有债务危机,应当及时和家长沟通或者通过合法途径解决,不能自作主张进行网络贷款。以"裸"换"贷",既有违公序良俗,也容易让自己沦为严重违法犯罪的受害者。对于已经"裸贷"的,如果遇到以公开自己裸照进行要挟的行为,一定要及时报警,寻求法律保护。

三、被告人庞某某等人约网友见面强奸案
(一)基本案情
2013年6月,被告人庞某甲(15岁)与被告人庞某乙(18岁)、周某甲(18岁)、周某乙(15岁)、黄某某(15岁)在旅社房间住宿期间,庞某甲提议并经其同意后,通过QQ联系其在互联网上认识的被害人李某(女,13岁,在校学生)到旅社房间。李某到达后随即被庞某甲、庞某乙、周某甲、周某乙、黄某某在房间内强行奸淫。另以相同方式,庞某甲、庞某乙还曾共同强奸李某1次,其中庞某乙强奸未遂;庞某甲还曾单独强奸李某1次。

(二)裁判结果
人民法院经审理认为,被告人庞某甲单独或分别伙同被告人庞某乙、被告人周某甲、被告人周某乙、被告人黄某某以暴力、威胁手段在对同一幼女实施奸淫,其行为均已构成强奸罪。庞某甲、庞某乙、周某甲、周某乙、黄某某,奸淫未满十四周岁的幼女,庞某甲多次强奸未成年人,依法应从重处罚。庞某甲、周某甲、黄某某犯罪时不满十八周岁;周某乙能自动投案并如实供述犯罪事实,有自首情节;黄某某被抓获后如实供述犯罪事实;庞某乙、周某甲、周某乙、黄某某能赔偿被害人的经济损失,并获得被告人谅解,依法对庞某甲、庞某乙、周某甲从轻处罚,对周某乙、黄某某减轻处罚。依据刑法有关规定,判决被告人庞某甲犯强奸罪,判处有期徒刑十年六个月;判决被告人庞某乙犯强奸罪,判处有期徒刑十年五个月,剥夺政治权利二年;判决被告人周某甲犯强奸罪,判处有期徒刑十年四个月,剥夺政治权利二年;判决被告人周某乙犯强奸罪,判处有期徒刑七年;判决被告人黄某某犯强奸罪,判处有期徒刑七年。

(三)典型意义
本案是一起利用网络聊天邀约未成年女学生见面后发生的严重强奸犯罪案件。随着网络科技应用普及,网络交友的便捷、新鲜感使得许多青少年频繁在网络上通过聊天软件交友,又从网上聊天走到现实见面交往。但是未成年人涉世未深,自我保护意识不强,对陌生人防范意识不高,尤其是未成年女性只身与网友见面存在诸多人身安全风险。本案被告人就是在网上邀约一名幼女见面后,与同案被告人对该幼女实施了多人轮奸犯罪行为。虽然被告人已被绳之以法,但已对被害人造成了无法弥补的身心伤害。本案警示:未成年人不宜使用互联网社交网络平台与陌生人交友,切莫单独与网友见面;在遭受侵害后,应立即告知家人并报警,不能因害怕而隐瞒,更不能因恐惧或欺骗再次与网友见面。家庭和学校应加强对未成年人法治教育和德育教育,尤其要提高未成年女学生的人身安全保护意识;及时了解子女网上交友情况。旅店应履行安全管理义务,加强对入住人员审查,尤其对未与家长同行的未成年人或数名青少年集体开房情况予以警惕,防止违法犯罪情况发生。

四、杨某某假借迷信强奸案
(一)基本案情
2016年6月至9月,被告人杨某某利用网络通过QQ聊天工具,分别以"张某甲"、"张某乙"、"陈某"及"算命先

生"身份与被害人刘某某(14岁)、王某某(13岁)、沈某某(15岁)聊天,并以"算命先生"名义谎称被害人如想和"张某甲"等人生活幸福,必须先与"算命先生"发生性关系方可破解。杨某某以上述手段多次诱骗三名被害人在宾馆与其发生性关系。

(二)裁判结果

人民法院经审理认为,被告人杨某某违背妇女意志,利用迷信、威胁等手段强行与被害妇女(幼女)发生性关系,其行为已构成强奸罪。杨某某奸淫未满十四周岁的幼女,强奸多名未成年人,依法应从重处罚。依据刑法有关规定,判决被告人杨某某犯强奸罪,判处有期徒刑十三年六个月,剥夺政治权利三年。

(三)典型意义

本案是一起通过互联网交友诱骗、威胁少女实施性侵害的严重犯罪案件。三名被害人均为未成年人,其中一名为幼女。被告人通过一人分饰不同角色,利用未成年人年少、幼稚、胆小的弱势,采用迷信、威胁等手段发生性关系,严重损害未成年人身心健康。本案警示:互联网具有虚拟性,使用者可以不具有真实身份,用不同姓名、性别、年龄、职业与人交往,具有较强欺骗性,未成年人不宜使用互联网社交平台与陌生人交友,以免上当受骗。家长和学校要对未成年人加强性知识、性侵害防卫教育,及时了解子女网上交友情况。

五、乔某某以视频裸聊方式猥亵儿童案

(一)基本案情

被告人乔某某为满足其不良心理需要,于2014年3月至8月间,在自住房电脑上,通过登录QQ添加不满十四周岁的幼女为其好友,并冒充生理老师以视频教学为名,先后诱骗多名幼女与其视频裸聊。

(二)裁判结果

人民法院经审理认为,被告人乔某某以刺激或满足其性欲为目的,用视频裸聊方式对多名不满十二周岁的儿童实施猥亵,其行为已构成猥亵儿童罪。乔某某猥亵多名儿童,依法应从重处罚。乔某某被抓获后如实供述犯罪事实,依法可从轻处罚。依据刑法有关规定,判决被告人乔某某犯猥亵儿童罪,判处有期徒刑四年。

(三)典型意义

被告人乔某某为了满足自身性欲,采用欺骗手段通过网络视频引诱女童脱光衣服进行裸聊,对儿童身心健康和人格利益造成侵害。这种非直接接触的裸聊行为属于猥亵行为。在互联网时代,不法分子运用网络技术实施传统意义上的犯罪,手段更为隐蔽,危害范围更为广泛。本案

警示:未成年人,特别是儿童,不宜单独使用互联网,不宜使用互联网社交平台与陌生人交流,更不能与陌生人视频聊天。未成年人心智发育不完整,识别判断能力差,家长应该控制未成年人使用电子产品和互联网,尤其要关注未成人使用网络社交平台与陌生人交流;要告知未成年人,无论何种理由,都不能在他人面前或视频下脱去衣服,遇到这种情况应该立即告知父母,中断联系。

六、叶某甲通过网络向未成年人贩卖毒品案

(一)基本案情

被告人叶某甲(16岁,在校学生)与社会闲散人员交友,社会闲散人员询问叶某甲是否有朋友需要毒品,若有需求可以找其购买,并可以获得好处费。2017年1月至2月期间,叶某乙(15岁,在校学生)因朋友要吸毒请求叶某甲帮忙购买毒品,后通过QQ联系与叶某甲商定毒品交易地点、价格、数量。双方先后三次合计以800元价格交易共约1克甲基苯丙胺。

(二)裁判结果

人民法院经审理认为,被告人叶某甲明知是毒品甲基苯丙胺仍多次予以贩卖,情节严重,其行为已构成贩卖毒品罪。叶某甲向在校未成年学生贩卖毒品,应从重处罚;叶某甲犯罪时已满十六周岁未满十八周岁,被抓获后如实供述犯罪事实,依法应当减轻处罚。依据刑法有关规定,判决被告人叶某甲犯贩卖毒品罪,判处有期徒刑一年十个月,并处罚金人民币三千元。

(三)典型意义

本案是一起未成年人在校学生之间通过互联网联系后贩卖毒品案件。随着信息网络的普及,网络毒品犯罪呈快速蔓延之势,利用网络向未成年人贩卖毒品更具社会危害性。吸毒贩毒易滋生如卖淫、盗窃、抢劫等其他犯罪行为,涉毒人员也是艾滋病的高危人群。当前,毒品犯罪已由社会进入校园、进入未成年人生活领域,要引起各界高度重视。本案警示:未成年人要正确交友,避免与不良社会闲散人员交往;要深刻认识毒品的危害性,避免被他人引诱沾染恶习。家长要认真履行监护责任,帮助子女禁绝接触毒品的可能性;要经常与子女沟通,及时了解子女生活、学习、交友情况,避免未成年人走上犯罪道路。

七、被告人刘某某提供虚假网络技术诈骗案

(一)基本案情

2015年8月份,被告人刘某某在互联网发布传授入侵他人电脑技术、教做外挂及教他人用代码开通永久会员等虚假信息,以招收学员骗取费用。被害人张某某(10岁,

在校学生)浏览该信息后,通过 QQ 与刘某某取得联系,并用其父手机通过"支付宝"向刘某某付费,欲学习网络游戏技术,刘某某谎称可以向张某某提供游戏源代码以帮其在网络游戏中获益。而后,刘某某通过互联网多次向张某某出售与其宣扬不符或不能使用的"网游外挂"及配套使用的"模块",骗取张某某付款共计人民币 133079.6 元。案发后,刘某某亲属向张某某亲属退赔全部经济损失,张某某对刘某某表示谅解。

(二)裁判结果

人民法院法院经审理认为,被告人刘某某以非法占有为目的,利用互联网发布虚假信息多次骗取他人现金,数额巨大,其行为已构成诈骗罪。刘某某利用互联网发布虚假信息,对不特定多数人实施诈骗,可酌情从严惩处。刘某某被抓获后如实供述犯罪事实,亲属代其退赔全部经济损失,获得被害人谅解,依法可从轻处罚。依据刑法有关规定,判决被告人刘某某犯诈骗罪,判处有期徒刑三年,并处罚金人民币五千元。

(三)典型意义

随着我国互联网的迅猛发展,网民规模越来越大,网络用户呈低龄化的特点。青少年由于缺乏独立经济能力,又有一定消费需求,加上身心发展尚未成熟,对虚拟网络交易风险缺乏防范意识,很容易成为网络诈骗分子的"囊中之物"。本案被告人利用被害人未成年、社会经验不足,加之被害人家长对孩子日常生活交易常识缺乏教育、引导和监督,轻易利用互联网骗取张某某 13 万余元。本案警示:家长要依法履行监护责任,对未成年人使用电子产品和互联网的时间和内容等要进行引导、监督;要配合电子产品有关功能,及时了解子女用网安全;对孩子可能接触到的大额财物要严加管理,避免陷入网络诈骗。

八、江某某网上虚假销售诈骗案

(一)基本案情

被告人江某某在互联网上以虚假出售二手手机的方法实施诈骗,于 2017 年 7 月 11 日骗取被害人李某甲(在校学生)人民币 4000 元,于同月 20 日至 22 日骗取被害人李某乙(16 岁,在校学生)人民币 900 元。江某某的亲属代其退缴赃款人民币 4900 元。

(二)裁判结果

人民法院经审理认为,被告人江某某以非法占有为目的,利用互联网发布虚假信息骗取他人财物,数额较大,其行为已构成诈骗罪。江某某利用互联网发布虚假信息,对不特定多数人实施诈骗,可酌情从严惩处。江某某被抓获后如实供述犯罪事实,退赔全部经济损失,依法可从轻处罚。依据刑法有关规定,判决被告人江某某犯诈骗罪,判处有期徒刑八个月,并处罚金人民币五千元。

(三)典型意义

本案是利用互联网通过诈骗方式侵害学生合法权益案件。当下,互联网蓬勃发展,学生们广泛运用,但学生的甄别能力不强,自我保护意识薄弱,上当受骗几率较高。本案警示:未成年人在互联网上购物要提高警惕,事先要经父母同意,不得擅自而为。家长要教育子女网上交易的风险,并及时了解子女需求,帮助子女完成网上交易活动。网络电商管理平台应加强对商户资质和日常资信审查,减少、避免网络诈骗等违法犯罪行为的发生。

九、王某以招收童星欺骗猥亵儿童案

(一)基本案情

2017 年 4 月至 6 月间,被告人王某利用网上 QQ 聊天软件,以某公司招收童星需视频考核为名,先后诱骗被害人赵某某(女,10 岁)、钱某某(女,12 岁)、李某某(女,12 岁)与其视频裸聊。

(二)裁判结果

人民法院经审理认为,被告人王某以视频裸聊方式猥亵儿童,其行为已构成猥亵儿童罪。王某猥亵儿童,依法应从重处罚。王某被抓获后能如实供述犯罪事实,依法可从轻处罚。依据刑法有关规定,判决被告人王某犯猥亵儿童罪,判处有期徒刑一年十个月。

(三)典型意义

网络色情信息的高强度刺激可能使青少年沉溺其中,甚至走上犯罪道路。本案被告人审判时年仅 20 岁,在玩游戏时被当成女性,收到私聊和广告要求其裸聊和做动作,了解了这种方法之后,由于正值青春期,也想尝试一下,于是编造传媒公司名字,以招收童星考核身材为名,要求幼女与其裸聊,寻求刺激。本案被害人都是幼女,对于不良信息的辨别力差,缺乏基本性知识,对自己行为的性质没有清晰认识,希望成为童星因此被利用。在这个过程中,父母的监管是缺失的,孩子的网络行为没有受到干预和引导,对他们接受的网络信息缺乏甄选。本案警示:家长对孩子使用电子产品和互联网行为不能不管不问,要帮助子女识别色情、暴力、毒品信息,否则极有可能使孩子受到网络色情、暴力、毒品的侵害;要加强对未成年子女的自我保护和风险防范教育。互联网监管部门,应该加强净化网络环境治理,设置浏览级别限制,引导未成年人正确使用网络,促进其健康成长。

十、付某某诉某网络公司、某教育中心名誉权、隐私权纠纷案

(一)基本案情

2014年2月至同年6月,路透社经与某教育中心联系,某教育中心口头同意路透社前往该中心进行采访。路透社与某网络公司签订协议,某网络公司于2014年7月1日至2015年6月30日期间可转载其文件。2014年7月7日,某网络公司旗下的某网站刊出一组《探访北京戒网瘾学校》相关内容的照片和文章,相关网页第一张照片为付某某正面全身照,该图片为付某某坐在汽车后排座中间,左右各有一名成年人。付某某头微微低下,目光朝下,但图片没有打马赛克或者做其他模糊处理。该图片配有说明:"北京某教育中心是一所戒网瘾学校,学校通过军事化管理帮助青少年戒除网瘾。目前,类似这样的戒网瘾学校在中国已经多达250所。为了帮助孩子戒除网瘾,很多父母将孩子送到戒网瘾学校,让他们接受心理测验和军事化训练。"另,付某某全身照还出现在第二十一张照片中,该图片中付某某身穿便装,在沙发上与另外两名身着迷彩服的同龄女生交谈。付某某手托下巴,头朝向另外两名女生。该照片配有说明:"5月22日,北京某教育中心,一名刚到中心的女孩子正与其他学生交谈,在父母的要求下,这名女孩到这里戒瘾。"

(二)裁判结果

人民法院经审理后认为,网络服务提供者在刊载网络信息时,应特别注意对未成年人个人隐私和个人信息的保护。某网络公司旗下的某网站作为网络服务提供者,转载《探访北京戒网瘾学校》相关内容的照片和文章中,未经法定代理人同意使用未成年人付某某的正面全身照且对其面部图像未进行模糊处理。两张照片均可清晰的辨认出是付某某本人,并配有"一名上网成瘾的女孩"和"这名女孩到这里戒瘾"等文字,侵犯了未成年人隐私权。因某网络公司在国内的影响力,该组照片和文章被大量点击和转载,造成了付某某名誉权受到侵害的事实。依据民法有关规定,判决某网络公司在其某网站上发布向付某某赔礼道歉声明,赔偿付某某精神损害抚慰金一万元、公证费二千五百元、律师费三万元。

(三)典型意义

本案中,某网络公司转载的是其他新闻从业机构的新闻成果,并非亲自采访所得,此时新闻转载者也要对新闻内容进行合理审查,确保真实性。某网络公司虽与路透社签订有转载新闻的协议,具有合法转载路透社新闻的权利,但这不能免除其对新闻内容进行合理审查的义务。某网络公司没有尽到善良管理人必要的注意审查义务,所转载的新闻存在基本事实错误,同时还将未成年人个人隐私予以公开,不仅侵害了未成年人的名誉权,也侵害了其隐私权,给未成年人成长带来不利影响。本案警示:新闻自由并非毫无边界,网络服务提供者在转载新闻时,应承担法律规定的审慎义务,特别是在关涉未成年人或重大敏感事件时要更加慎重,不能侵害他人的合法权益。

8. 侵害未成年人权益被撤销监护人资格典型案例[①]

一、林某某被撤销监护人资格案

(一)基本案情

福建省仙游县榜头镇梧店村村民林某某(女)多次使用菜刀割伤年仅9岁的亲生儿子小龙(化名)的后背、双臂,用火钳鞭打小龙的双腿,并经常让小龙挨饿。自2013年8月始,当地镇政府、村委会干部及派出所民警多次对林某某进行批评教育,但林某某拒不悔改。2014年1月,共青团莆田市委、市妇联等部门联合对林某某进行劝解教育,林某某书面保证不再殴打小龙,但其后林某某依然我行我素。同年5月29日凌晨,林某某再次用菜刀割伤小龙的后背、双臂。为此,仙游县公安局对林某某处以行政拘留十五日并处罚款人民币一千元。6月13日,申请人仙游县榜头镇梧店村民委员会以申请人林某某长期对小龙的虐待行为已严重影响小龙的身心健康为由,向法院请求依法撤销林某某对小龙的监护人资格,指定梧店村民委员会作为小龙的监护人。在法院审理期间,法院征求小龙的意见,其表示不愿意随林某某共同生活。

(二)裁判结果

福建省仙游县人民法院经审理认为,监护人应当履行监护职责,保护被监护人的身体健康、照顾被监护人的生活,对被监护人进行管理和教育,履行相应的监护职责。被申请人林某某作为小龙的监护人,未采取正确的方法对小龙进行教育引导,而是采取打骂等手段对小龙长期虐待,经有关单位教育后仍拒不悔改,再次用菜刀割伤小龙,其行为已经严重损害小龙的身心健康,故其不宜再担任小龙的监护人。依照民法及未成年人保护法的有关规定,撤销被申请人林某某对小龙的监护人资格;指定申请人仙游县榜头镇梧店村民委员会担任小龙的监护人。

[①] 最高人民法院 2016 年 5 月 31 日公布。

(三) 典型意义

撤销父母监护权是国家保护未成年人合法权益的一项重要制度。父母作为未成年子女的法定监护人，若不履行监护职责，甚至对子女实施虐待、伤害或者其他侵害行为，再让其担任监护人将严重危害子女的身心健康。结合本案情况，仙游县人民法院受理后，根据法律的有关规定，在没有其他近亲属和朋友可以担任监护人的情况下，按照最有利于被监护人成长的原则，指定当地村民委员会担任小龙的监护人。本案宣判后，该院还主动与市、县两级团委、妇联沟通，研究解决小龙的救助、安置等问题。考虑到由村民委员会直接履行监护职责存在一些具体困难，后在团委、民政部门及社会各方共同努力之下，最终将小龙妥善安置在SOS儿童村，切实维护小龙合法权益。本案为2015年1月1日开始施行的最高人民法院、最高人民检察院、公安部、民政部《关于依法处理监护人侵害未成年人权益行为若干问题的意见》中有关有权申请撤销监护人资格的主体及撤销后的安置问题等规定的出台，提供了实践经验，并对类似情况发生时，如何具体保护未成年人权益，提供了示范样本。

二、邵某某、王某某被撤销监护人资格案

(一) 基本案情

邵某某和王某某2004年生育一女，取名邵某。在邵某未满两周岁时，二人因家庭琐事发生矛盾，邵某某独自带女儿回到原籍江苏省徐州市铜山区大许镇生活。在之后的生活中，邵某某长期殴打、虐待女儿邵某，致其头部、脸部、四肢等多处严重创伤。2013年又因强奸、猥亵女儿邵某，于2014年10月10日被法院判处有期徒刑十一年，剥夺政治权利一年。王某某自2006年后从未看望过邵某，亦未支付抚养费用。邵某某被采取刑事强制措施后，王某某及家人仍对女儿邵某不闻不问致其流离失所、生活无着。邵某因饥饿离家，被好心人士张某某收留。邵某某的父母早年去世，无兄弟姐妹。王某某肢体三级残疾，其父母、弟、妹均明确表示不愿意抚养邵某。2015年1月铜山区民政局收到铜山区检察院的检察建议，于1月7日作为申请人向铜山区人民法院提起特别程序请求撤销邵某某和王某某的监护人资格。

(二) 裁判结果

江苏省徐州市铜山区人民法院判决：1.撤销被申请人邵某某对邵某的监护权。2.撤销被申请人王某某对邵某的监护权。3.指定徐州市铜山区民政局作为邵某的监护人。

(三) 典型意义

通过对该案的审判，确定了当父母拒不履行监护责任或者侵害被监护人合法权益时，民政局作为社会保障机构，有权申请撤销父母的监护权，打破"虐童是家事"的陈旧观念，使受到家庭成员伤害的未成年人也能够得到司法救济。在未成年人其他近亲属无力监护、不愿监护和不宜监护，临时照料人监护能力又有限的情形下，判决民政局履行带有国家义务性质的监护责任，指定其作为未成年人的监护人，对探索确立国家监护制度作出大胆尝试。该案件审理中的创新做法：一、激活监护权撤销制度使之具有可诉性，明确了民政部门等单位在"有关单位"之列，使撤销监护权之诉具备了实际的可操作性；二、引入指定临时照料人制度，案件受理后，为未成年人指定临时照料人，既确保未成年人在案件审理过程中的生活稳定，也有利于作为受害人的未成年人表达意愿、参加庭审；三、引入社会观护制度，案件审理中，法院委托妇联、团委、青少年维权机构对受害未成年人进行观护，了解未成年人受到侵害的程度、现在的生活状态、亲属情况及另行指定监护人的人选等内容，给法院裁判提供参考；四、加强未成年人隐私保护，庭审中采用远程视频、背对镜头的方式让邵某出庭，寻求受害女童隐私保护和充分表达意愿的平衡。对裁判文书进行编号，向当事人送达裁判文书时送达《未成年人隐私保护告知书》，告知不得擅自复印、传播该文书。在审理终结后，对全部卷宗材料进行封存，最大限度保护受害人的隐私，确保其在另行指定监护人后能健康成长。

三、岳某某被撤销监护人资格案

(一) 基本案情

申请人屈某某、张某某系岳某一之父母。屈某一与被申请人岳某某(女)婚后生育子女岳某一(姐)、岳某二(弟)。2007年，屈某一意外死亡，岳某某独自离家未归。多年来岳某一、岳某二与两申请人(祖父母)一起生活。被申请人岳某某现已再婚。申请人屈某某、张某某申请撤销岳某某对岳某一、岳某二的监护权，同时指定申请人屈某某、张某某为岳某一、岳某二的监护人，被申请人岳某某表示同意。

(二) 裁判结果

陕西省兴平市人民法院经审理认为，监护人应当履行监护职责，保护被监护人的人身、财产及其他合法权益。被申请人岳某某在其丈夫去世后，未履行对其子女岳某一、岳某二的抚养、照顾、教育、管理义务。现被申请人岳某某对申请人屈某某、张某某的申请表示同意，且岳某一、岳某二一直与申请人屈某某、张某某(祖父母)共同生活，由申请人抚养至今，故对两申请人的主张予以支持。

（三）典型意义

父母作为未成年人的法定监护人，应当履行法定监护职责。本案中，被申请人作为未成年人的母亲，长期不履行对于子女的监护职责，而由未成年人的祖父母实际进行抚养、照顾等监护义务。将监护人变更为未成年人的祖父母，不但符合实际的监护情况，也符合包括被申请人在内的各方利害关系人的意愿，符合未成年人保护的立法意旨。实践中，祖父母抚养孙子女等留守儿童的现象日益普遍，在作为法定监护人的父母不履行或者不能履行监护职责的情况下，赋予祖父母监护人身份，有利于稳定家庭关系及社会秩序，促进未成年人权益保障，这也是本案的典型意义所在。

四、徐某被撤销监护人资格案

（一）基本案情

徐某某出生于2010年2月21日，出生后被遗弃在江苏省常州市武进区某寺庙门外，由该寺庙出家人释某抱回寺内。因徐某某需落户口，释某年纪较大，不符合收养要求。2011年12月29日，徐某某由寺庙出家人徐某收养，并办理了收养登记手续。徐某某先由徐某的妹妹、妹夫代养，后又送回该寺庙抚养，由徐某及寺内其他人员共同照顾。2014年9月25日，徐某某被送至常州市儿童福利院，寺庙支付了保育教育费、寄养儿童伙食费等费用共计19480元。徐某某被送至常州市儿童福利院后，徐某未探望过徐某某，亦未支付过徐某某的相关费用。徐某某患有脑裂畸形，至今未治愈。

（二）裁判结果

江苏省常州市天宁区人民法院认为，监护人不履行监护职责或者侵害被监护人的合法权益的，应当承担责任，人民法院可以根据有关人员或者有关单位的申请，撤销监护人的资格。徐某某生父母不详，且患有脑裂畸形疾病。2014年9月25日，徐某某由某寺庙送至常州市儿童福利院抚养至今，期间徐某长期不履行监护职责，庭审中亦明确表示其不具备抚养、监护徐某某的能力。申请人常州市儿童福利院愿意担任徐某某的监护人，并已自2014年9月25日起实际履行了监护职责。故申请人常州市儿童福利院申请撤销被申请人的监护资格，由申请人担任徐某某的监护人，符合法律规定，应予以支持。判决：一、撤销被申请人徐某对徐某某的监护人资格。二、指定常州市儿童福利院为徐某某的监护人。该判决为终审判决，现已生效。

（三）典型意义

本案是一起撤销因收养关系形成的监护权案件。不履行监护职责的消极不作为行为，导致未成年人身心健康受到侵害的行为，亦应认定为监护侵害行为。徐某与徐某某通过收养关系成为其监护人，但实际上徐某某一直由多人轮流抚养，徐某某患有脑裂畸形，因徐某怠于行使监护职责，无法进行手术医治，已严重影响了徐某某的健康成长，在徐某某被送至常州市儿童福利院后，徐某未探望过徐某某，亦未支付过相关费用，其不履行监护职责的行为构成对徐某某的侵害。徐某某年仅五岁，且患有脑裂畸形疾病，无法主动维护其自身权益，其是一名弃婴，无法查明其亲生父母及近亲属的情况。常州市儿童福利院作为民政部门设立的未成年人救助保护机构，对徐某某进行了抚养、照顾，实际承担了监护职责，由其作为申请人提出申请符合法律规定，体现了国家监护制度对于未成年人监护权益的补充和保障，指定其作为徐某某的监护人，也符合未成年人利益最大化的原则和本案的实际情况。

五、耿某某、马某被撤销监护人资格案

（一）基本案情

被申请人耿某某、马某系同居关系，双方于2007年4月生育儿子耿某一。马某有智力残疾，耿某某经常因为家庭琐事殴打耿某一，给耿某一造成了严重的身体和精神上的伤害。耿某某也经常殴打马某，致使马某离家出走，下落不明。公安机关在调查耿某一被殴打时，耿某某也离家出走，下落不明。耿某一的祖父、祖母均已去世，耿某一的外祖父、外祖母已经离婚，与其外祖母已无联系，其外祖父无正式工作，体弱多病无力作为监护人承担监护责任。由于父母均出走，耿某一独自一人在家，社区居委会、兴山区团委及鹤岗市团委为了保护未成年人的合法权益，将耿某一送至鹤岗市流浪乞讨人员救助站即鹤岗市未成年人社会保护中心。为了保护耿某一的人身安全，鹤岗市流浪乞讨人员救助站作为申请人，向鹤岗市兴山区人民法院起诉要求撤销耿某某、马某的监护权。

（二）裁判结果

黑龙江省鹤岗市兴山区人民法院经审理认为，耿某某经常殴打耿某一，给其造成了严重的身体及精神伤害，其已经不能继续承担监护责任。马某虽是耿某一的母亲，但是其作为限制民事行为能力人，无独立生活能力，也无力继续承担监护责任。耿某一的其他近亲属均无力作为耿某一的监护人。鹤岗市兴山区人民法院依照法律规定，对此案进行了缺席审理，判决撤销了被申请人耿某某、马某的监护人资格。指定鹤岗市民政局作为耿某一的监护人，由鹤岗市民政局所属的鹤岗市儿童福利院承担对耿某一的监护职责。

(三)典型意义

本案是一起撤销监护权的典型案例。虽然我国法律对撤销监护权作了规定,但是在现实生活中撤销监护权的案件却非常少。本案在审理中的最大亮点就是为了让未成年人的利益最大化,在依法指定民政局担任监护人的同时,由民政局所属的儿童福利院承担了监护职责。现阶段我国的儿童福利院受到了国家的高度重视,其居住、教育设施、人员配备较为完善,这样的生活、教育环境更有利于未成年人的健康成长,同时也解决了剥夺监护权后未成年人的生活和教育问题。

六、何某某被撤销监护人资格案

(一)基本案情

被申请人何某某系叶某某的前夫、被监护人何某一的父亲。何某某与叶某某无其他子女,双方离婚时协议何某一由叶某某抚养。何某一的外祖母已死亡。申请人叶某一系何某一的舅舅。2015 年 4 月 25 日 19 时许,被申请人何某某前往叶某某家,将叶某某父亲和叶某某捅死,将何某一捅伤。2015 年 9 月 26 日,何某一户籍地所在村委会出具证明,认为由申请人叶某一作为何某某的监护人有利于何某一成长。法院于 2014 年 10 月 24 日征询何某一的意见,其同意由申请人叶某一作为其监护人。

(二)裁判结果

浙江省乐清市人民法院经审理认为,监护人应履行对被监护人的监护职责,暴力伤害被监护人,严重损害被监护人身心健康的,法院可以判决撤销其监护人资格。本案中,被申请人何某某捅死何某一的外祖父和母亲,并捅伤何某一,严重损害了何某一的身心健康,申请人叶某一作为何某一的舅舅申请撤销何某某的监护资格,应予以支持,由申请人叶某一担任何某一的监护人更有利于何某一走出心理阴影、健康成长。依照法律相关规定,判决撤销被申请人何某某监护人资格,指定申请人叶某一作为何某一的监护人。该判决现已发生法律效力。

(三)典型意义

本案是一起父亲故意伤害子女而被撤销监护权的典型案例。父母作为子女的法定监护人,本应保护被监护人的身体健康,照顾被监护人的生活,被申请人何某某却将被监护人何某一捅成重伤(二级),令人扼腕。法院依照有关法律规定,撤销被申请人何某某某作为何某一监护人的资格,充分保障了未成年人的合法权益。审理过程中,对于指定何人为何某一的监护人,法院充分考虑了何某一本人的意愿和其户籍地所在村委会的意见,从有利于何某一走出心理阴影、健康成长的角度考虑,指定何某一的舅舅叶某一担任其监护人。

七、周某被撤销监护人资格案

(一)基本案情

申请人秦某某、周某某系夫妻关系,1978 年 6 月领养了周某。1999 年至 2000 年,秦某某、周某某因周某吸食毒品屡教不改并偷拿家中财物导致矛盾激化,双方于 2000 年 11 月 21 日经上海市长宁区人民法院主持调解,解除了秦某某、周某某与周某之间养父母与养女关系。2005 年 3 月 23 日,周某在外非婚生育一女,取名周某一。2005 年 6 月,周某找到秦某某、周某某希望能暂时代为照顾周某一。但当老两口接手孩子后,周某只是每年偶尔来看看孩子,也未支付过抚养费。自 2013 年 2 月起,周某未再看望过周某一,也未履行抚养义务,经秦某某、周某某多次电话联系,仍无法联系到周某。周某一现就读于上海市某小学四年级,成绩优良,但因被申请人周某未履行监护职责,未能办理户籍。

本案在审理期间法院委托上海市阳光社区青少年事务中心长宁工作站进行社会观护。社会观护员反映:周某一自幼由两申请人照顾,被申请人偶尔回家一次。现一年多没有回家或者联系周某一。平时申请人周某某负责接送周某一,课余经常带周某一去各种游乐场所和公园,申请人秦某某负责周某一的饮食起居和学习。周某一明确表示希望和两申请人生活在一起,不喜欢母亲周某。因为周某下落不明以及消极处理周某一的户籍问题,导致周某一目前处于没有户籍、没有医保、没有身份证的状况,亦增加了两申请人的经济负担。社会观护员建议从保障未成年人权益出发,由两申请人担任周某一监护人为宜。

(二)裁判结果

上海市长宁区人民法院经审理后认为,两申请人虽为年迈老人,且与未成年人周某一无法律关系、无抚养义务,但出于对未成年人的关爱之情,长期抚养周某一,并经所在居民委员会同意,向人民法院提出撤销周某的监护人资格。而在周某一的生父尚不明确情况下,生母周某作为唯一法定监护人不亲身切实履行抚养周某一的义务,不承担抚养费用,未能有效履行抚养未成年人的义务,不宜再担任周某一的监护人。鉴于两申请人长期抚养周某一,具有抚养能力,双方形成亲密抚养关系,且相关证据亦表明未成年人周某一在两申请人的照顾下成长状况良好,学习成绩优良,可以认为两申请人具备监护周某一的资格和条件。判决:一、撤销被申请人周某的监护人资格。二、变更申请人秦某某、周某某为周某一的监护人。

（三）典型意义

这个案件是上海首例监护人不尽抚养义务被撤销监护权的案件。这个案件给我们的启示是，并不是只有虐待未成年子女才会受到法律制裁，监护人长期不尽抚养义务，也会被剥夺监护权，由国家或者他人代为行使监护权。孩子不是父母的私有财产，他们是国家的未来，一旦发现未成年人权益受到侵害，公民有报告的义务，这样才会逐步减少未成年人权益受侵害的现象。

八、何某某被撤销监护人资格案

（一）基本案情

被申请人何某某（女）与案外人杨某某原系夫妻，双方协议离婚时约定婚生女儿杨某随被申请人何某某共同生活。2013年上半年至2014年7月13日期间，被申请人何某某的情人张某某在明知杨某是未满十四周岁幼女的情况下，先后多次让何某某将杨某带到遂昌县某宾馆房间内，由何某某做杨某的思想工作后，与杨某发生性关系。2015年7月3日，遂昌法院以强奸罪分别判处张某某有期徒刑十年六个月，何某某有期徒刑十年。案发后，杨某随其父亲杨某某共同生活。

（二）裁判结果

浙江省遂昌县人民法院经审理认为，监护人应当履行监护职责，保护被监护人的人身、财产及其他合法权益。本案中，被申请人何某某罔顾伦理道德，漠视法律，帮助他人性侵被监护人，严重损害了被监护人的身心健康。为维护被监护人合法权益，依照法律有关规定，判决撤销被申请人何某某作为杨某的监护人资格。该判决已发生法律效力。

（三）典型意义

无论是从伦理道德还是从法律角度而言，为人父母者都应尽心尽力地对未成年子女进行管理和教育，妥善照顾未成年子女的生活，保护其身心健康和人身安全。本案被申请人何某某作为杨某的亲生母亲，却帮助他人性侵杨某，有悖伦理道德，触犯刑法规定，严重损害了被监护人杨某的身心健康。在遂昌县人民检察院告知杨某的父亲杨某某可申请撤销何某某监护人资格后，杨某某并未提起诉讼，遂昌县民政局在检察机关的建议下，向法院起诉撤销何某某的监护人资格，充分体现了司法机关、行政机关为制止监护侵害行为、维护未成年人合法权益所作的共同努力。

九、王某被撤销监护人资格案

（一）基本案情

申请人余某某、陈某某系被监护人余某一的祖父、祖母，案外人余某与被申请人王某系余某一的父母。2002年5月，余某因车祸亡故，余某某、陈某某、王某及余某一获赔偿死亡补偿费等费用，其中赔偿给王某、余某一的费用合计193897.19元。自2003年开始，被申请人王某未与余某一共同生活，余某一的生活起居由两申请人照顾，教育、医疗等费用均由两申请人支付。2008年1月25日，被申请人王某再婚，2015年3月11日离婚。庭审中，被申请人王某自认领取了余某生前单位发放给余某一的生活费等款项。

（二）裁判结果

浙江省义乌市人民法院经审理认为，父母作为未成年人的监护人，应当履行监护职责，保护被监护人的人身、财产及其他合法权益，监护人不履行监护职责或侵害被监护人的合法权益的，应当承担责任。本案被申请人王某自认，从2003年开始余某一与两申请人共同生活，余某一的教育、医疗等费用均由两申请人支付，且其领取了属于余某一的生活费等款项挪作他用，可以认定被申请人王某作为余某一的监护人未尽监护职责，侵害了被监护人余某一的合法权益。申请人余某某、陈某某长期抚育照料余某一，具有监护能力，从有利于余某一学习、生活的角度出发，依照法律有关规定，判决撤销被申请人王某对余某一的监护资格，指定申请人余某某、陈某某为余某一的监护人。该判决已发生法律效力。

（三）典型意义

本案是一起监护人怠于履行监护职责，侵害被监护人合法权益的典型案件。被申请人王某长期未与被监护人余某一共同生活，未对其尽到抚养、教育职责，且将属于余某一的生活费等款项挪作他用，侵犯了被监护人的财产权利。法院在审理过程中，走访了被监护人余某一所在的社区、学校及其父亲生前单位，了解被监护人的生活状况，还征询了被监护人余某一的意见，其表示已经多年未见过被申请人，愿意跟其爷爷、奶奶共同生活。法院根据本案事实，从有利于余某一的生活、学习角度考虑，判决撤销王某作为余某一的监护人资格。

十、卢某某被撤销监护人资格案

（一）基本案情

卢某某系卢某一的父亲，卢某某明知卢某一未满14周岁且精神发育迟滞，仍与其发生性关系并导致卢某一怀孕。2015年12月14日，四川省泸州市纳溪区人民法院以强奸罪判处卢某某有期徒刑五年六个月。现卢某某在监狱服刑。该刑事案进入审理阶段后，法院认为应当依法撤销卢某某的监护权，遂向泸州市纳溪区民政局发出司法建议,建议泸州市纳溪区民政局申请撤销卢某某的监护权资格。泸州市纳溪区民政局接受法院司法建议,向法院申请撤销被申请人卢某某监护权。由于卢某一的母亲饶某某患有重度精神发育迟滞,卢某一的祖父母、外祖父母均已去世。现在唯一有能力照顾卢某一的姑姑已经60多岁。

(二)裁判结果

四川省泸州市纳溪区人民法院经审理认为,被申请人卢某某作为卢某一的监护人,对被监护人卢某一实施性侵,严重损害了卢某一的身心健康,已经不适合再担任卢某一的监护人,故对申请人泸州市纳溪区民政局的申请,依法予以支持。由于卢某一的母亲患重度精神发育迟滞,无独立生活能力,不能尽到监护责任,其祖父母、外祖父母均已去世,其姐姐系未成年人,无监护能力。另外,综合卢某一的其他亲属的经济条件及身体状况等因素,亦不适合担任卢某一的监护人,依照《中华人民共和国民法通则》及最高人民法院、最高人民检察院、公安部、民政部《关于依法处理监护人侵害未成年人权益行为若干问题的意见》相关规定,依法判决撤销被申请人卢某某对卢某一的监护人资格,指定泸州市纳溪区民政局担任卢某一的监护人。宣判后,本案没有上诉,判决已发生法律效力。

(三)典型意义

近年来,监护人侵害未成年人权益的事件时有发生,对未成年人身心健康造成严重伤害,引起社会各界广泛关注。为维护未成年人合法权益,最高人民法院、最高人民检察院、公安部、民政部出台《意见》,对处理监护人的侵害行为作出明确规定,进一步加强了未成年人司法保护和行政保护。其中,明确规定有性侵害未成年人等七种情形的,法院可以判决撤销监护人资格,并赋予民政部门等申请撤销监护人资格及依法院指定担任监护人的权利。本案是由民政部门申请撤销未成年人亲生父母监护权的典型案例,法院依法撤销亲生父亲监护人资格,指定民政部门担任监护人,并积极协调对其进行安置、救助,最大限度保障了未成年人的合法权益,赢得了较高的社会评价,并为处理该类型的案件提供了可供参考的司法样本。

十一、卿某某被撤销监护人资格案

(一)基本案情

被申请人卿某某与桂某某于1997年同居生活,1999年8月11日女儿卿某出生。2005年桂某某因病去世后,卿某某与钟某某再婚,又于2012年离婚。此后卿某某便独自带着卿某租房居住。在此期间,卿某某多次强奸卿某。人民法院于2014年12月5日,判处卿某某有期徒刑十三年零六个月,现卿某某在监狱服刑。自卿某某被公安机关羁押之后,卿某一直独自居住在廉租房内,由民政局进行救助。

(二)裁判结果

湖北省利川市人民法院经审理认为:被申请人卿某某对女儿卿某实施了性侵害,严重侵害被监护人的权益,依照最高人民法院、最高人民检察院、公安部、民政部《关于依法处理监护人侵害未成年人权益行为若干问题的意见》第35条第(一)项的规定,对被申请人卿某某的监护权应依法予以撤销。

同时法院认为,申请人利川市民政局作为履行社会保障职责的国家机关,在收到利川市人民检察院的书面建议后,及时将卿某视为孤儿进行救助,并向法院提出申请,要求撤销被申请人卿某某对卿某的监护权,自愿承担对卿某的监护职责。这不仅能够为卿某今后的生活提供经济保障,还能够协调相关部门解决卿某的教育、医疗、心理疏导等一系列问题。从对未成年人"特殊""优先"保护原则和未成年人最大利益原则出发,由申请人利川市民政局取得卿某的监护权,更有利于保护卿某的生存、受教育、医疗保障等权利,更有利于卿某的身心健康。依照民法、未成年人保护法等有关规定,判决:一、撤销被申请人卿某某对卿某的监护权。二、指定利川市民政局作为卿某的监护人。该判决已发生法律效力。

(三)典型意义

本案是一起监护人对亲生女儿实施性侵害后被申请撤销监护权的案件,其典型意义在于法院把涉案未成年人的帮扶救助作为审理案件的延伸,保护了未成年人的健康成长,取得了较好的社会效果。这类案件中,被监护人因受侵害,其生理、心理及亲情关系均遭到破坏,往往对未来生活充满绝望,其重建信心及恢复社会关系难度大。本案被害人遭侵害后,曾两度轻生。宣判后,法院始终把树立被害人对新生活的信心,挽救其前途命运作为工作重点,办案法官主动介入到对被害人的帮扶、救助工作中。自2014年起,法院每年额外申请5000元司法救助款,不仅解决被害人经济上的困难,更从心理上不断疏导、生活上关心关怀、学习上教育鼓励,逐渐使被害人走出心理阴影,重新回归学校。现今卿某学习刻苦,成绩优异,并当选为校学生会的干部。

十二、吴某某被撤销监护人资格案

(一)基本案情

吴某某(女)系广西籍来琼流浪人员,流浪于海南省琼海市,在海南省没有固定住所,没有生活经济来源。2015年4月25日,吴某某独身一人在琼海市妇幼保健院生育一名女婴吴某。4月26日早上，吴某某带着孩子私自出院，流浪在海南省琼海市嘉积镇街道。琼海市公安局嘉积派出所、嘉积镇综合办及琼海救助站相关人员找到吴某某，并将吴某某和孩子送往琼海市人民医院，吴某被收入琼海市医院新生儿科，但吴某某拒绝住院，当天便自行离开医院，不知所踪。2015年5月5日，吴某出院，交由琼海市救助站送往嘉积镇院代为抚养至今，抚育费用由琼海市救助站支付。琼海市救助站代为抚养期间，向吴某某的父亲及母亲发出抚养信函，吴某某父母亲于2015年7月8日声明：因年事已高，且家庭经济困难，无能力抚养，故自愿放弃对外孙女（吴某）的抚养权。2015年7月22日，琼海市救助站报请琼海市嘉积镇派出所依法传唤吴某某到派出所商讨女婴抚养事宜，吴某某当场发表自愿放弃孩子抚养权和监护权的声明。2015年8月25日，琼海市救助站于2015年11月2日起诉至法院。

（二）裁判结果

海南省琼海市人民法院经审理认为，吴某某系流浪人员，没有生活来源，经济困难，虽为孩子的母亲，但未尽照顾孩子的责任，甚至将孩子丢弃于医院，私自离开。孩子出院以后，均由琼海市救助站抚养。吴某某的父母亲也表示因经济困难，无法抚养孩子而放弃抚养权。孩子的父亲也不知何人。为有利于孩子的健康和成长，依照《中华人民共和国民法通则》第十六条之规定，撤销被申请人吴某某对吴某的监护人资格，指定申请人琼海市流浪乞讨人员救助管理站为吴某的监护人。

（三）典型意义

从本案情况来看，吴某某作为吴某的母亲，是吴某第一监护人，但吴某某长期在外流浪，没有固定住所，没有生活来源，事实上无法承担起监护孩子职责。吴某某在孩子出生后，没有承担起抚养孩子义务，孩子一直交由琼海市救助站抚养，在琼海市嘉积镇派出所调解和法院审理期间，明确声明自愿放弃孩子抚养权和监护权。基于保护女婴生命和健康成长需要，琼海市救助站依法提起了撤销监护权诉讼，琼海市人民法院根据最高人民法院、最高人民检察院、公安部、民政部《关于依法处理监护人侵害未成年人权益行为若干问题的意见》第35条规定的规定，撤销吴某某的监护人资格，指定申请人琼海市流浪乞讨人员救助管理站为吴某的监护人。判决彰显了国家保护未成年人理念，也为民政部门、人民法院依法履行未成年人国家监护职责提供了范本。

9. 保护未成年人权益司法救助典型案例[①]

一、小敏申请刑事被害人司法救助案

【基本案情】

小敏（化名）母亲被害，四川省德阳市中级人民法院作出刑事附带民事判决，认定被告人犯故意杀人罪，判处死刑，缓期二年执行，剥夺政治权利终身；同时判决被告人赔偿附带民事诉讼原告人经济损失4万余元。因被告人无赔偿能力，附带民事判决无法执行到位。

【救助过程】

小敏为未成年人，其母亲生前已与小敏父亲离婚。小敏的父亲在城市打零工维持生计，居无定所。母亲被害后，小敏因丧母之痛身心遭受巨大打击，不愿在老家小学继续就读，来到城市与父亲生活，家庭生活十分困难。四川省高级人民法院调查发现小敏符合司法救助情形后，及时启动救助程序，在决定向其发放司法救助金的同时，针对小敏辍学后复恢上学但只能在小学借读、无正式学籍，以及需要心理疏导等问题，立即与当地妇联及教育部门进行沟通，帮助协调解决了小敏的实际困难。之后，四川省高级人民法院还开展回访工作，为小敏送去书籍、牛奶等学习生活用品，鼓励其认真学习、快乐生活。

【典型意义】

本案是人民法院加大司法救助与社会救助衔接力度，保护未成年人受教育权，为其提供学习条件的典型案例。司法救助不是终点，而是帮扶被救助人的起点。本案中，人民法院在救助生活陷入急困的未成年人时，发现其身心因亲历刑事案件惨烈现场而遭受巨大创伤，宁愿失学也不愿再留在原籍地，而是坚持投奔在异地谋生的父亲等特殊情况后，为了尽可能保护未成年人权益，及时向妇女儿童权益保护组织和教育部门通报情况，协调解决被救助未成年人异地入学难题，并提供专业心理疏导等帮扶措施，帮助其逐渐恢复正常的学习生活状态，是未成年人司法保护的生动法治故事，具有很好的示范引领作用。

二、小安申请民事侵权纠纷司法救助案

【基本案情】

小安（化名）的父亲与母亲离婚，约定小安由父亲抚养，小安母亲每月支付抚养费一千元，至其18周岁止。父母离婚后，小安与父亲和爷爷奶奶一起生活，后父亲因患尿毒症丧失劳动能力，每月还需支付医药费、透析费等治疗费用，

[①] 最高人民法院、中华全国妇女联合会2023年5月29日发布。

平时主要依靠爷爷奶奶微薄的退休金维持生活。小安的母亲在离婚后未支付过抚养费，小安诉至法院，要求其母亲支付抚养费。山西省太原市迎泽区人民法院作出民事判决，判决小安的母亲支付抚养费7万余元。后经调查核实，小安母亲离婚后无工作亦无其它收入来源，无履行能力。

【救助过程】

为妥善解决小安的实际困难，迎泽区人民法院庙前法庭依托迎泽区矛盾纠纷多元调解中心，协调各进驻单位妇联、检察院、社区等部门，统筹各方力量开展跨区域联合救助，共同实地走访小安的家庭、居住的社区、就读的学校，了解小安的学习生活情况，并协商制定联合救助方案。在迎泽区人民法院的协调下，该院与迎泽区人民检察院分别向小安发放司法救助金；迎泽区妇联联系小安居住地妇联将其纳入未成年人保护办公室的重点关注对象，随时关注小安的生活情况，并与山西省妇联一同向小安发放生活救助金；小安居住的社区给小安和父亲办理了低保，在日常生活上给予关心和帮助。

【典型意义】

本案是一起基层人民法院统筹各方力量跨区域联合救助未成年人的典型案例。本案中，人民法院派出法庭作为基层社会治理单位，充分发挥司法能动作用，依托矛盾纠纷多元调解中心，在审理未成年人案件中，统筹协调检察院、妇联、社区、教育等各部门，形成帮扶救助未成年人的合力，发动社会各方力量共同解决未成年人的实际困难，呵护其健康成长。人民法院通过司法救助带动多部门共同发力，不仅缓解了小安的燃眉之急，更为其提供了常态化的有效帮助，这既是人民法院加强新时代未成年人司法工作的缩影，也是以实际行动贯彻落实党的二十大关于建设共建共治共享社会治理体系精神的司法举措，更是依靠党的领导，发动群众，就地化解矛盾纠纷的"枫桥经验"的具体实践。

三、小婷申请刑事被害人司法救助案

【基本案情】

小婷（化名）患有中度精神发育迟滞，缺乏性自我防卫能力。李某（化名）与小婷发生性关系。广东省某区人民法院以强奸罪判处李某有期徒刑六年。

【救助过程】

广东省某区人民法院在刑事案件审理过程中了解到，小婷和母亲均为贰级智力残疾人，其家庭为低保户，靠养父打散工维持生计，因家庭困难和智力问题，小婷16岁仍是文盲。该院认为小婷符合予以司法救助的条件，在决定向小婷发放司法救助金的同时，法院还将她的相关情况通报给区妇联，会同区妇联主要领导两次前往小婷家中实地了解情况，并向小婷所在市教育局发出商请函，商请市教育局联络辖区内特殊教育学校，解决小婷的教育问题。最终小婷进入某市特殊教育学校免费就读。在小婷入学当日，人民法院派员协助小婷办理入学事宜。

【典型意义】

本案是人民法院联合妇联、教育部门多维联合救助智力残疾未成年人，通过为其提供教育及心理疏导，帮助其走出被伤害的阴影，使其具备独立生存能力的典型案例。近年来，性侵智力残疾未成年人案件时有发生，这些被害人不但面临身体和心灵的创伤，日后独立生活更成问题。单纯的经济救助明显不足以解决被害人及其家庭的实际困难。本案中，人民法院在给予司法救助金解决小婷家庭急迫困难的同时，主动延伸司法职能，拓展救助思路，针对小婷智力残疾可能难以独立生存的问题，通过协调有关部门为其提供特殊教育的方式授人以渔，培养小婷形成健全人格，掌握独立生活技能，使其具备一定的生活能力，并派员协助小婷办理入学手续，打消其担心受到歧视的顾虑，实现了司法救助与社会救助的有机衔接，提升了司法救助的效果。

四、小丹申请刑事被害人司法救助案

【基本案情】

小丹（化名）奶奶被害，其本人和爷爷身受重伤。河南省安阳市中级人民法院作出刑事附带民事判决，认定被告人犯故意杀人罪，判处死刑，缓期二年执行，剥夺政治权利终身；同时判决被告人赔偿附带民事诉讼原告人经济损失10万余元。河南省高级人民法院二审发回重审后，安阳市中级人民法院因证据不足而改判被告人无罪。

【救助过程】

安阳市中级人民法院经调查发现，小丹的父母未办理结婚登记，其母亲于多年前离家出走失去联系，小丹一直随父亲生活，家庭经济来源仅为其父亲的种地收入。小丹受重伤后已经花费了大量医疗费，后续还要负担沉重的治疗费用，这对本就困难的家庭而言更是雪上加霜。安阳市中级人民法院及时启动司法救助程序，并报请河南省高级人民法院进行联动救助，两级法院决定分别向小丹发放司法救助金。小丹收到司法救助金后，表示一定会好好学习，将来回报社会。安阳市中级人民法院在对小丹进行定期回访中了解到其仍面临后续治疗及求学等困难后，又积极与当地妇联联系，共同对小丹开展心理疏导，协调民政部门将小丹家庭纳入低保及困难群众慰问范围，协助小丹申请学校资助项目，协调减免小丹的就医费用等。

【典型意义】

人身伤害类刑事案件不仅会给被害人及其亲属造成严重的身心损害,往往还会产生高额的医疗费用。有些案件一时又难以侦破,被害人无法从加害人处及时获得赔偿,被害人家庭很容易陷入急迫困境。所以,国家司法救助政策将此作为重点救助情形,既要救早救急,也要优先用足救助金。本案中,人民法院在审理刑事案件过程中,主动了解被害人家庭生活困难情况,迅速启动司法救助程序,并报请上级人民法院进行联动救助,加大了救助力度,帮助被救助人渡过难关。在司法救助后,人民法院并未止步于此,而是与妇联加强协作,共同开展综合帮扶和跟踪回访,帮助被救助未成年人恢复生活信心,充分体现了司法救助"救急救难"的功能属性和"加强生存权保障"的价值取向。小丹受到不法伤害是不幸的,但他因及时得到帮扶救助而感受到社会的关爱,并藉此产生回报社会的感恩之心,又是幸运的,更是难能可贵的。该案例充分体现了司法救助和社会救助的价值与意义。

五、小吉等6人申请刑事被害人司法救助案

【基本案情】

小吉(化名,彝族)等6人的父亲被害,山东省威海市中级人民法院作出刑事附带民事判决,认定被告人犯故意伤害罪,判处有期徒刑十五年,剥夺政治权利三年;同时判决被告人赔偿附带民事诉讼原告人经济损失4.1万余元。

【救助过程】

山东省高级人民法院了解到,小吉等6人居住在大凉山腹地深处的四川省某县,小吉父亲遇害后家庭失去主要经济来源,小吉等6人都尚未成年,最大的只有12岁,家庭生活十分困难,符合司法救助条件,该院遂决定对小吉等6人发放司法救助金。为确保司法救助金能够切实用以保障孩子们的学习生活,承办法官辗转2000多公里,将司法救助金送到大山深处的小吉家中,并与小吉等人的母亲签订了司法救助金使用监管协议,约定每年提取2万元救助金用于孩子们的生活和学习,同时还邀请村支书作为保证人监督救助金的使用情况。在办理手续的过程中,小吉一家几度落泪表示感谢,后来还向山东省高级人民法院邮寄了用汉语和彝文双语书写的"不忘初心,司法为民"的锦旗。

【典型意义】

未成年人是祖国的希望和未来,加强对未成年人的保护,为其提供良好的生活学习环境,对于保障未成年人健康成长、维护社会和谐具有重要意义。人民法院始终高度重视未成年人的权益保障问题。本案中,人民法院服务巩固脱贫攻坚成果,不远千里跨省将司法救助金及时送达大山深处的少数民族未成年被救助人手中,并与监护人签订司法救助金使用监管协议,确保司法救助金用于未成年人的学习生活,有效缓解了未成年被救助人面临的急迫生活困难,帮助他们暂渡难关,让他们感受到司法的温度和国家的温暖,进一步增强了中华民族共同体意识,取得了良好的社会效果。

六、小思、小乐申请民事侵权纠纷司法救助案

【基本案情】

小思、小乐(化名)父亲去世后,母亲再婚,二人由爷爷、奶奶抚养。随着年龄的增长,爷爷、奶奶除了务农之外,无其他劳动收入,抚养两名未成年人生活艰难。小思、小乐遂起诉至法院,请求判决二人的母亲履行抚养义务。江苏省射阳县人民法院作出民事判决,判令二人的母亲承担每月生活费500元/人,教育费、医疗费凭据承担。判决生效后,小思的母亲未主动履行义务。后经调查发现,小思母亲患有疾病,没有劳动收入,无力承担抚养费。

【救助过程】

射阳县人民法院审查认定小思、小乐符合司法救助的条件后,迅速启动司法救助程序,及时向两名未成年人发放了司法救助金。同时,法院还积极延伸司法救助功能,协调当地民政部门为两名未成年人办理了每月400元/人的最低生活保障、每月600元/人的困境儿童保障,并号召社会各界爱心力量伸出援助之手,该案的主审法官向两名未成年人捐助2000元,社会爱心人士捐助3000元,两名未成年人居住地乡政府、居委会工作人员多次通过捐款捐物、上门走访等方式提供帮扶,一些社会组织还送去了慰问品。司法救助后,射阳县人民法院始终牵挂着两名未成年人的教育和生活状况,定期对案件进行回访,邀请心理咨询师进行心理辅导,呵护两名未成年人健康成长。同时,针对两名未成年人的母亲与爷爷奶奶的心理隔阂,通过道德教育与法治教育并行的方式,让双方体会到各自生活的不易,最终握手言和。

【典型意义】

本案是人民法院主动作为,将司法救助与社会资源有效衔接,对农村地区生活困难的未成年人进行救助的典型案例。父母子女之间具有抚养赡养义务,一方通过诉讼获得抚养费,本来就是充满辛酸的不得已之举,若因被执行人没有履行能力而陷入生活困境,申请执行人必将遭受感情上和经济上的双重打击。对此类情形予以适当救助,不仅能缓解涉案未成年人的急迫生活困难,而且能预防某些人伦悲剧的发生,从而维护社会和谐稳定。本案中,人民法院在对未成年人进行司法救助的同时,积极协调当地民

政部门为两名未成年人办理专项补助、号召社会力量进行帮扶,并定期开展回访工作,将法治温暖和社会大家庭的关怀送到两名未成年人心间,充分体现了司法救助救急解难、传递温暖、关心关爱困难人群的功能属性,实现了"当下救"和"长久助"的统一。

七、小良、小徐申请刑事被害人司法救助案
【基本案情】
小良、小徐(化名)的父亲被害。辽宁省高级人民法院二审作出刑事附带民事判决,认定被告人犯故意杀人罪,判处无期徒刑,剥夺政治权利终身;同时判决被告人赔偿附带民事诉讼原告人经济损失4.6万余元。后执行到位赔偿款2万元。

【救助过程】
辽宁省高级人民法院在审理刑事上诉案件期间,发现小良、小徐家庭生活困难,遂启动司法救助程序。该院经调查发现小良、小徐均为在校学生,父母离婚后,二人随母亲生活,父亲每月支付抚养费,母亲靠打零工维持生活。二人的父亲去世后,家庭失去了稳定的经济来源,生活陷入困难,且刑事附带民事判决确定的赔偿数额仅为丧葬费、交通费,且未执行到位。辽宁省高级人民法院决定向小良、小徐发放司法救助金。同时,辽宁省高级人民法院还发现被害人的母亲年老体弱,丧子后生活亦十分困难,遂积极协调辽宁省人民检察院对被害人的母亲进行联合司法救助。

【典型意义】
刑事案件被害人受到犯罪侵害而死亡,依靠被害人收入为主要生活来源的未成年人无法通过诉讼获得充分赔偿,造成生活困难的,属于应予救助的情形。本案是此类情形的典型案例,同时也是人民法院主动甄别、救早救急、有效保障生存权利、真诚传递司法温暖的示范案例。本案中,人民法院的司法救助工作并未等到执行不能才启动,而是在刑事审判过程中,发现被害人近亲属存在生活困难后,即依职权启动司法救助程序,同时协调人民检察院横向联合共同救助被害人家人。人民法院在审查决定司法救助金额时,未局限于刑事附带民事判决赔偿金额,而是充分考虑被救助人的实际困难,结合案件具体情况确定合理的救助金额,将司法的人文关怀及时送到未成年人身边,让他们在司法案件中感受到国家和社会的温暖。

八、小依等5人申请民事侵权纠纷司法救助案
【基本案情】
逊某(化名)、杜某(化名)驾驶摩托车与小依(化名、维吾尔族)母亲驾驶的摩托车相撞,小依母亲当场死亡。新疆维吾尔自治区墨玉县人民法院判令逊某赔偿原告18万余元、杜某赔偿原告17万余元。判决生效后,仅杜某给付了1万余元。后经调查发现二被执行人无财产可供执行。

【救助过程】
墨玉县人民法院在执行过程中发现小依的家庭困难,经调查核实,小依等5人均为在校学生,随外祖母生活。小依的外祖母患有精神疾病,家庭系低保户,生活特别困难。因墨玉县人民法院无独立司法救助资金,故向和田地区中级人民法院申请对救助申请人进行救助。和田地区中级人民法院在对救助申请人予以司法救助的同时,报请新疆维吾尔自治区高级人民法院进行联动救助。新疆维吾尔自治区高级人民法院经审查认为符合联动救助条件,决定向小依等5人发放司法救助金。司法救助后,人民法院还对救助申请人进行了电话回访,为他们提供心理疏导和精神抚慰。

【典型意义】
本案系民族地区三级人民法院联动合力救助少数民族未成年人的典型案例。人民法院在规定的范围与标准内,为少数民族未成年救助申请人开辟绿色救助通道,加快办案节奏、加大救助力度、倾斜救助资金,充分体现了"把好事办好"的救助精神。本案中,三级法院通过联动救助,有效缓解了基层法院救助资金不足的困难,通过及时联动救助,在一定程度上解决了案涉少数民族未成年人的生活困难,体现了国家司法救助救急难、扶危困的重要功能,既彰显了党和政府对于民族地区未成年人的民生关怀,又有利于促进社会和谐。

九、小伟等3人申请刑事被害人司法救助案
【基本案情】
小伟(化名)等3人的父亲被害。重庆市第二中级人民法院作出刑事附带民事诉讼判决,判处被告人死刑,缓期二年执行,剥夺政治权利终身;同时判决被告人赔偿附带民事诉讼原告人经济损失41万余元。因被告人无赔偿能力,附带民事判决未得到执行。

【救助过程】
重庆市第二中级人民法院经过实地走访调查发现,小伟、小君、小青均为在校中、小学生,父亲去世后,3人的母亲打零工维生,家庭生活困难,符合司法救助条件,遂决定向3人发放司法救助金。为保障该笔司法救助金能够切实用于3人的学习生活,承办法官经小伟母亲书面同意,与被救助人所在地乡镇政府、学校、居委会以及法定监护

人共同协商签订《国家司法救助金使用、监管、监督方案》，由人民法院、镇政府、学校等6家单位共同监管，在居委会设立专门账户，实际托管司法救助金，确保救助金用于3名未成年人的学习生活。每一学年，由学生所在班级的班主任提交预算表，经校领导签字同意、法定监护人签字确认后，交居委会存档核实，由居委会按照预算金额从监管账户支付给监护人。与此同时，重庆市第二中级人民法院充分利用"一街道一法官"的工作机制，通过定期查看司法救助金管理档案、电话询问、实地走访等方式履行监督职责；其他监管单位也保持常态化联系，实时了解小伟等3人的学习生活情况，并在给予社会救助或帮扶政策时予以适当倾斜。

【典型意义】

本案是人民法院坚持"倾力救助+全程呵护"司法救助理念，引入"第三方司法救助金监管主体"，延伸司法服务职能的典型案例。相比一次性发放大额救助金而言，采取分时、分批、定额的发放模式，更能确保司法救助金切实用于未成年人的学习生活。本案中，人民法院积极协调未成年人所在地政府、学校、居委会等单位，与法院共同制定《司法救助金使用、监督、监管方案》，明确司法救助金发放方式、程序、相关单位责任等内容，多方合力构建起规范、安全、方便、实用的司法救助金使用监管机制，精准使用司法救助金，确保每一分救助金都能用在解决未成年人学习生活困难的刀刃上，取得了良好的社会效果。

十、小浩申请刑事被害人司法救助案

【基本案情】

小浩（化名）的父亲被害，其本人亦受到人身伤害。天津市第一中级人民法院作出刑事附带民事判决，判处被告人死刑，并判决其赔偿附带民事诉讼原告人经济损失13万余元。后经调查，被告人无财产可供执行。

【救助过程】

在刑事案件二审期间，天津市第一中级人民法院发现小浩依靠其父亲收入为主要生活来源，父亲去世后，家庭生活陷入困境，且无法从加害人处获得赔偿。考虑到小浩系未成年人，其心理因刑事案件受到重创的实际情况，天津市第一中级人民法院除决定直接向小浩发放生活救助金外，还为其申请了心理救助金，并与小浩居住地四川省广安市中级人民法院联系，采取跨省接力救助的方式，将心理救助金存放于广安市中级人民法院，由该院协助医疗机构对小浩进行心理治疗。

【典型意义】

本案是人民法院协调区域间司法资源，并联合医疗机构跨省对未成年被害人提供心理救助的典型案例。审理涉未成年人司法救助案件，需要充分考虑未成年人身心发育尚不成熟的特殊性，在关注到犯罪行为对未成年人造成的生活困境外，更要关注未成年人所受到的心理伤害。本案中，小浩既是刑事犯罪被害人的直系亲属又是犯罪行为的直接被害人，其身心健康受到了严重伤害。单纯救助申请人的经济困难难以有效帮助未成年被害人尽早走出心理阴影恢复正常生活。人民法院在办理这起司法救助案件时，创新工作思路，拟定了生活救助金与心理干预救助金并行的工作方案，并与被害人居住地人民法院共同确定了跨省救助计划，联合医疗机构对未成年人提供持续的心理危机干预、心理咨询、情绪疏导服务，有效维护了未成年人健康成长的长远权益，充分发挥了司法救助最大限度保护未成年人的职能作用。

10. 无障碍环境建设检察公益诉讼典型案例[①]

一、贵州省贵阳市人民检察院督促规范公共场所无障碍环境建设行政公益诉讼案

【关键词】

行政公益诉讼诉前程序　公共场所无障碍　既有设施改造　公开听证

【要旨】

针对志愿者反映的公共场所无障碍设施不符合工程建设标准，影响老年人、残疾人等特定群体出行的问题，检察机关通过磋商、公开听证、制发检察建议等方式督促行政机关履职整改，并邀请残疾人、老年人代表参加公开听证和整改验收，以类案监督推动综合治理。

【基本案情】

位于贵州省贵阳市区的黔灵山公园，是集自然生态、野生动物、文物古迹、民俗风情和娱乐休闲为一体的综合性公园。公园内的三岭湾广场始建于1956年，2013年完成环境整治提升，成为广大市民游客通行及活动的重要场所。随着经济社会发展，三岭湾广场步行隧道前的无障碍轮椅坡道坡度较陡，且未在通道两侧设立扶手，严重影响残疾人、老年人出行。近年来，多名残疾人、老年人代表及热心群众通过相关媒体反映和呼吁，天眼新闻、贵州电视台等先后报道，但问题始终未得到有效解决。

[①] 最高检会同住房城乡建设部、中国残联2023年11月13日发布。

【调查和督促履职】

2022年7月,贵州省贵阳市人民检察院(以下简称贵阳市院)收到"益心为公"检察云平台志愿者提供的线索后决定立案办理。为提升办案质效,办案人员从"益心为公"志愿者人才库中邀请具备建筑工程、市政公用工程二级建造师执业资格的志愿者参与辅助案件办理。通过现场实地勘测,实测无障碍轮椅坡道纵向坡度比例为1∶4.76,换算坡度为11.9°,不符合《无障碍设计规范》(GB50763-2012)无障碍轮椅坡道纵向坡度比不得小于1∶8的要求,以及《中华人民共和国老年人权益保障法》《中华人民共和国残疾人保障法》对特定群体权益保障的相关规定。贵阳市综合行政执法局三定方案及权责清单明确,该局负责全市公园管理工作的指导、监督、管理和检查,指导公园按照行业规范和标准实施建设和管理。

贵阳市院将相关办案情况同步向贵州省老龄工作委员会(以下简称省老龄委)、贵州省残疾人联合会(以下简称省残联)进行了通报,并组织省老龄委、省残联代表、"益心为公"志愿者与贵阳市综合行政执法局相关人员到现场查看,围绕整改必要性及整改方案等事项与贵阳市综合行政执法局进行磋商。贵阳市综合行政执法局遂委托专业机构制定整改方案,并送贵阳市院及省老龄委、省残联征求意见。贵阳市院委托专家对整改方案进行评估后认为,方案基本符合无障碍设施规范要求。

此后因建设方、施工方对整改方案的实施还存在不同意见,工程未有实质性整改进展。2022年11月24日,贵阳市院组织召开公开听证会,邀请省老龄委、省残联、老年人、残疾人代表、"益心为公"志愿者、人民监督员、贵阳市综合行政执法局及施工方代表对整改方案和专家意见进行听证。听证员一致认为,整改方案切实可行,相关行政机关应按方案整改,根据工程周期预估可以于2023年2月底前整改完毕。

2023年3月,贵阳市院通过跟进调查发现,三岭湾广场无障碍轮椅坡道仍未按方案完成整改,遂向贵阳市综合行政执法局制发诉前检察建议,建议该局依法全面履职,督促完成涉案轮椅坡道的改造工程,加强对公园无障碍设施的管理和维护工作。贵阳市综合行政执法局收到检察建议后,遂启动了招投标工作,公园管理处积极配合,按照整改方案倒排工期、责任到人,于2023年5月底完成了三岭湾广场无障碍轮椅坡道的整改工程。

2023年6月13日,贵阳市院与省残联邀请"益心为公"志愿者、相关行业专家和老年人、残疾人代表实地跟进整改情况。经现场勘验,整改后的三岭湾广场无障碍轮椅坡道坡度为1∶12,符合国家规范要求。同时,在通道两侧安装了上层高度为850mm、下层高度为650mm的双层扶手,在通道的两端均设置了明显的无障碍设施标识和提示牌。参加验收的残疾人、老年人代表对整改后的无障碍轮椅坡道进行体验,确认可以顺利通行。

办案过程中,贵阳市院以个案办理推动类案监督,在全市部署开展无障碍环境建设公益诉讼专项行动。目前已发现占用或阻挡盲道、无障碍轮椅坡道坡度过陡等问题线索27条,立案21件,制发检察建议6件,促成114处无障碍设施完成整改。

【典型意义】

公共场所服务设施的无障碍改造有利于实现好、维护好老年人、残疾人根本权益。本案中,检察机关充分发挥公益诉讼检察职能作用,强化与老龄委、残联等协作配合,借助"益心为公"志愿者、相关行业专家等"外脑"优势,提升精准监督水平,督促相关单位依法全面履职,并以点带面开展专项监督,推动提升本地区无障碍环境建设和管理水平。

二、江苏省苏州市虎丘区人民检察院督促保障残疾人出行无障碍行政公益诉讼案

【关键词】

行政公益诉讼诉前程序　出行无障碍　无障碍地图App　大数据赋能

【要旨】

针对公共场所无障碍设施建设不规范等影响残疾人出行问题,检察机关通过磋商、检察建议等形式,督促多个行政机关协同履职,探索科技赋能,实现检察大数据与无障碍地图App双向互联,提升监督精准性。

【基本案情】

2021年3月,江苏省苏州市虎丘区人民检察院(以下简称虎丘区院)在开展"守护无碍,让'碍'有爱"专项监督中发现,辖区内热门生活商圈、重要景区的部分盲道长期被非机动车、保安岗亭、减速带等障碍物阻断;多个公交站、地铁站外无障碍通道被停车位、路缘等阻挡,上述情况严重阻碍残疾人等特定群体出行,损害社会公共利益。

【调查和督促履职】

2021年3月30日,虎丘区院对上述线索开展评估和初步调查,发现辖区主干道路、交通站点等区域的十余处无障碍设施存在建设不规范、非法占用及损坏情况,遂于同年4月14日立案。为进一步厘清不同部门监管环节的具体职责,虎丘区院通过磋商、实地调研、联合走访区盲人协会和肢体残疾协会等形式,加强与行政机关沟通,邀请残障人士代表、残联组织工作人员成为"益心为公"志愿者,为办案提供专业支持。明确虎丘区住房和建设局在无

障碍设施建设和使用环节的监管职责，虎丘区城市管理局（以下简称区城管局）在无障碍设施维护环节的监管职责。

2021年4月22日，根据《无障碍环境建设条例》《苏州市无障碍设施管理办法》等相关规定，虎丘区院分别向区住房和建设局、区城管局制发诉前检察建议，建议区住房和建设局加强规划，在人行道、交通站点增设无障碍设施及标志，对缺少提示盲道、未设置无障碍通道等不符合《无障碍设计规范》（GB50763-2012）的情况进行改造；建议区城管局强化无障碍设施维护，对破损盲道进行维修，采取合理措施防止盲道等被占用。

收到检察建议书后，区住房和建设局组织召开整改专题协调会，规范辖区内重点路段人行道提示盲道铺设、增设无障碍通道及无障碍标志等30余处，完善居民区、热门商圈、大运河等重点景区无障碍环境。区城管局多次召开现场办公会，对辖区内96处破损盲道道板进行维修，查处侵占、损毁盲道设施等违法行为21起，并在地铁站周边重新划定非机动车停车点位24处。2021年9月3日，虎丘区院组织召开公开听证会，邀请残疾人等担任"无碍体验员"，全面评估履职效果，现场验收整改成效。

办案过程中，虎丘区院将检察履职融入苏州市无障碍地图App开发建设，在地图中嵌入"公益投诉"模块，方便群众及时向检察机关反映线索；点击地图上的检徽可随时查看评估无障碍设施整改情况，实现地图大数据与检察大数据的双向互联。目前，虎丘区院通过"益心为公"志愿者和无障碍地图App已受理线索10余件，立案8件，推动改造辖区地铁站无障碍通道23处，规范商业、文化、医疗康复等公共建筑内无障碍电梯、无障碍洗手间、无障碍车位数十处。

【典型意义】

完备的无障碍环境是残疾人平等、充分、便捷融入社会生活的必要条件。检察机关聚焦残疾人出行权益保障，通过公益诉讼推动行政机关、残联组织、"益心为公"志愿者等多方协作，形成无障碍设施建设工作合力。同时，通过大数据赋能，搭建集线索转接、处置整改、效果监督于一体的无障碍地图App平台，持续推动完善辖区无障碍环境建设。

三、山东省青岛市崂山区人民检察院督促规范在建工程无障碍设施建设行政公益诉讼案

【关键词】

行政公益诉讼诉前程序　无障碍设施建设　在建工程　预防性公益诉讼　特邀检察官助理

【要旨】

针对在建工程未落实无障碍设施工程与主体工程同步设计、同步施工、同步验收"三同步"规定的情形，检察机关充分发挥公益诉讼的预防性功能，通过诉前检察建议督促行政机关依法全面履职，推动在建项目按照无障碍设施工程"三同步"要求整改落实，切实保障残疾人等特定群体无障碍出行安全。

【基本案情】

近年来，山东省青岛市崂山区部分在建工程未完全落实无障碍设施工程应与主体工程同步设计、同步施工、同步验收投入使用的"三同步"要求，且因不同行政机关之间缺乏沟通机制，导致无障碍设施未能同步与周边设施有效对接，给老年人、残疾人等特定群体出行安全带来风险隐患。

【调查和督促履职】

2022年10月12日，山东省青岛市崂山区人民检察院（以下简称崂山区院）收到群众举报，反映辖区内一处在建工程即将完工，该建筑与主干道相连的两个车辆出入口两侧垂直方向的人行道的路缘石与车行道地面存在超过15cm的高度差，但该处既未设置缘石坡道，也未设置提示盲道，影响残疾人通行安全。崂山区院遂于2022年10月14日立案调查，在崂山区残疾人联合会（以下简称区残联）工作人员的协助下，就该线索及相关区域的在建工程项目开展深入调查，发现存在建筑材料堆放挤占盲道；未严格按照设计施工，未铺设缘石坡道、提示盲道，或未同步建设无障碍通道，存在安全隐患；未设置无障碍机动车停车位，出入口安装的挡车柱间距仅有45cm，无法通行轮椅；无障碍卫生间轮椅回转空间直径小于国家标准的1.5m，缺少救助呼叫装置等问题。崂山区院根据《无障碍环境建设条例》《建筑与市政工程无障碍通用规范》（GB 55019-2021）《青岛市城市无障碍设施建设与管理规定》等相关规定，探索开展在建工程无障碍设施预防性公益诉讼监督，先后邀请项目立项审批、施工监理、项目验收等环节的11名相关单位工作人员担任特邀检察官助理，对辖区17处在建楼宇、4条在建道路的无障碍设施建设情况进行重点调查。

2022年10月20日，崂山区院根据相关行政机关职能分工，向崂山区城市管理局发出诉前检察建议，督促其履行在建道路以及在建楼宇周边盲道等无障碍设施与市政道路无障碍设施对接的监管责任；向崂山区住房和城乡建设局发出诉前检察建议，督促其履行在建楼宇内部无障碍设施建设的监管责任。

两家行政机关收到检察建议后，高度重视并依法全面履职，共督促完善设计方案2处，清理占用盲道堆放建筑材料23件次，补建、整改缘石坡道、提示盲道47处、无障

碍通道17处;设置无障碍机动车停车位49个,挡车柱间距按照国家标准扩大到不小于90cm;督促3处无障碍卫生间配备救助呼叫装置,并对内部空间进行调整,确保轮椅回转空间直径不小于国家标准的1.5m。

2023年4月,崂山区院邀请辖区残联工作人员对整改成效现场评估,并邀请3名残疾人代表现场体验整改效果,最终确认全部问题均已整改到位。

【典型意义】

无障碍设施项目在正式投入使用前,要经历规划、设计、立项、施工和验收等多个环节。检察机关针对在建工程开展无障碍设施建设预防性公益诉讼监督,并邀请行业专家担任特邀检察官助理,督促相关行政机关协同履职,在各自职责内落实无障碍设施工程"三同步"要求,以更小的司法成本有效避免了项目竣工后因不符合无障碍设施相关规定可能造成的更大经济损失,为残疾人等特定群体无障碍出行提供有力法治保障。

四、新疆维吾尔自治区人民检察院乌鲁木齐铁路运输分院督促规范车站无障碍设施建设行政公益诉讼案

【关键词】

行政公益诉讼诉前程序 车站无障碍设施建设 公共交通无障碍 公开听证

【要旨】

针对车站无障碍设施损坏致使残障人士、老年人等特定群体出行困难的突出问题,铁路运输检察机关充分发挥专门检察机关和跨行政区划管辖优势,通过检察建议、公开听证等方式督促行政机关依法全面履职,推动铁路企业依法维修保养,维护特定群体平等参与社会活动的合法权益。

【基本案情】

乌鲁木齐高铁站、乌鲁木齐高铁国际汽车客运站及其周边无障碍设施不规范、损毁严重、部分设施缺失,给老年人、残疾人等特定群体出行安全带来一定的风险隐患,损害了特定群体平等参与社会生活的权利和社会公共利益。

【调查和督促履职】

2021年3月,新疆维吾尔自治区人民检察院乌鲁木齐铁路运输分院(以下简称乌鲁木齐铁检分院)在高铁站普法活动中发现上述线索,遂于同年4月22日立案调查。通过查看现场、调查车站设计图纸、走访残联组织、客运站、行政机关等部门,发现乌鲁木齐高铁站、乌鲁木齐高铁国际汽车客运站及其周边存在盲道被侵占、无障碍卫生间损坏、无障碍停车位未设置标识等问题,违反《无障碍环境建设条例》《新疆维吾尔自治区实施〈中华人民共和国残疾人保障法〉办法》等相关规定。

2021年4月至6月,乌鲁木齐铁检分院先后向当地城市管理、住房城乡建设、交通运输部门发出诉前检察建议,建议严格在各自职责范围内履行无障碍环境建设监管职责,督促相关单位依照国家标准和自治区规定改造乌鲁木齐高铁站、乌鲁木齐高铁国际汽车客运站、公共停车场及其周边无障碍设施,设置无障碍标识、修建盲道,保证无障碍设施正常使用,保障特定群体安全出行。

上述单位收到检察建议书后,及时制定相应整改方案,并督促相关单位进行整改。改造过程中,乌鲁木齐铁检分院组织召开公开听证会,邀请自治区人大代表、政协委员、人民监督员、自治区残疾人联合会(以下简称自治区残联)、自治区无障碍协会代表担任听证员,邀请涉案无障碍设施维护、使用单位负责人以及社会各界群众代表现场观摩,并在听证会后组织座谈交流,参会人员一致同意整改方案,并提出了进一步完善的意见建议。

2021年12月8日,检察机关对整改效果进行了实地踏勘。中国铁路乌鲁木齐局集团有限公司投入140余万元对乌鲁木齐高铁站无障碍设施进行整体改造,对7处无障碍卫生间进行修理、28部无障碍电梯安装语音提示;乌鲁木齐高铁国际汽车客运站清理占用盲道3处,一楼售票厅到二楼无障碍电梯口盲道全部畅通,更新升级2座公共停车场,更换、维修44个无障碍停车位,安排现场巡查并劝阻占用无障碍车位的车辆。随后,乌鲁木齐铁检分院邀请自治区残联、乌鲁木齐市盲协等单位及人员对无障碍设施整改情况进行现场查看,整改工作得到各方一致认可。

【典型意义】

高铁站、汽车客运站是重要的综合交通枢纽中心、客运集散地。铁路运输检察机关以改善旅客车站无障碍环境作为服务残疾人、老年人等特定群体的切入点和着力点,通过邀请特定群体代表参与公开听证、现场体验等方式,督促协同相关职能部门依法全面履职,促成铁路进出站和城市出行无障碍"无缝对接",以检察公益诉讼服务保障新疆丝绸之路经济带核心区建设。

五、广东省深圳市人民检察院督促完善过街音响提示装置无障碍功能行政公益诉讼案

【关键词】

行政公益诉讼诉前程序 公共交通无障碍 过街音响提示 磋商 公开听证

【要旨】

针对人行横道未设置过街音响提示装置及装置维护管理不当等问题,检察机关充分发挥公益诉讼检察职能作

用,通过磋商、公开听证等方式与相关职能部门形成治理共识,切实保障视障人士等特定群体出行安全。

【基本案情】

广东省深圳市众多干道、商业区和居住区周边人行道的红绿灯路口过街音响提示装置未设置或不能正常使用,影响视障群体独立、安全出行,对其日常生活造成障碍,存在一定的交通安全隐患。相关职能部门未依法履行监督管理职责,侵害了视障群体出行权益,损害了社会公共利益。

【调查和督促履职】

2022年6月,广东省深圳市人民检察院(以下简称深圳市院)收到深圳市残疾人联合会(以下简称深圳市残联)线索,反映深圳市众多人行道红绿灯路口过街音响提示装置缺失或不能正常使用,遂于同年12月5日决定立案。经实地调查101处市区主要干道、主要商业区和居住区周边的人行道红绿灯路口,发现有77处路口未设置过街音响提示装置,设置率仅23.76%;已设置相关装置的24处路口中,大多数存在未启用或发声小、未设置开关功能、发声朝向有偏差等诸多问题。深圳市院认为,未依法设置人行道红绿灯路口过街音响提示装置或相关装置不能正常使用的情况,违反了《无障碍环境建设条例》《深圳经济特区无障碍城市建设条例》等法律法规以及《建筑与市政工程无障碍通用规范》(GB 55019-2021)《道路交通信号灯设置与安装规范》等国家标准的有关规定。

2022年12月8日,深圳市院召集深圳市交通运输局、深圳市公安局交通警察局(以下简称深圳市交警局)召开磋商会,邀请深圳市残联代表及人民监督员参会,与会各方就完善安装过街音响提示装置、加大现有设备维护、推动智能化过街音响提示装置试点等整改事宜达成共识。

会后,深圳市交警局等职能部门积极采取措施落实整改。截至2023年4月底,全市新增安装324个路口过街音响提示设备,518个急需安装过街音响提示设备的A类路口和2067个需要安装过街音响提示设备的B类路口已制定规划建设方案,正向发改部门申请立项;排查修复52个路口503套设备,对183套因市民投诉而关停的过街音响提示设备,采取分时段优化音量等级等措施恢复正常使用;全市235个路口1964套现有设备均已处于正常运行状态。同时,深圳市交警局为实现节能环保,减少噪音问题,积极探索安装新型智能过街音响提示装置,经试点已规划在深圳市南山区、龙岗区的所有符合条件的新建、改建路口进行安装,逐步在全市全面推开。

2023年5月17日,深圳市院召开公开听证会,邀请听证员、人大代表、人民监督员、残联代表、行政机关代表参与整改验收,参会代表对整改效果予以肯定认可。

【典型意义】

创造无障碍通行环境,是保障残疾人等特定群体平等参与社会生活的重要条件,能够彰显社会文明进步和公平正义。本案中,检察机关立足因扰视障群体安全出行的痛点难点问题,开展全面调查以求精准监督,通过组织磋商、公开听证引入公众参与,推动制定包括智能过街音响提示装置试点方案在内的近远期整改规划并督促落实落地,为视障群体的独立、安全出行提供了坚实的法治保障。

六、浙江省宁波市人民检察院督促完善"119"消防报警紧急呼叫系统无障碍功能行政公益诉讼案

【关键词】

行政公益诉讼诉前程序　无障碍信息交流　消防报警无障碍　文字报警功能　公开听证

【要旨】

针对消防报警紧急呼叫系统未开通文字报警功能、影响听力、言语障碍人士自主呼救的情形,检察机关通过公开听证、磋商等方式,督促相关职能部门完善消防报警系统无障碍功能,切实保障听力、言语障碍人士的生命财产安全。

【基本案情】

浙江省宁波市消防报警紧急呼叫系统(以下简称消防报警系统)仅具备"119"普通语音报警功能,未开通短信、微信小程序等可以编辑文字的报警功能,无法满足听力、言语障碍人士自主呼救需求,存在潜在的安全隐患,难以全面保障残疾人等特定群体的生命健康和财产安全。

【调查和督促履职】

浙江省慈溪市人民检察院(以下简称慈溪市院)与慈溪市残疾人联合会日常联络工作时,残联反映听力、言语障碍人士无法通过拨打"119"消防报警电话进行报警的问题。经初步核实,慈溪市院发现宁波市消防报警系统仅具备普通语音报警功能,遂将相关线索提交浙江省宁波市人民检察院(以下简称宁波市院),宁波市院于2023年5月10日决定立案办理。检察人员赴宁波市消防救援支队(以下简称市消防支队)调查核实,查明当前宁波市消防报警电话尚未开通文字信息报送和文字呼叫功能,违反了《无障碍环境建设条例》《浙江省实施〈无障碍环境建设条例〉办法》等规定。经走访宁波市残疾人联合会(以下简称宁波市残联),宁波市残联表示宁波市约有90万听力、言语障碍人士,亟需消防报警系统开通文字报警功能,保障特定群体生命财产安全。

2023年5月19日,为提升监督的精准度,宁波市院组织召开公开听证会,邀请市残联、市消防支队以及人大代

表、政协委员、人民监督员、"益心为公"志愿者代表参会，与会人员一致认为，确有必要设立针对听力、言语障碍人士的报警渠道。5月23日，宁波市院向市消防支队发送磋商意见函，并建议采用手机短信加推送网址链接方式对消防报警系统予以改进。

2023年7月10日，市消防支队函复表示，经技术升级已实现短信文字报警功能。7月18日，宁波市院牵头组织特定群体代表进行文字报警平台功能体验，确认可以实现相关功能。7月26日，宁波消防短信报警功能模块正式上线，全市听力、言语障碍人士可直接发送手机短信至指定号码进行报警求助，报警人通过点击推送的网址链接，自动获取实时定位，上传现场视频、图片，有效缩短接警时间，提高了报警的准确性和便捷性。

【典型意义】

紧急呼叫系统是重要的生命救援通道，消防报警紧急呼叫系统的文字报警功能是听力、言语障碍人士自主呼救的重要保障。本案中，检察机关加强与残联组织联动，通过公开听证凝聚各方共识、强化精准监督，充分发挥公益诉讼的预防性功能，推动消防报警系统增设文字报警功能，提升地方无障碍社会服务水平。

七、江苏省连云港市检察机关督促推动药品说明书适老化改造行政公益诉讼案

【关键词】

行政公益诉讼诉前程序　无障碍信息交流　药品说明书　适老化改造

【要旨】

针对药品说明书文字设置缺乏国家强制性规定及标准，但人民群众普遍反映不符合清晰易辨标准、影响用药安全的问题，检察机关通过圆桌会议、检察建议等方式，督促行政机关推进药品说明书适老化改造，切实保障老年人等特定群体生命健康安全。

【基本案情】

江苏省连云港市部分药品生产企业(以下简称药企)的药品包装和使用说明书字号普遍过小，给老年人等特定群体造成阅读障碍，导致看不清药品说明书中用法用量等关键信息，存在一定的用药安全隐患。

【调查和督促履职】

2022年2月18日，江苏省连云港市海州区人民检察院(以下简称海州区院)在相关媒体报道中发现该线索。围绕药品说明书"字小如蚁"的问题，海州区院走进社区、药企和零售药店，通过召开公益诉讼问需会、开展问卷调查、随机访谈等方式进行线索研判，并在药品零售药店随机抽样20种老年群体常用药的药品说明书发现，20份药品说明书的字号均小于5.5磅，最小的字号只有3磅，参与问卷调查和访谈的群众普遍表示药品说明书字体过小，易增加老年人阅读障碍。

因案涉面较广，江苏省连云港市人民检察院(以下简称连云港市院)对该线索提级办理，于2022年4月2日立案。连云港市院经审查认为，《中华人民共和国药品管理法》《药品说明书和标签管理规定》中虽未对药品说明书的字体字号有明确规定，但明文规定药品说明书和标签中的文字应当"清晰易辨"。《药品经营质量管理规范》要求零售药店提供用药咨询、指导合理用药等药学服务。根据《药品管理法》《消费者权益保护法》及行政机关职能配置，江苏省药品监督管理局连云港检查分局(以下简称省药监局连云港分局)和连云港市、区市场监督管理局分别对药品生产环节、销售环节负有监管职责。

2022年4月12日，连云港市两级检察机关召开药品说明书适老化改造公益诉讼圆桌会议，邀请市、区人大代表、政协委员、人民监督员及本地三家药企相关负责人围绕开展药品说明书适老化改造、提升药品零售药店药事服务水平等展开讨论。会议认为，药品说明书的主要作用是指导患者安全用药，在全面专业载明法律法规要求的药品信息外，更应考虑内容的可读性、可视性。2022年4月20日，连云港市院、海州区院决定分别向省药监局连云港分局、连云港市、区市场监督管理局制发诉前检察建议，建议省药监局连云港分局在现有法律规定和不大幅增加印刷成本的前提下，推动本地药企开展药品说明书适老化改造工作；建议市、区市场监督管理局优化零售药店服务，推出提供药品说明书放大版复印件、用法用量便笺等便民措施。

各行政机关收到检察建议后高度重视，结合各自职能积极推动整改。省药监局连云港分局专门召开座谈会，确定当地三家药企各选取一种非处方药的药品说明书，采取放大字号、加粗字体或加下划线等方式开展信息无障碍改造试点；连云港市、区市场监督管理部门在辖区内39家药品零售药店设立药事服务台，通过制定药学服务公约、设立专门服务台，配置打印机提供放大版药品说明书、老花镜、过期药品回收箱等措施，开展药事服务台试点。

2022年6月，连云港市检察机关邀请市、区人大代表、政协委员、人民监督员及"益心为公"志愿者对整改情况进行"回头看"，发现部分药品说明书已进行修订，群众对药品说明书适老化改造整改反响较好，相关试点工作正有序推进。目前，辖区内四家药企主动将药品说明书适老化改造纳入年度工作计划，已完成5份药品说明书的适老化改

造工作。在纸张大小不变的前提下，药企通过调整排版布局、单面变双面印刷等方式，对字体进行全面放大，不断满足老年人等特定群体的无障碍阅读需求。

【典型意义】

药品说明书是否"清晰易辨"，关系广大人民群众的用药安全，但在无障碍环境建设中缺乏国家强制性标准及规定。本案中，检察机关针对人民群众反映强烈的药品说明书"字小如蚁"导致看不清、看不懂等问题，探索通过行政公益诉讼监督方式，督促相关行政机关积极履职，推进药品说明书适老化改造，促进无障碍环境建设相关规定的倡导性条款落地落实，取得良好的办案效果、社会效果。

八、湖北省红安县人民检察院督促完善"120"医疗急救呼叫系统无障碍功能行政公益诉讼案

【关键词】

行政公益诉讼诉前程序　无障碍信息交流　医疗急救无障碍　文字报警功能

【要旨】

针对"120"医疗急救呼叫系统缺乏文字报警功能，导致听力、言语障碍人士自主呼救权益难以保障的问题，检察机关发挥公益诉讼职能，督促相关行政机关依法履职，完善"120"医疗急救呼叫系统文字报警功能，推动无障碍环境建设，切实保障残疾人等特定群体合法权益。

【基本案情】

湖北省红安县急救中心是县域内负责处理"120"急救电话报警、咨询和救治的唯一机构，其使用的"120"急救电话仅具备普通来电呼救功能，不具备文字信息报送和文字呼救功能，无法满足听力、言语障碍人士在紧急情况下的自主呼救需求，给特定群体生命健康权益带来安全隐患，损害了社会公共利益。

【调查和督促履职】

2023年5月，湖北省红安县人民检察院（以下简称红安县院）在开展无障碍环境建设公益诉讼专项监督活动中发现本案线索，遂于2023年5月18日决定立案调查。根据《无障碍环境建设条例》《湖北省无障碍环境建设管理办法》等相关规定，红安县卫生健康局（以下简称县卫健局）系辖区内医疗卫生服务行业监督管理部门，负有相应监管职责。

2023年5月22日，红安县院组织召开公开听证会，邀请县卫健局、县残疾人联合会（以下简称县残联）以及人大代表、人民监督员等参加，就完善"120"医疗急救呼叫系统无障碍功能研究整改方案，最终形成一致结论意见，由县卫健局督促县急救中心健全"120"文字报警功能，县残联协助推广新应用。红安县院根据公开听证会形成的结论意见向县卫健局发出诉前检察建议，要求其督促县急救中心完善"120"医疗急救呼叫系统的文字信息报送和文字呼救功能，保障特定群体合法权益。

收到检察建议书后，红安县卫健局向县急救中心下达《转办函》，提出了明确整改措施，要求其健全"120"文字报警功能。2023年7月，红安县急救中心开通了短信文字报警求救功能和"微信信息+定位"报警求救功能，听力、言语障碍人士可以发送求救短信至指定号码或者添加指定微信号发送求救信息，"120"调度员接到文字报警信息后及时调度进行救护。县急救中心通过公众号和官方网站公布了文字报警操作方法，县残联也在听力、言语障碍人士群体中积极推广应用。红安县院全程跟进监督，确认"120"医疗急救呼叫系统的文字报警功能已能正常使用，为听力、言语障碍等特定群体提供文字信息报送和文字呼救功能。

【典型意义】

健全"120"医疗急救呼叫系统文字报警功能，是满足听力、言语障碍人士自主呼救需求，保障特定群体生命健康安全的重要基础条件。检察机关通过公开听证、检察建议等方式，督促相关职能部门完善并推广"120"医疗急救呼叫系统的文字报警功能，以公益诉讼助力推动无障碍环境建设、保障特定群体合法权益。

九、安徽省合肥市蜀山区人民检察院督促规范视觉无障碍环境建设行政公益诉讼案

【关键词】

行政公益诉讼诉前程序　无障碍信息交流　视觉无障碍　公共文化服务

【要旨】

针对视障人士阅读需求难以满足、平等获取文化信息权益未得到有效保障等问题，检察机关通过上下一体、内外联动，灵活运用磋商、检察建议等方式，督促协同行政机关推进问题整改，全程跟进监督，保障残疾人等特定群体平等享受社会生活权益，为提高全社会文明程度贡献检察智慧。

【基本案情】

安徽省合肥市蜀山区在视觉无障碍环境建设方面普遍存在盲人阅览室无法正常使用、无障碍信息交流设备配置不完善等问题，给视障人士平等、便利地获取文化服务、信息带来一定影响，损害了社会公共利益。

【调查和督促履职】

2022年4月，安徽省合肥市残疾人联合会（以下简称市残联）依据协作机制，向合肥市人民检察院（以下简称合

肥市院)移送该案线索。合肥市院将该线索指定合肥市蜀山区人民检察院(以下简称蜀山区院)管辖,蜀山区院于2022年4月12日以行政公益诉讼立案调查。通过查阅资料,咨询专家,听取残联、视障人士、无障碍环境建设督导团代表意见并陪同现场体验等方式查明,合肥市图书馆及蜀山区部分图书馆的盲人阅览室无法正常使用盲文读物、有声读物;语音录屏等无障碍信息交流设备配置不完善;借阅流程不通畅,文化主管部门未依法履职。

2022年4月15日,蜀山区院根据《中华人民共和国公共图书馆法》《无障碍环境建设条例》《安徽省残疾人保障条例》的相关规定,向合肥市文化和旅游局(以下简称市文旅局)制发诉前检察建议,督促其监督全市图书馆配置盲文图书及有关阅读设备,完善视觉无障碍环境建设。2022年5月5日,保障视障人士平等接受文化和教育的《马拉喀什条约》在我国正式生效,检察机关以此为契机,持续推动后续整改。

2022年5月13日,市文旅局书面回复称已进行专项整治,督促30余家图书馆完成信息无障碍环境改造,保障盲人阅览室的相关设备正常使用。蜀山区院邀请视障人士代表、无障碍环境建设督导员等参与"回头看",联合残疾人保护公益组织在合肥市图书馆开展"文化助残,阅光同行"主题座谈会,现场翻阅该图书馆新购200余册盲文图书,体验"网络+邮寄"借阅流程和新增的无障碍信息交流设备,参会人员对视觉无障碍环境建设整改效果均表示充分认可。

【典型意义】

让视障人士实现无障碍阅读、平等便利共享公共文化服务,是无障碍环境建设的一项重要内容。本案中,检察机关聚焦视障人士日常生活的高频事项和服务场景,通过磋商、诉前检察建议等方式,督促行政机关依法全面履职,推动视觉无障碍环境系统治理,保障视障人士平等参与文化生活,共享社会公共服务、文明发展成果。

十、天津市人民检察院督促保障视障人士公交出行无障碍行政公益诉讼案

【关键词】

行政公益诉讼诉前程序　无障碍信息交流　公共交通无障碍　"益心为公"志愿者

【要旨】

针对视障人士普遍反映的公共交通出行无障碍"老大难"问题,检察机关通过公益诉讼办案,督促行政机关推动完善公共交通无障碍功能,并邀请视障人士代表、公益诉讼观察员参与辅助办案,化解视障人士和相关人群的差异化认识,充分保障视障人士平等参与社会生活权益。

【基本案情】

天津市辖区内部分公交车存在没有车外语音报站、报站不及时、提示音偏小等问题,严重影响3万余名视障人士日常出行。该问题由来已久,天津市交通运输委员会(以下简称市交委)作为行政主管机关亦多次进行整改,但相关问题始终未能彻底解决,视障人士平等参与社会生活权益长期难以得到有效保障。

【调查和督促履职】

2022年3月,天津市人民检察院(以下简称天津市院)受理群众提报的案件线索后开展调查。经查,本市部分公交线路存在车外语音报站缺失、报站不及时等问题,严重影响视障人士日常公交出行。视障人士虽多次反映,但因公交线路周边居民投诉车外语音报站噪音扰民,与视障人士现实需求之间存在差异化认识,相关问题始终未能有效解决。

2022年10月8日,天津市院以行政公益诉讼立案后,根据《天津市无障碍环境建设管理办法》《天津市客运公共交通管理条例》《天津市无障碍设计标准》相关规定,与市交委开展磋商,并组织天津市公交集团(以下简称市公交集团)、天津市残疾人联合会(以下简称市残联)参与,就视障人士权益受损事实、问题整改方案等充分讨论,邀请"益心为公"检察云平台志愿者全程参与,积极探索解决方案。经磋商,确定了兼顾公交线路周边群众与视障人士两方权益的整改思路,升级现有"天津公交App"增加语音报站功能,以信息化手段破解信息无障碍"老大难"问题的整改方案。市交委指导市公交集团成立专门团队负责软件升级,邀请同为视障人士的"益心为公"志愿者全程参与软件升级,并多次组织视障人士代表测试改进软件功能。

2023年5月21日"全国助残日",天津市院联合市交委、市残联、市公交集团和视障人士代表,开展"天津公交App"语音报站功能实地测试体验活动,办案检察官和各单位工作人员全程佩戴眼罩,与视障人士代表一起沉浸式测试体验。经体验,参与测试人员普遍反映"天津公交App"语音报站功能非常便利,公交车进站时系统会震动并循环语音播报,能够帮助他们准确、便捷乘坐公交车。目前,具备语音报站功能的安卓版、苹果版"天津公交App"已正式在应用商店上线并提供免费下载,广大视障人士对"天津公交App"语音报站功能表示认可,不少老年人也通过该软件获益。

【典型意义】

视障人士只能借助听觉获知公交车进站信息,公交车

外语音报站是视障人士日常公交出行必备条件。检察机关通过与行政机关磋商，主动邀请同为视障人士的"益心为公"志愿者全程参与办案，以信息化手段推动解决信息无障碍"老大难"问题，为视障人士权益保护提供了高效便捷的解决方案，兼顾了普通人群基本诉求，在"助残"的同时实现了"适老"，实现了"三个效果"的有机统一。

十一、重庆市渝北区人民检察院督促整治餐饮服务场所强制扫码点餐行政公益诉讼案

【关键词】

行政公益诉讼诉前程序　无障碍社会服务　餐饮服务场所　个人信息保护　适老化改造

【要旨】

针对部分餐饮商家强制推行扫码点餐服务，致使老年人等特定群体无法享受人工点餐等传统服务方式且面临个人信息被过度收集等问题，检察机关通过公开听证、检察建议等方式，督促行政机关依法开展专项整治，助推餐饮服务场所完善无障碍环境建设，切实维护老年人等特定群体合法权益。

【基本案情】

重庆市渝北区部分餐饮商家强制推行扫码点餐，不提供人工点餐服务，致使老年人等特定群体因使用智能手机不便而无法正常消费用餐。同时，部分经营者利用扫码程序收集消费者的手机号码、位置信息、微信昵称等个人信息，侵害众多消费者个人信息安全，损害了社会公共利益。

【调查和督促履职】

2023年2月，重庆市渝北区人民检察院（以下简称渝北区院）收到"益心为公"志愿者提供的上述线索后，决定以行政公益诉讼立案调查。检察人员组织部分"益心为公"志愿者同步检索可能存在强制扫码点餐情形的商家信息，经汇总定位后逐一走访调查，共发现12家餐饮商家存在不提供人工点餐、点餐前须关注商家微信公众号、注册时收集手机号码等情形。

2023年5月23日，渝北区院组织召开公开听证会，邀请从事消费者权益保护法、个人信息保护法领域研究的3名西南政法大学资深教授作为听证员。听证员一致表示，强制扫码点餐问题侵害老年人等特定群体的合法权益，同时危及众多消费者的个人信息安全，消费者自身维权难度大，应督促行政机关推动整改。

2023年5月29日，渝北区院根据《个人信息保护法》《消费者权益保护法》《重庆市无障碍环境建设与管理规定》的相关规定，向区市场监督管理部门发出诉前检察建议，督促其对商家强制推行扫码点餐、侵害消费者权益和过度收集个人信息的行为进行查处。同时，渝北区院结合查证事实，与渝北区酒店餐饮行业协会进行座谈交流，建议开展餐饮行业自律规范工作。

渝北区市场监督管理部门收到检察建议后，对涉案的12个餐饮商家立案查处，责令商家规范使用扫码点餐，保留纸质菜单并提供人工点餐服务；针对强制扫码点餐和不提供纸质菜单等共性问题开展专项排查整治，对全区餐饮单位进行排查，发出责令改正通知书20份，约谈企业10家。渝北区酒店餐饮行业协会通过微信公众号、电子宣传屏等载体开展系列宣传活动，进一步推动餐饮行业内部形成规范共识。

2023年6月28日，渝北区院组织"益心为公"志愿者开展公益诉讼"回头看"，确认涉案老年人等特定群体信息交流无障碍问题已得到有效治理。同时，渝北区院多次与区市场监管部门、酒店餐饮行业协会座谈交流，推动出台《餐饮行业"扫码点餐"规范倡议》，规范餐饮行业扫码点餐服务，实现源头治理。

【典型意义】

扫码点餐是餐饮行业推动消费升级、降低经营成本的创新举措，但可能影响老年人等特定群体合法权益。本案中，检察机关借助"益心为公"志愿者，有效融合专业力量和社会力量，做实调查取证工作，提高检察监督的精准性，督促行政机关积极履职整改，为老年人跨越"数字鸿沟"和个人信息安全保驾护航。

十二、广东省广州市海珠区人民检察院督促保障老年人医疗服务无障碍行政公益诉讼案

【关键词】

行政公益诉讼诉前程序　无障碍社会服务　医疗服务无障碍

【要旨】

针对因医疗机构信息化智能化技术运用给老年人等特定群体带来的挂号难、缴费难等就医障碍，检察机关通过公益诉讼督促行政职能部门依法全面履职，推动医疗机构完善无障碍环境建设，提升友老型医疗健康服务水平，切实保障老年人及时平等享受医疗健康服务的合法权益。

【基本案情】

广东省广州市海珠区部分医疗机构在提升自身信息化建设过程中，明示取消现场挂号，仅保留网上预约挂号，未提供现场预约号源及电话预约挂号途径，亦未设置老年人优先通道等，相关行政机关未及时全面履行监管职责，致使存在上网和使用智能手机困难的不特定多数老年人，

无法独立挂号以正常就医享受平等便捷的公共医疗服务，损害了社会公共利益。

【调查和督促履职】

2021年10月，广东省广州市海珠区人民检察院（以下简称海珠区院）接到群众举报后决定立案调查。通过对辖区内医疗机构进行走访调查、现场勘验、询问医疗机构工作人员等方式，查明部分医疗机构存在全面取消现场挂号，仅能通过微信公众号、自助机、网站等线上方式预约挂号的问题，违反了《老年人权益保障法》《广东省老年人权益保障条例》《广东省养老服务条例》等有关规定。2021年10月27日，海珠区院根据前述调查情况，向海珠区卫生健康局发出诉前检察建议，建议其对相关医疗机构责令整改，并对辖区医疗机构开展全面排查，督促落实涉老年人信息化无障碍改造，提供线上线下并行的医疗服务便利。

海珠区卫生健康局收到检察建议后，迅速组织落实整改，制定区级创建老年友善医疗机构的工作方案，组织辖区内23家医疗卫生机构开展创建工作，推动辖区内老年人就医环境优化。印发《关于落实推进老年人运用智能技术困难个案排查工作的通知》，结合排查情况在各医疗机构开设老年人专窗；开通老年人就医绿色通道、开展多渠道挂号通道，为老年人保留充足现场号源，保留诊间预约功能和电话预约功能。加强服务指引，组建友老爱老志愿服务团队，对使用智能技术困难老年人，采取医务人员或志愿者协助就医等措施，保障老年人得到及时便利就医。

收到行政机关回复后，海珠区院组织特邀检察官助理、人大代表、政协委员、人民监督员等随机走访海珠区内医疗机构，现场参与整改成效"回头看"，发现各医疗机构均在显著位置提供通过微信公众号、电话挂号、现场挂号等各种挂号渠道的推介指引，明示老年人绿色通道或优先窗口，现场有友老爱老志愿服务者，亦可见老年人通过老年人绿色通道挂号和现金缴费等情形。

【典型意义】

老年人等特定群体是医疗服务需求的重要群体，但因使用互联网、智能手机方面存在"数字鸿沟"而难以享受信息化带来的便利。本案中，检察机关发挥公益诉讼检察职能，通过检察建议督促推动相关单位完善老年人就医无障碍服务，为助力社会治理"适老化"改造、共建老年友好型社会贡献了检察力量。

11. 保障妇女儿童权益典型案例[①]

案例一 周某强制猥亵案

【基本案情】

2023年7月6日，被害人洪某（女）经他人介绍到周某的公司求职。次日，周某要求洪某到达指定地点参加面试，并被周某带往芜湖市某医院联系业务。当日17时许，周某让洪某开车送其到芜湖市某宾馆办理入住，并以商谈业务为由哄骗被害人洪某到其入住的宾馆房间内。进入房间后，周某佯装与洪某谈论业务，当洪某准备离开时，周某抱住洪某并要求与其发生性关系，遭到洪某拒绝。周某以知道洪某老家住址及家庭情况，可以散播谣言毁谤其名誉，并声称其在圈内具有一定影响力，足以让洪某在行业内难以立足相威胁，对洪某实施了亲吻、摸胸等猥亵行为。

【检察机关履职情况】

公安机关对周某涉嫌强制猥亵案立案侦查。针对本案证据薄弱，仅有被害人洪某的陈述和其男友的证言，而被告人又拒不认罪的情况，安徽芜湖市镜湖区人民检察院（以下简称镜湖区检察院）积极引导公安机关调取案发宾馆监控视频、入住登记材料和酒店工作人员证言，通过对视频资料中被害人面部表情等进行影像分析，确认事发前后被害人精神状态，佐证被害人陈述的真实性。镜湖区检察院于2023年7月21日对犯罪嫌疑人周某批准逮捕。

检察机关经全面审查证据，认定本案系一起企业负责人利用女性求职者的弱势地位，以言语相威胁，迫使被害人不敢反抗，进而实施强制猥亵的犯罪。该行为严重侵犯妇女性自决权，败坏职场风气，具有严重的社会危害性，应当依法严厉打击。镜湖区检察院于同年11月6日以周某涉嫌强制猥亵罪向镜湖区人民法院提起公诉。

庭审期间，检察机关进一步进行释法说理，阐明强制猥亵罪的犯罪构成及其社会危害性，敦促被告人周某认罪悔罪，被告人周某认识到其行为的严重危害性，由不认罪到最终承认所犯罪行，并愿意接受刑罚处罚。被害人因受犯罪侵害内心遭受精神创伤，为充分保障其合法权益，检察机关通过积极做被告人周某的工作，其自愿赔偿被害人精神损失4万元。法院对起诉指控的犯罪事实依法予以认定，并采纳检察机关量刑建议，以强制猥亵罪判处被告人周某有期徒刑六个月。被告人认罪服判，未提出上诉。

判决生效后，检察机关主动联系被害人，了解其心理

[①] 最高人民检察院、中华全国总工会、中华全国妇女联合会2024年4月15日发布。

状态和工作生活状况,对其进行心理疏导、帮扶,帮助被害妇女走出心理阴影,重回生活、工作正轨。

【典型意义】

(一)针对招聘者利用求职过程中的不平等地位,对求职妇女进行言语威胁,使被害人产生心理强制,达到不敢反抗的程度,应当依法认定为强制猥亵罪中的"胁迫"。《中华人民共和国刑法》第二百三十七条强制猥亵罪中"暴力、胁迫或其他方法"的程度需要达到使被害人不能反抗、不敢反抗、不知反抗的程度。在职场中,公司、企业的管理人员,利用招募女职工过程中的地位优势、心理优势和环境优势,以在生活圈和职场圈中散播求职妇女具有生活作风问题等谣言,败坏妇女名誉,使妇女无法继续工作等相威胁,足以对妇女形成心理强制作用,应当认定该言语威胁达到了强制猥亵罪中"胁迫"的程度。行为人通过此种言语威胁方式迫使妇女同意行为人猥亵的,应当认定为强制猥亵罪。

(二)检察机关要积极贯彻保护原则,严惩针对妇女的职场性侵犯罪。部分妇女在职场中遭遇性骚扰或性侵害时,因害怕名誉受损或工作不保等顾虑,往往不敢声张,被迫息事宁人。检察机关通过依法惩治利用职场中的地位优势侵害妇女权益的犯罪行为,鼓励妇女在求职、就业过程中遇到性骚扰和性侵害时勇于使用法律武器维护自身权利,保障妇女人身权利和人格尊严不受侵犯。

案例二 戚某强制侮辱案

【基本案情】

2023年6月24日上午8时许,戚某因与被害人吕某(女)产生情感纠纷,遂到吕某经营的店内,要求吕某退还二人交往期间戚某送给她的财物等。在遭到吕某拒绝后,戚某对吕某进行殴打(经鉴定为轻微伤),撕扯吕某的衣裤致其身体完全裸露,强行将吕某拖拽到店门口的马路边上,并当众对其言语侮辱、呼喊行人围观,持续约十几分钟。

【检察机关履职情况】

2023年6月24日,被害人吕某向公安机关报案。两天后,福建省福州市公安局仓山分局立案侦查。福州市仓山区人民检察院(以下简称仓山区检察院)应公安机关邀请提前介入该案,引导公安机关及时搜集并固定案件证据,同时结合被害人吕某衣着裸露被殴打的视频已在网络上小范围传播的情况,建议公安机关做好被害人权益保护工作,避免因视频继续传播对被害妇女造成二次伤害。

2023年7月3日,公安机关以戚某涉嫌强制侮辱罪向仓山区检察院提请批准逮捕。仓山区检察院立即启动"检馨护花"机制,即办理侵害女性被害人人身权益的刑事案件,指派女检察官办理,同时联合妇联聘请的心理咨询师为其提供心理咨询,进行心理疏导和治疗,帮助其走出遭受犯罪侵害的心理阴影。检察官在审查案件过程中发现照片中被害人吕某右眼眶、手臂、大腿存在多处挫伤,及时引导公安机关补充固定伤情鉴定,调取案发现场监控视频、出警视频、手机视频等。后联合公安机关多次走访案发地点,向街边商户及来往群众了解案发情况,进一步夯实证据链。7月7日,仓山区检察院以戚某涉嫌强制侮辱罪对其批准逮捕。

审查起诉期间,针对戚某打砸店铺造成的财产损失和吕某支付的治疗费用,检察机关建议被害人吕某依法提起刑事附带民事诉讼,维护自身合法权益。2023年10月10日,仓山区检察院以戚某涉嫌强制侮辱罪提起公诉。

庭审过程中,检察机关积极开展释法说理,促使被告人戚某当庭表示认罪认罚。戚某对于给吕某造成的伤害表示真诚悔罪,并愿意向被害人赔礼道歉、赔偿损失。戚某的辩护人提出,本案犯罪情节较轻,延续时间较短,且围观路人较少,社会危害性不大,请求对戚某从轻处理。公诉人答辩指出,戚某以暴力手段侮辱被害人吕某,殴打吕某并强行撕扯其衣裤致其身体完全裸露。戚某不顾吕某裸体状态仍将其从店内强行拖拽到店门口马路边并对其言语侮辱、呼喊行人围观。案发时间为上午8时许,来往人流量较大,戚某在公共场所当众侮辱妇女,致使被害人吕某被侮辱的过程被在场的众多人围观,其被侮辱的视频在网上传播,为不特定多数人所知悉。戚某的行为严重损害了妇女的人格尊严。

法院审理后,采纳检察机关指控的犯罪事实和提出的量刑建议,以强制侮辱罪判处戚某有期徒刑五年;判决戚某赔偿刑事附带民事诉讼原告人吕某的经济损失人民币3050元。宣判后,戚某未提出上诉,判决已生效。

【典型意义】

(一)准确适用法律,确保罪责刑相适应。侮辱罪与强制侮辱罪都侵犯公民的人格尊严和名誉权,但对于以暴力手段强行扒光妇女衣服,使其暴露身体隐私部位的行为,主观上以羞辱妇女为目的,客观上使妇女产生性羞耻感,严重侵犯了妇女的人格尊严,对此类行为不应适用侮辱罪,被害人告诉的才处理,应当以强制侮辱罪提起公诉,符合"在公共场所当众实施"情节的,应当提出判处五年以上有期徒刑的量刑建议。

(二)持续开展释法说理,促使被告人认罪认罚。检察机关通过阐明认罪认罚从宽制度的法律规定和法律后果,敦促被告人当庭认罪悔罪,争取从宽处罚,同时,为减少社会对抗、防范事后打击报复,检察机关积极做好释法说理工作,使被告人认识到其行为的严重社会危害性,表示服从判决,未提出上诉。

(三)依法能动履职,拓展妇女权益保护模式。案件办理过程中,检察机关通过积极开展走访调查深入了解案件情况,对涉及女性被害人人身权益的案件,由女检察官办理,强化妇女隐私保护,注重联合妇联共同为维权妇女提供法律咨询、取证帮助、心理疏导等服务,全面加强妇女权益保护。

案例三　陈某某猥亵儿童、强奸、强制猥亵案

【基本案情】

2020年9月至2022年7月,陈某某通过网络社交平台添加郑某某、谢某某等多名未成年女学生为好友,后虚构身份以谈恋爱、发送小额红包等方式,诱骗9名未成年人(含不满十四周岁幼女)向其发送裸照或不雅视频,并与其中5名未成年人线下见面发生性关系。对不愿意继续交往的4名未成年人,陈某某以散布裸照相威胁,逼迫继续与其交往。

【检察机关履职情况】

2022年7月9日,被害人郑某某、谢某某向公安机关报案。公安机关受案后,认为陈某某未在线下与谢某某见面,只是通过网络要求被害人向其发送裸聊视频,没有发生危害结果,不构成犯罪,仅以"郑某某被强奸"立案侦查。福建省漳州市长泰区人民检察院(以下简称长泰区检察院)应邀介入侦查后,认为犯罪嫌疑人引诱和逼迫谢某某拍摄不雅视频供其观看,主观上以满足性刺激为目的,客观上实施了猥亵儿童的行为,侵害了儿童人格尊严和身心健康,已构成猥亵儿童罪。

审查逮捕阶段,长泰区检察院针对网络性侵案件多为系列案件、往往有多名被害人的特点,引导侦查机关全面收集提取电子数据。检察机关从陈某某的2个微信账号、3个QQ账号中存储的200余万条数据中梳理排查出大量淫秽信息和不雅照片、视频等,发现犯罪嫌疑人陈某某另有强奸、猥亵7名未成年人的犯罪事实。检察机关向公安机关发出《要求说明不立案理由通知书》。公安机关对检察机关提出的涉嫌犯罪问题立案侦查,查明全部犯罪事实,将犯罪嫌疑人陈某某的10起犯罪事实移送审查起诉。

本案侦查及审查起诉阶段,陈某某一直辩解称被害人系自愿与其发生性关系,其不明知被害人是未满十四周岁的幼女。检察机关引导侦查机关调取被害人网络平台的身份简介等信息,梳理双方见面时的合照、聊天记录、作业本照片等证据,综合认定陈某某应当知道被害人可能是未满十四周岁的幼女。2022年12月1日,长泰区检察院以陈某某涉嫌猥亵儿童罪、强奸罪、强制猥亵罪向长泰区人民法院提起公诉,从严提出量刑建议。2023年2月24日,长泰区人民法院不公开开庭审理该案,全部采纳检察机关指控的犯罪事实和提出的量刑建议,以陈某某犯强奸罪判处有期徒刑十二年六个月;犯猥亵儿童罪判处有期徒刑五年;犯强制猥亵罪判处有期徒刑一年,数罪并罚决定执行有期徒刑十五年。被告人陈某某未上诉,判决生效。

办案过程中,检察机关发现被告人陈某某多次虚构身份并在冠以"某某中学""某某学习交流群"等与学校、班级有关的QQ群、微信群中与在校女生搭讪相识。检察机关就此向教育行政部门发出检察建议,推动对中、小学同类微信群、QQ群进行全面排查,通过更改群名、严格进群方式、清退群中无关人员、强调群主责任等方式,加强网络风险防控。后各中、小学校设置观察员,定期开展排查,营造有利于未成年人健康成长的清朗网络空间。针对本案多名被害人由于父母疏于管教、关爱,导致沉迷网络并渴望通过异性爱恋弥补感情缺失而被侵害的问题,检察机关向多名被害人家长发出《督促监护令》,联合妇联依托"春蕾安全员"开展家庭教育指导,引导监护人加强对未成年人使用网络的教育、示范和监督。

【典型意义】

(一)把握网络性侵未成年人犯罪案件特点,充分运用信息技术手段全面查证犯罪事实。网络性侵犯罪案件往往存在被害人多、证据分散、隐蔽等特点,检察机关应注重电子数据的恢复、提取和勘验检查,引导侦查机关全面查清案件事实,依法深挖、追诉、严惩网络性侵未成年人犯罪。

(二)准确适用法律,从严惩处性侵未成年人犯罪。以满足性刺激为目的,采用诱骗或者胁迫方式让未成年人进行网络裸聊、拍摄裸照、视频,严重侵害未成年人的人格尊严和身心健康,与实际接触儿童身体的猥亵行为具有相同的社会危害性,应当认定为猥亵儿童罪。《最高人民法院、最高人民检察院关于办理强奸、猥亵未成年人刑事案件适用法律若干问题的解释》第九条第一款规定:"胁迫、诱骗未成年人通过网络视频聊天或者发送视频、照片等方式,暴露身体隐私部位或者实施淫秽行为,符合刑法第二百三十七条规定的,以强制猥亵罪或者猥亵儿童罪定罪处罚。"对行为人实施奸淫行为时是否明知对方为幼女的认定,应结合双方相识交往情况综合判断,从严把握,不能简单以被害人未告知或错误告知认定行为人主观不明知。

（三）加强多方联动，推动社会治理。在严格办案的同时，检察机关要深入查找案发原因和社会治理薄弱环节，督促各方落实法律规定的未成年人保护职责，协同推进网络空间综合治理，为未成年人创造良好的网络环境，减少被侵害的风险。

案例四　李某甲向李某乙追索抚养费纠纷支持起诉案

【基本案情】

李某甲，2010 年出生，系李某乙与王某之子。2013 年，王某与李某乙协议离婚，约定李某甲跟随母亲王某生活，父亲李某乙每月支付生活费 500 元。但是，在离婚后的近十年中，王某单独抚养李某甲且无固定收入，经济困难；李某乙有能力履行抚养义务，但未按照离婚协议支付李某甲的抚养费，也未尽过任何其他抚养义务。后李某甲向法院起诉要求李某乙支付抚养费，太原市迎泽区人民检察院（以下简称迎泽区检察院）对该案支持起诉，最终法院判决李某乙一次性支付李某甲从 2013 年 12 月至 2022 年 6 月抚养费 51500 元；李某乙从 2022 年 7 月起每月支付李某甲抚养费 1000 元，直至其满十八周岁止。

【检察机关履职情况】

2022 年 6 月，为扩大监督线索来源，更好维护妇女儿童权益，迎泽区检察院在迎泽区矛盾纠纷多元调解中心设立检察服务窗口。同年 11 月，迎泽区矛盾纠纷多元调解中心收到李某甲母亲王某反映李某乙有能力履行抚养义务拒不履行对李某甲抚养义务的情况，将线索移送迎泽区检察院。检察机关受理线索后，围绕李某甲的生活环境、家庭状况等进行走访调查，并开展监护状况评估。经调查发现，王某因无固定经济收入致使独立抚养孩子较为困难；李某乙是省属某国有企业在岗职工，有固定工作及收入。检察机关经审查认为，李某乙有能力履行抚养义务却不履行，已经侵害未成年人李某甲的合法权益。又考虑到王某的诉讼能力较弱，经与王某沟通并告知其检察机关支持起诉的法律规定，王某申请检察机关协助收集相关证据并依法支持起诉。2022 年 11 月 15 日，迎泽区检察院依法向迎泽区人民法院提出支持起诉意见。

2022 年 12 月 9 日，迎泽区人民法院作出判决，支持了李某甲的诉讼请求。判决生效后，李某乙一直未履行判决确定的义务。针对本案中李某乙拒绝履行抚养义务、履行监护责任不到位的情况，为强化家庭监护责任，提升家庭教育能力，弥补缺失的父爱，让李某甲更好地健康成长，检察机关对李某乙发出《督促监护令》，阐明父爱缺失对孩子身心健康、情感需求及生活保障等方面造成的影响和危害，责令其反思自身问题，依法履行抚养义务。通过检察机关释法说理和督促劝导，李某乙逐渐转变态度，表示愿意履行监护职责，并与王某就抚养费分期给付事项达成协议。

迎泽区检察院联合区法院、区妇联共同对李某乙进行了家庭教育指导。一方面，唤醒其责任意识。针对李某乙对孩子关爱缺失等问题，帮助其认识到亲子关系对未成年人成长的重要影响，教育引导其依法履行监护职责。另一方面，弥补角色缺位。针对李某甲长期缺乏父爱的问题，对李某乙进行训诫和释法明理，促使其加强与孩子联系，履行抚养义务，主动修复断裂的亲子关系。同时，引导李某乙和王某正确处理离婚后关系，消解积怨矛盾，向孩子传达亲情温暖。在后续回访中，王某表示李某乙已按时足额给付抚养费，目前家庭经济困难已经得到缓解、父子情感得到恢复。

【典型意义】

（一）借助"信息共享+一站式窗口"拓宽监督线索来源，形成监督合力。检察机关办理未成年人案件，应增强监督的主动性，最大限度发挥政府矛盾纠纷多元调解中心等综合平台的桥梁作用，扩大未成年人维权线索来源，构建"及时受理、依法维权、矛盾化解"闭环机制，更好维护未成年人利益。同时，注重加强与法院在信息共享、研判会商等工作中的衔接配合，为维护未成年人合法权益提供"绿色通道"，助推未成年人司法保护规定落细落实。

（二）通过"支持起诉+多元解纷"相结合有力化解矛盾，形成维权合力。检察机关开展追索抚养费支持起诉工作，一方面，要通过提供法律咨询、协助收集证据等方式，帮助解决诉讼困难群体"不会诉、不敢诉、不善诉"的难题；另一方面，要把矛盾纠纷多元化解贯穿于民事支持起诉工作始终，把化解矛盾、消除对立、修复受损家庭关系作为重要目标，对被告方充分开展释法说理，在维权的同时更要让爱归位，主动跟踪案件执行等情况，做好支持起诉"后半篇"文章。

（三）以多部门联合开展"督促监护+家庭教育指导"，形成保护合力。在办案过程中对涉案未成年人家庭情况、教育模式、亲子关系、监护能力、成长轨迹开展"五必查"，依法制发"督促监护令"。高度重视家庭教育指导工作，通过联合法院、妇联等部门采取系统性、针对性的措施和手段，改变监护人教育方式，改善家庭关系，解决未成年人家庭成员角色缺位缺失问题，重塑家庭支持体系，为未成年人健康成长提供有力支撑。在充分积累个案经验的基础上，积极推动构建长效工作机制，使涉案未成年人家庭教育指导工作规范、高质量发展。

案例五　冯某与李某赠与合同纠纷抗诉案

【基本案情】

何某系冯某丈夫，二人育有一子一女，儿子未成年。2017年8月起，何某常在沐足场所消费，结识了在沐足场所从事管理工作的女子李某，进而与李某产生婚外情，李某知晓何某有家室有儿女。2017年8月至2019年9月，何某通过银行卡向李某转账14笔共计20余万元；2017年8月至2019年11月，何某为维系两人关系通过微信向李某转账包含"520""1314"等特殊含义的278笔共计17万余元。2017年8月至2019年10月，李某通过微信向何某转账共计9万余元，代何某支付沐足消费款5万余元。2020年1月，冯某以何某赠与李某财产的行为侵害其财产权益为由，向四川省宣汉县人民法院提起诉讼，请求确认何某在婚姻关系存续期间赠与李某财产的行为无效，要求李某返还赠与财产及利息。宣汉县人民法院一审判决驳回冯某的诉讼请求。冯某不服一审判决，向达州市中级人民法院提起上诉。达州市中级人民法院认为，何某在夫妻关系存续期间，违背夫妻忠实义务，向李某转款37万余元，其财产处分行为未得到冯某追认，赠与行为无效。赠与款项中有50%份额属于冯某，何某系无权处分。何某向李某赠与金额37万元，在扣减李某向何某转款金额14万余元后，余下23万余元。23万余元的50%份额属于冯某所有，李某应予以返还。达州市中级人民法院二审判决撤销本案一审判决，李某返还冯某11万余元并支付利息。冯某不服二审判决，向四川省高级人民法院申请再审被驳回。

【检察机关履职情况】

冯某不服二审判决，向达州市人民检察院申请监督。达州市人民检察院审查后认为，本案赠与行为无效，应当返还全部赠与财产，据此提请四川省人民检察院抗诉。四川省人民检察院通过调阅原审卷宗、询问双方当事人等进一步查明了案件事实。通过对相关案件裁判进行检索梳理发现，对于在夫妻关系存续期间，夫妻一方对外赠与行为是部分有效还是全部无效问题，江苏省、北京市等部分地区出台了相关审判意见，但四川省没有明确规定，司法实践中对此类案件处理裁判尺度不一。四川省检察院与四川省高级人民法院进行沟通，综合考量本案的价值导向，进一步明确了本案法律适用和监督必要性。

四川省人民检察院根据审查认定的事实和证据认为：一是案涉赠与行为是无效的民事行为，其法律后果应是返还全部财产，终审判决部分返还，属于适用法律确有错误。二是终审判决部分返还赠与财产，径直分割夫妻共同财产，超越了当事人的诉讼请求。三是终审判决变相认可违反善良风俗的赠与行为，损害了夫妻中非过错一方的财产权益，与诚信、公正的社会主义核心价值观不符。2022年5月23日，四川省人民检察院向四川省高级人民法院提出抗诉。

四川省高级人民法院再审采纳了检察机关抗诉意见，并于2022年10月31日作出民事判决，依法改判李某返还冯某23万余元（即转账赠与37万余元扣减李某垫支付款14万余元）并支付利息。

【典型意义】

（一）检察机关在办案中，对于夫妻一方赠与行为应结合法律关于财产平等处分权的规定、行为人主观心态及是否违反公序良俗原则等，综合分析判定赠与的效力。本案中，何某赠与第三者李某财产，目的是维系婚外情，该赠与行为不仅侵犯了夫妻财产平等处分权，而且违背公序良俗原则，应认定为无效。《中华人民共和国民法典》第一百五十七条明确规定，基于无效行为取得的财产应当返还。检察机关依法对生效裁判进行监督，通过抗诉推动法院再审确认以维系婚外情为目的的赠与行为无效，改判第三者返还全部赠与财产，既保护了夫妻关系中无过错一方及未成年子女的合法权益，又在纠正个案的基础上，促进省级法检两院统一裁判标准，确保法律适用的平等和统一，维护司法权威。

（二）检察机关应当准确把握民法典立法精神，通过监督纠错引导树立良好家德家风。为更好地弘扬家庭美德，体现社会主义核心价值观，《中华人民共和国民法典》第一千零四十三条规定了"家庭应当树立优良家风，弘扬家庭美德，重视家庭文明建设"。检察机关要深刻领会民法典的立法目的及精神，在监督办案中培育和践行社会主义核心价值观。本案中，李某基于婚外情接受赠与财产，若支持部分赠与款项有效，实质是否定夫妻共同财产作为不可分割整体的属性，将在社会上形成谁控制和支配夫妻共同财产谁就可以随意分割财产的错误导向，与夫妻忠诚的价值取向相悖。检察机关通过抗诉监督，对第三者插足婚姻并从中牟利行为给予否定评价，引导社会形成正确的婚姻观、金钱观、家庭观，促进社会养成良好家德家风。

案例六　巴某甲与巴某乙、巴某丙等人农村土地承包经营权纠纷支持起诉案

【基本案情】

巴某甲（女）原系新疆维吾尔自治区塔城市A镇某村村民。1999年巴某甲作为塔城市A镇某村的村民参与土地分配，在娘家分得"口粮地"30亩。2009年，巴某甲嫁入

塔城市B镇某村,户口也随之迁入该村。塔城市B镇某村未给巴某甲分配土地,巴某甲的丈夫也无"口粮地"。巴某甲一家三口为村里的低保户,主要靠丈夫外出打零工维持生计,生活困难。2009年以来,巴某甲多次到娘家索要自己在塔城市A镇某村分得的30亩"口粮地"的土地承包经营权,其娘家人巴某乙、巴某丙等以其已出嫁为由拒绝归还。巴某甲向塔城市A镇政府、村委会等部门反映,经上述部门协调均无结果。

【检察机关履职情况】

巴某甲向新疆维吾尔自治区塔城市人民检察院(以下简称塔城市检察院)申请支持起诉。塔城市检察院经初审研判认为,巴某甲的30亩口粮地被娘家人巴某乙、巴某丙等人长期占有,致使其合法权益受到侵害,因巴某甲文化水平低、生活困难、使用国家通用语言文字进行诉讼的能力偏弱,目前虽具有起诉维权意愿,但诉讼能力较弱,提起诉讼确有困难,对其支持起诉的申请依法应予受理。

检察机关受理该案后,前往巴某甲娘家所在地塔城市A镇某村开展调查核实。检察官调取巴某甲娘家1999年的农村土地经营权承包合同,实地走访巴某甲的娘家,多次与A镇土地管理部门、村"两委"进行座谈。经调查查明,1999年塔城市A镇政府向巴某甲娘家一户七人颁发了农村土地承包经营权证,其中巴某甲的"口粮地"是30亩。巴某甲出嫁后土地由其娘家兄弟占有经营。经核实,巴某甲及其丈夫在塔城市B镇某村确无"口粮地"。检察官根据《中华人民共和国法律援助法》的规定,协调法律援助机构为其提供法律援助律师,听取巴某甲及其法律援助律师意见,并就案件相关问题进行研讨,提出建议。

塔城市检察院经审查认为,根据《中华人民共和国农村土地承包法》《中华人民共和国妇女权益保障法》等相关法律规定,农村土地承包期内妇女结婚,在新居住地未取得承包地的,不得收回其原承包地,农村妇女土地承包经营权也不会因在农村经济组织间的嫁娶、迁移等情况而丧失。巴某甲虽然将户口迁出,但在夫家没有分得"口粮地",依法对娘家原有的口粮地享有权益。2009年以来巴某甲的娘家人无偿占有巴某甲"口粮地"的行为,侵犯了巴某甲的合法权益,致使巴某甲本就贫困的生活更加窘迫。2023年2月24日,塔城市检察院依法作出支持起诉意见书,支持巴某甲提起民事诉讼,请求塔城市人民法院判令巴某乙、巴某丙等人返还土地承包费48300元。

塔城市检察院支持巴某甲提起诉讼后,积极与法院对接,协助巴某甲申请免交案件受理费等,促成两院充分运用"支持起诉+庭前调解"的模式速立速审。在庭前调解时,检察官与法官释法说理,巴某乙、巴某丙等人认识到自身行为的违法性,最终双方就13年的土地承包费的返还、后续土地承包费的领取等事项达成调解协议。2023年2月26日,塔城市人民法院作出民事调解书:一、巴某乙、巴某丙等人一次性支付巴某甲土地承包费48300元;二、巴某乙、巴某丙等人继续实际经营土地,随行就市每年向巴某甲支付不低于26400元的承包费。

【典型意义】

(一)充分发挥民事支持起诉职能作用,保障弱势妇女群体的合法利益。支持起诉的制度价值在于实现当事人诉讼地位和诉讼权利实质平等。农村妇女在农村土地承包经营权、集体经济收益分配、宅基地使用权等方面的合法权益更容易受到侵害,检察机关在履职过程中要切实发挥民事支持起诉制度优势,紧紧围绕法定起诉条件开展调查核实,综合运用提供法律咨询、协助收集证据、提出支持起诉意见、协调提供法律援助、协助申请免交案件受理费等方式为特殊群体起诉维权提供帮助,采取派员参与人民法院主持的调解,加强释法说理等多种举措,畅通司法救济渠道,让不会、不敢、不善通过诉讼维权的妇女感受到法治温情,解决好妇女群体急难愁盼问题,依法充分保障农村妇女的合法权益。

(二)做好法律监督后半篇文章,合力促进社会治理。党的二十大报告强调"坚持男女平等基本国策,保障妇女儿童合法权益",充分彰显党中央对妇女儿童事业发展的高度重视。受经济社会发展不平衡、法律知识欠缺等因素影响,妇女权益受侵害问题多发频发。检察机关要坚持依法能动履职,通过与妇联、民政等相关部门协助配合,充分发挥多部门联动优势,采取强化普法宣传,鼓励妇女敢于用法律的武器维护自己的合法权益等方式,将法律监督的后半篇文章做实、做细、做深,将案件办理转化为社会治理效能。

案例七 玉某诉云南省景洪市某镇人民政府撤销婚姻登记检察监督案

【基本案情】

2022年底,云南省景洪市某镇妇女玉某在查询婚姻档案时发现本人的公民身份号码于2005年10月17日被他人用于婚姻登记。经多方打听得知,系因邻村男子先某与外籍女子杰某不符合办理跨国婚姻登记条件,杰某遂冒用玉某的身份与先某办理了结婚登记。发现该情况后,玉某第一时间向景洪市某镇人民政府申请撤销该婚姻登记,但婚姻登记机关认为不符合撤销婚姻登记的情形,不予撤销。玉某认为其身份被外籍女子冒用与他人登记结婚,婚姻登记机关对此存在过错又不予纠正,给其生活与名誉造成极大影响,2023年1月,玉某诉至云南省景洪市人民法院,请求撤销错误的婚姻登记,法院认为已经超过法律规定的起诉期限,故裁定不予立案。一审裁定生效后,玉某申请再审,又被驳回。

【检察机关履职情况】

玉某不服法院驳回再审申请的裁定,向云南省景洪市人民检察院(以下简称景洪市检察院)申请检察监督。检察机关受理玉某的监督申请后,开展了调查核实。一是调阅法院诉讼卷宗,对法院审判活动进行全面审查,并了解案件背景。二是调取案涉婚姻登记档案,发现档案中留存的女方居民身份证及常住人口登记卡的公民身份号码均与玉某的一致,可能存在骗领居民身份证的情况。随即向该居民身份证签发机关调查核实,发现杰某于2005年5月25日以玉某的名义向签发机关提交了其本人正面免冠照申领居民身份证,签发机关未严格审核,为其签发照片为杰某正面免冠照、身份信息为玉某的居民身份证。三是向当事人核查案件事实。先某及杰某承认因不符合办理跨国婚姻登记的条件,杰某冒用玉某的身份骗领居民身份证,后用该身份证与先某办理结婚登记的事实。

为进一步厘清案情、化解争议,景洪市检察院组织市民政局、市公安局及玉某、杰某、先某到某镇人民政府召开案件公开听证会,围绕人民法院裁定不予立案是否恰当、该婚姻登记是否应当撤销两个争议焦点展开。听证员评议认为案涉婚姻登记确实存在错误,应予撤销。听证会上,玉某与某镇人民政府均表示愿意达成和解。

景洪市检察院经审查认为,本案起诉已经超过法律规定的起诉期限,法院裁定不予立案并无不当。民政部门作为办理婚姻登记的主管机关,某镇人民政府作为办理婚姻登记的具体机关,对婚姻登记中出现的问题应当进行监督、检查和纠正。景洪市检察院向两部门提出撤销错误婚姻登记的检察建议,督促其纠正违法行为、改进工作。两部门均采纳检察建议,协同撤销了案涉结婚登记,并开展自查、整改,制定婚姻登记管理员培训制度、涉外婚姻的宣传方案,加强对边民通婚的管理,并配备信息化智能设备,准确甄别婚姻登记信息中的虚假信息。

为依法保护公民个人信息,打击骗领居民身份证的行为,景洪市检察院召开行政检察与刑事检察跨部门检察官联席会,对本案中杰某冒用玉某的身份信息骗领居民身份证的行为进行分析研判,认为现有证据能证实杰某骗领居民身份证用于婚姻登记的事实,无其他证据证实其存在多次使用该居民身份证的情况,情节轻微,尚不构成犯罪,但其行为已经违反了《中华人民共和国居民身份证法》第十七条的规定,应承担相应的行政责任。同时,景洪市检察院与市公安局就办案中未按规定审查、违反程序签发居民身份证,对外籍人员基本情况掌握不实等问题多次召开座谈,交换意见,形成共识。就此,向市公安局提出对杰某骗领居民身份证的行为予以处理,并规范居民身份证的签发程序、加强外籍人员管控力度的检察建议。市公安局采纳了上述检察建议的内容,对杰某作出行政处罚,并组织开展户籍业务培训学习,通过建立外籍人员个人档案、定期走访等方式加强外籍人员的动态管控。

在争议化解过程中,针对玉某提出要求杰某承担其因诉讼产生各项费用问题,检察机关积极促成双方当事人进行协商,最终双方达成和解,并当场履行完毕。

【典型意义】

婚姻登记作为夫妻关系合法化的重要载体,兼具确认人身和财产关系的双重属性,与民生息息相关。冒用妇女身份信息进行婚姻登记,不仅影响正常的婚姻登记秩序,而且侵犯被冒名者的姓名权、个人信息等人格权益。2021年最高人民法院、最高人民检察院、公安部、民政部联合印发《关于妥善处理以冒名顶替或者弄虚作假的方式办理婚姻登记问题的指导意见》规定,人民检察院办理当事人冒名顶替或者弄虚作假婚姻登记类行政诉讼监督案件,应当依法开展调查核实,认为人民法院生效行政裁判确有错误的,应当依法提出监督纠正意见。可以根据案件实际情况,开展行政争议实质性化解工作。发现相关个人涉嫌犯罪的,应当依法移送线索、监督立案查处。人民检察院根据调查核实认定情况、监督情况,认为婚姻登记存在错误应当撤销的,应当及时向民政部门发送检察建议书。实践中,被冒名顶替办理婚姻登记的妇女提起的行政诉讼往往因为超过起诉期限被法院不予立案或者驳回起诉,当事人通过诉讼途径无法实现正当诉求,检察机关办理冒名婚姻登记行政诉讼监督案件,应当结合具体案情认定是否超过起诉期限。确实超过起诉期限的,检察机关应当开展行政争议实质性化解工作,通过制发检察建议督促婚姻登记机关撤销错误的婚姻登记,使行政争议、民事纠纷得到妥善解决。

案例八　浙江省义乌市人民检察院督促整治电竞剧本等娱乐业侵害妇女权益行政公益诉讼案

【基本案情】

浙江省义乌市多家桌游剧本、电竞网咖等娱乐经营企业为推介"女仆跪式服务""女仆助教陪玩"等服务,通过海报、传单、网络短视频等方式发布含有矮化女性地位、贬低损害妇女人格尊严等低俗内容的广告进行恶意营销,部分网络短视频阅读量超500万,造成不良社会影响。部分企业提供游戏助教陪玩等服务，未依法采取合理措施预防和制止性骚扰。

【检察机关履职情况】

2023年3月，浙江省义乌市人民检察院(以下简称义乌市检察院)在办理某性侵刑事案件中发现本案线索，并以行政公益诉讼立案办理。义乌市检察院通过网络平台检索、留存固定视频、实地走访等方式查明，市内有多家电竞剧本娱乐经营企业通过大众传播媒介发布"女仆助教陪玩"等广告，宣传下跪式端茶倒水、喂食、捏背、弯腰喊"欢迎主人回家"等仆式服务，贬低损害妇女人格尊严。部分企业提供游戏助教陪玩等服务，未建立预防和制止性骚扰的相应制度措施，女性从业人员人身安全等合法权益易遭受不法侵害。上述行为违反了《中华人民共和国民法典》《中华人民共和国妇女权益保障法》《中华人民共和国广告法》《互联网广告管理办法》《娱乐场所管理条例》等相关规定，侵害妇女合法权益，损害社会公共利益。

因案件涉及新业态领域妇女权益保障新情况新问题，金华、义乌两级检察机关于2023年8月16日联合妇联组织召开专家论证会，充分听取相关专家学者意见。同年9月7日，检察机关召开公开听证会，邀请妇联、文旅、市场监管、公安等部门和人大代表、政协委员、"益心为公"志愿者、人民监督员参加。听证员一致认为，相关娱乐经营企业通过大众传播媒介发布"女仆跪式服务"等低俗广告，贬低损害妇女人格，违背社会良好风尚，提供的游戏助教陪玩服务未依法落实预防和制止性骚扰义务，侵害妇女合法权益。同年10月19日，义乌市检察院向市场监管部门和文旅部门制发诉前检察建议，建议市场监管部门对贬损妇女人格尊严、违背社会良好风尚的违法广告行为调查处理、责令改正；建议文旅部门对提供"女仆"名义违规服务内容的企业调查处理、责令改正，加强对娱乐经营活动的合规监管，指导建立预防和制止性骚扰相应制度和措施，并联合开展行业专项治理，建立协同监管长效机制。同时，义乌市检察院向义乌市公安局建议加强涉案文化娱乐场所治安管理，防止游戏助教陪玩服务演变为有偿陪侍等违法行为。

各部门收到检察建议后高度重视，结合各自职能积极推动整改。市场监管部门立案查处涉案违法广告行为2件，责令企业销毁或下架相关广告，并开展侵害妇女权益等网络低俗广告专项整治，共检查各类经营主体800余家，查处涉互联网违法、低俗广告28件，罚没款19万余元，销毁违法广告500多张，撤销灯箱广告23处，下架短视频22个。文旅部门会同公安、妇联等单位对4家企业进行约谈，责令停止相关的违规经营活动，对游戏助教陪玩类服务指导建立预防和制止性骚扰制度措施，并督促12家企业完成备案登记，关停3家不符合开业要求的场所。公安机关开展治安管理专项行动，对剧本娱乐场所提供外出宴席陪酒等行为进行取缔整治。

2023年11月24日，义乌市检察院邀请妇联组织、"益心为公"志愿者对整改情况跟进监督，相关违法广告均已下架，相关企业已规范服务项目，并建立消除工作场所性骚扰等制度，场所内粘贴"禁止性骚扰行为"等指示牌，设置性骚扰维权投诉电话，从业人员已参加妇联组织开展的预防和制止性骚扰教育培训，确认相关违法情形已经消除。同时，义乌市检察院以个案办理推动综合治理，会同妇联、文旅、市场监管、公安、住建等部门出台《关于促进电竞剧本等娱乐业健康发展的实施意见》《义乌市新兴文化娱乐行业合规管理指引》，推动建立长效机制，促进行业合规，形成维护文化市场秩序的合力。

【典型意义】

(一)针对经营者故意矮化女性地位进行低俗广告营销的情形，检察机关以公益诉讼监督保障妇女人格权益。相关娱乐经营企业故意矮化女性地位进行低俗营销，不仅违背公序良俗，还触碰法律底线，侵害了不特定妇女人格权益。检察机关通过专家论证、公开听证，对是否构成侵害社会公共利益以及监督必要性进行充分论证，以公益诉讼办案督促纠正违法行为，切实保障妇女人格权益。

(二)针对文化娱乐产业新业态发展中存在的问题，推动相关部门协同履职形成监管合力。以电竞剧本等为代表的新兴娱乐业快速发展，并衍生出电竞助教、游戏陪玩等业态。由于行业归属不清晰、管控制度不健全、行政监管不到位，导致自发自管过程中出现违背公序良俗、侵害妇女权益等问题。检察机关充分发挥公益诉讼职能作用，以"我管"促"都管"，加强与妇联组织联动配合，督促多个行政机关依法协同履职，形成妇女权益保障合力。办案过程中同步推进行业合规建设，促进行业自律、系统治理，为新兴文化娱乐产业规范发展提供良好法治环境。

案例九　广东省深圳市人民检察院督促规范公共厕所男女厕位建设标准行政公益诉讼案

【基本案情】

广东省深圳市部分公共厕所的女厕位与男厕位比例未达到住建部行业标准和深圳地方标准，违反深圳地方政府规章的规定，导致人流量密集场所经常出现女厕所排长队现象，公共厕所的无障碍设施也存在未达到建设标准等问题，侵害了妇女、残疾人等特定群体的合法权益，损害了社会公共利益。

【检察机关履职情况】

2023 年 6 月，广东省深圳市人民检察院(以下简称深圳市检察院)根据"益心为公"志愿者反映的线索立案办理，依托志愿者分布点多面广的优势，通过志愿者群发布二维码调查问卷，对全市各辖区 90 座公共厕所进行调查。经调查发现：根据《深圳市公共厕所管理办法》的规定，公共厕所的规划与设计应当遵行国家有关技术标准。但深圳市公园、轨道交通车站、商场、旅游景点、医院等人流量密集场所的公共厕所女男厕位比例平均为 0.99∶1，未达到住建部《城市公共厕所设计标准》规定的"人流量密集场所女厕位与男厕位比例不应小于 2∶1，其他场所应达到 3∶2"的建设要求，导致女厕所排队现象普遍存在。同时，公共厕所内部无障碍设施建设不规范，也影响残疾人等特定群体的正常使用。

2023 年 8 月 29 日，深圳市检察院召开公开听证会，邀请人大代表、政协委员、"益心为公"志愿者及深圳市妇联代表参会。听证员经评议一致认为，深圳市公厕现有男女厕位比、无障碍设施建设不达标，损害了妇女及残疾人等特定群体合法权益，行政主管部门应进一步全面履职。同年 9 月 20 日，深圳市检察院向深圳市城市管理和综合执法局(以下简称市城管局)发出诉前检察建议，建议其依法全面履行对公共厕所的监管职责，监督全市公共厕所建设、管理严格执行相关规范；对全市市政公厕存在不达标情形进行全面排查整改；与规划部门、住建部门建立沟通协调机制，推动社会公厕规划、建设达标。

市城管局收到检察建议后高度重视，全面开展整改工作。一是对全市新改扩建市政公厕严格执行相关规范，在整改期内，全市新改扩建公厕共 80 座，其中新建公厕 18 座，女男厕位比为 2∶1，并在部分区域新建公厕时试用潮汐公厕；改扩建公厕 62 座，女男厕位比提升至 1.62∶1；二是对现有 1482 座市政公厕全面排查、应改尽改，对具备改造条件的已提出改造方案，对不具备改造条件的公厕深入调研，通过新建公厕增加女厕位供给、节假日及大型活动期间增加临时厕所、灵活调配男女厕位等措施解决女厕排队现象；三是对公厕无障碍设施建设不规范问题逐一排查梳理，对无障碍厕间开门方向不达标的进行调整，增设扶手、紧急呼叫按钮、低位挂衣钩等无障碍设施。

为从源头解决公共建筑中公厕建设不达标问题，2023 年 11 月 3 日，深圳市检察院决定立案，并向深圳市规划和自然资源局(以下简称市规自局)发出磋商意见书，督促该局对建设工程规划设计文件不符合公厕建设规范要求的，不予核发建设工程规划许可证。同年 11 月 15 日，深圳市检察院组织市城管局、市规自局、市住房建设局、市城市更新局等行政机关召开磋商会，并邀请人大代表、人民监督员、"益心为公"志愿者、市妇联、市残联负责同志参加。经磋商，各行政机关就加快修订深圳市《公共厕所建设规范》、推动公共厕所建设规范工作等事项达成一致共识。会后，市规自局下发《加强城市公共厕所规划和设计管理的通知》，要求新建公共建筑中包括的公共厕所均应按住建部《城市公共厕所设计标准》执行，对于不符合标准要求的项目，不予办理建设工程规划许可或不予通过规划验收，并将上述要求纳入《深圳市建筑设计规则》修订内容。

【典型意义】

（一）厕位比的优化不仅是解决女厕所排队问题的重要措施，也是完善公共设施保障体系、促进性别平等的重要体现，涉及社会公共利益。《中华人民共和国妇女权益保障法》明确规定应当考虑妇女的特殊需求，配备满足妇女需要的公共厕所等公共设施，住建部出台的行业标准也对男女厕位比提出了具体要求。检察机关聚焦男女厕位比这一小切口，依据相关法律规定以及地方政府规章涉及的建设标准等要求，通过行政公益诉讼督促相关职能部门在规划、设计、验收、管理等方面达成整改共识，推动女厕所排队问题的综合治理、源头治理，助力构建更加公平的社会环境，切实提升妇女在日常生活中的获得感、幸福感。

（二）积极借力公益志愿者提升公益诉讼办案质效。本案系根据"益心为公"志愿者反映的线索立案办理；在调查工作中依托志愿者分布点多面广的优势，通过志愿者群发布二维码调查问卷，调查了全市各辖区共 90 座公共厕所的建设和管理情况，助力检察机关形成客观的调查结论；在听证会、磋商会上志愿者根据其自身参与调查的情况积极发表意见；在落实整改阶段参与检察机关的跟进监督，有效提升了检察公益诉讼的办案质效，形成了"多方参与、共治共享"公益保护新格局。

案例十　广西壮族自治区南宁市邕宁区人民检察院督促保护"三期"女职工特殊权益行政公益诉讼案

【基本案情】

广西壮族自治区南宁市邕宁区部分用人单位存在未依法落实女职工特殊劳动保护法律法规政策等问题，包括未依法规范与女职工签订劳动用工合同，在孕期、哺乳期内辞退女职工；单方面调整孕期、哺乳期女职工工作岗位并降低其工资和福利待遇；对部分孕期、哺乳期内合同到期的女职工未依法延续至相应情形结束，上述情形严重损害女职工特殊权益。

【检察机关履职情况】

2023 年 3 月 24 日，广西壮族自治区南宁市邕宁区人民检察院(以下简称邕宁区检察院)通过 12345 政务热线平台发现本案线索,并以行政公益诉讼立案办理。检察机关通过大数据检索同类信息,并实地走访女职工、用人单位后发现,辖区内部分用人单位存在上述侵害"孕期、产期、哺乳期"(以下简称"三期")女职工特殊权益的情形。随后,邕宁区检察院通过"定向调查问卷+投诉工单查阅+维权案件查阅"等多种方式,精准核实辖区"三期"女职工特殊权益保障情况。经调查查明,9 家用人单位未严格落实《中华人民共和国劳动法》《中华人民共和国劳动合同法》《中华人民共和国妇女权益保障法》《女职工劳动保护特别规定》等法律法规规定,侵害众多女职工特殊权益。

2023 年 11 月 2 日,邕宁区检察院组织召开公开听证会,邀请人民监督员、妇联组织、女职工代表参会进行监督论证。听证员们一致认为,检察机关应当督促邕宁区人力资源和社会保障局(以下简称邕宁区人社局)依法全面履职。同日,邕宁区检察院向邕宁区人社局公开送达检察建议书,建议该局强化监管职责,督促涉案企业严格落实女职工特殊劳动保护法律法规,切实保障女职工特殊权益。

邕宁区人社局收到检察建议后积极整改,约谈督促涉案企业依法保障女职工权益,通过设立女职工维权投诉专窗、将女职工特殊权益保护纳入日常巡查检查范围等多种方式,维护女职工特殊权益。目前,已成功帮助 50 余名女职工重返工作岗位,指导协助 10 余名女职工获偿加班费、双倍工资等 25 万余元。

2023 年 11 月 24 日,邕宁区检察院联合区人民法院、公安局、司法局、人社局、总工会、妇联联合出台《关于在维护妇女权益工作中加强协作的实施意见》,充分发挥各部门职能作用,实现专业化办案与社会化保护衔接,为妇女合法权益提供全方位保障。同时,各单位联合开展"线上+线下"宣传,针对医院、纺织工厂、超市等女职工集中的用人单位,开展现场宣讲和投放普法公益广告,切实营造保障辖区女职工特殊权益的良好环境。

【典型意义】

(一)检察机关以公益诉讼办案监督保障女职工孕期、产期、哺乳期"三期"权益,为女职工全面平等发展提供有力法治保障。妇女权益保障法明确规定,用人单位不得因结婚、怀孕、产假、哺乳等情形,降低女职工的工资和福利待遇,辞退女职工,单方解除劳动(聘用)合同或者服务协议。《女职工劳动保护特别规定》亦明确要求,用人单位不得因女职工怀孕、生育、哺乳降低其工资、予以辞退、与其解除劳动或者聘用合同。检察机关针对用人单位侵害"三期"女职工特殊权益的违法行为,充分发挥公益诉讼检察职能,通过现场调查、发放调查问卷、召开听证会等方式,全面查明案件事实,督促行政机关依法履职,筑牢女职工权益保障的法治屏障。

(二)依法能动履职促进诉源治理,推动形成检察机关、行政执法机关、妇联、工会等多部门联合保障女职工特殊权益的协同共治工作格局。检察机关在履职过程中,积极发挥检察职能,主动与人社、妇联、工会等部门加强沟通配合,推动建立多职能部门联动协作机制,形成多元主体协同保护女职工特殊权益工作格局,体现了公益诉讼检察凝聚各方合力、促进系统治理的独特制度价值,切实增强广大妇女的获得感、幸福感、安全感。

案例十一　山东省日照经济技术开发区人民检察院督促整治村规民约侵害妇女权益行政公益诉讼案

【基本案情】

山东省日照市某街道 A 村、B 村等村民会议制定的村规民约中,规定本村妇女一旦出嫁,不再享有与本村其他村民同等的村集体经济分配权益。如规定"本村女青年与外村男青年结婚,自领结婚证之日起,一切待遇随之取消,村应将其迁出户口,女方户口不迁出的,并在本村安家的,按空挂户口处理,不享有村集体经济分配权"等,上述规定侵害了众多农村妇女的合法权益。

【检察机关履职情况】

2023 年 2 月,山东省日照经济技术开发区人民检察院(以下简称经开区检察院)收到群众反映村规民约侵害妇女权益的线索并立案调查。通过依法调取在某街道备案的 45 个行政村村规民约,并实地走访当地村民,发现其中部分行政村的村规民约中规定出嫁妇女不得享受承包地分配、宅基地安置、集体收益分配等同等村民待遇,涉及出嫁妇女及子女众多。

经开区检察院经审查认为,乡镇人民政府、街道办事处对制定、修改村规民约有指导、监督管理职责,应当对申请备案村规民约的内容是否违反法律法规进行审核。街道办事处在其辖区范围内承担原乡镇人民政府的行政管理职能,对辖区内的村民委员会具有监督和纠正其违法自治行为的法定职责。某街道办事处对向其备案的村规民约中有关"外嫁女"与本村男性不平等待遇的违法规定未尽到审查职责,损害了众多农村妇女的合法权益,侵了社会公共利益。

2023 年 2 月 3 日,根据《中华人民共和国妇女权益保障法》《中华人民共和国村民委员会组织法》等规定,经开区检察院向某街道办事处制发诉前检察建议,建议其依法对所辖村的村规民约中违反法律规定、侵害农村妇女合法权益的内容责令改正。

某街道办事处收到检察建议后,立即下发《关于整改不合规村规民约的通知》,责令案涉村民委员会就其制定的村规民约中共计252个存在侵害妇女权益等违法内容的条款进行改正。2023年3月7日,检察机关跟进调查发现,案涉村民委员会全部已按照程序完成村规民约修订意见的征集和内容整改,并删除侵害妇女权益的条款,增加"不得以妇女未婚、结婚、离婚、丧偶、户无男性等为由,侵害妇女的各项权益"等妇女权益保障条款,147名符合村集体经济组织成员资格的农村妇女依法享有与本村男性同等的村民待遇。

2023年3月29日,经开区检察院联合区妇联、区法制办、区社会事业局等部门就村规民约侵害农村妇女合法权益问题对某街道办事处实地走访,发现修订后的村规民约中均增加妇女权益保障内容,并通过村微信群、村民手册、展览板等方式进行公示,让群众广泛知晓,营造农村地区尊重妇女、关爱妇女的良好氛围。日照市人民检察院针对本案反映问题,推动日照市司法、民政部门联合出台《关于开展村规民约和居民公约法制审核的指导意见》,推动行政机关对村规民约依法监督管理。

【典型意义】

(一)村规民约是村民进行自我管理、自我服务、自我教育、自我监督的行为规范,是乡村治理的重要方式,关系到农村妇女权益保障,乡镇人民政府、街道办事处应当依法履行对村规民约的监管职责。实践中,部分农村妇女因"出嫁"丧失"娘家"的土地承包权等权益,而在"婆家"也未能及时享受到同等村民待遇,"两头空"让妇女合法权益遭受侵害。乡镇(街道)对村规民约以及其他涉及村民利益事项的决定负有指导义务,对其中违反法律、法规和国家政策的规定,侵害妇女合法权益的内容应当责令改正。乡镇(街道)怠于履行村规民约监管职责,侵害公共利益的,检察机关应当以行政公益诉讼督促乡镇(街道)履行对村规民约备案审核、责令改正等职责,切实保障农村妇女权益。

(二)结合案件办理引导村民委员会依法作出合理自治安排,助力完善自治、法治、德治相结合的乡村治理体系。少数村规民约侵害妇女权益的内容具有隐蔽性、持续性、普遍性,受传统观念影响,一些农村妇女在权益受到侵害后,维权意识不强,即便通过诉讼维权,也面临着周期长、成本高等现实困境。检察机关针对违法村规民约侵害众多农村妇女合法权益的情形,在依法督促乡镇(街道)履行审核监管职责,尊重村民委员会对于本村事务自治权的同时,建议行政机关指导村民委员会通过召开村民会议等方式修订村规民约,推动村规民约合法性审查规范化、实质化。把事后维权前置为诉源治理,从源头纠正和预防侵害农村妇女合法权益的行为,把传统旧观念扭转为法治新理念,促进乡村社会和谐善治。

案例十二 张某国家司法救助案

【基本案情】

被救助人张某,女,系徐某洋交通肇事案被害人陈某刚的妻子。2023年5月28日,徐某洋无证驾驶小型轿车通过江苏省连云港市海州区某路口时,与陈某刚驾驶的摩托车发生碰撞,造成陈某刚受伤、摩托车受损的交通事故,后陈某刚经医院抢救无效死亡。经交警部门认定,徐某洋负事故主要责任。同年7月5日,江苏省连云港市公安局直属分局以徐某洋涉嫌交通肇事罪立案侦查,后移送江苏省海州区人民检察院(以下简称海州区检察院)审查起诉。

【检察机关履职情况】

海州区检察院刑事检察部门在办理徐某洋交通肇事案时发现被害人家庭成员可能符合司法救助条件,遂将线索移送控告申诉检察部门,控告申诉检察部门立即启动司法救助程序,指定专人优先办理。经调查核实,查明:案发前,被救助人张某家庭原有五人,张某在江苏某服装企业从事缝纫工作,每月收入2000元左右;其丈夫陈某刚从事液化气灌装工作,劳动收入系家庭主要经济来源;其儿子、女儿均系未成年人,分别在某中学读初中一年级、高中二年级;其公公已去世,婆婆系残疾人,生活不能自理。案发后,其丈夫陈某刚经抢救无效死亡,张某一人抚养两个正在上学的未成年子女,还要赡养婆婆。犯罪嫌疑人徐某洋只有小学文化,无固定工作和经济来源,没有赔偿能力。张某尚未获得保险理赔等任何赔偿,家庭生活面临急迫困难。

海州区检察院审查认为,张某符合司法救助条件,且系因案失去家庭主要劳动能力,承担养育未成年子女、赡养老人义务的困难妇女,属于最高检、全国妇联深化开展"关注困难妇女群体,加强专项司法救助"活动明确的重点救助对象,遂开通司法救助"绿色通道",加快审查和审批,及时发放司法救助金。为进一步加大救助力度,提升救助效果,海州区检察院依托该院牵头辖区总工会、妇联等7家职能部门共同发起成立的弱势群体保护中心,启动国家司法救助与社会救助衔接机制,共同研究落实多元帮扶措施:一是区妇联将张某纳入单亲贫困母亲名册,实行"一对一"结对帮扶;二是区总工会将张某家庭纳入困难职工家庭,发放临时帮扶救助资金,协调张某所在企业从工作安排等方面给予特殊关爱,并为其正在上学的子女申请到助学金;三是区残联为张某的婆婆提供康复器具,有针对性地制定康复计划;四是区民政局为张某办理低保,落实补助政策;五是海州区检察院将张某纳入持续性帮扶对象,定期开展心理疏导和家庭教育指导,帮助重拾生活信心。

司法救助案件办结后,海州区检察院与区总工会、区妇联对张某进行联合回访,跟进了解各项救助帮扶措施落实和家庭生活情况。现张某家庭生活已有基本保障,工作、生活逐渐回归正轨,对检察机关和相关职能部门给予的帮助表示十分感谢。

【典型意义】

(一)关注特殊困难群体,开通司法救助"绿色通道"。检察机关对于困难妇女职工等特殊困难群体,快速启动司法救助"绿色通道",加大救助力度,快速审查并及时发放司法救助金,帮助被救助人尽快恢复正常生活,重燃生活希望,确保司法救助"救"在点上、"助"在心里,有效解决被救助人的"燃眉之急"。

(二)实施多元综合帮扶,提升司法救助质效。检察机关发放司法救助金后,针对被救助人家庭面临的实际困难,依托与工会、妇联、民政等部门建立的弱势群体保护中心,协同实施困难职工家庭救助、发放助学金、低保补助、开展心理疏导等多种综合帮扶措施,做实国家司法救助与社会救助衔接机制,有力提升了综合救助帮扶效能,最大限度帮助解决实际困难,兜实兜牢困难妇女职工等特殊困难群体民生保障底线,更好维护弱势群体合法权益。

7. 反家庭暴力

中华人民共和国反家庭暴力法

- 2015年12月27日第十二届全国人民代表大会常务委员会第十八次会议通过
- 2015年12月27日中华人民共和国主席令第37号公布
- 自2016年3月1日起施行

第一章 总 则

第一条 【立法目的】为了预防和制止家庭暴力,保护家庭成员的合法权益,维护平等、和睦、文明的家庭关系,促进家庭和谐、社会稳定,制定本法。

第二条 【家庭暴力的界定】本法所称家庭暴力,是指家庭成员之间以殴打、捆绑、残害、限制人身自由以及经常性谩骂、恐吓等方式实施的身体、精神等侵害行为。

第三条 【国家、社会、家庭的反家庭暴力责任】家庭成员之间应当互相帮助,互相关爱,和睦相处,履行家庭义务。

反家庭暴力是国家、社会和每个家庭的共同责任。

国家禁止任何形式的家庭暴力。

第四条 【相关部门和单位的反家庭暴力责任】县级以上人民政府负责妇女儿童工作的机构,负责组织、协调、指导、督促有关部门做好反家庭暴力工作。

县级以上人民政府有关部门、司法机关、人民团体、社会组织、居民委员会、村民委员会、企业事业单位,应当依照本法和有关法律规定,做好反家庭暴力工作。

各级人民政府应当对反家庭暴力工作给予必要的经费保障。

第五条 【反家庭暴力工作原则】反家庭暴力工作遵循预防为主,教育、矫治与惩处相结合原则。

反家庭暴力工作应当尊重受害人真实意愿,保护当事人隐私。

未成年人、老年人、残疾人、孕期和哺乳期的妇女、重病患者遭受家庭暴力的,应当给予特殊保护。

第二章 家庭暴力的预防

第六条 【反家庭暴力宣传教育】国家开展家庭美德宣传教育,普及反家庭暴力知识,增强公民反家庭暴力意识。

工会、共产主义青年团、妇女联合会、残疾人联合会应当在各自工作范围内,组织开展家庭美德和反家庭暴力宣传教育。

广播、电视、报刊、网络等应当开展家庭美德和反家庭暴力宣传。

学校、幼儿园应当开展家庭美德和反家庭暴力教育。

第七条 【预防和制止家庭暴力业务培训】县级以上人民政府有关部门、司法机关、妇女联合会应当将预防和制止家庭暴力纳入业务培训和统计工作。

医疗机构应当做好家庭暴力受害人的诊疗记录。

第八条 【基层组织反家庭暴力职责】乡镇人民政府、街道办事处应当组织开展家庭暴力预防工作,居民委员会、村民委员会、社会工作服务机构应予以配合协助。

第九条 【政府支持】各级人民政府应当支持社会工作服务机构等社会组织开展心理健康咨询、家庭关系指导、家庭暴力预防知识教育等服务。

第十条 【调解义务】人民调解组织应当依法调解家庭纠纷,预防和减少家庭暴力的发生。

第十一条 【用人单位职责】用人单位发现本单位人员有家庭暴力情况的,应当给予批评教育,并做好家庭矛盾的调解、化解工作。

第十二条　【监护人职责】未成年人的监护人应当以文明的方式进行家庭教育，依法履行监护和教育职责，不得实施家庭暴力。

第三章　家庭暴力的处置

第十三条　【救济途径】家庭暴力受害人及其法定代理人、近亲属可以向加害人或者受害人所在单位、居民委员会、村民委员会、妇女联合会等单位投诉、反映或者求助。有关单位接到家庭暴力投诉、反映或者求助后，应当给予帮助、处理。

家庭暴力受害人及其法定代理人、近亲属也可以向公安机关报案或者依法向人民法院起诉。

单位、个人发现正在发生的家庭暴力行为，有权及时劝阻。

第十四条　【强制报告制度】学校、幼儿园、医疗机构、居民委员会、村民委员会、社会工作服务机构、救助管理机构、福利机构及其工作人员在工作中发现无民事行为能力人、限制民事行为能力人遭受或者疑似遭受家庭暴力的，应当及时向公安机关报案。公安机关应当对报案人的信息予以保密。

第十五条　【紧急安置】公安机关接到家庭暴力报案后应当及时出警，制止家庭暴力，按照有关规定调查取证，协助受害人就医、鉴定伤情。

无民事行为能力人、限制民事行为能力人因家庭暴力身体受到严重伤害、面临人身安全威胁或者处于无人照料等危险状态的，公安机关应当通知并协助民政部门将其安置到临时庇护场所、救助管理机构或者福利机构。

第十六条　【告诫书的适用及内容】家庭暴力情节较轻，依法不给予治安管理处罚的，由公安机关对加害人给予批评教育或者出具告诫书。

告诫书应当包括加害人的身份信息、家庭暴力的事实陈述、禁止加害人实施家庭暴力等内容。

第十七条　【告诫书送交、通知和监督】公安机关应当将告诫书送交加害人、受害人，并通知居民委员会、村民委员会。

居民委员会、村民委员会、公安派出所应当对收到告诫书的加害人、受害人进行查访，监督加害人不再实施家庭暴力。

第十八条　【临时庇护场所】县级或者设区的市级人民政府可以单独或者依托救助管理机构设立临时庇护场所，为家庭暴力受害人提供临时生活帮助。

第十九条　【法律援助】法律援助机构应当依法为家庭暴力受害人提供法律援助。

人民法院应当依法对家庭暴力受害人缓收、减收或者免收诉讼费用。

第二十条　【家庭暴力案件证据制度】人民法院审理涉及家庭暴力的案件，可以根据公安机关出警记录、告诫书、伤情鉴定意见等证据，认定家庭暴力事实。

第二十一条　【监护人资格的撤销】监护人实施家庭暴力严重侵害被监护人合法权益的，人民法院可以根据被监护人的近亲属、居民委员会、村民委员会、县级人民政府民政部门等有关人员或者单位的申请，依法撤销其监护人资格，另行指定监护人。

被撤销监护人资格的加害人，应当继续负担相应的赡养、扶养、抚养费用。

第二十二条　【当事人的法治教育及心理辅导】工会、共产主义青年团、妇女联合会、残疾人联合会、居民委员会、村民委员会等应当对实施家庭暴力的加害人进行法治教育，必要时可以对加害人、受害人进行心理辅导。

第四章　人身安全保护令

第二十三条　【人身安全保护令申请主体】当事人因遭受家庭暴力或者面临家庭暴力的现实危险，向人民法院申请人身安全保护令的，人民法院应当受理。

当事人是无民事行为能力人、限制民事行为能力人，或者因受到强制、威吓等原因无法申请人身安全保护令的，其近亲属、公安机关、妇女联合会、居民委员会、村民委员会、救助管理机构可以代为申请。

第二十四条　【申请人身安全保护令的方式】申请人身安全保护令应当以书面方式提出；书面申请确有困难的，可以口头申请，由人民法院记入笔录。

第二十五条　【人身安全保护令案件的管辖】人身安全保护令案件由申请人或者被申请人居住地、家庭暴力发生地的基层人民法院管辖。

第二十六条　【人身安全保护令的发出方式】人身安全保护令由人民法院以裁定形式作出。

第二十七条　【法院作出人身安全保护令的条件】作出人身安全保护令，应当具备下列条件：

（一）有明确的被申请人；

（二）有具体的请求；

（三）有遭受家庭暴力或者面临家庭暴力现实危险的情形。

第二十八条　【人身安全保护令的案件审理时限】人民法院受理申请后，应当在七十二小时内作出人身安全保护令或者驳回申请；情况紧急的，应当在二十四小时内作出。

第二十九条 【人身安全保护令的内容】人身安全保护令可以包括下列措施：
（一）禁止被申请人实施家庭暴力；
（二）禁止被申请人骚扰、跟踪、接触申请人及其相关近亲属；
（三）责令被申请人迁出申请人住所；
（四）保护申请人人身安全的其他措施。

第三十条 【人身安全保护令时效以及变更】人身安全保护令的有效期不超过六个月，自作出之日起生效。人身安全保护令失效前，人民法院可以根据申请人的申请撤销、变更或者延长。

第三十一条 【人身安全保护令救济程序】申请人对驳回申请不服或者被申请人对人身安全保护令不服的，可以自裁定生效之日起五日内向作出裁定的人民法院申请复议一次。人民法院依法作出人身安全保护令的，复议期间不停止人身安全保护令的执行。

第三十二条 【人身安全保护令送达及执行】人民法院作出人身安全保护令后，应当送达申请人、被申请人、公安机关以及居委会、村民委员会等有关组织。人身安全保护令由人民法院执行，公安机关以及居民委员会、村民委员会等应当协助执行。

第五章　法律责任

第三十三条 【家庭暴力的行政及刑事责任】加害人实施家庭暴力，构成违反治安管理行为的，依法给予治安管理处罚；构成犯罪的，依法追究刑事责任。

第三十四条 【违反人身安全保护令的责任】被申请人违反人身安全保护令，构成犯罪的，依法追究刑事责任；尚不构成犯罪的，人民法院应当给予训诫，可以根据情节轻重处以一千元以下罚款、十五日以下拘留。

第三十五条 【强制报告义务主体法律责任】学校、幼儿园、医疗机构、居民委员会、村民委员会、社会工作服务机构、救助管理机构、福利机构及其工作人员未依照本法第十四条规定向公安机关报案，造成严重后果的，由上级主管部门或者本单位对直接负责的主管人员和其他直接责任人员依法给予处分。

第三十六条 【相关国家工作人员法律责任】负有反家庭暴力职责的国家工作人员玩忽职守、滥用职权、徇私舞弊的，依法给予处分；构成犯罪的，依法追究刑事责任。

第六章　附　则

第三十七条 【准家庭关系暴力行为的处理】家庭成员以外共同生活的人之间实施的暴力行为，参照本法规定执行。

第三十八条 【实施日期】本法自2016年3月1日起施行。

民政部、全国妇联关于做好家庭暴力受害人庇护救助工作的指导意见

·2015年9月24日
·民发〔2015〕189号

为加大反对家庭暴力工作力度，依法保护家庭暴力受害人，特别是遭受家庭暴力侵害的妇女、未成年人、老年人等弱势群体的人身安全和其他合法权益，根据《中华人民共和国妇女权益保障法》、《中华人民共和国未成年人保护法》、《中华人民共和国老年人权益保障法》、《社会救助暂行办法》等有关规定，现就民政部门和妇联组织做好家庭暴力受害人（以下简称受害人）庇护救助工作提出以下指导意见：

一、工作对象

家庭暴力受害人庇护救助工作对象是指常住人口及流动人口中，因遭受家庭暴力导致人身安全受到威胁，处于无处居住等暂时生活困境，需要进行庇护救助的未成年人和寻求庇护救助的成年受害人。寻求庇护救助的妇女可携带需要其照料的未成年子女同时申请庇护。

二、工作原则

（一）未成年人特殊、优先保护原则。为遭受家庭暴力侵害的未成年人提供特殊、优先保护，积极主动庇护救助未成年受害人。依法干预处置监护人侵害未成年人合法权益的行为，切实保护未成年人合法权益。

（二）依法庇护原则。依法为受害人提供临时庇护救助服务，充分尊重受害人合理意愿，严格保护其个人隐私。积极运用家庭暴力告诫书、人身安全保护裁定、调解诉讼等法治手段，保障受害人人身安全，维护其合法权益。

（三）专业化帮扶原则。积极购买社会工作、心理咨询等专业服务，鼓励受害人自主接受救助方案和帮扶方式，协助家庭暴力受害人克服心理阴影和行为障碍，协调解决婚姻、生活、学习、工作等方面的实际困难，帮助其顺利返回家庭、融入社会。

（四）社会共同参与原则。在充分发挥民政部门和妇联组织职能职责和工作优势的基础上，动员引导多方面社会力量参与受害人庇护救助服务和反对家庭暴力宣传等

工作,形成多方参与、优势互补、共同协作的工作合力。

三、工作内容

（一）及时受理求助。妇联组织要及时接待受害人求助请求或相关人员的举报投诉,根据调查了解的情况向公安机关报告,请公安机关对家庭暴力行为进行调查处置。妇联组织、民政部门发现未成年人遭受虐待、暴力伤害等家庭暴力情形的,应当及时报请公安机关进行调查处置和干预保护。民政部门及救助管理机构应当及时接收公安机关、妇联等有关部门护送或主动寻求庇护救助的受害人,办理入站登记手续,根据性别、年龄实行分类分区救助,妥善安排食宿等临时救助服务并做好隐私保护工作。救助管理机构庇护救助成年受害人期限一般不超过10天,因特殊情况需要延长的,报主管民政部门备案。城乡社区服务机构可以为社区内遭受家庭暴力的居民提供应急庇护救助服务。

（二）按需提供转介服务。民政部门及救助管理机构和妇联组织可以通过与社会工作服务机构、心理咨询机构等专业力量合作方式对受害人进行安全评估和需求评估,根据受害人的身心状况和客观需求制定个案服务方案。要积极协调人民法院、司法行政、人力资源社会保障、卫生等部门,社会救助经办机构、医院和社会组织,为符合条件的受害人提供司法救助、法律援助、婚姻家庭纠纷调解、就业援助、医疗救助、心理康复等转介服务。对于实施家庭暴力的未成年人监护人,应通过家庭教育指导、监督监护等多种方式,督促监护人改善监护方式,提升监护能力;对于目睹家庭暴力的未成年人,要提供心理辅导和关爱服务。

（三）加强受害人人身安全保护。民政部门及救助管理机构或妇联组织可以根据需要协助受害人或代表未成年受害人向人民法院申请人身安全保护裁定,依法保护受害人的人身安全,避免其再次受到家庭暴力的侵害。成年受害人在庇护期间自愿离开救助管理机构的,应提出书面申请,说明离开原因,可自行离开、由受害人亲友接回或由当地村(居)民委员会、基层妇联组织护送回家。其他监护人、近亲属前来接领未成年受害人的,经公安机关或村(居)民委员会确认其身份后,救助管理机构可以将未成年受害人交由其照料,并与其办理书面交接手续。

（四）强化未成年受害人救助保护。民政部门和救助管理机构要按照《最高人民法院、最高人民检察院、公安部、民政部关于依法处理监护人侵害未成年人权益行为若干问题的意见》(法发〔2014〕24号)要求,做好未成年受害人临时监护、调查评估、多方会商等工作。救助管理机构要将遭受家庭暴力侵害的未成年受害人安排在专门区域进行救助保护。对于年幼的未成年受害人,要安排专业社会工作者或专人予以陪护和精心照料,待其情绪稳定后可根据需要安排到爱心家庭寄养。未成年受害人接受司法机关调查时,民政部门或救助管理机构要安排专职社会工作者或专人予以陪伴,必要时请妇联组织派员参加,避免其受到"二次伤害"。对于遭受严重家庭暴力侵害的未成年人,民政部门或救助管理机构、妇联组织可以向人民法院提出申请,要求撤销施暴人监护资格,依法另行指定监护人。

四、工作要求

（一）健全工作机制。民政部门和妇联组织要建立有效的信息沟通渠道,建立健全定期会商、联合作业、协同帮扶等联动协作机制,细化具体任务职责和合作流程,共同做好受害人的庇护救助和权益维护工作。民政部门及救助管理机构要为妇联组织、司法机关开展受害人维权服务、司法调查等工作提供设施场所、业务协作等便利。妇联组织要依法为受害人提供维权服务。

（二）加强能力建设。民政部门及救助管理机构和妇联组织要选派政治素质高、业务能力强的工作人员参与受害人庇护救助工作,加强对工作人员的业务指导和能力培训。救助管理机构应开辟专门服务区域设立家庭暴力庇护场所,实现与流浪乞讨人员救助服务区域的相对隔离,有条件的地方可充分利用现有设施设置生活居室、社会工作室、心理访谈室、探访会客室等,设施陈列和环境布置要温馨舒适。救助管理机构要加强家庭暴力庇护工作的管理服务制度建设,建立健全来访会谈、出入登记、隐私保护、信息查阅等制度。妇联组织要加强"12338"法律维权热线和维权队伍建设,为受害人主动求助、法律咨询和依法维权提供便利渠道和服务。

（三）动员社会参与。民政部门和救助管理机构可以通过购买服务、项目合作、志愿服务等多种方式,鼓励支持社会组织、社会工作服务机构、法律服务机构参与家庭暴力受害人庇护救助服务,提供法律政策咨询、心理疏导、婚姻家庭纠纷调解、家庭关系辅导、法律援助等服务,并加强对社会力量的统筹协调。妇联组织可以发挥政治优势、组织优势和群众工作优势,动员引导爱心企业、爱心家庭和志愿者等社会力量通过慈善捐赠、志愿服务等方式参与家庭暴力受害人庇护救助服务。

（四）强化宣传引导。各级妇联组织和民政部门要积极调动舆论资源,主动借助新兴媒体,切实运用各类传播阵地,公布家庭暴力救助维权热线电话,开设反对家庭暴力专题栏目,传播介绍反对家庭暴力的法律法规;加强依法处理家庭暴力典型事例(案例)的法律解读、政策释义和宣传报道,引导受害人及时保存证据,依法维护自身合法权益;城乡社区服务机构要积极开展反对家庭暴力宣传,提高社区居民参与反对家庭暴力工作的意识,鼓励社区居民主动发现和报告监护人虐待未成年人等家庭暴力线索。

最高人民法院、最高人民检察院、公安部、司法部关于依法办理家庭暴力犯罪案件的意见

·2015年3月2日
·法发〔2015〕4号

发生在家庭成员之间,以及具有监护、扶养、寄养、同居等关系的共同生活人员之间的家庭暴力犯罪,严重侵害公民人身权利,破坏家庭关系,影响社会和谐稳定。人民法院、人民检察院、公安机关、司法行政机关应当严格履行职责,充分运用法律,积极预防和有效惩治各种家庭暴力犯罪,切实保障人权,维护社会秩序。为此,根据刑法、刑事诉讼法、婚姻法、未成年人保护法、老年人权益保障法、妇女权益保障法等法律,结合司法实践经验,制定本意见。

一、基本原则

1. 依法及时、有效干预。针对家庭暴力持续反复发生、不断恶化升级的特点,人民法院、人民检察院、公安机关、司法行政机关对已发现的家庭暴力,应当依法采取及时、有效的措施,进行妥善处理,不能以家庭暴力发生在家庭成员之间,或者属于家务事为由而置之不理,互相推诿。

2. 保护被害人安全和隐私。办理家庭暴力犯罪案件,应当首先保护被害人的安全。通过对被害人进行紧急救治、临时安置,以及对施暴人采取刑事强制措施、判处刑罚、宣告禁止令等措施,制止家庭暴力并防止再次发生,消除家庭暴力的现实侵害和潜在危险。对与案件有关的个人隐私,应当保密,但法律有特别规定的除外。

3. 尊重被害人意愿。办理家庭暴力犯罪案件,既要严格依法进行,也要尊重被害人的意愿。在立案、采取刑事强制措施、提起公诉、判处刑罚、减刑、假释时,应当充分听取被害人意见,在法律规定的范围内作出合情、合理的处理。对法律规定可以调解、和解的案件,应当在当事人双方自愿的基础上进行调解、和解。

4. 对未成年人、老年人、残疾人、孕妇、哺乳期妇女、重病患者特殊保护。办理家庭暴力犯罪案件,应当根据法律规定和案件情况,通过代为告诉、法律援助等措施,加大对未成年人、老年人、残疾人、孕妇、哺乳期妇女、重病患者的司法保护力度,切实保障他们的合法权益。

二、案件受理

5. 积极报案、控告和举报。依照刑事诉讼法第一百零八条第一款"任何单位和个人发现有犯罪事实或者犯罪嫌疑人,有权利也有义务向公安机关、人民检察院或者人民法院报案或者举报"的规定,家庭暴力被害人及其亲属、朋友、邻居、同事,以及村(居)委会、人民调解委员会、妇联、共青团、残联、医院、学校、幼儿园等单位、组织,发现家庭暴力,有权利也有义务及时向公安机关、人民检察院、人民法院报案、控告或者举报。

公安机关、人民检察院、人民法院对于报案人、控告人和举报人不愿意公开自己的姓名和报案、控告、举报行为的,应当为其保守秘密,保护报案人、控告人和举报人的安全。

6. 迅速审查、立案和转处。公安机关、人民检察院、人民法院接到家庭暴力的报案、控告或者举报后,应当立即问明案件的初步情况,制作笔录,迅速进行审查,按照刑事诉讼法关于立案的规定,根据自己的管辖范围,决定是否立案。对于符合立案条件的,要及时立案。对于可能构成犯罪但不属于自己管辖的,应当移送主管机关处理,并且通知报案人、控告人或者举报人;对于不属于自己管辖而又必须采取紧急措施的,应当先采取紧急措施,然后移送主管机关。

经审查,对于家庭暴力行为尚未构成犯罪,但属于违反治安管理行为的,应当将案件移送公安机关,依照治安管理处罚法的规定进行处理,同时告知被害人可以向人民调解委员会提出申请,或者向人民法院提起民事诉讼,要求施暴人承担停止侵害、赔礼道歉、赔偿损失等民事责任。

7. 注意发现犯罪案件。公安机关在处理人身伤害、虐待、遗弃等行政案件过程中,人民法院在审理婚姻家庭、继承、侵权责任纠纷等民事案件过程中,应当注意发现可能涉及的家庭暴力犯罪。一旦发现家庭暴力犯罪线索,公安机关应当将案件转为刑事案件办理,人民法院应当将案件移送公安机关;属于自诉案件的,公安机关、人民法院应当告知被害人提起自诉。

8. 尊重被害人的程序选择权。对于被害人有证据证明的轻微家庭暴力犯罪案件,在立案审查时,应当尊重被

害人选择公诉或者自诉的权利。被害人要求公安机关处理的,公安机关应当依法立案、侦查。在侦查过程中,被害人不再要求公安机关处理或者要求转为自诉案件的,应当告知被害人向公安机关提交书面申请。经审查确系被害人自愿提出的,公安机关应当依法撤销案件。被害人就这类案件向人民法院提起自诉的,人民法院应当依法受理。

9. 通过代为告诉充分保障被害人自诉权。对于家庭暴力犯罪自诉案件,被害人无法告诉或者不能亲自告诉的,其法定代理人、近亲属可以告诉或者代为告诉;被害人是无行为能力人、限制行为能力人,其法定代理人、近亲属没有告诉或者代为告诉的,人民检察院可以告诉;侮辱、暴力干涉婚姻自由等告诉才处理的案件,被害人因受强制、威吓无法告诉的,人民检察院也可以告诉。人民法院对告诉或者代为告诉的,应当依法受理。

10. 切实加强立案监督。人民检察院要切实加强对家庭暴力犯罪案件的立案监督,发现公安机关应当立案而不立案的,或者被害人及其法定代理人、近亲属,有关单位、组织就公安机关不予立案向人民检察院提出异议的,人民检察院应当要求公安机关说明不立案的理由。人民检察院认为不立案理由不成立的,应当通知公安机关立案,公安机关接到通知后应当立案;认为不立案理由成立的,应当将理由告知提出异议的被害人及其法定代理人、近亲属或者有关单位、组织。

11. 及时、全面收集证据。公安机关在办理家庭暴力案件时,要充分、全面地收集、固定证据,除了收集现场物证、被害人陈述、证人证言等证据外,还应当注意及时向村(居)委会、人民调解委员会、妇联、共青团、残联、医院、学校、幼儿园等单位、组织的工作人员,以及被害人的亲属、邻居等收集涉及家庭暴力的处理记录、病历、照片、视频等证据。

12. 妥善救治、安置被害人。人民法院、人民检察院、公安机关等负有保护公民人身安全职责的单位和组织,对因家庭暴力受到严重伤害需要紧急救治的被害人,应当立即协助联系医疗机构救治;对面临家庭暴力严重威胁,或者处于无人照料等危险状态,需要临时安置的被害人或者相关未成年人,应当通知并协助有关部门进行安置。

13. 依法采取强制措施。人民法院、人民检察院、公安机关对实施家庭暴力的犯罪嫌疑人、被告人,符合拘留、逮捕条件的,可以依法拘留、逮捕;没有采取拘留、逮捕措施的,应当通过走访、打电话等方式与被害人或者其法定代理人、近亲属联系,了解被害人的人身安全状况。对于犯罪嫌疑人、被告人再次实施家庭暴力的,应当根据情况,依法采取必要的强制措施。

人民法院、人民检察院、公安机关决定对实施家庭暴力的犯罪嫌疑人、被告人取保候审的,为了确保被害人及其子女和特定亲属的安全,可以依照刑事诉讼法第六十九条第二款的规定,责令犯罪嫌疑人、被告人不得再次实施家庭暴力;不得侵扰被害人的生活、工作、学习;不得进行酗酒、赌博等活动;经被害人申请且有必要的,责令不得接近被害人及其未成年子女。

14. 加强自诉案件举证指导。家庭暴力犯罪案件具有案发周期较长、证据难以保存,被害人处于相对弱势、举证能力有限,相关事实难以认定等特点。有些特点在自诉案件中表现得更为突出。因此,人民法院在审理家庭暴力自诉案件时,对于因当事人举证能力不足等原因,难以达到法律规定的证据要求的,应当及时对当事人进行举证指导,告知需要收集的证据及收集证据的方法。对于因客观原因不能取得的证据,当事人申请人民法院调取的,人民法院应当认真审查,认为确有必要的,应当调取。

15. 加大对被害人的法律援助力度。人民检察院自收到移送审查起诉的案件材料之日起三日内,人民法院自受理案件之日起三日内,应当告知被害人及其法定代理人或者近亲属有权委托诉讼代理人,如果经济困难,可以向法律援助机构申请法律援助;对于被害人是未成年人、老年人、重病患者或者残疾人等,因经济困难没有委托诉讼代理人的,人民检察院、人民法院应当帮助其申请法律援助。

法律援助机构应当依法为符合条件的被害人提供法律援助,指派熟悉反家庭暴力法律法规的律师办理案件。

三、定罪处罚

16. 依法准确定罪处罚。对故意杀人、故意伤害、强奸、猥亵儿童、非法拘禁、侮辱、暴力干涉婚姻自由、虐待、遗弃等侵害公民人身权利的家庭暴力犯罪,应当根据犯罪的事实、犯罪的性质、情节和对社会的危害程度,严格依照刑法的有关规定判处。对于同一行为同时触犯多个罪名的,依照处罚较重的规定定罪处罚。

17. 依法惩处虐待犯罪。采取殴打、冻饿、强迫过度劳动、限制人身自由、恐吓、侮辱、谩骂等手段,对家庭成员的身体和精神进行摧残、折磨,是实践中较为多发的虐待性质的家庭暴力。根据司法实践,具有虐待持续时间较长、次数较多;虐待手段残忍;虐待造成被害人轻微伤或者患较严重疾病;对未成年人、老年人、残疾人、孕妇、哺乳期妇女、重病患者实施较为严重的虐待行为等情形,属于刑法第二百六十条第一款规定的虐待"情节恶劣",应当依法以虐待罪定罪处罚。

准确区分虐待犯罪致人重伤、死亡与故意伤害、故意杀人犯罪致人重伤、死亡的界限,要根据被告人的主观故意、所实施的暴力手段与方式、是否立即或者直接造成被害人伤亡后果等进行综合判断。对于被告人主观上不具有侵害被害人健康或者剥夺被害人生命的故意,而是出于追求被害人肉体和精神上的痛苦,长期或者多次实施虐待行为,逐渐造成被害人身体损害,过失导致被害人重伤或者死亡的;或者因虐待而使被害人不堪忍受而自残、自杀,导致重伤或者死亡的,属于刑法第二百六十条第二款规定的虐待"致使被害人重伤、死亡",应当以虐待罪定罪处罚。对于被告人虽然实施家庭暴力呈现出经常性、持续性、反复性的特点,但其主观上具有希望或者放任被害人重伤或者死亡的故意,持凶器实施暴力,暴力手段残忍,暴力程度较强,直接或者立即造成被害人重伤或者死亡的,应当以故意伤害罪或者故意杀人罪定罪处罚。

依法严惩遗弃犯罪。负有扶养义务且有扶养能力的人,拒绝扶养年幼、年老、患病或者其他没有独立生活能力的家庭成员,是危害严重的遗弃性质的家庭暴力。根据司法实践,具有对被害人长期不予照顾、不提供生活来源、驱赶、逼迫被害人离家,致使被害人流离失所或者生存困难;遗弃患严重疾病或者生活不能自理的被害人;遗弃致使被害人身体严重损害或者造成其他严重后果等情形,属于刑法第二百六十一条规定的遗弃"情节恶劣",应当依法以遗弃罪定罪处罚。

准确区分遗弃罪与故意杀人罪的界限,要根据被告人的主观故意、所实施行为的时间与地点、是否立即造成被害人死亡,以及被害人对被告人的依赖程度等进行综合判断。对于只是为了逃避扶养义务,并不希望或者放任被害人死亡,将生活不能自理的被害人弃置在福利院、医院、派出所等单位或者广场、车站等人行较多的场所,希望被害人得到他人救助的,一般以遗弃罪定罪处罚。对于希望或者放任被害人死亡,不履行必要的扶养义务,致使被害人因缺乏生活照料而死亡,或者将生活不能自理的被害人带至荒山野岭等人迹罕至的场所抛弃,使被害人难以得到他人救助的,应当以故意杀人罪定罪处罚。

18.切实贯彻宽严相济刑事政策。对于实施家庭暴力构成犯罪的,应当根据罪刑法定、罪刑相适应原则,兼顾维护家庭稳定、尊重被害人意愿等因素综合考虑,宽严并用,区别对待。根据司法实践,对于实施家庭暴力手段残忍或者造成严重后果;出于恶意侵占财产等卑劣动机实施家庭暴力;因酗酒、吸毒、赌博等恶习而长期或者多次实施家庭暴力;曾因实施家庭暴力受到刑事处罚、行政处罚;或者具有其他恶劣情形的,可以酌情从重处罚。对于实施家庭暴力犯罪情节较轻,或者被告人真诚悔罪,获得被害人谅解,从轻处罚有利于被扶养人的,可以酌情从轻处罚;对于情节轻微不需要判处刑罚的,人民检察院可以不起诉,人民法院可以判处免予刑事处罚。

对于实施家庭暴力情节显著轻微危害不大不构成犯罪的,应当撤销案件、不起诉,或者宣告无罪。

人民法院、人民检察院、公安机关应当充分运用训诫、责令施暴人保证不再实施家庭暴力,或者向被害人赔礼道歉、赔偿损失等非刑罚处罚措施,加强对施暴人的教育与惩戒。

19.准确认定对家庭暴力的正当防卫。为了使本人或者他人的人身权利免受不法侵害,对正在进行的家庭暴力采取制止行为,只要符合刑法规定的条件,就应当依法认定为正当防卫,不负刑事责任。防卫行为造成施暴人重伤、死亡,且明显超过必要限度,属于防卫过当,应当负刑事责任,但是应当减轻或者免除处罚。

认定防卫行为是否"明显超过必要限度",应当以足以制止并使防卫人免受家庭暴力不法侵害的需要为标准,根据施暴人正在实施家庭暴力的严重程度、手段的残忍程度、防卫人所处的环境、面临的危险程度、采取的制止暴力的手段、造成施暴人重大损害的程度,以及既往家庭暴力的严重程度等进行综合判断。

20.充分考虑案件中的防卫因素和过错责任。对于长期遭受家庭暴力后,在激愤、恐惧状态下为了防止再次遭受家庭暴力,或者为了摆脱家庭暴力而故意杀害、伤害施暴人,被告人的行为具有防卫因素,施暴人在案件起因上具有明显过错或者直接责任的,可以酌情从宽处罚。对于因遭受严重家庭暴力,身体、精神受到重大损害而故意杀害施暴人;或者因不堪忍受长期家庭暴力而故意杀害施暴人,犯罪情节不是特别恶劣,手段不是特别残忍的,可以认定为刑法第二百三十二条规定的故意杀人"情节较轻"。在服刑期间确有悔改表现的,可以根据其家庭情况,依法放宽减刑的幅度,缩短减刑的起始时间与间隔时间;符合假释条件的,应当假释。被杀害施暴人的近亲属表示谅解的,在量刑、减刑、假释时应当予以充分考虑。

四、其他措施

21.充分运用禁止令措施。人民法院对实施家庭暴力构成犯罪被判处管制或者宣告缓刑的犯罪分子,为了确保被害人及其子女和特定亲属的人身安全,可以依照刑法第三十八条第二款、第七十二条第二款的规定,同时禁止犯罪分子再次实施家庭暴力,侵扰被害人的生活、工作、学习,进行酗酒、赌博等活动;经被害人申请且有必要的,禁止接近被害人及其未成年子女。

22. 告知申请撤销施暴人的监护资格。人民法院、人民检察院、公安机关对于监护人实施家庭暴力,严重侵害被监护人合法权益的,在必要时可以告知被监护人及其他有监护资格的人员、单位,向人民法院提出申请,要求撤销监护人资格,依法另行指定监护人。

23. 充分运用人身安全保护措施。人民法院为了保护被害人的人身安全,避免其再次受到家庭暴力的侵害,可以根据申请,依照民事诉讼法等法律的相关规定,作出禁止施暴人再次实施家庭暴力、禁止接近被害人、迁出被害人的住所等内容的裁定。对于施暴人违反裁定的行为,如对被害人进行威胁、恐吓、殴打、伤害、杀害,或者未经被害人同意拒不迁出住所的,人民法院可以根据情节轻重予以罚款、拘留;构成犯罪的,应当依法追究刑事责任。

24. 充分运用社区矫正措施。社区矫正机构对因实施家庭暴力构成犯罪被判处管制、宣告缓刑、假释或者暂予监外执行的犯罪分子,应当依法开展家庭暴力行为矫治,通过制定有针对性的监管、教育和帮助措施,矫正犯罪分子的施暴心理和行为恶习。

25. 加强反家庭暴力宣传教育。人民法院、人民检察院、公安机关、司法行政机关应当结合本部门工作职责,通过以案说法、社区普法、针对重点对象法制教育等多种形式,开展反家庭暴力宣传教育活动,有效预防家庭暴力,促进平等、和睦、文明的家庭关系,维护社会和谐、稳定。

涉及家庭暴力婚姻案件审理指南

·2008年3月最高人民法院中国应用法学研究所

前 言

本指南的编制背景　家庭暴力问题的严重性和特殊性越来越被全社会所了解,人民法院也逐渐认识到涉及家庭暴力的婚姻家庭案件与普通婚姻家庭案件的不同特点和规律,意识到其处理方式应当与普通案件有所不同。因此,传统经验和知识已越来越不适应该类案件的高质量办案需求,许多法院尤其是基层人民法院呼唤有一本为办理涉及家庭暴力的婚姻案件而编制的操作指南。

本指南的编制目的　本指南的编写目的,是为了让办理涉及家庭暴力婚姻家庭案件的法官,能有一本专业的资源手册,帮助其做好法律规则、性别平等理念、家庭暴力理论知识、审判组织保障等方面的准备,以利于提高办案效率和分配正义的质量,更好地保障家庭暴力受害人的人身和财产权利。

本指南的编制依据　本指南的法律依据包括《中华人民共和国民法通则》、《中华人民共和国民事诉讼法》、《中华人民共和国婚姻法》、《中华人民共和国妇女权益保障法》和《最高人民法院关于进一步发挥诉讼调解在构建社会主义和谐社会中积极作用的若干意见》、《最高人民法院关于民事诉讼证据的若干规定》。

党和国家领导人关于"要重视维护妇女权利,要使社会性别主流化"、"促进性别平等,实现共同发展"的重要指示,最高人民法院领导对性别平等和司法公正的强调,以及其他有关国家机关、社会团体制定的有关落实宪法规定的平等原则的政策性文件,都为本指南的编制提供了有力的政策性支持。

与此同时,基层人民法院在审判实践中根据实际需要,谨慎地在法律允许的框架内进行的有益尝试所积累的宝贵经验,也为本指南的编写提供了厚实的实践基础。

本指南的基本性质　最高人民法院院领导指示,要为法官提供一些"指南式"的研究成果,直接服务于审判工作。本指南集法律研究、实践经验、域外借鉴、法律精神于一体,是人民法院司法智慧的结晶。但本指南不属于司法解释,而是为法官提供的参考性办案指南。

本指南的形式特点　本着全面、具体、明确、实用的原则,本指南在表现形式和表述方式上没有单纯地采取法律条文式的表述,而是对绝大多数条款作了进一步阐释,既提出了规范性的要求,对法律条文和法律原则做出了解释,又论述了相关的道理,对规范性要求的基础、原因作了阐述。这些阐释对于更好地理解指南的内容将提供一定的帮助。

本指南的使用方法　本指南不能作为法官裁判案件的法律依据,但可以在判决书的说理部分引用,作为论证的依据和素材。法官在运用本指南的过程中,如果发现需要增加的内容,可以继续发展;如果发现有的内容不完全符合本地实际情况,也可以在法律的框架内做出适当调整。

本指南的受益主体　本指南虽然是法官的办案指南,但其受益主体并不限于法官。律师、当事人、研究人员以及所有关注家庭暴力司法救济途径的人士都可以从本指南中获得自己需要的知识、教益和指导。

第一章 关于家庭暴力

第一条 了解家庭暴力基本知识的必要性

家庭暴力是一个社会问题,对其认识需要多学科的专门知识。人民法院在审理涉及家庭暴力案件的过程中,如果不能正确认识和对待家庭暴力,可能对人民法院高质、高效处理此类案件产生消极影响,不利于人民法院分配公平和正义。因此,本指南借鉴其他国家法官办理涉及家庭暴力案件的指南的做法,首先介绍家庭暴力基本知识,作为正确理解和执行本《指南》所有内容必不可少的重要基础。

第二条 家庭暴力的定义

家庭暴力作为国际领域普遍关注的一个社会问题,相关国际公约对其作了界定。尽管家庭暴力受害人并不限于妇女,有些情况下男性和儿童也会成为受害人,但是,由于针对妇女的家庭暴力最为普遍、最为严重,所以相关国际公约和其他国际文件对针对妇女的家庭暴力的界定通常只表述为针对妇女的暴力。

《联合国消除对妇女的暴力行为宣言》(1993)第一条规定,"对妇女的暴力行为"系指对妇女造成或可能造成身心方面或性方面的伤害或痛苦的任何基于性别的暴力行为,包括威胁进行这类行为、强迫或任意剥夺自由,而不论其发生在公共生活还是私人生活中。

联合国秘书长《关于侵害妇女的一切形式的暴力行为的深入研究》(2006)指出,基于性别的针对妇女的暴力行为是指"因为是女性而对她施加暴力或者特别影响到妇女的暴力,包括施加于身体、心理或性的伤害或痛苦或威胁施加这类行为,强迫和其他剥夺自由的行为。基于暴力的行为损害或阻碍妇女依照一般国际或人权公约享受人权和基本自由,符合联合国《消除对妇女的暴力行为宣言》第一条的规定"。

最高人民法院关于适用《中华人民共和国婚姻法》若干问题的解释(一)(2001)第一条规定:"家庭暴力是指行为人以殴打、捆绑、残害、强行限制人身自由或者其他手段,给其家庭成员的身体、精神等方面造成一定伤害后果的行为。持续性、经常性的家庭暴力,构成虐待。"

鉴于本指南旨在指导涉及家庭暴力的婚姻家庭案件的审理,所以本指南中的家庭暴力,是指发生在家庭成员之间,主要是夫妻之间,一方通过暴力或胁迫、侮辱、经济控制等手段实施侵害另一方的身体、性、精神等方面的人身权利,以达到控制另一方的目的的行为。

第三条 家庭暴力的类型

根据有关国际公约、国外立法例以及被普遍认可的学界理论研究成果,家庭暴力包括身体暴力、性暴力、精神暴力和经济控制四种类型。

1. 身体暴力是加害人通过殴打或捆绑受害人、或限制受害人人身自由等使受害人产生恐惧的行为;

2. 性暴力是加害人强迫受害人以其感到屈辱、恐惧、抵触的方式接受性行为,或残害受害人性器官等性侵犯行为;

3. 精神暴力是加害人以侮辱、谩骂、或者不予理睬、不给治病、不肯离婚等手段对受害人进行精神折磨,使受害人产生屈辱、恐惧、无价值感等作为或不作为行为;

4. 经济控制是加害人通过对夫妻共同财产和家庭收支状况的严格控制,摧毁受害人自尊心、自信心和自我价值感,以达到控制受害人的目的。

第四条 家庭暴力的普遍性和严重性

家庭暴力是一个全球性的社会问题,我国也不例外。据有关部门的权威调查,我国家庭暴力的发生率在29.7%到35.7%之间(不包括调查暗数),其中90%以上的受害人是女性。

关于家庭暴力是家务事的错误认识,以及法律救济途径的缺失,使得众多受害人生活在痛苦、愤怒和恐惧之中,严重损害受害人的人身权利。因家庭暴力引发受害人以暴制暴的恶性案件,近年来受到越来越多的关注。

第五条 家庭暴力发生和发展的规律

家庭暴力行为的发生和发展,呈周期性模式。模式的形成,一般要经过两个或两个以上暴力周期。每个周期通常包括关系紧张的积聚期(口角、轻微推搡等)、暴力爆发期(暴力发生、受害人受伤)、平静期(亦称蜜月期,加害人通过口头或行为表示道歉求饶获得原谅,双方和好直到下个暴力周期的到来)。加害人往往屡悔屡犯、始终不改。道歉、忏悔只是当家庭暴力暂时失效时,加害人借以达到继续控制受害人的手段而已。暴力周期的不断重复,使受害人感到无助和无望,因而受制于加害人。

第六条 分手暴力的特别规律

人们往往以为离婚后暴力自然就停止了,但是,引发家庭暴力的内在动机是加害人内心深处控制受害人的需要。一般情况下,这种欲望不仅不会因为离婚而消失,反而会因为受害人提出离婚请求受到刺激而增强。因此,一旦受害人提出分手,加害人往往先是采取哀求原谅、保证下不为例以及利用子女等手段来挽留受害人。然而,如果哀求不奏效,加害人往往就会转而借助暴力或实施更严重的暴力手段来达到控制目的,因而出现"分手暴力"。这种现象在夫妻分居或者离婚后相当普遍。

国际上,加拿大的实证研究表明,大约有 1/3 的受害妇女在对方探视未成年子女时受到暴力威胁。36% 的女性在分居期间继续遭受男方的暴力侵害。美国司法部 1983 年和 1997 年 3 月公布的数据显示,美国有 75% 的家庭暴力受害人,在分手后继续遭受前夫或前男友的暴力侵害。

我国尚无这方面的统计数据,但是家庭暴力研究者普遍认为,分手期间或分手后,受害人的人身安全受家庭暴力侵害的频率和暴力的严重性确实迅速增加。

一般情况下,有三个变量可以预测发生分手暴力的危险程度:一是加害人之前有过身体暴力或暴力威胁行为;二是加害人和受害人居住地相距不远;三是加害人猜忌受害人有第三者。

第七条 一般夫妻纠纷与家庭暴力的区分

一般夫妻纠纷中也可能存在轻微暴力甚至因失手而造成较为严重的身体伤害,但其与家庭暴力有着本质的区别。家庭暴力的核心是权力和控制。加害人存在着通过暴力伤害达到目的的主观故意,大多数家庭暴力行为呈现周期性,并且不同程度地造成受害人的身体或心理伤害后果,导致受害一方因为恐惧而屈从于加害方的意愿。而夫妻纠纷不具有上述特征。

第八条 家庭暴力发生的原因

无论在社会上或家庭中,公民的人身权利均不得因任何原因而遭受人为侵害。家庭暴力的发生,不是受害人的过错,绝大多数情况下是基于性别的针对妇女的歧视。其发生的原因主要包括:

1. 加害人通过儿童期的模仿或亲身经历而习得暴力的沟通方式;

2. 家庭暴力行为通过社会和家庭文化的代际传递实现。传统文化默许男人打女人,父母打子女。在这种文化影响下长大的男人允许自己打女人,父母允许自己打子女。有这种文化的社会,接纳家庭暴力行为。在这样的家庭和社会中长大的子女,不知不觉接受了这种观念。家庭暴力行为就这样一代又一代传了下来;

3. 获益不受罚。虽然《中华人民共和国婚姻法》和《中华人民共和国妇女权益保障法》规定禁止家庭暴力,但是法律缺乏预防和制止家庭暴力的有效手段。社会给家庭暴力受害人提供的有效支持很少,因此家庭暴力发生时一般得不到干预。由于在家里打人能达到目的而不受惩罚,不管加害人事后多么后悔,又多么真诚地道歉,并保证决不再犯,都必然因缺乏真正改变自己行为的动机而一再使用暴力;

4. 加害人往往有体力上的优势。无论男打女还是女打男,加害人的体力,往往居于优势。90% 以上的家庭暴力受害人是体力处于弱势的妇女、儿童和老人。

第九条 家庭暴力的相关因素

家庭暴力的发生,与加害人的原生家庭、社会和文化环境、以及双方的体力对比有关,但与暴力关系中双方的年龄、学历、职业、社会地位、经济收入、居住区域和民族等,均无必然联系。

第十条 加害人的心理和行为模式

1. 性别歧视

家庭暴力的加害人绝大多数为男性。这些男性信奉男尊女卑、男主女从的古训,他们相信暴力是其迫使受害人就范的合理而又有效的手段。因此,家庭暴力是基于性别的针对女性的暴力。

2. 内外双重面孔

加害人呈现给家人和外人的是两副不同的面孔。他们在家借助暴力手段控制家人,在外行为符合社会标准。

3. 过度的嫉妒

加害人有令人难以理解的嫉妒心。嫉妒表面上似乎是因为爱得过深,实质上嫉妒和爱没有太大关系。过度嫉妒者很少是心中有爱的人。嫉妒是嫉妒者因极度害怕失去某个人的感情、某种地位或利益而产生的焦虑,是嫉妒者不自信和缺乏安全感的表现。嫉妒者为了控制对方,以嫉妒为借口,捕风捉影、侮辱、谩骂、殴打配偶,甚至跟踪、限制对方行动自由。

4. 依赖心理

大多数加害人是不自信、不自爱、没有安全感的人,他需要借助别人对自己的态度,以证明自己的能力和价值。受害人在暴力下的顺从,是加害人获得自信和安全感的手段之一。这种依赖心理,使得加害人坚决不同意离婚,面对受害人的分手要求,加害人或采取分手暴力企图阻止受害人离开,或痛哭流涕保证痛改前非。

5. 人前自我伤害或以死相逼

受害人若想分手或离婚,加害人往往会在受害人、法官或特定人面前进行自我伤害,甚至以死相逼,其目的是为了使受害人产生内疚和幻想,以便继续控制和操纵受害人。加害人的自我伤害或者以死相逼行为只能说明,他只想达到自己的目的而不在乎对方的感受。自我伤害不是因为爱,而是暴力控制的另一种表现形式。

第十一条 受害人的心理和行为模式

1. 习得无助

家庭暴力作为一种控制手段,随着周期性循环,越来越严重,越来越频繁。无法逃脱的受暴处境,使受害人"学会了无助"。因为这种在心理学上被称为"习得无助"的信念,受害人以为自己无论如何也摆脱不了对方的控制,因而放弃反抗,忍气吞声、忍辱负重、委曲求全。

2. 抑郁状态

受害人习得无助后,悲观随之而来,而悲观是造成抑郁的主要因素。长期处于抑郁状态的人中,不少人会自杀或尝试自杀或产生杀人的念头。他们希望通过自杀或杀死加害人,来终止让他们感到如此不堪的生活。

3. 恐惧和焦虑

整天提心吊胆,神经高度紧张,是家庭暴力受害群体中最普遍的特征之一。暴力控制关系建立后,受害人会无限放大加害人的能力和权力,以为加害人无所不能。其恐惧和焦虑,甚至草木皆兵的心理,非一般人所能想象。

4. 忍辱负重

传统观念认为单亲家庭不利于未成年子女成长;经济上女性的生存能力弱于男性,离婚使得她的生活水平大大下降;社会缺乏针对家庭暴力受害人的有效支持等,迫使相当一部分受害人不到万不得已,不会报警或寻求其他外界帮助,更不会提出离婚。

5. 优柔寡断

如果受害人想要通过分手摆脱暴力控制,在社会和法律救济手段不到位的情况下,加害人的软硬兼施往往奏效。走投无路之时,受害人很可能被迫回到暴力关系中。

同样,家庭暴力受害人反复起诉和撤诉,表面上似乎优柔寡断,变化无常,实际上很可能是受害人想出的保护自己和子女暂时免受家庭暴力伤害的最佳的和最无奈的办法。

第十二条 家庭暴力对受害人和加害人的危害

家庭暴力不仅使受害人身体受伤,还会导致受害人抑郁、焦虑、沮丧、恐惧、无助、自责、愤怒、绝望和厌世等不良情绪。长期处于这种状态中,受害人会出现兴趣减弱、胆小怕事、缺乏自信和安全感、注意力难以集中、学习和工作能力下降等症状,并且出现心理问题躯体化倾向。

表面看来,施暴人似乎是家庭暴力关系中获益的一方,其实不尽然。大多数施暴人施暴,不是要把妻子打跑,而是希望能控制她。但是,通过施暴得到的结果,只能是越来越多的恐惧和冷漠。这使施暴人越来越不满,越来越受挫。随着施暴人的挫败感越来越强烈,家庭暴力的发生也就越来越频繁,越来越严重。家庭暴力越来越严重,受害人就越来越恐惧。当暴力的严重程度超过受害人的忍耐限度时,受害人就可能转为加害人,杀死原加害人。

第十三条 家庭暴力对未成年人的伤害

根据联合国秘书长 2006 年发布的《关于侵害妇女的一切形式的暴力行为的深入研究》,生活在暴力家庭中的未成年子女,至少会在心理健康、学习和行为三个方面出现障碍。

1. 许多出身于暴力型家庭的子女,学习时注意力难以集中。学校的差生,包括逃学和辍学的学生,有相当一部分来自暴力家庭。他们往往处于担心自己挨打和(或)担心一方家长挨打的焦虑中。其症状经常被误诊为多动症伴注意力集中障碍。然而,这些问题产生的根源往往在于使他们恐惧且缺少关爱的家庭暴力环境。

2. 即使未成年子女并不直接挨打,他们目睹一方家长挨打时所受到的心理伤害一点也不比直接挨打轻。家庭暴力发生时,孩子陷入极不安全和冲突的心理状态中。通常,他们一方面对加害人感到愤怒,另一方面又需要来自加害人的关爱。孩子无法理解,自己生活中最重要、也是最亲近的两个人之间,为什么会出现暴力。

3. 未成年子女挨打,不仅皮肉受苦,自信心和自尊心也受到很大打击。他们可能变得胆小怕事,难以信任他人,也可能变得蛮横无理、欺侮弱小、人际关系不良。心理上受到家庭暴力严重伤害的子女,还有可能在成年后出现反社会暴力倾向。加拿大的研究显示,目睹家庭暴力的孩子,出现严重行为问题的可能性,比起无暴力家庭中的孩子,男孩要高 17 倍,女孩要高 10 倍。

4. 更严重的后果是,家庭暴力行为的习得,主要是通过家庭文化的代际传递而实现的。根据联合国秘书长 2006 年《关于侵害妇女的一切形式的暴力行为的深入研究》,50%-70% 的成年加害人是在暴力家庭中长大的。他们从小目睹父母之间的暴力行为,误以为家庭暴力是正常现象,并在不知不觉中学会用拳头解决问题。

第十四条 家庭暴力对社会的危害

当女性因为受暴而频频就医,或者因为家庭暴力造成的不良情绪难以排遣而导致工作效率降低,或被殴打致残或致死、或自杀、或以暴制暴杀死加害人,社会保障和社会秩序为此付出的代价不可低估。

第二章 基本原则和要求

第十五条 性别平等原则

法律面前人人平等,这个平等是指实质意义上的两性平等。法院在审理涉及家庭暴力的婚姻案件时，应当坚持实质意义上的性别平等原则，避免一切形式的隐性歧视，如：对女性在社会上和家庭中的人身权利保障采取双重标准；或者形式上男女平等对待，实质上区别对待。

第十六条 禁止家庭暴力原则

禁止家庭暴力，是我国批准加入的联合国相关文件对各国政府提出的要求，也是我国《中华人民共和国宪法》、《中华人民共和国婚姻法》、《中华人民共和国妇女权益保障法》的重要规定。我国各省市先后颁布的69个地方性预防和制止家庭暴力的法规，也对家庭暴力作了禁止性规定。虽然上述规定只是原则性的，可操作性有待提高，但是，众多的法规和政策体现了我国各级政府预防和制止家庭暴力的态度和决心，这也是本指南的核心。

第十七条 婚姻自由原则

婚姻自由包括结婚和离婚自由。结婚需要两个人的合意，离婚则只需一人提出且符合离婚条件即可。人民法院在维护当事人结婚自由的同时，对离婚自由的维护不可偏废。当事人一方提出离婚诉讼的，只要有离婚的法定理由，人民法院经调解不能达成和解的，应当调解或判决离婚。

在认定家庭暴力的情况下，如果一方当事人坚决要求离婚的，不管要求离婚的是加害人还是受害人，人民法院均应当尊重当事人意愿，维护婚姻自由原则，尽快调解或判决离婚，避免因久拖不决而出现更严重的暴力伤害行为。

一个不幸的婚姻死亡后，可以产生两个幸福的婚姻。即使其中有少数当事人是因为一时冲动而草率离婚的，作为成年人，他（她）们也应当为自己的行为负责。况且他们可以轻而易举地到民政部门办理复婚手续。即使复婚不可能了，这个经历也将教会他们珍惜自己未来的婚姻。

第十八条 适当照顾受害人、未成年子女原则

最大限度保护和实现弱势群体的权利是司法机关永恒的价值取向。在办理涉及家庭暴力的婚姻家庭案件过程中，应当坚持照顾受害人，以及因此直接或间接受害的未成年子女的原则。人民法院不能以任何理由做出与这一原则相悖的裁判。

第十九条 审理组织专门化

有条件的基层人民法院应当尽可能成立专门合议庭或安排专人独任审理涉及家庭暴力的婚姻案件，尽可能安排具有婚姻家庭经验和人生阅历较为丰富的中年法官，或者接受过家庭暴力专业培训和具备性别敏感性的法官办理涉及家庭暴力的婚姻案件，提高办案效率和探索审理此类案件的专门经验。

这是因为：处理家庭暴力问题不仅需要法学，还需要社会学、心理学、女性学和性别平等理论等知识，属于跨学科专业范畴。越是具备相关专业知识和社会阅历的人，越能理解婚姻案件中双方的心理互动模式和家庭暴力对婚姻的伤害，也就越能妥善处理涉及家庭暴力的婚姻案件。

第二十条 法官接受性别意识和家庭暴力知识培训

各级人民法院应当将性别平等和家庭暴力知识纳入到法官在职培训课程之中，并纳入考核内容。办理相关案件的法官每年应当接受不少于12个小时性别意识培训和不少于18个小时家庭暴力知识培训等。培训应当包括但不限于下列内容：

1. 家庭暴力的性质、范围及其发生的根本原因；
2. 家庭暴力关系中双方的互动模式；
3. 家庭暴力受害人及其家庭成员人身安全的保障措施；
4. 家庭暴力受害人和加害人可求助的社会机构及其职能；
5. 司法程序中的性别偏见；
6. 家庭暴力对幸福家庭与和谐社会的破坏作用，以及对儿童心理和行为的恶劣影响。

第二十一条 保护法官免受间接创伤

为避免法官在审理涉及家庭暴力案件时可能出现的心理枯竭或其他负面影响，各级人民法院应当尽可能给办案法官提供学习压力管理技巧的时间和机会，使法官了解有关自我保护的知识和措施，包括摄入足够的营养、积极参加体育锻炼、及时休息和放松、建立有效的社会支持系统、平衡生活和工作等。

心理学研究发现，直接或间接接触天灾人祸的人，包括受害人本人、目击者、受害人的亲朋好友和援助者，心理都会受到不同程度的负面影响。

家庭暴力是违反人性的行为。暴力的残忍性，使人经历愤怒、悲恸、哀伤和无助的心理磨难。受害人都是一些正在经历严重心理创伤的人，法官频繁地接触她/他们，很容易受到负面影响，其累积效应，易导致心理枯竭，其症状包括越来越不想和别人交往、冷嘲热讽、身心疲惫、爱发火、焦虑、悲哀、睡眠障碍、紧张性头痛等。

除心理枯竭外，法官还可能因间接接触创伤事件所产生的其他负面影响而出现心理创伤。短期的创伤可能使法官出现易怒、悲哀、焦虑和睡眠障碍。长期创伤可能导致使法官出现冷嘲热讽、酗酒，甚至失去维持良好的夫妻关系的能力。

第二十二条 为其他机构、人员提供相关培训

家庭暴力是一个社会问题,需要多机构合作,才能有效预防和制止家庭暴力。各级人民法院应当积极发挥在预防和制止家庭暴力的多机构合作链条中的作用。有条件的法院应当到当地大中小学、公安、妇联、医院、庇护所、人民调解委员会等机构,提供性别平等、家庭暴力知识和相关法律实务知识培训,以提高整个社会预防和应对家庭暴力的能力。

第三章 人身安全保护措施

第二十三条 人身安全保护措施的必要性

在涉及家庭暴力的婚姻案件审理过程中,普遍存在受害人的人身安全受威胁、精神受控制的情况,甚至存在典型的"分手暴力"现象,严重影响诉讼活动的正常进行。因此,人民法院有必要对被害人采取保护性措施,包括以裁定的形式采取民事强制措施,保护受害人的人身安全,确保诉讼程序的严肃性和公正性。

第二十四条 受害人联系方式的保密

人民法院应对受害人的有关信息保密,特别是不能将受害人的行踪及联系方式告诉加害人,以防止加害人继续威胁、恐吓或伤害受害人。

人民法院可以要求受害人留下常用的联系方式。

第二十五条 受害人保护性缺席

有证据证明存在家庭暴力且受害人处理极度恐惧之中的,正常的开庭审理可能导致受害人重新受制于加害人的,或可能使受害人的人身安全处于危险之中的,人民法院可以应受害人的申请,单独听取其口头陈述意见,并提交书面意见。该案开庭时,其代理人可以代为出庭。

第二十六条 人身安全保护裁定的一般规定

人身安全保护裁定是一种民事强制措施,是人民法院为了保护家庭暴力受害人及其子女和特定亲属的人身安全、确保民事诉讼程序的正常进行而做出的裁定。

人民法院做出的人身安全保护裁定,以民事诉讼法第140条第1款第11项规定等为法律依据。

第二十七条 人身安全保护裁定的主要内容

人民法院做出的人身安全保护裁定,可以包括下列内容中的一项或多项:

1. 禁止被申请人殴打、威胁申请人或申请人的亲友;

2. 禁止被申请人骚扰、跟踪申请人,或者与申请人或者可能受到伤害的未成年子女进行不受欢迎的接触;

3. 人身安全保护裁定生效期间,一方不得擅自处理价值较大的夫妻共同财产;

4. 有必要的并且具备条件的,可以责令被申请人暂时搬出双方共同的住处;

5. 禁止被申请人在距离下列场所200米内活动:申请人的住处、学校、工作单位或其他申请人经常出入的场所;

6. 必要时,责令被申请人自费接受心理治疗;

7. 为保护申请人及其特定亲属人身安全的其他措施。

第二十八条 人身安全保护裁定的附带内容

申请人申请并经审查确有必要的,人身安全保护裁定可以附带解决以下事项:

1. 申请人没有稳定的经济来源,或者生活确有困难的,责令被申请人支付申请人在保护裁定生效期间的生活费以及未成年子女抚养费、教育费等;

2. 责令被申请人支付申请人因被申请人的暴力行为而接受治疗的支出费用、适当的心理治疗费及其他必要的费用。

被申请人的暴力行为造成的财产损失,留待审理后通过判决解决。

第二十九条 人身安全保护裁定的种类和有效期

人身安全保护裁定分为紧急保护裁定和长期保护裁定。

紧急保护裁定有效期为15天,长期保护裁定有效期为3至6个月。确有必要并经分管副院长批准的,可以延长至12个月。

第三十条 人身安全保护措施的管辖

人身安全保护措施的申请由受害人经常居住地、加害人经常居住地或家庭暴力行为发生地的人民法院受理。

两个以上同级人民法院都有管辖权的,由最初受理的人民法院管辖。

第三十一条 人身安全保护措施申请的提出时间

人身安全保护裁定的申请,应当以书面形式提出;紧急情况下,可以口头申请。口头申请应当记录在案,并由申请人以签名、摁手印等方式确认。

人身安全保护裁定的申请,可以在离婚诉讼提起之前、诉讼过程中或者诉讼终结后的6个月内提出。

诉前提出申请的,当事人应当在人民法院签发人身保护裁定之后15日之内提出离婚诉讼。逾期没有提出离婚诉讼的,人身安全保护裁定自动失效。

第三十二条 人身安全保护申请的条件

申请人身安全保护裁定,应当符合下列条件:

1. 申请人是受害人;

2. 有明确的被申请人姓名、通讯住址或单位；
3. 有具体的请求和事实、理由；
4. 有一定证据表明曾遭受家庭暴力或正面临家庭暴力威胁。

受害人因客观原因无法自行申请的，由受害人近亲属或其他相关组织代为申请。相关组织和国家机关包括受害人所在单位、居（村）委会、庇护所、妇联组织、公安机关或检察机关等。

申请人身安全保护措施的证据，可以是伤照、报警证明、证人证言、社会机构的相关记录或证明、加害人保证书、加害人带有威胁内容的手机短信等。

第三十三条 人身安全保护措施申请的审查

人民法院收到人身安全保护措施的申请后，应当迅速对申请的形式要件及是否存在家庭暴力危险的证据进行审查。

人民法院在审查是否存在家庭暴力危险的证据时，可以根据家庭暴力案件自身的特点和规律，本着灵活、便捷的原则适当简化。

对于是否存在家庭暴力危险，申请人和被申请人均可以提交证明自己主张的证据，必要时人民法院也可以依职权调取证据予以核实或者举行听证。

第三十四条 人身安全保护裁定的做出

人民法院收到申请后，应当在48小时内做出是否批准的裁定。

人民法院经审查或听证确信存在家庭暴力危险，如果不采取人身安全保护措施将使受害人的合法权益受到难以弥补的损害的，应当做出人身安全保护裁定。

第三十五条 人身安全保护裁定的送达

人身安全保护裁定应当向申请人、被申请人或者同住成年家庭送达，同时抄送辖区公安机关；送达方式一般以书面形式直接送达、邮寄送达或委托送达，拒绝签收的可以留置送达。

情况紧急的，人民法院可以口头或通过电话等其他方式将裁定内容告知申请人、被申请人、辖区公安机关，并将告知情况记录在案。

第三十六条 人身安全保护裁定的生效与执行

人身安全保护裁定自送达之日起生效。

人民法院将人身安全保护裁定抄送辖区公安机关的同时，函告辖区的公安机关保持警觉，履行保护义务。公安机关拒不履行必要的保护义务，造成申请人伤害后果的，受害人可以公安机关不作为由提起行政诉讼，追究相关责任。

人民法院应当监督被申请人履行人身安全保护裁定。被申请人在人身安全裁定生效期间，继续骚扰受害人、殴打或者威胁受害人及其亲属、威逼受害人撤诉或放弃正当权益，或有其他拒不履行生效裁定行为的，人民法院可以根据民事诉讼法第102条相关规定，视其情节轻重处以罚款、拘留。构成犯罪的，移送公安机关处理或者告知受害人可以提起刑事自诉。

第三十七条 驳回申请及不服裁定的复议

人民法院经审查认为人身安全保护措施申请不符合申请条件的，驳回申请，并告知申请人申请复议的权利。

被申请人对人身安全保护裁定不服的，可以在收到人身安全保护裁定之日起5日内向签发裁定的人民法院申请复议一次。人民法院在收到复议申请之日起5日内做出复议裁定。复议期间不停止人身安全保护裁定的执行。

第三十八条 撤销人身安全保护裁定的听证

申请人、被申请人可以在收到人身安全紧急保护措施的裁定后3日内，请求人民法院举行延长或撤销紧急保护裁定的听证。

人民法院认为有必要举行听证的，应当在听证前三日将听证通知送达申请人和被申请人。特殊情况下，人民法院可以根据需要随时安排听证。

听证一律不公开进行。但是，经法院许可，双方当事人均可由一、两位亲朋陪伴出庭。陪伴当事人出庭听证的亲朋有妨碍诉讼秩序的除外。

听证通知合法送达后，申请人无正当理由拒不到庭的，一般情况下可以视为申请人放弃申请，但是，经核实受害人受到加害人胁迫或恐吓的除外。

被申请人无正当理由拒不到庭的，不影响听证的进行。

第三十九条 对撤回人身安全保护措施申请的审查

申请人提出申请后很快撤回申请的，或者经合法送达听证通知后不出席听证的，经审查，如存在以下因素，人民法院应当保持警觉，判断其是否因施暴人的威胁、胁迫所致。存在以下因素的，不予批准：
1. 被申请人有犯罪前科的；
2. 被申请人曾有严重家庭暴力行为的；
3. 被申请人自行或与申请人共同来申请撤销的；
4. 申请人的撤销申请无正当理由的或不符合逻辑的；等等。

第四章 证 据

第四十条 一定情况下的举证责任转移

人民法院在审理涉及家庭暴力的婚姻案件时，应当根据此类案件的特点和规律，合理分配举证责任。

对于家庭暴力行为的事实认定,应当适用民事诉讼的优势证据标准,根据逻辑推理、经验法则做出判断,避免采用刑事诉讼的证明标准。

原告提供证据证明受侵害事实及伤害后果并指认系被告所为的,举证责任转移到被告。被告虽否认侵害由其所为但无反证的,可以推定被告为加害人,认定家庭暴力的存在。

第四十一条 一般情况下,受害人陈述的可信度高于加害人

在案件审理中,双方当事人可能对于是否存在家庭暴力有截然不同的说法。加害人往往否认或淡化暴力行为的严重性,受害人则可能淡化自己挨打的事实。但一般情况下,受害人陈述的可信度高于加害人。因为很少有人愿意冒着被人耻笑的风险,捏造自己被配偶殴打、凌辱的事实。

第四十二条 加害人的悔过、保证

加害人在诉讼前做出的口头、书面悔过或保证,可以作为加害人实施家庭暴力的证据。

加害人在诉讼期间因其加害行为而对受害人做出的口头、书面道歉或不再施暴的保证,如无其他实质性的、具体的悔过行动,不应当被认为是真心悔改,也不应当被认为是真正放弃暴力沟通方式的表现,而应当被认为是继续控制受害人的另一有效手段,因此不应作为加害人悔改,或双方感情尚未破裂的证据。

家庭暴力加害人同时伴有赌博、酗酒、吸毒等恶习,之前做出的口头、书面悔过或保证可以视为其不思悔改的重要证据。

加害人的口头、书面道歉或保证应记录在案。

第四十三条 未成年子女的证言

家庭暴力具有隐蔽性。家庭暴力发生时,除了双方当事人和其子女之外,一般无外人在场。因此,子女通常是父母家庭暴力唯一的证人。其证言可以视为认定家庭暴力的重要证据。

借鉴德国、日本以及我国台湾的立法例,具备相应的观察能力、记忆能力和表达能力的2周岁以上的未成年子女提供与其年龄、智力和精神状况相当的证言,一般应当认定其证据效力。

法院判断子女证言的证明力大小时,应当考虑到其有可能受到一方或双方当事人的不当影响,同时应当采取措施最大限度地减少作证可能给未成年子女带来的伤害。

第四十四条 专家辅助人

人民法院可以依据当事人申请或者依职权聘请相关专家出庭,解释包括受虐配偶综合征在内的家庭暴力的特点和规律。专家辅助人必要时接受审判人员、双方当事人的询问和质疑。专家辅助人的意见,可以作为裁判的重要参考。

目前司法界以及社会上普遍对家庭暴力领域中的专门问题了解程度不够。这直接影响了科学技术知识在办理此类案件中所起的积极作用。有条件的人民法院或者法院内部的相关审判庭,可以建立一个相关专业机构或专家的名单、联络办法,并事先作好沟通,鼓励其积极参与司法活动。

第四十五条 专家辅助人资格的审查与认定

专家辅助人可以是社会认可的家庭暴力问题研究专家、临床心理学家、精神病学家、社会学家或社会工作者、一线警察、庇护所一线工作人员。他们一般应当有一年以上的直接接触家庭暴力受害人(不包括本案受害人)的研究或工作经历。

人民法院审查专家辅助人的资格时,应当首先审查其理论联系实践的能力和经验,而后审查其之前的出庭经历和获得的相关评价。

第四十六条 专家辅助人的报酬

专家辅助人出庭所需费用,由申请人承担。

第四十七条 专家评估报告

法院可以依据当事人的申请,聘请有性别平等意识的家庭暴力问题专家、青少年问题专家、临床心理学家、精神科专家、社会学家等依据"家庭暴力对未成年人的负面影响"问题清单中的内容,对家庭暴力对未成年人造成的负面影响进行评估,并形成评估报告,以此作为法院判决子女抚养权归属的参考。

评估报告的内容包括家庭暴力的负面影响是否给未成年人造成心理创作及严重程度、目前的症状、过去的成长经历,以及父母或者直接抚养者对未成年人的经历和症状所持的态度。

第四十八条 国家机关、社会团体和组织相关的记录与证明

家庭暴力受害人在提起诉讼之前曾向公安机关、人民调解组织、妇联组织、庇护所、村委会等国家机关、社会团体和组织投诉,要求庇护、接受调解的,或者家庭暴力受害人曾寻求过医学治疗、心理咨询或治疗,上述机构提供的录音或文字记载,及出具的书面证词、诊断或相关书证,内容符合证据材料要求的,经人民法院审查后认为真实可靠的,可以作为认定家庭暴力发生的重要证据。被告人否认但又无法举出反证,且无其他证据佐证的,人

民法院可以推定其为加害人。

第四十九条 公安机关的接警或出警记录

人民法院在认定家庭暴力事实时,应当将公安机关的接警和出警记录作为重要的证据。

接警或出警记录施暴人、受害人的,人民法院可以据此认定家庭暴力事实存在。

出警记录记载了暴力行为、现场描述、双方当事人情绪、第三方在场(包括未成年子女)等事项的,人民法院应当综合各种因素,查明事实,做出判断。

报警或出警记录仅记载"家务纠纷、已经处理"等含糊内容的,人民法院可以根据需要或当事人的申请,通知处理该事件的警察出庭作证。

第五十条 互殴情况下对施暴人的认定

夫妻互殴情况下,人民法院应当综合以下因素正确判断是否存在家庭暴力:

1. 双方的体能和身高等身体状况;

2. 双方互殴的原因,如:一方先动手,另一方自卫;或一方先动手,另一方随手抄起身边的物品反击;

3. 双方对事件经过的陈述;

4. 伤害情形和严重程度对比,如:一方掐住对方的脖子,相对方挣扎中抓伤对方的皮肤;

5. 双方或一方之前曾有过施暴行为等。

第五十一条 人民法院调取、收集相关证据

当事人可以申请人民法院调取、收集以下因客观原因不能自行收集的证据:

1. 当事人之外的第三人持有的证据;

2. 由于加害人对家庭财产的控制,受害人不能收集到的与家庭财产数量以及加害人隐匿、转移家庭财产行为有关的证据;

3. 愿意作证但拒绝出庭的证人的证言。

经审查确需由人民法院取证的,人民法院可以直接取证,也可以应当事人或其代理人申请签发调查令,由其代理人到相关部门取证。

第五十二条 非语言信息对案件事实判断的重要性

人的思想控制其外在行为,人的行为反映其思想。心理学研究发现,在人际沟通中,人的非语言动作所传达的信息超过65%,而语言所传达的信息低于35%。很多时候,非语言动作所传达的信息的准确性要远远超过语言所传达的信息的准确性。因此,在审理涉及家庭暴力的离婚案件中,法官应当十分注意观察双方当事人在法庭上的言行举止,特别是双方的语音、语调、眼神、表情、肢体语言等,以便对事实做出正确判断。

第五章 财产分割

第五十三条 财产分割的基本理念

离婚妇女贫困化理论认为,传统的"男主外、女主内"的性别角色导致的家庭分工,给男性带来相应的事业发展、能力增长和社会地位的提高。与此同时,女性在相夫教子的家务劳动中投入了大量时间和精力,这在很大程度上限制了她在社会上的发展。一旦离婚,多年的奉献所带来的,是工作能力和学习能力的丧失,以及家庭暴力受害造成其平等协商能力的下降,使她无法平等主张自己的权利,因而导致其离婚后的贫困化。

人民法院在分割夫妻财产时,应当坚持性别平等的基本理念。这一基本理念的实现应当达到以下目的:一是公平地补偿,以平等体现离婚妇女在婚姻关系存续期间在照顾家庭方面投入的价值。二是有助于妇女离婚后的生存和发展。

第五十四条 一般要求

家庭暴力受害人请求离婚时,与普通的离婚案件当事人相比可能面临特殊的困难,应当引起特别关注。法院应当依法采取有效干预措施,确保公平处理配偶扶养、财产分割问题。

法院在审理婚姻家庭案件中,如果发现存在家庭暴力,应当意识到当事人双方之间存在权力失衡或者协商能力悬殊的现象。法院依法分割夫妻共同财产时,应充分考虑家庭暴力因素,以利于女性离婚后在尽可能短的时间内恢复工作和学习的能力,找回自信、独立性和自主决策的能力,更好地承担家庭和社会责任。

第五十五条 财产利益受影响时的补偿与照顾

在加害人自认或法院认定的家庭暴力案件中,受害人需要治疗的、因家庭暴力失去工作或者影响正常工作的,以及在财产利益方面受到不利影响的,在财产分割时应得到适当照顾。

第五十六条 受害人所作牺牲的补偿与照顾

受害人向加害人提供接受高等教育的机会和资金支持,或支持加害人开拓事业而牺牲自己利益的,无论当初自愿与否,如果这种牺牲可能导致受害人离婚后生活和工作能力下降、收入减少、生活条件降低的,在财产分割时应当获得适当照顾。

第五十七条 家务劳动的平等对待

在家务劳动、抚育子女、照料老人等方面付出较多的当事人,在财产分割时可以适当予以照顾或补偿。

第五十八条 适当照顾的份额

符合上述第五十五条、第五十六条、第五十七条规定

情况的受害人分割共有财产的份额一般不低于70%；针对加害人隐藏或转移财产的情况，分割夫妻共同财产时，受害方的份额一般不低于80%。

第五十九条　精神损害赔偿

家庭暴力受害人请求精神损害赔偿的，无论家庭暴力行为人是否已受到行政处罚或被追究刑事责任，人民法院均应当依据《中华人民共和国婚姻法》第46条相关规定予以支持。

第六十条　对共同债务的认定

认定夫妻一方在婚姻关系存续期间以个人名义所负债务的性质，不能机械适用《最高人民法院关于适用〈中华人民共和国婚姻法〉若干问题的解释（二）》第二十四条规定，而应综合考虑是否为家庭共同利益所负。主张为夫妻共同债务的一方应做出合理解释，相对方对此享有抗辩权。人民法院可以根据逻辑推理和日常生活经验进行判断，避免相对方的利益受损或放纵恶意债务人的不法行为。

第六十一条　对伪造债务等行为的制裁

人民法院发现一方有伪造或指使人伪造债务、转移或隐匿财产行为或嫌疑的，应当依据《中华人民共和国婚姻法》第47条和《中华人民共和国民事诉讼法》第102条相关规定予以处理。

第六十二条　对原判是否考虑家庭暴力因素的审查

被害人以家庭暴力未予认定或者认定错误导致财产分割或子女抚养判决不公而上诉或申请再审的，人民法院应当对原判是否充分考虑了涉及家庭暴力离婚案件自身的特点和规律以及当事人家庭分工模式等因素进行重点审查。一审已经认定家庭暴力，但在财产分割或子女抚养方面未给予考虑的，二审或再审过程中对此要予以重点审查，做出公平、合理的判决。

第六章　子女抚养和探视

第六十三条　加害方不宜直接抚养子女

考虑到家庭暴力行为的习得性特点，在人民法院认定家庭暴力存在的案件中，如果双方对由谁直接抚养子女不能达成一致意见，未成年子女原则上应由受害人直接抚养。但受害人自身没有基本的生活来源保障，或患有不适合直接抚养子女的疾病的除外。

不能直接认定家庭暴力，但根据间接证据，结合双方在法庭上的表现、评估报告或专家意见，法官通过自由心证，断定存在家庭暴力的可能性非常大的，一般情况下，可以判决由受害方直接抚养子女。

有证据证明一方不仅实施家庭暴力，而且还伴有赌博、酗酒、吸毒恶习的，不宜直接抚养子女。

第六十四条　综合判断受害人的工作和生活能力

受害人很可能处于心理创伤后的应激状态，这可能在表面上使受害人直接抚养未成年子女看起来不如加害人理想，但是随着家庭暴力的停止，或者经过心理治疗，这种应激状态会逐渐消失。

人民法院需要综合考虑受害人在工作上的表现和能力，以及直接抚养子女的潜在能力，或者受害人婚前或者受暴前的工作和生活能力，做出最有利于未成年子女的判决。

第六十五条　征求未成年子女的意见

人民法院在判决由哪一方直接抚养未成年子女前，应当依法征求未成年子女的意见。但是，有下列情形之一的，未成年子女的意见只能作为参考因素：

1. 未成年人属于限制行为能力的人，其认知水平的发展还不成熟，不能正确判断什么对自己最有利；

2. 未成年子女害怕、怨恨但同时又依恋加害人。暴力家庭中的未成年子女可能在害怕、怨恨加害人对家庭成员施暴的同时，又需要加害人的关爱，因此存在较强的感情依恋。这种依恋之所以产生，是因为受害人的人身安全取决于施暴人的好恶。不违背施暴人的意愿，符合其最大利益。这种状况被心理学家称为"斯德哥尔摩综合征"，或者"心理创伤导致的感情纽带"。

3. 强者（权威）崇拜。人类对强者或权威的崇拜，使尚不能明辨是非的未成年人可能对家庭中的强者（施暴人）怀有崇拜的心理，误认为自己与受害人一起生活没有安全感，因而选择与加害人一起生活。

法官应当在综合考虑其他因素的基础上，做出真正最有利于未成年子女的判决。

第六十六条　未成年人权利优于家长的探视权

在未成年子女不受家庭暴力影响的权利与加害人探视未成年子女的权利相冲突时，应当优先考虑未成年人的权利。

加害人有下列情形之一，受害人提出申请的，人民法院可以裁定中止加害人的子女探视权：

1. 在未成年子女面前诋毁、恐吓或殴打承担直接抚养义务的受害人的；

2. 利用探视权继续控制受害人的；

3. 利用探视权对受害人进行跟踪、骚扰、威胁的；

4. 利用探视权继续对受害人和/或未成年子女施暴的；

5. 法院认为有必要的其他情形。

第六十七条　探视权的恢复

加害人有下列情形之一的，法院可以考虑恢复其探视权：

1. 完成加害人心理矫治，并且有心理机构盖章、治疗师签名的其已经能够控制暴力冲动的证明；

2. 法院认为有必要的其他情形。

第六十八条　有关探视的具体规定

离婚并不一定能够阻止家庭暴力。暴力和暴力威胁可能随着离婚诉讼而进一步加剧。为了避免未成年子女成为加害人继续控制受害人的工具，最大限度保护未成年子女的利益，判决或者调解离婚的，人民法院可以在判决或者调解书中明确规定探视的方式、探视的具体时间和具体地点，以及交接办法。例如：

1. 时间：每月两次，探视时间一般为 9：00—17：00。

2. 地点：双方都信任、也有能力保障受害人和未成年子女人身安全的个人第三方、特定机构等。

特定机构包括庇护所、社会机构，包括营利和非营利机构等。

3. 交接方式：直接抚养的一方按约定提前 20 分钟把孩子送到指定地点，探视方 20 分钟后到达指定地点接走孩子。探视时间结束后，探视方按时把孩子送回到指定地点离开。直接抚养方在随后的 20 分钟内接回孩子。如果探视方有急事，要求临时变更探视时间，一般情况下，应当提前 24 小时通知第三方。第三方应当及时通知直接抚养孩子方，确定变更时间。

第六十九条　违反探视规定的处置

1. 探视方在探视日超过规定时间 30 分钟未接孩子，事先又未通知第三方的，视为放弃该次探视。

2. 探视方不得在探视时间之前的 12 小时之内和探视期间饮酒，否则视为放弃该次和（或）下次探视。

3. 迟到没有超过 30 分钟的，第三方或社会机构可以向探视方收取孩子的监管费。收费标准由双方协商。

第七章　调　解

第七十条　受害人无过错原则

任何单位或个人都没有权利，在包括家庭在内的任何场合，侵害他人人身权利。法官办理案件过程中，任何情况下都不得责备受害人，或要求受害人调整行为作为不挨打的交换条件。否则，就有可能无意中强化"做错事就该打"的错误观念。

第七十一条　有保留的中立原则

法官应当采取有保留的中立态度，通过对调解过程的掌控，减少加害人对受害人的不当影响，调整双方不平等的权利结构，提高受害人主张并维护自身权利的能力。

这是因为涉及家庭暴力的案件具有与普通民事案件不同的规律和特点，其中最大的差异在于双方不平等的互动模式，加害人在平常就控制了双方之间的话语权，案件调解时也往往会表现出控制欲，而受害人则因加害人的暴力威慑难以主张权利。要打破这种不平等的互动模式，需要法官对弱者的适度倾斜和道义上的支持。

第七十二条　背靠背调解

在涉及家庭暴力的案件中，面对面调解可能会增加受害人继续遭受加害人骚扰、威胁、恐吓和人身伤害的危险性。因此，如果当事人提出申请或者人民法院发现存在上述可能性而认为确有必要的，应当采取背靠背的调解方式，以利于保护受害人的人身权利。

第七十三条　适时调解和多元解纷机制的运用

法官可以根据双方当事人的具体情况，灵活地决定在庭前、庭中、庭后进行调解。

对于涉及家庭暴力的离婚案件，人民法院还可以运用多元解纷机制，邀请有关人员协助调解或者委托妇联或人民调解等组织或有关人员调解等多种调解形式对案件进行调解。

第七十四条　驾驭调解过程的技巧

人民法院可以通过控制调解的具体程序和内容来驾驭调解过程。

1. 决定双方当事人发言的次序；

2. 控制当事人发言的内容。对于破坏性或恐吓性的言语或行为，如一方对另一方进行警告、威胁、恐吓等，予以制止，必要时给予训诫；

3. 根据扶弱抑强的原则，决定双方法庭陈述的时间长短；

4. 支持、鼓励受害人主张自身权利；

5. 审查民事调解协议的具体内容，对显失公平的调解协议，法官可以向处于弱势的一方当事人行使释明权，告知其显失公平的情形。处于弱势的当事人坚持该协议内容的，人民法院在查明该当事人不是因为慑于加害人的威胁、报复的基础上，可以予以确认。

人民法院对于不予确认协议的离婚案件，应当及时做出判决。

第七十五条　和好调解

加害人认识到家庭暴力的发生完全是自己的过错，认识到家庭暴力造成的严重后果，且同时具备以下两种以上情形的，可以调解和好：

1. 积极配合,遵守法庭规则;
2. 承认施暴是自己的过错,不淡化暴力严重程度,不找借口,不推卸责任,并书面保证以后不再施暴;
3. 有换位思考的能力,能感受自己的暴力行为给受害人身体和心理造成的伤痛。

第七十六条　民事调解书的必要内容

民事调解书应当包含原告诉称和被告辩称的内容,一般情况下应当载明家庭暴力责任主体、子女监护权归属、财产分割等内容。

调解和好或撤诉的,应当注明双方均不得在民事调解协议书生效或撤诉后6个月内单方面处置双方共同财产。人民法院认为必要时可行使使明权,告知当事人提起财产确认之诉,以避免任何一方借机转移共同财产。

第七十七条　调解记录

人民法院主持调解时,应当将加害人的当庭悔过或口头保证记录在案。

对于当事人撤诉的案件,人民法院也应将已查明的家庭暴力事实记录在案。

对于加害人不思悔改,受害人再次提起离婚诉讼的,人民法院可以根据记录在案的加害人实施家庭暴力的事实,迅速调解离婚或判决离婚。

第七十八条　加害人的行为矫正

调解过程中,加害人真正愿意悔改以换取不离婚的,征得受害人同意后,人民法院可以依据《民事诉讼法》第136条规定,裁定诉讼中止,给加害人六个月的考察期。

考察期内,加害人再次施暴的,视为不思悔改,应当恢复审理。

在有条件的地区,必要时,法官可以责令加害人自费接受心理治疗,接受认知和行为的矫正。拒不接受的,承担不利后果。

第八章　其　他

第七十九条　诉讼费的承担

家庭暴力离婚案件经调解或判决离婚的,一、二审诉讼费用原则上由加害人承担。

第八十条　人身安全保护措施的申请费用

申请人身安全保护措施的裁定,无需交纳任何费用。

第八十一条　反馈与改进本指南的途径

人民法院在本指南的试点阶段,应当保持敏感性,注意发现问题,探索解决办法,积累有益经验,提出完善的建议,随时反馈给中国应用法学研究所。

· 典型案例

1. 依法惩治家庭暴力犯罪典型案例[①]

案例一　张某某虐待案

【基本案情】

被告人张某某,男,1979年1月出生。

被害人李某某,女,殁年41岁。

二人2004年底结婚。张某某酗酒后经常因李某某婚前感情问题对其殴打,曾致李某某受伤住院、跳入水塘意图自杀。

2020年2月24日凌晨3时左右,张某某酗酒后在家中再次殴打李某某,用手抓住李某某头发,多次打其耳光,用拳头击打其胸部、背部。李某某被打后带着儿子前往其父亲李某华家躲避,将儿子放在父亲家后,在村西侧河道内投河自杀。后村民发现李某某的尸体报警。经鉴定,李某某系溺水致死。

山东省平原县公安局于2020年2月24日立案侦查,3月9日移送检察机关审查起诉。

2020年3月11日,山东省平原县人民检察院以涉嫌虐待罪对张某某决定逮捕,4月9日,对其提起公诉。

2020年8月28日,山东省平原县人民法院以虐待罪判处张某某有期徒刑六年。一审宣判后,张某某未上诉。

【检察机关履职情况】

(一)介入侦查,引导取证。因张某某在村外居住,村民对李某某是否被殴打不知情,张某某的父母也有包庇思想,被害人尸体无明显外伤,侦查初期证据收集较困难。检察机关介入侦查后,提出以殴打持续时间较长、次数较多作为取证方向。侦查机关根据李某某曾被殴打住院的线索,调取李某某就诊的书证,李某某的父亲、母亲、儿子、医生的证言等证据,证实张某某多次殴打李某某的事实。

(二)自行侦查,完善证据。审查起诉阶段,张某某辩解虽殴打过李某某,但李某某系迷信寻死,其殴打行为不

[①] 最高人民检察院2021年4月28日公布。

是李某某自杀原因。检察机关开展自行侦查：一是询问李某某父亲，证实李某某案发当日口唇破裂、面部青肿；二是讯问张某某、询问李某某的儿子，证实李某某自杀前流露出悲观厌世的想法，被殴打后精神恍惚；三是询问张某某父母，因张某某被取保候审后殴打其父母，其父母不再包庇如实作证，证实张某某酗酒后经常殴打李某某。

（三）开展救助，解决当事人未成年子女生活问题。案发后，父亲被羁押，母亲离世，被害人未成年儿子生活无着。检察机关派员多次看望，为其申请司法救助，并向民政部门申请社会救助，使其基本生活得到保障。同时，依托省检察院与省妇联保护妇女儿童权益工作合作机制，经多方共同努力，使其进入职业技术学校学习劳动技能。

【典型意义】

（一）介入侦查、自行侦查，提升办案质效。发生在家庭成员间的犯罪，往往存在取证难、定性难等问题。检察机关通过介入侦查、自行侦查，围绕虐待持续时间和次数、虐待手段，造成的后果以及因果关系等取证，从源头提高办案质量。

（二）准确适用虐待罪"致使被害人重伤、死亡"情节。"两高两部"《关于依法办理家庭暴力犯罪案件的意见》规定，因虐待致使被害人不堪忍受而自残、自杀，导致重伤或者死亡的，属于刑法第二百六十条第二款规定的虐待"致使被害人重伤、死亡"。

（三）延伸检察职能，关爱家暴案件未成年子女。夫妻间发生的虐待案件，一方因虐待致死，一方被定罪服刑，往往造成未成年子女精神创伤、失管失教、生活困难。检察机关办案过程中，注重协同相关部门和社会力量，对未成年人提供心理辅导、家庭教育指导、经济帮扶等，助力未成年人健康成长。

案例二　胡某某虐待案
【基本案情】

被告人胡某某，女，1989年11月出生。

被害人曹某某，女，殁年6岁，系胡某某次女。

曹某某生前主要跟爷爷奶奶生活，后因上学搬来与母亲同住。2019年2月至4月间，胡某某照顾曹某某日常生活、学习中，经常因曹某某"尿裤子""不听话""不好好写作业"等以罚跪、"蹲马步"等方式体罚曹某某，并多次使用苍蝇拍把手、衣撑、塑料拖鞋等殴打曹某某。

2019年4月2日早7时许，胡某某又因曹某某尿裤子对其责骂，并使用塑料拖鞋对其殴打，后胡某某伸手去拉曹某某，曹某某后退躲避，从二楼楼梯口摔下，经抢救无效当日死亡。经检验，曹某某头部、面部、背臀部、胸腹部及四肢等多处表皮剥脱、伴皮下出血。其中，右大腿中段前侧两处皮肤缺损，达到轻伤二级程度。

河南省淮滨县公安局于2019年4月3日立案侦查，6月17日移送检察机关审查起诉。

2019年9月6日，淮滨县人民检察院以胡某某涉嫌虐待罪提起公诉。

2020年1月6日，淮滨县人民法院以虐待罪判处胡某某有期徒刑四年六个月。一审宣判后，胡某某未上诉。

【检察机关履职情况】

（一）提前介入，引导侦查。检察机关第一时间介入侦查提出建议：一是全面提取案发现场的客观性证据，如拖鞋、苍蝇拍等，以印证胡某某的供述；二是围绕死者生活、学习轨迹，走访学校、亲属等，查明死者案发前生活、学习及平时被虐待的情况；三是通过尸检报告、伤情鉴定、理化检验报告等，查明死者损伤原因及死因。经侦查查明胡某某虐待致曹某某周身多处损伤、死亡的犯罪事实。

（二）准确适用法律，充分释法说理。被害人的父亲曹某飞及其他近亲属提出，曹某某是被伤害致死，为此多次上访。检察机关就定性、法律适用问题开展听证，邀请曹某某的近亲属、人大代表、政协委员、人民监督员、律师代表等参与。检察机关对胡某某的行为性质及可能受到的处罚进行了论证说理。通过听证，曹某某的近亲属对检察机关的意见表示理解、认同。

（三）推动制度落实，形成保护合力。检察机关以本案为契机，结合近五年辖区内发生的侵害未成年人刑事案件调研分析，针对相关部门在落实强制报告制度过程中的薄弱环节，向相关部门发出检察建议。在检察机关推动下，由政法委牵头，检察机关联合公安、教育、民政等部门建立预防侵害未成年人权益联席会议制度，有效筑牢未成年人权益保护的"防护墙"。

【典型意义】

（一）通过引导取证，查清事实准确定性。未成年人的监护人在较长一段时期内持续殴打、体罚子女，情节恶劣的，应当依法以虐待罪定罪处罚。检察机关通过介入侦查，引导侦查机关在案发初期及时固定证据，为案件性质认定筑牢事实、证据基础。

（二）准确区分故意伤害致人死亡、虐待致人死亡、意外事件的界限。根据"两高两部"《关于依法办理家庭暴力犯罪案件的意见》规定，被告人主观上不具有侵害被害人健康或者剥夺被害人生命的故意，而是出于追求被害人肉体和精神上的痛苦，长期或者多次实施虐待行为，逐渐造成被害人身体损害，过失导致被害人重伤或者死亡的，属于虐待"致使被害人重伤、死亡"，应以虐待罪定罪处罚。

本案被害人的死亡结果虽然不是虐待行为本身所导致,但被害人的后退躲避行为是基于被告人的虐待行为产生的合理反应,死亡结果仍应归责于被告人,属于虐待"致使被害人重伤、死亡",不属于意外事件。

(三)注重发挥各方作用,构建联动保护机制。检察机关推动家暴事件报告制度落实落细,堵塞管理漏洞。加强与相关部门联动,促进完善制度机制,形成司法保护、家庭保护、学校保护、政府保护、社会保护的有效衔接。

案例三 张某某虐待案

【基本案情】

被告人张某某,男,1981年6月出生。

被害人王某某,女,殁年65岁,系张某某的母亲。

被告人张某某与父亲共同居住。2018年5月7日,其母亲王某某因精神疾病发作离家,被张某某及其家人接回家中。同年5月7日至5月10日间,张某某因王某某不睡觉多次持木棒打王某某,致其腿部、头部受伤。同月10日下午,王某某在家中死亡。张某某的父亲张某品报案。经鉴定,王某某额部擦挫伤、四肢软组织挫伤,属轻微伤,死因系肺动脉栓塞死亡。另查,张某某亦曾多次殴打其父亲。

贵州省织金县公安局于2018年5月18日立案侦查,6月25日移送检察机关审查起诉。

2018年9月5日,贵州省织金县人民检察院以张某某涉嫌虐待罪提起公诉。9月14日,织金县人民法院以虐待罪判处张某某有期徒刑一年六个月。一审宣判后,张某某未上诉。

【检察机关履职情况】

(一)完善证据、强化审查,准确认定事实。检察机关派员到案发地走访调查,当地群众反映"王某某被张某某活活打死。"检察机关引导公安机关进一步调查取证,证实张某某在母亲精神病发后未送医,而是持续多天持木棒殴打,造成其轻微伤。检察机关结合张某某供述及证人证言,与鉴定人沟通、咨询法医,确定被告人的虐待行为并非被害人致死原因。最终,检察机关认定被告人的行为构成虐待罪,但不属于虐待"致使被害人死亡"。

(二)听取被害人近亲属意见,开展释法说理。检察机关主动听取死者近亲属张某品的意见,并释明审查认定的事实、证据采信、法律适用等问题,消除其疑惑。宣判后,张某品未提出异议。经回访,张某某刑满释放后,返回家中与其父亲张某品共同居住,未再出现打骂老人的现象。

(三)推动在案发地公开庭审,开展法治宣传。检察机关与法院、当地政府沟通,在案发地公开审理。数百名群众旁听庭审,检察机关结合案件特点阐述了虐待罪的构成、法律适用及本案的警示意义。法院当庭宣判后,群众表示,通过旁听庭审,直观了解了司法机关办案程序,消除了对被害人死因的误解。

【典型意义】

(一)准确把握虐待行为与被害人死亡之间的因果关系。"两高两部"《关于依法办理家庭暴力犯罪案件的意见》规定,因长期或者多次实施虐待行为,逐渐造成被害人身体损害,过失导致被害人死亡的,属于虐待"致使被害人死亡"。被告人虽然实施了虐待行为,但被害人非因上述虐待行为造成死亡,不能认定为因虐待"致使被害人死亡"。

(二)运用事实、证据释法说理,提升司法公信。检察机关主动听取被害人近亲属对案件处理的意见,释明检察机关认定事实、适用法律的依据,让其感受到检察办案的客观公正。

(三)深入落实"谁执法谁普法"责任制。检察机关推动案件到案发地公开庭审,强化以案释法,通过"看得见""听得到"的普法形式,促进群众学法知法懂法,弘扬尊老美德,普及反家暴知识,增强公民反家暴意识。

案例四 毛某某故意伤害案

【基本案情】

被不起诉人毛某某,女,1994年12月出生。

被害人王某某,男,1981年10月出生。

二人系夫妻,均系聋哑人。王某某酗酒,经常酒后打骂毛某某。

2019年6月25日中午,王某某得知毛某某将自己被打的事情告诉了朋友,说晚上回家要砍断毛某某的脚。于是,毛某某买了一把刀,藏在卧室衣柜内。当晚,王某某回家后在客厅一边喝酒一边打毛某某,并将菜刀放到饭桌上。后因孩子哭闹,毛某某回卧室哄孩子。王某某酒后进入房间,继续打毛某某,说要用菜刀砍断毛某某的脚,并走出房间拿菜刀。毛某某从衣柜拿出刀向王某某身上乱砍,分别砍在王某某头顶、手臂、腹部等处。王某某夺下刀后,受伤倒地。毛某某到王某某的二姐王某娟家求助,王某娟的丈夫报警。经鉴定,王某某损伤程度为重伤二级,毛某某为轻微伤。

浙江省江山市公安局于2019年6月26日立案侦查,8月6日移送检察机关审查起诉。

2019年12月2日,浙江省江山市人民检察院依据刑事诉讼法第一百七十七条第二款的规定对毛某某作出不起诉决定。

【检察机关履职情况】

(一)全面了解案件情况。检察机关派员多次走访,了解到王某某一家6口生活困难,王某某的父母年迈患病无劳动能力;王某某案发前在当地务工,被砍伤后没有收入;毛某某在家照顾两个孩子,低保补助是家庭主要经济来源。村民反映,王某某经常酒后对毛某某实施家暴,还多次殴打亲友、邻居,认为毛某某的行为是反抗家暴,希望对其从轻处理。

(二)准确定性,依法妥善处理。检察机关认为,毛某某面对现实、紧迫的人身危险取刀反击,属于正当防卫,虽事先准备刀具,但不影响防卫性质。王某某徒手殴打,实施的是一般暴力行为,虽声称要拿菜刀砍毛某某,但在尚未使用可能危及生命或可能造成重伤的工具或高强度手段时,毛某某用刀砍王某某,其防卫手段及损害后果与不法侵害明显失衡,属于防卫过当。鉴于本案系家庭矛盾引发,毛某某有自首情节,依法决定对毛某某不起诉。

(三)开展司法救助和跟踪回访。针对王某某一家经济困难情况,检察机关为其申请司法救助,并与村委会沟通,由村委会监督司法救助款的使用,以管束王某某不再实施家暴。作出不起诉决定后,检察机关对二人进行动态跟踪教育,经回访,王某某未再对毛某某实施家暴。

【典型意义】

(一)正确认定因家庭暴力引发的故意伤害犯罪与正当防卫。"两高两部"《关于依法办理家庭暴力犯罪案件的意见》规定,为使本人或者他人的人身权利免受不法侵害,对正在进行的家庭暴力采取制止行为,符合刑法第二十条第一款规定的,应当认定为正当防卫。防卫行为明显超过必要限度,造成施暴人重伤、死亡的,属于防卫过当,应当负刑事责任,但应当减轻或者免除处罚。是否"明显超过必要限度",应当以足以制止并使防卫人免受家庭暴力不法侵害的需要为标准,根据施暴人正在实施家庭暴力的严重程度、手段的残忍程度、防卫人所处的环境、面临的危险程度、采取的制止暴力手段、造成施暴人重大损害的程度,以及既往家庭暴力的严重程度等综合判断。

(二)妥善把握家庭暴力引发刑事案件的特殊性。家暴引发的刑事案件不同于其他案件,有家庭因素牵涉其中,要兼顾维护家庭稳定、修复被损坏的家庭关系、尊重被害人意愿。对犯罪嫌疑人具有防卫性质、自首等法定情节,获得被害人谅解的,可以依法从宽处理。

(三)依法履行司法救助职能。对符合司法救助条件的,检察机关要积极开展司法救助,彰显司法人文关怀,帮助被救助人解决面临的生活困难、安抚心灵创伤,避免"因案致贫""因案返贫",促进家庭、社会和谐稳定。

案例五 武某某、陈某某、傅某某故意杀人案

【基本案情】

被告人武某某,女,1971年7月出生,系被害人之妻。
被告人陈某某,男,1996年5月出生,系被害人女婿。
被告人傅某某,女,案发时17周岁,系被害人之女。
被害人傅某明,男,殁年54岁。

武某某与傅某明系夫妻,二人生育一女(案发时6周岁)。傅某明与前妻养育一女傅某某。傅某某与陈某某生育一女(案发时3个月)。上述6人共同生活。

傅某明酗酒后经常打骂家人。2010年,傅某明和武某某结婚,婚后仍经常酗酒、打骂武某某,社区民警、村干部曾多次前往劝解。

2018年7月5日21时许,傅某明在家中酗酒,与武某某、傅某某发生争吵,并欲打傅某某,被陈某某挡下。傅某明到厨房拿起菜刀欲砍傅某某,陈某某在阻拦过程中被傅某明划伤手臂。傅某某、陈某某、武某某合力将傅某明按倒将刀夺下。武某某捡起半截扁担打傅某明头部,致傅某明昏倒。傅某明清醒后往屋外逃跑,并大声呼救。武某某担心日后被继续施暴,遂提议将傅某明抓住打死。傅某某与陈某某一同追出,将傅某明按倒,武某某从家里拿出尼龙绳套在傅某明脖子上,勒颈后松开,见傅某明未断气,要求陈某某、傅某某帮忙拉绳直至傅某明断气。武某某让傅某某报警,三人在家等待,到案后如实供述罪行。经鉴定,傅某明系他人勒颈窒息死亡。

2018年7月6日,四川省泸县公安局以武某某、陈某某、傅某某涉嫌故意杀人罪移送检察机关审查起诉。

2018年11月22日,四川省泸县人民检察院以涉嫌故意杀人罪对三被告人提起公诉。

2019年4月1日,四川省泸县人民法院以故意杀人罪判处武某某有期徒刑五年,判处陈某某有期徒刑三年二个月,判处傅某某有期徒刑三年,缓刑四年。一审宣判后,三被告人均未上诉。

【检察机关履职情况】

(一)落实宽严相济刑事政策,依法适用认罪认罚从宽制度。傅某某作案时系未成年人,具有自首、从犯情节,且处于哺乳期,家中有3个月的女儿和6岁的妹妹需照顾,检察机关介入侦查后建议公安机关对其采取非羁押性强制措施。审查起诉阶段,武某某担心家中孩子无人照料意图包揽全部罪责,检察机关释法说理,使武某某放下思想包袱,如实供述犯罪事实。同时,联系法律援助机构为三被告人指定辩护人,保障辩护权。检察机关认为,本案是典型的家暴被害人因不堪忍受家暴杀死施暴者的刑事案件,傅某明有重大过错,结合三被告人的自首、从犯、未成

年等量刑情节，听取被告人及其辩护人意见后，对武某某提出有期徒刑五年至八年的量刑建议，对陈某某提出有期徒刑三年至五年的量刑建议，对傅某某提出有期徒刑三年、缓刑四年的量刑建议。

（二）协同各方力量，妥善解决被告人服刑期间家庭问题。检察机关利用专业力量对未成年被告人傅某某及妹妹进行心理辅导，修复突发暴力事件造成的心理创伤。同时，发放司法救助金，联系镇村将其列为最低生活保障对象，并联系一位志愿者，为他们提供长期物质帮助，联系教育部门解决幼儿异地就学问题。

（三）利用公开庭审，开展反家暴普法宣传。检察机关与县妇联共同开展"以案说法，维护妇女权益"普法，在法院配合下，邀请县妇联、镇村妇联维权干部旁听武某某、陈某某案庭审。同时，检察机关与妇联会签文件，加强协作配合，共同推动妇女维权工作的开展。

【典型意义】

（一）依法妥善办理家庭暴力引发的刑事案件。"两高两部"《关于依法办理家庭暴力犯罪案件的意见》规定，对长期遭受家庭暴力后，在激愤、恐惧状态下为防止再次遭受家庭暴力，或者为摆脱家庭暴力而故意杀害、伤害施暴人，被告人的行为具有防卫因素，施暴人在案件起因上具有明显过错或者直接责任的，可以酌情从宽处罚。

（二）注重研究解决案件衍生的社会问题。因家暴引发的刑事案件中，家庭成员或致伤、致死，或入狱服刑，家中多出现需要被抚养、赡养的人失去生活来源或无人照料。检察机关积极与村（居）委会、民政、教育等部门对接，通过司法救助、社会帮扶、心理疏导等，妥善解决涉案家庭生活保障、监护保障、教育保障问题。

（三）通过以案释法，增强全民法治观念。检察机关注重在办案中普法，组织旁听庭审，将符合公开条件的庭审作为法治宣传公开课，教育公民尊法、学法、守法、用法，充分发挥"办理一个案件、警示教育一片"的作用。

案例六　杨某某故意伤害案

【基本案情】

被不起诉人杨某某，女，1973年3月出生。

被害人朱某某，男，1970年6月出生。

二人1995年结婚后，因朱某某赌博及赡养老人等问题时常吵架，朱某某多次殴打杨某某。杨某某也多次提出离婚，并于2020年7月向法院起诉离婚，后经调解撤诉。

2019年1月8日23时许，杨某某怀疑朱某某给其他女性发暧昧短信，二人在家中再次发生争执，杨某某用菜刀将朱某某左手手指砍伤，经鉴定为轻伤二级。

2020年8月14日，朱某某报案，公安机关对杨某某故意伤害案立案侦查，9月30日将杨某某逮捕。

2020年10月19日，云南省会泽县公安局将杨某某故意伤害案移送检察机关审查起诉。

云南省会泽县人民检察院审查后，于2020年11月18日，依据刑事诉讼法第一百七十七条第二款，对杨某某作出不起诉决定。

【检察机关履职情况】

（一）查清事实，开展羁押必要性审查。在审查逮捕阶段，因杨某某不认罪，检察机关作出批准逮捕决定。审查起诉阶段，通过检察机关释法说理，杨某某自愿认罪认罚。检察机关进行羁押必要性审查，认为对杨某某无继续羁押的必要，依法变更强制措施为取保候审。

（二）组织公开听证，听取各方意见。检察机关认为，本案系家庭矛盾激化引发，杨某某自愿认罪认罚，取得被害人谅解，考虑到家暴因素牵涉其中，且二人婚姻关系紧张，为依法妥善处理本案，遂邀请人大代表、政协委员、人民监督员，在朱某某、杨某某和二人的女儿在场下对拟不起诉公开听证，听取各方意见。双方均表示接受处理意见并妥善处理婚姻问题。

（三）进行回访，加强反家暴延伸工作。检察机关根据办案中反映出的朱某某家暴行为，对朱某某进行训诫，朱某某表示愿意积极改善家庭关系。检察机关作出不起诉决定后，通过回访提示杨某某，如再次遭受家暴，要留存、收集证据并及时报案。

【典型意义】

（一）对因遭受家暴而实施的伤害犯罪要坚持依法少捕慎诉理念。在犯罪嫌疑人的犯罪行为与其长期遭受家暴的事实密不可分的情况下，检察机关不能简单批捕、起诉，要全面细致审查证据，查清案件事实、起因，充分考虑其长期遭受家暴的因素。

（二）注意听取当事人意见。"两高两部"《关于依法办理家庭暴力犯罪案件的意见》规定，办理家庭暴力犯罪案件，既要严格依法进行，也要听取当事人双方的意见，尊重被害人的意愿。在采取刑事强制措施、提起公诉时，更应充分听取被害人意见，依法作出处理。

（三）注重犯罪预防工作。对家庭暴力的施暴者可以运用训诫等措施，责令施暴人保证不再实施家庭暴力。对家暴的受害者可以加强举证引导，告知其必要时可以根据《中华人民共和国反家庭暴力法》的规定向法院申请人身安全保护令。

2. 中国反家暴十大典型案例[①]

案例1　陈某某故意杀人案
——家庭暴力犯罪中，饮酒等自陷行为导致限制刑事责任能力的，应依法惩处

【基本案情】

陈某某(男)和胡某某(女)系夫妻关系，陈某某因饮酒致酒精依赖，长期酒后辱骂、殴打胡某某。2019年5月5日，胡某某因害怕陈某某伤害自己而到娘家暂住，直至5月8日回到其与陈某某二人居住的家中。次日凌晨，因经济压力及琐事，陈某某在家中二楼卧室与胡某某发生争吵，并在争执中坐在胡某某身上，用双手掐胡某某颈部，又将胡某某后脑往地上砸，致其机械性窒息当场死亡。陈某某案后自杀未果。经鉴定，陈某某具有限定刑事责任能力。

【裁判结果】

法院生效裁判认为，陈某某非法剥夺他人生命，致人死亡，其行为已构成故意杀人罪。陈某某案发时具有限定刑事责任能力，但该精神障碍系非病理性的原因自由行为饮酒所致，且陈某某存在长期酒后家暴行为，本案亦是由陈某某单方过错引发，不宜认定为"家庭矛盾引发"而予从轻处罚。因陈某某能够如实供述自己罪行，可予从轻处罚。综上，对陈某某判处死刑，缓期二年执行，剥夺政治权利终身。

【典型意义】

1. 家庭暴力不是家庭纠纷，不属于从轻处罚情形。家庭暴力与家庭纠纷有着本质的区别。纠纷婚恋双方、家庭成员之间的纠纷或矛盾通常具有偶发性、程度轻的特点，由此引发的案件与该矛盾具有直接的关联，被害人对矛盾的激化往往也有一定的责任。但家庭暴力双方地位和权力结构并不平等，施暴人基于控制目的实施的暴力行为，呈现隐蔽性、长期性、周期性、渐进性的特点，施暴人对案件具有单方面的过错。将家庭暴力与家庭纠纷区分开来，从而不对该类刑事案件以"家庭矛盾引发"而从轻处罚，能够对家庭暴力的施暴人起到警示作用，从而有效预防和遏制家庭暴力的现象。

2. 证人证言可构成认定家暴的主要证据，且不认定为初犯。法院在无行政处罚或刑事处罚记录、伤势鉴定等客观证据的情况下，以包括陈某某兄弟、子女在内的多名证人证言形成的证据链条，认定陈某某对被害人的迫害在结婚多年中持续存在，并以该既往严重家暴史否定其初犯评价，并予以从重处罚。

3. 酗酒、吸毒所致精神病变不必然减轻其刑事责任。对吸毒、醉酒等自陷型行为应采用"原因自由行为理论"予以评定。主动摄入行为是加害人的一种生理性依赖，施暴人明知自己极易酒后失控施暴，仍将自身陷于醉酒后的行为失控或意识模糊情境中，就应对施暴行为负责，且绝大多数情况下，主动摄入酒精、毒品或其他物质后，加害人实施家庭暴力的手段和程度都会加大，给受害人带来更残忍的严重后果。陈某某虽因酒精依赖导致大脑皮质器质性损伤，被评定为限定刑事责任能力，但该损伤系其自主选择所致，法院仍根据其全案情节，对其判处严刑。

从国际标准来看，联合国《消除对妇女一切形式歧视公约》及其一般性建议和联合国大会相关决议要求，"法庭是否确保主动摄入酒精、毒品或其他物质的加害人对妇女实施暴力行为后不会被免除责任"，即加害人在主动摄入酒精、毒品等物质后对妇女实施暴力行为应承担刑事责任，本判决符合这一国际准则。

案例2　姚某某故意杀人案
——受暴妇女因不堪忍受家庭暴力而杀死施暴人的，可认定为故意杀人"情节较轻"

【基本案情】

被告人姚某某(女)和被害人方某某(男)系夫妻关系，二人婚后育有四个子女。方某某与姚某某结婚十余年来，在不顺意时即对姚某某拳打脚踢。2013年下半年，方某某开始有婚外情，在日常生活中变本加厉地对姚某某实施殴打。2014年8月16日中午，方某某在其务工的浙江省温州市某厂三楼员工宿舍内因琐事再次殴打姚某某，当晚还向姚某某提出离婚并要求姚某某独自承担两个子女的抚养费用。次日凌晨，姚某某在绝望无助、心生怨恨的情况下产生杀害方某某的想法。姚某某趁方某某熟睡之际，持宿舍内的螺纹钢管猛击其头部数下，又拿来菜刀砍切其颈部，致方某某当场死亡。作案后，姚某某拨打110报警并留在现场等待警察到来。

案发后，被害人方某某的父母表示谅解姚某某的行为并请求对姚某某从轻处罚。

【裁判结果】

法院生效裁判认为，姚某某因不堪忍受方某某的长期家庭暴力而持械将其杀死，其行为已构成故意杀人罪。根据被告人的供述以及在案十位证人的证言，应当认定方某某在婚姻生活中对姚某某实施了长期的家庭暴力。被告

[①] 最高人民法院2023年6月15日发布。

人姚某某对被害人方某某实施的家庭暴力长期以来默默忍受,终因方某某逼迫其离婚并独自抚养两个未成年子女而产生反抗的念头,其杀人动机并非卑劣;姚某某在杀人的过程中虽然使用了两种凶器并加害在被害人的要害部位,并承认有泄愤、报复的心理,但结合家暴问题专家的意见,姚某某属于家庭暴力受暴妇女,其采取杀害被害人这种外人看似残忍的行为,实际上有其内在意识:是为了避免遭受更严重家暴的报复。姚某某作案后没有逃匿或隐瞒、毁灭罪证,而是主动打电话报警,归案后如实供述自己的犯罪事实,并带领侦查人员找到作案使用的菜刀,具有认罪、悔罪情节。综上,姚某某的作案手段并非特别残忍、犯罪情节并非特别恶劣,可以认定为故意杀人"情节较轻"。姚某某具有自首情节,被害人方某某的父母对姚某某表示谅解,鉴于姚某某尚有四个未成年子女需要抚养,因此对姚某某给予较大幅度的从轻处罚。综上,对被告人姚某某以故意杀人罪,判处有期徒刑五年。

【典型意义】

1. 2015年3月2日,最高人民法院、最高人民检察院、公安部、司法部共同发布了我国第一个全面的反家庭暴力刑事司法指导性文件《关于依法办理家庭暴力犯罪案件的意见》(以下简称《反家暴意见》),在该意见第20条中,较为全面地规定了由家庭暴力引发的杀害、伤害施暴人案件的处罚。本案系首例适用两高两部《反家暴意见》将受暴妇女以暴制暴的情形认定为故意杀人"情节较轻"的案件。本案深入了解被告人姚某某作为受暴妇女的特殊心理和行为模式,全面把握姚某某在本案中的作案动机、犯罪手段以及量刑情节,明确认定姚某某属于故意杀人"情节较轻",对其作出有期徒刑五年的判决。

2. 本案系全国首例家暴问题专家证人意见被判决采纳的案件。本案在开庭时聘请具有法学和心理学专业知识的人员出庭向法庭提供专家意见。家庭暴力问题专家出庭接受各方质询,可以向法庭揭示家庭暴力问题的本质特征以及家庭暴力关系中施暴人和受暴人的互动模式,帮助法庭还原案件中涉及家庭暴力的事实真相,尤其是家庭暴力对受暴人心理和行为模式造成的影响,从而协助法庭准确认定案件的起因、过错责任以及家暴事实与犯罪行为之间的因果关系等与定罪量刑密切相关的重要事实,避免法官因缺乏关于家庭暴力关系中双方的互动模式给受暴人的心理和行为造成的影响等方面的专业知识可能导致错误裁判的风险。在庭审中,专家证人出庭接受了控、辩双方的质询并就家庭暴力的特征、表现形式、受暴人与施暴人在亲密关系中的互动模式以及受暴妇女、施暴人特殊的心理、行为模式等家庭暴力方面的专业知识向法庭做了

客观、充分的解释。法庭根据被告人行为,结合专家证人在庭上提供的对受暴妇女的一般性规律意见,认定被告人姚某某在杀人的过程中虽然使用了两种凶器并加害在被害人的要害部位,但其采取上述手段杀害被害人更主要的还是为了防止被害人未死会对其施以更加严重的家庭暴力的主观动机。在涉家暴刑事案件审理中引入专家证人证言,对其他地方法院审理类似案件具有重要的借鉴意义。

从国际标准来看,联合国《消除对妇女一切形式歧视公约》及其一般性建议和联合国大会相关决议要求,"在案件审理过程中,应充分考虑性别因素并以受害人为中心。"本案专家证人证言中也描述了在长期遭受家庭暴力下对受害人的影响。根据世界卫生组织的研究表明,长期家暴可能给家暴受害人带来各种严重的身心影响,如个体在长期遭受无法逃脱的负面刺激或困境后,逐渐丧失对改变自身状况的信念和动力,产生无助和无能为力的心态称为习得性无助,这些影响在家庭暴力事件发生时,有可能会影响妇女对暴力程度、危险性和预期结果的认知,以及影响他们所采取的对策、行为的判断力。本判决符合这一国际准则。

案例3 李某、杨某故意伤害案

——管教子女并非实施家暴行为的理由,对子女实施家庭暴力当场造成死亡的应认定为故意伤害罪

【基本案情】

被告人李某离婚后,长期将女儿被害人桂某某(殁年10岁)寄养于其姨妈家中;2019年12月,李某将桂某某接回家中,与其同居男友被告人杨某共同生活。李某与杨某时常采用打骂手段"管教"桂某某。2020年2月6日中午,因发现桂某某偷玩手机,李某、杨某便让桂某某仅穿一条内裤在客厅和阳台罚跪至2月8日中午,并持续采取拳打脚踢、用皮带和跳绳抽打、向身上浇凉水等方式对桂某某进行体罚,期间仅让桂某某吃了一碗面条、一个馒头,在客厅地板上睡了约6个小时。2月8日14时许,桂某某出现身体无力、呼吸减弱等情况,李某、杨某施救并拨打120急救电话,医生到达现场,桂某某已无生命体征。经鉴定,桂某某系被他人用钝器多次击打全身多处部位造成大面积软组织损伤导致创伤性休克死亡。

【裁判结果】

法院生效裁判认为,李某、杨某故意伤害他人身体,致一人死亡,其行为已构成故意伤害罪。李某、杨某在共同故意伤害犯罪中均积极实施行为,均系主犯。判处李某死刑,缓期二年执行,剥夺政治权利终身;判处杨某无期徒刑,剥夺政治权利终身。

【典型意义】

1. 以管教为名,对未成年子女实施家庭暴力造成严重后果的,不予从轻处罚。李某与杨某作为10岁女童的母亲和负有共同监护义务的人,明知被害人尚在成长初期,生命健康容易受到伤害,本应对孩子悉心呵护教养,但却在严冬季节,让被害人只穿一条内裤,在寒冷的阳台及客厅,采取拳打脚踢、绳索抽打、水泼冻饿、剥夺休息等方式,对被害人实施48小时的持续折磨,造成被害人全身多部位大面积软组织损伤导致创伤性休克而死亡。综观全案,对孩子进行管教,只是案发的起因,不能达到目的时,单纯体罚很快变为暴虐地发泄。法院认为李某与杨某犯罪故意明显,犯罪手段残忍,后果极其严重,对其不予从轻处罚。判决昭示司法绝不容忍家庭暴力,彰显对人的生命健康尊严,特别是对未成年人的保护。

2. 连续实施家庭暴力当场造成被害人重伤或死亡的,以故意伤害罪定罪处罚。依据最高人民法院、最高人民检察院、公安部、司法部2015年印发的《关于依法办理家庭暴力犯罪案件的意见》第17条相关规定,虽然实施家庭暴力呈现出经常性、持续性、反复性的特点,但其主观上具有放任伤害结果出现的故意,且当场造成被害人死亡,应当以故意伤害罪定罪处罚。

案例4　邱某某故意伤害案
——制止正在进行的家庭暴力行为,符合刑法规定的认定为正当防卫,不负刑事责任

【基本案情】

邱某某(女)和张某(男)甲案发时系夫妻关系,因感情不和、长期遭受家庭暴力而处于分居状态。二人之子张某乙9岁,右耳先天畸形伴听力损害,经三次手术治疗,取自体肋软骨重建右耳廓,于2019年6月5日出院。同年7月2日晚,邱某某与张某甲多次为离婚问题发生争执纠缠。次日凌晨1时许,张某甲到邱某某和张某乙的住所再次进行滋扰,并对邱某某进行辱骂、殴打,后又将张某乙按在床上,跪压其双腿,用拳击打张某乙的臀部,致其哭喊挣扎。邱某某为防止张某乙术耳受损,徒手制止无果后,情急中拿起床头的水果刀向张某甲背部连刺三刀致其受伤。邱某某遂立即骑电动车将张某甲送医救治。经鉴定,张某甲损伤程度为重伤二级。检察机关以邱某某犯故意伤害罪提起公诉。

【裁判结果】

法院生效裁判认为,为了使本人或者他人的人身权利免受不法侵害,对正在进行的家庭暴力采取制止行为,只要符合刑法规定的条件,就应当依法认定为正当防卫,不负刑事责任。本案中,邱某某因婚姻纠纷在分居期间遭受其丈夫张某甲的纠缠滋扰直至凌晨时分,自己和孩子先后遭张某甲殴打。为防止张某乙手术不足一月的再造耳廓受损,邱某某在徒手制止张某甲暴力侵害未果的情形下,持水果刀扎刺张某甲的行为符合正当防卫的起因、时间、主观、对象等条件。同时根据防卫人所处的环境、面临的危险程度、采取的制止暴力的手段、施暴人正在实施家庭暴力的严重程度、造成施暴人重大损害的程度以及既往家庭暴力史等因素进行综合判断,应当认定邱某某的正当防卫行为未超过必要限度,不负刑事责任。依法宣告邱某某无罪。

【典型意义】

1. 对反抗家庭暴力的行为,准确适用正当防卫制度进行认定。家庭暴力是指家庭成员之间以殴打、捆绑、残害、限制人身自由以及经常性谩骂、恐吓等方式实施的身体、精神等侵害行为,受害人大多数是女性和未成年人,相对男性施暴人,其力量对比处于弱势。人民法院充分运用法律,准确把握正当防卫的起因、时间、主观、对象等条件,结合《最高人民法院 最高人民检察院 公安部 司法部关于依法办理家庭暴力犯罪案件的意见》的相关规定,对遭受家庭暴力的妇女和儿童予以充分保护和救济,对其在紧急情况下的私力救济行为,符合刑法规定的,准确认定为正当防卫。

2. 对反抗家庭暴力中事先准备工具的行为,进行正确评价。司法实践中对于事先准备工具的正当防卫行为的认定存在一定困难,在反家暴案件中应当考虑施暴行为的隐蔽性、经常性、渐进性的特点以及受害人面临的危险性和紧迫性,对此予以客观评价。邱某某长期遭受家庭暴力,从其牙齿缺损和伤痕照片可见一斑,事发前因婚姻矛盾反复遭到张某甲纠缠直至凌晨时分。在报警求助及向张某甲之母求助均无果后,无奈打开家门面对暴怒的张某甲,邱某某在用尽求助方法、孤立无援、心理恐惧、力量对比悬殊的情形下准备水果刀欲进行防卫,其事先有所防备,准备工具的行为具有正当性、合理性。

3. 应当以足以制止并使防卫人免受家庭暴力不法侵害的需要为标准,准确认定防卫行为是否过当。认定防卫行为是否"明显超过必要限度",应当以足以制止并使防卫人免受家庭暴力不法侵害的需要为标准,根据防卫人所处的环境、面临的危险程度、采取的制止暴力的手段、施暴人正在实施家庭暴力的严重程度、造成施暴人重大损害的程度以及既往家庭暴力史等进行综合判断。

邱某某在自己遭到张某甲辱骂、扇耳光殴打后,虽然手中藏有刀具,但未立即持刀反抗,而顺势放下刀具藏于床头,反映邱某某此时仍保持隐忍和克制。张某甲将其子

张某乙按在床上殴打时,具有造成张某乙取软骨的肋骨受伤、再造耳廓严重受损的明显危险。邱某某考虑到其子第三次手术出院不足一月,担心其耳受损,在徒手制止无果后,情急之中持刀对张某甲进行扎刺,制止其对张某乙的伤害,避免严重损害后果的行为具有正当性。判断邱某某的防卫行为是否明显超过必要限度,应当充分体谅一个母亲为保护儿子免受伤害的急迫心情,还应当充分考虑张某乙身体的特殊状况和邱某某紧张焦虑状态下的正常应激反应,不能以事后冷静的旁观者的立场,过分苛求防卫人"手段对等",要求防卫人在孤立无援、高度紧张的情形之下作出客观冷静、理智准确的反应,要设身处地对事发起因、不法侵害可能造成的后果、当时的客观情境等因素进行综合判断,适当作有利于防卫人的考量和认定。

从国际标准来看,联合国《消除对妇女一切形式歧视公约》及其一般性建议和联合国大会相关决议要求,"在案件审理过程中,应充分考虑性别因素并以受害人为中心",在本案中,考虑到长期遭受家暴的受害人与施暴者之间形成的特殊互动模式,以及长期遭受家暴对受害人身心的特殊影响,受害人可能在认知和行为方面存在一些特殊状况。例如,受害人可能会误判施暴者的行为和后果,过度估计施暴者可能造成的伤害,并担心如果无法以一招取胜,将会遭受施暴者更加严重的伤害等。因此,在判定家暴受害者对施暴者采取的暴力行为是否过当时,需要考虑与平等非家暴关系主体之间的防卫程度认定存在不同之处。长期遭受家暴的经历以及其对受害人身心认知的影响应被纳入考量。因此,本判决符合国际准则的要求。

案例5 谌某某违反人身安全保护令案
——人身安全保护令的回访与督促执行

【基本案情】

罗某(女)与谌某某(男)系夫妻关系。2018年12月,罗某向法院起诉要求离婚,并在诉讼过程中,以此前谌某某经常酗酒发酒疯、威胁恐吓罗某及其家人、在罗某单位闹事为由向法院递交了人身安全保护令申请书,同时提交了谌某某此前书写的致歉书、微信记录等证据予以证实。法院审核后,于2018年12月18日做出了人身安全保护令裁定并送达给了本案被申请人谌某某。同时,法院向罗某所在街道社区及派出所送达了协助执行通知书及人身安全保护令裁定,要求如谌某某对罗某实施辱骂、殴打、威胁等精神上、身体上的侵害行为时,要立刻予以保护并及时通知法院。

2019年2月14日,法院按照内部机制对罗某进行电话回访,罗某向法院反映谌某某对其实施了精神上的侵害行为。后法官传唤双方当事人到庭并查明:在法院发出的人身安全保护令的有效期内,双方多次发生激烈争执。争执中,谌某某以拟公开罗某隐私相要挟。随后,双方又因琐事发生冲突,谌某某随即找到罗某单位两位主要领导,披露罗某此前在家中提及的涉隐私内容,导致罗某正常工作环境和社交基础被严重破坏,精神受损,基于羞愤心理意欲辞职。

【裁判结果】

法院认为,谌某某前往罗某单位宣扬涉隐私内容,上述事实的传播和评价,对于女方而言,是不愿意让他人知晓的信息。男方将女方的涉隐私信息予以公开,属于侵犯其隐私。

家庭暴力的核心是控制,谌某某以揭露罗某隐私相要挟,意欲对其进行控制,属于《中华人民共和国反家庭暴力法》中对家庭暴力定义的"精神上的侵害"。最后谌某某将隐私公开,进一步造成了对罗某精神上的实际侵害。对此,2019年2月15日,法院做出了拘留决定书,对谌某某实施了拘留5日的惩罚措施。

【典型意义】

1. 该案系法院在人身安全保护令发出后回访过程中所发现。"人身安全保护令回访制度"系该院创举,一方面该制度有利于发现家庭暴力行为,在当事人因受到暴力和精神压迫而不敢请求保护或对家庭暴力知识缺失的时候,通过司法机关主动回访及时发现并制止可能存在的或已经存在的违反人身安全保护令的行为,既能够维护司法权威,也能更好地保障家庭关系中弱势群体的合法权益;另一方面回访制度能够体现司法机关执法的温度,让当事人真正能够感受到法律并非冰冷的文字而是实实在在保护自己的有效利器。

2. 该案中,在人身安全保护令发出后,人民法院一直以纠问式审判主导该案。谌某某无视人身安全保护令,公然违抗法院裁判文书的行为已经触碰司法底线,人民法院在此情况下主动积极作为,维护人身安全保护令的权威和实施,保护受害人的合法权益不受侵犯。

3. 在该案影响下,"宣扬隐私"亦构成家庭暴力的观点被写入地方立法,2019年7月1日起施行的《湖南省实施〈中华人民共和国反家庭暴力法〉办法》第二条明确,"本办法所称家庭暴力,是指家庭成员之间以殴打、捆绑、……宣扬隐私、跟踪、骚扰等方式实施的身体、精神等侵害行为"。此外,"宣扬隐私"构成家庭暴力的观念在2023年修订的《中华人民共和国妇女权益保障法》第二十九条中也有体现。

从国际标准来看,联合国《消除对妇女一切形式歧视公约》及其一般性建议和联合国大会相关决议要求,"司法部门对针对妇女的暴力(包括家庭暴力)有足够的警觉,一致地把保障妇女的生命权和身心健康放在重要位置"(依据指标3.1-《公约案件5/2005》要求),在当事人因受到暴力和精神压迫而不敢请求保护或对家庭暴力知识缺失的时候,通过司法机关主动回访及时发现并制止可能存在的或已经存在的违反人身安全保护令的行为,法院通过再次回访确保家庭中弱势群体的安全,本案做法符合这些国际准则。

案例6 冯某某申请曹某某人身安全保护令案
——全流程在线审理人身安全保护令促进妇女权益保护

【基本案情】

冯某某(女)与曹某某(男)系夫妻关系。申请人冯某某于2022年12月22日起诉要求与被申请人曹某某离婚。在诉前调解过程中,曹某某于2023年1月13日深夜前往冯某某住处辱骂、恐吓冯某某及其近亲属,并使用随身携带的铁锤毁坏门锁,冯某某报警;后曹某某又于1月16日至冯某某母亲张某某住处辱骂、威胁,并扬言"要在大年初一、十五上门找麻烦",张某某亦报警。

因对人身安全及能否平安过年感到担忧,2023年1月19日,冯某某向其代理律师咨询申请保护令事宜,代理律师表示如按传统方式线下调查取证、申请保护令、签发送达及协助执行至少需要10天时间,时值农历年底可能无法及时完成,但当地法院在2022年底上线的"法护家安"集成应用可在线申请保护令,或可尝试。冯某某遂通过其律师于当晚21时通过手机登录法院"法护家安"集成应用,在线申请了人身安全保护令。

【裁判结果】

2023年1月20日,法院通过绿色通道立案受理。承办法官通过"法护家安"集成应用反家暴模块建立的反家暴数据库快速获取相关警情数据等证据材料,同时通过关联检索获知被申请人曹某某曾多次因暴力犯罪被追究刑事责任。根据上述证据,申请人面临家庭暴力现实危险的证据充分,且该起民事纠纷极有可能转化为恶性刑事案件,承办法官遂决定签发人身安全保护令,禁止曹某某对冯某某实施家暴并禁止其骚扰、跟踪、接触冯某某及张某某。在线送达双方当事人后,承办法官通过在线方式向区公安分局、区妇联等单位进行送达协助执行通知书,相关协助执行单位在线实时签收后,根据相关工作机制开展工作,协助督促被申请人遵守保护令,并对申请人进行回访,疏导、安抚。

【典型意义】

本案从当事人申请,到法院立案受理、证据调取、审查签发,再到各部门送达响应、协助执行,总用时不到24小时,全流程在线运行,充分落实了《中华人民共和国反家庭暴力法》第二十八条"情况紧急的,应当在二十四小时内作出"的规定。从国际标准来看,联合国《消除对妇女一切形式歧视公约》及其一般性建议和联合国大会相关决议要求,"各国确保在家庭暴力案件中,受害妇女有权申请和获得保护令,并确保这些保护令具有法律效力,并能得到有效执行"。

"法护家安"集成应用系由浙江省温州市龙湾区人民法院联合五家基层法院、区社会治理中心、区妇联,共同建设并于2022年12月29日成功上线。其中"反家暴人身保护模块"建立了政法委牵头,人民法院、人民检察院、公安机关、司法行政机关、社会治理中心、妇联、大数据管理机构等各部门共同参与、在线协同的反家暴工作机制,相比传统模式下,"法护家安"集成应用反家暴人身保护模块突破了当事人提交申请的时空限制,解决了当事人取证来回跑的难题,打通了各部门的数据共享通道,实现了家庭暴力事件的数据归集与分析预警,极大缩短了各流程的操作时间,加强了与公安、妇联等部门的多跨协同,具有"法护家安"反家暴人身保护模块"申请的便利性、信息的共享性、取证的快捷性、签发的准确性、响应的及时性、保护的充分性"六大优势,对被申请人及时起到了震慑作用,将司法触角延伸至家庭暴力的萌芽之初,对全时空保障妇女权益、促进和谐家风建设具有重要意义。

从国际标准来看,"法护家安"反家暴人身保护令模块的设置符合联合国大会第65届会议(A/65/457/65/228)就针对妇女的暴力行为加强犯罪预防和形式司法应对的决议,诠释了"针对妇女的暴力(包括家庭暴力)的受害人可以获得公安部门、检察机关、及法院设立专门的司法服务"这一标准。

案例7 叶某申请人身安全保护令案
——同居结束后受暴妇女仍可申请人身安全保护令

【基本案情】

叶某(女)与黄某(男)是同居关系,双方于2021年生育女儿。后双方分手,女儿随叶某共同生活。叶某向法院起诉黄某同居关系子女抚养纠纷。2022年3月9日晚上,黄某去到叶某弟弟家中,并使用叶某弟弟的电话向叶某及其父母实施威胁,称:"如不交回孩子,将采取极端手段。"叶某及其家属立即于次日向所在辖区公安机关报警,同日晚上黄某通过网购平台购买了具有攻击性和伤害性的辣椒水用品,向法院解释是为了自己防身。叶某认为,结合黄某平时暴躁、极端的性格,其有可能作出恐怖、极端的行为,并已危及自己及家属的安全及生命,故于2022年4月向法院申请人身安全保护令,请求法院裁定禁止黄某骚扰、跟踪、威胁、殴打叶某及女儿。

【裁判结果】

法院经审查认为,黄某辩解因申请人藏匿女儿,导致其无法与女儿见面,心里很生气,于是想买瓶辣椒水。可见,黄某购买辣椒水并非用于防身,而是意图报复叶某。叶某提交的辣椒水购买记录、住所楼道监控录像等证据及黄某自认的事实,足以证实黄某及其亲属因女儿抚养权及探望争议对叶某进行骚扰、威胁,使叶某面临家庭暴力的现实危险,叶某的申请符合《中华人民共和国反家庭暴力法》第二十七条规定的发出人身安全保护令的条件。叶某与黄某如因女儿的抚养权及探望问题发生矛盾,应通过合法途径解决。最终,法院依照《中华人民共和国反家庭暴力法》之相关规定,作出人身安全保护令,裁定禁止黄某骚扰、跟踪、威胁、殴打叶某及其女儿。

【典型意义】

1.同居男女朋友分手后女方遭受威胁、恐吓等暴力侵害的,可向法院申请人身安全保护令。

《中华人民共和国反家庭暴力法》第三十七条规定,家庭成员以外共同生活的人之间实施的暴力行为,参照本法规定执行。意味着监护、寄养、同居、离异等关系的人员之间发生的暴力也纳入法律约束。本案中,叶某与前男友黄某之间并非家庭成员关系,叶某的权益受侵害时,已结束了同居生活,但同居的结束,不代表同居关系的结束,还有共同财产、子女等一系列问题需要解决,如机械地要求受害者必须与侵害人同住一所才能获得保护,与反家暴法的立法初衷相违背,也不符合常理。

反家庭暴力法的本质,是通过司法干预来禁止家庭成员、准家庭成员间,基于控制及特殊身份关系而产生的各种暴力。该法规定了非婚姻的准家庭成员关系也受其调整,那么在离婚妇女受暴后能获得司法干预的同时,同居结束后受暴妇女亦应同样能够获得保护。因此,同居男女朋友结束同居生活后若存在家庭暴力情形的,也应作为人身安全保护令的申请主体。

从国际标准来看,符合联合国《消除对妇女一切形式歧视公约》及其一般性建议和联合国大会相关决议要求,体现了国际标准中国家针对妇女的暴力的无差别保护和司法救济,不因是否具有婚姻关系、是否尚处于同居关系等加以划分和有所限制。

2.被申请人未实施实质性人身伤害行为,申请人仅提供了被申请人购买辣椒水的淘宝订单记录,是否符合发出人身安全保护令的条件。

家庭暴力具有隐密性和突发性,对于家庭暴力行为发生可能性的证明,难度相对较高,为防止侵害行为的发生,应当适当降低证明标准,即只要申请人能够提供初步证据证明存在家暴发生的现实危险即可,对于侵害可能性的标准应当从宽。《最高人民法院关于办理人身安全保护令案件适用法律若干问题的规定》第六条明确了人身安全保护令案件中,人民法院根据相关证据,作出人身安全保护令的证明标准是"申请人遭受家庭暴力或者面临家庭暴力现实危险的事实存在较大可能性",而非民事诉讼的"高度盖然性",降低了证明标准,从而减轻了当事人的举证负担。本案中,即使黄某尚未对叶某产生实质性伤害,但结合本案监控录像等证据及黄某自认"因原告藏匿女儿很生气,后购买了辣椒水"的事实,叶某遭受家庭暴力或者面临家庭暴力现实危险的事实存在较大可能性,因此,法院应当立即发出人身安全保护令,这对于预防及制止家庭暴力、保护家庭成员,具有重要意义,也符合反家庭暴力工作应遵循预防为主的基本原则。

3.申请人提交的住所楼道监控录像及被申请人的淘宝购买订单可作为证实家暴的证据。

在对家暴行为的认定中,证据形式更加多样化,除了报警记录、病历、处罚决定书等,当事人陈述、短信、微信记录、录音、视频、村居委和妇联等单位机构的救助记录等均可纳入证据范围。《最高人民法院关于办理人身安全保护令案件适用法律若干问题的规定》第六条第二款第五项规定的"记录家庭暴力发生或者解决过程等的视听资料"、第十一项规定的"其他能够证明申请人遭受家庭暴力或者面临家庭暴力现实危险的证据",均可以作为证明存在家庭暴力的证据。

案例8　马某某诉丁某某离婚案
——对于家暴事实的认定应当适用特殊证据规则

【基本案情】

马某某(女)以丁某某(男)性格暴躁,多次对其实施家庭暴力为由诉至法院要求离婚,丁某某否认其实施了家暴行为,且不同意离婚。马某某提交了多次报警记录,证明其曾因遭受家庭暴力或面临家庭暴力现实危险而报警,并提供病历和伤情鉴定证明其受伤情况,丁某某未提交任何证据佐证其抗辩意见。

【裁判结果】

法院生效裁判认为,原告马某某主张丁某某对其实施暴力,并提交了相关佐证证据,虽丁某某予以否认,但马某某提交的病历资料及鉴定文书中均有"全身多处软组织挫伤"等表述,而丁某某对于马某某的伤情并未给予合理解释,综合双方的陈述以及马某某提交的证据可以确认,丁某某在其与马某某发生矛盾的过程中,确实动手殴打了马某某。法院根据家事实的认定,并综合经审理查明的其他事实,认定双方的夫妻感情确已破裂,判决准予离婚。

【典型意义】

1.涉家庭暴力案件中,法院根据医疗机构的诊疗记录、伤情鉴定意见,可以认定申请人遭受家庭暴力或者面临家庭暴力现实危险的事实存在。本案中,马某某和丁某某对于家庭暴力发生的事实和经过的说法不一致,马某某对每一次家暴事实进行了详细且符合逻辑的描述,丁某某仅表述为双方"互有推搡""搂抱",基于马某某提交的病历资料及鉴定文书中均有"全身多处软组织挫伤"等表述,丁某某虽否认家暴行为,但对于马某某的伤情并未提供给合理解释,考虑到马某某作为受害人能够提供相关证据并合理陈述,其陈述可信度要高于丁某某的陈述。该做法也符合2022年7月最高人民法院发布的《关于办理人身安全保护令案件适用法律若干问题的规定》中有关证据认定的制度规定。

2.查清家庭暴力事实需要法官加大依职权探究力度。普通的民事诉讼,往往采用辩论主义,但要查清家庭暴力,则更需要法官依职权去探究相关事实及调取证据。本案中,马某某提交的证据并不足以证实其遭受到了家庭暴力,但法院根据其提交的证据,并结合其陈述,对于其主张的每一次家暴事实进行了仔细询问和追问,并对其最早一次遭受家暴以及自认为最严重的一次家暴等关键事实均进行了询问,马某某均给予了详细且符合逻辑的描述,通过对家暴细节进行主动调查,又根据受害人陈述可信度较高的原则,进而可以有助于家庭暴力事实的认定。

家庭暴力具有较高的私密性和隐蔽性,受害人普遍存在举证困难的问题。在涉家暴案件的审理过程中,法院可以通过积极举措降低家庭暴力事实的证明难度,平衡双方当事人之间的地位,对于认定家暴事实的,迅速做出离婚判决。本案中,法院适用一定条件下的举证责任转移及加大职权探知力度,更有利于保护在互动关系中处于弱势的家暴受害人,从而达到遏制并矫正家暴施暴人的强势控制行为,体现法院在处理涉家暴案件中的公正理念,保证裁判的公信力。

案例9 张某与邹某离婚纠纷案
——受暴方过错并非家暴理由,施暴方不宜直接抚养未成年子女

【基本案情】

张某(女)与邹某(男)于2007年4月登记结婚,自儿子邹小某出生后张某和邹某夫妻矛盾逐渐增多。2010年6月,因张某与其他异性有不正当关系,邹某用几股电话线拧成一股抽打张某。此后,邹某经常辱骂张某,稍有不顺就动手打骂,张某因做错事在先,心中有愧,从来不会还手。2013年6、7月,邹某怀疑张某与其他男性有不正当关系,就把张某摁在家中地板上殴打,导致张某嘴部流血。2018年11月24日,邹某持裁纸刀划伤张某面部、衣服,并导致张某身体其他部位受伤,张某遂报警并进行了伤情鉴定,显示构成轻微伤。张某以邹某多年来数次对其实施家庭暴力为由,向人民法院请求离婚,并请求儿子邹小某由张某抚养。邹某认为张某出轨在先,具有过错,其与张某的争吵是夫妻之间的普通争吵行为,其对张某没有严重性、经常性、持续性的殴打、迫害,不构成家庭暴力,不同意离婚,且要求共同抚养儿子邹小某。

【裁判结果】

法院生效裁判认为,张某虽有过错,但邹某不能用暴力来解决问题。根据《中华人民共和国反家庭暴力法》第二条的规定,严重性、持续性、经常性并非家庭暴力的构成要件,2018年11月24日张某所受损伤构成轻微伤,可见邹某的暴力行为已对张某的身体造成了伤害。法院认定邹某的行为构成家庭暴力。由于邹某实施家庭暴力的行为,而且双方已经分居,张某坚持要求离婚,法院判决准许双方离婚,邹小某由张某抚养,邹某于每月20日前支付邹小某抚养费1000元,直至邹小某年满十八周岁为止。

【典型意义】

1.家暴行为证据的采纳与认定具有特殊性。家庭暴力往往具有私密性,目睹家庭暴力的极可能仅有未成年子女,导致许多家庭暴力难以得到及时认定和处理。本案中,人民法院委托家事调查员与邹小某进行谈话,邹小某对家事调查员表示其曾看到过一次父母在家吵架,父亲打了母亲,母亲的嘴部流血,综合邹某承认其与张某确实发生争吵伴有肢体接触,其对张某有压制行为,并看到张某嘴部流血,法院认定2013年6、7月邹某实施了家暴行为。法院采纳未成年子女提供的与其年龄、智力相适应的证言,在能与其他证据相印证达到较大可能性标准的情况下,认定施暴人的家暴行为,既有利于充分保护受暴者,同时对涉家暴纠纷审判实践也具有指导意义。

2.受暴方是否有过错,殴打行为是否具有严重性、经

常性、持续性均不是认定家庭暴力的构成要件。《中华人民共和国反家庭暴力法》第二条规定:"本法所称家庭暴力,是指家庭成员之间以殴打、捆绑、残害、限制人身自由以及经常性谩骂、恐吓等方式实施的身体、精神等侵害行为。"因此,家庭成员之间一方以殴打方式对另一方身体实施了侵害行为,即构成家庭暴力。本案中,邹某以张某有过错,其行为不具有严重性、经常性、持续性为由主张不构成家庭暴力,没有任何法律依据,亦不符合反家庭暴力法的立法精神和目的。

3. 实施家庭暴力是离婚法定事由,应依法判决离婚,及时阻断家庭暴力。审判实践中,对于初次起诉离婚,又无充分证据证明双方感情确已破裂的,人民法院本着维护婚姻家庭稳定的原则,一般判决不予离婚。但是,根据《中华人民共和国婚姻法》第三十二条第三款第二项规定:"有下列情形之一,调解无效的,应准予离婚:(二)实施家庭暴力或虐待、遗弃家庭成员的;"因此,对于存在家庭暴力等离婚法定事由的,即便是初次起诉离婚,也应当准予离婚。邹某在婚姻关系存续期间,对张某实施家庭暴力,张某坚决要求离婚,即使邹某不同意离婚,法院也应依法判决双方离婚,及时遏制家庭暴力。

4. 根据最有利于未成年人原则,施暴方一般不宜直接抚养未成年子女。在处理离婚纠纷涉子女抚养权归属时,是否存在家庭暴力是确定子女抚养权归属的重要考量因素。审判实践中,施暴者往往辩称家暴行为只存在于夫妻之间,并不影响其对孩子的感情,甚至以希望孩子有完整的家庭为由,拒绝离婚。但是,家庭暴力是家庭成员之间的严重侵害行为,未成年子女目睹施暴过程会给其内心造成极大的心理创伤,目睹家庭暴力的未成年人实际上也是家庭暴力的受害者。因此,若父母一方被认定构成家暴,无论是否直接向未成年子女施暴,如无其他情形,一般认定施暴方不宜直接抚养未成年子女。本案中,张某仅有邹小某一子,邹某与前妻另育有一子,加之邹小某在张某、邹某分居后一直居住在张某父母家,由外公、外婆、舅舅等照顾日常生活起居,已适应了目前的生活、学习环境,为有利于儿童身心健康及防止家庭暴力的代际传递,法院认定邹小某应由张某抚养为宜。

从国际标准看,联合国《消除对妇女一切形式歧视公约》及其一般性建议框架要求,"在针对妇女的暴力(包括家庭暴力)案件中,决定监护权和探视权时应考虑受害人和儿童的权利安全"。本案裁判中考虑到儿童身心健康及预防家庭暴力的代际传递,判决由张某获得抚养权,这一裁判符合国际标准。

案例 10　李某某与郑某某离婚纠纷案
——涉家暴案件审理必须多措并举实现案结事了

【基本案情】

经李某某(女)申请,人民法院于 2018 年 5 月 2 日作出人身安全保护令民事裁定,禁止郑某某(男)对李某某实施殴打、威胁、谩骂等家庭暴力行为。2018 年 6 月 8 日李某某起诉离婚,7 月 23 日两位书记员上门送达诉讼资料时,郑某某多次语言威胁并将留置的资料掷回书记员。7 月 25 日两名法官、两名法警、一名书记员一行共计 5 人向郑某某送达诉讼资料,郑某某继续大吵大闹,拍桌子、辱骂送达的工作人员,近一个小时未能送达诉讼资料。

李某某与郑某某共生育了三名子女,李某某提供了诊断报告书、疾病证明书、报警回执、病历、鉴定意见书、受伤照片等证据,证实 2018 年 2 月 7 日、2018 年 4 月 21 日、2018 年 4 月 25 日、2018 年 5 月 2 日郑某某多次对其实施殴打。经询,三名子女均表示选择与李某某共同生活。双方要求分割的夫妻共同财产为七套房屋。郑某某在庭审中明确表示不同意离婚,如果离婚要求三个孩子的抚养权。

【裁判结果】

法院于 2018 年 12 月作出民事判决书:认定李某某提供的证据足以证实郑某某长期实施家庭暴力,准予双方离婚;尊重三个孩子的意愿,再结合郑某某存在家庭暴力的情形,从有利于子女身心健康角度出发,三名子女均由李某某直接抚养,被告郑某某每月支付孩子抚养费;四套房产归郑某某所有,三套房产归李某某所有。

【典型意义】

1. 重拳出击,让施暴人感受到司法的强硬。对李某某的人身安全保护令申请,法院发出人身安全保护令。李某某于 2018 年 4 月 27 日向法院申请人身安全保护令,法院于 2018 年 5 月 2 日作出人身安全保护令民事裁定,裁定禁止郑某某对李某某实施殴打、威胁、谩骂等家庭暴力行为。之后李某某又于 2018 年 10 月 18 日申请变更人身安全保护令,法院进行了审查认为李某某申理合理合法,裁定予以准许,并作出民事裁定书裁定禁止郑某某对李某某及其三个子女实施殴打、威胁、谩骂等家庭暴力行为;禁止郑某某骚扰、跟踪、接触李某某及其子女。

此外,坚决惩处郑某某阻碍司法工作的行为。法院工作人员在 2018 年 07 月 23 日、2018 年 7 月 25 日依法向郑某某送达诉讼资料时,郑某某两次对负责送达的司法工作人员进行威胁,阻碍司法工作人员执行职务。考虑到郑某某有家暴的前科,又目无法纪,威胁送达人员,如果不能坚决制止他的嚣张气焰,那么本案开庭、审理、判决都将无法顺利进行，更无法保障女方和孩子的人身安全，因此合议庭在第二次送达的现场合议后认为郑某某已经阻碍司法工作人员执行职务，符合司法拘留的情形，且现场还有刀具等物品，危险性极高，决定先将郑某某带回法院。郑某某被押回法院后仍毫无悔意，经合议庭合议，并报院长批准，决定对郑某某司法拘留 15 日。司法拘留让郑某某有了敬畏之心，之后基本能理性沟通，态度明显好转，为今后案件处理打下了坚实的基础。

2. 柔性司法，让受暴人感受司法的温暖。在审理方式上，虽然司法拘留之后郑某某也没有再敢对女方及孩子实施暴力，但为了确保庭审安全，合议庭决定采取隔离审判的模式，将李某某及其诉讼代理人安排在另外一个审判庭，由专门的社工陪同，通过远程技术进行网上开庭，申请了两名法警执庭，并从大门口安检开始就对郑某某保持高度戒备。确保庭审的顺利进行。庭审后安排李某某及其委托诉讼代理人先签笔录，并从安全通道先行离开法院，避免与郑某某接触。

从国际标准看，此举措符合《联合国消除一切形式对妇女的歧视公约》要求中"司法部门对针对妇女的暴力（包括家庭暴力）有足够警觉，起诉及时，并且一致把保障妇女的生命权和身心健康放在公认的重要位置"，即从隔离审判、社工陪同、法警执庭等多方面考虑到妇女的安全，司法机关有足够的警觉并采取了积极措施，此举措符合国际标准要求。

启动心理干预程序。鉴于郑某某存在严重家暴，且现有证据已经反映家暴行为对三个孩子，尤其是大女儿造成了严重的心理创伤，在案件审理过程中，就安排心理干预老师对三个孩子和李某某进行心理干预。其中李某某、二女儿和小儿子的心理状况基本健康，大女儿的心理问题较为严重，存在情绪偏激的情况，甚至还说出：如果郑某某再对家人实施暴力就要杀了他这样的话。针对此种情况，对大女儿展开了连续五次的心理干预，使大女儿能将情绪完全发泄出来，并理性地看待整个事情，取得了较好的效果。从国际标准看，这一举措符合《消除针对妇女一切形式歧视公约》建议"针对妇女的暴力（包括家庭暴力）的受害人可以获得公安部门、检察机关及法院等部门链接的医疗、法律与社会服务"这一国际标准要求。

3. 寻求他力，合作实现案结事了。宣判当天，为了防止郑某某宣判后可能因对判决不满，而再次对李某某及孩子实施暴力，法院还给李某某住所地的派出所和居委会发出防止民转刑的函，说明郑某某所具有的高度人身危险性，请求他们共同予以高度关注，及时预警、及时出警，共同防止暴力。同时，宣判后法官、书记员引导郑某某通过上诉来表达意见，郑某某在上诉期内上诉，二审维持了一审判决，之后郑某某也没有对法官、法院、女方和孩子有暴力或威胁，实现了案结事了。

3. 人民法院反家庭暴力典型案例（第一批）①

案例一　林某申请人身安全保护令案
　　——人身安全保护令可适用于终止恋爱关系的当事人
关键词
终止恋爱关系　骚扰　暴力　不法侵害
基本案情
林某（女）和赵某原系情侣，后因双方性格不合，林某提出分手。此后，赵某通过使用暴力、进行定位跟踪、使用窃听设备、破坏家门锁与电闸、安装监控摄像头等多种形式对林某进行骚扰，严重影响了林某的正常生活与工作，且对林某的人身安全构成威胁。林某多次通过人民调解委员会与赵某调解，但赵某拒不改正。林某遂向人民法院申请人身安全保护令。

裁判理由及结果
人民法院经审查认为，妇女权益保障法明确规定，禁止以恋爱、交友为由或者在终止恋爱关系、离婚之后，纠缠、骚扰妇女，泄露、传播妇女隐私和个人信息。妇女遭受上述侵害或者面临上述侵害现实危险的，可以向人民法院申请人身安全保护令。申请人提供的证据，可以证实被申请人自双方终止恋爱关系后，以不正当方式，骚扰申请人，干扰申请人的正常生活，致申请人面临侵害的现实危险，符合作出人身安全保护令的法定条件。裁定：禁止被申请人赵某殴打、骚扰、跟踪、接触申请人林某。

典型意义
妇女权益遭受的侵害除了来自家庭，也常见于恋爱关系中或者终止恋爱关系以及离婚之后。为此，新修订的妇女权益保障法第二十九条明确规定，禁止以恋爱、交友为由或者在终止恋爱关系、离婚之后，纠缠、骚扰妇女，泄露、传播妇女隐私和个人信息。妇女遭受上述侵害或者面临上述侵害现实危险的，可以向人民法院申请人身安全保护令。该条规定将适用人身安全保护令的主体范围由家庭成员扩大至曾经具有恋爱、婚姻关系或者以恋爱、交友为由进行接触等人群，可以更好地预防和制止发生在家庭成

---
① 最高人民法院 2023 年 11 月 25 日发布。

员以外亲密关系中的不法行为。本案中,人民法院根据上述法律规定,及时签发人身安全保护令,让被申请人意识到其实施的行为已经构成违法,通过人身安全保护令在施暴人和受害人之间建立起了一道无形的"隔离墙",充分保护妇女合法权益。

案例二　李某申请人身安全保护令案
——发出人身安全保护令的证明标准是"存在较大可能性"

关键词

人身安全保护令　证明标准　较大可能性

基本案情

申请人李某(女)与龚某系夫妻,双方于2000年4月登记结婚。婚姻关系存续期间,李某多次遭到龚某的暴力殴打,最为严重的一次是被龚某用刀威胁。2023年4月,为保障人身安全,李某向人民法院申请人身安全保护令,但其仅能提交一些身体受伤的照片和拨打报警电话的记录。龚某称,李某提供的受伤照片均为其本人摔跤所致,报警系小题大作,其并未殴打李某。

裁判结果与理由

人民法院经审查认为,虽然李某提供的照片和拨打报警电话的记录并不能充分证明其遭受了龚某的家庭暴力,但从日常生活经验和常理分析,该事实存在较大可能性,已达到申请人身安全保护令的证明标准。裁定:禁止被申请人龚某对申请人李某实施家庭暴力。

典型意义

当遭受家庭暴力或面临家庭暴力现实危险时,受害人可以向法院申请人身安全保护令。该制度的创设目的在于对已经发生或者可能发生的家庭暴力行为作出快速反应,及时保护申请人免遭危害。实践中,预防和制止家庭暴力最大的障碍是家暴受害人举证不足问题。鉴于人身安全保护令作为禁令的预防性保护功能,《最高人民法院关于办理人身安全保护令案件适用法律若干问题的规定》第六条规定,签发人身安全保护令的证明标准是"存在较大可能性"。本案中,虽然受害人提供的受伤照片和报警电话记录不能充分证明存在家暴行为,但人民法院综合考量双方当事人的陈述、多次报警情况,结合日常生活经验,认定家庭暴力事实存在较大可能性,符合法律应有之义,特别关注了家庭暴力受害人举证能力较弱、家暴行为私密性等特征,最大限度发挥人身安全保护令的预防和隔离功能,以充分保护家庭暴力受害人的合法权益。

案例三　王某申请人身安全保护令案
——通过自伤自残对他人进行威胁属家庭暴力

关键词

自伤自残　精神控制

基本案情

申请人王某(女)与被申请人李某系夫妻关系。双方因家庭琐事经常发生争议,李某多次以跳楼、到王某工作场所当面喝下农药等方式进行威胁,王某亦多次报警皆协商未果。为保证人身安全,王某向人民法院申请人身安全保护令。

裁判理由及结果

人民法院经审查认为,李某自伤自残行为会让申请人产生紧张恐惧情绪,属于精神侵害,王某的申请符合人身安全保护令的法定条件。裁定:一、禁止被申请人李某对申请人王某实施家庭暴力;二、禁止被申请人李某骚扰、跟踪、威胁申请人王某。

典型意义

精神暴力的危害性并不低于身体暴力的危害性。本案中,被申请人虽未实施殴打、残害等行为给申请人造成身体损伤,但其自伤、自残的行为必定会让申请人产生紧张恐惧的情绪,导致申请人精神不自由,从而按照被申请人的意志行事。该行为属于精神暴力。人民法院通过签发人身安全保护令,明确通过伤害自己以达到控制对方的行为也属于家庭暴力,这不但扩大了对家庭暴力的打击范围,也为更多在家庭中遭受精神暴力的家暴受害人指明了自救的有效路径,为个体独立自主权及身心健康的保障提供了有力的后盾。

案例四　陈某申请人身安全保护令案
——子女对父母实施家庭暴力的,父母可以申请人身安全保护令

关键词

子女　殴打父母　家庭暴力

基本案情

申请人陈某与被申请人郑某系母子关系。2022年6月,郑某前往陈某居住的A房屋,以暴力威胁向陈某索要钱款,陈某拨打"110"报警。2022年9月,郑某再次到陈某住处向陈某索要钱款,并对陈某进行辱骂和殴打,在陈某答应给予2万元的前提下才允许其离开住所。为避免进一步被威胁和伤害,陈某向人民法院申请人身安全保护令。

裁判理由及结果

人民法院经审查认为:申请人陈某已七十高龄,本应安度晚年,享受天伦之乐,但郑某作为子女非但没有好好

孝敬申请人，而是多次使用辱骂、威胁、殴打的手段向申请人索要钱财，给申请人的身心造成了巨大打击，申请人无法正常生活。申请人的申请符合《中华人民共和国反家庭暴力法》第二十七条规定的发出人身安全保护令的条件。裁定：一、禁止被申请人郑某殴打、威胁申请人陈某；二、禁止被申请人郑某以电话、短信、微信等方式骚扰申请人陈某；三、禁止被申请人郑某前往申请人陈某居住的 A 房屋。

典型意义

尊老敬老爱老是中华民族的传统美德。本案中，郑某作为具有独立生活能力的成年子女，不但没有孝敬母亲，反而以殴打、威胁方式索要钱财，不仅违背了法律规定，也有悖于人伦，法院应对该行为作出否定性评价。同时，本案申请人作为年逾七旬的老人，无论是保留证据能力还是自由行动能力均有一定局限性，人民法院充分考虑这一特殊情况，发挥司法能动性，与当地公安、街道联动合作，依职权调取相关证据，为及时保护申请人的合法权益织起了一张安全网。

4. 人民法院反家庭暴力典型案例（第二批）①

案例一　蔡某某申请人身安全保护令案
——未成年子女被暴力抢夺、藏匿或者目睹父母一方对另一方实施家庭暴力的，可以申请人身安全保护令

关键词

未成年人　暴力抢夺　目击者　未共同生活

基本案情

2022 年 3 月，蔡某与唐某某（女）离婚纠纷案一审判决婚生子蔡某某由唐某某抚养，蔡某不服提起上诉，并在上诉期内将蔡某某带走。后该案二审维持一审判决，但蔡某仍拒不履行，经多次强制执行未果。2023 年 4 月，经法院、心理咨询师等多方共同努力，蔡某将蔡某某交给唐某某。蔡某某因与母亲分开多日极度缺乏安全感，自 2023 年 5 月起接受心理治疗。2023 年 5 月，蔡某到唐某某处要求带走蔡某某，唐某某未予准许，为此双方发生争执。蔡某不顾蔡某某的哭喊劝阻，殴打唐某某并造成蔡某某面部受伤。蔡某某因此次抢夺事件身心受到极大伤害，情绪不稳，害怕上学、出门，害怕被蔡某抢走。为保护蔡某某人身安全不受威胁，唐某某代蔡某某向人民法院申请人身安全保护令。

裁判理由及结果

人民法院经审查认为，国家禁止任何形式的家庭暴力。家庭暴力，是指家庭成员之间以殴打、捆绑、残害、限制人身自由以及经常性谩骂、恐吓等方式实施的身体、精神等侵害行为。当事人因遭受家庭暴力或者面临家庭暴力的现实危险，向人民法院申请人身安全保护令，人民法院应当受理。蔡某某在父母离婚后，经法院依法判决，由母亲唐某某直接抚养。蔡某在探望时采用暴力方式抢夺蔡某某，并当着蔡某某的面殴打其母亲唐某某，对蔡某某的身体和精神造成了侵害，属于家庭暴力。故依法裁定：一、禁止被申请人蔡某以电话、短信、即时通讯工具、电子邮件等方式侮辱、诽谤、威胁申请人蔡某某及其相关近亲属；二、禁止被申请人蔡某在申请人蔡某某及其相关近亲属的住所、学校、工作单位等经常出入场所的一定范围内从事可能影响申请人蔡某某及其相关近亲属正常生活、学习、工作的活动。

典型意义

抢夺、藏匿未成年子女行为不仅侵害了父母另一方对子女依法享有的抚养、教育、保护的权利，而且严重损害未成年子女身心健康，应当坚决预防和制止。未成年人保护法第二十四条明确规定，不得以抢夺、藏匿未成年子女等方式争夺抚养权。本案中，孩子先是被暴力抢夺、藏匿长期无法与母亲相见，后又目睹父亲不顾劝阻暴力殴打母亲，自己也因此连带受伤，产生严重心理创伤。尽管父亲的暴力殴打对象并不是孩子，抢夺行为亦与典型的身体、精神侵害存在差别。但考虑到孩子作为目击者，其所遭受的身体、精神侵害与父亲的家庭暴力行为直接相关，应当认定其为家庭暴力行为的受害人。人民法院在充分听取专业人员分析意见基础上，认定被申请人的暴力抢夺行为对申请人产生了身体及精神侵害，依法签发人身安全保护令，并安排心理辅导师对申请人进行长期心理疏导，对审理类似案件具有借鉴意义。

案例二　唐某某申请人身安全保护令案
——全社会应形成合力，共同救护被家暴的未成年人

关键词

未成年人　代为申请　心理辅导　矫治

基本案情

2023 年 8 月，唐某某（4 岁）母亲马某对唐某某实施家庭暴力，住所所在地 A 市妇联联合当地有关部门进行联合家访，公安部门对马某出具家庭暴力告诫书。2023 年 9 月，马某全家从 A 市搬至 B 市居住。同月底，唐某某所在幼儿园老师在检查时发现唐某某身上有新伤并报警，当地

---

① 最高人民法院 2023 年 11 月 27 日发布。

派出所出警并对马某进行口头训诫。2023年10月初，B市妇联代唐某某向人民法院递交人身安全保护令申请书。

裁判理由及结果

人民法院经审查认为，被申请人马某对申请人唐某某曾有冻饿、殴打的暴力行为，唐某某确实遭受家庭暴力，故其申请符合《中华人民共和国反家庭暴力法》关于作出人身安全保护令的条件，应予支持。裁定：一、禁止被申请人马某对申请人唐某某实施殴打、威胁、辱骂、冻饿等家庭暴力；二、责令被申请人马某接受法治教育和心理辅导矫治。

典型意义

预防和制止未成年人遭受家庭暴力是全社会共同责任。未成年人因缺乏法律知识和自保能力，面对家暴时尤为需要社会的帮扶救助。本案中，有关部门在发现相关情况后第一时间上门摸排调查，妇联代为申请人身安全保护令；幼儿园及时履行强制报告义务；公安机关依法对父母予以训诫；人民法院依法发出人身保护令，并联系有关部门协助履行职责，多部门联合发力共同为受家暴未成年人撑起法律保护伞。通过引入社会工作和心理疏导机制，对施暴人进行法治教育和心理辅导矫治，矫正施暴人的认识行为偏差，从根源上减少发生家暴的可能性。

案例三 刘某某与王某某离婚纠纷案

——离婚纠纷中，施暴方不宜直接抚养未成年子女

关键词

离婚纠纷 家庭暴力 直接抚养 子女意愿

基本案情

刘某某（女）和王某某系夫妻关系，双方生有一子一女。婚后，因王某某存在家暴行为，刘某某报警8次，其中一次经派出所调解，双方达成"王某某搬离共同住房，不得再伤害刘某某"的协议。刘某某曾向人民法院申请人身安全保护令。现因王某某实施家暴等行为，夫妻感情破裂，刘某某诉至人民法院，请求离婚并由刘某某直接抚养子女，王某某支付抚养费等。诉讼中，王某某主张同意女儿由刘某某抚养，儿子由王某某抚养。儿子已年满八周岁，但其在书写意见时表示愿意和妈妈一起生活，在王某某录制的视频和法院的询问笔录中又表示愿意和爸爸一起生活，其回答存在反复。

裁判理由及结果

人民法院经审理认为，双方均确认夫妻感情已破裂，符合法定的离婚条件，准予离婚。双方对儿子抚养权存在争议。根据《中华人民共和国民法典》第一千零八十四条规定，人民法院应当按照最有利未成年子女的原则处理抚养纠纷。本案中，九岁的儿子虽然具有一定的辨识能力，但其表达的意见存在反复，因此，应当全面客观看待其出具的不同意见。王某某存在家暴行为，说明其不能理性、客观地处理亲密关系人之间的矛盾，在日常生活中该行为对未成年人健康成长存在不利影响；同时，两个孩子从小一起生活，均由刘某某抚养，能够使兄妹俩在今后的学习、生活中相伴彼此，共同成长；刘某某照顾陪伴两个孩子较多，较了解学习、生活习惯，有利于孩子的身心健康成长。判决：一、准予刘某某与王某某离婚；二、婚生儿子、女儿均由刘某某抚养，王某某向刘某某支付儿子、女儿抚养费直至孩子年满十八周岁止。

典型意义

根据民法典第一千零八十四条规定，离婚纠纷中，对于已满八周岁的子女，在确定由哪一方直接抚养时，应当尊重其真实意愿。由于未成年人年龄及智力发育尚不完全，基于情感、经济依赖等因素，其表达的意愿可能会受到成年人一定程度的影响，因此，应当全面考察未成年人的生活状况，深入了解其真实意愿，并按照最有利于未成年人的原则判决。本案中，由于儿子表达的意见存在反复，说明其对于和哪一方共同生活以及该生活对自己后续身心健康的影响尚无清晰认识，人民法院慎重考虑王某某的家暴因素，坚持最有利于未成年子女的原则，判决孩子由最有利于其成长的母亲直接抚养，有助于及时阻断家暴代际传递，也表明了对婚姻家庭中施暴方在法律上予以否定性评价的立场。

案例四 彭某某申请人身安全保护令案

——学校发现未成年人遭受或疑似遭受家庭暴力的，应履行强制报告义务

关键词

未成年人 学校 强制报告 家庭教育指导

基本案情

申请人彭某某（女）13岁，在父母离异后随父亲彭某和奶奶共同生活，因长期受父亲打骂、罚站、罚跪，女孩呈现焦虑抑郁状态，并伴有自残自伤风险。2021年4月某日晚，彭某某因再次与父亲发生冲突被赶出家门。彭某某向学校老师求助，学校老师向所在社区派出所报案、联系社区妇联。社区妇联将情况上报至区家庭暴力防护中心，区家庭暴力防护中心社工、社区妇联工作人员以及学校老师陪同彭某某在派出所做了笔录。经派出所核查，彭某确有多次罚站、罚跪以及用衣架打彭某某的家暴行为，并对彭某某手臂伤痕进行伤情鉴定，构成轻微伤，公安机关于2021年4月向彭某出具《反家庭暴力告诫书》，告诫严禁再次实施家庭暴力行为。后彭某某被安置在社区临时救

助站。彭某某母亲代其向人民法院提交人身安全保护令申请。

裁判理由及结果

人民法院经审查认为，经向派出所调取证据，可以证明彭某有多次体罚彭某某的行为，抽打彭某某手臂经鉴定已构成轻微伤，且彭某某呈现焦虑抑郁状态，有自伤行为和自杀意念，彭某的行为已构成家庭暴力，应暂时阻断其对彭某某的接触和监护。人民法院在立案当天即作出人身安全保护令，裁定：一、禁止被申请人彭某殴打、恐吓、威胁申请人彭某某；二、禁止被申请人彭某骚扰、跟踪申请人彭某某；三、禁止被申请人彭某与申请人彭某某进行不受欢迎的接触；四、禁止被申请人彭某在申请人彭某某的住所、所读学校以及彭某某经常出入的场所内活动。

典型意义

学校不仅是未成年人获取知识的场所，也是庇护学生免受家暴的港湾。根据未成年人保护法规定，作为密切接触未成年人的单位，学校及其工作人员发现未成年人遭受家庭暴力的，应当依法履行强制报告义务，及时向公安、民政、教育等部门报告有关情况。本案中，学校积极履行法定义务，在接到未成年人求助后立即向所在社区派出所报案、联系社区妇联，积极配合开展工作，处置及时、反应高效，为防止未成年人继续遭受家庭暴力提供坚实后盾。人民法院受理人身安全保护令申请后，第一时间向派出所、社区组织、学校老师了解情况，当天即作出人身安全保护令裁定。同时，人民法院还通过心理辅导、家庭教育指导等方式纠正彭某在教养子女方面的错误认知，彭某认真反省后向人民法院提交了书面说明，深刻检讨了自己与女儿相处过程中的错误做法，并提出后续改善措施保证不再重蹈覆辙。

案例五　韩某某、张某申请人身安全保护令案

——直接抚养人对未成年子女实施家庭暴力，人民法院可暂时变更直接抚养人

关键词

未成年人　直接抚养人　暂时变更

基本案情

申请人韩某某在父母离婚后跟随父亲韩某生活。韩某在直接抚养期间，以韩某某违反品德等为由采取木棍击打其手部、臀部、罚跪等方式多次进行体罚，造成韩某某身体出现多处软组织挫伤。韩某还存在因韩某某无法完成其布置的国学作业而不准许韩某某前往学校上课的行为。2022年9月，某派出所向韩某出具《家庭暴力告诫书》。2022年11月，因韩某实施家暴行为，公安机关依法将韩某某交由其母亲张某临时照料。2022年12月，原告张某将被告韩某诉至人民法院，请求变更抚养关系。为保障韩某某人身安全，韩某某、张某于2022年12月向人民法院申请人身安全保护令。

裁判理由及结果

人民法院经审查认为，父母要学会运用恰当的教育方式开展子女教育，而非采取对未成年人进行体罚等简单粗暴的错误教育方式。人民法院在处理涉未成年人案件中，应当遵循最有利于未成年人原则，充分考虑未成年人身心健康发展的规律和特点，尊重其人格尊严，给予未成年人特殊、优先保护。韩某作为韩某某的直接抚养人，在抚养期间存在严重侵犯未成年人身心健康、不利于未成年人健康成长的行为，故依法裁定：一、中止被申请人韩某对申请人韩某某的直接抚养；申请人韩某某暂由申请人张某直接抚养；二、禁止被申请人韩某暴力伤害、威胁申请人韩某某；三、禁止被申请人韩某跟踪、骚扰、接触申请人韩某某。

典型意义

一般人身安全保护令案件中，申请人的请求多为禁止实施家暴行为。但对被单亲抚养的未成年人而言，其在学习、生活上对直接抚养人具有高度依赖性，一旦直接抚养人实施家暴，未成年人可能迫于压力不愿也不敢向有关部门寻求帮助。即使人民法院作出人身安全保护令，受限于未成年人与直接抚养人共同生活的紧密关系，法律实施效果也会打折扣。本案中，考虑到未成年人的生活环境，人民法院在裁定禁止实施家庭暴力措施的基础上，特别增加了一项措施，即暂时变更直接抚养人，将未成年人与原直接抚养人进行空间隔离。这不仅可以使人身安全保护令发挥应有功效，也能保障未成年人的基本生活，更有利于未成年人的健康成长。

案例六　吴某某申请人身安全保护令案

——父母应当尊重未成年子女受教育的权利，父母行为侵害合法权益的，未成年子女可申请人身安全保护令

关键词

未成年人　受教育权　精神暴力

基本案情

申请人吴某某(女)16岁，在父母离婚后随其父亲吴某生活，于2022年第一次高考考取了一本非985高校。吴某安排吴某某复读，要求必须考取985高校，并自2022年暑期开始居家教授吴某某知识。开学后，吴某一直不让吴某某到学校上课。2022年下半年，吴某某奶奶发现吴某将吴某某头发剪乱，不让其吃饱饭，冬天让其洗冷水澡，不

能与外界交流(包括奶奶),并威胁其不听话就不给户口簿、不协助高考报名。因反复沟通无果,吴某某奶奶向当地妇联寻求帮助。妇联联合人民法院、公安、社区、教育局立即开展工作,赶赴现场调查取证。吴某某向人民法院申请人身安全保护令。

裁判理由及结果

人民法院经审查认为,申请人吴某某有遭受家庭暴力或者面临家庭暴力现实危险,其申请符合人身安全保护令的法定条件。人民法院在收到申请后六小时内便作出人身安全保护令,裁定:一、禁止被申请人吴某对申请人吴某某实施家庭暴力;二、禁止被申请人吴某限制申请人吴某某人身自由、虐待申请人;三、禁止被申请人吴某剥夺申请人吴某某受教育的权利。

典型意义

未成年子女是独立的个体,他们享有包括受教育权在内的基本民事权利。父母对未成年子女负有抚养、教育、保护义务。在处理涉及未成年人事项时,应当坚持最有利于未成年人的原则,尊重未成年人人格尊严,适应未成年人身心健康发展的规律和特点,尊重未成年人受教育的权利。父母应当在充分保障未成年子女身体、心理健康基础上,以恰当的方式教育子女。本案中,父亲虽系出于让孩子取得更好高考成绩的良好本意,但其采取的冻饿、断绝与外界交流等方式损害了未成年人的身体健康,违背了未成年人的成长规律,禁止出门上学更是损害了孩子的受教育权,名为"爱"实为"害",必须在法律上对该行为作出否定性评价。

四、继 承

中华人民共和国民法典(节录)

- 2020 年 5 月 28 日第十三届全国人民代表大会第三次会议通过
- 2020 年 5 月 28 日中华人民共和国主席令第 45 号公布
- 自 2021 年 1 月 1 日起施行

……

第六编 继 承

第一章 一般规定

第一千一百一十九条 【继承编的调整范围】本编调整因继承产生的民事关系。

第一千一百二十条 【继承权的保护】国家保护自然人的继承权。

第一千一百二十一条 【继承的开始时间和死亡时间的推定】继承从被继承人死亡时开始。

相互有继承关系的数人在同一事件中死亡,难以确定死亡时间的,推定没有其他继承人的人先死亡。都有其他继承人,辈份不同的,推定长辈先死亡;辈份相同的,推定同时死亡,相互不发生继承。

第一千一百二十二条 【遗产的范围】遗产是自然人死亡时遗留的个人合法财产。

依照法律规定或者根据其性质不得继承的遗产,不得继承。

第一千一百二十三条 【法定继承、遗嘱继承、遗赠和遗赠扶养协议的效力】继承开始后,按照法定继承办理;有遗嘱的,按照遗嘱继承或者遗赠办理;有遗赠扶养协议的,按照协议办理。

第一千一百二十四条 【继承和遗赠的接受和放弃】继承开始后,继承人放弃继承的,应当在遗产处理前,以书面形式作出放弃继承的表示;没有表示的,视为接受继承。

受遗赠人应当在知道受遗赠后六十日内,作出接受或者放弃受遗赠的表示;到期没有表示的,视为放弃受遗赠。

第一千一百二十五条 【继承权的丧失】继承人有下列行为之一的,丧失继承权:

(一)故意杀害被继承人;

(二)为争夺遗产而杀害其他继承人;

(三)遗弃被继承人,或者虐待被继承人情节严重;

(四)伪造、篡改、隐匿或者销毁遗嘱,情节严重;

(五)以欺诈、胁迫手段迫使或者妨碍被继承人设立、变更或者撤回遗嘱,情节严重。

继承人有前款第三项至第五项行为,确有悔改表现,被继承人表示宽恕或者事后在遗嘱中将其列为继承人的,该继承人不丧失继承权。

受遗赠人有本条第一款规定行为的,丧失受遗赠权。

第二章 法定继承

第一千一百二十六条 【继承权男女平等原则】继承权男女平等。

第一千一百二十七条 【继承人的范围及继承顺序】遗产按照下列顺序继承:

(一)第一顺序:配偶、子女、父母;

(二)第二顺序:兄弟姐妹、祖父母、外祖父母。

继承开始后,由第一顺序继承人继承,第二顺序继承人不继承;没有第一顺序继承人继承的,由第二顺序继承人继承。

本编所称子女,包括婚生子女、非婚生子女、养子女和有扶养关系的继子女。

本编所称父母,包括生父母、养父母和有扶养关系的继父母。

本编所称兄弟姐妹,包括同父母的兄弟姐妹、同父异母或者同母异父的兄弟姐妹、养兄弟姐妹、有扶养关系的继兄弟姐妹。

第一千一百二十八条 【代位继承】被继承人的子女先于被继承人死亡的,由被继承人的子女的直系晚辈血亲代位继承。

被继承人的兄弟姐妹先于被继承人死亡的,由被继承人的兄弟姐妹的子女代位继承。

代位继承人一般只能继承被代位继承人有权继承的遗产份额。

第一千一百二十九条 【丧偶儿媳、女婿的继承权】丧偶儿媳对公婆,丧偶女婿对岳父母,尽了主要赡养义务的,作为第一顺序继承人。

第一千一百三十条 【遗产分配规则】同一顺序继承人继承遗产的份额,一般应当均等。

对生活有特殊困难又缺乏劳动能力的继承人,分配遗产时,应当予以照顾。

对被继承人尽了主要扶养义务或者与被继承人共同生活的继承人,分配遗产时,可以多分。

有扶养能力和有扶养条件的继承人,不尽扶养义务的,分配遗产时,应当不分或者少分。

继承人协商同意的,也可以不均等。

第一千一百三十一条 【酌情分得遗产权】对继承人以外的依靠被继承人扶养的人,或者继承人以外的对被继承人扶养较多的人,可以分给适当的遗产。

第一千一百三十二条 【继承的处理方式】继承人应当本着互谅互让、和睦团结的精神,协商处理继承问题。遗产分割的时间、办法和份额,由继承人协商确定;协商不成的,可以由人民调解委员会调解或者向人民法院提起诉讼。

第三章 遗嘱继承和遗赠

第一千一百三十三条 【遗嘱处分个人财产】自然人可以依照本法规定立遗嘱处分个人财产,并可以指定遗嘱执行人。

自然人可以立遗嘱将个人财产指定由法定继承人中的一人或者数人继承。

自然人可以立遗嘱将个人财产赠与国家、集体或者法定继承人以外的组织、个人。

自然人可以依法设立遗嘱信托。

第一千一百三十四条 【自书遗嘱】自书遗嘱由遗嘱人亲笔书写,签名,注明年、月、日。

第一千一百三十五条 【代书遗嘱】代书遗嘱应当有两个以上见证人在场见证,由其中一人代书,并由遗嘱人、代书人和其他见证人签名,注明年、月、日。

第一千一百三十六条 【打印遗嘱】打印遗嘱应当有两个以上见证人在场见证。遗嘱人和见证人应当在遗嘱每一页签名,注明年、月、日。

第一千一百三十七条 【录音录像遗嘱】以录音录像形式立的遗嘱,应当有两个以上见证人在场见证。遗嘱人和见证人应当在录音录像中记录其姓名或者肖像,以及年、月、日。

第一千一百三十八条 【口头遗嘱】遗嘱人在危急情况下,可以立口头遗嘱。口头遗嘱应当有两个以上见证人在场见证。危急情况消除后,遗嘱人能够以书面或者录音录像形式立遗嘱的,所立的口头遗嘱无效。

第一千一百三十九条 【公证遗嘱】公证遗嘱由遗嘱人经公证机构办理。

第一千一百四十条 【作为遗嘱见证人的消极条件】下列人员不能作为遗嘱见证人:

(一)无民事行为能力人、限制民事行为能力人以及其他不具有见证能力的人;

(二)继承人、受遗赠人;

(三)与继承人、受遗赠人有利害关系的人。

第一千一百四十一条 【必留份】遗嘱应当为缺乏劳动能力又没有生活来源的继承人保留必要的遗产份额。

第一千一百四十二条 【遗嘱的撤回与变更】遗嘱人可以撤回、变更自己所立的遗嘱。

立遗嘱后,遗嘱人实施与遗嘱内容相反的民事法律行为的,视为对遗嘱相关内容的撤回。

立有数份遗嘱,内容相抵触的,以最后的遗嘱为准。

第一千一百四十三条 【遗嘱无效的情形】无民事行为能力人或者限制民事行为能力人所立的遗嘱无效。

遗嘱必须表示遗嘱人的真实意思,受欺诈、胁迫所立的遗嘱无效。

伪造的遗嘱无效。

遗嘱被篡改的,篡改的内容无效。

第一千一百四十四条 【附义务的遗嘱继承或遗赠】遗嘱继承或者遗赠附有义务的,继承人或者受遗赠人应当履行义务。没有正当理由不履行义务的,经利害关系人或者有关组织请求,人民法院可以取消其接受附义务部分遗产的权利。

第四章 遗产的处理

第一千一百四十五条 【遗产管理人的选任】继承开始后,遗嘱执行人为遗产管理人;没有遗嘱执行人的,继承人应当及时推选遗产管理人;继承人未推选的,由继承人共同担任遗产管理人;没有继承人或者继承人均放弃继承的,由被继承人生前住所地的民政部门或者村民委员会担任遗产管理人。

第一千一百四十六条 【法院指定遗产管理人】对遗产管理人的确定有争议的,利害关系人可以向人民法院申请指定遗产管理人。

第一千一百四十七条 【遗产管理人的职责】遗产管理人应当履行下列职责:

(一)清理遗产并制作遗产清单;

（二）向继承人报告遗产情况；

（三）采取必要措施防止遗产毁损、灭失；

（四）处理被继承人的债权债务；

（五）按照遗嘱或者依照法律规定分割遗产；

（六）实施与管理遗产有关的其他必要行为。

第一千一百四十八条　【遗产管理人的责任】遗产管理人应当依法履行职责，因故意或者重大过失造成继承人、受遗赠人、债权人损害的，应当承担民事责任。

第一千一百四十九条　【遗产管理人的报酬】遗产管理人可以依照法律规定或者按照约定获得报酬。

第一千一百五十条　【继承开始的通知】继承开始后，知道被继承人死亡的继承人应当及时通知其他继承人和遗嘱执行人。继承人中无人知道被继承人死亡或者知道被继承人死亡而不能通知的，由被继承人生前所在单位或者住所地的居民委员会、村民委员会负责通知。

第一千一百五十一条　【遗产的保管】存有遗产的人，应当妥善保管遗产，任何组织或者个人不得侵吞或者争抢。

第一千一百五十二条　【转继承】继承开始后，继承人于遗产分割前死亡，并没有放弃继承的，该继承人应当继承的遗产转给其继承人，但是遗嘱另有安排的除外。

第一千一百五十三条　【遗产的确定】夫妻共同所有的财产，除有约定的外，遗产分割时，应当先将共同所有的财产的一半分出为配偶所有，其余的为被继承人的遗产。

遗产在家庭共有财产之中的，遗产分割时，应当先分出他人的财产。

第一千一百五十四条　【按法定继承办理】有下列情形之一的，遗产中的有关部分按照法定继承办理：

（一）遗嘱继承人放弃继承或者受遗赠人放弃受遗赠；

（二）遗嘱继承人丧失继承权或者受遗赠人丧失受遗赠权；

（三）遗嘱继承人、受遗赠人先于遗嘱人死亡或者终止；

（四）遗嘱无效部分所涉及的遗产；

（五）遗嘱未处分的遗产。

第一千一百五十五条　【胎儿预留份】遗产分割时，应当保留胎儿的继承份额。胎儿娩出时是死体的，保留的份额按照法定继承办理。

第一千一百五十六条　【遗产分割】遗产分割应当有利于生产和生活需要，不损害遗产的效用。

不宜分割的遗产，可以采取折价、适当补偿或者共有等方法处理。

第一千一百五十七条　【再婚时对所继承遗产的处分】夫妻一方死亡后另一方再婚的，有权处分所继承的财产，任何组织或者个人不得干涉。

第一千一百五十八条　【遗赠扶养协议】自然人可以与继承人以外的组织或者个人签订遗赠扶养协议。按照协议，该组织或者个人承担该自然人生养死葬的义务，享有受遗赠的权利。

第一千一百五十九条　【遗产分割时的义务】分割遗产，应当清偿被继承人依法应当缴纳的税款和债务；但是，应当为缺乏劳动能力又没有生活来源的继承人保留必要的遗产。

第一千一百六十条　【无人继承的遗产的处理】无人继承又无人受遗赠的遗产，归国家所有，用于公益事业；死者生前是集体所有制组织成员的，归所在集体所有制组织所有。

第一千一百六十一条　【限定继承】继承人以所得遗产实际价值为限清偿被继承人依法应当缴纳的税款和债务。超过遗产实际价值部分，继承人自愿偿还的不在此限。

继承人放弃继承的，对被继承人依法应当缴纳的税款和债务可以不负清偿责任。

第一千一百六十二条　【遗赠与遗产债务清偿】执行遗赠不得妨碍清偿遗赠人依法应当缴纳的税款和债务。

第一千一百六十三条　【既有法定继承又有遗嘱继承、遗赠时的债务清偿】既有法定继承又有遗嘱继承、遗赠的，由法定继承人清偿被继承人依法应当缴纳的税款和债务；超过法定继承遗产实际价值部分，由遗嘱继承人和受遗赠人按比例以所得遗产清偿。

……

最高人民法院关于适用《中华人民共和国民法典》继承编的解释（一）

- 2020年12月25日最高人民法院审判委员会第1825次会议通过
- 2020年12月29日法释〔2020〕23号公布
- 自2021年1月1日起施行

为正确审理继承纠纷案件，根据《中华人民共和国民法典》等相关法律规定，结合审判实践，制定本解释。

一、一般规定

第一条 继承从被继承人生理死亡或者被宣告死亡时开始。

宣告死亡的,根据民法典第四十八条规定确定的死亡日期,为继承开始的时间。

第二条 承包人死亡时尚未取得承包收益的,可以将死者生前对承包所投入的资金和所付出的劳动及其增值和孳息,由发包单位或者接续承包合同的人合理折价、补偿。其价额作为遗产。

第三条 被继承人生前与他人订有遗赠扶养协议,同时又立有遗嘱的,继承开始后,如果遗赠扶养协议与遗嘱没有抵触,遗产分别按协议和遗嘱处理;如果有抵触,按协议处理,与协议抵触的遗嘱全部或者部分无效。

第四条 遗嘱继承人依遗嘱取得遗产后,仍有权依照民法典第一千一百三十条的规定取得遗嘱未处分的遗产。

第五条 在遗产继承中,继承人之间因是否丧失继承权发生纠纷,向人民法院提起诉讼的,由人民法院依据民法典第一千一百二十五条的规定,判决确认其是否丧失继承权。

第六条 继承人是否符合民法典第一千一百二十五条第一款第三项规定的"虐待被继承人情节严重",可以从实施虐待行为的时间、手段、后果和社会影响等方面认定。

虐待被继承人情节严重的,不论是否追究刑事责任,均可确认其丧失继承权。

第七条 继承人故意杀害被继承人的,不论是既遂还是未遂,均应当确认其丧失继承权。

第八条 继承人有民法典第一千一百二十五条第一款第一项或者第二项所列之行为,而被继承人以遗嘱将遗产指定由该继承人继承的,可以确认遗嘱无效,并确认该继承人丧失继承权。

第九条 继承人伪造、篡改、隐匿或者销毁遗嘱,侵害了缺乏劳动能力又无生活来源的继承人的利益,并造成其生活困难的,应当认定为民法典第一千一百二十五条第一款第四项规定的"情节严重"。

二、法定继承

第十条 被收养人对养父母尽了赡养义务,同时又对生父母扶养较多的,除可以依照民法典第一千一百二十七条的规定继承养父母的遗产外,还可以依照民法典第一千一百三十一条的规定分得生父母适当的遗产。

第十一条 继子女继承了继父母遗产的,不影响其继承生父母的遗产。

继父母继承了继子女遗产的,不影响其继承生子女的遗产。

第十二条 养子女与生子女之间、养子女与养子女之间,系兄弟姐妹,可以互为第二顺序继承人。

被收养人与其亲兄弟姐妹之间的权利义务关系,因收养关系的成立而消除,不能互为第二顺序继承人。

第十三条 继兄弟姐妹之间的继承权,因继兄弟姐妹之间的扶养关系而发生。没有扶养关系的,不能互为第二顺序继承人。

继兄弟姐妹之间相互继承了遗产的,不影响其继承亲兄弟姐妹的遗产。

第十四条 被继承人的孙子女、外孙子女、曾孙子女、外曾孙子女都可以代位继承,代位继承人不受辈数的限制。

第十五条 被继承人的养子女、已形成扶养关系的继子女的生子女可以代位继承;被继承人亲生子女的养子女可以代位继承;被继承人养子女的养子女可以代位继承;与被继承人已形成扶养关系的继子女的养子女也可以代位继承。

第十六条 代位继承人缺乏劳动能力又没有生活来源,或者对被继承人尽过主要赡养义务的,分配遗产时,可以多分。

第十七条 继承人丧失继承权的,其晚辈直系血亲不得代位继承。如该代位继承人缺乏劳动能力又没有生活来源,或者对被继承人尽赡养义务较多的,可以适当分给遗产。

第十八条 丧偶儿媳对公婆、丧偶女婿对岳父母,无论其是否再婚,依照民法典第一千一百二十九条规定作为第一顺序继承人时,不影响其子女代位继承。

第十九条 对被继承人生活提供了主要经济来源,或者在劳务等方面给予了主要扶助的,应当认定其尽了主要赡养义务或主要扶养义务。

第二十条 依照民法典第一千一百三十一条规定可以分给适当遗产的人,分给他们遗产时,按具体情况可以多于或者少于继承人。

第二十一条 依照民法典第一千一百三十一条规定可以分给适当遗产的人,在其依法取得被继承人遗产的权利受到侵犯时,本人有权以独立的诉讼主体资格向人民法院提起诉讼。

第二十二条 继承人有扶养能力和扶养条件,愿意尽扶养义务,但被继承人因有固定收入和劳动能力,明确表示不要求其扶养的,分配遗产时,一般不应因此而影响其继承份额。

第二十三条　有扶养能力和扶养条件的继承人虽然与被继承人共同生活，但对需要扶养的被继承人不尽扶养义务，分配遗产时，可以少分或者不分。

三、遗嘱继承和遗赠

第二十四条　继承人、受遗赠人的债权人、债务人，共同经营的合伙人，也应当视为与继承人、受遗赠人有利害关系，不能作为遗嘱的见证人。

第二十五条　遗嘱人未保留缺乏劳动能力又没有生活来源的继承人的遗产份额，遗产处理时，应当为该继承人留下必要的遗产，所剩余的部分，才可参照遗嘱确定的分配原则处理。

继承人是否缺乏劳动能力又没有生活来源，应当按遗嘱生效时该继承人的具体情况确定。

第二十六条　遗嘱人以遗嘱处分了国家、集体或者他人财产的，应当认定该部分遗嘱无效。

第二十七条　自然人在遗书中涉及死后个人财产处分的内容，确为死者的真实意思表示，有本人签名并注明了年、月、日，又无相反证据的，可以按自书遗嘱对待。

第二十八条　遗嘱人立遗嘱时必须具有完全民事行为能力。无民事行为能力人或者限制民事行为能力人所立的遗嘱，即使其本人后来具有完全民事行为能力，仍属无效遗嘱。遗嘱人立遗嘱时具有完全民事行为能力，后来成为无民事行为能力人或者限制民事行为能力人的，不影响遗嘱的效力。

第二十九条　条附义务的遗嘱继承或者遗赠，如义务能够履行，而继承人、受遗赠人无正当理由不履行，经受益人或者其他继承人请求，人民法院可以取消其接受附义务部分遗产的权利，由提出请求的继承人或者受益人负责按遗嘱人的意愿履行义务，接受遗产。

四、遗产的处理

第三十条　人民法院在审理继承案件时，如果知道有继承人而无法通知的，分割遗产时，要保留其应继承的遗产，并确定该遗产的保管人或者保管单位。

第三十一条　应当为胎儿保留的遗产份额没有保留的，应从继承人所继承的遗产中扣回。

为胎儿保留的遗产份额，如胎儿出生后死亡的，由其继承人继承；如胎儿娩出时是死体的，由被继承人的继承人继承。

第三十二条　继承人因放弃继承权，致其不能履行法定义务的，放弃继承权的行为无效。

第三十三条　继承人放弃继承应当以书面形式向遗产管理人或者其他继承人表示。

第三十四条　在诉讼中，继承人向人民法院以口头方式表示放弃继承的，要制作笔录，由放弃继承的人签名。

第三十五条　继承人放弃继承的意思表示，应当在继承开始后、遗产分割前作出。遗产分割后表示放弃的，不再是继承权，而是所有权。

第三十六条　遗产处理前或者在诉讼进行中，继承人对放弃继承反悔的，由人民法院根据其提出的具体理由，决定是否承认。遗产处理后，继承人对放弃继承反悔的，不予承认。

第三十七条　放弃继承的效力，追溯到继承开始的时间。

第三十八条　继承开始后，受遗赠人表示接受遗赠，并于遗产分割前死亡的，其接受遗赠的权利转移给他的继承人。

第三十九条　由国家或者集体组织供给生活费用的烈属和享受社会救济的自然人，其遗产仍应准许合法继承人继承。

第四十条　继承人以外的组织或者个人与自然人签订遗赠扶养协议后，无正当理由不履行，导致协议解除的，不能享有受遗赠的权利，其支付的供养费用一般不予补偿；遗赠人无正当理由不履行，导致协议解除的，则应当偿还继承人以外的组织或者个人已支付的供养费用。

第四十一条　遗产因无人继承又无人受遗赠归国家或者集体所有制组织所有时，按照民法典第一千一百三十一条规定可以分给适当遗产的人提出取得遗产的诉讼请求，人民法院应当视情况适当分给遗产。

第四十二条　人民法院在分割遗产中的房屋、生产资料和特定职业所需要的财产时，应当依据有利于发挥其使用效益和继承人的实际需要，兼顾各继承人的利益进行处理。

第四十三条　人民法院对故意隐匿、侵吞或者争抢遗产的继承人，可以酌情减少其应继承的遗产。

第四十四条　继承诉讼开始后，如继承人、受遗赠人中有既不愿参加诉讼，又不表示放弃实体权利的，应当追加为共同原告；继承人已书面表示放弃继承、受遗赠人在知道受遗赠后六十日内表示放弃受遗赠或者到期没有表示的，不再列为当事人。

五、附　则

第四十五条　本解释自 2021 年 1 月 1 日起施行。

· 典型案例

最高人民法院发布四个继承纠纷典型案例(第一批)①

案例一

坚持和发展新时代"枫桥经验",实现案结事了人和——王某诉赵某等法定继承纠纷案

【基本案情】

被继承人赵某与王某系夫妻关系,共生育赵一、赵二、赵三。赵某与王某二人在某村建造房屋11间。2000年,赵某去世,未留有遗嘱,赵某父母也早于赵某去世。2016年,王某与当地人民政府房屋征收办公室签订房屋征收补偿预签协议,约定被征收房屋产权调换三套楼房及部分补偿款。王某于2022年收到回迁入住通知书。现王某与赵一、赵二、赵三就赵某的遗产继承事宜协商未果,诉于法院。各方对于赵某留有的遗产如何管理未有明确意见。

【裁判情况】

本案当事人除王某外,赵一、赵二、赵三均在国外生活。为妥善处理此案,审理法院前往村委会、房屋征收指挥部了解被继承人赵某的家庭成员情况、遗产范围及状况、遗产所涉债权债务等情况,并向当事人依法告知《中华人民共和国民法典》关于遗产管理人制度的规定,当事人均表示同意确定一名遗产管理人处理遗产继承事宜,并一致推选现居国内的王某作为遗产管理人。王某在审理法院引导下及时清理遗产并制作遗产清单,多次通过在线视频的方式向其他继承人报告遗产情况。经析法明理耐心调和,各方当事人最终就遗产分割达成和解协议。

【典型意义】

《中华人民共和国民法典》新增遗产管理人制度,规定了遗产管理人的选任、职责等内容。本案处理过程中,一方面,审理法院坚持和发展新时代"枫桥经验",积极借助村委会、房屋征收指挥部的力量,全面了解遗产状况和继承人相关情况,为案件化解奠定了良好的基础。另一方面,审理法院充分发挥遗产管理人制度的作用,充分尊重当事人意愿,依法引导当事人推选出合适的继承人担任遗产管理人,并指导遗产管理人履行职责,得到了其他继承人的一致认可,是法定继承案件中适用遗产管理人制度的积极探索和有益尝试。最终,各方当事人达成和解协议,真正实现案结事了人和。

案例二

被继承人没有第一顺序继承人,且兄弟姐妹先于被继承人死亡的,由兄弟姐妹的子女代位继承——贾某一、张某诉贾某二、贾某三继承纠纷案

【基本案情】

2021年,贾某去世,无配偶,无子女。贾某的父母、祖父母、外祖父母均先于其去世。贾某有贾某一、贾某二、贾某三、贾某四这四个兄弟姐妹。贾某四于2007年去世,生前育有一女张某。现贾某一、张某将贾某二、贾某三诉至法院,主张共同继承贾某名下房产,各享有25%的产权份额。

【裁判情况】

审理法院认为,被继承人贾某未留有遗嘱,生前无配偶及子女,父母均先于其死亡,无第一顺序继承人。第二顺序继承人中,祖父母、外祖父母均先于其去世,故应由其兄弟姐妹继承。贾某的妹妹贾某四先于贾某死亡,应由贾某四女儿张某代位继承。

同一顺序继承人继承遗产的份额,一般应当均等。对被继承人尽了主要扶养义务的继承人,分配遗产时,可以多分。本案中,贾某二、贾某三在贾某生前尽到了更多的扶养义务,在贾某去世后亦为其操办了丧葬事宜,依法应予适当多分。张某在诉讼中自愿将其应继承份额各半赠与贾某二、贾某三,系对自己权利的处分,依法予以准许。遂判决:诉争房屋由贾某一继承20%的产权份额,贾某二、贾某三各继承40%的产权份额。

【典型意义】

《中华人民共和国民法典》第一千一百二十八条第二款规定:"被继承人的兄弟姐妹先于被继承人死亡的,由被继承人的兄弟姐妹的子女代位继承。"《中华人民共和国民法典》在原有被继承人子女的直系晚辈血亲代位继承的基础上新增被继承人兄弟姐妹的子女代位继承的规定,扩大了法定继承人的范围,可以保障财产在家族内部的传承,减少产生无人继承的情况,同时促进亲属关系的发展,鼓励亲属间养老育幼、相互扶助。同时,对尽了更多扶养义务的继承人适当多分遗产,以及张某在诉讼中自愿赠与继承份额的做法,不仅体现了权利义务相一致的原则,也有力弘扬了家庭成员间互相尊重、互相帮助、维护亲情的和谐家风。

---

① 最高人民法院2014年12月3日发布。

案例三

村委会善意为老人送终,继承人感恩捐赠遗产——秦某某与程某英等继承纠纷案

【基本案情】

程某与秦某某婚后生育程某英等四子一女。程某于2022年病故,因其子女均在外工作,村委会出资为其购置棺材等丧葬用品并办理了丧葬事宜。程某生前尚有存款人民币余额9万余元,其配偶秦某某与程某英等五个子女因继承权发生纠纷。

经当地村委会及镇综治中心、镇人民法庭共同组织调解,程某英等子女感谢村委会的帮扶,均愿意先将各自享有的遗产份额赠与秦某某,再由秦某某出面将遗产赠与村委会。经当地镇人民调解委员会主持,各方当事人就遗产份额赠与秦某某之意达成调解协议,后就调解协议共同向人民法院申请司法确认。司法确认后,秦某某将遗产赠与村委会,最终用于修缮当地道路,惠及本村友邻。

【裁判情况】

审理法院认为,各方当事人达成的调解协议,符合司法确认调解协议的法定条件,遂裁定该调解协议有效,当事人应当按照调解协议的约定自觉履行义务。

【典型意义】

《中华人民共和国民法典》第一千一百三十二条规定"继承人应当本着互谅互让、和睦团结的精神,协商处理继承问题"。本案中,村委会作为基层自治组织,主动帮助子女不在身边的村民处理后事;继承人感恩帮扶,最终一致决定将遗产捐赠,也是一种善意的传递,弘扬了社会主义核心价值观。同时,本案也是一起通过诉前调解和司法确认,多元化解继承纠纷的典型案例。人民法院从纠纷产生便主动参与调解,与当地基层自治组织、综治中心协力促成当事人间矛盾的化解,后又应当事人申请进行了司法确认,并见证了当事人将案涉遗产赠与村委会及村委会将遗产用于修缮当地道路,参与了纠纷处理的全过程,帮助当事人既解开了法结,又打开了心结,保全了珍贵的亲情。

案例四

农村土地承包经营权不能作为遗产继承,该户其他成员继续享有承包经营权——农某一、凌某、农某二、农某三、农某四诉农某五法定继承纠纷案

【基本案情】

农某与凌某系夫妻,育有农某一、农某二、农某三、农某四。农某五是农某与他人所生。农某五从小随农某与凌某生活长大。农某一、农某二、农某三、农某四已另成家立户。

2017年,农某作为承包方代表与其所在村民小组签订了《农村土地(耕地)承包合同(家庭承包方式)》。该合同的附件《农村土地承包经营权公示结果归户表》载明:承包地块总数为5块5亩,家庭成员共3人,成员姓名为农某、凌某、农某五。农某于2022年去世。农某去世后,凌某、农某一、农某二、农某三、农某四作为原告,将农某五诉至法院,要求由凌某继承农某名下土地承包经营权的50%,余下50%由凌某及农某一、农某二、农某三、农某四平均继承。

【裁判情况】

审理法院认为,农某与村民小组签订的承包合同的权利人不只是农某本人,还包括凌某和农某五,三人同为一个承包主体。当农某去世后,承包地继续由承包户其他成员继续经营,体现的是国家"增人不增地、减人不减地"的土地承包政策。农某一、农某二、农某三、农某四不是农某承包户成员,无资格取得案涉土地的承包经营权。农某去世后,案涉土地应由承包户剩余的成员凌某、农某五继续经营。凌某、农某一、农某二、农某三、农某四诉请继承土地经营权的主张没有事实和法律依据,遂判决驳回五人的诉讼请求。

【典型意义】

《中华人民共和国农村土地承包法》第十六条规定"家庭承包的承包方是本集体经济组织的农户。农户内家庭成员依法平等享有承包土地的各项权益"。农村土地承包经营权应以户为单位取得,在承包户的户主或某成员死亡后,其他成员在承包期内可以继续承包,故农村土地承包经营权不属于死者的遗产,不产生继承问题。本案对农村土地承包经营权的继承问题进行了处理,明确了裁判规则,为此类案件的审理提供了参考和借鉴。

• 文书范本

五代以内直系及旁系血亲表

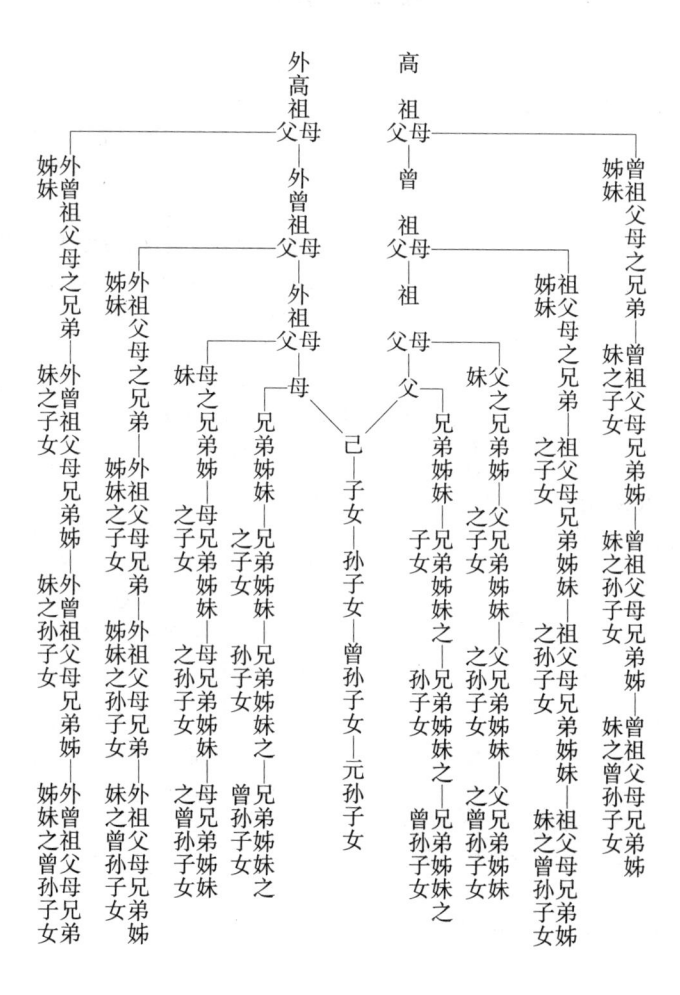

外高祖父母		高祖父母
外曾祖父母 姊妹	外曾祖父母	曾祖父母 姊妹 — 曾祖父母之兄弟姊妹 — 曾祖父母之子女 — 曾祖父母之孙子女 — 曾祖父母之曾孙子女
外曾祖父母之兄弟姊妹 — 外曾祖父母之子女 — 外曾祖父母之孙子女 — 外曾祖父母之曾孙子女	外祖父母 姊妹 — 外祖父母之兄弟姊妹 — 外祖父母之子女 — 外祖父母之孙子女	祖父母 姊妹 — 祖父母之兄弟姊妹 — 祖父母之子女 — 祖父母之孙子女
	母 姊妹 — 母之兄弟姊妹 — 母之子女 — 母之孙子女	父 兄弟姊妹 — 父母之兄弟姊妹 — 父母之子女 — 父母之孙子女
	己 — 子女 — 孙子女 — 曾孙子女 — 元孙子女	兄弟姊妹 — 兄弟姊妹之子女 — 兄弟姊妹之孙子女 — 兄弟姊妹之曾孙子女

（此表为图示，实际版式为纵向家族树，上述为内容转写）

五、纠纷解决

中华人民共和国人民调解法

- 2010年8月28日第十一届全国人民代表大会常务委员会第十六次会议通过
- 2010年8月28日中华人民共和国主席令第34号公布
- 自2011年1月1日起施行

第一章 总　则

第一条　为了完善人民调解制度，规范人民调解活动，及时解决民间纠纷，维护社会和谐稳定，根据宪法，制定本法。

第二条　本法所称人民调解，是指人民调解委员会通过说服、疏导等方法，促使当事人在平等协商基础上自愿达成调解协议，解决民间纠纷的活动。

第三条　人民调解委员会调解民间纠纷，应当遵循下列原则：

（一）在当事人自愿、平等的基础上进行调解；

（二）不违背法律、法规和国家政策；

（三）尊重当事人的权利，不得因调解而阻止当事人依法通过仲裁、行政、司法等途径维护自己的权利。

第四条　人民调解委员会调解民间纠纷，不收取任何费用。

第五条　国务院司法行政部门负责指导全国的人民调解工作，县级以上地方人民政府司法行政部门负责指导本行政区域的人民调解工作。

基层人民法院对人民调解委员会调解民间纠纷进行业务指导。

第六条　国家鼓励和支持人民调解工作。县级以上地方人民政府对人民调解工作所需经费应当给予必要的支持和保障，对有突出贡献的人民调解委员会和人民调解员按照国家规定给予表彰奖励。

第二章 人民调解委员会

第七条　人民调解委员会是依法设立的调解民间纠纷的群众性组织。

第八条　村民委员会、居民委员会设立人民调解委员会。企业事业单位根据需要设立人民调解委员会。

人民调解委员会由委员三至九人组成，设主任一人，必要时，可以设副主任若干人。

人民调解委员会应当有妇女成员，多民族居住的地区应当有人数较少民族的成员。

第九条　村民委员会、居民委员会的人民调解委员会委员由村民会议或者村民代表会议、居民会议推选产生；企业事业单位设立的人民调解委员会委员由职工大会、职工代表大会或者工会组织推选产生。

人民调解委员会委员每届任期三年，可以连选连任。

第十条　县级人民政府司法行政部门应当对本行政区域内人民调解委员会的设立情况进行统计，并且将人民调解委员会以及人员组成和调整情况及时通报所在地基层人民法院。

第十一条　人民调解委员会应当建立健全各项调解工作制度，听取群众意见，接受群众监督。

第十二条　村民委员会、居民委员会和企业事业单位应当为人民调解委员会开展工作提供办公条件和必要的工作经费。

第三章 人民调解员

第十三条　人民调解员由人民调解委员会委员和人民调解委员会聘任的人员担任。

第十四条　人民调解员应当由公道正派、热心人民调解工作，并具有一定文化水平、政策水平和法律知识的成年公民担任。

县级人民政府司法行政部门应当定期对人民调解员进行业务培训。

第十五条　人民调解员在调解工作中有下列行为之一的，由其所在的人民调解委员会给予批评教育、责令改正，情节严重的，由推选或者聘任单位予以罢免或者解聘：

（一）偏袒一方当事人的；

（二）侮辱当事人的；

（三）索取、收受财物或者牟取其他不正当利益的；

（四）泄露当事人的个人隐私、商业秘密的。

第十六条　人民调解员从事调解工作，应当给予适当的误工补贴；因从事调解工作致伤致残，生活发生困难的，当地人民政府应当提供必要的医疗、生活救助；在人民调解工作岗位上牺牲的人民调解员,其配偶、子女按照国家规定享受抚恤和优待。

第四章 调解程序

第十七条 当事人可以向人民调解委员会申请调解;人民调解委员会也可以主动调解。当事人一方明确拒绝调解的,不得调解。

第十八条 基层人民法院、公安机关对适宜通过人民调解方式解决的纠纷,可以在受理前告知当事人向人民调解委员会申请调解。

第十九条 人民调解委员会根据调解纠纷的需要,可以指定一名或者数名人民调解员进行调解,也可以由当事人选择一名或者数名人民调解员进行调解。

第二十条 人民调解员根据调解纠纷的需要,在征得当事人的同意后,可以邀请当事人的亲属、邻里、同事等参与调解,也可以邀请具有专门知识、特定经验的人员或者有关社会组织的人员参与调解。

人民调解委员会支持当地公道正派、热心调解、群众认可的社会人士参与调解。

第二十一条 人民调解员调解民间纠纷,应当坚持原则,明法析理,主持公道。

调解民间纠纷,应当及时、就地进行,防止矛盾激化。

第二十二条 人民调解员根据纠纷的不同情况,可以采取多种方式调解民间纠纷,充分听取当事人的陈述,讲解有关法律、法规和国家政策,耐心疏导,在当事人平等协商、互谅互让的基础上提出纠纷解决方案,帮助当事人自愿达成调解协议。

第二十三条 当事人在人民调解活动中享有下列权利:
(一)选择或者接受人民调解员;
(二)接受调解、拒绝调解或者要求终止调解;
(三)要求调解公开进行或者不公开进行;
(四)自主表达意愿、自愿达成调解协议。

第二十四条 当事人在人民调解活动中履行下列义务:
(一)如实陈述纠纷事实;
(二)遵守调解现场秩序,尊重人民调解员;
(三)尊重对方当事人行使权利。

第二十五条 人民调解员在调解纠纷过程中,发现纠纷有可能激化的,应当采取有针对性的预防措施;对有可能引起治安案件、刑事案件的纠纷,应当及时向当地公安机关或者其他有关部门报告。

第二十六条 人民调解员调解纠纷,调解不成的,应当终止调解,并依据有关法律、法规的规定,告知当事人可以依法通过仲裁、行政、司法等途径维护自己的权利。

第二十七条 人民调解员应当记录调解情况。人民调解委员会应当建立调解工作档案,将调解登记、调解工作记录、调解协议书等材料立卷归档。

第五章 调解协议

第二十八条 经人民调解委员会调解达成调解协议的,可以制作调解协议书。当事人认为无需制作调解协议书的,可以采取口头协议方式,人民调解员应当记录协议内容。

第二十九条 调解协议书可以载明下列事项:
(一)当事人的基本情况;
(二)纠纷的主要事实、争议事项以及各当事人的责任;
(三)当事人达成调解协议的内容,履行的方式、期限。

调解协议书自各方当事人签名、盖章或者按指印,人民调解员签名并加盖人民调解委员会印章之日起生效。调解协议书由当事人各执一份,人民调解委员会留存一份。

第三十条 口头调解协议自各方当事人达成协议之日起生效。

第三十一条 经人民调解委员会调解达成的调解协议,具有法律约束力,当事人应当按照约定履行。

人民调解委员会应当对调解协议的履行情况进行监督,督促当事人履行约定的义务。

第三十二条 经人民调解委员会调解达成调解协议后,当事人之间就调解协议的履行或者调解协议的内容发生争议的,一方当事人可以向人民法院提起诉讼。

第三十三条 经人民调解委员会调解达成调解协议后,双方当事人认为有必要的,可以自调解协议生效之日起三十日内共同向人民法院申请司法确认,人民法院应当及时对调解协议进行审查,依法确认调解协议的效力。

人民法院依法确认调解协议有效,一方当事人拒绝履行或者未全部履行的,对方当事人可以向人民法院申请强制执行。

人民法院依法确认调解协议无效的,当事人可以通过人民调解方式变更原调解协议或者达成新的调解协议,也可以向人民法院提起诉讼。

第六章 附 则

第三十四条 乡镇、街道以及社会团体或者其他组织根据需要可以参照本法有关规定设立人民调解委员会，调解民间纠纷。

第三十五条 本法自 2011 年 1 月 1 日起施行。

中华人民共和国民事诉讼法

- 1991 年 4 月 9 日第七届全国人民代表大会第四次会议通过
- 根据 2007 年 10 月 28 日第十届全国人民代表大会常务委员会第三十次会议《关于修改〈中华人民共和国民事诉讼法〉的决定》第一次修正
- 根据 2012 年 8 月 31 日第十一届全国人民代表大会常务委员会第二十八次会议《关于修改〈中华人民共和国民事诉讼法〉的决定》第二次修正
- 根据 2017 年 6 月 27 日第十二届全国人民代表大会常务委员会第二十八次会议《关于修改〈中华人民共和国民事诉讼法〉和〈中华人民共和国行政诉讼法〉的决定》第三次修正
- 根据 2021 年 12 月 24 日第十三届全国人民代表大会常务委员会第三十二次会议《关于修改〈中华人民共和国民事诉讼法〉的决定》第四次修正
- 根据 2023 年 9 月 1 日第十四届全国人民代表大会常务委员会第五次会议《关于修改〈中华人民共和国民事诉讼法〉的决定》第五次修正

第一编 总 则

第一章 任务、适用范围和基本原则

第一条 中华人民共和国民事诉讼法以宪法为根据，结合我国民事审判工作的经验和实际情况制定。

第二条 中华人民共和国民事诉讼法的任务，是保护当事人行使诉讼权利，保证人民法院查明事实，分清是非，正确适用法律，及时审理民事案件，确认民事权利义务关系，制裁民事违法行为，保护当事人的合法权益，教育公民自觉遵守法律，维护社会秩序、经济秩序，保障社会主义建设事业顺利进行。

第三条 人民法院受理公民之间、法人之间、其他组织之间以及他们相互之间因财产关系和人身关系提起的民事诉讼，适用本法的规定。

第四条 凡在中华人民共和国领域内进行民事诉讼，必须遵守本法。

第五条 外国人、无国籍人、外国企业和组织在人民法院起诉、应诉，同中华人民共和国公民、法人和其他组织有同等的诉讼权利义务。

外国法院对中华人民共和国公民、法人和其他组织的民事诉讼权利加以限制的，中华人民共和国人民法院对该国公民、企业和组织的民事诉讼权利，实行对等原则。

第六条 民事案件的审判权由人民法院行使。

人民法院依照法律规定对民事案件独立进行审判，不受行政机关、社会团体和个人的干涉。

第七条 人民法院审理民事案件，必须以事实为根据，以法律为准绳。

第八条 民事诉讼当事人有平等的诉讼权利。人民法院审理民事案件，应当保障和便利当事人行使诉讼权利，对当事人在适用法律上一律平等。

第九条 人民法院审理民事案件，应当根据自愿和合法的原则进行调解；调解不成的，应当及时判决。

第十条 人民法院审理民事案件，依照法律规定实行合议、回避、公开审判和两审终审制度。

第十一条 各民族公民都有用本民族语言、文字进行民事诉讼的权利。

在少数民族聚居或者多民族共同居住的地区，人民法院应当用当地民族通用的语言、文字进行审理和发布法律文书。

人民法院应当对不通晓当地民族通用的语言、文字的诉讼参与人提供翻译。

第十二条 人民法院审理民事案件时，当事人有权进行辩论。

第十三条 民事诉讼应当遵循诚信原则。

当事人有权在法律规定的范围内处分自己的民事权利和诉讼权利。

第十四条 人民检察院有权对民事诉讼实行法律监督。

第十五条 机关、社会团体、企业事业单位对损害国家、集体或者个人民事权益的行为，可以支持受损害的单位或者个人向人民法院起诉。

第十六条 经当事人同意，民事诉讼活动可以通过信息网络平台在线进行。

民事诉讼活动通过信息网络平台在线进行的，与线下诉讼活动具有同等法律效力。

第十七条 民族自治地方的人民代表大会根据宪法和本法的原则，结合当地民族的具体情况，可以制定变通或者补充的规定。自治区的规定，报全国人民代表大会常务委员会批准。自治州、自治县的规定，报省或者自治区的人民代表大会常务委员会批准，并报全国人民代表大会常务委员会备案。

第二章 管 辖

第一节 级别管辖

第十八条 基层人民法院管辖第一审民事案件，但

本法另有规定的除外。

第十九条 中级人民法院管辖下列第一审民事案件：

（一）重大涉外案件；

（二）在本辖区有重大影响的案件；

（三）最高人民法院确定由中级人民法院管辖的案件。

第二十条 高级人民法院管辖在本辖区有重大影响的第一审民事案件。

第二十一条 最高人民法院管辖下列第一审民事案件：

（一）在全国有重大影响的案件；

（二）认为应当由本院审理的案件。

第二节 地域管辖

第二十二条 对公民提起的民事诉讼，由被告住所地人民法院管辖；被告住所地与经常居住地不一致的，由经常居住地人民法院管辖。

对法人或者其他组织提起的民事诉讼，由被告住所地人民法院管辖。

同一诉讼的几个被告住所地、经常居住地在两个以上人民法院辖区的，各该人民法院都有管辖权。

第二十三条 下列民事诉讼，由原告住所地人民法院管辖；原告住所地与经常居住地不一致的，由原告经常居住地人民法院管辖：

（一）对不在中华人民共和国领域内居住的人提起的有关身份关系的诉讼；

（二）对下落不明或者宣告失踪的人提起的有关身份关系的诉讼；

（三）对被采取强制性教育措施的人提起的诉讼；

（四）对被监禁的人提起的诉讼。

第二十四条 因合同纠纷提起的诉讼，由被告住所地或者合同履行地人民法院管辖。

第二十五条 因保险合同纠纷提起的诉讼，由被告住所地或者保险标的物所在地人民法院管辖。

第二十六条 因票据纠纷提起的诉讼，由票据支付地或者被告住所地人民法院管辖。

第二十七条 因公司设立、确认股东资格、分配利润、解散等纠纷提起的诉讼，由公司住所地人民法院管辖。

第二十八条 因铁路、公路、水上、航空运输和联合运输合同纠纷提起的诉讼，由运输始发地、目的地或者被告住所地人民法院管辖。

第二十九条 因侵权行为提起的诉讼，由侵权行为地或者被告住所地人民法院管辖。

第三十条 因铁路、公路、水上和航空事故请求损害赔偿提起的诉讼，由事故发生地或者车辆、船舶最先到达地、航空器最先降落地或者被告住所地人民法院管辖。

第三十一条 因船舶碰撞或者其他海事损害事故请求损害赔偿提起的诉讼，由碰撞发生地、碰撞船舶最先到达地、加害船舶被扣留地或者被告住所地人民法院管辖。

第三十二条 因海难救助费用提起的诉讼，由救助地或者被救助船舶最先到达地人民法院管辖。

第三十三条 因共同海损提起的诉讼，由船舶最先到达地、共同海损理算地或者航程终止地的人民法院管辖。

第三十四条 下列案件，由本条规定的人民法院专属管辖：

（一）因不动产纠纷提起的诉讼，由不动产所在地人民法院管辖；

（二）因港口作业中发生纠纷提起的诉讼，由港口所在地人民法院管辖；

（三）因继承遗产纠纷提起的诉讼，由被继承人死亡时住所地或者主要遗产所在地人民法院管辖。

第三十五条 合同或者其他财产权益纠纷的当事人可以书面协议选择被告住所地、合同履行地、合同签订地、原告住所地、标的物所在地等与争议有实际联系的地点的人民法院管辖，但不得违反本法对级别管辖和专属管辖的规定。

第三十六条 两个以上人民法院都有管辖权的诉讼，原告可以向其中一个人民法院起诉；原告向两个以上有管辖权的人民法院起诉的，由最先立案的人民法院管辖。

第三节 移送管辖和指定管辖

第三十七条 人民法院发现受理的案件不属于本院管辖的，应当移送有管辖权的人民法院，受移送的人民法院应当受理。受移送的人民法院认为受移送的案件依照规定不属于本院管辖的，应当报请上级人民法院指定管辖，不得再自行移送。

第三十八条 有管辖权的人民法院由于特殊原因，不能行使管辖权的，由上级人民法院指定管辖。

人民法院之间因管辖权发生争议，由争议双方协商解决；协商解决不了的，报请它们的共同上级人民法院指定管辖。

第三十九条 上级人民法院有权审理下级人民法院管辖的第一审民事案件；确有必要将本院管辖的第一审

民事案件交下级人民法院审理的,应当报请其上级人民法院批准。

下级人民法院对它所管辖的第一审民事案件,认为需要由上级人民法院审理的,可以报请上级人民法院审理。

第三章 审判组织

第四十条 人民法院审理第一审民事案件,由审判员、人民陪审员共同组成合议庭或者由审判员组成合议庭。合议庭的成员人数,必须是单数。

适用简易程序审理的民事案件,由审判员一人独任审理。基层人民法院审理的基本事实清楚、权利义务关系明确的第一审民事案件,可以由审判员一人适用普通程序独任审理。

人民陪审员在参加审判活动时,除法律另有规定外,与审判员有同等的权利义务。

第四十一条 人民法院审理第二审民事案件,由审判员组成合议庭。合议庭的成员人数,必须是单数。

中级人民法院对第一审适用简易程序审结或者不服裁定提起上诉的第二审民事案件,事实清楚、权利义务关系明确的,经双方当事人同意,可以由审判员一人独任审理。

发回重审的案件,原审人民法院应当按照第一审程序另行组成合议庭。

审理再审案件,原来是第一审的,按照第一审程序另行组成合议庭;原来是第二审的或者是上级人民法院提审的,按照第二审程序另行组成合议庭。

第四十二条 人民法院审理下列民事案件,不得由审判员一人独任审理:

(一)涉及国家利益、社会公共利益的案件;

(二)涉及群体性纠纷,可能影响社会稳定的案件;

(三)人民群众广泛关注或者其他社会影响较大的案件;

(四)属于新类型或者疑难复杂的案件;

(五)法律规定应当组成合议庭审理的案件;

(六)其他不宜由审判员一人独任审理的案件。

第四十三条 人民法院在审理过程中,发现案件不宜由审判员一人独任审理的,应当裁定转由合议庭审理。

当事人认为案件由审判员一人独任审理违反法律规定的,可以向人民法院提出异议。人民法院对当事人提出的异议应当审查,异议成立的,裁定转由合议庭审理;异议不成立的,裁定驳回。

第四十四条 合议庭的审判长由院长或者庭长指定审判员一人担任;院长或者庭长参加审判的,由院长或者庭长担任。

第四十五条 合议庭评议案件,实行少数服从多数的原则。评议应当制作笔录,由合议庭成员签名。评议中的不同意见,必须如实记入笔录。

第四十六条 审判人员应当依法秉公办案。

审判人员不得接受当事人及其诉讼代理人请客送礼。

审判人员有贪污受贿,徇私舞弊,枉法裁判行为的,应当追究法律责任;构成犯罪的,依法追究刑事责任。

第四章 回 避

第四十七条 审判人员有下列情形之一的,应当自行回避,当事人有权用口头或者书面方式申请他们回避:

(一)是本案当事人或者当事人、诉讼代理人近亲属的;

(二)与本案有利害关系的;

(三)与本案当事人、诉讼代理人有其他关系,可能影响对案件公正审理的。

审判人员接受当事人、诉讼代理人请客送礼,或者违反规定会见当事人、诉讼代理人的,当事人有权要求他们回避。

审判人员有前款规定的行为的,应当依法追究法律责任。

前三款规定,适用于法官助理、书记员、司法技术人员、翻译人员、鉴定人、勘验人。

第四十八条 当事人提出回避申请,应当说明理由,在案件开始审理时提出;回避事由在案件开始审理后知道的,也可以在法庭辩论终结前提出。

被申请回避的人员在人民法院作出是否回避的决定前,应当暂停参与本案的工作,但案件需要采取紧急措施的除外。

第四十九条 院长担任审判长或者独任审判员时的回避,由审判委员会决定;审判人员的回避,由院长决定;其他人员的回避,由审判长或者独任审判员决定。

第五十条 人民法院对当事人提出的回避申请,应当在申请提出的三日内,以口头或者书面形式作出决定。申请人对决定不服的,可以在接到决定时申请复议一次。复议期间,被申请回避的人员,不停止参与本案的工作。人民法院对复议申请,应当在三日内作出复议决定,并通知复议申请人。

第五章 诉讼参加人

第一节 当事人

第五十一条 公民、法人和其他组织可以作为民事诉讼的当事人。

法人由其法定代表人进行诉讼。其他组织由其主要负责人进行诉讼。

第五十二条 当事人有权委托代理人，提出回避申请，收集、提供证据，进行辩论，请求调解，提起上诉，申请执行。

当事人可以查阅本案有关材料，并可以复制本案有关材料和法律文书。查阅、复制本案有关材料的范围和办法由最高人民法院规定。

当事人必须依法行使诉讼权利，遵守诉讼秩序，履行发生法律效力的判决书、裁定书和调解书。

第五十三条 双方当事人可以自行和解。

第五十四条 原告可以放弃或者变更诉讼请求。被告可以承认或者反驳诉讼请求，有权提起反诉。

第五十五条 当事人一方或者双方为二人以上，其诉讼标的是共同的，或者诉讼标的是同一种类、人民法院认为可以合并审理并经当事人同意的，为共同诉讼。

共同诉讼的一方当事人对诉讼标的有共同权利义务的，其中一人的诉讼行为经其他共同诉讼人承认，对其他共同诉讼人发生效力；对诉讼标的没有共同权利义务的，其中一人的诉讼行为对其他共同诉讼人不发生效力。

第五十六条 当事人一方人数众多的共同诉讼，可以由当事人推选代表人进行诉讼。代表人的诉讼行为对其所代表的当事人发生效力，但代表人变更、放弃诉讼请求或者承认对方当事人的诉讼请求，进行和解，必须经被代表的当事人同意。

第五十七条 诉讼标的是同一种类、当事人一方人数众多在起诉时人数尚未确定的，人民法院可以发出公告，说明案件情况和诉讼请求，通知权利人在一定期间向人民法院登记。

向人民法院登记的权利人可以推选代表人进行诉讼；推选不出代表人的，人民法院可以与参加登记的权利人商定代表人。

代表人的诉讼行为对其所代表的当事人发生效力，但代表人变更、放弃诉讼请求或者承认对方当事人的诉讼请求，进行和解，必须经被代表的当事人同意。

人民法院作出的判决、裁定，对参加登记的全体权利人发生效力。未参加登记的权利人在诉讼时效期间提起诉讼的，适用该判决、裁定。

第五十八条 对污染环境、侵害众多消费者合法权益等损害社会公共利益的行为，法律规定的机关和有关组织可以向人民法院提起诉讼。

人民检察院在履行职责中发现破坏生态环境和资源保护、食品药品安全领域侵害众多消费者合法权益等损害社会公共利益的行为，在没有前款规定的机关和组织或者前款规定的机关和组织不提起诉讼的情况下，可以向人民法院提起诉讼。前款规定的机关或者组织提起诉讼的，人民检察院可以支持起诉。

第五十九条 对当事人双方的诉讼标的，第三人认为有独立请求权的，有权提起诉讼。

对当事人双方的诉讼标的，第三人虽然没有独立请求权，但案件处理结果同他有法律上的利害关系的，可以申请参加诉讼，或者由人民法院通知他参加诉讼。人民法院判决承担民事责任的第三人，有当事人的诉讼权利义务。

前两款规定的第三人，因不能归责于本人的事由未参加诉讼，但有证据证明发生法律效力的判决、裁定、调解书的部分或者全部内容错误，损害其民事权益的，可以自知道或者应当知道其民事权益受到损害之日起六个月内，向作出该判决、裁定、调解书的人民法院提起诉讼。人民法院经审理，诉讼请求成立的，应当改变或者撤销原判决、裁定、调解书；诉讼请求不成立的，驳回诉讼请求。

第二节 诉讼代理人

第六十条 无诉讼行为能力人由他的监护人作为法定代理人代为诉讼。法定代理人之间互相推诿代理责任的，由人民法院指定其中一人代为诉讼。

第六十一条 当事人、法定代理人可以委托一至二人作为诉讼代理人。

下列人员可以被委托为诉讼代理人：

（一）律师、基层法律服务工作者；

（二）当事人的近亲属或者工作人员；

（三）当事人所在社区、单位以及有关社会团体推荐的公民。

第六十二条 委托他人代为诉讼，必须向人民法院提交由委托人签名或者盖章的授权委托书。

授权委托书必须记明委托事项和权限。诉讼代理人代为承认、放弃、变更诉讼请求，进行和解，提起反诉或者上诉，必须有委托人的特别授权。

侨居在国外的中华人民共和国公民从国外寄交或者托交的授权委托书，必须经中华人民共和国驻该国的使领馆证明；没有使领馆的，由与中华人民共和国有外交关系的第三国驻该国的使领馆证明，再转由中华人民共和国驻该第三国使领馆证明，或者由当地的爱国华侨团体证明。

第六十三条　诉讼代理人的权限如果变更或者解除,当事人应当书面告知人民法院,并由人民法院通知对方当事人。

第六十四条　代理诉讼的律师和其他诉讼代理人有权调查收集证据,可以查阅本案有关材料。查阅本案有关材料的范围和办法由最高人民法院规定。

第六十五条　离婚案件有诉讼代理人的,本人除不能表达意思的以外,仍应出庭;确因特殊情况无法出庭的,必须向人民法院提交书面意见。

第六章　证　据

第六十六条　证据包括:

(一)当事人的陈述;

(二)书证;

(三)物证;

(四)视听资料;

(五)电子数据;

(六)证人证言;

(七)鉴定意见;

(八)勘验笔录。

证据必须查证属实,才能作为认定事实的根据。

第六十七条　当事人对自己提出的主张,有责任提供证据。

当事人及其诉讼代理人因客观原因不能自行收集的证据,或者人民法院认为审理案件需要的证据,人民法院应当调查收集。

人民法院应当按照法定程序,全面地、客观地审查核实证据。

第六十八条　当事人对自己提出的主张应当及时提供证据。

人民法院根据当事人的主张和案件审理情况,确定当事人应当提供的证据及其期限。当事人在该期限内提供证据确有困难的,可以向人民法院申请延长期限,人民法院根据当事人的申请适当延长。当事人逾期提供证据的,人民法院应当责令其说明理由;拒不说明理由或者理由不成立的,人民法院根据不同情形可以不予采纳该证据,或者采纳该证据但予以训诫、罚款。

第六十九条　人民法院收到当事人提交的证据材料,应当出具收据,写明证据名称、页数、份数、原件或者复印件以及收到时间等,并由经办人员签名或者盖章。

第七十条　人民法院有权向有关单位和个人调查取证,有关单位和个人不得拒绝。

人民法院对有关单位和个人提出的证明文书,应当辨别真伪,审查确定其效力。

第七十一条　证据应当在法庭上出示,并由当事人互相质证。对涉及国家秘密、商业秘密和个人隐私的证据应当保密,需要在法庭出示的,不得在公开开庭时出示。

第七十二条　经过法定程序公证证明的法律事实和文书,人民法院应当作为认定事实的根据,但有相反证据足以推翻公证证明的除外。

第七十三条　书证应当提交原件。物证应当提交原物。提交原件或者原物确有困难的,可以提交复制品、照片、副本、节录本。

提交外文证书,必须附有中文译本。

第七十四条　人民法院对视听资料,应当辨别真伪,并结合本案的其他证据,审查确定能否作为认定事实的根据。

第七十五条　凡是知道案件情况的单位和个人,都有义务出庭作证。有关单位的负责人应当支持证人作证。

不能正确表达意思的人,不能作证。

第七十六条　经人民法院通知,证人应当出庭作证。有下列情形之一的,经人民法院许可,可以通过书面证言、视听传输技术或者视听资料等方式作证:

(一)因健康原因不能出庭的;

(二)因路途遥远,交通不便不能出庭的;

(三)因自然灾害等不可抗力不能出庭的;

(四)其他有正当理由不能出庭的。

第七十七条　证人因履行出庭作证义务而支出的交通、住宿、就餐等必要费用以及误工损失,由败诉一方当事人负担。当事人申请证人作证的,由该当事人先行垫付;当事人没有申请,人民法院通知证人作证的,由人民法院先行垫付。

第七十八条　人民法院对当事人的陈述,应当结合本案的其他证据,审查确定能否作为认定事实的根据。

当事人拒绝陈述的,不影响人民法院根据证据认定案件事实。

第七十九条　当事人可以就查明事实的专门性问题向人民法院申请鉴定。当事人申请鉴定的,由双方当事人协商确定具备资格的鉴定人;协商不成的,由人民法院指定。

当事人未申请鉴定,人民法院对专门性问题认为需要鉴定的,应当委托具备资格的鉴定人进行鉴定。

第八十条　鉴定人有权了解进行鉴定所需的案件

材料,必要时可以询问当事人、证人。

鉴定人应当提出书面鉴定意见,在鉴定书上签名或者盖章。

第八十一条 当事人对鉴定意见有异议或者人民法院认为鉴定人有必要出庭的,鉴定人应当出庭作证。经人民法院通知,鉴定人拒不出庭作证的,鉴定意见不得作为认定事实的根据;支付鉴定费用的当事人可以要求返还鉴定费用。

第八十二条 当事人可以申请人民法院通知有专门知识的人出庭,就鉴定人作出的鉴定意见或者专业问题提出意见。

第八十三条 勘验物证或者现场,勘验人必须出示人民法院的证件,并邀请当地基层组织或者当事人所在单位派人参加。当事人或者当事人的成年家属应当到场,拒不到场的,不影响勘验的进行。

有关单位和个人根据人民法院的通知,有义务保护现场,协助勘验工作。

勘验人应当将勘验情况和结果制作笔录,由勘验人、当事人和被邀参加人签名或者盖章。

第八十四条 在证据可能灭失或者以后难以取得的情况下,当事人可以在诉讼过程中向人民法院申请保全证据,人民法院也可以主动采取保全措施。

因情况紧急,在证据可能灭失或者以后难以取得的情况下,利害关系人可以在提起诉讼或者申请仲裁前向证据所在地、被申请人住所地或者对案件有管辖权的人民法院申请保全证据。

证据保全的其他程序,参照适用本法第九章保全的有关规定。

第七章 期间、送达

第一节 期 间

第八十五条 期间包括法定期间和人民法院指定的期间。

期间以时、日、月、年计算。期间开始的时和日,不计算在期间内。

期间届满的最后一日是法定休假日的,以法定休假日后的第一日为期间届满的日期。

期间不包括在途时间,诉讼文书在期满前交邮的,不算过期。

第八十六条 当事人因不可抗拒的事由或者其他正当理由耽误期限的,在障碍消除后的十日内,可以申请顺延期限,是否准许,由人民法院决定。

第二节 送 达

第八十七条 送达诉讼文书必须有送达回证,由受送达人在送达回证上记明收到日期,签名或者盖章。

受送达人在送达回证上的签收日期为送达日期。

第八十八条 送达诉讼文书,应当直接送交受送达人。受送达人是公民的,本人不在交他的同住成年家属签收;受送达人是法人或者其他组织的,应当由法人的法定代表人、其他组织的主要负责人或者该法人、组织负责收件的人签收;受送达人有诉讼代理人的,可以送交其代理人签收;受送达人已向人民法院指定代收人的,送交代收人签收。

受送达人的同住成年家属,法人或者其他组织的负责收件的人,诉讼代理人或者代收人在送达回证上签收的日期为送达日期。

第八十九条 受送达人或者他的同住成年家属拒绝接收诉讼文书的,送达人可以邀请有关基层组织或者所在单位的代表到场,说明情况,在送达回证上记明拒收事由和日期,由送达人、见证人签名或者盖章,把诉讼文书留在受送达人的住所;也可以把诉讼文书留在受送达人的住所,并采用拍照、录像等方式记录送达过程,即视为送达。

第九十条 经受送达人同意,人民法院可以采用能够确认其收悉的电子方式送达诉讼文书。通过电子方式送达的判决书、裁定书、调解书,受送达人提出需要纸质文书的,人民法院应当提供。

采用前款方式送达的,以送达信息到达受送达人特定系统的日期为送达日期。

第九十一条 直接送达诉讼文书有困难的,可以委托其他人民法院代为送达,或者邮寄送达。邮寄送达的,以回执上注明的收件日期为送达日期。

第九十二条 受送达人是军人的,通过其所在部队团以上单位的政治机关转交。

第九十三条 受送达人被监禁的,通过其所在监所转交。

受送达人被采取强制性教育措施的,通过其所在强制性教育机构转交。

第九十四条 代为转交的机关、单位收到诉讼文书后,必须立即交受送达人签收,以在送达回证上的签收日期,为送达日期。

第九十五条 受送达人下落不明,或者用本节规定的其他方式无法送达的,公告送达。自发出公告之日起,经过三十日,即视为送达。

公告送达,应当在案卷中记明原因和经过。

第八章 调 解

第九十六条 人民法院审理民事案件,根据当事人自愿的原则,在事实清楚的基础上,分清是非,进行调解。

第九十七条 人民法院进行调解,可以由审判员一人主持,也可以由合议庭主持,并尽可能就地进行。

人民法院进行调解,可以用简便方式通知当事人、证人到庭。

第九十八条 人民法院进行调解,可以邀请有关单位和个人协助。被邀请的单位和个人,应当协助人民法院进行调解。

第九十九条 调解达成协议,必须双方自愿,不得强迫。调解协议的内容不得违反法律规定。

第一百条 调解达成协议,人民法院应当制作调解书。调解书应当写明诉讼请求、案件的事实和调解结果。

调解书由审判人员、书记员署名,加盖人民法院印章,送达双方当事人。

调解书经双方当事人签收后,即具有法律效力。

第一百零一条 下列案件调解达成协议,人民法院可以不制作调解书:

(一)调解和好的离婚案件;

(二)调解维持收养关系的案件;

(三)能够即时履行的案件;

(四)其他不需要制作调解书的案件。

对不需要制作调解书的协议,应当记入笔录,由双方当事人、审判人员、书记员签名或者盖章后,即具有法律效力。

第一百零二条 调解未达成协议或者调解书送达前一方反悔的,人民法院应当及时判决。

第九章 保全和先予执行

第一百零三条 人民法院对于可能因当事人一方的行为或者其他原因,使判决难以执行或者造成当事人其他损害的案件,根据对方当事人的申请,可以裁定对其财产进行保全、责令其作出一定行为或者禁止其作出一定行为;当事人没有提出申请,人民法院在必要时也可以裁定采取保全措施。

人民法院采取保全措施,可以责令申请人提供担保,申请人不提供担保的,裁定驳回申请。

人民法院接受申请后,对情况紧急的,必须在四十八小时内作出裁定;裁定采取保全措施的,应当立即开始执行。

第一百零四条 利害关系人因情况紧急,不立即申请保全将会使其合法权益受到难以弥补的损害的,可以在提起诉讼或者申请仲裁前向被保全财产所在地、被申请人住所地或者对案件有管辖权的人民法院申请采取保全措施。申请人应当提供担保,不提供担保的,裁定驳回申请。

人民法院接受申请后,必须在四十八小时内作出裁定;裁定采取保全措施的,应当立即开始执行。

申请人在人民法院采取保全措施后三十日内不依法提起诉讼或者申请仲裁的,人民法院应当解除保全。

第一百零五条 保全限于请求的范围,或者与本案有关的财物。

第一百零六条 财产保全采取查封、扣押、冻结或者法律规定的其他方法。人民法院保全财产后,应当立即通知被保全财产的人。

财产已被查封、冻结的,不得重复查封、冻结。

第一百零七条 财产纠纷案件,被申请人提供担保的,人民法院应当裁定解除保全。

第一百零八条 申请有错误的,申请人应当赔偿被申请人因保全所遭受的损失。

第一百零九条 人民法院对下列案件,根据当事人的申请,可以裁定先予执行:

(一)追索赡养费、扶养费、抚养费、抚恤金、医疗费用的;

(二)追索劳动报酬的;

(三)因情况紧急需要先予执行的。

第一百一十条 人民法院裁定先予执行的,应当符合下列条件:

(一)当事人之间权利义务关系明确,不先予执行将严重影响申请人的生活或者生产经营的;

(二)被申请人有履行能力。

人民法院可以责令申请人提供担保,申请人不提供担保的,驳回申请。申请人败诉的,应当赔偿被申请人因先予执行遭受的财产损失。

第一百一十一条 当事人对保全或者先予执行的裁定不服的,可以申请复议一次。复议期间不停止裁定的执行。

第十章 对妨害民事诉讼的强制措施

第一百一十二条 人民法院对必须到庭的被告,经两次传票传唤,无正当理由拒不到庭的,可以拘传。

第一百一十三条 诉讼参与人和其他人应当遵守法庭规则。

人民法院对违反法庭规则的人,可以予以训诫,责令退出法庭或者予以罚款、拘留。

人民法院对哄闹、冲击法庭，侮辱、诽谤、威胁、殴打审判人员，严重扰乱法庭秩序的人，依法追究刑事责任；情节较轻的，予以罚款、拘留。

第一百一十四条 诉讼参与人或者其他人有下列行为之一的，人民法院可以根据情节轻重予以罚款、拘留；构成犯罪的，依法追究刑事责任：

（一）伪造、毁灭重要证据，妨碍人民法院审理案件的；

（二）以暴力、威胁、贿买方法阻止证人作证或者指使、贿买、胁迫他人作伪证的；

（三）隐藏、转移、变卖、毁损已被查封、扣押的财产，或者已被清点并责令其保管的财产，转移已被冻结的财产的；

（四）对司法工作人员、诉讼参加人、证人、翻译人员、鉴定人、勘验人、协助执行的人，进行侮辱、诽谤、诬陷、殴打或者打击报复的；

（五）以暴力、威胁或者其他方法阻碍司法工作人员执行职务的；

（六）拒不履行人民法院已经发生法律效力的判决、裁定的。

人民法院对有前款规定的行为之一的单位，可以对其主要负责人或者直接责任人员予以罚款、拘留；构成犯罪的，依法追究刑事责任。

第一百一十五条 当事人之间恶意串通，企图通过诉讼、调解等方式侵害国家利益、社会公共利益或者他人合法权益的，人民法院应当驳回其请求，并根据情节轻重予以罚款、拘留；构成犯罪的，依法追究刑事责任。

当事人单方捏造民事案件基本事实，向人民法院提起诉讼，企图侵害国家利益、社会公共利益或者他人合法权益的，适用前款规定。

第一百一十六条 被执行人与他人恶意串通，通过诉讼、仲裁、调解等方式逃避履行法律文书确定的义务的，人民法院应当根据情节轻重予以罚款、拘留；构成犯罪的，依法追究刑事责任。

第一百一十七条 有义务协助调查、执行的单位有下列行为之一的，人民法院除责令其履行协助义务外，并可以予以罚款：

（一）有关单位拒绝或者妨碍人民法院调查取证的；

（二）有关单位接到人民法院协助执行通知书后，拒不协助查询、扣押、冻结、划拨、变价财产的；

（三）有关单位接到人民法院协助执行通知书后，拒不协助扣留被执行人的收入、办理有关财产权证照转移手续、转交有关票证、证照或者其他财产的；

（四）其他拒绝协助执行的。

人民法院对有前款规定的行为之一的单位，可以对其主要负责人或者直接责任人员予以罚款；对仍不履行协助义务的，可以予以拘留；并可以向监察机关或者有关机关提出予以纪律处分的司法建议。

第一百一十八条 对个人的罚款金额，为人民币十万元以下。对单位的罚款金额，为人民币五万元以上一百万元以下。

拘留的期限，为十五日以下。

被拘留的人，由人民法院交公安机关看管。在拘留期间，被拘留人承认并改正错误的，人民法院可以决定提前解除拘留。

第一百一十九条 拘传、罚款、拘留必须经院长批准。

拘传应当发拘传票。

罚款、拘留应当用决定书。对决定不服的，可以向上一级人民法院申请复议一次。复议期间不停止执行。

第一百二十条 采取对妨害民事诉讼的强制措施必须由人民法院决定。任何单位和个人采取非法拘禁他人或者非法私自扣押他人财产追索债务的，应当依法追究刑事责任，或者予以拘留、罚款。

第十一章　诉讼费用

第一百二十一条 当事人进行民事诉讼，应当按照规定交纳案件受理费。财产案件除交纳案件受理费外，并按照规定交纳其他诉讼费用。

当事人交纳诉讼费用确有困难的，可以按照规定向人民法院申请缓交、减交或者免交。

收取诉讼费用的办法另行制定。

第二编　审判程序

第十二章　第一审普通程序

第一节　起诉和受理

第一百二十二条 起诉必须符合下列条件：

（一）原告是与本案有直接利害关系的公民、法人和其他组织；

（二）有明确的被告；

（三）有具体的诉讼请求和事实、理由；

（四）属于人民法院受理民事诉讼的范围和受诉人民法院管辖。

第一百二十三条 起诉应当向人民法院递交起诉状,并按照被告人数提出副本。

书写起诉状确有困难的,可以口头起诉,由人民法院记入笔录,并告知对方当事人。

第一百二十四条 起诉状应当记明下列事项:

(一)原告的姓名、性别、年龄、民族、职业、工作单位、住所、联系方式,法人或者其他组织的名称、住所和法定代表人或者主要负责人的姓名、职务、联系方式;

(二)被告的姓名、性别、工作单位、住所等信息,法人或者其他组织的名称、住所等信息;

(三)诉讼请求和所根据的事实与理由;

(四)证据和证据来源,证人姓名和住所。

第一百二十五条 当事人起诉到人民法院的民事纠纷,适宜调解的,先行调解,但当事人拒绝调解的除外。

第一百二十六条 人民法院应当保障当事人依照法律规定享有的起诉权利。对符合本法第一百二十二条的起诉,必须受理。符合起诉条件的,应当在七日内立案,并通知当事人;不符合起诉条件的,应当在七日内作出裁定书,不予受理;原告对裁定不服的,可以提起上诉。

第一百二十七条 人民法院对下列起诉,分别情形,予以处理:

(一)依照行政诉讼法的规定,属于行政诉讼受案范围的,告知原告提起行政诉讼;

(二)依照法律规定,双方当事人达成书面仲裁协议申请仲裁、不得向人民法院起诉的,告知原告向仲裁机构申请仲裁;

(三)依照法律规定,应当由其他机关处理的争议,告知原告向有关机关申请解决;

(四)对不属于本院管辖的案件,告知原告向有管辖权的人民法院起诉;

(五)对判决、裁定、调解书已经发生法律效力的案件,当事人又起诉的,告知原告申请再审,但人民法院准许撤诉的裁定除外;

(六)依照法律规定,在一定期限内不得起诉的案件,在不得起诉的期限内起诉的,不予受理;

(七)判决不准离婚和调解和好的离婚案件,判决、调解维持收养关系的案件,没有新情况、新理由,原告在六个月内又起诉的,不予受理。

第二节 审理前的准备

第一百二十八条 人民法院应当在立案之日起五日内将起诉状副本发送被告,被告应当在收到之日起十五日内提出答辩状。答辩状应当记明被告的姓名、性别、年龄、民族、职业、工作单位、住所、联系方式;法人或者其他组织的名称、住所和法定代表人或者主要负责人的姓名、职务、联系方式。人民法院应当在收到答辩状之日起五日内将答辩状副本发送原告。

被告不提出答辩状的,不影响人民法院审理。

第一百二十九条 人民法院对决定受理的案件,应当在受理案件通知书和应诉通知书中向当事人告知有关的诉讼权利义务,或者口头告知。

第一百三十条 人民法院受理案件后,当事人对管辖权有异议的,应当在提交答辩状期间提出。人民法院对当事人提出的异议,应当审查。异议成立的,裁定将案件移送有管辖权的人民法院;异议不成立的,裁定驳回。

当事人未提出管辖异议,并应诉答辩或者提出反诉的,视为受诉人民法院有管辖权,但违反级别管辖和专属管辖规定的除外。

第一百三十一条 审判人员确定后,应当在三日内告知当事人。

第一百三十二条 审判人员必须认真审核诉讼材料,调查收集必要的证据。

第一百三十三条 人民法院派出人员进行调查时,应当向被调查人出示证件。

调查笔录经被调查人校阅后,由被调查人、调查人签名或者盖章。

第一百三十四条 人民法院在必要时可以委托外地人民法院调查。

委托调查,必须提出明确的项目和要求。受委托人民法院可以主动补充调查。

受委托人民法院收到委托书后,应当在三十日内完成调查。因故不能完成的,应当在上述期限内函告委托人民法院。

第一百三十五条 必须共同进行诉讼的当事人没有参加诉讼的,人民法院应当通知其参加诉讼。

第一百三十六条 人民法院对受理的案件,分别情形,予以处理:

(一)当事人没有争议,符合督促程序规定条件的,可以转入督促程序;

(二)开庭前可以调解的,采取调解方式及时解决纠纷;

(三)根据案件情况,确定适用简易程序或者普通程序;

(四)需要开庭审理的,通过要求当事人交换证据等方式,明确争议焦点。

第三节 开庭审理

第一百三十七条 人民法院审理民事案件,除涉及国家秘密、个人隐私或者法律另有规定的以外,应当公开进行。

离婚案件,涉及商业秘密的案件,当事人申请不公开审理的,可以不公开审理。

第一百三十八条 人民法院审理民事案件,根据需要进行巡回审理,就地办案。

第一百三十九条 人民法院审理民事案件,应当在开庭三日前通知当事人和其他诉讼参与人。公开审理的,应当公告当事人姓名、案由和开庭的时间、地点。

第一百四十条 开庭审理前,书记员应当查明当事人和其他诉讼参与人是否到庭,宣布法庭纪律。

开庭审理时,由审判长或者独任审判员核对当事人,宣布案由,宣布审判人员、法官助理、书记员等的名单,告知当事人有关的诉讼权利义务,询问当事人是否提出回避申请。

第一百四十一条 法庭调查按照下列顺序进行:

(一)当事人陈述;

(二)告知证人的权利义务,证人作证,宣读未到庭的证人证言;

(三)出示书证、物证、视听资料和电子数据;

(四)宣读鉴定意见;

(五)宣读勘验笔录。

第一百四十二条 当事人在法庭上可以提出新的证据。

当事人经法庭许可,可以向证人、鉴定人、勘验人发问。

当事人要求重新进行调查、鉴定或者勘验的,是否准许,由人民法院决定。

第一百四十三条 原告增加诉讼请求,被告提出反诉,第三人提出与本案有关的诉讼请求,可以合并审理。

第一百四十四条 法庭辩论按照下列顺序进行:

(一)原告及其诉讼代理人发言;

(二)被告及其诉讼代理人答辩;

(三)第三人及其诉讼代理人发言或者答辩;

(四)互相辩论。

法庭辩论终结,由审判长或者独任审判员按照原告、被告、第三人的先后顺序征询各方最后意见。

第一百四十五条 法庭辩论终结,应当依法作出判决。判决前能够调解的,还可以进行调解,调解不成的,应当及时判决。

第一百四十六条 原告经传票传唤,无正当理由拒不到庭的,或者未经法庭许可中途退庭的,可以按撤诉处理;被告反诉的,可以缺席判决。

第一百四十七条 被告经传票传唤,无正当理由拒不到庭的,或者未经法庭许可中途退庭的,可以缺席判决。

第一百四十八条 宣判前,原告申请撤诉的,是否准许,由人民法院裁定。

人民法院裁定不准许撤诉的,原告经传票传唤,无正当理由拒不到庭的,可以缺席判决。

第一百四十九条 有下列情形之一的,可以延期开庭审理:

(一)必须到庭的当事人和其他诉讼参与人有正当理由没有到庭的;

(二)当事人临时提出回避申请的;

(三)需要通知新的证人到庭,调取新的证据,重新鉴定、勘验,或者需要补充调查的;

(四)其他应当延期的情形。

第一百五十条 书记员应当将法庭审理的全部活动记入笔录,由审判人员和书记员签名。

法庭笔录应当当庭宣读,也可以告知当事人和其他诉讼参与人当庭或者在五日内阅读。当事人和其他诉讼参与人认为对自己的陈述记录有遗漏或者差错的,有权申请补正。如果不予补正,应当将申请记录在案。

法庭笔录由当事人和其他诉讼参与人签名或者盖章。拒绝签名盖章的,记明情况附卷。

第一百五十一条 人民法院对公开审理或者不公开审理的案件,一律公开宣告判决。

当庭宣判的,应当在十日内发送判决书;定期宣判的,宣判后立即发给判决书。

宣告判决时,必须告知当事人上诉权利、上诉期限和上诉的法院。

宣告离婚判决,必须告知当事人在判决发生法律效力前不得另行结婚。

第一百五十二条 人民法院适用普通程序审理的案件,应当在立案之日起六个月内审结。有特殊情况需要延长的,经本院院长批准,可以延长六个月;还需要延长的,报请上级人民法院批准。

第四节 诉讼中止和终结

第一百五十三条 有下列情形之一的,中止诉讼:

(一)一方当事人死亡,需要等待继承人表明是否参加诉讼的;

（二）一方当事人丧失诉讼行为能力，尚未确定法定代理人的；

（三）作为一方当事人的法人或者其他组织终止，尚未确定权利义务承受人的；

（四）一方当事人因不可抗拒的事由，不能参加诉讼的；

（五）本案必须以另一案的审理结果为依据，而另一案尚未审结的；

（六）其他应当中止诉讼的情形。

中止诉讼的原因消除后，恢复诉讼。

第一百五十四条 有下列情形之一的，终结诉讼：

（一）原告死亡，没有继承人，或者继承人放弃诉讼权利的；

（二）被告死亡，没有遗产，也没有应当承担义务的人的；

（三）离婚案件一方当事人死亡的；

（四）追索赡养费、扶养费、抚养费以及解除收养关系案件的一方当事人死亡的。

第五节 判决和裁定

第一百五十五条 判决书应当写明判决结果和作出该判决的理由。判决书内容包括：

（一）案由、诉讼请求、争议的事实和理由；

（二）判决认定的事实和理由、适用的法律和理由；

（三）判决结果和诉讼费用的负担；

（四）上诉期间和上诉的法院。

判决书由审判人员、书记员署名，加盖人民法院印章。

第一百五十六条 人民法院审理案件，其中一部分事实已经清楚，可以就该部分先行判决。

第一百五十七条 裁定适用于下列范围：

（一）不予受理；

（二）对管辖权有异议的；

（三）驳回起诉；

（四）保全和先予执行；

（五）准许或者不准许撤诉；

（六）中止或者终结诉讼；

（七）补正判决书中的笔误；

（八）中止或者终结执行；

（九）撤销或者不予执行仲裁裁决；

（十）不予执行公证机关赋予强制执行效力的债权文书；

（十一）其他需要裁定解决的事项。

对前款第一项至第三项裁定，可以上诉。

裁定书应当写明裁定结果和作出该裁定的理由。裁定书由审判人员、书记员署名，加盖人民法院印章。口头裁定的，记入笔录。

第一百五十八条 最高人民法院的判决、裁定，以及依法不准上诉或者超过上诉期没有上诉的判决、裁定，是发生法律效力的判决、裁定。

第一百五十九条 公众可以查阅发生法律效力的判决书、裁定书，但涉及国家秘密、商业秘密和个人隐私的内容除外。

第十三章 简易程序

第一百六十条 基层人民法院和它派出的法庭审理事实清楚、权利义务关系明确、争议不大的简单的民事案件，适用本章规定。

基层人民法院和它派出的法庭审理前款规定以外的民事案件，当事人双方也可以约定适用简易程序。

第一百六十一条 对简单的民事案件，原告可以口头起诉。

当事人双方可以同时到基层人民法院或者它派出的法庭，请求解决纠纷。基层人民法院或者它派出的法庭可以当即审理，也可以另定日期审理。

第一百六十二条 基层人民法院和它派出的法庭审理简单的民事案件，可以用简便方式传唤当事人和证人、送达诉讼文书、审理案件，但应当保障当事人陈述意见的权利。

第一百六十三条 简单的民事案件由审判员一人独任审理，并不受本法第一百三十九条、第一百四十一条、第一百四十四条规定的限制。

第一百六十四条 人民法院适用简易程序审理案件，应当在立案之日起三个月内审结。有特殊情况需要延长的，经本院院长批准，可以延长一个月。

第一百六十五条 基层人民法院和它派出的法庭审理事实清楚、权利义务关系明确、争议不大的简单金钱给付民事案件，标的额为各省、自治区、直辖市上年度就业人员年平均工资百分之五十以下的，适用小额诉讼的程序审理，实行一审终审。

基层人民法院和它派出的法庭审理前款规定的民事案件，标的额超过各省、自治区、直辖市上年度就业人员年平均工资百分之五十但在二倍以下的，当事人双方也可以约定适用小额诉讼的程序。

第一百六十六条 人民法院审理下列民事案件，不适用小额诉讼的程序：

（一）人身关系、财产确权案件；
（二）涉外案件；
（三）需要评估、鉴定或者对诉前评估、鉴定结果有异议的案件；
（四）一方当事人下落不明的案件；
（五）当事人提出反诉的案件；
（六）其他不宜适用小额诉讼的程序审理的案件。

第一百六十七条　人民法院适用小额诉讼的程序审理案件，可以一次开庭审结并且当庭宣判。

第一百六十八条　人民法院适用小额诉讼的程序审理案件，应当在立案之日起两个月内审结。有特殊情况需要延长的，经本院院长批准，可以延长一个月。

第一百六十九条　人民法院在审理过程中，发现案件不宜适用小额诉讼的程序的，应当适用简易程序的其他规定审理或者裁定转为普通程序。

当事人认为案件适用小额诉讼的程序审理违反法律规定的，可以向人民法院提出异议。人民法院对当事人提出的异议应当审查，异议成立的，应当适用简易程序的其他规定审理或者裁定转为普通程序；异议不成立的，裁定驳回。

第一百七十条　人民法院在审理过程中，发现案件不宜适用简易程序的，裁定转为普通程序。

第十四章　第二审程序

第一百七十一条　当事人不服地方人民法院第一审判决的，有权在判决书送达之日起十五日内向上一级人民法院提起上诉。

当事人不服地方人民法院第一审裁定的，有权在裁定书送达之日起十日内向上一级人民法院提起上诉。

第一百七十二条　上诉应当递交上诉状。上诉状的内容，应当包括当事人的姓名，法人的名称及其法定代表人的姓名或者其他组织的名称及其主要负责人的姓名；原审人民法院名称、案件的编号和案由；上诉的请求和理由。

第一百七十三条　上诉状应当通过原审人民法院提出，并按照对方当事人或者代表人的人数提出副本。

当事人直接向第二审人民法院上诉的，第二审人民法院应当在五日内将上诉状移交原审人民法院。

第一百七十四条　原审人民法院收到上诉状，应当在五日内将上诉状副本送达对方当事人，对方当事人在收到之日起十五日内提出答辩状。人民法院应当在收到答辩状之日起五日内将副本送达上诉人。对方当事人不提出答辩状的，不影响人民法院审理。

原审人民法院收到上诉状、答辩状，应当在五日内连同全部案卷和证据，报送第二审人民法院。

第一百七十五条　第二审人民法院应当对上诉请求的有关事实和适用法律进行审查。

第一百七十六条　第二审人民法院对上诉案件应当开庭审理。经过阅卷、调查和询问当事人，对没有提出新的事实、证据或者理由，人民法院认为不需要开庭审理的，可以不开庭审理。

第二审人民法院审理上诉案件，可以在本院进行，也可以到案件发生地或者原审人民法院所在地进行。

第一百七十七条　第二审人民法院对上诉案件，经过审理，按照下列情形，分别处理：

（一）原判决、裁定认定事实清楚，适用法律正确的，以判决、裁定方式驳回上诉，维持原判决、裁定；

（二）原判决、裁定认定事实错误或者适用法律错误的，以判决、裁定方式依法改判、撤销或者变更；

（三）原判决认定基本事实不清的，裁定撤销原判决，发回原审人民法院重审，或者查清事实后改判；

（四）原判决遗漏当事人或者违法缺席判决等严重违反法定程序的，裁定撤销原判决，发回原审人民法院重审。

原审人民法院对发回重审的案件作出判决后，当事人提起上诉的，第二审人民法院不得再次发回重审。

第一百七十八条　第二审人民法院对不服第一审人民法院裁定的上诉案件的处理，一律使用裁定。

第一百七十九条　第二审人民法院审理上诉案件，可以进行调解。调解达成协议，应当制作调解书，由审判人员、书记员署名，加盖人民法院印章。调解书送达后，原审人民法院的判决即视为撤销。

第一百八十条　第二审人民法院判决宣告前，上诉人申请撤回上诉的，是否准许，由第二审人民法院裁定。

第一百八十一条　第二审人民法院审理上诉案件，除依照本章规定外，适用第一审普通程序。

第一百八十二条　第二审人民法院的判决、裁定，是终审的判决、裁定。

第一百八十三条　人民法院审理对判决的上诉案件，应当在第二审立案之日起三个月内审结。有特殊情况需要延长的，由本院院长批准。

人民法院审理对裁定的上诉案件，应当在第二审立案之日起三十日内作出终审裁定。

第十五章　特别程序

第一节　一般规定

第一百八十四条　人民法院审理选民资格案件、宣告失踪或者宣告死亡案件、指定遗产管理人案件、认定公民无民事行为能力或者限制民事行为能力案件、认定财产无主案件、确认调解协议案件和实现担保物权案件,适用本章规定。本章没有规定的,适用本法和其他法律的有关规定。

第一百八十五条 依照本章程序审理的案件,实行一审终审。选民资格案件或者重大、疑难的案件,由审判员组成合议庭审理;其他案件由审判员一人独任审理。

第一百八十六条 人民法院在依照本章程序审理案件的过程中,发现本案属于民事权益争议的,应当裁定终结特别程序,并告知利害关系人可以另行起诉。

第一百八十七条 人民法院适用特别程序审理的案件,应当在立案之日起三十日内或者公告期满后三十日内审结。有特殊情况需要延长的,由本院院长批准。但审理选民资格的案件除外。

第二节 选民资格案件

第一百八十八条 公民不服选举委员会对选民资格的申诉所作的处理决定,可以在选举日的五日以前向选区所在地基层人民法院起诉。

第一百八十九条 人民法院受理选民资格案件后,必须在选举日前审结。

审理时,起诉人、选举委员会的代表和有关公民必须参加。

人民法院的判决书,应当在选举日前送达选举委员会和起诉人,并通知有关公民。

第三节 宣告失踪、宣告死亡案件

第一百九十条 公民下落不明满二年,利害关系人申请宣告其失踪的,向下落不明人住所地基层人民法院提出。

申请书应当写明失踪的事实、时间和请求,并附有公安机关或者其他有关机关关于该公民下落不明的书面证明。

第一百九十一条 公民下落不明满四年,或者因意外事件下落不明满二年,或者因意外事件下落不明,经有关机关证明该公民不可能生存,利害关系人申请宣告其死亡的,向下落不明人住所地基层人民法院提出。

申请书应当写明下落不明的事实、时间和请求,并附有公安机关或者其他有关机关关于该公民下落不明的书面证明。

第一百九十二条 人民法院受理宣告失踪、宣告死亡案件后,应当发出寻找下落不明人的公告。宣告失踪的公告期间为三个月,宣告死亡的公告期间为一年。因意外事件下落不明,经有关机关证明该公民不可能生存的,宣告死亡的公告期间为三个月。

公告期间届满,人民法院应当根据被宣告失踪、宣告死亡的事实是否得到确认,作出宣告失踪、宣告死亡的判决或者驳回申请的判决。

第一百九十三条 被宣告失踪、宣告死亡的公民重新出现,经本人或者利害关系人申请,人民法院应当作出新判决,撤销原判决。

第四节 指定遗产管理人案件

第一百九十四条 对遗产管理人的确定有争议,利害关系人申请指定遗产管理人的,向被继承人死亡时住所地或者主要遗产所在地基层人民法院提出。

申请书应当写明被继承人死亡的时间、申请事由和具体请求,并附有被继承人死亡的相关证据。

第一百九十五条 人民法院受理申请后,应当审查核实,并按照有利于遗产管理的原则,判决指定遗产管理人。

第一百九十六条 被指定的遗产管理人死亡、终止、丧失民事行为能力或者存在其他无法继续履行遗产管理职责情形的,人民法院可以根据利害关系人或者本人的申请另行指定遗产管理人。

第一百九十七条 遗产管理人违反遗产管理职责,严重侵害继承人、受遗赠人或者债权人合法权益的,人民法院可以根据利害关系人的申请,撤销其遗产管理人资格,并依法指定新的遗产管理人。

第五节 认定公民无民事行为能力、限制民事行为能力案件

第一百九十八条 申请认定公民无民事行为能力或者限制民事行为能力,由利害关系人或者有关组织向该公民住所地基层人民法院提出。

申请书应当写明该公民无民事行为能力或者限制民事行为能力的事实和根据。

第一百九十九条 人民法院受理申请后,必要时应当对被请求认定为无民事行为能力或者限制民事行为能力的公民进行鉴定。申请人已提供鉴定意见的,应当对鉴定意见进行审查。

第二百条 人民法院审理认定公民无民事行为能力或者限制民事行为能力的案件,应当由该公民的近亲属为代理人,但申请人除外。近亲属互相推诿的,由人民法院指定其中一人为代理人。该公民健康情况许可的,还应当询问本人的意见。

人民法院经审理认定申请有事实根据的,判决该公民为无民事行为能力或者限制民事行为能力人;认定申请没有事实根据的,应当判决予以驳回。

第二百零一条 人民法院根据被认定为无民事行为能力人、限制民事行为能力人本人、利害关系人或者有关组织的申请,证实该公民无民事行为能力或者限制民事行为能力的原因已经消除的,应当作出新判决,撤销原判决。

第六节 认定财产无主案件

第二百零二条 申请认定财产无主,由公民、法人或者其他组织向财产所在地基层人民法院提出。

申请书应当写明财产的种类、数量以及要求认定财产无主的根据。

第二百零三条 人民法院受理申请后,经审查核实,应当发出财产认领公告。公告满一年无人认领的,判决认定财产无主,收归国家或者集体所有。

第二百零四条 判决认定财产无主后,原财产所有人或者继承人出现,在民法典规定的诉讼时效期间可以对财产提出请求,人民法院审查属实后,应当作出新判决,撤销原判决。

第七节 确认调解协议案件

第二百零五条 经依法设立的调解组织调解达成调解协议,申请司法确认的,由双方当事人自调解协议生效之日起三十日内,共同向下列人民法院提出:

(一)人民法院邀请调解组织开展先行调解的,向作出邀请的人民法院提出;

(二)调解组织自行开展调解的,向当事人住所地、标的物所在地、调解组织所在地的基层人民法院提出;调解协议所涉纠纷应当由中级人民法院管辖的,向相应的中级人民法院提出。

第二百零六条 人民法院受理申请后,经审查,符合法律规定的,裁定调解协议有效,一方当事人拒绝履行或者未全部履行的,对方当事人可以向人民法院申请执行;不符合法律规定的,裁定驳回申请,当事人可以通过调解方式变更原调解协议或者达成新的调解协议,也可以向人民法院提起诉讼。

第八节 实现担保物权案件

第二百零七条 申请实现担保物权,由担保物权人以及其他有权请求实现担保物权的人依照民法典等法律,向担保财产所在地或者担保物权登记地基层人民法院提出。

第二百零八条 人民法院受理申请后,经审查,符合法律规定的,裁定拍卖、变卖担保财产,当事人依据该裁定可以向人民法院申请执行;不符合法律规定的,裁定驳回申请,当事人可以向人民法院提起诉讼。

第十六章 审判监督程序

第二百零九条 各级人民法院院长对本院已经发生法律效力的判决、裁定、调解书,发现确有错误,认为需要再审的,应当提交审判委员会讨论决定。

最高人民法院对地方各级人民法院已经发生法律效力的判决、裁定、调解书,上级人民法院对下级人民法院已经发生法律效力的判决、裁定、调解书,发现确有错误的,有权提审或者指令下级人民法院再审。

第二百一十条 当事人对已经发生法律效力的判决、裁定,认为有错误的,可以向上一级人民法院申请再审;当事人一方人数众多或者当事人双方为公民的案件,也可以向原审人民法院申请再审。当事人申请再审的,不停止判决、裁定的执行。

第二百一十一条 当事人的申请符合下列情形之一的,人民法院应当再审:

(一)有新的证据,足以推翻原判决、裁定的;

(二)原判决、裁定认定的基本事实缺乏证据证明的;

(三)原判决、裁定认定事实的主要证据是伪造的;

(四)原判决、裁定认定事实的主要证据未经质证的;

(五)对审理案件需要的主要证据,当事人因客观原因不能自行收集,书面申请人民法院调查收集,人民法院未调查收集的;

(六)原判决、裁定适用法律确有错误的;

(七)审判组织的组成不合法或者依法应当回避的审判人员没有回避的;

(八)无诉讼行为能力人未经法定代理人代为诉讼或者应当参加诉讼的当事人,因不能归责于本人或者其诉讼代理人的事由,未参加诉讼的;

(九)违反法律规定,剥夺当事人辩论权利的;

(十)未经传票传唤,缺席判决的;

(十一)原判决、裁定遗漏或者超出诉讼请求的;

(十二)据以作出原判决、裁定的法律文书被撤销或者变更的;

(十三)审判人员审理该案件时有贪污受贿,徇私舞弊,枉法裁判行为的。

第二百一十二条 当事人对已经发生法律效力的调

解书,提出证据证明调解违反自愿原则或者调解协议的内容违反法律的,可以申请再审。经人民法院审查属实的,应当再审。

第二百一十三条 当事人对已经发生法律效力的解除婚姻关系的判决、调解书,不得申请再审。

第二百一十四条 当事人申请再审的,应当提交再审申请书等材料。人民法院应当自收到再审申请书之日起五日内将再审申请书副本发送对方当事人。对方当事人应当自收到再审申请书副本之日起十五日内提交书面意见;不提交书面意见的,不影响人民法院审查。人民法院可以要求申请人和对方当事人补充有关材料,询问有关事项。

第二百一十五条 人民法院应当自收到再审申请书之日起三个月内审查,符合本法规定的,裁定再审;不符合本法规定的,裁定驳回申请。有特殊情况需要延长的,由本院院长批准。

因当事人申请裁定再审的案件由中级人民法院以上的人民法院审理,但当事人依照本法第二百一十条的规定选择向基层人民法院申请再审的除外。最高人民法院、高级人民法院裁定再审的案件,由本院再审或者交其他人民法院再审,也可以交原审人民法院再审。

第二百一十六条 当事人申请再审,应当在判决、裁定发生法律效力后六个月内提出;有本法第二百一十一条第一项、第三项、第十二项、第十三项规定情形的,自知道或者应当知道之日起六个月内提出。

第二百一十七条 按照审判监督程序决定再审的案件,裁定中止原判决、裁定、调解书的执行,但追索赡养费、扶养费、抚养费、抚恤金、医疗费用、劳动报酬等案件,可以不中止执行。

第二百一十八条 人民法院按照审判监督程序再审的案件,发生法律效力的判决、裁定是由第一审法院作出的,按照第一审程序审理,所作的判决、裁定,当事人可以上诉;发生法律效力的判决、裁定是由第二审法院作出的,按照第二审程序审理,所作的判决、裁定,是发生法律效力的判决、裁定;上级人民法院按照审判监督程序提审的,按照第二审程序审理,所作的判决、裁定是发生法律效力的判决、裁定。

人民法院审理再审案件,应当另行组成合议庭。

第二百一十九条 最高人民检察院对各级人民法院已经发生法律效力的判决、裁定,上级人民检察院对下级人民法院已经发生法律效力的判决、裁定,发现有本法第二百一十一条规定情形之一的,或者发现调解书损害国家利益、社会公共利益的,应当提出抗诉。

地方各级人民检察院对同级人民法院已经发生法律效力的判决、裁定,发现有本法第二百一十一条规定情形之一的,或者发现调解书损害国家利益、社会公共利益的,可以向同级人民法院提出检察建议,并报上级人民检察院备案;也可以提请上级人民检察院向同级人民法院提出抗诉。

各级人民检察院对审判监督程序以外的其他审判程序中审判人员的违法行为,有权向同级人民法院提出检察建议。

第二百二十条 有下列情形之一的,当事人可以向人民检察院申请检察建议或者抗诉:

(一)人民法院驳回再审申请的;

(二)人民法院逾期未对再审申请作出裁定的;

(三)再审判决、裁定有明显错误的。

人民检察院对当事人的申请应当在三个月内进行审查,作出提出或者不予提出检察建议或者抗诉的决定。当事人不得再次向人民检察院申请检察建议或者抗诉。

第二百二十一条 人民检察院因履行法律监督职责提出检察建议或者抗诉的需要,可以向当事人或者案外人调查核实有关情况。

第二百二十二条 人民检察院提出抗诉的案件,接受抗诉的人民法院应当自收到抗诉书之日起三十日内作出再审的裁定;有本法第二百一十一条第一项至第五项规定情形之一的,可以交下一级人民法院再审,但经该下一级人民法院再审的除外。

第二百二十三条 人民检察院决定对人民法院的判决、裁定、调解书提出抗诉的,应当制作抗诉书。

第二百二十四条 人民检察院提出抗诉的案件,人民法院再审时,应当通知人民检察院派员出席法庭。

第十七章 督促程序

第二百二十五条 债权人请求债务人给付金钱、有价证券,符合下列条件的,可以向有管辖权的基层人民法院申请支付令:

(一)债权人与债务人没有其他债务纠纷的;

(二)支付令能够送达债务人的。

申请书应当写明请求给付金钱或者有价证券的数量和所根据的事实、证据。

第二百二十六条 债权人提出申请后,人民法院应当在五日内通知债权人是否受理。

第二百二十七条 人民法院受理申请后,经审查债权人提供的事实、证据,对债权债务关系明确、合法的,应当在受理之日起十五日内向债务人发出支付令;申请不成立的,裁定予以驳回。

债务人应当自收到支付令之日起十五日内清偿债务,或者向人民法院提出书面异议。

债务人在前款规定的期间不提出异议又不履行支付令的,债权人可以向人民法院申请执行。

第二百二十八条 人民法院收到债务人提出的书面异议后,经审查,异议成立的,应当裁定终结督促程序,支付令自行失效。

支付令失效的,转入诉讼程序,但申请支付令的一方当事人不同意提起诉讼的除外。

第十八章 公示催告程序

第二百二十九条 按照规定可以背书转让的票据持有人,因票据被盗、遗失或者灭失,可以向票据支付地的基层人民法院申请公示催告。依照法律规定可以申请公示催告的其他事项,适用本章规定。

申请人应当向人民法院递交申请书,写明票面金额、发票人、持票人、背书人等票据主要内容和申请的理由、事实。

第二百三十条 人民法院决定受理申请,应当同时通知支付人停止支付,并在三日内发出公告,催促利害关系人申报权利。公示催告的期间,由人民法院根据情况决定,但不得少于六十日。

第二百三十一条 支付人收到人民法院停止支付的通知,应当停止支付,至公示催告程序终结。

公示催告期间,转让票据权利的行为无效。

第二百三十二条 利害关系人应当在公示催告期间向人民法院申报。

人民法院收到利害关系人的申报后,应当裁定终结公示催告程序,并通知申请人和支付人。

申请人或者申报人可以向人民法院起诉。

第二百三十三条 没有人申报的,人民法院应当根据申请人的申请,作出判决,宣告票据无效。判决应当公告,并通知支付人。自判决公告之日起,申请人有权向支付人请求支付。

第二百三十四条 利害关系人因正当理由不能在判决前向人民法院申报的,自知道或者应当知道判决公告之日起一年内,可以向作出判决的人民法院起诉。

第三编 执行程序
第十九章 一般规定

第二百三十五条 发生法律效力的民事判决、裁定,以及刑事判决、裁定中的财产部分,由第一审人民法院或者与第一审人民法院同级的被执行的财产所在地人民法院执行。

法律规定由人民法院执行的其他法律文书,由被执行人住所地或者被执行的财产所在地人民法院执行。

第二百三十六条 当事人、利害关系人认为执行行为违反法律规定的,可以向负责执行的人民法院提出书面异议。当事人、利害关系人提出书面异议的,人民法院应当自收到书面异议之日起十五日内审查,理由成立的,裁定撤销或者改正;理由不成立的,裁定驳回。当事人、利害关系人对裁定不服的,可以自裁定送达之日起十日内向上一级人民法院申请复议。

第二百三十七条 人民法院自收到申请执行书之日起超过六个月未执行的,申请执行人可以向上一级人民法院申请执行。上一级人民法院经审查,可以责令原人民法院在一定期限内执行,也可以决定由本院执行或者指令其他人民法院执行。

第二百三十八条 执行过程中,案外人对执行标的提出书面异议的,人民法院应当自收到书面异议之日起十五日内审查,理由成立的,裁定中止对该标的的执行;理由不成立的,裁定驳回。案外人、当事人对裁定不服,认为原判决、裁定错误的,依照审判监督程序办理;与原判决、裁定无关的,可以自裁定送达之日起十五日内向人民法院提起诉讼。

第二百三十九条 执行工作由执行员进行。

采取强制执行措施时,执行员应当出示证件。执行完毕后,应当将执行情况制作笔录,由在场的有关人员签名或者盖章。

人民法院根据需要可以设立执行机构。

第二百四十条 被执行人或者被执行的财产在外地的,可以委托当地人民法院代为执行。受委托人民法院收到委托函件后,必须在十五日内开始执行,不得拒绝。执行完毕后,应当将执行结果及时函复委托人民法院;在三十日内如果还未执行完毕,也应当将执行情况函告委托人民法院。

受委托人民法院自收到委托函件之日起十五日内不执行的,委托人民法院可以请求受委托人民法院的上级人民法院指令受委托人民法院执行。

第二百四十一条 在执行中,双方当事人自行和解达成协议的,执行员应当将协议内容记入笔录,由双方当事人签名或者盖章。

申请执行人因受欺诈、胁迫与被执行人达成和解协议,或者当事人不履行和解协议的,人民法院可以根据当事人的申请,恢复对原生效法律文书的执行。

第二百四十二条 在执行中,被执行人向人民法院提供担保,并经申请执行人同意的,人民法院可以决定暂缓执行及暂缓执行的期限。被执行人逾期仍不履行的,人民法院有权执行被执行人的担保财产或者担保人的财产。

第二百四十三条 作为被执行人的公民死亡的,以其遗产偿还债务。作为被执行人的法人或者其他组织终止的,由其权利义务承受人履行义务。

第二百四十四条 执行完毕后,据以执行的判决、裁定和其他法律文书确有错误,被人民法院撤销的,对已执行的财产,人民法院应当作出裁定,责令取得财产的人返还;拒不返还的,强制执行。

第二百四十五条 人民法院制作的调解书的执行,适用本编的规定。

第二百四十六条 人民检察院有权对民事执行活动实行法律监督。

第二十章 执行的申请和移送

第二百四十七条 发生法律效力的民事判决、裁定,当事人必须履行。一方拒绝履行的,对方当事人可以向人民法院申请执行,也可以由审判员移送执行员执行。

调解书和其他应当由人民法院执行的法律文书,当事人必须履行。一方拒绝履行的,对方当事人可以向人民法院申请执行。

第二百四十八条 对依法设立的仲裁机构的裁决,一方当事人不履行的,对方当事人可以向有管辖权的人民法院申请执行。受申请的人民法院应当执行。

被申请人提出证据证明仲裁裁决有下列情形之一的,经人民法院组成合议庭审查核实,裁定不予执行:

(一)当事人在合同中没有订有仲裁条款或者事后没有达成书面仲裁协议的;

(二)裁决的事项不属于仲裁协议的范围或者仲裁机构无权仲裁的;

(三)仲裁庭的组成或者仲裁的程序违反法定程序的;

(四)裁决所根据的证据是伪造的;

(五)对方当事人向仲裁机构隐瞒了足以影响公正裁决的证据的;

(六)仲裁员在仲裁该案时有贪污受贿,徇私舞弊,枉法裁决行为的。

人民法院认定执行该裁决违背社会公共利益的,裁定不予执行。

裁定书应当送达双方当事人和仲裁机构。

仲裁裁决被人民法院裁定不予执行的,当事人可以根据双方达成的书面仲裁协议重新申请仲裁,也可以向人民法院起诉。

第二百四十九条 对公证机关依法赋予强制执行效力的债权文书,一方当事人不履行的,对方当事人可以向有管辖权的人民法院申请执行,受申请的人民法院应当执行。

公证债权文书确有错误的,人民法院裁定不予执行,并将裁定书送达双方当事人和公证机关。

第二百五十条 申请执行的期间为二年。申请执行时效的中止、中断,适用法律有关诉讼时效中止、中断的规定。

前款规定的期间,从法律文书规定履行期间的最后一日起计算;法律文书规定分期履行的,从最后一期履行期限届满之日起计算;法律文书未规定履行期间的,从法律文书生效之日起计算。

第二百五十一条 执行员接到申请执行书或者移交执行书,应当向被执行人发出执行通知,并可以立即采取强制执行措施。

第二十一章 执行措施

第二百五十二条 被执行人未按执行通知履行法律文书确定的义务,应当报告当前以及收到执行通知之日前一年的财产情况。被执行人拒绝报告或者虚假报告的,人民法院可以根据情节轻重对被执行人或者其法定代理人、有关单位的主要负责人或者直接责任人员予以罚款、拘留。

第二百五十三条 被执行人未按执行通知履行法律文书确定的义务,人民法院有权向有关单位查询被执行人的存款、债券、股票、基金份额等财产情况。人民法院有权根据不同情形扣押、冻结、划拨、变价被执行人的财产。人民法院查询、扣押、冻结、划拨、变价的财产不得超出被执行人应当履行义务的范围。

人民法院决定扣押、冻结、划拨、变价财产,应当作出裁定,并发出协助执行通知书,有关单位必须办理。

第二百五十四条 被执行人未按执行通知履行法律文书确定的义务,人民法院有权扣留、提取被执行人应当履行义务部分的收入。但应当保留被执行人及其所扶养家属的生活必需费用。

人民法院扣留、提取收入时,应当作出裁定,并发出协助执行通知书,被执行人所在单位、银行、信用合作社和其他有储蓄业务的单位必须办理。

第二百五十五条 被执行人未按执行通知履行法律文书确定的义务,人民法院有权查封、扣押、冻结、拍卖、变卖被执行人应当履行义务部分的财产。但应当保留被执行人及其所扶养家属的生活必需品。

采取前款措施,人民法院应当作出裁定。

第二百五十六条 人民法院查封、扣押财产时,被执行人是公民的,应当通知被执行人或者他的成年家属到场;被执行人是法人或者其他组织的,应当通知其法定代表人或者主要负责人到场。拒不到场的,不影响执行。被执行人是公民的,其工作单位或者财产所在地的基层组织应当派人参加。

对被查封、扣押的财产,执行员必须造具清单,由在场人签名或者盖章后,交被执行人一份。被执行人是公民的,也可以交他的成年家属一份。

第二百五十七条 被查封的财产,执行员可以指定被执行人负责保管。因被执行人的过错造成的损失,由被执行人承担。

第二百五十八条 财产被查封、扣押后,执行员应当责令被执行人在指定期间履行法律文书确定的义务。被执行人逾期不履行的,人民法院应当拍卖被查封、扣押的财产;不适于拍卖或者当事人双方同意不进行拍卖的,人民法院可以委托有关单位变卖或者自行变卖。国家禁止自由买卖的物品,交有关单位按照国家规定的价格收购。

第二百五十九条 被执行人不履行法律文书确定的义务,并隐匿财产的,人民法院有权发出搜查令,对被执行人及其住所或者财产隐匿地进行搜查。

采取前款措施,由院长签发搜查令。

第二百六十条 法律文书指定交付的财物或者票证,由执行员传唤双方当事人当面交付,或者由执行员转交,并由被交付人签收。

有关单位持有该项财物或者票证的,应当根据人民法院的协助执行通知书转交,并由被交付人签收。

有关公民持有该项财物或者票证的,人民法院通知其交出。拒不交出的,强制执行。

第二百六十一条 强制迁出房屋或者强制退出土地,由院长签发公告,责令被执行人在指定期间履行。被执行人逾期不履行的,由执行员强制执行。

强制执行时,被执行人是公民的,应当通知被执行人或者他的成年家属到场;被执行人是法人或者其他组织的,应当通知其法定代表人或者主要负责人到场。拒不到场的,不影响执行。被执行人是公民的,其工作单位或者房屋、土地所在地的基层组织应当派人参加。执行员应当将强制执行情况记入笔录,由在场人签名或者盖章。

强制迁出房屋被搬出的财物,由人民法院派人运至指定处所,交给被执行人。被执行人是公民的,也可以交给他的成年家属。因拒绝接收而造成的损失,由被执行人承担。

第二百六十二条 在执行中,需要办理有关财产权证照转移手续的,人民法院可以向有关单位发出协助执行通知书,有关单位必须办理。

第二百六十三条 对判决、裁定和其他法律文书指定的行为,被执行人未按执行通知履行的,人民法院可以强制执行或者委托有关单位或者其他人完成,费用由被执行人承担。

第二百六十四条 被执行人未按判决、裁定和其他法律文书指定的期间履行给付金钱义务的,应当加倍支付迟延履行期间的债务利息。被执行人未按判决、裁定和其他法律文书指定的期间履行其他义务的,应当支付迟延履行金。

第二百六十五条 人民法院采取本法第二百五十三条、第二百五十四条、第二百五十五条规定的执行措施后,被执行人仍不能偿还债务的,应当继续履行义务。债权人发现被执行人有其他财产的,可以随时请求人民法院执行。

第二百六十六条 被执行人不履行法律文书确定的义务的,人民法院可以对其采取或者通知有关单位协助采取限制出境,在征信系统记录、通过媒体公布不履行义务信息以及法律规定的其他措施。

第二十二章 执行中止和终结

第二百六十七条 有下列情形之一的,人民法院应当裁定中止执行:

(一)申请人表示可以延期执行的;

(二)案外人对执行标的提出确有理由的异议的;

(三)作为一方当事人的公民死亡,需要等待继承人继承权利或者承担义务的;

(四)作为一方当事人的法人或者其他组织终止,尚未确定权利义务承受人的;

(五)人民法院认为应当中止执行的其他情形。

中止的情形消失后,恢复执行。

第二百六十八条 有下列情形之一的,人民法院裁定终结执行:

(一)申请人撤销申请的;

(二)据以执行的法律文书被撤销的;

（三）作为被执行人的公民死亡，无遗产可供执行，又无义务承担人的；

（四）追索赡养费、扶养费、抚养费案件的权利人死亡的；

（五）作为被执行人的公民因生活困难无力偿还借款，无收入来源，又丧失劳动能力的；

（六）人民法院认为应当终结执行的其他情形。

第二百六十九条 中止和终结执行的裁定，送达当事人后立即生效。

第四编 涉外民事诉讼程序的特别规定

第二十三章 一般原则

第二百七十条 在中华人民共和国领域内进行涉外民事诉讼，适用本编规定。本编没有规定的，适用本法其他有关规定。

第二百七十一条 中华人民共和国缔结或者参加的国际条约同本法有不同规定的，适用该国际条约的规定，但中华人民共和国声明保留的条款除外。

第二百七十二条 对享有外交特权与豁免的外国人、外国组织或者国际组织提起的民事诉讼，应当依照中华人民共和国有关法律和中华人民共和国缔结或者参加的国际条约的规定办理。

第二百七十三条 人民法院审理涉外民事案件，应当使用中华人民共和国通用的语言、文字。当事人要求提供翻译的，可以提供，费用由当事人承担。

第二百七十四条 外国人、无国籍人、外国企业和组织在人民法院起诉、应诉，需要委托律师代理诉讼的，必须委托中华人民共和国的律师。

第二百七十五条 在中华人民共和国领域内没有住所的外国人、无国籍人、外国企业和组织委托中华人民共和国律师或者其他人代理诉讼，从中华人民共和国领域外寄交或者托交的授权委托书，应当经所在国公证机关证明，并经中华人民共和国驻该所在国使领馆认证，或者履行中华人民共和国与该所在国订立的有关条约中规定的证明手续后，才具有效力。

第二十四章 管 辖

第二百七十六条 因涉外民事纠纷，对在中华人民共和国领域内没有住所的被告提起除身份关系以外的诉讼，如果合同签订地、合同履行地、诉讼标的物所在地、可供扣押财产所在地、侵权行为地、代表机构住所地位于中华人民共和国领域内的，可以由合同签订地、合同履行地、诉讼标的物所在地、可供扣押财产所在地、侵权行为地、代表机构住所地人民法院管辖。

除前款规定外，涉外民事纠纷与中华人民共和国存在其他适当联系的，可以由人民法院管辖。

第二百七十七条 涉外民事纠纷的当事人书面协议选择人民法院管辖的，可以由人民法院管辖。

第二百七十八条 当事人未提出管辖异议，并应诉答辩或者提出反诉的，视为人民法院有管辖权。

第二百七十九条 下列民事案件，由人民法院专属管辖：

（一）因在中华人民共和国领域内设立的法人或者其他组织的设立、解散、清算，以及该法人或者其他组织作出的决议的效力等纠纷提起的诉讼；

（二）因与在中华人民共和国领域内审查授予的知识产权的有效性有关的纠纷提起的诉讼；

（三）因在中华人民共和国领域内履行中外合资经营企业合同、中外合作经营企业合同、中外合作勘探开发自然资源合同发生纠纷提起的诉讼。

第二百八十条 当事人之间的同一纠纷，一方当事人向外国法院起诉，另一方当事人向人民法院起诉，或者一方当事人既向外国法院起诉，又向人民法院起诉，人民法院依照本法有管辖权的，可以受理。当事人订立排他性管辖协议选择外国法院管辖且不违反本法对专属管辖的规定，不涉及中华人民共和国主权、安全或者社会公共利益的，人民法院可以裁定不予受理；已经受理的，裁定驳回起诉。

第二百八十一条 人民法院依据前条规定受理案件后，当事人以外国法院已经先于人民法院受理为由，书面申请人民法院中止诉讼的，人民法院可以裁定中止诉讼，但是存在下列情形之一的除外：

（一）当事人协议选择人民法院管辖，或者纠纷属于人民法院专属管辖；

（二）由人民法院审理明显更为方便。

外国法院未采取必要措施审理案件，或者未在合理期限内审结的，依当事人的书面申请，人民法院应当恢复诉讼。

外国法院作出的发生法律效力的判决、裁定，已经被人民法院全部或者部分承认，当事人对已经获得承认的部分又向人民法院起诉的，裁定不予受理；已经受理的，裁定驳回起诉。

第二百八十二条 人民法院受理的涉外民事案件，被告提出管辖异议，且同时有下列情形的，可以裁定驳回起诉，告知原告向更为方便的外国法院提起诉讼：

（一）案件争议的基本事实不是发生在中华人民共和国领域内，人民法院审理案件和当事人参加诉讼均明显不方便；

（二）当事人之间不存在选择人民法院管辖的协议；

（三）案件不属于人民法院专属管辖；

（四）案件不涉及中华人民共和国主权、安全或者社会公共利益；

（五）外国法院审理案件更为方便。

裁定驳回起诉后，外国法院对纠纷拒绝行使管辖权，或者未采取必要措施审理案件，或者未在合理期限内审结，当事人又向人民法院起诉的，人民法院应当受理。

第二十五章　送达、调查取证、期间

第二百八十三条　人民法院对在中华人民共和国领域内没有住所的当事人送达诉讼文书，可以采用下列方式：

（一）依照受送达人所在国与中华人民共和国缔结或者共同参加的国际条约中规定的方式送达；

（二）通过外交途径送达；

（三）对具有中华人民共和国国籍的受送达人，可以委托中华人民共和国驻受送达人所在国的使领馆代为送达；

（四）向受送达人在本案中委托的诉讼代理人送达；

（五）向受送达人在中华人民共和国领域内设立的独资企业、代表机构、分支机构或者有权接受送达的业务代办人送达；

（六）受送达人为外国人、无国籍人，其在中华人民共和国领域内设立的法人或者其他组织担任法定代表人或者主要负责人，且与该法人或者其他组织为共同被告的，向该法人或者其他组织送达；

（七）受送达人为外国法人或者其他组织，其法定代表人或者主要负责人在中华人民共和国领域内的，向其法定代表人或者主要负责人送达；

（八）受送达人所在国的法律允许邮寄送达的，可以邮寄送达，自邮寄之日起满三个月，送达回证没有退回，但根据各种情况足以认定已经送达的，期间届满之日视为送达；

（九）采用能够确认受送达人收悉的电子方式送达，但是受送达人所在国法律禁止的除外；

（十）以受送达人同意的其他方式送达，但是受送达人所在国法律禁止的除外。

不能用上述方式送达的，公告送达，自发出公告之日起，经过六十日，即视为送达。

第二百八十四条　当事人申请人民法院调查收集的证据位于中华人民共和国领域外，人民法院可以依照证据所在国与中华人民共和国缔结或者共同参加的国际条约中规定的方式，或者通过外交途径调查收集。

在所在国法律不禁止的情况下，人民法院可以采用下列方式调查收集：

（一）对具有中华人民共和国国籍的当事人、证人，可以委托中华人民共和国驻当事人、证人所在国的使领馆代为取证；

（二）经双方当事人同意，通过即时通讯工具取证；

（三）以双方当事人同意的其他方式取证。

第二百八十五条　被告在中华人民共和国领域内没有住所的，人民法院应当将起诉状副本送达被告，并通知被告在收到起诉状副本后三十日内提出答辩状。被告申请延期的，是否准许，由人民法院决定。

第二百八十六条　在中华人民共和国领域内没有住所的当事人，不服第一审人民法院判决、裁定的，有权在判决书、裁定书送达之日起三十日内提起上诉。被上诉人在收到上诉状副本后，应当在三十日内提出答辩状。当事人不能在法定期间提起上诉或者提出答辩状，申请延期的，是否准许，由人民法院决定。

第二百八十七条　人民法院审理涉外民事案件的期间，不受本法第一百五十二条、第一百八十三条规定的限制。

第二十六章　仲　裁

第二百八十八条　涉外经济贸易、运输和海事中发生的纠纷，当事人在合同中订有仲裁条款或者事后达成书面仲裁协议，提交中华人民共和国涉外仲裁机构或者其他仲裁机构仲裁的，当事人不得向人民法院起诉。

当事人在合同中没有订有仲裁条款或者事后没有达成书面仲裁协议的，可以向人民法院起诉。

第二百八十九条　当事人申请采取保全的，中华人民共和国的涉外仲裁机构应当将当事人的申请，提交被申请人住所地或者财产所在地的中级人民法院裁定。

第二百九十条　经中华人民共和国涉外仲裁机构裁决的，当事人不得向人民法院起诉。一方当事人不履行仲裁裁决的，对方当事人可以向被申请人住所地或者财产所在地的中级人民法院申请执行。

第二百九十一条　对中华人民共和国涉外仲裁机构作出的裁决，被申请人提出证据证明仲裁裁决有下列情形之一的，经人民法院组成合议庭审查核实，裁定不予执行：

（一）当事人在合同中没有订有仲裁条款或者事后没有达成书面仲裁协议的；

（二）被申请人没有得到指定仲裁员或者进行仲裁程序的通知，或者由于其他不属于被申请人负责的原因未能陈述意见的；

（三）仲裁庭的组成或者仲裁的程序与仲裁规则不符的；

（四）裁决的事项不属于仲裁协议的范围或者仲裁机构无权仲裁的。

人民法院认定执行该裁决违背社会公共利益的，裁定不予执行。

第二百九十二条 仲裁裁决被人民法院裁定不予执行的，当事人可以根据双方达成的书面仲裁协议重新申请仲裁，也可以向人民法院起诉。

第二十七章　司法协助

第二百九十三条 根据中华人民共和国缔结或者参加的国际条约，或者按照互惠原则，人民法院和外国法院可以相互请求，代为送达文书、调查取证以及进行其他诉讼行为。

外国法院请求协助的事项有损于中华人民共和国的主权、安全或者社会公共利益的，人民法院不予执行。

第二百九十四条 请求和提供司法协助，应当依照中华人民共和国缔结或者参加的国际条约所规定的途径进行；没有条约关系的，通过外交途径进行。

外国驻中华人民共和国的使领馆可以向该国公民送达文书和调查取证，但不得违反中华人民共和国的法律，并不得采取强制措施。

除前款规定的情况外，未经中华人民共和国主管机关准许，任何外国机关或者个人不得在中华人民共和国领域内送达文书、调查取证。

第二百九十五条 外国法院请求人民法院提供司法协助的请求书及其所附文件，应当附有中文译本或者国际条约规定的其他文字文本。

人民法院请求外国法院提供司法协助的请求书及其所附文件，应当附有该国文字译本或者国际条约规定的其他文字文本。

第二百九十六条 人民法院提供司法协助，依照中华人民共和国法律规定的程序进行。外国法院请求采用特殊方式的，也可以按照其请求的特殊方式进行，但请求采用的特殊方式不得违反中华人民共和国法律。

第二百九十七条 人民法院作出的发生法律效力的判决、裁定，如果被执行人或者其财产不在中华人民共和国领域内，当事人请求执行的，可以由当事人直接向有管辖权的外国法院申请承认和执行，也可以由人民法院依照中华人民共和国缔结或者参加的国际条约的规定，或者按照互惠原则，请求外国法院承认和执行。

在中华人民共和国领域内依法作出的发生法律效力的仲裁裁决，当事人请求执行的，如果被执行人或者其财产不在中华人民共和国领域内，当事人可以直接向有管辖权的外国法院申请承认和执行。

第二百九十八条 外国法院作出的发生法律效力的判决、裁定，需要人民法院承认和执行的，可以由当事人直接向有管辖权的中级人民法院申请承认和执行，也可以由外国法院依照该国与中华人民共和国缔结或者参加的国际条约的规定，或者按照互惠原则，请求人民法院承认和执行。

第二百九十九条 人民法院对申请或者请求承认和执行的外国法院作出的发生法律效力的判决、裁定，依照中华人民共和国缔结或者参加的国际条约，或者按照互惠原则进行审查后，认为不违反中华人民共和国法律的基本原则且不损害国家主权、安全、社会公共利益的，裁定承认其效力；需要执行的，发出执行令，依照本法的有关规定执行。

第三百条 对申请或者请求承认和执行的外国法院作出的发生法律效力的判决、裁定，人民法院经审查，有下列情形之一的，裁定不予承认和执行：

（一）依据本法第三百零一条的规定，外国法院对案件无管辖权；

（二）被申请人未得到合法传唤或者虽经合法传唤但未获得合理的陈述、辩论机会，或者无诉讼行为能力的当事人未得到适当代理；

（三）判决、裁定是通过欺诈方式取得；

（四）人民法院已对同一纠纷作出判决、裁定，或者已经承认第三国法院对同一纠纷作出的判决、裁定；

（五）违反中华人民共和国法律的基本原则或者损害国家主权、安全、社会公共利益。

第三百零一条 有下列情形之一的，人民法院应当认定该外国法院对案件无管辖权：

（一）外国法院依照其法律对案件没有管辖权，或者虽然依照其法律有管辖权但与案件所涉纠纷无适当联系；

（二）违反本法对专属管辖的规定；

（三）违反当事人排他性选择法院管辖的协议。

第三百零二条 当事人向人民法院申请承认和执行外国法院作出的发生法律效力的判决、裁定，该判决、裁定涉及的纠纷与人民法院正在审理的纠纷属于同一纠纷的,人民法院可以裁定中止诉讼。

外国法院作出的发生法律效力的判决、裁定不符合本法规定的承认条件的,人民法院裁定不予承认和执行,并恢复已经中止的诉讼;符合本法规定的承认条件的,人民法院裁定承认其效力;需要执行的,发出执行令,依照本法的有关规定执行;对已经中止的诉讼,裁定驳回起诉。

第三百零三条 当事人对承认和执行或者不予承认和执行的裁定不服的,可以自裁定送达之日起十日内向上一级人民法院申请复议。

第三百零四条 在中华人民共和国领域外作出的发生法律效力的仲裁裁决,需要人民法院承认和执行的,当事人可以直接向被执行人住所地或者其财产所在地的中级人民法院申请。被执行人住所地或者其财产不在中华人民共和国领域内的,当事人可以向申请人住所地或者与裁决的纠纷有适当联系的地点的中级人民法院申请。人民法院应当依照中华人民共和国缔结或者参加的国际条约,或者按照互惠原则办理。

第三百零五条 涉及外国国家的民事诉讼,适用中华人民共和国有关外国国家豁免的法律规定;有关法律没有规定的,适用本法。

第三百零六条 本法自公布之日起施行,《中华人民共和国民事诉讼法(试行)》同时废止。

最高人民法院关于适用
《中华人民共和国民事诉讼法》的解释

- 2014年12月18日最高人民法院审判委员会第1636次会议通过
- 根据2020年12月23日最高人民法院审判委员会第1823次会议通过的《最高人民法院关于修改〈最高人民法院关于人民法院民事调解工作若干问题的规定〉等十九件民事诉讼类司法解释的决定》第一次修正
- 根据2022年3月22日最高人民法院审判委员会第1866次会议通过的《最高人民法院关于修改〈最高人民法院关于适用《中华人民共和国民事诉讼法》的解释〉的决定》第二次修正
- 2022年4月1日最高人民法院公告公布
- 自2022年4月10日起施行
- 法释〔2022〕11号

2012年8月31日,第十一届全国人民代表大会常务委员会第二十八次会议审议通过了《关于修改〈中华人民共和国民事诉讼法〉的决定》。根据修改后的民事诉讼法,结合人民法院民事审判和执行工作实际,制定本解释。

一、管 辖

第一条 民事诉讼法第十九条第一项规定的重大涉外案件,包括争议标的额大的案件、案情复杂的案件,或者一方当事人人数众多等具有重大影响的案件。

第二条 专利纠纷案件由知识产权法院、最高人民法院确定的中级人民法院和基层人民法院管辖。

海事、海商案件由海事法院管辖。

第三条 公民的住所地是指公民的户籍所在地,法人或者其他组织的住所地是指法人或者其他组织的主要办事机构所在地。

法人或者其他组织的主要办事机构所在地不能确定的,法人或者其他组织的注册地或者登记地为住所地。

第四条 公民的经常居住地是指公民离开住所地至起诉时已连续居住一年以上的地方,但公民住院就医的地方除外。

第五条 对没有办事机构的个人合伙、合伙型联营体提起的诉讼,由被告注册登记地人民法院管辖。没有注册登记,几个被告又不在同一辖区的,被告住所地的人民法院都有管辖权。

第六条 被告被注销户籍的,依照民事诉讼法第二十三条规定确定管辖;原告、被告均被注销户籍的,由被告居住地人民法院管辖。

第七条 当事人的户籍迁出后尚未落户,有经常居住地的,由该地人民法院管辖;没有经常居住地的,由其原户籍所在地人民法院管辖。

第八条 双方当事人都被监禁或者被采取强制性教育措施的,由被告原住所地人民法院管辖。被告被监禁或者被采取强制性教育措施一年以上的,由被告被监禁地或者被采取强制性教育措施地人民法院管辖。

第九条 追索赡养费、扶养费、抚养费案件的几个被告住所地不在同一辖区的,可以由原告住所地人民法院管辖。

第十条 不服指定监护或者变更监护关系的案件,可以由被监护人住所地人民法院管辖。

第十一条 双方当事人均为军人或者军队单位的民事案件由军事法院管辖。

第十二条 夫妻一方离开住所地超过一年,另一方起诉离婚的案件,可以由原告住所地人民法院管辖。

夫妻双方离开住所地超过一年,一方起诉离婚的案件,由被告经常居住地人民法院管辖;没有经常居住地的,由原告起诉时被告居住地人民法院管辖。

第十三条 在国内结婚并定居国外的华侨,如定居国法院以离婚诉讼须由婚姻缔结地法院管辖为由不予受理,当事人向人民法院提出离婚诉讼的,由婚姻缔结地或者一方在国内的最后居住地人民法院管辖。

第十四条 在国外结婚并定居国外的华侨,如定居国法院以离婚诉讼须由国籍所属国法院管辖为由不予受理,当事人向人民法院提出离婚诉讼的,由一方原住所地或者在国内的最后居住地人民法院管辖。

第十五条 中国公民一方居住在国外,一方居住在国内,不论哪一方向人民法院提起离婚诉讼,国内一方住所地人民法院都有权管辖。国外一方在居住国法院起诉,国内一方向人民法院起诉的,受诉人民法院有权管辖。

第十六条 中国公民双方在国外但未定居,一方向人民法院起诉离婚的,应由原告或者被告原住所地人民法院管辖。

第十七条 已经离婚的中国公民,双方均定居国外,仅就国内财产分割提起诉讼的,由主要财产所在地人民法院管辖。

第十八条 合同约定履行地点的,以约定的履行地点为合同履行地。

合同对履行地点没有约定或者约定不明确,争议标的为给付货币的,接收货币一方所在地为合同履行地;交付不动产的,不动产所在地为合同履行地;其他标的,履行义务一方所在地为合同履行地。即时结清的合同,交易行为地为合同履行地。

合同没有实际履行,当事人双方住所地都不在合同约定的履行地的,由被告住所地人民法院管辖。

第十九条 财产租赁合同、融资租赁合同以租赁物使用地为合同履行地。合同对履行地有约定的,从其约定。

第二十条 以信息网络方式订立的买卖合同,通过信息网络交付标的的,以买受人住所地为合同履行地;通过其他方式交付标的的,收货地为合同履行地。合同对履行地有约定的,从其约定。

第二十一条 因财产保险合同纠纷提起的诉讼,如果保险标的物是运输工具或者运输中的货物,可以由运输工具登记注册地、运输目的地、保险事故发生地人民法院管辖。

因人身保险合同纠纷提起的诉讼,可以由被保险人住所地人民法院管辖。

第二十二条 因股东名册记载、请求变更公司登记、股东知情权、公司决议、公司合并、公司分立、公司减资、公司增资等纠纷提起的诉讼,依照民事诉讼法第二十七条规定确定管辖。

第二十三条 债权人申请支付令,适用民事诉讼法第二十二条规定,由债务人住所地基层人民法院管辖。

第二十四条 民事诉讼法第二十九条规定的侵权行为地,包括侵权行为实施地、侵权结果发生地。

第二十五条 信息网络侵权行为实施地包括实施被诉侵权行为的计算机等信息设备所在地,侵权结果发生地包括被侵权人住所地。

第二十六条 因产品、服务质量不合格造成他人财产、人身损害提起的诉讼,产品制造地、产品销售地、服务提供地、侵权行为地和被告住所地人民法院都有管辖权。

第二十七条 当事人申请诉前保全后没有在法定期间起诉或者申请仲裁,给被申请人、利害关系人造成损失引起的诉讼,由采取保全措施的人民法院管辖。

当事人申请诉前保全后在法定期间内起诉或者申请仲裁,被申请人、利害关系人因保全受到损失提起的诉讼,由受理起诉的人民法院或者采取保全措施的人民法院管辖。

第二十八条 民事诉讼法第三十四条第一项规定的不动产纠纷是指因不动产的权利确认、分割、相邻关系等引起的物权纠纷。

农村土地承包经营合同纠纷、房屋租赁合同纠纷、建设工程施工合同纠纷、政策性房屋买卖合同纠纷,按照不动产纠纷确定管辖。

不动产已登记的,以不动产登记簿记载的所在地为不动产所在地;不动产未登记的,以不动产实际所在地为不动产所在地。

第二十九条 民事诉讼法第三十五条规定的书面协议,包括书面合同中的协议管辖条款或者诉讼前以书面形式达成的选择管辖的协议。

第三十条 根据管辖协议,起诉时能够确定管辖法院的,从其约定;不能确定的,依照民事诉讼法的相关规定确定管辖。

管辖协议约定两个以上与争议有实际联系的地点的人民法院管辖,原告可以向其中一个人民法院起诉。

第三十一条 经营者使用格式条款与消费者订立管辖协议,未采取合理方式提请消费者注意,消费者主张管辖协议无效的,人民法院应予支持。

第三十二条 管辖协议约定由一方当事人住所地人民法院管辖,协议签订后当事人住所地变更的,由签订管辖协议时的住所地人民法院管辖,但当事人另有约定的除外。

第三十三条 合同转让的,合同的管辖协议对合同受让人有效,但转让时受让人不知道有管辖协议,或者转让协议另有约定且原合同相对人同意的除外。

第三十四条 当事人因同居或者在解除婚姻、收养关系后发生财产争议,约定管辖的,可以适用民事诉讼法第三十五条规定确定管辖。

第三十五条 当事人在答辩期间届满后未应诉答辩,人民法院在一审开庭前,发现案件不属于本院管辖的,应当裁定移送有管辖权的人民法院。

第三十六条 两个以上人民法院都有管辖权的诉讼,先立案的人民法院不得将案件移送给另一个有管辖权的人民法院。人民法院在立案前发现其他有管辖权的人民法院已先立案的,不得重复立案;立案后发现其他有管辖权的人民法院已先立案的,裁定将案件移送给先立案的人民法院。

第三十七条 案件受理后,受诉人民法院的管辖权不受当事人住所地、经常居住地变更的影响。

第三十八条 有管辖权的人民法院受理案件后,不得以行政区域变更为由,将案件移送给变更后有管辖权的人民法院。判决后的上诉案件和依审判监督程序提审的案件,由原审人民法院的上级人民法院进行审判;上级人民法院指令再审、发回重审的案件,由原审人民法院再审或者重审。

第三十九条 人民法院对管辖异议审查后确定有管辖权的,不因当事人提起反诉、增加或者变更诉讼请求等改变管辖,但违反级别管辖、专属管辖规定的除外。

人民法院发回重审或者按第一审程序再审的案件,当事人提出管辖异议的,人民法院不予审查。

第四十条 依照民事诉讼法第三十八条第二款规定,发生管辖权争议的两个人民法院因协商不成报请它们的共同上级人民法院指定管辖时,双方为同属一个地、市辖区的基层人民法院的,由该地、市的中级人民法院及时指定管辖;同属一个省、自治区、直辖市的两个人民法院的,由该省、自治区、直辖市的高级人民法院及时指定管辖;双方为跨省、自治区、直辖市的人民法院,高级人民法院协商不成的,由最高人民法院及时指定管辖。

依照前款规定报请上级人民法院指定管辖时,应当逐级进行。

第四十一条 人民法院依照民事诉讼法第三十八条第二款规定指定管辖的,应当作出裁定。

对报请上级人民法院指定管辖的案件,下级人民法院应当中止审理。指定管辖裁定作出前,下级人民法院对案件作出判决、裁定的,上级人民法院应当在裁定指定管辖的同时,一并撤销下级人民法院的判决、裁定。

第四十二条 下列第一审民事案件,人民法院依照民事诉讼法第三十九条第一款规定,可以在开庭前交下级人民法院审理:

(一)破产程序中有关债务人的诉讼案件;

(二)当事人人数众多且不方便诉讼的案件;

(三)最高人民法院确定的其他类型案件。

人民法院交下级人民法院审理前,应当报请其上级人民法院批准。上级人民法院批准后,人民法院应当裁定将案件交下级人民法院审理。

二、回 避

第四十三条 审判人员有下列情形之一的,应当自行回避,当事人有权申请其回避:

(一)是本案当事人或者当事人近亲属的;

(二)本人或者其近亲属与本案有利害关系的;

(三)担任过本案的证人、鉴定人、辩护人、诉讼代理人、翻译人员的;

(四)是本案诉讼代理人近亲属的;

(五)本人或者其近亲属持有本案非上市公司当事人的股份或者股权的;

(六)与本案当事人或者诉讼代理人有其他利害关系,可能影响公正审理的。

第四十四条 审判人员有下列情形之一的,当事人有权申请其回避:

(一)接受本案当事人及其受托人宴请,或者参加由其支付费用的活动的;

(二)索取、接受本案当事人及其受托人财物或者其他利益的;

(三)违反规定会见本案当事人、诉讼代理人的;

(四)为本案当事人推荐、介绍诉讼代理人,或者为律师、其他人员介绍代理本案的;

(五)向本案当事人及其受托人借用款物的;

(六)有其他不正当行为,可能影响公正审理的。

第四十五条 在一个审判程序中参与过本案审判工作的审判人员,不得再参与该案其他程序的审判。

发回重审的案件,在一审法院作出裁判后又进入第二审程序的,原第二审程序中审判人员不受前款规定的限制。

第四十六条 审判人员有应当回避的情形,没有自行回避,当事人也没有申请其回避的,由院长或者审判委员会决定其回避。

第四十七条　人民法院应当依法告知当事人对合议庭组成人员、独任审判员和书记员等人员有申请回避的权利。

第四十八条　民事诉讼法第四十七条所称的审判人员,包括参与本案审理的人民法院院长、副院长、审判委员会委员、庭长、副庭长、审判员和人民陪审员。

第四十九条　书记员和执行员适用审判人员回避的有关规定。

三、诉讼参加人

第五十条　法人的法定代表人以依法登记的为准,但法律另有规定的除外。依法不需要办理登记的法人,以其正职负责人为法定代表人;没有正职负责人的,以其主持工作的副职负责人为法定代表人。

法定代表人已经变更,但未完成登记,变更后的法定代表人要求代表法人参加诉讼的,人民法院可以准许。

其他组织,以其主要负责人为代表人。

第五十一条　在诉讼中,法人的法定代表人变更的,由新的法定代表人继续进行诉讼,并应向人民法院提交新的法定代表人身份证明书。原法定代表人进行的诉讼行为有效。

前款规定,适用于其他组织参加的诉讼。

第五十二条　民事诉讼法第五十一条规定的其他组织是指合法成立、有一定的组织机构和财产,但又不具备法人资格的组织,包括:

(一)依法登记领取营业执照的个人独资企业;

(二)依法登记领取营业执照的合伙企业;

(三)依法登记领取我国营业执照的中外合作经营企业、外资企业;

(四)依法成立的社会团体的分支机构、代表机构;

(五)依法设立并领取营业执照的法人的分支机构;

(六)依法设立并领取营业执照的商业银行、政策性银行和非银行金融机构的分支机构;

(七)经依法登记领取营业执照的乡镇企业、街道企业;

(八)其他符合本条规定条件的组织。

第五十三条　法人非依法设立的分支机构,或者虽依法设立,但没有领取营业执照的分支机构,以设立该分支机构的法人为当事人。

第五十四条　以挂靠形式从事民事活动,当事人请求由挂靠人和被挂靠人依法承担民事责任的,以该挂靠人和被挂靠人为共同诉讼人。

第五十五条　在诉讼中,一方当事人死亡,需要等待继承人表明是否参加诉讼的,裁定中止诉讼。人民法院应当及时通知继承人作为当事人承担诉讼,被继承人已经进行的诉讼行为对承担诉讼的继承人有效。

第五十六条　法人或者其他组织的工作人员执行工作任务造成他人损害的,该法人或者其他组织为当事人。

第五十七条　提供劳务一方因劳务造成他人损害,受害人提起诉讼的,以接受劳务一方为被告。

第五十八条　在劳务派遣期间,被派遣的工作人员因执行工作任务造成他人损害的,以接受劳务派遣的用工单位为当事人。当事人主张劳务派遣单位承担责任的,该劳务派遣单位为共同被告。

第五十九条　在诉讼中,个体工商户以营业执照上登记的经营者为当事人。有字号的,以营业执照上登记的字号为当事人,但应同时注明该字号经营者的基本信息。

营业执照上登记的经营者与实际经营者不一致的,以登记的经营者和实际经营者为共同诉讼人。

第六十条　在诉讼中,未依法登记领取营业执照的个人合伙的全体合伙人为共同诉讼人。个人合伙有依法核准登记的字号的,应在法律文书中注明登记的字号。全体合伙人可以推选代表人;被推选的代表人,应由全体合伙人出具推选书。

第六十一条　当事人之间的纠纷经人民调解委员会或者其他依法设立的调解组织调解达成协议后,一方当事人不履行调解协议,另一方当事人向人民法院提起诉讼的,应以对方当事人为被告。

第六十二条　下列情形,以行为人为当事人:

(一)法人或者其他组织应登记而未登记,行为人即以该法人或者其他组织名义进行民事活动的;

(二)行为人没有代理权、超越代理权或者代理权终止以被代理人名义进行民事活动的,但相对人有理由相信行为人有代理权的除外;

(三)法人或者其他组织依法终止后,行为人仍以其名义进行民事活动的。

第六十三条　企业法人合并的,因合并前的民事活动发生的纠纷,以合并后的企业为当事人;企业法人分立的,因分立前的民事活动发生的纠纷,以分立后的企业为共同诉讼人。

第六十四条　企业法人解散的,依法清算并注销前,以该企业法人为当事人;未依法清算即被注销的,以该企业法人的股东、发起人或者出资人为当事人。

第六十五条 借用业务介绍信、合同专用章、盖章的空白合同书或者银行账户的，出借单位和借用人为共同诉讼人。

第六十六条 因保证合同纠纷提起的诉讼，债权人向保证人和被保证人一并主张权利的，人民法院应当将保证人和被保证人列为共同被告。保证合同约定为一般保证，债权人仅起诉保证人的，人民法院应当通知被保证人作为共同被告参加诉讼；债权人仅起诉被保证人的，可以只列被保证人为被告。

第六十七条 无民事行为能力人、限制民事行为能力人造成他人损害的，无民事行为能力人、限制民事行为能力人和其监护人为共同被告。

第六十八条 居民委员会、村民委员会或者村民小组与他人发生民事纠纷的，居民委员会、村民委员会或者有独立财产的村民小组为当事人。

第六十九条 对侵害死者遗体、遗骨以及姓名、肖像、名誉、荣誉、隐私等行为提起诉讼的，死者的近亲属为当事人。

第七十条 在继承遗产的诉讼中，部分继承人起诉的，人民法院应通知其他继承人作为共同原告参加诉讼；被通知的继承人不愿意参加诉讼又未明确表示放弃实体权利的，人民法院仍应将其列为共同原告。

第七十一条 原告起诉被代理人和代理人，要求承担连带责任的，被代理人和代理人为共同被告。

原告起诉代理人和相对人，要求承担连带责任的，代理人和相对人为共同被告。

第七十二条 共有财产权受到他人侵害，部分共有权人起诉的，其他共有权人为共同诉讼人。

第七十三条 必须共同进行诉讼的当事人没有参加诉讼的，人民法院应当依照民事诉讼法第一百三十五条的规定，通知其参加；当事人也可以向人民法院申请追加。人民法院对当事人提出的申请，应当进行审查，申请理由不成立的，裁定驳回；申请理由成立的，书面通知被追加的当事人参加诉讼。

第七十四条 人民法院追加共同诉讼的当事人时，应当通知其他当事人。应当追加的原告，已明确表示放弃实体权利的，可不予追加；既不愿意参加诉讼，又不放弃实体权利的，仍应追加为共同原告，其不参加诉讼，不影响人民法院对案件的审理和依法作出判决。

第七十五条 民事诉讼法第五十六条、第五十七条和第二百零六条规定的人数众多，一般指十人以上。

第七十六条 依照民事诉讼法第五十六条规定，当事人一方人数众多在起诉时确定的，可以由全体当事人推选共同的代表人，也可以由部分当事人推选自己的代表人；推选不出代表人的当事人，在必要的共同诉讼中可以自己参加诉讼，在普通的共同诉讼中可以另行起诉。

第七十七条 根据民事诉讼法第五十七条规定，当事人一方人数众多在起诉时不确定的，由当事人推选代表人。当事人推选不出的，可以由人民法院提出人选与当事人协商；协商不成的，也可以由人民法院在起诉的当事人中指定代表人。

第七十八条 民事诉讼法第五十六条和第五十七条规定的代表人为二至五人，每位代表人可以委托一至二人作为诉讼代理人。

第七十九条 依照民事诉讼法第五十七条规定受理的案件，人民法院可以发出公告，通知权利人向人民法院登记。公告期间根据案件的具体情况确定，但不得少于三十日。

第八十条 根据民事诉讼法第五十七条规定向人民法院登记的权利人，应当证明其与对方当事人的法律关系和所受到的损害。证明不了的，不予登记，权利人可以另行起诉。人民法院的裁判在登记的范围内执行。未参加登记的权利人提起诉讼，人民法院认定其请求成立的，裁定适用人民法院已作出的判决、裁定。

第八十一条 根据民事诉讼法第五十九条的规定，有独立请求权的第三人有权向人民法院提出诉讼请求和事实、理由，成为当事人；无独立请求权的第三人，可以申请或者由人民法院通知参加诉讼。

第一审程序中未参加诉讼的第三人，申请参加第二审程序的，人民法院可以准许。

第八十二条 在一审诉讼中，无独立请求权的第三人无权提出管辖异议，无权放弃、变更诉讼请求或者申请撤诉，被判决承担民事责任的，有权提起上诉。

第八十三条 在诉讼中，无民事行为能力人、限制民事行为能力人的监护人是他的法定代理人。事先没有确定监护人的，可以由有监护资格的人协商确定；协商不成的，由人民法院在他们之中指定诉讼中的法定代理人。当事人没有民法典第二十七条、第二十八条规定的监护人的，可以指定民法典第三十二条规定的有关组织担任诉讼中的法定代理人。

第八十四条 无民事行为能力人、限制民事行为能力人以及其他依法不能作为诉讼代理人的，当事人不得委托其作为诉讼代理人。

第八十五条 根据民事诉讼法第六十一条第二款第二项规定,与当事人有夫妻、直系血亲、三代以内旁系血亲、近姻亲关系以及其他有抚养、赡养关系的亲属,可以当事人近亲属的名义作为诉讼代理人。

第八十六条 根据民事诉讼法第六十一条第二款第二项规定,与当事人有合法劳动人事关系的职工,可以当事人工作人员的名义作为诉讼代理人。

第八十七条 根据民事诉讼法第六十一条第二款第三项规定,有关社会团体推荐公民担任诉讼代理人的,应当符合下列条件:

(一)社会团体属于依法登记设立或者依法免于登记设立的非营利性法人组织;

(二)被代理人属于该社会团体的成员,或者当事人一方住所地位于该社会团体的活动地域;

(三)代理事务属于该社会团体章程载明的业务范围;

(四)被推荐的公民是该社会团体的负责人或者与该社会团体有合法劳动人事关系的工作人员。

专利代理人经中华全国专利代理人协会推荐,可以在专利纠纷案件中担任诉讼代理人。

第八十八条 诉讼代理人除根据民事诉讼法第六十二条规定提交授权委托书外,还应当按照下列规定向人民法院提交相关材料:

(一)律师应当提交律师执业证、律师事务所证明材料;

(二)基层法律服务工作者应当提交法律服务工作者执业证、基层法律服务所出具的介绍信以及当事人一方位于本辖区内的证明材料;

(三)当事人的近亲属应当提交身份证件和与委托人有近亲属关系的证明材料;

(四)当事人的工作人员应当提交身份证件和与当事人有合法劳动人事关系的证明材料;

(五)当事人所在社区、单位推荐的公民应当提交身份证件、推荐材料和当事人属于该社区、单位的证明材料;

(六)有关社会团体推荐的公民应当提交身份证件和符合本解释第八十七条规定条件的证明材料。

第八十九条 当事人向人民法院提交的授权委托书,应当在开庭审理前送交人民法院。授权委托书仅写"全权代理"而无具体授权的,诉讼代理人无权代为承认、放弃、变更诉讼请求,进行和解,提出反诉或者提起上诉。

适用简易程序审理的案件,双方当事人同时到庭并径行开庭审理的,可以当场口头委托诉讼代理人,由人民法院记入笔录。

四、证　据

第九十条 当事人对自己提出的诉讼请求所依据的事实或者反驳对方诉讼请求所依据的事实,应当提供证据加以证明,但法律另有规定的除外。

在作出判决前,当事人未能提供证据或者证据不足以证明其事实主张的,由负有举证证明责任的当事人承担不利的后果。

第九十一条 人民法院应当依照下列原则确定举证证明责任的承担,但法律另有规定的除外:

(一)主张法律关系存在的当事人,应当对产生该法律关系的基本事实承担举证证明责任;

(二)主张法律关系变更、消灭或者权利受到妨害的当事人,应当对该法律关系变更、消灭或者权利受到妨害的基本事实承担举证证明责任。

第九十二条 一方当事人在法庭审理中,或者在起诉状、答辩状、代理词等书面材料中,对于己不利的事实明确表示承认的,另一方当事人无需举证证明。

对于涉及身份关系、国家利益、社会公共利益等应当由人民法院依职权调查的事实,不适用前款自认的规定。

自认的事实与查明的事实不符的,人民法院不予确认。

第九十三条 下列事实,当事人无须举证证明:

(一)自然规律以及定理、定律;

(二)众所周知的事实;

(三)根据法律规定推定的事实;

(四)根据已知的事实和日常生活经验法则推定出的另一事实;

(五)已为人民法院发生法律效力的裁判所确认的事实;

(六)已为仲裁机构生效裁决所确认的事实;

(七)已为有效公证文书所证明的事实。

前款第二项至第四项规定的事实,当事人有相反证据足以反驳的除外;第五项至第七项规定的事实,当事人有相反证据足以推翻的除外。

第九十四条 民事诉讼法第六十七条第二款规定的当事人及其诉讼代理人因客观原因不能自行收集的证据包括:

(一)证据由国家有关部门保存,当事人及其诉讼代理人无权查阅调取的;

(二)涉及国家秘密、商业秘密或者个人隐私的;
(三)当事人及其诉讼代理人因客观原因不能自行收集的其他证据。

当事人及其诉讼代理人因客观原因不能自行收集的证据,可以在举证期限届满前书面申请人民法院调查收集。

第九十五条 当事人申请调查收集的证据,与待证事实无关联、对证明待证事实无意义或者其他无调查收集必要的,人民法院不予准许。

第九十六条 民事诉讼法第六十七条第二款规定的人民法院认为审理案件需要的证据包括:
(一)涉及可能损害国家利益、社会公共利益的;
(二)涉及身份关系的;
(三)涉及民事诉讼法第五十八条规定诉讼的;
(四)当事人有恶意串通损害他人合法权益可能的;
(五)涉及依职权追加当事人、中止诉讼、终结诉讼、回避等程序性事项的。

除前款规定外,人民法院调查收集证据,应当依照当事人的申请进行。

第九十七条 人民法院调查收集证据,应当由两人以上共同进行。调查材料要由调查人、被调查人、记录人签名、捺印或者盖章。

第九十八条 当事人根据民事诉讼法第八十四条第一款规定申请证据保全的,可以在举证期限届满前书面提出。

证据保全可能对他人造成损失的,人民法院应当责令申请人提供相应的担保。

第九十九条 人民法院应当在审理前的准备阶段确定当事人的举证期限。举证期限可以由当事人协商,并经人民法院准许。

人民法院确定举证期限,第一审普通程序案件不得少于十五日,当事人提供新的证据的第二审案件不得少于十日。

举证期限届满后,当事人对已经提供的证据,申请提供反驳证据或者对证据来源、形式等方面的瑕疵进行补正的,人民法院可以酌情再次确定举证期限,该期限不受前款规定的限制。

第一百条 当事人申请延长举证期限的,应当在举证期限届满前向人民法院提出书面申请。

申请理由成立的,人民法院应当准许,适当延长举证期限,并通知其他当事人。延长的举证期限适用于其他当事人。

申请理由不成立的,人民法院不予准许,并通知申请人。

第一百零一条 当事人逾期提供证据的,人民法院应当责令其说明理由,必要时可以要求其提供相应的证据。

当事人因客观原因逾期提供证据,或者对方当事人对逾期提供证据未提出异议的,视为未逾期。

第一百零二条 当事人因故意或者重大过失逾期提供的证据,人民法院不予采纳。但该证据与案件基本事实有关的,人民法院应当采纳,并依照民事诉讼法第六十八条、第一百一十八条第一款的规定予以训诫、罚款。

当事人非因故意或者重大过失逾期提供的证据,人民法院应当采纳,并对当事人予以训诫。

当事人一方要求另一方赔偿因逾期提供证据致使其增加的交通、住宿、就餐、误工、证人出庭作证等必要费用的,人民法院可予支持。

第一百零三条 证据应当在法庭上出示,由当事人互相质证。未经当事人质证的证据,不得作为认定案件事实的根据。

当事人在审理前的准备阶段认可的证据,经审判人员在庭审中说明后,视为质证过的证据。

涉及国家秘密、商业秘密、个人隐私或者法律规定应当保密的证据,不得公开质证。

第一百零四条 人民法院应当组织当事人围绕证据的真实性、合法性以及与待证事实的关联性进行质证,并针对证据有无证明力和证明力大小进行说明和辩论。

能够反映案件真实情况、与待证事实相关联、来源和形式符合法律规定的证据,应当作为认定案件事实的根据。

第一百零五条 人民法院应当按照法定程序,全面、客观地审核证据,依照法律规定,运用逻辑推理和日常生活经验法则,对证据有无证明力和证明力大小进行判断,并公开判断的理由和结果。

第一百零六条 对以严重侵害他人合法权益、违反法律禁止性规定或者严重违背公序良俗的方法形成或者获取的证据,不得作为认定案件事实的根据。

第一百零七条 在诉讼中,当事人为达成调解协议或者和解协议作出妥协而认可的事实,不得在后续的诉讼中作为对其不利的根据,但法律另有规定或者当事人均同意的除外。

第一百零八条 对负有举证证明责任的当事人提供的证据,人民法院经审查并结合相关事实,确信待证事实的存在具有高度可能性的,应当认定该事实存在。

对一方当事人为反驳负有举证证明责任的当事人所主张事实而提供的证据,人民法院经审查并结合相关事实,认为待证事实真伪不明的,应当认定该事实不存在。

法律对于待证事实所应达到的证明标准另有规定的,从其规定。

第一百零九条 当事人对欺诈、胁迫、恶意串通事实的证明,以及对口头遗嘱或者赠与事实的证明,人民法院确信该待证事实存在的可能性能够排除合理怀疑的,应当认定该事实存在。

第一百一十条 人民法院认为有必要的,可以要求当事人本人到庭,就案件有关事实接受询问。在询问当事人之前,可以要求其签署保证书。

保证书应当载明据实陈述、如有虚假陈述愿意接受处罚等内容。当事人应当在保证书上签名或者捺印。

负有举证证明责任的当事人拒绝到庭、拒绝接受询问或者拒绝签署保证书,待证事实又欠缺其他证据证明的,人民法院对其主张的事实不予认定。

第一百一十一条 民事诉讼法第七十三条规定的提交书证原件确有困难,包括下列情形:

(一)书证原件遗失、灭失或者毁损的;

(二)原件在对方当事人控制之下,经合法通知提交而拒不提交的;

(三)原件在他人控制之下,而其有权不提交的;

(四)原件因篇幅或者体积过大而不便提交的;

(五)承担举证证明责任的当事人通过申请人民法院调查收集或者其他方式无法获得书证原件的。

前款规定情形,人民法院应当结合其他证据和案件具体情况,审查判断书证复制品等能否作为认定案件事实的根据。

第一百一十二条 书证在对方当事人控制之下的,承担举证证明责任的当事人可以在举证期限届满前书面申请人民法院责令对方当事人提交。

申请理由成立的,人民法院应当责令对方当事人提交,因提交书证所产生的费用,由申请人负担。对方当事人无正当理由拒不提交的,人民法院可以认定申请人所主张的书证内容为真实。

第一百一十三条 持有书证的当事人以妨碍对方当事人使用为目的,毁灭有关书证或者实施其他致使书证不能使用行为的,人民法院可以依照民事诉讼法第一百一十四条规定,对其处以罚款、拘留。

第一百一十四条 国家机关或者其他依法具有社会管理职能的组织,在其职权范围内制作的文书所记载的事项推定为真实,但有相反证据足以推翻的除外。必要时,人民法院可以要求制作文书的机关或者组织对文书的真实性予以说明。

第一百一十五条 单位向人民法院提出的证明材料,应当由单位负责人及制作证明材料的人员签名或者盖章,并加盖单位印章。人民法院就单位出具的证明材料,可以向单位及制作证明材料的人员进行调查核实。必要时,可以要求制作证明材料的人员出庭作证。

单位及制作证明材料的人员拒绝人民法院调查核实,或者制作证明材料的人员无正当理由拒绝出庭作证的,该证明材料不得作为认定案件事实的根据。

第一百一十六条 视听资料包括录音资料和影像资料。

电子数据是指通过电子邮件、电子数据交换、网上聊天记录、博客、微博客、手机短信、电子签名、域名等形成或者存储在电子介质中的信息。

存储在电子介质中的录音资料和影像资料,适用电子数据的规定。

第一百一十七条 当事人申请证人出庭作证的,应当在举证期限届满前提出。

符合本解释第九十六条第一款规定情形的,人民法院可以依职权通知证人出庭作证。

未经人民法院通知,证人不得出庭作证,但双方当事人同意并经人民法院准许的除外。

第一百一十八条 民事诉讼法第七十七条规定的证人因履行出庭作证义务而支出的交通、住宿、就餐等必要费用,按照机关事业单位工作人员差旅费用和补贴标准计算;误工损失按照国家上年度职工日平均工资标准计算。

人民法院准许证人出庭作证申请的,应当通知申请人预缴证人出庭作证费用。

第一百一十九条 人民法院在证人出庭作证前应当告知其如实作证的义务以及作伪证的法律后果,并责令其签署保证书,但无民事行为能力人和限制民事行为能力人除外。

证人签署保证书适用本解释关于当事人签署保证书的规定。

第一百二十条 证人拒绝签署保证书的,不得作证,并自行承担相关费用。

第一百二十一条 当事人申请鉴定,可以在举证期限届满前提出。申请鉴定的事项与待证事实无关联,或者对证明待证事实无意义的,人民法院不予准许。

人民法院准许当事人鉴定申请的,应当组织双方当事人协商确定具备相应资格的鉴定人。当事人协商不成的,由人民法院指定。

符合依职权调查收集证据条件的,人民法院应当依职权委托鉴定,在询问当事人的意见后,指定具备相应资格的鉴定人。

第一百二十二条 当事人可以依照民事诉讼法第八十二条的规定,在举证期限届满前申请一至二名具有专门知识的人出庭,代表当事人对鉴定意见进行质证,或者对案件事实所涉及的专业问题提出意见。

具有专门知识的人在法庭上就专业问题提出的意见,视为当事人的陈述。

人民法院准许当事人申请的,相关费用由提出申请的当事人负担。

第一百二十三条 人民法院可以对出庭的具有专门知识的人进行询问。经法庭准许,当事人可以对出庭的具有专门知识的人进行询问,当事人各自申请的具有专门知识的人可以就案件中的有关问题进行对质。

具有专门知识的人不得参与专业问题之外的法庭审理活动。

第一百二十四条 人民法院认为有必要的,可以根据当事人的申请或者依职权对物证或者现场进行勘验。勘验时应当保护他人的隐私和尊严。

人民法院可以要求鉴定人参与勘验。必要时,可以要求鉴定人在勘验中进行鉴定。

五、期间和送达

第一百二十五条 依照民事诉讼法第八十五条第二款规定,民事诉讼中以时起算的期间从次时起算;以日、月、年计算的期间从次日起算。

第一百二十六条 民事诉讼法第一百二十六条规定的立案期限,因起诉状内容欠缺通知原告补正的,从补正后交人民法院的次日起算。由上级人民法院转交下级人民法院立案的案件,从受诉人民法院收到起诉状的次日起算。

第一百二十七条 民事诉讼法第五十九条第三款、第二百一十二条以及本解释第三百七十二条、第三百八十二条、第三百九十九条、第四百二十条、第四百二十一条规定的六个月,民事诉讼法第二百三十条规定的一年,为不变期间,不适用诉讼时效中止、中断、延长的规定。

第一百二十八条 再审案件按照第一审程序或者第二审程序审理的,适用民事诉讼法第一百五十二条、第一百八十三条规定的审限。审限自再审立案的次日起算。

第一百二十九条 对申请再审案件,人民法院应自受理之日起三个月内审查完毕,但公告期间、当事人和解期间等不计入审查期限。有特殊情况需要延长的,由本院院长批准。

第一百三十条 向法人或者其他组织送达诉讼文书,应当由法人的法定代表人、该组织的主要负责人或者办公室、收发室、值班室等负责收件的人签收或者盖章,拒绝签收或者盖章的,适用留置送达。

民事诉讼法第八十九条规定的有关基层组织和所在单位的代表,可以是受送达人住所地的居民委员会、村民委员会的工作人员以及受送达人所在单位的工作人员。

第一百三十一条 人民法院直接送达诉讼文书的,可以通知当事人到人民法院领取。当事人到达人民法院,拒绝签署送达回证的,视为送达。审判人员、书记员应当在送达回证上注明送达情况并签名。

人民法院可以在当事人住所地以外向当事人直接送达诉讼文书。当事人拒绝签署送达回证的,采用拍照、录像等方式记录送达过程即视为送达。审判人员、书记员应当在送达回证上注明送达情况并签名。

第一百三十二条 受送达人有诉讼代理人的,人民法院既可以向受送达人送达,也可以向其诉讼代理人送达。受送达人指定诉讼代理人为代收人的,向诉讼代理人送达时,适用留置送达。

第一百三十三条 调解书应当直接送达当事人本人,不适用留置送达。当事人本人因故不能签收的,可由其指定的代收人签收。

第一百三十四条 依照民事诉讼法第九十一条规定,委托其他人民法院代为送达的,委托法院应当出具委托函,并附需要送达的诉讼文书和送达回证,以受送达人在送达回证上签收的日期为送达日期。

委托送达的,受委托人民法院应当自收到委托函及相关诉讼文书之日起十日内代为送达。

第一百三十五条 电子送达可以采用传真、电子邮件、移动通信等即时收悉的特定系统作为送达媒介。

民事诉讼法第九十条第二款规定的到达受送达人特定系统的日期,为人民法院对应系统显示发送成功的日期,但受送达人证明到达其特定系统的日期与人民法院对应系统显示发送成功的日期不一致的,以受送达人证明到达其特定系统的日期为准。

第一百三十六条 受送达人同意采用电子方式送达的,应当在送达地址确认书中予以确认。

第一百三十七条 当事人在提起上诉、申请再审、申请执行时未书面变更送达地址的，其在第一审程序中确认的送达地址可以作为第二审程序、审判监督程序、执行程序的送达地址。

第一百三十八条 公告送达可以在法院的公告栏和受送达人住所地张贴公告，也可以在报纸、信息网络等媒体上刊登公告，发出公告日期以最后张贴或者刊登的日期为准。对公告送达方式有特殊要求的，应当按要求的方式进行。公告期满，即视为送达。

人民法院在受送达人住所地张贴公告的，应当采取拍照、录像等方式记录张贴过程。

第一百三十九条 公告送达应当说明公告送达的原因；公告送达起诉状或者上诉状副本的，应当说明起诉或者上诉要点，受送达人答辩期限及逾期不答辩的法律后果；公告送达传票，应当说明出庭的时间和地点及逾期不出庭的法律后果；公告送达判决书、裁定书的，应当说明裁判主要内容，当事人有权上诉的，还应当说明上诉权利、上诉期限和上诉的人民法院。

第一百四十条 适用简易程序的案件，不适用公告送达。

第一百四十一条 人民法院在定期宣判时，当事人拒不签收判决书、裁定书的，应视为送达，并在宣判笔录中记明。

六、调解

第一百四十二条 人民法院受理案件后，经审查，认为法律关系明确、事实清楚，在征得当事人双方同意后，可以径行调解。

第一百四十三条 适用特别程序、督促程序、公示催告程序的案件，婚姻等身份关系确认案件以及其他根据案件性质不能进行调解的案件，不得调解。

第一百四十四条 人民法院审理民事案件，发现当事人之间恶意串通，企图通过和解、调解方式侵害他人合法权益的，应当依照民事诉讼法第一百一十五条的规定处理。

第一百四十五条 人民法院审理民事案件，应当根据自愿、合法的原则进行调解。当事人一方或者双方坚持不愿调解的，应当及时裁判。

人民法院审理离婚案件，应当进行调解，但不应久调不决。

第一百四十六条 人民法院审理民事案件，调解过程不公开，但当事人同意公开的除外。

调解协议内容不公开，但为保护国家利益、社会公共利益、他人合法权益，人民法院认为确有必要公开的除外。

主持调解以及参与调解的人员，对调解过程以及调解过程中获悉的国家秘密、商业秘密、个人隐私和其他不宜公开的信息，应当保守秘密，但为保护国家利益、社会公共利益、他人合法权益的除外。

第一百四十七条 人民法院调解案件时，当事人不能出庭的，经其特别授权，可由其委托代理人参加调解，达成的调解协议，可由委托代理人签名。

离婚案件当事人确因特殊情况无法出庭参加调解的，除本人不能表达意志的以外，应当出具书面意见。

第一百四十八条 当事人自行和解或者调解达成协议后，请求人民法院按照和解协议或者调解协议的内容制作判决书的，人民法院不予准许。

无民事行为能力人的离婚案件，由其法定代理人进行诉讼。法定代理人与对方达成协议要求发给判决书的，可根据协议内容制作判决书。

第一百四十九条 调解书需经当事人签收后才发生法律效力的，应当以最后收到调解书的当事人签收的日期为调解书生效日期。

第一百五十条 人民法院调解民事案件，需由无独立请求权的第三人承担责任的，应当经其同意。该第三人在调解书送达前反悔的，人民法院应当及时裁判。

第一百五十一条 根据民事诉讼法第一百零一条第一款第四项规定，当事人各方同意在调解协议上签名或者盖章后即发生法律效力的，经人民法院审查确认后，应当记入笔录或者将调解协议附卷，并由当事人、审判人员、书记员签名或者盖章后即具有法律效力。

前款规定情形，当事人请求制作调解书的，人民法院审查确认后可以制作调解书送交当事人。当事人拒收调解书的，不影响调解协议的效力。

七、保全和先予执行

第一百五十二条 人民法院依照民事诉讼法第一百零三条、第一百零四条规定，在采取诉前保全、诉讼保全措施时，责令利害关系人或者当事人提供担保的，应当书面通知。

利害关系人申请诉前保全的，应当提供担保。申请诉前财产保全的，应当提供相当于请求保全数额的担保；情况特殊的，人民法院可以酌情处理。申请诉前行为保全的，担保的数额由人民法院根据案件的具体情况决定。

在诉讼中，人民法院依申请或者依职权采取保全措施的，应当根据案件的具体情况，决定当事人是否应当提供担保以及担保的数额。

第一百五十三条 人民法院对季节性商品、鲜活、易腐烂变质以及其他不宜长期保存的物品采取保全措施时，可以责令当事人及时处理，由人民法院保存价款；必要时，人民法院可予以变卖，保存价款。

第一百五十四条 人民法院在财产保全中采取查封、扣押、冻结财产措施时，应当妥善保管被查封、扣押、冻结的财产。不宜由人民法院保管的，人民法院可以指定被保全人负责保管；不宜由被保全人保管的，可以委托他人或者申请保全人保管。

查封、扣押、冻结担保物权人占有的担保财产，一般由担保物权人保管；由人民法院保管的，质权、留置权不因采取保全措施而消灭。

第一百五十五条 由人民法院指定被保全人保管的财产，如果继续使用对该财产的价值无重大影响，可以允许被保全人继续使用；由人民法院保管或者委托他人、申请保全人保管的财产，人民法院和其他保管人不得使用。

第一百五十六条 人民法院采取财产保全的方法和措施，依照执行程序相关规定办理。

第一百五十七条 人民法院对抵押物、质押物、留置物可以采取财产保全措施，但不影响抵押权人、质权人、留置权人的优先受偿权。

第一百五十八条 人民法院对债务人到期应得的收益，可以采取财产保全措施，限制其支取，通知有关单位协助执行。

第一百五十九条 债务人的财产不能满足保全请求，但对他人有到期债权的，人民法院可以依债权人的申请裁定该他人不得对本案债务人清偿。该他人要求偿付的，由人民法院提存财物或者价款。

第一百六十条 当事人向采取诉前保全措施以外的其他有管辖权的人民法院起诉的，采取诉前保全措施的人民法院应当将保全手续移送受理案件的人民法院。诉前保全的裁定视为受移送人民法院作出的裁定。

第一百六十一条 对当事人不服一审判决提起上诉的案件，在第二审人民法院接到报送的案件之前，当事人有转移、隐匿、出卖或者毁损财产等行为，必须采取保全措施的，由第一审人民法院依当事人申请或者依职权采取。第一审人民法院的保全裁定，应当及时报送第二审人民法院。

第一百六十二条 第二审人民法院裁定对第一审人民法院采取的保全措施予以续保或者采取新的保全措施的，可以自行实施，也可以委托第一审人民法院实施。

再审人民法院裁定对原保全措施予以续保或者采取新的保全措施的，可以自行实施，也可以委托原审人民法院或者执行法院实施。

第一百六十三条 法律文书生效后，进入执行程序前，债权人因对方当事人转移财产等紧急情况，不申请保全将可能导致生效法律文书不能执行或者难以执行的，可以向执行法院申请采取保全措施。债权人在法律文书指定的履行期间届满后五日内不申请执行的，人民法院应当解除保全。

第一百六十四条 对申请保全人或者他人提供的担保财产，人民法院应当依法办理查封、扣押、冻结等手续。

第一百六十五条 人民法院裁定采取保全措施后，除作出保全裁定的人民法院自行解除或者其上级人民法院决定解除外，在保全期限内，任何单位不得解除保全措施。

第一百六十六条 裁定采取保全措施后，有下列情形之一的，人民法院应当作出解除保全裁定：

（一）保全错误的；

（二）申请人撤回保全申请的；

（三）申请人的起诉或者诉讼请求被生效裁判驳回的；

（四）人民法院认为应当解除保全的其他情形。

解除以登记方式实施的保全措施的，应当向登记机关发出协助执行通知书。

第一百六十七条 财产保全的被保全人提供其他等值担保财产且有利于执行的，人民法院可以裁定变更保全标的物为被保全人提供的担保财产。

第一百六十八条 保全裁定未经人民法院依法撤销或者解除，进入执行程序后，自动转为执行中的查封、扣押、冻结措施，期限连续计算，执行法院无需重新制作裁定书，但查封、扣押、冻结期限届满的除外。

第一百六十九条 民事诉讼法规定的先予执行，人民法院应当在受理案件后终审判决作出前采取。先予执行应当限于当事人诉讼请求的范围，并以当事人的生活、生产经营的急需为限。

第一百七十条 民事诉讼法第一百零九条第三项规定的情况紧急，包括：

（一）需要立即停止侵害、排除妨碍的；

（二）需要立即制止某项行为的；

（三）追索恢复生产、经营急需的保险理赔费的；

（四）需要立即返还社会保险金、社会救助资金的；

（五）不立即返还款项，将严重影响权利人生活和生产经营的。

第一百七十一条 当事人对保全或者先予执行裁定不服的,可以自收到裁定书之日起五日内向作出裁定的人民法院申请复议。人民法院应当在收到复议申请后十日内审查。裁定正确的,驳回当事人的申请;裁定不当的,变更或者撤销原裁定。

第一百七十二条 利害关系人对保全或者先予执行的裁定不服申请复议的,由作出裁定的人民法院依照民事诉讼法第一百一十一条规定处理。

第一百七十三条 人民法院先予执行后,根据发生法律效力的判决,申请人应当返还因先予执行所取得的利益的,适用民事诉讼法第二百四十条的规定。

八、对妨害民事诉讼的强制措施

第一百七十四条 民事诉讼法第一百一十二条规定的必须到庭的被告,是指负有赡养、抚育、扶养义务和不到庭就无法查清案情的被告。

人民法院对必须到庭才能查清案件基本事实的原告,经两次传票传唤,无正当理由拒不到庭的,可以拘传。

第一百七十五条 拘传必须用拘传票,并直接送达被拘传人;在拘传前,应当向被拘传人说明拒不到庭的后果,经批评教育仍拒不到庭的,可以拘传其到庭。

第一百七十六条 诉讼参与人或者其他人有下列行为之一的,人民法院可以适用民事诉讼法第一百一十三条规定处理:

(一)未经准许进行录音、录像、摄影的;

(二)未经准许以移动通信等方式现场传播审判活动的;

(三)其他扰乱法庭秩序,妨害审判活动进行的。

有前款规定情形的,人民法院可以暂扣诉讼参与人或者其他人进行录音、录像、摄影、传播审判活动的器材,并责令其删除有关内容;拒不删除的,人民法院可以采取必要手段强制删除。

第一百七十七条 训诫、责令退出法庭由合议庭或者独任审判员决定。训诫的内容、被责令退出法庭者的违法事实应当记入庭审笔录。

第一百七十八条 人民法院依照民事诉讼法第一百一十三条至第一百一十七条的规定采取拘留措施的,应经院长批准,作出拘留决定书,由司法警察将被拘留人送交当地公安机关看管。

第一百七十九条 被拘留人不在本辖区的,作出拘留决定的人民法院应当派员到被拘留人所在地的人民法院,请该院协助执行,受委托的人民法院应当及时派员协助执行。被拘留人申请复议或者在拘留期间承认并改正错误,需要提前解除拘留的,受委托人民法院应当向委托人民法院转达或者提出建议,由委托人民法院审查决定。

第一百八十条 人民法院对被拘留人采取拘留措施后,应当在二十四小时内通知其家属;确实无法按时通知或者通知不到的,应当记录在案。

第一百八十一条 因哄闹、冲击法庭,用暴力、威胁等方法抗拒执行公务等紧急情况,必须立即采取拘留措施的,可在拘留后,立即报告院长补办批准手续。院长认为拘留不当的,应当解除拘留。

第一百八十二条 被拘留人在拘留期间认错悔改的,可以责令其具结悔过,提前解除拘留。提前解除拘留,应报经院长批准,并作出提前解除拘留决定书,交负责看管的公安机关执行。

第一百八十三条 民事诉讼法第一百一十三条至第一百一十六条规定的罚款、拘留可以单独适用,也可以合并适用。

第一百八十四条 对同一妨害民事诉讼行为的罚款、拘留不得连续适用。发生新的妨害民事诉讼行为的,人民法院可以重新予以罚款、拘留。

第一百八十五条 被罚款、拘留的人不服罚款、拘留决定申请复议的,应当自收到决定书之日起三日内提出。上级人民法院应当在收到复议申请后五日内作出决定,并将复议结果通知下级人民法院和当事人。

第一百八十六条 上级人民法院复议时认为强制措施不当的,应当制作决定书,撤销或者变更下级人民法院作出的拘留、罚款决定。情况紧急的,可以在口头通知后三日内发出决定书。

第一百八十七条 民事诉讼法第一百一十四条第一款第五项规定的以暴力、威胁或者其他方法阻碍司法工作人员执行职务的行为,包括:

(一)在人民法院哄闹、滞留,不听从司法工作人员劝阻的;

(二)故意毁损、抢夺人民法院法律文书、查封标志的;

(三)哄闹、冲击执行公务现场,围困、扣押执行或者协助执行公务人员的;

(四)毁损、抢夺、扣留案件材料、执行公务车辆、其他执行公务器械、执行公务人员服装和执行公务证件的;

(五)以暴力、威胁或者其他方法阻碍司法工作人员查询、查封、扣押、冻结、划拨、拍卖、变卖财产的;

（六）以暴力、威胁或者其他方法阻碍司法工作人员执行职务的其他行为。

第一百八十八条 民事诉讼法第一百一十四条第一款第六项规定的拒不履行人民法院已经发生法律效力的判决、裁定的行为，包括：

（一）在法律文书发生法律效力后隐藏、转移、变卖、毁损财产或者无偿转让财产，以明显不合理的价格交易财产、放弃到期债权、无偿为他人提供担保等，致使人民法院无法执行的；

（二）隐藏、转移、毁损或者未经人民法院允许处分已向人民法院提供担保的财产的；

（三）违反人民法院限制高消费令进行消费的；

（四）有履行能力而拒不按照人民法院执行通知履行生效法律文书确定的义务的；

（五）有义务协助执行的个人接到人民法院协助执行通知书后，拒不协助执行的。

第一百八十九条 诉讼参与人或者其他人有下列行为之一的，人民法院可以适用民事诉讼法第一百一十四条的规定处理：

（一）冒充他人提起诉讼或者参加诉讼的；

（二）证人签署保证书后作虚假证言，妨碍人民法院审理案件的；

（三）伪造、隐藏、毁灭或者拒绝交出有关被执行人履行能力的重要证据，妨碍人民法院查明被执行人财产状况的；

（四）擅自解冻已被人民法院冻结的财产的；

（五）接到人民法院协助执行通知书后，给当事人通风报信，协助其转移、隐匿财产的。

第一百九十条 民事诉讼法第一百一十五条规定的他人合法权益，包括案外人的合法权益、国家利益、社会公共利益。

第三人根据民事诉讼法第五十九条第三款规定提起撤销之诉，经审查，原案当事人之间恶意串通进行虚假诉讼的，适用民事诉讼法第一百一十五条规定处理。

第一百九十一条 单位有民事诉讼法第一百一十五条或者第一百一十六条规定行为的，人民法院应当对该单位进行罚款，并可以对其主要负责人或者直接责任人员予以罚款、拘留；构成犯罪的，依法追究刑事责任。

第一百九十二条 有关单位接到人民法院协助执行通知书后，有下列行为之一的，人民法院可以适用民事诉讼法第一百一十七条规定处理：

（一）允许被执行人高消费的；

（二）允许被执行人出境的；

（三）拒不停止办理有关财产权证照转移手续、权属变更登记、规划审批等手续的；

（四）以需要内部请示、内部审批，有内部规定等为由拖延办理的。

第一百九十三条 人民法院对个人或者单位采取罚款措施时，应当根据其实施妨害民事诉讼行为的性质、情节、后果，当地的经济发展水平，以及诉讼标的额等因素，在民事诉讼法第一百一十八条第一款规定的限额内确定相应的罚款金额。

九、诉讼费用

第一百九十四条 依照民事诉讼法第五十七条审理的案件不预交案件受理费，结案后按照诉讼标的额由败诉方交纳。

第一百九十五条 支付令失效后转入诉讼程序的，债权人应当按照《诉讼费用交纳办法》补交案件受理费。

支付令被撤销后，债权人另行起诉的，按照《诉讼费用交纳办法》交纳诉讼费用。

第一百九十六条 人民法院改变原判决、裁定、调解结果的，应当在裁判文书中对原审诉讼费用的负担一并作出处理。

第一百九十七条 诉讼标的物是证券的，按照证券交易规则并根据当事人起诉之日前最后一个交易日的收盘价、当日的市场价或者其载明的金额计算诉讼标的金额。

第一百九十八条 诉讼标的物是房屋、土地、林木、车辆、船舶、文物等特定物或者知识产权，起诉时价值难以确定的，人民法院应当向原告释明主张过高或者过低的诉讼风险，以原告主张的价值确定诉讼标的金额。

第一百九十九条 适用简易程序审理的案件转为普通程序的，原告自接到人民法院交纳诉讼费用通知之日起七日内补交案件受理费。

原告无正当理由未按期足额补交的，按撤诉处理，已经收取的诉讼费用退还一半。

第二百条 破产程序中有关债务人的民事诉讼案件，按照财产案件标准交纳诉讼费，但劳动争议案件除外。

第二百零一条 既有财产性诉讼请求，又有非财产性诉讼请求的，按照财产性诉讼请求的标准交纳诉讼费。

有多个财产性诉讼请求的，合并计算交纳诉讼费；诉讼请求中有多个非财产性诉讼请求的，按一件交纳诉讼费。

第二百零二条 原告、被告、第三人分别上诉的，按照上诉请求分别预交二审案件受理费。

同一方多人共同上诉的,只预交一份二审案件受理费;分别上诉的,按照上诉请求分别预交二审案件受理费。

第二百零三条 承担连带责任的当事人败诉的,应当共同负担诉讼费用。

第二百零四条 实现担保物权案件,人民法院裁定拍卖、变卖担保财产的,申请费由债务人、担保人负担;人民法院裁定驳回申请的,申请费由申请人负担。

申请人另行起诉的,其已经交纳的申请费可以从案件受理费中扣除。

第二百零五条 拍卖、变卖担保财产的裁定作出后,人民法院强制执行的,按照执行金额收取执行申请费。

第二百零六条 人民法院决定减半收取案件受理费的,只能减半一次。

第二百零七条 判决生效后,胜诉方预交但不应负担的诉讼费用,人民法院应当退还,由败诉方向人民法院交纳,但胜诉方自愿承担或者同意败诉方直接向其支付的除外。

当事人拒不交纳诉讼费用的,人民法院可以强制执行。

十、第一审普通程序

第二百零八条 人民法院接到当事人提交的民事起诉状时,对符合民事诉讼法第一百二十二条的规定,且不属于第一百二十七条规定情形的,应当登记立案;对当场不能判定是否符合起诉条件的,应当接收起诉材料,并出具注明收到日期的书面凭证。

需要补充必要相关材料的,人民法院应当及时告知当事人。在补齐相关材料后,应当在七日内决定是否立案。

立案后发现不符合起诉条件或者属于民事诉讼法第一百二十七条规定情形的,裁定驳回起诉。

第二百零九条 原告提供被告的姓名或者名称、住所等信息具体明确,足以使被告与他人相区别的,可以认定为有明确的被告。

起诉状列写被告信息不足以认定明确的被告的,人民法院可以告知原告补正。原告补正后仍不能确定明确的被告的,人民法院裁定不予受理。

第二百一十条 原告在起诉状中有谩骂和人身攻击之辞的,人民法院应当告知其修改后提起诉讼。

第二百一十一条 对本院没有管辖权的案件,告知原告向有管辖权的人民法院起诉;原告坚持起诉的,裁定不予受理;立案后发现本院没有管辖权的,应当将案件移送有管辖权的人民法院。

第二百一十二条 裁定不予受理、驳回起诉的案件,原告再次起诉,符合起诉条件且不属于民事诉讼法第一百二十七条规定情形的,人民法院应当受理。

第二百一十三条 原告应当预交而未预交案件受理费,人民法院应当通知其预交,通知后仍不预交或者申请减、缓、免未获批准而仍不预交的,裁定按撤诉处理。

第二百一十四条 原告撤诉或者人民法院按撤诉处理后,原告以同一诉讼请求再次起诉的,人民法院应予受理。

原告撤诉或者按撤诉处理的离婚案件,没有新情况、新理由,六个月内又起诉的,比照民事诉讼法第一百二十七条第七项的规定不予受理。

第二百一十五条 依照民事诉讼法第一百二十七条第二项的规定,当事人在书面合同中订有仲裁条款,或者在发生纠纷后达成书面仲裁协议,一方向人民法院起诉的,人民法院应当告知原告向仲裁机构申请仲裁,其坚持起诉的,裁定不予受理,但仲裁条款或者仲裁协议不成立、无效、失效、内容不明确无法执行的除外。

第二百一十六条 在人民法院首次开庭前,被告以有书面仲裁协议为由对受理民事案件提出异议的,人民法院应当进行审查。

经审查符合下列情形之一的,人民法院应当裁定驳回起诉:

(一)仲裁机构或者人民法院已经确认仲裁协议有效的;

(二)当事人没有在仲裁庭首次开庭前对仲裁协议的效力提出异议的;

(三)仲裁协议符合仲裁法第十六条规定且不具有仲裁法第十七条规定情形的。

第二百一十七条 夫妻一方下落不明,另一方诉至人民法院,只要求离婚,不申请宣告下落不明人失踪或者死亡的案件,人民法院应当受理,对下落不明人公告送达诉讼文书。

第二百一十八条 赡养费、扶养费、抚养费案件,裁判发生法律效力后,因新情况、新理由,一方当事人再行起诉要求增加或者减少费用的,人民法院应作为新案受理。

第二百一十九条 当事人超过诉讼时效期间起诉的,人民法院应予受理。受理后对方当事人提出诉讼时效抗辩,人民法院经审认为抗辩事由成立的,判决驳回原告的诉讼请求。

第二百二十条 民事诉讼法第七十一条、第一百三十七条、第一百五十九条规定的商业秘密，是指生产工艺、配方、贸易联系、购销渠道等当事人不愿公开的技术秘密、商业情报及信息。

第二百二十一条 基于同一事实发生的纠纷，当事人分别向同一人民法院起诉的，人民法院可以合并审理。

第二百二十二条 原告在起诉状中直接列写第三人的，视为其申请人民法院追加该第三人参加诉讼。是否通知第三人参加诉讼，由人民法院审查决定。

第二百二十三条 当事人在提交答辩状期间提出管辖异议，又针对起诉状的内容进行答辩的，人民法院应当依照民事诉讼法第一百三十条第一款的规定，对管辖异议进行审查。

当事人未提出管辖异议，就案件实体内容进行答辩、陈述或者反诉的，可以认定为民事诉讼法第一百三十条第二款规定的应诉答辩。

第二百二十四条 依照民事诉讼法第一百三十六条第四项规定，人民法院可以在答辩期届满后，通过组织证据交换、召集庭前会议等方式，作好审理前的准备。

第二百二十五条 根据案件具体情况，庭前会议可以包括下列内容：

（一）明确原告的诉讼请求和被告的答辩意见；

（二）审查处理当事人增加、变更诉讼请求的申请和提出的反诉，以及第三人提出的与本案有关的诉讼请求；

（三）根据当事人的申请决定调查收集证据，委托鉴定，要求当事人提供证据，进行勘验，进行证据保全；

（四）组织交换证据；

（五）归纳争议焦点；

（六）进行调解。

第二百二十六条 人民法院应当根据当事人的诉讼请求、答辩意见以及证据交换的情况，归纳争议焦点，并就归纳的争议焦点征求当事人的意见。

第二百二十七条 人民法院适用普通程序审理案件，应当在开庭三日前用传票传唤当事人。对诉讼代理人、证人、鉴定人、勘验人、翻译人员应当用通知书通知其到庭。当事人或者其他诉讼参与人在外地的，应当留有必要的在途时间。

第二百二十八条 法庭审理应当围绕当事人争议的事实、证据和法律适用等焦点问题进行。

第二百二十九条 当事人在庭审中对其在审理前的准备阶段认可的事实和证据提出不同意见的，人民法院应当责令其说明理由。必要时，可以责令其提供相应证据。人民法院应当结合当事人的诉讼能力、证据和案件的具体情况进行审查。理由成立的，可以列入争议焦点进行审理。

第二百三十条 人民法院根据案件具体情况并征得当事人同意，可以将法庭调查和法庭辩论合并进行。

第二百三十一条 当事人在法庭上提出新的证据的，人民法院应当依照民事诉讼法第六十八条第二款规定和本解释相关规定处理。

第二百三十二条 在案件受理后，法庭辩论结束前，原告增加诉讼请求，被告提出反诉，第三人提出与本案有关的诉讼请求，可以合并审理的，人民法院应当合并审理。

第二百三十三条 反诉的当事人应当限于本诉的当事人的范围。

反诉与本诉的诉讼请求基于相同法律关系、诉讼请求之间具有因果关系，或者反诉与本诉的诉讼请求基于相同事实的，人民法院应当合并审理。

反诉应由其他人民法院专属管辖，或者与本诉的诉讼标的及诉讼请求所依据的事实、理由无关联的，裁定不予受理，告知另行起诉。

第二百三十四条 无民事行为能力人的离婚诉讼，当事人的法定代理人应当到庭；法定代理人不能到庭的，人民法院应当在查清事实的基础上，依法作出判决。

第二百三十五条 无民事行为能力的当事人的法定代理人，经合法传唤无正当理由拒不到庭，属于原告方的，比照民事诉讼法第一百四十六条的规定，按撤诉处理；属于被告方的，比照民事诉讼法第一百四十七条的规定，缺席判决。必要时，人民法院可以拘传其到庭。

第二百三十六条 有独立请求权的第三人经人民法院传票传唤，无正当理由拒不到庭的，或者未经法庭许可中途退庭的，比照民事诉讼法第一百四十六条的规定，按撤诉处理。

第二百三十七条 有独立请求权的第三人参加诉讼后，原告申请撤诉，人民法院在准许原告撤诉后，有独立请求权的第三人作为另案原告，原案原告、被告作为另案被告，诉讼继续进行。

第二百三十八条 当事人申请撤诉或者依法可以按撤诉处理的案件，如果当事人有违反法律的行为需要依法处理的，人民法院可以不准许撤诉或者不按撤诉处理。

法庭辩论终结后原告申请撤诉，被告不同意的，人民法院可以不予准许。

第二百三十九条 人民法院准许本诉原告撤诉的，

应当对反诉继续审理;被告申请撤回反诉的,人民法院应予准许。

第二百四十条 无独立请求权的第三人经人民法院传票传唤,无正当理由拒不到庭,或者未经法庭许可中途退庭的,不影响案件的审理。

第二百四十一条 被告经传票传唤无正当理由拒不到庭,或者未经法庭许可中途退庭的,人民法院应当按期开庭或者继续开庭审理,对到庭的当事人诉讼请求、双方的诉辩理由以及已经提交的证据及其他诉讼材料进行审理后,可以依法缺席判决。

第二百四十二条 一审宣判后,原审人民法院发现判决有错误,当事人在上诉期内提出上诉的,原审人民法院可以提出原判决有错误的意见,报送第二审人民法院,由第二审人民法院按照第二审程序进行审理;当事人不上诉的,按照审判监督程序处理。

第二百四十三条 民事诉讼法第一百五十二条规定的审限,是指从立案之日起至裁判宣告、调解书送达之日止的期间,但公告期间、鉴定期间、双方当事人和解期间、审理当事人提出的管辖异议以及处理人民法院之间的管辖争议期间不应计算在内。

第二百四十四条 可以上诉的判决书、裁定书不能同时送达双方当事人的,上诉期从各自收到判决书、裁定书之日计算。

第二百四十五条 民事诉讼法第一百五十七条第一款第七项规定的笔误是指法律文书误写、误算,诉讼费用漏写、误算和其他笔误。

第二百四十六条 裁定中止诉讼的原因消除,恢复诉讼程序时,不必撤销原裁定,从人民法院通知或者准许当事人双方继续进行诉讼时起,中止诉讼的裁定即失去效力。

第二百四十七条 当事人就已经提起诉讼的事项在诉讼过程中或者裁判生效后再次起诉,同时符合下列条件的,构成重复起诉:

(一)后诉与前诉的当事人相同;

(二)后诉与前诉的诉讼标的相同;

(三)后诉与前诉的诉讼请求相同,或者后诉的诉讼请求实质上否定前诉裁判结果。

当事人重复起诉的,裁定不予受理;已经受理的,裁定驳回起诉,但法律、司法解释另有规定的除外。

第二百四十八条 裁判发生法律效力后,发生新的事实,当事人再次提起诉讼的,人民法院应当依法受理。

第二百四十九条 在诉讼中,争议的民事权利义务转移的,不影响当事人的诉讼主体资格和诉讼地位。人民法院作出的发生法律效力的判决、裁定对受让人具有拘束力。

受让人申请以无独立请求权的第三人身份参加诉讼的,人民法院可予准许。受让人申请替代当事人承担诉讼的,人民法院可以根据案件的具体情况决定是否准许;不予准许的,可以追加其为无独立请求权的第三人。

第二百五十条 依照本解释第二百四十九条规定,人民法院准许受让人替代当事人承担诉讼的,裁定变更当事人。

变更当事人后,诉讼程序以受让人为当事人继续进行,原当事人应当退出诉讼。原当事人已经完成的诉讼行为对受让人具有拘束力。

第二百五十一条 二审裁定撤销一审判决发回重审的案件,当事人申请变更、增加诉讼请求或者提出反诉,第三人提出与本案有关的诉讼请求的,依照民事诉讼法第一百四十三条规定处理。

第二百五十二条 再审裁定撤销原判决、裁定发回重审的案件,当事人申请变更、增加诉讼请求或者提出反诉,符合下列情形之一的,人民法院应当准许:

(一)原审未合法传唤缺席判决,影响当事人行使诉讼权利的;

(二)追加新的诉讼当事人的;

(三)诉讼标的物灭失或者发生变化致使原诉讼求无法实现的;

(四)当事人申请变更、增加的诉讼请求或者提出的反诉,无法通过另诉解决的。

第二百五十三条 当庭宣判的案件,除当事人当庭要求邮寄发送裁判文书的外,人民法院应当告知当事人或者诉讼代理人领取裁判文书的时间和地点以及逾期不领取的法律后果。上述情况,应当记入笔录。

第二百五十四条 公民、法人或者其他组织申请查阅发生法律效力的判决书、裁定书的,应当向作出该生效裁判的人民法院提出。申请应当以书面形式提出,并提供具体的案号或者当事人姓名、名称。

第二百五十五条 对于查阅判决书、裁定书的申请,人民法院根据下列情形分别处理:

(一)判决书、裁定书已经通过信息网络向社会公开的,应当引导申请人自行查阅;

(二)判决书、裁定书未通过信息网络向社会公开,且申请符合要求的,应当及时提供便捷的查阅服务;

(三)判决书、裁定书尚未发生法律效力,或者已失

去法律效力的,不提供查阅并告知申请人;

(四)发生法律效力的判决书、裁定书不是本院作出的,应当告知申请人向作出生效裁判的人民法院申请查阅;

(五)申请查阅的内容涉及国家秘密、商业秘密、个人隐私的,不予准许并告知申请人。

十一、简易程序

第二百五十六条 民事诉讼法第一百六十条规定的简单民事案件中的事实清楚,是指当事人对争议的事实陈述基本一致,并能提供相应的证据,无须人民法院调查收集证据即可查明事实;权利义务关系明确是指能明确区分谁是责任的承担者,谁是权利的享有者;争议不大是指当事人对案件的是非、责任承担以及诉讼标的争执无原则分歧。

第二百五十七条 下列案件,不适用简易程序:

(一)起诉时被告下落不明的;
(二)发回重审的;
(三)当事人一方人数众多的;
(四)适用审判监督程序的;
(五)涉及国家利益、社会公共利益的;
(六)第三人起诉请求改变或者撤销生效判决、裁定、调解书的;
(七)其他不宜适用简易程序的案件。

第二百五十八条 适用简易程序审理的案件,审理期限到期后,有特殊情况需要延长的,经本院院长批准,可以延长审理期限。延长后的审理期限累计不得超过四个月。

人民法院发现案件不宜适用简易程序,需要转为普通程序审理的,应当在审理期限届满前作出裁定并将审判人员及相关事项书面通知双方当事人。

案件转为普通程序审理的,审理期限自人民法院立案之日计算。

第二百五十九条 当事人双方可就开庭方式向人民法院提出申请,由人民法院决定是否准许。经当事人双方同意,可以采用视听传输技术等方式开庭。

第二百六十条 已经按照普通程序审理的案件,在开庭后不得转为简易程序审理。

第二百六十一条 适用简易程序审理案件,人民法院可以依照民事诉讼法第九十条、第一百六十二条的规定采取捎口信、电话、短信、传真、电子邮件等简便方式传唤双方当事人、通知证人和送达诉讼文书。

以简便方式送达的开庭通知,未经当事人确认或者没有其他证据证明当事人已经收到的,人民法院不得缺席判决。

适用简易程序审理案件,由审判员独任审判,书记员担任记录。

第二百六十二条 人民法庭制作的判决书、裁定书、调解书,必须加盖基层人民法院印章,不得用人民法庭的印章代替基层人民法院的印章。

第二百六十三条 适用简易程序审理案件,卷宗中应当具备以下材料:

(一)起诉状或者口头起诉笔录;
(二)答辩状或者口头答辩笔录;
(三)当事人身份证明材料;
(四)委托他人代理诉讼的授权委托书或者口头委托笔录;
(五)证据;
(六)询问当事人笔录;
(七)审理(包括调解)笔录;
(八)判决书、裁定书、调解书或者调解协议;
(九)送达和宣判笔录;
(十)执行情况;
(十一)诉讼费收据;
(十二)适用民事诉讼法第一百六十五条规定审理的,有关程序适用的书面告知。

第二百六十四条 当事人双方根据民事诉讼法第一百六十条第二款规定约定适用简易程序的,应当在开庭前提出。口头提出的,记入笔录,由双方当事人签名或者捺印确认。

本解释第二百五十七条规定的案件,当事人约定适用简易程序的,人民法院不予准许。

第二百六十五条 原告口头起诉的,人民法院应当将当事人的姓名、性别、工作单位、住所、联系方式等基本信息,诉讼请求,事实及理由等准确记入笔录,由原告核对无误后签名或者捺印。对当事人提交的证据材料,应当出具收据。

第二百六十六条 适用简易程序案件的举证期限由人民法院确定,也可以由当事人协商一致并经人民法院准许,但不得超过十五日。被告要求书面答辩的,人民法院可在征得其同意的基础上,合理确定答辩期间。

人民法院应当将举证期限和开庭日期告知双方当事人,并向当事人说明逾期举证以及拒不到庭的法律后果,由双方当事人在笔录和开庭传票的送达回证上签名或者捺印。

当事人双方均表示不需要举证期限、答辩期间的,人民法院可以立即开庭审理或者确定开庭日期。

第二百六十七条 适用简易程序审理案件,可以简便方式进行审理前的准备。

第二百六十八条 对没有委托律师、基层法律服务工作者代理诉讼的当事人,人民法院在庭审过程中可以对回避、自认、举证证明责任等相关内容向其作必要的解释或者说明,并在庭审过程中适当提示当事人正确行使诉讼权利、履行诉讼义务。

第二百六十九条 当事人就案件适用简易程序提出异议,人民法院经审查,异议成立的,裁定转为普通程序;异议不成立的,裁定驳回。裁定以口头方式作出的,应当记入笔录。

转为普通程序的,人民法院应当将审判人员及相关事项以书面形式通知双方当事人。

转为普通程序前,双方当事人已确认的事实,可以不再进行举证、质证。

第二百七十条 适用简易程序审理的案件,有下列情形之一的,人民法院在制作判决书、裁定书、调解书时,对认定事实或者裁判理由部分可以适当简化:

(一)当事人达成调解协议并需要制作民事调解书的;

(二)一方当事人明确表示承认对方全部或者部分诉讼请求的;

(三)涉及商业秘密、个人隐私的案件,当事人一方要求简化裁判文书中的相关内容,人民法院认为理由正当的;

(四)当事人双方同意简化的。

十二、简易程序中的小额诉讼

第二百七十一条 人民法院审理小额诉讼案件,适用民事诉讼法第一百六十五条的规定,实行一审终审。

第二百七十二条 民事诉讼法第一百六十五条规定的各省、自治区、直辖市上年度就业人员年平均工资,是指已经公布的各省、自治区、直辖市上一年度就业人员年平均工资。在上一年度就业人员年平均工资公布前,以已经公布的最近年度就业人员年平均工资为准。

第二百七十三条 海事法院可以适用小额诉讼的程序审理海事、海商案件。案件标的额应当以实际受理案件的海事法院或者其派出法庭所在的省、自治区、直辖市上年度就业人员年平均工资为基数计算。

第二百七十四条 人民法院受理小额诉讼案件,应当向当事人告知该类案件的审判组织、一审终审、审理期限、诉讼费用交纳标准等相关事项。

第二百七十五条 小额诉讼案件的举证期限由人民法院确定,也可以由当事人协商一致并经人民法院准许,但一般不超过七日。

被告要求书面答辩的,人民法院可以在征得其同意的基础上合理确定答辩期间,但最长不得超过十五日。

当事人到庭后表示不需要举证期限和答辩期间的,人民法院可立即开庭审理。

第二百七十六条 当事人对小额诉讼案件提出管辖异议的,人民法院应当作出裁定。裁定一经作出即生效。

第二百七十七条 人民法院受理小额诉讼案件后,发现起诉不符合民事诉讼法第一百二十二条规定的起诉条件的,裁定驳回起诉。裁定一经作出即生效。

第二百七十八条 因当事人申请增加或者变更诉讼请求、提出反诉、追加当事人等,致使案件不符合小额诉讼案件条件的,应当适用简易程序的其他规定审理。

前款规定案件,应当适用普通程序审理的,裁定转为普通程序。

适用简易程序的其他规定或者普通程序审理前,双方当事人已确认的事实,可以不再进行举证、质证。

第二百七十九条 当事人对按照小额诉讼案件审理有异议的,应当在开庭前提出。人民法院经审查,异议成立的,适用简易程序的其他规定审理或者裁定转为普通程序;异议不成立的,裁定驳回。裁定以口头方式作出的,应当记入笔录。

第二百八十条 小额诉讼案件的裁判文书可以简化,主要记载当事人基本信息、诉讼请求、裁判主文等内容。

第二百八十一条 人民法院审理小额诉讼案件,本解释没有规定的,适用简易程序的其他规定。

十三、公益诉讼

第二百八十二条 环境保护法、消费者权益保护法等法律规定的机关和有关组织对污染环境、侵害众多消费者合法权益等损害社会公共利益的行为,根据民事诉讼法第五十八条规定提起公益诉讼,符合下列条件的,人民法院应当受理:

(一)有明确的被告;

(二)有具体的诉讼请求;

(三)有社会公共利益受到损害的初步证据;

(四)属于人民法院受理民事诉讼的范围和受诉人民法院管辖。

第二百八十三条 公益诉讼案件由侵权行为地或者被告住所地中级人民法院管辖,但法律、司法解释另有规定的除外。

因污染海洋环境提起的公益诉讼,由污染发生地、损害结果地或者采取预防污染措施地海事法院管辖。

对同一侵权行为分别向两个以上人民法院提起公益诉讼的,由最先立案的人民法院管辖,必要时由它们的共同上级人民法院指定管辖。

第二百八十四条 人民法院受理公益诉讼案件后,应当在十日内书面告知相关行政主管部门。

第二百八十五条 人民法院受理公益诉讼案件后,依法可以提起诉讼的其他机关和有关组织,可以在开庭前向人民法院申请参加诉讼。人民法院准许参加诉讼的,列为共同原告。

第二百八十六条 人民法院受理公益诉讼案件,不影响同一侵权行为的受害人根据民事诉讼法第一百二十二条规定提起诉讼。

第二百八十七条 对公益诉讼案件,当事人可以和解,人民法院可以调解。

当事人达成和解或者调解协议后,人民法院应当将和解或者调解协议进行公告。公告期间不得少于三十日。

公告期满后,人民法院经审查,和解或者调解协议不违反社会公共利益的,应当出具调解书;和解或者调解协议违反社会公共利益的,不予出具调解书,继续对案件进行审理并依法作出裁判。

第二百八十八条 公益诉讼案件的原告在法庭辩论终结后申请撤诉的,人民法院不予准许。

第二百八十九条 公益诉讼案件的裁判发生法律效力后,其他依法具有原告资格的机关和有关组织就同一侵权行为另行提起公益诉讼的,人民法院裁定不予受理,但法律、司法解释另有规定的除外。

十四、第三人撤销之诉

第二百九十条 第三人对已经发生法律效力的判决、裁定、调解书提起撤销之诉的,应当自知道或者应当知道其民事权益受到损害之日起六个月内,向作出生效判决、裁定、调解书的人民法院提出,并应当提供存在下列情形的证据材料:

(一)因不能归责于本人的事由未参加诉讼;

(二)发生法律效力的判决、裁定、调解书的全部或者部分内容错误;

(三)发生法律效力的判决、裁定、调解书内容错误损害其民事权益。

第二百九十一条 人民法院应当在收到起诉状和证据材料之日起五日内送交对方当事人,对方当事人可以自收到起诉状之日起十日内提出书面意见。

人民法院应当对第三人提交的起诉状、证据材料以及对方当事人的书面意见进行审查。必要时,可以询问双方当事人。

经审查,符合起诉条件的,人民法院应当在收到起诉状之日起三十日内立案。不符合起诉条件的,应当在收到起诉状之日起三十日内裁定不予受理。

第二百九十二条 人民法院对第三人撤销之诉案件,应当组成合议庭开庭审理。

第二百九十三条 民事诉讼法第五十九条第三款规定的因不能归责于本人的事由未参加诉讼,是指没有被列为生效判决、裁定、调解书当事人,且无过错或者无明显过错的情形。包括:

(一)不知道诉讼而未参加的;

(二)申请参加未获准许的;

(三)知道诉讼,但因客观原因无法参加的;

(四)因其他不能归责于本人的事由未参加诉讼的。

第二百九十四条 民事诉讼法第五十九条第三款规定的判决、裁定、调解书的部分或者全部内容,是指判决、裁定的主文,调解书中处理当事人民事权利义务的结果。

第二百九十五条 对下列情形提起第三人撤销之诉的,人民法院不予受理:

(一)适用特别程序、督促程序、公示催告程序、破产程序等非讼程序处理的案件;

(二)婚姻无效、撤销或者解除婚姻关系等判决、裁定、调解书中涉及身份关系的内容;

(三)民事诉讼法第五十七条规定的未参加登记的权利人对代表人诉讼案件的生效裁判;

(四)民事诉讼法第五十八条规定的损害社会公共利益行为的受害人对公益诉讼案件的生效裁判。

第二百九十六条 第三人提起撤销之诉,人民法院应当将该第三人列为原告,生效判决、裁定、调解书的当事人列为被告,但生效判决、裁定、调解书中没有承担责任的无独立请求权的第三人列为第三人。

第二百九十七条 受理第三人撤销之诉案件后,原告提供相应担保,请求中止执行的,人民法院可以准许。

第二百九十八条 对第三人撤销或者部分撤销发生法律效力的判决、裁定、调解书内容的请求,人民法院经审理,按下列情形分别处理:

(一)请求成立且确认其民事权利的主张全部或部分成立的,改变原判决、裁定、调解书内容的错误部分;

(二)请求成立,但确认其全部或部分民事权利的主

张不成立,或者未提出确认其民事权利请求的,撤销原判决、裁定、调解书内容的错误部分;

(三)请求不成立的,驳回诉讼请求。

对前款规定裁判不服的,当事人可以上诉。

原判决、裁定、调解书的内容未改变或者未撤销的部分继续有效。

第二百九十九条 第三人撤销之诉案件审理期间,人民法院对生效判决、裁定、调解书裁定再审的,受理第三人撤销之诉的人民法院应当裁定将第三人的诉讼请求并入再审程序。但有证据证明原审当事人之间恶意串通损害第三人合法权益的,人民法院应当先行审理第三人撤销之诉案件,裁定中止再审诉讼。

第三百条 第三人诉讼请求并入再审程序审理的,按照下列情形分别处理:

(一)按照第一审程序审理的,人民法院应当对第三人的诉讼请求一并审理,所作的判决可以上诉;

(二)按照第二审程序审理的,人民法院可以调解,调解达不成协议的,应当裁定撤销原判决、裁定、调解书,发回一审法院重审,重审时应当列明第三人。

第三百零一条 第三人提起撤销之诉后,未中止生效判决、裁定、调解书执行的,执行法院对第三人依照民事诉讼法第二百三十四条规定提出的执行异议,应予审查。第三人不服驳回执行异议裁定,申请对原判决、裁定、调解书再审的,人民法院不予受理。

案外人对人民法院驳回其执行异议裁定不服,认为原判决、裁定、调解书内容错误损害其合法权益的,应当根据民事诉讼法第二百三十四条规定申请再审,提起第三人撤销之诉的,人民法院不予受理。

十五、执行异议之诉

第三百零二条 根据民事诉讼法第二百三十四条规定,案外人、当事人对执行异议裁定不服,自裁定送达之日起十五日内向人民法院提起执行异议之诉的,由执行法院管辖。

第三百零三条 案外人提起执行异议之诉,除符合民事诉讼法第一百二十二条规定外,还应当具备下列条件:

(一)案外人的执行异议申请已经被人民法院裁定驳回;

(二)有明确的排除对执行标的执行的诉讼请求,且诉讼请求与原判决、裁定无关;

(三)自执行异议裁定送达之日起十五日内提起。

人民法院应当在收到起诉状之日起十五日内决定是否立案。

第三百零四条 申请执行人提起执行异议之诉,除符合民事诉讼法第一百二十二条规定外,还应当具备下列条件:

(一)依案外人执行异议申请,人民法院裁定中止执行;

(二)有明确的对执行标的继续执行的诉讼请求,且诉讼请求与原判决、裁定无关;

(三)自执行异议裁定送达之日起十五日内提起。

人民法院应当在收到起诉状之日起十五日内决定是否立案。

第三百零五条 案外人提起执行异议之诉的,以申请执行人为被告。被执行人反对案外人异议的,被执行人为共同被告;被执行人不反对案外人异议的,可以列被执行人为第三人。

第三百零六条 申请执行人提起执行异议之诉的,以案外人为被告。被执行人反对申请执行人主张的,以案外人和被执行人为共同被告;被执行人不反对申请执行人主张的,可以列被执行人为第三人。

第三百零七条 申请执行人对中止执行裁定未提起执行异议之诉,被执行人提起执行异议之诉的,人民法院告知其另行起诉。

第三百零八条 人民法院审理执行异议之诉案件,适用普通程序。

第三百零九条 案外人或者申请执行人提起执行异议之诉的,案外人应当就其对执行标的享有足以排除强制执行的民事权益承担举证证明责任。

第三百一十条 对案外人提起的执行异议之诉,人民法院经审理,按照下列情形分别处理:

(一)案外人就执行标的享有足以排除强制执行的民事权益的,判决不得执行该执行标的;

(二)案外人就执行标的不享有足以排除强制执行的民事权益的,判决驳回诉讼请求。

案外人同时提出确认其权利的诉讼请求的,人民法院可以在判决中一并作出裁判。

第三百一十一条 对申请执行人提起的执行异议之诉,人民法院经审理,按照下列情形分别处理:

(一)案外人就执行标的不享有足以排除强制执行的民事权益的,判决准许执行该执行标的;

(二)案外人就执行标的享有足以排除强制执行的民事权益的,判决驳回诉讼请求。

第三百一十二条 对案外人执行异议之诉,人民法院判决不得对执行标的执行的,执行异议裁定失效。

对申请执行人执行异议之诉,人民法院判决准许对该执行标的执行的,执行异议裁定失效,执行法院可以根据申请执行人的申请或者依职权恢复执行。

第三百一十三条 案外人执行异议之诉审理期间,人民法院不得对执行标的进行处分。申请执行人请求人民法院继续执行并提供相应担保的,人民法院可以准许。

被执行人与案外人恶意串通,通过执行异议、执行异议之诉妨害执行的,人民法院应当依照民事诉讼法第一百一十六条规定处理。申请执行人因此受到损害的,可以提起诉讼要求被执行人、案外人赔偿。

第三百一十四条 人民法院对执行标的裁定中止执行后,申请执行人在法律规定的期间内未提起执行异议之诉的,人民法院应当自起诉期限届满之日起七日内解除对该执行标的采取的执行措施。

十六、第二审程序

第三百一十五条 双方当事人和第三人都提起上诉的,均列为上诉人。人民法院可以依职权确定第二审程序中当事人的诉讼地位。

第三百一十六条 民事诉讼法第一百七十三条、第一百七十四条规定的对方当事人包括被上诉人和原审其他当事人。

第三百一十七条 必要共同诉讼人的一人或者部分人提起上诉的,按下列情形分别处理:

(一)上诉仅对与对方当事人之间权利义务分担有意见,不涉及其他共同诉讼人利益的,对方当事人为被上诉人,未上诉的同一方当事人依原审诉讼地位列明;

(二)上诉仅对共同诉讼人之间权利义务分担有意见,不涉及对方当事人利益的,未上诉的同一方当事人为被上诉人,对方当事人依原审诉讼地位列明;

(三)上诉对双方当事人之间以及共同诉讼人之间权利义务承担有意见的,未提起上诉的其他当事人均为被上诉人。

第三百一十八条 一审宣判时或者判决书、裁定书送达时,当事人口头表示上诉的,人民法院应告知其必须在法定上诉期间内递交上诉状。未在法定上诉期间内递交上诉状的,视为未提起上诉。虽递交上诉状,但未在指定的期限内交纳上诉费的,按自动撤回上诉处理。

第三百一十九条 无民事行为能力人、限制民事行为能力人的法定代理人,可以代理当事人提起上诉。

第三百二十条 上诉案件的当事人死亡或者终止的,人民法院依法通知其权利义务承继者参加诉讼。需要终结诉讼的,适用民事诉讼法第一百五十四条规定。

第三百二十一条 第二审人民法院应当围绕当事人的上诉请求进行审理。

当事人没有提出请求的,不予审理,但一审判决违反法律禁止性规定,或者损害国家利益、社会公共利益、他人合法权益的除外。

第三百二十二条 开庭审理的上诉案件,第二审人民法院可以依照民事诉讼法第一百三十六条第四项规定进行审理前的准备。

第三百二十三条 下列情形,可以认定为民事诉讼法第一百七十七条第一款第四项规定的严重违反法定程序:

(一)审判组织的组成不合法的;

(二)应当回避的审判人员未回避的;

(三)无诉讼行为能力人未经法定代理人代为诉讼的;

(四)违法剥夺当事人辩论权利的。

第三百二十四条 对当事人在第一审程序中已经提出的诉讼请求,原审人民法院未作审理、判决的,第二审人民法院可以根据当事人自愿的原则进行调解;调解不成的,发回重审。

第三百二十五条 必须参加诉讼的当事人或者有独立请求权的第三人,在第一审程序中未参加诉讼,第二审人民法院可以根据当事人自愿的原则予以调解;调解不成的,发回重审。

第三百二十六条 在第二审程序中,原审原告增加独立的诉讼请求或者原审被告提出反诉的,第二审人民法院可以根据当事人自愿的原则就新增加的诉讼请求或者反诉进行调解;调解不成的,告知当事人另行起诉。

双方当事人同意由第二审人民法院一并审理的,第二审人民法院可以一并裁判。

第三百二十七条 一审判决不准离婚的案件,上诉后,第二审人民法院认为应当判决离婚的,可以根据当事人自愿的原则,与子女抚养、财产问题一并调解;调解不成的,发回重审。

双方当事人同意由第二审人民法院一并审理的,第二审人民法院可以一并裁判。

第三百二十八条 人民法院依照第二审程序审理案件,认为依法不应由人民法院受理的,可以由第二审人民法院直接裁定撤销原裁判,驳回起诉。

第三百二十九条 人民法院依照第二审程序审理案件,认为第一审人民法院受理案件违反专属管辖规定的,应当裁定撤销原裁判并移送有管辖权的人民法院。

第三百三十条　第二审人民法院查明第一审人民法院作出的不予受理裁定有错误的,应当在撤销原裁定的同时,指令第一审人民法院立案受理;查明第一审人民法院作出的驳回起诉裁定有错误的,应当在撤销原裁定的同时,指令第一审人民法院审理。

第三百三十一条　第二审人民法院对下列上诉案件,依照民事诉讼法第一百七十六条规定可以不开庭审理:

(一)不服不予受理、管辖权异议和驳回起诉裁定的;

(二)当事人提出的上诉请求明显不能成立的;

(三)原判决、裁定认定事实清楚,但适用法律错误的;

(四)原判决严重违反法定程序,需要发回重审的。

第三百三十二条　原判决、裁定认定事实或者适用法律虽有瑕疵,但裁判结果正确的,第二审人民法院可以在判决、裁定中纠正瑕疵后,依照民事诉讼法第一百七十七条第一款第一项规定予以维持。

第三百三十三条　民事诉讼法第一百七十七条第一款第三项规定的基本事实,是指用以确定当事人主体资格、案件性质、民事权利义务等对原判决、裁定的结果有实质性影响的事实。

第三百三十四条　在第二审程序中,作为当事人的法人或者其他组织分立的,人民法院可以直接将分立后的法人或者其他组织列为共同诉讼人;合并的,将合并后的法人或者其他组织列为当事人。

第三百三十五条　在第二审程序中,当事人申请撤回上诉,人民法院经审查认为一审判决确有错误,或者当事人之间恶意串通损害国家利益、社会公共利益、他人合法权益的,不应准许。

第三百三十六条　在第二审程序中,原审原告申请撤回起诉,经其他当事人同意,且不损害国家利益、社会公共利益、他人合法权益的,人民法院可以准许。准许撤诉的,应当一并裁定撤销一审裁判。

原审原告在第二审程序中撤回起诉后重复起诉的,人民法院不予受理。

第三百三十七条　当事人在第二审程序中达成和解协议,人民法院可以根据当事人的请求,对双方达成的和解协议进行审查并制作调解书送达当事人;因和解而申请撤诉,经审查符合撤诉条件的,人民法院应予准许。

第三百三十八条　第二审人民法院宣告判决可以自行宣判,也可以委托原审人民法院或者当事人所在地人民法院代行宣判。

第三百三十九条　人民法院审理对裁定的上诉案件,应当在第二审立案之日起三十日内作出终审裁定。有特殊情况需要延长审限的,由本院院长批准。

第三百四十条　当事人在第一审程序中实施的诉讼行为,在第二审程序中对该当事人仍具有拘束力。

当事人推翻其在第一审程序中实施的诉讼行为时,人民法院应当责令其说明理由。理由不成立的,不予支持。

十七、特别程序

第三百四十一条　宣告失踪或者宣告死亡案件,人民法院可以根据申请人的请求,清理下落不明人的财产,并指定案件审理期间的财产管理人。公告期满后,人民法院判决宣告失踪的,应当同时依照民法典第四十二条的规定指定失踪人的财产代管人。

第三百四十二条　失踪人的财产代管人经人民法院指定后,代管人申请变更代管的,比照民事诉讼法特别程序的有关规定进行审理。申请理由成立的,裁定撤销申请人的代管人身份,同时另行指定财产代管人;申请理由不成立的,裁定驳回申请。

失踪人的其他利害关系人申请变更代管的,人民法院应当告知其以原指定的代管人为被告起诉,并按普通程序进行审理。

第三百四十三条　人民法院判决宣告公民失踪后,利害关系人向人民法院申请宣告失踪人死亡,自失踪之日起满四年的,人民法院应当受理,宣告失踪的判决即是该公民失踪的证明,审理中仍应依照民事诉讼法第一百九十二条规定进行公告。

第三百四十四条　符合法律规定的多个利害关系人提出宣告失踪、宣告死亡申请的,列为共同申请人。

第三百四十五条　寻找下落不明人的公告应当记载下列内容:

(一)被申请人应当在规定期间内向受理法院申报其具体地址及其联系方式。否则,被申请人将被宣告失踪、宣告死亡;

(二)凡知悉被申请人生存现状的人,应当在公告期间内将其所知道情况向受理法院报告。

第三百四十六条　人民法院受理宣告失踪、宣告死亡案件后,作出判决前,申请人撤回申请的,人民法院应当裁定终结案件,但其他符合法律规定的利害关系人加入程序要求继续审理的除外。

第三百四十七条　在诉讼中,当事人的利害关系人或者有关组织提出该当事人不能辨认或者不能完全辨认自己的行为,要求宣告该当事人无民事行为能力或者限制民事行为能力,应由利害关系人或者有关组织向人民法院提出申请,由受诉人民法院按照特别程序立案审理,原诉讼中止。

第三百四十八条 认定财产无主案件,公告期间有人对财产提出请求的,人民法院应当裁定终结特别程序,告知申请人另行起诉,适用普通程序审理。

第三百四十九条 被指定的监护人不服居民委员会、村民委员会或者民政部门指定,应当自接到通知之日起三十日内向人民法院提出异议。经审理,认为指定并无不当的,裁定驳回异议;指定不当的,判决撤销指定,同时另行指定监护人。判决书应当送达异议人、原指定单位及判决指定的监护人。

有关当事人依照民法典第三十一条第一款规定直接向人民法院申请指定监护人的,适用特别程序审理,判决指定监护人。判决书应当送达申请人、判决指定的监护人。

第三百五十条 申请认定公民无民事行为能力或者限制民事行为能力的案件,被申请人没有近亲属的,人民法院可以指定经被申请人住所地的居民委员会、村民委员会或者民政部门同意,且愿意担任代理人的个人或者组织为代理人。

没有前款规定的代理人的,由被申请人住所地的居民委员会、村民委员会或者民政部门担任代理人。

代理人可以是一人,也可以是同一顺序中的两人。

第三百五十一条 申请司法确认调解协议的,双方当事人应当本人或者由符合民事诉讼法第六十一条规定的代理人依照民事诉讼法第二百零一条的规定提出申请。

第三百五十二条 调解组织自行开展的调解,有两个以上调解组织参与的,符合民事诉讼法第二百零一条规定的各调解组织所在地人民法院均有管辖权。

双方当事人可以共同向符合民事诉讼法第二百零一条规定的其中一个有管辖权的人民法院提出申请;双方当事人共同向两个以上有管辖权的人民法院提出申请的,由最先立案的人民法院管辖。

第三百五十三条 当事人申请司法确认调解协议,可以采用书面形式或者口头形式。当事人口头申请的,人民法院应当记入笔录,并由当事人签名、捺印或者盖章。

第三百五十四条 当事人申请司法确认调解协议,应当向人民法院提交调解协议、调解组织主持调解的证明,以及与调解协议相关的财产权利证明等材料,并提供双方当事人的身份、住所、联系方式等基本信息。

当事人未提交上述材料的,人民法院应当要求当事人限期补交。

第三百五十五条 当事人申请司法确认调解协议,有下列情形之一的,人民法院裁定不予受理:

(一)不属于人民法院受理范围的;
(二)不属于收到申请的人民法院管辖的;
(三)申请确认婚姻关系、亲子关系、收养关系等身份关系无效、有效或者解除的;
(四)涉及适用其他特别程序、公示催告程序、破产程序审理的;
(五)调解协议内容涉及物权、知识产权确权的。

人民法院受理申请后,发现有上述不予受理情形的,应当裁定驳回当事人的申请。

第三百五十六条 人民法院审查相关情况时,应当通知双方当事人共同到场对案件进行核实。

人民法院经审查,认为当事人的陈述或者提供的证明材料不充分、不完备或者有疑义的,可以要求当事人限期补充陈述或者补充证明材料。必要时,人民法院可以向调解组织核实有关情况。

第三百五十七条 确认调解协议的裁定作出前,当事人撤回申请的,人民法院可以裁定准许。

当事人无正当理由未在限期内补充陈述、补充证明材料或者拒不接受询问的,人民法院可以按撤回申请处理。

第三百五十八条 经审查,调解协议有下列情形之一的,人民法院应当裁定驳回申请:

(一)违反法律强制性规定的;
(二)损害国家利益、社会公共利益、他人合法权益的;
(三)违背公序良俗的;
(四)违反自愿原则的;
(五)内容不明确的;
(六)其他不能进行司法确认的情形。

第三百五十九条 民事诉讼法第二百零三条规定的担保物权人,包括抵押权人、质权人、留置权人;其他有权请求实现担保物权的人,包括抵押人、出质人、财产被留置的债务人或者所有权人等。

第三百六十条 实现票据、仓单、提单等有权利凭证的权利质权案件,可以由权利凭证持有人住所地人民法院管辖;无权利凭证的权利质权,由出质登记地人民法院管辖。

第三百六十一条 实现担保物权案件属于海事法院

等专门人民法院管辖的,由专门人民法院管辖。

第三百六十二条 同一债权的担保物有多个且所在地不同,申请人分别向有管辖权的人民法院申请实现担保物权的,人民法院应当依法受理。

第三百六十三条 依照民法典第三百九十二条的规定,被担保的债权既有物的担保又有人的担保,当事人对实现担保物权的顺序有约定,实现担保物权的申请违反该约定的,人民法院裁定不予受理;没有约定或者约定不明的,人民法院应当受理。

第三百六十四条 同一财产上设立多个担保物权,登记在先的担保物权尚未实现的,不影响后顺位的担保物权人向人民法院申请实现担保物权。

第三百六十五条 申请实现担保物权,应当提交下列材料:

(一)申请书。申请书应当记明申请人、被申请人的姓名或者名称、联系方式等基本信息,具体的请求和事实、理由;

(二)证明担保物权存在的材料,包括主合同、担保合同、抵押登记证明或者他项权利证书、权利质权的权利凭证或者质权出质登记证明等;

(三)证明实现担保物权条件成就的材料;

(四)担保财产现状的说明;

(五)人民法院认为需要提交的其他材料。

第三百六十六条 人民法院受理申请后,应当在五日内向被申请人送达申请书副本、异议权利告知书等文书。

被申请人有异议的,应当在收到人民法院通知后的五日内向人民法院提出,同时说明理由并提供相应的证据材料。

第三百六十七条 实现担保物权案件可以由审判员一人独任审查。担保财产标的额超过基层人民法院管辖范围的,应当组成合议庭进行审查。

第三百六十八条 人民法院审查实现担保物权案件,可以询问申请人、被申请人、利害关系人,必要时可以依职权调查相关事实。

第三百六十九条 人民法院应当就主合同的效力、期限、履行情况,担保物权是否有效设立、担保财产的范围、被担保的债权范围、被担保的债权是否已届清偿期等担保物权实现的条件,以及是否损害他人合法权益等内容进行审查。

被申请人或者利害关系人提出异议的,人民法院应当一并审查。

第三百七十条 人民法院审查后,按下列情形分别处理:

(一)当事人对实现担保物权无实质性争议且实现担保物权条件成就的,裁定准许拍卖、变卖担保财产;

(二)当事人对实现担保物权有部分实质性争议的,可以就无争议部分裁定准许拍卖、变卖担保财产;

(三)当事人对实现担保物权有实质性争议的,裁定驳回申请,并告知申请人向人民法院提起诉讼。

第三百七十一条 人民法院受理申请后,申请人对担保财产提出保全申请的,可以按照民事诉讼法关于诉讼保全的规定办理。

第三百七十二条 适用特别程序作出的判决、裁定,当事人、利害关系人认为有错误的,可以向作出该判决、裁定的人民法院提出异议。人民法院经审查,异议成立或者部分成立的,作出新的判决、裁定撤销或者改变原判决、裁定;异议不成立的,裁定驳回。

对人民法院作出的确认调解协议、准许实现担保物权的裁定,当事人有异议的,应当自收到裁定之日起十五日内提出;利害关系人有异议的,自知道或者应当知道其民事权益受到侵害之日起六个月内提出。

十八、审判监督程序

第三百七十三条 当事人死亡或者终止的,其权利义务承继者可以根据民事诉讼法第二百零六条、第二百零八条的规定申请再审。

判决、调解书生效后,当事人将判决、调解书确认的债权转让,债权受让人对该判决、调解书不服申请再审的,人民法院不予受理。

第三百七十四条 民事诉讼法第二百零六条规定的人数众多的一方当事人,包括公民、法人和其他组织。

民事诉讼法第二百零六条规定的当事人双方为公民的案件,是指原告和被告均为公民的案件。

第三百七十五条 当事人申请再审,应当提交下列材料:

(一)再审申请书,并按照被申请人和原审其他当事人的人数提交副本;

(二)再审申请人是自然人的,应当提交身份证明;再审申请人是法人或者其他组织的,应当提交营业执照、组织机构代码证书、法定代表人或者主要负责人身份证明书。委托他人代为申请的,应当提交授权委托书和代理人身份证明;

(三)原审判决书、裁定书、调解书;

(四)反映案件基本事实的主要证据及其他材料。

前款第二项、第三项、第四项规定的材料可以是与原件核对无异的复印件。

第三百七十六条 再审申请书应当记明下列事项：

（一）再审申请人与被申请人及原审其他当事人的基本信息；

（二）原审人民法院的名称，原审裁判文书案号；

（三）具体的再审请求；

（四）申请再审的法定情形及具体事实、理由。

再审申请书应当明确申请再审的人民法院，并由再审申请人签名、捺印或者盖章。

第三百七十七条 当事人一方人数众多或者当事人双方为公民的案件，当事人分别向原审人民法院和上一级人民法院申请再审且不能协商一致的，由原审人民法院受理。

第三百七十八条 适用特别程序、督促程序、公示催告程序、破产程序等非讼程序审理的案件，当事人不得申请再审。

第三百七十九条 当事人认为发生法律效力的不予受理、驳回起诉的裁定错误的，可以申请再审。

第三百八十条 当事人就离婚案件中的财产分割问题申请再审，如涉及判决中已分割的财产，人民法院应当依照民事诉讼法第二百零七条的规定进行审查，符合再审条件的，应当裁定再审；如涉及判决中未作处理的夫妻共同财产，应当告知当事人另行起诉。

第三百八十一条 当事人申请再审，有下列情形之一的，人民法院不予受理：

（一）再审申请被驳回后再次提出申请的；

（二）对再审判决、裁定提出申请的；

（三）在人民检察院对当事人的申请作出不予提出再审检察建议或者抗诉决定后又提出申请的。

前款第一项、第二项规定情形，人民法院应当告知当事人可以向人民检察院申请再审检察建议或者抗诉，但因人民检察院提出再审检察建议或者抗诉而再审作出的判决、裁定除外。

第三百八十二条 当事人对已经发生法律效力的调解书申请再审，应当在调解书发生法律效力后六个月内提出。

第三百八十三条 人民法院应当自收到符合条件的再审申请书等材料之日起五日内向再审申请人发送受理通知书，并向被申请人及原审其他当事人发送应诉通知书、再审申请书副本等材料。

第三百八十四条 人民法院受理申请再审案件后，应当依照民事诉讼法第二百零七条、第二百零八条、第二百一十一条等规定，对当事人主张的再审事由进行审查。

第三百八十五条 再审申请人提供的新的证据，能够证明原判决、裁定认定基本事实或者裁判结果错误的，应当认定为民事诉讼法第二百零七条第一项规定的情形。

对于符合前款规定的证据，人民法院应当责令再审申请人说明其逾期提供该证据的理由；拒不说明理由或者理由不成立的，依照民事诉讼法第六十八条第二款和本解释第一百零二条的规定处理。

第三百八十六条 再审申请人证明其提交的新的证据符合下列情形之一的，可以认定逾期提供证据的理由成立：

（一）在原审庭审结束前已经存在，因客观原因于庭审结束后才发现的；

（二）在原审庭审结束前已经发现，但因客观原因无法取得或者在规定的期限内不能提供的；

（三）在原审庭审结束后形成，无法据此另行提起诉讼的。

再审申请人提交的证据在原审中已经提供，原审人民法院未组织质证且未作为裁判根据的，视为逾期提供证据的理由成立，但原审人民法院依照民事诉讼法第六十八条规定不予采纳的除外。

第三百八十七条 当事人对原判决、裁定认定事实的主要证据在原审中拒绝发表质证意见或者质证中未对证据发表质证意见的，不属于民事诉讼法第二百零七条第四项规定的未经质证的情形。

第三百八十八条 有下列情形之一，导致判决、裁定结果错误的，应当认定为民事诉讼法第二百零七条第六项规定的原判决、裁定适用法律确有错误：

（一）适用的法律与案件性质明显不符的；

（二）确定民事责任明显违背当事人约定或者法律规定的；

（三）适用已经失效或者尚未施行的法律的；

（四）违反法律溯及力规定的；

（五）违反法律适用规则的；

（六）明显违背立法原意的。

第三百八十九条 原审开庭过程中有下列情形之一的，应当认定为民事诉讼法第二百零七条第九项规定的剥夺当事人辩论权利：

（一）不允许当事人发表辩论意见的；

（二）应当开庭审理而未开庭审理的；

（三）违反法律规定送达起诉状副本或者上诉状副

本,致使当事人无法行使辩论权利的;

(四)违法剥夺当事人辩论权利的其他情形。

第三百九十条 民事诉讼法第二百零七条第十一项规定的诉讼请求,包括一审诉讼请求、二审上诉请求,但当事人未对一审判决、裁定遗漏或者超出诉讼请求提起上诉的除外。

第三百九十一条 民事诉讼法第二百零七条第十二项规定的法律文书包括:

(一)发生法律效力的判决书、裁定书、调解书;

(二)发生法律效力的仲裁裁决书;

(三)具有强制执行效力的公证债权文书。

第三百九十二条 民事诉讼法第二百零七条第十三项规定的审判人员审理该案件时有贪污受贿、徇私舞弊、枉法裁判行为,是指已经由生效刑事法律文书或者纪律处分决定所确认的行为。

第三百九十三条 当事人主张的再审事由成立,且符合民事诉讼法和本解释规定的申请再审条件的,人民法院应当裁定再审。

当事人主张的再审事由不成立,或者当事人申请再审超过法定申请再审期限、超出法定再审事由范围等不符合民事诉讼法和本解释规定的申请再审条件的,人民法院应当裁定驳回再审申请。

第三百九十四条 人民法院对已经发生法律效力的判决、裁定、调解书依法决定再审,依照民事诉讼法第二百一十三条规定,需要中止执行的,应当在再审裁定中同时写明中止原判决、裁定、调解书的执行;情况紧急的,可以将中止执行裁定口头通知负责执行的人民法院,并在通知后十日内发出裁定书。

第三百九十五条 人民法院根据审查案件的需要决定是否询问当事人。新的证据可能推翻原判决、裁定的,人民法院应当询问当事人。

第三百九十六条 审查再审申请期间,被申请人及原审其他当事人依法提出再审申请的,人民法院应当将其列为再审申请人,对其再审事由一并审查,审查期限重新计算。经审查,其中一方再审申请人主张的再审事由成立的,应当裁定再审。各方再审申请人主张的再审事由均不成立的,一并裁定驳回再审申请。

第三百九十七条 审查再审申请期间,再审申请人申请人民法院委托鉴定、勘验的,人民法院不予准许。

第三百九十八条 审查再审申请期间,再审申请人撤回再审申请的,是否准许,由人民法院裁定。

再审申请人经传票传唤,无正当理由拒不接受询问的,可以按撤回再审申请处理。

第三百九十九条 人民法院准许撤回再审申请或者按撤回再审申请处理后,再审申请人再次申请再审的,不予受理,但有民事诉讼法第二百零七条第一项、第三项、第十二项、第十三项规定情形,自知道或者应当知道之日起六个月内提出的除外。

第四百条 再审申请审查期间,有下列情形之一的,裁定终结审查:

(一)再审申请人死亡或者终止,无权利义务承继者或者权利义务承继者声明放弃再审申请的;

(二)在给付之诉中,负有给付义务的被申请人死亡或者终止,无可供执行的财产,也没有应当承担义务的人的;

(三)当事人达成和解协议且已履行完毕的,但当事人在和解协议中声明不放弃申请再审权利的除外;

(四)他人未经授权以当事人名义申请再审的;

(五)原审或者上一级人民法院已经裁定再审的;

(六)有本解释第三百八十一条第一款规定情形的。

第四百零一条 人民法院审理再审案件应当组成合议庭开庭审理,但按照第二审程序审理,有特殊情况或者双方当事人已经通过其他方式充分表达意见,且书面同意不开庭审理的除外。

符合缺席判决条件的,可以缺席判决。

第四百零二条 人民法院开庭审理再审案件,应当按照下列情形分别进行:

(一)因当事人申请再审的,先由再审申请人陈述再审请求及理由,后由被申请人答辩、其他原审当事人发表意见;

(二)因抗诉再审的,先由抗诉机关宣读抗诉书,再由申请抗诉的当事人陈述,后由被申请人答辩、其他原审当事人发表意见;

(三)人民法院依职权再审,有申诉人的,先由申诉人陈述再审请求及理由,后由被申诉人答辩、其他原审当事人发表意见;

(四)人民法院依职权再审,没有申诉人的,先由原审原告或者原审上诉人陈述,后由原审其他当事人发表意见。

对前款第一项至第三项规定的情形,人民法院应当要求当事人明确其再审请求。

第四百零三条 人民法院审理再审案件应当围绕再审请求进行。当事人的再审请求超出原审诉讼请求的,不予审理;符合另案诉讼条件的,告知当事人可以另行起诉。

被申请人及原审其他当事人在庭审辩论结束前提出的再审请求,符合民事诉讼法第二百一十二条规定的,人民法院应当一并审理。

人民法院经再审,发现已经发生法律效力的判决、裁定损害国家利益、社会公共利益、他人合法权益的,应当一并审理。

第四百零四条 再审审理期间,有下列情形之一的,可以裁定终结再审程序:

(一)再审申请人在再审期间撤回再审请求,人民法院准许的;

(二)再审申请人经传票传唤,无正当理由拒不到庭的,或者未经法庭许可中途退庭,按撤回再审请求处理的;

(三)人民检察院撤回抗诉的;

(四)有本解释第四百条第一项至第四项规定情形的。

因人民检察院提出抗诉裁定再审的案件,申请抗诉的当事人有前款规定的情形,且不损害国家利益、社会公共利益或者他人合法权益的,人民法院应当裁定终结再审程序。

再审程序终结后,人民法院裁定中止执行的原生效判决自动恢复执行。

第四百零五条 人民法院经再审审理认为,原判决、裁定认定事实清楚、适用法律正确的,应予维持;原判决、裁定认定事实、适用法律虽有瑕疵,但裁判结果正确的,应当在再审判决、裁定中纠正瑕疵后予以维持。

原判决、裁定认定事实、适用法律错误,导致裁判结果错误的,应当依法改判、撤销或者变更。

第四百零六条 按照第二审程序再审的案件,人民法院经审理认为不符合民事诉讼法规定的起诉条件或者符合民事诉讼法第一百二十七条规定不予受理情形的,应当裁定撤销一、二审判决,驳回起诉。

第四百零七条 人民法院对调解书裁定再审后,按照下列情形分别处理:

(一)当事人提出的调解违反自愿原则的事由不成立,且调解书的内容不违反法律强制性规定的,裁定驳回再审申请;

(二)人民检察院抗诉或者再审检察建议所主张的损害国家利益、社会公共利益的理由不成立的,裁定终结再审程序。

前款规定情形,人民法院裁定中止执行的调解书需要继续执行的,自动恢复执行。

第四百零八条 一审原告在再审审理程序中申请撤回起诉,经其他当事人同意,且不损害国家利益、社会公共利益、他人合法权益的,人民法院可以准许。裁定准许撤诉的,应当一并撤销原判决。

一审原告在再审审理程序中撤回起诉后重复起诉的,人民法院不予受理。

第四百零九条 当事人提交新的证据致使再审改判,因再审申请人或者申请检察监督当事人的过错未能在原审程序中及时举证,被申请人等当事人请求补偿其增加的交通、住宿、就餐、误工等必要费用的,人民法院应予支持。

第四百一十条 部分当事人到庭并达成调解协议,其他当事人未作出书面表示的,人民法院应当在判决中对该事实作出表述;调解协议内容不违反法律规定,且不损害其他当事人合法权益的,可以在判决主文中予以确认。

第四百一十一条 人民检察院依法对损害国家利益、社会公共利益的发生法律效力的判决、裁定、调解书提出抗诉,或者经人民检察院检察委员会讨论决定提出再审检察建议的,人民法院应予受理。

第四百一十二条 人民检察院对已经发生法律效力的判决以及不予受理、驳回起诉的裁定依法提出抗诉的,人民法院应予受理,但适用特别程序、督促程序、公示催告程序、破产程序以及解除婚姻关系的判决、裁定等不适用审判监督程序的判决、裁定除外。

第四百一十三条 人民检察院依民事诉讼法第二百一十六条第一款第三项规定对有明显错误的再审判决、裁定提出抗诉或者再审检察建议的,人民法院应予受理。

第四百一十四条 地方各级人民检察院依当事人的申请对生效判决、裁定向同级人民法院提出再审检察建议,符合下列条件的,应予受理:

(一)再审检察建议书和原审当事人申请书及相关证据材料已经提交;

(二)建议再审的对象为依照民事诉讼法和本解释规定可以进行再审的判决、裁定;

(三)再审检察建议书列明该判决、裁定有民事诉讼法第二百一十五条第二款规定情形;

(四)符合民事诉讼法第二百一十六条第一款第一项、第二项规定情形;

(五)再审检察建议经该人民检察院检察委员会讨论决定。

不符合前款规定的,人民法院可以建议人民检察院予以补正或者撤回;不予补正或者撤回的,应当函告人民检察院不予受理。

第四百一十五条 人民检察院依当事人的申请对生效判决、裁定提出抗诉,符合下列条件的,人民法院应当在三十日内裁定再审:

(一)抗诉书和原审当事人申请书及相关证据材料已经提交;

(二)抗诉对象为依照民事诉讼法和本解释规定可以进行再审的判决、裁定;

(三)抗诉书列明该判决、裁定有民事诉讼法第二百一十五条第一款规定情形;

(四)符合民事诉讼法第二百一十六条第一款第一项、第二项规定情形。

不符合前款规定的,人民法院可以建议人民检察院予以补正或者撤回;不予补正或者撤回的,人民法院可以裁定不予受理。

第四百一十六条 当事人的再审申请被上级人民法院裁定驳回后,人民检察院对原判决、裁定、调解书提出抗诉,抗诉事由符合民事诉讼法第二百零七条第一项至第五项规定情形之一的,受理抗诉的人民法院可以交由下一级人民法院再审。

第四百一十七条 人民法院收到再审检察建议后,应当组成合议庭,在三个月内进行审查,发现原判决、裁定、调解书确有错误,需要再审的,依照民事诉讼法第二百零五条规定裁定再审,并通知当事人;经审查,决定不予再审的,应当书面回复人民检察院。

第四百一十八条 人民法院审理因人民检察院抗诉或者检察建议裁定再审的案件,不受此前已经作出的驳回当事人再审申请裁定的影响。

第四百一十九条 人民法院开庭审理抗诉案件,应当在开庭三日前通知人民检察院、当事人和其他诉讼参与人。同级人民检察院或者提出抗诉的人民检察院应当派员出庭。

人民检察院因履行法律监督职责向当事人或者案外人调查核实的情况,应当向法庭提交并予以说明,由双方当事人进行质证。

第四百二十条 必须共同进行诉讼的当事人因不能归责于本人或者其诉讼代理人的事由未参加诉讼的,可以根据民事诉讼法第二百零七条第八项规定,自知道或者应当知道之日起六个月内申请再审,但符合本解释第四百二十一条规定情形的除外。

人民法院因前款规定的当事人申请而裁定再审,按照第一审程序再审的,应当追加其为当事人,作出新的判决、裁定;按照第二审程序再审,经调解不能达成协议的,应当撤销原判决、裁定,发回重审,重审时应追加其为当事人。

第四百二十一条 根据民事诉讼法第二百三十四条规定,案外人对驳回其执行异议的裁定不服,认为原判决、裁定、调解书内容错误损害其民事权益的,可以自执行异议裁定送达之日起六个月内,向作出原判决、裁定、调解书的人民法院申请再审。

第四百二十二条 根据民事诉讼法第二百三十四条规定,人民法院裁定再审后,案外人属于必要的共同诉讼当事人的,依照本解释第四百二十条第二款规定处理。

案外人不是必要的共同诉讼当事人的,人民法院仅审理原判决、裁定、调解书对其民事权益造成损害的内容。经审理,再审请求成立的,撤销或者改变原判决、裁定、调解书;再审请求不成立的,维持原判决、裁定、调解书。

第四百二十三条 本解释第三百三十八条规定适用于审判监督程序。

第四百二十四条 对小额诉讼案件的判决、裁定,当事人以民事诉讼法第二百零七条规定的事由向原审人民法院申请再审的,人民法院应当受理。申请再审事由成立的,应当裁定再审,组成合议庭进行审理。作出的再审判决、裁定,当事人不得上诉。

当事人以不应按小额诉讼案件审理为由向原审人民法院申请再审的,人民法院应当受理。理由成立的,应当裁定再审,组成合议庭审理。作出的再审判决、裁定,当事人可以上诉。

十九、督促程序

第四百二十五条 两个以上人民法院都有管辖权的,债权人可以向其中一个基层人民法院申请支付令。

债权人向两个以上有管辖权的基层人民法院申请支付令的,由最先立案的人民法院管辖。

第四百二十六条 人民法院收到债权人的支付令申请书后,认为申请书不符合要求的,可以通知债权人限期补正。人民法院应当自收到补正材料之日起五日内通知债权人是否受理。

第四百二十七条 债权人申请支付令,符合下列条件的,基层人民法院应当受理,并在收到支付令申请书后五日内通知债权人:

(一)请求给付金钱或者汇票、本票、支票、股票、债券、国库券、可转让的存款单等有价证券;

(二)请求给付的金钱或者有价证券已到期且数额确定,并写明了请求所根据的事实、证据;

(三)债权人没有对待给付义务;

（四）债务人在我国境内且未下落不明的；
（五）支付令能够送达债务人；
（六）收到申请书的人民法院有管辖权；
（七）债权人未向人民法院申请诉前保全。

不符合前款规定的，人民法院应当在收到支付令申请书后五日内通知债权人不予受理。

基层人民法院受理申请支付令案件，不受债权金额的限制。

第四百二十八条 人民法院受理申请后，由审判员一人进行审查。经审查，有下列情形之一的，裁定驳回申请：
（一）申请人不具备当事人资格的；
（二）给付金钱或者有价证券的证明文件没有约定逾期给付利息或者违约金、赔偿金，债权人坚持要求给付利息或者违约金、赔偿金的；
（三）要求给付的金钱或者有价证券属于违法所得的；
（四）要求给付的金钱或者有价证券尚未到期或者数额不确定的。

人民法院受理支付令申请后，发现不符合本解释规定的受理条件的，应当在受理之日起十五日内裁定驳回申请。

第四百二十九条 向债务人本人送达支付令，债务人拒绝接收的，人民法院可以留置送达。

第四百三十条 有下列情形之一的，人民法院应当裁定终结督促程序，已发出支付令的，支付令自行失效：
（一）人民法院受理支付令申请后，债权人就同一债权债务关系又提起诉讼的；
（二）人民法院发出支付令之日起三十日内无法送达债务人的；
（三）债务人收到支付令前，债权人撤回申请的。

第四百三十一条 债务人在收到支付令后，未在法定期间提出书面异议，而向其他人民法院起诉的，不影响支付令的效力。

债务人超过法定期间提出异议的，视为未提出异议。

第四百三十二条 债权人基于同一债权债务关系，在同一支付令申请中向债务人提出多项支付请求，债务人仅就其中一项或者几项请求提出异议的，不影响其他各项请求的效力。

第四百三十三条 债权人基于同一债权债务关系，就可分之债向多个债务人提出支付请求，多个债务人中的一人或几人提出异议的，不影响其他请求的效力。

第四百三十四条 对设有担保的债务的主债务人发出的支付令，对担保人没有拘束力。

债权人就担保关系单独提起诉讼的，支付令自人民法院受理案件之日起失效。

第四百三十五条 经形式审查，债务人提出的书面异议有下列情形之一的，应当认定异议成立，裁定终结督促程序，支付令自行失效：
（一）本解释规定的不予受理申请情形的；
（二）本解释规定的裁定驳回申请情形的；
（三）本解释规定的应当裁定终结督促程序情形的；
（四）人民法院对是否符合发出支付令条件产生合理怀疑的。

第四百三十六条 债务人对债务本身没有异议，只是提出缺乏清偿能力、延缓债务清偿期限、变更债务清偿方式等异议的，不影响支付令的效力。

人民法院经审查认为异议不成立的，裁定驳回。

债务人的口头异议无效。

第四百三十七条 人民法院作出终结督促程序或者驳回异议裁定前，债务人请求撤回异议的，应当裁定准许。

债务人对撤回异议反悔的，人民法院不予支持。

第四百三十八条 支付令失效后，申请支付令的一方当事人不同意提起诉讼的，应当自收到终结督促程序裁定之日起七日内向受理申请的人民法院提出。

申请支付令的一方当事人不同意提起诉讼的，不影响其向其他有管辖权的人民法院提起诉讼。

第四百三十九条 支付令失效后，申请支付令的一方当事人自收到终结督促程序裁定之日起七日内未向受理申请的人民法院表明不同意提起诉讼的，视为向受理申请的人民法院起诉。

债权人提出支付令申请的时间，即为向人民法院起诉的时间。

第四百四十条 债权人向人民法院申请执行支付令的期间，适用民事诉讼法第二百四十六条的规定。

第四百四十一条 人民法院院长发现本院已经发生法律效力的支付令确有错误，认为需要撤销的，应当提交本院审判委员会讨论决定后，裁定撤销支付令，驳回债权人的申请。

二十、公示催告程序

第四百四十二条 民事诉讼法第二百二十五条规定的票据持有人，是指票据被盗、遗失或者灭失前的最后持有人。

第四百四十三条 人民法院收到公示催告的申请后,应当立即审查,并决定是否受理。经审查认为符合受理条件的,通知予以受理,并同时通知支付人停止支付;认为不符合受理条件的,七日内裁定驳回申请。

第四百四十四条 因票据丧失,申请公示催告的,人民法院应结合票据存根、丧失票据的复印件、出票人关于签发票据的证明、申请人合法取得票据的证明、银行挂失止付通知书、报案证明等证据,决定是否受理。

第四百四十五条 人民法院依照民事诉讼法第二百二十六条规定发出的受理申请的公告,应当写明下列内容:

(一)公示催告申请人的姓名或者名称;

(二)票据的种类、号码、票面金额、出票人、背书人、持票人、付款期限等事项以及其他可以申请公示催告的权利凭证的种类、号码、权利范围、权利人、义务人、行权日期等事项;

(三)申报权利的期间;

(四)在公示催告期间转让票据等权利凭证,利害关系人不申报的法律后果。

第四百四十六条 公告应当在有关报纸或者其他媒体上刊登,并于同日公布于人民法院公告栏内。人民法院所在地有证券交易所的,还应当同日在该交易所公布。

第四百四十七条 公告期间不得少于六十日,且公示催告期间届满日不得早于票据付款日后十五日。

第四百四十八条 在申报期届满后、判决作出之前,利害关系人申报权利的,应当适用民事诉讼法第二百二十八条第二款、第三款规定处理。

第四百四十九条 利害关系人申报权利,人民法院应当通知其向法院出示票据,并通知公示催告申请人在指定的期间查看该票据。公示催告申请人申请公示催告的票据与利害关系人出示的票据不一致的,应当裁定驳回利害关系人的申报。

第四百五十条 在申报权利的期间无人申报权利,或者申报被驳回的,申请人应当自公示催告期间届满之日起一个月内申请作出判决。逾期不申请判决的,终结公示催告程序。

裁定终结公示催告程序的,应当通知申请人和支付人。

第四百五十一条 判决公告之日起,公示催告申请人有权依据判决向付款人请求付款。

付款人拒绝付款,申请人向人民法院起诉,符合民事诉讼法第一百二十二条规定的起诉条件的,人民法院应予受理。

第四百五十二条 适用公示催告程序审理案件,可由审判员一人独任审理;判决宣告票据无效的,应当组成合议庭审理。

第四百五十三条 公示催告申请人撤回申请,应在公示催告前提出;公示催告期间申请撤回的,人民法院可以径行裁定终结公示催告程序。

第四百五十四条 人民法院依照民事诉讼法第二百二十七条规定通知支付人停止支付,应当符合有关财产保全的规定。支付人收到停止支付通知后拒不止付的,除可依照民事诉讼法第一百一十四条、第一百一十七条规定采取强制措施外,在判决后,支付人仍应承担付款义务。

第四百五十五条 人民法院依照民事诉讼法第二百二十八条规定终结公示催告程序后,公示催告申请人或者申报人向人民法院提起诉讼,因票据权利纠纷提起的,由票据支付地或者被告住所地人民法院管辖;因非票据权利纠纷提起的,由被告住所地人民法院管辖。

第四百五十六条 依照民事诉讼法第二百二十八条规定制作的终结公示催告程序的裁定书,由审判员、书记员署名,加盖人民法院印章。

第四百五十七条 依照民事诉讼法第二百三十条的规定,利害关系人向人民法院起诉的,人民法院可按票据纠纷适用普通程序审理。

第四百五十八条 民事诉讼法第二百三十条规定的正当理由,包括:

(一)因发生意外事件或者不可抗力致使利害关系人无法知道公告事实的;

(二)利害关系人因被限制人身自由而无法知道公告事实,或者虽然知道公告事实,但无法自己或者委托他人代为申报权利的;

(三)不属于法定申请公示催告情形的;

(四)未予公告或者未按法定方式公告的;

(五)其他导致利害关系人在判决作出前未能向人民法院申报权利的客观事由。

第四百五十九条 根据民事诉讼法第二百三十条的规定,利害关系人请求人民法院撤销除权判决的,应当将申请人列为被告。

利害关系人仅诉请确认其为合法持票人的,人民法院应当在裁判文书中写明,确认利害关系人为票据权利人的判决作出后,除权判决即被撤销。

二十一、执行程序

第四百六十条 发生法律效力的实现担保物权裁定、确认调解协议裁定、支付令,由作出裁定、支付令的人民法院或者与其同级的被执行财产所在地的人民法院执行。

认定财产无主的判决,由作出判决的人民法院将无主财产收归国家或者集体所有。

第四百六十一条 当事人申请人民法院执行的生效法律文书应当具备下列条件:

(一)权利义务主体明确;

(二)给付内容明确。

法律文书确定继续履行合同的,应当明确继续履行的具体内容。

第四百六十二条 根据民事诉讼法第二百三十四条规定,案外人对执行标的提出异议的,应当在该执行标的执行程序终结前提出。

第四百六十三条 案外人对执行标的提出的异议,经审查,按照下列情形分别处理:

(一)案外人对执行标的不享有足以排除强制执行的权益,裁定驳回其异议;

(二)案外人对执行标的享有足以排除强制执行的权益,裁定中止执行。

驳回案外人执行异议裁定送达案外人之日起十五日内,人民法院不得对执行标的进行处分。

第四百六十四条 申请执行人与被执行人达成和解协议后请求中止执行或者撤回执行申请的,人民法院可以裁定中止执行或者终结执行。

第四百六十五条 一方当事人不履行或者不完全履行在执行中双方自愿达成的和解协议,对方当事人申请执行原生效法律文书的,人民法院应当恢复执行,但和解协议已履行的部分应当扣除。和解协议已经履行完毕的,人民法院不予恢复执行。

第四百六十六条 申请恢复执行原生效法律文书,适用民事诉讼法第二百四十六条申请执行期间的规定。申请执行期间因达成执行中的和解协议而中断,其期间自和解协议约定履行期限的最后一日起重新计算。

第四百六十七条 人民法院依照民事诉讼法第二百三十八条规定决定暂缓执行的,如果担保是有期限的,暂缓执行的期限应当与担保期限一致,但最长不得超过一年。被执行人或者担保人对担保的财产在暂缓执行期间有转移、隐藏、变卖、毁损等行为的,人民法院可以恢复强制执行。

第四百六十八条 根据民事诉讼法第二百三十八条规定向人民法院提供执行担保的,可以由被执行人或者他人提供财产担保,也可以由他人提供保证。担保人应当具有代为履行或者代为承担赔偿责任的能力。

他人提供执行保证的,应当向执行法院出具保证书,并将保证书副本送交申请执行人。被执行人或者他人提供财产担保的,应当参照民法典的有关规定办理相应手续。

第四百六十九条 被执行人在人民法院决定暂缓执行的期限届满后仍不履行义务的,人民法院可以直接执行担保财产,或者裁定执行担保人的财产,但执行担保人的财产以担保人应当履行义务部分的财产为限。

第四百七十条 依照民事诉讼法第二百三十九条规定,执行中作为被执行人的法人或者其他组织分立、合并的,人民法院可以裁定变更后的法人或者其他组织为被执行人;被注销的,如果依照有关实体法的规定有权利义务承受人的,可以裁定该权利义务承受人为被执行人。

第四百七十一条 其他组织在执行中不能履行法律文书确定的义务的,人民法院可以裁定执行对该其他组织依法承担义务的法人或者公民个人的财产。

第四百七十二条 在执行中,作为被执行人的法人或者其他组织名称变更的,人民法院可以裁定变更后的法人或者其他组织为被执行人。

第四百七十三条 作为被执行人的公民死亡,其遗产继承人没有放弃继承的,人民法院可以裁定变更被执行人,由该继承人在遗产的范围内偿还债务。继承人放弃继承的,人民法院可以直接执行被执行人的遗产。

第四百七十四条 法律规定由人民法院执行的其他法律文书执行完毕后,该法律文书被有关机关或者组织依法撤销的,经当事人申请,适用民事诉讼法第二百四十条规定。

第四百七十五条 仲裁机构裁决的事项,部分有民事诉讼法第二百四十四条第二款、第三款规定情形的,人民法院应当裁定对该部分不予执行。

应当不予执行部分与其他部分不可分的,人民法院应当裁定不予执行仲裁裁决。

第四百七十六条 依照民事诉讼法第二百四十四条第二款、第三款规定,人民法院裁定不予执行仲裁裁决后,当事人对该裁定提出执行异议或者复议的,人民法院不予受理。当事人可以就该民事纠纷重新达成书面仲裁协议申请仲裁,也可以向人民法院起诉。

第四百七十七条 在执行中,被执行人通过仲裁程序将人民法院查封、扣押、冻结的财产确权或者分割给案外人的,不影响人民法院执行程序的进行。

案外人不服的,可以根据民事诉讼法第二百三十四条规定提出异议。

第四百七十八条 有下列情形之一的,可以认定为民事诉讼法第二百四十五条第二款规定的公证债权文书确有错误:

(一)公证债权文书属于不得赋予强制执行效力的债权文书的;

(二)被执行人一方未亲自或者未委托代理人到场公证等严重违反法律规定的公证程序的;

(三)公证债权文书的内容与事实不符或者违反法律强制性规定的;

(四)公证债权文书未载明被执行人不履行义务或者不完全履行义务时同意接受强制执行的。

人民法院认定执行该公证债权文书违背社会公共利益的,裁定不予执行。

公证债权文书被裁定不予执行后,当事人、公证事项的利害关系人可以就债权争议提起诉讼。

第四百七十九条 当事人请求不予执行仲裁裁决或者公证债权文书的,应当在执行终结前向执行法院提出。

第四百八十条 人民法院应当在收到申请执行书或者移交执行书后十日内发出执行通知。

执行通知中除应责令被执行人履行法律文书确定的义务外,还应通知其承担民事诉讼法第二百六十条规定的迟延履行利息或者迟延履行金。

第四百八十一条 申请执行人超过申请执行时效期间向人民法院申请强制执行的,人民法院应予受理。被执行人对申请执行时效期间提出异议,人民法院经审查异议成立的,裁定不予执行。

被执行人履行全部或者部分义务后,又以不知道申请执行时效期间届满为由请求执行回转的,人民法院不予支持。

第四百八十二条 对必须接受调查询问的被执行人、被执行人的法定代表人、负责人或者实际控制人,经依法传唤无正当理由拒不到场的,人民法院可以拘传其到场。

人民法院应当及时对被拘传人进行调查询问,调查询问的时间不得超过八小时;情况复杂,依法可能采取拘留措施的,调查询问的时间不得超过二十四小时。

人民法院在本辖区以外采取拘传措施时,可以将被拘传人拘传到当地人民法院,当地人民法院应予协助。

第四百八十三条 人民法院有权查询被执行人的身份信息与财产信息,掌握相关信息的单位和个人必须按照协助执行通知书办理。

第四百八十四条 对被执行的财产,人民法院非经查封、扣押、冻结不得处分。对银行存款等各类可以直接划的财产,人民法院的扣划裁定同时具有冻结的法律效力。

第四百八十五条 人民法院冻结被执行人的银行存款的期限不得超过一年,查封、扣押动产的期限不得超过两年,查封不动产、冻结其他财产权的期限不得超过三年。

申请执行人申请延长期限的,人民法院应当在查封、扣押、冻结期限届满前办理续行查封、扣押、冻结手续,续行期限不得超过前款规定的期限。

人民法院也可以依职权办理续行查封、扣押、冻结手续。

第四百八十六条 依照民事诉讼法第二百五十四条规定,人民法院在执行中需要拍卖被执行人财产的,可以由人民法院自行组织拍卖,也可以交由具备相应资质的拍卖机构拍卖。

交拍卖机构拍卖的,人民法院应当对拍卖活动进行监督。

第四百八十七条 拍卖评估需要对现场进行检查、勘验的,人民法院应当责令被执行人、协助义务人予以配合。被执行人、协助义务人不予配合的,人民法院可以强制进行。

第四百八十八条 人民法院在执行中需要变卖被执行人财产的,可以交有关单位变卖,也可以由人民法院直接变卖。

对变卖的财产,人民法院或者其工作人员不得买受。

第四百八十九条 经申请执行人和被执行人同意,且不损害其他债权人合法权益和社会公共利益的,人民法院可以不经拍卖、变卖,直接将被执行人的财产作价交申请执行人抵偿债务。对剩余债务,被执行人应当继续清偿。

第四百九十条 被执行人的财产无法拍卖或者变卖的,经申请执行人同意,且不损害其他债权人合法权益和社会公共利益的,人民法院可以将该项财产作价后交付申请执行人抵偿债务,或者交付申请执行人管理;申请执行人拒绝接收或者管理的,退回被执行人。

第四百九十一条 拍卖成交或者依法定程序裁定以物抵债的,标的物所有权自拍卖成交裁定或者抵债裁定送达买受人或者接受抵债物的债权人时转移。

第四百九十二条 执行标的物为特定物的,应当执行原物。原物确已毁损或者灭失的,经双方当事人同意,可以折价赔偿。

双方当事人对折价赔偿不能协商一致的,人民法院应当终结执行程序。申请执行人可以另行起诉。

第四百九十三条 他人持有法律文书指定交付的财物或者票证,人民法院依照民事诉讼法第二百五十六条第二款、第三款规定发出协助执行通知后,拒不转交的,可以强制执行,并可依照民事诉讼法第一百一十七条、第一百一十八条规定处理。

他人持有期间财物或者票证毁损、灭失的,参照本解释第四百九十二条规定处理。

他人主张合法持有财物或者票证的,可以根据民事诉讼法第二百三十四条规定提出执行异议。

第四百九十四条 在执行中,被执行人隐匿财产、会计账簿等资料的,人民法院除可依照民事诉讼法第一百一十四条第一款第六项规定对其处理外,还应责令被执行人交出隐匿的财产、会计账簿等资料。被执行人拒不交出的,人民法院可以采取搜查措施。

第四百九十五条 搜查人员应当按规定着装并出示搜查令和工作证件。

第四百九十六条 人民法院搜查时禁止无关人员进入搜查现场;搜查对象是公民的,应当通知被执行人或者他的成年家属以及基层组织派员到场;搜查对象是法人或者其他组织的,应当通知法定代表人或者主要负责人到场。拒不到场的,不影响搜查。

搜查妇女身体,应当由女执行人员进行。

第四百九十七条 搜查中发现应当依法采取查封、扣押措施的财产,依照民事诉讼法第二百五十二条第二款和第二百五十四条规定办理。

第四百九十八条 搜查应当制作搜查笔录,由搜查人员、被搜查人及其他在场人签名、捺印或者盖章。拒绝签名、捺印或者盖章的,应当记入搜查笔录。

第四百九十九条 人民法院执行被执行人对他人的到期债权,可以作出冻结债权的裁定,并通知该他人向申请执行人履行。

该他人对到期债权有异议,申请执行人请求对异议部分强制执行的,人民法院不予支持。利害关系人对到期债权有异议的,人民法院应当按照民事诉讼法第二百三十四条规定处理。

对生效法律文书确定的到期债权,该他人予以否认的,人民法院不予支持。

第五百条 人民法院在执行中需要办理房产证、土地证、林权证、专利证书、商标证书、车船执照等有关财产权证照转移手续的,可以依照民事诉讼法第二百五十八条规定办理。

第五百零一条 被执行人不履行生效法律文书确定的行为义务,该义务可由他人完成的,人民法院可以选定代履行人;法律、行政法规对履行该行为义务有资格限制的,应当从有资格的人中选定。必要时,可以通过招标的方式确定代履行人。

申请执行人可以在符合条件的人中推荐代履行人,也可以申请自己代为履行,是否准许,由人民法院决定。

第五百零二条 代履行费用的数额由人民法院根据案件具体情况确定,并由被执行人在指定期限内预先支付。被执行人未预付的,人民法院可以对该费用强制执行。

代履行结束后,被执行人可以查阅、复制费用清单以及主要凭证。

第五百零三条 被执行人不履行法律文书指定的行为,且该项行为只能由被执行人完成的,人民法院可以依照民事诉讼法第一百一十四条第一款第六项规定处理。

被执行人在人民法院确定的履行期间内仍不履行的,人民法院可以依照民事诉讼法第一百一十四条第一款第六项规定再次处理。

第五百零四条 被执行人迟延履行的,迟延履行期间的利息或者迟延履行金自判决、裁定和其他法律文书指定的履行期间届满之日起计算。

第五百零五条 被执行人未按判决、裁定和其他法律文书指定的期间履行非金钱给付义务的,无论是否已给申请执行人造成损失,都应当支付迟延履行金。已经造成损失的,双倍补偿申请执行人已经受到的损失;没有造成损失的,迟延履行金可以由人民法院根据具体案件情况决定。

第五百零六条 被执行人为公民或者其他组织,在执行程序开始后,被执行人的其他已经取得执行依据的债权人发现被执行人的财产不能清偿所有债权的,可以向人民法院申请参与分配。

对人民法院查封、扣押、冻结的财产有优先权、担保物权的债权人,可以直接申请参与分配,主张优先受偿权。

第五百零七条 申请参与分配,申请人应当提交申请书。申请书应当写明参与分配和被执行人不能清偿所有债权的事实、理由,并附有执行依据。

参与分配申请应当在执行程序开始后,被执行人的财产执行终结前提出。

第五百零八条 参与分配执行中,执行所得价款扣除执行费用,并清偿应当优先受偿的债权后,对于普通债权,原则上按照其占全部申请参与分配债权数额的比例受偿。清偿后的剩余债务,被执行人应当继续清偿。债权人发现被执行人有其他财产的,可以随时请求人民法院执行。

第五百零九条 多个债权人对执行财产申请参与分配的,执行法院应当制作财产分配方案,并送达各债权人和被执行人。债权人或者被执行人对分配方案有异议的,应当自收到分配方案之日起十五日内向执行法院提出书面异议。

第五百一十条 债权人或者被执行人对分配方案提出书面异议的,执行法院应当通知未提出异议的债权人、被执行人。

未提出异议的债权人、被执行人自收到通知之日起十五日内未提出反对意见的,执行法院依异议人的意见对分配方案审查修正后进行分配;提出反对意见的,应当通知异议人。异议人可以自收到通知之日起十五日内,以提出反对意见的债权人、被执行人为被告,向执行法院提起诉讼;异议人逾期未提起诉讼的,执行法院按照原分配方案进行分配。

诉讼期间进行分配的,执行法院应当提存与争议债权数额相应的款项。

第五百一十一条 在执行中,作为被执行人的企业法人符合企业破产法第二条第一款规定情形的,执行法院经申请执行人之一或者被执行人同意,应当裁定中止对该被执行人的执行,将执行案件相关材料移送被执行人住所地人民法院。

第五百一十二条 被执行人住所地人民法院应当自收到执行案件相关材料之日起三十日内,将是否受理破产案件的裁定告知执行法院。不予受理的,应当将相关案件材料退回执行法院。

第五百一十三条 被执行人住所地人民法院裁定受理破产案件的,执行法院应当解除对被执行人财产的保全措施。被执行人住所地人民法院裁定宣告被执行人破产的,执行法院应当裁定终结对该被执行人的执行。

被执行人住所地人民法院不受理破产案件的,执行法院应当恢复执行。

第五百一十四条 当事人不同意移送破产或者被执行人住所地人民法院不受理破产案件的,执行法院就执行变价所得财产,在扣除执行费用及清偿优先受偿的债权后,对于普通债权,按照财产保全和执行中查封、扣押、冻结财产的先后顺序清偿。

第五百一十五条 债权人根据民事诉讼法第二百六十一条规定请求人民法院继续执行的,不受民事诉讼法第二百四十六条规定申请执行时效期间的限制。

第五百一十六条 被执行人不履行法律文书确定的义务的,人民法院除对被执行人予以处罚外,还可以根据情节将其纳入失信被执行人名单,将被执行人不履行或者不完全履行义务的信息向其所在单位、征信机构以及其他相关机构通报。

第五百一十七条 经过财产调查未发现可供执行的财产,在申请执行人签字确认或者执行法院组成合议庭审查核实并经院长批准后,可以裁定终结本次执行程序。

依照前款规定终结执行后,申请执行人发现被执行人有可供执行财产的,可以再次申请执行。再次申请不受申请执行时效期间的限制。

第五百一十八条 因撤销申请而终结执行后,当事人在民事诉讼法第二百四十六条规定的申请执行时效期间内再次申请执行的,人民法院应当受理。

第五百一十九条 在执行终结六个月内,被执行人或者其他人对已执行的标的有妨害行为的,人民法院可以依申请排除妨害,并可以依照民事诉讼法第一百一十四条规定进行处罚。因妨害行为给执行债权人或者其他人造成损失的,受害人可以另行起诉。

二十二、涉外民事诉讼程序的特别规定

第五百二十条 有下列情形之一,人民法院可以认定为涉外民事案件:

(一)当事人一方或者双方是外国人、无国籍人、外国企业或者组织的;

(二)当事人一方或者双方的经常居所地在中华人民共和国领域外的;

(三)标的物在中华人民共和国领域外的;

(四)产生、变更或者消灭民事关系的法律事实发生在中华人民共和国领域外的;

(五)可以认定为涉外民事案件的其他情形。

第五百二十一条 外国人参加诉讼,应当向人民法院提交护照等用以证明自己身份的证件。

外国企业或者组织参加诉讼,向人民法院提交的身份证明文件,应当经所在国公证机关公证,并经中华人民共和国驻该国使领馆认证,或者履行中华人民共和国与该所在国订立的有关条约中规定的证明手续。

代表外国企业或者组织参加诉讼的人,应当向人民法院提交其有权作为代表人参加诉讼的证明,该证明应当经所在国公证机关公证,并经中华人民共和国驻该国使领馆认证,或者履行中华人民共和国与该所在国订立的有关条约中规定的证明手续。

本条所称的"所在国",是指外国企业或者组织的设立登记地国,也可以是办理了营业登记手续的第三国。

第五百二十二条 依照民事诉讼法第二百七十一条以及本解释第五百二十一条规定,需要办理公证、认证手续,而外国当事人所在国与中华人民共和国没有建立外交关系的,可以经该国公证机关公证,经与中华人民共和国有外交关系的第三国驻该国使领馆认证,再转由中华人民共和国驻该第三国使领馆认证。

第五百二十三条 外国人、外国企业或者组织的代表人在人民法院法官的见证下签署授权委托书,委托代理人进行民事诉讼的,人民法院应予认可。

第五百二十四条 外国人、外国企业或者组织的代表人在中华人民共和国境内签署授权委托书,委托代理人进行民事诉讼,经中华人民共和国公证机构公证的,人民法院应予认可。

第五百二十五条 当事人向人民法院提交的书面材料是外文的,应当同时向人民法院提交中文翻译件。

当事人对中文翻译件有异议的,应当共同委托翻译机构提供翻译文本;当事人对翻译机构的选择不能达成一致的,由人民法院确定。

第五百二十六条 涉外民事诉讼中的外籍当事人,可以委托本国人为诉讼代理人,也可以委托本国律师以非律师身份担任诉讼代理人;外国驻华使领馆官员,受本国公民的委托,可以以个人名义担任诉讼代理人,但在诉讼中不享有外交或者领事特权和豁免。

第五百二十七条 涉外民事诉讼中,外国驻华使领馆授权其本馆官员,在作为当事人的本国国民不在中华人民共和国领域内的情况下,可以以外交代表身份为其本国国民在中华人民共和国聘请中华人民共和国律师或者中华人民共和国公民代理民事诉讼。

第五百二十八条 涉外民事诉讼中,经调解双方达成协议,应当制发调解书。当事人要求发给判决书的,可以依协议的内容制作判决书送达当事人。

第五百二十九条 涉外合同或者其他财产权益纠纷的当事人,可以书面协议选择被告住所地、合同履行地、合同签订地、原告住所地、标的物所在地、侵权行为地等与争议有实际联系地点的外国法院管辖。

根据民事诉讼法第三十四条和第二百七十三条规定,属于中华人民共和国法院专属管辖的案件,当事人不得协议选择外国法院管辖,但协议选择仲裁的除外。

第五百三十条 涉外民事案件同时符合下列情形的,人民法院可以裁定驳回原告的起诉,告知其向更方便的外国法院提起诉讼:

(一)被告提出案件应由更方便外国法院管辖的请求,或者提出管辖异议;

(二)当事人之间不存在选择中华人民共和国法院管辖的协议;

(三)案件不属于中华人民共和国法院专属管辖;

(四)案件不涉及中华人民共和国国家、公民、法人或者其他组织的利益;

(五)案件争议的主要事实不是发生在中华人民共和国境内,且案件不适用中华人民共和国法律,人民法院审理案件在认定事实和适用法律方面存在重大困难;

(六)外国法院对案件享有管辖权,且审理该案件更加方便。

第五百三十一条 中华人民共和国法院和外国法院都有管辖权的案件,一方当事人向外国法院起诉,而另一方当事人向中华人民共和国法院起诉的,人民法院可予受理。判决后,外国法院申请或者当事人请求人民法院承认和执行外国法院对本案作出的判决、裁定的,不予准许;但双方共同缔结或者参加的国际条约另有规定的除外。

外国法院判决、裁定已经被人民法院承认,当事人就同一争议向人民法院起诉的,人民法院不予受理。

第五百三十二条 对在中华人民共和国领域内没有住所的当事人,经用公告方式送达诉讼文书,公告期满不应诉,人民法院缺席判决后,仍应当将裁判文书依照民事诉讼法第二百七十四条第八项规定公告送达。自公告送达裁判文书满三个月之日起,经过三十日的上诉期当事人没有上诉的,一审判决即发生法律效力。

第五百三十三条 外国人或者外国企业、组织的代表人、主要负责人在中华人民共和国领域内的,人民法院可以向该自然人或者外国企业、组织的代表人、主要负责人送达。

外国企业、组织的主要负责人包括该企业、组织的董事、监事、高级管理人员等。

第五百三十四条 受送达人所在国允许邮寄送达的,人民法院可以邮寄送达。

邮寄送达时应当附有送达回证。受送达人未在送达回证上签收但在邮件回执上签收的,视为送达,签收日期为送达日期。

自邮寄之日起满三个月,如果未收到送达的证明文件,且根据各种情况不足以认定已经送达的,视为不能用邮寄方式送达。

第五百三十五条 人民法院一审时采取公告方式向当事人送达诉讼文书的,二审时可径行采取公告方式向其送达诉讼文书,但人民法院能够采取公告方式之外的其他方式送达的除外。

第五百三十六条 不服第一审人民法院判决、裁定的上诉期,对在中华人民共和国领域内有住所的当事人,适用民事诉讼法第一百七十一条规定的期限;对在中华人民共和国领域内没有住所的当事人,适用民事诉讼法第二百七十六条规定的期限。当事人的上诉期均已届满没有上诉的,第一审人民法院的判决、裁定即发生法律效力。

第五百三十七条 人民法院对涉外民事案件的当事人申请再审进行审查的期间,不受民事诉讼法第二百一十一条规定的限制。

第五百三十八条 申请人向人民法院申请执行中华人民共和国涉外仲裁机构的裁决,应当提出书面申请,并附裁决书正本。如申请人为外国当事人,其申请书应当用中文文本提出。

第五百三十九条 人民法院强制执行涉外仲裁机构的仲裁裁决时,被执行人以有民事诉讼法第二百八十一条第一款规定的情形为由提出抗辩的,人民法院应当对被执行人的抗辩进行审查,并根据审查结果裁定执行或者不予执行。

第五百四十条 依照民事诉讼法第二百七十九条规定,中华人民共和国涉外仲裁机构将当事人的保全申请提交人民法院裁定的,人民法院可以进行审查,裁定是否进行保全。裁定保全的,应当责令申请人提供担保,申请人不提供担保的,裁定驳回申请。

当事人申请证据保全,人民法院经审查认为无需提供担保的,申请人可以不提供担保。

第五百四十一条 申请人向人民法院申请承认和执行外国法院作出的发生法律效力的判决、裁定,应当提交申请书,并附外国法院作出的发生法律效力的判决、裁定正本或者经证明无误的副本以及中文译本。外国法院判决、裁定为缺席判决、裁定的,申请人应当同时提交该外国法院已经合法传唤的证明文件,但判决、裁定已经对此予以明确说明的除外。

中华人民共和国缔结或者参加的国际条约对提交文件有规定的,按照规定办理。

第五百四十二条 当事人向中华人民共和国有管辖权的中级人民法院申请承认和执行外国法院作出的发生法律效力的判决、裁定的,如果该法院所在国与中华人民共和国没有缔结或者共同参加国际条约,也没有互惠关系的,裁定驳回申请,但当事人向人民法院申请承认外国法院作出的发生法律效力的离婚判决的除外。

承认和执行申请被裁定驳回的,当事人可以向人民法院起诉。

第五百四十三条 对临时仲裁庭在中华人民共和国领域外作出的仲裁裁决,一方当事人向人民法院申请承认和执行的,人民法院应当依照民事诉讼法第二百九十条规定处理。

第五百四十四条 对外国法院作出的发生法律效力的判决、裁定或者外国仲裁裁决,需要中华人民共和国法院执行的,当事人应当先向人民法院申请承认。人民法院经审查,裁定承认后,再根据民事诉讼法第三编的规定予以执行。

当事人仅申请承认而未同时申请执行的,人民法院仅对应否承认进行审查并作出裁定。

第五百四十五条 当事人申请承认和执行外国法院作出的发生法律效力的判决、裁定或者外国仲裁裁决的期间,适用民事诉讼法第二百四十六条的规定。

当事人仅申请承认而未同时申请执行的,申请执行的期间自人民法院对承认申请作出的裁定生效之日起重新计算。

第五百四十六条 承认和执行外国法院作出的发生法律效力的判决、裁定或者外国仲裁裁决的案件,人民法院应当组成合议庭进行审查。

人民法院应当将申请书送达被申请人。被申请人可以陈述意见。

人民法院经审查作出的裁定,一经送达即发生法律效力。

第五百四十七条 与中华人民共和国没有司法协助条约又无互惠关系的国家的法院,未通过外交途径,直接请求人民法院提供司法协助的,人民法院应予退回,并说明理由。

第五百四十八条 当事人在中华人民共和国领域外使用中华人民共和国法院的判决书、裁定书,要求中华人民共和国法院证明其法律效力的,或者外国法院要求中华人民共和国法院证明判决书、裁定书的法律效力的,作出判决、裁定的中华人民共和国法院,可以本法院的名义出具证明。

第五百四十九条 人民法院审理涉及香港、澳门特别行政区和台湾地区的民事诉讼案件，可以参照适用涉外民事诉讼程序的特别规定。

二十三、附　则

第五百五十条 本解释公布施行后，最高人民法院于1992年7月14日发布的《关于适用〈中华人民共和国民事诉讼法〉若干问题的意见》同时废止；最高人民法院以前发布的司法解释与本解释不一致的，不再适用。

最高人民法院关于民事诉讼证据的若干规定

- 2001年12月6日最高人民法院审判委员会第1201次会议通过
- 根据2019年10月14日最高人民法院审判委员会第1777次会议《关于修改〈关于民事诉讼证据的若干规定〉的决定》修正
- 2019年12月25日最高人民法院公告公布
- 自2020年5月1日起施行
- 法释〔2019〕19号

为保证人民法院正确认定案件事实，公正、及时审理民事案件，保障和便利当事人依法行使诉讼权利，根据《中华人民共和国民事诉讼法》（以下简称民事诉讼法）等有关法律的规定，结合民事审判经验和实际情况，制定本规定。

一、当事人举证

第一条 原告向人民法院起诉或者被告提出反诉，应当提供符合起诉条件的相应的证据。

第二条 人民法院应当向当事人说明举证的要求及法律后果，促使当事人在合理期限内积极、全面、正确、诚实地完成举证。

当事人因客观原因不能自行收集的证据，可申请人民法院调查收集。

第三条 在诉讼过程中，一方当事人陈述的于己不利的事实，或者对于己不利的事实明确表示承认的，另一方当事人无需举证证明。

在证据交换、询问、调查过程中，或者在起诉状、答辩状、代理词等书面材料中，当事人明确承认于己不利的事实的，适用前款规定。

第四条 一方当事人对于另一方当事人主张的于己不利的事实既不承认也不否认，经审判人员说明并询问后，其仍然不明确表示肯定或者否定的，视为对该事实的承认。

第五条 当事人委托诉讼代理人参加诉讼的，除授权委托书明确排除的事项外，诉讼代理人的自认视为当事人的自认。

当事人在场对诉讼代理人的自认明确否认的，不视为自认。

第六条 普通共同诉讼中，共同诉讼人中一人或者数人作出的自认，对作出自认的当事人发生效力。

必要共同诉讼中，共同诉讼人中一人或者数人作出自认而其他共同诉讼人予以否认的，不发生自认的效力。其他共同诉讼人既不承认也不否认，经审判人员说明并询问后仍然不明确表示意见的，视为全体共同诉讼人的自认。

第七条 一方当事人对于另一方当事人主张的于己不利的事实有所限制或者附加条件予以承认的，由人民法院综合案件情况决定是否构成自认。

第八条 《最高人民法院关于适用〈中华人民共和国民事诉讼法〉的解释》第九十六条第一款规定的事实，不适用有关自认的规定。

自认的事实与已经查明的事实不符的，人民法院不予确认。

第九条 有下列情形之一，当事人在法庭辩论终结前撤销自认的，人民法院应当准许：

（一）经对方当事人同意的；

（二）自认是在受胁迫或者重大误解情况下作出的。

人民法院准许当事人撤销自认的，应当作出口头或者书面裁定。

第十条 下列事实，当事人无须举证证明：

（一）自然规律以及定理、定律；

（二）众所周知的事实；

（三）根据法律规定推定的事实；

（四）根据已知的事实和日常生活经验法则推定出的另一事实；

（五）已为仲裁机构的生效裁决所确认的事实；

（六）已为人民法院发生法律效力的裁判所确认的基本事实；

（七）已为有效公证文书所证明的事实。

前款第二项至第五项事实，当事人有相反证据足以反驳的除外；第六项、第七项事实，当事人有相反证据足以推翻的除外。

第十一条 当事人向人民法院提供证据，应当提供原件或者原物。如需自己保存证据原件、原物或者提供原件、原物确有困难的，可以提供经人民法院核对无异的复制件或者复制品。

第十二条　以动产作为证据的，应当将原物提交人民法院。原物不宜搬移或者不宜保存的，当事人可以提供复制品、影像资料或者其他替代品。

人民法院在收到当事人提交的动产或者替代品后，应当及时通知双方当事人到人民法院或保存现场查验。

第十三条　当事人以不动产作为证据的，应当向人民法院提供该不动产的影像资料。

人民法院认为有必要的，应当通知双方当事人到场进行查验。

第十四条　电子数据包括下列信息、电子文件：

（一）网页、博客、微博客等网络平台发布的信息；

（二）手机短信、电子邮件、即时通信、通讯群组等网络应用服务的通信信息；

（三）用户注册信息、身份认证信息、电子交易记录、通信记录、登录日志等信息；

（四）文档、图片、音频、视频、数字证书、计算机程序等电子文件；

（五）其他以数字化形式存储、处理、传输的能够证明案件事实的信息。

第十五条　当事人以视听资料作为证据的，应当提供存储该视听资料的原始载体。

当事人以电子数据作为证据的，应当提供原件。电子数据的制作者制作的与原件一致的副本，或者直接来源于电子数据的打印件或其他可以显示、识别的输出介质，视为电子数据的原件。

第十六条　当事人提供的公文书证系在中华人民共和国领域外形成的，该证据应当经所在国公证机关证明，或者履行中华人民共和国与该所在国订立的有关条约中规定的证明手续。

中华人民共和国领域外形成的涉及身份关系的证据，应当经所在国公证机关证明并经中华人民共和国驻该国使领馆认证，或者履行中华人民共和国与该所在国订立的有关条约中规定的证明手续。

当事人向人民法院提供的证据是在香港、澳门、台湾地区形成的，应当履行相关的证明手续。

第十七条　当事人向人民法院提供外文书证或者外文说明资料，应当附有中文译本。

第十八条　双方当事人无争议的事实符合《最高人民法院关于适用〈中华人民共和国民事诉讼法〉的解释》第九十六条第一款规定情形的，人民法院可以责令当事人提供有关证据。

第十九条　当事人应当对其提交的证据材料逐一分类编号，对证据材料的来源、证明对象和内容作简要说明，签名盖章，注明提交日期，并依照对方当事人人数提出副本。

人民法院收到当事人提交的证据材料，应当出具收据，注明证据的名称、份数和页数以及收到的时间，由经办人员签名或者盖章。

二、证据的调查收集和保全

第二十条　当事人及其诉讼代理人申请人民法院调查收集证据，应当在举证期限届满前提交书面申请。

申请书应当载明被调查人的姓名或者单位名称、住所地等基本情况、所要调查收集的证据名称或者内容、需要由人民法院调查收集证据的原因及其要证明的事实以及明确的线索。

第二十一条　人民法院调查收集的书证，可以是原件，也可以是经核对无误的副本或者复制件。是副本或者复制件的，应当在调查笔录中说明来源和取证情况。

第二十二条　人民法院调查收集的物证应当是原物。被调查人提供原物确有困难的，可以提供复制品或者影像资料。提供复制品或影像资料的，应当在调查笔录中说明取证情况。

第二十三条　人民法院调查收集视听资料、电子数据，应当要求被调查人提供原始载体。

提供原始载体确有困难的，可以提供复制件。提供复制件的，人民法院应当在调查笔录中说明其来源和制作经过。

人民法院对视听资料、电子数据采取证据保全措施的，适用前款规定。

第二十四条　人民法院调查收集可能需要鉴定的证据，应当遵守相关技术规范，确保证据不被污染。

第二十五条　当事人或者利害关系人根据民事诉讼法第八十一条的规定申请证据保全的，申请书应当载明需要保全的证据的基本情况、申请保全的理由以及采取何种保全措施等内容。

当事人根据民事诉讼法第八十一条第一款的规定申请证据保全的，应当在举证期限届满前向人民法院提出。

法律、司法解释对诉前证据保全有规定的，依照其规定办理。

第二十六条　当事人或者利害关系人申请采取查封、扣押等限制保全标的物使用、流通等保全措施，或者保全可能对证据持有人造成损失的，人民法院应当责令申请人提供相应的担保。

担保方式或者数额由人民法院根据保全措施对证据持有人的影响、保全标的物的价值、当事人或者利害关系人争议的诉讼标的金额等因素综合确定。

第二十七条 人民法院进行证据保全，可以要求当事人或者诉讼代理人到场。

根据当事人的申请和具体情况，人民法院可以采取查封、扣押、录音、录像、复制、鉴定、勘验等方法进行证据保全，并制作笔录。

在符合证据保全目的的情况下，人民法院应当选择对证据持有人利益影响最小的保全措施。

第二十八条 申请证据保全错误造成财产损失，当事人请求申请人承担赔偿责任的，人民法院应予支持。

第二十九条 人民法院采取诉前证据保全措施后，当事人向其他有管辖权的人民法院提起诉讼的，采取保全措施的人民法院应当根据当事人的申请，将保全的证据及时移交受理案件的人民法院。

第三十条 人民法院在审理案件过程中认为待证事实需要通过鉴定意见证明的，应当向当事人释明，并指定提出鉴定申请的期间。

符合《最高人民法院关于适用〈中华人民共和国民事诉讼法〉的解释》第九十六条第一款规定情形的，人民法院应当依职权委托鉴定。

第三十一条 当事人申请鉴定，应当在人民法院指定期间内提出，并预交鉴定费用。逾期不提出申请或者不预交鉴定费用的，视为放弃申请。

对需要鉴定的待证事实负有举证责任的当事人，在人民法院指定期间内无正当理由不提出鉴定申请或者不预交鉴定费用，或者拒不提供相关材料，致使待证事实无法查明的，应当承担举证不能的法律后果。

第三十二条 人民法院准许鉴定申请的，应当组织双方当事人协商确定具备相应资格的鉴定人。当事人协商不成的，由人民法院指定。

人民法院依职权委托鉴定的，可以在询问当事人的意见后，指定具备相应资格的鉴定人。

人民法院在确定鉴定人后应当出具委托书，委托书中应当载明鉴定事项、鉴定范围、鉴定目的和鉴定期限。

第三十三条 鉴定开始之前，人民法院应当要求鉴定人签署承诺书。承诺书中应当载明鉴定人保证客观、公正、诚实地进行鉴定，保证出庭作证，如作虚假鉴定应当承担法律责任等内容。

鉴定人故意作虚假鉴定的，人民法院应当责令其退还鉴定费用，并根据情节，依照民事诉讼法第一百一十一条的规定进行处罚。

第三十四条 人民法院应当组织当事人对鉴定材料进行质证。未经质证的材料，不得作为鉴定的根据。

经人民法院准许，鉴定人可以调取证据、勘验物证和现场、询问当事人或者证人。

第三十五条 鉴定人应当在人民法院确定的期限内完成鉴定，并提交鉴定书。

鉴定人无正当理由未按期提交鉴定书的，当事人可以申请人民法院另行委托鉴定人进行鉴定。人民法院准许的，原鉴定人已经收取的鉴定费用应当退还；拒不退还的，依照本规定第八十一条第二款的规定处理。

第三十六条 人民法院对鉴定人出具的鉴定书，应当审查是否具有下列内容：

（一）委托法院的名称；

（二）委托鉴定的内容、要求；

（三）鉴定材料；

（四）鉴定所依据的原理、方法；

（五）对鉴定过程的说明；

（六）鉴定意见；

（七）承诺书。

鉴定书应当由鉴定人签名或者盖章，并附鉴定人的相应资格证明。委托机构鉴定的，鉴定书应当由鉴定机构盖章，并由从事鉴定的人员签名。

第三十七条 人民法院收到鉴定书后，应当及时将副本送交当事人。

当事人对鉴定书的内容有异议的，应当在人民法院指定期间内以书面方式提出。

对于当事人的异议，人民法院应当要求鉴定人作出解释、说明或者补充。人民法院认为有必要的，可以要求鉴定人对当事人未提出异议的内容进行解释、说明或者补充。

第三十八条 当事人在收到鉴定人的书面答复后仍有异议的，人民法院应当根据《诉讼费用交纳办法》第十一条的规定，通知有异议的当事人预交鉴定人出庭费用，并通知鉴定人出庭。有异议的当事人不预交鉴定人出庭费用的，视为放弃异议。

双方当事人对鉴定意见均有异议的，分摊预交鉴定人出庭费用。

第三十九条 鉴定人出庭费用按照证人出庭作证费用的标准计算，由败诉的当事人负担。因鉴定意见不明确或者有瑕疵需要鉴定人出庭的，出庭费用由其自行负担。

人民法院委托鉴定时已经确定鉴定人出庭费用包含在鉴定费用中的，不再通知当事人预交。

第四十条　当事人申请重新鉴定，存在下列情形之一的，人民法院应当准许：

（一）鉴定人不具备相应资格的；

（二）鉴定程序严重违法的；

（三）鉴定意见明显依据不足的；

（四）鉴定意见不能作为证据使用的其他情形。

存在前款第一项至第三项情形的，鉴定人已经收取的鉴定费用应当退还。拒不退还的，依照本规定第八十一条第二款的规定处理。

对鉴定意见的瑕疵，可以通过补正、补充鉴定或者补充质证、重新质证等方法解决的，人民法院不予准许重新鉴定的申请。

重新鉴定的，原鉴定意见不得作为认定案件事实的根据。

第四十一条　对于一方当事人就专门性问题自行委托有关机构或者人员出具的意见，另一方当事人有证据或者理由足以反驳并申请鉴定的，人民法院应予准许。

第四十二条　鉴定意见被采信后，鉴定人无正当理由撤销鉴定意见的，人民法院应当责令其退还鉴定费用，并可以根据情节，依照民事诉讼法第一百一十一条的规定对鉴定人进行处罚。当事人主张鉴定人负担由此增加的合理费用的，人民法院应予支持。

人民法院采信鉴定意见后准许鉴定人撤销的，应当责令其退还鉴定费用。

第四十三条　人民法院应当在勘验前将勘验的时间和地点通知当事人。当事人不参加的，不影响勘验进行。

当事人可以就勘验事项向人民法院进行解释和说明，可以请求人民法院注意勘验中的重要事项。

人民法院勘验物证或者现场，应当制作笔录，记录勘验的时间、地点、勘验人、在场人、勘验的经过、结果，由勘验人、在场人签名或者盖章。对于绘制的现场图应当注明绘制的时间、方位、测绘人姓名、身份等内容。

第四十四条　摘录有关单位制作的与案件事实相关的文件、材料，应当注明出处，并加盖制作单位或者保管单位的印章，摘录人和其他调查人员应当在摘录件上签名或者盖章。

摘录文件、材料应保持内容相应的完整性。

第四十五条　当事人根据《最高人民法院关于适用〈中华人民共和国民事诉讼法〉的解释》第一百一十二条的规定申请人民法院责令对方当事人提交书证的，申请书应当载明所申请提交的书证名称或者内容、需要以该书证证明的事实及事实的重要性、对方当事人控制该书证的根据以及应当提交该书证的理由。

对方当事人否认控制书证的，人民法院应当根据法律规定、习惯等因素，结合案件的事实、证据，对于书证是否在对方当事人控制之下的事实作出综合判断。

第四十六条　人民法院对当事人提交书证的申请进行审查时，应当听取对方当事人的意见，必要时可以要求双方当事人提供证据、进行辩论。

当事人申请提交的书证不明确、书证对于待证事实的证明无必要、待证事实对于裁判结果无实质性影响、书证未在对方当事人控制之下或者不符合本规定第四十七条情形的，人民法院不予准许。

当事人申请理由成立的，人民法院应当作出裁定，责令对方当事人提交书证；理由不成立的，通知申请人。

第四十七条　下列情形，控制书证的当事人应当提交书证：

（一）控制书证的当事人在诉讼中曾经引用过的书证；

（二）为对方当事人的利益制作的书证；

（三）对方当事人依照法律规定有权查阅、获取的书证；

（四）账簿、记账原始凭证；

（五）人民法院认为应当提交书证的其他情形。

前款所列书证，涉及国家秘密、商业秘密、当事人或第三人的隐私，或者存在法律规定应当保密的情形的，提交后不得公开质证。

第四十八条　控制书证的当事人无正当理由拒不提交书证的，人民法院可以认定对方当事人所主张的书证内容为真实。

控制书证的当事人存在《最高人民法院关于适用〈中华人民共和国民事诉讼法〉的解释》第一百一十三条规定情形的，人民法院可以认定对方当事人主张以该书证证明的事实为真实。

三、举证时限与证据交换

第四十九条　被告应当在答辩期届满前提出书面答辩，阐明其对原告诉讼请求及所依据的事实和理由的意见。

第五十条　人民法院应当在审理前的准备阶段向当事人送达举证通知书。

举证通知书应当载明举证责任的分配原则和要求、可以向人民法院申请调查收集证据的情形、人民法院根据案件情况指定的举证期限以及逾期提供证据的法律后果等内容。

第五十一条 举证期限可以由当事人协商,并经人民法院准许。

人民法院指定举证期限的,适用第一审普通程序审理的案件不得少于十五日,当事人提供新的证据的第二审案件不得少于十日。适用简易程序审理的案件不得超过十五日,小额诉讼案件的举证期限一般不得超过七日。

举证期限届满后,当事人提供反驳证据或者对已提供的证据的来源、形式等方面的瑕疵进行补正的,人民法院可以酌情再次确定举证期限,该期限不受前款规定的期间限制。

第五十二条 当事人在举证期限内提供证据存在客观障碍,属于民事诉讼法第六十五条第二款规定的"当事人在该期限内提供证据确有困难"的情形。

前款情形,人民法院应当根据当事人的举证能力、不能在举证期限内提供证据的原因等因素综合判断。必要时,可以听取对方当事人的意见。

第五十三条 诉讼过程中,当事人主张的法律关系性质或者民事行为效力与人民法院根据案件事实作出的认定不一致的,人民法院应当将法律关系性质或者民事行为效力作为焦点问题进行审理。但法律关系性质对裁判理由及结果没有影响,或者有关问题已经当事人充分辩论的除外。

存在前款情形,当事人根据法庭审理情况变更诉讼请求的,人民法院应当准许并可以根据案件的具体情况重新指定举证期限。

第五十四条 当事人申请延长举证期限的,应当在举证期限届满前向人民法院提出书面申请。

申请理由成立的,人民法院应当准许,适当延长举证期限,并通知其他当事人。延长的举证期限适用于其他当事人。

申请理由不成立的,人民法院不予准许,并通知申请人。

第五十五条 存在下列情形的,举证期限按照如下方式确定:

(一)当事人依照民事诉讼法第一百二十七条规定提出管辖权异议的,举证期限中止,自驳回管辖权异议的裁定生效之日起恢复计算;

(二)追加当事人、有独立请求权的第三人参加诉讼或者无独立请求权的第三人经人民法院通知参加诉讼的,人民法院应当依照本规定第五十一条的规定为新参加诉讼的当事人确定举证期限,该举证期限适用于其他当事人;

(三)发回重审的案件,第一审人民法院可以结合案件具体情况和发回重审的原因,酌情确定举证期限;

(四)当事人增加、变更诉讼请求或者提出反诉的,人民法院应当根据案件具体情况重新确定举证期限;

(五)公告送达的,举证期限自公告期届满之次日起计算。

第五十六条 人民法院依照民事诉讼法第一百三十三条第四项的规定,通过组织证据交换进行审理前准备的,证据交换之日举证期限届满。

证据交换的时间可以由当事人协商一致并经人民法院认可,也可以由人民法院指定。当事人申请延期举证经人民法院准许的,证据交换日相应顺延。

第五十七条 证据交换应当在审判人员的主持下进行。

在证据交换的过程中,审判人员对当事人无异议的事实、证据应当记录在卷;对有异议的证据,按照需要证明的事实分类记录在卷,并记载异议的理由。通过证据交换,确定双方当事人争议的主要问题。

第五十八条 当事人收到对方的证据后有反驳证据需要提交的,人民法院应当再次组织证据交换。

第五十九条 人民法院对逾期提供证据的当事人处以罚款的,可以结合当事人逾期提供证据的主观过错程度、导致诉讼迟延的情况、诉讼标的金额等因素,确定罚款数额。

四、质 证

第六十条 当事人在审理前的准备阶段或者人民法院调查、询问过程中发表过质证意见的证据,视为质证过的证据。

当事人要求以书面方式发表质证意见,人民法院在听取对方当事人意见后认为有必要的,可以准许。人民法院应当及时将书面质证意见送交对方当事人。

第六十一条 对书证、物证、视听资料进行质证时,当事人应当出示证据的原件或者原物。但有下列情形之一的除外:

(一)出示原件或者原物确有困难并经人民法院准许出示复制件或者复制品的;

(二)原件或者原物已不存在,但有证据证明复制件、复制品与原件或者原物一致的。

第六十二条 质证一般按下列顺序进行:

(一)原告出示证据,被告、第三人与原告进行质证;

（二）被告出示证据，原告、第三人与被告进行质证；

（三）第三人出示证据，原告、被告与第三人进行质证。

人民法院根据当事人申请调查收集的证据，审判人员对调查收集证据的情况进行说明后，由提出申请的当事人与对方当事人、第三人进行质证。

人民法院依职权调查收集的证据，由审判人员对调查收集证据的情况进行说明后，听取当事人的意见。

第六十三条 当事人应当就案件事实作真实、完整的陈述。

当事人的陈述与此前陈述不一致的，人民法院应当责令其说明理由，并结合当事人的诉讼能力、证据和案件具体情况进行审查认定。

当事人故意作虚假陈述妨碍人民法院审理的，人民法院应当根据情节，依照民事诉讼法第一百一十一条的规定进行处罚。

第六十四条 人民法院认为有必要的，可以要求当事人本人到场，就案件的有关事实接受询问。

人民法院要求当事人到场接受询问的，应当通知当事人询问的时间、地点、拒不到场的后果等内容。

第六十五条 人民法院应当在询问前责令当事人签署保证书并宣读保证书的内容。

保证书应当载明保证据实陈述，绝无隐瞒、歪曲、增减，如有虚假陈述应当接受处罚等内容。当事人应当在保证书上签名、捺印。

当事人有正当理由不能宣读保证书的，由书记员宣读并进行说明。

第六十六条 当事人无正当理由拒不到场、拒不签署或宣读保证书或者拒不接受询问的，人民法院应当综合案件情况，判断待证事实的真伪。待证事实无其他证据证明的，人民法院应当作出不利于该当事人的认定。

第六十七条 不能正确表达意思的人，不能作为证人。

待证事实与其年龄、智力状况或者精神健康状况相适应的无民事行为能力人和限制民事行为能力人，可以作为证人。

第六十八条 人民法院应当要求证人出庭作证，接受审判人员和当事人的询问。证人在审理前的准备阶段或者人民法院调查、询问等双方当事人在场时陈述证言的，视为出庭作证。

双方当事人同意证人以其他方式作证并经人民法院准许的，证人可以不出庭作证。

无正当理由未出庭的证人以书面等方式提供的证言，不得作为认定案件事实的根据。

第六十九条 当事人申请证人出庭作证的，应当在举证期限届满前向人民法院提交申请书。

申请书应当载明证人的姓名、职业、住所、联系方式，作证的主要内容，作证内容与待证事实的关联性，以及证人出庭作证的必要性。

符合《最高人民法院关于适用〈中华人民共和国民事诉讼法〉的解释》第九十六条第一款规定情形的，人民法院应当依职权通知证人出庭作证。

第七十条 人民法院准许证人出庭作证申请的，应当向证人送达通知书并告知双方当事人。通知书中应当载明证人作证的时间、地点，作证的事项、要求以及作伪证的法律后果等内容。

当事人申请证人出庭作证的事项与待证事实无关，或者没有通知证人出庭作证必要的，人民法院不予准许当事人的申请。

第七十一条 人民法院应当要求证人在作证之前签署保证书，并在法庭上宣读保证书的内容。但无民事行为能力人和限制民事行为能力人作为证人的除外。

证人确有正当理由不能宣读保证书的，由书记员代为宣读并进行说明。

证人拒绝签署或者宣读保证书的，不得作证，并自行承担相关费用。

证人保证书的内容适用当事人保证书的规定。

第七十二条 证人应当客观陈述其亲身感知的事实，作证时不得使用猜测、推断或者评论性语言。

证人作证前不得旁听法庭审理，作证时不得以宣读事先准备的书面材料的方式陈述证言。

证人言辞表达有障碍的，可以通过其他表达方式作证。

第七十三条 证人应当就其作证的事项进行连续陈述。

当事人及其法定代理人、诉讼代理人或者旁听人员干扰证人陈述的，人民法院应当及时制止，必要时可以依照民事诉讼法第一百一十条的规定进行处罚。

第七十四条 审判人员可以对证人进行询问。当事人及其诉讼代理人经审判人员许可后可以询问证人。

询问证人时其他证人不得在场。

人民法院认为有必要的，可以要求证人之间进行对质。

第七十五条 证人出庭作证后，可以向人民法院申请支付证人出庭作证费用。证人有困难需要预先支取出庭作证费用的，人民法院可以根据证人的申请在出庭作证前支付。

第七十六条　证人确有困难不能出庭作证，申请以书面证言、视听传输技术或者视听资料等方式作证的，应当向人民法院提交申请书。申请书中应当载明不能出庭的具体原因。

符合民事诉讼法第七十三条规定情形的，人民法院应当准许。

第七十七条　证人经人民法院准许，以书面证言方式作证的，应当签署保证书；以视听传输技术或者视听资料方式作证的，应当签署保证书并宣读保证书的内容。

第七十八条　当事人及其诉讼代理人对证人的询问与待证事实无关，或者存在威胁、侮辱证人或不适当引导等情形的，审判人员应当及时制止。必要时可以依照民事诉讼法第一百一十条、第一百一十一条的规定进行处罚。

证人故意作虚假陈述，诉讼参与人或者其他人以暴力、威胁、贿买等方法妨碍证人作证，或者在证人作证后以侮辱、诽谤、诬陷、殴打等方式对证人打击报复的，人民法院应当根据情节，依照民事诉讼法第一百一十一条的规定，对行为人进行处罚。

第七十九条　鉴定人依照民事诉讼法第七十八条的规定出庭作证的，人民法院应当在开庭审理三日前将出庭的时间、地点及要求通知鉴定人。

委托机构鉴定的，应当由从事鉴定的人员代表机构出庭。

第八十条　鉴定人应当就鉴定事项如实答复当事人的异议和审判人员的询问。当庭答复确有困难的，经人民法院准许，可以在庭审结束后书面答复。

人民法院应当及时将书面答复送交当事人，并听取当事人的意见。必要时，可以再次组织质证。

第八十一条　鉴定人拒不出庭作证的，鉴定意见不得作为认定案件事实的根据。人民法院应当建议有关主管部门或者组织对拒不出庭作证的鉴定人予以处罚。

当事人要求退还鉴定费用的，人民法院应当在三日内作出裁定，责令鉴定人退还；拒不退还的，由人民法院依法执行。

当事人因鉴定人拒不出庭作证申请重新鉴定的，人民法院应当准许。

第八十二条　经法庭许可，当事人可以询问鉴定人、勘验人。

询问鉴定人、勘验人不得使用威胁、侮辱等不适当的言语和方式。

第八十三条　当事人依照民事诉讼法第七十九条和《最高人民法院关于适用〈中华人民共和国民事诉讼法〉的解释》第一百二十二条的规定，申请有专门知识的人出庭的，申请书中应当载明有专门知识的人的基本情况和申请的目的。

人民法院准许当事人申请的，应当通知双方当事人。

第八十四条　审判人员可以对有专门知识的人进行询问。经法庭准许，当事人可以对有专门知识的人进行询问，当事人各自申请的有专门知识的人可以就案件中的有关问题进行对质。

有专门知识的人不得参与对鉴定意见质证或者就专业问题发表意见之外的法庭审理活动。

五、证据的审核认定

第八十五条　人民法院应当以证据能够证明的案件事实为根据依法作出裁判。

审判人员应当依照法定程序，全面、客观地审核证据，依据法律的规定，遵循法官职业道德，运用逻辑推理和日常生活经验，对证据有无证明力和证明力大小独立进行判断，并公开判断的理由和结果。

第八十六条　当事人对于欺诈、胁迫、恶意串通事实的证明，以及对于口头遗嘱或赠与事实的证明，人民法院确信该待证事实存在的可能性能够排除合理怀疑的，应当认定该事实存在。

与诉讼保全、回避等程序事项有关的事实，人民法院结合当事人的说明及相关证据，认为有关事实存在的可能性较大的，可以认定该事实存在。

第八十七条　审判人员对单一证据可以从下列方面进行审核认定：

（一）证据是否为原件、原物，复制件、复制品与原件、原物是否相符；

（二）证据与本案事实是否相关；

（三）证据的形式、来源是否符合法律规定；

（四）证据的内容是否真实；

（五）证人或者提供证据的人与当事人有无利害关系。

第八十八条　审判人员对案件的全部证据，应当从各证据与案件事实的关联程度、各证据之间的联系等方面进行综合审查判断。

第八十九条　当事人在诉讼过程中认可的证据，人民法院应当予以确认。但法律、司法解释另有规定的除外。

当事人对认可的证据反悔的，参照《最高人民法院关于适用〈中华人民共和国民事诉讼法〉的解释》第二百二十九条的规定处理。

第九十条 下列证据不能单独作为认定案件事实的根据：

（一）当事人的陈述；

（二）无民事行为能力人或者限制民事行为能力人所作的与其年龄、智力状况或者精神健康状况不相当的证言；

（三）与一方当事人或者其代理人有利害关系的证人陈述的证言；

（四）存有疑点的视听资料、电子数据；

（五）无法与原件、原物核对的复制件、复制品。

第九十一条 公文书证的制作者根据文书原件制作的载有部分或者全部内容的副本，与正本具有相同的证明力。

在国家机关存档的文件，其复制件、副本、节录本经档案部门或者制作原本的机关证明其内容与原本一致的，该复制件、副本、节录本具有与原本相同的证明力。

第九十二条 私文书证的真实性，由主张以私文书证证明案件事实的当事人承担举证责任。

私文书证由制作者或者其代理人签名、盖章或捺印的，推定为真实。

私文书证上有删除、涂改、增添或者其他形式瑕疵的，人民法院应当综合案件的具体情况判断其证明力。

第九十三条 人民法院对于电子数据的真实性，应当结合下列因素综合判断：

（一）电子数据的生成、存储、传输所依赖的计算机系统的硬件、软件环境是否完整、可靠；

（二）电子数据的生成、存储、传输所依赖的计算机系统的硬件、软件环境是否处于正常运行状态，或者不处于正常运行状态时对电子数据的生成、存储、传输是否有影响；

（三）电子数据的生成、存储、传输所依赖的计算机系统的硬件、软件环境是否具备有效的防止出错的监测、核查手段；

（四）电子数据是否被完整地保存、传输、提取，保存、传输、提取的方法是否可靠；

（五）电子数据是否在正常的往来活动中形成和存储；

（六）保存、传输、提取电子数据的主体是否适当；

（七）影响电子数据完整性和可靠性的其他因素。

人民法院认为有必要的，可以通过鉴定或者勘验等方法，审查判断电子数据的真实性。

第九十四条 电子数据存在下列情形的，人民法院可以确认其真实性，但有足以反驳的相反证据的除外：

（一）由当事人提交或者保管的于己不利的电子数据；

（二）由记录和保存电子数据的中立第三方平台提供或者确认的；

（三）在正常业务活动中形成的；

（四）以档案管理方式保管的；

（五）以当事人约定的方式保存、传输、提取的。

电子数据的内容经公证机关公证的，人民法院应当确认其真实性，但有相反证据足以推翻的除外。

第九十五条 一方当事人控制证据无正当理由拒不提交，对待证事实负有举证责任的当事人主张该证据的内容不利于控制人的，人民法院可以认定该主张成立。

第九十六条 人民法院认定证人证言，可以通过对证人的智力状况、品德、知识、经验、法律意识和专业技能等的综合分析作出判断。

第九十七条 人民法院应当在裁判文书中阐明证据是否采纳的理由。

对当事人无争议的证据，是否采纳的理由可以不在裁判文书中表述。

六、其 他

第九十八条 对证人、鉴定人、勘验人的合法权益依法予以保护。

当事人或者其他诉讼参与人伪造、毁灭证据，提供虚假证据，阻止证人作证，指使、贿买、胁迫他人作伪证，或者对证人、鉴定人、勘验人打击报复的，依照民事诉讼法第一百一十条、第一百一十一条的规定进行处罚。

第九十九条 本规定对证据保全没有规定的，参照适用法律、司法解释关于财产保全的规定。

除法律、司法解释另有规定外，对当事人、鉴定人、有专门知识的人的询问参照适用本规定中关于询问证人的规定；关于书证的规定适用于视听资料、电子数据；存储在电子计算机等电子介质中的视听资料，适用电子数据的规定。

第一百条 本规定自 2020 年 5 月 1 日起施行。

本规定公布施行后，最高人民法院以前发布的司法解释与本规定不一致的，不再适用。

· 实用附录

1. 民事诉讼流程图(一审)

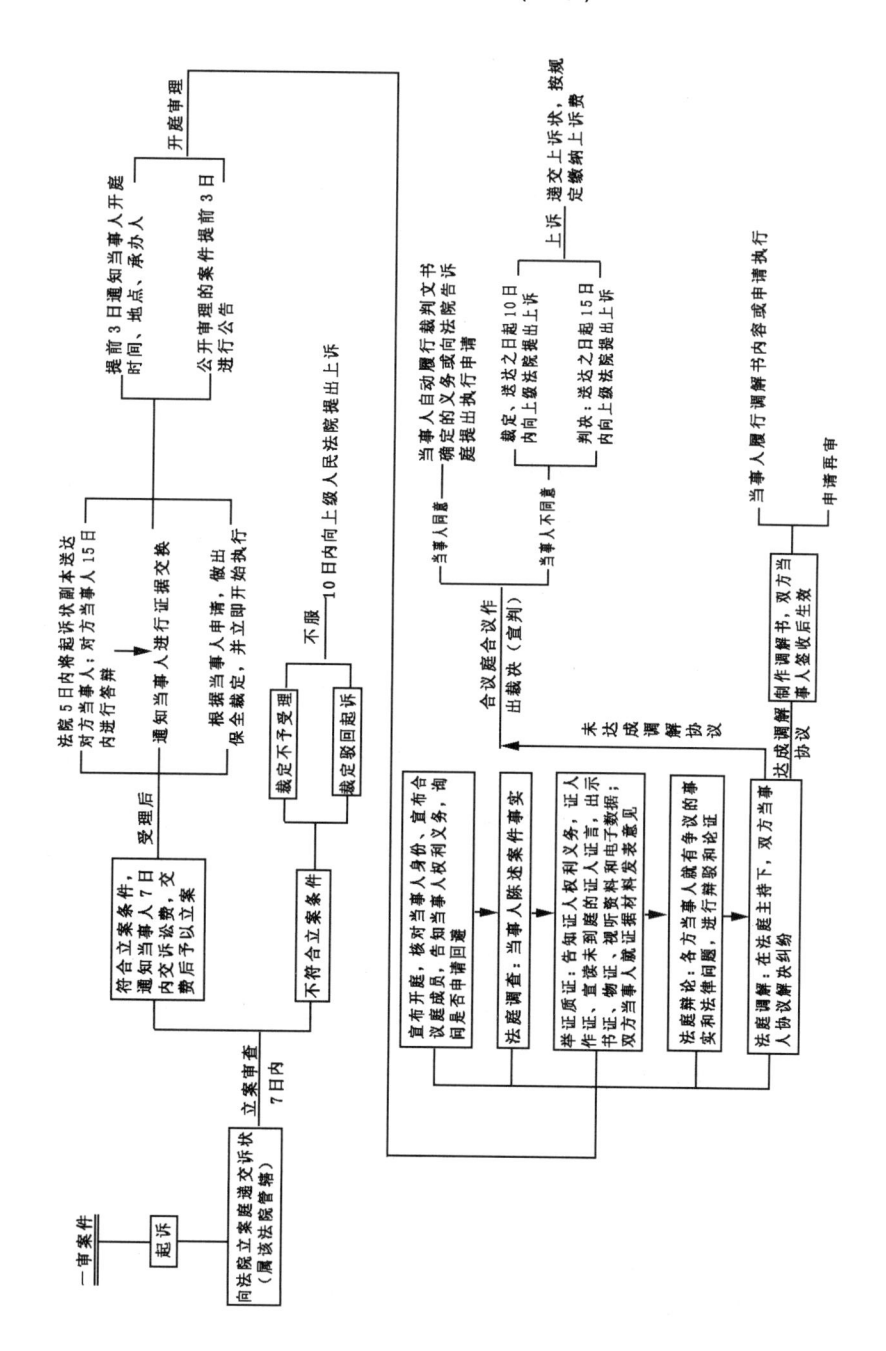

2. 民事诉讼流程图(二审)

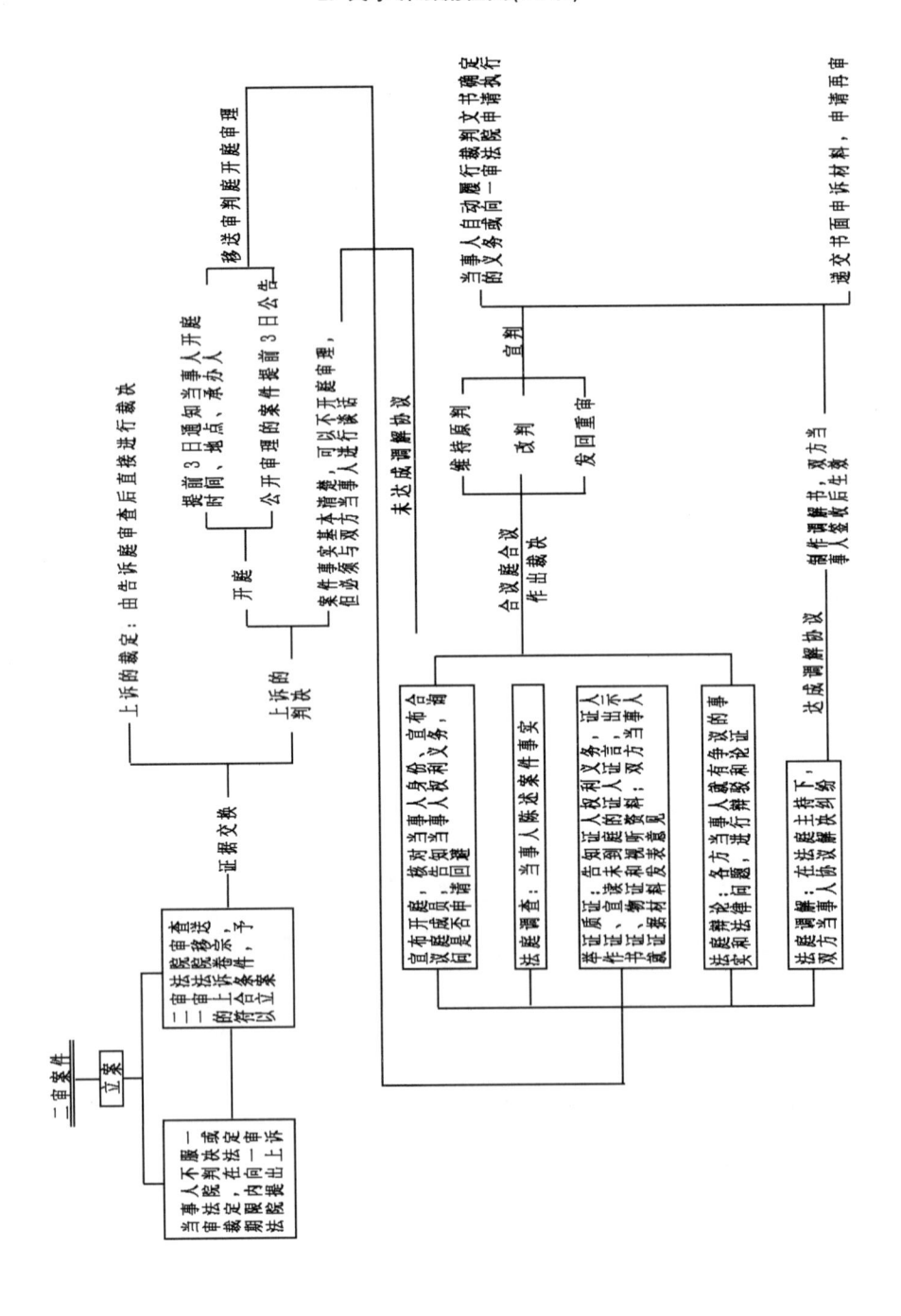

六、人大代表建议、政协委员提案答复

对十四届全国人大二次会议第7516号建议的答复

· 2024年7月11日
· 民函〔2024〕760号

您提出的《关于社会救助事业高质量发展的建议》收悉。现答复如下：

社会救助事关困难群众基本生活和衣食冷暖，是保障基本民生、促进社会公平、实现共同富裕的兜底性、基础性制度安排。低收入群体是促进共同富裕的重点帮扶保障人群，推动他们迈向共同富裕是最大的难点。党的二十大提出"扎实推进共同富裕"，并对"健全分层分类的社会救助体系"作出部署，明确了新时代新征程社会救助事业高质量发展的总体布局、目标任务和发展路径。近年来，民政部深入学习贯彻习近平总书记重要指示批示精神，全面贯彻落实党中央、国务院决策部署，积极推进分层分类社会救助体系建设，加快推动社会救助事业高质量发展。

一、社会救助体系建设情况

（一）推进社会救助提质增效，坚决兜牢基本民生底线。指导各地全面落实民政部联合中央农村工作领导小组办公室、财政部、国家乡村振兴局印发的《关于进一步做好最低生活保障等社会救助兜底保障工作的通知》（民发〔2022〕83号），适度放宽低保对象认定条件，全面推行由急难发生地直接实施临时救助，及时将符合条件的纳入救助范围，实现应保尽保、应救尽救。会同国家发展改革委、财政部、国家统计局印发《关于进一步做好最低生活保障标准确定调整工作的指导意见》（民发〔2024〕16号），指导各地统筹考虑经济社会发展水平、财政负担能力、居民收入和支出、物价水平等因素，合理确定和调整低保等社会救助标准。

（二）加强低收入人口动态监测，加快推进分层分类社会救助体系建设。一是深化社会救助制度改革。2023年10月，报请国务院办公厅转发民政部等单位《关于加强低收入人口动态监测做好分层分类社会救助工作的意见》（国办发〔2023〕39号），明确了低收入人口范围、细化了分层分类的救助帮扶政策措施。民政部会同相关部门认真抓好贯彻落实，将专项救助逐步向低保边缘人口和刚性支出困难人口延伸，目前已有19个省份出台关于低收入人口认定、监测及救助帮扶的配套文件或落实措施。二是规范开展低收入人口认定。印发《关于加强低收入人口认定和动态监测工作的通知》（民办函〔2024〕31号），指导各地进一步加强低收入人口认定、动态监测和救助帮扶，更好发挥社会救助"保基本、防风险、促发展"功能作用。三是加强低收入人口动态监测和常态化救助帮扶。推进全国低收入人口动态监测信息平台建设应用，不断完善平台功能。指导各地建立健全监测预警指标体系，与教育部、住房城乡建设部、退役军人事务部、国家乡村振兴局、国家医保局、全国总工会、中国残联等部门和单位签订数据共享协议，常态化开展数据共享比对。四是积极发展服务类社会救助。指导各地积极探索推动社会救助由单一物质救助向"物质+服务"救助模式转变。

（三）健全社会救助工作机制，提升社会救助服务效能。一是落实社会救助主动发现机制。指导地方聚焦重点对象群体，拓宽主动发现渠道，完善接办流程，进一步做好申请能力不足困难群众救助工作。二是健全慈善力量参与社会救助机制。印发《关于加强政府救助与慈善帮扶有效衔接的指导意见》（民发〔2023〕46号），加强全国慈善组织参与"救急难"信息对接服务平台建设，畅通公益慈善力量参与社会救助渠道，积极引导公益慈善力量参与社会救助。三是指导各地提升基层社会救助能力。充实基层社会救助工作力量，提升基层社会救助工作信息化水平，加强基层社会救助工作队伍建设，进一步提升基层经办服务能力。

截至2024年3月底，全国共有城乡低保对象4047.8万人，1—3月累计支出低保资金508.9亿元；全国共有特困人员471.8万人，1—3月累计支出特困人员救助供养资金144.6亿元；全国共实施临时救助205.3万人次，累计支出救助资金25亿元。

二、下一步工作打算

您提出的"明确高质量社会救助的目标、掌握高质量社会救助的实际需求、鼓励高质量社会救助的多元参与、拓展高质量社会救助的发展路径"等建议，对健全分层分类的社会救助体系、推动社会救助事业高质量发展具有重要参考价值。

下一步，我们将深入贯彻党的二十大和二十届二中全会精神，全面落实政府工作报告部署要求，采取切实有效措施推进社会救助高质量发展，加快形成覆盖全面、分层分类、综合高效的社会救助格局，筑牢共同富裕的底板。一是加快健全分层分类的社会救助体系。指导督促各地深入落实低保、特困供养、临时救助制度，进一步做好低保等社会救助兜底保障工作。指导各地规范开展低保标准确定调整工作，研究制定刚性支出困难家庭认定办法，全面开展低保边缘家庭认定工作。指导各地进一步完善临时救助制度，简化优化救助程序，全面落实"先行救助"、"分级审批"，进一步提高救助时效性，由急难发生地直接实施临时救助。二是加强低收入人口动态监测信息平台应用和监测预警。拓展全国低收入人口动态监测信息平台功能应用，建立监测预警指标体系，强化监测预警功能。加强部门间信息共享，实现数据共享机制常态化。三是积极推动低收入人口常态化帮扶政策与防止返贫帮扶政策衔接并轨。认真贯彻落实习近平总书记重要指示精神，根据统一部署，会同相关部门积极推动低收入人口常态化帮扶政策与防止返贫帮扶政策衔接并轨，建立健全过渡期后低收入人口常态化救助帮扶机制，牢牢守住不发生规模性返贫的底线。四是进一步提高社会救助服务效能。指导各地提升基层社会救助能力，加强社会救助信息化建设，积极推进服务类社会救助发展，不断提高社会救助服务能力。

感谢您对民政工作的关心和支持。

对十四届全国人大二次会议第1280号建议的答复

- 2024年7月11日
- 民函〔2024〕763号

您提出的关于"加快社会救助立法"的建议收悉，经商财政部，现答复如下：

社会救助事关困难群众基本生活和衣食冷暖，是保障基本民生、促进社会公平、维护社会稳定的兜底性、基础性制度安排。党的十八大以来，在以习近平同志为核心的党中央坚强领导下，我国社会救助制度日趋完善，体制机制逐步健全，困难群众基本生活保障水平稳步提升，社会救助事业发展取得了历史性成就。推动社会救助立法，是健全分层分类的社会救助体系、兜住兜准兜牢民生底线的现实需要，是推进社会救助事业高质量发展、助力实现共同富裕的必然要求。

党中央高度重视社会救助立法工作。中共中央转发全国人大常委会党组关于十四届全国人大常委会立法规划请示，明确将"社会救助法"列为"第一类项目：条件比较成熟、任期内拟提请审议的法律草案"。中共中央印发的《法治社会建设实施纲要（2020－2025年）》、中共中央办公厅、国务院办公厅印发的《关于改革完善社会救助制度的意见》均有完善社会救助领域立法、加快推进社会救助立法等部署要求。为贯彻落实党中央决策部署，全国人大常委会2024年度立法工作计划将社会救助法列为"预备审议项目"，国务院2024年度立法工作计划明确年内预备提请全国人大常委会审议社会救助法草案。

近年来，民政部会同财政部、司法部，积极开展社会救助立法相关工作。2020年12月，民政部、财政部向国务院报送《中华人民共和国社会救助法（草案送审稿）》。2021年以来，民政部配合司法部深入开展调研、组织专家论证，司法部多次征求有关部门和地方意见，并根据党的二十大、二十届二中全会精神，以及《国务院办公厅转发民政部等单位〈关于加强低收入人口动态监测做好分层分类社会救助工作的意见〉的通知》（国办发〔2023〕39号）等文件精神，对社会救助法（草案稿）作了进一步修改完善。目前，正在按程序再次征求相关部门意见。

您提出的推进社会救助立法进程、更好推动社会救助工作高质量发展的建议，对我们做好社会救助立法相关工作具有重要参考价值。下一步，我们将进一步加强社会救助法治建设，全力配合司法部扎实做好社会救助立法相关工作，积极推动社会救助法早日出台。

感谢您对民政工作的关心和支持。

对十四届全国人大二次会议第5215号建议的答复

- 2024年6月27日
- 民函〔2024〕654号

您提出的"关于关心关注农村留守老人，让老年人过上幸福生活的建议"收悉。您的建议基于走访调查，提出农村养老服务存在的问题和完善建议,对推进农村养老服务体系的建设具有重要借鉴意义。经商国家卫生健康委、工业和信息化部、农业农村部,现答复如下:

习近平总书记高度重视农村养老服务工作,在中央农村工作会议、中央政治局集体学习等重要会议和调研讲话中作出一系列重要指示,为推进农村养老服务工作、补齐农村养老服务短板提供了根本遵循。《中共中央 国务院关于实施乡村振兴战略的意见》《中共中央 国务院关于学习运用"千村示范、万村整治"工程经验有力有效推进乡村全面振兴的意见》《中共中央办公厅 国务院办公厅关于推进以县城为重要载体的城镇化建设的意见》、《"十四五"国家老龄事业发展和养老服务体系规划》等都对发展农村养老服务作出了重要部署。近年来,民政部将发展农村养老服务作为落实乡村振兴战略、推进基本养老服务体系建设的重点,联合中央精神文明建设办公室、农业农村部等22部门印发《关于加快发展农村养老服务的指导意见》,完善制度设计,整合政策资源,加快发展农村养老服务,取得较好成效。

一是加大投入,支持农村养老服务设施建设。"十四五"以来,民政部联合国家发展改革委利用中央预算内投资实施"十四五"积极应对人口老龄化工程,重点支持农村公办养老服务机构建设改造和护理能力提升,初步形成了互助养老设施、乡镇敬老院、民办养老机构为主体的农村养老服务供给格局。财政部持续加大财政投入力度,2018-2023年,全国一般公共预算直接安排用于养老服务的资金达2871亿元,主要用于保障养老机构运转、推进养老床位建设、促进居家和社区养老服务发展、培育养老服务人才队伍等。2024年,中央财政通过一般公共预算资金和彩票公益金,安排54.8亿元用于支持发展养老服务,较2023年增加5.4亿元。截至2024年第一季度,全国共有农村特困人员供养服务设施(敬老院)1.6万个,床位168.1万张;农村互助养老服务设施约14.5万个。

二是扶持引导,支持农村养老服务机构发展。民政部会同有关部门从完善投融资政策、给予税费优惠政策、加强人才保障、加大用地供应、强化综合监管等方面,为养老服务机构发展提供了政策支持和保障。民政部与财政部、税务总局等6部门联合印发《关于养老、托育、家政等社区家庭服务业税费优惠政策的公告》,明确对提供社区养老服务的,其收入免征增值税,并减按90%计入所得税应纳税所得额,免征6项行政事业性收费。农业农村部出台《社会资本投资农业农村指引》,明确鼓励社会资本积极发展养老托幼等生活性服务业,为乡村居民提供便捷周到的服务。经国务院同意,民政部印发的《关于进一步扩大养老服务供给 促进养老服务消费的实施意见》提出,要优化养老服务营商环境,全面建立开放、竞争、公平、有序的养老服务市场,放宽养老服务市场准入,支持社会力量参与提供农村养老服务。同时,国家实施了一系列支持农村养老服务机构发展的税收优惠政策,进一步确定了养老机构免征增值税、房产税,适用相关税收优惠政策等。

三是加大培训,推进农村养老服务专业人才队伍建设。民政部、人力资源社会保障部、国家发展改革委、教育部等12部门联合印发了《关于加强养老服务人才队伍建设的意见》,从拓宽来源渠道、提升素质能力、健全评价机制、重视使用管理、完善保障激励、强化组织保障等方面促进养老服务人才队伍建设,对养老服务人才培养、使用、评价、激励制度提出了具体要求;依托农民工技能培训等,探索对村级睦邻互助点、农村幸福院的养老服务从业人员开展职业技能培训。2024年,民政部会同人力资源社会保障部、中华全国总工会联合举办国家级一类职业技能大赛——全国民政行业职业技能大赛,内设养老护理员竞赛项目,有效提升养老护理员职业技能、职业荣誉感、社会认同度。

四是加强宣传,弘扬孝亲敬老传统美德。《中华人民共和国老年人权益保障法》明确规定,"全社会应当广泛开展敬老、养老、助老宣传教育活动,梳理尊重、关心、帮助老年人的社会风尚",并设立"家庭赡养与扶养"专章。《中共中央 国务院关于加强新时代老龄工作的意见》、《"十四五"国家老龄事业发展和养老服务体系规划》等文件,都对弘扬孝亲敬老传统美德提出明确要求。全国老龄办高度重视,会同中国老龄协会等部门积极开展系列敬老助老活动,大力弘扬孝亲敬老传统美德。开展孝亲敬老文化教育,引导人们自觉承担家庭责任、树立良好家风,实现家庭和睦、代际和谐。全国老龄委连续14年、每年在"重阳节"期间开展全国"敬老月"活动,组织各地各部门广泛开展走访慰问、关爱帮扶、志愿服务、科普宣传等活动。连续多年组织开展养老助老公益广告征集展播活动,2022年以来,相关卫视频道累计播出老龄主题公益广告4.57万余条次。组织开展全国"敬老文明号"创建和全国敬老爱老助老模范人物评选表彰,评选表彰一批基层为老服务单位和个人。

五是医养结合，强化农村养老服务与医疗卫生衔接。《中共中央 国务院关于加强新时代老龄工作的意见》、《"健康中国2030"规划纲要》、《国家积极应对人口老龄化中长期规划》、《"十四五"国民健康规划》、《"十四五"国家老龄事业发展和养老服务体系规划》、《"十四五"健康老龄化规划》等文件和规划均将医养结合作为落实健康中国战略、积极应对人口老龄化国家战略的重要任务予以推进。国家卫生健康委、民政部等部门印发《关于进一步推进医养结合发展的指导意见》明确，采取推进乡镇卫生院与特困人员供养服务机构（敬老院）、村卫生室与农村幸福院、残疾人照护机构统筹规划、毗邻建设等方式，实现资源共享、服务衔接。修订完善乡镇卫生院等3项服务能力标准，将"康复医疗服务"、"老年人卫生服务"、"老年人健康管理"和"护理管理"作为重要评价指标。指导各地依托符合条件的医疗卫生、养老等乡镇服务机构，提升居家社区医养结合服务能力。

六是科技赋能，切实增强农村养老服务供给。《"十四五"国家老龄事业发展和养老服务体系规划》对利用互联网、大数据、人工智能等技术创新养老服务模式作出部署。民政部会同国家数据局组织开展基本养老服务综合平台试点工作，指导试点地区应用统一的标准规范开展相关工作，积极探索"互联网+"在养老服务中的应用，推动建立部门互联、上下互通的信息平台，实现大数据管理，运用信息化、标准化管理提升养老服务质量。工业和信息化部会同民政部等部门印发《智慧健康养老产业发展行动计划（2021-2025年）》，提出拓展智慧养老场景、推动智能产品适老化设计、做强相关系统平台等重点任务，并明确开展智慧健康养老产品供给及服务推广工程。截至目前，工业和信息化部已迭代发布3版智慧健康养老产品和服务推广目录，最新2022年版本遴选了79项典型产品和服务，包含健康管理、老年辅助器具、养老监护、家庭服务机器人、适老化改造智能产品、场景化解决方案6大类产品和智慧养老、智慧健康2大类服务。支持开展2届全国轻工适老创新产品及智能健康解决方案大赛，围绕日用家居、智能家电、安全监测、康复训练、智慧解决方案等领域评选出131项优秀产品和服务。

下一步，民政部将深入贯彻习近平总书记关于实施积极应对人口老龄化国家战略和乡村振兴战略的重要指示批示精神，切实落实党中央、国务院关于发展养老服务和全面推进乡村振兴的部署要求，会同有关部门持续推动农村养老服务体系建设，加快发展农村养老服务。一是加快推进农村养老服务设施建设，持续健全县乡村相衔接的三级养老服务网络，鼓励地方加大财政投入，逐步提高农村养老服务设施的建设补贴、运营补贴水平，建立健全与服务保障水平相挂钩的奖补机制，推动实现县域统筹、城乡协调、符合乡情的农村养老服务体系更加完善，不断提升农村老年人的获得感、幸福感、安全感。二是支持各类社会力量投资发展农村养老，优先提供便捷可及、价格可承受、质量有保障的普惠养老服务。有条件的地区可按规定开发设置农村助老岗位，招聘村民开展探访助老服务，人力资源社会保障部门负责提供相关招聘服务。统筹基层党组织和群团组织资源配置，培育扶持以农村养老服务为主的基层公益性、服务性、互助性社会组织。三是加强养老服务人才培养培训。推动建立养老服务人才特别是养老护理员的培养、评价、使用、激励制度机制，拓宽养老服务人才培养渠道，形成有利于养老服务人才发展的政策环境和社会氛围，提升养老服务人才素质，提高养老服务供给水平。四是深入开展敬老孝亲文化宣传。加强老年人优待工作，培育敬老爱老助老社会风尚。进一步深入开展人口老龄化国情教育，强化孝亲敬老文化教育。持续组织开展全国"敬老月"等系列敬老助老活动，充分发挥各级法律援助机构和基层法律援助工作站点以及"老年维权示范岗"、"老年优待服务窗口"作用，积极开展农村老年人法治宣传教育、法律援助服务及志愿者活动，营造良好社会氛围。五是加大智慧养老服务支持力度。重点围绕音视频及多媒体产品、移动通信设备、智慧家庭产品、健康管理和生活辅助产品等生活中高频使用的产品，加快智能终端适老化改造步伐。

感谢您对民政工作的关心和支持。

对十四届全国人大二次会议第3690号建议的答复

· 2024年6月27日
· 民函〔2024〕658号

您提出的"关于切实解决农村老年人老有所养、老有所依、老有所乐的建议"收悉。您的建议结合农村经济生活发展现状，提出破解农村养老困境的建议，对推进农村养老服务体系的建设具有重要借鉴意义。经商农业农村部，现答复如下：

习近平总书记高度重视农村养老服务工作，在中央农村工作会议、中央政治局集体学习等重要会议和调研讲话中作出一系列重要指示，为推进农村养老服务工作、补齐农村养老服务短板提供了根本遵循。《中共中央 国务院关于实施乡村振兴战略的意见》《中共中央 国务院关于学习运用"千村示范、万村整治"工程经验有力有效推进乡村全面振兴的意见》《中共中央办公厅 国务院办公厅关于推进以县城为重要载体的城镇化建设的意见》、《"十四五"国家老龄事业发展和养老服务体系规划》等都对发展农村养老服务作出了重要部署。近年来，民政部将发展农村养老服务作为落实乡村振兴战略、推进基本养老服务体系建设的重点，联合中央精神文明建设办公室、农业农村部等22部门印发《关于加快发展农村养老服务的指导意见》（以下简称《意见》），完善制度设计，整合政策资源，加快发展农村养老服务，取得较好成效。

一是因地制宜，推进农村养老服务网络建设。《意见》明确提出，要加强农村养老服务网络，拓展县级特困人员供养服务机构功能，推进乡镇（街道）区域养老服务中心建设，增加村级养老服务点，引导提升县域养老机构资源使用效能。力争到2025年，农村养老服务网络进一步健全，每个县（市、区、旗）至少有1所以失能照护为主的县级特困人员供养服务机构，省域内总体乡镇（街道）区域养老服务中心服务覆盖率不低于60%，互助养老因地制宜持续推进，失能照护、医康养结合、助餐、探访关爱、学习娱乐等服务需求得到有效满足。

二是扶持引导，支持社会力量参与。民政部会同有关部门从完善投融资政策、给予税费优惠政策、加强人才保障、加大用地供应、强化综合监管需求等方面，为社会力量参与养老服务提供政策支持和保障。与财政部、税务总局等6部门联合印发《关于养老、托育、家政等社区家庭服务业税费优惠政策的公告》，明确对提供社区养老服务的，其收入免征增值税，并减按90%计入所得税应纳税所得额，免征6项行政事业性收费。农业农村部出台《社会资本投资农业农村指引》，明确鼓励社会资本积极发展养老托幼等生活性服务业，为乡村居民提供便捷周到的服务。民政部联合有关部门印发的《关于进一步扩大养老服务供给 促进养老服务消费的实施意见》提出，要优化养老服务营商环境，全面建立开放、竞争、公平、有序的养老服务市场，放宽养老服务市场准入，支持社会力量参与提供农村养老服务。

三是加大培训，推进养老服务专业人才队伍建设。民政部、人力资源社会保障部、国家发展改革委、教育部等12部门联合印发了《关于加强养老服务人才队伍建设的意见》，从拓宽来源渠道、提升素质能力、健全评价机制、重视使用管理、完善保障激励、强化组织保障等方面促进养老服务人才队伍建设，对养老服务人才培养、使用、评价、激励制度提出了具体要求；依托农民工技能培训等，探索对村级睦邻互助点、农村幸福院的养老服务从业人员开展职业技能培训。2024年，民政部会同人力资源社会保障部、中华全国总工会联合举办国家级一类职业技能大赛——全国民政行业职业技能大赛，内设养老护理员竞赛项目，有效提升养老护理员职业技能、职业荣誉感、社会认同度，以娴熟技艺和工匠精神服务行业高质量发展。

四是加强宣传，弘扬孝亲敬老传统美德。《中华人民共和国老年人权益保障法》明确规定，"全社会应当广泛开展敬老、养老、助老宣传教育活动，梳理尊重、关心、帮助老年人的社会风尚"，并设立"家庭赡养与扶养"专章。《中共中央 国务院关于加强新时代老龄工作的意见》、《"十四五"国家老龄事业发展和养老服务体系规划》等文件，都对弘扬孝亲敬老传统美德提出明确要求。全国老龄办高度重视，会同中国老龄协会等部门积极开展系列敬老助老活动，大力弘扬孝亲敬老传统美德。开展孝亲敬老文化教育，引导人们自觉承担家庭责任、树立良好家风，实现家庭和睦、代际和谐。全国老龄委连续14年、每年在"重阳节"所在月份开展全国"敬老月"活动，组织各地各部门广泛开展走访慰问、关爱帮扶、志愿服务、科普宣传等活动。连续多年组织开展养老助老公益广告征集展播活动，2022年以来，卫视频道累计播出老龄主题公益广告4.57万余条次。组织开展全国"敬老文明号"创建和全国敬老爱老助老模范人物评选表彰，评选表彰一批基层为老服务单位和个人。

关于探索"以地养老"模式，鼓励农村老年人将土地使用权交村级集体经济合作社，土地流转金作为老人的养老资金的建议。《中华人民共和国农村土地承包法》明确了土地流转中村集体经济组织的权利、义务，同时规定土地流转应当遵循依法、自愿、有偿原则。在土地流转实践中，一些地方在农户自愿基础上，探索由农户将土地经营权依法流转给村集体经济组织统一经营或再流转给新型农业经营主体，以及由农户依法委托村集体经济组织代为流转土地经营权或托管经营等多种做法，取得了一定成效。2021年，农业农村部修订出台《农村土地经营流转管理办法》，在依法保护集体所有权和农户承包权的前提下，平等保护经营主体依流转合同取得的土地经营权。《意见》进一步明确农村集体经济组织可依法以集体经营性建设用地使用权入股、联营等方式与其他单位和个人共同建设养老服务设施；鼓励农村集体经济组织及其成员盘活利用闲置宅基地和闲置住宅，依法将相关收益用于养老服务等农村公益事业支出。

正如您在建议中提到的，当前农村养老还存在服务设施简陋、专业人员不足等问题。下一步，我们将深入贯彻习近平总书记关于实施积极应对人口老龄化战略和乡村振兴战略的重要指示精神，切实落实党中央、国务院关于发展养老服务和全面推进乡村振兴的部署要求，以促进空巢、留守老年人安享幸福晚年生活为落脚点，进一步健全完善基本养老服务体系，加快发展农村养老服务。一是进一步健全农村养老服务网络。持续优化县乡村衔接的三级养老服务网络，指导各地结合实际统筹发展城乡养老服务设施，科学规划、均衡配置、有序建设，充分发挥养老服务设施功能。整合各方面资源资金，继续对农村敬老院、互助养老设施等开展改造提升，拓展服务功能，更好满足农村老年人养老需求。二是支持各类社会力量投资发展农村养老，优先提供便捷可及、价格可承受、质量有保障的普惠养老服务。探索建立养老志愿服务激励与评价机制，推广"积分超市"、"志愿+信用"等模式。有条件的地区可按规定开发设置农村助老岗位，招聘村民开展探访助老服务，人力资源社会保障部门负责提供相关招聘服务。统筹基层党组织和群团组织资源配置，培育扶持以农村养老服务为主的基层公益性、服务性、互助性社会组织。三是加强养老服务人才培养培训。推动建立养老服务人才特别是养老护理员的培养、评价、使用、激励制度机制，拓宽养老服务人才培养渠道，形成有利于养老服务人才发展的政策环境和社会氛围，提升养老服务人才素质，提高养老服务供给水平，加快推动养老服务人才素质规模与养老服务发展水平相适应。四是深入开展敬老孝亲文化宣传。加强老年人优待工作，培育敬老爱老助老社会风尚。进一步深入开展人口老龄化国情教育，强化孝亲敬老文化教育。持续组织开展全国"敬老月"等系列敬老助老活动，充分发挥各级法律援助机构和基层法律援助工作站点以及"老年维权示范岗"、"老年优待服务窗口"作用，积极开展农村老年人法治宣传教育、法律援助服务及志愿者活动，营造良好社会氛围。五是规范农村土地经营权流转。加强土地经营权流转合同管理，保护经营主体依据流转合同取得的土地经营权，保障其稳定的经营预期。加快建立健全农村产权流转交易市场体系，完善市场运行规则，统筹用好信息手段和市场力量，建设公开、高效、畅通的信息渠道。

感谢您对民政工作的关心和支持。

对十四届全国人大二次会议第 1139 号建议的答复

· 2024 年 6 月 27 日
· 民函〔2024〕656 号

您提出的"关于重视农村养老问题的建议"收悉。您的建议聚焦农村养老问题，对健全农村养老服务体系具有重要借鉴意义。经商财政部、司法部，现答复如下：

习近平总书记高度重视农村养老服务工作，在中央农村工作会议、政治局集体学习等重要会议和调研讲话中作出一系列重要指示，为推进农村养老服务工作、补齐农村养老服务短板提供了根本遵循。《中共中央 国务院关于实施乡村振兴战略的意见》《中共中央 国务院关于学习运用"千村示范、万村整治"工程经验有力有效推进乡村全面振兴的意见》《中共中央办公厅 国务院办公厅关于推进以县城为重要载体的城镇化建设的意见》《"十四五"国家老龄事业发展和养老服务体系规划》等都对发展农村养老服务作出了重要部署。

一、关于提高农村老年人养老金标准的建议

2018 年，人力资源社会保障部、财政部联合印发的《关于建立城乡居民基本养老保险待遇确定和基础养老金正常调整机制的指导意见》提出，建立激励约束有效、筹资权责清晰、保障水平适度的城乡居民基本养老保险待遇确定和基础养老金正常调整机制。自 2014 年建立统一的城乡居民基本养老保险制度以来，中央 5 次提高国家财政承担的全国基础养老金最低标准，目前全国城乡居民基础养老金最低标准为每人每月 103 元，2023 年全国城乡居民基本养老保险月人均待遇水平达到 214 元。按照中央经济工作会议精神和今年政府工作报告任务部署，今年城乡居民基本养老保险全国基础养老金月最低标准将提高 20 元。

二、关于加强农村老有所养服务体系建设的建议

近年来，民政部将发展农村养老服务作为落实乡村振兴战略、推进基本养老服务体系建设的重点，联合中央精神文明建设办公室、农业农村部等 22 部门印发《关于加快发展农村养老服务的指导意见》，完善制度设计，整合政策资源，加快发展农村养老服务，取得一定成效。一是支持农村养老服务设施建设。"十四五"以来，民政部联合国家发展改革委利用中央预算内投资实施"十四五"积极应对人口老龄化工程,重点支持农村公办养老服务机构建设改造和护理能力提升,初步形成了互助养老设施、乡镇敬老院、民办养老机构为主体的农村养老服务供给格局。二是兜好农村困难老年人保障底线。健全完善经济困难的高龄、失能老年人补贴制度,有效缓解农村老年人生活困难。截至目前,符合条件的特困老年人全部纳入救助供养范围,基本生活得到有效保障。截至2024年第一季度,全国共有已进行法人登记的农村特困人员供养服务设施(敬老院)1.6万个,床位168.1万张。农村互助养老服务设施约14.5万个。三是组织开展农村留守老年人探访关爱服务工作。制定《关于加强农村留守老年人关爱服务工作的意见》、《关于进一步做好贫困地区农村留守老年人关爱服务工作的通知》、《关于开展特殊困难老年人探访关爱服务的指导意见》,推动建立家庭尽责、基层主导、社会协同、全民行动、政府支持保障的农村留守老年人关爱服务机制,支持农村老年人家庭养老,帮助解决居家养老困难,预防和减少居家养老安全风险。目前,农村留守老年人关爱服务制度已实现省级全覆盖。四是加强农村养老党建引领。民政部推动农村养老服务纳入"三农"工作和乡村振兴战略重点推进范围,指导地方以党建引领,推动农村养老服务发展,逐步构建系统化、多层次、能落地的农村养老服务体系。

三、关于健全老年人司法援助机制和加强普法力度的建议

2024年,民政部联合司法部等部门印发《关于开展"法律服务 助老护老"行动的通知》,在全国部署开展"法律服务 助老护老"行动。行动聚焦老年人群体公共法律服务需求,重点关注高龄、失能、困难、残疾等老年人"急难愁盼"的法律问题,积极为老年人提供更加"可感、可知、可及"的公共法律服务。一是平台服务便老。引导公共法律服务向各类养老服务机构等延伸;公共法律服务实体平台普遍提供适老、助老设施和服务;鼓励有条件的地方开设12348公共法律服务热线老年人座席;完善法律服务网无障碍功能;推广应用符合老年人需求特点的小程序界面等智能信息服务。二是优质服务援老。对遭受虐待、遗弃或者家庭暴力的老年人申请法律援助,不受经济困难条件限制;对无固定生活来源、接受社会救助、司法救助的老年人申请法律援助,免予核查经济困难状况;支持有条件的地方在养老机构设立法律援助工作站或联络点;对老年人法律援助案件优先受理、优先审查、优先指派;对行动不便的老年人提供预约办、上门办、一次办服务。三是公证服务惠老。缩短老年人办理委托、遗嘱等公证事项的期限,支持对老年人申办法律关系简单、事实清楚、证明材料充分的公证事项,做到当日出证;积极为老年人开通办证"绿色通道";对80岁及以上老人首次办理遗嘱公证免收公证费;优化老年人意定监护公证服务程序;指导公证机构与养老机构共同打造"公证+养老"服务模式。四是调解服务助老。将涉老年人婚姻家庭、投资消费、侵权、赡养、监护等矛盾纠纷作为重点,组织动员广大调解组织和调解员做好涉老年人矛盾纠纷排查化解工作;鼓励支持具备条件的地区设立养老服务纠纷人民调解委员会。五是公益服务爱老。指导律师行业把老年人作为公益法律服务的重点服务对象,组织引导广大律师特别是青年律师积极参与老年人法律服务活动;发挥律师协会老年人权益保障委员会等专业委员会作用,提升老年人法律服务质效。六是普法服务护老。指导各地各有关部门结合重阳节等重要时间节点,积极开展老年人权益保障普法宣传活动;推动老年人权益保障相关法治宣传进村、入户、到人,提高全社会敬老、爱老、护老的法治意识。

正如您在建议中提到的,我国农村人口老龄化程度高于城市,使农村老年人安度晚年是健全养老服务体系,积极应对人口老龄化的应有之意。下一步,民政部将紧紧围绕实施积极应对老龄化国家战略和乡村振兴战略,加快补齐农村养老短板,持续加大工作力度,努力提升养老服务保障能力。一是强化农村老年人养老保障能力。协调相关部门健全城乡居民基本养老保险筹资和待遇调整机制,推动参保人通过多缴费、长缴费提高养老待遇水平;继续推进全国统筹制度平稳运行,抓好全国统筹调剂资金调拨工作,督促各省落实地方财政补助责任,更好确保养老金按时足额发放,切实发挥好社会保障的人民生活安全网和社会运行稳定器作用。二是健全农村养老服务网络。指导各地贯彻落实《关于加快发展农村养老服务的指导意见》,持续优化县乡村衔接的三级养老服务网络,结合实际统筹发展城乡养老服务设施,科学规划、均衡配置、有序建设,充分发挥养老服务设施功能。整合各方面资源资金,继续对农村敬老院、互助养老设施等开展改造提升,拓展服务功能,更好满足农村老年人养老需求。三是进一步加强司法援助和普法力度。以"敬老月"活动和"敬老文明号"创建活动为抓手,开展法治宣传日、宣传周、宣传月活动；把法治宣传与落实老年人权益保障具体政策相结合，尽可能让宣传内容看得见摸得着；把普法宣传与严厉查处侵权案件相结合，用法理来剖析案例，用案例来教育群众；把法治宣传与提升老年人自我保护意识相结合，提升老年人依法维护自身合法权益能力；把法治宣传与公益性法律服务相结合，积极倡导为特殊老年群体提供公益性法律服务，积极利用新媒体开展老年法律法规教育宣传，特别是在涉及老年人医疗、保险、救助、赡养、住房、婚姻等方面，为高龄、困难、失能老年人提供及时、便利、高效、优质的法律服务。

感谢您对民政工作的关心和支持。

对十四届全国人大二次会议第6073号建议的答复

· 2024年7月3日
· 民函〔2024〕748号

您提出的"关于加强对银发群体网民的网络安全和内容识别的素养宣教的建议"收悉。您对银发群体网民的现状进行了深入调研，体现出高度的社会责任感，所提建议针对性强，对做好老龄工作具有重要参考意义，民政部将认真研究吸纳。经商中央网信办、工业和信息化部，现答复如下：

党的十八大以来，习近平总书记多次对老龄工作作出重要指示批示，强调各级党委和政府要高度重视并切实做好老龄工作。党的十九届五中全会将积极应对人口老龄化确定为国家战略，为老龄事业发展提供了坚强保障。近年来，我国互联网领域高速发展，对提升银发群体网络素养工作提出了新要求、新挑战。民政部、全国老龄办会同有关部门和单位认真贯彻落实党中央、国务院决策部署，积极推进老龄法治宣传，不断完善政策法规，持续加强老年人权益保障。

一、关于强化对银发群体的宣教的建议

近年来，有关部门和单位积极推动互联网应用适老化及无障碍改造，组织开展2024年"数字适老中国行"行动，指导2660家网站和手机APP完成适老化改造。加大宣传引导力度，引导内容优质、影响力强的公众账号，充分发挥其在重大主题教育活动中的示范引领作用、在重大事件上的舆论导向作用、在教育思政工作上的促进作用，弘扬网络正能量。探索创新工作方式方法，指导平台通过算法推荐、流量扶持等方式，向用户分发积极健康、向上向善的优质信息内容，营造更加清朗、更加良好的网络生态。组织开展线下座谈会、宣讲会、培训班和知识竞赛等进社区、进农村、进家庭，加大银发专题宣传力度。加强对老年人诈骗预警提醒，针对新型诈骗手法等发送公益提醒短信超200亿条，持续用好12381"亲情联防预警"功能，不断提高老年人防骗意识和识诈能力。指导基础电信企业在营业厅专设"爱心通道"、"老人坐席"，推出"一键呼入人工客服"专线，累计服务老年用户超4.4亿人次，帮助老年人更便利地享受电信服务。依法严厉打击电信网络诈骗等违法犯罪行为。2019年，多部门联合开展整治侵害老年人权益，保健市场乱象"百日行动"，立案21152件。2022年，多部门联合开展为期半年的打击整治养老诈骗专项行动，破获涉养老诈骗案件3.9万余起，抓获嫌疑人6.6万余名，打掉养老诈骗团伙4735个，追赃挽损308亿元。

下一步，老龄宣传教育将坚持线上线下同步推进。一是以今年"数字适老中国行"活动开展为契机，指导各地因地制宜选取一批群众生活必备、具有属地特色的网站和App加强改造，加大针对老年群体的反诈技术防范、预警预防、防诈知识宣传等工作力度，增强适老化及无障碍服务的可及性，帮助老年人更好地共享信息化发展成果。二是以"敬老月"活动和"敬老文明号"创建活动为抓手，开展宣传日、宣传周、宣传月活动。把法治宣传与落实老年人权益保障具体政策相结合，尽可能让宣传内容看得见摸得着。把普法宣传与严厉查处侵权案件相结合，用法理来剖析案例、教育群众。把法治宣传与提升老年人自我保护意识相结合，让老年人懂得《中华人民共和国老年人权益保障法》，依法维护自身合法权益。积极倡导为特殊老年群体提供公益性法律服务，为老年人提供及时、便利、高效、优质的法律服务。

二、关于做优平台管理和推送制度的建议

近年来，有关部门和单位针对平台监管、维护老年人权益等内容开展了大量工作。部署网络内容平台严格落实《互联网用户公众账号信息服务管理规定》、《生成式人工智能服务管理暂行办法》、《关于加强"自媒体"管理的通知》等相关要求，完善涉社会时事等内容的信息来源标注、使用AI技术创作内容的AI信息内容标注、虚构演绎内容的虚构标签等标注提示功能，加强用户引导，规范内容传播。推进问题专项整治。2023年3月，中央网信办开展"清朗·从严整治'自媒体'乱象"专项行动，坚决打击"自媒体"发布传播谣言信息、有害信息和虚假信息，坚决取缔假冒仿冒官方机构、新闻媒体和特定人员的

"自媒体"，全面整治"自媒体"违规营利行为。指导重点平台处置造谣传谣账号 3.43 万余个，假冒仿冒账号 82.77 万余个，蹭炒热点、博取流量的账号 6.56 万余个；2024 年，开展"清朗·整治'自媒体'无底线博流量"专项行动，加强自导自演式造假、不择手段蹭炒社会热点、滥发"新黄色新闻"等五类重点问题整治，抓好信息来源标注展示、完善流量管理措施等四项主要任务落实，持续针对编造虚假新闻，劣质内容等问题压实平台主体责任，推进工作落细落实。

下一步，有关部门和单位将针对平台管理和推送制度，进一步压实网络内容平台主体责任，督促平台加强自身管理，优化推荐机制，强化信息内容审核，支持优质内容传播。加大执法力度，通过日常巡查、专项行动等方式从严惩治违法违规情节严重的"自媒体"账号和相关平台，曝光典型案例，增强监管震慑力。

三、关于加强监管和完善政策、法律的建议

随着老年人口不断增多，针对银发族群网民的侵权案件时有发生。近年来，有关部门和单位不断加强各类网站平台的内容管理工作力度，针对平台上的内容质量及真实性等问题，先后出台了《网络信息内容生态治理规定》《生成式人工智能服务管理暂行办法》《关于进一步压实网站平台信息内容管理主体责任的意见》《关于加强"自媒体"管理的通知》等政策法规文件，为进一步压实网站平台信息内容管理主体责任、加强内容创作引导、做好平台优质内容传播提供了依据。持续监督网站平台切实履行主体责任，强化合规意识、完善制度建设、加强内容管理，坚决打击发布虚假信息、诈骗信息等违法不良信息的行为。全面开展日常网上信息内容巡查监看，防范虚假新闻、劣质内容在重点环节呈现，及时发现违法违规问题，依法开展执法处罚工作。畅通违法和不良信息举报中心官网、客户端、微博、微信等网络举报渠道，依托全国网络举报技术系统平台自动受理功能，做好违法违规账号和平台的举报受理工作。充分发挥 12377 举报热线、举报邮箱的人工辅助受理功能，提高举报受理工作效率，及时阻断网络谣言等不实信息传播，保障用户合法权益。加强对各地各网站举报处置工作的督导检查，督促各地各网站及时研处相关举报，进一步提升举报处置率，推动网络生态持续向好。

下一步，民政部、中央网信办、工业和信息化部将会同有关部门和单位积极做好以下几方面工作。一是加强举报受理。加强老年维权服务组织机构统筹协调，将法律维权专门服务组织作为老年人维权统一接口，统筹老年维权协调组织、老年法律援助中心、老年人维权合议庭、老年消费维权指导中心等老年维权相关机构，结合老年人权益保障工作，多措并举畅通老年人维权渠道。二是开展老年维权监测预警服务。积极发挥大数据技术优势，开展老年维权监测预警服务；打通部门壁垒实现信息共享，设置老年维权监测指标体系，通过新闻、论坛、微博、微信、企业信用信息网、裁判文书网等多渠道来源，采集整理老年维权数据。三是定期发布老年人维权典型案例。在重阳节前后，结合"敬老月"等活动，发布老年人维权典型案例，引导全社会关注和重视老年维权工作，营造全社会共同维护老年人合法权益的良好社会氛围，提高群众的防范意识和识别能力。

感谢您对民政工作的关心和支持。

对十四届全国人大二次会议第 2723 号建议的答复

- 2024 年 7 月 3 日
- 民函〔2024〕753 号

您提出的《关于大力弘扬孝道文化 营造良好社会风气的建议》收悉。您对孝道文化的发展现状、存在问题进行了深入调研，体现出高度的社会责任感，所提建议针对性强，对弘扬孝亲敬老传统美德、助力积极应对人口老龄化具有重要参考意义，民政部、全国老龄办将认真研究吸纳。经商全国妇联，现答复如下：

孝亲敬老是中华民族的传统美德，是社会主义核心价值观的重要内容，是我国积极应对人口老龄化的重要举措。习近平总书记高度重视孝亲敬老文化传承，多次作出重要指示批示。民政部、全国老龄办会同有关部门和单位认真贯彻落实习近平总书记重要指示批示精神和党中央、国务院决策部署，大力弘扬孝亲敬老传统美德，强化养老服务保障，积极营造良好社会风气。

一、关于加强孝道文化建设的建议

近年来，民政部会同有关部门和单位，大力弘扬孝亲敬老传统美德。一是健全完善政策体系。《中华人民共和国老年人权益保障法》将每年农历九月初九定为老年节，明确规定，"全社会应当广泛开展敬老、养老、助老宣传教育活动，树立尊重、关心、帮助老年人的社会风尚"，并设立"家庭赡养与扶养"专章。《中共中央 国务院关于加强新时代老龄工作的意见》《"十四五"国家老龄事业发展和养老服务体系规划》等系列老龄政策文件，都对弘扬孝亲敬老传统美德提出明确要求。二是组织开展人口老龄化国情教育活动。加强孝亲敬老文化教育，传承弘扬"百善孝为先"的中华民族传统美德，引导人们自觉承担家庭责任、树立良好家风，实现家庭和睦、代际和顺、社会和谐。三是持续组织开展全国"敬老月"活动。全国老龄委连续14年在"重阳节"所在月份开展全国"敬老月"活动，组织各地各部门广泛开展走访慰问、关爱帮扶、志愿服务、科普宣传等活动。四是大力宣传孝亲敬老先进典型事迹。连续多年组织开展敬老养老助老公益广告征集展播活动，2022年以来，卫视频道累计播出老龄主题公益广告4.57万余条次。组织开展全国"敬老文明号"创建和全国敬老爱老助老模范人物评选表彰，选树一批基层为老服务单位和个人典型。

下一步，民政部、全国老龄办将认真贯彻落实党中央、国务院决策部署，会同有关部门和单位持续提升社会敬老爱老氛围。一是深入开展人口老龄化国情教育活动，持续组织全国"敬老月"活动，弘扬中华民族孝亲敬老传统美德，大力营造敬老爱老的社会氛围。二是在出行便利、公交乘车优惠、门票减免等基础上，鼓励有条件的地方进一步拓展优待项目、创新优待方式，推广老年人凭身份证等有效证件享受各项优待政策，推动外埠老年人同等享受本地优待项目。三是加强宣传引导，发挥广播电视和网络视听媒体作用，大力宣传孝亲敬老先进典型事迹。

二、关于依托法治弘扬孝道的建议

近年来，民政部、全国老龄办会同有关部门和单位，积极开展老龄法治宣传，加强老年人权益保障。一是加大老年法律法规教育宣传。推动老年人权益保障法宣传进机关、进乡村、进社区、进学校、进企业、进单位，通过座谈会、宣讲会、培训班和知识竞赛等多种形式加大宣传力度。二是建立常态化指导监督机制。督促赡养人履行赡养义务，防止欺老虐老弃老问题发生，将有能力赡养而拒不赡养老年人的违法行为纳入个人社会信用记录。三是加强老年人权益保障法律援助工作力度。2024年，联合司法部等单位启动"法律服务 助老护老"行动，将老年人作为法律援助重点服务对象，扩大法律援助范围，健全便老助老服务机制。2012年以来，全国法律援助机构共组织办理老年人法律援助案件109.8万余件。

下一步，民政部、全国老龄办将会同有关部门和单位，持续加强老年人权益保障工作。一是认真贯彻落实老年人权益保障法、无障碍环境建设法和民法典等相关法律，完善老年人权益保障法配套法规，开展老年人权益保障法修订研究，完善意定监护制度等相关法律条款，明确子女在经济供养、生活照料、精神慰藉等方面的赡养责任，整治歧视、虐待、遗弃老人等严重失德行为。二是加大老年人权益保护力度，组织实施好"法律服务 助老护老"行动。加强老年人权益保障普法宣传，提升老年人识骗防骗能力，严厉打击侵害老年人合法权益的违法犯罪活动。

三、关于强化养老服务保障的建议

近年来，民政部、全国老龄办会同有关部门和单位，深入贯彻落实习近平总书记关于老龄工作的重要指示批示精神，加快推进养老服务体系建设。一是健全完善养老服务法规制度体系。加快推动养老服务法立法工作，报请中共中央办公厅、国务院办公厅印发《关于推进基本养老服务体系建设的意见》等重要政策文件，单独或会同有关部门研究制定有关政策文件90多份，发布实施国家和行业标准30多个，涵盖养老服务发展规划、兜底保障、扶持促进、行业监管等多领域、多方面，中国特色养老服务制度框架体系加快形成。二是不断增强养老服务供给能力。加快居家社区养老服务发展，2021-2023年共计投入中央专项彩票公益金33亿元，支持134个地区实施居家和社区基本养老服务提升行动，累计建设家庭养老床位25.6万张，为近42万老年人提供居家养老上门服务；推动各地建成近400个示范性社区居家养老服务网络。优化养老机构床位结构，全国养老机构护理型床位占比提高到58.9%。加强养老服务保障，截至2024年第1季度，全国3415.3万老年人享受高龄津贴，87.1万老年人享受护理补贴，475.7万老年人享受养老服务补贴，66.4万老年人享受综合补贴；中央财政新增20亿元对低保家庭失能老年人入住养老机构享受集中照护给予补贴。强化养老服务设施建设，2021-2023年累计下达中央预算内投资192.7亿元用于设施建设；指导各地完成特殊困难老年人家庭适老化改造148.28万户。截至2024年第1季度，全国各类养老服务机构和设施总数为40.6万个，养老床位总数为815.6万张。三是不断健全养老服务综合监管制度。报请国务院办公厅印发《关于建立健全养老服务综合监管制度 促进养老服务高质量发展的意见》，组织实施全国养老院服务质量建设专项行动、养老机构消防安全专项整治三年行动、民办养老机构消防安全达标提升工程、养老服务监管效能提升年等一系列专项整治行动，有力保障了养老服务领域安全形势平稳。加强养老服务信用体系建设,全力推进打击整治养老服务诈骗专项行动,规范养老机构预收费行为,防范化解非法集资风险,提高老年人识骗防骗能力,维护老年人合法权益。

下一步,民政部、全国老龄办将继续认真贯彻落实党中央、国务院有关决策部署,持续完善养老服务体系。一是进一步加强养老服务法律制度建设。着力推动养老服务立法,研究制定新时代养老服务改革发展政策,完善基本养老服务清单制度,加快构建新时代中国特色养老服务制度框架体系。二是进一步优化养老服务供给。建立健全县(区)、乡镇(街道)、村(社区)三级养老服务网络,积极发展具备综合功能的区域养老服务中心,科学规划养老服务设施布局,积极稳妥推进老年助餐服务、家庭养老床位建设和老年人探访关爱服务,着力构建"一刻钟"居家社区养老服务圈,为老年人提供更多就近就便的养老服务。持续优化养老机构床位结构,大力推动护理型床位建设,更好满足失能老年人照护刚需。指导各地打造一支规模适度、结构合理、德技兼备的养老服务人才队伍,为养老服务大规模高质量发展提供有力人才支撑。三是进一步补齐农村养老服务短板。健全农村留守老年人关爱服务体系,加强特困人员供养服务机构建设,大力推进农村互助养老,不断促进城乡基本养老服务均衡发展。四是进一步提升养老服务质量安全。组织实施养老机构安全生产治本攻坚三年行动,推动实现养老机构重大事故隐患动态清零。加强养老服务标准化建设,加快出台养老服务质量安全方面的系列标准规范。充分发挥大数据、云计算等信息技术对养老服务综合监管的支撑作用,推进养老服务监管规范化、智能化、精准化。

感谢您对民政工作的关心和支持。

对十四届全国人大二次会议第1434号建议的答复

- 2024年7月3日
- 民函〔2024〕749号

您提出的《关于积极应对农村留守老年群体心理问题的建议》收悉。建议坚持以人民为中心的发展思想,从补齐农村养老"短板"、加强农村留守老年人探访关爱等角度出发,提出了一系列有针对性的解决措施和建议,民政部将认真研究采纳。经商农业农村部、国家卫生健康委、国家医保局,现答复如下:

习近平总书记高度重视农村养老服务工作和特殊困难老年人关爱服务工作,在中央农村工作会议、扶贫开发工作会议、政治局集体学习等重要会议和讲话中作出一系列重要指示,为推进农村养老服务、加强特殊困难老年人关爱服务等工作提供了根本遵循。近年来,民政部、全国老龄办会同有关部门和单位深入贯彻落实党中央、国务院重大决策部署,注重综合施策,推动农村养老服务纳入"三农"工作和乡村振兴战略重点推进范围,加快补齐农村养老"短板",全力推进特殊困难老年人关爱服务体系建设。

一、工作开展情况

一是健全完善政策体系。中共中央、国务院先后印发了《关于推进基本养老服务体系建设的意见》《"十四五"国家老龄事业发展和养老服务体系规划》《关于实施乡村振兴战略的意见》《关于学习运用"千村示范、万村整治"工程经验有力有效推进乡村全面振兴的意见》《关于推进以县城为重要载体的城镇化建设的意见》《"十四五"推进农业农村现代化规划》等政策文件,对发展农村养老服务作出了全面部署。民政部、全国老龄办会同有关部门和单位先后印发了《关于加快发展农村养老服务的指导意见》《积极发展老年助餐服务行动方案》《"十四五"健康老龄化规划》《关于加强农村留守老年人关爱服务工作的意见》《关于开展特殊困难老年人探访关爱服务的指导意见》《关于进一步做好贫困地区农村留守老年人关爱服务工作的通知》等政策文件,推动建立健全家庭尽责、基层主导、社会协同、全民行动、政府支持保障的农村留守老年人关爱服务机制。

二是加快推动农村养老服务发展。"十四五"以来,民政部联合国家发展改革委利用中央预算内投资实施"十四五"积极应对人口老龄化工程,重点支持农村公办养老服务机构建设改造和护理能力提升,初步形成了互助养老设施、乡镇敬老院、民办养老机构为主体的农村养老服务供给格局。截至2024年第1季度,全国共有已进行法人登记的农村特困人员供养服务设施(敬老院)1.6万个,床位168.1万张,农村互助养老服务设施约14.5万个。健全完善经济困难的高龄、失能老年人补贴制度,有效缓解农村老年人生活困难。会同农业农村部等相关部门指导各地发展壮大村级集体经济,统筹布局农村人才队伍建设,不断夯实农村养老经济基础和人才基础。加大典型推介,相关部门遴选推出5批101个包括加强农村养老服务在内的农村公共服务建设典型案例,组织开展全国村级"乡村文明建设"优秀典型案例征集推介工作，总结推广了一批弘扬农村孝老敬老文明乡风的经验做法。

三是加强特殊困难老年人关爱服务。民政部会同相关部门推动落实《国家基本养老服务清单》，为特困老年人、低保老年人、计划生育特殊家庭老年人、残疾老年人、生活无着的流浪乞讨老年人等提供物质帮助、照护服务、关爱服务等三大类多项基本养老服务。面向独居、空巢、留守、失能、重残、计划生育特殊家庭等老年人开展探访关爱服务，支持家庭养老，帮助解决居家养老困难，预防和减少老年人居家养老安全风险。指导相关单位编制《特殊困难老年人探访关爱服务规范》行业标准。国家卫生健康委会同有关部门和单位扩大老年人心理关爱项目覆盖范围，针对抑郁、焦虑等老年人常见精神障碍和心理行为问题，开展心理健康状况评估、早期识别和随访管理，为老年人特别是有特殊困难的老年人提供心理辅导、情绪纾解、悲伤抚慰等心理关怀服务。2023年，组织开展"服务百姓健康行动"全国大型义诊活动周，将心理健康、精神卫生防治等纳入其中，派出精神（心理）等领域专家到基层医疗卫生机构开展义诊活动。截至2023年底，全国2762个社区（村）开展了老年心理关爱行动，面向包括农村留守老年人在内的老年群体开展心理与认知状况评估和随访干预，惠及近百万老年人。计划于"十四五"期末，实现全国所有县（市、区）都至少有一个老年心理关爱点目标。各级医疗保障部门积极推动将部分心理治疗项目纳入医保支付范围，目前国家层面已将孤独症诊断访谈量表（ADI）测评项目、精神障碍作业疗法训练等纳入基本医疗保险支付范围，各省医疗保障部门也结合地区实际开展了一些有效探索。

二、下步计划

当前，农村养老服务体系仍不完善，部分地区养老服务设施布局不合理、入住率较低、服务能力较弱，可持续经营压力较大；农村特殊困难老年人关爱服务机制还需进一步健全，探访关爱服务手段还不够丰富，探访关爱服务的精准度和有效性有待进一步提升。下一步，民政部、全国老龄办将以习近平新时代中国特色社会主义思想为指导，认真履行综合协调、督促指导、组织推进老龄事业发展职能，全面贯彻落实党中央、国务院决策部署，会同有关部门和单位着力解决包括农村留守老年群体心理问题在内的农村养老服务难题。

一是完善整体制度设计。将农村养老服务发展纳入乡村振兴战略大局，推动更多政策、资金和项目投向农村养老服务，建立根植乡土、符合乡情、福泽乡亲的农村养老服务体系。认真贯彻落实《关于加快发展农村养老服务的指导意见》，指导各地结合本地实际，找准痛点难点，积极探索创新，依托县级养老服务机构、区域养老中心、互助养老设施等农村养老服务设施，全面提升基本养老服务的覆盖面和可及性。持续优化医疗保险服务水平，根据临床实际需要和基金承受能力，按程序逐步将以治疗心理疾病为目的的心理治疗费用纳入医保支付范围，切实减轻广大参保群众医疗负担。

二是健全农村养老服务网络。持续优化县、乡、村衔接的三级养老服务网络，指导各地结合实际统筹发展城乡养老服务设施，科学规划、均衡配置、有序建设，充分发挥养老服务设施功能。整合各方面资源资金，继续对农村敬老院、互助养老设施等开展改造提升，拓展服务功能，更好满足农村老年人养老需求。

三是深入开展探访关爱服务。持续加强《老年人权益保障法》的宣传，督促引导老年人家庭成员强化主体责任和守法意识，履行好赡养义务，做好老年人生活照料和精神关爱。指导各地围绕乡村振兴战略的实施，发挥基层党建的引领作用，整合各种公共服务、示范试点、志愿服务，进一步开展好农村特殊困难老年人探访关爱服务。鼓励城乡社区加强基层老年协会建设，坚持老有所养、老有所为相结合，支持基层老年协会参与特殊困难老年人探访关爱工作。持续开展老年心理关爱行动，向农村留守老年人宣传普及心理健康知识，进一步做好老年人心理健康服务工作。

感谢您对民政工作的关心和支持。

对十四届全国人大二次会议第1240号建议的答复

· 2024年7月3日
· 民函〔2024〕754号

您提出的《关于推进"银发经济"高质量发展的建议》收悉。您对银发经济的发展现状进行了深入调研，所提建议针对性强，对促进银发经济发展具有重要参考意义，民政部将认真研究吸纳。经商国家发展改革委、工业和信息化部、市场监管总局，现答复如下：

一、主要开展工作情况

大力发展银发经济是增进老年人福祉、积极应对人口老龄化的重要举措。习近平总书记多次对大力发展银发经济提出明确要求、作出系统部署。民政部、全国老龄办会同有关部门和单位，认真贯彻落实党中央、国务院决策部署，坚持老龄事业和老龄产业协同发展，大力发展银发经济。

（一）完善银发经济顶层设计。民政部会同国家发展改革委、国家卫生健康委等部门报请中共中央、国务院印发《国家积极应对人口老龄化中长期规划》，提出发展银发经济、推动老年产品市场提质扩容、推动养老服务业融合发展等举措。2021年，"十四五"规划《纲要》提出，要发展银发经济，开发适老化技术和产品，培育智慧养老等新业态。中共中央、国务院印发《关于加强新时代老龄工作的意见》，进一步提出加强规划引导、发展适老产业等积极培育银发经济的任务部署。《"十四五"国家老龄事业发展和养老服务体系规划》，对完善养老服务体系、老年健康支撑体系，大力发展银发经济等进一步作出系统部署，为养老产业发展提供规划指引。加强产业引导，印发《关于发展银发经济 增进老年人福祉的意见》，提出聚焦多样化需求，培育智慧健康养老等七大产业。

（二）增加优质产品服务供给。持续推动老年用品产业发展，丰富产品服务供给体系。一是会同工业和信息化部等部门印发并落实《关于促进老年用品产业发展的指导意见》，充分发挥部门、地方、企业积极性，加快构建老年用品产业体系，共有16个省市在"十四五"发展纲要中提出发展老年用品产业相关任务。二是加强优质产品宣传推广。连续编制发布两批《老年用品产品推广目录》，累计推广宣传600余项优质产品，帮助扩大老年人消费选择。发布10批《升级和创新消费品指南》，推广一批智能坐便器、自动控温灶具等适老产品。支持开展两届全国轻工适老创新产品及智能健康解决方案大赛，围绕日用居家、智能家电、安全监测、康复训练、智慧解决方案等领域评选出131项优秀产品和服务。三是持续提升老年用品标准化水平，加快老年用品标准研制，促进老年用品质量提档升级，提升现有产品的通用性、兼容性水平。

（三）全面强化科研攻关支撑。推进新一代信息技术以及移动终端、可穿戴设备、服务机器人等智能设备在养老场景集成应用，发展健康管理类、养老监护类、心理慰藉类智能产品，推广应用智能护理机器人、家庭服务机器人、智能防走失终端等智能设备。围绕康复辅助器具、智慧健康养老等重点领域，谋划一批前瞻性、战略性科技攻关项目。通过中央财政科技计划（专项、基金等）支持银发经济领域科研活动，提高自主研发水平。

（四）促进养老服务产业发展。在养老服务发展方面，以失能失智老年人长期护理为核心的养老服务行业发展迅速。社会资本逐步从机构养老服务向居家社区养老服务转移，并在健康养老、旅居养老等领域投资持续升温，逐步呈现养老与健康、养生、地产、旅游等跨界融合的趋势。在养老设施建设方面，养老机构和城乡社区适老化改造、无障碍公共设施改造等稳步推进，在养老机构、城乡社区设立康复辅助器具配置服务（租赁）站点等创新服务模式不断涌现。多地依托信息平台、物联网和远程智能安防监控等技术，建设一批智慧养老院。在智慧健康养老方面，实施智慧健康养老产业发展行动计划，开展智慧健康养老应用试点工作，发布产品及服务推广目录，打造"互联网+养老"服务新模式，拓展应用场景、丰富服务内容，培育服务新业态。在养老服务人才方面，推动专业学科设置，修订完善职业标准，开展职业技能培训，举办职业技能竞赛，多措并举创新引才育才留才机制，加快推进以养老护理员为重点的养老服务人才队伍建设，为养老服务业发展提供人才支撑。

（五）培育成熟消费市场。加强老年人消费教育和宣传，倡导健康、科学的消费观念。保障老年人消费权益，依法维护公平竞争市场秩序，重点查处养老服务、健康产品等领域虚假宣传行为。加大对网络市场的监管力度，开展2024网络市场监管促发展保安全专项行动，对养生保健领域开展重点整治。加强广告监管执法，重点整治食品、药品、保健食品等领域广告违法乱象。加大老年用品质量安全监管力度，持续开展民生领域"铁拳"专项执法行动，将老年用品等纳入执法检查重点。完善涉老食品安全监管体系，从严把好保健食品注册备案准入关口。

二、下一步工作打算

民政部、全国老龄办将继续认真贯彻落实党中央、国务院有关决策部署，会同有关部门和单位出台完善相关政策举措，持续推进银发经济高质量发展。

（一）进一步完善相关政策支持力度。一是发挥全国老龄办议事协调机制作用，加大部门协作力度，持续完善规划、土地、财税、金融、人才等支持政策，破除关键生产要素制约，激发市场主体活力，优化养老服务营商环境，以养老服务供给能力提升促进老年消费增长。二是破除养老服务行业关键生产要素制约。延续实施普惠养老专项再贷款，配合金融监管总局等部门研究制定养老金融政策文件，着力打通金融支持养老服务业发展和增强居民养老保障堵点难点问题。加大养老护理员等养老服务人才队伍建设力度，指导推动各地通过提升薪酬待遇、优化环境等方式，让养老护理员留得住、用得好。

（二）持续优化养老服务有效供给。一是立足大多数老年人居家或依托社区养老的实际需求，以打造示范性居家社区养老服务网络为抓手，以发展老年助餐等服务为突破，配合开展消费品以旧换新行动，参与完善打造消费新场景培育消费新增长点措施，推广面向老年人的新服务、新技术，培育品牌化、连锁化经营主体，建立具有规模效应的可持续发展机制。二是大力发展社区养老服务，加大社区养老服务设施供给，满足大多数老年人就近就便养老服务需求。三是提升养老机构护理能力，满足失能（失智）老年人机构照护需求。四是加强养老服务人才队伍建设。指导各地落实民政部等 12 部门印发的《关于加强养老服务人才队伍建设的意见》，推动健全养老服务人才培养、评价、使用、激励等制度机制，吸引、用好、留住养老服务人才。

（三）科技助力促进老年产业发展。加强科技创新应用，围绕智慧健康养老等重点领域，谋划一批前瞻性、战略性科技攻关项目。编制老年用品产品推广目录、智慧健康养老产品和服务推广目录，推进新一代信息技术以及智能设备在居家、社区、机构等养老场景集成应用。加大现阶段亟需的行为监测、生理检测、室内外高精度定位等关键技术、核心器件、重点产品研发创新，提升满足老年人特殊需求的智能产品设计和生产制造能力。工业和信息化部会同相关部门从产业规划、产业基金、税费优惠等方面引导国内企业加大研发和生产力度，开展老年购物节活动，推动老年用品进家庭、社区和机构，以消费券、租赁、体验等形式培养消费习惯和市场。大力发展老年用品产业，引导和支持文化、旅游、餐饮、体育、家政、教育、养生、健康、金融、地产行业结合老年人需求，开发"银发经济"，创新和丰富养老服务产业新模式与新业态。

（四）推动社会资本参与养老产业发展。持续深化养老服务领域"放管服"改革，加强供给侧结构性改革，推动形成有效培育模式和健康可持续运作机制。一方面，推动完善落实支持政策，激发市场主体参与积极性。推动有关部门完善并落实降低土地场所获取成本、提供

中长期低成本融资、畅通医养结合服务渠道、强化从业人员保障激励等政策措施，加强部门间政策协同和资源整合，进一步激发市场主体活力。另一方面，引导机构拓宽发展思路，提升生存发展能力。引导社会资本科学研判行业发展趋势，确立目标定位，既要关注低龄老年阶段康养服务发展，更要注重参与高龄失能老年人的失能照护、医养结合等服务供给，在创新养老服务模式、整合共享居家社区机构资源、研发推广智慧助老产品等方面发挥更大作用。

（五）为银发经济提供良好法治环境。加强老年人权益保障，认真贯彻落实老年人权益保障法、无障碍环境建设法和民法典等相关法律，加强老年人权益保障法配套法规建设，加强老年人权益保障法律援助工作力度。开展老年人权益保障法修订研究，加强老年人权益保障普法宣传，提升老年人识骗防骗能力，严厉打击侵害老年人合法权益的违法犯罪活动。

感谢您对民政工作的关心和支持。

民政部对"制定民间援助条例"的答复

· 2023 年 7 月 14 日
· 民函〔2023〕664 号

您提出的关于"制定民间援助条例"的建议收悉，现答复如下：

社会公众的广泛参与是公益慈善事业发展的基础和前提。民间援助是公益慈善事业的重要组成部分。在习近平新时代中国特色社会主义思想的指导下，我国公益慈善事业取得长足进步。截至 2023 年 6 月底，全国登记认定慈善组织超过 1.2 万个，净资产合计超过 2000 亿元；全国成立慈善信托 1291 单，信托合同规模 56.41 亿元。我国互联网慈善蓬勃发展，全国慈善组织在互联网公开募捐信息平台发布公开募捐活动超过 15 万条，募捐善款超过 400 亿元，累计带动逾 500 亿人次的网民点击、关注和参与捐赠。我国慈善力量围绕中心、服务大局，在扶贫济困、扶老救孤、助残优抚、科教文卫、环境保护等方面，包括您所提到的民间援助领域，都发挥了积极作用。比如，在脱贫攻坚期间，全国慈善组织每年用于扶贫济困的支出达到了 500 亿元，广泛投入生活救助、助医助学、文化扶贫、消费扶贫、易地扶贫搬迁等领域，有效支持了深度贫困地区的脱贫攻坚。

党的二十大作出了"构建初次分配、再分配、第三次

分配协调配套的制度体系"、"引导、支持有意愿有能力的企业、社会组织和个人积极参与公益慈善事业"的战略部署，为新时代公益慈善事业高质量发展指明了前进方向、提供了根本遵循。为贯彻落实党的二十大精神，更好发挥公益慈善事业第三次分配作用，促进共同富裕，结合您所提出的建议，我们积极配合全国人大推进《中华人民共和国慈善法》修订工作。慈善法（修订草案）于2022年12月29日提请十三届全国人大常委会第38次会议"一审"后，全国人大常委会法工委开展了将慈善法（修订草案）在中国人大网公开征求意见、送各部门征求意见、实地调研等各项工作。下一步，我们将继续配合全国人大做好慈善法修订工作，争取将更多民间援助相关内容体现在慈善法中。在工作中，我们也将积极引导、支持有意愿、有能力的企业、社会组织和个人通过直接捐赠、成立基金会、设立慈善信托、设立专项基金、开展志愿服务等多种方式，积极参与民间援助事业。此外，我们积极配合全国人大推进社会救助立法工作，支持公民、法人和其他组织等社会力量积极参与社会救助，依法享有相关优惠政策等内容已被社会救助法草案采纳吸收。

待慈善法修订完成和社会救助法出台后，我们将会同相关部门进一步研究制定《民间援助条例》的必要性和可行性，共同做好民间援助工作。

感谢您对民政工作的关心和支持！

民政部对"关于健全专项救助政策的建议"的答复

· 2022年7月4日
· 民函〔2022〕720号

您提出的《关于健全专项救助政策的建议》收悉。经商住房城乡建设部、人力资源社会保障部、医保局，现答复如下：

支出型困难问题是社会救助工作的难点和热点。近年来，民政部会同相关部门就解决支出型困难问题进行了积极探索，主要做了以下工作：

一是在低保对象认定中统筹考虑刚性支出因素。2021年6月，民政部制定《最低生活保障审核确认办法》，规定对于共同生活的家庭成员因残疾、患重病等增加的刚性支出、必要的就业成本等，在核算家庭收入时可按规定适当扣减。并规定低保边缘家庭中持有中华人民共和国残疾人证的一级、二级重度残疾人和三级智力残疾人、三级精神残疾人，可以单独提出申请并纳入低保，有效缓解了家庭人均收入不符合低保条件、但支出较大的困难家庭的基本生活困难问题。

二是进一步加强和改进临时救助工作。2018年1月，民政部会同财政部出台《关于进一步加强和改进临时救助工作的意见》（民发〔2018〕23号），进一步细化明确对象范围类别，根据困难情形，将临时救助对象细分为急难型救助对象和支出型救助对象两类。支出型救助对象主要包括因教育、医疗等生活必需支出突然增加超出家庭承受能力，导致基本生活一定时期内出现严重困难的家庭，原则上其家庭人均可支配收入应低于当地上年度人均可支配收入，且家庭财产状况符合当地有关规定。明确针对不同的救助类型，优化规范临时救助审核审批程序，对于支出型临时救助，要严格执行申请、受理、审核、审批程序，规范各个环节工作要求，切实增强临时救助制度效能。2022年一季度，全国共实施临时救助245.9万人次，累计支出救助资金28.2亿元。

三是积极构建多层次救助体系，缓解低保制度的"悬崖效应"。2020年8月，中共中央办公厅、国务院办公厅印发《关于改革完善社会救助制度的意见》，要求各地进一步完善社会救助体系，加大对支出型困难家庭的救助力度，对不符合低保或特困救助供养条件的低保边缘家庭和刚性支出较大导致基本生活出现严重困难的家庭，根据实际需要给予相应的医疗、住房、教育、就业等专项社会救助或实施其他必要救助措施。当前，医疗救助、住房救助、教育救助等专项救助已逐步将低保边缘等困难群体纳入救助范围，有效缓解了低保制度的"悬崖效应"。

四是建立完善低收入人口动态监测信息平台。2021年以来，民政部着力推进全国低收入人口动态监测信息平台建设，通过实地走访、线上整合等方式，汇聚低保对象、特困人员、低保边缘对象、支出型困难人口以及其他低收入人口基本信息。截至目前，全国低收入人口动态监测信息平台共汇集了6200万低收入人口信息，其中低保边缘人口500万、支出型困难人口550万。在此基础上，健全完善监测预警机制，将预警发现可能需要救助的支出型困难人口等低收入人口，及时推送至教育、住房城乡建设、医保等相关部门，并对符合条件的低收入人口给予专项救助。

您关于健全专项救助政策的建议非常具有针对性。下一步，民政部将会同相关部门就加强低收入人口动态监测、做好分层分类社会救助研究制定政策措施，进一步明确低保边缘人口、支出型困难人口等低收入人口常态化救助帮扶的具体举措，同时指导各地加强部门协作，深化社会救助改革，及时对支出型困难家庭给予相应的救助帮扶。

感谢您对民政工作的关心和支持。

民政部对"关于加快社会救助立法进程的建议"的答复

- 2022年7月4日
- 民函〔2022〕711号

您提出的《关于加快社会救助立法进程的建议》收悉。经商司法部，现答复如下：

党中央、国务院高度重视社会救助立法工作。社会救助法是十三届全国人大常委会立法规划中的第一类立法项目，并连续列入2020年、2021年全国人大常委会年度立法工作计划和国务院立法工作计划。民政部对社会救助立法高度重视，2020年以来会同财政部制定工作方案，组成起草工作专班，先后赴山东、江西、安徽、上海等地开展立法调研，组织召开专家论证会；会同相关部门开展《社会救助暂行办法》施行情况评估，在全国35个县（市、区）部署开展社会救助综合改革试点；针对社会救助立法过程中的重点难点问题，组织专家学者深入研究论证。形成社会救助法草案（征求意见稿），征求了有关部门和单位、地方有关部门、有关专家学者意见，并向社会公开征求意见。2020年12月，经综合各方意见形成社会救助法（草案送审稿）上报国务院。2021年，司法部经研究论证并牵头修改草案稿后，于当年12月向国务院报送《中华人民共和国社会救助法（草案送审稿）》。目前，民政部正在会同相关部门积极推进社会救助立法工作。

您提出的关于进一步规范社会救助程序、明确社会救助标准制定、保持社会救助一定开放性的建议，对于社会救助立法工作具有积极意义。下一步，我们将认真研究，合理吸收采纳。

感谢您对民政工作的关心和支持。

民政部对"关于健全低收入和支出型贫困家庭专项救助制度的建议"的答复

- 2022年7月4日
- 民函〔2022〕719号

您提出的《关于健全低收入和支出型贫困家庭专项救助制度的建议》收悉。您的建议针对社会救助工作薄弱环节，具有很强的操作性和前瞻性，对推动社会救助工作高质量发展具有积极意义，我们将认真研究吸收。经商卫生健康委、人力资源社会保障部、医保局、住房城乡建设部、教育部，现答复如下：

低保边缘和支出型困难人口救助是近期社会救助工作的一项重点和难点。近年来，民政部会同相关部门就建立健全分层分类的社会救助体系，加强对低保边缘、支出型困难等低收入人口的救助进行了积极探索，主要做了以下工作：

一是加强社会救助法律框架设计。您在建议中提出的"在制定《社会救助法》中增加低收入家庭、支出型贫困家庭类别，纳入救助保障范围"，我们与司法部已在起草《社会救助法》时予以充分考虑，并形成了《中华人民共和国社会救助法（草案送审稿）》。草案已将低保边缘家庭（即低收入家庭）、支出型困难家庭明确为社会救助对象，并提出了相应的救助措施，进一步健全完善分层分类社会救助体系。目前，社会救助法草案送审稿已报送国务院。

二是积极构建多层次救助体系。2020年8月，中共中央办公厅、国务院办公厅公布《关于改革完善社会救助制度的意见》，要求各地进一步完善社会救助体系，加大对低保边缘、支出型困难人口的救助力度，对不符合低保或特困救助供养条件的低保边缘家庭和刚性支出较大导致基本生活出现严重困难的家庭，根据实际需要给予相应的医疗、住房、教育、就业等专项救助或实施其他必要救助措施。当前，医疗救助、住房救助、教育救助等专项救助已逐步将低保边缘等困难群体纳入救助范围，有效缓解了低保制度的"悬崖效应"。2021年10月，国务院办公厅印发《关于健全重特大疾病医疗保险和社会救助制度的意见》（国办发〔2021〕42号），明确将低保、特困人员、易返贫致贫人员、低保边缘家庭以及因病致贫重病患者纳入医疗救助范围。2021年4月，住房城乡建设部印发《关于做好农村低收入群体等重点对象住房安全保障工作的实施意见》（建村〔2021〕35号），明确将因病因灾因意外事故等刚性支出较大或收入大幅缩减导致基本生活出现严重困难家庭和农村低保边缘家庭纳入住房安全保障范围。目前,民政部正在会同相关部门研究制定关于加强低收入人口动态监测、做好分层分类社会救助的相关政策文件,进一步明确低保边缘、支出型困难等低收入人口常态化救助帮扶的具体举措。

三是建立完善低收入人口动态监测信息平台。2021年以来,民政部着力推进全国低收入人口动态监测信息平台建设,部署各地通过实地访查、线上整合等方式,汇聚低保对象、特困人员、低保边缘人口、支出型困难人口以及其他低收入人口基本信息。截至目前,全国低收入人口动态监测信息平台已汇集了6200多万低收入人口信息,其中低保边缘人口500万、支出型困难人口550万。在此基础上,健全完善监测预警机制,将预警发现可能需要救助的支出型困难人口等低收入人口,及时推送至教育、住房城乡建设、医保等相关部门,对符合条件的低收入人口给予专项救助。

四是建立健全部门间工作协调机制。2013年,国务院批复同意建立由民政部牵头的全国社会救助部际联席会议制度。目前共有中央宣传部、发展改革委、教育部等26家成员单位。2014年3月7日,全国社会救助部际联席会议召开第一次会议,王勇国务委员出席并讲话。自建立以来,社会救助部际联席会议共召开过8次全体会议,有力推动了"一门受理、协同办理"机制、社会救助家庭经济状况核对机制的建立健全和部门资源统筹等。为进一步强化部门协同,2017年以来,民政部指导地方建立健全县级困难群众基本生活保障工作协调机制,及时研究解决急难个案,切实保障困难群众基本生活。目前,各地已普遍建立社会救助部门协调机制,定期研究解决本地区各类困难群众基本生活保障问题,确保党中央、国务院相关决策部署更好落实到基层。

下一步,民政部将积极推动出台低收入人口分层分类救助政策措施,指导地方进一步细化低保边缘人口和支出型困难人口的认定条件、程序和救助帮扶措施。加快完善全国低收入人口动态监测信息平台,拓展平台功能应用,在确保数据安全可控的基础上,加强跨部门的数据共享和对接,实现与相关部门数据共享机制常态化。大力协调各部门,统筹整合救助资源,做好低收入人口主动发现、动态监测、综合救助帮扶等工作,确保低收入人口能及时获得相应的社会救助。

感谢您对民政工作的关心和支持。

图书在版编目（CIP）数据

中华人民共和国婚姻家庭法律法规全书：含典型案例及文书范本：2025年版 / 中国法治出版社编.
北京：中国法治出版社，2025.1. -- （法律法规全书）.
ISBN 978-7-5216-4880-5

Ⅰ. D923.909

中国国家版本馆CIP数据核字第2024RL6865号

| 策划编辑：袁笋冰 | 责任编辑：王 彤 | 封面设计：李 宁 |

中华人民共和国婚姻家庭法律法规全书：含典型案例及文书范本：2025年版
ZHONGHUA RENMIN GONGHEGUO HUNYIN JIATING FALÜ FAGUI QUANSHU：HAN DIANXING ANLI JI WENSHU FANBEN：2025 NIAN BAN

经销/新华书店
印刷/三河市紫恒印装有限公司
开本/787毫米×960毫米　16开　　　　　　　印张/32.75　字数/928千
版次/2025年1月第1版　　　　　　　　　　　2025年1月第1次印刷

中国法治出版社出版
书号 ISBN 978-7-5216-4880-5　　　　　　　　　　　　　定价：72.00元

北京市西城区西便门西里甲16号西便门办公区
邮政编码：100053　　　　　　　　　　　　传真：010-63141600
网址：http://www.zgfzs.com　　　　　　　 编辑部电话：010-63141675
市场营销部电话：010-63141612　　　　　　 印务部电话：010-63141606

（如有印装质量问题，请与本社印务部联系。）